SOCIAL WORKER

사회복지사 1급

한권으로 끝내기

시대에듀

머리말

사회복지사는 현대사회에서 발생하고 있는 청소년, 노인, 여성, 가족, 장애인 등 다양한 사회적, 개인적 문제를 겪는 사람들에게 사회복지학 및 사회과학의 전문지식을 이용하여 문제를 진단 · 평가함으로써 문제해결을 돕고 지원하는 업무를 담당하는 전문인력을 말합니다.

한국사회복지사협회 자료에 따르면, 사회복지사 자격증 발급자 수는 총 약 100만 명(2020년 2월 기준)으로 1급은 15만 3천 명, 2급은 93만 9천 명, 3급은 1만 3천 명에 이릅니다. 대학 등에서 사회복지학 전공교과목과 사회복지관련 교과목을 이수하고 일정한 기간 동안 교육훈련을 이수한 자에게도 2급 및 3급 자격이 부여됨에 따라 사회복지사의 대량생산이 이루어진 것입니다. 따라서 전문인력들이 사회복지 노동시장에 적정히 진입하고 있지 못하다는 지적 또한 피할 수 없습니다.

사회복지사 분야의 개선 및 발전을 위해 지속적인 관심과 노력이 요구되는 가운데, 최근 사회복지사의 처우 개선과 신분보장과 관련한 법률이 개정되었습니다. 국가는 적정 인건비에 관한 기준을 마련해야 하고, 3년마다 각 지자체의 준수율에 대하여 조사 · 공표하여야 합니다. 법령 개정에 따라 사회복지사의 처우는 점차 개선될 것으로 보이며, 국가적 차원의 복지제도의 확충 등으로 인하여 사회복지사 자격 수요인원 또한 꾸준히 증가할 것으로 보입니다.

사회복지사 1급 자격시험은 1년에 한 번 시행되는 국가시험으로 매 과목 4할 이상, 전과목 6할 이상을 득점해야 취득할 수 있습니다. 사회복지전공자와 현직 사회복지사들이 응시하는 국가자격시험임에도 불구하고 평균합격률은 약 38% 정도로 쉽지 않은 시험입니다. 지속적으로 상승하고 있는 난이도를 극복할 수 있는 유일한 방법은 효과적 · 효율적인 계획 수립과 성실함뿐입니다.

시대에듀에서 발간한 '사회복지사 1급 한권으로 끝내기'는 독자들의 필요를 반영하여 최소한의 시간 동안 최대한의 효과를 낼 수 있도록 전략적으로 만들어진 도서입니다. 반드시 알아야 하는 중요한 이론, 출제경향을 손쉽게 파악할 수 있는 '출제의도 체크'와 '바로암기 OX', 오랜 노하우를 가진 저자가 설명하는 '전문가의 한마디', 보충학습을 위한 '심화연구실' 등을 통해 체계적으로 학습할 수 있도록 하였으며, 과년도 기출문제와 예상문제를 함께 수록하여 시험에 충분히 대비할 수 있도록 하였습니다.

모든 시험이 그러하겠지만, 특히 사회복지사 1급은 시간을 얼마나 효율적으로 사용하여 학습하느냐에 따라 합격이 좌우됩니다. 이 책에는 필자의 사회복지사 1급을 비롯한 다양한 국가시험 응시자로서의 경험 및 국가공무원 시험의 출제자로서 경험과 함께 수험서 전문 시대에듀 편집부의 노하우가 담겨있습니다. 필자를 비롯한 시대에듀의 가족들은 여러분이 이 책과 함께 전문 사회복지인으로 거듭나기를 희망하고 있습니다. 사회복지사 1급에 도전하는 모든 분들의 합격을 진심으로 기원합니다.

편저자 씀

시험안내

시험정보

관련부처		시행기관		자격관리
보건복지부	＋	한국산업인력공단	＋	한국산업인력공단

시험과목 및 시험방법

구 분	시험과목	문제형식	시험영역	시험시간(일반)
1교시	사회복지기초(50문항)	객관식 5지선다형	• 인간행동과 사회환경 • 사회복지조사론	50분
2교시	사회복지실천(75문항)		• 사회복지실천론 • 사회복지실천기술론 • 지역사회복지론	75분
3교시	사회복지정책과 제도(75문항)		• 사회복지정책론 • 사회복지행정론 • 사회복지법제론	75분

합격자 결정기준

❶ 매 과목 4할 이상, 전 과목 총점의 6할 이상을 득점한 자를 합격예정자로 결정함

❷ 합격예정자에 대해서는 한국사회복지사협회에서 응시자격 서류심사를 실시하며 심사결과 부적격 사유에 해당되거나,
응시자격서류를 정해진 기한 내에 제출하지 않은 경우에는 합격 예정을 취소함

　※ 필기시험에 합격하고 응시자격 서류심사에 통과한 자를 최종합격자로 결정

❸ 최종합격자 발표 후라도 제출된 서류 등의 기재사항이 사실과 다르거나 응시자격 부적격 사유가 발견될 때에는 합격을
취소함

시험일정

원서접수
2024.12.02.(월)
~12.06.(금)
▶
시험시행
2025.01.11.(토)
▶
합격예정자 발표
2025.02.12.(수)
▶
응시자격서류제출
2025.02.12.(수)
~03.04.(화)
▶
최종합격자 발표
2025.03.20.(목)

　※ 정확한 시험일정은 시행처인 한국산업인력공단(Q-net)의 확정공고를 필히 확인하시기 바랍니다.

이 책의 구성과 특징

※ 〈사회복지사 1급 한권으로 끝내기〉는 자격시험 대비를 위해 효과적으로 구성되었습니다. 다음의 특징을 충분히 활용한다면 방대한 양의 사회복지사 자격시험도 차근차근 완벽하게 학습할 수 있습니다.

---

(4) 인간발달의 원리 1회, 4회, 5회, 6회, 7회, 9회, 10회, 13회, 14회, 15회, 16회, 17회

① 일정한 순서 및 방향성

상부(상체)에서 하부(하체)로, 중심부위에서 말초부위로, 방향으로 발달이 진행된다.

② 연속성

발달은 전 생애를 통하여 계속된다. 그러나 발달의 속도가

③ 유전 및 환경과의 상호작용

발달은 유전적 요인뿐만 아니라 외부로부터 받은 환경과의

④ 개인차의 존재

발달은 일관된 주기에 따라 지속되고 누적되므로 미리 예측 에는 개인차가 존재하므로 발달의 속도나 진행 정도가 동일

⑤ 분화와 통합의 과정

영역별 핵심이론

사회복지사 1급 8영역을 가장 효율적인 방법으로 구성했습니다. 1 ～ 22회 시험의 출제경향을 완벽하게 분석하여 기출현황을 하나 하나 표시하였습니다. 어떤 문제가 시험에 자주 나오는지 한눈에 파악할 수 있습니다.

출제의도 체크

쿤(T. Kuhn)은 과학의 발전을 위해 기존 패러다임의 반증에 서부터 시작해야 한다는 포퍼 (K. Popper)의 과학적 인식에 내재된 문제점을 극복하기 위 하여 '과학적 혁명'을 제시하였 습니다.

▶ 22회 기출

출제의도 체크

방대하게만 느껴지는 이론! 시험문제로 어떻게 출제되는지 재빠른 확인이 가능하도록 이론 옆에 '출제의도 체크'를 수록했습니다. 학습한 이론이 어떤 식으로 출제되는지를 체크하면서 포인트를 바로 내 것으로 만들 수 있습니다.

사회복지사 1급 한권으로 끝내기

제1영역 | 적중문제 다잡기

CHAPTER 01 인간행동발달과 사회복지

17회 기출

01 인간행동과 성격에 관한 설명으로 옳지 않은 것은?

① 인간행동은 개인의 성격특성에 따라 다르게 표출된다.
② 성격을 이해하면 행동의 변화추이를 예측할 수 있다.
③ 인간행동의 이해와 개입을 위해서는 성격의 이해가 필요하다.
④ 성격이론은 인간행동의 수정 방법을 찾는 데 도움이 된다.
⑤ 성격은 심리역동적 특성이 있어 일관된 행동을 기대할 수 없다.

[해설] ⑤ 성격은 개인을 특징짓는 지속적이고 일관된 행동 양식으로서, 수없이 많은 변수들의 상호작용에 의해 로 인해 성격은 개인의 주체성과 독자성을 보장해 줄 수 있는 요소로 간주된다.

적중문제 다잡기

영역별 적중문제를 풀면서 어떤 문제가 출제될지 알아볼 수 있 습니다. 또한 자세하고 꼼꼼한 해설로 모르는 문제도 충분히 해결 할 수 있습니다.

심화연구실

측정의 신뢰도와 타당도 1회, 4회, 5회, 6회, 8회, 9회, 12회, 15회, 20회, 22회 기출

- 측정의 신뢰도는 측정을 반복했을 때 동일한 결과를 얻게 되는 정도를 말하는 반 과 실제 값 간의 일치 정도를 의미한다.
- 만약 체중계를 이용하여 몸무게를 측정했을 때 항상 일정 수치만큼 더 무겁게 혹은 신뢰도는 높지만 타당도는 낮은 것으로 볼 수 있다.
- 측정의 신뢰도와 타당도의 관계는 다음과 같이 정리할 수 있다.

－ 타당도가 높기 위해서는 신뢰도가 높아야 한다.
－ 신뢰도가 높다고 하여 반드시 타당도가 높은 것은 아니다.
－ 타당도가 낮다고 하여 반드시 신뢰도가 낮은 것은 아니다.
－ 타당도가 없어도 신뢰도를 가질 수 있다.
－ 타당도가 있으면 반드시 신뢰도가 있다.
－ 타당도는 신뢰도의 충분조건이고, 신뢰도는 타당도의 필요조건이다.
－ 타당도와 신뢰도는 비대칭적 관계이다.

심화연구실

합격 컷만 넘기는 것에서 나아가 정답률이 낮은 문제도 풀고 싶은 수험생, 어려운 문제도 내 것이 되지 않으면 그냥 지나치기 힘든 수험생들을 위해 심화 출제된 내용들을 모아 '심화연구실'로 정리 했습니다. 심화연구실과 함께 학습열망을 충족해봅시다.

바로암기 OX

기회의 평등은 결과의 평등보다 재분배에 적극적이다?

( )

해설

기회의 평등은 재분배에 소극적이다.

정답 ×

바로암기 OX

적게 공부하고, 많이 외워질 수 있도록! 시대에듀가 신속한 암기를 위해 고민했습니다. 기출문제를 완벽 반영한 OX문제를 풀면서 헷갈리는 부분을 정리할 수 있습니다. 바로암기 OX를 다 풀면 꼬아서 나오는 객관식 선지도 걱정없이 풀 수 있습니다.

전문가의 한마디

'빈민법'은 노동능력이 있는 빈민에게 교정원이나 작업장에서 강제노동을 하게 하고, 노동능력이 없는 빈민은 일반인들로부터 격리시킬 목적으로 구빈원에 수용하며, 요보호아동의 경우 도제로 삼아 장인에게 봉사하도록 하였습니다.

전문가의 한마디

사회복지사 1급 시험의 오랜 노하우를 가진 저자가 수험생이 어렵게 느낄 수 있는 부분을 콕 짚어서 친절하고 쉽게 설명해줍니다. 이론적 깊이가 있는 내용까지도 섭렵할 수 있습니다.

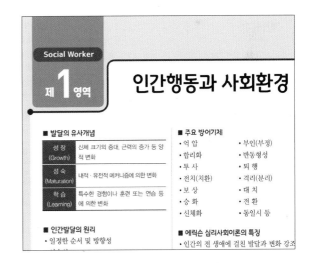

사회복지사 1급 한권으로 끝내기

부록 **2024년 제22회 기출문제**

제1과목 사회복지기초

1영역_ 인간행동과 사회환경

01 인간발달이론이 사회복지실천에 미친 영향으로 옳지 않은 것은?

① 스키너(B. Skinner) 이론은 행동결정요인으로 인지와 정서의 중요성을 이해하는 계기를 제공하였다.

② 융(C. Jung) 이론은 중년기 이후의 발달을 이해하는데 도움을 제공하였다.

03 문화와 관련된 설명으로 옳

① 문화는 인간집단의 생활

② 다문화주의는 다양한 [ ]존중하여 적극 수용하려

③ 베리(J. Berry)의 이론 [ ]자신의 고유문화와 새로 [ ]태를 의미한다.

④ 문화는 학습되고 전승되

⑤ 주류와 비주류 문화 사 [ ]생할 수 있다.

2024년 제22회 기출문제해설

2024년 제22회 기출문제를 풀면서 실전 감각을 익히고 해설을 통해 한 번 더 복습할 수 있습니다. 시대에듀플러스에서 2024년 제22회 기출문제해설 무료 동영상 강의까지 제공해드립니다.

Social Worker

제1영역 **인간행동과 사회환경**

■ 발달의 유사개념

성장 (Growth)	신체 크기의 증대, 근력의 증가 등 양적 변화
성숙 (Maturation)	내적·유전적 메커니즘에 의한 변화
학습 (Learning)	특수한 경험이나 훈련 또는 연습 등에 의한 변화

■ 인간발달의 원리
· 일정한 순서 및 방향성

■ 주요 방어기제
· 억압   · 부인(부정)
· 합리화   · 반동형성
· 투사   · 퇴행
· 전치(치환) · 격리(분리)
· 보상   · 대치
· 승화   · 전환
· 신체화   · 동일시 등

■ 에릭슨 심리사회이론의 특징
· 인간의 전 생애에 걸친 발달과 변화 강조

10분 만에 정리하는 합격비책

간편하게 들고 다니면서 틈틈이 실력을 향상시킬 수 있도록 소책자에 알짜 키워드를 담았습니다. 시험장에서 마지막으로 빠르게 점검할 수 있는 합격비책입니다.

이 책의 구성과 특징

❶ 자주 출제되는 이론을 확인할 수 있어!

❷ 중요! 개인 교습을 받듯이!

❸ 중요 내용이 색으로 표시돼서 편해!

사회복지사 1급 | 한권으로 끝내기 ○

❶

1회, 7회, 9회, 10회, 12회, 14회, 15회, 16회, 18회, 19회, 20회, 21회, 22회 [기출]

② 종단조사

③ 둘 이상의 시점에서 동일한 분석단위를 연구하는 것을 말한다.

ⓒ 현장조사로 반복적인 측정이 이루어지므로 동태적인 속성을 보인다.

ⓒ 유형에 따라 서로 다른 시점에서 동일 대상자를 추적하여 조사해야 하므로 표본의 크기가 작을수록 좋다.

ⓔ 종단조사는 질적 연구로도 이루어진다. 이는 특히 양적 연구의 한계를 극복하기 위한 것으로서, 계량적 분석으로 생산되는 수많은 통계 수치에 대해 풍부한 설명과 해석을 가능하게 한다.

ⓤ 횡단조사에 비해 복잡하고 비용이 많이 든다.

ⓥ 경향분석 또는 추세조사(Trend Study), 코호트 조사 또는 동년배 조사(Cohort Study), 패널조사(Panel Study) 등이 해당한다.

| 경향분석
(추세조사) | • 일정한 기간 동안 전체 모집단 내의 변화를 연구하는 것으로, 일정 주기별 인구변화에 대한 조사에 해당한다.
• 어떤 광범위한 연구대상의 특정 속성을 여러 시기를 두고 관찰·비교하는 방법이다.
예 1990년대와 2000년대 10대들의 직업선호도를 비교하는 경우 |
| 코호트 조사
(동년배 조사) | • 동기생·동시경험집단 연구 혹은 동류집단연구에 해당한다.
• 일정한 기간 동안 어떤 한정된 부분 모집단의 변화를 연구하는 것으로, 특정 경험을 같이 하는 사람들이 가지는 특성들에 대해 두 번 이상의 다른 시기에 걸쳐서 비교·연구하는 방법이다.
예 1930년대 경제공황기에 태어난 사람들에 대한 경제적 태도의 변화를 연구 |
| 패널조사
(패널연구) | • '패널(Panel)'이라 불리는 특정응답자 집단을 정해 놓고 시간 동안 지속적으로 연구자가 필요로 하는 정보를 획
• 일정 기간의 변화에 대해 포괄적인 자료를 제공하는 화분석이 가능하고 추가적인 자료를 획득할 수 있으며 인과관계를 명백히 할 수 있다.
• 패널의 대표성 확보의 어려움, 부정확한 자료의 제공험으로 인한 패널조건화 현상), 패널 관리의 어려움(예 적·관리에 따른 비용 소요, 정보의 유연성 부족 등을 |

❷ 전문가의 한마디

종단조사는 조사대상을 일정한 시간간격을 두고 2회 이상 관찰하는 조사입니다. 예를 들어, 개인의 노동시장 활동과 같은 장기적 추이를 분석하는 데 활용될 수 있습니다.

전문가의 한마디

경향분석은 매 조사시점에서 조사대상이 동일인이 아니나, 패널조사는 매 조사시점에서 동일인이 조사대상입니다. 코호트 조사는 경향분석과 마찬가지로 조사대상이 동일인은 아니나, 일정한 연령집단으로서 특정 경험을 같이 하는 집단이 조사대상입니다.

전문가의 한마디

패널조건화(Panel Conditioning) 현상은 응답자가 이전에 조사를 한 번 이상 해 보았기 때문에 발생하는 응답상의 변화를 의미하는 것으로, '모름/무응답'의 증가, 사회적 바람직성 편향(Bias)의 증가 등으로 인해 연구결과의 정확성이 떨어질 수 있습니다.

(3) 그 밖의 조사연구 유형 분류 14회 [기출]

① 용도에 따른 분류

| 순수조사 | • 사회적 현상에 대한 지식 자체만을 순수하게 획득하려는 조사이다.
• 조사자의 지적 호기심 충족에 그 목적이 있으며 현장응용도가 낮다. |
| 응용조사 | • 조사결과를 문제해결과 개선을 위해 응용하여 사용하려는 조사이다.
• 조사결과를 활용하려는 데 목적이 있으며 현장응용도가 높다. |

4 국가전문자격 시대로 cafe.naver.com/sdwssd

4 학습정보는 카페에서 확인하자!

② 조사대상의 범위 혹은 표본추출의 여부에 따른 분류 6회 기출

전수조사	• 모집단 전체를 대상으로 조사하는 방식이다. • 경제성과 신속성이 떨어진다.
표본조사	• 모집단의 일부만을 추출하여 이를 토대로 모집단 전체를 추정하는 방식이다. • 경제성이 있으나, 표본추출의 오류가 연구결과에 영향을 미친다.

③ 자료수집의 성격 혹은 데이터의 성격에 따른 분류

양적 조사	• 정량적(Quantitative) 데이터 중심의 양적 측정을 하는 조사이다(예 통계분석 등). • 조사결과의 일반화가 용이하다.
질적 조사	• 정성적(Qualitative) 데이터 중심의 질적 측정을 하는 조사이다(예 현지조사, 심층면접 등). • 조사결과의 일반화에 어려움이 있다.

④ 사례조사와 서베이조사

사례조사	• 특정 사례를 조사하여 문제를 종합적으로 파악하고, 그에 대한 실증적인 분석을 실행하는 조사이다. • 경제성이 떨어지며, 조사결과의 일반화에 어려움이 있다.
서베이조사	• 모집단을 대상으로 추출된 표본에 대하여 표준화된 조사도구(예 설문지 등)를 사용하여 직접 질문함으로써 필요한 자료를 수집하는 조사이다. • 조사결과의 일반화가 용이하나, 설문지 개발에 어려움이 있다.

⑤ 현장연구조사(현지조사)와 실험조사 10회 기출

현장연구조사 (현지조사)	• 연구문제를 설정하거나 가설을 형성하기 위해 현장에 나가서 직접 자료를 수집하는 조사이다. • 연구대상자를 자연적 상황에서 탐구할 수 있다.

• 조사자가 외생적 요인들을 의도적으로 통제하고 인위적인 관찰조건을 조성함으로...에 미치는 인과...있다.

5 바로암기 ○×

질적 조사는 양적 조사와 마찬가지로 평가연구에 활용될 수 있다?

( )

정답 ○

5 공부와 복습을 동시에 할 수 있네?

전문가의 한마디

사례조사는 소수의 사례를 심층적으로 다룸으로써 연구대상에 대한 종합적인 분석이 가능하지만, 시간과 비용 면에서 경제성이 떨어져 연구대상의 대표성 문제로 일반화에 어려움이 있습니다.

7 심화연구실

순수과학과 응용과학 19회 기출

순수과학	• 자연현상이나 사회현상 그 자체를 이론적·체계적으... • 순수자연과학으로 물리학, 화학, 생물학 등이 있고, ...있다.
응용과학	• 순수과학의 이론이나 지식을 활용하여 인간사회에 연구하는 것을 주된 목적으로 한다. • 응용자연과학으로 공학, 의학, 약학 등이 있고, 응용...육학 등이 있다.

6 출제의도 체크

사회복지학은 순수과학이 아닌 응용과학에 속합니다.
▶ 19회 기출

6 출제의도를 파악한 책 봤어?

7 남들보다 깊게 공부해야지!

2024년 제22회 시험분석

1교시 　사회복지기초

'1영역 인간행동과 사회환경'은 이전 시험과 마찬가지로 비교적 평이한 문항들이 주를 이루었습니다. 특징적인 것은 인간발달이론, 사회체계이론 등 다양한 학자들을 중심으로 한 이론적인 내용을 다루는 문항들과 각 발달단계별 특성을 묻는 문항들이 비교적 균등하게 출제되었다는 점입니다. 물론 일부 문항, 예를 들어 체계이론의 주요 개념이나 태내기의 발달적 특징을 묻는 문항 등은 수험생들의 혼란을 일으킬 만한 것으로 보이나, 대다수 문항들이 그동안 사회복지사 자격시험에서 다루어 온 내용들을 충실히 반영하고 있는 것으로 보입니다.

'2영역 사회복지조사론'은 수험생들이 가장 어렵게 생각하는 영역인데, 그 이유는 단순히 이론의 구체적인 내용을 제시하기보다는 이를 응용하는 방식으로 출제되기 때문입니다. 다만, 이번 시험에서는 사례문제의 비중이 줄어든 반면, 이론 진술이나 개념의 진위를 판별하는 방식의 문항들이 상대적으로 증가하였는데, 출제자가 각 선지의 내용들을 교묘하게 변경하여 오답을 유도하는 방식의 문항들이 제법 눈에 띄었습니다. 그로 인해 실험설계, 표본조사 등 까다로운 내용들이 비교적 무난하게 출제되었음에도 이전과 비슷한 난이도를 유지한 것으로 보입니다.

2교시 　사회복지실천

'3영역 사회복지실천론'은 사회복지사 시험에서 주로 출제되는 내용들이 문제로 제시되었으나, 특히 사회복지실천의 윤리와 전문적 관계에 관한 내용이 비중 있게 다루어졌습니다. 예를 들어, 사회복지실천의 윤리와 관련하여 윤리적 쟁점, 윤리적 원칙, 윤리강령 등이 출제되었고, 전문적 관계와 관련하여 전문적 관계의 특성, 기본 요소, 장애요인 등이 출제되었습니다. 난이도는 전반적으로 예전과 비슷한 듯 보이나, 한국 사회복지사 윤리강령의 '클라이언트에 대한 윤리기준'이나 밀포드(Milford) 회의에서 발표된 사회복지실천의 공통요소와 같이 암기를 필요로 하는 문항도 보였습니다.

'4영역 사회복지실천기술론'은 클라이언트 개인이나 가족, 집단을 중심으로 한 여러 가지 모델들이 고르게 출제되었습니다. 정신역동모델, 심리사회모델, 과제중심모델, 위기개입모델, 행동주의모델, 인지행동모델, 해결중심모델 등을 비롯하여 다세대적 가족치료모델, 경험적 가족치료모델, 전략적 가족치료모델 등이 다루어졌습니다. 또한 집단 대상 사회복지실천에서는 집단 모델의 분류와 집단 사회복지실천의 사정단계, 중간단계, 종결단계 등이 고르게 출제되었습니다. 이와 같이 이 영역에서는 출제자가 문제를 고르게 출제하기 위해 고심한 흔적이 보이는데, 이는 다양한 이론 모델에 대한 체계적인 학습의 필요성을 강조합니다.

'5영역 지역사회복지론'은 전반적으로 고른 영역에서 다양한 내용들이 출제되었습니다. 이전에는 지역사회복지실천모델 중 로스만(Rothman), 웨일과 갬블(Weil & Gamble)의 모델에서 다수의 문항이 출제되었다면, 이번에는 특히 포플(Popple)의 모델이 눈에 띄었으며, 지역사회복지실천모델과 관련하여 로스(Ross), 샌더스(Sanders) 등이 제안한 사회복지사의 역할에 관한 문항도 비교적 무난하게 출제되었습니다. 그 밖에 교환이론, 다원주의이론 등 지역사회복지 관련 이론을 비롯하여 지역사회복지실천의 원칙 및 과정에 관한 문제가 이번 시험에도 어김없이 출제되었습니다.

3교시 　사회복지정책과 제도

'6영역 사회복지정책론'은 이번 시험에서 다소 까다롭게 출제되었습니다. 사회복지의 잔여적 개념과 보편적 개념, 선별주의와 보편주의 등 매해 출제되는 기본적인 문제도 있으나, 길버트와 테렐(Gilbert & Terrell)의 전달체계 재구조화 전략이나 미국의 공공부조제도인 TANF와 관련하여 세부적인 내용을 묻는 문제도 출제되었습니다. 그러나 수험생들을 더욱 곤혹스럽게 한 것은 올해 국민기초생활보장제도 수급자 선정 소득기준이나 긴급복지지원제도의 주요 지원 횟수와 같이 최근 정책 경향을 묻는 문제가 출제되었다는 점입니다. 또한 사립학교 교직원의 건강보험료 부담비율을 묻는 문항에서 출제오류가 인정되었습니다.

'7영역 사회복지행정론'도 전반적으로 고른 영역에서 다양한 내용들이 출제되었습니다. 문항들 중에는 굳이 학습을 하지 않고도 맞힐 수 있을 정도로 쉬운 문항도 있으나, 관련 내용을 충분히 학습해야 답안을 명확히 선택할 수 있는 문항도 있었습니다. 또한 직무수행평가나 사회복지서비스 마케팅과 같이 기존에 출제된 내용에 대해서도 그 구체적인 순서나 과정을 묻는 방식으로 출제되었고, 사회복지조직 혁신의 방해 요인에 관한 문제와 같이 사회복지사 시험에 처음 출제된 문제도 보였습니다. 따라서 수험생들 입장에서는 쉬운 듯하면서도 결코 쉽지만은 않았던 것으로 보입니다.

'8영역 사회복지법제론'은 문제 출제가 예상된 범위 내에서 이루어진 만큼 「건강가정기본법」이나 「정신건강증진 및 정신질환자복지서비스 지원에 관한 법률」 등 초출이 이루어지기도 했던 지난 제21회 시험에 비해 비교적 무난했다고 볼 수 있습니다. 또한 「사회복지사업법」, 「사회보장기본법」 등에서 다수의 문제가 출제된 만큼 과거의 출제패턴으로 되돌아온 것으로 보입니다. 다만, 일부 문항들에서 처음 선보인 법률조항과 함께 출제자의 의도적인 함정 지문이 시험의 난이도를 유지시켰다고 볼 수 있습니다.

총 평

사회복지사 1급 자격시험의 2022년 제20회 예비합격률이 '36.62%', 2023년 제21회 예비합격률이 '40.7%'를 기록하는 등 비교적 높은 예비합격률을 보인 반면, 2024년 제22회 예비합격률은 '29.98%'로 상대적으로 낮은 예비합격률을 보이고 있습니다. 이는 이번 시험의 전반적인 난이도를 고려했을 때 예상보다 낮은 수치로 볼 수 있습니다.

사실 지난 시험에서 주된 감점 요인은 제20회 시험의 경우 신출문제의 상대적으로 높은 비중에서, 제21회 시험의 경우 확대된 출제범위에서 찾을 수 있습니다. 그러나 이번 시험은 신출문제의 비중도 그리 높지 않은 데다가 출제범위 또한 비교적 예상된 범위 내에 있었습니다. 다만, 이번 시험에서는 2024년도 기준 정책이나 최근 개정된 법령 관련 구체적인 수치를 묻는 문항과 같이 최신의 정보들을 직접 찾아 학습해야만 맞힐 수 있는 어려운 문항들도 일부 있었으므로 비교적 낮은 예비합격률의 수치를 어느 정도 이해할 수 있겠습니다.

요컨대, 이번 시험은 출제자의 의도와는 상관없이 수험생으로서 올바른 기본자세를 갖추었는지를 시험하는 장이 되었습니다. 보통 사회복지사 자격시험이 1월 말이나 2월 초 경 있었던 사실을 고려했을 때 너무도 이른 시험일시(1월 13일)는 연말연시의 들뜬 분위기에 휩쓸린 수험생들에게 채찍을 가하고, 평소 사회복지에 관한 최신 정보에 둔감한 수험생들에게 불합격의 수모를 안겼다고 볼 수 있습니다. 즉, 벼락치기로 요령을 피운다거나 기본지식만으로 대충 시험을 치르려고 한다면 결코 성공할 수 없습니다. 결국 시험의 성패 여부는 자기 자신의 노력 여하에 달려있음을 유념해야 할 것입니다.

생생 합격수기

불필요한 부분은 과감히 생략하고
중요부분은 세밀하게!

사회복지사 1급 합격자 **김 경 태**

오랜 대학 강단에서의 생활을 뒤로한 채 사회복지로의 새로운 길을 나섰을 때, 저는 따뜻한 봉사에의 열정과 냉정한 현실에의 인식 속에서 방황하였습니다. 이는 과거 시민사회단체에 몸담고 있을 당시 느꼈던 젊은 날의 패기와는 사뭇 다른 것이었습니다. 사회봉사의 막연한 즐거움을 위해 제가 가진 많은 것들을 내려놓아야 한다는 것이 그리 쉽지는 않았습니다. 그로 인해 사회복지사라는 새로운 인생의 명함을 가져야겠다는 굳은 결심을 가지지는 않았습니다. 그러나 사회복지학을 공부하면서 '나'에 대한 관심이 '우리'와 '사회'로 확장하고 있음을 느꼈을 때, 이제는 막연한 행동이 아닌 보다 전문적이고 체계적인 수행의 과정이 필요함을 깨달았습니다. 그것이 바로 제가 사회복지사 1급 자격시험에 도전한 이유였습니다.

언제나 시작에는 시행착오가 따라오기 마련입니다. 더욱이 저는 뒤늦게 시험 준비를 하게 되어 과연 어디서부터 시작해야 하는지 알 수 없었습니다. 이미 2학기 시작과 함께 시험 준비에 몰두하던 동기들을 생각할 때마다 뒤쳐진 제 자신의 모습이 안타까웠습니다. 그래도 일단 결심을 굳힌 만큼 작은 목표를 향해 돌진하기로 마음먹었습니다. 8영역이나 되는 방대한 분량이 부담스럽게 다가왔지만, 대학교재와 함께 전문 학습서를 함께 이용하여 나만의 체계적인 공부법을 개발하였습니다.

한 과목에 이틀의 시간을 부여하여, 하루는 학습서에 중요한 내용들을 정리하고, 다음 하루는 정리한 내용들을 숙지하는 방식이었습니다. 공부할 내용이 많으므로 최대한 불필요한 부분을 제외하는 과정이 필요했습니다. 중요한 부분에는 나만의 표시를 해두고, 대학교재에서 관련된 내용을 점검하는 것도 잊지 않았습니다. 따로 정리노트를 만들지는 않았지만, 학습서에 정리한 내용들로 그것을 대체하였습니다. 정리한 내용들을 숙지한 이후 예상문제들을 살펴보는 것도 잊지 않았습니다. 아무래도 학습서의 내용은 요약된 것이기에, 다른 중요한 사항들을 놓칠 수도 있기 때문입니다. 아마도 시험에 응시한 다른 분들도 대부분 비슷한 방법을 이용하지 않았을까 생각해봅니다. 하지만 이미 시험을 치른 경험자로서 사회복지사 1급 시험에 합격하기 위한 기본적인 자세에 대해 이야기하고 싶습니다.

첫째, 암기는 삼가라.

방대한 공부 분량을 암기로 소화한다는 것은 무리입니다. 그것은 오히려 공부에의 열의를 떨어뜨릴 수 있는 극약이 될 수 있습니다. 더욱이 최근 시험에서는(특히 사회복지법제론의 경우) 중요부분에 대한 집중적인 질문보다는 다양한 범위에서의 매우 포괄적인 질문이 많이 제시되었습니다.

둘째, 문제를 많이 풀어보라.

사실 저는 기출문제들을 많이 접하지는 못했습니다. 다만 학습서에 있는 문제들을 풀어보며, 내용 정리에서 놓친 부분들을 많이 보완할 수 있었습니다. 그리고 무엇보다도 문제를 많이 풀어봄으로써 시험에 대한 감각을 조율할 수 있었습니다.

셋째, 시간 사용에 유의하라.

이 말은 단지 학습 진도를 효율적으로 관리하라는 의미만은 아닙니다. 고사장에서 매 교시 주어지는 시간이 문제를 세심히 살피는 데 넉넉한 것은 아니므로, 문제풀이에 몰두하는 가운데 종종 시간을 확인하는 과정이 필요하다는 것입니다. 이는 시험을 보기 전날 실전상황을 가정하여 기출문제를 풀어보는 것으로 해결되리라 생각합니다.

선택의 결과에 대한 책임이 언제나 본인에게 있듯, 합격의 여부 또한 평소 자신이 얼마나 열심히 공부에 임했는가에 달려있는 듯합니다. 저와 마찬가지로 새로운 도전에 임하여 미래를 꿈꾸는 모든 분들께 좋은 결과가 있기를 진심으로 기원합니다.

새롭게 공부를 시작한다면...
그래, 이왕 하는 거 끝을 보자!

사회복지사 1급 합격자 **최 소 은**

3년 전 저는 가정주부로서 반복되는 일상에 이미 지친 상태였습니다. 그리고 아이를 낳은 이후에는 점점 '나'의 존재가 작아지는 듯한 느낌에 약간의 우울증을 앓기까지 하였습니다. 오후 시간 아이를 낮잠 재우고 잠시 집안일에서 벗어날 때면, 알 수 없는 우울한 감정이 가슴 깊숙한 곳에서 올라오는 것이었습니다. 더 이상 남편도 아이도 나의 생활에 활기를 북돋워주기에는 역부족이라는 사실을 깨닫게 되었습니다.

그러던 어느 날 학창시절 절친했던 한 친구의 전화를 받았습니다. 그 친구와 마지막으로 연락을 한 것도 이미 수년이 지났습니다. 전화상 친구의 목소리는 매우 밝았습니다. 오랜 기다림 끝에 만난 연인처럼, 우린 그동안에 일어났던 사소한 일들에 대해 수다를 나누었습니다. 그러던 중 그 친구도 저와 비슷하게 우울증을 앓았음을 알게 되었습니다. 그리고 결혼하기 직전 많은 조언을 건네주었듯, 이번에도 그 친구는 제게 인생의 선배로서 자신의 경험담을 늘어놓았습니다. 자신의 삶을 찾기 위해 사회복지사를 공부하게 된 것, 그리고 지역아동센터에서 일을 하게 된 것 등… 저는 친구의 이야기를 들으면서 그것이 곧 나의 미래임을 직감하게 되었습니다. 제가 사회복지사 공부를 하기로 결심한 계기는 그와 같습니다.

오랫동안 책을 멀리 했기에 새롭게 공부를 시작한다는 것이 쉽지는 않았습니다. 더욱이 아이를 키우는 입장이라 일반대학은 생각도 할 수 없었습니다. 하지만 이미 결심을 굳힌 터라 사이버 온라인 강의를 신청하였고, 주경야독의 힘든 역경을 이겨내자고 스스로를 다독였습니다. 시험에 대한 엄청난 스트레스를 극복하고 한 학기를 무사히 마쳤습니다. 친정어머니의 도움으로 실습도 끝냈습니다. 하지만 문득 친구의 말이 떠올랐습니다. "시간만 있으면 1급 시험을 볼 텐데…"라는 아쉬움의 한숨과 함께…

저는 순간 지금의 도전을 끝까지 밀고 나가고 싶은 열의에 사로잡혔습니다.

시험에 대비하기 위해서는 대학교재보다 수험서를 이용하는 것이 낫다는 주위의 충고를 듣고, 시대에듀의 수험서를 구매하였습니다. 확실히 시험에 나오는 것들을 중심으로 정리가 체계적으로 되어 있고 중요한 부분에 대한 보충설명이 비교적 상세히 나와 있어, 공부를 하는 데 훨씬 수월하였습니다. 중요한 단어나 문장에 대해 등급을 나누어 형광펜으로 체크를 해두었고, 시험 전날을 대비하기 위해 암기용 노트를 작성하기도 하였습니다. 또한 어떤 문제들이 출제되고 있는지 기출문제를 점검하고, 공부한 내용들을 재확인하기 위해 수시로 예상문제들을 살펴보았습니다.

실제 시험문제들을 접해보니, 생각보다 쉬운 게 아님을 알게 되었습니다. 온라인 강의로 들었던 내용들에서 벗어나 시사 상식이라든지 사회적인 이슈 등이 매우 포괄적으로 다루어지고 있음을 확인하게 되었습니다. 그래서 수험서 한 쪽 귀퉁이에 신문에 게재된 사회복지관련 기사들을 붙여놓고는 이론적인 내용과 접목시켜 보는 것도 잊지 않았습니다.

시험 날 아이를 남편에게 맡기고는 비장한 각오로 시험장을 향했습니다. 아마도 1년에 단 한 번인 기회라, 더욱이 친정과 남편에게 양해를 구하며 어렵게 해왔던 공부라, 이번이 아니면 끝이라는 생각이 마음을 더욱 무겁게 만들었나 봅니다. 무사히 모든 시험을 마치고 집으로 향하던 길… 저는 다시금 친구의 말을 되새겨 보며 가슴 속으로 이렇게 외쳤습니다.
"이제 시작이다!"

지역아동센터에서 사회복지사로 일을 시작하게 되었을 때, 저는 남편과 아이에 대한 미안함보다는 그동안 잃어버린 그 무엇을 되찾은 듯한 마음에 들떠있기까지 하였습니다. 아마도 센터를 찾는 아이들의 밝은 미소가 제 마음에 있던 어두운 그림자를 사라지게 만든 것 같습니다. 시작이 반이라는 말이 있는 것처럼, 제 인생의 절반도 이제부터 시작하게 된 것입니다.

이것이 궁금해요

Q 사회복지사는 무슨 일을 하나요?

A 사회복지사는 개인적, 가정적, 사회적으로 어려움을 겪고 있는 사람들이 스스로 문제를 해결하여 자신이 원하는 삶을 찾고, 안정된 생활을 할 수 있도록 돕는 전문인력입니다. 사회복지사는 과거 아동보육시설과 공공부문에서만 활동하던 것에서 최근에는 기업, 학교, 군대, 병원 등으로 활동영역이 확대되었으며, 다양한 분야에서 사회복지에 대한 수요가 증가하고 있는 만큼 향후 사회 전반에서 사회복지사의 업무가 요구될 것으로 보입니다.

Q 사회복지사 자격증을 취득하기 위해 어떤 조건이 필요한가요?

A 대학에서 사회복지학을 전공하거나, 학점은행제, 평생교육원 등에서 필요한 수업을 이수하여 자격을 취득할 수 있습니다. 일정 학점의 수업이수와 현장실습 요건이 충족되면 사회복지사 2급 자격의 취득이 가능하며, 2020년 입학생부터는 17과목의 수업이수와 160시간의 현장실습 요건을 충족해야 합니다. 1급은 사회복지학 학사학위 취득자, 대학원에서 사회복지학 또는 사회사업학을 전공한 석사 또는 박사학위 취득자가 별도의 시험을 통해 자격을 취득하게 됩니다.

사회복지사 2급 자격증을 취득하는 인력이 많아지면서 기관에 따라서 1급 자격증 소지자에 대한 요구로 차별화가 있을 수 있으며, 장기적으로 사회복지현장에서 일하며 관리자급으로 승진 및 경력을 쌓고자 한다면 사회복지사 1급 자격증을 취득하는 것이 경쟁력이 있다고 할 수 있겠지요.

Q 사회복지사는 어떤 적성을 가진 사람에게 적합할까요?

A 투철한 소명의식과 봉사정신을 갖춘 사람에게 적합하며, 관련 분야에 대한 충분한 전문지식과 직업인으로서의 사명감이 있어야 사회복지사로 활동할 수 있습니다. 복지서비스 수요자를 직접 대면하는 일이 많은 만큼 사람에 대한 공감능력과 이해심, 사회성이 요구됩니다. 직무수행 과정에서 다양한 일이 발생하므로 직관적인 대처능력도 필요합니다. 복지서비스 대상자와의 관계를 수평적으로 설정하고 파트너십을 형성하며, 사람의 삶이 변화되는 과정에 대한 책임감과 대상자에 대한 진실성 있는 자세도 중요합니다.

또한, 국민의 세금으로 복지제도가 운영되는 만큼 최소 비용으로 최대의 효과를 낼 수 있는 복지 서비스를 기획할 수 있어야 하며, 복지 대상자를 결정할 합리적 기준도 마련해야 합니다. 따라서 냉철한 판단력이 요구됩니다.

사회복지 프로그램 및 서비스를 지속적으로 개발해야 하므로 다양한 분야에 대한 호기심과 높은 창의력도 필요합니다.

Ⓠ 사회복지사 1급 시험의 응시현황과 합격률이 궁금합니다. 알려주세요.

Ⓐ 사회복지사 1급 연도별 현황

구분	응시인원(명)	합격인원(명)	합격률(%)	시험과목	문항 수
22회(2024)	25,458	7,633	29	필수 8과목	200
21회(2023)	24,119	9,673	40		
20회(2022)	24,248	8,753	36		
19회(2021)	28,391	17,158	60		
18회(2020)	25,462	8,388	32		
17회(2019)	22,646	7,734	34		
16회(2018)	21,975	7,352	34		
15회(2017)	19,514	5,250	27		
14회(2016)	20,946	9,846	47		
13회(2015)	21,393	6,764	31		
12회(2014)	22,600	6,364	28		
11회(2013)	20,544	5,809	28		240
10회(2012)	23,627	10,254	43		
9회(2011)	21,868	3,119	14		
8회(2010)	23,050	9,700	42		
7회(2009)	22,753	7,081	31		
6회(2008)	19,493	9,034	46		
5회(2007)	16,166	4,006	25		
4회(2006)	12,151	5,056	42		
3회(2005)	8,635	3,731	43		
2회(2004)	7,233	4,543	63	필수 6과목 선택 2과목	300
1회(2003)	5,190	3,487	67		

Ⓠ 정신보건사회복지사 자격증을 취득하고 싶어요!

Ⓐ 정신보건사회복지사는 사회복지사 1급 자격 소지자가 보건복지부장관이 지정한 전문요원수련기관에서 1년 이상의 수련을 마치고 자격시험에 통과하면 정신보건사회복지사 2급을 취득할 수 있습니다. 사회복지학 또는 사회사업학을 전공한 석사학위 이상 소지자가 전문요원수련기관에서 3년 이상의 수련을 마치면 정신보건사회복지사 1급 자격을 취득할 수 있습니다.

이 책의 목차

제1영역

인간행동과 사회환경

제1영역

인간행동과 사회환경

중요키워드

01 | 인간행동발달과 사회복지

KEY POINT

■ '인간행동발달과 사회복지' 영역에서는 인간발달의 원리가 자주 시험에 출제되고 있으며, 각 발달단계에 따른 발달과업도 예제를 통해 제시되고 있다.

■ 프로이트의 정신분석이론에서는 의식·전의식·무의식과 함께 원초아·자아·초자아 개념에 대한 이해가 중요하며, 구강기에서부터 생식기에 이르는 성격발달단계를 숙지할 필요가 있다. 또한 방어기제는 거의 매해 출제되고 있으며, 특히 예를 통해 제시되므로 완전한 이해가 요구된다.

■ 에릭슨의 심리사회이론에서는 자아정체감과 점성원칙 등의 개념을 이해해야 하며, 각 발달단계별 특성은 거의 매해 출제되고 있다.

■ 융의 분석심리이론에서는 원형, 페르소나, 음영 등의 용어 정리가 필요하며, 특히 융이 중년기의 변화에 관심을 가졌다는 점을 기억해 둘 필요가 있다.

■ 아들러의 개인심리이론에서는 이론의 주요내용과 함께 열등감과 보상, 우월성, 사회적 관심 등의 개념 이해가 중요하다.

■ 스키너의 행동주의이론에서는 조작적 조건형성의 기본원리와 함께 강화와 벌, 강화계획을 반드시 기억해 둘 필요가 있다.

■ 반두라의 사회학습이론에서는 모방과 인지, 자기강화, 자기효율성 등의 개념을 살펴보아야 하며, 특히 관찰학습과정은 빈번히 출제되므로 순서에 따라 기억해야 한다.

■ 피아제의 인지발달이론에서는 특히 각 발달단계에 따른 특성이 매우 중요하며, 도식, 적응 등의 용어도 기억해야 한다.

■ 콜버그의 도덕성 발달이론은 최근 빈번히 출제되고 있으며, 특히 인지발달수준에 따른 도덕성 발달단계를 기억해 두어야 한다.

01절 인간발달

1 인간발달의 이해

(1) 발달의 개념

① 의 미
ㄱ 발달은 일생에 걸쳐 점진적으로 일어나는 체계적인 변화를 의미한다.
ㄴ 신체적·심리적·사회적 영역에서 일어나는 전체적인 변화를 의미한다.

② 유사개념 10회, 11회, 18회, 20회 기출

성 장 (Growth)	• 신체 크기의 증대, 근력의 증가, 인지의 확장 등과 같은 양적 확대를 의미한다. • 특히 신체적 부분에 국한된 변화를 설명할 때 주로 사용된다.
성 숙 (Maturation)	• 부모로부터 받은 유전인자가 지니고 있는 정보에 따라 일어나는 변화를 의미한다. • 경험이나 훈련에 관계없이 일어나는 것으로, 내적·유전적 메커니즘에 의해 출현되는 신체적·심리적 변화를 말한다.
학 습 (Learning)	• 훈련과정을 통해 행동이 변화하는 과정을 의미한다. • 특수한 경험이나 훈련 또는 연습과 같은 외부자극이나 조건, 즉 환경에 의해 개인이 내적으로 변하는 것을 의미한다.

전문가의 한마디

발달(Development)은 양과 질의 상승적·퇴행적 변화를 모두 포함하므로 성장보다 넓은 개념이며, 유전과 환경의 상호작용에 의해 이루어지는 변화를 의미하므로 성숙(Maturation)보다 넓은 개념입니다. 또한 경험이나 훈련은 물론 유전적 요인에 의한 변화까지 포함하므로 학습(Learning)보다 넓은 개념입니다.

(2) 인간발달의 관점 10회, 12회 기출

① 인간발달은 전 생애에 걸쳐 나타나는 질서정연하고 연속적인 과정이다.

② 상승적 변화와 퇴행적(하강적) 변화를 의미한다.

③ 양적 변화와 질적 변화, 내적 변화와 외적 변화를 포함한다.

④ '환경 속의 인간(Person in Environment)'은 인간발달 이해를 위한 기본 관점이다.

⑤ 개인의 유전형질도 인간발달에 영향을 미친다.

⑥ 인간행동 양식의 전체적인 맥락 안에서 분석되어야 한다.

⑦ 생물학적 · 심리적 · 사회적 체계를 포괄적으로 고려해야 한다.

(3) 인간발달의 기본전제 6회, 12회, 15회 기출

① 인간은 부분이 아닌 전체로서 이해되어야 한다.

② 인간발달은 모체 내에 수태되는 순간부터 죽음에 이르는 순간까지 긴 인생과정에 걸쳐 일어나는 모든 변화를 포함한다.

③ 인간의 삶은 시간에 따라 진행되면서 지속성과 변화의 양상을 보인다.

④ 인간의 발달과 행동은 그에 관련된 상황이나 인간관계의 맥락에서 분석되어야 한다.

⑤ 인간행동의 이해를 위하여 유전적 요인과 환경적 요인의 상호작용을 분석하여야 한다.

⑥ 생애주기의 연령구분은 국가와 사회적 환경에 따라 다양하게 나타난다.

(4) 인간발달의 원리 1회, 4회, 5회, 6회, 7회, 9회, 10회, 13회, 14회, 15회, 16회, 17회, 18회, 19회, 20회, 21회, 22회 기출

① **일정한 순서 및 방향성**

상부(상체)에서 하부(하체)로, 중심부위에서 말초부위로, 전체활동에서 특수활동의 방향으로 발달이 진행된다.

② **연속성**

발달은 전 생애를 통하여 계속된다. 그러나 발달의 속도가 일정한 것은 아니다.

③ **유전 및 환경과의 상호작용**

발달은 유전적 요인뿐만 아니라 외부로부터 받은 환경과의 상호작용으로 진행된다.

④ **개인차의 존재**

발달은 일관된 주기에 따라 지속되고 누적되므로 미리 예측이 가능하다. 다만, 발달에는 개인차가 존재하므로 발달의 속도나 진행 정도가 동일하지 않다.

⑤ **분화와 통합의 과정**

발달은 분화와 통합의 과정으로 진행된다.

바로암기 OX

인간발달은 퇴행적 변화보다는 상승적 변화를 의미한다?

( )

해설

인간발달은 상승적 변화와 함께 퇴행적 변화를 의미한다.

정답 ×

제1영역

전문가의 한마디

인간 삶은 여러 기능이 통합된 방식으로 활동하므로, 부분이 아닌 전체로서 이해되어야 합니다.

출제의도 체크

인간발달의 순서 및 방향성, 즉 상부에서 하부로, 중심부위에서 말초부위로, 전체활동에서 특수활동으로 이루어진다는 점을 기억해 두세요. 이를 반대로 제시하여 문제를 출제하고 있습니다.

▶ 14회 기출

⑥ 점성원리(점성원칙)

발달은 기존의 기초 위에서 다음의 발달이 이루어지며 점성의 원리가 적용된다.

⑦ 결정적 시기의 존재

신체발달 및 심리발달에는 발달이 가장 용이하게 이루어지는 적절한 시기, 즉 결정적 시기(Critical Period)가 있다.

2 인간발달과 사회복지실천의 관계

(1) 인간행동과 사회환경의 사회복지실천에서의 의미

① 클라이언트의 욕구와 문제의 파악

인간행동은 사회복지실천에서 클라이언트의 욕구와 문제를 파악할 수 있는 핵심체로서 중요한 의미를 가진다.

② 사회복지사의 활동 현장

사회복지사는 클라이언트, 클라이언트의 가족과 동료집단 등은 물론 자신이 근무하고 있는 기관이나 조직, 지역사회 안에서 활동하므로, 이들 개인과 사회환경은 사회복지사의 주요 활동 현장이라고 할 수 있다.

③ 클라이언트에의 영향체계

클라이언트를 둘러싼 사회환경으로서 가족, 집단, 조직, 지역사회 등은 클라이언트에게 다양한 유형의 영향을 미친다.

(2) 인간발달이론이 사회복지실천에 미친 영향(인간발달이론의 유용성)

6회, 11회, 12회, 13회, 14회, 17회, 21회 기출

① 인간의 전반적 생활주기를 이해할 수 있는 개념의 준거틀을 제공한다.

② 발달에 영향을 미치는 사회적 영향력을 평가할 수 있는 준거틀을 제공한다.

③ 인간과 환경 간의 상호작용을 파악할 수 있도록 한다.

④ 출생에서 사망에 이르기까지 각 발달단계에서 수행해야 할 발달과업을 제시한다.

⑤ 개인의 발달에 영향을 주는 다양한 신체적, 심리적, 사회적 요인을 이해할 수 있도록 한다.

⑥ 개인의 적응과 부적응을 판단하기 위한 기준을 제공한다.

⑦ 개인적인 발달상의 차이를 파악할 수 있도록 한다.

⑧ 개인의 성장 과정에서 나타나는 문제의 원인을 이해하는 데 도움을 준다.

⑨ 특정 발달단계에서 특징적으로 나타나는 발달적 요인을 설명할 수 있다.

⑩ 이전 단계의 결과를 토대로 각 단계의 성공 및 실패 여부를 설명할 수 있다.

⑪ 생활전이(Life Transition), 즉 생활상의 전환 과정에 따른 안정성 및 변화 양상을 파악할 수 있다.

⑫ 다양한 연령층의 클라이언트를 이해할 수 있는 기반을 제공한다.

⑬ 발달단계별 욕구에 따른 사회복지제도의 기반을 제공한다.

심화연구실

인간행동과 성격 17회 기출

- 인간행동의 이해와 개입을 위해서는 성격의 이해가 필요하다.
- 인간행동은 개인의 성격특성에 따라 다르게 표출된다.
- 성격은 개인을 특징짓는 지속적이고 일관된 행동양식이다.
- 성격을 이해하면 행동의 변화추이를 예측할 수 있다.
- 성격이론은 인간행동의 수정 방법을 찾는 데 도움이 된다.

출제의도 체크

인간발달이론은 다양한 클라이언트들의 발달적 특성에 대한 '획일적인 이해', '정형화된 이해'를 추구하지 않습니다.

▶ 13회 기출

02절 인간행동에 관한 주요 이론 – 정신역동적 관점

1 프로이트의 정신분석이론 13회, 20회, 21회 기출

(1) 의 의

① 프로이트(Freud)의 정신분석이론은 인간행동의 이해와 정신치료의 새로운 지평을 열었을 뿐만 아니라 사회복지실천의 과학적 토대를 구축하는 데 기여하였다.

② 그는 무의식의 세계를 분석하고자 하였으며, 특히 심리적 동기인 성적 충동과 공격적 충동이 개인의 심리적 기능에 미치는 영향에 몰두하였다.

③ 그의 이론은 개인의 심리내적 갈등이 무의식의 동기에서 비롯된다는 것을 인식하도록 하였다.

(2) 특 징 4회, 8회, 11회 기출

① 정신적 결정론(심리결정론)

인간의 기본적 성격구조는 대략 5세 이전의 과거 경험에 의해 결정된다.

② 무의식의 강조

인간의 행동은 의식적 과정이라기보다는 인식할 수 없는 무의식에 의해 동기가 유발된다.

③ 심리성적 욕구의 강조

인간의 무의식적 동기 중 심리성적 욕구, 즉 '리비도(Libido)'가 인간의 행동과 사고의 동기가 된다.

④ 내적 갈등의 역동

인간 정신은 다양한 힘들이 상호작용하는 에너지 체계이다. 개인은 이러한 에너지를 방출하여 긴장을 감소하고자 하나 사회의 통제에 의해 제약을 받는다.

(3) 주요 개념 7회, 8회, 13회, 16회 기출

① 리비도(Libido)

성본능·성충동의 본능적인 성적 에너지를 말하는 것으로, 개인의 행동과 사고의 동기가 되는 동시에 그것에 영향을 미친다.

② 자유연상(Free Association)

검토하거나 순서대로 생각하지 않은 채 의식에 따라 떠오르는 모든 것을 이야기하도록 하는 방법이다.

③ 정신의 구조(지형학적 모형)

의 식 (Consciousness)	어떤 순간에 우리가 알거나 느낄 수 있는 모든 감각과 경험으로서, 특정 시점에서 인식하는 모든 것을 말한다.
전의식 (Preconsciousness)	의식과 무의식의 교량역할로서, 현재는 의식하지 못하지만 조금만 노력하면 의식으로 가져올 수 있는 정신세계의 일부분이다.
무의식 (Unconsciousness)	욕구나 본능이 깊게 자리하고 있는 영역으로서, 인식할 수 없고 직접적으로 확인할 수도 없으나 의식적 사고의 행동을 전적으로 통제하는 힘이다.

④ 성격의 구조(구조적 모형)

원초아 (Id)	쾌락의 원리(Pleasure Principle)에 따라 작동하는 성격의 원초적(일차적)·본능적 요소로서, 행동의 힘을 부여하는 근원적인 생물학적 충동(식욕, 성욕 등)을 저장하고 있다.
자 아 (Ego)	현실의 원리(Reality Principle)에 따라 작동하는 성격의 의사결정 요소로서, 즉각적인 만족을 추구하려는 원초아(Id)와 현실을 중재하는 성격의 실행자(집행자), 조정자로서의 역할을 한다.
초자아 (Superego)	도덕의 원리(Moral Principle)에 따라 작동하는 개인 내면세계의 사회적 규범과 도덕성을 나타내는 요소로서, 부모가 아이에게 전달하는 사회의 가치와 관습, 양심과 자아 이상의 두 측면이 있다.

바로암기 O X

초자아(Superego)는 현실원리에 지배되며 성격의 실행자이다?

( )

해설

성격의 실행자 역할을 하는 것은 자아(Ego)이다.

정답 ×

전문가의 한마디

원초아(Id)는 일차적 사고 과정과 쾌락 원칙을 따르는 반면, 자아(Ego)는 이차적 사고 과정과 현실 원칙을 따릅니다.

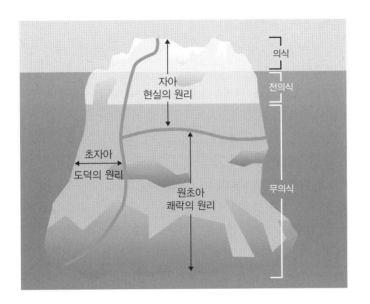

바로암기 O X

자아(Ego)는 의식, 전의식, 무의식의 세 측면을 모두 가지고 있다?

( )

정답 ○

(4) 심리성적 발달단계 2회, 3회, 5회, 6회, 13회, 16회, 19회 **기출**

① 구강기 또는 구순기(Oral Stage, 0~1세)

ㄱ 아동은 구강기 전기에 빨기·삼키기에서 일종의 자애적 쾌락을 느끼며, 구강기 후기에는 이유에 대한 욕구불만에서 어머니에 대한 최초의 양가감정(Ambiva-lence)을 경험한다.

ㄴ '구강수동적(구강수용적) 성격'은 낙천적이고 타인에게 의존적인 반면, '구강공격적(구강가학적) 성격'은 논쟁적이고 비판적이며 타인을 지배하려 하는 특성을 지닌다.

ㄷ 구강기에 고착된 사람은 손가락 빨기, 손톱 물어뜯기, 음주와 흡연, 수다 떨기 등 구강 만족을 위한 습관적 행동을 나타내 보일 수 있다. 반면, 이 시기에 욕구충족이 적절히 이루어진 사람은 자신감 있고 관대하며, 외부세계에 대해 신뢰감을 가지는 안정된 성격을 형성하게 된다.

② 항문기(Anal Stage, 1~3세)

ㄱ 아동은 배변훈련을 통해 사회화의 기대에 직면하게 된다. 이때 배변훈련을 조급하거나 억압적으로 시키면 성인이 되어서도 항문기 고착현상이 나타난다.

ㄴ '항문공격적(항문폭발적) 성격'은 파괴적이고 강한 소유욕을 보이게 되며, '항문보유적 성격'은 결벽증, 인색함, 완벽주의 성향을 보이게 된다.

ㄷ 이 시기에 욕구충족이 적절히 이루어진 사람은 독립적이고 자기주장적이며, 타인과의 관계에서 협력적인 성격을 형성하게 된다.

전문가의 한마디

구강기의 과도한 욕구충족은 '구강수동적(구강수용적) 성격'을, 구강기의 과도한 욕구좌절은 '구강공격적(구강가학적) 성격'을 유발합니다.

전문가의 한마디

부모가 배변훈련을 지나치게 느슨하게 시킬 경우 '항문공격적(항문폭발적) 성격'을, 배변훈련을 지나치게 엄격하게 시킬 경우 '항문보유적 성격'을 유발합니다.

③ 남근기(Phallic Stage, 3~6세)

㉠ 아동이 이성 부모에게 관심을 갖는 시기이다.

㉡ 남아는 오이디푸스 콤플렉스(Oedipus Complex), 여아는 엘렉트라 콤플렉스(Electra Complex)를 경험하게 된다. 이때 남아는 거세불안을, 여아는 남근선망을 경험하게 된다.

㉢ 아동은 자신을 부모와 동일시함으로써 적절한 역할을 습득하여 양심이나 자아이상을 발달시켜나가며, 이를 통해 초자아가 성립된다.

④ 잠복기 또는 잠재기(Latency Stage, 6~12세)

㉠ 다른 단계에 비해 평온한 시기로, 성적 욕구가 억압되어 성적 충동이 잠재되어 있는 시기이다.

㉡ 지적 탐색이 활발하게 이루어지며, 지적 활동에 에너지를 집중시킨다.

㉢ 리비도는 친구(동성친구)에게로 향하며, 동일시의 대상도 친구가 된다.

⑤ 생식기(Genital Stage, 12세 이후)

㉠ 잠복되어 있던 성 에너지가 무의식에서 의식의 세계로 나오게 된다.

㉡ 신체적·생리적 능력 역시 갖추고 있는 시기로, 2차 성징의 발현 등 사춘기의 변화를 경험한다.

㉢ 리비도는 또래의 이성친구에게로 옮겨가며, 이성에 대한 관심과 호기심이 높아진다.

심화연구실

오이디푸스 콤플렉스와 엘렉트라 콤플렉스

오이디푸스 콤플렉스 (Oedipus Complex)	남아가 어머니를 성적으로 사랑하게 되면서 경험하는 딜레마이다. 이때 남아는 아버지를 경쟁자로 생각하고 적대적인 감정을 가지며, 아버지와의 관계 때문에 점차 거세불안을 느끼게 된다. 적절한 방어기제를 사용하면 이 콤플렉스를 성공적으로 해결할 수 있다.
엘렉트라 콤플렉스 (Electra Complex)	여아가 아버지와 성적으로 사랑에 빠지고 그로 인해 어머니에게 적개심을 품게 되는 딜레마이다. 이때 여아도 거세불안을 느끼는데, 이는 남근이 없다는 인식에서 출발하기 때문에 남아가 느끼는 거세불안과 다르다. 여아는 유아기 때 자신의 남근이 거세되었다고 믿고 그것 때문에 어머니를 비난하며 남아보다 열등하다고 생각하는데, 이를 '남근선망 (Penis Envy)'이라고 한다.

(5) 불안(Anxiety) 17회 **기출**

① 의의 및 특징

각 개인에게 피해야만 하는 절박한 위험의 원천을 알려주는 자아의 기능으로서, 위급한 상황에 적합한 방법으로 반응하는 것이다.

② 유 형

현실적 불안 (Reality Anxiety)	자아가 지각한 현실세계에 있는 위협 상황에 대한 두려움이다.
신경증적 불안 (Neurotic Anxiety)	원초아의 충동이 의식될지도 모른다는 위협을 느낄 때 생기는 두려움이다.
도덕적 불안 (Moral Anxiety)	원초아와 초자아 간의 갈등에서 느끼는 양심에 대한 두려움이다.

전문가의 한마디

신경증적 불안(Neurotic Anxi-ety)은 현실을 고려하여 작동하는 자아(Ego)와 본능에 의해 작동되는 원초아(Id) 간의 갈등에서 비롯됩니다.

(6) 방어기제(Defense Mechanism)

① 의의 및 특징 2회, 5회, 9회, 13회 기출

ㄱ 자아를 보호하기 위한 무의식적 과정이다.

ㄴ 갈등과 불안에 대처하기 위해 자아가 사용하는 심리적 기제이다.

ㄷ 한 번에 한 가지 이상의 기제를 사용하기도 한다.

ㄹ 여러 번 사용할 경우 심리적 문제를 일으킬 수 있다.

ㅁ 정상성과 병리성의 판단기준으로는 철회가능성, 균형, 강도 및 연령 적절성 등이 있다.

ㅂ 이론을 정립한 사람은 안나 프로이트(Anna Freud)이다.

ㅅ 실패 · 죄책감 · 박탈 등을 줄이고 자존감을 유지하려 한다.

② 종 류 1회, 2회, 3회, 5회, 6회, 7회, 9회, 10회, 12회, 15회, 16회, 17회, 18회, 22회 기출

억 압 (Repression)	죄의식이나 괴로운 경험, 수치스러운 생각을 의식에서 무의식으로 밀어내는 것으로서 선택적인 망각을 의미한다. 예 자신의 애인을 빼앗아 결혼한 친구의 얼굴을 의식하지 못하는 경우
부인 또는 부정 (Denial)	의식화되는 경우 감당하기 어려운 고통이나 욕구를 무의식적으로 부정하는 것이다. 예 애인이 교통사고로 사망했음에도 불구하고 그의 죽음을 인정하지 않은 채 여행을 떠난 것이라고 주장하는 경우
합리화 (Rationalization)	현실에 더 이상 실망을 느끼지 않기 위해 또는 정당하지 못한 자신의 행동에 그럴듯한 이유를 붙이기 위해 자신의 말이나 행동을 정당화하는 것이다. 예 여우가 먹음직스러운 포도를 발견하였으나 먹을 수 없는 상황에 처했을 때 "저 포도는 신 포도라서 안 먹는다"고 말하는 경우
반동형성 (Reaction Formation)	자신이 가지고 있는 무의식적 소망이나 충동을 본래의 의도와 달리 반대되는 방향으로 바꾸는 것이다. 예 남편이 바람피워 데려온 아이를 싫어함에도 그 부인이 오히려 과잉보호로 키우는 경우

바로암기 ○×

환자가 자신이 불치병에 걸렸음을 알고도 미래의 계획을 화려하게 세우고 있다면, 이는 방어기제 중 '퇴행(Regression)'으로 볼 수 있다?

( )

해설

부인 또는 부정(Denial)에 해당한다.

정답 ×

전문가의 한마디

심리적인 갈등이 신체적인 증상으로 나타나는 방어기제로 전환(Conversion) 및 신체화(Somatization)가 있습니다. 전환은 심리적인 갈등이 신체 감각기관이나 수의근계통의 증상으로 표출되는 것인 반면, 신체화는 그 이외의 신체증상으로 표출되는 것입니다.

전문가의 한마디

동일시(Identification)의 일종으로 '적대적 동일시(Hostile Identification)' 혹은 '부정적 동일시(Negative Identification)'가 있습니다. 동일시는 보통 자신이 좋아하거나 존경하는 대상과 자기 자신을 일치시키려는 경향으로 나타나지만, 적대적(부정적) 동일시는 반대로 다른 사람의 닮지 말아야 할 속성을 자신의 것으로 끌어들이는 것입니다.

투 사 (Projection)	사회적으로 인정받을 수 없는 자신의 행동과 생각을 마치 다른 사람의 것인 양 생각하고 남을 탓하는 것이다. 예 어떤 일의 잘못된 결과에 대해 상사나 아랫사람에게 그 책임을 전가하는 경우
퇴 행 (Regression)	생의 초기에 성공적으로 사용했던 생각이나 감정, 행동에 의지하여 자기 자신의 불안이나 위협을 해소하려는 것이다. 예 대소변을 잘 가리던 아이가 동생이 태어난 후 밤에 오줌을 싸는 경우
전치 또는 치환 (Displacement)	자신이 어떤 대상에 느낀 감정을 보다 덜 위협적인 다른 대상에게 표출하는 것이다. 예 종로에서 뺨 맞고 한강에서 눈 흘긴다.
격리 또는 분리 (Isolation)	과거의 고통스러운 기억에서 동반된 부정적인 감정을 의식으로부터 격리(분리)시켜 무의식 속에 억압하는 것이다. 예 직장 상사와 심하게 다툰 직원이 자신의 '상사살해감정'을 무의식 속으로 격리시킨 채 업무에 있어서 잘못된 것이 없는지 강박적으로 서류를 반복하여 확인하는 경우
보 상 (Compensation)	어떤 분야에서 탁월하게 능력을 발휘하여 인정받음으로써 다른 분야의 실패나 약점을 보충하여 자존심을 고양시키는 것이다. 예 작은 고추가 맵다.
대 치 (Substitution)	받아들여질 수 없는 욕구나 충동 에너지를 원래의 목표에서 대용 목표로 전환시킴으로써 긴장을 해소하는 것이다. 예 꿩 대신 닭
승 화 (Sublimation)	정서적 긴장이나 원시적 에너지의 투입을 사회적으로 인정될 수 있는 행동 방식으로 표출하는 것이다. 예 예술가가 자신의 성적 욕망을 예술로 승화하는 경우
전 환 (Conversion)	심리적인 갈등이 신체 감각기관이나 수의근계통의 증상으로 바뀌어 표출되는 것이다. 예 글쓰기에 심한 갈등을 느끼는 소설가에게서 팔의 마비가 나타나는 경우
신체화 (Somatization)	심리적인 불안이나 스트레스가 신체 감각기관이나 수의근계통 이외의 증상으로 표출되어 나타나는 것이다. 예 사촌이 땅을 사면 배가 아프다.
동일시 (Identification)	자기가 좋아하거나 존경하는 대상과 자기 자신 또는 그 외의 대상을 같은 것으로 인식하는 것이다. 예 자신이 좋아하는 연예인의 옷차림을 따라하는 경우
취 소 (Undoing)	자신의 공격적 욕구나 충동으로 벌인 일을 무효화함으로써 죄의식이나 불안 감정에서 벗어나고자 하는 것이다. 예 전날 부부싸움 끝에 아내를 구타한 남편이 퇴근 시 장미꽃 한 다발을 아내에게 선물하는 경우

상 환 (Restitution)	무의식적 죄책감으로 인한 마음의 부담을 줄이기 위해 일종의 배상행위를 하는 것이다. 예 자신의 반평생을 돈벌이를 위해 살았던 사람이 자신이 모은 돈을 자선사업에 기부하는 경우
해 리 (Dissociation)	괴로움이나 갈등상태에 놓인 인격의 일부를 다른 부분과 분리하는 것이다. 예 지킬박사와 하이드

2 에릭슨의 심리사회이론

(1) 의 의 2회, 11회, 12회 기출

① 프로이트(Freud)가 성격발달을 정신 내적 갈등의 결과물로 규정한 데 반해, 에릭슨(Erikson)은 성격이 생물학적 요인과 개인의 심리·사회문화의 상호작용에 의해 결정된다고 보았다.

② 인간의 전 생애가 세 가지 주요 체계인 '신체적 체계(Somatic System)', '자아체계(Ego System)', '사회적 체계(Societal System)'에 의한 내적 경험 및 사회적 환경 간의 지속적인 상호작용에서 비롯된다고 주장하였다.

③ 에릭슨은 인간발달의 전 생애적 접근을 시도한 최초의 인물로서, 프로이트의 심리성적 발달의 5단계를 8단계로 확장하였다.

(2) 특 징 13회, 16회, 21회 기출

① 인간의 전 생애에 걸친 발달과 변화를 강조한다.

② 인간을 합리적이고, 이성적이며, 창조적인 존재로 간주한다.

③ 인간을 병리적인 측면이 아닌 정상적인 측면, 건강한 측면에서 접근한다.

④ 인간행동이 의식 수준에서 통제 가능한 자아(Ego)에 의해 동기화된다고 본다.

⑤ 사회적 힘 또는 사회문화적 환경이 성격발달에 미치는 영향을 강조한다.

⑥ 발달단계에서 외부 환경에 대처하고 적응하는 과정을 중요하게 다룬다.

⑦ 문화적·역사적 요인과 성격구조의 관련성을 중시한다.

⑧ 개인의 발달이 사회를 풍요롭게 한다고 본다.

⑨ 성격발달에 있어서 유전적 요인의 영향력을 인정한다.

⑩ 개인의 생애주기에 따른 실천개입의 지표를 제시한다.

전문가의 한마디

에릭슨(Erikson)은 인간을 유전적 요인에 기초하여 환경적 요구에 적응하고 환경적 어려움에 도전하여 이를 극복하며, 생의 의미를 추구해 나갈 수 있는 총체적인 존재로 보았습니다.

(3) 주요 개념   13회, 14회, 18회 기출

① 자아(Ego)

인간이 신체적 · 심리적 · 사회적 발달과정에서 외부환경에 적응하는 과정을 통해 형성된다. 에릭슨은 인간의 성격이 본능이나 부모의 영향을 받는 것으로 생각하는 대신 부모나 형제자매는 물론 모든 사회구성원의 영향을 받는 역동적인 힘으로 보았다.

② 자아정체감(Ego Identity)

자아정체감을 제1의 측면인 내적 측면과 제2의 측면인 외적 측면으로 보았다. 내적 측면은 시간적 자기동일성과 자기연속성의 인식이며, 외적 측면은 문화의 이상과 본질적 패턴에 대한 인식 및 동일시를 말한다.

③ 점성원리 또는 점성원칙(Epigenetic Principle)   10회, 16회, 22회 기출

성장하는 모든 것이 기초안을 가지고 이 기초안으로부터 부분이 발생한다. 즉, 각 단계의 발달은 이전 단계의 발달을 토대로 이루어진다. 인간발달에는 최적의 시기가 있고, 모든 단계는 예정된 계획대로 전개된다.

출제의도 체크

점성원리(점성원칙)는 인간이 예정된 단계를 거치며 성장하고 발달함을 의미합니다.

▶ 10회 기출

(4) 심리사회적 발달단계   2회, 3회, 5회, 6회, 7회, 8회, 9회, 12회, 15회, 16회, 17회, 22회 기출

① 제1단계 – 유아기(기본적 신뢰감 대 불신감 – 희망 대 공포)

ㄱ 유아기는 출생부터 18개월까지 지속되며, 프로이트의 구강기에 해당한다.

ㄴ 부모(주로 어머니)의 보살핌의 질이 결정적이며, 특히 일관성이 중요하다. 만약 유아가 자신의 부모에 대해 모호한 느낌을 가지게 되는 경우 유아는 불신감을 느끼며, 이는 유아가 이후에 다른 사람과의 신뢰관계를 형성하는 데 문제를 일으킬 수 있다.

ㄷ 이 시기의 발달은 생의 의욕과 긍정적 세계관을 기르는 데 기초가 된다.

ㄹ 기본적 신뢰감 대 불신감의 갈등이 성공적으로 해결되어 얻어진 심리사회적 능력이 곧 외부세계에 대한 신뢰에서 비롯되는 희망이며, 실패의 결과는 불신에서 비롯되는 공포이다.

② 제2단계 – 초기아동기(자율성 대 수치심 · 회의 – 의지력 대 의심)

ㄱ 초기아동기는 18개월~3세까지 지속되며, 프로이트의 항문기에 해당한다.

ㄴ 배변훈련의 과정에서 부모가 아동에게 강압적인 태도를 고수하는 경우 아동은 단순한 무력감을 넘어 수치심을 느끼게 된다. 만약 그러한 과정이 어느 정도 아동의 자기의사를 존중하는 방향으로 전개된다면, 이후 아동은 자기통제 감각을 통해 사회적 통제에 잘 적응하게 된다.

ㄷ 이 시기의 발달은 독립심과 존중감을 기르는 데 기초가 된다.

바로암기 OX

에릭슨(Erikson)의 '자율성 대 수치심', '의지력 대 의심'은 프로이트(Freud)의 '항문기'와 연결된다?

(   )

정답 ○

    ㉑ 자율성 대 수치심·회의의 갈등이 성공적으로 해결되어 얻어진 심리사회적 능력
      이 곧 의지력이며, 실패는 자신의 의지력에 대한 불신 및 다른 사람의 자기지배
      에 대한 의심이다.

③ 제3단계 – 학령전기 또는 유희기(주도성 대 죄의식 – 목적의식 대 목적의식 상실)

    ㉠ 학령전기는 3~6세까지 지속되며, 프로이트의 남근기에 해당한다.

    ㉡ 아동은 언어능력 및 운동기술의 발달로 외부세계와 교류하고 사회적 놀이에 참
      여하면서 목적의식·목표설정과 더불어 목표에 도달하고자 노력하는 주도성이
      생긴다.

    ㉢ 이 시기에는 사회화를 위한 기초적인 양심이 형성되는데, 그것이 때로 극단적인
      양상으로 나타나 과도한 처벌에 의한 자신감 상실 및 죄의식을 불러오기도 한다.

    ㉣ 주도성 대 죄의식의 갈등이 성공적으로 해결되어 얻어진 심리사회적 능력이 곧
      목적의식이며, 실패는 지나친 처벌이나 의존성에 의해 야기되는 목적의식 상실
      이다.

④ 제4단계 – 학령기(근면성 대 열등감 – 능력감 대 무능력감) 20회 가출

    ㉠ 학령기는 6~12세까지 지속되며, 프로이트의 잠복기에 해당한다.

    ㉡ 아동은 가정에서 학교로 사회적 관계를 확장함으로써 부모의 도움 없이 다른 사
      람과 경쟁하는 입장에 선다. 특히 이 시기에 이웃, 학교(교사) 등 주위환경을 지
      지기반으로 사회의 생산적 성원이 되기 위해 한 걸음 나아간다.

    ㉢ 성취기회와 성취과업의 인정과 격려가 있다면 성취감이 길러지며, 반대의 경우
      좌절감과 열등감을 갖게 된다.

    ㉣ 근면성 대 열등감의 갈등이 성공적으로 해결되어 얻어진 심리사회적 능력이 곧
      능력감(유능성)이며, 실패는 자신감 상실에 따른 무능력감이다.

⑤ 제5단계 – 청소년기(자아정체감 대 정체감 혼란 – 성실성 대 불확실성) 16회 가출

    ㉠ 청소년기는 13~19세까지 지속되며, 프로이트의 생식기에 해당한다.

    ㉡ 청소년은 다양한 역할 속에서 방황과 혼란을 경험하며, 이는 '심리사회적 유예기
      간(Psychosocial Moratorium)'이라는 특수한 상황에 의해 용인된다. 특히 이 시
      기에 또래집단과의 관계가 중요하다.

    ㉢ 자아정체감 혼미(역할혼미)는 직업 선택이나 성역할 등에 혼란을 가져오고 인생
      관과 가치관의 확립에 심한 갈등을 일으킨다.

    ㉣ 자아정체감 대 정체감 혼란의 갈등이 성공적으로 해결되어 얻어진 심리사회적
      능력이 스스로의 약속을 지킬 수 있는 성실성이며, 실패는 정체감 혼란에서 비롯
      되는 불확실성이다.

전문가의 한마디

심리사회적 유예기간 동안 청
소년은 자신의 역할과 능력을
시험할 수 있으며, 사회적·직
업적 탐색을 통해 정체감을 형
성하게 됩니다.

⑥ 제6단계 – 성인 초기(친밀감 대 고립감 – 사랑 대 난잡함)

　㉠ 성인 초기는 20~24세까지 지속된다.

　㉡ 청소년기에 자아정체감이 확립되면 자신의 정체성을 타인의 정체성과 연결·조화시키려고 노력함으로써 사회적 친밀감을 형성할 수 있게 된다.

　㉢ 성인 초기에는 자아정체감에 의한 성적·사회적 관계형성이 이루어지며, 이를 통해 개인의 폭넓은 인간관계가 형성된다.

　㉣ 친밀감 대 고립감의 갈등이 성공적으로 해결되어 얻어진 심리사회적 능력이 곧 사랑이며, 실패는 사랑에 있어서 책임과 존중을 무시하는 난잡함이다.

⑦ 제7단계 – 성인기(생산성 대 침체 – 배려 대 이기주의)

　㉠ 성인기는 24~65세까지 지속된다.

　㉡ 가정과 사회에서 중요한 역할을 수행하는 시기로서, 다음 세대를 양육하는 과업에서 부하직원이나 동료들과의 긴밀한 관계유지의 필요성을 경험하는 때이기도 하다.

　㉢ 자기중심적인 사고에서 벗어나 다른 사람을 보호하거나 스스로 양보하는 미덕을 보인다.

　㉣ 생산성 대 침체의 갈등이 성공적으로 해결되어 얻어진 심리사회적 능력이 곧 다른 사람에 대한 배려이며, 실패는 자기중심적 사고에 의한 이기주의이다.

⑧ 제8단계 – 노년기(자아통합 대 절망 – 지혜 대 인생의 무의미함)

　㉠ 노년기는 65세 이후부터 사망에 이르는 기간으로서, 인생을 종합하고 평가하는 시기이다.

　㉡ 신체적·사회적 상실에서 자신이 더 이상 사회가 필요로 하는 사람이 아님을 인식함으로써, 죽음을 앞둔 채 지나온 생을 반성하게 된다.

　㉢ 지나온 삶에 대한 긍정적·낙관적인 인식을 통해 자신의 삶을 수용하는 경우 죽음에 맞설 용기를 얻기도 하며, 반대로 자신의 실패나 실망과 같은 부정적인 인식을 통해 자신의 삶을 수용하지 못하는 경우 절망에 이르게 된다.

　㉣ 자아통합 대 절망의 갈등이 성공적으로 해결되어 얻어진 심리사회적 능력이 곧 한 시대를 살면서 얻은 지식으로서의 지혜이며, 실패는 삶에 대한 회환, 즉 인생의 무의미함이다.

> **참고**
>
> 에릭슨(Erikson)의 심리사회적 발달단계에서 각 단계별 명칭 및 발달 시기, 심리사회적 위기와 그 결과 등에 대해서는 교재에 따라 약간씩 다르게 제시되고 있으므로, 이점 감안하여 학습하시기 바랍니다.

심화연구실

프로이트와 에릭슨의 성격발달에 관한 관점 비교

프로이트(Freud)	에릭슨(Erikson)
• 무의식과 성적 충동이 인간행동의 기초가 된다. • 인간의 행동은 개인의 심리적 요인에 의해 결정된다. • 인간이 무의식에 의해 지배된다는 수동적 인간관을 가진다. • 자아는 원초아에서 분화되며, 원초아의 욕구충족을 조정한다. • 아동의 초기경험(만 5세 이전)이 성격을 결정하므로 부모의 영향이 특히 강조된다. • 발달에 있어서 환경의 중요성을 강조하지 않는다. • 성격발달은 구강기에서 생식기에 이르기까지 5단계에 걸쳐 이루어진다.	• 의식과 사회적 충동이 인간행동의 기초가 된다. • 인간의 행동은 개인의 심리적 요인과 사회문화적 영향의 상호작용에 의해 형성된다. • 인간의 창조성과 잠재력을 강조하는 능동적 인간관을 가진다. • 자아는 그 자체로 형성되어 독립적으로 기능한다. • 성격은 자아통제력과 사회적 지지에 의해 형성되며, 전 생애에 걸쳐 발달한다. • 사회적 환경이 개인의 발달에 지속적으로 영향을 미친다. • 성격발달은 유아기에서 노년기에 이르기까지 8단계에 걸쳐 이루어진다.

전문가의 한마디

에릭슨(Erikson)은 인간의 행동에 영향을 미치는 요인으로 생물학적 요인을 부정하지 않았지만, 그보다는 사회적 관심에 대한 욕구와 환경을 통제하고자 하는 욕구 등 사회적 요인에 의해 발달이 자극을 받는다고 보았습니다.

3 **융의 분석심리이론** 10회, 14회, 21회, 22회 기출

(1) 의 의 17회 기출

① 융(Jung)의 분석심리이론은 프로이트(Freud)의 이론을 확대 혹은 재해석하였다. 특히 프로이트가 강조한 원초아(Id) 대신 자기(Self)를 존재의 중심으로 제시함으로써 정신역동이론의 발전에 기여하였다.

② 융은 프로이트와 결별 후 다양한 학문영역의 방대한 자료들을 토대로 원형, 집단무의식, 아니마와 아니무스 등 독창적인 개념들을 제시하였다.

③ 융은 네 가지 정신기능으로 사고, 감정, 직관, 감각을 제시하면서, 이를 결합시켜 모두 여덟 가지 심리유형을 제시하였으며, 그로 인해 그의 이론은 '심리유형론(Psychological Type Theory)'으로도 불린다.

(2) 특 징 9회 기출

① 융은 전체적인 성격을 '정신(Psyche)'으로 보았으며, 성격의 발달을 '자기실현(Self-actualization)의 과정'으로 보았다.

② 프로이트의 성적 에너지인 '리비도(Libido)'의 개념을 확장하여 인생 전반에 걸쳐 작동하는 생활에너지 또는 정신 작용에 사용되는 창의적인 에너지로 간주하였다.

전문가의 한마디

융(Jung)의 분석심리이론은 인간행동이 의식에 의해 조절될 수 있지만 집단무의식의 영향을 받는다고 보는 이론적 입장입니다.

▶ 14회 기출

③ 정신을 크게 의식과 무의식의 두 측면으로 구분하며, 무의식을 다시 '개인무의식(Personal Unconscious)'과 '집단무의식(Collective Unconscious)'으로 구분하였다.

④ 인간은 의식과 무의식의 대립을 극복하여 하나의 통일된 전체적 존재가 된다.

⑤ 인간은 역사적 존재인 동시에 미래를 향해 나아가는 성장지향적 존재이다.

⑥ 인간은 생물학적·심리적·사회문화적 존재이다.

⑦ 인간은 본질적으로 양성을 가지고 태어난다는 양성론적 입장을 취한다.

(3) 주요 개념 1회, 2회, 5회, 6회, 7회, 8회, 9회, 11회, 12회, 14회, 15회, 16회, 18회, 19회, 20회, 21회 기출

① **자아(Ego)**

의식과 무의식을 결합시키는 원형적인 심상으로서, 지각, 기억, 사고, 감정으로 구성된다. 융은 자아를 의식의 개성화 과정에서 생기는 것으로 보았다.

② **자기(Self)**

의식과 무의식을 포함한 전체 정신의 중심으로서, 태어날 때부터 존재하는 핵심 원형이다. 자아(Ego)가 의식의 중심으로서 의식의 영역만을 볼 수 있는 반면, 자기(Self)는 의식과 무의식의 주인으로서 전체를 통합할 수 있다. 성격 전체의 일관성, 통합성, 조화를 이루려는 무의식적 갈망으로서, 성격의 상반된 측면을 균형 있고 조화롭게 만드는 역할을 한다.

③ **집단무의식(Collective Unconscious)**

모든 인류에게 공통적·보편적으로 존재하는 것으로서, 개인적 경험과는 상관없이 조상 또는 종족 전체의 경험 및 생각과 관계가 있는 원시적 감정, 공포, 사고, 원시적 성향 등을 포함하는 무의식이다. 즉, '조상 대대로의 경험의 침전물'로 볼 수 있다.

④ **원형(Archetype)**

인간의 정신에 존재하는 보편적이고 근원적인 핵으로서, 모든 인류의 공통적·원초적인 아이디어이다.

⑤ **리비도(Libido)**

프로이트가 리비도를 성적 에너지의 개념으로 사용한 반면, 융은 인생 전반에 작동하는 생활에너지로 간주하였다. 융의 리비도는 생물학적·성적·사회적·문화적·창조적인 모든 형태의 활동에 에너지를 제공하는 전반적인 생명력을 의미한다.

⑥ **콤플렉스(Complex)**

개인의 사고를 방해하거나 의식의 질서를 교란하는 무의식 속의 관념덩어리이다.

⑦ **페르소나(Persona)**

개인이 외부에 표출하는 이미지, 가면, 사회적 역할과 밀접하게 관련되어 있는 것을 말한다.

⑧ 음영 또는 그림자(Shadow)

인간 내부의 동물적 본성 또는 어둡거나 사악한 부정적 측면을 의미한다. 이러한 음영은 사회적 활동을 위해 자제될 필요가 있으나, 그 자체로는 자발성, 창조성, 통찰력 등 완전한 인간성을 위한 필수적인 요소이기도 하다.

⑨ 아니마(Anima)

남성의 무의식에 존재하는 여성적인 측면을 말한다.

⑩ 아니무스(Animus)

여성의 무의식에 존재하는 남성적인 측면을 말한다.

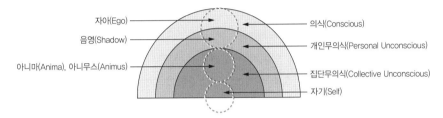

(4) 심리학적 유형 17회 기출

① 태도 유형 – 성격의 태도 혹은 에너지의 방향성

외향형 (Extraversion)	• 정신에너지(리비도)가 외부세계를 향하고 있다. • 외향적인 사람은 자신 있게 직접적으로 행동에 참여한다.
내향형 (Introversion)	• 정신에너지(리비도)가 내부세계를 향하고 있다. • 내향적인 사람은 망설이며 일이 어떻게 될지를 곰곰이 생각한다.

② 기능 유형 – 성격을 구성하는 기능

사고형 (Thinking)	• 관념적이고 지적인 기능으로, 세계와 본질을 이해하려고 힘쓴다. • 사고형의 사람은 객관적인 진실과 원리원칙에 의해 판단하며 논리적, 분석적이고 규범과 기준을 중시한다.
감정형 (Feeling)	• 주체의 입장에서 사물의 가치를 평가하는 것으로, 인간에게 유쾌, 고통, 분노, 공포, 비애 등 주관적 경험을 준다. • 감정형의 사람은 사람과의 관계, 보편적 선 등에 관심을 가지며 원칙보다 상황적, 우호적 판단을 중시한다.
감각형 (Sensing)	• 지각적 또는 현실적 기능으로, 외계의 구체적 사실들이나 표상을 낳는다. • 감각형의 사람은 구체적이고 사실적인 측면에 초점을 두고 매우 일관성 있는 현실수용을 중시한다.
직관형 (Intuiting)	• 무의식적 과정과 잠재적 내용들에 의한 지각기능이다. • 직관형의 사람은 미래의 가능성과 육감에 초점을 두어 변화와 다양성을 중시한다.

바로암기 ○×

직관(Intuiting)은 이성을 필요로 하지 않고, 감각(Sensing)은 이성을 필요로 한다?

( )

해설

감각(Sensing)과 직관(Intuiting)은 이성을 필요로 하지 않는 비이성적 기능이다.

정답 ×

출제의도 체크

융(Jung)의 기능 유형 중 직관형(Intuiting)은 무의식적 과정과 잠재적 내용들에 의한 지각 기능을 하는 것으로, 이성을 필요로 하지는 않습니다.

▶ 17회 기출

(5) 중년기(장년기)의 발달적 특징 3회, 15회, 18회 기출

① 자아의 발달

융은 생애주기에서 아동기나 청년기보다 중년기를 강조하였는데, 이 시기는 자아 (Ego)가 발달하고 외부세계에 대처하는 역량을 현저히 발휘하는 시기이다.

② 에너지의 내부로의 전환

중년기 성인들은 외부세계에 쏟았던 에너지를 자신의 내부로 돌리면서 자신의 잠재력에 대해 깊은 관심을 가지게 된다. 남성의 경우 여성적인 측면(→ 아니마)을, 여성의 경우 남성적인 측면(→ 아니무스)을 표현하게 되는데, 이는 무의식의 세계에 대한 인식에서 비롯된다.

③ 개성화(Individuation) 22회 기출

개성화는 자기실현을 의미하는 것으로서, 모든 콤플렉스와 원형을 끌어들여 성격을 조화하고 안정성을 유지하는 것이다. 중년기 성인들의 과제는 진정한 자기(Self)가 되어 내부세계를 형성하고 자신의 정체성을 확장하는 것이다.

출제의도 체크

중년기(장년기)의 여성은 에너지의 전환에 의해 독립적이고 공격적인 측면이 나타나게 됩니다.

▶ 15회 기출

심화연구실

융 이론과 프로이트 이론의 비교

구 분	프로이트(Freud)	융(Jung)
이론적 관점	인간행동과 경험의 무의식적 영향에 대한 연구	의식과 무의식의 대립적 관점이 아닌 통합적 관점
리비도 (Libido)	성적 에너지에 국한	일반적인 생활에너지 및 정신에너지로 확장
성격형성	과거 사건에 의해 결정	과거는 물론 미래에 대한 열망을 통해서도 영향을 받음
정신구조	의식, 무의식, 전의식	의식, 무의식(개인무의식, 집단무의식)
강조점	인간 정신의 자각 수준에 초점을 맞추어 무의식의 중요성을 강조	인류 정신문화의 발달에 초점
발달단계	5단계 (구강기, 항문기, 남근기, 잠복기, 생식기)	4단계 (아동기, 청년 및 성인초기, 중년기, 노년기)

4 아들러의 개인심리이론 2회, 6회, 8회, 9회, 13회, 18회 기출

(1) 의 의

① 아들러(Adler)는 인간의 근본적 동기에 대해 프로이트(Freud)와 견해를 달리 하였다. 즉, 프로이트가 생물학적 결정론에 기초하여 인간의 성격형성에 있어서 성적 욕구를 중시한 데 반해, 아들러는 사회적 요인들의 중요성을 인식하였다.

② 개인의 행동을 생물학적·외적·객관적 요인으로 설명하기보다는 심리적·내적·주관적 요인으로 설명하려고 시도하였다. 또한 행동의 동기를 성적 충동이나 리비도가 아닌 우월성의 추구로 설명하려고 하였다.

③ 개인심리이론은 인간 전체를 과잉 일반화하려는 프로이트의 시도와 달리, 개인의 고유성을 이해하려는 방향으로 나아갔다.

④ 개인심리이론에 입각한 치료는 증상의 경감이나 제거보다는 기본적인 삶의 전제와 왜곡된 삶의 동기를 수정하는 데 초점을 둔다.

(2) 특 징 4회, 5회, 7회, 13회, 16회, 19회 기출

① 인간을 전체적·통합적으로 보며, 하나의 통합된 유기체로 인식한다.
② 인간은 목표를 향해 움직이는 창조적이고 책임감 있는 능동적인 존재이다.
③ 생애초기의 경험이 성인기에 많은 영향을 준다.
④ 개인의 성장과 발달은 열등감을 극복하려는 시도에서 나온다.
⑤ 사회적 관심은 한 개인의 심리적 건강을 측정하는 유용한 척도이다.
⑥ 출생순위, 가족의 크기 등은 개인의 성격발달과 생활양식에 영향을 미친다.

(3) 주요 개념 2회, 3회, 5회, 6회, 8회, 9회, 10회, 11회, 12회, 13회, 14회, 16회, 20회 기출

① 열등감과 보상(Inferiority and Compensation)
ㄱ 열등감은 동기유발의 요인으로서, 인간의 성숙과 자기완성을 위한 필수적인 요소이다.
ㄴ 보상은 잠재력을 발휘하도록 유도하는 자극으로서, 열등감을 극복하기 위한 연습이나 훈련에의 노력과 연결된다.
ㄷ 개인은 보상을 통해 열등감을 긍정적으로 해결할 수 있으며, 이를 통해 신체적·정신적으로 부족한 부분을 충족할 수 있다.

② 우월성의 추구 또는 우월을 향한 노력(Striving for Superiority)
ㄱ 우월성의 추구는 자신의 약점을 극복하고 잠재력을 극대화하기 위한 노력이다.
ㄴ 우월에 대한 욕구는 열등감을 보상하려는 선천적인 욕구에서 비롯된다.

전문가의 한마디

아들러(Adler)는 인간을 객관적 존재가 아닌 주관적 존재로 규정하였습니다. 이는 개인의 일상적인 삶의 모습이 객관적 사실에 근거하는 것이 아닌 개인이 그 사실을 어떻게 지각하고 반응하는가에 따라 달라질 수 있다고 본 것입니다.

전문가의 한마디

아들러(Adler)는 발달이 대략 5세경에 거의 형성되며, 이후에는 근본적인 변화가 없다고 가정합니다. 이는 그가 생애초기의 경험을 강조한 이유이기도 합니다.

ⓒ 우월의 목표는 긍정적 경향(사회적 이타성 강조)과 부정적 경향(개인적 우월성 강조) 모두가 포함될 수 있다.

ⓔ 인간은 개인으로서 자기완성을 위해 노력하는 동시에 사회의 일원으로서 문화의 완성을 위해 힘쓴다.

③ 사회적 관심(Social Interest)

ⓐ 사회적 관심은 개인이 이상적 공동사회 추구의 목표를 달성하고자 하는 성향을 말한다.

ⓑ 가족관계 및 아동기의 경험에 의해 발달하기 시작하며, 특히 어머니에게서 지대한 영향을 받는다.

ⓒ 개인의 목표를 사회적 목표로 전환하는 것으로서, 심리적 성숙의 판단기준이 된다.

ⓔ 사회적 관심이 발달하는 경우 열등감과 소외감이 감소하므로, 이를 개인의 심리적 건강을 측정하는 척도로 사용하기도 한다.

④ 생활양식(Style of Life) 15회 기출

ⓐ 생활양식은 삶에 대한 개인의 특질, 행동, 습관 등의 독특한 형태를 의미한다.

ⓑ 기본적인 생활양식은 대략 4~5세경에 형성되며, 특히 가족관계 또는 가족 내에서의 경험이 중요한 영향을 미친다.

ⓒ 삶의 목표에 도달하기 위해 스스로 설계한 좌표에 해당한다.

⑤ 창조적 자기 또는 창조적 자아(Creative Self) 10회 기출

ⓐ 개인이 인생의 목표를 직시하고 결정하고 선택하는 능력을 말하는 것으로, 특히 성격형성에서 자유와 선택을 강조하는 개념이다.

ⓑ 자기의 창조적인 힘이 인생의 목표와 목표추구 방법을 결정하며, 사회적 관심을 발달시킨다.

ⓒ 개인은 유전과 경험을 토대로 창조적 자기를 형성하며, 자신의 고유한 생활양식을 형성한다.

> **참고**
>
> 'Creative Self'는 교재에 따라 '창조적 자기' 또는 '창조적 자아'로 번역되나, 이때 '자기' 혹은 '자아'는 'Self'를 의미하는 것이지 'Ego'를 나타내는 것이 아닙니다.

⑥ 가상적 목표(Fictional Finalism)

ⓐ 개인이 추구하는 궁극적 목적은 현실에서 검증되지 않은 가상의 목표이다.

ⓑ 가상적 목표는 미래에 실재하는 어떤 것이 아닌 현재의 행동에 영향을 미치는 미래에 대한 기대로서의 이상을 의미한다.

ⓒ 개인이 가지고 있는 가상적 목표를 파악하여 개인 내면의 심리현상을 설명할 수 있다.

출제의도 체크

사회적 관심을 선천적으로 타고나는 것으로 보았으나, 그와 같은 선천적인 경향성도 저절로 나타나는 것은 아니라고 강조하였다. 우월성의 추구도 사회화되어 의식적인 개발, 교육 및 훈련에 의해 실현되는 것으로 봅니다.

▶ 20회 기출

전문가의 한마디

아들러(Adler)의 개인심리이론에서 창조적 자기개념과 사회적 영향에 대한 인식은 사회복지실천에서 집단치료의 원동력이 됩니다.

(4) 생활양식의 네 가지 유형 15회, 19회 기출

아들러는 사회적 관심과 활동수준에 기반하여 다음의 네 가지 생활양식 유형을 제안하였다.

지배형	• 활동수준은 높으나 사회적 관심은 낮은 유형이다. • 독선적(독단적)이고 공격적이며 활동적이지만 사회적 관심이 거의 없다.
획득형	• 활동수준은 중간(비교적 낮은 수준)이고 사회적 관심은 낮은 유형이다. • 기생적인 방식으로 외부세계와 관계를 맺으며, 다른 사람에게 의존하여 자신의 욕구를 충족시킨다.
회피형	• 참여하려는 사회적 관심도 적고 활동수준도 낮은 유형이다. • 성공하고 싶은 욕구보다 실패에 대한 두려움이 더 강하기 때문에 도피하려는 행동을 자주 한다.
사회적으로 유용한 형	• 사회적 관심과 활동수준이 모두 높은 유형이다. • 사회적 관심이 크므로 자신과 타인의 욕구를 동시에 충족시키며, 인생과업을 완수하기 위해 다른 사람과 협력한다.

바로암기 O X

아들러는 사회적 관심과 열등감에 기반하여 네 가지 생활양식 유형을 제안하였다?
( )

해설
'사회적 관심과 열등감'이 아닌 '사회적 관심과 활동수준'이 옳다.

정답 X

심화연구실

아들러 이론과 프로이트 이론의 비교

구 분	프로이트(Freud)	아들러(Adler)
에너지의 원천	성적 본능(Libido)	우월에 대한 추구
성격의 개념	원초아, 자아, 초자아의 역동	생활양식
성격의 구조	원초아, 자아, 초자아로의 분리	분리할 수 없는 전체
성격결정의 요인	과거, 무의식	현재와 미래, 의식
성격형성의 주요인	성(Sex)	사회적 관심
자아의 역할	원초아와 초자아의 중재	창조적 힘
부적응의 원인	5세 이전의 외상경험 성격구조의 불균형	열등 콤플렉스 파괴적 생활양식 및 사회적 관심 결여

03절 인간행동에 관한 주요 이론 – 행동 및 사회학습적 관점

1 행동주의이론

(1) 의 의   16회 기출

① 행동주의 심리학을 토대로 한 행동주의이론은 정신분석이론의 비과학성을 비판하면서 엄격한 실증적 과학주의를 표방하였다.
② 인간의 성격이 선천적인 유전에 의해 결정되는 것이 아닌 후천적인 경험을 통해 결정되는 것으로 보았다.
③ 인지, 감각, 의지 등 주관적 또는 관념적 특성을 나타내는 것들을 과학적 연구대상에서 제외시키면서, 직접적으로 관찰이 가능한 인간의 행동에 연구의 초점을 맞추었다.
④ 인간의 모든 행동이 각 개인에게 주어진 환경적 자극에 의해 획득된다는 환경결정론을 표방하였다.

심화연구실

정신결정론, 환경결정론, 상호결정론   16회 기출

정신결정론	인간의 행동과 성격은 초기의 사건 혹은 과거 경험에 의해 결정된다. 예 프로이트(Freud)의 정신분석이론 등
환경결정론	인간의 모든 행동은 각 개인에게 주어진 환경적 자극에 의해 획득된다. 예 스키너(Skinner)의 행동주의이론 등
상호결정론	인간의 행동과 성격은 유전적 요인과 환경적 요인의 끊임없는 상호작용의 결과로 형성된다. 예 반두라(Bandura)의 사회학습이론 등

(2) 특 징   9회 기출

① 인간행동은 내적 충동보다 외적 자극에 의해 동기화된다.
② 인간행동은 환경적 자극에 의해 동기화된다.
③ 인간행동은 결과에 따른 보상 혹은 처벌에 의해 유지된다.
④ 인간행동은 법칙적으로 결정되고 예측이 가능하며, 통제될 수 있다.
⑤ 인간행동은 학습될 수도, 학습에 의해 수정될 수도 있다.
⑥ 인간은 학습을 통해 다양한 지식과 경험을 습득하며, 태도와 가치관을 형성한다.
⑦ 개인의 행동발달 유형은 개인의 유전적 배경 및 환경적 조건에 따라 다르게 나타난다.
⑧ 환경의 변화를 통해 문제를 해결할 수 있는 기반을 제공한다.

(3) 행동주의이론의 세 가지 접근방법

고전적 조건화 (Classical Conditioning)	• 인간이 환경적 자극에 수동적으로 반응하여 형성되는 행동인 반응적 행동을 설명한다. • 대표적인 학자 : 파블로프(Pavlov), 왓슨(Watson) 등
조작적 조건화 (Operant Conditioning)	• 인간이 환경적 자극에 능동적으로 반응하여 나타내는 조작적 행동을 설명한다. • 대표적인 학자 : 손다이크(Thorndike), 스키너(Skinner) 등
인지적 학습 (Cognitive Learning)	• 인간행동에 영향을 미치는 인지적 요인의 역할을 설명한다. • 대표적인 학자 : 반두라(Bandura), 마이켄바움(Meichenbaum) 등

(4) 고전적 조건형성과 반응적 행동 10회, 20회 기출

① 고전적 조건형성(고전적 조건화)은 파블로프(Pavlov)의 개 실험에서 비롯되었다. 개에게 종소리를 들려준 후 먹이를 주자, 이후 종소리만 들려주어도 개가 침을 흘리는 반응을 보였다.

② 행동을 유발하는 힘이 없는 중성 자극에 반응유발능력을 불어넣음으로써 조건 자극으로 변화시키는 과정이 고전적 조건형성이다.

- 먹이 → 무조건 자극(UCS ; Unconditioned Stimulus)
- 먹이로 인해 나오는 침 → 무조건 반응(UCR ; Unconditioned Response)
- 조건화되기 이전의 종소리 → 중성(중립) 자극(NS ; Neutral Stimulus)
- 조건화된 이후의 종소리 → 조건 자극(CS ; Conditioned Stimulus)
- 종소리로 인해 나오는 침 → 조건 반응(CR ; Conditioned Response)

③ 고전적 조건형성이 이루어지는 과정은 다음과 같다.

파블로프(Pavlov)의 개 실험

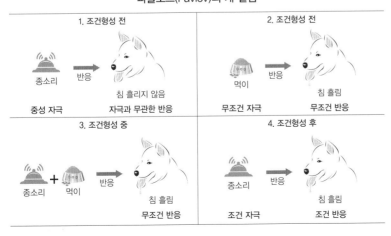

전문가의 한마디

고전적 조건형성의 기본원리(학습원리)는 시간의 원리, 강도의 원리, 일관성의 원리, 계속성의 원리로 설명됩니다.

출제의도 체크

조건형성 과정에서 시간의 원리는 조건 자극이 무조건 자극보다 시간적으로 동시 또는 앞서도록, 강도의 원리는 무조건 자극의 강도가 강할수록, 일관성의 원리는 동일한 조건을 일관성 있도록, 계속성의 원리는 자극과 반응 간의 관계를 반복하여 횟수를 거듭할수록 조건형성이 용이하게 이루어진다고 봅니다.

▶ 20회 기출

(5) 조작적 조건형성과 조작적 행동   12회 기출

① 조작적 조건형성(조작적 조건화)은 본래 손다이크(Thorndike)의 고양이를 이용한 도구적 조건형성(Instrumental Conditioning)의 실험에서 유래되었다. 내부에서 페달을 누를 경우 문이 열리도록 고안된 문제상자(Problem Box)에서 굶주린 고양이는 여러 시행착오적인 행동을 하다가 상자를 탈출할 수 있었다.

② 스키너(Skinner)는 쥐 실험을 통해 손다이크의 연구를 더욱 발전시킴으로써 조작적 조건형성의 원리를 체계화하였다. 스키너의 상자에서 흰쥐는 계속 움직이면서 환경 탐색을 하다가 우연히 지렛대를 눌러 먹이가 먹이통에 떨어지는 것을 보고 지렛대를 누르는 행동을 계속하게 되었으며, 이때 먹이로 인하여 지렛대를 누르는 행동이 증가하게 되었다.

③ 스키너 상자에서 먹이는 '무조건 자극(UCS)', 먹이를 먹는 것은 '무조건 반응(UCR)', 지렛대는 '조건 자극(CS)', 지렛대를 누르는 것은 '조건 반응(CR)'에 해당한다.

스키너(Skinner)의 쥐 실험

(6) 조작적 조건형성의 기본원리   6회, 7회, 8회, 9회 기출

① 강화의 원리

강화 자극(보상)이 따르는 반응은 반복되는 경향이 있으며, 조작적 반응이 일어나는 비율을 증가시킨다.

② 소거의 원리   16회 기출

일정한 반응 뒤에 강화가 주어지지 않으면 반응은 사라진다. 예를 들어, 하급자가 공손하게 인사를 해도 윗사람이 인사를 받아주지 않고 무시해 버린다면 인사하는 빈도는 줄어들게 되고, 마침내 인사행동은 사라지게 된다.

③ 조형의 원리

조형은 실험자(또는 치료자)가 원하는 방향 안에서 일어나는 다양한 반응들만을 강화하고, 원하지 않는 방향의 행동에 대해 강화를 받지 못하도록 하여 결국 원하는 방향의 행동을 할 수 있도록 하는 것이다. 이는 특히 행동수정의 근거가 되는 개념이다.

④ 자발적 회복의 원리

일단 습득된 행동은 만족스러운 결과가 주어지지 않는다고 하여 즉시 소거되지는 않는다. 한번 습득된 행동은 보상이 주어지지 않더라도 동일한 상황에 직면하는 경우 다시 나타난다.

⑤ 변별의 원리

변별은 보다 정교하게 학습이 이루어지는 것으로서, 유사한 자극에서 나타나는 조그만 차이에 따라 다른 반응을 보이는 것이다. 예를 들어, 어려서 어른에게 인사하는 법과 친구에게 인사하는 법을 구별하여 학습하게 되는 것은, 친구들과 인사하는 방식으로 어른에게 인사했을 때 그 결과가 달랐기 때문에 변별학습한 것이다.

(7) 행동주의이론의 기법

① 강화와 처벌 5회, 6회, 8회, 9회, 11회, 13회, 15회, 18회 기출

강화(Reinforcement)는 바람직한 반응의 확률을 높이기 위한 것인 반면, 처벌(Punishment)은 바람직하지 못한 반응의 확률을 감소시키기 위한 것이다.

구 분		특 징
강 화	정적 강화	유쾌 자극을 제시하여 행동의 빈도를 증가시키는 것 예 교실 청소를 하는 학생에게 과자를 준다.
	부적 강화	불쾌 자극을 철회하여 행동의 빈도를 증가시키는 것 예 발표자에 대한 보충수업 면제를 통보하여 학생들의 발표를 유도한다.
처 벌	정적 처벌	불쾌 자극을 제시하여 행동의 빈도를 감소시키는 것 예 장시간 컴퓨터를 하느라 공부를 소홀히 한 아이에게 매를 가한다.
	부적 처벌	유쾌 자극을 철회하여 행동의 빈도를 감소시키는 것 예 방청소를 소홀히 한 아이에게 컴퓨터를 못하게 한다.

② 강화계획 또는 강화스케줄 5회, 9회, 10회, 11회, 13회, 20회 기출

  ㉠ 계속적(연속적) 강화계획(Continuous Reinforcement Schedule)

  반응의 횟수나 시간에 상관없이 기대하는 반응이 나타날 때마다 강화를 부여한다. 학습초기단계에는 효과적이지만, 일단 강화가 중지되는 경우 행동이 소거될 가능성도 있다.

  예 아이가 숙제를 모두 마치는 경우 TV를 볼 수 있도록 허락한다.

  ㉡ 간헐적 강화계획(Intermittent Reinforcement Schedule)

  반응의 횟수나 시간을 고려하여 간헐적 또는 주기적으로 강화를 부여한다. '가변비율(VR) > 고정비율(FR) > 가변간격(VI) > 고정간격(FI)' 순으로 반응률이 높다.

출제의도 체크

숙제하지 않는 행위를 감소시키기 위해, 숙제를 하지 않은 학생의 핸드폰을 압수하는 방법으로 행동을 수정하려고 한다면, 이는 '부적 처벌'에 해당합니다.

▶ 9회 기출

고정간격계획 (Fixed-interval Schedule)	• 요구되는 행동의 발생빈도에 상관없이 일정한 시간 간격에 따라 강화를 부여한다. • 지속성이 거의 없으며, 강화시간이 다가오면서 반응률이 증가하는 반면, 강화 후 떨어진다. 예 주급, 월급, 일당, 정기적 시험 등
가변(변수)간격계획 (Variable-interval Schedule)	• 일정한 시간 간격을 두지 않은 채 평균적으로 확인할 수 있는 시간 간격이 지난 후에 강화를 부여한다. • 느리고 완만한 반응률을 보이며, 강화 후에도 거의 쉬지 않는다. 예 1시간에 3차례의 강화를 부여할 경우, 25분, 45분, 60분으로 나누어 강화를 부여한다.
고정비율계획 (Fixed-ratio Schedule)	• 행동중심적 강화방법으로서, 일정한 횟수의 바람직한 반응이 나타난 다음에 강화를 부여한다. • 빠른 반응률을 보이지만 지속성이 약하다. 예 옷 공장에서 옷 100벌을 만들 때마다 1인당 100만 원의 성과급을 지급한다.
가변(변수)비율계획 (Variable-ratio Schedule)	• 반응행동에 변동적인 비율을 적용하여 불규칙한 횟수의 바람직한 행동이 나타난 후 강화를 부여한다. • 반응률이 높게 유지되며, 지속성도 높다. 예 카지노의 슬롯머신, 복권 등

출제의도 체크

스키너(Skinner)의 강화계획에서 가장 높은 반응의 빈도를 지속적으로 유발하는 것은 '가변(변수)비율계획'입니다.

▶ 9회 기출

③ **불안감소기법** 2회, 5회 기출

체계적 둔감법 (Systematic Desensitization)	혐오스런 느낌이나 불안한 자극에 대한 위계목록을 작성한 다음, 낮은 수준의 자극에서 높은 수준의 자극으로 상상을 유도함으로써 불안이나 공포에서 서서히 벗어나도록 한다.
홍수법 (Flooding)	혐오스런 느낌이나 불안한 자극에 대해 미리 준비를 갖추도록 한 후 가장 높은 수준의 자극에 오랫동안 지속적으로 노출시킴으로써 시간이 경과함에 따라 혐오나 불안을 극복하도록 한다.
혐오치료 (Aversion Therapy)	바람직하지 못한 행동에 혐오 자극을 제시하여 부적응적인 행동을 제거하는 방법이다. 주로 흡연, 폭음, 과식 등의 문제를 해결하기 위해 사용된다.

④ **학습촉진기법** 2회, 5회, 20회 기출

행동조성 또는 조형 (Shaping)	행동을 구체적으로 세분화하여 단계별로 구분한 후 각 단계마다 강화를 제공함으로써 복잡한 행동을 학습하도록 한다.
토큰경제 (Token Economy)	특정 행동을 직접적 강화인자를 사용하여 강화하는 대신 토큰으로 보상하였다가 후에 내담자가 원하는 물건이나 기회로 교환할 수 있도록 한다.
변별학습 (Discrimination Learning)	유사한 자극에서 나타나는 조그만 차이에 따라 서로 다른 반응을 보이도록 유도한다.

전문가의 한마디

행동조성(조형)은 목표행동을 세분화하여 연속적 · 단계적으로 강화하는 방식의 학습촉진기법입니다.

2 **사회학습이론** 3회, 7회, 9회, 13회, 21회, 22회 기출

(1) 의 의

① 반두라(Bandura)는 자극과 반응에 초점을 둔 전통적 행동주의 관점이 인간행동을 설명하는 데 있어서 한계가 있다고 보았다. 그는 인간행동이 내적 과정과 환경적 영향 간의 복잡한 상호작용의 결과로 나타난다고 보았다.

② 반두라는 사회적 상황에서 다른 사람의 행동을 관찰하고 이를 모방하여 새로운 행동을 학습하는 것을 사회학습(Social Learning)이라 불렀으며, 이를 이론적 관점으로 체계화하여 사회학습이론(Social Learning Theory)을 완성하였다.

> **참고**
>
> 반두라(Bandura)의 이론은 '사회학습이론(Social Learning Theory)' 또는 '사회인지이론(Social Cognitive Theory)'이라고도 합니다. 다만, 그의 주요 업적이 관찰과 모방에 의한 사회학습에 집중되어 있으므로 '사회학습이론'으로 보다 널리 알려져 있으며, 최근에는 사회인지이론으로도 널리 소개되고 있습니다. 이 두 가지 이론이 서로 별개의 관점에서 비롯된 것이 아닌 하나의 관점에서 유래된 것임을 기억해 두시기 바랍니다.

(2) 특 징 1회, 6회, 9회, 12회, 15회 기출

① 인간행동은 개인·행동·환경의 상호작용으로 발달한다는 상호결정론을 표방한다.

② 인간은 어떤 모델의 행동을 관찰하고 모방함으로써 학습하게 된다.

③ 학습은 모델의 행동을 모방하거나 대리적 조건형성(Vicarious Conditioning)을 통해서 이루어진다.

④ 아동은 또래의 다른 아동이 보상이나 벌을 받는 것을 관찰함으로써 간접적인 강화를 받게 되는데, 이를 대리적 강화(Vicarious Reinforcement)라 한다.

⑤ 사회학습은 모델을 직접 관찰함으로써 이루어지는 경우가 많으나 최근에는 대중매체의 발전으로 언어나 사진, 그림과 같은 상징적 모델을 모방하는 경우도 많다.

(3) 주요 개념 9회, 13회, 16회 기출

① 모방(Imitation) 또는 모델링(Modeling) 14회 기출

㉠ 다른 사람이 행동하는 것을 보고 들으면서 그 행동을 따라하는 것, 즉 대리경험에 의한 학습을 말한다.

㉡ 모방학습은 가장 단순한 형태의 사회학습으로서, 보통 인지적 요인의 개입 없이 자동적으로 이루어지는 경향이 있다.

> **전문가의 한마디**
>
> 반두라(Bandura)는 인간이 환경의 영향을 받기도 하지만 스스로 자신의 행동을 조절하고 자신이 처한 환경을 변화시킬 수 있는 능력이 있는데, 이는 곧 인지능력에서 비롯된다고 봄으로써 최근 이론의 명칭을 '사회인지이론'으로 변경하였습니다.

> **전문가의 한마디**
>
> 스키너(Skinner)가 환경결정론적 입장을 표방한 반면, 반두라(Bandura)는 상호결정론적 입장을 표방하고 있습니다. 특히 반두라의 이론은 모델링을 통한 관찰학습과 모방학습을 강조합니다.

> **참고**
>
> 'imitation'과 'Modeling'은 엄밀한 의미에서 차이가 있으나, 'Modeling'을 보통 '모방'으로 번역하는 경우를 흔히 볼 수 있습니다.

② **대리학습(Vicarious Learning)**

　㉠ 다른 사람들이 어떤 새로운 행동을 시도할 때 그 결과가 어떻게 나타나는지를 관찰함으로써 자기 자신 또한 그와 같은 행동을 할 경우 초래될 결과를 예상하는 학습방법이다.

　㉡ 보통 어떤 행동이 보상의 결과를 가져오는 경우 그 행동의 빈도가 증가하는 반면, 처벌의 결과를 가져오는 경우 그 행동의 빈도는 감소한다.

③ **자기강화(Self-reinforcement)**　10회 기출

　㉠ 자신이 통제할 수 있는 보상을 스스로에게 주어서 자신의 행동을 유지하거나 변화시키는 과정이다.

　㉡ 수행 또는 성취와 관련된 내적인 기준에 의해 보상 여부가 결정된다.

④ **자기효율성 또는 자기효능감(Self-efficacy)**　17회 기출

　㉠ 내적 표준과 자기강화에 의해 형성되는 것으로서, 어떤 행동을 성공적으로 수행할 수 있다는 신념이다.

　㉡ 성취경험, 대리경험, 언어적 설득, 정서적 각성 등에 의해 형성된다.

⑤ **자기조절 또는 자기조정(Self-regulation)**

　㉠ 수행과정, 판단과정, 자기반응과정을 통해 자신의 행동을 스스로 평가·감독하는 것이다.

　㉡ 성과를 평가하는 개인적 기준에 따라 좌우되며, 자기평가적 반응과 연관된다.

(4) 관찰학습(Observational Learning)

① **의 미**　12회 기출

직접적인 보상이나 처벌에의 경험 없이 타인의 행동에 대한 관찰을 통해 행동을 습득하는 것이다.

② **과 정**　1회, 2회, 5회, 8회, 11회, 18회, 19회 기출

주의집중과정	모델에 주의를 집중시키는 과정으로서 모델은 매력적 특성을 가지고 있어서 주의를 끌게 되며, 관찰자의 흥미와 같은 심리적 특성에 대해서도 영향을 받는다.
보존과정 (기억과정, 파지과정)	모방한 행동을 상징적 형태로 기억 속에 담는 것을 말한다. 이때 행동의 특징을 회상할 수 있는 능력이 관찰학습에서 중요하다.

바로암기 O✕

자기효능감, 자기강화, 행동조성은 반두라(Bandura)가 주장한 개념이다?

(　)

해설
행동조성(Shaping)은 스키너(Skinner)의 조작적 조건화 이론의 개념이다.

정답 ✕

출제의도 체크

'자기효능평가'는 반두라(Bandura)의 관찰학습의 과정에 해당하지 않습니다.

▶ 11회 기출

운동재생과정	모델을 모방하기 위해 심상 및 언어로 기호화된 표상을 외형적인 행동으로 전환하는 단계이다. 이때 전제조건은 신체적인 능력이다.
동기화과정 (자기강화과정)	관찰을 통해 학습한 행동은 강화를 받아야 동기화가 이루어져 행동의 수행가 능성을 높인다. 행동을 학습한 후 그 행동을 수행할 여부를 결정하는 데 중요한 역할을 하는 것이 바로 강화이다.

04절 인간행동에 관한 주요 이론 – 인지발달적 관점

1 피아제의 인지발달이론 21회, 22회 기출

(1) 의 의

① 인지발달이론은 인간의 인지체계의 발달과 속성을 설명하고, 인지기능의 모델을 제시한다.

② 피아제(Piaget)는 인간이 외부세계를 이해하고 파악하는 토대로서 인지적 구조가 형성되는 과정에 대해 설명하였다.

③ 피아제의 인지적 구성주의 관점은 영유아 대상 프로그램의 이론적 토대가 될 수 있다.

(2) 특 징 9회, 14회, 15회, 16회 기출

① 인간은 환경에 능동적으로 적응하는 존재이다.

② 인지발달은 개인과 환경의 상호작용에서 이루어지는 적응과정이다.

③ 인지발달은 동화기제와 조절기제를 활용하여 환경에 적응하는 것이다.

④ 의사결정 과정에서의 의식적인 사고 과정을 중요시한다.

⑤ 아동은 능동적인 학습자로서, 성인의 직접적인 가르침 없이도 인지구조가 발달된다.

⑥ 아동의 과학적 · 수리적 추리과정의 발달과정을 이해할 수 있도록 준거틀을 제시한다.

(3) 주요 개념 1회, 14회 기출

① 도식(Schema)

사물(혹은 사건)이나 사건에 대한 반응으로 나타나는 기본적인 인지구조 또는 그것에 대한 전체적인 윤곽이나 지각의 틀을 말한다.

② 적응(Adaptation)

자신의 주위환경의 조건을 조정하는 능력으로서, 주위환경과 조화를 이루고 생존하기 위해 변화하는 과정을 말한다. 적응능력은 동화와 조절의 평형화 과정에 의해 발달한다.

전문가의 한마디

도식(Schema)은 사물(혹은 사건)이나 사건을 인식하고 그것에 대응하는 데 사용되는 기본적인 이해의 틀로서, 타고난 것이 아닌 환경과의 접촉을 통해 형성되는 것입니다.

③ 조직화(Organization)

서로 다른 감각의 입력 정보들을 연결하거나 심리적 측면에서 상호 관련시킴으로써 떠오르는 생각들을 이치에 맞도록 종합하는 것이다.

④ 자아중심성 또는 자기중심성(Egocentrism)

자신과 대상을 서로 구분하지 못하는 것으로, 특히 유아기 초기에는 자신과 주변의 대상들을 구분하지 못하는 반면, 청소년기에는 현실과 환상을 구분하지 못한다. 자아중심성을 가진 유아나 청소년은 외부세계에서 얻은 경험을 자신의 한정된 사고와 지식에 동화시킨다.

(4) 적응의 과정 1회, 13회 `기출`

출제의도 체크

기존의 도식을 활용하여 새로운 자극을 이해하는 것은 '동화(Assimilation)'인 반면, 새로운 정보를 접했을 때 기존의 도식을 변경하는 것은 '조절(Accommodation)'에 해당합니다.

▶ 13회 기출

동화 (Assimilation)	• 새로운 지각물이나 자극이 되는 사건을 자신이 이미 가지고 있는 도식이나 행동양식에 맞춰가는 인지적 과정이다. • 기존 도식으로 새로운 경험을 맞추어 보는 경향으로서, 인지구조의 양적 변화를 가져온다.
조절 (Accommodation)	• 기존 도식이 새로운 대상을 동화하는 데 적합하지 않은 경우 새로운 대상에 맞도록 기존의 도식을 변경하여 인지하는 과정이다. • 새로운 도식이 형성되는 과정으로 볼 수 있으며, 인지구조의 질적 변화를 가져온다.
평형상태 (Equilibrium)	• 동화와 조절의 결과 조직된 유기체의 각 구조들이 균형을 이루는 상태이다. • 모든 도식은 평형상태를 지향하며, 새로운 경험의 유입으로 인해 발생하는 인지적 불평형 상태를 해소하여 사고와 환경 간의 조화로운 관계를 모색한다.

(5) 인지발달단계 1회, 2회, 3회, 4회, 5회, 6회, 9회, 10회, 12회, 13회, 14회, 15회, 16회, 20회 `기출`

① 감각운동기 또는 감각적 동작기(Sensorimotor Stage, 0~2세)

㉠ 초기에는 자신과 외부대상을 구분하지 못하다가 점차적으로 외부대상과 사건에 대해 관심을 보이게 된다.

㉡ 직접 만지거나 조작해 보고, 근접탐색을 함으로써 환경을 이해한다.

㉢ 대상영속성을 이해하기 시작하여 생후 18~24개월 이후 완전히 획득하게 된다. 즉, 대상영속성의 획득은 감각운동기의 발달과업에 해당한다.

㉣ 목적지향적 행동을 통해 단순하지만 목적달성을 위한 행동을 수행한다.

전문가의 한마디

대상영속성(Object Permanence)은 눈앞에 보이던 사물이 갑자기 사라져도 그 사물의 존재가 소멸되지 않는다는 것을 인식할 수 있는 능력으로서, 대상영속성에 대한 도식은 시간, 공간 등의 개념을 이해하는 데 기초가 됩니다. 일부 교재에서는 대상영속성의 획득을 전조작기의 발달적 특성으로 제시하고 있으나, 사회복지사 시험에서는 이를 감각운동기의 발달적 특성으로 문제를 출제한 바 있습니다.

② 전조작기(Preoperational Stage, 2~7세)

㉠ 사고는 가능하나 직관적인 수준이며, 아직 논리적이지 못하다.

㉡ 보존개념을 어렴풋이 이해하기 시작하지만 아직 획득하지 못한 단계이다.

㉢ 전조작기 사고를 나타내는 대표적인 예로서 상징놀이, 물활론, 자아중심성(자기중심성)을 들 수 있다.

ㄹ 아동은 상징을 사용하여 보이지 않는 대상을 표현하며, 언어를 사용하여 사물이나 사건을 내재화할 수 있는 능력을 가지게 된다.

ㅁ 전조작기의 논리적 사고를 방해하는 요인으로 자아중심성(Egocentrism), 집중성 또는 중심화(Concentration), 비가역성(Irreversibility) 등이 있다.

③ **구체적 조작기(Concrete Operational Stage, 7~12세)** 15회 기출

ㄱ 인지적 능력이 급속도로 발전하는 단계로, 아동은 기본적 논리체계를 획득함으로써 구체적 사물을 중심으로 한 논리적 사고를 한다. 다만, 여전히 지각의 한계를 벗어나지 못함으로써 가설·연역적 사고에 이르지는 못한다.

ㄴ 자아중심성과 집중성을 극복하여 탈중심화(Decentration)에 이르며, 가역적인 사고가 가능하다.

ㄷ 사물의 형태가 변하더라도 그 사물의 질량이나 무게 등은 변하지 않을 수 있다는 보존개념(Conservation)을 획득한다. 이 시기 아동의 보존개념은 가역성(Reversibility), 보상성(Compensation), 동일성(Identity)의 원리에 대한 이해가 필요하다.

ㄹ 대상을 일정한 특징에 따라 다양한 범주들로 구분하는 유목화 또는 분류화(Classification), 대상의 특정 속성을 기준으로 순서를 부여하는 서열화(Seriation)가 가능하다.

ㅁ 다중 유목화(Multiple Classification)는 대상을 두 개 이상의 속성에 따라 분류하는 것을 의미한다.

④ **형식적 조작기(Formal Operational Stage, 12세 이상)** 16회, 17회 기출

ㄱ 형식적 조작기에 이르면 가설·연역적 사고는 물론 추상적 사고도 가능하다.

ㄴ 구체적 조작기에서처럼 시행착오적인 접근방법을 수행하는 것이 아닌 논리적인 활동계획을 수립하여 체계적으로 가능한 조합을 차례대로 시도한다.

ㄷ 체계적인 사고능력, 논리적 조작에 필요한 문제해결능력이 발달한다.

ㄹ 사회적 규범과 가치관을 이해하며, 예술작품에 내재된 상징의 의미를 알 수 있다.

전문가의 한마디

'집중성(중심화)'은 어떤 대상이나 상황의 한 부분에만 집중한 채 다른 부분을 무시하는 경향을 말하며, '비가역성'은 한 방향에서만 생각하는 경향을 말합니다.

바로암기 ○×

구체적 조작기에는 분류화, 서열화, 탈중심화, 언어기술을 획득한다?

( )

해 설
언어기술의 획득은 전조작기의 특징에 해당한다.
정 답 ×

심화연구실

감각운동기의 세부단계 7회, 16회 `기출`

반사기 (출생~1개월)	빨기, 쥐기 등의 반사행동을 통해 환경과 접촉하며, 적응적인 방향으로 수정이 이루어진다.
1차 순환반응기 (1~4개월)	손가락 빨기와 같이 우연히 어떤 행동을 하여 흥미 있는 결과를 얻었을 때 이를 반복한다.
2차 순환반응기 (4~8개월)	행동 자체의 흥미에서 벗어나 환경 변화에 흥미를 가지고 그 행동을 반복한다.
2차 도식협응기 (8~12개월)	친숙한 행동이나 수단을 통해 새로운 결과를 얻으려고 하므로, 이 단계의 행동은 의도적 · 목적적이다.
3차 순환반응기 (12~18개월)	친숙한 행동으로 목표에 도달할 수 없을 경우 전략을 수정하며, 능동적으로 새로운 수단을 발견한다.
통찰기 또는 사고의 시작 (18~24개월)	행동하기 전에 생각을 함으로써 뜻밖의 이해와 통찰을 얻을 수 있다. 특히 수단과 목적의 관계에 대한 정신적 조작이 가능해진다.

전문가의 한마디

2차 순환반응기에 영아는 자신과 외부대상의 구별이 가능합니다. 영아는 자신의 신체에서 벗어나 환경 내에 있는 사물을 조작하는 것에 흥미를 가지게 됨으로써 의도적 적응이 시작됩니다.

참고

피아제(Piaget)의 인지발달단계 중 감각운동기의 세부단계에 관한 내용은 교재에 따라 약간씩 다르게 제시되고 있습니다. 예를 들어, '반사기'를 '반사활동(기)' 혹은 '반사작용단계' 등으로, '통찰기'를 '정신적(상징적) 표상' 혹은 '사고의 시작' 등으로 부르기도 하며, 2차 순환반응기의 기간을 '4~8개월' 혹은 '4~10개월'로 제시하기도 합니다.

(6) 도덕성 발달의 유형 12회, 14회 `기출`

타율적 도덕성	• 전조작기의 도덕적 수준에 해당한다. • 아동은 성인이 정한 규칙에 일방적으로 복종한다. • 규칙은 절대적인 것으로서 변경이 불가능하다. • 행위의 의도보다 결과를 중요시한다.
자율적 도덕성	• 구체적 조작기의 도덕적 수준에 해당한다. • 아동은 규칙이 상호합의에 의해 이루어진 것으로서 변경이 가능하다는 사실을 인식한다. • 행위의 결과 자체보다는 그 의도의 옳고 그름에 따라 판단한다. • 규칙위반이 반드시 처벌을 의미하지는 않는다.

(7) 피아제 인지발달이론의 평가 11회, 14회, 15회 기출

① 개인의 사회적 · 정서적 발달이 일련의 고정된 과정을 거친다는 다소 결정론적인 양상을 보인다.

② 아동이 교육이나 훈련 없이 자연적으로 자신의 인지구조를 발달시켜 나간다는 주장에 대해 비판적인 시각이 지배적이다.

③ 발달속도의 차이, 발달의 성차 및 개인차에 대해 구체적으로 언급하지 않았다. 또한 문화적 · 사회경제적 · 인종적 차이를 충분히 고려하지 않았다.

④ 성인기 이후의 발달을 다루고 있지 않다.

제1영역

심화연구실

발달단계에 대한 비교 및 핵심내용 14회, 17회, 19회 기출

발달단계	프로이트	에릭슨	피아제
영아기 (출생~18개월 또는 2세)	구강기(0~1세) 최초의 양가감정	유아기(0~18개월) 기본적 신뢰감 대 불신감 – 희망 대 공포	감각운동기(0~2세) 대상영속성 획득, 목적지향적 행동
유아기 (18개월 또는 2~4세)	항문기(1~3세) 배변훈련, 사회화	초기아동기(18개월~3세) 자율성 대 수치심 · 회의 – 의지력 대 의심	전조작기(2~7세) 직관적 사고, 상징놀이, 물활론, 자아중심성, 비가역성, 타율적 도덕성
전기아동기 (학령전기, 4~6세)	남근기(3~6세) 오이디푸스 콤플렉스, 초자아	학령전기 또는 유희기(3~5세) 주도성 대 죄의식 – 목적의식 대 목적의식 상실	
후기아동기 (학령기, 6세 또는 7~12세)	잠재기(6~12세) 지적 탐색	학령기(5~12세) 근면성 대 열등감 – 능력감 대 무능력감	구체적 조작기(7~12세) 논리적 사고, 유목화(분류화) · 서열화 · 보존개념 획득, 탈 중심화, 자율적 도덕성
청소년기 (13~19세)	생식기(12세 이후) 2차 성징	청소년기(12~20세) 자아정체감 대 정체감 혼란 – 성실성 대 불확실성	
청년기 (성인 초기, 20~29세)	–	성인 초기(20~24세) 친밀감 대 고립감 – 사랑 대 난잡함	형식적 조작기 (12세 이상) 가설 · 연역적 사고, 추상적 사고
중년기 (장년기, 30~65세)	–	성인기(24~65세) 생산성 대 침체 – 배려 대 이기주의	
노년기 (65세 이후)	–	노년기(65세 이후) 자아통합 대 절망 – 지혜 대 인생의 무의미함	–

전문가의 **한마디**

피아제(Piaget)와 마찬가지로 콜버그(Kohlberg)도 아동의 인지능력이 발달함에 따라 도덕 발달 수준도 단계적으로 발달해 간다고 보았습니다. 또한 상이한 도덕성 발달단계에서는 각기 다른 인지능력이 필요하다고 주장하였습니다.

2 콜버그의 도덕성 발달이론 13회, 20회 기출

(1) 의 의

① 콜버그(Kohlberg)는 피아제의 도덕성 발달에 관한 이론을 청소년기와 성인기까지 확장하였다.

② 인지발달 수준 및 도덕적 판단능력에 따라 도덕성 발달 수준을 3수준, 6단계로 구분하였다.

③ 도덕성 발달이 개인의 인지구조와 환경 간 상호작용의 결과이며, 도덕적 판단에 위계적 단계가 있음을 강조하였다.

(2) 도덕성 발달단계 7회, 10회, 11회, 16회 기출

① 전인습적 수준(4~10세)

자기중심적인 도덕적 판단을 특징으로 하며, 사회적인 기대나 규범, 관습으로서의 인습을 잘 이해하지 못한다. 특히 보상 및 처벌과 같은 외부적 요인에 의해 행동의 옳고 그름을 판단한다.

제1단계 타율적 도덕성	• 신체적 · 물리적 힘에 의한 처벌과 복종을 지향한다. • 자기보다 강한 사람에 의한 처벌을 피하기 위해 자기중심적으로 복종한다. • 규칙은 절대적인 것으로서 변경이 불가능하다.
제2단계 개인적 · 도구적 도덕성	• 상대적 쾌락주의에 의한 개인적 욕구충족을 지향한다. • 자기욕구 충족을 선(善)으로 간주하며, 물질적 이해타산을 추구한다. • 각자의 욕구와 쾌락에 따라 상대적으로 도덕성이 결정된다.

② 인습적 수준(10~13세)

사회적인 기대나 규범, 관습으로서의 인습에 순응적인 양상을 보이며, 다른 사람의 입장과 견해를 이해할 수 있다. 권위적 인물의 승인 정도나 사회가 정한 법률 등에 근거하여 행동의 옳고 그름을 판단한다.

바로암기 ○×

학령전기(4~6세)는 인습적 단계의 도덕적 사고가 나타나는 시기이다?
                                ( )

해설
학령전기는 도덕성 발달 수준이 전인습적 수준에 머물러 있다.

정답 ×

제3단계 대인관계적 도덕성	• 좋은 인간관계의 조화로운 도덕성을 강조한다. • 규칙이나 관습, 권위에 순응하며, 착한 소년 · 소녀를 지향한다. • 자신의 의사를 앞세우기보다 다른 사람들에 동조함으로써 그들과 관계를 유지하며, 그들에게서 인정을 받고자 한다.
제4단계 법 · 질서 · 사회체계적 도덕성	• 법과 질서, 보편적인 사회규범을 토대로 도덕판단을 한다. • 권위와 사회질서를 존중하며, 사회적인 의무수행을 중요하게 생각한다. • 사회질서의 유지를 위해 법에 복종해야 한다는 점을 강조한다.

③ **후인습적 수준(13세 이상)** 17회 기출

자기 자신이 인정하는 도덕적 원리에 근거하여 법이나 관습보다는 자신의 가치기준에 따라 도덕적 판단을 한다. 단순히 사회질서 유지를 위한 것이 아닌 개인 자신의 이데올로기의 일부로 도덕적 원리를 수용한다.

제5단계 민주적·사회계약적 도덕성	• 타인의 권리를 존중하며, 자유·평등·계약의 원리를 지향한다. • 민주적 절차로 수용된 법을 존중하는 한편 상호합의에 의한 변경가능성을 인식한다. • 개인의 자유나 행복 등의 개인적 가치가 법보다 우선한다는 점을 어렴풋이 인식하기 시작한다.
제6단계 보편윤리적 도덕성	• 법을 초월하여 어떠한 논리적 보편성에 입각한 양심과 상호존중을 지향한다. • 개인의 양심과 보편적인 윤리원칙에 따라 옳고 그름을 인식한다. 즉, 인간의 존엄성과 양심에 따라 자율적이고 독립적 판단이 가능하다. • 법과 질서가 지켜지는 사회라도 편윤리적인 원리들을 모두 실현하고 있는 것은 아니라는 점을 인식한다.

(3) 콜버그 도덕성 발달이론의 평가 12회, 13회 기출

① 도덕성의 단계적 발달과정이 과연 불변적인 순서로 진행되는가의 문제가 제기된다.
② 발달단계의 순서에서 퇴행이란 없다고 주장하였으나 일부 연구에서 퇴행이 발견되었다.
③ 단계에서 단계로의 이행을 아동의 자발적인 행동의 결과로 간주함으로써, 도덕성 발달에 영향을 미칠 수 있는 교육이나 사회화의 상황적·환경적 영향력을 간과하였다.
④ 여성이 남성보다 도덕수준이 낮다는 성차별적 관점을 가지고 있다.
⑤ 아동의 도덕적 사고에 관한 것이지 도덕적 행동에 관한 것은 아니므로, 도덕적 사고와 도덕적 행동 간의 일치성에 의문이 제기된다.
⑥ 도덕적 사고를 지나치게 강조한 반면, 도덕의 원천으로서 이타심이나 사랑 등의 정의적인 측면을 소홀히 다루고 있다.
⑦ 모든 문화권에 보편적으로 적용하기에 한계가 있다.

심화연구실

길리건(Gilligan)의 여성도덕성 발달이론 11회 기출

• 길리건은 추상적 도덕원리를 강조하는 콜버그의 정의지향적 도덕성에 반발하여 인간관계의 보살핌, 상호의존성, 책임, 유대, 애착, 동정심, 희생, 사랑을 강조하는 대인지향적 도덕성을 제시하였다.
• 남성의 경우 사회적 관계를 위계적으로 해석하여 권리와 규칙의 도덕성에 초점을 두는 반면, 여성의 경우 인간관계의 배려, 보살핌, 민감성, 타인에 대한 책임감에 비중을 둔다고 보았다.
• 길리건은 보살핌의 윤리를 소홀히 다룬 과거의 이론을 비판하면서, 여성 특유의 도덕성이 성장 과정에서부터 남성들과 구분되는 특수한 성역할에서 비롯된다고 주장하였다.

출제의도 체크

콜버그(Kohlberg)의 성차별적 관점은 결국 남성만을 연구의 대상으로 삼은 한계로 나타났습니다.
▶ 13회 기출

출제의도 체크

길리건(Gilligan)의 이론은 남성은 권리와 규칙을, 여성은 책임감을 중시하는 형태로 도덕적 발달이 이루어진다고 주장하였습니다.
▶ 11회 기출

05절 인간행동에 관한 주요 이론 – 인본주의적 관점

1 로저스의 인본주의이론(현상학이론) 7회, 8회, 22회 기출

(1) 의 의

① 인본주의이론은 무의식적 결정론에 근거한 정신분석이론과 환경결정론에 근거한 행동주의이론의 입장에 반대하는 이른바 '제3세력의 심리학'에 속한다.

② 로저스(Rogers)는 모든 인간이 긍정적인 방향으로 성장하고자 하는 경향과 자기결정 및 자기실현의 경향성을 가지고 있음을 강조하였다.

③ 인간은 자신의 운명을 스스로 결정하고 자유롭게 선택하며 존재하는 점을 중시하는 인간중심적 접근방법이다.

(2) 특 징 9회, 10회, 11회, 12회, 15회, 16회, 20회, 21회 기출

① 인간의 주관적 경험을 강조하며, 주관적 현실세계만이 존재한다고 본다.

② 인간을 통합적 존재로 규정하며, 전체론적 관점에서 접근해야 한다고 주장한다.

③ 인간을 유목적적인 존재인 동시에 합리적이고 미래지향적인 존재로 규정한다.

④ 인간은 능력이 있고 자기이해와 자기실현을 위한 잠재력을 가지고 있다고 본다.

⑤ 인간 본성의 긍정적인 측면과 자기개념의 중요성을 강조한다.

⑥ 사회복지실천의 측면에서 클라이언트의 자기결정권과 비심판적 태도, 그리고 비지시적 상담의 중요성을 인식하는 데 유용하다.

⑦ 개인의 존엄과 가치, 사회적 책임에 대한 소신은 사회복지실천 철학과 조화를 이룬다.

(3) 주요 개념 2회, 3회, 10회 기출

① **현상학적 장(Phenomenal Field)** 19회 기출

㉠ 경험적 세계 또는 주관적 경험으로도 불리는 개념으로, 특정 순간에 개인이 지각하고 경험하는 모든 것을 의미한다.

㉡ 로저스는 동일한 현상이라도 개인에 따라 다르게 지각하고 경험하기 때문에 이 세상에는 개인적 현실, 즉 '현상학적 장'만이 존재한다고 본다.

㉢ 개인의 직접적이면서 주관적인 경험과 가치를 중시하는 이론적 토대가 된다.

② **자기(Self)와 자기개념(Self-concept)**

㉠ 자기(Self)는 자기 자신에 대해 가지고 있는 조직적이고 지속적인 인식, 즉 '자기상(Self Image)'을 말하며, '자기개념(Self-concept)'은 자기의 여러 가지 특성들이 하나로 조직화된 것, 즉 자기에 대한 여러 가지 지각된 내용들의 조직화된 틀을 말한다.

ⓛ 자기는 '주체로서의 나(I)'와 '객체로서의 나(Me)'의 의식적 지각과 가치를 포함한다.

ⓒ 현재 자신의 모습에 대한 인식으로서 '현실적 자기(Real Self)'와 함께, 앞으로 자신이 나아가야 할 모습에 대한 인식으로서 '이상적 자기(Ideal Self)'로 구성된다.

ⓔ 로저스는 현재 경험이 자기구조와 불일치할 때 개인은 불안을 경험한다고 보았다.

참고

'자아(Ego)'와 '자기(Self)'는 엄밀한 의미에서 차이가 있습니다. 로저스(Rogers)의 인본주의이론에서는 인간의 성격발달을 신체적·심리적·사회적 발달과정에서의 적응과정에서 형성되는 '자아(Ego)'가 아닌 자신에 대해 가지고 있는 조직적이고 지속적인 인식으로서의 '자기(Self)'로 설명하고 있으므로 '자기(Self)'로 번역하는 것이 바람직합니다. 다만, 그것이 번역상의 차이이고 교재에 따라 혹은 실제 시험에서도 이를 명확히 구분하지 않은 채 혼용하고 있으므로, 이점 감안하여 학습하시기 바랍니다.

③ 자기실현 경향성(Self-actualizing Tendency)

㉠ 자신을 성장시키고 발전시키기 위해 자신의 모든 잠재력을 발휘하는 인간의 선천적 경향성을 의미한다.

㉡ 모든 인간은 성장과 자기증진을 위해 끊임없이 노력하며, 그 노력의 와중에서 직면하게 되는 고통이나 성장방해요인을 극복해 나갈 수 있는 성장지향적 유기체이다.

㉢ 자기실현 과정은 자신을 창조하는 과정이므로, 이러한 과정을 통해 모든 인간은 삶의 의미를 찾고 주관적인 자유를 실천해 나감으로써 점진적으로 완성되어간다.

(4) 완전히 기능하는 사람(Fully Functioning Person)

① 완전히 기능하는 사람의 의미

인간은 완성의 존재가 아닌 '되어 가는 존재(Becoming)'이므로, 훌륭한 삶이란 상태가 아닌 과정이며, 목적이 아닌 방향을 의미한다. 로저스는 이와 같이 훌륭한 삶을 살아가는 사람을 '완전히 기능하는 사람'으로 규정하였다.

② 완전히 기능하는 사람의 성격 특성 1회, 5회, 7회, 14회 기출

㉠ 경험에 대해 개방적이다.

㉡ 실존적인 삶을 사는 사람이다.

㉢ '자신'이라는 유기체에 대해 신뢰한다.

㉣ 선택과 행동에 있어서 자유롭다.

㉤ 창조적으로 살아간다.

전문가의 한마디

'완전히 기능한다'는 것은 자신의 잠재력을 인정하고 능력과 자질을 발휘하여, 자신에 대해 완벽히 이해하고 경험을 풍부하게 하는 방향으로 나아가는 것을 의미합니다.

2 매슬로우의 욕구이론(욕구계층이론) 5회, 12회, 21회 기출

(1) 의 의

① 매슬로우(Maslow)는 인간의 신경증적 행동을 병리적 측면에서 파악한 정신분석과 인간을 관찰 가능한 단순한 행동체계로만 취급한 행동주의에 대해 반발하였다.

② 인간의 행동을 결정짓는 동기요인으로서 다양한 욕구체계를 제시하였다.

③ 인간행동을 활성화하고 방향지우는 것이 자기실현(자아실현) 경향에서 비롯된다고 주장함으로써 인본주의적 관점에서 인간행동을 이해하는 데 중대한 공헌을 하였다.

(2) 특 징 1회, 7회, 8회, 11회, 14회 기출

① 인간의 본성에 대해 낙관적인 태도를 가지고 있으며, 욕구단계를 강조한다.

② 인간은 근본적으로 선하고 잠재력을 실현해 나갈 수 있는 존재이다.

③ 생존적 경향과 자기실현적(자아실현적) 경향을 함께 가진다.

④ 각 개인은 통합된 전체로 간주된다.

⑤ 유전적 요소가 성격발달에 미치는 영향을 인정한다.

⑥ 창조성은 누구에게나 잠재해 있기 때문에 특별한 자질이나 능력을 요구하지 않는다.

⑦ 사회복지실천의 측면에서 클라이언트의 욕구를 파악하고 평가하는 데 유용하다.

> **참고**
>
> 매슬로우(Maslow)와 로저스(Rogers)는 인본주의 심리학을 대표하는 학자로서, 그들의 이론에서 가장 핵심이 되는 개념은 'Self'와 'Self-actualization'입니다. 여기서 'Self'는 교재에 따라 '자기' 또는 '자아'로, 'Self-actualization'은 '자기실현' 또는 '자아실현'으로 번역되고 있습니다. 보통 매슬로우의 이론에서는 '자기실현'보다는 '자아실현'의 표현을 많이 사용하고 있으며, 이는 사회복지사 시험에서도 확인할 수 있습니다.

(3) 욕구위계(욕구의 단계)

① 욕구위계의 5단계 1회, 4회, 5회, 6회, 15회, 19회, 20회 기출

생리적 욕구 (제1단계)	• 의·식·주, 수면, 종족 보존 등 최하위 단계의 욕구 • 인간의 본능적 욕구이자 필수적 욕구
안전(안정)에 대한 욕구 (제2단계)	• 신체적·정신적 위험에 의한 불안과 공포에서 벗어나고자 하는 욕구 • 추위·질병·위험 등으로부터 자신의 건강과 안전을 지키고자 하는 욕구
애정과 소속에 대한 욕구 (제3단계)	• 가정을 이루거나 친구를 사귀는 등 어떤 조직이나 단체에 소속되어 애정을 주고받고자 하는 욕구 • 사회적 욕구로서 사회구성원으로서의 역할 수행에 전제조건이 되는 욕구

자기존중(존경)의 욕구 (제4단계)	• 소속단체의 구성원으로서 명예나 권력을 누리려는 욕구 • 타인으로부터 자신의 행동이나 인격이 승인을 얻음으로써 자신감, 명성, 힘, 주위에 대한 통제력 및 영향력을 느끼고자 하는 욕구
자기실현(자아실현)의 욕구 (제5단계)	• 자신의 재능과 잠재력을 충분히 발휘하여 자기가 이룰 수 있는 모든 것을 성취하려는 최고 수준의 욕구 • 사회적·경제적 지위와 상관없이 자신이 소망한 분야에서 최대의 만족감과 행복감을 느끼고자 하는 욕구

② 욕구위계의 확장

㉠ 매슬로우는 최상의 욕구에 해당하는 '자기실현(자아실현)의 욕구'에 앞서 '인지적 욕구(Cognitive Needs)'와 '심미적 욕구(Aesthetic Needs)'를 포함시킴으로써 욕구위계를 7단계로 확장하기도 하였다.

전문가의 한마디

'인지적 욕구'는 무엇을 알고 이해하려는 욕구, '심미적 욕구'는 미(美)를 추구하는 욕구를 말합니다.

단계	욕구위계 5단계	욕구위계 7단계	구분
제1단계	생리적 욕구	생리적 욕구	결핍욕구
제2단계	안전(안정)에 대한 욕구	안전(안정)에 대한 욕구	
제3단계	애정과 소속에 대한 욕구	애정과 소속에 대한 욕구	
제4단계	자기존중(존경)의 욕구	자기존중(존경)의 욕구	
제5단계	자기실현(자아실현)의 욕구	인지적 욕구	성장욕구
제6단계	─	심미적 욕구	
제7단계		자기실현(자아실현)의 욕구	

㉡ 매슬로우는 결핍욕구(Deficiency Needs)와 성장욕구(Growth Needs)를 결핍동기(Deficiency Motivation)와 성장동기(Growth Motivation)로 설명하면서, 인간행동을 이해하기 위한 심리학의 두 가지 종류로 결핍심리학과 성장심리학을 구분하였다.

③ 욕구위계의 특징 2회, 9회, 11회, 19회 기출

㉠ 욕구위계에서 하위에 있는 욕구가 더 강하고 우선적이다.
㉡ 생리적 욕구는 인간의 모든 동기 가운데 가장 강력한 동기이다.
㉢ 상위욕구는 하위욕구가 일정 부분 충족되었을 때 나타날 수 있다.
㉣ 상위욕구는 전 생애 발달과정에서 후반에 점차 나타난다.
㉤ 상위욕구의 만족은 지연될 수 있다.
㉥ 하위욕구는 생존에 필요하고 상위욕구는 성장에 필요하다.
㉦ 욕구위계 5단계의 다섯 가지 욕구는 동시에 일어날 수 없다고 전제한다.
㉧ 욕구를 충족시키기 위한 행동은 선천적인 것이 아니라 학습에 의한 것이며, 사람마다 차이가 있다.

전문가의 한마디

욕구(Needs)와 동기(Motivation)는 대부분의 경우 혼용되고 있습니다. 그러나 이 둘 사이의 가장 큰 차이점은 동기(Motivation)의 경우 유기체로 하여금 특정 행동을 취하도록 하는 목표 지향성을 전제로 하는 반면, 욕구(Needs)는 그와 같은 목표 지향성을 전제로 하지 않는다는 점입니다.

자기실현(자아실현)의 욕구는 인간의 모든 동기 가운데 가장 강력한 동기이다?

( )

해 설

최하위 단계의 욕구인 생리적 욕구가 가장 강력한 동기이다.

정 답 ×

매슬로우(Maslow)가 제시한 자기실현자는 수단과 목적을 구분하며, 목적을 수단보다 중요시한다?

( )

정 답 ○

(4) 자기실현자(자아실현자)의 주요 특성 13회 기출

① 현실 중심적이다.
② 문제해결 능력이 탁월하다.
③ 수단과 목적을 구분한다.
④ 사생활을 즐긴다.
⑤ 환경과 문화에 영향을 받지 않는다.
⑥ 사회적인 압력에 굴하지 않는다.
⑦ 민주적인 가치를 옹호한다.
⑧ 인간적 · 공동체적이다.
⑨ 인간적인 관계를 깊이 한다.
⑩ 공격적이지 않은 유머를 즐긴다.
⑪ 관대하고 타인을 수용한다.
⑫ 자연스러움과 간결함을 좋아한다.
⑬ 감성이 풍부하다.
⑭ 창의적이다.
⑮ 최대한 많은 것을 알고 경험하려 한다.
⑯ 개방적이고 솔직하며 자연스럽다.
⑰ 자율적이고 실수를 두려워하지 않는다.
⑱ 사람과 주변환경을 객관적이고 명확하게 지각한다.

02 | 인간의 성장과 발달

KEY POINT

- '인간의 성장과 발달' 영역에서는 태아기부터 노년기에 이르는 각 시기의 발달단계에 대한 종합적인 이해가 필요하다.
- 특히 특정 발달이 어느 시기에 이루어지는가를 묻는 문제가 매해 출제되고 있으므로 단순 암기보다는 완전한 이해가 필요하다.
- 각 시기의 발달단계를 프로이트, 에릭슨, 피아제의 구분과 비교·검토해야 한다.
- 태아기에서는 태아에게 영향을 미치는 요인과 함께 태아 관련 질환에 대해 알아둘 필요가 있다.
- 영·유아기에서는 신체 및 인지발달의 측면을 기억해야 하며, 특히 유아기의 특징을 살펴보아야 한다.
- 아동기에서는 오이디푸스 콤플렉스와 엘렉트라 콤플렉스를 기억해야 하며, 인지 및 정서발달 측면을 이해해야 한다.
- 청소년기에서는 신체 및 정서발달을 살펴보아야 하며, 특히 마르시아의 자아정체감 범주가 빈번히 출제되고 있으므로 반드시 기억해야 한다.
- 청년기 및 중년기에서는 각 시기에 고려할 수 있는 사회복지실천 개입방법을 기억해야 한다.
- 노년기에서는 특히 심리사회적 변화가 중요하며, 노년기의 주요 발달과업(과제)을 살펴보아야 한다.

01절 생애주기와 발달

1 인간생애주기

(1) 생애주기의 개념 15회 기출

① 인간의 성장과 발달은 삶의 모든 기간에 걸쳐 일어난다.

② 인간의 삶은 시간에 따라 진행되면서 지속성(Continuity)과 변화(Change)의 특성을 보인다.

③ 인간의 삶은 여러 기능이 통합된 방식으로 활동하므로, 부분이 아닌 전체로써 이해하여야 한다.

④ 인간행동 이해를 위하여 유전적 요인과 환경적 요인의 상호작용을 분석하여야 한다.

⑤ 생애주기의 연령구분은 국가와 사회적 환경에 따라 다양하게 나타난다.

(2) 인간발달의 단계

① 발달상 어떤 과제의 성취와 특정한 측면의 발달이 강조되는 삶의 기간을 말한다.

② 각 발달단계는 고유한 특징이 있으므로, 그 이전 단계나 이후 단계로부터 구분된다.

③ 각 발달단계는 발달을 위한 방향이 있고, 새로운 단계는 그 이전의 단계까지 이루어진 발달을 통합한다.

바로암기 OX

인간의 삶에는 비지속성 혹은 단절의 특성이 있다?

( )

해설
지속성과 변화의 특성이 있다.

정답 ×

2 발달과제(발달과업)

(1) 개 념

① 하비거스트(Havighurst)는 인간발달을 사람들이 사회에 의해 그들에게 부과된 과
제를 배우는 과정이라 주장하였다.

② 발달과제는 인간의 환경에 대한 지배를 증가시키는 기술과 능력으로 구성된다.

③ 발달과제는 대개 연령에 따라 변하는데, 이는 각 사회가 연령에 부합하는 발달이나
행동에 대한 기대를 가지고 있기 때문이다.

(2) 발달단계별 주요 발달과제 3회, 4회, 7회, 8회, 10회, 11회, 12회, 19회, 20회 기출

발달단계	발달과제
영아기 (출생~18개월 또는 2세)	애착관계 형성, 신체적 성장, 감각기능 및 운동기능의 성숙, 감정의 분화 등
유아기 (18개월 또는 2~4세)	언어발달, 운동능력 정교화, 자기통제능력 습득 등
전기아동기 (학령전기, 4~6세)	초기 수준의 도덕성 발달, 성역할개념 습득, 집단놀이를 통한 사회적 관계 형성 등
후기아동기 (학령기, 6세 또는 7~12세)	구체적 조작사고 발달, 왕성한 신체활동, 학습능력 및 기술의 습득, 사회적 규범 학습, 단체놀이를 통한 협동·경쟁·협상·분업의 원리 체득 등
청소년기 (13~19세)	형식적 조작사고 발달, 자아정체감 형성, 신체적 성숙, 성적 성숙, 교우관계 및 남녀관계 성립, 부모나 다른 성인으로부터 정신적 독립의 요구 등
청년기 (성인 초기, 20~29세)	부모로부터의 독립, 직업선택, 결혼, 자율성 확립, 자기주장능력, 사회적 친밀감 형성능력 등
중년기 (장년기, 30~65세)	신체적·인지적 변화에 대한 대응, 생산성 및 직업 관리, 부부관계 유지, 자녀양육, 노부모 부양, 사회적 책임 수행, 여가활동 개발 등
노년기 (65세 이후)	자아통합, 노화에 의한 신체적 쇠약 및 인지능력 감퇴에의 적응, 은퇴에 대한 대응, 역할변화에 대한 적응, 자기 동년배집단과의 유대관계 강화, 생애에 관한 회고 및 죽음에 대한 두려움 극복, 초월적인 것에의 의지 등

출제의도 체크

'애착관계 형성'은 유아기나 아동기의 발달과업이 아닌 영아기의 발달과업에 해당합니다.

▶ 15회 기출

인간발달의 단계별 명칭 및 각 단계의 구체적인 연령은 학자에 따라 혹은 교재에 따라 매우 다양하게 제시되고 있습니다. 그로 인해 사회복지사 시험에서는 각 단계별 명칭이 어느 연령대를 가리키는지 명확히 구분할 수 있도록 연령표기를 하고 있습니다. 그럼에도 불구하고 학자에 따라 동일한 명칭으로 서로 다른 연령대를 가리키는 경우가 있으므로, 수험생들의 혼란을 가중시키고 있습니다. 예를 들어, 발달심리학에서 널리 사용하는 '걸음마기'와 '학령전기'는 폭넓게 '유아기'를 지칭하는 것으로 간주하나, 대략 4~6세에 해당하는 '학령전기'의 경우 여러 학자들에 의해 '전기아동기(혹은 아동기 전기)'로도 간주되고 있습니다. 그러나 2~4세의 기간과 4~6세의 기간 사이에는 발달상 차이가 뚜렷하다는 학자들의 견해에 따라, 여기서는 유아기를 폭넓게 6세까지로 규정하지 않고 이를 유아기(18개월 또는 2~4세)와 전기아동기(학령전기, 4~6세)로 구분하였습니다. 이는 다양한 학자들이 제시한 발달단계별 특징들이 구체적인 연령대의 차이로 인해 혼동을 일으킬 수 있는 것에 대비한 것입니다. 따라서 발달단계를 학습할 경우 가급적 연령대를 중심으로 그 특징들을 구분하도록 합시다.

02절 생애주기의 양상

1 태내기(태아기)

(1) 태내기의 시기 구분 17회 기출

태내기는 수정이 이루어지는 순간부터 출생하기까지의 시기를 말하며, 이는 다음의 세 기간으로 구분할 수 있다.

발생기 (Germinal Stage)	• 수정란이 자리를 잡고 태반이 발달하는 시기로, 수정 후 약 2주간을 말한다. • 수정란의 착상으로 모체와의 의존관계가 확립되며, 양막과 양수가 생성되고 태반이 형성되기 시작한다.
배아기 (Embryonic Stage)	• 착상 후부터 임신 8주까지를 말한다. • 수정란의 내면이 외배엽, 중배엽, 내배엽으로 분리되는 시기로, 이때 중요한 신체기관과 신경계가 형성되기 시작한다.
태아기 (Fetal Stage)	• 임신 3개월부터 출생까지를 말한다. • 뼈세포가 발달하며, 각 기관의 구조가 더욱 정교해지고 기능이 보다 원활해진다.

'태아기'는 '발생기, 배아기, 태내기'의 세 기간으로 구분한다?

( )

해설
'태내기'는 '발생기, 배아기, 태아기'의 세 기간으로 구분한다.

정답 ×

참고

배아의 구성(배아의 3배엽 세포층)

외배엽(Ectoderm)	뇌, 척추, 피부 등의 조직을 형성한다.
중배엽(Mesoderm)	근육, 뼈, 혈관 등의 조직을 형성한다.
내배엽(Endoderm)	폐, 간, 소화기관 등의 조직을 형성한다.

사실 '태아기'와 '태내기'를 혼용하는 경우가 많은데, 원칙적으로 '태아기'는 '태내기'의 한 시기를 지칭합니다. 참고로 그동안 사회복지사 시험에서도 태아기와 태내기를 명확히 구분하지 않았으나, 17회 시험에서 태아기의 구체적인 시기 구분을 문제의 지문으로 제시하였다가 복수정답 처리된 바 있습니다. 다만, 사회복지사 시험에서는 태내기의 시기 구분을 염두에 두지 않은 채 보통 '태내기'보다 '태아기'의 명칭을 많이 사용하고 있으므로, 이점 감안하여 학습하시기 바랍니다.

(2) 태아의 성장 13회, 16회 기출

임신 초기 (1~3개월)	• 가장 중요한 시기로 태아의 급속한 세포분열이 일어나므로 임산부(임신부)의 영양상태, 약물복용에 가장 영향을 받기 쉽다. • 임신 1개월에는 원초적인 형태의 심장과 소화기관이 발달하며, 임신 2개월에는 인간의 모습을 갖추기 시작한다. • 임신 3개월(혹은 임신 2개월 말)에는 눈과 귀의 기본적인 형체와 함께 팔, 다리, 손, 발의 형태가 나타난다.
임신 중기 (4~6개월)	• 태아의 손가락, 발가락, 피부, 지문, 머리털 등이 형성된다. • 심장박동이 규칙적이며, 팔과 다리를 움직이기 시작하여 태동을 느낄 수 있다.
임신 말기 (7~9개월)	• 태아의 발달이 완성되어 신체의 내부기관들이 기능하게 된다. • 이 시기 이후에는 태아가 모체에서 분리되어도 생존이 가능하다.

엄밀한 의미에서 임신 3개월 이전에는 '배아'라 부르고, 임신 3개월 이후부터 '태아'라 부릅니다. 다만, 이 시기의 발달을 보통 '태아의 발달'로 통칭하므로, 이점 감안하여 학습하시기 바랍니다. 요컨대, 태아의 발달과정은 교재에 따라 약간씩 다르게 제시되고 있습니다. 사실 신체기관의 발현시기와 발달시기를 구분하는 것 자체가 모호하므로, 보통 태아의 발달과정을 임신 초기(1~3개월), 임신 중기(4~6개월), 임신 말기(7~9개월) 등으로 구분하여 제시하는 경향이 있습니다.

(3) 태아에게 영향을 미치는 요인 1회, 2회, 3회, 7회, 12회, 15회, 17회 기출

① 임산부의 영양상태
② 임산부의 약물 복용과 유해물질에의 노출
③ 임산부의 흡연과 음주
④ 임산부의 연령
⑤ 임산부의 질병
⑥ 사회 · 경제적 요인
⑦ 그 외 분만횟수, 임산부의 정서상태 등

출제의도 체크

임산부(임신부)의 교육정도나 학력은 태아기의 태내발달에 영향을 미치지 않습니다.
▶ 12회, 17회 기출

(4) 태아 관련 질환 7회, 9회, 11회, 13회, 14회, 18회, 19회, 20회 기출

① 다운증후군(Down's Syndrome)

'몽고증'이라고도 하며, 대부분(약 95%)은 21번째 염색체가 3개(정상은 2개) 있어서 전체가 47개(정상은 46개)로 되어 있는 기형이다. 나이가 많은 초산부(35세 이상)의 태아에게서 잘 발생하며, 600~700명 중 1명꼴로 있다.

② 에드워드증후군(Edward's Syndrome)

18번 염색체가 3개로 선천적 기형증후군이다. 다운증후군 다음으로 흔하여 약 8,000명 당 1명의 빈도로 발생한다. 장기의 기형 및 정신지체장애가 생기며, 대부분 출생 후 10주 이내에 사망한다.

③ 클라인펠터증후군(Klinefelter's Syndrome)

정상인의 성염색체는 남성 XY, 여성 XX를 나타내지만, 이 증후군에서는 XXY, XXYY, XXXY 등의 여러 가지 이상한 형태를 나타낸다. 남성염색체가 있음에도 불구하고 유방이 발달하는 등 여성의 신체적 특성을 보인다.

④ 터너증후군(Turner's Syndrome)

성염색체 이상으로 X염색체가 1개이며, 전체 염색체 수가 45개로 외견상 여성이지만 2차적 성적 발달이 없고 목이 짧은 것이 특징이다.

⑤ 혈우병(Hemophilia)

X염색체의 유전적 돌연변이에 의한 유전질환으로서, 정상적인 혈액에 존재하는 혈액응고인자가 없거나 부족하여 발병하는 출혈성 질환이다. 거의 대부분 남성에게서 발병한다.

⑥ 페닐케톤뇨증(Phenylketonuria)

단백질 대사 이상 장애로 음식물에 들어 있는 필수 아미노산의 일종인 페닐알라닌(Phenylalanine)을 분해하는 효소가 부족하여 발생한다. 출생 즉시 특수한 식이요법으로 정상생활을 유지할 수 있다.

⑦ 헌팅턴(톤)병(Huntington's Disease)

무도병과 치매를 특징으로 하는, 주로 30~40대 발병의 신경계 퇴행 질환이며 염색체 우성 유전질환이다.

(5) 태아진단검사 10회 기출

① 풍진감염검사

임신 진단 직후에 시행한다. 풍진은 홍역과 흡사하게 발진을 동반하는 바이러스성 전염병으로서 증상이 짧은 기간 나타났다가 사라지는 일과성(一過性) 질환이다. 그러나 임신 초기에 임산부에게서 풍진이 나타나는 경우 수직감염에 의해 태아의 심장기형, 선천성 백내장, 청력장애는 물론 정신박약, 영아사망까지 이를 수 있다.

바로암기 ○×

다운증후군은 23번 염색체가 하나 더 있어서 염색체 수가 47개이다? ( )

해설

다운증후군은 21번 염색체가 하나 더 있어서 염색체 수가 47개이다.

정답 ×

전문가의 한마디

혈우병이 주로 남성에게서 나타나는 이유는 여성의 경우 유전자 이상이 있더라도 다른 정상 X염색체가 혈액응고인자 생산을 보완하기 때문입니다.

전문가의 한마디

임신 첫 3개월 동안 풍진에 감염되었던 산모에게서 태어난 아기들의 상당수가 선천성 풍진 증후군(Congenital Rubella Syndrome)을 나타내는 것으로 보고되고 있습니다.

② 초음파검사

임신 초기 · 중기 · 후기에 태아 진단을 위해 시행하는 가장 일반적인 방법이다. 초음파가 조직을 통과한 후 반사되어 되돌아오는 속성을 이용하여 이때 발생하는 음영을 통해 태아의 전체적인 모습을 포착하는 것으로서, 임산부의 임신 주수, 태아의 자세나 체중, 머리 크기나 복부 둘레 등을 파악할 수 있다.

③ 융모생체표본검사(융모막 융모검사)

일반적으로 임신 9~13주 사이에 시행한다. 복부 또는 자궁경부를 통해 태반 조직을 채취하여 태아의 염색체를 분석하거나 기타 태아 관련 질환을 검사하는 방법으로서, 채취한 태반 조직세포를 배양하여 염색체 이상 유무를 진단한다. 양수검사에 비해 유산의 위험성이 대략 1.5~3% 정도로 높으므로 35세 이상 임산부에게만 제한적으로 실시된다.

④ 양수검사

일반적으로 임신 15~20주 사이에 시행한다. 임산부의 복부에 긴 바늘을 삽입하여 자궁 내 양수를 추출하는 방법으로서, 태아의 염색체 이상 유무나 선천성 기형을 확인하기 위한 것이다. 임산부가 고령이거나 이전에 염색체 이상이 있는 아기를 출산한 경험이 있는 경우 또는 기형아 검사의 소견이 있는 경우 시행한다.

⑤ 산모혈액검사

일반적으로 임신 15~20주 사이에 시행한다. 임산부의 혈액을 채취하여 삼중 표지물질검사 또는 사중 표지물질검사를 하며, 이를 통해 특히 다운증후군, 에드워드증후군, 신경관결손증을 검사한다.

2 영 · 유아기 22회 기출

(1) 영아기(출생~18개월 또는 2세) 5회, 6회, 8회, 9회, 10회, 12회, 13회, 14회, 15회, 17회, 18회, 19회, 21회 기출

① 개 요

㉠ 프로이트의 구강기, 에릭슨의 유아기, 피아제의 감각운동기에 해당한다.

㉡ 신체적 성장 및 인지적 성장이 급속도로 이루어진다.

㉢ 부모와의 애착형성이 매우 중요한 시기로, 주 양육자와 관계를 바탕으로 신뢰감을 형성한다.

② 신체의 발달

　ㄱ 인간의 일생에 있어서 신체적 성장이 가장 빠른 속도로 이루어지는 '제1성장 급등기'에 해당한다.

　ㄴ 영아는 먼저 머리와 몸통, 팔의 상체를 사용하는 법을 배우며, 이후에 사지를 사용하는 법을 배운다.

　ㄷ 머리의 크기가 전신의 약 1/4로 다른 부위에 비해 상대적으로 크다.

　ㄹ 남아가 여아에 비해 체중이 약간 더 나가며, 생후 1년 이내에 몸무게가 2~3배 정도 증가한다.

　ㅁ 빨기, 깨물기, 삼키기 등 입 주위의 신체기관을 통해 현실거래를 하며, 빨기반사, 젖찾기반사, 모로반사 등의 반사운동을 나타내 보인다.

③ 인지의 발달 　11회 기출

　ㄱ 인지적 성장은 영아기에 급속도로 이루어지며, 몇 가지 반사능력만으로 점차 목적의식을 가지고 행동하는 존재로 발달한다.

　ㄴ 영아는 지각에 의존하여 자신이 직접 보고, 듣고, 느끼고, 행동함으로써 이해하고 기억한다.

　ㄷ 영아는 전체보다는 부분을, 정지된 것보다는 움직이는 것을, 흑백보다는 유색을, 직선보다는 곡선을 선호하여 지각한다.

　ㄹ 자기 스스로 정보를 받아들이면서 다양한 감각을 배운다.

　ㅁ 대상이 보이지 않더라도 계속해서 존재한다는 '대상영속성(Object Permanence)'이 발달한다.

④ 정서의 발달 　16회, 17회 기출

　ㄱ 영아기의 정서는 특정 자극에 대해 특정한 행동을 하도록 하는 동기를 부여한다.

　ㄴ 기쁨, 분노, 공포 등의 '1차 정서'와 당황, 수치, 죄책감, 질투, 자긍심 등의 '2차 정서'를 나타낸다.

　ㄷ 영아와 양육자 간의 친밀한 정서적 유대감이 강조되며, 어머니는 영아의 애정의 대상이 된다.

　ㄹ 부모와의 긍정적인 애착형성은 이후 사회적 관계형성 능력의 기초가 된다.

　ㅁ 생후 6개월에서 1년 정도의 기간에는 낯가림과 분리불안을 경험하게 된다. 특히 낯가림은 대략 6~8개월경, 분리불안은 대략 9개월~첫돌 무렵에 나타나기 시작한다.

전문가의 한마디

신생아의 두개골에는 6개의 숫구멍이 존재합니다. 신생아의 두개골은 상호 간에 봉합이 불충분하여 6개의 부드러운 부위를 가지는데, 이를 숫구멍이라고 합니다. 숫구멍은 두 돌이 되기 전에 모두 밀폐됩니다.

바로암기 ○×

대상영속성(Object Permanence)의 획득은 영아기의 발달과업에 해당한다?
( )

정답 ○

출제의도 체크

양육자와의 애착관계가 시작되고 분리불안이 늘어나는 것은 유아기가 아닌 영아기의 발달적 특징에 해당합니다.
▶ 16회, 17회 기출

영아기의 주요 반사운동 2회, 11회, 18회, 21회 `기출`

젖찾기반사 (탐색반사)	영아는 입 부근에 부드러운 자극을 주면 자극이 있는 쪽으로 입을 벌린다.
모로반사 (경악반사)	영아는 큰 소리가 나면 팔과 다리를 벌리고 마치 무엇인가 껴안으려는 듯 몸 쪽으로 팔과 다리를 움츠린다.
걷기반사	바닥에 영아의 발을 닿게 하여 바른 자세가 갖추어지면 걷는 것처럼 두 발을 번갈아 떼어놓는다.
쥐기반사 (파악반사)	영아의 손바닥에 무엇을 올려놓으면 손가락을 쥐는 것과 같은 반응을 한다.
바빈스키반사	영아의 발바닥을 간질이면 발가락을 발등을 향해 부채 모양으로 편 후 다시 오므린다.

(2) 유아기(18개월 또는 2~4세) 14회, 20회, 21회, 22회 `기출`

① 개 요

㉠ 프로이트의 항문기, 에릭슨의 초기아동기, 피아제의 전조작기 초기에 해당하는 시기이다.

㉡ 걸음마기(Toddlerhood)의 시기로, 이는 걸음걸이가 아직 완전히 안정되지 못한 특성을 반영한다.

㉢ 이 시기의 유아는 이야기를 많이 하고, 움직임이 많으며, 자아의식을 갖게 되어 스스로 계획을 수립하고 이를 이행하려는 등 활동성이 강하다.

㉣ 언어와 사회적 기준을 배우기 시작하며, 괄약근이 발달하여 배변훈련을 통해 대소변을 가리게 된다.

㉤ 자기주장이 강하여 부모에게 반항하는 등 좀 더 자율적이고 독립적인 존재가 되어 간다.

유아기의 주요 발달과업 중 하나는 '배변훈련'입니다.

▶ 14회 기출

> **참고**
>
> 유아기는 독립적인 보행이 가능한 이른바 걸음마기(18개월 또는 2~4세)를 말하지만, 걸음마기 후반(3~4세)에서 학령전기 혹은 전기아동기(4~6세)까지를 포함하는 것으로 보기도 합니다. 사회복지사 시험에서는 이 두 가지 분류방식이 혼용되어 출제되고 있으므로, '유아기' 혹은 '아동기'의 명칭 자체보다는 연령에 초점을 두어 학습하시기 바랍니다.

② 신체의 발달 16회 기출

　㉠ 신체발달이 머리 부분에서 점차 신체의 하부로 확산된다.

　㉡ 걷기가 발달하며, 달리기나 뛰기 등의 운동도 발달한다.

　㉢ 대근육과 소근육이 발달한다. 특히 소근육의 발달로 손가락질을 할 수 있다.

　㉣ 신체성장 비율은 영아기보다 낮지만 꾸준히 성장한다.

③ 인지의 발달 15회, 16회 기출

　㉠ 상징적 사고 : 정신적 표상에 의한 상징놀이가 가능하며, 언어활동이 급격히 증가한다.

　㉡ 자기중심적 사고 : 자기중심성 때문에 다른 사람의 입장에서 볼 수 없다.

　㉢ 물활론적 사고 : 생명이 없는 대상에게 감정과 생명을 불어 넣는다.

　㉣ 전환적 추론 : 전개념적 사고의 한계 때문에 귀납적 추론이나 연역적 추론을 하지 못하는 대신 전환적 추론을 한다.

　㉤ 인공론적 사고 : 자기중심적 사고의 특성으로 인해 사물이나 자연현상이 자신을 위해 존재한다고 생각한다.

④ 정서의 발달

　㉠ 또래나 형제와 경쟁하거나 협동한다.

　㉡ 다투는 일도 많아지며, 각각의 장면에 어울리는 정서의 표출을 볼 수 있다.

　㉢ 정서를 표현하는 단어를 사용하거나 이해능력이 빨리 증가한다.

　㉣ 정서의 지속기간이 짧고, 쉽게 변한다.

3 아동기(전기, 후기)

(1) 전기아동기(학령전기, 4~6세) 5회, 9회, 12회, 14회, 20회 기출

① 개 요

　㉠ 프로이트의 남근기, 에릭슨의 학령전기, 피아제의 전조작기 중·후기에 해당하는 시기이다.

　㉡ 학령전기(Preschool Childhood)의 시기로, 유치원에 입학하는 등 생활환경이 확대됨에 따라 보다 복잡한 사회적 영향을 받게 된다.

　㉢ 또래집단과의 접촉을 통해 사회적 기술을 습득하기 시작하며, 사물에 대한 호기심이 증가한다.

　㉣ 반항적 행동이 점차 반항적 사고로 대치되어 간다.

　㉤ 오이디푸스 콤플렉스 또는 엘렉트라 콤플렉스를 해결하는 과정에서 동성의 부모를 동일시함에 따라 도덕성이 발달하게 된다.

바로암기 ○×

양육자와의 애착관계가 시작되고 분리불안이 늘어나는 시기는 유아기이다? ( )

해설
유아기가 아닌 영아기의 특징에 해당한다.

정답 ×

② 신체의 발달

    ㉠ 신체의 양적 성장은 상대적으로 감소하나 지속적으로 이루어진다.

    ㉡ 걷기 · 달리기 등의 운동기능은 더욱 발달한다.

    ㉢ 5세경에 신장은 출생기의 약 2배, 체중은 약 5배 정도로 증가한다.

    ㉣ 유치가 빠지고 머리 크기는 성인의 크기가 되며, 신경계의 전달능력도 향상된다.

③ 인지의 발달　15회 `기출`

    ㉠ 직관적 사고 : 개념적 조작능력이 발달하지 않은 상태이기에 서열화 · 유목화를 할 수 없다. 판단을 직관에 의존하므로 전체와 부분과의 관계를 정확히 파악하지 못한다.

    ㉡ 중심화 및 비가역적 사고 : 두 개 이상의 차원을 동시에 고려하지 못하며, 역의 진행과정에 대한 사고도 미비하다.

    ㉢ 자아개념 및 자아존중감 형성 : 언어능력의 발달을 통해 외형적인 물리적 자아개념을 형성하며, 운동기술 및 인지기능의 발달을 통해 스스로 일을 해결하는 경험과 함께 자신에 대한 긍정적 가치감을 형성하기 시작한다.

    ㉣ 도덕적 사고 : 초자아 형성과 함께 가족과 사회의 규칙을 내면화한다.

④ 정서의 발달

    ㉠ 3~4세경이 되면 즐거움 · 사랑 · 분노 · 공포 · 질투 등을 경험하고 표현하는 방법을 배운다.

    ㉡ 5~6세경이 되면 자신의 감정을 감추거나 가장하는 방법을 배우게 된다.

    ㉢ 성과 관련된 사회적 관심을 나타내며, 자신의 성에 맞는 행동을 함으로써 성역할을 학습한다.

    ㉣ 집단놀이를 통해 사회적 관계를 형성하며, 사회적 기술과 역할을 습득한다.

(2) 후기아동기(학령기, 6세 또는 7~12세)　19회, 21회 `기출`

① 개 요　6회, 12회, 13회, 17회 `기출`

    ㉠ 프로이트의 잠복기, 에릭슨의 학령기, 피아제의 구체적 조작기에 해당하는 시기이다.

    ㉡ 자신감과 독립심이 발달하며, 자신만의 습관과 가치관을 형성한다.

    ㉢ 운동과 놀이를 통해 신체의 발달 및 사고력 · 추리력 · 판단력의 발달을 가져온다.

    ㉣ 이성 및 동성과의 관계, 특히 동성 또래관계를 통해 사회화를 경험한다.

    ㉤ 친구와의 관계에서 자기 주체성을 확립하고 주도적으로 무엇인가를 할 수 있는 능력을 발전시킨다.

② **신체의 발달** 14회 기출

　㉠ 10세 이전에는 남아가 여아보다 키와 몸무게에서 우세하지만, 11~12세경에는 여아의 발육이 남아보다 우세해진다.

　㉡ 신체 각 부위의 비율이 달라지는데, 특히 몸통보다 팔과 다리의 성장이 빨라서 외견상 말라보이고 홀쭉하며, 팔과 다리가 유난히 길어 보인다.

　㉢ 유치가 영구치로 바뀌고, 뼈가 빠른 속도로 자라므로 성장통을 경험하게 된다.

　㉣ 힘과 기술이 향상되지만 신체적 성장 속도는 이전 단계에 비해 둔화된다.

③ **인지의 발달** 11회, 13회, 16회 기출

　㉠ 피아제 이론의 구체적 조작기에 해당하여, 전조작기의 논리적 사고를 방해하는 중심화 및 비가역적 사고에서 벗어나 보다 논리적인 사고 수준으로 발달한다.

　㉡ 서열화, 유목화(분류화), 보존개념을 완전히 획득한다.

　㉢ 타인의 시각에서 사물을 보는 능력이 발달하고 다양한 변수를 고려하여 상황과 사건을 파악하고 조사한다.

　㉣ 자신의 특성에 대한 체계적인 인식으로서 자아개념이 현저히 발달하게 되며, 부모 및 또래와의 관계, 자신의 신체와 관련하여 자아존중감을 발달시킨다.

　㉤ 학교에서의 성공과 그에 따른 교사, 부모, 친구의 긍정적 평가가 아동의 긍정적 자아상과 연결되어 자아효능감이 급격히 증가하게 된다.

④ **정서의 발달** 2회, 6회, 10회, 12회 기출

　㉠ 정서적으로 비교적 안정된 시기로서, 정서적 통제와 분화된 정서 표현이 가능하다.

　㉡ 정서의 표현이 좀 더 지속적이면서 간접적인 양상으로 나타난다.

　㉢ 이성친구보다 동성친구와 더 친밀한 관계를 가지려고 한다.

　㉣ 학년이 올라갈수록 급우와의 상호작용이 확대됨으로써 성인의 승인보다는 또래의 승인을 받고 싶어 한다.

　㉤ 단체놀이를 통해 개인적 목표보다 집단적 목표를 우선시하며, 협동 · 경쟁 · 협상 · 분업의 원리를 체득한다.

　㉥ 사회적 관계의 장이 확대되며, 사회적 규칙이나 압력에 반응하는 방법을 학습한다.

　㉦ 주의력 결핍(부주의), 과잉행동, 충동성으로 인해 학업성취도와 대인관계에 어려움을 초래하는 주의력 결핍 및 과잉행동장애(ADHD)의 증상이 7세 이전부터 나타나 후기아동기 및 청소년기에 진단되기도 한다.

전문가의 한마디

흔히 '젖니'로 불리는 '유치(乳齒)'가 빠지는 것은 아동기 동안 가장 눈에 띄는 신체적 변화이기도 합니다.

출제의도 체크

후기아동기에는 보존개념을 획득하며 분류와 조합개념이 점차로 발달합니다.

▶ 16회 기출

4 청소년기와 청년기

(1) 청소년기(13~19세) 5회, 6회, 7회, 9회, 10회, 11회, 12회, 13회, 14회, 17회, 20회, 21회, 22회 기출

① 개요

ㄱ 프로이트의 생식기, 에릭슨의 청소년기, 피아제의 형식적 조작기 초기에 해당하는 시기이다.

ㄴ 청소년기는 아동기에서 성인기로 전환하는 과도기적 특성을 갖는다.

ㄷ 급격한 신체적 변화와 더불어 사회적 · 인지적 행동양식이 성숙한다.

ㄹ 이상적 자아와 현실적 자아의 괴리로 인해 갈등과 고민이 많은 시기이다.

ㅁ 상상의 세계에서 자기만의 세계를 구축하여 고독에 빠지기 쉽다.

ㅂ 부모로부터 독립을 추구하는 과정에서 부모의 권위에 도전하여 잦은 갈등을 일으키는 제2의 반항기이나, 여전히 어린이도 성인도 아닌 주변인(Marginal Man)에 머문다.

ㅅ 부정적 정서경험에서 비롯되는 부적응 증상으로 신경성 식욕부진증(Anorexia Nervosa), 즉 거식증(拒食症)이 발생하기도 하는데, 그와 같은 섭식장애는 남성보다 여성에게서 더 많이 나타난다.

② 신체의 발달 9회 기출

ㄱ 급격한 신장의 증가와 함께 뼈와 근육의 성장이 이루어지므로 '제2성장 급등기'라고 한다.

ㄴ 사춘기를 경험하며, 2차 성징과 함께 생식기관의 성숙이 뚜렷이 나타난다.

ㄷ 11~13세에는 여자가 남자보다 키와 몸무게에서 우세하지만, 이후에는 남자가 여자보다 우세해진다.

ㄹ 일반적으로 남자는 체지방이 감소하여 모가 난 외모를 갖게 되는 반면, 여자는 체지방이 증가하여 둥근 외모를 갖게 된다.

ㅁ 남자는 남성호르몬인 안드로겐(Androgen)으로 인해 어깨가 넓어지는 반면, 여자는 여성호르몬인 에스트로겐(Estrogen)으로 인해 골반 부위가 넓어진다.

ㅂ 초경 이후 약 1년간은 배란이 되지 않아 임신이 가능하지 않을 수 있다.

ㅅ 어느 발달단계보다도 신체 이미지가 자아존중감에 중요한 영향을 미친다.

③ 인지의 발달 4회, 16회, 17회, 18회 기출

ㄱ 피아제 이론의 형식적 조작기 초기에 해당하며, 추상적 사고, 가설 설정, 연역적 추론, 미래사건 예측이 가능하다.

ㄴ 자신과 자신이 속한 세계에 대해 상대론적 입장에서 사고할 수 있으며, 나아가 다른 사람의 생각을 보다 잘 인식할 수 있다.

ⓒ 개인적 가치관과 사회적 규범과의 관계를 이해한다.

ⓔ 자아중심적 사고로 상상적 청중(Imaginary Audience) 현상과 개인적 우화 (Personal Fable) 현상을 보인다.

ⓜ 청소년기의 자기중심성(Egocentrism)은 대략 11~12세경 시작되어 15~16세경 정점을 이루다가, 다양한 대인관계 경험을 통해 자신과 타인에 대한 객관적인 이해가 이루어지면서 서서히 사라지게 된다.

④ 정서의 발달 13회 기출

ⓐ 질풍노도의 시기로 정서가 매우 강하고 변화가 심하며 극단적인 정서경험을 한다. 특히 성적 성숙은 감정기복과 같은 극단적 정서변화를 가져온다.

ⓑ 심리적 이유기로서 사회적 관계의 확대와 함께 가족으로부터 독립을 준비하고자한다.

ⓒ 친구나 자기 자신에게 의존하려는 경향을 보이며, 특히 또래에게 인정받고자 하는 욕구가 강하다.

ⓓ 이성관계가 새로운 관심의 대상이 되지만, 동성 간의 친구관계를 더 소중히 여긴다.

ⓔ 자아정체감 대 정체감 혼란의 시기로서, 자아정체감 확립이 주요 발달과업이다.

ⓕ 결정할 일이 너무 많아 심리적 유예기간이 필요한 시기로, 이때 다양한 가치, 믿음, 역할 등을 시험해 볼 자유가 허락된다.

⑤ 청소년기 자아정체감의 범주(Marcia) 2회, 3회, 5회, 7회, 8회, 12회, 16회 기출

정체감 성취 (Identity Achievement)	• 정체성 위기와 함께 정체감 성취에 도달하기 위한 격렬한 결정과정을 경험한다. • 청소년은 어느 사회에서나 안정된 참여를 할 수 있고, 상황 변화에 따른 동요 없이 성숙한 정체감을 소유할 수 있다.
정체감 유예 (Identity Moratorium)	• 정체성 위기로 격렬한 불안을 경험하지만 아직 명확한 역할에 전념하지 못한다. • 청소년은 자신의 능력과 사회적 요구, 부모의 기대 사이에서 고민한다.
정체감 유실 (Identity Foreclosure)	• 정체성 위기를 경험하지 않았음에도 사회나 부모의 요구와 결정에 따라 행동한다. • 청소년은 외면적으로는 본인의 결단의 지점을 통과한 것처럼 보이지만, 내면적으로는 통과하지 못한 상태이다.
정체감 혼란 또는 혼미 (Identity Diffusion)	• 정체성 위기를 경험하지 않았으며, 명확한 역할에 대한 노력도 없다. • 청소년은 일을 저지르지도, 책임을 지려지도, 의심지도 않으며, 어떻게 살아야 하는지에 대해서도 관심이 없다.

전문가의 한마디

'상상적 청중'은 자신이 마치 무대 위의 주인공처럼 다른 사람들로부터 주의와 관심의 대상이 되고 있다고 믿는 현상인 반면, '개인적 우화'는 자신이 마치 독특한 존재이기라도 한 것처럼 자신의 사고와 감정이 다른 사람과 근본적으로 다르다고 믿는 현상입니다.

출제의도 체크

'질풍노도의 시기', '심리적 이유기', '주변인 시기', '성장 급등기(제2성장 급등기)'는 모두 청소년기에 관한 용어에 해당합니다.

▶ 13회, 22회 기출

(2) 청년기(성인 초기, 19~29세) 7회, 8회, 9회, 10회, 11회, 14회, 20회 기출

① 개요 13회 기출

ⓐ 에릭슨의 성인 초기, 피아제의 형식적 조작기 전기에 해당하는 시기이다.

ⓑ 신체적 기능이 최고조에 달하며 이를 정점으로 쇠퇴하기 시작하는 시기이다.

ⓒ 다른 사람을 사랑하고 보살피는 능력이 커진다.

ⓓ 부모의 보호로부터 벗어나 정서적 · 경제적 독립을 이루게 된다.

ⓔ 청년기의 가장 큰 변화는 직업과 결혼이다.

ⓕ 삶과 직업에 관한 목표와 희망을 명확하게 정의해야 한다.

ⓖ 발달과업에서 신체적 요소보다는 사회문화적 요소를 중요시한다.

② 신체의 발달

ⓐ 신체적 황금기로서 신체적 성숙이 거의 완성되며, 활기와 힘이 최고 수준을 유지하는 시기이다.

ⓑ 골격의 발달은 대략 17~21세경에 완성되며, 신체적 수행능력은 19~26세 사이에 정점에 도달한다.

③ 인지의 발달

ⓐ 청소년기에 형식적 조작사고가 발달하기 시작한 이후 청년기의 어느 시점에 이르러 인지발달이 더 이상 이루어지지 않는다고 주장하는 학자들도, 그 이후에도 인지발달이 지속적으로 이루어진다고 주장하는 학자들도 있다.

ⓑ 일반적으로 청년기에는 지능발달이 거의 없는 한편, 인지기술 상실도 뚜렷이 나타나지 않는다.

④ 정서의 발달 17회 기출

ⓐ 청년기에는 부모로부터 분리 및 독립하여 자율성을 찾는 과정에서 양가감정(Ambivalence)을 갖게 된다. 이는 부모로부터의 독립에 대한 갈망과 함께 부모로부터 분리되는 것에 대한 불안감에서 비롯된다.

ⓑ 직업선택에 신중을 기하여 자신이 원하는 직업을 가지기 위해 노력한다. 이러한 직업선택의 과정에서 개인의 능력과 관심, 자신에 대한 부모나 중요한 타인의 기대 등이 영향을 미친다.

ⓒ 친밀감 및 성숙한 사회적 관계의 확립으로 배우자를 선택하여 새로운 가족을 형성함으로써 사랑의 실현, 자녀의 출산, 정서적 · 경제적 안정을 이룬다.

ⓓ 성역할 정체감(Sex-role Identity)이 확고해짐으로써 성적 사회화(Sexual Socialization)가 이루어진다.

5 중년기와 노년기

(1) 중년기(장년기, 30~65세) 5회, 9회, 12회, 13회, 14회, 20회, 21회 기출

① 개 요 10회 기출
- ㉠ 에릭슨의 성인기, 피아제의 형식적 조작기 중·후기에 해당하는 시기이다.
- ㉡ 학자들에 따라 연령 구분이 서로 다르지만, 보통 중년기의 시작은 30세에서 40세의 기간 동안의 한 지점으로, 끝나는 시기는 60세에서 70세의 기간 중 한 지점으로 잡는다.
- ㉢ 신체적 변화에의 적응, 부부 간의 애정 재확립, 중년기 위기의 극복, 직업활동에의 몰두, 여가선용 등을 주요 특징이자 발달과업으로 한다.

② 신체의 변화 9회, 16회 기출
- ㉠ 전반적인 신진대사의 둔화와 함께 신체적 능력과 건강이 감퇴하기 시작한다.
- ㉡ 갱년기 현상이 나타나며, 특히 남성의 갱년기는 여성의 갱년기에 비해 늦게 시작되어 서서히 진행된다.
- ㉢ 여성의 경우 40대 후반~50대 초반에 여성호르몬인 에스트로겐(Estrogen)의 감소와 함께 폐경을 경험한다. 반면, 남성의 경우 테스토스테론(Testosterone)의 분비가 감소되며, 성기능 저하 및 성욕감퇴를 경험하나 생식능력은 있다.
- ㉣ 폐경기 여성의 경우 얼굴 홍조현상, 두통, 골다공증, 수면장애 등의 증상을 경험한다.
- ㉤ 시력저하, 청각신경세포의 둔화 등 감각기관의 능력이 감소한다.
- ㉥ 직업적 스트레스의 누적으로 암, 고혈압, 심장질환, 뇌졸중 등의 질병에 걸릴 위험이 매우 높은 시기이다.

③ 인지적·성격적 변화 4회, 10회, 11회, 12회, 15회, 16회, 17회 기출
- ㉠ 인지능력이 감소한다는 견해와 함께 인지능력은 감소하지 않으며 오히려 특정 측면의 인지능력은 강화된다는 견해가 공존한다.
- ㉡ 단기기억력은 약화되지만 장기기억력에는 변화가 없고, 오랜 인생의 경험에서 터득한 지혜로 인해 문제해결능력은 높아진다는 견해도 있다.
- ㉢ 유동성 지능은 퇴보하기 시작하는 반면, 결정성 지능은 계속 발달하는 경향이 있다.
- ㉣ 중년기 초기에는 대체로 자신의 성적 기능 및 역할을 발달시키지만, 후기에 이르러 남성의 경우 여성적 측면을, 여성의 경우 남성적 측면을 나타낸다. 그로 인해 여성의 경우 독립적이고 공격적인 측면이 나타나기도 한다.
- ㉤ '개성화(Individuation)'를 통해 자아의 에너지를 외적·물질적인 차원에서 내적·정신적인 차원으로 전환한다.

전문가의 한마디

안드로겐(Androgen)과 테스토스테론(Testosterone)은 둘 다 남성과 관련된 호르몬입니다. 안드로겐은 남성 성호르몬을 총칭하는 것으로, 테스토스테론은 안드로겐의 일종에 해당합니다.

출제의도 체크

유동성 지능은 유전적·신경생리적 영향에 의해 발달이 이루어지는 반면, 결정성 지능은 경험적·환경적·문화적 영향의 누적에 의해 발달이 이루어집니다. 따라서 결정성 지능은 나이가 들수록 발달하는 경향이 있습니다.

ⓑ '중년의 위기'로 인해 불안이나 우울, 무기력감, 자신감 상실 등의 정신적 위기를 경험한다.
ⓢ 여성의 경우 자녀의 독립, 남편의 일에 대한 몰두 등에 의해 나타나는 일종의 우울증상으로서 '빈 둥지 증후군(Empty Nest Syndrome)'에 직면한다.

④ **사회적 변화** 13회 기출
ⓐ 사회경제적 활동능력이 최고조에 달하며, 직장 내에서 자신의 위치를 확립하고 리더십을 발휘한다.
ⓑ 사회적·가정적으로 인생의 전성기이지만 갑작스러운 실직을 경험하기도 하며, 직업 스트레스와 함께 자발적 또는 비자발적 직업전환에 직면하기도 한다.
ⓒ 직업적 성취를 위해 노력하며, 직업 관리를 통해 개인적 목표와 사회적 목표를 통합한다.
ⓓ 평균수명 연장과 조기정년에 대비하여 자신의 적성에 부합하는 여가 및 취미활동을 개발하고자 노력한다.

⑤ **중년기의 주요 발달과제(Levinson)** 11회 기출
ⓐ 자신의 과거에 대해 재평가하기
ⓑ 삶의 구조를 수정하기(인생의 남은 부분에 대해 새롭게 시작하기)
ⓒ 개성화에 이르기(개별화에 따른 상반된 경험들을 통합하기) 등

(2) 노년기(65세 이후) 8회, 9회, 13회, 19회, 21회 기출

① **개 요** 12회, 13회, 15회 기출
ⓐ 노년기는 생물학적·심리적·사회적 측면에서 나타나는 점진적이고 퇴행적인 발달단계로서 노화(Aging)가 이루어진다.
ⓑ 자아통합의 시기로서, 사회관계망의 축소로 인해 사회적 역할 변화를 경험한다.
ⓒ 펙(Peck)은 '자아분화 대 직업역할 몰두'를 노년기의 주요 이슈로 보았다. 이는 개인의 직업역할에의 몰두가 은퇴나 실직 후 방향감 상실로 이어질 수 있음을 의미한다.
ⓓ 펙(Peck)은 에릭슨(Erickson)의 7단계(중년기)와 8단계(노년기)를 통합하여 자아분화, 신체초월, 자아초월 등을 노년기의 중요한 발달과제로 보았다.
ⓔ 신체변화에 대한 적응, 인생에 대한 평가, 역할 재조정, 여가시간 활용, 죽음에 대한 대비 등을 주요 특징이자 발달과업으로 한다.

② **인지 및 정신기능상의 변화** 10회, 12회 기출
ⓐ 연령이 증가함에 따라 정보처리속도가 감소한다.
ⓑ 감각기관을 통해 입수되는 정보를 운동반응으로 전환하는 능력이 감소한다.

ⓒ 단기기억의 감퇴 속도가 장기기억의 감퇴 속도보다 빠르다.

ⓔ 전반적인 성취도는 떨어지지만 지적 능력이 전적으로 떨어지지는 않는다.

ⓜ 치매(신경인지장애)는 인지기능과 고등정신기능의 감퇴로 일상적 사회활동이나 대인관계에 지장을 준다.

③ **심리사회적 변화**   9회, 11회, 19회 [기출]

 ⓐ 내향성, 의존성(수동성)이 증가한다.

 ⓑ 우울증 경향이 두드러진다.

 ⓒ 변화를 두려워하는 보수성, 경직성 경향이 증가한다.

 ⓓ 친근한 사물에 애착을 가지며, 옛것을 회상한다.

 ⓔ 성역할에 대한 지각이 변화한다.

 ⓕ 시간에 대한 전망이 변화한다.

 ⓖ 유산을 남기려는 경향이 증가한다.

 ⓗ 조부모로서의 새로운 역할을 부여받는다.

④ **노년기의 주요 발달과업(Havighurst)**   4회, 19회 [기출]

 ⓐ 신체적 능력과 건강의 약화에 대한 적응

 ⓑ 정년퇴직과 경제적 수입 감소에 대한 적응

 ⓒ 배우자의 죽음에 대한 적응

 ⓓ 자기 동년배집단과의 유대관계 강화

 ⓔ 사회적 역할에 대한 융통성 있는 적응

 ⓕ 생활에 적합한 물리적 생활환경 조성

⑤ **성공적인 노화의 주요 조건**   9회 [기출]

 ⓐ 신체적 건강

 ⓑ 원숙한 성격

 ⓒ 경제적 안정

 ⓓ 사회적 지지

바로암기 ○×

노년기에는 조심성, 경직성, 능동성, 외향성이 증가한다?

     (   )

해설
능동성이 아닌 의존성(수동성), 외향성이 아닌 내향성이 증가한다.

정답 ×

참고

인간발달단계와 관련하여 문제상에 제시되는 각 발달단계별 연령은 학자에 따라 혹은 교재에 따라 약간씩 다르게 제시되고 있습니다. 예를 들어, 청년기의 연령을 '19~29세', '20~39세'로 중년기(장년기)의 연령을 '30~65세', '36~64세' 혹은 '40~64세'로 구분하기도 하며, 아동기(후기아동기)의 연령은 '6~12세' 혹은 '7~12세'로 구분하기도 합니다.

심화연구실

퀴블러-로스(Kübler-Ross)의 죽음의 직면(적응)단계   4회, 5회, 12회, 14회, 15회, 16회, 17회, 18회, 19회 기출

부 정 (Denial)	• "그럴 리가 없어"라며, 자신이 곧 죽는다는 사실을 부인한다. • 이와 같은 반응은 갑작스런 심리적 충격에 대한 완충작용을 한다.
분 노 (Anger)	• "왜 하필이면 나야"라며, 다른 사람들은 멀쩡한데 자신만 죽게 된다는 사실에 대해 분노한다. • 이와 같은 분노의 감정은 치료진이나 가족에게 투사된다.
타 협 (Bargaining)	• "우리 딸 결혼식 날까지 살 수 있도록 해 주세요"라며, 죽음을 피할 수 없음을 깨달은 채 인생 과업을 마칠 때까지 생이 지속되기를 희망한다. • 절대적인 존재나 초자연적인 힘에 의지하기도 하며, 치료진이나 가족에게 협력적인 태도를 보이기도 한다.
우 울 (Depression)	• 병의 진행에 의한 절망감과 함께 세상의 모든 것들과의 결별에서 오는 상실감을 토로한다. • 이미 죽음을 실감하기 시작하면서 극심한 우울상태에 빠진다.
수 용 (Acceptance)	• 죽음에 대해 담담하게 생각하고 이를 수용하게 된다. • 세상으로부터 초연해지면서 마치 마음의 평화를 회복한 듯한 모습을 보인다.

참고

'Kübler-Ross'은 교재에 따라 '퀴블러-로스', '큐블러-로스' 등으로도 제시되고 있습니다. 우리말 번역에 의한 발음상 차이일 뿐 동일인물에 해당합니다.

03 | 사회환경과 사회체계

KEY POINT

- '사회체계이론' 영역에서는 체계로서의 사회체계이론에 대한 전반적인 개념을 이해해야 하며, 특히 균형, 항상성, 안정상태 등 주요 개념을 숙지해야 한다.
- 생태체계이론은 인간과 환경 간의 상호교류를 강조하는 생태학 이론에 대한 기본적인 의미를 파악해야 하며, 브론펜브레너가 제시한 생태학적 체계모델의 다섯 가지 체계를 기억해야 한다.
- 사회환경에서는 가족의 기능, 집단의 특성과 기능이 출제된 바 있다. 한편 학자에 따른 조직의 분류들이 출제될 가능성이 있으며, 특히 스미스가 제시한 투과성 조직은 반드시 기억해야 한다.
- 지역사회의 기능과 문화의 특징, 문화변용에 대해서도 이해해야 한다.

01절 | 체계이론의 기초

1 사회체계이론

(1) 의의 4회, 8회, 14회 기출

① 체계는 상호의존적이고 상호작용하는 부분들의 전체에서 각 부분들이 관계를 맺고 있는 일련의 단위들로서, 조직화(Organization), 상호인과성(Mutual Casuality), 지속성(Constancy), 공간성(Spatiality), 경계(Boundary) 등의 특성을 지닌다.

② 환경 속의 인간행동을 이해하는 데 있어서 체계가 성장 또는 변화하면서 안정성을 유지해나가는 방법을 설명하는 이론이다.

③ 개인, 가족, 소집단, 조직, 지역사회 간의 관계와 연결을 구체화하도록 돕는다.

④ 기존의 인간에 대한 단선적인 견해에서 벗어나 인간을 둘러싼 다양한 환경을 고려한다.

⑤ 사회복지실천에 있어서 클라이언트가 처한 상황을 환경에 대한 고려와 함께 다양한 체계의 수준에서 접근한다.

(2) 특징 9회, 14회, 17회 기출

① 인간행동을 이해하는 데 있어서 한 체계와 다른 체계 간의 관계성에 초점을 둔다.

② 체계와 환경을 구분하는 경계가 존재하며, 이러한 경계는 물리적인 구조가 아닌 사회적인 구조로서 행동을 통해서만 드러난다.

③ 전체 체계는 부분의 합 이상의 의미를 지니며, 모든 체계는 부분인 동시에 전체로서의 속성을 지닌다.

전문가의 **한마디**

체계이론은 크게 일반체계이론, 사회체계이론, 생태체계이론으로 분류할 수 있으나, 사회복지실천에서는 일반체계이론보다는 사회체계이론이나 생태체계이론을 많이 활용하고 있습니다.

출제의도 체크

체계는 부분성과 전체성을 동시에 가지며 위계질서가 존재하는 경우가 많습니다.

▶ 17회 기출

④ 체계의 한 부분이 변화하면 그 변한 부분은 다른 부분들을 변화시키기 위해 상호작용을 하는 특성이 있다.

⑤ 체계들은 서로 에너지를 주고받으면서 일정한 질서와 안정성을 유지하는 동시에 역동적으로 목표를 향해 꾸준히 움직임으로써 변화하게 된다.

(3) 주요 개념   1회, 3회, 5회, 6회, 8회, 9회, 11회, 12회, 15회, 16회, 17회, 18회, 19회, 20회, 22회 `기출`

① 경계(Boundary)

체계를 구성하는 소단위로서, 물리적 또는 개념적 공간에 해당한다. 한 체계를 다른 체계와 구분해 주는 눈에 보이지 않는 테두리로서, 모든 사회체계에서 볼 수 있는 사회적 구조이다.

② 개방체계(Open System)

환경과의 에너지 교환이 활발히 이루어지는 체계로서, 투입을 받아들이고 산출을 생산하여 환경으로 보낸다.

③ 폐쇄체계(Closed System)

환경과의 에너지 교환이 거의 없는 체계로서, 투입을 받아들이지 않고, 산출도 생산하지 않는다.

④ 균형(Equilibrium)

폐쇄체계적인 속성으로서, 외부환경과의 에너지 소통 없이 현상을 유지하려는 상태를 말한다.

⑤ 항상성(Homeostasis)

개방체계적인 속성으로서, 환경과 지속적으로 소통하면서 역동적인 균형을 이루는 상태를 말한다.

⑥ 안정상태(Steady State)

개방체계적인 속성으로서, 부분들 간에 관계를 유지하면서 체계가 붕괴되지 않도록 에너지를 계속 사용하는 상태를 말한다.

⑦ 엔트로피(Entropy)

폐쇄체계적인 속성을 가지며, 체계 내부의 에너지만 소모함으로써 유용한 에너지가 감소하는 상태를 말한다. 체계가 소멸해 가거나, 무질서해지고 비조직화 되는 과정을 의미한다.

⑧ 역엔트로피, 넥엔트로피 또는 네겐트로피(Negentropy)

개방체계적인 속성을 가지며, 체계 외부로부터 에너지가 유입됨으로써 체계 내부의 불필요한 에너지가 감소하는 상태를 말한다. 체계 내에 질서, 형태, 분화가 있는 상태를 의미한다.

전문가의 한마디

개방체계는 목적지향적이고 적응능력이 높은 반면, 폐쇄체계는 목적지향성이 낮고 행동을 수정할 수 있는 능력도 낮습니다.

출제의도 체크

이혼 위기에 처한 부부가 상담을 받아 관계가 회복되는 계기를 맞게 되고, 외부 전문가의 도움으로 부부간의 불화가 개선되고 긴장이 감소되었다면, 이는 체계 외부의 에너지(예 전문가의 도움) 유입에 따라 체계 내부의 불필요한 에너지(예 긴장)가 감소한 것이므로 역엔트로피(네겐트로피)에 해당합니다.

▶ 11회 기출

---

⑨ 호혜성(Reciprocity)

한 체계에서 일부가 변화하면, 그 변화가 모든 다른 부분들과 상호작용하여 나머지 부분들도 변화하게 되는 것을 말한다.

⑩ 환류 또는 피드백(Feedback)

체계가 목표달성을 위해 올바르게 작동하고 있는지 혹은 잘못된 방향으로 나아가고 있는지에 대해 정보를 얻는 것을 말한다. 정보의 투입에 대한 반응으로 일종의 적응기제이다.

⑪ 시너지(Synergy)

개방체계적인 속성으로서 체계 구성요소들 사이에 상호작용이 증가하면서 체계 내에 유용한 에너지가 증가하는 것을 말한다.

⑫ 다중종결성(Multifinality)

체계를 구성하는 요소들의 상호작용 성격에 따라 유사한 조건이라도 각기 다른 결과를 초래하는 경우를 말한다.

⑬ 동등종결성(Equifinality)

체계를 구성하는 요소들의 상호작용 성격에 따라 서로 다른 조건이라도 유사한 결과를 초래하는 경우를 말한다.

(4) 사회체계의 네 가지 기능적 요건(Parsons)

파슨스(Parsons)는 사회체계가 다음의 네 가지 요건을 필수적으로 충족시켜야 한다고 주장하였다.

적 응 (Adaptation)	체계가 외부환경으로부터 자원을 획득하고 이를 분배하거나 보존하는 활동이다. 예 경제제도
목표달성 (Goal-Attainment)	체계가 내부적으로 목표의 우선순위를 정하고, 해당 목표를 달성하기 위해 상위체계인 외부환경과 교류하면서 체계 내부의 구성부분들을 동원하는 기능이다. 예 정부
통 합 (Integration)	체계가 내부적으로 부분들의 상호작용을 조정하고 유지하는 활동이다. 예 법
잠재적 유형유지 또는 형태유지 (Latent Pattern Maintenance)	체계 내에 발생하는 긴장을 다루는 활동을 말하는 것으로, 특히 체계가 목표달성 및 통합을 성취하도록 하는 데 있어서 매우 중요한 기능이다. 예 종교

전문가의 한마디

사회체계의 기능적 요건 중 적응 및 잠재적 유형유지(형태유지)는 도구적(수단적) 차원으로, 목표달성 및 통합은 완성적(목적적) 차원으로 구분할 수 있습니다.

2 생태체계이론 5회, 7회, 9회, 16회, 21회 기출

(1) 의 의 15회, 16회 기출

① 체계이론과 생태학적 관점을 통합한 것이다.
② 생태학적 관점은 인간이 환경 자원과 사회적 지지를 이용하여 환경 속에서 효과적으로 기능할 수 있다고 본다.
③ 생태체계이론에서 인간은 환경 안에 있는 다양한 체계들과 끊임없이 상호작용하는 존재로 간주된다.

(2) 특 징 2회, 6회, 8회, 16회, 17회, 18회, 20회 기출

① 인간과 환경은 분리할 수 없으므로, 이를 동시에 고려해야 한다고 주장한다.
② 인간과 사회환경 사이의 관계를 이해하는 준거틀을 제시하고 있다.
③ 개인과 환경이 지속적으로 상호작용하는 적응의 과정을 통해 개인-환경 간의 적합성(Goodness-of-fit)이 획득된다.
④ 개인, 집단, 지역사회 등 다양한 체계에 적용이 가능하다.
⑤ 문제의 원인을 단선적인 인과관계로 파악하는 것이 아닌 인간과 환경 간의 복잡하고 다변화하는 상호연관성에 초점을 둔다.
⑥ 유능성은 개인과 환경이 효과적으로 상호작용 할 수 있는 능력을 말하며, 적합성은 인간의 욕구와 환경자원이 부합되는 정도를 말한다.
⑦ 생활상의 문제는 전체적 생활공간 내에서 이해한다.
⑧ 전체 체계를 고려하여 문제를 이해하며, 문제해결을 위한 적절한 모델을 선택할 수 있게 한다.
⑨ 각 체계들로부터 풍부한 정보의 획득이 가능하므로, 사회복지실천 과정의 사정(Assessment) 단계에 유용하게 활용된다.
⑩ 구체적인 인간발달단계를 제시하지는 않는다.

(3) 인간과 사회환경의 관계(Zastrow & Kirst-Ashman) 16회 기출

① 사회환경은 미시체계(Micro System)로서 개인, 중간체계(Mezzo System)로서 개인이 접촉하는 타인, 가족, 이웃, 집단, 조직, 그리고 거시체계(Macro System)로서 국가, 문화, 사회제도 등을 포함한다.
② 개인을 둘러싸고 있는 사회환경으로서 다양한 수준의 사회체계는 인간의 삶과 행동에 직접적 혹은 간접적인 영향을 미치며, 인간으로부터 영향을 받기도 한다.

전문가의 한마디

생태체계이론은 환경 속의 인간이라는 사회복지실천의 기본 관점을 반영하고 있습니다.

출제의도 체크

국가, 사회제도는 거시체계(Macro System)에 포함됩니다.

▶ 16회 기출

---

(4) 브론펜브레너(Bronfenbrenner)의 생태학적 체계모델에 의한 다섯 가지 체계

6회, 7회, 17회, 19회, 20회, 21회, 22회 기출

미시체계 (Micro System)	• 개인에게 가장 근접한 환경이며, 상호호혜성에 기반을 둔다. • 가족, 학교, 이웃 등의 물리적 환경과 사회적 환경, 그리고 그 환경 내에서 갖게 되는 지위, 역할, 활동, 대인관계 등을 의미한다.
중간체계 (Meso System)	• 서로 상호작용하는 두 가지 이상 미시체계들 간의 관계망을 말한다. 특히 개인이 다양한 역할을 동시에 수행한다는 의미가 내포된다. • 예를 들어, 개인은 가족 내에서 자녀로서의 지위와 역할을 수행하지만, 학교에서는 학생으로서의 지위와 역할을 동시에 가지게 된다.
외체계 또는 외부체계 (Exo System)	• 개인이 직접 참여하거나 관여하지는 않지만 개인에게 영향을 미치는 환경체계이다. • 예를 들어, 부모의 직장은 자녀에게 직접적인 영향을 미치지 않지만, 부모의 직업환경은 자녀양육에도 강력한 영향력을 갖는다.
거시체계 (Macro System)	• 개인이 속한 사회의 이념(신념)이나 제도, 즉 정치, 경제, 문화 등의 광범위한 사회적 맥락을 의미한다. • 사회습관과 유행으로 스스로의 가치관을 만들어 낸다. • 개인의 생활에 직접적으로 개입하지는 않지만 간접적으로 영향력을 행사하며, 하위체계에 지지기반과 가치준거를 제공한다.
시간체계 (Chrono System)	• 전 생애에 걸쳐 일어나는 변화를 비롯하여 사회역사적인 환경을 포함한다. • 개인이 어느 시대에 출생하여 성장했는지에 따라 개인의 발달 및 삶의 양상이 크게 좌우될 수 있는 것이다.

전문가의 한마디

재스트로와 커스트-애시만 (Zastrow & Kirst-Ashman)은 3단계 체계, 즉 미시체계, 중간체계, 거시체계로 구분하였습니다. 참고로 브론펜브레너 (Bronfenbrenner)는 가족, 이웃 등을 미시체계로 간주한 반면, 재스트로와 커스트-애시만 (Zastrow & Kirst-Ashman)은 이를 중간체계로 간주하는 등 체계의 구성에 있어서 약간 다른 관점을 보이고 있습니다.

참고

브론펜브레너(Bronfenbrenner)의 생태학적 체계모델에 의한 다섯 가지 체계 수준은 보는 관점에 따라 달리 해석될 수 있으므로, 이점 감안하여 학습하시기 바랍니다.

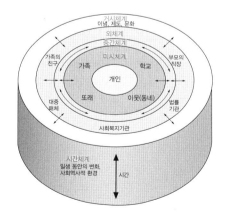

브론펜브레너(Bronfenbrenner)의 생태학적 체계모델

3 사회환경

(1) 가족

① 의미

가족은 결혼, 혈연, 입양에 의해 결합되고, 대부분의 구성원들이 동거하면서 경제적으로 협력하며, 각자에게 부여된 사회적 지위와 역할을 수행하는 과정에서 상호작용과 의사소통을 하고, 공통의 문화를 창출하면서 영구적인 관계를 유지하는 사회체계이다.

② 특성

㉠ 가족의 특성을 파악하기 위해서는 가족의 구조, 기능, 관계, 생활주기 등의 요인들을 고려해야 한다.

㉡ 가족은 구성원들의 관계를 중심으로 부부가족, 직계가족, 방계가족, 복합가족으로 구분할 수 있으며, 핵가족, 확대가족, 한부모가족, 다문화가족 등 다양한 형태로 존재한다.

㉢ 가족관계는 가족성원들 간의 자극, 정서, 가치의식 등을 교환하는 상호작용으로서, 가족구조상의 지위, 역할, 기능에 따른 분업관계, 권리-의무관계 등을 포함한다.

㉣ 가족은 생활공동체로서 체계의 유지와 구성원의 성장 및 발달을 지원하기 위해 다양한 기능을 수행한다.

㉤ 가족체계 내 반복적 상호작용 유형이 각 개인의 성격과 행동을 결정하는 요인이 된다.

③ 기능　14회 기출

㉠ 애정의 기능	㉡ 성적 통제의 기능
㉢ 자녀출산의 기능	㉣ 자녀양육 및 사회화의 기능
㉤ 경제적 기능	㉥ 정서적 안정 및 지지의 기능
㉦ 가족의 문화 및 전통 계승의 기능	

(2) 집 단　21회 기출

① 특 성　14회 기출

㉠ 공동의 목적이나 관심사를 가진 최소 2명 이상의 일정한 구성원이 있다.

㉡ 구성원들이 공유하는 달성 가능한 공통의 목적이 있다.

㉢ 구성원들이 감정을 공유하며 규범과 목표를 수립한다.

㉣ 구성원들 간의 관계를 형성하며 상호작용을 통해 성장한다.

㉤ 구성원들 간 역할분화가 이루어진다.

전문가의 한마디

산업화 이후 가족의 고유기능을 대체할 수 있는 다양한 사회제도가 발달함에 따라 가족의 기능은 약화 또는 상실되어 가고 있습니다. 사회복지제도는 그와 같은 가족의 기능을 보완하거나 대체하기 위한 사회제도 중 하나입니다.

전문가의 한마디

집단은 대면적 의사소통과 상호작용을 통해 소속감, 정체성, 결속력을 형성하게 됩니다.

ⓑ 집단 내 행동을 통제하는 사회통제기제와 집단문화가 형성된다.

ⓢ 개인 간 상호작용을 통해 전체로서의 체계의 특성을 지니는 한편, 전체로서의 집단은 개인의 행동에 영향을 미친다.

ⓞ 집단을 둘러싼 외부환경과의 지속적인 에너지 교환을 통해 기능상의 변화와 발달이 이루어진다.

ⓩ 형성에서부터 해체에 이르기까지 일련의 발달단계를 거친다.

② **기 능** 14회 기출

㉠ 집단 공동의 목표를 달성하는 기능을 가진다.

㉡ 집단성원들의 욕구를 충족시키고 그들에게 매력을 느끼도록 함으로써 그 집단을 계속해서 유지하도록 하는 기능을 가진다.

㉢ 대인관계 속의 개인을 원조하며, 사회화의 기능을 수행한다.

㉣ 구성원들의 감정, 행동, 사회적 기능을 종전 수준으로 회복시키는 재활기능을 한다.

㉤ 구성원들의 성장과 발달을 촉진하는 교육기능을 한다.

㉥ 구성원들에게 아무런 영향력을 미치지 못할 수도, 오히려 구성원들이나 사회에 파괴적인 강력한 영향력을 행사할 수도, 대인 간 갈등을 야기하거나 부적절한 지도자를 선발할 수도 있는 등 유해한 사회환경이 되기도 한다.

③ **유 형** 18회 기출

㉠ 1차 집단 : 혈연과 지연 등의 요인을 바탕으로 형성된 집단이다. 직접적인 대면 접촉, 친밀감, 집단의 소규모성, 관계의 지속성 등이 1차 집단 형성의 기본 조건이며, 개인의 인성이나 가치관을 형성하는 데 영향을 줄 수 있다.

㉡ 2차 집단 : 집단 구성원 간의 간접적인 접촉과 특정한 목적 달성을 위한 수단적인 만남을 바탕으로 인위적으로 결합된 집단을 말하며, 회사, 정당 등이 2차 집단에 속한다.

㉢ 자연집단 : 이미 존재하고 있는 집단을 의미한다. 대표적으로 학급집단을 예로 들 수 있으며, 여기서는 학생 개개인을 독립적인 존재로 보기보다는 기존 학급내 집단의 일원으로 취급한다.

㉣ 자조집단 : 일반적인 집단치료운동의 하나로서, 집단의 지도자를 필수적이라고 보지는 않지만 대체적으로 지도자를 가지고 있다. 거식증이나 알콜중독 등의 집단에 해당한다.

㉤ 개방집단 : 집단이 유지되는 동안 새로운 구성원의 입회가 가능한 집단을 의미한다.

㉥ 폐쇄집단 : 구성원의 자격을 설정하고, 집단구성원들이 동시에 참여한 후 해당 집단이 운영되는 동안 새로운 구성원의 유입 없이 운영되는 집단이며, 응집력이 높은 편이다.

바로암기 ○✕

집단은 구성원들을 지지하고 자극시키는 힘을 가지기 때문에 긍정적 기능만을 수행한다?
( )

해 설
집단은 유해한 사회환경이 되기도 한다.

정 답 ✕

---

(3) 조 직

① 특 성

㉠ 각 조직은 특정한 목적을 가진다.

㉡ 각 조직은 그 특성에 맞는 일정한 규범을 가진다.

㉢ 각 조직은 나름의 독특한 문화를 가진다.

㉣ 조직의 유지 및 운영을 위해 조직 외부로부터 합당한 투입이 있어야 한다.

㉤ 권위 수준이 다양한 조직의 경우 그에 따른 위계구조를 형성한다.

㉥ 상위조직 혹은 하위조직과 상호의존적인 관계를 형성한다.

② 기 능

㉠ 권력분배기능　　　　㉡ 적응기능

㉢ 사회변화기능　　　　㉣ 사회적 결속기능

㉤ 정체성 부여기능 등

(4) 지역사회

① 특 징

㉠ 물리적 혹은 지리적 장소에 기반을 둔 사회조직의 형태를 갖춘다.

㉡ 지역주민들의 삶의 질을 향상시키는 것을 궁극적인 목적으로 한다.

㉢ 공통된 욕구와 문제의 해결, 성장과 발전을 위해 상호의존한다.

㉣ 전통, 관습, 규범, 가치 등을 공유하는 공동체이다.

㉤ 개인과 사회를 연결하는 중간체계로서, 전체 사회의 하위체계에 해당한다.

② 기 능　10회, 14회, 16회 기출

㉠ 생산 · 분배 · 소비의 기능(경제제도)

㉡ 사회화의 기능(가족제도)

㉢ 사회통제의 기능(정치제도)

㉣ 사회통합의 기능(종교제도)

㉤ 상부상조의 기능(사회복지제도)

참고

사회환경으로서 가족, 집단, 조직, 지역사회에 관한 보다 구체적인 내용은 '4영역 사회복지실천기술론', '5영역 지역사회복지론', 그리고 '7영역 사회복지행정론' 등에서 살펴보기로 합니다.

(5) 문 화

① 의 미   12회, 21회 기출

사회성원으로서 인간이 습득한 지식, 믿음, 예술, 도덕, 법, 관습, 그 밖의 모든 능력과 습관의 복합적인 총체로서, 상호 긴밀한 관계를 유지하면서 하나의 전체를 이루는 통합체이다. 다른 사회구성원들과 구별되는 어떤 공통적인 경향으로서, 자연환경보다 인간의 정신활동을 중요시한다.

② 특 성   10회, 11회, 12회, 17회 기출

㉠ 보편성 : 모든 사회에는 공통적인 문화형태가 존재한다.

㉡ 상징성 : 외형으로 드러나는 것 외에 내재적인 의미로도 파악된다.

㉢ 공유성 : 사회 구성원들에 의해 공유되는 것으로, 다른 사회 구성원과 구별된다.

㉣ 다양성 : 국가나 지역에 따라 다양한 양상으로 나타난다.

㉤ 학습성 : 선천적으로 소유하는 것이 아닌 후천적인 습득의 과정을 통해 얻어진다.

㉥ 체계성 : 한 요소는 무수히 많은 다른 것들과 관련되어 있으면서 그 관련 속에서 의미를 갖는다.

㉦ 축적성 : 한 세대에서 다음세대로 전승된다.

㉧ 역동성(가변성) : 새로운 문화 특성이 추가되는 등 시대적 환경에 따라 끊임없이 변화한다.

③ 기 능   11회, 14회, 15회 기출

㉠ 사회화 : 문화는 개인에게 다양한 생활양식을 내면화하도록 함으로써 사회화를 유도한다.

㉡ 욕구충족 : 문화는 개인이 다양한 생활양식을 통해 기본적인 생리적 · 심리적 욕구를 비롯하여 사회문화적 욕구를 충족하도록 한다.

㉢ 사회통제 : 문화는 사회규범이나 관습을 통해 개인의 행동을 적절히 규제함으로써 사회악을 최소화한다.

㉣ 사회존속 : 문화는 사회구성원들이 생활양식을 전승하여 사회를 존속하도록 한다.

④ 물질문화와 비물질문화   16회 기출

㉠ 문화는 개인이 사회성원으로서 사고하고 행동하며 소유할 수 있는 복합체로서 관념(Ideas), 규범(Norms), 물질(Things) 등으로 구성된다.

㉡ 물질문화에는 개인이 생활하는 데 필요한 각종 생활용품들이나 기술들이 포함된다.

㉢ 비물질문화에는 관념문화와 규범문화가 포함된다.

관념문화	과학적 진리, 종교적 신념, 신화, 전설, 문학, 미신 등
규범문화	법, 관습, 민습, 유행 등

출제의도 체크

사회체계로서 문화는 구성원 간 공유되는 일종의 생활양식으로 다른 사회 구성원과 구별됩니다.

▶ 17회 기출

전문가의 한마디

문화는 사회의 안정과 질서를 위해 문제들을 제거, 조절하는 기능을 수행합니다.

바로암기 OX

관념문화에는 법과 관습이 포함된다?

( )

해설

법과 관습은 규범문화의 범주에 포함된다.

정답 ✕

---

② 최근 인류학이나 사회학에서는 문화에서 물질적 측면, 즉 도구문화를 제외한 비물질적 문화만을 문화로 인정하려는 경향이 있다.

⑤ **문화사대주의와 문화상대주의** 16회 기출

문화사대주의 (Cultural Todadyism)	다른 사회권의 문화가 자신이 속한 문화보다 우월하다고 믿고 자신의 문화를 부정적으로 낮게 평가하는 태도이다.
문화상대주의 (Cultural Relativism)	세계 문화의 다양성을 인정하고 이해하려는 양상을 말하는 것으로서, 어떤 문화든 저마다 독자적인 발전을 이루어왔으므로 특정한 문화의 입장에서 다른 문화의 우열을 결정하는 것이 옳지 않다는 견해이다.

⑥ **문화변용(Acculturation)** 12회, 13회 기출

둘 이상의 이질적인 문화가 직접적으로 접촉한 결과 그 한쪽 또는 쌍방이 원래의 문화형태에 변화를 일으키는 현상을 말한다. 베리(Berry)는 문화적응모형을 통해 문화변용의 양상을 다음과 같이 제시하였다.

차 원		고유문화의 정체감 및 특성 유지	
		예	아니요
주류문화의 유입 및 관계유지	예	통합(Integration)	동화(Assimilation)
	아니요	분리(Separation)	주변화(Marginalization)

(6) 가상공간 17회 기출

① **의 미**

가상공간(Cyberspace)은 통신망으로 연결된 컴퓨터를 이용하여 상호 간에 정보나 메시지 등을 주고받는 눈에 보이지 않는 활동 공간을 의미한다. 최근에는 커뮤니티와 동호회 등 인간의 관계적 욕구 실현을 위한 가상공동체로도 나타나고 있다.

② **특 성**

㉠ 물리적인 제한이 없고, 현실적인 제약을 받지 않는다.

㉡ 현실공간보다 더욱 빠른 속도로 변화하고 발전한다.

㉢ 구성요소 간 상호작용이 활발하게 이루어진다.

㉣ 고도의 편집성 및 조작성을 가지고 있다.

㉤ 공동사회와 이익사회 모두를 포괄하는 총체적 생활공간이다.

출제의도 체크

다문화주의란 한 사회 내에 존재하는 다양한 인종이나 민족 집단들의 문화를 주류 문화에 동화시키지 않고 문화적 다양성을 서로 인정하고 교류하면서 공존하는 정책이다.

▶ 21회 기출

출제의도 체크

베리(Berry)의 문화적응모형에서 동화(Assimilation)는 주류사회와의 관계는 유지하지만 모국의 문화적 가치는 유지하지 않는 상태를 말합니다.

▶ 13회, 21회 기출

제1영역 | 적중문제 다잡기

CHAPTER 01 인간행동발달과 사회복지

17회 기출

01 인간행동과 성격에 관한 설명으로 옳지 않은 것은?

① 인간행동은 개인의 성격특성에 따라 다르게 표출된다.
② 성격을 이해하면 행동의 변화추이를 예측할 수 있다.
③ 인간행동의 이해와 개입을 위해서는 성격의 이해가 필요하다.
④ 성격이론은 인간행동의 수정 방법을 찾는 데 도움이 된다.
⑤ 성격은 심리역동적 특성이 있어 일관된 행동을 기대할 수 없다.

〔해설〕 ⑤ 성격은 개인을 특징짓는 지속적이고 일관된 행동 양식으로서, 수없이 많은 변수들의 상호작용에 의해 누적적으로 형성된다. 그
로 인해 성격은 한 개인의 주체성과 독자성을 보장해 줄 수 있는 요소로 간주된다.

20회 기출

02 인간발달의 원리에 관한 설명으로 옳지 않은 것은?

① 발달에는 최적의 시기가 존재하지 않는다.
② 발달의 각 영역은 상호 밀접한 연관이 있다.
③ 일정한 순서와 방향이 있어서 예측 가능하다.
④ 대근육이 있는 중심부위에서 소근육의 말초부위 순으로 발달한다.
⑤ 연속적과정이지만 발달의 속도는 일정하지 않다.

〔해설〕 ① 신체발달 및 심리발달에는 발달이 용이하게 이루어지는 가장 적절한 시기, 즉 결정적 시기(Critical Period)가 있다.

18회 기출

03 다음의 설명으로 옳은 것을 모두 고른 것은?

> ㄱ. 성장은 키가 커지거나 몸무게가 늘어나는 등의 양적 변화를 의미한다.
> ㄴ. 성숙은 유전인자에 의해 발달 과정이 방향 지어지는 것을 의미한다.
> ㄷ. 학습은 직·간접 경험 및 훈련과정을 통한 변화를 의미한다.

① ㄱ
② ㄴ
③ ㄱ, ㄴ
④ ㄴ, ㄷ
⑤ ㄱ, ㄴ, ㄷ

[해설] **성장, 성숙, 학습**

성 장 (Growth)	• 신체 크기의 증대, 근력의 증가, 인지의 확장 등과 같은 양적 확대를 의미한다. • 특히 신체적 부분에 국한된 변화를 설명할 때 주로 사용된다.
성 숙 (Maturation)	• 부모로부터 받은 유전인자가 지니고 있는 정보에 따라 일어나는 변화를 의미한다. • 경험이나 훈련에 관계없이 일어나는 것으로, 내적·유전적 메커니즘에 의해 출현되는 신체적·심리적 변화를 말한다.
학 습 (Learning)	• 훈련과정을 통해 행동이 변화하는 과정을 의미한다. • 특수한 경험이나 훈련 또는 연습과 같은 외부자극이나 조건, 즉 환경에 의해 개인이 내적으로 변하는 것을 의미한다.

18회 기출

04 인간발달의 원리에 관한 설명으로 옳지 않은 것은?

① 환경적 요인보다 유전적 요인을 중요시 한다.
② 결정적 시기가 있다.
③ 일정한 순서가 있다.
④ 개인차이가 존재한다.
⑤ 특정단계의 발달은 이전의 발달과업 성취에 기초한다.

[해설] ① 발달은 유전적 요인뿐만 아니라 외부로부터 받은 환경과의 상호작용으로 진행된다.

16회 기출

05 프로이트(S. Freud)의 정신분석이론에 관한 설명으로 옳지 않은 것은?

① 어린 시절에 겪었던 과거 경험의 중요성을 강조한다.

② 엄격한 배변훈련으로 항문보유적 성격이 형성될 수 있다.

③ 초자아는 성격의 실행자이자 마음의 이성적인 부분이다.

④ 생식기에는 이성에 대한 관심과 호기심이 높아진다.

⑤ 남자아이는 남근기에 오이디푸스 콤플렉스(Oedipus Complex)로 인한 거세불안을 경험한다.

〔해설〕 ③ 성격을 지배하고 통제하고 조절하는 실행자(집행자), 조정자로서의 역할을 하는 것은 자아(Ego)이다. 자아는 현실이라는 외부세계와 접촉하면서 형성되는 마음의 이성적인 요소로 경험을 통해 발달된다. 반면, 초자아(Superego)는 옳고 그른 것을 결정하는 심판자로서의 역할을 하는 것으로 성격의 도덕적인 부분이다.

06 다음 중 프로이트의 심리성적 발달단계 순서로 옳은 것은?

① 구강기 – 항문기 – 남근기 – 잠복기 – 생식기

② 구강기 – 항문기 – 생식기 – 잠복기 – 남근기

③ 구강기 – 항문기 – 잠복기 – 남근기 – 생식기

④ 구강기 – 항문기 – 잠복기 – 생식기 – 남근기

⑤ 구강기 – 항문기 – 남근기 – 생식기 – 잠복기

〔해설〕 **프로이트의 발달단계**
- **구강기 또는 구순기(0~1세)** : 자애적 쾌락, 최초의 양가감정
- **항문기(1~3세)** : 배변훈련, 사회화의 기대에 직면
- **남근기(3~6세)** : 오이디푸스 콤플렉스, 초자아 성립
- **잠복기 또는 잠재기(6~12세)** : 활발한 지적 탐색
- **생식기(12세 이후)** : 2차 성징

07 프로이트(S. Freud)의 정신분석이론에 관한 설명으로 옳은 것을 모두 고른 것은?

> ㄱ. 자아(Ego)는 일차적 사고 과정과 현실 원칙을 따른다.
> ㄴ. 잠복기에 원초아(Id)는 약해지고 초자아(Superego)는 강해진다.
> ㄷ. 신경증적 불안은 자아의 욕구를 초자아가 통제하지 못하고 압도될 때 나타난다.
> ㄹ. 방어기제는 외부세계의 요구로부터 스스로를 보호하고자 하는 무의식적 시도이다.

① ㄷ
② ㄱ, ㄷ
③ ㄴ, ㄹ
④ ㄱ, ㄴ, ㄹ
⑤ ㄱ, ㄴ, ㄷ, ㄹ

[해설] ㄱ. 원초아(Id)는 일차적 사고 과정과 쾌락 원칙을 따르는 반면, 자아(Ego)는 이차적 사고 과정과 현실원칙을 따른다.
ㄷ. 신경증적 불안(Neurotic Anxiety)은 원초아(Id)의 충동이 의식될지도 모른다는 위협을 느낄 때 생기는 두려움으로, 현실을 고려하여 작동하는 자아(Ego)와 본능에 의해 작동되는 원초아(Id) 간의 갈등에서 비롯된다.

08 받아들일 수 없는 자신의 욕망이나 충동을 타인에게 돌리는 방어기제는?

① 전치(Displacement)
② 억압(Repression)
③ 투사(Projection)
④ 합리화(Rationalization)
⑤ 반동형성(Reaction Formation)

[해설] ① 전치(Displacement)는 자신이 어떤 대상에 느낀 감정을 보다 덜 위협적인 다른 대상에게 표출하는 것이다.
② 억압(Repression)은 죄의식이나 괴로운 경험, 수치스러운 생각을 의식에서 무의식으로 밀어내는 것으로서 선택적인 망각을 의미한다.
④ 합리화(Rationalization)는 현실에 더 이상 실망을 느끼지 않기 위해 또는 정당하지 못한 자신의 행동에 그럴듯한 이유를 붙이기 위해 자신의 말이나 행동을 정당화하는 것이다.
⑤ 반동형성(Reaction Formation)은 자신이 가지고 있는 무의식적 소망이나 충동을 본래의 의도와 달리 반대되는 방향으로 바꾸는 것이다.

09 방어기제에 관한 설명으로 옳지 않은 것은?

① 반동형성(Reaction Formation) : 어떤 충동이나 감정을 반대로 표현하는 것이다.

② 전치(Displacement) : 본능적 충동의 대상을 원래의 대상에서 덜 위협적인 대상으로 옮겨서 발산하는 것이다.

③ 전환(Conversion) : 심리적 갈등이 감각기관 또는 수의근계 기관의 증상으로 표출되는 것이다.

④ 투사(Projection) : 용납할 수 없는 자신의 충동, 생각, 행동을 무의식적으로 다른 사람의 탓으로 돌리는 것이다.

⑤ 해리(Dissociation) : 어떤 대상에 피해를 주었을 경우, 취소 또는 무효화하는 것이다.

[해설] ⑤ 해리(Dissociation)는 괴로움이나 갈등상태에 놓인 인격의 일부를 다른 부분과 분리하는 것이다(예 지킬박사와 하이드). 반면, 취소(Undoing)는 자신의 공격적 욕구나 충동으로 벌인 일을 무효화함으로써 죄의식이나 불안 감정에서 벗어나고자 하는 것이다 (예 전날 부부싸움 끝에 아내를 구타한 남편이 퇴근 시 장미꽃 한 다발을 아내에게 선물하는 경우).

10 다음 중 방어기제의 정상성과 병리성의 판단기준에 해당하지 않는 것은?

① 철회가능성

② 내용의 독특성

③ 사용된 방어의 연령 적절성

④ 여러 방어기제 간의 균형

⑤ 방어의 강도

[해설] **방어기제의 병리성 판단기준**
  • 방어의 철회가능성
  • 여러 방어기제 간의 균형
  • 방어의 강도
  • 사용된 방어의 연령 적절성

18회 기출

11 에릭슨(E. Erikson)의 이론에 관한 설명으로 옳지 않은 것은?

① 사회적 관심, 창조적 자아, 가족형상 등을 강조한다.
② 청소년기의 자아정체감 발달을 강조한다.
③ 성격발달에 있어서 환경과의 상호작용이 중요하다고 본다.
④ 각 단계의 발달은 이전 단계의 심리사회적 갈등해결과 통합을 토대로 이루어진다.
⑤ 발달은 점성의 원리에 기초한다.

〔 해설 〕 ① 아들러(Adler)의 개인심리이론에 대한 내용이다.

13회 기출

12 에릭슨(E. Erikson)의 심리사회적 이론의 기본가정에 관한 설명으로 옳지 않은 것은?

① 발달은 점성원칙을 따른다.
② 인간의 공격성과 성적 충동의 영향력을 강조한다.
③ 인간을 합리적이고, 이성적이며, 창조적인 존재로 간주한다.
④ 인간행동은 의식 수준에서 통제 가능한 자아(Ego)에 의해 동기화된다.
⑤ 발달단계에서 외부 환경에 대처하고 적응하는 과정을 중요하게 다룬다.

〔 해설 〕 ② 공격성과 성적 충동이 개인의 심리적 기능에 미치는 영향에 몰두한 학자는 프로이트(Freud)이다.

13 다음 중 에릭슨(Erikson)과 프로이트(Freud)의 발달단계를 연결한 것으로 옳은 것은?

① 근면성 대 열등감 – 구강기
② 자아정체감 대 정체감 혼란 – 남근기
③ 주도성 대 죄의식 – 잠복기
④ 기본적 신뢰감 대 불신감 – 생식기
⑤ 자율성 대 수치심·회의 – 항문기

〔 해설 〕 ① 잠복기(잠재기), ② 생식기, ③ 남근기, ④ 구강기

14 다음 보기는 에릭슨(Erikson)의 심리사회적 발달단계 중 하나를 설명하고 있다. 어느 단계에 해당하는가?

> 육체적으로는 급격한 성장을 하게 되지만 그들의 정신적인 조정 능력은 신체적 발달에 미치지 못한다. 또한 새로운 성적 느낌을 경험하게 됨으로써 종종 혼란에 빠지기도 한다. 이 시기에는 다른 사람이 자기를 어떻게 생각하는지에 대해 관심을 가지게 되어 멋을 내거나 용모를 꾸미는 데 열중하며, 독립을 주장하기도 하지만 안정과 보살핌을 원하기도 한다.

① 기본적 신뢰감 대 불신감
② 근면성 대 열등감
③ 자율성 대 수치심 · 회의
④ 친밀감 대 고립감
⑤ 자아정체감 대 정체감 혼란

[해설] **에릭슨(Erikson)의 심리사회적 발달단계 중 청소년기**
- 청소년기(13~20세)는 다양한 역할 속에서 방황과 혼란을 경험하며, 이는 '심리사회적 유예기간(Psychosocial Moratorium)'이라는 특수한 상황에 의해 용인된다.
- 자아정체감 혼미(역할혼미)는 직업 선택이나 성역할 등에 혼란을 가져오고 인생관과 가치관의 확립에 심한 갈등을 일으킨다.
- 자아정체감 대 정체감 혼란의 갈등이 성공적으로 해결되어 얻어진 심리사회적 능력이 스스로의 약속을 지킬 수 있는 성실성이며, 실패는 정체감 혼란에서 비롯되는 불확실성이다.

9회 **기출**

15 학자와 그의 주장내용에 관한 설명으로 옳은 것은?

① 프로이트(S. Freud)는 전 생애를 통한 발달을 주장하였다.
② 스키너(B. F. Skinner)는 인간 내면에 대한 통찰력의 중요성을 과학적 실험으로 제시하였다.
③ 융(C. Jung)은 자기(Self)를 실현할 수 있는 시기를 중년기 이후로 보았다.
④ 반두라(A. Bandura)는 강화와 처벌을 통하여 학습이 가능하다고 주장하였다.
⑤ 에릭슨(E. Erikson)은 가상적 목표(Fictional Finalism)의 중요성을 역설하였다.

[해설] ① 프로이트(Freud)는 인간의 정신활동이 과거의 경험(대략 5세 이전의 과거 경험)에 의해 결정된다는 심리결정론을 제시하였다.
② 스키너(Skinner)는 인간의 인지, 감각, 의지 등 주관적 또는 관념적 특성을 나타내는 것들을 과학적인 연구대상에서 제외시키고, 직접적으로 관찰이 가능한 인간의 행동에 연구의 초점을 맞추었다.
④ 강화와 처벌에 의한 학습을 강조한 학자는 행동주의이론을 통해 조작적 조건형성을 제시한 스키너(Skinner)이다.
⑤ 개인이 추구하는 궁극적 목표는 현실에서 검증되지 않는 가상적 목표라고 주장하며, 개인이 열등감을 극복하고 우월을 추구함으로써 이러한 가상적 목표를 향해 나아간다고 주장한 학자는 개인심리이론의 아들러(Adler)이다.

16회 기출

16 융(C. Jung)의 분석심리이론에 관한 설명으로 옳지 않은 것은?

① 인간은 생물학적, 심리적, 사회문화적 존재이다.

② 인간은 자신의 일부로 받아들이기 꺼리는 그림자(Shadow)를 가지고 있다.

③ 집단무의식을 '조상 대대로의 경험의 침전물'로 보았다.

④ 남자의 여성적인 면은 '아니무스(Animus)', 여자의 남성적인 면은 '아니마(Anima)'이다.

⑤ 페르소나(Persona)는 개인이 외부에 표출하는 이미지 혹은 가면을 의미한다.

〔해설〕 ④ 남자의 여성적인 면은 '아니마(Anima)', 여자의 남성적인 면은 '아니무스(Animus)'이다.

18회 기출

17 융(C. Jung)의 이론에 관한 설명으로 옳은 것은?

① 남성의 여성적인 면은 아니무스(Animus), 여성의 남성적인 면은 아니마(Anima)이다.

② 원초아(Id), 자아(Ego), 초자아(Superego)의 중요성을 강조한다.

③ 음영(Shadow)은 자기나 자아상과 같은 개념으로 인간의 어둡고 동물적인 측면이다.

④ 페르소나(Persona)는 개인이 외부세계에 보여주는 이미지이며, 사회적 요구에 대한 반응이다.

⑤ 집단무의식(Collective Unconscious)은 다양한 콤플렉스에 기초한다.

〔해설〕 ① 아니무스(Animus)는 무의식에 존재하는 여성의 남성적 측면을 말하며, 아니마(Anima)는 무의식에 존재하는 남성의 여성적인 측면을 말한다.
② 원초아(Id), 자아(Ego), 초자아(Superego)의 중요성을 강조한 것은 프로이트(Freud)의 정신분석이론이다.
③ 음영(Shadow)은 우리 자신이 용납하기 어려운 특질과 감정들로서, 대부분 자기상(Self-image)과 반대되는 요소들로 구성되어 있다.
⑤ 집단무의식(Collective Unconscious)은 모든 인류에게 공통적·보편적으로 존재하는 것으로서, 개인적 경험과는 상관없이 조상 또는 종족 전체의 경험 및 생각과 관계가 있는 원시적 감정, 공포, 사고, 원시적 성향 등을 포함하는 무의식이다.

21회 기출

18 융(C. Jung)의 이론으로 옳은 것을 모두 고른 것은?

> ㄱ. 무의식을 개인무의식과 집단무의식으로 구분하였다.
> ㄴ. 그림자(Shadow)는 인간에게 있는 동물적 본성을 포함하는 부정적인 측면이다.
> ㄷ. 페르소나(Persona)는 개인이 외부세계에 보여주는 이미지 혹은 가면이다.
> ㄹ. 남성의 여성적 면은 아니무스(Animus), 여성의 남성적 면은 아니마(Anima)이다.

① ㄱ, ㄴ

② ㄷ, ㄹ

③ ㄱ, ㄴ, ㄷ

④ ㄱ, ㄴ, ㄹ

⑤ ㄱ, ㄴ, ㄷ, ㄹ

[해설] ㄹ. 남자의 여성적인 면은 '아니마(Anima)', 여자의 남성적인 면은 '아니무스(Animus)'이다.

20회 기출

19 아들러(A. Adler)의 개인심리이론에 관한 설명으로 옳지 않은 것은?

① 지배형 생활양식은 사회적 관심은 낮으나 활동수준이 높은 유형이다.

② 개인이 궁극적으로 추구하는 목적은 가상적 목표이다.

③ 인간은 목적론적 존재이다.

④ 아동에 대한 방임은 병적 열등감을 초래할 수 있다.

⑤ 사회적 관심은 선천적으로 타고나는 것이어서 의식적인 개발과 교육이 필요하지 않다.

[해설] ⑤ 아들러(Adler)는 사회적 관심을 선천적으로 타고나는 것으로 보았으나, 그와 같은 선천적인 경향성도 저절로 나타나는 것은 아니라고 강조하였다. 우월성의 추구도 사회화되어 의식적인 개발, 교육 및 훈련에 의해 실현되는 것으로 본 것이다.

18회 기출

20 아들러(A. Adler)의 이론에 관한 설명으로 옳은 것을 모두 고른 것은?

> ㄱ. 인간을 사회적 존재로 보았다.
> ㄴ. 인간의 성격발달 단계를 제시하였다.
> ㄷ. 출생순위, 가족과 형제관계에서의 경험은 생활양식에 영향을 준다.

① ㄱ

② ㄴ

③ ㄷ

④ ㄱ, ㄴ

⑤ ㄱ, ㄷ

[해설] ㄴ. 아들러(Adler)는 특별히 인간의 성격발달 단계를 제시하지 않았다. 다만, 프로이트(Freud)와 마찬가지로 발달이 대략 5세경에 거의 형성되며, 이후에는 근본적인 변화가 없다고 보는 결정론적 관점을 취하고 있다.

21 다음 중 아들러(Adler)의 생활양식 유형 중 '획득형'에 대한 설명으로 옳은 것은?

① 활동수준은 높으나 사회적 관심은 낮은 유형으로 독선적이고 공격적이다.

② 사회적 관심과 활동수준이 높아 자신과 타인의 욕구를 동시에 충족시킨다.

③ 사회적 관심과 활동수준이 낮은 유형으로 성공보다 실패하는 것을 더 두려워한다.

④ 기생적인 방식으로 외부세계와 관계를 맺으며, 다른 사람에게 의존하여 자신의 욕구를 충족시킨다.

⑤ 사회적 관심이 높은 유형으로 인생과업을 완수하기 위해 다른 사람과 협력한다.

[해설] ① 지배형, ② · ⑤ 사회적으로 유용한 형, ③ 회피형

18회 기출

22 다음 학자의 주요 이론과 기법의 연결이 옳은 것은?

① 스키너(B. Skinner) - 행동주의이론 - 강화계획

② 프로이트(S. Freud) - 정신분석이론 - 타임아웃기법

③ 피아제(J. Piaget) - 분석심리이론 - 합리정서치료

④ 매슬로우(A. Maslow) - 인본주의이론 - 자유연상

⑤ 융(C. Jung) - 개인심리이론 - 행동조성

[해설] ② 타임아웃(Time-out)은 문제행동이 어떠한 상황으로 인해 강화되는 경우 행위자를 상황으로부터 격리시키는 것으로 행동주의 기법에 해당한다.

③ 분석심리이론을 주창한 학자는 융(Jung)이며, 합리정서치료의 대표적인 학자는 엘리스(Ellis)이다.

④ 자유연상(Free Association)은 클라이언트로 하여금 의식에 떠오르는 것이면 모든 것을 이야기하도록 하는 것으로, 프로이트(Freud)의 정신분석이론과 연관된 기법이다.

⑤ 개인심리이론을 주창한 학자는 아들러(Adler)이며, 목표행동을 세분화하여 연속적·단계적으로 강화하는 행동조성(Shaping)은 행동주의 기법에 해당한다.

13회 기출

23 스키너(B. F. Skinner)의 이론에 관한 설명으로 옳은 것은?

① 인간행동은 내적인 동기에 의해 강화된다.

② 조작적 행동보다 반응적 행동을 중요시한다.

③ 인간행동에 대한 환경의 결정력을 강조한다.

④ 자기효율성을 성취하기 위해 행동을 규제한다.

⑤ 인간은 자신의 행동을 통제할 수 있는 힘을 가지고 있다.

[해설] ① 스키너(Skinner)는 인간행동이 내적 충동보다 외적 자극에 의해 동기화된다고 보았다.

② 스키너는 인간이 환경적 자극에 능동적으로 반응하여 나타내는 행동인 조작적 행동을 중요시하였다.

④ '자기효율성(Self-efficacy)'은 반두라(Bandura) 사회학습이론의 주요 개념에 해당한다.

⑤ 스키너는 인간이 자신의 행동을 통제할 수 있는 힘을 가지고 있지 않다고 보았다. 특히 외적 강화 없이는 어떠한 행동의 학습이나 수정도 이루어질 수 없다고 보았다. 즉, 인간은 어떻게 행동하도록 강화되었느냐에 따라 행동한다는 것이다.

24

숙제하지 않는 행위를 감소시키기 위해, 숙제를 하지 않은 학생의 핸드폰을 압수하는 방법으로 행동을 수정하려고 한다. 이에 해당하는 기법은?

① 부적 강화
② 처 벌
③ 대리학습
④ 행동조성
⑤ 모델링

[해설] **처벌(Punishment)**
처벌은 대상자가 원하는 어떤 것을 빼앗거나 또는 원하지 않는 어떤 것을 줌으로써 바람직하지 못한 반응의 확률을 감소시키는 것이다. 이 경우 전자는 부적 처벌, 후자는 정적 처벌에 해당한다. 숙제를 해 오지 않은 학생에게서 유쾌 자극에 해당하는 핸드폰을 압수하는 것은 부적 처벌에 해당한다.

25

다음 중 보기의 내용과 연관된 강화계획에 해당하는 것은?

> 장갑을 생산하는 OO공장은 근로자가 장갑 1,000켤레를 생산할 때마다 일정 급여를 제공하고 있다.

① 고정간격 강화계획
② 가변간격 강화계획
③ 고정비율 강화계획
④ 가변비율 강화계획
⑤ 계속적 강화계획

[해설] ③ 성과급에 따른 보수는 고정비율 강화계획(고정비율계획)에 해당한다. 고정비율 강화계획은 일정한 횟수의 바람직한 반응이 나타난 다음에 강화를 부여하는 것이다.

26

다음 중 스키너(Skinner)의 강화계획에서 가장 높은 반응의 빈도를 지속적으로 유발하는 것은?

① 반응강화계획(Response-reinforcement Schedule)
② 고정간격계획(Fixed-interval Schedule)
③ 고정비율계획(Fixed-ratio Schedule)
④ 가변간격계획(Variable-interval Schedule)
⑤ 가변비율계획(Variable-ratio Schedule)

[해설] **간헐적 강화계획(Intermittent Reinforcement Schedule)**
반응의 횟수나 시간을 고려하여 간헐적 또는 주기적으로 강화를 부여하는 것으로, '가변비율(VR) > 고정비율(FR) > 가변간격(VI) > 고정간격(FI)' 순으로 반응률이 높다.

21회 기출

27 반두라(A. Bandura)의 사회학습이론의 주요 개념으로 옳지 않은 것은?

① 모델이 관찰자와 유사할 때 관찰자는 모델을 더욱 모방하는 경향이 있다.

② 자신이 통제할 수 있는 보상을 자신에게 줌으로써 자기 행동을 유지시키거나 개선시킬 수 있다.

③ 학습은 사람, 환경 및 행동의 상호작용에 의해 이루어짐을 강조한다.

④ 조작적 조건화에 의해 행동은 습득된다.

⑤ 관찰학습은 주의집중과정 → 보존과정(기억과정) → 운동재생과정 → 동기화과정을 통해 이루어진다.

〔해설〕 ④ 대리적 조건화(Vicarious Conditioning) 혹은 대리학습(Vicarious Learning)에 의해 행동은 습득된다. 다른 사람들이 어떤 새로운 행동을 시도할 때 그 결과가 어떻게 나타나는지를 관찰함으로써 자기 자신 또한 그와 같은 행동을 할 경우 초래될 결과를 예상하게 되는데, 이때 어떤 행동이 보상의 결과를 가져오는 경우 그 행동의 빈도가 증가하는 반면, 처벌의 결과를 가져오는 경우 그 행동의 빈도는 감소하게 된다.

28 다음 중 반두라(Bandura)의 사회학습이론에 의한 관찰학습의 과정을 순서대로 올바르게 나열한 것은?

① 주의집중과정 − 보존과정 − 운동재생과정 − 동기화과정

② 보존과정 − 동기화과정 − 운동재생과정 − 주의집중과정

③ 운동재생과정 − 보존과정 − 주의집중과정 − 동기화과정

④ 동기화과정 − 운동재생과정 − 보존과정 − 주의집중과정

⑤ 보존과정 − 주의집중과정 − 운동재생과정 − 동기화과정

〔해설〕 **관찰학습의 과정**
 • 주의집중과정 : 모델에 주의를 집중시키는 과정이다.
 • 보존과정 : 모방한 행동을 상징적 형태로 기억 속에 담는 과정이다.
 • 운동재생과정 : 심상 및 언어로 기호화된 표상을 외형적인 행동으로 전환하는 과정이다.
 • 동기화과정 : 학습한 행동의 수행가능성을 높이는 자기강화의 과정이다.

18회 기출

29 피아제(J. Piaget)의 인지이론에 관한 설명으로 옳은 것은?

① 구체적 조작기에는 추상적으로 사고하고 추론을 통해 가설을 검증할 수 있다.

② 인지능력의 발달은 아동과 환경 간의 상호작용에 의해 단계적으로 성취되며 발달단계의 순서는 변하지 않는다.

③ 인간의 무의식에 초점을 둔다.

④ 도덕발달단계를 1단계에서 6단계로 제시한다.

⑤ 보존개념은 전조작기에 획득된다.

[해설] ① 가설 · 연역적 사고는 물론 추상적 사고 또한 가능한 것은 형식적 조작기이다.

③ 인간의 무의식에 초점을 둔 것은 프로이트(Freud)의 정신분석이론이다.

④ 도덕성 발달 수준을 3수준, 6단계로 구분한 것은 콜버그(Kohlberg)의 도덕성 발달이론이다.

⑤ 전조작기에는 보존개념을 어렴풋이 이해하기 시작하지만 아직 획득하지 못한 단계이며, 구체적 조작기에서 사물의 형태가 변하더라도 그 사물의 질량이나 무게 등은 변하지 않을 수 있다는 보존개념(Conservation)을 획득하게 된다.

19회 기출

30 피아제(J. Piaget)가 제시한 인지발달의 촉진요인이 아닌 것은?

① 성 숙

② 애착 형성

③ 평형화

④ 물리적 경험

⑤ 사회적 상호작용

[해설] **인지발달의 촉진요인(Piaget)**
- 유전(내적 성숙)
- 신체적 경험(물리적 경험)
- 사회적 전달(사회적 상호작용)
- 평형 혹은 평형화

21회 기출

31 피아제(J. Piaget)의 인지발달이론에 관한 설명으로 옳은 것은?

① 전 생애의 인지발달을 다루고 있다.
② 문화적 · 사회경제적 · 인종적 차이를 고려하였다.
③ 추상적 사고의 확립은 구체적 조작기의 특징이다.
④ 인지는 동화와 조절의 과정을 통하여 발달한다.
⑤ 전조작적 사고 단계에서 보존개념이 획득된다.

〔해설〕 ④ 피아제(Piaget)는 인지발달을 개인과 환경의 상호작용에서 이루어지는 적응과정으로 간주하였으며, 그러한 적응능력이 동화
(Assimilation)와 조절(Accommodation)의 평형화 과정에 의해 발달한다고 보았다.
① 피아제는 성인기 이후의 발달을 다루고 있지 않다.
② 피아제는 문화적 · 사회경제적 · 인종적 차이를 충분히 고려하지 않았다.
③ 추상적 사고의 확립은 형식적 조작기의 특징이다.
⑤ 전조작기는 보존개념을 어렴풋이 이해하기 시작하지만 아직 획득하지 못한 단계이다.

32 다음 보기의 A군은 콜버그(Kohlberg)의 도덕성 발달단계 중 어느 수준에 해당하는가?

A군은 교실에서 휴대폰을 습득하였다. A군은 그 휴대폰이 B양의 것임을 알고 있었고, B양에게 휴대폰을 돌려주면
서 보상을 해달라고 요구하였다. 그리고 B양에게 자신이 몰래 휴대폰을 가져가지 않은 것에 대해 고맙게 생각하라
고 말하였다.

① 타율적 도덕성
② 대인관계적 도덕성
③ 민주적 · 사회계약적 도덕성
④ 법 · 질서 · 사회체계적 도덕성
⑤ 개인적 · 도구적 도덕성

〔해설〕 ⑤ 콜버그(Kohlberg)가 제시한 도덕성 발달단계에서 전인습적 수준의 제2단계에 해당하는 개인적 · 도구적 도덕성은 상대적 쾌락주
의에 의한 개인적 욕구충족을 지향한다. 자기욕구 충족을 선(善)으로 간주하며, 물질적 이해타산을 추구하는 양상을 보인다.

17회 기출

33 콜버그(L. Kohlberg)의 후인습적 수준의 도덕성에 관한 설명으로 옳은 것은?

① 일반윤리에 의해 자신의 이익에 따라 행동을 판단한다.

② 개인 상호 간 대인관계의 조화를 바탕으로 행동한다.

③ 인간의 존엄성과 양심에 따라 자율적이고 독립적 판단이 가능하다.

④ 타인 중심에서 벗어나 개인의 욕구충족을 위해 행동한다.

⑤ 도덕적으로 옳고 법적으로도 타당할 때 충족된다.

〔 해설 〕 **후인습적 수준의 보편윤리적 도덕성**
- 법을 초월하여 어떠한 논리적 보편성에 입각한 양심과 상호존중을 지향한다.
- 개인의 양심과 보편적인 윤리원칙에 따라 옳고 그름을 인식한다. 이때 양심의 원리는 구체적인 규칙이 아닌 법을 초월하는 '인간의 존엄성'이나 '정당성'과 같은 보편적 정의의 원리이다.
- 법과 질서가 지켜지는 사회라도 보편윤리적인 원리들을 모두 실현하고 있는 것은 아니라는 점을 인식한다.

18회 기출

34 로저스(C. Rogers)의 이론이 사회복지실천에 미친 영향으로 옳지 않은 것은?

① 비지시적인 상담의 중요성을 강조한다.

② 공감적 상담의 중요성을 강조한다.

③ 비심판적 태도는 원조관계에 유용하다.

④ 클라이언트 자기결정권의 중요성을 강조한다.

⑤ 클라이언트의 과거 정신적 외상의 중요성을 강조한다.

〔 해설 〕 ⑤ 로저스(Rogers)의 인본주의이론이 사회복지실천에 미친 영향은 감정이입, 진실성(일치성), 자기결정권, 무조건적인 긍정과 관심, 비심판적 태도, 비지시적 상담 등이 있다. 참고로 클라이언트의 과거 정신적 외상의 중요성을 강조한 것은 프로이트(Freud)의 정신분석이론이다.

35 로저스(C. Rogers)의 이론에 관한 설명으로 옳지 않은 것은?

① 개입과정에서 상담가의 진실성 및 일치성을 강조하였다.

② 자아실현을 하는 사람을 완전히 기능하는 인간(Fully Functioning Person)이라는 용어로 정리하였다.

③ 인간이 지닌 보편적 · 객관적 경험을 강조하였다.

④ 무조건적 긍정적 관심과 수용을 강조하였다.

⑤ 인간 본성이 지닌 낙관적이고 긍정적인 측면을 강조하였다.

[해설] **현상학적 장(Phenomenal Field)**
- 로저스는 동일한 현상이라도 개인에 따라 다르게 지각하고 경험하기 때문에 이 세상에는 개인적 현실, 즉 '현상학적 장'만이 존재한다고 본다.
- 경험적 세계 또는 주관적 경험으로도 불리는 개념으로, 특정 순간에 개인이 지각하고 경험하는 모든 것을 의미한다.
- 개인의 직접적이면서 주관적인 경험과 가치를 중시하는 이론적 토대가 된다.

36 로저스(C. Rogers)의 인본주의 이론에 관한 설명으로 옳은 것을 모두 고른 것은?

> ㄱ. 인간의 주관적 경험을 강조한다.
> ㄴ. 인간은 자아실현경향을 가지고 있다.
> ㄷ. 인간의 욕구발달단계를 제시했다.
> ㄹ. 완전히 기능하는 사람은 자신의 경험에 개방적이다.

① ㄱ, ㄹ   ② ㄴ, ㄷ

③ ㄱ, ㄴ, ㄹ   ④ ㄴ, ㄷ, ㄹ

⑤ ㄱ, ㄴ, ㄷ, ㄹ

[해설] ㄷ. 인간의 욕구발달단계를 제시한 대표적인 인본주의이론의 학자로 매슬로우(Maslow)가 있다.

37 매슬로우(A. Maslow)의 이론으로 옳지 않은 것은?

① 인간에 대해 희망적이고 낙관적인 관점을 갖는다.

② 자아존중감의 욕구는 욕구 위계에서 가장 높은 단계이다.

③ 일반적으로 욕구 위계서열이 높을수록 욕구의 강도가 낮다.

④ 인간은 삶을 유지하려는 동기와 삶을 창조하려는 동기를 가진다.

⑤ 인간은 자아실현을 이루려고 노력하는 존재이다.

〔 해설 〕 ② 욕구위계에서 가장 높은 단계는 자기실현(자아실현)의 욕구이다.

욕구위계의 5단계(Maslow)
- 제1단계 : 생리적 욕구
- 제2단계 : 안전(안정)에 대한 욕구
- 제3단계 : 애정과 소속에 대한 욕구
- 제4단계 : 자기존중(존경)의 욕구
- 제5단계 : 자기실현(자아실현)의 욕구

CHAPTER 02 인간의 성장과 발달

21회 기출

01 인간발달에 관한 설명으로 옳지 않은 것은?

① 영아기에서 노년기까지 시간 흐름의 과정이다.
② 일정한 순서와 방향성이 있어 예측이 가능하다.
③ 생애 전 과정에 걸쳐 진행되는 환경적, 유전적 상호작용의 결과이다.
④ 각 발달단계별 인간행동의 특성이 있다.
⑤ 발달에는 개인차가 있다.

〔해설〕 ① 인간발달은 모체 내에 수태되는 순간부터 죽음에 이르는 순간까지 인생과정에 걸쳐 일어나는 모든 변화를 포함한다.

02 다음 중 인생주기에 따른 주요 발달과제를 가장 올바르게 연결한 것은?

① 영아기(출생~18개월) – 언어발달, 운동능력 정교화
② 아동기 후기(6~12세) – 왕성한 신체활동, 사회적 규범 학습
③ 청소년기(13~19세) – 부모로부터의 독립, 직업선택
④ 중년기(30~65세) – 형식적 조작사고 발달, 성적 성숙
⑤ 노년기(65세 이후) – 신체적 · 인지적 약화에 대한 적응, 현실적인 것에 의지

〔해설〕 ① 유아기(18개월 또는 2~4세)의 발달과제에 해당한다.
③ 청년기 또는 성인 초기(19~29세)의 발달과제에 해당한다.
④ 청소년기(13~19세)의 발달과제에 해당한다.
⑤ 노년기(65세 이후)에는 종교 등 초월적인 것에 의지하는 것이 발달과제에 해당한다.

03 다음 중 태아의 성장 및 발달에 대한 설명으로 옳지 않은 것은?

① 임신 1개월째에 원초적인 형태의 심장이 발달한다.
② 임신 2개월째에 인간의 모습을 갖추기 시작한다.
③ 임신 3개월째에 팔, 다리, 손, 발의 형태가 나타난다.
④ 임신 4~6개월째에 심장박동이 규칙적이며 팔과 다리를 움직이기 시작한다.
⑤ 임신 7~9개월째에 피부, 머리털이 형성된다.

〔해설〕 ⑤ 태아의 손가락, 발가락, 피부, 지문, 머리털이 형성되는 시기는 임신 중기에 해당하는 4~6개월이다.

04 다음 중 태아기에 기형이나 저체중을 발생시키는 요인으로 옳지 않은 것은?

① 직접흡연과 간접흡연
② 알코올 섭취
③ 철분 섭취
④ 폴리염화비페닐(PCB)에의 노출
⑤ 방사선에의 노출

〔해설〕 ③ 철분은 혈액 속 적혈구를 만드는 데 있어서 필수적인 영양소이다. 태아는 임신 중기부터 모체의 철분을 흡수하여 자신의 혈액을 만들기 시작하므로, 이때 임산부는 철분을 충분히 섭취하는 것이 좋다. 참고로 폴리염화비페닐(PCB ; Polychlorinated Biphenyl)은 절연성과 불연성이 뛰어나 변압기, 전기절연재, 윤활유, 페인트 등에 사용되어온 독성화합물로, 현재는 사용 및 제조가 금지되어 있다.

18회 `기출`

05 태내기(Prenatal Period)의 발달에 관한 설명으로 옳지 않은 것은?

① 환경호르몬, 방사능 등 외부환경과 임신부의 건강상태, 정서상태, 생활습관 등이 태아의 발달에 영향을 미친다.
② 터너(Turner)증후군은 남아가 XXY, XXXY 등의 성염색체를 가져 외모는 남성이지만 사춘기에 여성적인 2차 성징이 나타난다.
③ 양수검사는 임신초기에 할 경우 자연유산의 위험성이 있으므로 임신중기에 실시하는 것이 좋다.
④ 융모막검사는 정확도가 양수검사에 비해 떨어지고 유산의 위험성이나 사지 기형의 가능성이 있어 염색체 이상이나 노산일 경우에 제한적으로 실시하는 것이 좋다.
⑤ 다운증후군은 23쌍의 염색체 중 21번 염색체가 하나 더 존재해서 유발된다.

〔해설〕 ② 정상인의 성염색체가 남성 XY, 여성 XX를 나타내는 것에 반해 XXY, XXXY, XXXY 등의 여러 가지 이상한 형태를 보이는 것은 클라인펠터증후군(Klinefelter's Syndrome)이다. 클라인펠터증후군은 남성염색체가 있음에도 불구하고 유방이 발달하는 등 여성의 신체적 특성을 나타낸다.

21회 기출

06 영아기(0~2세)에 관한 설명으로 옳지 않은 것은?

① 인지발달은 감각기관과 운동기능을 통해 이루어지며 언어나 추상적 개념은 포함되지 않는다.

② 정서발달은 긍정적 정서를 표현하는 것에서 시작하여 점차 부정적 정서까지 표현하게 된다.

③ 언어발달은 인지 및 사회성 발달과 밀접한 관련이 있다.

④ 영아와 보호자 사이에 애착관계 형성이 중요하다.

⑤ 낯가림이 시작된다.

[해설] ② 영아기의 정서발달은 긍정적 정서에서 부정적 정서를 표현하는 것으로 발달하기보다는 분화가 덜 된 정서에서 점차 분화된 정서를 표현하는 방식으로 발달하게 된다. 또한 기쁨, 분노, 공포 등 기본적인 정서로서 1차 정서를 표현하는 것에서 당황, 수치, 죄책감, 질투, 자긍심 등 한 가지 이상의 정서적 표현을 통합하는 2차 정서를 표현하는 방식으로 발달하게 된다.

18회 기출

07 영아기(0~2세)에 관한 설명으로 옳지 않은 것은?

① 제1성장 급등기라고 할 정도로 일생 중 신체적으로 급격한 성장이 일어난다.

② 프로이트(S. Freud)의 구강기, 피아제(J. Piaget)의 감각운동기에 해당된다.

③ 생존반사로는 연하반사(삼키기반사), 빨기반사, 바빈스키반사, 모로반사 등이 있다.

④ 대상이 눈에 보이지 않아도 존재한다는 사실을 인식할 수 있는 대상연속성이 습득된다.

⑤ 양육자와의 애착관계형성은 사회 · 정서적 발달에 매우 중요하다.

[해설] **영아기 반사운동의 주요 유형**

• 생존반사

젖찾기반사 (탐색반사)	영아는 입 부근에 부드러운 자극을 주면 자극이 있는 쪽으로 입을 벌린다.
연하반사 (삼키기반사)	영아는 음식물이 목에 닿으면 식도를 통해 삼킨다.
빨기반사	영아는 입에 닿는 것은 무엇이든 빤다.

• 원시반사(비생존반사)

바빈스키반사	영아의 발바닥을 간질이면 발가락을 발등을 향해 부채 모양으로 편 후 다시 오므린다.
모로반사 (경악반사)	영아는 큰 소리가 나면 팔과 다리를 벌리고 마치 무엇인가 껴안으려는 듯 몸 쪽으로 팔과 다리를 움츠린다.
걷기반사 (걸음마반사)	바닥에 영아의 발을 닿게 하여 바른 자세가 갖추어지면 영아는 걷는 것처럼 두 발을 번갈아 떼어 놓는다.
쥐기반사 (파악반사)	영아의 손바닥에 무엇을 올려놓으면 손가락을 쥐는 것과 같은 반응을 한다.

19회 기출

08 유아기(3~6세)에 관한 설명으로 옳지 않은 것은?

① 프로이트(S. Freud)의 오이디푸스·엘렉트라 콤플렉스가 나타나는 시기이다.
② 콜버그(L. Kohlberg)의 도덕발달단계에서는 보상 또는 처벌회피를 위해 행동을 하는 시기이다.
③ 에릭슨(E. Erikson)의 주도성 대 죄의식 단계에 해당한다.
④ 성적 정체성(Gender Identity)이 발달하는 시기이다.
⑤ 영아기(0~2세)에 비해 성장속도가 빨라지는 특성을 보인다.

[해설] ⑤ 영아기(0~2세)는 인간의 일생에 있어서 신체적 성장이 가장 빠른 속도로 이루어지는 '제1성장 급등기'에 해당한다.

15회 기출

09 유아기(3~6세) 혹은 아동기(7~12세)의 주요 발달과업에 해당하지 않는 것은?

① 애착관계 형성
② 또래관계 증진
③ 도덕 및 가치체계 발달
④ 성역할 습득
⑤ 학습기술 습득

[해설] ① 애착관계 형성은 영아기(출생~18개월 또는 2세)의 주요 발달과업에 해당한다. 특히 애착관계 형성 및 대상영속성 확립은 영아의 사회성 발달을 위한 원천에 해당한다.

참고 인간발달단계와 관련하여 문제상에 제시되는 각 발달단계별 연령은 학자에 따라 혹은 교재에 따라 약간씩 다르게 제시되고 있으며, 위의 문제들에서도 볼 수 있듯이 사회복지사 시험에서조차 차이를 보이는 경향이 있습니다. 따라서 구체적으로 제시되는 연령에 초점을 두어 가장 근접한 답안을 선택하시기 바랍니다.

10 다음 중 학령기(6~12세)의 발달적 특징으로 가장 옳은 것은?

① 프로이트(Freud)의 남근기에 해당한다.
② 에릭슨(Erikson)의 주도성 대 죄의식이 형성되는 시기이다.
③ 오이디푸스 콤플렉스나 엘렉트라 콤플렉스를 경험하는 시기이다.
④ 사회화를 위한 기초적인 양심이 형성된다.
⑤ 친구와의 관계에서 자기 주체성을 확립하고 주도적으로 무언가를 할 수 있는 능력을 발전시키는 시기이다.

[해설] ①·②·③·④ 학령전기 또는 전기아동기(4~6세)의 발달적 특징에 해당한다.

20회 기출

11 에릭슨(E. Erickson)의 심리사회이론에서 아동기(7~12세) 발달과업을 성취하지 못할 경우 경험하는 심리사회적 위기는?

① 불신감
② 절망감
③ 침체감
④ 고립감
⑤ 열등감

[해설] 에릭슨(E. Erikson)의 심리사회적 발달단계에서 심리 사회적 위기의 결과
- 유아기(0~18개월) : 기본적 신뢰감 대 불신감
- 초기아동기(18개월~3세) : 자율성 대 수치심 · 회의
- 학령전기 또는 유희기(3~6세) : 주도성 대 죄의식
- 학령기(6~12세) : 근면성 대 열등감
- 청소년기(13~19세) : 자아정체감 대 정체감 혼란
- 성인초기(20~24세) : 친밀감 대 고립감
- 성인기(24~65세) : 생산성 대 침체감
- 노년기(65세 이후) : 자아통합 대 절망감

[참고] 에릭슨(Erikson)의 심리사회적 발달단계에서 각 단계별 명칭 및 발달 시기, 심리사회적 위기와 그 결과 등에 대해서는 교재에 따라 약간씩 다르게 제시되고 있으므로, 이점 감안하여 학습하시기 바랍니다.

21회 기출

12 청소년기(13~19세)에 관한 설명으로 옳지 않은 것은?

① 친밀감 형성이 주요 발달과업이다.
② 신체적 발달이 활발하여 제2의 성장 급등기로 불린다.
③ 특징적 발달 중 하나로 성적 성숙이 있다.
④ 정서의 변화가 심하며 극단적 정서를 경험하기도 한다.
⑤ 추상적 이론과 관념적 사상에 빠져 때로 부정적 정서를 경험한다.

[해설] ① 친밀감(Intimacy)은 자신의 정체성을 잃을지도 모른다는 두려움 없이 타인과 개방적이고 지지적이며 조화로운 관계를 형성하는 능력을 말한다. 이와 같은 친밀감의 형성은 청년기(20~35세)의 주요 발달과업으로, 청년기에는 타인과의 관계에서 친밀감을 형성하면서 결혼과 부모됨을 고려하게 된다.

16회 **기출**

13 마샤(J. Marcia)의 자아정체감 이론에서 다음의 정체감 상태를 설명하는 것으로 옳은 것은?

> 철수는 어려서부터 변호사였던 아버지의 영향을 받아 법조인이 되는 것을 꿈으로 생각하였고, 사회에서도 유망한 직업이라 생각하여 법학과에 진학하였다. 철수는 법학 전공이 자신의 적성과 잘 맞는지 탐색해보지 못했지만 이미 선택했기에 법조인 외의 직업은 생각해본 적이 없다.

① 정체감 유실(Identity Foreclosure)
② 정체감 혼란(Identity Diffusion)
③ 정체감 성취(Identity Achievement)
④ 정체감 유예(Identity Moratorium)
⑤ 정체감 전념(Identity Commitment)

〔 해설 〕 **청소년기 자아정체감의 범주(Marcia)**
　　　• 정체감 성취 : 정체성 위기와 함께 정체감 성취에 도달하기 위한 격렬한 결정과정을 경험한다.
　　　• 정체감 유예 : 정체성 위기로 격렬한 불안을 경험하지만 아직 명확한 역할에 전념하지 못한다.
　　　• 정체감 유실 : 정체성 위기를 경험하지 않았음에도 사회나 부모의 요구와 결정에 따라 행동한다.
　　　• 정체감 혼란(혼미) : 정체성 위기를 경험하지 않았으며, 명확한 역할에 대한 노력도 없다.

10회 **기출**

14 청소년(13~19세) 대상 사회복지실천에 관한 설명으로 옳은 것을 모두 고른 것은?

> ㄱ. 정신건강 증진을 위한 교육 및 상담을 제공한다.
> ㄴ. 자아발견, 자아성장, 자기주장훈련 등의 프로그램을 실시한다.
> ㄷ. 의료기관과 연계하여 신체 성장 이해, 식생활 관리, 교육 프로그램 등을 지원한다.
> ㄹ. 비행문제의 해결을 위해 보호관찰, 교정교육, 갱생보호 등의 프로그램을 제공한다.

① ㄱ, ㄴ, ㄷ　　　　　　　　　　　　② ㄱ, ㄷ
③ ㄴ, ㄹ　　　　　　　　　　　　　　④ ㄹ
⑤ ㄱ, ㄴ, ㄷ, ㄹ

〔 해설 〕 그 밖에 청소년 대상 사회복지실천으로 다음의 사항들을 제시할 수 있다.
　　　• 청소년의 급격한 신체구조 변화에 따라 나타날 수 있는 신체 이미지의 왜곡된 형성을 방지하기 위한 신체발달 및 심리문제 관련 상담서비스 지원
　　　• 청소년이 성에 대한 올바른 인식과 가치관을 가질 수 있도록 가정 및 학교를 대상으로 한 교육 프로그램 실시
　　　• 청소년의 진로지도 및 사회경험 습득을 위한 다양한 수련활동, 자원봉사 프로그램, 직장체험 프로그램, 문화예술활동 프로그램 등의 실시
　　　• 청소년의 가정 내 갈등이 심화되는 것을 방지하기 위한 청소년상담기관 또는 가정상담소에서의 상담서비스 제공

15 청년기(20~35세)에 관한 설명으로 옳지 않은 것은?

① 부모로부터의 독립에 대한 양가감정에서 해방된다.
② 직업의 준비와 선택은 주요한 발달과업이다.
③ 사랑하고 보살피는 능력이 심화되는 시기이다.
④ 사회적 성역할 정체감이 확립되는 시기이다.
⑤ 친밀감 형성과 성숙한 사회관계 성취가 중요하다.

[해설] ① 청년기에는 부모로부터 분리 및 독립하여 자율성을 찾는 과정에서 양가감정(Ambivalence)을 갖게 된다. 이는 부모로부터의 독립에 대한 갈망과 함께 부모로부터 분리되는 것에 대한 불안감에서 비롯된다.

16 하비거스트(R. Havighurst)의 청년기(20~35세) 발달과업으로 옳지 않은 것은?

① 배우자 선택
② 직장생활 시작
③ 경제적 수입 감소에 따른 적응
④ 사회적 집단 형성
⑤ 직업의 준비와 선택

[해설] ③ 노년기의 주요 발달과업에 해당한다.

17 다음 중 중년기에 경험하는 갱년기 증상에 관한 설명으로 옳지 않은 것은?

① 여성은 얼굴 홍조현상, 수면장애 등의 증상과 함께 폐경을 경험한다.
② 여성은 에스트로겐의 분비가 감소되며, 남성은 테스토스테론의 분비가 감소된다.
③ 신체적 변화뿐만 아니라 우울, 무기력감 등 심리적 증상을 동반하게 된다.
④ 결정성 지능은 감소하고 유동성 지능이 증가하는 인지변화를 경험한다.
⑤ 단기기억력은 약화되지만 장기기억력에는 큰 변화가 없다.

[해설] ④ 유동성 지능은 유전적·신경생리적 영향에 의해 발달이 이루어지는 반면, 결정성 지능은 경험적·환경적·문화적 영향의 누적에 의해 발달이 이루어진다. 따라서 결정성 지능은 나이가 들수록 발달하는 경향이 있다.

19회 기출

18 **중년기(40~64세)에 관한 설명으로 옳지 않은 것은?**

① 혼(J. Horn)은 유동적 지능은 증가하는 반면, 결정적 지능은 감소한다고 하였다.

② 레빈슨(D. Levinson)은 성인 초기의 생애 구조에 대한 평가, 중년기에 대한 가능성 탐구, 새로운 생애 구조 설계를 위한 선택 등을 과업으로 제시하였다.

③ 굴드(R. Gould)는 46세 이후에 그릇된 가정을 모두 극복하고 진정한 자아를 찾는 시기라고 하였다.

④ 에릭슨(E. Erikson)은 생산성 대 침체성의 시기라고 하였다.

⑤ 융(C. Jung)은 중년기에 관한 구체적인 개념을 발전시킨 학자이다.

[해설] ① 혼(Horn)은 유동적 지능은 감소하는 반면, 결정적 지능은 증가한다고 하였다.

12회 기출

19 **노년기(65세 이상)에 관한 설명으로 옳지 않은 것은?**

① 주요 과업은 이제까지의 자신의 삶을 수용하는 것이다.

② 생에 대한 회상이 증가하고 사고의 융통성이 증가한다.

③ 친근한 사물에 대한 애착이 많아진다.

④ 치매의 발병 가능성이 다른 연령대에 비해 높아진다.

⑤ 내향성이 증가한다.

[해설] ② 옛것을 회상하며 사고의 경직성 경향이 증가한다.

18회 기출

20 노년기(성인후기, 65세 이상)에 관한 설명으로 옳지 않은 것은?

① 시각, 청각, 미각 등의 감각기능이 약화되고, 생식기능 또한 점차 약화된다.

② 퀴블러-로스(E. Kübler-Ross)는 인간이 죽음에 적응하는 5단계 중 마지막 단계를 타협단계라고 하였다.

③ 신체변화에 대한 적응, 인생에 대한 평가, 역할 재조정, 죽음에 대한 대비 등이 주요 발달과업이다.

④ 에릭슨(E. Erikson)은 자아통합을 이루지 못하면 절망감을 느낀다고 보았다.

⑤ 신장기능이 저하되어 신장질환에 걸릴 가능성이 증가하고, 방광이나 요도기능의 저하로 야간에 소변보는 횟수가 증가한다.

[해설] **퀴블러-로스(Kübler-Ross)의 죽음의 적응(직면)단계**

• 부정(제1단계) : 자신이 곧 죽는다는 사실을 부인한다.

• 분노(제2단계) : 다른 사람들은 멀쩡한데 자신만 죽게 된다는 사실에 대해 분노한다.

• 타협(제3단계) : 죽음을 피할 수 없음을 깨달은 채 인생과업을 마칠 때까지 생이 지속되기를 희망한다.

• 우울(제4단계) : 이미 죽음을 실감하기 시작하면서 극심한 우울상태에 빠진다.

• 수용(제5단계) : 죽음에 대해 담담하게 생각하고 이를 수용하게 된다.

CHAPTER 03 사회환경과 사회체계

01 다음 중 사회체계이론에서 체계가 지닌 특성으로 옳은 것을 모두 고른 것은?

ㄱ. 경계(Boundary)
ㄴ. 공간성(Spatiality)
ㄷ. 불변성(Immutability)
ㄹ. 지속성(Constancy)

---

① ㄱ, ㄷ   ② ㄴ, ㄷ
③ ㄷ, ㄹ   ④ ㄱ, ㄴ, ㄹ
⑤ ㄱ, ㄴ, ㄷ, ㄹ

[해설] **체계의 특성(Martin & O'Connor)**
- 조직화(Organization)
- 상호인과성(Mutual Casuality)
- 지속성(Constancy)
- 공간성(Spatiality)
- 경계(Boundary)

14회 기출

02 사회체계이론에 관한 설명으로 옳은 것은?

① 인간행동은 단일체계에 의해 결정된다.
② 인간행동을 원인과 결과라는 단선적 관점으로 이해한다.
③ 인간행동은 체계 간에 에너지를 주고받으면서 변화한다.
④ 체계의 한 부분의 변화는 다른 부분에 영향을 미치지 않는다.
⑤ 거시체계는 인간이 가장 밀접하게 상호작용하는 가족, 친구, 학교 등을 포함한다.

[해설] ① 인간행동은 다양한 체계들 간의 상호작용에 의해 결정된다.
② 인간행동을 이해하는 데 있어서 한 체계와 다른 체계 간의 관계성에 초점을 둔다.
④ 체계의 한 부분의 변화는 다른 부분에 영향을 미친다.
⑤ 인간이 가장 밀접하게 상호작용하는 가족, 친구, 학교 등은 브론펜브레너(Bronfenbrenner)의 생태학적 체계모델에서 미시체계에 해당한다.

18회 기출

03

사회체계이론의 개념 중 체계 내부 간 또는 체계 외부와의 상호작용이 증가함으로써 체계 내의 에너지양이 증가하는 것을 의미하는 것은?

① 엔트로피(Entropy)

② 시너지(Synergy)

③ 항상성(Homeostasis)

④ 넥엔트로피(Negentropy)

⑤ 홀론(Holon)

[해설]
① 엔트로피(Entropy)는 폐쇄체계적인 속성을 가지며, 체계 내부의 에너지만 소모함으로써 유용한 에너지가 감소하는 상태를 말한다. 체계가 소멸해가거나, 무질서해지고 비조직화 되는 과정을 의미한다.

③ 항상성(Homeostasis)은 개방체계적인 속성으로서, 환경과 지속적으로 소통하면서 역동적인 균형을 이루는 상태를 말한다.

④ 넥엔트로피 또는 역(부적)엔트로피(Negentropy)는 개방체계적인 속성을 가지며, 체계 외부로부터 에너지가 유입됨으로써 체계 내부의 불필요한 에너지가 감소하는 상태를 말한다.

⑤ 홀론(Holon)은 전체와 부분을 별개로 나눌 수 없다는 사실을 전제로, 작은 체계들 속에서 그들을 둘러싼 큰 체계의 특성이 발견되기도 하고 작은 체계들이 큰 체계에 동화되기도 하는 체계의 이중적 성격을 나타낸다.

15회 기출

04

사회체계이론의 주요 개념에 관한 설명으로 옳은 것은?

① 시너지(Synergy)는 폐쇄체계의 특징과 관련이 있다.

② 안정상태(Steady State)는 환경과의 상호작용에서 부분들 간의 관계를 유지하기 위하여 에너지를 계속적으로 사용하는 상태를 의미한다.

③ 항상성(Homeostasis)은 시스템에서 위기가 왔을 때 불균형을 유지하려는 경향을 말한다.

④ 균형(Equilibrium)은 주로 개방체계에서 나타나며 외부로부터 새로운 에너지를 투입하여 변화시키려 노력하는 속성이다.

⑤ 피드백(Feedback)은 체계 구성 간의 상호작용이 증가함에 따라 유용한 에너지가 감소하는 상태를 의미한다.

[해설]
② 안정상태(Steady State)는 개방체계적인 속성으로서, 부분들 간에 관계를 유지하면서 체계가 붕괴되지 않도록 에너지를 계속 사용하는 상태를 말한다.

① 시너지(Synergy)는 개방체계의 특징과 관련이 있다. 체계 구성요소들 사이에 상호작용이 증가하면서 체계 내에 유용한 에너지가 증가하는 것을 말한다.

③ 항상성(Homeostasis)은 개방체계적인 속성으로서, 환경과 지속적으로 소통하면서 역동적인 균형을 이루는 상태를 말한다.

④ 균형(Equilibrium)은 폐쇄체계적인 속성으로서, 외부환경과의 에너지 소통 없이 현상을 유지하려는 상태를 말한다.

⑤ 피드백 또는 환류(Feedback)는 체계가 목표달성을 위해 올바르게 작동하고 있는지 혹은 잘못된 방향으로 나아가고 있는지에 대해 정보를 얻는 것을 말한다.

20회 기출

05 생태체계이론에 관한 설명으로 옳지 않은 것은?

① 인간은 목적 지향적이다.

② 적합성은 개인이 환경과 효과적으로 상호작용을 할 수 있는 능력이다.

③ 생활상의 문제는 전체 생활공간 내에서 이해해야 한다.

④ 스트레스는 개인과 환경 간 상호교류에서의 불균형이 야기하는 현상이다.

⑤ 환경속의 인간을 강조한다.

[해설] ② '적합성(Goodness-of-fit)'은 인간의 욕구와 환경 자원이 부합되는 정도를 말한다. 참고로 개인이 환경과 효과적으로 상호작용을 할 수 있는 능력은 '유능성(Competence)'에 해당한다.

16회 기출

06 거시체계에 관한 설명으로 옳은 것은?

① 개인을 의미한다.

② 가족, 소집단, 이웃이 포함된다.

③ 국가, 사회제도가 포함된다.

④ 미시체계 간의 연결망을 의미한다.

⑤ 인간의 삶과 행동에 일방적인 영향을 미친다.

[해설] **인간과 사회환경의 관계(Zastrow & Kirst-Ashman)**

사회환경은 미시체계(Micro System)로서 개인, 중간체계(Mezzo System)로서 개인이 접촉하는 타인, 가족, 이웃, 집단, 조직, 그리고 거시체계(Macro System)로서 국가, 문화, 사회제도 등을 포함한다.

제19과목

19회 기출

07 브론펜브레너(U. Bronfenbrenner)의 생태체계이론에 관한 설명이다. (   )의 내용으로 옳은 것은?

> • (ㄱ)는 개인이 참여하는 둘 이상의 미시체계 간의 상호작용으로서, 미시체계 간의 연결망을 의미한다.
> • (ㄴ)는 개인이 직접 참여하고 있지는 않지만, 그 개인의 발달에 영향을 주는 사회적 환경을 의미한다.

① ㄱ : 외체계, ㄴ : 중간체계

② ㄱ : 미시체계, ㄴ : 외체계

③ ㄱ : 중간체계, ㄴ : 외체계

④ ㄱ : 미시체계, ㄴ : 중간체계

⑤ ㄱ : 중간체계, ㄴ : 미시체계

〔 해설 〕 브론펜브레너(Bronfenbrenner)의 생태학적 체계모델에 의한 다섯 가지 체계
• 미시체계(Micro System) : 개인의 가장 근접한 환경이며, 상호호혜성에 기반을 둔다.
• 중간체계(Meso System) : 서로 상호작용하는 두 가지 이상 미시체계들 간의 관계망을 말한다.
• 외체계(Exo System) : 개인이 직접 참여하거나 관여하지는 않지만 개인에게 영향을 미치는 환경체계이다.
• 거시체계(Macro System) : 개인이 속한 사회의 이념이나 제도, 즉 정치, 경제, 문화 등의 광범위한 사회적 맥락을 의미한다.
• 시간체계(Chrono System) : 전 생애에 걸쳐 일어나는 변화를 비롯하여 사회역사적인 환경을 포함한다.

21회 기출

08 집단에 관한 설명으로 옳은 것은?

① 2차집단은 인간의 성격형성을 목적으로 한다.

② 개방집단은 구성원의 개별화와 일정 수준 이상의 심도 깊은 목적 달성에 적합하다.

③ 구성원의 상호작용이 중요하므로 최소 단위는 4인 이상이다.

④ 형성집단은 특정 목적 없이 만들 수 있다.

⑤ 집단활동을 통해 집단에 관한 정체성인 '우리의식'이 형성된다.

〔 해설 〕 ⑤ 집단 구성원은 전체로서의 집단에 대한 정체성을 갖는데, 이는 다양한 집단활동을 통해 형성되는 '우리의식(We-feeling)'이라
할 수 있다.
① 2차 집단은 인위적으로 형성된 집단으로 특정 목적 달성을 위해 구성된다.
② 개방집단은 신규 구성원을 계속 받아들이기 때문에 일정 수준 이상의 심도 깊은 목적 달성에 적합하지 않다.
③ 공동의 목적이나 관심사를 가진 최소 2명 이상의 일정한 구성원을 집단이라 한다.
④ 형성집단은 특정 위원회나 팀처럼 일정한 목적을 달성하기 위해 개인들이나 사회기관, 학교, 회사 등과 같은 조직에 의해 구성
된 집단이다.

21회 기출

09 문화와 관련된 내용으로 옳은 것은?

① 선천적으로 습득된다.
② 개인행동에 대한 규제와 사회통제의 기능은 없다.
③ 고정적이며 구체적이다.
④ 다른 사회의 구성원과 구별되는 공통적 속성이 있다.
⑤ 다양성은 차별을 의미한다.

[해설] ④ 문화는 다른 사회구성원들과 구별되는 어떤 공통적인 경향으로서, 자연환경보다 인간의 정신활동을 중요시한다.
　　　 ① 문화는 선천적으로 소유하는 것이 아닌 후천적인 습득의 과정을 통해 얻어진다.
　　　 ② 문화는 사회규범이나 관습을 통해 개인의 행동을 적절히 규제함으로써 사회악을 최소화하는 사회통제의 기능을 가진다.
　　　 ③ 문화는 고정되어 있지 않으며, 새로운 문화 특성이 추가되는 등 시대적 환경에 따라 끊임없이 변화한다.
　　　 ⑤ 다양성은 차이를 의미한다. 인간사회의 문화 형태는 매우 상이한데, 이는 국가별, 지역별, 개인별로 지니는 다양한 문화로부터 짐작할 수 있다.

10 다음 중 문화에 대한 설명으로 옳지 않은 것은?

① 동화(Assimilation)는 원문화의 가치를 유지하면서 주류사회의 문화에 소극적으로 참여하는 유형이다.
② 예술, 도덕, 제도 등이 상호 긴밀한 관계를 유지하면서 하나의 전체를 이룬다.
③ 개인에게 다양한 생활양식을 내면화하도록 함으로써 사회화를 유도한다.
④ 사회규범이나 관습을 통해 개인의 행동을 적절히 규제하기도 한다.
⑤ 시대적 환경에 따라 끊임없이 변화하는 역동성을 가진다.

[해설] ① 동화(Assimilation)는 원문화(고유문화)의 정체감 및 특성을 유지하지 않은 채 새로 접한 문화에 녹아들어가는 현상으로서, 주류사회의 문화에 지속적으로 다가가 흡수되려는 경향을 말한다.

제2영역

사회복지조사론

제2영역

사회복지조사론

01 | 과학적 방법과 조사연구

KEY POINT

- '과학적 방법과 조사연구' 영역에서는 과학적 조사와 사회복지조사의 일반적인 특징에서 개념, 가설, 변수 등에 나오는 다양한 용어들이 출제되고 있다.
- 과학적 방법에서는 과학적 조사의 특징, 연역법·귀납법의 논리전개방식, 사회과학의 패러다임, 사회복지조사 연구윤리 등이 빈번히 출제되고 있다.
- 조사연구에서는 조사연구의 다양한 유형, 특히 탐색적 조사, 기술적 조사, 설명적 조사와 함께 횡단조사와 종단조사의 주요 내용을 숙지해야 한다.
- 조사연구의 절차에서는 조사연구의 일반적인 과정과 함께 개념적 정의와 조작적 정의의 차이점을 이해해야 한다.
- 가설과 변수에서는 통계학적 용어에 대한 기본지식을 묻는 문제가 출제되고 있는데, 특히 가설의 유형과 변수의 분류에 관한 내용을 확실히 이해해야 한다.

01절 과학적 방법

전문가의한마디

지식(Knowledge)은 일종의 믿음 혹은 신념체계로서, 보통 다수의 사람들이 사실이라고 믿기 때문에 사실로 받아들이는 '합의적 사실'과 자신의 직접 경험에 의해 믿게 되는 '경험적 사실'에서 비롯됩니다.

1 지식의 탐구

(1) 지식탐구방법

① 관습에 의한 방법

사회적인 습관이나 전통적인 관습을 의심의 과정 없이 그대로 수용하는 방법이다.

② 권위에 의한 방법

주장하고자 하는 내용에 대한 설득력을 높이기 위해 권위자나 전문가의 의견을 인용하는 방법이다.

③ 직관에 의한 방법

가설설정 및 추론의 과정을 거치지 않은 채 스스로 분명한 명제를 토대로 대상에 대한 직접적인 인식을 추구하는 방법이다.

④ 신비에 의한 방법

신, 예언가, 초자연적인 존재로부터 지식을 습득하는 방법이다.

⑤ 과학에 의한 방법

문제에 대한 정의에서 자료를 수집·분석하여 결론을 도출하는 일련의 체계적인 과정을 통해 지식을 탐구하는 방법이다.

(2) 지식을 습득하는 과정에서 발생하는 주요 오류　15회 기출

① 부정확한 관찰

의식적 활동의 부재로 현상에 대한 정확한 관찰이 이루어지지 않는 것이다.

② 과도한 일반화

관찰된 소수의 사건이나 경험을 근거로 현상의 규칙성을 일반화시키는 것이다.

③ 선별적 관찰

규칙성을 전제로 이와 부합되는 특수한 사례만을 관찰하는 것이다.

④ 꾸며진 지식

자신의 일반화된 지식과 정면으로 위배되면서 회피할 수 없는 사실에 직면하게 될 때, 자신의 일반화된 관점을 유지하기 위해 스스로 사실이 아닌 정보를 만들어 내는 것이다.

⑤ 사후가설 설정

과학적인 방법은 사전에 가설을 설정하는 방법을 사용하나, 보통 일상에서는 생각 없이 관찰을 먼저 하고, 그 후에 그것에 대해 설명하려는 경향이 있다.

⑥ 비논리적 사유

개별적으로 독립되어 있는 사건들을 마치 서로 간에 종속되어 있는 사건들인 것처럼 인식하는 것이다.

⑦ 자아개입

관찰자의 자아특성이 현상을 이해하는 데 영향을 미치는 것이다. 만약 무엇을 정확하게 설명하려고 할 때 자아가 손상을 입게 된다면, 그 설명은 대개 객관성이 떨어지는 방향으로 나타날 수 있다.

⑧ 탐구의 조기 종결

어떤 사실이 완벽히 이해되기도 전에 탐구를 종결하는 것이다.

⑨ 신비화

이해되지 않는 현실에 대해 초현실적으로 귀의하는 것이다.

2　과학적 조사

(1) 과학적 지식의 특징　10회, 22회 기출

① 객관성(Objective)

건전한 감각기관을 가진 여러 사람이 같은 대상을 인식하고, 그로부터 얻은 인상이 일치해야 한다는 것이다.

전문가의 한마디

선별적 관찰은 과도한 일반화와 연관됩니다. 만약 특정 양식이 존재한다고 일단 결론짓고 이를 일반화하는 경우 미래 사건과 상황에서 그에 부합하는 것에 주의를 기울이는 반면, 부합하지 않는 것은 무시할 가능성이 있습니다.

전문가의 한마디

어느 날 직장에서 해고된 사람은 그 이유가 자신의 능력 부족 때문임을 인정할 때 자신의 자아에 치명적인 손상을 입게 됩니다. 따라서 애초부터 그 직장이 자신의 적성에 맞지 않았다는 식으로 설명함으로써 자아의 손상을 막으려 할 수 있는데, 그와 같은 자아의 개입으로 인해 객관성을 잃게 됩니다.

② 간주관성(Intersubjective)

'상호주관성'이라고도 하며, 과학적 지식은 다른 연구자들에게도 연구과정과 결과가 이해되어야 한다는 것이다.

③ 경험성(Empiricism)

연구대상이 궁극적으로 인간의 감각에 의해 지각될 수 있는 것이어야 한다는 것이다.

④ 체계성(Systematic)

과학적 연구가 내용의 전개과정이나 조사과정에서 일정한 틀, 순서, 원칙에 입각하여 진행되어야 한다는 것이다.

⑤ 재생가능성(Reproducibility)

일정한 절차, 방법을 되풀이 했을 때 누구나 같은 결론을 내릴 수 있는 가능성을 말한다. 즉, 과학적 지식은 동일한 조건하에서 동일한 결과가 재현되어야 한다는 것이다.

⑥ 변화가능성(Changeable)

기존의 신념이나 연구결과가 새로운 것에 의해 언제든지 비판되고 수정될 수 있다는 것이다.

⑦ 검증가능성(Verifiability)

경험적 자료에 기반하여 어떤 사실을 검증함으로써 그 사실의 타당성을 확인한다는 것이다.

(2) 과학적 조사의 특징 4회, 5회, 9회, 11회, 15회 `기출`

① 논리적 · 체계적이며, 철학이나 신념보다는 이론에 기반한다.

② 일정한 규칙과 절차를 통해 이루어진다.

③ 확률에 의한 인과성이 있다.

④ 일시적 · 잠정적인 결론이다.

⑤ 일반화를 통해 보편적인 것을 지향한다.

⑥ 간결화를 통해 최소한의 설명변수로 최대의 설명력을 유도한다.

⑦ 구체화를 통해 검증하고자 하는 개념을 정확히 측정한다.

⑧ 간주관성에 의해 서로 다른 동기에도 불구하고 동일한 결과가 나타난다.

⑨ 관찰로부터 수집된 자료를 토대로 한다.

⑩ 경험적인 검증 가능성에 의해 이론의 유용성이 인정된다.

⑪ 새로운 이론에 의해 언제든 수정이 가능하다.

⑫ 허위화(Falsification)의 가능성에 대해 개방적이다.

(3) 과학적 조사의 논리전개방식 2회, 3회, 4회, 6회, 10회, 11회 기출

① 연역법과 귀납법의 의미

연역법 (Deductive Method)	• 이미 참으로 인정된 보편적 원리를 가지고 현상에 연역시켜 설명하는 방법이다. 법칙과 이론으로부터 어떤 현상에 대한 설명과 예측을 도출하는 방법으로 이해할 수 있다. • 가설설정 → 조작화 → 관찰 · 경험 → 검증 예 "모든 사람은 죽는다." – "A는 사람이다." – "그러므로 A는 죽는다."
귀납법 (Inductive Method)	• 확률에 근거한 설명으로 과학은 관찰과 경험으로부터 시작한다고 보는 견해에서 비롯된다. 관찰과 자료의 수집을 통해서 보편성과 일반성을 가지는 하나의 결론을 내린다. • 주제선정 → 관찰 → 유형의 발견(경험적 일반화) → 임시결론(이론) 예 "까마귀 1은 검다." – "까마귀 2는 검다." – "……" – "까마귀 9999는 검다." – "그러므로 모든 까마귀는 검을 것이다."

② 연역법과 귀납법의 관계

- ㉠ 연역법과 귀납법은 상호 보완적인 관계를 형성한다.
- ㉡ 연역법은 구체적인 대상이나 현상에 대한 관찰에 일정한 지침을 제공하고, 귀납법은 경험적인 관찰을 통해 기존의 이론을 보충 또는 수정한다.

(4) 과학철학

① 귀납주의

현상에 대한 구체적이고 객관적인 관찰 및 실험을 통해 정확한 지식을 얻을 수 있다고 주장한다.

② 연역주의

일반적인 원리나 법칙으로부터 가설을 설정하고 이를 경험적 관찰을 통해 검증함으로써 과학이 발전한다고 주장한다.

③ 실증주의(초기실증주의) 17회, 20회 기출

과학과 비과학을 철저히 구분하려 하면서, 과학적으로 검증된 지식만이 타당하다고 주장한다. 사회과학도 자연과학과 같이 실험과 관찰을 통해 검증된 것만을 지식으로 받아들일 수 있다고 주장한다. 연구결과의 일반화 가능성을 강조하며, 객관적 조사를 통해 이론을 재검증하고자 한다.

④ 후기실증주의 18회, 20회, 21회 기출

사회를 자연과 동일시한 채 관찰에 의한 경험적 검증을 통해 사회의 법칙을 묘사하려는 실증주의에 대한 대안으로 등장하였다. 객관적인 지식에 대한 직접적 확증은 불가능하다고 보며, 연구가 결코 정치적 가치나 이데올로기로부터 완전히 자유로울 수 없음을 인정한다.

출제의도 체크

경험적 관찰에서 보편적 유형을 찾는 것은 '귀납법'입니다.
▶ 11회 기출

전문가의 한마디

과학적 조사는 연역법 혹은 귀납법의 어느 한 가지 논리전개방식의 상대적 우월성을 지지하지 않습니다. 또한 귀납법과 연역법은 상호 배타적이지 않습니다.

전문가의 한마디

실증주의를 '초기실증주의'와 '후기실증주의'로 구분하는 것은 19C 실증주의를 대표하는 콩트(Comte)의 엄격성에서 비롯됩니다. 콩트 이후의 실증주의는 '논리적 실증주의'와 '논리적 경험주의'로 나타나는데, 논리적 경험주의가 논리적 실증주의의 문제점을 인식하고 검증 가능성 기준에서 좀 더 관대한 입장을 추구하였으므로, 이를 토대로 후기실증주의를 설명하기도 합니다.

논리적 실증주의	우연적 명제는 그것이 경험적으로 검증될 수 있는 경우에만 유의미하다고 주장한다. 다만, 경험적 검증을 위해 주로 관찰에 의존하므로, 관찰되지 않은 것의 존재를 간과 하는 문제점에 봉착하게 된다.
논리적 경험주의	과학의 이론들이 확률적으로 검증되는 관찰에 의해서만 정당화될 수 있다고 주장한 다. 다만, 유일한 관찰에 의해서는 완전한 진리를 규명할 수 없다는 견해에 따라 '진 리의 입증(Verification)' 대신 '진리의 확인(Confirmation)'의 개념으로 전환하였다.

⑤ 반증주의

과학은 기존의 이론과 상충되는 현상을 관찰하는 데서 출발하여 기존의 이론에 엄격한 검증을 행한다고 주장한다. 연역적 이론이 확증될 수는 없지만 예측의 실패에 의해 명백히 반증될 수 있다고 보면서 논리적으로 연역법에 의존한다.

⑥ 포스트모더니즘　16회 기출

이성적 주체로서의 인간관과 주체의 인식에 의해 파악되는 객관적 실재로서의 지식관을 특징으로 한 모더니즘을 비판하면서, 객관적 실재의 개념을 불신하고 진리에 대한 객관적 · 보편적 기준을 거부한다.

(5) 과학적 혁명

① 등장배경　22회 기출

토마스 쿤(T. Kuhn)은 반증주의를 주장한 칼 포퍼(K. R. Popper)와 마찬가지로 현상을 관찰할 때 기존 패러다임에 구속될 경우 새로운 인식체계를 추구할 수 없게 되어 과학 발전이 저해된다고 주장하였다. 다만, 쿤은 포퍼의 주장이 실제 과학의 역사적 흐름과는 일치하지 않는다고 지적하면서, 과학적 혁명(Scientific Revolution)을 도입하였다.

② 특 징　11회, 14회, 16회 기출

　㉠ 현상에 대한 우리의 관점을 조직하는 근본적인 도식을 패러다임(Paradigm)이라 한다.

　㉡ 패러다임의 변화는 점진적인 것이 아닌 혁신적인 것이며, 누적적 프로세스가 아닌 비누적적 프로세스에 의해 이루어진다.

　㉢ 한 시기에 여러 개의 패러다임이 공존할 수 있다.

　㉣ 기존 패러다임의 위기가 명백해지면 새로운 패러다임으로 전환된다.

　㉤ 일반적으로 패러다임의 우열을 가릴 수 있는 객관적 기준은 존재하지 않는다.

　㉥ 상이한 과학적 패러다임은 실재의 본질에 대한 다른 입장을 반영한다.

　㉦ 학문 공동체(과학 공동체)의 사회적 성격이 과학이론 선택에 중요한 역할을 한다. 즉, 과학적 진리는 학문 공동체(과학 공동체)의 패러다임에 의존한다.

전문가의 한마디

반증주의는 기존의 이론을 부정하는 관찰을 통해 과학의 발전이 이루어진다는 가정하에 문제해결을 위해 제시된 이론에 대한 엄격한 경험적 검증을 강조합니다.

출제의도 체크

쿤(T. Kuhn)은 과학의 발전을 위해 기존 패러다임의 반증에서부터 시작해야 한다는 포퍼(K. Popper)의 과학적 인식에 내재된 문제점을 극복하기 위하여 '과학적 혁명'을 제시하였습니다.

▶ 22회 기출

바로암기 OX

쿤(T. Kuhn)의 과학적 패러다임은 과학이 지식의 누적에 의해 점진적으로 진보한다고 본다?

(　)

해설

쿤은 과학이 기존의 패러다임을 부정하고 새롭게 출발할 때 혁명적으로 발전한다고 주장한다.

정답 ×

3 사회과학 연구방법

(1) 사회과학과 자연과학

① 의 의

사회과학	인간의 행위와 상호작용의 결과로 발생한 사회현상을 연구대상으로 하여 이를 분석하고 일반법칙을 찾으려는 지적 활동이다.
자연과학	자연현상과 물리적 세계를 탐구하려는 지적 활동이다.

② 차이 비교   7회, 8회, 19회 기출

사회과학	자연과학
• 인간 행위와 사회현상을 연구대상으로 한다.	• 자연현상을 연구대상으로 한다.
• 독창적인 성격을 가진 학문이다.	• 누적적인 성격을 가진 학문이다.
• 연구자가 연구대상인 사회의 일부이다.	• 연구대상은 연구자 외부에 존재한다.
• 연구자의 가치관이나 개인적 특성에 의해 영향을 받는다.	• 연구자의 가치관이나 개인적 특성에 의해 영향을 받지 않는다.
• 명확한 결론에 도달하기 어렵다.	• 명확한 결론에 도달할 수 있다.
• 새로운 이론이라도 기존의 이론과는 단절되지 않은 성격을 가진다.	• 기존의 이론과는 전혀 다른 새로운 이론이 빈번히 탄생된다.
• 예측력이 상대적으로 낮다.	• 예측력이 상대적으로 높다.
• 실증적인 방법과 반실증적인 방법을 혼용한다.	• 실증적인 방법을 사용한다.
• 제한적 · 확률적 법칙이 존재한다.	• 보편적 · 결정론적 법칙이 존재한다.
• 사회문화적 특성에 영향을 받는다.	• 사회문화적 특성에 영향을 받지 않는다.

(2) 사회과학의 패러다임   16회, 21회 기출

① 실증주의적 패러다임

ㄱ 연구자와 연구대상을 분리하고 가치중립성을 확보함으로써 사회적 실재를 파악할 수 있다고 본다.

ㄴ 객관적 실재가 독립적으로 존재한다고 보면서, 경험적 관찰을 통해 이론을 재검증하고자 한다.

ㄷ 현상의 원인을 객관적으로 측정하며, 일반화를 전개하는 것이 중시된다.

② 해석주의적 패러다임   10회, 11회, 13회, 20회 기출

ㄱ 개인의 일상경험을 해석하고 이해하는 것이 주된 목적이다.

ㄴ 현상의 원인을 과학적 · 객관적으로 측정하는 것이 아닌 개인의 다양한 경험과 사회적 행위의 주관적 의미에 대한 해석과 이해를 통해 설명하고자 한다.

ㄷ 보편적으로 적용가능한 분석도구가 존재하지 않는다고 주장함으로써 상대주의적인 양상을 보인다.

출제의도 체크

자연과학에서는 관찰대상물과 관찰자가 분명히 구별될 수 있지만, 사회과학에서는 이들 양자가 혼연일체 되어 있는 경우가 많으므로 분명히 구별되지 않는 경향이 있는데, 이를 일컬어 '피란델로 효과(Pirandello Effect)'라고 합니다.

▶ 19회 기출

전문가의 한마디

해석주의는 질적 연구방법의 철학적 배경이 된 후기실증주의의 방법론적 유형 중 하나로서, 해석학, 현상학, 사회언어학, 근거이론, 상징적 상호작용주의와 밀접하게 연관됩니다.

ⓔ 인간 행위의 동기나 의도를 문화적인 코드 또는 사회의 복잡한 규범들의 맥락 속에서 파악하고자 한다.

ⓜ 주로 언어를 분석 대상으로 활용하며, 말이나 행위의 사회적 맥락을 고찰한다.

③ 비판사회과학적 패러다임(갈등 패러다임)

ⓖ 억압에 초점을 맞추며, 억압받는 집단의 권한을 강화하기 위해 연구 절차를 활용한다.

ⓛ 실증주의와 후기실증주의 연구자들이 연구결과를 해석하는 데 있어서 정치적 혹은 이념적 가치의 영향을 최소화하고 중립성에 입각하여 연구결과를 해석하려는 데 반해, 비판사회과학적 패러다임의 연구자들은 임파워먼트와 옹호의 목적을 토대로 연구결과를 해석한다.

4 사회복지조사 연구방법

(1) 연구방법론의 목적 1회 기출

① 보고(Announcement)

연구결과를 추론이나 결론을 내리지 않고 간단한 자료나 통계수치로써 발표한다.

② 기술(Description)

인간행동이나 사회현상을 '누가', '언제', '어디서', '무엇을', '어떻게'로 묘사하되, '왜'에 대한 질문에 대해서는 답하지 않는다.

③ 설명(Explanation)

기술된 현상의 발생원인('→ 왜')을 밝힘으로써 사회현상의 인과관계를 규명하고자 한다.

④ 예측(Forecasting)

이론의 기초적인 명제로부터 보다 복잡한 명제를 추론한다.

(2) 사회복지조사 연구방법론의 필요성 9회, 10회, 14회, 20회 기출

① 개인 및 지역주민의 복지욕구를 충족시키고 사회적 문제의 해결방안을 찾기 위해 관련 자료를 수집한다.

② 과학적 방법을 활용하여 클라이언트에 관한 자료를 체계적으로 수집·기술·분석·해석함으로써 클라이언트의 문제해결을 위한 유효한 정보를 제공한다.

③ 전문직 활동으로서 사회복지활동에 대한 사회적 책임성을 구현한다.

④ 사회복지조사 과정에서 나타날 수 있는 조사대상에 대한 비윤리적인 행위를 예방한다.

⑤ 과학적이고 객관적인 방법을 통해 서비스 프로그램의 효과성 및 효율성을 평가·검증한다.

바로암기 ○×

연구방법론은 탐색, 기술, 설명을 목적으로 한다?

( )

해설

연구방법론은 보고, 기술, 설명, 예측을 목적으로 한다.

정답 ×

⑥ 사회복지조사방법의 적절한 활용을 통해 체계적인 업무수행이 가능하도록 하며, 이를 통해 사회복지실천 능력을 제고한다.

⑦ 사회복지실천현장에서 문제해결을 위한 적절한 개입 유형 및 개입 시점을 찾아내며, 개입의 효과성 평가를 위한 기준을 제시한다.

⑧ 사회복지실천이론 및 조사방법에 대한 검증을 통해 사회복지의 일반적 지식 확대, 사회복지관련 이론 개발 및 실천기술 개발에 공헌한다.

(3) 사회복지조사 연구윤리   3회, 6회, 9회, 11회, 12회, 13회, 15회, 16회, 18회, 21회, 22회 기출

① 조사대상자의 사생활을 보호하고 익명성을 보장해야 한다.

② 조사대상자에게 조사의 목적 및 내용, 조사의 범위와 절차, 조사의 혜택과 위험성, 조사결과의 활용계획, 개인정보보호 등에 관한 내용을 사전에 충분히 알려주어야 한다.

③ 조사대상자의 자발적인 참여와 동의를 이끌어내야 하며, 조사 과정 중 본인이 원하면 언제라도 중단할 수 있음을 알려주어야 한다.

④ 고지된 동의는 조사자를 보호하기 위해 활용되며, 특히 아동 대상 연구에서는 부모 등 후견인에게 고지된 동의를 받아야 한다.

⑤ 조사대상자에게 직간접적인 피해를 주지 않도록 해야 한다.

⑥ 조사대상자를 속이거나 특정 답변을 유도해서는 안 된다.

⑦ 조사연구에 있어서 인간을 수단으로 이용해서는 안 된다.

⑧ 동료조사자들에 대한 정보 개방을 통해 조사의 효율성을 기해야 한다.

⑨ 조사 과정에서 드러난 문제점과 실패도 모두 보고해야 한다.

⑩ 조사대상자의 익명성 자체가 조사내용의 비밀유지를 보장하는 것은 아니다.

⑪ 조사연구의 공익적 가치가 조사연구의 윤리보다 우선하는 것은 아니다.

⑫ 조사대상자나 연구참여자 속이기가 무조건적으로 금지되는 것은 아니다.

02절 조사연구

1 조사연구의 이해

(1) 조사연구의 개념

① 의 미

조사연구(Research)는 합리적·과학적인 절차와 논리적인 원칙에 의하여 기존의 지식을 기각 또는 강화하거나 새로운 지식을 만들어 내려는 탐구활동으로서, 연구자가 풀고자 하는 문제에 대한 해답을 찾기 위해 자료를 수집·분석하여 그 결과를 얻는 과정이다.

② 목 적

조사연구의 목적은 연구문제의 성격에 따라 탐색(Exploration), 기술(Description), 설명(Explanation)으로 구분할 수 있다.

(2) 사회복지조사의 연구문제

① 연구문제의 특징 16회 기출

ㄱ 모든 사회복지조사는 연구문제가 있다.

ㄴ 연구문제는 연구자의 관심이나 의문의 대상을 포함한다.

ㄷ 잠정적 결과를 예측하는 연구문제를 제시할 수 있다.

ㄹ 문제형성 과정에 다른 연구자의 참여가 가능하다.

ㅁ 연구문제가 변수 간의 관계를 예측할 필요는 없다.

② 연구문제의 조건

ㄱ 독창성을 지녀야 한다.

ㄴ 경험적으로 검증 가능해야 한다.

ㄷ 연구범위가 적절해야 한다.

ㄹ 현실적으로 수행 가능해야 한다.

ㅁ 윤리적 측면에서 문제가 없어야 한다.

전문가의 한마디

'Research'와 유사한 용어로 'Survey'는 보통 '조사'로 번역되며, 이는 일반적으로 표본을 이용한 조사인 표본조사(Sample Survey)를 의미합니다. 'Survey'는 실험법이나 관찰법이 아닌 질문지법(설문지법)이나 면접법 등을 사용한 표본조사를 지칭하는 것으로 널리 사용되고 있습니다.

출제의도 체크

사회복지조사는 연구의 전 과정에서 결정주의적 성향을 지양해야 합니다.

▶ 20회 기출

전문가의 한마디

탐색 혹은 기술 목적의 조사연구들에서는 연구문제가 변수들 간의 관계에 대한 의문까지 굳이 포함하지 않습니다.

2   조사연구의 유형

(1) 조사의 목적에 따른 분류   2회, 6회, 12회, 20회, 21회 기출

① 탐색적 조사   4회, 7회, 12회, 18회 기출

㉠ 예비조사(Pilot Study)라고도 하며, 연구문제에 대한 사전지식이 결여된 경우 문제영역을 결정하기 위해 예비적으로 실시한다.

㉡ 융통성 있게 운영될 수 있으며, 수정이 가능하다. 또한 가설을 설정할 필요가 없다.

㉢ 문헌조사, 경험자조사, 특례조사 등이 해당된다.

② 기술적 조사   9회 기출

㉠ 특정 현상을 사실적으로 묘사하려는 조사로, 현상이나 주제를 정확하게 기술(Description)하는 것을 주목적으로 한다.

㉡ 실업자 수, 빈곤가구 수 등 사회복지 문제에 대하여 정확하게 실태 파악을 하여 정책적 대안을 마련하기 위해 실시한다.

㉢ 언론기관의 여론조사나 인구·주택센서스, 각종 사회통계조사 등이 해당된다.

③ 설명적 조사   9회 기출

㉠ 변수 간의 인과관계를 규명하려는 조사, 즉 특정 변수에 영향을 미치는 요인에 대한 조사이다.

㉡ 가설을 검증하려는 조사로서, 실험조사설계 형태로 조사가 이루어진다.

㉢ 사회적 문제의 발생 원인을 밝히고, 이를 해결하기 위한 정책대안을 마련하기 위해 널리 활용된다.

(2) 시간적 차원(조사 시점 및 기간)에 따른 분류   1회, 5회, 6회, 8회, 11회, 13회, 20회 기출

① 횡단조사

㉠ 어느 한 시점에서 다수의 분석단위(예 연령, 인종, 종교, 소득수준 등)에 대한 자료를 수집하는 조사이다.

㉡ 일정시점에 나타나는 현상의 단면을 분석하므로 정태적인 속성을 보인다.

㉢ 조사대상의 특성에 따라 집단을 분류하여 비교분석하므로 표본의 크기가 크다.

㉣ 탐색, 기술 또는 설명적 목적을 가질 수 있다.

㉤ 연구대상이 지리적으로 넓게 분포되어 있고 연구대상의 수가 많으며, 많은 변수에 대한 자료를 수집해야 하는 경우 유리하다.

㉥ 종단조사에 비해 간단하고 비용이 덜 들지만, 시간적 흐름에 따른 현상의 변화 및 진행과정을 파악하는 데 어려움이 있다.

㉦ 언론기관의 여론조사나 인구·주택센서스와 같은 현황조사(Status Survey), 어떤 변수와 다른 변수와의 관련성을 파악하기 위한 상관적 연구 등이 해당한다.

종단조사는 조사대상을 일정한 시간간격을 두고 2회 이상 관찰하는 조사입니다. 예를 들어, 개인의 노동시장 활동과 같은 장기적 추이를 분석하는 데 활용될 수 있습니다.

② **종단조사** 1회, 7회, 9회, 10회, 12회, 14회, 15회, 16회, 18회, 19회, 20회, 21회, 22회 기출

ㄱ 둘 이상의 시점에서 동일한 분석단위를 연구하는 것을 말한다.

ㄴ 현장조사로 반복적인 측정이 이루어지므로 동태적인 속성을 보인다.

ㄷ 유형에 따라 서로 다른 시점에서 동일 대상자를 추적하여 조사해야 하므로 표본의 크기가 작을수록 좋다.

ㄹ 종단조사는 질적 연구로도 이루어진다. 이는 특히 양적 연구의 한계를 극복하기 위한 것으로서, 계량적 분석으로 생산되는 수많은 통계 수치에 대해 풍부한 설명과 해석을 가능하게 한다.

ㅁ 횡단조사에 비해 복잡하고 비용이 많이 든다.

ㅂ 경향분석 또는 추세조사(Trend Study), 코호트 조사 또는 동년배 조사(Cohort Study), 패널조사(Panel Study) 등이 해당한다.

경향분석은 매 조사시점에서 조사대상이 동일인이 아니나, 패널조사는 매 조사시점에서 동일인이 조사대상입니다. 코호트 조사는 경향분석과 마찬가지로 조사대상이 동일인은 아니나, 일정한 연령집단으로서 특정 경험을 같이 하는 집단이 조사대상입니다.

경향분석 (추세조사)	• 일정한 기간 동안 전체 모집단 내의 변화를 연구하는 것으로, 일정 주기별 인구변화에 대한 조사에 해당한다. • 어떤 광범위한 연구대상의 특정 속성을 여러 시기를 두고 관찰·비교하는 방법이다. 예 1990년대와 2000년대 10대들의 직업선호도를 비교하는 경우
코호트 조사 (동년배 조사)	• 동기생·동시경험집단 연구 혹은 동류집단연구에 해당한다. • 일정한 기간 동안 어떤 한정된 부분 모집단의 변화를 연구하는 것으로, 특정 경험을 같이 하는 사람들이 가지는 특성들에 대해 두 번 이상의 다른 시기에 걸쳐서 비교·연구하는 방법이다. 예 1930년대 경제공황기에 태어난 사람들에 대한 경제적 태도의 변화를 연구하기 위해 매 10년마다 서베이를 실시하는 경우
패널조사 (패널연구)	• 동일집단 반복연구에 해당한다. • '패널(Panel)'이라 불리는 특정응답자 집단을 정해 놓고 그들로부터 상당히 긴 시간 동안 지속적으로 연구자가 필요로 하는 정보를 획득하는 방법이다. • 일정 기간의 변화에 대해 포괄적인 자료를 제공하는 것으로, 사건에 대한 변화분석이 가능하고 추가적인 자료를 획득할 수 있으며, 정확한 정보획득으로 인과관계를 명백히 할 수 있다. • 패널의 대표성 확보의 어려움, 부정확한 자료의 제공 가능성(예 반복조사 경험으로 인한 패널조건화 현상), 패널 관리의 어려움(예 조사대상자의 상실), 추적·관리에 따른 비용 소요, 정보의 유연성 부족 등을 단점으로 들 수 있다.

패널조건화(Panel Conditioning) 현상은 응답자가 이전에 조사를 한 번 이상 해 보았기 때문에 발생하는 응답상의 변화를 의미하는 것으로, '모름/무응답'의 증가, 사회적 바람직성 편향(Bias)의 증가 등으로 인해 연구결과의 정확성이 떨어질 수 있습니다.

(3) 그 밖의 조사연구 유형 분류 14회 기출

① 용도에 따른 분류

순수조사	• 사회적 현상에 대한 지식 자체만을 순수하게 획득하려는 조사이다. • 조사자의 지적 호기심 충족에 그 목적이 있으며 현장응용도가 낮다.
응용조사	• 조사결과를 문제해결과 개선을 위해 응용하여 사용하려는 조사이다. • 조사결과를 활용하려는 데 목적이 있으며 현장응용도가 높다.

② 조사대상의 범위 혹은 표본추출의 여부에 따른 분류 6회 기출

전수조사	• 모집단 전체를 대상으로 조사하는 방식이다.
	• 경제성과 신속성이 떨어진다.
표본조사	• 모집단의 일부만을 추출하여 이를 토대로 모집단 전체를 추정하는 방식이다.
	• 경제성이 있으나, 표본추출의 오류가 연구결과에 영향을 미친다.

③ 자료수집의 성격 혹은 데이터의 성격에 따른 분류

양적 조사	• 정량적(Quantitative) 데이터 중심의 양적 측정을 하는 조사이다(예 통계분석 등).
	• 조사결과의 일반화가 용이하다.
질적 조사	• 정성적(Qualitative) 데이터 중심의 질적 측정을 하는 조사이다(예 현지조사, 심층 면접 등).
	• 조사결과의 일반화에 어려움이 있다.

④ 사례조사와 서베이조사

사례조사	• 특정 사례를 조사하여 문제를 종합적으로 파악하고, 그에 대한 실증적인 분석을 실행하는 조사이다.
	• 경제성이 떨어지며, 조사결과의 일반화에 어려움이 있다.
서베이조사	• 모집단을 대상으로 추출된 표본에 대하여 표준화된 조사도구(예 설문지 등)를 사용하여 직접 질문함으로써 필요한 자료를 수집하는 조사이다.
	• 조사결과의 일반화가 용이하나, 설문지 개발에 어려움이 있다.

⑤ 현장연구조사(현지조사)와 실험조사 10회 기출

현장연구조사 (현지조사)	• 연구문제를 설정하거나 가설을 형성하기 위해 현장에 나가서 직접 자료를 수집하는 조사이다.
	• 연구대상자를 자연적 상황에서 탐구할 수 있다.
실험조사	• 조사자가 외생적 요인들을 의도적으로 통제하고 인위적인 관찰조건을 조성함으로써 독립변수의 효과를 측정하거나 독립변수가 종속변수에 영향을 미치는 인과관계에 대한 가설을 검증하는 조사이다.
	• 실험은 인위적인 상황이므로 때로 현실 상황에 잘 나타나지 않는 경우도 있다.

심화연구실

순수과학과 응용과학 19회 기출

순수과학	• 자연현상이나 사회현상 그 자체를 이론적 · 체계적으로 연구하는 것을 주된 목적으로 한다.
	• 순수자연과학으로 물리학, 화학, 생물학 등이 있고, 순수사회과학으로 사회학, 경제학, 정치학 등이 있다.
응용과학	• 순수과학의 이론이나 지식을 활용하여 인간사회에 유용하게 이용할 수 있는 지식이나 기술 등을 연구하는 것을 주된 목적으로 한다.
	• 응용자연과학으로 공학, 의학, 약학 등이 있고, 응용사회과학으로 사회복지학, 경영학, 행정학, 교육학 등이 있다.

바로암기 ○×

질적 조사는 양적 조사와 마찬가지로 평가연구에 활용될 수 있다?

( )

정답 ○

전문가의 한마디

사례조사는 소수의 사례를 심층적으로 다룸으로써 연구대상에 대한 종합적인 분석이 가능하지만, 시간과 비용 면에서 경제성이 떨어지며 연구대상의 대표성 문제로 일반화에 어려움이 있습니다.

출제의도 체크

사회복지학은 순수과학이 아닌 응용과학에 속합니다.

▶ 19회 기출

3 조사연구의 분석단위

'분석단위'는 궁극적으로 분석되는 단위, 즉 최종적인 분석대상을 말합니다. 예를 들어, 사회복지사 개개인의 직업만족도에 초점을 둘 경우 분석단위는 '개인'이 되지만, 지역별 사회복지사들의 직업만족도를 비교·분석하는 데 초점을 둘 경우 분석단위는 '집단'이 됩니다.

(1) 분석단위의 유형 10회, 15회, 22회 기출

① 개 인

가장 일반적으로 선택되는 분석단위로서, 클라이언트의 개별적 속성을 연구하는 경우, 지역주민들의 욕구를 조사하는 경우 등이 해당된다.

② 집 단

부부, 또래집단, 동아리, 시·도, 국가 등을 분석의 단위로 하는 경우이다.

③ 공식적 사회조직

사회복지기관을 포함하여 모든 종류의 법인, 시민단체, 종교단체, 학교, 학회 등을 분석의 단위로 하는 경우이다.

④ 사회적 가공물

책이나 그림, 신문사설, 대중음악, 인터넷 광고물, 인터넷 여론마당 등 다양한 사회매체를 분석의 단위로 하는 경우이다. 친구 사귐, 결혼과 이혼, 폭력, 범죄, 비행기 납치 등 사회적 상호작용도 포함한다.

(2) 분석단위와 관련된 오류 3회, 15회, 22회 기출

① 개인주의적 오류(Individualistic Fallacy)

분석단위를 개인에 두고 얻어진 연구결과를 집단에 동일하게 적용함으로써 발생하는 오류이다.

② 생태학적 오류(Ecological Fallacy)

분석단위를 집단에 두고 얻어진 연구결과를 개인에 동일하게 적용함으로써 발생하는 오류이다.

③ 환원주의적(축소주의적) 오류(Reductionism)

넓은 범위의 인간의 사회적 행위를 이해하는 데 필요한 변수 또는 개념의 종류를 지나치게 한정시키거나 한 가지로 환원시키려는 경향에서 발생하는 오류이다.

17개 시·도를 조사하여 대학졸업 이상의 인구비율이 높은 지역이 낮은 지역에 비해 중위소득이 더 높음을 알게 되었고, 이를 통해 학력수준이 높은 사람이 낮은 사람에 비해 소득수준이 높다는 결론에 도달했다면, 이는 생태학적 오류에 해당합니다.

▶ 15회 기출

4 조사연구의 절차

(1) 조사연구의 일반적인 과정 13회, 14회, 17회, 19회 기출

① 연구문제 설정(조사문제 형성) 12회 기출

조사의 주제, 이론적 배경, 중요성 등을 파악하고 이를 체계적으로 정립하는 과정으로, 조사에서 핵심적인 부분이다. 가설 설정과 조사설계의 전 단계로, 비용, 시간, 윤리성 등이 종합적으로 고려되어야 한다.

② 가설 설정(가설 형성)

선정된 조사문제를 조사가 가능하고 실증적으로 검증이 가능하도록 구체화하는 과정으로, 이때 가설은 연구문제와 그 이론에 따라 구성되는 것이 바람직하다.

③ 조사설계

조사연구를 효과적·효율적·객관적으로 수행하기 위한 논리적·계획적인 전략으로서, 자료수집방법, 연구모집단 및 표본 수, 표본추출방법, 분석 시 사용할 통계기법 등을 결정하며, 조사도구(설문지) 작성 후 그 신뢰도 및 타당도를 검증한다.

④ 자료의 수집

자료는 관찰, 면접, 설문지 등 여러 가지 방법을 통해 수집되는데, 과학적 조사자료는 조사자가 직접 수집하는 1차 자료와 함께 다른 주체에 의해 이미 수집·공개된 2차 자료로 구분된다.

⑤ 자료의 분석(해석)

수집된 자료의 편집과 코딩과정이 끝나면 통계기법을 이용하여 자료를 분석한다.

⑥ 보고서 작성

연구결과를 객관적으로 증명하고 경험적으로 일반화하기 위해 일정한 형식으로 기술하여 타인에게 전달하기 위한 보고서를 작성한다.

(2) 개념적 정의와 조작적 정의 6회, 7회, 8회, 11회, 14회, 15회, 16회 기출

① 개념의 구체화 과정

연구문제(조사문제)를 정확히 서술하기 위해서는 문제에 포함된 개념들에 대한 구체적인 정의가 이루어져야 하며, 가설 검증을 위해서는 관계에 동원된 변수들에 대한 경험적 측정이 가능해야 한다.

| 개 념 | → | 개념적 정의
(개념화) | → | 조작적 정의
(조작화) | → | 현실세계
(변수의 측정) |

② 개념적 정의와 조작적 정의의 비교　16회, 20회, 21회 **기출**

개념적 정의 (Conceptual Definition)	• 연구의 대상 또는 현상 등을 보다 명확하고 정확하게 표현하기 위해 개념적으로 정의하는 것이다. • 문제의 개념적 정의화는 사전적으로 정의를 내리는 것을 의미하므로 추상적 · 주관적인 양상을 보인다. • 어떤 변수에 대해 개념적 정의를 내리는 과정을 '개념화(Conceptualization)'라 한다.
조작적 정의 (Operational Definition)	• 추상적인 개념적 정의를 실증적 · 경험적으로 측정이 가능하도록 구체화하여 정의내리는 것이다. • 조작적 정의의 최종산물은 수량화(계량화)이며, 이는 양적 조사에서 중요한 과정에 해당한다. • 어떤 변수에 대해 조작적 정의를 내리는 과정을 '조작화(Operationalization)'라 한다.

심화연구실

조작적 정의의 예　6회 **기출**

• 성별 – 남성/여성
• 신앙심 – 종교의식 참여 횟수
• 서비스 만족도 – 재이용 의사 유무
• 소득 – 월 급여

5 가 설

(1) 개 념　9회, 15회, 17회, 22회 **기출**

① 가설(Hypothesis)은 둘 또는 그 이상의 변수들 간의 관계에 대해 진술한 검증(검정)되기 이전의 가정적인 명제(Proposition)이다.
② 둘 이상의 변수나 현상들 간의 특별한 관계를 검증 가능한 형태로 서술하여 이들의 관계를 예측하려는 진술이나 문장이다(**예** 여성의 노동참여율이 높을수록 출산율은 낮을 것이다).
③ 이론이나 선행연구, 즉 연구의 개념적 틀 혹은 연구모형으로부터 도출될 수 있으며, 검증을 통해 문제해결에 도움을 준다.

(2) 작 성　6회, 15회, 16회, 18회 **기출**

① 가설은 이론과 논리적으로 연관되어야 한다.
② 변수들 간의 관계를 기술해야 한다.
③ 경험적인 검증이 가능해야 한다.
④ 구체적이어야 하고 현상과 관련성을 가져야 한다.

⑤ 표현이 간단명료하며 계량화가 가능해야 한다.

⑥ 조건문 형태의 복문으로 나타낸다.

⑦ 광범위한 범위에 적용 가능해야 한다.

(3) 유 형 2회, 4회, 10회, 14회, 18회, 21회, 22회 기출

① 검증 과정에 따른 가설의 구분

연구가설	• 연구문제에 대한 잠정적 대답으로서, 연구자가 제시한 작업가설에 해당한다. • 경험적으로 검증 가능하도록 진술한 가설로서 흔히 '실험적 가설' 혹은 '과학적 가설'이라고도 한다. • 보통 "A는 B보다 ~이다." 또는 "A는 B와 관계(차이)가 있다."는 식으로 표현된다. 예 "남녀 간 월 평균소득은 차이가 있다."
영가설 (귀무가설)	• 연구가설과 논리적으로 반대의 입장을 취하는 것으로서, 처음부터 버릴 것을 예상하는 가설이다. • 연구가설은 영가설이 직접 채택될 수 없을 때 자동적으로 받아들여지는 가설로서, 영가설은 이와 같은 연구가설을 반증하기 위해 사용되는 가설이다. • 보통 "A는 B와 관계(차이)가 없다"는 식으로 표현된다. 예 "남녀 간 월 평균소득은 차이가 없다."
대립가설	• 영가설에 대립되는 가설로서, 영가설이 거짓일 때 채택하기 위해 설정하는 가설이다. 즉, 영가설이 기각되는 경우 대립가설이 채택되는 반면, 채택되는 경우 대립가설이 기각된다. • 연구자가 주장하고자 하는 가설, 즉 연구자가 참으로 증명되기를 기대하는 가설로서 종종 연구가설과 동일시된다. • 보통 "~의 관계(차이)가 있을 것이다"라고 기술하는 명제를 말한다. 예 "남녀 간 월 평균소득은 차이가 있을 것이다."

② 통계적 가설에서 영가설(귀무가설)과 대립가설 14회, 20회 기출

㉠ 통계적 가설(Statistical Hypothesis)은 모집단 통계량, 즉 모수에 대한 주장 혹은 가정을 나타낸다.

㉡ 가설에는 진술의 값이 모집단의 통계량과 같다(차이가 없다)는 주장이 있을 수 있고, 다르다(차이가 있다)는 주장이 있을 수 있다. 이때 같다(차이가 없다)는 주장을 영가설 또는 귀무가설(Null Hypothesis)이라 하고 이를 보통 'H_0'로 표시하며, 다르다(차이가 있다)는 주장을 대립가설(Alternative Hypothesis)이라 하고 이를 보통 'H_1'로 표시한다.

㉢ 두 개 모집단의 평균을 각각 'μ_1'와 'μ_2'로 표기할 때, 개입의 효과를 평가하는 연구에서 영가설(H_0)과 대립가설(H_1)은 다음과 같이 나타낼 수 있다.

영가설(H_0) : $\mu_1 = \mu_2$ 대립가설(H_1) : $\mu_1 \neq \mu_2$

출제의도 체크

가설은 "A가 증가(혹은 감소)하면 B가 증가(혹은 감소)한다"와 같이 변화에 대한 '+' 혹은 '−'의 방향성을 나타낼 수 있으나, 그와 같은 방향성이 가설의 전제조건은 아닙니다.

▶ 15회 기출

전문가의 한마디

가설 검증 시 일반적으로 연구가설을 직접 증명하기보다는 반대되는 의미를 가진 영가설을 설정한 후 해당 영가설이 기각되는 경우 연구가설을 대립가설로 채택하게 됩니다. 결국 영가설은 변수 간 관계가 우연임을 말하는 가설로서, 가설 검증을 위해 반드시 필요하다고 볼 수 있습니다.

출제의도 체크

개입의 효과를 평가하는 연구에서 "두 개 모집단의 평균 간에 차이가 없을 것이다"라는 영가설은 '$\mu_1 = \mu_2$'로 표시할 수 있는데, 이는 연구자가 '거짓'으로 증명되기를 기대하는 가설로 볼 수 있습니다.

▶ 14회 기출

③ 통계적 가설 검증(검정)과 관련하여 발생할 수 있는 오류 15회, 16회 기출

제1종 오류 (Type I Error)	• 영가설(귀무가설)이 참(True)인데도 불구하고 영가설을 기각하고 대립가설을 채택하는 경우이다. • 신뢰수준을 높이거나 유의수준을 낮추면 제1종 오류를 줄일 수 있다.
제2종 오류 (Type II Error)	• 영가설(귀무가설)이 거짓(False)인데도 불구하고 영가설을 채택하는 경우이다. • 제2종 오류가 증가하면 통계적 검증력(검정력)은 감소한다.

6 변 수

(1) 개 념 15회, 16회, 17회 기출

① 변수(Variable)는 둘 이상의 값(Value)이나 범주(Category)로 경험적으로 분류 및 측정할 수 있는 개념(Concept)을 말한다.

② 연구대상의 경험적 속성을 나타내는 동시에 그 속성에 계량적 수치, 계량적 가치를 부여할 수 있는 개념이다.

③ 조작적 정의의 결과물로서, 조작화하지 않아도 변수가 되는 개념(예 신장, 체중, 연령, 교육수준 등)이 있는 반면, 반드시 조작화를 거쳐야만 변수가 되는 개념(예 지위, 소진 등)도 있다.

④ 모든 개념이 변수가 되는 것은 아니지만, 모든 변수는 개념이 된다.

(2) 변수의 기능적 관계에 따른 분류 2회, 4회, 5회, 7회, 8회, 9회, 10회, 11회, 12회, 13회, 14회, 15회, 17회 기출

① 독립변수 22회 기출

㉠ '원인변수', '설명변수', '예측변수'라고도 하며, 일정하게 전제된 원인을 가져다주는 기능을 하는 변수이다.

㉡ 실험연구에서 연구자에 의해 조작된 변수라고 할 수 있는 것으로, 여기에는 모든 형태의 척도(명목, 서열, 등간, 비율)가 활용될 수 있다.

예 복지정책이 소득수준 향상의 원인일 때 해당 복지정책은 독립변수에 해당한다.

② 종속변수 19회, 22회 기출

㉠ '결과변수', '피설명변수', '피예측변수'라고도 하며, 독립변수의 원인을 받아 일정하게 전제된 결과를 나타내는 기능을 하는 변수이다.

㉡ 다른 변수에 의존하지만 다른 변수에 영향을 미칠 수 없는 변수이다.

예 소득수준 향상이 경제발전의 결과일 때 소득수준은 종속변수에 해당한다.

③ **선행변수** 9회, 19회 기출

    ㉠ 독립변수 앞에서 독립변수에 영향을 주는 변수이다.

    ㉡ 선행변수를 통제해도 독립변수와 종속변수 간의 관계는 유지된다.

    예 사회적 통합과 자살률 사이에 인과관계가 있음을 알고 있고, 종교가 사회적 통합에 영향을 미치는 것을 발견한다면, 종교는 곧 선행변수가 된다.

④ **매개변수** 19회 기출

    ㉠ 독립변수와 종속변수 간에 직접적인 관련이 없으나 두 변수의 중간에서 매개자 역할을 하여 두 변수 간에 간접적인 관계를 맺도록 하는 변수이다.

    ㉡ 실험연구에서 매개변수는 독립변수의 영향을 종속변수에 전달하는 역할을 한다. 즉, 매개변수는 독립변수의 결과인 동시에 종속변수의 원인이 된다.

    예 사회복지시설 종사자의 업무 자율성이 자아실현 충족 수준을 높이고, 이와 같이 높아진 자아실현 충족 수준이 업무 능률을 향상시킨다고 할 때, 자아실현 충족 수준(매개변수)은 종사자의 업무 자율성(독립변수)의 영향을 받아 업무 능률(종속변수)에 영향을 전달한 것이다.

⑤ **외생변수** 17회, 19회 기출

    ㉠ 두 개의 변수 간에 상관관계가 있는 것처럼 보이지만 실제로는 가식적인 관계에 불과한 경우 그와 같은 가식적인 관계를 만드는 제3의 변수를 말한다.

    ㉡ 독립변수와 종속변수 모두에 영향을 미치는 변수로, 실험연구에서 외생변수를 제거하는 경우 독립변수와 종속변수의 관계는 사라져버린다.

    예 질병의 심각도는 환자의 입원기간과 함께 평균수명에도 영향을 미친다. 그러나 질병의 심각도(외생변수)를 제외한 채 환자의 입원기간(독립변수)이 길수록 평균수명(종속변수)이 짧아진다고 단정할 수는 없다. 이는 환자의 입원기간과 평균수명이 가식적인 관계에 놓였기 때문이다.

⑥ **왜곡변수**

    두 개의 변수 간의 관계를 정반대의 관계로 나타나게 하는 제3의 변수를 말한다.

    예 기혼자의 자살률이 미혼자의 자살률보다 높다고 알려져 있었으나, 연령이라는 변수를 통제해 보니 오히려 그 반대의 결과, 즉 동일 연령대에서 미혼자의 자살률이 높은 것으로 나타났다고 하자. 이때 연령(왜곡변수)은 실제적인 관계가 표면적인 관계와는 정반대임을 밝혀준다.

⑦ **억압변수(억제변수)**

    두 개의 변수 간에 상관관계가 있으나 그와 같은 관계가 없는 것처럼 보이게 하는 제3의 변수를 말한다.

전문가의 한마디

매개변수는 시간적으로 독립변수의 다음에 위치하면서 독립변수와 종속변수의 관계를 부가적으로 설명해 주는 역할을 한다고 볼 수 있습니다.

출제의도 체크

또래관계증진 프로그램이 결혼이민자 가정 자녀들의 자아정체감에 미치는 영향을 평가하는 연구에서, 자아정체감의 차이를 불러올 수 있는 부모의 사회경제적 지위는 외생변수에 해당합니다.

▶ 17회 기출

예 교육 수준과 소득 수준의 두 가지 변수 간에는 인과관계가 없는 것처럼 보일 수 있다. 그러나 연령(억압변수)을 통제하는 경우 교육 수준과 소득 수준에 인과관계가 나타난다.

⑧ 조절변수

독립변수와 종속변수 사이의 관계를 체계적으로 변화시키는 일종의 독립변수로서, 종속변수에 영향을 미치는 독립변수의 인과관계를 조절할 수 있는 또 다른 독립변인을 말한다.

예 소득이 삶의 만족도에 미치는 영향은 성별에 따라 다르다. 이때 '소득'은 일종의 원인으로, '삶의 만족도'는 결과로 간주할 수 있다. 그리고 '성별'은 결과에 대한 영향력을 조절하는 기능을 하는 것으로 볼 수 있다.

⑨ 통제변수 20회 기출

㉠ 독립변수와 종속변수 간의 관계를 명확히 파악하기 위해 그 관계에 영향을 미칠 수 있는 제3의 변수를 통제하는 변수이다.

㉡ 실험연구에서 독립변수와 종속변수 간의 허위적 관계를 밝히는 데 활용된다.

예 "키가 작을수록 오래 산다"는 키와 수명 간의 관계에 대한 연구에서 남녀 성별을 통제하지 않는 경우 성별에 따른 신장의 차이를 간과할 수 있다. 이는 성별이 평균 수명과 관련이 있으므로, 이를 적절히 통제해야 함을 반영한다.

심화연구실

독립변수, 종속변수, 조절변수의 예 12회, 13회, 18회 기출

• 연령의 많고 적음에 따라서 지역사회응집력에 거주기간이 미치는 영향력은 다를 것이다.
　(조절변수)　　　　　　　　　　　　(종속변수)　　　(독립변수)

• 경제발전으로 복지정책의 재원이 늘어나면 생활수준은 향상될 것이다.
　(조절변수)　　　　　(독립변수)　　　　　　(종속변수)

• 가정폭력이 피해 여성의 우울증에 미치는 영향은 여성이 맺고 있는 사회적 네트워크의 수준에 따라 달라진다.
　(독립변수)　　　　　(종속변수)　　　　　　　　　　　　　　　　(조절변수)

(3) 변수의 속성 정도에 따른 분류

이산변수	• 명목척도와 서열척도로 측정되는 변수이다. • 값과 값 사이가 서로 분리되어 있어 그 사이의 값이 아무런 의미를 가지지 않는다. • '0'과 '1'의 값만 가지는 더미변수는 이산변수의 대표적인 예에 해당한다.
연속변수	• 등간척도와 비율척도로 측정되는 변수이다. • 값과 값 사이가 서로 연결되어 있어 그 사이의 값이 의미를 가진다. • 연속변수는 척도 간의 간격이 동일하므로 수치의 가감승제가 가능하다.

02 | 조사연구의 설계

KEY POINT

- '조사연구의 설계' 영역에서는 조사설계의 개념과 함께 조사설계의 유형으로서 실험설계와 비실험설계의 기본적인 내용이 출제되고 있다.
- 조사설계에서는 조사설계의 타당도로서 내적 타당도와 외적 타당도를 구분하고, 이를 저해하는 요인에 대해 숙지해야 한다.
- 실험설계에서는 순수실험설계, 유사실험설계, 전실험설계, 비실험설계를 구분하고, 각각의 종류들이 가지는 특성들을 이해해야 한다.
- 최근 단일사례설계에 관한 내용이 빈번히 출제되고 있으므로, 단일사례설계의 특징과 유형에 대해 숙지해야 한다.

01절 조사설계

1 조사설계의 이해

(1) 개념 9회, 18회 기출

① 조사설계(Research Design)는 연구문제의 이론 명제나 가설 혹은 단순한 의문을 경험적으로 검증해 보기 위한 일종의 조사 틀을 짜는 작업이다.

② 조사대상 변수들 사이의 논리적 구조를 설정하고 가설설정에서 일반화에 이르기까지 필요한 제반활동에 대하여 계획을 세우는 과정이다.

③ 넓은 의미의 조사설계는 연구디자인은 물론 주요 변수의 개념정의와 측정방법, 표집방법, 자료수집방법, 자료분석방법 등에 대한 결정을 모두 포함한다.

(2) 인과관계의 확인 9회, 17회, 22회 기출

조사설계에서 어떤 연구디자인을 채택할 것인지는 조사 문제에 달려있다. 조사 문제가 제기하는 관계들은 대부분 인과관계의 성격을 내포하는데, 그 인과관계의 주요 조건은 다음과 같다.

① 공변성

한 변수(예 독립변수)가 변화할 때 그와 관련이 있다고 믿어지는 다른 변수(예 종속변수)도 따라서 변화해야 한다.

② 시간적 우선성

한 변수가 원인이고 다른 변수가 결과이기 위해서는 원인이 되는 변수(예 독립변수)가 결과가 되는 변수(예 종속변수)보다 시간적으로 앞서야 한다.

출제의도 체크

'연구문제의 의의와 조사의 필요성'은 조사설계에 앞서 문제형성 과정에서 다루는 것으로, 조사설계에 포함되어야 할 내용에 해당하지 않습니다.

▶ 18회 기출

아동학대 예방프로그램의 효과성을 판단하기 위해 프로그램 시행 전과 시행 후의 아동학대 발생비율을 단순 비교하는 것만으로는 부족합니다. 어떤 외부의 영향력을 적절히 통제하지 못할 경우(→ 통제성) 실험결과가 왜곡될 수 있기 때문입니다.

▶ 9회 기출

내적 타당도와 외적 타당도는 상충관계(Trade-off)를 가지므로, 두 유형의 타당도를 동시에 높일 수는 없습니다. 내적 타당도는 외적 타당도의 필요조건이지만 충분조건은 아닙니다.

▶ 17회, 21회 기출

바로암기 O X

조사대상의 성숙은 외적 타당도에 영향을 미치는 요인이다?
( )

해설
내적 타당도에 영향을 미치는 요인이다.

정답 ×

③ 통제성

인과관계의 증명을 위해서는 외부의 영향력을 배제한 상태에서 순수하게 두 변수만의 공변성과 시간적 우선성을 볼 수 있어야 한다.

2 조사설계의 타당도

(1) 내적 타당도와 외적 타당도 12회, 14회, 17회, 18회, 19회, 21회 기출

내적 타당도 (Internal Validity)	• 연구과정 중 종속변수에서 나타나는 변화가 독립변수의 변화에 의한 것임을 확신할 수 있는 정도, 즉 인과관계에 대한 확신의 정도를 말한다. • 내적 타당도를 높이기 위해서는 원인변수로서 독립변수 이외의 다른 변수가 결과변수로서 종속변수에 개입할 조건을 통제하여야 한다. • 내적 타당도는 대안적 설명들에 대한 통제성 여부를 통해 판단된다. 특히 실험설계에서는 실험요인 이외의 대안적 설명을 배제하고자 한다.
외적 타당도 (External Validity)	• 연구결과에 의해 기술된 인과관계가 연구대상 이외의 경우로 확대·일반화될 수 있는 정도를 말한다. • 예를 들어, 동일한 프로그램의 효과성이 서울과 제주에서 같지 않은 것은 외적 타당도의 문제이다. • 외적 타당도를 높이기 위해서는 확률표집방법으로 연구대상을 선정하거나 표본크기를 크게 하여야 한다.

(2) 내적 타당도를 저해하는 요인 12회, 13회, 15회 기출

① 성숙 또는 시간의 경과 9회, 12회 기출

시간의 흐름에 따라 발생하는 조사대상 집단의 신체적·심리적 특성의 변화 또는 실험이 진행되는 기간으로 인해 실험집단이 성숙하게 되어 독립변수의 순수한 영향 이외의 변화가 종속변수에 미치게 되는 경우이다.

예 아동을 대상으로 한 운동프로그램이 성장에 미치는 영향을 측정하는 경우, 아동은 운동에 의해 성장한 것일 수도 있고 자연적인 발달에 의해 성장한 것일 수도 있다.

② 우연한 사건(외부사건) 또는 역사요인 9회, 18회 기출

조사기간 중에 연구자의 의도와는 상관없이 일어난 통제 불가능한 사건으로서, 결과변수에 영향을 미칠 수 있는 사건을 의미한다.

예 직업훈련과 취업률 간의 상관관계를 측정하는 경우, 직업훈련 기간 중 우연히 경기침체 현상이 발생되었다면 취업률은 직업훈련과 관계없이 낮게 나타날 수 있다.

③ 상실요인(중도탈락 또는 실험대상의 탈락)

조사기간 중 조사대상 집단의 일부가 여러 가지 이유로 탈락 또는 상실되어 남아있는 대상이 처음의 조사대상 집단과 다른 특성을 갖게 되는 경우이다.

예 금연 프로그램의 성공률을 측정하는 경우, 프로그램 도중 참여를 중단한 사람들을 제외한 채 프로그램 종결 후 남아있는 사람들만을 대상으로 통계를 산출한다면, 프로그램의 성공률은 실질적인 효과와 상관없이 높게 나타날 수 있다.

④ 통계적 회귀요인　11회, 18회, 22회 기출

극단적인 측정값을 갖는 사례들을 재측정 할 때 평균값으로 회귀하여 처음과 같은 극단적 측정값을 나타낼 확률이 줄어드는 현상이다. 즉, 종속변수의 값이 극단적으로 높거나 낮은 경우, 프로그램 실행 이후 검사에서는 독립변수의 효과가 없더라도 높은 집단은 낮아지고 낮은 집단은 높아지는 현상을 의미한다.

예 좌절감이나 우울증의 정도가 매우 심한 사람들을 대상으로 상담을 하는 경우, 그들은 감정상 극단적인 반응을 보일 가능성이 높다.

⑤ 검사요인(테스트 효과)

특정 프로그램의 효과를 확인하기 위해 프로그램 실시 전과 실시 후에 동일한(혹은 매우 유사한) 검사를 반복하는 경우, 프로그램 참가자들의 검사에 대한 친숙도가 높아져서 측정값에 영향을 미치게 되는 경우이다.

예 수검자를 대상으로 유사한 시험문제나 조사도구로 반복 측정하는 경우, 보통 처음의 결과보다 나중의 결과가 좋게 나올 가능성이 높다.

⑥ 도구요인(도구효과)　10회 기출

검사요인(테스트 효과)이 동일한(혹은 매우 유사한) 검사도구를 중복 실시할 경우에 나타나는 문제라고 할 때, 도구요인(도구효과)은 사전－사후의 검사도구를 각기 달리했을 때 발생할 수 있는 문제이다.

예 사전검사에는 난이도가 높은 문제를 출제하고 사후검사에는 난이도가 낮은 문제를 출제하는 경우, 그 결과가 수검자의 노력 때문인지 검사도구(시험문항) 때문인지 판단하기 어렵다.

⑦ 모방(개입의 확산)　9회 기출

분리된 집단들을 비교하는 조사연구에서 적절한 통제가 안 되어 실험집단에 실시되었던 프로그램이나 특정한 자극들에 의해 실험집단의 사람들이 효과를 얻게 되고, 그 효과들이 통제집단에게 영향을 미치는 경우이다.

예 교육평가 프로그램에서 실험집단과 통제집단을 통제하지 않음으로써 이들 간의 상호 교류에 의해 실험집단의 영향이 통제집단에 이식될 수 있다.

제2영역

출제의도 체크

사전검사에서 우울점수가 지나치게 높은 5명의 노인을 선정하여 우울감소 프로그램을 제공한 후 동일한 도구로 사후검사를 실시하였더니 이들의 우울점수가 낮아졌다면, 이는 통계적 회귀로 인해 내적 타당도가 저해된 것으로 볼 수 있습니다. 결국 사전점수가 매우 높은 집단을 선정하면 내적 타당도를 저해할 수 있습니다.

▶ 11회, 18회 기출

바로암기 ○×

사전－사후검사에서 서로 다른 척도를 사용해서 발생하는 타당도 저해요인은 도구요인(도구효과)이다?

( )

정답 ○

⑧ 인과적 시간–순서(인과관계 방향의 모호성)

시간적 우선성을 경험적으로 보여줄 수 없는 설계의 형태인 비실험설계에서는 원인변수와 결과변수 사이의 인과관계의 방향을 결정하기가 곤란하다.

예 청소년의 학업 스트레스와 정신분열 간의 연관성을 측정하는 경우, 학업 스트레스가 정신분열을 야기한 것인지 아니면 정신분열이 학업 스트레스를 야기한 것인지 판단하기 어렵다.

⑨ 선별요인(선택요인) 14회, 16회 기출

프로그램 집행 후에 실험집단과 통제집단 간의 결과변수에 대한 측정값의 차이가 프로그램 집행의 차이라기보다는 단순히 두 집단 구성원들이 서로 다르기 때문에 나타나는 경우이다. 이는 편향된 선별(선정편향), 선택의 편의, 선정상의 편견에서 비롯된다.

예 남아와 여아를 각각 통제집단과 실험집단으로 구분하여 조기영어 프로그램의 효과를 측정하는 경우, 발달상 아동기 때에 언어습득능력이 상대적으로 뛰어난 여아에게서 프로그램의 효과가 높게 나타날 수 있다.

심화연구실

선정편향 또는 선별 편향성(Selection Bias) 16회 기출

• 조사대상을 두 집단으로 나누는 과정에서 종속변수에 영향을 미칠 수 있는 요인이 어느 한 집단으로 편향되는 경우로, 이는 조사설계의 정확성에 영향을 미친다.

예 실험집단에 프로그램 신청자를 배치하고 통제집단에 프로그램 비신청자를 배치하는 경우(→ 실험집단은 이미 변화에 대한 의지나 적극성을 가진 사람들로 편향되어 있을 수 있음)

• 실험 실행 이전에 실험집단과 통제집단을 나눌 때 문제시되는 요인은 내적 타당도를 저해하는 외재적 요인으로 간주하는데, 이는 대표성을 띤 표본이 아니므로 연구결과의 일반화에도 부정적인 영향을 미치게 된다.

(3) 내적 타당도를 높이는 방법

① 무작위할당(Random Assignment)

연구대상을 실험집단과 통제집단으로 무작위로 배치함으로써 두 집단이 동질적이 되도록 한다.

② 배합 또는 매칭(Matching) 20회 기출

연구주제에 영향을 미칠 수 있는 주요 변수들을 미리 알아내어 이를 실험집단과 통제집단에 동일하게 분포되도록 한다.

출제의도 체크

조사대상자의 선정편향(Selection Bias)은 '측정의 정확성'이 아닌 '조사설계의 정확성'에 영향을 줍니다.

▶ 16회 기출

전문가의 한마디

내적 타당도 저해요인을 실험 실행 과정에 직접 관계되는 요인(→ 내재적 요인)과 실험 실행 과정과 관계없이 발생하는 요인(→ 외재적 요인)으로 구분할 수 있는데, 선정편향(편향된 선별 혹은 선별 편향성)은 다른 요인들과 달리 내적 타당도를 저해하는 외재적 요인으로 간주됩니다.

출제의도 체크

사회복지사협회에서 회보 발송 여부에 따른 회비 납부율의 차이를 알아보고자 전체 회원을 연령과 성별로 구성된 할당행렬의 각 칸에 배치하고, 절반에게는 회보를 보내고 나머지 절반은 회보를 보내지 않았다면, 이는 매칭(Matching)의 방법에 해당합니다.

▶ 20회 기출

③ 통계적 통제(Statistical Control)

실험설계를 통해 통제할 필요성이 있는 변수들을 독립변수로 간주하여 실험을 실시한 다음, 그 결과를 통계적으로 분석하여 해당 변수의 영향을 통제한다.

(4) 외적 타당도를 저해하는 요인 11회, 12회, 14회, 15회, 19회, 21회 기출

① 표본의 대표성

표본이 모집단의 일반적인 성격에서 크게 벗어난 특이한 일부인 경우 해당 표본에서 조사된 결과를 전체 집단으로 확대 해석하기가 어렵다. 표본이 모집단을 대표하기 위해서는 모수와 통계량의 전반적인 분포가 유사해야 하므로, 표본의 대표성이 인정되기 위해서는 가급적 표본오차가 작아야 한다.

② 조사반응성(반응효과)

실험대상자(피험자)가 연구자의 관찰 사실을 의식하여 연구자가 원하는 방향으로 반응을 보인다면 일반화의 정도가 낮아지게 된다. 실험대상자 스스로 실험의 대상이 되고 있음을 인식하는 경우 평소와는 다른 행동과 반응을 보일 수 있기 때문이다.

심화연구실

플라시보 효과와 호손 효과 13회 기출

플라시보 효과 (Placebo Effect)	• 외적 타당도를 저해하는 요인 중 조사반응성과 연관된 것으로, '위약효과'라고도 한다. • 본래 약효가 전혀 없는 가짜 약을 진짜 약으로 가장하여 환자에게 복용하도록 했을 때 환자의 병세가 호전되는 효과를 말하는 것으로, 조사대상자가 주위의 특별한 관심을 받고 있다고 인식하는 경우 심리적인 반응에 의해 변화가 나타난다.
호손 효과 (Hawthorne Effect)	• 외적 타당도를 저해하는 요인 중 조사반응성과 연관된 것으로, 특히 사회적 바람직성(Social Desirability)을 고려한 행동에서 비롯된다. • 연구에 참여하는 사람들이 연구의 대상으로 정해져서 특별한 취급을 받는다는 느낌을 가지게 될 때, 좀 더 긍정적인 방향으로 행동하려는 양상을 보인다.

(5) 외적 타당도를 높이는 방법 13회 기출

① 표본의 대표성을 높인다.

표본자료가 모집단의 특성을 충분히 반영하고 있는지를 파악한다.

② 조사반응성(반응효과)을 줄인다.

피험자에게 실험 사실을 알리지 않는 방법, 실험 기간을 장기화하여 실험 사실에 둔감해지도록 하는 방법, 비처치 통제집단을 추가하는 방법 등을 사용한다.

출제의도 체크

새롭게 개발된 자원봉사의식 고취를 위한 교육과정 프로그램에 평소 자원봉사에 대해 관심을 가진 자발적 참여자들만을 참여시켰다면, 그 효과가 자원봉사에 대해 무관심할 것 같은 대다수 사람들에게서 동일하게 나타날 것으로 기대하기는 어려울 겁니다.

▶ 21회 기출

전문가의 한마디

사회적 바람직성(Social Desirability)은 조사 응답자들이 긍정적이고 호감을 주는 태도나 행동에 대해서는 과대 보고를 하는 반면, 부정적이고 비호감적인 태도나 행동에 대해서는 과소 보고를 하는 경향성을 나타내는 것으로, 특히 타당도를 낮추는 요인에 해당합니다.

02절 실험설계와 단일사례설계

1 실험설계의 이해

(1) 개 념

① 조사설계의 유형은 변수의 조작 가능성의 측면에서 독립변수를 조작할 수 있는 실험설계, 관련 변수를 조작할 수 없는 비실험설계로 구분된다.

② 실험설계란 연구에 적용된 독립변수에 대한 조작을 통해 그 조작의 결과 종속변수에 어떠한 변화가 나타나는가를 평가하는 방법이다.

③ 실험설계는 무작위할당, 독립변수의 조작, 통제집단, 사전 · 사후 검사 등을 기본요소로 한다.

(2) 기본요건 5회, 14회 기출

무작위할당 (Random Assignments)	• 실험대상자들을 실험집단과 통제집단으로 무작위로 배분한다. • 동질적 배분의 가능성을 극대화함으로써 특히 실험 결과에서 우연한 사건과 같은 외부요인의 영향을 예방할 수 있다.
독립변수의 조작 (Manipulation)	• 통제집단은 아무런 변화를 주지 않은 상태로 유지하며, 실험집단에만 독립변수를 투입한다. • 실천 환경에서 프로그램 개입이나 실험실에서 실험처치(자극, 치료, 개입 등)를 수행한다.
종속변수의 비교 (Comparison)	• 개입(혹은 처치)을 끝낸 후 실험집단과 통제집단에서 각기 종속변수를 측정하여 두 집단 간 차이를 비교한다. • 두 집단에서 종속변수값의 차이가 발생할 때 그것이 곧 독립변수의 효과를 추정하는 기준치가 된다.

출제의도 체크

무작위할당은 배합, 통계적 통제와 함께 외부요인을 통제하는 방법으로, 실험설계에서는 이와 같은 방법으로써 우연한 사건의 영향을 예방할 수 있습니다.

▶ 14회 기출

2 실험설계의 유형

(1) 순수실험설계(진실험설계)

① 의의 및 특징

⊙ 순수실험설계는 무작위할당에 의한 실험집단과 통제집단의 동질화, 실험자극의 도입에 의한 독립변수의 조작, 실험집단과 통제집단 간의 비교를 특징으로 한다.

ⓒ 유사실험설계(준실험설계)에 비해 내적 타당도가 높다.

② 종류　5회, 6회, 7회, 10회, 11회, 14회, 15회, 16회, 18회, 19회, 21회, 22회 기출

통제집단 사전사후 검사설계 (통제집단 전후 비교설계)	• 무작위할당으로 실험집단과 통제집단을 구분한 후 실험집단에 대해서는 독립 변수 조작을 가하고, 통제집단에 대해서는 아무런 조작을 가하지 않은 채 두 집단 간의 차이를 전후로 비교하는 방법이다. 개입 전 종속변수의 측정을 위해 사전검사를 실시한다. • 두 집단의 동질성을 확보할 수 있으며, 외부사건이나 자연적 성숙에 따른 효과 등 외생변수를 통제할 수 있다. • 검사효과를 통제할 수 없으며, 내적 타당도는 높으나 외적 타당도가 낮다.
통제집단 사후 검사설계 (통제집단 후 비교설계)	• 통제집단 사전사후 검사설계의 단점을 보완하기 위해 실험대상자를 무작위할 당하고 사전조사 없이 실험집단에 대해서는 조작을 가하고 통제집단에 대해서는 아무런 조작을 가하지 않은 채 그 결과를 서로 비교하는 방법이다. • 사전검사를 실시하지 않으므로 검사효과가 발생하지 않는다. • 실험집단과 통제집단의 동질성을 확신할 수 없다.
솔로몬 4집단설계	• 연구대상을 4개의 집단으로 무작위할당한 것으로, 통제집단 사전사후 검사설계와 통제집단 사후 검사설계를 혼합해 놓은 방법이다. • 사전검사의 영향을 제거하여 내적 타당도를 높일 수 있는 동시에, 사전검사와 실험처치의 상호작용의 영향을 배제하여 외적 타당도를 높일 수 있다. • 실험집단과 통제집단의 선정과 관리가 어렵고 비경제적이다.
요인설계	• 독립변수가 복수인 경우 적용하는 방법으로서, 실험집단에 둘 이상의 프로그램을 실시한다. 실험집단과 통제집단을 설정한 후 개별 독립변수와 종속변수, 복수의 독립변수와 종속변수의 인과관계를 검증한다. • 둘 이상의 독립변수가 상호작용에 의해 종속변수에 미치는 영향을 파악할 수 있다. • 독립변수가 많은 경우 시간 및 비용의 측면에서 비경제적이다.

심화연구실

플라시보 통제집단설계(Placebo Control Group Design)

• 통제집단 사전사후 검사설계나 통제집단 사후 검사설계에 플라시보 효과(가실험 효과)를 측정할 수 있는 집단을 추가적으로 결합한 것이다.

• 플라시보 효과(위약효과)가 강하게 의심되는 실험연구에서 많이 활용되는 것으로, 플라시보 통제집단(실제로 개입의 내용은 없으나 마치 개입을 받는 것처럼 여겨지도록 한 집단)에서 도출된 결과는 플라시보 효과의 구성 부분을 확인하는 근거가 된다.

출제의도 체크

순수실험설계의 인과성 검증을 위해 실험집단과 통제집단에 대해 종속변수를 사전조사하고 실험조치 후 사후조사를 하는 과정에서 외생변수는 통제되어야 합니다. 특히 사전조사와 사후조사에서 통제집단의 종속변수 측정치는 통계적으로 유의미한 차이가 없어야 합니다.

▶ 20회 기출

출제의도 체크

검사효과(Testing)는 전 검사가 후 검사에 영향을 미치게 되는 경우로, 종속변수에 변화를 초래하게 되는 효과입니다. 통제집단 사후 검사설계와 솔로몬 4집단설계는 검사효과를 통제할 수 있습니다.

▶ 11회 기출

출제의도 체크

독립변수가 많을수록 요인설계를 활용하기가 어렵습니다.

▶ 16회 기출

(2) 유사실험설계(준실험설계)

① 의의 및 특징   4회, 14회 기출

ㄱ 유사실험설계는 실험설계의 기본요소에 해당하는 무작위할당, 독립변수의 조작, 통제집단, 사전 · 사후 검사 중 한두 가지가 결여된 설계유형이다.

ㄴ 무작위할당 등에 의해 실험집단과 통제집단을 동등하게 할 수 없는 경우, 무작위 할당 대신 실험집단과 유사한 비교집단을 구성한다.

ㄷ 순수실험설계에 비해 내적 타당도가 낮지만, 현실적으로 실험설계에 있어서 인 위적인 통제가 어렵다는 점을 감안할 때 실제 연구에서 더 많이 적용된다.

② 종 류   8회, 9회, 13회, 15회, 17회, 19회, 20회 기출

비동일 통제집단 (비교집단)설계	• 임의적인 방법으로 양 집단을 선정하고 사전 · 사후 검사를 실시하여 종속변 수의 변화를 비교하는 것이다. • 통제집단 사전사후 검사설계(통제집단 전후 비교설계)와 유사하지만 무작위 할당에 의해 실험집단과 통제집단이 선택되지 않는다는 점이 다르다. • 외부요인을 통제하기 위해 대상집단에 대한 연구자의 직관적인 지식과 체계 적인 이해를 전제로 한다. • 임의적 할당에 의한 선택의 편의가 발생할 수 있으며, 실험집단의 결과가 통 제집단으로 모방되는 것을 차단하기 어려운 단점을 가진다.
단순시계열설계	• 실험조치의 전후에 일정한 기간 동안 정기적으로 수차례 결과변수(종속변수) 에 대한 측정을 하여 실험조치의 효과를 추정하는 방법으로서, 결과변수(종속 변수)의 변화를 추적 · 비교할 수 있다. • 별도의 통제집단을 두지 않은 채 동일집단 내에서 수차례에 걸쳐 실시된 사전 검사 점수와 사후검사 점수를 비교하여 실험조치의 효과를 추정한다. • 통제집단을 두지 않으므로 중대한 변화가 과연 실험조치에 의한 것인지 아니 면 우연한 사건(역사요인)에 의한 것인지 확신할 수 없다.
복수시계열설계 (다중시계열설계)	• 내적 타당도의 문제점을 개선하기 위해 단순시계열설계에 하나 또는 그 이상 의 통제집단을 추가한 것으로서, '통제 시계열설계(Control–Series Design)'라 고도 한다. • 비슷한 특성을 지닌 두 집단을 선택하여 실험집단에 대해서는 실험조치 이전 과 이후에 대해 여러 번 관찰하는 반면, 통제집단에 대해서는 실험조치를 하 지 않은 채 실험집단의 측정시기에 따라 변화 상태를 지속적으로 비교한다. • 단순시계열설계에 비해 내적 타당도를 높일 수 있으나, 실험집단과 통제집단 의 구분이 무작위할당에 의한 것이 아니므로 이질적일 수 있다.
회귀불연속설계	• 대상을 실험집단과 통제집단으로 배정한 후 이들 집단에 대해 회귀분석을 함 으로써 그로 인해 나타나는 불연속의 정도를 실험조치의 효과로 간주하는 방 법이다. • 정책평가에서 유용하게 사용되는 방법으로서, 정책조치를 한 집단과 하지 않 은 집단에 대한 정책행위의 결과 추정치를 계산하여 이를 비교하는 방법이다. • 실험집단과 통제집단의 동시발생으로 인해 역사요인 및 성장요인에 대한 통 제가 가능하나 도구요인 및 실험대상의 탈락의 문제로 인해 내적 타당도가 저 하될 수 있다.

출제의도 체크

비동일 통제집단설계는 임의적 으로 나눈 실험집단과 통제집 단 간의 교류를 적절히 통제하 지 못합니다.

▶ 15회 기출

바로암기 ○×

단순시계열설계는 종속변수의 변화를 추적 · 비교할 수 있다?
(   )

정답 ○

전문가의 한마디

복수시계열설계는 실험집단과 통제집단에 대해 개입 전과 개 입 후 여러 차례 종속변수를 측정합니다.

(3) 전실험설계(선실험설계)

① 의의 및 특징

ⓐ 무작위할당에 의해 연구대상을 나누지 않고, 비교집단 간의 동질성이 없으며, 독립변수의 조작에 따른 변화의 관찰이 한두 번 정도로 제한된 경우에 실시하는 설계유형이다.

ⓑ 인과적 추론이 어려운 설계로서, 내적 · 외적 타당도를 거의 통제하지 못한다.

② 종 류   5회, 11회, 13회, 17회, 18회, 19회, 22회 기출

일회검사 사례설계 (1회 사례연구)	• 단일사례 또는 단일집단에 실험조치를 하고, 사후에 종속변수의 특성에 대해 검토하여 결과를 평가하는 방법이다. • 탐색적 목적을 위해 유용하게 사용할 수 있다. • 비교 관찰이나 가설검증을 위한 충분한 근거가 없으므로 분석 결과를 일반화할 수 없으며, 변수의 통제도 어렵다.
단일집단 사전사후 검사설계 (단일집단 전후 비교설계)	• 일회검사 사례설계(1회 사례연구)보다 진일보한 설계로서, 조사대상에 대해 사전검사를 한 다음 개입을 하며, 이후 사후검사를 하여 인과관계를 추정하는 방법이다. • 시간적 우선성과 비교의 기준이 존재하나, 실험조치의 전후에 걸친 일정 기간의 측정상 차이를 실험에 의한 영향으로 확신하기 어렵다. • 반복적인 검사 실시로 인해 검사효과를 통제하지 못하며, 효과성 평가에 요구되는 엄격한 내적 타당도를 갖추지 못한다. 또한 연구결과의 일반화가 어렵다.
단일집단 사후 검사설계 (단일집단 후 비교설계)	• 조사대상에 대해 개입을 한 후 관찰 조사를 실시하는 방법이다. • 단 한 번의 검사로 개입의 효과를 측정하며, 개입의 효과성 유무를 연구자의 주관적 판단에 의존한다. • 외생변수의 통제도 불가능하여 내적 타당도와 외적 타당도 모두 결여되어 있다.
정태적 집단 비교설계 (고정집단 비교설계)	• 실험집단과 통제집단을 임의적으로 선정한 후 실험집단에는 실험조치를 가하는 반면, 통제집단에는 이를 가하지 않은 상태로 그 결과를 비교하는 방법이다. • 통제집단 사후 검사설계(통제집단 후 비교설계)에서 무작위할당을 제외한 형태로서, 상관관계 연구와 유사한 성격을 지닌다. • 무작위할당에 의한 동등화가 이루어지지 않기 때문에 선택의 편의가 발생하며, 두 집단 간의 교류를 통제하지 못하므로 모방 효과가 발생하는 등 외부요인의 설명 가능성을 배제하기 어렵다. 또한 두 집단의 본래의 차이를 확인하기 어렵다.

(4) 비실험설계

① 의의 및 특징

ⓐ 독립변수의 조작이 불가능하여 실험연구를 실행할 수 없는 상황에서 적용하는 설계유형이다.

ⓑ 자연적인 상황에서 발생하는 공동변화와 그 순서에 대한 관찰에 기초를 두고 인과적 과정을 추론하는 것이다.

출제의도 체크

단일집단 사전사후 검사설계는 통제집단을 확보하기 어려울 때 사용할 수 있는 설계입니다.

▶ 17회 기출

바로암기 ○×

단일집단 사전사후 검사설계는 준실험설계이다?

( )

해설 전실험설계이다.

정답 ×

출제의도 체크

심리상담 프로그램이 시설입소 노인의 정서적 안정감에 미치는 영향을 알아보기 위해 사전조사 없이 A요양원의 노인들을 대상으로 프로그램을 실시한 후, 인구사회학적 배경이 유사한 B요양원 노인들을 비교집단으로 하여 두 집단의 정서적 안정감을 측정하였다면, 이는 '정태적 집단 비교설계'에 해당합니다.

▶ 17회 기출

ⓒ 윤리성 문제 등 순수실험설계를 적용하는 것이 부적절한 사회과학에서 널리 사용 가능하지만, 독립변수를 조작할 수 없으며 해석의 오류를 일으킬 수 있다.

② 종 류

횡단적 연구설계	• 한 시점에 대한 조사를 토대로 한다. • 일원적 설계, 상관관계설계 등이 해당한다.
종단적 연구설계	• 여러 시점에 걸친 조사를 토대로 한다. • 경향연구설계, 패널연구설계, 동년배집단연구설계 등이 해당한다.

3 단일사례설계의 이해

(1) 단일사례설계의 개념

① 의 미

㉠ 단일사례설계(단일사례연구)는 단일사례를 대상으로 하여 개입의 효과성을 측정하는 조사방법으로, 시계열설계의 논리를 개별사례에 적용한 것이다.

㉡ 주로 임상사회사업에서 개인, 가족, 집단의 심리사회적 기능을 유지 및 향상시키기 위해 사용되고 있다.

② 특 징 1회, 4회, 6회, 7회, 8회, 12회, 13회, 14회, 16회, 21회 기출

㉠ 보통 개인, 가족, 집단(단체) 등을 분석대상으로 하여 그들이 직면하고 있는 문제를 해결하기 위해 적용한 개입이 과연 어떠한 효과가 있는지를 검증한다. 이때 가족이나 집단을 대상으로 하는 경우 가족 혹은 집단 전체를 하나의 사례로 취급한다.

㉡ 둘 이상의 클라이언트, 둘 이상의 상황이나 문제에 적용 가능하며, 행동빈도의 직·간접 관찰, 기존척도, 클라이언트 자신의 주관적 사고나 감정 등의 측정지수를 사용한다. 측정지수에는 긍정적 지표와 부정적 지표가 있다.

㉢ 통제집단을 가지지 않은 경우에 사용되며, 하나의 사례를 반복적으로 측정함으로써 개입의 효과를 파악하여 일반화가 가능하다.

㉣ 개입방법을 다양하게 할 수 있으며, 개입 과정에서 개입의 강도나 방식을 바꿀 수 있다.

㉤ 개입효과를 시계열적으로 반복 측정할 수 있으므로 내적 타당도를 저해하는 우연한 사건이나 성숙효과 등을 통제할 수 있으며, 개입효과에 대한 즉각적인 피드백이 가능하다. 반면, 사례가 하나이므로 외적 타당도는 낮다.

㉥ 단일사례연구를 통해 조사연구 과정과 실천 과정이 통합될 수 있다.

(2) 기본용어

① 기초선 또는 기준선(Baseline)

개입하기 이전에 표적행동이 어떤 경향을 보이는지를 관찰하는 기간을 의미하는 것으로, 보통 'A'로 표시한다.

② 표적행동(Target Behavior)

개입을 통해 변화시키려는 행동을 말한다.

③ 개입 혹은 개입국면(Intervention)

개입은 조사대상자의 표적행동을 변화시키기 위한 특정 사건이나 프로그램, 실험자극, 환경의 변화 등을 의미하는 것으로, 개입이 이루어지는 기간을 보통 'B'로 표시한다.

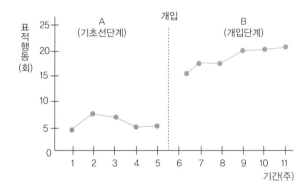

(3) 결과 자료 분석

① 자료 분석 방법 15회, 21회 기출

시각적 분석	기초선의 자료점과 개입 이후의 자료점에서 어떤 변화가 있는지를 확인하기 위해 꺾은선 그래프 형태로 자료를 배열하여 분석한다.	
통계학적 분석	시각적 분석을 보충하는 역할을 하는 것으로서, B에서의 변화를 A에 비추어 보아 그 변화가 우연히 나타나는 정도에 불과한 것은 아닌지를 판단한다.	
	평균 비교	A와 B의 관찰값의 평균을 서로 비교해 보는 방법으로, 그 차이가 통계학적으로 의미가 있는지를 분석한다.
	경향선 접근	기초선이 불안정하게 형성되어 있는 경우, 기초선의 변화의 폭과 기울기까지 고려하여 결과를 분석한다.
실용적 분석 (임상적 분석)	변화의 크기를 임상적인 기준에서 판단해 보는 것으로서, 개입을 통해 나타난 변화의 크기가 실천적 의미에서 과연 개입의 정당성을 보장할 수 있는지에 대해 분석한다.	

② 자료 분석의 유의성 검증   9회 `기출`

실질적 유의성	'임상적 유의성'이라고도 하며, 개입에 의한 표적행동의 변화 정도가 실질적인지, 그로 인해 클라이언트의 문제에 유의미한 변화가 나타났는지 임상적 관점에서 분석한다.
통계적 유의성	실험 결과가 확률적으로 단순한 우연에 의해 야기된 것이 아니라고 생각할 수 있을 정도를 의미하는 것으로서, 클라이언트의 변화를 통계적인 절차에 의해 판단하는 것이다.
이론적 유의성	특정한 개입의 기초가 되는 이론이 클라이언트의 변화 방향에 부합하는 경우, 그 결과가 이론에서 제시하는 방향과 일치하는 것인지 분석하는 것이다.

(4) 개입효과를 평가할 때 고려해야 할 기준   18회 `기출`

변화의 파동	• 표적행동이 시간의 경과에 따라 파동을 일으키면서 변화하는 정도를 말한다. • 특히 파동이 심한 경우 관찰횟수가 많아야 변화의 일정한 유형을 파악할 수 있다.
변화의 경향	• 기초선 단계 변화의 경향을 개입 단계 변화의 경향과 연결시켜서 검토하는 것을 말한다. • 두 단계의 경향의 방향이 일치하면 개입의 효과를 판단하기 어려운 반면, 서로 상반되면 개입의 효과를 판단하기 쉽다.
변화의 수준	• 표적행동의 점수를 말한다. • 기초선 단계의 점수와 개입 단계의 점수 간 차이가 클수록 개입의 효과에 대해 확신할 수 있다.

출제의도 체크

개입 후 상당한 기간이 지나 최초의 변화가 발생할 경우 개입효과가 있는 것으로 판단하기 어렵습니다.

▶ 18회 기출

4 단일사례설계의 유형   1회, 2회, 7회, 8회, 9회, 12회, 18회, 19회, 21회 `기출`

(1) AB 설계(기초선 → 개입)

① 기초선 단계에서는 표적행동의 빈도 등에 대한 반복 측정이 이루어지며, 개입 단계에서 표적행동에 대한 개입활동과 함께 변화에 대한 관찰이 이루어진다.

② 기초선 단계의 자료들은 통제집단으로서의 역할을 하는 반면, 개입 단계의 자료들은 실험집단으로서의 역할을 한다.

③ 설계가 간단하고 쉽게 적용할 수 있는 장점이 있다.

④ 외생변수에 대한 통제가 없으므로 개입이 표적행동에 미치는 효과에 대한 신뢰도가 낮다.

(2) ABA 설계(제1기초선 → 개입 → 제2기초선)

① AB 설계에서 개입 이후에 또 하나의 기초선을 추가한 것으로서, 이때 두 번째 기초선을 '제2기초선'이라고 한다.

② 첫 번째 기초선 단계에서 표적행동의 빈도가 높았는데 개입 단계에서 빈도가 낮았다가 개입을 종료한 후 다시 빈도가 높아진 경우 개입이 효과적이었다고 판단할 수 있다.

③ 제2기초선을 추가함으로써 AB 설계에서의 낮은 신뢰도 문제를 해결할 수 있다.

④ 개입의 효과를 평가하기 위해 개입을 중단하는 것에서 윤리적인 문제가 있을 수 있다. 또한 제2기초선 단계에서 문제가 악화되지 않았다고 하여 그것이 개입의 효과가 지속된 것인지 다른 외적 요인의 영향에 의한 것인지 파악하기 어렵다.

(3) ABAB 설계(제1기초선 → 제1개입 → 제2기초선 → 제2개입) 19회 기출

① AB 설계에서 외생변수를 보다 효과적으로 통제하기 위해 제2기초선과 제2개입을 추가한 것이다.

② 제2기초선 단계에서의 표적행동이 제1기초선 단계에서의 표적행동과 유사한 경우 개입이 효과적이었음을 추정할 수 있다.

③ AB 설계 혹은 ABA 설계보다 외생변수의 영향을 효과적으로 통제할 수 있다.

④ ABA 설계와 마찬가지로 개입의 중단에 따른 윤리적인 문제가 있을 수 있다. 또한 제2기초선 단계와 제2개입 단계의 표적행동이 매우 유사한 경우 그 원인을 찾는데 어려움이 있을 수 있다.

출제의도 체크

ABAB 설계는 외부요인을 통제할 수 있어 개입의 효과를 확인할 수 있습니다.
▶ 19회 기출

(4) BAB 설계(제1개입 → 기초선 → 제2개입) 10회 기출

① 기초선 없이 바로 개입 단계로 들어가는 것으로서, 개입을 중단하고 기초선 단계를 거친 후 다시 개입하는 것이다.

② 제1개입 단계와 기초선 단계를 비교하고, 이후 다시 기초선 단계와 제2개입 단계를 비교하여 개입의 효과를 판단한다.

③ 위기상황에 처해 있는 클라이언트를 대상으로 즉각적인 개입을 수행하는 데 유효하다.

④ 외생변수를 통제하기 어려우며, 개입의 효과가 지속되는 경우 기초선 단계와 제2개입 단계에서의 표적행동이 유사하므로 개입의 효과성 여부를 판단하는 데 어려움이 있을 수 있다.

전문가의 한마디

BAB 설계는 기초선 설정을 위한 시간적인 여유가 없거나 사전 자료가 없는 경우 적용합니다.

(5) ABCD 설계 또는 복수요인설계(기초선 → 제1개입 → 제2개입 → 제3개입)

10회, 16회, 22회 기출

① 하나의 기초선에 대해 여러 가지 각기 다른 개입방법을 연속적으로 도입하는 것이다.

② 앞선 개입이 일정한 상태의 경향성을 나타내 보이는 경우 다른 개입방법을 도입하며, 마찬가지로 다시 안정된 경향성을 나타내 보이는 경우 또 다시 새로운 개입방법을 적용한다.

출제의도 체크

단일사례설계(단일사례연구)는 복수의 각기 다른 개입방법을 연속적으로 도입할 수 있습니다.
▶ 22회 기출

③ 각기 다른 개입방법을 바꾸어가며 적용해서 비교할 수 있다. 또한 클라이언트의 문제해결에 유효하지 못한 개입을 수정하거나 개입이 실제 표적행동에 대한 변화를 가져오는지 설명하고자 할 때 유용하다.

④ 제2개입, 제3개입 단계에서의 효과를 이전 개입에 의한 선행효과와 명확히 구분하기 어려우며, 각각의 개입 단계들이 다음 단계에 미치는 영향을 통제하기 어렵다. 또한 우연한 사건이 개입효과에 영향을 미칠 수 있다.

심화연구실

ABAC 설계 18회, 21회 [기출]

• ABAC 설계는 ABCD 설계의 논리에 반전설계의 논리를 결합시킨 것이다.
• 복수요인설계로서 ABCD 설계는 서로 다른 개입이 연속적으로 이루어짐으로써 각각의 개입방법에 대한 독자적인 효과의 인과관계를 명확히 밝히기 어려운 한계가 있다.
• ABAC 설계는 AB 이후에 AC를 시도한다는 점에서 ABC(혹은 ABCD)의 단점을 보완하는 한편, 새로운 기초선으로 인해 C의 효과를 앞선 B의 효과와 섞지 않고 볼 수 있는 장점이 있다.
• 그럼에도 불구하고 ABAC설계 또한 선행 효과의 완전한 통제가 불가능하여 효과성이 섞이는 문제를 극복하기 어려우므로, 각각의 개입방법에 대한 독자적인 효과의 인과관계를 명확히 하려면 개별적인 AB설계가 필요하다.

(6) 복수기초선설계 또는 다중기초선설계 17회, 21회 [기출]

① 복수의 단순 AB 설계들로 구성된 것으로서, 특정 개입방법을 여러 사례, 여러 클라이언트, 여러 표적행동, 여러 다른 상황에 적용하는 것이다.

② 둘 이상의 기초선과 둘 이상의 개입 단계를 사용하며, 각 기초선의 서로 다른 관찰점에서 개입이 도입된다.

③ 복수의 사례들에 대해 개입의 시점을 달리함으로써 우연한 사건 등 내적 타당도 저해요인을 통제할 수 있다. 따라서 사례의 수 혹은 연구대상자의 수가 증가할수록 내적 타당도는 증가한다.

④ ABAB 설계와 같이 개입 도중 기초선 확보를 위해 개입을 중단하는 데 따른 윤리적인 문제가 없다. 또한 복수의 사례나 표적행동에 대해 개입의 효과를 한 번에 보여줄 수 있으므로 비용 면에서 효율적이다.

⑤ 동일한 개입을 특정 연구대상자의 여러 표적행동에 적용하여 개입의 효과를 평가할수 있다. 다만, 일부 연구대상자에게 개입의 제공이 지연되는 문제를 갖는다.

전문가의 한마디

ABAB 설계에서 제2개입은 '재개입'인 반면, ABAC 설계에서 제2개입은 '새로운 개입'에 해당합니다.

출제의도 체크

복수기초선설계(다중기초선설계)에서는 내적 타당도 저해요인을 통제하기 위한 주요 수단으로 개입의 철회가 아닌 사례별 개입의 시점을 달리하는 방법을 사용합니다.
▶ 17회 기출

바로암기 ○✕

복수기초선설계는 AB설계에 비해 외부사건의 영향력에 대한 통제력이 크다?
( )
[정답] ○

03 측정과 자료수집방법

KEY POINT

- 측정에서는 신뢰도와 타당도의 검증방법, 신뢰도와 타당도의 차이점 및 관계에 대해 숙지해야 한다.
- 측정의 오류에서는 체계적 오류와 비체계적 오류의 차이점과 오류의 발생원인에 대해 이해해야 한다.
- 척도에서는 명목척도, 서열척도 등 척도의 다양한 종류와 함께 적용 예들이 빈번히 출제되고 있으므로 사전에 문제들을 풀어보아야 한다. 또한 리커트 척도나 거트만 척도 등의 특성도 기억해야 한다.
- 자료수집방법에서는 각 방법들의 장단점을 이해해야 하며, 특히 질문지(설문지) 작성 시 고려사항을 숙지해야 한다.

01절 측정과 척도

1 측정

(1) 개념 19회 기출

① 의미

　㉠ 측정(Measurement)은 일정한 규칙에 따라 측정대상에 값을 부여하는 과정으로, 이론적 모델과 사건이나 현상을 연결하는 방법이다.

　㉡ 측정은 개념의 현상적 구조와 경험적 측정값들이 일치될수록 정확해진다.

　㉢ 측정의 수준에 따라 명목, 서열, 등간, 비율의 네 가지 유형으로 분류한다.

② 기능

　㉠ 측정하고자 하는 대상을 일관성 있고 간단하게 묘사해 준다.

　㉡ 추상적 개념을 측정함으로써 경험적으로 검증할 수 있도록 해 준다.

　㉢ 사건이나 현상을 세분화하고 통계적 분석에 활용할 수 있는 정보를 제공한다.

(2) 측정의 오류 3회, 9회, 14회, 15회, 16회, 17회, 18회, 20회, 21회 기출

① 체계적 오류(Systematic Error)

　㉠ 변수에 일정하게 또는 체계적으로 영향을 주어 측정결과가 항상 일정한 방향으로 편향되는 오류를 말하는 것으로, 특히 측정의 타당도를 저해한다.

　㉡ 척도구성 과정의 실수는 체계적 오류를 발생시키는데, 오류의 원인을 파악하고 표준화된 측정도구를 사용함으로써 이를 줄일 수 있다. 특히 비관여적 관찰, 익명의 응답, 편견 없는 단어의 사용 등은 체계적 오류를 최소화한다.

> **전문가의 한마디**
>
> 측정은 측정하고자 하는 개념, 즉 변수에 따라 '명목측정 → 서열측정 → 등간측정 → 비율측정'의 네 가지 등급으로 구분되며, 이는 각각에 부합하는 척도에 의해 진술됩니다.

> **출제의도 체크**
>
> 편향(Bias)에 의해 체계적 오류가 발생합니다.
>
> ▶ 15회 기출

ⓒ 체계적 오류의 주요 원인으로 다음과 같은 편향(Bias)을 예로 들 수 있다.

고정반응에 의한 편향	응답자는 개별 문항들을 일일이 생각해 보고 응답하기보다는 앞서 계속된 응답 유형에 편향을 두고 그 수준에서 자신의 응답을 결정하게 된다.
사회적 적절성의 편향	응답자는 자신의 생각과는 무관하게 질문자의 의도를 고려하여 자기 자신(혹은 자신이 속한 집단)이 어떻게 비추어질 것인가에 따라 반응하게 된다.
문화적 차이에 의한 편향 (문화적 편견)	어떤 문화집단에서는 자연스럽게 이해되는 사실이 다른 문화집단에서는 그렇지 않은 경우 나타나게 된다.

② 비체계적 오류 또는 무작위적 오류(Random Error)

ⓐ 측정자, 측정대상자, 측정과정, 측정수단 등에 일관성이 없이 영향을 미침으로써 발생되는 오류를 말하는 것으로, 특히 측정의 신뢰도를 저해한다.

ⓑ 비일관적인 양상을 보이므로 사실상 통제가 어렵고, 체계적 오류보다 줄이기 어렵다.

ⓒ 비체계적 오류의 원인은 다음과 같이 구분해 볼 수 있다.

측정자에 의한 오류	측정자의 건강상태나 주관적인 감정상태가 측정결과에 영향을 미치는 오류이다.
응답자(측정대상자)에 의한 오류	응답자의 피로(설문문항의 과다. 복잡성 등). 긴장상태가 측정결과에 영향을 미치는 오류이다.
측정과정(측정상황)에 의한 오류	측정시간이나 장소. 분위기에서 기인하는 오류이다.
측정수단(측정도구)에 의한 오류	측정도구에 대한 적응 및 사전교육에서 기인하는 오류이다.

전문가의 한마디

고정반응 혹은 응답군(Response Set)은 설문지에서 일정한 유형의 질문 문항들이 연속해서 부과될 때 응답자들이 고정된 반응, 즉 앞서 대답한 응답과 유사한 응답을 하는 경향을 나타냅니다.

바로암기 ○×

무작위적 오류는 측정의 타당도를 저해한다?

( )

해설
무작위적 오류는 측정의 신뢰도를 저해한다.

정답 ×

2 측정의 신뢰도

(1) 개념 11회, 12회, 15회, 16회, 17회, 18회, 20회 기출

① 신뢰도(Reliability)는 일관성 또는 안정성으로 표현될 수 있는 개념이다.

② 측정도구가 측정하고자 하는 현상을 일관성 있게 측정하는 능력에 관한 것으로, 측정을 반복했을 때 동일한 결과를 얻게 되는 정도를 말한다.

③ 어떤 측정도구를 사용해서 동일한 대상을 측정하였을 때 항상 같은 결과가 나온다면, 이 측정도구는 신뢰도가 매우 높다고 할 수 있다.

예 측정할 때마다 항상 30분 빠르게 측정되는 시계, 측정할 때마다 실제보다 5g 더 높게 측정되는 저울은 신뢰도가 높은 것이다.

(2) 신뢰도 검증방법 19회, 20회, 21회 기출

① 검사-재검사 신뢰도 또는 재검사법(Test-retest Reliability) 2회, 8회, 10회 기출

ⓐ 가장 기초적인 신뢰도 검증방법으로서, 동일한 대상에 동일한 측정도구를 서로 상이한 시간에 두 번 측정한 다음 그 결과를 비교하는 것이다.

ⓑ 재검사에 의한 반복 측정을 통해 그 결과에 대한 상관관계를 계산함으로써, 도출된 상관계수에 의해 신뢰도의 정도를 추정한다. 여기서 상관계수가 높다는 것은 신뢰도가 높다는 것을 의미한다.

ⓒ 검사-재검사 신뢰도는 두 검사의 실시 간격에 따라 크게 영향을 받는다. 즉, 검사 간격이 짧은 경우 신뢰도가 높게 나타나는 반면, 검사 간격이 긴 경우 신뢰도가 상대적으로 낮게 나타난다.

ⓓ 안정성을 강조하는 방법이지만 반복검사로 인한 주시험효과(검사요인효과)가 크므로, 대부분의 심리검사에서 신뢰도를 찾기 위한 방법으로는 적합하지 않다.

② 동형검사 신뢰도 또는 대안법(Equivalent-form Reliability) 14회 기출

ⓐ 두 개 이상의 유사한 측정도구, 즉 동등한 것으로 추정되는 두 개의 측정도구를 사용하여 동일한 표본에 적용한 결과를 서로 비교하여 신뢰도를 측정하는 방법으로서, '복수양식법, 유사양식법, 평행양식법'이라고도 한다.

ⓑ 동일한 수검자에게 첫 번째 시행한 검사와 동등한 유형의 검사를 실시하여 두 검사점수 간의 상관계수에 의해 신뢰도를 추정하는 방법이다.

ⓒ 각각의 측정도구가 매우 유사해야만 신뢰도를 측정할 수 있는 수단으로서 인정받을 수 있다. 특히 동형검사의 개발에 있어서 각각의 검사의 동등성을 보장하는 것이 중요하다.

ⓓ 두 개의 동형검사를 동일집단에 동시에 시행하므로 주시험효과의 영향을 어느 정도 극복할 수 있으나, 동일한 현상을 측정하기 위한 두 개의 동등한 측정도구를 개발하는 것이 어려우며, 동일한 검사환경이나 피험자의 동일한 검사동기 및 검사태도를 만들기가 어렵다.

③ 반분신뢰도 또는 반분법(Split-half Reliability) 7회, 13회 기출

ⓐ 내적 일관성 신뢰도를 평가하는 방법으로서, 동형검사 신뢰도와 같이 두 번째의 유사한 측정도구를 고안해내는 것이 아닌, 전체 문항 수를 반으로 나눈 다음 상관계수를 이용하여 두 부분이 모두 같은 개념을 측정하는지 일치성 또는 동질성 정도를 비교하는 방법이다.

ⓑ 척도의 문항을 절반으로 나누어 두 부분 간의 상관관계를 계산한 것이므로, '이분절 기법'이라고도 부른다.

출제의도 체크

동일 대상에게 시기만 달리하여 동일 측정도구로 조사한 결과를 비교하는 신뢰도 측정법은 '검사-재검사법'입니다.

▶ 10회 기출

출제의도 체크

총 20문항의 척도를 10문항씩 두 조합으로 나눈 후, 평균점수 간 상관관계를 보고 측정의 일관성을 확인하였다면, 이는 반분법에 해당합니다. 이 경우 20문항이 동일 개념을 측정해야 적용할 수 있으며, 문항을 어떻게 두 조합으로 나누는지에 따라 상관관계가 달라집니다.

▶ 13회 기출

ⓒ 양분된 각 측정도구의 항목 수는 그 자체가 각각 완전한 척도를 이룰 수 있도록 충분히 많아야 한다. 또한 반분된 항목 수는 적어도 8~10개 정도가 되어야 한다.

ⓔ 단 한 번의 시행으로 신뢰도를 구할 수 있으나 반분하는 방식에 따라 각기 다른 신뢰도를 측정하므로 단일의 측정치를 산출하지 못한다.

ⓜ 조사항목 전체의 신뢰도를 측정할 수는 있지만 어느 특정 항목의 신뢰도를 측정할 수 없으므로, 신뢰도가 낮은 경우 이를 높이기 위해 어떤 항목을 수정 혹은 제거해야 할지 결정할 수 없다.

④ 문항내적합치도 또는 내적 일관성 분석법(Item Internal Consistency) 22회 기출

ⓐ 내적 일관성 신뢰도를 평가하는 가장 일반적인 방법으로서, 단일의 신뢰도 계수를 계산할 수 없는 반분법의 문제점을 고려하여, 가능한 한 모든 반분신뢰도를 구한 다음 그 평균값을 신뢰도로 추정하는 방법이다.

ⓑ 동일한 개념을 측정하는 항목인 경우 그 측정 결과에 일관성이 있어야 한다는 논리에 따라 일관성이 없는 항목, 즉 신뢰성을 저해하는 항목을 찾아서 배제시킨다.

ⓒ 크론바흐 알파계수(Cronbach's α Coefficient)는 일반적으로 가장 널리 사용되는 신뢰도의 지표로서 0~1의 값을 가지며, 값이 높을수록 신뢰도가 높다. 특히 크론바흐 알파값이 0.6~0.7 이상이면 척도의 신뢰도가 있다고 간주한다.

ⓓ 반분신뢰도와 같이 단 한 번의 시행으로 신뢰도를 구할 수 있으나, 검사 내용이 이질적인 경우 신뢰도 계수가 낮아지는 단점이 있다.

(3) 신뢰도에 영향을 주는 요인 19회 기출

① 개인차

개인차가 클수록 신뢰도 계수도 커진다.

② 문항 수

문항 수가 많은 경우 신뢰도는 커지지만 정비례하여 커지는 것은 아니다.

③ 문항반응 수

문항반응 수가 적정수준을 초과하는 경우 신뢰도는 평행선을 긋게 된다.

④ 검사유형

속도검사를 전후반분법으로 추정할 경우 전 · 후반 점수 간 상관계수는 낮아진다.

⑤ 신뢰도 추정방법(검증방법)

서로 다른 신뢰도 추정방법에 따라 얻어진 신뢰도 계수는 각기 다를 수밖에 없다.

(4) 신뢰도를 높이는 주요 방법 20회 기출

① 측정도구를 명확하게 구성하여 모호성을 제거해야 한다.

② 측정 항목 수를 충분히 늘리고 항목의 선택범위(값)를 넓혀야 한다.

전문가의 한마디

내적 일관성 신뢰도는 척도 내 문항들 간 상관관계를 분석하여 평가하는 방식입니다.

전문가의 한마디

반분신뢰도는 반분을 어떻게 하느냐에 따라 신뢰도 계수가 다양하게 산출되는 반면, 문항내적합치도는 단일한 신뢰도 계수를 산출하게 됩니다. 그로 인해 크론바흐 알파(Cronbach's α)로 대표되는 문항내적합치도를 '내적 일관성 분석법'으로 부르는 경향이 있습니다.

전문가의 한마디

전후반분법(전후절반법)은 전체 검사를 문항 순서에 따라 전반부와 후반부로 반분하는 방식입니다. 어떤 수검자들은 지능검사와 같은 속도검사에서 후반부의 문제들에 미처 답을 하지 못할 수 있습니다.

③ 조사대상자가 알지 못하는 내용에 대해서는 측정하지 않거나 이해할 수 있는 형태로 바꾸어야 한다.

④ 면접자들이 조사대상자를 대할 때 일관성을 유지해야 한다.

3 측정의 타당도

(1) 개 념 3회, 11회, 15회 기출

① 타당도(Validity)는 조사자가 측정하고자 의도한 것을 실제로 정확히 측정했는가의 문제로서, 측정한 값과 실제 값 간의 일치 정도를 말한다.

② 측정도구가 의도하는 개념의 실질적 의미(Real Meaning)를 충분히 반영하는 정도를 의미한다.

③ 어떤 측정도구가 조사자가 의도하지 않은 내용을 측정할 경우, 이 측정도구는 타당하지 못한 것이 된다.

(2) 타당도 검증방법 20회 기출

① 내용타당도(Content Validity) 6회, 8회, 12회, 21회 기출

㉠ '논리적 타당도(Logical Validity)'라고도 하며, 측정항목이 연구자가 의도한 내용대로 실제로 측정되고 있는가 하는 문제와 연관된다.

㉡ 측정도구의 내용타당도는 문항구성 과정이 그 개념을 얼마나 잘 반영하고 있는지, 그리고 해당 문항들이 각 내용 영역들의 독특한 의미를 얼마나 잘 나타내 주고 있는지를 의미한다.

㉢ 논리적 사고에 입각한 논리적인 분석과정으로 판단하는 주관적인 타당도로서, 객관적인 자료에 근거하지 않는다.

㉣ 교수·학습 과정에서의 교육목표 성취 여부를 묻는 학업성취도 검사의 타당도 검증을 위해 널리 사용된다.

㉤ 예를 들어, A초등학교에서 4학년 수학능력시험과 관련하여 수학교사들의 회의를 통해 연산, 논리, 기하 등을 포함하기로 결정하였다면, 이는 내용타당도를 확보하기 위한 것으로 볼 수 있다.

전문가의 한마디

신뢰도(Reliability)가 측정하려고 하는 개념을 '어떻게' 측정하느냐에 관한 것이라고 할 때, 타당도(Validity)는 측정하려고 하는 것이 '무엇'인지 그리고 본래 측정하고자 했던 것을 얼마나 정확히 측정하였는지를 나타냅니다.

전문가의 한마디

내용타당도는 교과타당도(Curriculum Validity)와 교수타당도(Instructional Validity)로 구분하기도 합니다. 교과타당도는 검사가 교육과정상의 내용을 얼마나 충실히 포함하고 있는가의 문제이며, 교수타당도는 교수(또는 학습) 중 가르친 내용(또는 배운 내용)이 얼마나 충실히 반영되었는가의 문제에 해당합니다.

안면타당도(액면타당도)는 비전문가로서 일반인이 문항들을 잠시 살펴본 후 판단을 내리게 됩니다. 결국 안면타당도는 "타당한 것처럼 보이는가"와 관련된 것일 뿐이므로, 일부에서는 이를 진정한 의미의 타당도로 인정하지 않는 경우도 있습니다.

심화연구실

안면타당도 또는 액면타당도(Face Validity)
• 내용타당도와 마찬가지로 측정항목이 연구자가 의도한 내용대로 실제로 측정하고 있는가 하는 것이다.
• 검사도구의 문항들이 검사 제작자나 피험자에게 친숙한 정도를 나타낸다.
• 내용타당도가 전문가의 평가 및 판단에 근거한 반면, 안면타당도는 전문가가 아닌 일반인의 일반적인 상식에 준하여 분석한다.

② **기준타당도(Criterion Validity)** 4회, 10회, 14회, 15회, 17회, 21회 기출
　㉠ '기준관련타당도(Criterion-related Validity)' 또는 '경험적 타당도(Empirical Validity)'라고도 한다.
　㉡ 경험적 근거에 의해 타당도를 확인하는 방법으로서, 이미 전문가가 만들어놓은 신뢰도와 타당도가 검증된 측정도구에 의한 측정결과를 기준으로 한다.
　㉢ 통계적으로 타당도를 평가하는 것으로서, 사용하고 있는 측정도구의 측정값과 기준이 되는 측정도구의 측정값 간의 상관관계에 관심을 둔다.
　㉣ 예를 들어, 사회복지사가 클라이언트 100명의 약물남용 정도를 두 가지 방법으로 측정하였다고 가정하자. 첫째, 약물남용으로 인해 상담이나 치료를 받은 경험이 있는지를 질문하였고, 둘째, 표준화된 척도로 약물남용 정도를 측정하였다. 측정 결과, 상담이나 치료 경험이 있는 집단의 척도 평균 점수가 그렇지 않은 집단의 점수보다 통계적으로 유의미하게 높았다고 할 때, 이는 표준화된 척도를 통해 기준타당도를 평가한 것이다.
　㉤ 기준타당도는 비교 기준의 시점에 따라 '동시타당도 또는 공인타당도(Concurrent Validity)'와 '예측타당도 또는 예언타당도(Predictive Validity)'로 구분된다.

출제의도 체크

최근에 개발된 불안척도를 사용하여 불안으로 치료 중인 집단과 일반인 집단의 불안수준을 측정하였는데, 측정 결과 치료집단의 평균이 일반인 집단의 평균보다 통계적으로 유의미하게 높아 해당 불안척도가 두 집단을 잘 구별한 것으로 나타났다면, 이는 기준타당도 중 동시타당도와 연관됩니다.
▶ 17회 기출

동시타당도 (공인타당도)	• 새로운 검사를 제작했을 때 새로 제작한 검사의 타당도를 위해 기존에 타당도를 보장받고 있는 검사와의 유사성 혹은 연관성에 의해 타당도를 검증하는 방법이다. • 측정도구가 현재 서로 상이한 두 대상을 판별해 낼 수 있는 정도를 나타낸다. 예 새로 개발된 주관적인 행복감 측정도구를 사용하여 측정한 결과와 이미 검증되고 널리 사용되고 있는 주관적인 행복감 측정도구의 결과를 비교하여 타당도를 확인한다.
예측타당도 (예언타당도)	• 어떠한 행위가 일어날 것이라고 예측한 것과 실제 대상자 또는 집단이 나타낸 행위 간의 관계를 측정하는 것이다. • 현재의 상태로부터 미래에 발생할 어떤 기준을 판별하여 예측할 수 있는 척도이다. 예 종합사회복지관 채용시험에서 A의 성적은 높았고 B의 성적은 낮았지만 두 사람 모두 같은 복지관에 입사했다. 입사 후에 B가 A보다 업무능력이 뛰어난 것으로 나타난다면 이 복지관에서 사용한 채용시험의 예측타당도는 낮다고 할 수 있다.

바로암기 ○×

예측타당도의 하위타당도는 기준타당도와 동시타당도이다.
( )
해설
예측타당도는 기준타당도의 하위타당도이다.
정답 ✕

③ 개념타당도(Construct Validity) 6회, 11회, 13회, 18회, 19회, 21회 기출

㉠ '구인타당도', '구성타당도', '개념구성타당도'라고도 한다.

㉡ 측정하고자 하는 개념이 전반적인 이론적 틀 속에서 논리적으로나 실제적으로 적절한 관련성이 있는지를 검증하는 것이다.

㉢ 조작적으로 정의되지 않은 인간의 심리적 특성이나 성질을 심리적 개념으로 분석하여 조작적 정의를 부여한 후, 검사점수가 조작적 정의에서 규명한 심리적 개념들을 제대로 측정하였는가를 검증한다.

㉣ 측정도구가 이론적인 설명으로 수렴되거나 그것과 구분(판별)되고 있음을 보여줄 때 그 측정도구는 개념타당도가 있다고 볼 수 있다.

㉤ 수렴타당도(Convergent Validity), 변별타당도(Discriminant Validity), 요인분석(Factor Analysis)으로 분석할 수 있다.

수렴타당도 (집중타당도)	검사 결과가 이론적으로 해당 속성과 관련 있는 변수들과 어느 정도 높은 상관관계를 가지고 있는지를 측정한다. 예 지능지수(IQ)와 학교성적과 같이 검사 결과가 이론적으로 연관되어 있는 변수들 간의 상관관계를 측정하는 경우 두 검사 간의 상관계수가 높게 나타났다면, 새로운 지능검사는 지능이라는 개념을 잘 측정한 것으로 볼 수 있다.
변별타당도 (판별타당도)	검사 결과가 이론적으로 해당 속성과 관련 없는 변수들과 어느 정도 낮은 상관관계를 가지고 있는지를 측정한다. 예 지능지수(IQ)와 외모와 같이 검사 결과가 이론적으로 연관되어 있지 않은 변수들 간의 상관관계를 측정하는 경우 두 검사 간의 상관계수가 높게 나타났다면, 새로운 지능검사는 지능이라는 개념을 잘 측정하지 못한 것으로 볼 수 있다.
요인분석 (요인타당도)	검사를 구성하는 문항들의 상관관계를 분석하여 상관이 높은 문항들을 묶어주는 통계적 방법이다. 예 수학과 과학 문항들을 혼합하여 하나의 시험으로 치르는 경우, 수학을 잘 하는 학생의 경우 수학 문항들에 대해, 과학을 잘 하는 학생의 경우 과학 문항들에 대해 좋은 결과를 나타내 보일 것이므로 해당 문항들은 두 개의 군집, 즉 요인으로 추출될 것이다.

제2영역

출제의도 체크

개념타당도(구성타당도)는 측정되는 개념이 속한 이론 체계 내에서 다른 개념들과 논리적으로 어느 정도 관련성을 갖고 있는지를 경험적으로 검증하는 가장 수준이 높은 타당도입니다.

▶ 18회, 21회 기출

출제의도 체크

우울척도 A의 측정치가 우울척도 B보다는 자아존중감 척도 C의 측정치와 더 일치할 때 척도 A의 변별타당도(판별타당도)가 문제시됩니다.

▶ 11회 기출

바로암기 O✕

측정도구의 신뢰도가 높으면
타당도도 높아진다?

( )

해설

신뢰도가 높다고 하여 반드시
타당도가 높은 것은 아니다.

정답 ✕

심화연구실

측정의 신뢰도와 타당도 1회, 4회, 5회, 6회, 8회, 9회, 12회, 15회, 20회, 22회 **기출**

• 측정의 신뢰도는 측정을 반복했을 때 동일한 결과를 얻게 되는 정도를 말하는 반면, 측정의 타당도는 측정한 값과 실제 값 간의 일치 정도를 의미한다.
• 만약 체중계를 이용하여 몸무게를 측정했을 때 항상 일정 수치만큼 더 무겁게 혹은 더 가볍게 측정되었다면, 이는 신뢰도는 높지만 타당도는 낮은 것으로 볼 수 있다.
• 측정의 신뢰도와 타당도의 관계는 다음과 같이 정리할 수 있다.

> − 타당도가 높기 위해서는 신뢰도가 높아야 한다.
> − 신뢰도가 높다고 하여 반드시 타당도가 높은 것은 아니다.
> − 타당도가 낮다고 하여 반드시 신뢰도가 낮은 것은 아니다.
> − 타당도가 없어도 신뢰도를 가질 수 있다.
> − 타당도가 있으면 반드시 신뢰도가 있다.
> − 타당도는 신뢰도의 충분조건이고, 신뢰도는 타당도의 필요조건이다.
> − 타당도와 신뢰도는 비대칭적 관계이다.

---

4 척 도

(1) 개 념

① 의 미

㉠ 측정을 하기 위한 도구로서, 측정하고자 하는 대상에 수치나 기호를 부여하는 것이다.

㉡ 체계적 · 논리적으로 연관되어 있는 여러 문항으로 이루어진 복합적인 측정도구이다.

② 기 능

㉠ 변수에 대한 양적인 측정치를 제공함으로써 자료의 정확성을 높이고 통계적으로 분석할 수 있도록 해 준다.

㉡ 표준화된 척도를 사용함으로써 측정의 오류를 줄이고 측정의 신뢰도 및 타당도를 제고한다.

㉢ 개별문항이나 단일지표를 사용할 경우의 불안정성으로 인한 측정의 오류를 방지한다.

㉣ 문항들에 대한 응답의 일관성을 검토할 수 있도록 한다.

ⓜ 잘못 표현된 질문이나 편향된 질문으로 인한 응답 분포상의 부정적인 효과를 줄
   일 수 있도록 한다.

ⓗ 여러 개의 지표로 이루어진 척도를 사용함으로써 복합적인 개념을 측정할 수 있
   도록 한다.

ⓢ 여러 개의 지표를 하나의 점수로 나타내 줌으로써 자료의 복잡성을 덜어준다.

(2) 척도 구성의 기본원칙 9회 기출

① 척도의 각 범주들이 다른 범주와의 관계에서 상호배타적이어야 한다.

② 척도의 각 범주들이 같은 범주 안에서 포괄적이어야 한다.

③ 응답 범주들은 응답 가능한 상황들을 모두 포함하고 있어야 한다.

④ 응답 범주들은 논리적 연관성을 가지고 있어야 한다.

⑤ 척도가 여러 개의 문항들로 구성된 경우 각각의 문항들 간에는 내적 일관성을 가지
   고 있어야 한다.

(3) 기본유형 17회, 19회, 20회, 21회, 22회 기출

① **명목척도 또는 명명척도(Nominal Scale)** 1회, 5회, 12회 기출

ㄱ 가장 단순하고 기본적인 것으로, 측정대상의 특성을 분류하는 둘 이상의 범주를
   가진 변수를 측정하는 척도이다.

ㄴ 명목척도에서의 숫자는 단지 분류적인 의미만을 가질 뿐 양적인 의미는 없다.

ㄷ 사칙연산은 불가능하며, (=)만 가능하다.

예 성별, 결혼유무, 종교, 인종, 직업유형, 장애유형, 혈액형, 거주지역, 계절 등

② **서열척도(Ordinal Scale)** 2회, 5회, 12회 기출

ㄱ 일종의 순위척도로서 측정대상을 속성에 따라 서열이나 순위를 매길 수 있도록
   수치를 부여한 척도이다.

ㄴ 서열 간의 간격이 동일하지 않으며, 절대량을 지적하지 않는다.

ㄷ 사칙연산은 불가능하며 (=, <, >)만 가능하다.

예 사회계층, 선호도, 석차, 학점(A/B/C/D/F), 교육수준(중졸 이하/고졸/대졸 이
   상), 수여 받은 학위(학사/석사/박사), 자격등급, 장애등급, 변화에 대한 평가, 서
   비스 효율성 평가, 서비스 만족도 평가 등

③ **등간척도(Interval Scale)** 7회, 11회, 15회 기출

ㄱ 일종의 구간척도로서 측정대상의 속성의 서열을 정할 수 있을 뿐만 아니라 이들
   분류된 범주 간의 간격까지도 측정할 수 있는 척도이다.

ㄴ 등간격이므로 산술계산에 사용될 수 있으나, 절대영점이 없다.

ⓒ 사칙연산 중 (+, −)와 (=, <, >)는 가능하나 (×, ÷)는 불가능하다.

예 지능지수(IQ), 온도, 시험점수(0~100점), 물가지수, 사회지표, 학년 등

④ 비율척도(Ratio Scale) 5회, 8회, 12회, 13회, 16회 기출

ㄱ 척도를 나타내는 수가 등간일 뿐만 아니라 의미 있는 절대영점(절대 0값)을 가지고 있는 경우에 이용되는 척도이다.

ㄴ 앞선 세 가지 척도보다 측정수준이 가장 높은 것으로, 하나의 값이 다른 값의 몇 배인지를 표시할 수 있다.

ㄷ 사칙연산이 자유로우며, (=, <, >)도 가능하다. 또한 평균, 표준편차 등의 기술통계를 비롯하여 회귀분석, 경로분석 등 높은 수준의 분석기법을 적용할 수 있다.

예 연령(만 나이), 무게, 신장, 수입, 매출액, 출생률, 사망률, 이혼율, 경제성장률, 백신 접종률, 졸업생 수, 교육연수(정규교육을 받은 기간), 이수과목의 수, 서비스 대기인 수, 서비스 수혜기간 등

(4) 종 류

① 리커트 척도(Likert Scale) 4회, 7회, 9회, 11회, 12회, 19회 기출

ㄱ 서열척도의 일종으로 '총화평정척도' 또는 '다문항척도'라고도 하며, 측정이 비교적 단순하여 양적 조사에서 보편적으로 사용된다.

ㄴ 척도의 신뢰도와 타당도를 높이기 위해 일련의 수 개 문항들을 하나의 척도로 사용한다.

ㄷ 각 문항별 응답점수의 총합이 특정하고자 하는 개념을 대표한다는 가정에 근거한 것으로, 각 문항의 점수를 합산하여 전체적인 경향이나 특성을 측정한다.

ㄹ 주로 인간의 태도를 측정하는 태도척도로 일단의 태도문항들로 구성되며, 이들 제 문항은 거의 동일한 태도가치를 가진다고 인정된다.

ㅁ 일관성이 있어 신뢰도가 높고 단순하며 사용하기 쉽다. 또한 객관적인 측정이 가능하고 정밀하며 평가자를 필요로 하지 않으므로 척도나 지수의 개발과 활용에 용이하다.

ㅂ 내적 일관성 검증을 통해 신뢰도가 낮은 항목은 삭제할 필요가 있다.

ㅅ 추상적인 대상이나 현상을 측정하는 데 비교적 적합하므로 사회과학에서 널리 사용된다.

> **예** A지역사회복지관의 이용자 만족도 조사
>
> 다음 질문에 대해 ○표로 평가해 주십시오.

질문문항	응답범주				
	전혀 아니다	아니다	보통이다	그렇다	매우 그렇다
1. 시설 이용에 불편이 없다.					
2. 프로그램은 유익하다.					
3. 사회복지사는 친절하다.					
:					

리커트 척도(Likert Scale)의 예

② **거트만 척도(Guttman Scale)**

ㄱ 서열척도이자 누적척도의 일종으로 '척도도식법'이라고도 한다.

ㄴ 단일차원적이고 예측성이 있으며 쉽게 서열적으로 척도화 할 수 있다.

ㄷ 경험적 관측을 토대로 척도가 구성됨으로써 이론적으로 우월하다는 장점이 있다.

ㄹ 두 개 이상의 변수를 동시에 측정하는 다차원적 척도로 사용되기는 거의 불가능하다는 단점이 있다.

> **예** A지역의 정신요양시설 설치에 대한 지역주민 찬반조사
>
> 다음 질문에 대해 ○표로 답해 주십시오.

질문문항	찬 성	반 대
1. 정신요양시설이 서울시에 있는 것을 어떻게 생각합니까?		
2. 정신요양시설이 마포구에 있는 것을 어떻게 생각합니까?		
3. 정신요양시설이 우리 동에 있는 것을 어떻게 생각합니까?		
4. 정신요양시설이 우리 옆집에 있는 것을 어떻게 생각합니까?		

거트만 척도(Guttman Scale)의 예

③ **보가더스(Bogardus)의 사회적 거리척도(Social Distance Scale)** 1회, 10회, 21회, 22회 [기출]

ㄱ 서열척도이자 누적척도의 일종으로, 서로 다른 인종이나 민족, 사회계층 간의 사회심리적 거리감을 측정하기 위해 사용한다.

ㄴ 7개의 서열화된 문항을 연속체상에 배치하여 이론적으로 응답자가 서열적인 선택을 하도록 만든 것이다.

ㄷ 소시오메트리가 개인을 중심으로 하여 집단 내에 있어서의 개인 간의 친근관계를 측정하는 데 반해, 사회적 거리척도는 주로 집단 간(가족과 가족, 민족과 민족)의 친근 정도를 측정한다.

바로암기 ○×

거트만 척도는 다차원적 내용을 분석할 때 사용된다?
( )

해설

다차원적 척도로 사용되기 어렵다.

정답 ×

전문가의 한마디

거트만 척도와 사회적 거리척도는 누적척도(Cumulative Scale)의 일종입니다. 누적척도란 척도를 구성하는 문항들이 내용의 강도에 따라 일관성 있게 서열을 이루는 척도를 말합니다.

ⓔ 척도연속체상에서 항목들 간의 명백한 구분을 강조하지만 사실상 명백한 구분이 어려운 단점이 있다.

※ 각 집단(이주노동자, 북한이탈주민)에 대해 귀하는 어느 수준까지 받아들일 수 있는지 제시된 7가지 문항 중 최고수준에 'ㅇ'표 해 주시기 바랍니다.

수 준		문 항	이주노동자	북한이탈주민
최고수준	7	결혼하여 가족으로 받아들이겠다.		
↑	6	친구로서 받아들이겠다.		
	·	·		
	·	·		
	·	·		
↓	2	방문객으로만 받아들이겠다.		
최저수준	1	우리나라에서 추방한다.		

사회적 거리척도(Social Distance Scale)의 예

④ **서스톤 척도(Thurstone Scale)** 17회, 20회 [기출]

ⓐ 등간-비율척도의 일종으로서, 어떤 사실에 대하여 가장 긍정적인 태도와 가장 부정적인 태도를 나타내는 양극단을 등간적으로 구분하여 수치를 부여함으로써 등간척도를 구성하는 방법이다.

ⓑ 리커트 척도를 구성하는 문항들의 간격이 동일하지 않다는 문제점을 보완하기 위한 것으로 중요성이 있는 항목에 가중치를 부여한다.

ⓒ 다양한 평가자들의 의견 가운데 극단적인 의견을 배제함으로써 공정성을 보완한다.

ⓓ 서스톤 척도의 개발과정은 리커트 척도에 비해 비교적 많은 시간과 노력이 소요된다.

[예] A연구소가 정치적 보수성을 판단할 수 있는 문항들의 상대적인 강도를 11개의 점수로 평가자들에게 분류하게 한다. 다음 단계로 평가자들 간에 불일치도가 높은 항목들을 제외하고, 각 문항이 평가자들로부터 받은 점수의 중위수를 가중치로 하여 정치적 보수성 척도를 구성한다.

⑤ **의의차별척도(Semantic Differential Scale)** 8회, 11회, 19회 [기출]

ⓐ '의미분화척도', '어의구별척도' 또는 '어의적 분화척도'라고도 하며, 어떤 대상이 개인에게 주는 주관적인 의미를 측정하는 방법이다.

ⓑ 하나의 개념을 주고 응답자가 여러 가지 의미의 차원에서 이 개념을 평가하도록 한다. 특히 집단상담이나 집단치료에서는 집단성원이 동료성원을 평가하는 도구로 사용되기도 한다.

출제의도 체크

서스톤 척도는 평가하기 위한 문항의 수가 많아야 하고, 평가자도 많아야 하기 때문에 상대적으로 개발이 용이하지 않습니다.

▶ 20회 기출

ⓒ 척도의 양 극점에 서로 상반되는 형용사나 표현을 제시하여 정도의 차이에 의한 일련의 형용사 쌍을 만들며, 응답자의 주관적인 판단이나 느낌을 반영하도록 한다.

ⓔ 보통 5~7점 척도가 사용된다.

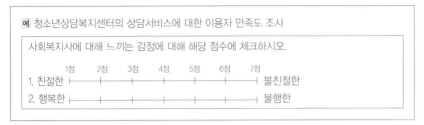

예 청소년상담복지센터의 상담서비스에 대한 이용자 만족도 조사

사회복지사에 대해 느끼는 감정에 대해 해당 점수에 체크하시오.

```
        1점   2점   3점   4점   5점   6점   7점
1. 친절한 ├────┼────┼────┼────┼────┼────┤ 불친절한
2. 행복한 ├────┼────┼────┼────┼────┼────┤ 불행한
```

의의차별척도(Semantic Differential Scale)의 예

02절 자료수집방법

1 관찰법

(1) 개 념

① 의 미

관찰자가 자신의 감각기관을 이용하여 조사대상의 행동을 관찰함으로써 자료를 수집하는 귀납적 방법이다.

② 주요 특징

㉠ 조사대상의 신념이나 가치, 의견보다는 겉으로 드러난 행동에 대한 자료를 수집한다.

㉡ 다른 자료수집방법을 보완하여 자료를 수집할 목적으로 사용되기도 한다.

㉢ 탐색적 목적을 가진 예비조사에 흔히 사용된다.

㉣ 유형, 시기, 방법, 추론 정도에 따라 구조적 관찰(조직적 관찰)과 비구조적 관찰(비조직적 관찰)로 구분된다.

(2) 장단점 2회, 5회, 6회, 9회, 16회, 21회 기출

① 장 점

㉠ 현재의 상태를 가장 생생하게 기록할 수 있으며, 행위가 일어나는 현장에서 즉시 자료수집이 가능하다.

㉡ 응답과정에서 발생하는 오류를 줄일 수 있다.

전문가의 한마디

과학적 관찰은 일정한 목적에 따라 체계적으로 계획되고, 무엇을 관찰할 것인지가 연구가설과 연관되어 규정되며, 관찰 내용에 대한 기록과 함께 관찰 결과에 대한 신뢰도 및 타당도에 대한 검토가 이루어진다는 점에서 일상적 관찰과 구분됩니다.

ⓒ 언어와 문자의 제약 때문에 측정하기 어려운 사실도 조사가 가능하다. 즉, 비언어적 상황에 대한 자료수집이 가능하다.

ⓔ 관찰 대상자의 무의식적인 행동이나 인식하지 못한 문제도 관찰이 가능하다.

ⓜ 관찰 대상자가 표현능력은 있더라도 조사에 비협조적이거나 면접을 거부할 경우 효과적이다.

ⓗ 질적 연구나 탐색적 연구에 사용하기 용이하다.

② 단 점

ⓖ 관찰 대상자의 내면적인 특성이나 사적 문제, 과거 사실에 대한 자료는 수집할 수 없다.

ⓛ 관찰 대상자가 관찰을 당하고 있다는 사실을 알고 있을 경우 평소에 하던 행동과는 다른 행동양식을 보일 수 있다.

ⓒ 관찰 대상자의 변화양상을 포착할 수 없으므로 결과를 일반화하는 데 제약이 있다.

ⓔ 관찰자가 선택적으로 관찰하게 되는 경우가 있다. 즉, 관찰자의 주관성이 개입될 수 있다.

ⓜ 관찰자의 제한적 감각능력 또는 시간 · 공간 등의 한계로 인해 대상의 모든 면을 관찰하는 것이 불가능하다.

ⓗ 자료수집 상황에 대한 통제가 어려우며 행위를 현장에서 포착해야 하므로 행위가 발생할 때까지 기다려야 한다.

ⓢ 시간과 비용, 노력이 많이 소요된다.

ⓞ 면접법이나 질문지법(설문지법)과 같은 서베이(Survey)에 비해 자료의 계량화가 어렵다.

2 면접법

(1) 개 념

① 의 미

면접자(Interviewer)가 피면접자(Interviewee)를 직접 대면하여 질문과 응답을 통해 자료를 수집하는 방법이다.

② 주요 특징

ⓖ 대면적 상태에서 문답방식을 통해 피면접자의 답변을 면접자가 기록하는 형식을 취한다.

ⓛ 면접자와 피면접자 간 일시적인 이차적 관계가 조사결과에 영향을 미친다.

ⓒ 면접자의 역할이 매우 중요하여 조사의 성패를 좌우하는 요인이 되기도 한다.

(2) 면접의 유형 5회, 7회, 9회, 11회, 22회 기출

표준화 면접 (구조화된 면접)	• 면접자가 면접조사표를 만들어서 상황에 구애됨이 없이 모든 응답자에게 동일한 질문순서와 동일한 질문내용에 따라 수행하는 방법이다. • 비표준화 면접에 비해 응답 결과에 있어서 상대적으로 신뢰도가 높지만 타당도는 낮다. • 반복적인 면접이 가능하며, 면접결과에 대한 비교가 용이하다. • 면접의 신축성 · 유연성이 낮으며, 깊이 있는 측정을 도모할 수 없다.
비표준화 면접 (비구조화된 면접)	• 면접자가 면접조사의 질문 내용, 형식, 순서를 미리 정하지 않은 채 면접상황에 따라 자유롭게 응답자와 상호작용을 통해 자료를 수집하는 방법이다. • 표준화 면접에 비해 응답 결과에 있어서 상대적으로 타당도가 높지만 신뢰도는 낮다. • 면접의 신축성 · 유연성이 높으며, 깊이 있는 측정을 도모할 수 있다. • 반복적인 면접이 불가능하며, 면접결과에 대한 비교가 어렵다.
반표준화 면접 (반구조화된 면접)	• 일정한 수의 중요한 질문을 표준화하고 그 외의 질문은 비표준화하는 방법이다. • 면접자가 면접지침에 따라 응답자에게 상황에 적합한 변형 질문을 제시할 수 있다. • 사실과 가설을 확인할 수 있을 뿐만 아니라 새로운 사실이나 가설을 발견할 수도 있다. • 반표준화 면접의 종류로는 초점집단면접법, 임상면접법 등이 있다.

전문가의 한마디

표준화 면접이라고 해서 폐쇄형 질문만 사용하는 것은 아닙니다. 개방형 질문과 폐쇄형 질문을 모두 사용할 수 있습니다.

출제의도 체크

비구조화 면접이나 심층면접은 질문 내용 및 방법의 표준화 정도가 상대적으로 낮습니다.

▶ 22회 기출

(3) 장단점 5회, 9회, 11회, 12회, 13회, 15회, 19회, 21회 기출

① 장 점

ㄱ 다양한 조사내용을 비교적 장기간에 걸쳐서 상세하게 조사할 수 있으며, 조사내용에 대한 심층적 이해가 가능하다.

ㄴ 면접자가 자료를 직접 기입하므로 응답률이 매우 높으며, 대리응답의 가능성이 낮다.

ㄷ 질문지법(설문지법)보다 제삼자의 영향을 배제할 수 있다.

ㄹ 질문의 내용을 응답자가 잘 이해하지 못하는 경우에 면접자가 설명해 줄 수 있고 응답자의 내용이 분명하지 않은 경우에도 면접자가 응답의 내용을 점검할 수 있어서 응답의 오류를 줄일 수 있다.

ㅁ 질문지에 포함된 내용 외에도 연구에 필요한 기타 관련 정보들을 수집할 수 있다.

ㅂ 오기나 불기를 예방할 수 있다.

ㅅ 적절한 질문을 현장에서 결정할 수 있는 융통성이 있다.

ㅇ 비언어적 행위를 직접 관찰할 수 있다.

ㅈ 개별적으로 진행하는 면접환경을 표준화할 수 있으며, 응답환경의 구조화를 통해 면접환경을 통제할 수 있다.

ㅊ 면접일자, 시간, 장소 등을 기록할 수 있다.

전문가의 한마디

면접법은 응답이 미흡한 경우 보완이 가능하고 모든 질문이 응답되었는지 검토할 수 있으므로 완성도가 높은 방법입니다.

ⓐ 복잡한 질문이 가능하다.

ⓔ 어린이나 노인에게는 대면면접방법이 가장 적절하다.

② 단 점

㉠ 비용과 시간이 많이 소요된다.

㉡ 질문지법(설문지법)보다 응답범주의 표준화가 어렵다.

㉢ 면접자와 응답자 사이에 친숙한 분위기가 형성되지 않거나 상호 이해가 부족한 경우 조사 외적인 요인들로부터 오류가 개입될 가능성이 있다.

㉣ 응답자가 기록한 사실에 대해 확인할 시간을 줄 수 없다.

㉤ 응답자의 익명성이 걸여되어 정확한 내용을 도출하기 어렵다.

㉥ 응답자에 대한 편의가 제한적이다.

전문가의 한마디

면접법은 피면접자가 불편한 시간에 조사를 받을 수 있고, 적절한 응답을 위해 주위사람들에게 물어볼 수 있는 기회가 없으므로 편의가 제한적일 수 밖에 없습니다.

3 질문지법(설문지법)

(1) 개 념

① 의 미

질문지(Questionnaire)를 작성하여 질문지에 들어 있는 문항들에 대한 대답을 기입하는 방법이다.

② 주요 특징

㉠ 질문지(설문지)는 서베이 조사(설문조사)의 주요 도구로서, 면접조사를 비롯하여 전화조사, 우편조사, 인터넷(온라인)조사 등에 광범위하게 사용된다.

㉡ 조사문제와 관련된 많은 양의 정보를 표준화된 질문지에 따라 일관적으로 얻을 수 있다.

㉢ 일반적으로 객관적이고 양적인 자료, 비교적 용이하게 관찰되는 자료, 검토할 수 있는 확실한 자료 등을 얻는 데 사용된다.

전문가의 한마디

서베이(Survey) 조사는 질문지(설문지), 면접, 전화 등을 사용하여 응답자로 하여금 연구주제와 관련된 질문에 답하도록 함으로써 체계적이고 계획적으로 자료를 수집 및 분석하는 조사방법으로, 표본조사와 설문조사를 합친 것으로 볼 수 있습니다.

(2) 장단점 6회, 11회 기출

① 장 점

㉠ 시간과 비용이 절약된다.

㉡ 응답자의 편의에 따라 대답을 완성할 수 있다.

㉢ 익명성이 보장되어 응답자가 안심하고 응답할 수 있다.

㉣ 표준화된 언어 구성으로 모든 응답자에게 동일하게 적용된다.

㉤ 조사자의 편견이 배제될 수 있다.

㉥ 보다 넓은 범위에서 쉽게 응답자에게 접근할 수 있다.

② 단 점

ⓐ 질문의 요지를 설명할 수 있는 융통성이 낮다.

ⓑ 질문지의 회수율이 매우 낮다.

ⓒ 비언어적 행위나 특성을 기록할 수 없다.

ⓓ 관심도가 낮은 질문의 내용에는 기록하지 않을 가능성이 있다.

ⓔ 복합적인 질문지 형식을 사용할 수 없다.

(3) 질문지(설문지) 작성 시 고려사항   4회, 6회, 8회, 9회, 12회, 13회, 14회, 16회, 18회, 20회 기출

① 질문은 사실적이고 객관적이어야 한다.

② 질문의 내용은 간단명료해야 한다.

③ 부정적 질문이나 이중질문, 유도질문을 삼가며, 복잡한 내용을 하나의 문항으로 묶어 질문하지 않는다.

④ 명목측정을 위한 질문은 단일차원성의 원칙을 지켜 내용을 구성한다.

⑤ 응답자가 이해하기 어려운 전문용어나 방언을 삼가며, 용어 사용 시 응답자의 능력과 특성을 고려한다.

⑥ 답변하기 쉬운 질문이나 일반적인 질문은 앞쪽에 배치한다.

⑦ 개방형 질문이나 주관식 질문, 민감한 질문이나 특수한 질문은 뒤쪽에 배치한다.

⑧ 신뢰도 측정을 위해 짝(Pair)으로 된 문항들은 가급적 분리하여 배치한다.

⑨ 고정반응(Response Set)을 예방하기 위해 유사질문들은 가급적 분리하여 배치한다.

⑩ 개연성 질문 혹은 수반형 질문(Contingency Questions)은 사고의 흐름에 따라 배치하되, 질문이 많아질수록 응답률이 낮아진다는 점에 유의한다.

⑪ 폐쇄형 질문의 응답 범주는 총망라적(Exhaustive)이며, 상호배타적(Mutually Exclusive)이어야 한다.

⑫ 질문 문항들은 길이의 유형을 다양하게 하여 응답의 지루함을 없앤다.

⑬ 질문지를 완성하기 전 본조사 대상과 같은 조건의 사람들로 하여금 사전조사 또는 사전검사(Pre-test)를 실시한다.

전문가의 한마디

개연성 질문 혹은 수반형 질문은 앞선 질문에 대한 특정 응답을 제공하는 사람들에 한해 대답하도록 하는 질문방법입니다.

심화연구실

질문지(설문지) 작성과정 중 사전조사 또는 사전검사(Pre-test)를 실시하는 이유   10회 기출

• 응답에 일관성이 있는지, 응답내용 간에 모순 또는 합치되지 않는 부분이 있는지를 확인한다.

• 응답이 어느 한쪽으로 치우치지 않는지를 확인한다.

• 무응답, 기타 응답이 많은지를 확인한다. 이는 질문이 어려운 경우, 응답하기 곤란한 내용이 내포되어 있는 경우, 표현이 애매한 경우일 수 있다.

• 응답에 거절이 많은 경우 질문 자체를 재검토해야 한다.

• 질문 순서가 바뀌었을 때 응답에 실질적인 변화가 일어나는지 확인한다. 또한 어떤 순서가 정확한 응답을 얻는 데 유효한지를 검토한다.

4 그 밖의 설문조사에 의한 자료수집방법

(1) 전화조사법

① 의 미

일정 과정의 교육을 받은 전화조사원이 전화로 응답자에게 질문을 하는 방식으로 이루어진다.

② 장단점 5회, 15회, 19회 기출

장 점	• 적은 비용으로 단시간에 조사할 수 있어 비용과 신속성 측면에서 매우 경제적이다. • 전화번호부를 이용하여 무작위로 비교적 쉽고 정확하게 표본을 추출할 수 있다. • 직접 면접이 어려운 사람의 경우에 유리하며, 개별면접에 비해 응답률이 높다. • 조사자는 응답자의 외모나 차림새 등의 편견을 용이하게 통제할 수 있다. • 표본의 대표성과 넓은 분포성을 가진다.
단 점	• 대인면접에 비해 소요시간이 짧은 대신 분량이 제한된다. • 대인면접에서와 같이 많은 조사내용에 관한 자료를 수집하기 어렵다. • 모집단이 불완전하며, 응답자가 선정된 표본인지를 확인하기 어렵다. • 응답자의 주변상황이나 표정, 태도를 확인할 수 없다. • 응답자가 특정한 주제에 대해 응답을 회피하는 경우가 있다. • 대표성의 문제가 발생할 수 있다.

(2) 우편조사법

① 의 미

자기기입식 설문조사의 대표적인 형태로, 우편을 통해 질문지(설문지)를 전달하여 대상자로 하여금 응답하도록 하는 방법이다.

② 장단점 2회, 4회, 5회, 16회 기출

장 점	• 시간과 공간의 제약에 크게 구애받지 않으므로, 동일 표집조건 시 비용이 절감된다. • 면접조사에서 쉽게 접근할 수 없는 대상을 포함시킬 수 있다. • 조사자는 응답자의 외모나 차림새 등의 편견을 용이하게 통제할 수 있다. • 응답자가 충분한 시간적 여유를 가지고 응답할 수 있도록 한다. • 응답자의 익명성이 보장되고 사려 깊은 응답이 가능하다.
단 점	• 응답률, 회수율이 낮다. • 응답내용이 모호한 경우에 응답자에 대한 해명의 기회가 없다. • 질문문항에 대해 단순성이 요구된다. • 오기나 불기 등이 발생할 수 있다. • 직접적인 답변 외의 비언어적인 정보를 수집하기 어렵다. • 융통성이 부족하며 환경에 대한 통제가 어렵다.

(3) 인터넷(온라인)조사법

① 의 미

인터넷 네트워킹을 이용하여 자료를 수집하는 방식으로, 최근 컴퓨터의 보급과 인터넷의 발달로 인해 그 활용도가 증가하고 있다.

② 장단점 5회, 6회, 8회, 18회 기출

장 점	• 시간 및 공간상의 제약이 다른 방법에 비해 상대적으로 적다. • 절차가 간편하여 조사가 신속히 이루어지며, 쌍방향 소통이 가능하다. • 조사비용이 적게 들며, 조사대상자가 많은 경우에도 추가비용이 들지 않는다. • 멀티미디어 자료를 활용할 수 있다. • 특수계층의 응답자에게도 적용가능하다. • 이메일 등을 통해 추가질문을 할 수 있다.
단 점	• 컴퓨터와 인터넷을 사용할 수 있는 사람만을 대상으로 할 수 있다. • 컴퓨터 시스템을 사용하므로 고정비용이 발생한다. • 표본의 대표성 문제가 제기될 수 있다. • 응답자에 대한 통제가 쉽지 않으며, 응답률과 회수율이 낮게 나타날 수 있다.

심화연구실

설문조사 결과 해석 시 유의사항 20회 기출

• 표집방법이 확률표집인가 비확률표집인가?
• 표본이 대표적이라면 오차의 폭과 신뢰수준은 적절한가?
• 표본은 편향 없이 추출되었는가?
• 표본의 크기는 모집단을 대표하기에 적절한가?
• 조사대상자의 응답률은 55% 이상인가?
• 설문조사는 언제 이루어졌는가?
• 설문은 직설적이고 명확한가 아니면 모호하고 유도적인가?
• 측정도구가 신뢰할 만한 것인가?

출제의도 체크

어느 대학교에서 전체 재학생 중 500명을 선정하여 취업욕구조사를 하고자 할 때 인터넷을 이용한 온라인조사가 전화조사나 우편조사, 방문조사나 면접조사보다 비용부담이 적고 절차가 간편합니다.

▶ 18회 기출

04 | 표본조사와 욕구조사

01절 표본조사

1 표본조사와 표집

(1) 개 념 17회 기출

전문가의 한마디

전수조사와 표본조사는 표집(표본추출)의 여부에 따라 구분됩니다. 참고로 개인이나 집단은 물론 조직도 표집(표본추출)의 요소가 될 수 있습니다.

① 표본조사(Sample Survey)는 전수조사를 통해 완전한 모집단을 연구하는 것이 사실상 불가능하거나 매우 어려울 때 적용하는 방법으로, 표본의 대표성만 확보되면 조사결과를 모집단에 대하여 일반화시킬 수 있다는 원리에 근거한다.

② 표집 혹은 표본추출(Sampling)은 모집단 가운데 자료를 수집할 일부의 대상을 표본(Sample)으로 선택하는 과정으로, 그 주된 목적은 표본으로부터 획득한 표본의 특성인 통계(Sample Statistic)를 사용하여 모집단의 특성(Parameter)을 추론하는 데 있다.

③ 동일한 모집단에서 무작위추출로 동일한 크기의 표본을 여러 개 뽑는 경우 각각의 표본조사에서 나온 평균은 서로 다르나, 그 표본들에서 나온 평균들은 모집단의 평균을 중심으로 고르게 분포된다.

④ 표집은 조사결과가 모집단을 얼마나 잘 대표하고 있느냐 하는 '대표성(Representativeness)'이 중요하다. 모집단의 동질성은 표본의 대표성과 관계가 있으며, 표본의 대표성은 표본의 질을 판단하는 주요 기준이 된다.

⑤ 표집에서는 어느 정도 크기의 표본을 선정하는 것이 적은 비용으로도 일정한 정확성을 가질 수 있도록 해 주는가 하는 '적절성(Adequacy)'의 문제도 중요하다.

(2) 표본조사의 장단점

장 점	• 전수조사에 비해 시간 및 비용이 적게 소요된다. • 모집단 전체 조사가 불가능한 경우에 적용할 수 있다. • 비표본오차의 감소와 조사대상의 오염방지를 통해 전수조사보다 더 정확한 자료획득이 가능하다. • 전수조사에 비해 응답률이 높다. • 전수조사보다 더 많은 조사항목을 포함할 수 있기 때문에 다방면의 정보 획득이 가능하다.
단 점	• 표본의 대표성 문제가 제기되는 경우 일반화의 가능성이 낮아진다. • 모집단 크기가 작은 경우 표집 자체가 무의미하다. • 표본설계가 잘못된 경우 오차가 생길 수 있다. • 표본설계가 복잡한 경우 시간과 비용의 낭비를 가져온다.

(3) 표집 관련 용어 5회, 6회, 15회, 22회 기출

① 모집단(Population)

연구자가 관심을 가지고 일반화하고자 하는 대상들의 집합 전체

② 모수 또는 모수치(Parameter)

모집단의 특성을 나타내는 값

③ 표집단위(Sampling Unit)

표집의 각 단계에서 표본으로 추출되는 요소들의 단위

④ 표집틀(Sampling Frame)

표집을 위해 모집단의 요소나 표집단위들을 모아 정리해 놓은 목록

⑤ 통계치(Statistics)

표본집단의 특성을 나타내는 값(→ 표본조사에서 얻어진 변수들의 값)

⑥ 표본오차 또는 표집오차(Sampling Error)

모수(치)와 표본의 통계치 간의 차이

⑦ 비표본오차 또는 비표집오차(Non-sampling Error)

조사 과정 및 집계상에서 발생하는 오차

⑧ 신뢰수준(Confidence Level)

통계적 추정에서 표본의 결과를 통해 추정하려는 모수의 신뢰성 정도

⑨ 신뢰구간(Confidence Interval)

통계적 추정에서 구간으로 추정된 추정치가 실제 모집단의 모수를 포함하고 있을 가능성의 범위

⑩ 관찰단위(Observation Unit)

자료를 직접 수집하는 요소 또는 요소의 총합체

전문가의 한마디

비표본오차(비표집오차)는 조사 과정에서 발생하는 전체 오차에서 표본오차(표집오차)를 제외한 나머지 모든 부분을 말합니다. 조사의 범위가 크고 그 과정이 복잡할수록 각종 부주의나 실수 혹은 원인을 알 수 없는 이유들로 인해 오류가 발생할 수 있습니다.

출제의도 체크

아동양육시설에 거주하는 아동을 대상으로 설문조사를 실시하기 위해 아동복지협회에 등록된 전체 대상자명부에서 초등학생, 중학생, 고등학생으로 모집단을 구분하고 모집단의 비율에 맞게 무작위로 표본을 추출하였다면, 표집단위는 '개인', 표집틀은 '대상자명부'에 해당합니다.

▶ 11회 기출

전문가의 한마디

신뢰수준과 신뢰구간을 통해 표본의 통계치와 모수(치)의 차이를 알 수 있습니다. 예를 들어, 99% 신뢰수준에서는 모집단의 평균값이 신뢰구간 내에 존재한다는 것을 99% 확신할 수 있습니다.

(4) 표집의 과정   2회, 9회, 17회 기출

① 제1단계 - 모집단 확정

모집단을 정확히 규정하는 것으로, 이를 위해 연구대상, 표집단위, 범위, 기간 등을
명확히 한정해야 한다.

② 제2단계 - 표집틀 선정

표집틀은 모집단의 구성요소를 모두 포함하는 반면, 각각의 요소가 이중으로 포함
되지 않는 것이 좋다.

③ 제3단계 - 표집방법 결정

표집방법에는 크게 확률표집방법과 비확률표집방법이 있다.

④ 제4단계 - 표집크기 결정

표집방법, 모집단의 성격, 시간 및 비용, 조사원의 능력 등을 고려하여 표본의 크기
를 결정한다.

⑤ 제5단계 - 표본 추출

결정된 표집방법에 따라 표본을 추출한다.

출제의도 체크

A종합사회복지관을 이용하는 노인들을 대상으로 노인맞춤돌봄서비스에 관한 설문조사를 한다고 가정할 때, A종합사회복지관의 노인 이용자명단을 표집틀로 하여 일정 인원수를 표집할 수 있습니다.

▶ 22회 기출

2   표집방법

(1) 확률표집방법과 비확률표집방법   6회, 8회, 11회, 12회, 18회, 22회 기출

바로암기 O×

확률표집방법은 질적 연구에 빈번히 활용되는 방법이다?

( )

해설

확률표집방법은 양적 연구에 빈번히 활용되는 방법이다.

정답 ×

확률표집방법 (Probability Sampling)	• 모집단의 각 표집단위가 모두 추출의 기회를 가지고 있으며, 각 표집단위가 추출될 확률을 정확히 알고 있는 가운데 표집을 하는 방법이다. • 양적 연구에 빈번히 활용되는 방법으로, 모집단의 규모와 특성 등 모집단에 대한 정보와 그 정보가 수록된 표집틀을 확보할 수 있을 때 사용할 수 있다. • 무작위추출방식으로 표본을 추출하며, 표본오차를 추정할 수 있다. 또한 의식적이거나 무의식적인 편향(Bias)을 방지할 수 있다.
비확률표집방법 (Nonprobability Sampling)	• 모집단 구성요소가 표본으로 추출될 확률을 사전에 알 수 없으므로 표본이 모집단을 어떻게 대표하는지 또한 알 수 없는 방법이다. • 질적 연구에 빈번히 활용되는 방법으로, 표집틀이 없는 경우 사용된다. • 연구자의 편견이 개입될 수 있기 때문에 연구결과의 일반화에 한계가 있다.

(2) 확률표집방법의 종류   14회 기출

① 단순무작위 표집(Simple Random Sampling)   20회 기출

㉠ 모집단을 구성하는 각 구성요소가 표본으로 뽑힐 확률이 동등하고 '0'이 아닌 경
우 난수표, 제비뽑기, 컴퓨터를 이용한 난수의 추출방법 등을 사용하여 추출한
표집이다.

출제의도 체크

단순무작위 표집은 모집단으로부터 표본으로 추출될 확률을 알 수 있습니다.

▶ 20회 기출

ⓛ 의식적인 조작이 전혀 없이 표본을 추출함으로써 어떤 요소의 추출이 계속되는 다른 요소의 추출 기회에 아무런 영향을 미치지 않는다.

② 계통표집 또는 체계적 표집(Systematic Sampling) 11회, 13회, 15회, 20회, 22회 `기출`

ⓐ 모집단 목록(→ 표집틀)에서 구성요소에 대해 일정한 순서에 따라 매 K번째 요소를 추출하는 방법이다.

ⓑ 첫 번째 요소를 무작위로 선정하여 최초의 표본으로 삼은 후 일정한 표집간격 (Sampling Interval : K)에 의해 표본을 추출한다. 이때 첫 번째 요소는 반드시 무작위적으로 선정되어야 하며, 목록 자체가 일정한 주기성(Periodicity)을 가지지 않아야 한다.

$$K = \frac{N}{n} \text{ (단, } K\text{는 표집간격, } N\text{은 모집단 수, } n\text{은 표본 수)}$$

③ 층화표집(Stratified Sampling) 2회, 4회, 5회, 7회, 10회, 11회, 13회, 21회 `기출`

ⓐ 모집단을 보다 동질적인 몇 개의 층(Strata)으로 나눈 후, 이러한 각 층으로부터 단순무작위 표집을 하는 방법이다.

ⓑ 전체 모집단에서 표본을 선정하기보다 연구자의 사전지식을 이용하여 모집단을 동질적인 부분집합으로 나누고 이들 각각으로부터 적정한 수의 요소를 선정하게 되므로 '집단 내 동질적', '집단 간 이질적'인 특성을 보인다.

ⓒ 모집단에서 각 계층이 차지하는 크기에 비례하여 표본크기를 정하는 '비례층화표집(Proportionate Stratified Sampling)'과 표본추출비를 계층마다 다르게 부여하는 '비비례층화표집(Disproportionate Stratified Sampling)'으로 구분된다.

ⓓ 층화표집은 집단 특성을 반영하여 추출하므로 단순무작위 표집보다 대표성이 높은 표본을 추출하는 방법으로 알려져 있다. 다만, 집단에 대한 많은 정보가 필요하고 집단 특성에 관한 정보의 정확성 여부를 평가하기 어려우므로 표본오차를 예측하기 어렵다.

④ 집락표집 또는 군집표집(Cluster Sampling) 4회, 7회, 11회, 19회 `기출`

ⓐ 모집단 목록에서 구성요소에 대해 여러 가지 이질적인 구성요소를 포함하는 여러 개의 집락 또는 군집으로 구분한 후 집락을 표집단위로 하여 무작위로 몇 개의 집락을 표본으로 추출한 다음 표본으로 추출된 집락에 대해 그 구성요소를 전수조사하는 방법이다.

ⓑ 각 집락이 모집단의 구성요소를 대표할 수 있는 이질적인 요소로 구성되며, 집락과 집락들 사이에 차이가 미비한 경우에 적용된다.

ⓒ 모집단에 대한 표집틀이 갖추어지지 않더라도 사용가능하다. 또한 추출된 집락 내에서 다시 집락표집을 실시하는 다단계 표본추출이 가능하다.

출제의도 체크

한국산업인력공단이 2015년 사회복지사 1급 국가시험 합격자 명단에서 수험번호가 가장 앞 쪽인 10명 중 무작위로 첫 번째 요소를 추출한 후, 첫 번째 요소로부터 매 10번째 요소를 추출하여 합격자들의 특성을 파악하였다면, 이는 계통표집(체계적 표집)에 해당합니다.

▶ 15회 기출

전문가의 한마디

A학교의 인문계, 자연계, 예체능계 학생들의 명부를 가지고 있다고 가정합시다. 인문계, 자연계, 예체능계는 서로 다른 이질적 특성을 가지지만, 각 계열 내에 속한 학생들은 계열별로 동질적입니다. 이때 각 계열별로 일정 비율의 학생 수를 정하여 무작위로 표집하는 것이 층화표집입니다.

전문가의 한마디

A지역에 20개의 동이 있다고 가정합시다. 20개의 동 각각은 다양한 연령계층, 소득수준, 교육수준을 가진 사람들로 구성된다는 점에서 공통적입니다. 이때 20개의 동 가운데 5개의 동을 무작위로 표집하는 것이 집락표집(군집표집)입니다.

ⓔ 집락표집은 '집단 내 이질적', '집단 간 동질적'인 특성을 보인다. 따라서 집락이 비교적 동질적인 경우 오차의 개입 가능성이 높고 표본추출 오류를 측정하기 어렵다.

심화연구실

동일확률선정법 또는 동일확률 선택방법(EPSEM : Equal Probability of Selection Method) 17회 기출
- 확률표집에 필요한 기본요건으로서, 모집단의 모든 개별요소들이 표본으로 추출될 확률을 동일하게 가진 상태에서 표본추출이 이루어지는 것을 말한다.
- EPSEM을 적용한 표집의 경우 의도적이거나 비의도적인 편향성 문제가 개입되는 것을 방지하여 다른 표집방법보다 표본의 정확성과 대표성이 더 높게 나타나며, 그와 같은 표본의 정확성과 대표성을 추정할 수 있는 수치적인 근거를 계산해 낼 수 있다.
- 다만, EPSEM을 적용한 표본추출도 모집단을 완전하게 대표하는 경우는 거의 없다.

---

(3) 비확률표집방법의 종류 2회, 3회, 9회, 11회 기출

① 편의표집 또는 임의표집(Convenience Sampling)

전문가의 한마디

편의표집(임의표집)은 '우발적 표집', 판단표집(유의표집)은 '의도적 표집'으로 부르기도 합니다.

ㄱ 모집단의 정보가 없고 구성요소 간의 차이가 별로 없다고 판단될 때 표본선정의 편리성에 기준을 두고 임의로 표본을 선정하는 것을 말한다.

ㄴ 연구자가 쉽게 이용 가능한 대상들을 표본으로 선택하는 방법으로서, 비용이 가장 적게 들고 시간을 절약할 수 있는 방법이다.

ㄷ 연구자가 임의로 요소를 추출하므로 표본의 편중이 발생하기 쉽고 표본의 대표성이 떨어지는 단점이 있다.

② 판단표집(Judgment Sampling) 또는 유의표집(Purposive Sampling) 22회 기출

바로암기 ○×

극단적 사례표집과 전형적 사례표집은 일반적으로 질적 연구에서 사용되는 표집방법이다?

( )

정답 ○

ㄱ 조사자가 그 조사의 성격상 요구하고 있는 사항을 충족시킬 수 있도록 적절한 판단과 전략을 세워, 그에 따라 모집단을 대표하는 제 사례를 표본추출하는 방법이다.

ㄴ 특이하고 예외적인 사례를 표본추출하는 극단적(예외적) 사례표집(Extreme Case Sampling), 전형적인 사례를 표본추출하는 전형적 사례표집(Typical Case Sampling), 모집단으로부터 매우 다양한 특성을 가진 이질적인 표본을 추출하는 최대변이표집(Maximum Variation Sampling), 어떤 사항에 대해 극적인 요점을 제공해 줄 수 있는 사례를 표본추출하는 결정적 사례표집(Critical Case Sampling) 등이 포함된다.

ㄷ 연구자가 모집단에 대한 지식이 많은 경우 유용한 방법으로서, 표본추출이 편리하고 비용도 적게 소요된다. 다만, 연구자의 주관적 판단의 타당도 여부가 표집의 질을 결정하며, 표본의 대표성을 확신할 방법이 없다.

③ **할당표집(Quota Sampling)** 7회, 9회, 11회, 12회, 16회, 17회, 19회, 21회, 22회 기출

ㄱ 전체 모집단에서 직접 표본을 추출하는 것이 아닌, 모집단을 일정한 카테고리로 나눈 다음, 이들 카테고리에서 정해진 요소 수를 작위적으로 추출하는 방법이다. 이때 모집단이 갖는 특성의 비율에 맞추어 표본을 추출한다.

ㄴ 추출된 표본이 연구자의 모집단에 대한 사전지식을 기초로 하여 모집단의 특성을 나타내는 하위 집단별로 표본 수를 할당한 다음 표본을 추출한다. 이때 할당 틀을 만들어 사용한다.

ㄷ 연구자의 모집단에 대한 사전지식에 기초한다는 점에서 층화표집과 매우 유사하나, 층화표집이 무작위적인 데 반해 할당표집은 작위적이라는 점에서 차이가 있다.

ㄹ 모집단의 분류에 있어서 편견이 개입되고 연구자의 편향적 선정이 이루어질 소지가 많다. 또한 각 사례가 추출될 확률이 다르고 그 추출될 확률 또한 정확히 알 수 없다.

④ **누적표집 또는 눈덩이표집(Snowball Sampling)** 5회, 10회 기출

ㄱ 처음에 소수의 인원을 표본으로 추출하여 그들을 조사한 다음, 그 소수인원을 조사원으로 활용하여 그 조사원의 주위 사람들을 조사하는 방법이다.

ㄴ 연구자가 특수한 모집단의 구성원 전부를 파악하고 있지 못한 경우, 표본의 소재에 관한 정보가 부족한 경우, 약물중독, 성매매, 도박 등과 같은 일탈적 대상을 연구하는 경우 유용하다.

ㄷ 일반화의 가능성이 적고 계량화가 곤란하므로 질적 조사연구 혹은 현장연구에서 널리 사용된다.

---

3 표집과 오차

(1) 표본의 크기 결정 13회, 15회 기출

① 표본의 크기는 조사자가 선택하는 신뢰수준에 따라 달라진다.

② 표본의 크기는 필요한 통계학적 신뢰도를 확보할 수 있을 만큼 커야 한다. 또한 비용이 허락하는 범위 내에서 가장 효과적으로 필요한 정보를 얻을 수 있어야 한다.

③ 표본의 크기가 클수록 비용이 많이 들지만 일정 수준 조사의 신뢰성을 높일 수 있다. 이는 표본크기가 커질수록 모수와 통계치의 유사성도 커지기 때문이다. 반면, 크기가 작을수록 비용은 적게 들지만 조사의 정확성은 떨어진다.

출제의도 체크

할당표집은 초·중·고등학생의 행복도를 조사하기 위해 학령별 구성 비율에 따라 표집하거나, 지역주민의 복지체감도를 조사하기 위해 전체주민의 연령대별 구성 비율에 따라 표집하는 방식입니다.

▶ 16회, 21회 기출

전문가의 한마디

누적표집은 첫 단계에서 연구자가 임의로 선정한 제한된 표본에 해당하는 사람으로부터 추천을 받아 다른 표본을 선정하는 과정을 되풀이하여 마치 눈덩이를 굴리듯이 표본을 누적합니다.

전문가의 한마디

양적 연구에서는 표본의 크기가 클수록 유의미한 결과를 얻는 데 유리합니다.

(2) 표집오차와 표준오차

① **표집오차 또는 표본오차(Sampling Error)** 9회, 10회, 12회, 13회, 16회, 19회, 20회, 21회, 22회 기출

ⓐ 표본을 추출하는 과정에서 발생하는 오차로서, 모수(모수치)와 표본의 통계치 간의 차이, 즉 표본의 대표성으로부터의 이탈 정도를 의미한다.

ⓑ 동일한 조건이라면 표본의 크기가 커질수록 표집오차가 감소한다. 다만, 표본의 크기가 커질수록 작아지던 오차는 일정 수준에 도달하게 되면 더 이상 줄어들지 않게 된다.

ⓒ 표본의 크기가 커질수록 조사 과정 및 자료처리 과정에서 비표집오차(Nonsampling Error)가 증가할 가능성이 커진다.

ⓓ 동일한 조건이라면 이질적 집단보다 동질적 집단에서 추출한 표본의 표집오차가 작아지게 된다. 따라서 모집단이 이질적인 경우에는 표본의 크기를 늘려야 한다.

ⓔ 신뢰수준을 높이면 표집오차가 커진다. 만약 동일한 표집오차를 가정한다면, 분석변수가 많아질수록 표본크기는 커져야 한다.

② **표준오차(Standard Error)** 16회 기출

ⓐ 표집 시 각각의 표본들의 평균은 전체 모집단의 평균과 차이를 보이게 된다. 표준오차는 무수히 많은 표본평균의 통계치가 모집단의 모수로부터 평균적으로 떨어진 거리를 의미한다.

ⓑ 표준오차는 모집단에서 일정한 크기(n)의 표본을 다수 뽑아서 그 표본의 평균값들을 각각 구한 후 이들 표본평균값들 간에 표준편차를 구하는 것이다.

ⓒ 예를 들어, 한 지역구의 고등학생 10,000명을 대상으로 영어듣기시험을 치른 결과 평균 50점이 나왔다고 하자. 만약 10,000명의 시험점수에 대한 평균을 구하기 어려워서 100명을 표집하여 평균을 구한다면, 이들의 평균값은 전체 모집단 10,000명의 평균에 해당하는 50점과 같을 수도 또는 다를 수도 있다. 이때 또 다시 100명을 표집하여 평균을 구하는 경우 그 결과는 앞선 경우와 마찬가지일 것이다. 이와 같은 방식으로 구해진 표본평균들 사이의 표준편차를 표준오차라고 한다.

ⓓ 동일한 조건이라면 표준오차가 작을수록 검정통계값이 통계적으로 유의할 가능성이 높아진다.

전문가의 한마디

신뢰수준을 높이면 표집오차가 커지게 됩니다. 표본의 수가 증가할수록 표집오차는 감소하는 경향이 있으므로, 동일한 상황에서 신뢰수준을 높임으로써 나타날 수 있는 표집오차의 상승분을 표본의 크기를 증가시킴으로써 상쇄할 수 있습니다.

4 정규분포(Normal Distribution)

(1) 개 념 10회, 11회, 13회 기출

① 연속확률변수와 관련된 전형적인 분포 유형으로서, 정규분포의 모양과 위치는 분포의 평균과 표준편차에 의해 결정된다.

② 표본의 크기가 30개 이상으로 클수록 중심극한정리(Central Limit Theorem)에 의해 표본평균으로 구성된 표집분포가 모집단의 분포와 관계없이 정규분포에 가까워지게 된다.

③ 자연현상이나 사회현상의 대부분이 해당되며, 표본의 대표성에 관한 유용한 정보를 제공해 준다.

④ 표준오차는 표집분포의 표준편차에 해당한다. 중심극한정리에 의해 다른 조건이 일정할 경우 표본의 크기가 커지면 표준오차는 작아진다. 평균의 표준오차는 표본크기의 제곱근에 반비례하므로, 평균의 표준오차를 1/2로 감소시키기 위해서는 표본크기를 4배로 늘려야 하며, 1/3로 감소시키기 위해서는 표본크기를 9배로 늘려야 한다.

(2) 정규분포곡선(Normal Distribution Curve) 10회 기출

① 평균을 중심으로 연속적 · 대칭적 종 모양 형태를 지니며, 평균값이 최빈값 및 중앙값(중위수)과 일치하는 정상분포에 해당한다.

② 표준정규분포의 평균은 '0'이고 표준편차는 '1'이다.

③ 평균값 '0'에서 전체 도수의 약 34%가 속해 있는 Z값은 '1', 약 48%가 속해 있는 Z값은 '2'이다. 이때 Z점수는 원점수를 평균이 '0', 표준편차가 '1'인 Z분포상의 점수로 변환한 점수이다.

④ '-1'과 '1' 사이의 Z값은 약 68.3%, '-2'와 '2' 사이의 Z값은 약 95.4%, '-3'과 '3' 사이의 Z값은 약 99.7%로 나타난다.

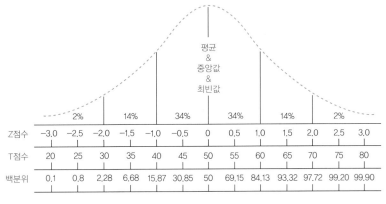

			2%	14%		34%	34%		14%	2%		
Z점수	-3.0	-2.5	-2.0	-1.5	-1.0	-0.5	0	0.5	1.0	1.5	2.0	2.5	3.0
T점수	20	25	30	35	40	45	50	55	60	65	70	75	80
백분위	0.1	0.8	2.28	6.68	15.87	30.85	50	69.15	84.13	93.32	97.72	99.20	99.90

정규분포곡선

02절 욕구조사

1 욕 구

(1) 개 념

① 욕구란 본래 개인의 생존과 발전을 위해 필요한 것이 결핍되어 있어 이를 요구하는 상태를 말한다.

② 개인이 가지고 있는 욕구를 '개인적 욕구', 대다수의 사회구성원들이 가지고 있는 욕구를 '사회적 욕구'라 한다.

③ 사회적 욕구의 존재는 곧 사회문제가 존재한다는 것을 의미한다.

(2) 욕구의 4가지 유형(Bradshaw) 8회, 10회, 13회 기출

규범적 욕구	• 기준 또는 규범의 개념에 욕구를 대입한 것으로서, 관습이나 권위 또는 일반적 여론의 일치로 확립된 표준 또는 기준의 존재를 가정한다. • 일반적으로 기존의 자료나 유사한 지역사회조사, 또는 전문가의 판단에 의해 제안된 욕구에 해당한다. • 기존의 서비스 수준과 실제 비율을 비교함으로써 구체적인 변화의 표적을 만들어 낼 수 있는 데 반해, 욕구의 단계들이 지식, 기술, 가치 등의 양상에 의해 수시로 변한다는 문제점을 가지고 있다.
인지적 욕구 (체감적 욕구)	• 욕구는 사람들이 그들의 욕구로 생각하는 것 또는 욕구로 되어야 한다고 느끼는 것으로 정의될 수 있다. • 보통 사회조사를 통해 응답자가 선호하는 대상에 대해 질문함으로써 욕구를 파악한다. • 사람의 체감적 욕구는 각자의 기대수준에 따라 수시로 변경될 수 있다는 문제점을 가지고 있다.
표현적 욕구 (표출적 욕구)	• 욕구를 가진 당사자가 욕구를 충족시키기 위해 행위로 표현하는 욕구를 말한다. • 서비스에 대한 수요에 기초하여 느껴진 욕구가 표출되는 것으로서, 개인이 서비스를 얻기 위해 어떠한 노력을 기울이고 있는지가 핵심적인 변수에 해당한다. • 개인이 특정 욕구를 가지고 있다고 해서 반드시 서비스를 원하는 것은 아니라는 문제점을 가지고 있다.
비교적 욕구 (상대적 욕구)	• 욕구는 한 지역사회에 존재하는 서비스 수준과 함께 다른 유사한 지역사회나 지리적 영역에 존재하는 서비스 수준 간의 차이로 측정된다. • 해당 지역사회가 다른 유사한 지역사회에서 제공하는 것과 흡사한 서비스를 제공하고 있지 않은 경우 욕구가 있는 것으로 볼 수 있다. • 지역 간 욕구를 비교하기 위해서는 기본적으로 각 지역의 특성에 대한 조사가 선행되어야 한다는 문제점을 가지고 있다.

출제의도 체크

정부가 제시한 노인인구 천 명당 적정 병원수로, A지역의 보건의료서비스 욕구를 파악하였다면, 이는 정부가 제시한 기준에 근거한 것이므로 규범적 욕구와 연관됩니다.

▶ 10회 기출

2 욕구조사

(1) 개 념

① 한정된 지역 안에서 사람들의 욕구수준을 확인해내고 이를 수량화하는 방법이다.

② 지역주민의 욕구를 해결하기 위한 새로운 서비스를 개발하거나 기존 서비스를 수정·보완하기 위해 실시한다.

(2) 목 적

① 지역주민이 필요로 하는 각종 서비스 또는 프로그램을 파악한다.

② 지역주민에게 사업 및 프로그램 추진의 필요성에 대해 인식시킨다.

③ 서비스 및 프로그램 운영에 필요한 예산할당기준을 마련한다.

④ 현재 수행 중인 사업을 평가하는 데 요구되는 보조 자료를 마련한다.

⑤ 프로그램을 수행하는 지역사회 내의 기관들 간의 상호관계를 파악한다.

⑥ 지역사회에 사회복지기관의 필요성 및 존재의 정당성을 널리 인식시킴으로써 지역사회의 지원을 받을 수 있는 근거를 마련한다.

(3) 자료수집방법 _{매회} 기출

① **사회지표조사 또는 사회지표분석(Social Indicator Analysis)**

일정 인구가 생활하는 지역의 지역적·생태적·사회적·경제적 및 인구적 특성에 근거하여 지역사회의 욕구를 추정할 수 있다는 전제하에 사회지표를 분석하는 방법이다.

예 소득수준, 실업률, 주택보급률, 범죄율 등

② **2차 자료 분석(Secondary Data Analysis)**

지역주민을 대상으로 직접 자료를 수집하는 것이 아닌 지역사회 내 사회복지기관의 서비스수혜자에 관련된 각종 기록을 검토하여 욕구를 파악하는 비관여적 방법이다.

예 인테이크 자료, 면접기록표, 기관의 각 부서별 업무일지, 서비스대기자명단 등

③ **지역사회 서베이(Community Survey)**

지역사회의 일반 인구 또는 특정 인구의 욕구를 조사하기 위하여 이들 전체 인구를 대표할 수 있는 표본을 선정하고, 이들이 생각하거나 느끼는 욕구를 조사하여 조사대상 전체의 욕구를 측정하는 방법이다.

④ **주요정보제공자 조사(Key Informant Method)**

지역사회 전반의 문제에 대해 잘 알고 있는 지역 지도자 또는 정치가, 기관의 서비스제공자, 인접 직종의 전문직 종사자, 공직자 등을 대상으로 질문하여 그 표적집단의 욕구 및 서비스 이용 실태 등을 파악하는 방법이다.

바로암기 ○×

사회지표조사는 기존자료를 활용하는 방법이다?

( )

정답 ○

⑤ **지역사회포럼 또는 지역사회공개토론회(Community Forum)**

지역사회에 실제 거주하거나 지역사회를 위해 활동하는 사람들을 대상으로 공개적인 모임을 주선하여 지역문제에 대한 설명을 듣는 것은 물론, 직접 지역사회 내의 문제에 대해 의견을 피력할 수 있도록 하는 방법이다.

⑥ **공청회 또는 지역사회공청회(Public Hearings)**

지역주민의 관심 대상이 되는 주요한 사안과 관련하여 국회나 정부기관이 관련 분야의 학자나 이해당사자들을 참석하도록 하여 사전에 지역주민들의 의견을 듣도록 공개적인 자리를 마련하는 방법이다.

⑦ **초점집단기법(Focus Group Technique)**

소수 이해관계자들의 인위적인 면접집단 또는 토론집단을 구성하여 연구자가 토의 주제나 쟁점을 제공하며, 특정한 토의 주제 또는 쟁점에 대해 여러 명이 동시에 질의 · 응답을 하거나 인터뷰를 하는 등의 방법으로 상호작용을 통해 공동의 관점을 확인하는 방법이다.

⑧ **명목집단기법(Nominal Group Technique)**

비교적 짧은 시간 안에 다양한 배경을 가진 지역사회 내 집단의 이익을 수렴하기 위한 것으로서, 대화나 토론 없이 어떠한 비판이나 이의제기가 허용되지 않는 가운데 각자 아이디어를 서면으로 제시하도록 하여 우선순위를 결정한 후 최종 합의를 도출하기 위한 방법이다.

⑨ **델파이기법(Delphi Technique)**

전문가 · 관리자들로부터 우편이나 이메일(E-mail)로 의견이나 정보를 수집하여 그 결과를 분석한 후 그것을 다시 응답자들에게 보내어 의견을 묻는 식으로 만족스러운 결과를 얻을 때까지 계속하는 방법이다.

⑩ **대화기법(Dialogue Technique)**

지역주민들로 하여금 지역 문제에 대한 공통의 이해를 토대로 문제해결을 위해 연합행동을 펼치도록 하는 방법이다.

⑪ **민속학적 조사방법 혹은 민속학적 기법(Ethnographic Technique)**

사회적 약자계층의 문화적 규범 및 실천행위를 규명하는 데 활용할 수 있는 방법으로서, 조사자의 관찰과 심층 인터뷰가 사용되며, 발견한 내용에 대한 서술적 형태의 묘사로 이루어진다.

심화연구실

1. 지역사회포럼 또는 지역사회공개토론회의 장단점 10회, 13회 기출

장 점	• 수집된 정보의 내용이 사전에 결정되지 않으므로 자유로운 토론을 통해 결론을 도출할 수 있다. • 지역 내의 광범위한 계층으로부터 의견을 수렴하므로, 지역사회의 전반적인 분위기를 파악하는 데 유리하다. • 시간과 비용의 측면에서 효율적이다. • 서베이 조사(설문조사)를 위한 사전준비작업으로 활용될 수 있다. • 사업이나 프로그램 실행 시 지역주민의 지지와 협조를 얻을 수 있는 계기가 된다.
단 점	• 명목상 공개적인 모임 형태로 이루어지나, 실제로 해당 문제에 관심을 가지고 있는 소수의 주민만이 참여하므로 표본의 편의현상이 나타날 수 있다. • 광범위한 참석자 중 소수의 인원에게만 의견 발표의 기회가 제공되므로, 의견 수렴의 대표성 확보가 어려울 수 있다. • 이익집단의 영향을 배제할 수 없다. • 지역사회의 문제에 대한 주민들의 관심을 증폭시킬 수는 있으나, 문제해결 방안에 대한 이견으로 오히려 실망감을 안겨줄 수 있다.

2. 주요정보제공자 조사의 장단점 10회 기출

장 점	• 비용과 인력 소요가 적으므로 경제적이다. • 표본선정 및 표본추출이 용이하므로 지역의 전반적인 문제를 간편하게 확인할 수 있다. • 기존의 조사방법을 활용할 수 있으므로 융통적·신축적이다. • 지역에 대한 양적 정보뿐만 아니라 질적 정보도 파악할 수 있다.
단 점	• 주요정보제공자들이 가지고 있는 정보의 양과 질에 의존하게 된다. • 주요정보제공자의 선정에 있어서 기준이 불명확하다. • 의도적인 표집으로 인한 표집자 편의현상이 나타날 수 있다. • 지역사회의 욕구와 관련하여 지역의 일반주민과 지도자 또는 정치가 간에는 시각적 차이가 존재한다. • 지역의 대표자가 지역주민 전체의 의견을 대변할 수 있는지에 대한 의문으로 인해 표본의 대표성 문제가 제기된다.

출제의도 체크

지역사회포럼은 조사대상자를 상대로 개별적으로 자료를 수집하는 데 있어서 불리합니다.
▶ 9회 기출

제2영역

바로암기 OX

주요정보제공자 조사는 표본의 대표성이 높다?
( )

해설
표본의 대표성 문제가 제기된다.

정답 ×

05 | 연구방법론

01절 2차 자료 분석 및 내용분석법

1 비관여적 연구조사

(1) 관여적 연구조사와 비관여적 연구조사　14회, 22회 기출

관여적 연구조사	보통 연구대상 스스로 자신이 연구대상임을 알고 있으므로, 연구자와 연구대상자 간의 상호작용에 따른 반응성으로 인해 연구대상자들의 부자연스러운 대답이나 행동을 초래할 수 있다. 예 한부모가정의 청소년 진로문제에 관한 대인면접, 청소년의 약물남용 실태를 파악하기 위한 서베이(Survey) 등
비관여적 연구조사	관여적 연구조사의 반응성 문제를 해결하기 위해 기존의 통계자료나 문헌, 기록물이나 역사자료, 물리적 흔적 등을 분석함으로써 연구대상자와 아무런 상호작용 없이 비관여적으로 자료를 수집한다. 예 한부모 관련 기존통계의 분석연구, 아동학대 관련 사례파일의 분석연구, 물리적 흔적을 분석한 박물관 전시 공간 재배치 연구 등

(2) 비관여적 연구조사의 특징　10회 기출

① 관찰현상에 대한 연구자의 영향력을 줄인다.
② 드러난 내용과 숨어 있는 내용을 이해한다.
③ 연구자가 타당도와 신뢰도 간의 선택에 따른 딜레마로 고민할 수 있다.
④ 자료수집을 위해 다원측정(Triangulation)의 원칙을 활용한다.
⑤ 분석자료가 양적 자료에 해당하는 경우 등간척도나 비율척도를 이용할 수 있다.

전문가의 **한마디**

비관여적 연구조사는 반응성 문제를 해결하기 위한 것으로 '비반응성 연구조사'로도 불립니다. 물리적 흔적조사나 단순 관찰에 의한 '비관여적 측정'을 비롯하여 '2차 자료 분석'이나 '내용분석법'은 비관여적 방법에 해당합니다.

전문가의 **한마디**

다원측정(Triangulation)은 동일한 정보를 수집하는 데 몇 가지 다른 방법을 사용하는 것입니다.

2 2차 자료 분석

(1) 개 념 12회, 15회 기출

① 2차 자료는 개인, 집단, 조직, 기관 등에 의해 이미 만들어진 방대한 자료로서, 연구목적을 위해 사용될 수 있는 기존의 모든 자료를 의미한다.

② 2차 자료 분석은 비관여적 방법으로서, 연구자가 직접 새로운 자료를 수집하는 대신 이미 만들어진 자료를 대상으로 자료를 수집 및 분석하는 방법이다.

(2) 장단점 12회, 15회 기출

장 점	• 자료를 직접 수집하지 않아도 되며, 정부나 연구소 등의 통계자료를 활용할 수 있다. • 기존 데이터를 수정 · 편집해 분석할 수 있다. • 장기간의 변화 분석과 비교조사가 가능하다. • 관찰대상에 대한 연구자의 영향력이 미치지 않는다. • 자료수집을 위한 시간과 노력이 절약된다. • 비교적 적은 비용으로 대규모 사례분석이 가능하다.
단 점	• 통계적 기법으로 자료의 결측값을 대체할 수 있으나, 자료의 결측값을 추적할 수는 없다. • 2차 자료 중에는 자료의 신뢰성이나 타당성 여부를 알 수 없는 경우도 있다. • 2차 자료를 분석하는 과정에서 연구자의 편견이 개입될 수도 있다.

3 내용분석법

(1) 개 념 12회, 13회, 14회, 16회, 18회, 22회 기출

① 의 미

　㉠ 여러 가지 문서화된 매체들을 중심으로 연구대상에 필요한 자료들을 수집하는 방법으로, 인간의 의사소통의 기록을 객관적 · 체계적 · 수량적으로 기술한다.

　㉡ 기존의 기록물이나 역사자료 등을 분석하는 비관여적 조사로서, 분석의 대상으로 인간의 모든 형태의 의사소통 기록물을 활용할 수 있다.

　　예 책 등의 출판물, 신문 · 잡지 · TV · 라디오 · 영화 등의 대중매체, 각종 공문서나 회의록, 개인의 일기 · 편지 · 자서전, 상담에 관한 기록자료, 그 밖에 녹음 또는 녹화자료 및 각종 그림이나 사진 등의 영상자료

② 특 징 11회, 17회 기출

　㉠ 문헌연구의 일종이다.

　㉡ 의사전달의 메시지 자체가 분석의 대상이다.

　㉢ 메시지의 현재 내용은 물론 잠재적 내용(Latent Content)도 분석의 대상이 된다.

전문가의 한마디

결측(Missing)은 본래 연구자가 분석에서 제외한다는 것을 말합니다. 연구자는 수집된 자료 중 연구주제와 관련이 없다고 판단되는 것을 제외할 수 있으며, 이를 결측값(Missing Value)으로 처리하여 나타낼 수 있습니다.

바로암기 ○×

2차 자료 분석은 신뢰도와 타당도에 관한 문제는 발생하지 않는다?

(　)

해설

2차 자료 중에는 자료의 신뢰성이나 타당성 여부를 알 수 없는 경우도 있다.

정답 ×

출제의도 체크

내용분석법에서의 표집(표본추출)방법은 일반적인 표집방법과 동일하며, 단순무작위 표집, 계통표집(체계적 표집), 층화표집, 집락표집(군집표집) 등의 방법들을 사용할 수 있습니다.

▶ 17회 기출

전문가의 **한마디**

내용분석은 일반적으로 질적 자료를 양적 자료로 전환하여 분석하는 방식으로 이루어집니다.

ⓔ 과학적 연구방법의 요건을 갖추어야 한다.

ⓜ 자료가 방대한 경우 다양한 표집(표본추출)방법을 사용하여 모집단 내에서 표본을 추출할 수 있다.

ⓗ 양적 분석방법과 질적 분석방법 모두 사용한다.

(2) 부호화와 범주화

① 부호화 혹은 코딩(Coding)

내용분석은 본질적으로 어떤 개념적 틀에 따라 의사소통을 코딩(Coding)하는 작업으로 볼 수 있다.

전문가의 **한마디**

부호화 혹은 코딩(Coding)은 수집된 자료에 포함된 원래 형태의 속성값을 숫자나 문자 등과 같은 기호로 치환하는 과정을 의미합니다.

예 신문사설은 진보적인지 혹은 보수적인지로 부호화할 수 있고, 라디오 방송은 선정적인지 그렇지 않은지로 부호화할 수 있으며, 소설은 낭만적인지 그렇지 않은지로 부호화할 수 있다.

② 범주화(Categorization)

범주(Category)는 내용의 특징을 분류하는 체계로서, 내용분석을 위한 기준항목의 특성을 파악하기 위해 사용되는 개념적인 틀이다. 내용분석법에서는 범주 설정에 있어서 포괄성과 상호배타성을 확보해야 한다.

심화연구실

1. 문서화된 자료를 분석하는 코딩기법 16회, 19회 기출

개방코딩 (Open Coding)	• 연구자가 인터뷰, 관찰, 각종 문서 등의 자료를 토대로 밝히고자 하는 어떠한 현상에 대해 최초로 범주화를 시키는 과정이다. • 특정 현상에 대해 개념을 명확히 하고, 그 속성과 수준을 자료 내에서 형성해 나간다.
축코딩 (Axial Coding)	• 개방코딩을 하는 과정에서 해체되고 분해된 원자료를 재조합하는 과정이다. • 개방코딩에서 생겨난 범주들을 패러다임이라는 구조적 틀에 맞게 연결시킨다.
선택코딩 (Selective Coding)	• 핵심범주를 선택하며, 선택한 핵심범주를 다른 범주들과 연관지어 이들 간의 관련성을 확인하고 범주들을 연결시키는 과정이다. • 이론을 통합시키고 정교화하는 과정으로, 이론적 포화(Theoretical Saturation)와 변화범위(Range of Variability)에 대한 작업을 진행한다.

전문가의 **한마디**

이론적 포화(Theoretical Saturation)는 분석 도중 더 이상 새로운 속성이나 차원이 나타나지 않는 범주 발전 과정의 한 지점을 말하는 반면, 변화범위(Range of Variability)는 한 개념이 속성에 따라 차원적으로 변화하는 정도로 말합니다.

2. 축코딩에서 패러다임의 구성요소 20회 기출

조 건	• 인과적 조건 : 어떤 현상이 발생하거나 현상에 영향을 미치는 사건이나 일 • 맥락적 조건 : 어떤 현상에 영향을 미치는 상황이나 문제가 발생하도록 하는 구조적 조건들 • 중재적 조건 : 중심현상을 매개하거나 변화시키는 조건들
작용/상호작용	어떠한 현상, 문제, 상황을 일상적으로 혹은 전략적으로 다루고, 조절하고, 반응하는 것
결 과	작용/상호작용의 산물로서 결과적으로 무엇이 일어났는가에 관한 것

(3) 분석단위 5회, 13회, 16회 기출

① 기록단위(Recording Unit)

단어 또는 상징	조사에서 일반적으로 적용되는 최소단위로서 복합단위도 포함된다. 단어는 경계가 명확하여 구분이 쉬운 반면, 동일한 단어가 맥락에 따라 달리 해석될 수도 있다.
주제 또는 테마	가장 단순한 형태는 주어와 술어로 구성된 단순문장이다. 대부분의 본문내용에서 주제는 절, 단락, 예시로 나타나기 때문에 주제를 기록단위로 사용하는 경우 어떤 것이 나타나게 될 것인가를 구체적으로 밝혀야 한다.
인 물	소설, 연극, 영화, 라디오 및 그 밖의 연예프로그램에서 등장인물의 인종적 · 사회적 · 경제적 · 심리적 속성을 파악함으로써 작가의 성품 등을 유추할 수 있다.
문 장 (문단 또는 단락)	문장과 문단 같은 문법적 단위는 분석단위로 쓰이기는 해도 하나의 단일범주로 분류하기는 어렵다.
항목 또는 품목	메시지의 생산자에 의해 이용되는 전체단위이다. 항목 전체에 의한 분석은 항목 내의 변이가 작고 중요하지 않은 경우에 적합하다.

출제의도 체크

주제보다 단어를 기록단위로 할 때 자료수집 양이 많습니다.

▶ 16회 기출

② 맥락단위(Context Unit)

기록단위가 들어 있는 상위단위에 해당하는 것으로서, 기록단위의 의미를 파악하는 데 사용된다. 예를 들어, 하나의 단락 안에 두 개 이상의 주제가 들어 있는 경우 단락을 맥락단위로 한다.

출제의도 체크

맥락단위는 기록단위보다 더 큰 단위여야 합니다.

▶ 16회 기출

(4) 내용분석법의 장단점 9회, 12회, 18회, 19회 기출

장 점	• 비관여적 접근을 통해 조사대상자 혹은 정보제공자의 반응성을 유발하지 않는다. • 인간의 의사소통 기록을 체계적으로 분석할 수 있으며, 분석상의 실수를 언제라도 수정할 수 있다. • 비용과 시간을 절감할 수 있다. • 가치, 욕망, 태도, 창의성, 인간성 또는 권위주의 등 다양한 심리적 변수를 효과적으로 측정할 수 있다. • 장기간의 종단연구가 가능하며, 역사연구 등 소급조사가 가능하다. • 여타의 관찰 또는 측정방법에 대한 타당성 여부를 조사하기 위해 사용될 수 있다. • 여타의 연구방법과 병용이 가능하다. 즉, 실험적 연구의 결과 또는 개방형 질문의 응답내용 등에 대한 내용분석이 가능하다. • 다른 조사에 비해 실패 시의 위험부담이 적으며, 필요한 경우 재조사가 가능하다. • 양적 조사와 질적 조사에 공통으로 사용할 수 있다.
단 점	• 기록된 자료에만 의존해야 하며, 자료의 입수가 제한되어 있는 경우도 적지 않다. • 단어나 문장, 표현이나 사건을 통해 명백히 드러난 내용과 숨겨진 내용을 구분하는 데 어려움이 있다. • 분류 범주의 타당도 확보가 곤란하다. • 기존자료의 신뢰도 및 자료분석에 있어서 신뢰도가 흔히 문제시된다. • 선정편향(Selection Bias)이 발생할 수 있다.

출제의도 체크

내용분석은 양적인 분석방법과 질적인 분석방법 모두를 사용하며, 일정한 연구가설을 경험적으로 검증하는 것을 목적으로 하는 만큼 가설검증을 필요로 합니다.

▶ 19회 기출

02절 질적 연구와 양적 연구

1 질적 연구방법론

(1) 질적 연구방법의 개념

① 의미 17회, 20회 기출

㉠ 질적 연구방법은 정성적 연구로서 언어, 몸짓, 행동 등 상황과 환경적 요인들을 조사하는 방법이다.

㉡ 해석학, 현상학적 인식론 등에 바탕을 두기 때문에 주관성과 상황적 변화를 강조하며, 특히 인간행동의 가변성과 역동성을 중시한다.

㉢ 어떤 일이 일어나고 있는지를 있는 그대로 기술(Description)하고자 할 때, 연구주제에 대해 보다 구체적으로 탐색(Exploration)할 필요가 있을 때 활용한다.

㉣ 사례연구, 현상학적 연구, 근거이론연구, 문화기술지연구(민속지학연구), 내러티브 연구, 생애사 연구, 참여행동연구 등이 질적 연구방법을 따른다.

② 특징 2회, 5회, 6회, 8회, 12회, 14회, 15회, 17회, 18회, 22회 기출

㉠ 자료의 원천으로서 자연스러운 상황, 즉 현장에 초점을 둔다.

㉡ 풍부하고 자세한 사실의 발견이 가능하며, 문제에 대한 통찰력을 제공한다.

㉢ 현상에 대해 심층적으로 기술한다.

㉣ 탐색적 연구에 효과적이며, 참여자들의 관점, 그들의 의미에 초점을 둔다.

㉤ 연구참여자의 상황적 맥락 안에서 이루어진다.

㉥ 연구자 자신이 자료수집의 도구가 되어 대상과 긴밀한 관계를 유지하면서 주관적으로 수행하므로 대체해서는 안 된다.

㉦ 과정에 관심을 가지며, 선(先)조사 후(後)이론의 귀납적 방법을 주로 활용한다.

㉧ 타당성 있는 실질적이고 풍부한 깊이 있는 자료의 특징을 가진다.

㉨ 양적 연구에 비해 외적 타당도 확보에 어려움이 있으며, 연구결과의 일반화 가능성이 낮다.

(2) 질적 연구의 자료수집방법 10회, 17회 기출

① 관찰(Observation)

연구자는 어떤 행동이나 사회적 과정 또는 특정 개인을 조사하기 위해 연구대상을 면밀히 관찰한다. 관찰은 관계설정 및 개입수준에 따라 소극적이거나 능동적으로 이루어지는데, 특히 완전참여자로서 연구자는 자신이 연구자임을 밝히지 않은 채 연구대상의 구성원이 되어 관찰연구를 수행하는 반면, 완전관찰자로서 연구자는 연구대상과의 상호작용을 배제한 채 단순히 제삼자로서 관찰연구를 수행한다.

② **심층면접(In-depth Interview)** 22회 기출

연구자가 개방적 질문을 통해 연구대상자의 경험, 관계 및 세계관 등 보다 깊이 있는 내용에 대해 구체적으로 이야기하도록 유도한다.

③ **개인 기록의 분석(Reading of Personal Documents)**

연구대상자의 내면에 대한 정보를 제공하는 중요한 정보원으로서 편지나 일기, 자서전, 사진 등을 분석한다.

④ **초점집단면접(Focus Group Interview)**

초점집단에 참여하는 구성원에게 어떤 주제에 대한 상호작용을 유발함으로써 참가자로 하여금 의미 있는 제안이나 의견을 도출하도록 하여 자료를 수집한다.

(3) 질적 연구방법의 엄격성(Rigor)을 높이는 주요 전략 14회, 19회, 21회 기출

① 장기적 관여 혹은 관찰(Prolonged Engagement)을 위한 노력

② 동료 보고와 지원(동료집단의 조언 및 지지)

③ 연구자의 원주민화(Going Native)를 경계하는 노력

④ 해석에 적합하지 않은 부정적인(예외적인) 사례(Negative Cases) 찾기

⑤ 삼각측정 또는 교차검증(Triangulation)

⑥ 감사(Auditing)

⑦ 연구윤리 강화 등

심화연구실

1. 부정적인 사례(Negative Cases) 15회 기출

• 연구자의 관점에서 자신의 기대 혹은 설명이 일치되지 않은 예외적인 사례를 말한다.
• 예외적인 사례의 분석은 연구자로 하여금 자료 분석 과정에서 자기 자신의 결점을 찾아내도록 하는 역할을 한다.

2. 삼각측정 또는 교차검증(Triangulation) 13회 기출

• 질적 연구 결과의 신뢰도를 제고하기 위한 다각화 방법으로, 연구자의 편견 개입 가능성을 줄이고 자료의 객관성을 높이기 위해 실시한다.
• 하나의 개념을 측정하기 위해 두 개 이상 관련 자료를 수집함으로써 상호일치도가 높은 자료를 판별하여 사용할 수 있다.

---

(4) 질적 연구방법의 문제점 7회, 18회 기출

① 시간이 많이 소요된다.

② 자료 축소의 어려움이 있다.

③ 표준화된 절차가 결여된다.

④ 다수의 표본으로 조사하기 어렵다.

⑤ 다른 연구자들에 의한 재연이 어려우므로 신뢰도 확보에 문제가 있다.

⑥ 연구자와 대상자 간의 친밀한 관계는 연구의 엄밀성을 해칠 수 있다.

전문가의 한마디

질적 연구는 주로 심층면접, 참여관찰 등의 자료수집방법을 사용하며, 특히 심층규명을 합니다. 심층규명, 즉 프로빙(Probing)은 응답자의 대답이 불충분하거나 정확하지 못한 경우 추가적인 질문을 통해 충분하고 정확한 대답을 얻을 수 있도록 캐묻는 질문을 말합니다.

전문가의 한마디

연구자가 자신의 편견으로 해석에 적합한 정보만을 수집하는 경우 질적 연구의 타당성은 저하될 수밖에 없으므로, 이를 극복하기 위해 자신의 기대 혹은 설명이 일치되지 않은 부정적인 사례(Negative Cases)를 찾아내어 이를 면밀히 검토할 필요가 있습니다.

2 양적 연구방법론

(1) 양적 연구방법의 개념

① 의 미

　㉠ 양적 연구방법은 정량적 연구로서 대상의 속성을 계량적으로 표현하고 그들의 관계를 통계분석을 통해 밝혀내는 방법이다.

　㉡ 실증주의, 논리실증주의적 인식론 등에 바탕을 두기 때문에 객관성과 보편성을 강조하며, 특히 인간행동의 규칙성과 안정성을 중시한다.

　㉢ 사례중심의 분석이 이루어지는 질적 연구방법과 달리, 변수중심의 분석이 이루어진다.

　㉣ 주로 질문지법(설문지법)이나 실험법 등의 자료수집방법을 사용하며, 모집단을 대표할 수 있는 표본을 추출하는 확률표본추출을 사용한다.

② 특 징　13회, 15회, 19회 기출

　㉠ 사소하거나 예외적인 상황은 배제하여 가설에서 설정한 관계를 확률적으로 규명하려 한다.

　㉡ 동일한 연구조건이라면 같은 결과가 산출된다고 보기 때문에 연구자를 교체할 수 있다.

　㉢ 관찰자에 관계없이 사물은 보편적으로 실재한다고 본다.

　㉣ 결과에 관심을 가지며, 선(先)이론 후(後)조사의 연역적 방법을 주로 활용한다.

　㉤ 일반적으로 신뢰도가 더 높다. 즉, 신뢰성 있는 결과의 반복이 가능하다.

　㉥ 연구결과의 일반화 가능성이 높다.

(2) 양적 연구방법의 문제점　13회 기출

① 인위적 · 통제적이다.

② 실제로 다른 변인의 통제가 어렵다.

③ 구체화의 문제가 있다.

④ 질적 연구에 비해 내적 타당도 확보에 어려움이 있다.

⑤ 하나의 가설에 변수가 많을수록 가설검증에 불리하다.

바로암기 ○×

양적 연구방법에서 주로 사용되는 자료수집방법은 면접과 관찰이다?

(　)

해설
양적 연구방법에서도 구조화된 면접이나 관찰을 사용하기도 하나, 주로 질문지법(설문지법)이나 실험법 등의 방법을 사용한다.

정답 ×

출제의도 체크

기존의 통계자료에 대한 분석을 토대로 연구가 이루어지는 사회지표조사는 양적 연구에 가깝습니다.

▶ 20회 기출

출제의도 체크

질적 조사에 비하여 양적 조사에서는 연역법을 주로 사용합니다.

▶ 19회 기출

3 혼합연구방법론

(1) 혼합연구방법의 개념

① 의 미

㉠ 양적 연구는 수를 중심으로 객관화와 일반화라는 가치를 가지고 있음에도 불구하고, 복잡한 인간의 다양한 현상을 이해하는 데 한계가 있다. 반면, 질적 연구는 연구자의 주관적인 편견을 배제하기 어려우며, 소수 참여자(연구대상자)의 결과를 일반화하기 어렵다는 제한점이 있다.

㉡ 혼합연구방법은 양적 연구와 질적 연구의 제한점을 상호 보완하기 위한 것으로서, 서로 다른 양상을 보이는 양적 자료원과 질적 자료원의 통합을 통해 연구대상에 대한 보다 심층적인 이해를 도모하려는 시도이다.

② 특 징 8회, 11회, 16회, 18회 기출

㉠ 철학적, 개념적, 이론적 틀을 기반으로, 각각의 연구방법을 통해 얻은 결과가 서로 확증되는지 알아보기 위해 사용한다.

㉡ 양적 연구의 결과에서 질적 연구가 시작될 수도, 질적 연구의 결과에서 양적 연구가 시작될 수도 있다.

㉢ 양적 연구와 질적 연구 중 어느 한 방법이 우선시되는 것은 아니며, 연구에 따라 두 가지 방법의 비중이 상이할 수 있다.

㉣ 양적 연구와 질적 연구에 대한 전문적 지식이 모두 필요하며, 다양한 패러다임을 수용할 수 있어야 한다.

㉤ 양적 연구 결과와 질적 연구 결과가 서로 상반될 수도 있음을 염두에 두어야 한다.

출제의도 체크

혼합연구방법론에서 질적 연구 결과와 양적 연구 결과가 일치해야 하는 것은 아닙니다.

▶ 16회 기출

(2) 혼합연구방법의 설계유형(Creswell et al.) 18회 기출

삼각화 설계 (Triangulation Design)	• 정성적 자료와 정량적 자료가 대등한 위상을 가지는 설계방식이다. • 정성적 및 정량적 분석결과를 직접 대조시켜 각각의 결과의 유효성을 재차 검증하거나 정성적 방법을 정량적 방법으로 변환시키기 위해 사용된다.
내재적 설계 (Embedded Design)	• 한쪽의 자료유형이 다른 쪽의 자료유형에 포섭된 설계방식이다. • 포섭하는 자료유형이 일차적인 역할을 수행하는 반면, 포섭된 자료유형은 이차적인 역할을 수행한다.
설명적 설계 (Explanatory Design)	• 정량적 분석결과를 설명하기 위해 정성적 분석이 추가되는 설계방식이다. • 정량적 조사로 일반적인 논리와 이해를 얻은 후 정성적 조사를 통해 통계적 결과에 대한 분석을 수정하고 정량적 조사로 발견하지 못한 현상을 발견할 수 있다.
탐색적 설계 (Exploratory Design)	• 첫 번째 분석이 완료된 후 다른 분석을 시작하는 2단계 설계방식이다. • 설명적 설계와 달리 정성적 분석이 완료된 후 정량적 분석이 이루어지는 경우가 대부분이다.

전문가의 한마디

혼합연구방법의 유형은 학자들에 따라 다양하게 제안되고 있으나, 크레스웰(Creswell) 등이 제안한 네 가지 유형이 널리 알려져 있습니다.

제2영역 | 적중문제 다잡기

CHAPTER 01 과학적 방법과 조사연구

01 다음 중 지식을 습득하는 과정에서 발생하는 오류에 대한 설명으로 옳은 것은?

① 부정확한 관찰 – 규칙성을 전제로 이와 부합되는 특수한 사례만을 관찰하는 것이다.

② 선별적 관찰 – 관찰자의 자아특성이 현상을 이해하는 데 영향을 미치는 것이다.

③ 사후가설 설정 – 의식적 활동의 부재로 현상에 대한 정확한 관찰이 이루어지지 않는 것이다.

④ 과도한 일반화 – 관찰된 소수의 사건이나 경험을 근거로 현상의 규칙성을 일반화시키는 것이다.

⑤ 자아개입 – 자신의 일반화된 관점을 유지하기 위해 스스로 사실이 아닌 정보를 만들어 내는 것이다.

[해설] ① 선별적 관찰, ② 자아개입, ③ 부정확한 관찰, ⑤ 꾸며진 지식

10회 **기출**

02 다음 (   ) 안에 알맞은 것은?

> 과학에서 (ㄱ)은(는) 과학자 공동체에 속한 모든 사람의 동의가 아니라 그 문제에 대하여 관심을 가지고 이해할 수 있는 사람들 간의 동의를 말한다. 즉, 일부가 자기들끼리 동의한 것이라는 의미에서 (ㄴ)(이)라고 부른다.

① ㄱ : 패러다임, ㄴ : 외적 타당성　　　　② ㄱ : 일상적 지식, ㄴ : 내적 타당성

③ ㄱ : 이론, ㄴ : 결정주의　　　　　　　　④ ㄱ : 객관성, ㄴ : 간(間)주관성

⑤ ㄱ : 일반화, ㄴ : 내적 한계

[해설] **객관성과 간주관성**

객관성 (Objective)	건전한 감각기관을 가진 여러 사람이 같은 대상을 인식하고, 그로부터 얻은 인상이 일치해야 한다는 것이다.
간주관성 (Intersubjective)	'상호주관성'이라고도 하며, 과학적 지식은 다른 연구자들에게도 연구과정과 결과가 이해되어야 한다는 것이다.

12회 기출

03 과학적 방법에 관한 설명으로 옳은 것은?

① 연역법적 논리의 상대적 우월성을 지지한다.

② 윤리적 실천을 수행할 수 있게 한다.

③ 모든 지식은 잠정적이라는 태도에 기반한다.

④ 연구의 반복을 요구하지 않는다.

⑤ 선별적 관찰에 근거한다.

[해설] ③ 과학적 방법은 모든 것을 잠정적으로 알 수 있다는 것을 전제로 하고 있다. 이는 과학적 지식의 속성상 미래의 언젠가는 다른
연구에 의해 현재 우리가 가지고 있는 지식이 변경될 수 있다는 의미이다.
① 연역법과 귀납법은 상호 보완적인 관계를 형성하며, 어느 하나의 우월성을 주장하기 어렵다.
② 과학적 방법은 윤리적인 쟁점을 부각시킨다.
④ 과학적 방법은 연구의 반복을 요구한다.
⑤ 선별적 관찰은 과도한 일반화에 의해 초래되는 일상적 지식 습득 과정에서의 오류에 해당한다.

04 다음 중 연역법과 귀납법에 대한 설명으로 옳지 않은 것은?

① 연역법과 귀납법은 상호 배타적인 관계를 형성한다.

② 연역법은 가설을 설정하는 것에서 출발한다.

③ 귀납법은 관찰로부터 시작하여 이론을 확정하거나 수정한다.

④ 귀납법은 특수한 사실로부터 일반적인 원리를 찾아낸다.

⑤ 귀납법은 '주제선정 → 관찰 → 경험적 일반화 → 이론'의 절차를 거친다.

[해설] **연역법과 귀납법의 관계**
• 연역법과 귀납법은 상호 보완적인 관계를 형성한다.
• 연역법은 구체적인 대상이나 현상에 대한 관찰에 일정한 지침을 제공하고, 귀납법은 경험적인 관찰을 통해 기존의 이론을 보충
또는 수정한다.

19회 기출

05 사회과학의 특성에 관한 설명으로 옳지 않은 것은?

① 자연과학에 비해 인과관계에 대한 명확한 결론을 내리기 어렵다.

② 끊임없이 변화하는 사회현상을 규명한다.

③ 관찰대상물과 관찰자가 분명히 구분된다.

④ 인간의 행위를 연구대상으로 한다.

⑤ 사회문화적 특성의 영향을 받는다.

[해설] ③ 자연과학에서는 관찰대상물과 관찰자가 분명히 구별될 수 있지만, 사회과학에서는 이들 양자가 혼연일체 되어 있는 경우가 많으므로 분명히 구별되지 않는 경향이 있다.

06 다음 중 쿤(T. Kuhn)의 과학적 패러다임에 대한 설명으로 옳지 않은 것은?

① 패러다임(Paradigm)은 현상에 대한 우리의 관점을 조직하는 근본적인 도식이다.

② 한 시기에 여러 개의 패러다임이 공존할 수 있다.

③ 과학은 지식의 누적에 의해 점진적으로 진보한다.

④ 상이한 과학적 패러다임은 실재의 본질에 대한 다른 입장을 반영한다.

⑤ 기존 패러다임의 위기가 명백해지면 새로운 패러다임으로 전환된다.

[해설] ③ 쿤(T. Kuhn)은 패러다임의 변화를 점진적인 것이 아닌 혁신적인 것으로 보았으며, 기존의 패러다임을 부정하고 새롭게 출발할 때 과학은 혁명적으로 발전한다고 주장하였다. 즉, 종래의 과학은 관찰, 가설 설정, 가설 검증, 이론 구축의 반복적ㆍ누적적인 과정을 통해 궁극적으로 진리를 향해 나아간다고 주장하지만, 쿤은 그와 같은 누적적 프로세스에 의한 진보의 과학관이 아닌 비누적적 프로세스에 의한 과학혁명(Scientific Revolutions)을 제시하였다.

16회 기출

07 사회과학의 패러다임에 관한 설명으로 옳지 않은 것은?

① 비판사회과학적 패러다임은 억압받는 집단의 권한을 강화하는 데에 관심을 둔다.

② 포스트모더니즘적 패러다임은 객관적 실재라는 개념을 신뢰한다.

③ 해석주의적 패러다임은 삶에 대한 주관적 의미에 관해 깊이 있게 탐구한다.

④ 실증주의적 패러다임은 경험적 관찰의 중요성을 강조한다.

⑤ 후기실증주의적 패러다임은 인간의 비합리적 행위도 합리적으로 설명할 수 있다고 본다.

[해설] ② 포스트모더니즘적 패러다임은 이성적 주체로서의 인간관과 주체의 인식에 의해 파악되는 객관적 실재로서의 지식관을 특징으로 한 모더니즘을 비판하면서, 객관적 실재의 개념을 불신하고 진리에 대한 객관적ㆍ보편적 기준을 거부한다.

08 다음 중 해석주의적 패러다임의 특징에 대한 설명으로 옳은 것을 모두 고른 것은?

> ㄱ. 개인의 일상경험을 해석하고 이해하는 것이 주된 목적이다.
> ㄴ. 말이나 행위의 사회적 맥락을 고찰한다.
> ㄷ. 주로 언어를 분석 대상으로 활용한다.
> ㄹ. 현상의 원인을 객관적으로 측정하며, 일반화를 전개하는 것이 중시된다.

① ㄱ, ㄴ, ㄷ   ② ㄱ, ㄷ
③ ㄴ, ㄹ   ④ ㄹ
⑤ ㄱ, ㄴ, ㄷ, ㄹ

[해설] ㄹ. 실증주의적 패러다임의 특징에 해당한다. 해석주의적 패러다임은 현상의 원인을 과학적·객관적으로 측정하는 것이 아닌 개인의 다양한 경험과 사회적 행위의 주관적 의미에 대한 해석과 이해를 통해 설명하고자 한다.

20회 기출

09 사회복지조사에 관한 설명으로 옳은 것을 모두 고른 것은?

> ㄱ. 사회복지관련 이론 개발에 사용된다.
> ㄴ. 여론조사나 인구센서스 조사는 전형적인 탐색 목적의 조사연구이다.
> ㄷ. 연구의 전 과정에서 결정주의적 성향을 지양해야 한다.
> ㄹ. 조사범위에 따라 횡단연구와 종단연구로 나뉘어진다.

① ㄱ, ㄷ
② ㄴ, ㄹ
③ ㄱ, ㄴ, ㄷ
④ ㄴ, ㄷ, ㄹ
⑤ ㄱ, ㄴ, ㄷ, ㄹ

[해설] ㄴ. 여론조사나 인구센서스 조사는 전형적인 기술(Description) 목적의 조사연구이다.
ㄹ. 시간적 차원(조사 시점 및 기간)에 따라 횡단연구(횡단조사)와 종단연구(종단조사)로 나뉘어진다. 참고로 조사대상의 범위 혹은 표본추출의 여부에 따라 전수조사와 표본조사로 분류된다.

16회 기출

10 사회과학의 연구윤리에 관한 설명으로 옳지 않은 것은?

① 수업시간에 조사하는 설문지도 응답자의 동의와 자발적 참여가 필요하다.

② 연구자는 연구대상자에게 피해를 줘서는 안 된다.

③ 응답자의 익명성과 비밀을 보장해야 한다.

④ 연구의 공익적 가치는 일반적으로 연구윤리보다 우선해야 한다.

⑤ 타인의 연구결과를 인용 없이 사용하는 경우를 표절이라 한다.

〔 해설 〕 ④ 연구의 진실성과 사회적 책임은 연구윤리의 기준이 된다. 물론 연구자가 연구를 통해 사회적 이익을 증진시키는 것은 바람직하나 이는 공익의 기준에 부합하는 것이어야 하며, 연구자는 자신의 연구가 사회에 미칠 영향을 자각하고 전문가로서 책임을 다하여야 한다.

21회 기출

11 사회조사의 목적에 관한 설명으로 옳지 않은 것은?

① 지난 해 발생한 데이트폭력사건의 빈도와 유형을 자세히 보고하는 것은 기술적 연구이다.

② 외상후스트레스로 퇴역한 군인을 위한 서비스개발의 가능성을 파악하기 위한 초기면접은 설명적 연구이다.

③ 사회복지협의회가 매년 실시하는 사회복지기관 통계조사는 기술적 연구이다.

④ 지방도시에 비해 대도시의 아동학대비율이 높은 이유를 보고하는 것은 설명적 연구이다.

⑤ 지역사회대상 설문조사를 통해 사회복지서비스의 만족도를 조사하는 것은 기술적 연구이다.

〔 해설 〕 ② 체계적인 본조사를 실시하기에 앞서 그 조사가 과연 실행가능한가를 초기면접을 통해 예비적으로 알아보는 것이므로 탐색적 연구로 볼 수 있다.

19회 기출

12 다음 (   )에 알맞은 조사유형을 모두 나열한 것은?

> 일정한 시간간격을 두고 연구대상을 표본추출하여 반복적으로 조사하는 방법에는 (   ), (   ), 동년배 조사 등이 있다.

① 패널조사, 경향조사   ② 패널조사, 문헌조사

③ 전수조사, 경향조사   ④ 전수조사, 표본조사

⑤ 문헌조사, 전문가조사

〔 해설 〕 **종단조사의 주요 유형**
경향분석(경향조사), 코호트 조사(동년배 조사), 패널조사(패널연구) 등

17회 기출

13 조사연구 과정의 일부분이다. 이를 올바르게 나열한 것은?

ㄱ. '대학생들의 전공에 따라 다문화수용성이 다를 것이다'라는 가설 설정
ㄴ. 표본을 추출하여 자료수집
ㄷ. 대학생들의 다문화수용성에 관한 선행연구 고찰
ㄹ. 구조화된 설문지 작성

① ㄱ → ㄴ → ㄷ → ㄹ
② ㄱ → ㄷ → ㄴ → ㄹ
③ ㄱ → ㄷ → ㄹ → ㄴ
④ ㄷ → ㄱ → ㄴ → ㄹ
⑤ ㄷ → ㄱ → ㄹ → ㄴ

[해설] **조사연구의 일반적인 과정**
연구문제 설정(ㄷ) → 가설 설정(ㄱ) → 조사설계(ㄹ) → 자료의 수집(ㄴ) → 자료의 분석 → 보고서 작성

11회 기출

14 개념의 조작화 과정에 관한 설명으로 옳은 것은?

① 조작적 정의, 명목적 정의, 측정의 순서로 이루어진다.
② 조작적 정의는 개념에 대한 사전적 정의이다.
③ 변수를 조작적으로 정의하는 방법은 한정되어 있다.
④ 조작화 과정의 최종 산물은 수량화이다.
⑤ 질적 조사에서 중요한 과정이다.

[해설] ① 개념의 구체화 과정은 '개념적 정의 → 조작적 정의 → 측정'의 순서로 이루어진다. '명목적 정의(Nominal Definition)'는 어떠한 개념이 내포하고 있는 실질적인 내용이나 속성을 고려하지 않은 채 연구자가 해당 개념에 대해 일정한 조건을 약정하여 규정한 것이다.
② 개념에 대한 사전적 정의는 개념적 정의(개념화)에 해당한다.
③ 특정한 변수를 조작적으로 정의하는 방법은 무수히 많을 수 있다. 즉, 하나의 변수에 대해 여러 가지 조작적 정의가 사용될 수 있다.
⑤ 개념의 조작화 과정은 양적 조사에서 중요한 과정에 해당한다.

17회 기출

15 **경험적으로 검증할 수 있는 가설의 예로 옳은 것은?**

① 불평등은 모든 사회에서 나타날 것이다.

② 대한민국에서 65세 이상인 노인이 전체 인구의 14% 이상이다.

③ 다양성이 존중되는 사회가 그렇지 않은 사회보다 더 바람직하다.

④ 여성의 노동참여율이 높을수록 출산율은 낮을 것이다.

⑤ 모든 행위는 비용과 보상에 의해 결정된다.

〔해설〕 ④ 가설(Hypothesis)은 둘 이상의 변수들로 이루어지는데, 이러한 변수들이 어떤 형태로 서로 관련되어 있는지를 명확히 서술해야 한다(예 여성의 노동참여율 ↑, 출산율 ↓). 또한 변수들 간의 관계는 경험적인 검증이 필요하므로, 가설에 포함된 변수들은 실제로든 혹은 잠정적으로든 측정 가능한 것으로 서술되어야 한다(예 통계자료의 활용 등).

16 **다음 중 프로그램의 개입 효과를 평가하는 연구에서 보기의 영가설에 대한 설명으로 옳지 않은 것은?**

> "두 개 모집단의 평균 간에 차이가 없을 것이다."

① 위의 가설을 기호로 표시하면 $\mu_1 \neq \mu_2$이다.

② 영가설은 가설검증을 위해 필요하다.

③ 연구가설을 반증하기 위해 사용된다.

④ 개입의 효과가 우연에 의해 발생하였다고 진술하는 가설이다.

⑤ 대립가설과 달리 처음부터 버릴 것을 예상하는 가설이다.

〔해설〕 **통계적 가설에서 영가설(귀무가설)과 대립가설**
- 영가설은 보통 "A는 B와 관계(차이)가 없다."는 식으로 표현되는 반면, 대립가설은 보통 "~의 관계(차이)가 있을 것이다"라고 기술한다.
- 두 개 모집단의 평균을 각각 'μ_1'와 'μ_2'로 표기할 때, 개입의 효과를 평가하는 연구에서 영가설(H_0)과 대립가설(H_1)은 다음과 같이 나타낼 수 있다.

> 영가설(H_0) : $\mu_1 = \mu_2$ 대립가설(H_1) : $\mu_1 \neq \mu_2$

14회 기출

17 다음 가설에서 ㄱ ~ ㄷ이 의미하는 변수의 종류를 바르게 짝지은 것은?

> 청소년이 제공받은 전문가 지지(ㄱ)는 외상경험(ㄴ)이 정신건강(ㄷ)에 미치는 부정적 영향을 완화시켜 줄 것이다.

① ㄱ : 독립변수, ㄴ : 매개변수, ㄷ : 조절변수
② ㄱ : 조절변수, ㄴ : 독립변수, ㄷ : 종속변수
③ ㄱ : 독립변수, ㄴ : 종속변수, ㄷ : 통제변수
④ ㄱ : 통제변수, ㄴ : 종속변수, ㄷ : 매개변수
⑤ ㄱ : 매개변수, ㄴ : 독립변수, ㄷ : 종속변수

〔 해설 〕 ② 독립변수는 원인을 가져다주는 기능을 하는 변수이며, 종속변수는 결과를 나타내는 기능을 하는 변수이다. 조절변수는 이와 같은 독립변수와 종속변수 사이의 관계를 체계적으로 변화시키는 일종의 독립변수로서, 종속변수에 영향을 미치는 독립변수의 인과관계를 조절할 수 있는 또 다른 독립변인을 말한다. 보기에서 '외상경험'은 일종의 원인으로, '정신건강'은 결과로 간주할 수 있다. 그리고 '전문가 지지'는 결과에 대한 영향력을 조절하는 기능을 하는 것으로 볼 수 있다.

19회 기출

18 다음 (　　)에 알맞은 내용으로 옳은 것은?

> • 독립변수 앞에서 독립변수에 영향을 주는 변수를 (ㄱ)라고 한다.
> • 독립변수의 결과인 동시에 종속변수의 원인이 되는 변수를 (ㄴ)라고 한다.
> • 다른 변수에 의존하지만 다른 변수에 영향을 미칠 수 없는 변수를 (ㄷ)라고 한다.
> • 독립변수와 종속변수 모두에 영향을 미치는 제3의 변수를 (ㄹ)라고 한다.

① ㄱ : 외생변수, ㄴ : 더미변수, ㄷ : 종속변수, ㄹ : 조절변수
② ㄱ : 외생변수, ㄴ : 매개변수, ㄷ : 종속변수, ㄹ : 더미변수
③ ㄱ : 선행변수, ㄴ : 조절변수, ㄷ : 종속변수, ㄹ : 외생변수
④ ㄱ : 선행변수, ㄴ : 매개변수, ㄷ : 외생변수, ㄹ : 조절변수
⑤ ㄱ : 선행변수, ㄴ : 매개변수, ㄷ : 종속변수, ㄹ : 외생변수

〔 해설 〕 ㄱ. 선행변수는 인과관계에서 독립변수에 앞서면서 독립변수에 유효한 영향력을 행사한다.
　　　　ㄴ. 매개변수는 독립변수와 종속변수 간에 직접적인 관련이 없으나 두 변수의 중간에서 매개자 역할을 한다.
　　　　ㄷ. 종속변수는 독립변수의 원인을 받아 일정하게 전제된 결과를 나타내는 기능을 한다.
　　　　ㄹ. 외생변수는 두 개의 변수 간에 가식적인 관계를 만드는 제3의 변수이다.

CHAPTER 02 조사연구의 설계

01 조사설계(Research Design)에 반드시 포함되어야 할 내용이 아닌 것은?

① 구체적인 자료수집방법
② 모집단 및 표집방법
③ 자료분석 절차와 방법
④ 연구문제의 의의와 조사의 필요성
⑤ 주요 변수의 개념정의와 측정방법

〔 해설 〕 ④ 연구문제의 의의와 조사의 필요성은 조사설계에 앞서 문제형성 과정에서 다룬다.

02 인과관계를 성립시키기 위한 요건에 해당하는 것을 모두 고른 것은?

> ㄱ. 독립변수가 종속변수를 시간적으로 앞서야 한다.
> ㄴ. 독립변수와 종속변수가 일정한 방식으로 같이 변해야 한다.
> ㄷ. 독립변수와 종속변수의 관계가 허위적 관계이어야 한다.

① ㄱ
② ㄱ, ㄴ
③ ㄱ, ㄷ
④ ㄴ, ㄷ
⑤ ㄱ, ㄴ, ㄷ

〔 해설 〕 ㄱ. 인과관계를 성립시키기 위한 요건 중 '시간적 우선성'에 해당한다.
　　　　　ㄴ. 인과관계를 성립시키기 위한 요건 중 '공변성'에 해당한다.

14회 기출

03 조사설계의 타당성에 관한 설명으로 옳은 것은?

① 내적 타당도와 외적 타당도는 서로 필요조건의 관계에 있다.

② 조사대상의 성숙은 외적 타당도에 영향을 미치는 요인이다.

③ 동일한 프로그램의 효과성이 서울과 제주에서 같지 않은 것은 외적 타당도의 문제이다.

④ 외적 타당도는 연구결과에 대한 대안적 설명 가능성 정도를 의미한다.

⑤ 특정 프로그램의 효과를 확인하기 위해 연구의 외적 타당도를 확보해야 한다.

[해설] ① 내적 타당도와 외적 타당도는 서로 상충관계(Trade-off)에 있다.
② 조사대상의 성숙은 내적 타당도를 저해하는 요인 중 하나이다.
④ 연구결과에 대한 대안적 설명 가능성 정도는 내적 타당도와 연관된다. 내적 타당도는 대안적 설명들에 대한 통제성 여부를 통해 판단된다.
⑤ 특정 프로그램의 효과를 확인하기 위해 연구의 내적 타당도를 확보해야 한다.

12회 기출

04 다음 연구설계의 내용에서 확인될 수 있는 내·외적 타당도 저해요인에 관한 설명으로 옳은 것은?

> 지진에 의해 정신적 충격에 빠진 재난지역주민 대상 위기개입 프로그램의 효과성을 검증하고자 한다. 이를 위해 위기개입 직전과 개입 후 한 달 만에 각각 동일한 척도로 디스트레스(SCL-90) 정도를 측정하여 비교하였다.

① 우연한 사건이 내적 타당도를 저해하고 있다.

② 도구효과가 내적 타당도를 저해하고 있다.

③ 실험대상자의 상실(Attrition)이 외적 타당도를 저해하고 있다.

④ 성숙효과가 내적 타당도를 저해하고 있다.

⑤ 선택효과가 외적 타당도를 저해하고 있다.

[해설] ④ 보기에서 재난지역주민들은 지진 직후, 위기개입 직전에 이미 최악의 상태에 있었을 것이고, 이후 위기개입 프로그램에 참여하면서 차츰 심리적인 안정을 회복하기에 이르렀을 것이다. 물론 그와 같은 심리적 안정의 회복은 위기개입 프로그램의 효과에 기인한 것으로 볼 수 있으나, 사실 시간이 지나면서 자연스럽게 치유되는 부분이기도 하다. 따라서 위기개입을 실시하고 프로그램을 종료한 후 피해주민의 심리적 상태에서 긍정적인 변화가 나타났다고 해서, 이를 전적으로 프로그램의 효과성에 기인한 것으로 주장하기는 어렵다. 다시 말해 시간의 경과에 따른 실험집단의 성숙 가능성을 부인할 수 없는 것이다.

11회 기출

05 다음 사례의 내적 타당도 저해요인은?

사전검사에서 우울점수가 지나치게 높은 5명의 노인을 선정하여 우울감소 프로그램을 제공한 후 동일한 도구로 사후검사를 실시하였더니 이들의 우울점수가 낮아졌다.

① 후광효과
② 통계적 회귀
③ 실험대상 변동
④ 도구효과
⑤ 인과적 시간-순서

[해설] **통계적 회귀(Statistical Regression)**
극단적인 측정값을 갖는 사례들을 재측정 할 때 평균값으로 회귀하여 처음과 같은 극단적 측정값을 나타낼 확률이 줄어드는 현상이다. 즉, 종속변수의 값이 극단적으로 높거나 낮은 경우, 프로그램 실행 이후 검사에서는 독립변수의 효과가 없더라도 높은 집단은 낮아지고 낮은 집단은 높아지는 현상을 의미한다.

9회 기출

06 다음의 사례 내용과 내적 타당도 저해요인을 옳게 나타낸 것은?

사례 1 : 동일한 지역 내의 두 복지관 가운데 한 복지관에서 효과가 높았던 여가프로그램이 다른 복지관에서는 높지 않은 것으로 나타났다.
사례 2 : 노인을 대상으로 물리치료 프로그램을 1년 동안 실시한 후, 프로그램의 성과를 평가한 결과 노인들의 신체적 건강상태에 변화가 없는 것으로 나타났다.

	사례 1	사례 2
①	개입 확산	성숙효과
②	플라시보 효과	개입 확산
③	통계적 회귀	개입 확산
④	성숙효과	개입 확산
⑤	통계적 회귀	플라시보 효과

[해설] **내적 타당도 저해요인으로서 개입의 확산(모방)과 성숙효과**

개입의 확산 (모방)	분리된 집단들을 비교하는 조사연구에서 적절한 통제가 안 되어 실험집단에 실시되었던 프로그램이나 특정한 자극들에 의해 실험집단의 사람들이 효과를 얻게 되고, 그 효과들이 통제집단에게 영향을 미치는 경우이다.
성숙효과 (시간의 경과)	시간의 흐름에 따라 발생하는 조사대상 집단의 신체적·심리적 특성의 변화 또는 실험이 진행되는 기간으로 인해 실험집단이 성숙하게 되어 독립변수의 순수한 영향 이외의 변화가 종속변수에 미치게 되는 경우이다.

19회 기출

07 외적 타당도를 저해하는 요인으로 옳은 것은?

① 실험대상의 탈락
② 외부사건(History)
③ 통계적 회귀
④ 개입의 확산 또는 모방
⑤ 연구 참여자의 반응성

[해설] ① · ② · ③ · ④ 내적 타당도를 저해하는 요인에 해당한다.

08 어떤 연구를 진행한 결과 호손 효과(Hawthorne Effect)로 인해 결과의 정확도가 떨어지는 것으로 나타났다. 다음 중 연구자가 연구결과의 정확도를 높이기 위해 취해야 할 조치로 가장 적절한 것은?

① 실험자극의 강화
② 실험 기간의 단기화
③ 사전조사와 사후조사의 간격 축소
④ 비처치 통제집단의 추가
⑤ 실험 사실에 대한 사전 고지

[해설] **호손 효과(Hawthorne Effect)와 조사반응성(Research Reactivity)**
• 호손 효과는 외적 타당도 저해요인 중 하나인 조사반응성과 밀접하게 연관된 것으로서, 실험대상자(피험자) 스스로 실험의 대상이 되고 있음을 인식하여 평소와는 다른 행동과 반응을 보이는 것이다.
• 이와 같은 조사반응성(반응효과)을 줄이기 위해 피험자에게 실험 사실을 알리지 않는 방법, 실험 기간을 장기화하여 실험 사실에 둔감해지도록 하는 방법, 비처치 통제집단을 추가하는 방법 등을 사용한다.

09 다음 중 실험설계에 대한 설명으로 옳지 않은 것은?

① 순수실험설계는 무작위할당을 전제로 한다.
② 유사실험설계는 통제집단을 전제로 한다.
③ 유사실험설계는 대부분 사전검사의 과정을 거친다.
④ 순수실험설계가 유사실험설계에 비해 내적 타당도가 높다.
⑤ 단순시계열설계는 유사실험설계의 범주에 포함된다.

[해설] ② 유사실험설계(준실험설계)는 실험설계의 실험적 조건에 해당하는 무작위할당, 독립변수의 조작, 통제집단, 사전 · 사후 검사 중 한두 가지가 결여된 설계유형이다. 특히 유사실험설계 중 단순시계열설계는 별도의 통제집단을 두지 않은 채 동일집단 내에서 수차례에 걸쳐 실시된 사전검사 점수와 사후검사 점수를 비교하여 실험조치의 효과를 추정한다.

18회 기출

10 다음 연구설계에 관한 설명으로 옳지 않은 것은?

> 노인복지관의 노노케어 프로그램 자원봉사자 40명을 무작위로 골라 20명씩 두 집단으로 배치하고, 한 집단에는 자원봉사 교육을 실시하고 다른 집단에는 아무런 개입을 하지 않았다. 10주 후 두 집단 간 자원봉사만족도를 비교 · 분석하였다.

① 사전조사를 실시하지 않아 내적 타당도를 저해하지 않는다.
② 무작위 선정으로 내적 타당도를 저해하지 않는다.
③ 통제집단을 확보하기 어려울 때 사용할 수 있는 설계이다.
④ 사전검사를 하지 않아도 집단 간 차이를 어느 정도 통제할 수 있다.
⑤ 통제집단 전후 비교에 비해 설계가 간단하여 사회조사에서 많이 활용된다.

〔 해설 〕 ③ 통제집단을 확보하기 어려울 때 사용할 수 있는 대표적인 연구설계로 단일집단 사전사후 검사설계(단일집단 전후 비교설계)가 있다.
　　　 ① · ② · ④ · ⑤ 통제집단 사후 검사설계(통제집단 후 비교설계)에 대한 설명이다. 통제집단 사후 검사설계는 통제집단 사전 사후 검사설계(통제집단 전후 비교설계)의 단점을 보완하기 위해 실험대상자를 무작위할당하고 사전조사 없이 실험집단에 대해서는 조작을 가하고 통제집단에 대해서는 아무런 조작을 가하지 않은 채 그 결과를 서로 비교하는 방법이다.

11회 기출

11 다음이 공통적으로 설명하는 조사설계는?

> • 일회 사례연구보다 진일보한 설계이다.
> • 시간적 우선성과 비교의 기준이 존재한다.
> • 내적 타당도 저해요인을 통제하지 못한다.

① 통제집단 사후 검사설계
② 단일집단 사전사후 검사설계
③ 비동일 통제집단설계
④ 플라시보 통제집단설계
⑤ 통제집단 사전사후 검사설계

〔 해설 〕 **단일집단 사전사후 검사설계(단일집단 전후 비교설계)**
　　　 • 일회검사 사례설계(1회 사례연구)보다 진일보한 설계로서, 조사대상에 대해 사전검사를 한 다음 개입을 하며, 이후 사후검사를 하여 인과관계를 추정하는 방법이다.
　　　 • 시간적 우선성과 비교의 기준이 존재하나, 실험조치의 전후에 걸친 일정 기간의 측정상 차이를 실험에 의한 영향으로 확신하기 어렵다.
　　　 • 반복적인 검사 실시로 인해 검사효과를 통제하지 못하며, 효과성 평가에 요구되는 엄격한 내적 타당도를 갖추지 못한다. 또한 연구결과의 일반화가 어렵다.

13회 기출

12 단순시계열(Simple Time-series)설계에 관한 설명으로 옳은 것은?

① 실험효과를 파악하기 위해 개입 이후에는 1회만 관찰한다.

② 검사(Test)와 개입의 상호작용 효과에 대한 통제가 용이하다.

③ 선실험(Pre-experimental)설계 중 하나다.

④ 통제집단을 포함하여 비교한다.

⑤ 종속변수의 변화를 추적 · 비교할 수 있다.

[해설] ⑤ 단순시계열설계는 실험조치의 전후에 일정한 기간 동안 정기적으로 수차례 결과변수(종속변수)를 측정하므로, 결과변수(종속변수)의 변화를 추적 · 비교할 수 있다.

① · ② · ④ 단순시계열설계는 별도의 통제집단을 두지 않은 채 동일집단 내에서 수차례에 걸쳐 실시된 사전검사 점수와 사후검사 점수를 비교하여 실험조치의 효과를 추정한다. 이와 같이 통제집단을 두지 않으므로 중대한 변화가 과연 실험조치에 의한 것인지 아니면 우연한 사건(역사요인)에 의한 것인지 확신할 수 없다.

③ 단순시계열설계는 유사실험설계(준실험설계) 중 하나다.

19회 기출

13 외부사건(History)을 통제할 수 있는 실험설계를 모두 고른 것은?

> ㄱ. 솔로몬 4집단설계(Solomon Four-Group Design)
> ㄴ. 단일집단 사전사후 검사설계(One-Group Pretest-Posttest Design)
> ㄷ. 단일집단 사후 검사설계(One-Group Posttest-Only Design)
> ㄹ. 통제집단 사후 검사설계(Posttest-Only Control Group Design)

① ㄹ

② ㄱ, ㄹ

③ ㄴ, ㄷ

④ ㄱ, ㄴ, ㄹ

⑤ ㄴ, ㄷ, ㄹ

[해설] ㄱ · ㄹ. 실험설계 중 인과적 관계를 확인할 수 있는 이상적인 설계방법으로, 통제집단과 무작위할당을 통해 외부사건을 통제하는 순수실험설계의 유형에 해당한다.

14 도벽습관이 있는 아동에 대한 행동치료 평가 시 활용한 단일사례설계의 유형은?

> • 아동의 도벽행동에 대한 치료를 먼저 시행한 후, 문제행동 변화를 측정한다.
> • 개입효과를 확인하기 위해 치료를 잠시 중단한다.
> • 다시 치료를 시행하면서 아동의 행동 변화를 관찰한다.

① AB
② ABA
③ BAB
④ ABC
⑤ ABAB

[해설]   BAB 설계
- 기초선 없이 바로 개입 단계로 들어가는 것으로서, 개입을 중단하고 기초선 단계를 거친 후 다시 개입하는 것이다.
- 제1개입 단계와 기초선 단계를 비교하고, 이후 다시 기초선 단계와 제2개입 단계를 비교하여 개입의 효과를 판단한다.
- 위기상황에 처해 있는 클라이언트를 대상으로 즉각적인 개입을 수행하는 데 유효하다.

15 다음 사례에 해당하는 단일사례설계의 유형은?

> 노인복지관 사회복지사가 어르신들의 우울감 개선 프로그램을 계획하였다. 프로그램 시작 전에 참여하는 어르신들의 심리검사를 행하였고, 2주간의 정서지원프로그램 실시 후 변화를 측정하였다. 1주일 후에는 같은 어르신들을 대상으로 2주간의 명상프로그램을 진행하여 우울감을 개선하고자 한다.

① AB
② BAB
③ ABA
④ ABAB
⑤ ABAC

[해설]   ABAC 설계
- ABAC 설계는 ABCD 설계의 논리에 반전설계의 논리를 결합시킨 것으로, AB 이후에 AC를 시도함으로써 각각의 개입방법에 대한 독자적인 효과의 인과관계를 밝히기 어려운 ABC(혹은 ABCD)의 단점을 보완한다.
- 보기의 사례에서는 서로 다른 개입방법(예 2주간의 정서지원프로그램과 2주간의 명상프로그램)의 중간에 새로운 기초선을 도입함으로써 두 가지 프로그램의 상호작용 효과를 통제하고 있다.

CHAPTER 03 측정과 자료수집방법

18회 기출

01 측정 시 나타날 수 있는 체계적 오류에 관한 설명으로 옳지 않은 것은?

① 코딩 왜곡은 체계적 오류를 발생시킨다.

② 익명의 응답은 체계적 오류를 최소화한다.

③ 편견 없는 단어는 체계적 오류를 최소화한다.

④ 척도구성 과정의 실수는 체계적 오류를 발생시킨다.

⑤ 비관여적 관찰은 체계적 오류를 최소화한다.

〔 해설 〕 ① 코딩 혹은 부호화(Coding)는 측정된 변수의 변숫값에 기호를 부여하는 과정으로, 이때 코딩을 하는 사람들이 지침서(Codebook)에 따라 코딩을 하여야 일관성 있는 부호화가 가능하다. 그러나 만약 측정자의 상태에 문제가 있다거나 측정도구에 대한 적응 및 사전 교육 등이 제대로 이루어지지 않는 경우 비체계적 오류가 발생되어 측정의 신뢰도를 저해하게 된다.

17회 기출

02 다음 중 측정 및 측정도구에 관한 설명으로 옳은 것을 모두 고른 것은?

> ㄱ. 측정도구를 개발하기 위해서 조작화가 요구된다.
> ㄴ. 문화적 편견은 측정의 무작위 오류를 발생시킨다.
> ㄷ. 리커트 척도구성(Scaling)은 서열척도구성이다.
> ㄹ. 수능시험은 대학에서의 학업능력을 예비적으로 파악하는 측정도구이다.

① ㄴ, ㄷ

② ㄴ, ㄹ

③ ㄱ, ㄷ, ㄹ

④ ㄴ, ㄷ, ㄹ

⑤ ㄱ, ㄴ, ㄷ, ㄹ

〔 해설 〕 ㄴ. 문화적 편견은 측정의 체계적 오류(Systematic Error)를 발생시킨다. 예를 들어, 소수인종집단의 아동은 다른 백인 중산층 아동 보다 지능이 낮다는 견해가 있는데, 이는 단순히 질문 언어가 낯설거나 백인 중산층 아동에게 익숙한 것들이 소수인종집단의 아동에게 익숙지 않은 것일 수 있다.

10회 기출

03 동일 대상에게 시기만 달리하여 동일 측정도구로 조사한 결과를 비교하는 신뢰도 측정법은?

① 검사−재검사법
② 평행양식법
③ 반분법
④ 복수양식법
⑤ 내적 일관성법

[해설] 검사−재검사 신뢰도 또는 재검사법(Test−retest Reliability)
• 가장 기초적인 신뢰도 검증방법으로서, 동일한 대상에 동일한 측정도구를 서로 상이한 시간에 두 번 측정한 다음 그 결과를 비교하는 것이다.
• 재검사에 의한 반복 측정을 통해 그 결과에 대한 상관관계를 계산함으로써, 도출된 상관계수에 의해 신뢰도의 정도를 추정한다. 여기서 상관계수가 높다는 것은 신뢰도가 높다는 것을 의미한다.

13회 기출

04 총 20문항의 척도를 10문항씩 두 조합으로 나눈 후, 평균점수 간 상관관계를 보고 측정의 일관성을 확인하였다. 이에 관한 설명으로 옳지 않은 것은?

① 신뢰도 측정방법 중 하나다.
② 일관성 확인을 위해 두 번 조사해야 하는 불편함이 없다.
③ 20문항이 동일 개념을 측정해야 적용할 수 있다.
④ 문항을 어떻게 두 조합으로 나누는지에 따라 상관관계가 달라진다.
⑤ 상관관계가 낮을 경우 어떤 문항을 제거할지 알 수 있다.

[해설] ⑤ 척도의 문항을 절반으로 나누어 두 부분 간의 상관관계를 확인하여 신뢰도를 측정하는 방법은 반분법(Split−half Reliability)에 해당한다. 이러한 반분법은 검사−재검사법과 달리 단 한 번의 시행으로 신뢰도를 구할 수 있으며, 대안법 혹은 복수양식법과 같이 유사한 두 개의 척도를 만들지 않고도 측정도구 그 자체를 한 번 조사하여 신뢰도를 검증할 수 있다. 그러나 반분법은 반분하는 방식에 따라 각기 다른 신뢰도를 측정할 수 있으며, 조사항목 전체의 신뢰도를 측정할 수는 있지만 어느 특정 항목의 신뢰도를 측정할 수 없는 단점이 있다. 따라서 신뢰도가 낮은 경우 이를 높이기 위해 어떤 항목을 수정 혹은 제거해야 할지 결정할 수 없다.

15회 기출

05 다음에서 사용한 타당도는?

> 새로 개발된 주관적인 행복감 측정도구를 사용하여 측정한 결과와 이미 검증되고 널리 사용되고 있는 주관적인 행복감 측정도구의 결과를 비교하여 타당도를 확인한다.

① 내용(Content)타당도　　　　　　② 동시(Concurrent)타당도
③ 예측(Predictive)타당도　　　　　④ 요인(Factor)타당도
⑤ 판별(Discriminant)타당도

[해설]　② 동시타당도(Concurrent Validity)는 새로운 검사를 제작했을 때 새로 제작한 검사의 타당도를 위해 기존에 타당도를 보장받고 있는 검사와의 유사성 혹은 연관성에 의해 타당도를 검증하는 방법이다.
　　　① 내용타당도(Content Validity)는 측정항목이 연구자가 의도한 내용대로 실제로 측정되고 있는가 하는 문제와 연관된다.
　　　③ 예측타당도 또는 예언타당도(Predictive Validity)는 어떠한 행위가 일어날 것이라고 예측한 것과 실제 대상자 또는 집단이 나타낸 행위 간의 관계를 측정하는 것이다.
　　　④ 요인타당도 또는 요인분석(Factor Analysis)은 검사를 구성하는 문항들의 상관관계를 분석하여 상관이 높은 문항들을 묶어주는 통계적 방법이다.
　　　⑤ 판별타당도 또는 변별타당도(Discriminant Validity)는 검사 결과가 이론적으로 해당 속성과 관련 없는 변수들과 어느 정도 낮은 상관관계를 가지고 있는지를 측정하는 것이다.

11회 기출

06 다음 중 (　　) 안에 들어갈 단어로 알맞은 것은?

> 우울 척도 A의 측정치가 우울 척도 B보다는 자아존중감 척도 C의 측정치와 더 일치할 때 척도 A의 (　　)는 문제가 된다.

① 내용타당도(Content Validity)
② 판별타당도(Discriminant Validity)
③ 액면타당도(Face Validity)
④ 예측타당도(Predictive Validity)
⑤ 기준관련타당도(Criterion-Related Validity)

[해설]　**판별타당도 또는 변별타당도(Discriminant Validity)**
　　• 개념타당도 또는 구성타당도(Construct Validity)에 포함되는 것으로서, 다른 특성을 측정하는 다른 종류의 검사와의 상관계수를 구하는 방법이다. 즉, 판별타당도는 서로 다른 개념들을 측정했을 때 얻어진 측정문항들의 결과 간에 상관관계가 낮아야 함을 전제로 한다.
　　• 보기상의 우울 척도 A는 내담자의 우울 증상을 선별하고 측정하기 위한 것으로서, 자아존중감 척도와는 명확히 대비된다. 따라서 우울 척도 A는 자아존중감 척도 C와 상관관계가 낮아야 한다. 그럼에도 불구하고 우울 척도 A가 우울 척도 B보다 자아존중감 척도 C와 오히려 상관관계가 높게 나타났다는 것은 결국 판별타당도의 문제를 반영한다.

07 다음 중 보기의 내용과 연관된 설명으로 옳은 것은?

> A 중학교에서는 청소년의 신체발달 상태를 조사하기 위해 체중계를 이용하여 몸무게를 측정하였다. 그런데 측정 결과 학생들의 몸무게가 일관되게 2kg 무겁게 측정되었다.

① 타당도는 높지만 신뢰도는 낮다. ② 신뢰도는 높지만 타당도는 낮다.

③ 타당도는 높지만 객관도는 낮다. ④ 객관도는 높지만 신뢰도는 낮다.

⑤ 신뢰도나 타당도를 평가할 수 없다.

[해설] **측정의 신뢰도와 타당도**
- 측정의 신뢰도는 측정을 반복했을 때 동일한 결과를 얻게 되는 정도를 말하는 반면, 측정의 타당도는 측정한 값과 실제 값 간의 일치 정도를 의미한다.
- 만약 체중계를 이용하여 몸무게를 측정했을 때 항상 일정 수치만큼 더 무겁게 혹은 더 가볍게 측정되었다면, 이는 신뢰도는 높지만 타당도는 낮은 것으로 볼 수 있다.

21회 기출

08 다음 연구과제의 변수들을 측정할 때 ㄱ~ㄹ의 척도유형을 바르게 짝지은 것은?

> 장애인의 성별(ㄱ)과 임금수준의 관계를 정확하게 파악하기 위해서는 장애유형(ㄴ), 거주지역(ㄷ), 직업종류(ㄹ)와 같은 변수들의 영향력을 적절히 통제해야 한다.

① ㄱ : 명목, ㄴ : 명목, ㄷ : 명목, ㄹ : 명목

② ㄱ : 명목, ㄴ : 서열, ㄷ : 서열, ㄹ : 명목

③ ㄱ : 명목, ㄴ : 서열, ㄷ : 명목, ㄹ : 비율

④ ㄱ : 명목, ㄴ : 등간, ㄷ : 명목, ㄹ : 명목

⑤ ㄱ : 명목, ㄴ : 등간, ㄷ : 서열, ㄹ : 비율

[해설] **척도의 주요 적용 범주**

명목척도	성별, 결혼유무, 종교, 인종, 직업유형, 장애유형, 혈액형, 거주지역, 계절 등
서열척도	사회계층, 선호도, 석차, 학점(A/B/C/D/F), 교육수준(중졸 이하/고졸/대졸 이상), 수여 받은 학위(학사/석사/박사), 자격등급, 장애등급 등
등간척도	지능지수(IQ), 온도, 시험점수(0~100점), 물가지수, 사회지표, 학년 등
비율척도	연령(만 나이), 무게, 신장, 수입, 매출액, 출생률, 사망률, 이혼율, 경제성장률, 백신 접종률, 졸업생 수, 교육연수(정규교육을 받은 기간) 등

11회 기출

09 리커트(Likert)척도에 관한 설명으로 옳은 것은?

① 비율척도이다.

② 개별 문항의 중요도는 동등하지 않다.

③ 단일 문항으로 측정하는 장점이 있다.

④ 질적 조사에서 보편적으로 사용된다.

⑤ 척도나 지수 개발에 용이하다.

〔 해설 〕 ① 서열적 수준의 변수를 측정하는 서열척도의 일종이다.
② 개별 문항들은 거의 동일한 태도가치를 가진다고 인정된다.
③ 척도의 신뢰도와 타당도를 높이기 위해 일련의 수 개 문항들을 하나의 척도로 사용하는 다문항척도이다.
④ 양적 조사에서 보편적으로 사용된다.

20회 기출

10 척도 유형에 관한 설명으로 옳지 않은 것은?

① 리커트 척도(Likert Scale)는 문항 간 내적 일관성이 중요하다.

② 거트만 척도(Guttman Scale)는 누적척도이다.

③ 서스톤 척도(Thurstone Scale)의 장점은 개발의 용이성이다.

④ 보가더스척도(Borgadus Scale)는 사회집단 간의 심리적 거리감을 측정하는 데 적절하다.

⑤ 의미분화척도(Semantic Differential Scale)의 문항은 한 쌍의 대조되는 형용사를 사용한다.

〔 해설 〕 ③ 서스톤 척도의 개발과정은 리커트 척도에 비해 비교적 많은 시간과 노력이 소요된다. 그 이유는 평가하기 위한 문항의 수가 많아야 하고, 평가자도 많아야 하기 때문이다.

16회 기출

11 관찰법에 관한 설명으로 옳지 않은 것은?

① 행위가 일어나는 현장에서 즉시 자료수집이 가능하다.

② 관찰자의 주관성이 개입될 수 있다.

③ 비언어적 상황에 대한 자료수집이 가능하다.

④ 서베이에 비해 자료의 계량화가 쉽다.

⑤ 질적 연구나 탐색적 연구에 사용하기 용이하다.

〔 해설 〕 ④ 관찰법은 서베이에 비해 자료의 계량화가 어렵다. 물론 관찰 내용과 그 범주를 사전에 결정해 놓고 관찰하는 구조화된 관찰의 경우 발생 빈도, 방향, 범위 등 범주로 관찰된 것을 계량화 할 수도 있으나, 관찰 대상, 방법 등에 대해 명확히 규정하지 않은 상태에서 관찰하는 비구조화된 관찰의 경우 계량화가 곤란하다.

12 다음 중 자료수집방법으로서 면접법에 대한 설명으로 옳지 않은 것은?

① 표준화 면접은 비표준화 면접보다 타당도가 높다.

② 표준화 면접에는 개방형 및 폐쇄형 질문을 모두 사용할 수 있다.

③ 면접법은 질문지법보다 제삼자의 영향을 배제할 수 있다.

④ 면접법은 질문지법보다 응답범주의 표준화가 어렵다.

⑤ 어린이나 노인에게는 대면면접방법이 가장 적절하다.

〔해설〕① 표준화 면접은 비표준화 면접에 비해 응답 결과에 있어서 상대적으로 신뢰도가 높지만 타당도는 낮다.

13 다음 중 질문지(설문지) 작성 시 고려사항으로서 보기의 질문과 응답범주상의 문제점에 대해 올바르게 설명한 것은?

(질문)

사회복지사 1급 자격시험 과목 중 가장 자신이 있는 과목은 무엇입니까?

ㄱ. 인간행동과 사회환경   ㄴ. 사회복지조사론

ㄷ. 사회복지실천론   ㄹ. 지역사회복지론

ㅁ. 사회복지법제론

---

① 상호배타적이지 않다.

② 총망라적이지 않다.

③ 질적 의미를 내포하고 있다.

④ 각 과목에 대한 설명이 부족하다.

⑤ 범주들 사이에 서열이 정해져 있지 않다.

〔해설〕② 폐쇄형 질문의 응답 범주는 총망라적(Exhaustive)이어야 한다. 이는 예상할 수 있는 모든 가능한 응답을 포함해야 한다는 것이다. 그럼에도 불구하고 위의 보기에서는 사회복지사 1급 국가시험의 과목 일부가 누락되어 있다.

14 다음 중 설문지 작성에 대한 설명으로 옳은 것은?

① 문항은 응답자의 특성과 무관하게 작성되어야 한다.

② 응답률을 높이기 위해 수반형 질문을 많이 사용한다.

③ 명확한 응답을 얻기 위해 이중질문과 유도질문을 사용한다.

④ 개방형 질문은 가급적 설문지의 앞부분에 배치한다.

⑤ 신뢰도 측정을 위해 짝(Pair)으로 된 문항들은 가급적 떨어지게 배치한다.

〔 해설 〕 ⑤ 한 설문지 내에 표현은 각기 다르지만 동일한 질문 목적을 가진 문항 짝(Pair)들을 배치하는 경우가 있는데, 이는 신뢰도를 측정하기 위한 것이다. 이와 같은 문항들은 가급적 서로 멀리 떨어져 있어야 한다.

① 질문문항은 응답자가 이해할 수 있도록 명확히 하며, 용어 사용에 있어서 응답자의 능력과 특성을 고려하여 적절하게 구성한다.

② 수반형 질문은 앞선 질문에 대한 특정 응답을 제공하는 사람들에 한해 대답하도록 하는 질문방법이다. 다만, 이와 같은 수반형 질문이 많아질수록 응답률은 낮아진다.

③ 이중질문과 유도질문은 삼간다.

④ 개방형 질문은 가급적 설문지의 뒷부분에 배치한다.

16회 **기출**

15 피면접자를 직접 대면하는 면접조사가 우편설문에 비해 갖는 장점이 아닌 것은?

① 응답자의 익명성 보장 수준이 높다.

② 보충적 자료수집이 가능하다.

③ 대리응답의 방지가 가능하다.

④ 높은 응답률을 기대할 수 있다.

⑤ 조사내용에 대한 심층적 이해가 가능하다.

〔 해설 〕 ① 응답자의 익명성이 결여되어 피면접자가 솔직한 응답을 회피할 수 있다.

CHAPTER 04 　표본조사와 욕구조사

01　다음 중 표집의 과정을 순서대로 올바르게 연결한 것은?

> ㄱ. 표본의 크기 결정
> ㄴ. 모집단 확정
> ㄷ. 표본 추출
> ㄹ. 표집틀 선정
> ㅁ. 표집방법 결정

① ㄱ – ㄴ – ㄷ – ㄹ – ㅁ
② ㄴ – ㄱ – ㄷ – ㄹ – ㅁ
③ ㄷ – ㄱ – ㄴ – ㄹ – ㅁ
④ ㄴ – ㄹ – ㅁ – ㄱ – ㄷ
⑤ ㄴ – ㄷ – ㄹ – ㅁ – ㄱ

〔 해설 〕　**표집의 과정**
　　　　　모집단 확정(ㄴ) → 표집틀 선정(ㄹ) → 표집방법 결정(ㅁ) → 표집크기(표본의 크기) 결정(ㄱ) → 표본 추출(ㄷ)

21회 **기출**

02　**표본추출에 관한 설명으로 옳은 것은?**

① 모집단을 가장 잘 대표하는 표본추출방법은 유의표집이다.
② 모집단이 이질적인 경우에는 표본의 크기를 줄여야 한다.
③ 전수조사에서는 모수와 통계치의 구분이 필요하다.
④ 표집오류를 줄이기 위해 층화표집방법(Stratified Sampling)을 사용할 수 있다.
⑤ 체계적 표집방법(Systematic Sampling)은 모집단에서 유의표집을 실시한 후 일정한 표본추출 간격으로 표본을 선정한다.

〔 해설 〕　④ 층화표집은 단순무작위 표집보다 대표성이 높은 표본을 추출하는 방법으로 알려져 있다.
　　　　　① 유의표집(판단표집)은 연구자의 주관적 판단에 따라 의도적인 표집이 이루어지는 방식이므로 표본의 대표성을 보장할 수 없다.
　　　　　② 모집단이 이질적인 경우에는 표본의 크기를 늘려야 한다.
　　　　　③ 전수조사에서는 모수와 통계치의 구분이 불필요하다.
　　　　　⑤ 체계적 표집(계통표집)은 첫 번째 요소를 무작위로 선정하여 최초의 표본으로 삼은 후 일정한 표본추출 간격으로 표본을 선정한다.

20회 기출

03 다음 사례의 표집에 관한 설명으로 옳은 것은?

> 400명의 명단에서 80명의 표본을 선정하는 경우, 그 명단에서 최초의 다섯 사람 중에서 무작위로 한 사람을 뽑는다. 그 후 표집간격 만큼을 더한 번호에 해당하는 사람을 표본으로 선택한다.

① 단순무작위 표집이다.

② 표집틀이 있어야 한다.

③ 모집단의 배열에 일정한 주기성을 가지고 있어야 한다.

④ 비확률표집법을 사용하였다.

⑤ 모집단에 대한 대표성이 부족하다.

[해설] ①·② 사례의 표집은 체계적 표집(계통적 표집)에 해당한다. 체계적 표집은 표집틀인 모집단 목록에서 구성요소에 대해 일정한 순서에 따라 매 K번째 요소를 추출하는 방법이다.

③ 체계적 표집은 모집단 목록 자체가 일정한 주기성(Periodicity)을 가지고 배열되어 있는 경우 편향된 표본이 추출될 수 있는 단점을 지니고 있다.

④ 체계적 표집은 확률표집방법에 해당한다.

⑤ 확률표집방법은 모집단의 각 표집단위가 모두 추출의 기회를 가지고 있으며, 각 표집단위가 추출될 확률을 정확히 알고 있는 가운데 표집을 하므로 모집단에 대한 대표성을 갖는다.

19회 기출

04 다음 사례에서 설명하는 표본추출방법은?

> 사회복지사들의 감정노동 정도를 조사하기 위하여 설문조사를 실시하였다. 표본은 전국 사회복지관에 근무하는 사회복지사를 대상으로 연령(30세 미만, 30세 이상 50세 미만, 50세 이상)을 고려하여 연령 집단별 각각 100명씩 총 300명을 임의 추출하였다.

① 비례층화표본추출

② 할당표본추출

③ 체계적 표본추출

④ 눈덩이표본추출

⑤ 집락표본추출

[해설] ② 할당표본추출(할당표집)은 전체 모집단에서 직접 표본을 추출하는 것이 아닌, 모집단을 일정한 카테고리(예 연령 집단)로 나눈 다음, 이들 카테고리에서 정해진 요소 수(예 각각 100명씩)를 작위적으로 추출하는 방법이다.

13회 **기출**

05 표본크기와 표집오차에 관한 설명으로 옳은 것을 모두 고른 것은?

> ㄱ. 자료수집방법은 표본 크기와 관련 있다.
> ㄴ. 표본 크기가 커질수록 모수와 통계치의 유사성이 커진다.
> ㄷ. 표집오차가 커질수록 표본이 모집단을 대표하는 정확성이 낮아진다.
> ㄹ. 동일한 표집오차를 가정한다면, 분석변수가 많아질수록 표본 크기는 커져야 한다.

① ㄱ, ㄴ, ㄷ   ② ㄱ, ㄷ

③ ㄴ, ㄹ   ④ ㄹ

⑤ ㄱ, ㄴ, ㄷ, ㄹ

〔 해설 〕 ㄱ. 자료수집방법은 표본의 크기와 관련 있다. 특히 조사자가 선택하는 신뢰수준에 따라 표본의 크기는 달라진다.
ㄴ. 표본의 크기가 커질수록 모수(모수치)와 통계치의 유사성이 커지므로 모집단을 잘 대표할 수 있게 된다.
ㄷ. 표집오차는 모수(모수치)와 표본의 통계치 간의 차이를 의미하는 것으로서, 표집오차가 커질수록 모수와 통계치의 차이가 커져 표본이 모집단을 대표하는 정확성이 낮아진다.
ㄹ. 동일한 표집오차를 가정할 때 분석변수가 많아질수록 표본의 크기가 어느 정도 커져야 일정 수준 조사의 신뢰성을 높일 수 있다.

16회 **기출**

06 표집오차(Sampling Error)와 표준오차(Standard Error)에 관한 설명으로 옳지 않은 것은?

① 표집오차는 모집단의 모수와 표본의 통계치 간의 차이다.

② 표준오차는 무수히 많은 표본평균의 통계치가 모집단의 모수로부터 평균적으로 떨어진 거리를 의미한다.

③ 동일한 조건이라면 이질적 집단보다 동질적 집단에서 추출한 표본의 표집오차가 작다.

④ 동일한 조건이라면 표준오차가 클수록 검정통계값이 통계적으로 유의할 가능성이 높아진다.

⑤ 동일한 조건이라면 표본의 크기가 커질수록 표집오차가 감소한다.

〔 해설 〕 ④ 표준오차(Standard Error)는 추출된 표본들의 평균이 실제 모집단의 평균과 어느 정도 떨어져서 분포되어 있는지를 나타낸 것으로, 표본분포의 표준편차에 해당한다. 동일한 조건이라면 표준오차가 클수록 한 표본의 통계치가 모수를 추정하는 데 따르는 오차의 확률이 높아지므로 검정통계값이 통계적으로 유의할 가능성이 낮아지는 반면, 표준오차가 작을수록 모수 추정의 오차 확률이 낮아지므로 통계적으로 유의할 가능성이 높아진다.

11회 기출

07 정규분포에 관한 설명으로 옳지 않은 것은?

① 표본의 사례 수와 무관하게 표집분포(Sampling Distribution)는 정규분포를 따른다.
② 표준정규분포의 평균은 0이고 분산과 표준편차는 동일하다.
③ 정규분포의 모양은 평균과 표준편차에 의해 결정된다.
④ 최빈값과 중위수는 같다.
⑤ 정규분포곡선은 좌우대칭이며 종 모양이다.

[해설] ① 표본의 크기가 30개 이상으로 클수록 중심극한정리(Central Limit Theorem)에 의해 표본평균으로 구성된 표집분포가 모집단의 분포와 관계없이 정규분포(Normal Distribution)에 가까워지게 된다. 그러나 표본의 크기가 작은 경우 표본평균은 정규분포를 따르지 않는다.

08 다음 중 보기의 내용과 연관된 욕구의 유형으로 옳은 것은?

서울시 마포구의 A 복지관에서는 아동을 대상으로 한 놀이프로그램과 노인을 대상으로 한 건강프로그램을 동시에 실시하였다. 그러자 아동을 대상으로 한 프로그램을 찾는 수요자는 예상보다 훨씬 적었으나, 노인을 대상으로 한 프로그램에는 대기자가 넘쳐날 정도로 수요가 많았다. 이를 토대로 A 복지관에서는 마포구에서 노인의 복지욕구가 상대적으로 더 크다는 인식하에 노인을 대상으로 한 또 다른 프로그램을 계획하고 있다.

① 생존의 욕구
② 표현적 욕구
③ 규범적 욕구
④ 비교적 욕구
⑤ 인지적 욕구

[해설] **표현적 욕구(표출적 욕구)**
욕구를 가진 당사자가 욕구를 충족시키기 위해 행위로 표현하는 욕구를 말한다. 예를 들어, 서비스 이용률을 통해 지역사회 주민들이 표현하는 욕구를 확인할 수 있다.

11회 기출

09 욕구조사의 방법으로 각각 바르게 짝지어진 것은?

> ㄱ. 기존자료를 활용하는 방법
> ㄴ. 전문가를 대상으로 직접 수집하는 방법
> ㄷ. 지역의 일반주민을 대상으로 직접 수집하는 방법

	ㄱ	ㄴ	ㄷ
①	사회지표조사	델파이조사	지역사회 서베이
②	서비스이용기록분석	주요정보제공자 조사	이차적 자료분석
③	델파이조사	주요정보제공자 조사	공청회
④	서비스이용기록분석	지역사회 서베이	이차적 자료분석
⑤	델파이조사	공청회	사회지표조사

[해설] ㄱ. 사회지표조사(Social Indicator Analysis)는 일정 인구가 생활하는 지역의 지역적 · 생태적 · 사회적 · 경제적 및 인구적 특성에 근거하여 지역사회의 욕구를 추정할 수 있다는 전제하에 사회지표를 분석하는 방법이다.
ㄴ. 델파이조사 또는 델파이기법(Delphi Technique)은 전문가 · 관리자들로부터 우편이나 이메일(E-mail)로 의견이나 정보를 수집하여 그 결과를 분석한 후 그것을 다시 응답자들에게 보내어 의견을 묻는 식으로 만족스러운 결과를 얻을 때까지 계속하는 방법이다.
ㄷ. 지역사회 서베이(Community Survey)는 지역사회의 일반 인구 또는 특정 인구의 욕구를 조사하기 위하여 이들 전체 인구를 대표할 수 있는 표본을 선정하고, 이들이 생각하거나 느끼는 욕구를 조사하여 조사대상 전체의 욕구를 측정하는 방법이다.

16회 기출

10 다음에서 설명하는 욕구사정 자료수집 방법으로 옳은 것은?

> • 욕구의 배경이나 결정과정보다 욕구내용 결정에 초점을 둔다.
> • 모든 참여자가 직접 만나서 욕구에 대한 우선순위를 결정한다.
> • 욕구순위에 대한 합의의 과정이 반복시행을 거쳐 이루어질 수 있다.

① 초점집단기법   ② 델파이 기법
③ 지역사회포럼   ④ 명목집단기법
⑤ 민속학적 조사방법

[해설] **명목집단기법(Nominal Group Technique)**
비교적 짧은 시간 안에 다양한 배경을 가진 지역사회 내 집단의 이익을 수렴하기 위한 것으로서, 대화나 토론 없이 어떠한 비판이나 이의제기가 허용되지 않는 가운데 각자 아이디어를 서면으로 제시하도록 하여 우선순위를 결정한 후 최종 합의를 도출하기 위한 방법이다.

CHAPTER 05 연구방법론

10회 기출

01 비반응성 혹은 비관여적 연구조사에 관한 설명으로 옳지 않은 것은?

① 관찰현상에 대한 연구자의 영향력을 줄인다.

② 드러난 내용과 숨어 있는 내용을 이해한다.

③ 연구자가 타당도와 신뢰도 간의 선택에 따른 딜레마로 고민할 수 있다.

④ 자료수집을 위해 다원측정(Triangulation)의 원칙을 활용한다.

⑤ 명목수준의 측정에 국한되는 단점이 있다.

[해설] ⑤ 비관여적 연구조사는 많은 변수를 토대로 다변량 자료분석을 시도하며, 이때 분석할 자료의 속성에 따라 측정단위를 다르게 적용한다. 즉, 분석자료가 질적 자료에 해당하는 경우 명목척도나 서열척도를 이용할 수 있는 반면, 분석자료가 양적 자료에 해당하는 경우 등간척도나 비율척도를 이용할 수 있다.

02 다음 중 2차 자료 분석에 대한 설명으로 옳은 것은?

① 비관여적 방법이다.

② 관찰대상에 대한 연구자의 영향력이 크다.

③ 통계적 기법으로 자료의 결측값을 대체할 수 없다.

④ 신뢰도와 타당도에 관한 문제는 발생하지 않는다.

⑤ 사례분석에 비교적 많은 비용이 소요된다.

[해설] ① 2차 자료 분석은 비관여적 방법으로서, 연구자가 직접 새로운 자료를 수집하는 대신 이미 만들어진 자료를 대상으로 자료를 수집 및 분석하는 방법이다.
② 관찰대상에 대한 연구자의 영향력이 미치지 않는다.
③ 연구자는 수집된 자료 중 연구주제와 관련이 없다고 판단되는 것을 제외할 수 있으며, 이를 결측값(Missing Value)으로 처리하여 나타낼 수 있다.
④ 2차 자료 중에는 자료의 신뢰성이나 타당성 여부를 알 수 없는 경우도 있으므로, 신뢰도와 타당도에 관한 문제가 발생할 수 있다.
⑤ 비교적 적은 비용으로 대규모 사례분석이 가능하다.

16회 기출

03 지난 20년 동안 A신문의 사회면 기사를 자료로 노인에 대한 인식변화를 알아보기 위해 진행한 연구에 관한 설명으로 옳은 것을 모두 고른 것은?

> ㄱ. 범주항목들은 신문기사 자료로부터 도출된다.
> ㄴ. 주제보다 단어를 기록단위로 할 때 자료수집 양이 많다.
> ㄷ. 맥락단위는 기록단위보다 더 큰 단위여야 한다.
> ㄹ. 이 연구에서는 양적 분석방법을 사용할 수 없다.

① ㄱ, ㄴ   ② ㄱ, ㄷ

③ ㄱ, ㄴ, ㄷ   ④ ㄱ, ㄴ, ㄹ

⑤ ㄴ, ㄷ, ㄹ

[해설] ㄹ. 내용분석(Content Analysis)은 여러 가지 문서화된 매체들을 중심으로 연구대상에 필요한 자료들을 수집하는 방법이다. 문헌 연구의 일종으로서, 인간의 의사소통의 기록을 객관적·체계적·수량적으로 기술한다. 일반적으로 자료를 수량화(계량화)하여 그 결과를 양적 분석에 사용하는 경우가 많지만, 기록 속에 담긴 의미나 특정 주제 및 패턴을 찾아내기 위해 질적인 접근으로 도 활용한다.
　　　　 ㄱ. 범주항목들은 노인과 관련된 신문기사 사회면의 자료로부터 그 주제 및 내용에 따라 분류한다.
　　　　 ㄴ. 내용분석에서 흔히 사용되는 주요 기록단위로는 단어, 주제, 인물, 문장(문단 또는 단락), 항목 등이 있으며, 그중 단어는 조사에 서 일반적으로 적용되는 최소단위로서 다른 기록단위보다 많은 양의 자료수집이 이루어진다.
　　　　 ㄷ. 내용분석에서 분석단위는 기록단위(Recording Unit)와 맥락단위(Context Unit)로 구분된다. 특히 맥락단위는 기록단위가 들어 있는 상위단위에 해당하는 것으로서, 기록단위의 의미를 파악하는 데 사용된다.

19회 기출

04 다음에서 설명하는 근거이론의 분석방법은?

> 수집된 자료에서 나타난 범주들 간의 관계를 파악하기 위해 범주들을 특정한 구조적 틀에 맞추어 연결하는 과정이 다. 중심현상을 설명하는 전략들, 전략을 형성하는 맥락과 중재조건, 그리고 전략을 수행한 결과를 설정하여 찾아내 는 과정이다.

① 조건 매트릭스   ② 개방코딩

③ 축코딩   ④ 괄호치기

⑤ 선택코딩

[해설] **축코딩(Axial Coding)**
　　　　 • 개방코딩을 하는 과정에서 해체되고 분해된 원자료를 재조합하는 과정이다.
　　　　 • 개방코딩에서 생겨난 범주들을 패러다임이라는 구조적 틀에 맞게 연결시킨다.

18회 기출

05 내용분석에 관한 설명으로 옳지 않은 것은?

① 역사적 분석과 같은 시계열 분석에 어려움이 있다.
② 인간의 의사소통 기록을 체계적으로 분석한다.
③ 분석상의 실수를 언제라도 수정할 수 있다.
④ 양적 조사와 질적 조사에 공통으로 사용할 수 있다.
⑤ 기존 자료를 활용하여 타당도 확보가 어렵다.

[해설] ① 내용분석은 장기간에 걸쳐 일어난 과정을 조사할 수 있으므로 역사적 분석과 같은 시계열 분석도 적용 가능하며, 시간과 비용 면에서도 경제적이다.

20회 기출

06 사회복지사 1급 국가시험이 9회부터 21회까지 아동 관련 이슈를 얼마나 다루었는지를 분석할 때 사용된 연구방법에 관한 설명으로 옳지 않은 것은?

① 다양한 기록자료 유형을 분석할 수 있다.
② 양적 내용을 질적 자료로 전환한다.
③ 분석대상에 영향을 미치지 않는다.
④ 필요한 경우 재분석이 가능하다.
⑤ 직접조사보다 경제적이다.

[해설] ② 내용분석의 연구방법으로서, 질적 자료를 양적 자료로 전환하여 분석한다.

20회 기출

07 다음 중 질적 연구와 가장 거리가 먼 것은?

① 문화기술지(Ethnography) 연구
② 심층사례연구
③ 사회지표조사
④ 근거이론연구
⑤ 내러티브(Narrative) 연구

[해설] ③ 사회지표조사 또는 사회지표분석(Social Indicator Analysis)은 일정 인구가 생활하는 지역의 지역적 · 생태적 · 사회적 · 경제적 및 인구적 특성에 근거하여 지역사회의 욕구를 추정할 수 있다는 전제하에 사회지표를 분석하는 방법으로 양적 연구에 가깝다.

15회 기출

08 양적 연구와 비교한 질적 연구의 특성으로 옳지 않은 것은?

① 연구자의 역할이 더 중요하다.
② 소수의 사례를 깊이 있게 관찰할 수 있다.
③ 연구결과의 일반화가 목표가 아니다.
④ 일반적으로 신뢰도가 더 높다.
⑤ 귀납적 추론의 경향이 더 강하다.

〔 해설 〕 ④ 실증주의적 인식론에 근거한 양적 연구는 연구자의 객관성과 함께 동일한 조건하에서 동일한 결과를 기대하는 신뢰성을 강조하는 반면, 현상학적 인식론에 근거한 질적 연구는 연구자의 주관성과 함께 상황적 변화를 강조한다. 따라서 질적 연구는 양적 연구에 비해 일반적으로 신뢰도가 더 낮다.

13회 기출

09 삼각측정(Triangulation)에 관한 설명으로 옳지 않은 것은?

① 측정에서 조사자 편견이 작용할 여지를 줄일 수 있다.
② 하나의 개념을 측정하기 위해 두 개 이상 관련 자료를 수집하는 것이다.
③ 자료의 객관성을 높일 수 있다.
④ 상호일치도가 높은 자료를 판별하여 사용할 수 있다.
⑤ 여러 사람이 관찰하므로 측정오류의 발생가능성이 높아진다.

〔 해설 〕 ⑤ 삼각측정(교차검증)은 조사자에 의해 개발된 개념이나 설명을 복수의 확인처로부터 그 타당성을 확인받도록 하는 방법이다.

11회 기출

10 양적 연구와 질적 연구를 통합한 혼합연구방법(Mixed Method)에 관한 설명으로 옳지 않은 것은?

① 양적 연구의 결과에서 질적 연구가 시작될 수 있다.
② 두 가지 연구방법 모두에 대한 전문적 지식이 필요하다.
③ 연구자에 따라 두 가지 연구방법의 비중은 상이할 수 있다.
④ 다양한 패러다임을 수용할 수 있어야 한다.
⑤ 질적 연구 결과와 양적 연구 결과는 상반될 수 없다.

〔 해설 〕 ⑤ 질적 연구 결과와 양적 연구 결과가 서로 상반될 수도 있음을 염두에 두어야 한다.

정답 08 ④ 09 ⑤ 10 ⑤

제3영역

사회복지실천론

제3영역

사회복지실천론

01 사회복지실천의 개관

KEY POINT

- '사회복지실천의 개관' 영역에서는 사회복지실천의 목적과 기능, 가치와 윤리, 사회복지사 윤리강령, 서구 및 우리나라 사회복지실천의 발달과정 등이 중요하다.
- 사회복지와 사회복지실천에서는 잔여적 개념과 제도적 개념의 차이와 함께 사회복지의 개념 변화에 대해 기억할 필요가 있다.
- 최근 윤리적 의사결정을 위한 지침을 비롯하여 윤리적 절대주의 및 상대주의, 윤리강령의 기능 등이 출제된 바 있으므로 해당 내용을 보다 폭 넓게 학습할 필요가 있다.
- 서구 사회복지실천의 역사적 발달과정에서는 자선조직협회와 인보관 운동의 특징을 반드시 기억해야 하며, 사회복지실천의 시기별 발달과정에서의 주요 사건들을 학습할 필요가 있다.
- 진단주의와 기능주의의 발달에서 점차 이를 통합하려는 시도가 전개되어 펄만의 문제해결모델이 등장하게 되었으며, 그 후 다양한 통합적 접근방법이 대두되었다는 사실을 기억해야 한다.
- 우리나라 사회복지실천의 역사적 발달과정에서는 한국전쟁 전후 우리나라 사회복지실천 관련 상황을 포괄적으로 살펴보아야 하며, 근·현대 사회복지실천의 발달과정을 연대기별로 학습하여야 한다.

> **참고**
>
> '3영역 사회복지실천론'은 '4영역 사회복지실천기술론'과 내용상 겹치는 부분이 많습니다. 중복된 내용을 두 영역에 모두 싣는 것은 지면관계상 효율적이지 못하다는 판단 하에 일부 조정을 하였으므로, 수험생 여러분께서는 해당 두 영역을 반드시 함께 학습하시기 바랍니다.

01절 사회복지실천의 이해

1 사회복지와 사회복지실천

전문가의 한마디

사회복지(Social Welfare)는 사회의 기본적인 욕구를 충족시켜 전체사회의 안녕을 유지하기 위한 국가적 제도나 프로그램, 서비스체계를 말하는 것으로 볼 수 있습니다.

(1) 사회복지(Social Welfare)

① 의 미

프리드랜더 (Friedlander)	국민의 복지에 기본적인 것으로 인정된 사회적 욕구충족, 사회질서의 회복을 위해 제반 급부를 확보하거나 강화시키는 각종 법률, 프로그램, 급여 및 서비스체계이다.
장인협	사회구성원들이 기존의 사회제도를 통해 자신의 기본적인 욕구를 충족시키는 데 어려움을 겪고 있거나 어려움이 예상될 때, 그 욕구를 충족시킬 수 있도록 도움을 제공하는 조직화된 사회적 활동의 총체이다.

② 잔여적 개념과 제도적 개념 22회 기출

잔여적 개념	개인은 기본적으로 가족과 시장을 통해 욕구를 충족시킨다. 따라서 사회복지는 가족이나 시장경제가 개인의 문제나 욕구를 해결할 수 없는 경우에 한해 국가가 개인의 기본적인 삶을 유지할 수 있도록 해 주는 보완적인 기능을 수행한다.
제도적 개념	개인이 가족이나 시장을 통해 모든 욕구를 충족시킬 수는 없다. 따라서 사회복지는 국가가 모든 국민으로 하여금 그들의 능력을 최대한 발휘하고 사회적 기능을 향상시킬 수 있도록 사회제도로써 사회서비스를 포괄적·지속적으로 제공한다.

③ 사회복지의 개념 변화

과 거	현 재
• 잔여적 개념	• 제도적 개념
• 자선의 차원	• 시민권의 차원
• 선별적 서비스 제공	• 보편적 서비스 제공
• 최저수준 보장	• 최적수준 보장
• 빈곤은 개인의 문제	• 빈곤은 사회의 문제
• 문제해결 중심	• 문제예방 중심
• 민간 중심의 자발성	• 정부 차원의 공공성
• 빈민 구제에 역점	• 복지사회·복지국가 건설에 역점

(2) 사회복지실천(Social Welfare Practice)

① 사회복지실천의 의미[미국 사회복지사협회(NASW, 1973)] 2회, 4회, 5회, 10회 기출
- ㉠ 인간과 사회환경 간의 생태체계적인 관점에 기초하여 개인, 집단, 가족으로 하여금 자신들의 문제해결능력 및 대처능력을 향상시키도록 돕는 것이다.
- ㉡ 인간이 필요로 하는 사회자원, 서비스, 기회 등의 환경체계가 원활하게 상호작용할 수 있도록 돕는 것이다.
- ㉢ 자원과 서비스를 제공하는 다양한 사회복지기관이나 조직들이 클라이언트에게 보다 좋은 서비스를 제공하도록 효과적이고 효율적인 운영을 추구하는 것이다.
- ㉣ 새로운 사회정책의 개발 및 향상을 목적으로 하는 실천활동이다.

② 사회복지실천의 목적 10회, 14회, 17회 기출
- ㉠ 개인의 삶의 질(Quality of Life)을 향상시킨다.
- ㉡ 개인의 문제해결능력과 대처능력을 향상시킨다.
- ㉢ 개인의 가능성과 잠재력을 개발하도록 돕는다.
- ㉣ 개인과 환경 간의 불균형 발생 시 문제를 감소하도록 돕는다.
- ㉤ 개인과 환경 간의 상호작용에 초점을 두고 사회정책을 개발한다.
- ㉥ 개인과 환경 간의 상호 유익한 관계를 증진시킨다.
- ㉦ 사회정의를 증진시킨다.

출제의도 체크

잔여적 개념은 작은 정부를 옹호하고 시장과 민간의 역할을 중시하는 보수주의자들의 선호와 맥락을 같이합니다.
▶ 22회 기출

바로암기 ○×

사회복지실천은 개인의 욕구충족을 위해 전적인 책임을 갖고 지속적으로 지원하는 실천활동이다?
( )

해설
사회복지실천은 개인의 문제해결능력과 대처능력을 향상시키는 실천활동이다.
정답 ×

출제의도 체크

사회복지실천의 궁극적인 목적은 모든 사람들의 삶의 질을 향상시키는 것이며, 그 구체적인 목표 또한 클라이언트의 삶의 질을 향상시키는 데 있습니다.
▶ 14회 기출

③ **사회복지실천의 기능[미국 사회복지사협회(NASW, 1981)]** 2회, 4회, 5회, 7회, 12회 기출

  ㉠ 사람들의 역량을 확대하고 문제해결능력 및 대처능력을 향상하도록 돕는다.

  ㉡ 사람들이 자원(서비스)을 획득하도록 원조한다.

  ㉢ 조직이 개인의 요구에 부응하도록 돕는다.

  ㉣ 개인과 환경 내의 다른 사람 및 조직과의 상호관계를 촉진시킨다.

  ㉤ 조직 및 제도 간의 상호관계에 영향력을 행사한다.

  ㉥ 사회정책과 환경정책에 영향을 미친다.

④ **사회복지실천의 기능 범위** 6회, 13회, 15회, 16회, 21회 기출

미시적(Micro) 수준	• 개인 간의 상호작용에 기초하며, 직접적인 실천방법에 해당한다. • 부부관계, 자녀관계 등 개인 간의 심리상태에 문제가 있는 경우 사회복지사가 클라이언트와 일대일로 접근하여 문제해결을 돕는다. 예 위탁가정 아동 방문, 정신장애인 재활 상담, 사례관리 대상자에게 주거환경개선을 위한 청소서비스 제공 등
중간적 또는 중시적 (Mezzo) 수준	• 미시적 수준과 거시적 수준의 중간단계이다. • 지역사회를 중심으로 지역의 자원을 발굴하거나 관련 단체 간의 연계활동을 조정하며, 자조집단, 치료집단 등의 조직을 관리 · 운영한다. 예 지역사회보장협의체에서 기관실무자 네트워크 회의 소집 등
거시적(Macro) 수준	• 국가 또는 사회 전체 혹은 지역사회 전체를 대상으로 하며, 간접적인 실천방법에 해당한다. • 특정 클라이언트에 대해 서비스를 제공하는 것이 아닌 사회복지정책개발 및 정책대안 등을 제시하여 간접적인 사회복지서비스를 제공한다. 예 노숙인 보호를 위한 모금 활동, 직업재활 대상자를 위한 자원 개발, 사회복지정책 분석 및 평가 등

참고

사회복지실천의 기능 범위로서 미시적 실천, 중간적 실천, 거시적 실천은 학자에 따라 개념적으로 달리 제시하고 있습니다. 즉, 클라이언트체계의 규모에 초점을 두고 개인을 대상으로 하는 실천만을 미시적 수준으로, 가족이나 소집단을 대상으로 하는 실천을 중간적 수준으로 간주하기도 하며, 활동 내용에 초점을 두고 임상적이면 미시적 수준으로, 교육이나 자원동원, 연계활동과 연관되면 중간적 수준으로 간주하기도 합니다. 또한 임상적 접근은 물론 개인과 가족을 위한 지역사회 내의 자원 연계 및 서비스 조정까지를 미시적 수준으로 간주하기도 하며, 개인과 가족에 영향을 미치는 지역사회 내 환경체계를 변화시키기 위한 활동을 중간적 수준으로 구분하기도 합니다.

(3) 사회복지실천의 이념 및 배경학문 9회, 10회, 11회, 16회, 19회 기출

① 인도주의(Humanitarianism) 또는 박애사상(Philanthropy)

  사회복지의 근간이 되는 이념으로서, 봉사정신과 이타주의를 토대로 인도주의적인 구호를 제공한다. 특히 자선조직협회(COS)의 우애방문자들이 무조건적인 봉사정신에 입각하여 사회빈곤층을 대상으로 인도주의적인 구호활동을 전개하였다.

② **사회진화론(Social Darwinism)** 22회 기출

사회복지실천의 사회통제적인 측면으로서, 중산층의 기독교적 도덕관을 토대로 사회부적합 계층을 사회적합 계층으로 변화시키는 것을 목표로 하였다. 그러나 실제로는 사회적합 계층인 우월한 자의 사회부적합 계층인 열등한 자에 대한 일방적인 시혜가 이루어졌다.

③ **자유방임주의(Laissez-Faire)**

자유방임주의는 개인의 자유를 최우선으로 하며, 국가의 간섭을 최대한 배제하려고 한다. 경제위주의 정책을 통해 경제 성장과 부의 극대화를 이루고자 한다.

④ **자유주의(Liberalism)**

자유주의는 개인의 자유를 존중하며, 최저수준의 삶의 질에 대해 정부의 책임을 인정한다. 선택주의적인 구빈사업을 통해 절대적인 빈곤을 해결하고자 한다.

⑤ **개인주의(Individualism)** 21회 기출

개인의 권리와 함께 의무를 강조하면서 빈곤의 문제를 개인의 책임으로 돌린다. 최소한의 수혜자격 원칙 또는 열등처우의 원칙을 통해 저임금 노동자에게 더 낮은 보조를 받도록 하였다.

⑥ **민주주의(Democracy) 또는 사회민주주의(Social Democracy)**

평등과 공동체의식을 강조하는 이념으로서, 보편주의적인 성격을 띠며 집합적인 이익을 추구한다. 빈곤이나 장애 등을 사회적 책임으로 인식하며, 사회적 욕구에 대한 시민권을 인정한다. 특히 사회개혁을 강조하며, 클라이언트의 자기결정권에 가치를 부여하고자 한 인보관 운동에서 두드러지게 나타났다.

⑦ **신마르크스주의(Neo-Marxism)**

국가를 자본가 계급의 계급 지배 도구로 간주하는 전통적인 마르크스주의의 입장을 견지하면서도, 국가가 정책 과정에서 어느 정도 자율성을 지닐 수 있음을 인정하는 이론이다. 개인주의의 본질적인 한계를 강조하며, 국가가 복지정책을 추구하는 과정에서 자본가 계급으로부터 자율성을 유지해야 한다고 주장한다.

⑧ **다원주의(Pluralism)**

사회복지실천에서 개인의 독특성을 인정하여 다양한 계층의 다양한 문제에 접근하고자 한다. 소외계층에게 자신의 힘으로 변화를 이끌 수 있는 환경과 권한을 부여하며, 클라이언트의 인간적 존엄을 토대로 일방적 수혜자가 아닌 소비자 또는 고객으로서의 새로운 관계를 설정하였다.

출제의도 체크

개인주의는 개별화, 개인의 권리와 의무 강조, 최소한의 수혜자격 원칙을 강조합니다.

▶ 21회 기출

전문가의 한마디

최근 사회복지실천에서는 서비스 제공자와 소비자의 동등한 관계를 강조하면서, 대상자의 서비스 선택권 및 이용자의 정책결정 참여를 중시하는 경향을 보이고 있습니다. 이는 곧 민주주의(Democracy)가 사회복지실천에 영향을 미친 것으로 볼 수 있습니다.

제3영역

2 사회복지실천의 가치와 윤리

(1) 사회복지실천의 가치 9회, 14회 기출

전문가의 **한마디**

가치(Value)는 지식, 기술과 더불어 사회복지실천의 3대 중심축 중 하나로 사회복지실천이 추구해야 할 방향성을 제시합니다.

① 가치(Value)의 개념

㉠ 가치는 신념이고 선호이며, 좋고 바람직한 것에 대한 믿음이다.

㉡ 가치는 다수의 사회구성원들이 좋거나 바람직하다고 여기는 것 혹은 개인의 선호도를 나타내는 적합한 행동을 선택하는 지침이다.

㉢ 가치는 구체적인 행동목표가 아니라 그 목표를 결정하는 기준이 된다.

② 가치의 분류(Johnson)

궁극적 가치	사회나 시대적 상황에 관계없이 불변하는 보편적 · 절대적 가치 예 인간의 존엄성, 사회정의, 인간의 자유 등
차등적 가치	사회문화적 영향이나 개인의 경험에 따라 찬성과 반대가 가능한 가치 예 동성애, 낙태 등
수단적(도구적) 가치	궁극적 가치를 달성하기 위한 수단이나 방법으로서 더욱 직접적으로 적용될 수 있는 실용적인 가치 예 개인의 자기결정권 또는 비밀보장을 인정하는 가치 등

③ 사회복지 전문직의 가치(Levy) 13회, 15회, 21회 기출

출제의도 체크

클라이언트의 자기결정권 존중은 개인으로서 클라이언트의 존엄성을 존중하는 보다 구체적인 방법과 연관되므로 '수단 우선 가치'에 해당한다고 볼 수 있습니다.

▶ 15회 기출

사람 우선 가치	전문직 수행의 대상인 사람 자체에 대해 전문직이 갖추고 있어야 할 기본적인 가치 예 개인의 가치와 존엄성 존중, 개인의 건설적 변화에 대한 능력과 열망, 상호책임성, 소속의 욕구, 인간의 공통된 욕구 및 개별성(독특성) 인정 등
결과 우선 가치	개인이 성장할 기회를 제공하고, 욕구를 충족시킬 수 있는 서비스를 제공하는 것에 역점을 두는 가치 예 개인의 기본적 욕구 충족, 교육이나 주택문제 등의 사회문제 제거, 동등한 사회 참여 기회 제공 등
수단 우선 가치	서비스를 수행하는 방법 및 수단과 도구에 대한 가치 예 클라이언트의 자기결정권 존중, 비심판적인 태도 등

(2) 사회복지실천의 윤리 9회, 14회 기출

① 윤리(Ethics)의 개념

㉠ 어떤 행동의 옳고 그름을 판단하는 도덕적 지침으로서, 사회복지 가치기준에 맞는 실천을 하였는가에 대한 판단기준을 제시한다.

㉡ 인간의 행동을 통제하거나 규제하는 기준이나 원칙까지 포함하는 개념으로, 일반적으로 타인에 대한 책임감에서 우러나오는 인간에 대한 기대를 말한다.

㉢ 선악의 속성이나 도덕적 의무를 결정하는 일련의 지침에 해당한다.

② 윤리적 절대주의와 윤리적 상대주의 11회 기출

윤리적 절대주의 (Ethical Absolutism)	• 보편타당한 행위규범으로서의 윤리가 절대적으로 존재한다고 보는 입장이다. • 선과 악, 옳고 그름도 어떤 행위의 결과와 별개로 판단된다. • 도덕규범 이외의 어떤 개별적인 예외도 인정하지 않는다.
윤리적 상대주의 (Ethical Relativism)	• 보편타당한 행위규범으로서의 윤리가 존재하지 않는다는 입장이다. • 가치는 상대적인 것으로 결코 고정불변하지 않는다는 점을 강조한다. • 행동의 동기보다는 결과를 중시한다. 즉, 어떤 행위의 결과가 얼마나 옳고 선한가의 정도에 따라 판단 및 결과의 기준이 정해진다.

③ 윤리강령의 기능 11회, 20회 기출

ⓐ 사회복지사들의 윤리적 민감성을 고양시켜 윤리적 실천을 제고한다.

ⓑ 사회복지사의 비윤리적 실천으로부터 클라이언트를 보호한다.

ⓒ 실천현장에서 윤리적 갈등이 생겼을 때 윤리적 실천을 수행하기 위한 구체적인 지침을 제공한다.

ⓓ 전문직으로서의 사명과 전문적 활동의 방법론에 관한 규범을 수립하는 데 있어서 기준을 제시한다.

ⓔ 전문직으로서의 전문성을 확보하며, 이를 일반대중에게 널리 알리는 수단으로 활용된다.

(3) 윤리적 의사결정과정(R. Dolgoff, F. Lowenberg & D. Harrington) 18회 기출

① 해당문제와 관련된 사람과 제도 확인

② 문제를 해결하거나 문제의 정도를 경감할 수 있는 개입목표 명확히 하기

③ 확인된 목표에 따라 설정된 개입방안의 효과성과 효율성 평가

④ 가장 적절한 전략이나 개입방법 선택

3 사회복지실천의 윤리적 쟁점 및 대처방안

(1) 사회복지실천의 윤리적 쟁점 22회 기출

① 클라이언트 권리와 고지된 동의 12회 기출

고지된 동의(Informed Consent)는 사회복지사가 제공할 서비스와 관련된 목적 및 내용, 위험성, 한계점, 감수해야 할 사항, 대안, 거부할 수 있는 권리, 시간 설정 등에 대해 클라이언트에게 명확히 알리는 것으로서, 활동의 전 과정을 통해 이루어져야 하는 지속적인 절차이다. 고지된 동의의 형태에는 구두 또는 서면 등이 있다.

전문가의 한마디

가치는 신념과 관련이 있고, 윤리는 행동과 관련이 있습니다. 가치는 상대적인 것으로 결코 고정불변하지 않으며, 윤리는 보편타당한 행위규범의 존재를 인정하는 절대주의적 입장과, 이를 인정하지 않는 상대주의적 입장이 공존합니다.

바로암기 ○×

윤리강령은 전문직의 행동기준과 원칙을 제시하여 법적 제재의 힘을 갖는다?

( )

해설

윤리강령은 법적 제재의 힘, 즉 법적 구속력을 가지지 않는 특징이 있다.

정답 ×

전문가의 한마디

'고지된 동의'는 사회조사에서 조사대상자는 물론 조사자를 보호하기 위해 활용될 수도 있습니다.

② 비밀보장

비밀보장은 클라이언트의 사생활이 보호되어야 함을 기본 내용으로 하는 것으로서, 절대적 비밀보장과 상대적 비밀보장으로 구분된다.

③ 법률, 정책 및 기관 규정 등에 관한 사안

법률이나 기관의 정책 및 규정이 항상 전문적 사회복지 가치체계와 조화를 이루는 것은 아니다.

④ 폭 로

조직이나 동료의 비리 혹은 심각한 문제 등 조직 내부상의 문제들을 외부의 영향력을 가진 위치에 있는 사람들에게 알리는 것은 위험을 동반한다.

⑤ 한정된 자원의 분배

한정된 자원을 분배할 경우 균등성, 욕구, 클라이언트의 지불능력이나 미래 지역사회에 공헌할 수 있는 능력 등을 고려해야 한다.

⑥ 전문적 관계 유지 11회 기출

사회복지사가 자신의 가족이나 친척을 클라이언트로 받아들이는 경우 클라이언트와의 사적인 친밀함에 의해 전문적 관계를 유지하기 어려울 수 있다.

출제의도 체크

만약 장애인복지관의 사회복지사에게 사회복지사의 이모가 지적장애를 가진 자신의 딸을 클라이언트로 개입해 줄 것을 요청하였다면, '전문적 관계 유지'의 윤리적 쟁점에 맞닥뜨릴 수 있습니다.

▶ 11회 기출

(2) 윤리적 쟁점의 대처방안으로서 사회복지사의 자기인식 10회, 12회, 16회, 21회 기출

① 사회복지사의 자기인식은 자신의 가치, 신념, 태도, 행동습관, 편견 등이 사회복지실천에서의 관계형성 및 의사결정에 어떠한 영향을 미치는지를 깨닫는 것이다.

② 사회복지사는 클라이언트에게 서비스를 제공하는 데 있어서 자신의 편견이나 선입견 또는 특정 경험이 어떠한 영향을 미치는지 이해해야 하며, 이를 토대로 사회복지 관련 기술·지식·가치와 함께 개인적 경험을 의도적으로 활용함으로써 자신의 업무능력을 고양해야 한다.

③ 사회복지사는 끊임없는 성찰을 통해 사회복지실천에 있어서 자신의 강점과 약점을 명확히 인식하고 있어야 한다.

④ 사회복지사는 클라이언트의 성격적 특징을 파악하며, 민감성, 유연성, 직관력 등으로 문제에 적절히 반응해야 한다.

⑤ 사회복지사의 자기인식은 클라이언트와의 전문적 관계형성에 필수적이며, 필요 이상으로 클라이언트에게 개입하는 것을 방지한다.

⑥ 사회복지사의 자기인식은 사회복지실천의 교육 및 훈련과정에 있어서 중요한 부분을 차지하고 있다.

출제의도 체크

사회복지사의 자기인식은 전문적 관계의 기본요소 중 특히 '진실성(일치성)'과 연관됩니다. 다시 말해, 사회복지사의 올바른 자기인식은 클라이언트와의 전문적 관계에서 사회복지사의 진실성 증진을 위한 노력과 연결됩니다.

▶ 12회 기출

심화연구실

윤리적 딜레마로서 가치의 상충과 의무의 상충　17회, 18회, 19회 기출

가치의 상충 (Competing Values)	• 사회복지사는 두 개 이상의 경쟁적인 가치와 직면했을 때 윤리적 딜레마에 빠질 수 있다. • 자주 문제시되는 것은 '클라이언트의 자기결정'의 가치와 '인간생활의 보호'의 가치 사이에서 윤리적 결정을 내려야 하는 상황이다. • 예를 들어, 심각한 유전질병을 가진 남편이 부인에게 그 사실을 알리지 않은 채 자녀를 갖기 원하는 경우, 사회복지사는 클라이언트의 자기결정의 가치와 장애아 출산 예방의 가치 사이에서 윤리적 갈등을 경험하게 된다.
의무의 상충 (Competing Loyalties)	• 사회복지사는 기관에 대한 의무와 클라이언트에 대한 의무 사이에서 갈등을 경험함으로써 윤리적 딜레마에 빠질 수 있다. • 기관의 목표가 클라이언트 이익에 위배될 때 의무상충으로 윤리적 딜레마가 발생할 수 있다. • 예를 들어, 사회복지사는 클라이언트의 이익이 최선이라는 가치에도 불구하고 자신이 속한 기관에 자원이 부족하여 클라이언트에게 최선의 서비스를 제공하지 못할 수 있다.

출제의도 체크

기관의 목표가 클라이언트 이익에 위배될 때 '가치상충'이 아닌 '의무상충'으로 윤리적 딜레마가 발생할 수 있습니다.

▶ 17회 기출

4 사회복지사 윤리강령 주요 내용(출처 : 한국사회복지사협회)　3회, 6회, 15회 기출

(1) 사회복지사의 기본적 윤리기준　5회, 10회 기출

① 전문가로서의 자세
  ㉠ 사회복지사는 전문가로서의 품위와 자질을 유지하고, 자신이 맡고 있는 업무에 대해 책임을 진다.
  ㉡ 사회복지사는 클라이언트의 종교·인종·성·연령·국적·결혼상태·성 취향·경제적 지위·정치적 신념·정신, 신체적 장애·기타 개인적 선호, 특징, 조건, 지위를 이유로 차별대우를 하지 않는다.
  ㉢ 사회복지사는 클라이언트의 이익을 우선으로 고려하고, 이해 충돌이 있을 때는 아동, 소수자 등 취약한 자의 이해와 권리를 우선시한다.
  ㉣ 사회복지사는 전문적 가치와 판단에 따라 업무를 수행함에 있어, 기관 내외로부터 부당한 간섭이나 압력을 받지 않는다.

② 전문성 개발을 위한 노력
  ㉠ 사회복지사는 클라이언트에게 최상의 서비스를 제공하기 위해, 지식과 기술을 개발하는 데 최선을 다하며 이를 활용하고 전파할 책임이 있다.
  ㉡ 클라이언트를 대상으로 연구하는 사회복지사는 저들의 권리를 보장하기 위해 자발적이고 고지된 동의를 얻어야 한다.
  ㉢ 사회복지사는 한국사회복지사협회 등이 실시하는 제반교육에 적극 참여하여야 한다.

바로암기 ○×

클라이언트의 종교·인종·성·연령·국적 등에 대한 차별대우를 금지하는 내용은 한국사회복지사 윤리강령 중 '사회복지사의 기본적 윤리기준'에 포함되어 있다?

（　）

정답 ○

③ 경제적 이득에 대한 태도

   ⊙ 사회복지사는 클라이언트의 지불능력에 상관없이 서비스를 제공해야 하며, 이를 이유로 차별대우를 해서는 안 된다.

   ⓒ 사회복지사는 필요한 경우에 제공된 서비스에 대해, 공정하고 합리적으로 이용료를 책정해야 한다.

(2) 사회복지사의 클라이언트에 대한 윤리기준 22회 기출

① 클라이언트와의 관계

   ⊙ 사회복지사는 클라이언트의 이익을 최우선의 가치로 삼고 이를 실천하며, 클라이언트의 권리를 존중하고 옹호한다.

   ⓒ 사회복지사는 사회복지 실천 과정에서 클라이언트의 자기 결정을 존중하고, 클라이언트를 사회복지 실천의 주체로 인식하여 클라이언트가 자기결정권을 최대한 행사할 수 있도록 돕는다.

   ⓒ 사회복지사는 클라이언트의 사생활을 존중하고 보호하며, 직무 수행과정에서 얻은 정보에 대해 철저하게 비밀을 유지해야 한다.

   ⓔ 사회복지사는 어떠한 상황에서도 클라이언트와 부적절한 성적 관계를 가져서는 안 된다.

   ⓜ 사회복지사는 사회복지 증진을 위한 환경조성에 클라이언트를 동반자로 인정하고 함께 일해야 한다.

   ⓗ 사회복지사는 클라이언트에게 제공되는 서비스가 더 이상 클라이언트의 이해나 욕구에 부합하지 않으면 관계와 서비스를 종결한다.

② 동료의 클라이언트와의 관계 19회 기출

   ⊙ 사회복지사는 적법하고도 적절한 논의 없이 동료 혹은 다른 기관의 클라이언트와 전문적 관계를 맺어서는 안 된다.

   ⓒ 사회복지사는 긴급한 사정으로 인해 동료의 클라이언트를 맡게 된 경우, 자신의 의뢰인처럼 관심을 갖고 서비스를 제공한다.

(3) 사회복지사의 동료에 대한 윤리기준 16회 기출

① 동 료

   ⊙ 사회복지사는 사회복지 전문직의 이익과 권익을 증진시키기 위해 동료와 협력해야 한다.

   ⓒ 사회복지사가 전문적인 판단과 실천이 미흡하여 문제를 야기했을 때에는, 적절한 조치를 취하여 클라이언트의 이익을 보호해야 한다.

   ⓒ 사회복지사는 전문직 내 다른 구성원이 행한 비윤리적 행위에 대해, 제반 법률규정이나 윤리기준에 따라 조치를 취해야 한다.

바로암기 ○✕

사회복지사 윤리강령에는 동료 사회복지사와의 부적절한 성적 관계를 금지하는 내용이 명시되어 있다?

( )

해설
클라이언트와의 부적절한 성적 관계를 금지하는 내용이 명시되어 있다.

정답 ✕

② 슈퍼바이저

㉠ 슈퍼바이저는 개인적인 이익의 추구를 위해 자신의 지위를 이용해서는 안 된다.

㉡ 슈퍼바이저는 전문적 기준에 의해 공정하게 책임을 수행하며, 사회복지사·수련생 및 실습생에 대한 평가는 슈퍼바이저들과 공유해야 한다.

㉢ 사회복지사는 슈퍼바이저의 전문적 지도와 조언을 존중해야 하며, 슈퍼바이저는 사회복지사의 전문적 업무수행을 도와야 한다.

(4) 사회복지사의 사회에 대한 윤리기준 18회 기출

① 사회복지사는 인권존중과 인간평등을 위해 헌신해야 하며, 사회적 약자를 옹호하고 대변하는 일을 주도해야 한다.

② 사회복지사는 자신이 일하는 지역사회의 문제를 이해하고, 그것을 해결하는 일에 적극적으로 참여해야 한다.

(5) 사회복지사의 기관에 대한 윤리기준 15회, 16회 기출

① 사회복지사는 기관의 정책과 사업 목표의 달성·서비스의 효율성과 효과성의 증진을 위해 노력함으로써, 클라이언트에게 이익이 되도록 해야 한다.

② 사회복지사는 기관의 부당한 정책이나 요구에 대하여 전문직의 가치와 지식을 근거로 이에 대응하고 즉시 사회복지윤리위원회에 보고해야 한다.

(6) 사회복지윤리위원회의 구성과 운영 16회 기출

① 한국사회복지사협회는 사회복지윤리위원회를 구성하여, 사회복지윤리실천의 질적인 향상을 도모하여야 한다.

② 사회복지윤리위원회는 윤리강령을 위배하거나 침해하는 행위를 접수받아, 공식적인 절차를 통해 대처하여야 한다.

③ 사회복지사는 한국사회복지사협회의 윤리적 권고와 결정을 존중하여야 한다.

참고

지면관계상 본문에서는 한국사회복지사협회의 '사회복지사 윤리강령'의 일부내용을 소개하였습니다. 윤리강령 전문은 한국사회복지사협회 홈페이지(www.welfare.net)를 참고하시기 바랍니다.

심화연구실

보통의 권리와 구분되는 인권의 특별한 성격 20회, 22회 기출

• 천부성 : 태어나면서부터 가지는 당연한 권리
• 보편성 : 인종, 종교, 성별, 사회적 신분 등에 관계없이 누구나 가지는 권리
• 항구성 : 일정기간만 주어지는 것이 아니라 영구히 보장되는 권리
• 불가양성·불가분성 : 함부로 침해할 수 없고, 함부로 양도하거나 포기할 수 없는 권리

출제의도 체크

슈퍼바이저는 사회복지사의 개인적인 문제가 클라이언트에게 부정적인 영향을 미칠 것으로 예견된다고 해도, 자신이 직접 클라이언트를 치료하고 문제를 해결하려고 해서는 안 됩니다.
▶ 16회 기출

02절 **사회복지실천의 역사적 발달과정**

1 **서구 사회복지실천의 발달과정** 10회, 14회, 17회 기출

(1) 전문적 사회복지실천의 출현 시기(19세기 후반~1900년)

① 시대적 상황

㉠ 18세기 중반부터 영국에서는 산업혁명으로 인한 도시화와 공업화로 도시빈민이 대량 발생하게 되었다. 특히 19세기 후반 열악한 노동조건하에서 빈곤, 질병, 도시의 슬럼화, 범죄 및 비행 증가 등 사회문제가 대두되었다.

㉡ 공적 구빈사업만으로는 한계가 있다는 인식하에 민간차원의 자선사업 및 박애사업이 시작되었으며, 인도주의적 사회개량사상과 연관된 민간사회복지가 발달하기 시작하였다.

② 자선조직협회(COS ; Charity Organization Society)

2회, 3회, 4회, 5회, 9회, 10회, 13회, 14회, 15회, 18회, 21회 기출

㉠ 1869년 영국 런던에서 처음으로 시작된 조직적인 운동으로서, 독일의 '엘버펠트(Elberfeld) 제도'를 모방하였다.

㉡ 사회진화론에 영향을 받아 빈곤의 문제를 개인적인 속성에서 기인한 것으로 보았으며, 개인주의적 빈곤죄악관을 이념적 토대로 하여 빈곤 발생의 사회적 기반을 경시하였다.

㉢ 가난한 사람을 '가치 있는 자'와 '가치 없는 자'로 구분하였으며, 원조의 대상을 '가치 있는 자'로 한정하였다.

㉣ 무계획적인 시여에서 벗어나 빈민에 대한 환경조사를 통해 중복구제를 방지함으로써 구제의 합리화와 조직화를 이루고자 하였다.

㉤ 피구호자와 구제자원 간의 중개적 역할을 담당하였으며, 자선단체의 상호 간 업무연락을 통해 협력체계를 구축하였다.

㉥ 인도주의 · 박애주의를 토대로 부르주아의 특권적인 지위를 정당화하는 양상을 보였다.

㉦ 상류층 혹은 중산층 부인들로 구성된 우애방문원의 개별방문에 의해 개별적 조사와 등록이 이루어졌다.

㉧ 우애의 정신을 기초로 구제의 도덕적 개혁을 강조하였다.

㉨ 공공의 구빈정책을 반대하고 자선, 기부, 자원봉사활동 등 순수민간의 구제노력을 지지하였다.

㉩ 근대적 의미의 개별사회사업과 지역사회조직사업을 확립하였다.

전문가의 한마디

우애방문원들은 빈곤가정을 방문하면서 상담 및 교육, 교화를 하는 역할을 수행하였으며, 빈민구제에 도덕적 잣대를 적용함으로써 빈민을 통제하고자 하였습니다.

③ 인보관 운동(Settlement House Movement)

1회, 2회, 4회, 7회, 8회, 11회, 13회, 14회, 15회, 17회, 20회, 21회 기출

㉠ 자선조직협회보다 약 15년 뒤인 1884년 시작된 운동으로, 문제에 대한 접근방법에 있어서 자선조직협회와 다른 양상을 보였다.

㉡ 빈곤은 개인의 책임이 아닌 사회환경(예 산업화, 도시화 등의 결과)에 의한 것이므로, 전반적인 사회개혁을 통해 빈곤을 극복해야 한다고 주장하였다.

㉢ 지식인과 대학생들이 직접 빈민가로 들어가 빈민들과 함께 생활하면서 지역사회의 교육 및 문화활동을 주도하였다.

㉣ 자유주의와 급진주의의 이념을 토대로, 시혜가 아닌 우애, 참여와 민주주의에 기초하여 지역사회의 문제를 해결할 것을 강조하였다.

㉤ 3R 운동, 즉 정주(Residence), 조사(Research), 사회개혁(Reform)을 기초로 한다.

㉥ 빈민들의 생활실태를 파악하고 사회조사를 실시하여 집계된 다수의 통계자료를 법률제정에 활용하였다.

㉦ 빈민들의 주택문제, 위생문제, 근로환경문제 등에 관심을 가지며, 사회개혁적인 운동을 펼쳐나갔다.

㉧ 인보관 운동은 사회복지실천모델로서 임파워먼트모델(권한부여모델, 역량강화모델)의 이념적 근원으로, 집단사회사업에 영향을 주었다.

심화연구실

1. 인보관의 역사 22회 기출

- 세계 최초의 인보관은 1884년 영국 런던에서 바네트(Barnett) 목사가 설립한 토인비 홀(Toynbee Hall)이다.
- 미국 최초의 인보관은 1886년 코이트(Coit)가 뉴욕에 설립한 근린길드(Neighborhood Guild)이며, 가장 유명한 인보관은 1889년 아담스(Adams)가 시카고에 설립한 헐 하우스(Hull House)이다.
- 일본 최초의 인보관은 1897년 가타야마 신(片山 潛)이 동경 간다(神田) 지역에 설립한 킹스레이(Kingsley)관이다.

2. 자선조직협회와 인보관 운동의 비교

구 분	자선조직협회(1869)	인보관 운동(1884)
사회문제의 원인	개인적인 속성	환경적인 요소
이데올로기	사회진화론	자유주의, 급진주의
주요 참여자	상류층과 중산층	지식인과 대학생
접근방법	빈민개조, 역기능의 수정	빈민과 함께 거주, 사회행동
역점 분야	기관들의 서비스 조정	교육적 사업
성 격	사회질서 유지 강조	사회개혁 강조

전문가의 한마디

인보관 운동의 주요 이념으로서 우애는 자선조직협회의 상류층 혹은 중산층의 도덕적 우위를 유지한 채 이루어지는 교조적·교화적 우애가 아닌 문화, 지식, 교양, 가치 등에서 동등한 입장에 서는 우애를 말합니다.

출제의도 체크

인보관 운동은 빈민지역에 거주하며 지역사회 문제에 대한 집합적이고 개혁적인 해결을 강조하였습니다.

▶ 21회 기출

바로암기 O✕

세계 최초 인보관은 영국의 토인비 홀(Toynbee Hall)이다?

( )

정답 O

(2) 전문적 사회복지실천의 확립기(1900년 전후~1920년 전후) 17회 기출

① 사회복지실천의 양상 14회 기출

ⓐ 빈곤의 원인을 사회적 요인으로 보는 시각이 확대되어 자선조직협회의 활동을 우애방문원의 무급 자원봉사만으로 충당하기에는 한계가 있다는 인식이 커지게 되었다. 그로 인해 1890년대 말부터 유급 전임직원을 고용하는 자선조직협회가 많아지게 되었다.

ⓑ 1898년 미국 뉴욕 자선조직협회에 의해 사회복지전문인력 훈련과정이 개설되었다.

ⓒ 프로이트(Freud)의 정신분석이론이 사회복지실천의 기초이론을 확립하는 데 큰 영향을 미쳤다.

ⓓ 1917년 리치몬드(Richmond)가 교육 및 훈련을 위해 사회복지실천 과정의 이론을 최초로 정리한 『사회진단(Social Diagnosis)』을 저술함으로써 사회복지실천의 전문화에 기여하였다.

② 플렉스너(Flexner)의 비판에 대한 사회복지계의 반응 9회, 15회, 16회 기출

ⓐ 교육비평가인 플렉스너(Flexner)가 1915년 "사회복지실천은 전문직이 아니며, 사회복지사도 전문가가 아니다."라고 비판함으로써 전문직으로서 사회복지실천에 대한 문제인식이 형성되었다.

ⓑ 플렉스너의 비판은 사회복지실천이 전문직으로서 인정받을 수 있는 구체적인 기술을 갖추고 있지 못하다는 점을 비판한 것이다.

ⓒ 플렉스너의 비판에 대해 전문직으로서 사회복지실천을 위한 환경을 조성하고, 과학적 · 학문적 이론과 기술을 갖추고자 하는 노력이 다음과 같이 펼쳐졌다.

> • 1917년 리치몬드(Richmond)에 의해 『사회진단 Social Diagnosis』이 출간됨
> • 1919년까지 뉴욕자선학교 외에 17개의 전문사회복지학교가 설립됨
> • 1921년 미국 사회복지사협회가 설립됨
> • 1929년 밀포드 회의(Milford Conference)를 통해 개별사회사업방법론의 공통 기반을 조성함

(3) 전문적 분화기(1920년 전후~1950년 전후)

① 3대 방법론으로의 분화 17회 기출

개별사회사업 (Case Work)	사회복지사는 개인적 · 사적인 영역에서 전문적인 사회복지실천을 수행하였다.
집단사회사업 (Group Work)	2차 세계대전 이후 정신분석이 집단치료에 널리 활용되었으며, 군부대나 사회복지관에 집단지도자가 고용되어 집단지도가 발전하게 되었다.

지역사회조직사업 (Community Organization)	대공황으로 민간사회사업이 한계를 드러냄으로써 국가에 의해 설립·운영되는 공공기관에서 활동하는 사회복지사의 수가 늘어나게 되었다. 또한 지역사회실천이 보다 전문화됨으로써 지역사회조직이 사회복지방법론의 한 분야로 인정받게 되었다.

② 진단주의와 기능주의 12회, 16회, 20회, 22회 기출

진단주의	• 1920년대 프로이트(Freud)의 정신분석이론을 기반으로 한 진단주의 학파가 발달하였다. • 진단주의 학파는 인간에 대한 기계적·결정론적인 관점을 토대로 클라이언트의 과거 경험을 중심으로 현재의 자아기능을 설명하고자 하였다. • 인간 성격에 있어서 자아(Ego)의 힘이 사회복지 원조에 의해 강화될 수 있다는 점을 기본전제로 하였다. • 진단주의는 '질병의 심리학'으로 인간성을 이해하고자 하였으며, 이는 홀리스(Hollis)의 심리사회모델로 발전하게 되었다.
기능주의	• 1930년대 후반 진단주의 학파에 대한 반발로 등장한 것으로서, 치료보다는 원조를 강조하였다. • 기능주의 학파는 인간에 대한 보다 낙관적인 관점에서 인간의 자아와 자유의지, 성장 가능성을 강조하였다. • 클라이언트 스스로 자신의 성장을 위한 과제를 수행하며, 시간제한적인 범위 내에서 자신의 문제해결 과정에 참여할 것을 기본전제로 하였다. • 기능주의는 '성장의 심리학'으로 인간성을 이해하고자 하였으며, 이는 문제해결모델이나 클라이언트 중심모델로 발전하게 되었다.

(4) 사회복지실천의 통합 시도기(1950년 전후~1960년 전후)

① 통합의 움직임

㉠ 개별사회사업, 집단사회사업, 지역사회조직사업과 같이 사회사업 방법을 개념화하고 이를 분화하는 것이 문제 규정의 범위를 모호하게 만든다는 인식이 커졌다.

㉡ 사회변화에 보다 효과적으로 대응하기 위해 이를 거시적이고 통합적인 측면에서 접근해야 할 필요성이 제기되었다.

㉢ 1962년 미국 사회복지사협회(NASW)에서는 내부의 분회제도를 폐지하고 전문직 전체의 과제로 통합적인 방법을 지향하였다.

② 펄만(Perlman)의 문제해결모델

㉠ 펄만은 1957년 진단주의의 입장에서 기능주의를 부분적으로 통합한 절충모델로서 문제해결모델을 제안하였다.

㉡ 문제해결모델은 자아인식 기능의 검증을 통한 반성적 사고의 과정을 강조하는 진단주의의 입장과 함께 역동적 사회구조에서 목표달성을 위해 능동적으로 행동하는 주체적 존재로서의 인간을 강조하는 기능주의의 입장을 동시에 고려하였다.

전문가의 **한마디**

해밀턴과 홀리스(Hamilton & Hollis)는 대표적인 진단주의 학자들이며, 타프트, 스몰리, 로빈슨(Taft, Smally & Robinson)은 대표적인 기능주의 학자들입니다.

바로암기 ○✕

통합적 방법으로서 펄만(Perlman)의 문제해결모델은 주로 개인의 사회적 기능에 문제의 초점을 둔다?

( )

정답 ○

© 인간의 삶 자체를 문제해결의 과정으로 보며, 클라이언트 스스로 자신의 문제를 해결할 수 있도록 원조하는 것을 목표로 하였다.

(5) 사회복지실천의 통합 발전기(1960년 전후~1980년 전후)

① 통합적 접근방법의 본격적인 대두

   ③ 통합적 접근방법이 본격적으로 대두된 것은 1960~70년대로, 이는 '결합적 접근방법', '중복적 접근방법', '단일화 접근방법'의 세 측면에서 통합을 이룬 형태로 나타났다.

   ⓒ 통합적 접근방법은 '환경 속의 인간'을 다루어 클라이언트가 환경과 상호작용할 수 있도록 원조하는 것에 초점을 두었다.

② 클라이언트의 환경을 중시하는 새로운 모델의 등장

   ③ 일반체계이론, 생태체계이론 등이 통합화의 유용한 이론으로 등장하였으며, 전통적인 방법론으로부터 환경을 중시하는 생태체계론적 관점으로의 방향 전환이 이루어졌다.

   ⓒ 1970년대를 전후하여 라포포트(Rapoport)의 위기개입모델, 리드(Reid)와 엡스타인(Epstein)의 과제중심모델, 저메인(Germain)과 기터만(Gitterman)의 생활모델 등이 등장하였다.

③ 사회사업의 확대 발전

   ③ 빈곤의 문제뿐만 아니라 비행, 장애, 보건, 정신건강 등 사회의 다양한 문제를 다루기 시작하면서 임상사회사업, 집단사회사업, 지역사회조직사업 등이 발전하게 되었다.

   ⓒ 1970년대에 이르러 사회적 목표모델, 치료모델, 상호작용모델, 인본주의모델, 사회학습모델, 목표형성모델 등이 성장하였다.

   ⓒ 지역 내의 조직·단체·기관 대표자의 토의의 장을 마련하고 집단 사이의 관계를 조정하는 등 집단의 참여와 협동을 강조하는 지역사회조직사업이 활기를 띠기 시작하였다.

(6) 새로운 관점의 등장(1980년 전후~현재)

① 다중관점의 대두

포스트모더니즘의 등장과 함께 보편타당한 절대적인 이론체계에 대한 연구가 한계에 부딪치면서 다중관점의 필요성이 새롭게 대두되었다.

② 다양한 접근법 강조

클라이언트의 강점관점에 기초하여 클라이언트의 상황에 부합하는 다양한 접근법과 개입전략이 강조되고 있다.

2 우리나라 사회복지실천의 발달과정

(1) 일제강점기

① 사회복지실천의 양상

ⓐ 일제의 구호정책은 식민정책의 일부로서 우리 민족이 일제에 충성하도록 하는 사회통제적인 목적으로 시행되었다.

ⓑ 일제 사회정책의 중심을 이루었던 구빈사업은 외견상 상당히 다양해 보이지만 그 내용을 보면 극히 형식적, 온정적, 시혜적인 성격이 강하였다.

② 태화여자관(1921년) 21회 기출

ⓐ 우리나라 최초의 사회복지관으로서, '태화기독교사회복지관'의 전신이다.

ⓑ 당시 미국의 감리교 여선교사들에 의해 설립된 초기의 사회관들은 그 명칭이 '여자관'이었는데, 이는 한국 여성들의 열악한 사회적 지위를 향상시키기 위함이었다.

③ 방면위원제도(1927년)

ⓐ 일본이 독일식 엘버펠트(Elberfeld) 구빈위원제도를 모방한 것으로, 관이 주도하는 제도였다.

ⓑ 방면위원은 명예직, 무보수로서 자기가 살고 있는 지역 내 빈민의 생활 상태를 조사하고, 빈곤의 원인을 판명하여 적절한 지도교화 및 구제방법을 강구하는 임무를 부여받았다.

④ 조선구호령(1944년)

ⓐ 당시 일본의 구호법을 기초로 모자보호법과 의료보호법을 부분적으로 합성한 것이었다.

ⓑ 1944년 제정되어 1961년 생활보호법이 제정될 때까지 우리나라 공적 부조의 기본이 되었다.

(2) 해방 이후 ~ 한국전쟁 이후

① 사회복지실천의 양상

ⓐ 미군정 당국은 일제시대의 유물인 조선구호령의 연장선상에서 무계획적·임기응변적인 정책을 펼쳤다. 주요 정책은 기아의 방지, 최소한의 시민생계 유지, 보건위생 및 치료, 응급 주택공급 등에 중점을 둔 것으로, 장기적·획기적인 사업 추진을 고려하지 않았다.

ⓑ 1950년 이후 외국 원조단체와 기관들이 들어와서 활발한 구호사업 및 자선사업을 전개하였으며, 점차적으로 사회복지전문가들이 유입되어 사회복지프로그램을 개발하고 특히 가족 중심의 사회복지실천을 도입하였다.

전문가의한마디

태화여자관은 1921년에 설립되어 1981년에 '태화기독교사회복지관'으로 명칭을 변경하였습니다.

전문가의 한마디

KAVA는 '한국외원단체협의회' 또는 '외국민간원조기관협의회' 등으로도 불립니다. KAVA는 구호 활동과 관련된 조직관리 기술을 도입하였으나, 지역사회 조직화나 공동체 형성을 위한 조직관리 기술을 적극적으로 활용하지는 못하였습니다.

② 한국외원단체협의회(KAVA ; Korean Association of Voluntary Agencies) 18회, 22회 기출

ㄱ 한국전쟁 직후 외국의 구호단체들이 다수 들어오면서 외원기관들이 난립하게 되었다. 이후 외원기관의 개별적 활동으로 인해 비체계적 · 비효율적인 서비스 제공이 이루어지면서 서비스 제공자 간 협력 및 조정체계 구축의 필요성이 제기되었다.

ㄴ 한국외원단체협의회(KAVA)는 한국인에 대한 기여와 봉사를 증대하기 위해 구성된 외국 민간원조단체의 한국연합회로서, 1952년 7개 기관이 모여 조직되었다가 1955년에 사무국을 둠으로써 비로소 연합회로서의 기능을 갖추게 되었다.

ㄷ 학교, 병원, 고아원 등의 시설을 설립 · 운영하며, 시설에 필요한 각종 물품 및 서비스를 제공함으로써 시설중심의 사회복지를 발전시켰다.

ㄹ 일부 회원단체들이 정착사업이나 농촌개발사업, 지도자 훈련사업 등을 실시하기도 하였으나 지역사회 조직화나 공동체 형성 등 보다 체계적인 형태의 조직관리 기술이 활용되지는 못하였다.

(3) 근 · 현대 사회복지실천의 주요 발달과정 5회, 9회, 10회, 11회, 12회, 13회, 14회, 15회, 19회, 20회, 21회 기출

- 1947년 이화여자대학교 기독교 사회사업학과 개설
- 1952년 한국사회사업연합회 창설
- 1953년 강남사회복지학교 창설
- 1957년 한국사회사업학회 창설
- 1960년 공무원연금제도 시행
- 1964년 산업재해보상보험제도 시행
- 1967년 한국사회복지사협회의 전신인 한국사회사업가협회 창설
- 1970년 사회복지사업법 제정
- 1983년 사회복지사업법 개정에 따라 '사회복지사업종사자' 대신 '사회복지사' 명칭 사용
- 1985년 시 · 도 단위 종합사회복지관 설립
- 1987년 사회복지전문요원 배치
- 1988년 국민연금제도 시행
- 1992년 재가복지봉사센터 전국적 설치, 운영
- 1995년 정신보건법 제정
- 1995년 사회보장기본법 제정
- 1995년 고용보험제도 시행
- 1997년 정신보건사회복지사 자격시험 도입
- 1998년 사회복지시설평가 법제화(사회복지사업법 개정)
- 1998년 16개 광역 시 · 도에 사회복지공동모금회 설립
- 1999년 사회복지의 날(9월 7일) 제정
- 2000년 별정직 사회복지전문요인의 일반직 사회복지전담공무원으로의 전환
- 2000년 국민건강보험제도 시행
- 2000년 국민기초생활보장제도 시행

- 2003년 사회복지사 1급 국가시험 실시
- 2004년 건강가정지원센터 시범사업 운영
- 2005년 지역사회복지협의체 시행
- 2005년 저출산 · 고령사회기본법 제정
- 2006년 주민생활지원서비스 전달체계 개편
- 2007년 사회적기업 육성법 제정
- 2007년 지역사회서비스 투자사업 도입
- 2007년 제1기 지역사회복지계획 수립
- 2008년 가족관계등록제도 시행
- 2008년 기초노령연금제도 시행
- 2008년 노인장기요양보험제도 시행
- 2010년 장애인연금법 제정
- 2010년 사회복지통합관리망 '행복e음' 구축
- 2011년 사회보험 징수 통합제도 시행
- 2013년 사회보장정보시스템 구축
- 2014년 기초연금제도 시행(기초노령연금제도 폐지)
- 2015년 「사회보장급여의 이용 · 제공 및 수급권자 발굴에 관한 법률(약칭 '사회보장급여법')」 시행에 따른 공공사회복지 전달체계의 개편(지역사회복지협의체 → 지역사회보장협의체 / 지역사회복지계획 → 지역사회보장계획)
- 2017년 「정신보건법」이 「정신건강증진 및 정신질환자 복지서비스 지원에 관한 법률」로 전부 개정되어 정신건강전문요원으로서 '정신건강사회복지사'의 자격 명시
- 2018년 아동수당제도 시행
- 2020년 노인맞춤돌봄서비스 시행
- 2023년 부모급여제도 시행

참고

위의 연도는 법령 · 제도 · 정책의 수립 및 실제 시행 시기에 따라 약간의 차이가 있을 수 있습니다.

02 | 사회복지실천의 현장과 통합적 접근

01절 사회복지실천현장

1 사회복지실천현장의 이해

전문가의 한마디

사회복지실천현장은 물리적인 장소의 개념 이상으로 볼 수 있습니다.

(1) 사회복지실천현장의 개념

① 사회복지실천현장은 사회복지실천이 실행되는 장(Setting), 문제(Problem), 대상(Client)을 포괄하는 개념이다.

② 사회복지실천현장은 광의로는 사회복지사업별 분야 또는 영역을 일컫지만, 협의로는 사회복지 전문직과 자원봉사자들이 활동하는 장소로서 기관이나 시설을 의미한다.

(2) 사회복지실천현장의 분류 11회 기출

전문가의 한마디

공공기관과 민간기관의 구분은 모호한 측면이 있습니다. 예를 들어, 지역사회보장협의체는 순수민간기관이 아닌 민관협력 기구에 해당합니다.

① 기관 설립주체 및 재원조달방식에 의한 분류 13회, 17회 기출

공공기관	정부 규정이나 지침에 의해 규정되어 운영되는 기관으로 행정체계와 집행체계로 나뉜다. **예** 읍·면·동 주민센터 등
민간기관	기부금, 후원금, 서비스이용료 등의 재원을 가지고 사회복지관련 사업을 하는 기관으로 사회서비스 기관과 조직된 협의체로 나뉜다. **예** 사회복지재단, 사회복지협의회, 한국사회복지사협회, 사회복지공동모금회, 지역아동센터 등

② 서비스 제공 방식에 따른 분류　17회 기출

행정기관 (간접서비스 제공)	사회복지서비스의 기획, 전달, 감독, 조정 등 체계의 효율적인 발전을 위한 행정 업무와 기관들 간의 연계, 협의를 담당한다. 예 보건복지부, 사회복지협의회 등
서비스기관 (직접서비스 제공)	클라이언트에게 직접적으로 서비스를 제공하는 것을 목적으로 한다. 예 종합사회복지관, 노인복지관, 노인요양원, 지역아동센터 등

③ 기관의 운영목적에 따른 분류　12회, 13회, 14회, 18회, 20회 기출

1차 현장	기관의 일차적인 기능이 사회복지서비스의 제공에 있으며, 사회복지사가 중심이 되어 활동하는 실천현장이다. 예 종합사회복지관, 노인복지관, 장애인복지관(장애인지역사회재활시설), 사회복 귀시설, 지역자활센터(자활지원센터), 지역아동센터 등
2차 현장	사회복지전문기관이 아니지만 사회복지사가 간접적으로 개입하여 사회복지서비 스에 영향을 미치는 실천현장이다. 예 병원, 학교, 교정시설, 보호관찰소, 정신보건시설(정신건강증진시설), 주민센터 등

④ 주거 제공 여부에 따른 분류　12회, 13회, 14회, 15회, 16회, 17회, 18회, 19회, 21회, 22회 기출

생활시설	사회복지서비스에 주거서비스가 포함된 시설이다. 예 노인요양시설, 노인의료복지시설, 장애인생활시설(장애인거주시설), 자립지원 시설, 그룹홈, 청소년쉼터, 아동보호치료시설, 정신요양시설 등
이용시설	사회복지서비스에 주거서비스가 포함되지 않으며, 자신의 집에 거주하는 클라이 언트를 대상으로 서비스를 제공하는 시설이다. 예 종합사회복지관, 노인복지관, 장애인복지관(장애인지역사회재활시설), 장애인 직업재활시설, 영유아보육시설(어린이집), 지역아동센터, 아동보호전문기관, 노 인보호전문기관, 재가복지봉사센터, 노인주간보호센터, 장애인주간보호센터, 지역자활센터(자활지원센터), 가정위탁지원센터, 다문화가족지원센터, 쪽방상 담소 등

참고

사회복지실천현장의 분류방식 및 그 구체적인 예는 명확히 구분하기 어려운 측면이 있으므로, 교재에 따라 달리 제시될 수 있습니다.

전문가의 한마디

장애인복지관은 장애인복지법에 따른 장애인지역사회재활시설에 해당합니다. 장애인지역사회재활시설은 장애인을 전문적으로 상담·치료·훈련하거나 장애인의 일상생활, 여가활동 및 사회참여활동 등을 지원하는 시설입니다.

출제의도 체크

지역자활센터, 지역아동센터, 장애인복지관(장애인지역사회재활시설)은 사회복지실천현장 중 1차 현장이면서 동시에 이용시설에 해당합니다.
▶ 13회 기출

2 사회복지사의 기능 및 역할

(1) 기능 수준에 따른 사회복지사의 역할 3회, 12회, 13회 기출

① 직접 서비스 제공자의 역할

사회복지사는 클라이언트의 욕구와 문제를 해결하기 위해 그들을 직접 만나서 서비스를 제공한다.

예 개별상담자, 집단상담자(지도자), 정보제공자, 교육자

② 체계와 연결하는 역할

사회복지사는 클라이언트에게 필요한 사회자원을 연계하여 클라이언트로 하여금 해당 자원을 충분히 활용할 수 있도록 돕는다.

예 중개자, 사례관리자, 조정자, 중재자, 클라이언트 옹호자

전문가의 한마디

'체계와 연결하는 역할'은 유용한 자원에 대한 정보나 이용능력이 부족한 클라이언트를 위해 사회복지사가 수행하는 역할에 해당합니다.

③ 체계 유지 및 강화 역할

사회복지사는 자신이 속한 기관의 정책, 서비스 전달체계 등을 평가하고 이를 개선하는 역할을 수행한다.

예 조직분석가, 촉진자, 팀 성원, 자문가

④ 연구자 및 조사활용자 역할

사회복지사는 적절한 개입방법을 선택하고 해당 개입방법의 효과성 및 효율성을 평가하며, 클라이언트의 변화를 모니터링하기 위해 공적·사적 세팅 모두에 대한 평가를 수행한다.

예 프로그램 평가자, 조사자

⑤ 체계 개발 역할

사회복지사는 기관의 서비스를 확대 혹은 개선하기 위해 체계를 개발하는 등 체계 발전과 관련된 역할을 수행한다.

예 프로그램 개발자, 기획가(계획가), 정책 및 절차개발자

(2) 개입 수준 및 기능에 따른 사회복지사의 역할 분류(Miley et al.)

1회, 4회, 5회, 7회, 8회, 13회, 16회, 17회, 18회, 21회 기출

개입 수준	단 위	사회복지사의 역할
① 미시 차원	개인, 가족	조력자, 중개자, 옹호자, 교사
② 중범위 차원	공식적 집단, 조직	촉진자, 중재자, 훈련가
③ 거시 차원	지역사회, 전체사회	계획가, 행동가, 현장개입가
④ 전문가집단 차원	동료, 사회복지전문가집단	동료, 촉매자, 연구자/학자

① 미시 차원

조력자 (Enabler)	클라이언트가 직면하고 있는 문제를 보다 분명하게 해 주고 해결방안을 찾도록 도우며, 그들 자신의 문제를 보다 효과적으로 다룰 수 있는 능력을 발달시켜 주는 역할을 말한다. 예 알코올중독자가 자신의 문제를 깨닫고 금주방법을 찾도록 도와주는 것
중개자 (Broker)	클라이언트로 하여금 지역사회 내에 있는 서비스체계나 자원을 활용할 수 있도록 돕거나 안내해 주는 역할을 말한다. 예 가족이 없는 중증장애인에게 주거시설을 소개해 주는 것
옹호자 (Advocate)	근본적으로 사회정의를 지키기 위한 목적으로 개인이나 집단의 입장을 지지하고 권익을 대변하는 것은 물론 사회적인 행동을 제안하는 적극적인 활동을 펼치는 역할을 말한다. 예 장애학생의 교육권 확보를 위해 학교당국에 편의시설을 요구하는 것
교 사 (Teacher)	클라이언트의 사회적응기능이나 문제해결능력이 향상될 수 있도록 다양한 정보를 제공하고 기술을 가르치는 등 교육하는 역할을 말한다. 예 장애인 거주시설에서 퇴소한 장애인과 그 가족에게 지역사회 내 다양한 주거 관련 정보를 안내하는 것

② 중범위 차원

촉진자 (Facilitator)	조직의 기능이나 상호작용, 직원들 간의 협조나 지지를 촉진하며, 조직 간 정보교환이 원활히 이루어지도록 하여 업무의 효과성 및 효율성을 높인다.
중재자 (Mediator)	서로 다른 조직이나 집단 간 이해관계 갈등을 해결하여 서로 간에 만족스러운 결과를 얻을 수 있도록 돕는다. 특히 의사소통의 갈등이나 의견 차이를 조정하되, 어느 한 쪽의 편을 들지 않은 채 서로의 입장을 명확히 밝히도록 돕는다.
훈련가 (Trainer)	기관 직원들의 전문가적인 능력을 계발시키기 위해 직원 세미나, 워크숍, 슈퍼비전 등에 참여하여 해당 직원들을 교육 및 훈련시킨다.

③ 거시 차원

계획가 (Planner)	지역사회에 충족되지 못한 욕구나 새롭게 대두되는 욕구를 충족시키도록 새로운 정책, 서비스, 프로그램을 계획하는 등 변화과정을 계획(기획)하는 역할을 말한다.
행동가 (Activist)	사회적 불의, 불평등, 박탈 등에 관심을 가지고 갈등, 대면, 협상 등을 활용하여 사회적 환경이 개인의 욕구를 보다 잘 충족하도록 변화시키는 역할을 말한다.
현장개입가 (Outreach Worker)	서비스를 필요로 하는 지역주민들을 파악하고 서비스 대상자가 적절한 서비스를 찾을 수 있도록 원조하기 위해 직접 지역사회에 들어가 활동하는 역할을 말한다.

제3영역

출제의도 체크

만약 가족에 의해 강제 입소되었던 장애인이 거주시설에서 퇴소하기를 요청함에 따라 ㄱ. 퇴소상담을 실시하고, 이후 가족들을 설득하여 ㄴ. 지역사회 내 다양한 주거 관련 정보를 안내하며, ㄷ. 공동생활가정에 입주할 수 있도록 연계하였다면, 이는 각각 '조력자', '교사', '중개자'의 역할을 수행한 것으로 볼 수 있습니다.

▶ 13회 기출

바로암기 O X

사회복지사가 갈등으로 이혼위기에 처한 부부관계에 개입하여 상호 만족스러운 합의점을 도출하였다면, 이는 중개자의 역할을 한 것이다?

( )

해설
중재자(Mediator)의 역할을 한 것이다.
정답 X

④ 전문가집단 차원

동 료 (Colleague)	사회복지사들이 서로 간에 모니터링 역할을 하여 전문가로서의 윤리를 준수하도록 격려하며, 동료 간 상호지지를 제공하고 다른 전문가와의 접촉을 통해 협력관계를 구축한다.
촉매자 (Catalyst)	효과적인 서비스 전달체계의 발전을 도모하기 위해 타 전문직에 협조를 구하거나 전문가 조직을 통한 국가적 또는 국제적 활동을 펼치는 역할을 말한다.
연구자/학자 (Researcher/ Scholar)	이론적 혹은 실천적 전문직으로의 발전을 위한 활동을 수행하며, 지식개발을 위해 과학적 조사를 실시하여 그 결과를 동료들과 공유하는 역할을 말한다. 특히 자신이 제공한 서비스를 과학적이고 체계적으로 평가하는 등 실증적 사회복지실천을 수행한다.

02절 사회복지실천의 통합적 접근

1 통합적 접근의 이해

(1) 통합적 접근의 개념 11회, 12회, 20회, 22회 기출

① 통합적 접근은 1960~70년대에 대두된 것으로서, 기존의 전통적인 사회복지실천이 개별사회사업, 집단사회사업, 지역사회조직사업 등 개별적인 접근법을 통해 주로 특정 문제 중심으로 개입함으로써 다양한 문제에 효과적으로 대처하는 것이 어려웠다는 점을 부각시킨다.

② 개인, 집단, 지역사회에서 제기되는 사회문제에 활용할 수 있는 공통된 원리나 개념을 제공하기 위해 제반 방법들을 통합한 것이다.

③ '환경 속의 인간(Person in Environment)'을 기본적인 관점으로 하여 인간과 환경을 단선적인 관계가 아닌 순환적인 관계로 이해하는 일반체계이론의 관점, 개인·집단·조직·지역사회 등 보다 구체적이고 역동적인 체계들 간의 관계를 가정하는 사회체계이론의 관점, 유기체와 환경 간의 상호교류 및 역학적 관계를 중시하는 생태체계이론의 관점 등을 포괄한다.

(2) 통합적 접근방법의 등장배경 4회, 5회, 6회, 9회, 10회, 21회 기출

① 전통적인 방법(의료모델)은 주로 특정 문제를 중심으로 개입함으로써 클라이언트의 다양한 문제에 효과적으로 대처할 수 없었다.

② 전통적인 방법이 지나치게 세분화·전문화되어 서비스의 파편화 현상을 초래했고, 그로 인해 다양한 문제와 욕구를 가지고 있는 클라이언트로 하여금 다양한 기관이나 사회복지사들을 찾아다녀야 하는 부담을 안겨주었다.

③ 전문화 중심의 교육훈련은 사회복지사들의 분야별 직장 이동에 도움이 안 되었다.

④ 공통기반을 전제로 하지 않은 분화와 전문화가 각각 별개의 사고와 언어 및 과정을 보여줌으로써 사회사업 전문직의 정체성 확립에 장애가 되었다.

⑤ 특정 이론에 국한된 기존 방법과 달리 정신분석이론 등의 전통적 이론은 물론 환경 및 체계를 강조하는 새로운 이론까지 사회복지 지식체계에 도입하고자 하는 시도가 펼쳐졌다.

⑥ 클라이언트의 문제는 개인, 가족, 집단, 지역사회 등 여러 체계의 상호작용에 의한 결과라는 인식이 확산됨에 따라 다양한 수준에서 문제에 접근해야 할 필요성이 제기되었다.

(3) 통합적 접근방법의 주요 특징 11회, 15회, 16회, 18회, 19회, 21회 [기출]

① 일반주의(Generalist) 실천에서 활용하는 접근방법이다.

② 개인과 체계 간의 양면적 상호작용에 초점을 둔다.

③ 실천의 유용한 이론적 틀로서 생태체계적 관점에 기초한다.

④ 인간과 환경의 공유영역에 사회복지사가 개입할 것을 강조한다.

⑤ 사회복지사는 미시적 수준에서부터 거시적 수준의 실천까지 다양한 체계에 개입한다.

⑥ 병리보다 강점을 강조한다.

⑦ 클라이언트의 참여와 자기결정, 클라이언트와의 협동노력을 강조한다.

⑧ 클라이언트의 잠재성 개발을 위한 미래지향적인 접근을 강조한다.

⑨ 다양한 모델과 기술을 활용하며, 다양한 클라이언트의 체계와 수준에 접근할 수 있다.

⑩ 문제에 따라 다른 접근법을 펼치되, 경험적으로 검증된 개입방법을 우선 적용한다.

(4) 통합적 접근방법이 사회복지실천에 미친 영향 7회, 9회 [기출]

① 사회복지실천을 구성하는 공통점이 도출되었다.

② 사회복지 전문직의 정체성 확립에 기여하였다.

③ 클라이언트 욕구에 따른 맞춤형 원조가 가능하게 되었다.

④ 개인, 가족, 지역사회 등 다양한 체계에 대한 사정과 개입이 가능하게 되었다.

⑤ 개인적 사례분석에서 더 나아가 사회정책에까지 분석을 확대하게 되었다.

> **출제의도 체크**
>
> 통합적 방법은 인간에 초점을 두거나 환경에 초점을 두는 2궤도 접근이 아닌 인간과 환경의 양면적 상호작용에 초점을 두는 통합적 접근입니다.
>
> ▶ 16회 기출

> **출제의도 체크**
>
> 통합적 접근방법은 다양한 이론 및 실천방법을 유효적절하게 통합한 것일 뿐, 전통적 실천방법을 해체하고 새로운 실천방법을 제시한 것은 아닙니다.
>
> ▶ 9회 기출

2 환경 속의 인간(Person in Environment)

(1) 개 념

전문가의 **한마디**

사회복지실천에서는 인간과 환경에 동시적으로 주의를 기울이는 것을 '이중초점(Dual Focus)'이라고 합니다.

① 인간을 이해하기 위해서는 인간 고유의 심리 내적인 특성은 물론 환경 또는 상황까지 통합적으로 고려해야 한다.

② '환경 속의 인간'은 인간과 환경을 분리된 실체가 아닌 하나의 총체로 이해하는 통합적인 관점이다.

(2) 환경 속의 인간(PIE) 관점의 주요 특징 11회 기출

① 인간과 환경을 하나의 통합적 체계로 이해한다.

② 인간과 환경체계 사이의 유기적 관계를 설명한다.

③ 인간을 환경과 지속적인 상호작용을 일으키는 존재로 본다.

④ 인간행동이 사회환경에 의해 영향을 받고 있음을 설명한다.

(3) 환경 속의 인간(PIE)을 반영한 실천 내용 10회 기출

① 개인이 경험하는 문제를 개인과 환경 양자 간의 공동책임으로 간주한다.

② 개인 · 환경 간 상호작용 증진을 위해 개인의 역량을 강화한다.

③ 개인 · 환경 간 상호작용 증진을 위해 환경의 변화를 시도한다.

④ 문제해결방안을 개인의 변화와 함께 주변 환경의 변화에서도 찾는다.

⑤ 사회적 맥락을 고려하여 문제를 사정한다.

3 통합적 접근의 주요 이론

(1) 체계이론 13회, 19회 기출

① 의의 및 특징

㉠ 체계(System)란 상호의존적이며 상호 영향을 주고받는 부분들로 구성되어 있는 전체를 의미한다.

㉡ 체계는 목적이 지향하는 바에 따라 항상성과 규칙성을 유지하며, 끊임없이 변화하는 전체이다.

㉢ 개인과 환경을 원인과 결과의 인과적 관계가 아닌 상호보완적인 전체로 파악한다.

㉣ 사람과 자원 간의 상호작용, 개인과 체계가 기능을 효율적으로 발휘하는 데 있어서 당면하는 문제 등에 초점을 맞춘다.

② 체계의 구조적 특성　1회, 5회, 6회, 7회, 12회, 16회 [기출]

경 계 (Boundary)	체계를 구성하는 소단위로서 물리적 또는 개념적 공간에 해당한다. 특히 한 체계를 다른 체계와 구분해 주는 눈에 보이지 않는 테두리로서, 이와 같은 경계에 의해 체계와 환경의 구분이 가능하다.
홀 론 (Holon)	전체와 부분을 별개로 나눌 수 없다는 사실을 전제로, 작은 체계들 속에서 그들을 둘러싼 큰 체계의 특성이 발견되기도 하고 작은 체계들이 큰 체계에 동화되기도 하는 체계의 이중적 성격을 나타낸다.
개방체계 (Open System)	환경과의 에너지 교환이 활발히 이루어지는 체계로서, 투입을 받아들이고 산출을 생산하여 환경으로 보낸다. 따라서 보다 목적지향적이고 적응능력이 높다.
폐쇄체계 (Closed System)	환경과의 에너지 교환이 거의 없는 체계로서, 투입을 받아들이지 않고, 산출도 생산하지 않는다. 따라서 목적지향성이 낮고, 행동을 수정할 수 있는 능력도 낮다.

③ 체계의 진화적 특성　1회, 6회, 8회, 11회, 12회, 13회, 15회, 16회 [기출]

균 형 (Equilibrium)	• 외부환경으로부터 새로운 에너지의 투입 없이 현상을 유지하려는 속성을 말한다. • 외부환경과 수평적 상호작용으로 내부균형만 이루는 폐쇄체계에서 나타난다.
항상성 (Homeostasis)	• 환경과 지속적으로 소통하면서 역동적인 균형을 이루는 상태를 말한다. • 항상성 상태에서 체계의 구조는 크게 달라지지 않으며, 항상성으로 인해 체계는 행동방식의 규칙성을 갖게 된다.
안정상태 (Steady State)	• 부분들 간에 관계를 유지하면서 체계가 붕괴되지 않도록 에너지를 계속 사용하는 상태를 말한다. • 사회복지실천은 네겐트로피를 유지 또는 증가함으로써 바람직한 안정상태를 얻고자 하는 원조체계를 포함한다.
엔트로피 (Entropy)	• 체계가 외부로부터 에너지 유입 없이 소멸되어가는 상태를 말한다. • 폐쇄체계를 구성하고 있는 부분들은 시간이 지남에 따라 서로 간의 구별이 없어지게 되고 점차 동일성을 띠게 되므로, 그 구성 및 기능이 쇠퇴하게 된다.
네겐트로피 (Negentrophy)	• 체계 내에 질서, 형태, 분화가 있는 상태를 말한다. • 체계 외부로부터 에너지가 유입됨으로써 체계 내부의 불필요한 에너지가 감소하게 되는데, 이는 체계를 유지하고 발전을 도모하여 생존하는 힘이 된다.

④ 체계의 행동적 특성　2회, 8회, 20회 [기출]

투 입 (Inputs)	체계가 환경으로부터 에너지, 정보 등을 받아들이는 방법을 말한다.
전 환 (Throughputs)	유입된 에너지나 정보를 처리하는 과정으로서, 투입체가 활용되는 단계를 말한다.
산 출 (Outputs)	처리과정이 진행됨에 따라 체계는 적극적으로 환경에 반응하게 되는데, 이와 같은 전환과정을 거쳐 배출된 결과물을 의미한다.
환 류 (Feedback)	체계의 반응은 환경에 직접적으로 영향을 미치면서 다른 체계에 대해 투입으로 작용하는 동시에 환류를 통해 다시 투입으로 작용하게 된다.

전문가의 한마디

홀론(Holon)은 그리스어에서 전체를 의미하는 '홀로스(Ho-los)'와 부분을 의미하는 '온(On)'이 결합된 단어입니다. 전체에서 부분을 구별할 수 있으나 절대적인 의미에서 전체와 부분을 별개로 나눌 수 없다는 사실을 전제로 합니다.

출제의도 체크

개방형 가족체계는 가족체계 내 네겐트로피(Negentrophy) 상태가 지속되는데, 지역사회와의 활발한 교류 등 외부로부터 정보를 받아들임으로써 체계의 기능을 발전시키게 됩니다.

▶ 15회 기출

전문가의 한마디

환류(Feedback)는 새로운 정보에 자신의 행동결과를 포함시켜 이를 통해 다음의 행동을 수정하는 과정으로 볼 수 있습니다.

⑤ **유용성 및 한계** 17회 `기출`

㉠ 체계이론은 자료의 수집과 사정의 방법에 영향을 주는 것은 물론, 개입을 위한 다양한 가능성을 제시해 준다.

㉡ 문제현상에 대한 분석틀을 제공하나 구체적인 개입방법을 제시하지 않는다.

심화연구실

동등종결과 다중종결 11회, 13회, 15회 `기출`

동등종결 (Equifinality)	체계를 구성하는 요소들의 상호작용 성격에 따라 서로 다른 조건이라도 유사한 결과를 초래하는 경우를 말한다. **예** 모자(母子) 한부모가정의 경우 거의 대부분 경제적 지위가 매우 열악한 상황에 처해지게 되는데, 그와 같은 상태에 이르게 된 원인은 이혼, 사별, 미혼모 등 다양할 수 있다.
다중종결 (Multifinality)	체계를 구성하는 요소들의 상호작용 성격에 따라 유사한 조건이라도 각기 다른 결과를 초래하는 경우를 말한다. **예** 어떤 가정에서는 장애아의 출생으로 인해 가족의 응집력이 높아지는 반면, 다른 가정에서는 부부관계가 소원해져 가정불화가 나타나기도 한다.

전문가의 한마디

생태체계이론은 개인의 생활상의 문제를 그를 둘러싼 환경과 생활공간에서 이해하여야 한다고 주장합니다. 즉, 사회복지사는 클라이언트의 생활공간 어디에든 개입할 수 있는 준비를 갖추고 있어야 한다는 것입니다.

(2) 생태체계이론(생태체계 관점)

① **의의 및 특징** 13회, 16회 `기출`

㉠ 체계이론과 생태학적 관점을 통합한 것이다.

㉡ 인간과 환경 간의 균형을 강조한다.

㉢ 인간과 환경은 분리할 수 없으며, 동시에 고려해야 한다고 강조한다.

㉣ 맥락적 사고를 하며, 다체계적 접근을 한다.

② **유용성 및 한계** 13회 `기출`

㉠ 일반체계 관점에서 부족했던 체계 간의 교류영역을 적응과 상호교류라는 개념으로 설명한다.

㉡ 인간문제의 실생활에 관심을 가지고 실천적인 경향을 보완하며, 체계의 변화와 유지기능을 동등하게 중시한다.

㉢ 개인·환경 간의 적합성, 개인과 환경 간의 상호교류 그리고 이러한 교류에 영향을 미치는 힘에 대한 폭넓고 포괄적인 실천지식을 제공해 준다.

㉣ 문제에 대한 포괄적인 이해의 틀을 제공하나, 사회구조 개선 등을 위한 개입방법을 제시하지는 않는다.

㉤ 구체적인 실천모델이 없으므로 기존의 실천모델을 조합하여 활용하는 절충주의적 입장을 취하고 있다.

출제의도 체크

생태체계이론은 사회복지실천 과정의 사정(Assessment) 단계에 유용하게 활용됩니다.
▶ 16회 기출

③ 생태체계이론 중 다섯 가지 환경적 체계(V. Bronfenbrenner) 18회 기출

미시체계	인간발달에 가장 직접적으로 영향을 미치는 환경 맥락
중간체계	둘 이상의 미시 체계 사이에 존재하는 관계나 일정한 시점에서 미시 체계들 사이에 존재하는 상호 작용
외체계	지역사회 수준에서 기능하고 있는 사회의 주요기관 예 직업세계, 대중매체, 정부기관, 교통, 통신시설 등
거시체계	주어진 문화 또는 하위문화 내에서 그것을 구성하는 미시체계, 중간체계, 그리고 외체계의 형태와 내용이 나타내는 일관성
시간체계	개인의 전 생애에 걸쳐 일어나는 변화와 역사적인 환경을 포함하는 체계

참고

체계이론 및 생태체계이론에 관한 내용은 '1영역 인간행동과 사회환경'에서도 빈번히 출제되고 있습니다. 이와 관련된 핵심적인 내용은 1영역 'CHAPTER 03 사회환경과 사회체계'에서도 일부 다루었으므로, 이를 함께 학습하시기 바랍니다. 참고로 일반체계이론과 사회체계이론에서 사용하는 개념용어들은 큰 차이를 보이지 않습니다. 이는 사회체계이론이 일반체계이론을 보다 실천적인 관점에서 구체화한 것이기 때문입니다. 실제로 일반체계이론은 이론 자체가 추상적인 차원에서 개념화되었는데, 사회체계이론은 이를 가족, 조직, 지역사회, 문화 등 구체화된 사회체계로 구현하였습니다. 또한 사회체계이론은 여러 요소들 간의 상호작용에 관심을 갖는 반면, 생태체계이론은 각 요소들 간의 역동적 상호교류에 초점을 둔다는 점에서 차이가 있습니다.

4 통합적 접근의 주요 모델 15회 기출

(1) 4체계 모델

① 의의 및 특징

○ 1973년 핀커스와 미나한(Pincus & Minahan)이 체계이론을 사회사업실천에 응용한 접근방법이다.

ⓒ 인간은 만족스러운 삶을 위해 주위의 체계에 의존하므로, 사회사업은 이와 같은 체계에 초점을 두어야 한다고 주장하였다.

ⓒ 인간을 도울 수 있는 세 가지 자원체계로서 가족이나 친구 등의 비공식적 혹은 자연적 자원체계, 회원제로 구성되는 지역사회집단이나 협회 등의 공식적 자원체계, 학교나 병원 등의 사회적 자원체계를 제시하였다.

ⓐ 4체계 모델은 전체적인 관점에서 클라이언트와 세 가지 자원체계 간의 연결에 초점을 둔다. 따라서 사회복지는 사람 혹은 자원체계 자체의 문제가 아닌 사람과 자원체계 그리고 자원체계 간의 상호작용에 초점을 두어야 한다고 강조한다.

② 네 가지 체계유형(Pincus & Minahan) 3회, 8회, 14회, 16회, 22회 기출

표적체계 (Target System)	목표달성을 위해 변화시킬 필요가 있는 대상
클라이언트체계 (Client System)	서비스나 도움을 필요로 하는 사람들
변화매개체계 (Change Agent System)	사회복지사와 사회복지사가 속한 기관 및 조직
행동체계 (Action System)	변화매개인들이 변화노력을 달성하기 위해 서로 상호작용하는 사람들

(2) 6체계 모델(문제해결과정 모델) 15회 기출

① 의의 및 특징

㉠ 콤튼과 갤러웨이(Compton & Galaway)는 핀커스와 미나한이 제시한 표적체계, 클라이언트체계, 변화매개체계, 행동체계의 네 가지 체계에 두 가지 체계, 즉 전문가체계와 문제인식체계(의뢰-응답체계)를 추가하였다.

㉡ 6체계 모델에서 그 대상은 개인 혹은 집단과 환경 사이의 상호작용에서 발생하는 생활문제를 가진 자발적 또는 비자발적인 잠재적 클라이언트체계이다.

㉢ 이 모델은 문제가 환경과 다양한 체계 내에서 가지는 상호 연관성에의 인식과 함께 클라이언트체계의 확대된 개념에 의해 특정 문제나 특정 집단만을 대상으로 하는 것이 아니므로 그 적용범위가 매우 넓다.

참고

콤튼과 갤러웨이(Compton & Galaway)의 6체계 모델은 '문제해결과정 모델(Problem-Solving Process Model)'이라고도 합니다. 이러한 문제해결과정 모델을 간단히 '문제해결모델'로 부르기도 하지만, 이때 문제해결모델은 펄만(Perlman)의 문제해결모델(Problem-Solving Model)과 다릅니다.

② **여섯 가지 체계유형** 4회, 5회, 8회, 10회, 14회, 17회, 19회, 21회 기출

표적체계 (Target System)	• 목표를 달성하기 위해 변화시키는 것이 필요한 사람(체계)이다. • 목표에 따라 표적이 자주 바뀌며, 주로 클라이언트가 표적이 된다. • 표적체계와 클라이언트체계는 변화되어야 할 대상이 클라이언트이거나 클라이언트 내부체계일 때 흔히 중복된다. 그러나 사회복지사는 다른 체계에서의 바람직한 변화를 가져오기 위해 클라이언트체계와 같이 활동하게 된다.
클라이언트체계 (Client System)	• 서비스나 도움을 필요로 하는 사람이다. • 변화매개인과의 계약이나 업무 동의 및 사회복지사의 서비스를 요구하거나 인가를 받았을 때 구성된다. • 그 이전의 클라이언트를 '잠재적인 클라이언트'라고 한다.
변화매개체계 (Change Agent System)	• 사회복지사와 사회복지사를 고용하고 있는 기관 및 조직을 의미한다. • 사회복지사업에 관련되는 공공기관, 자원, 시설, 지역기관들을 말하며, 이곳에서 일하는 사람을 '변화매개인'이라고 한다. • 변화매개체계는 사회적 인가, 자원을 제공하는 다양한 정책을 통해 사회복지사의 행동에 많은 영향을 미칠 수 있다.
행동체계 (Action System)	• 변화노력을 달성하기 위해 상호작용하는 사람이다. • 행동체계들은 클라이언트에게 도움을 주는 변화를 가져오기 위해 사회복지사가 활동하는 이웃, 가족 또는 타인들을 말한다. • 변화 노력의 과정에서 변화매개인은 단계에 따라 여러 다른 유형의 행동체계와 함께 일할 수 있다.
전문체계 또는 전문가체계 (Professional System)	• 전문가단체, 전문가를 육성하는 교육체계, 전문적 실천의 가치와 인가 등을 의미한다(예 사회복지사 협회 등). • 전문가체계의 문화와 가치는 변화매개자인 사회복지사의 행동에 따라 크게 영향을 미친다. • 사회복지사는 자신의 기관을 변화 내지 사회적 변화의 옹호자로서 행동할 때 이를 활용한다.
문제인식체계 (Problem Identification System) 또는 의뢰-응답체계 (Referral-Respondent System)	• 잠재적 클라이언트를 사회복지사의 관심영역으로 끌어들이기 위해 행동하는 체계이다. • 서비스를 요청한 체계(→ 의뢰체계)와 그러한 요청으로 서비스기관에 오게 된 체계(→ 응답체계)이다. • 클라이언트가 다른 사람의 요청이나 법원, 경찰 등에 의해 강제로 사회복지기관에 오는 경우 이를 일반 클라이언트체계와 구별한다. • 사회복지사는 역할전이가 이루어질 때까지 문제인식체계를 잠재적 클라이언트로 다루어야 한다.

전문가의 한마디

사회복지사는 클라이언트와 협동적 작업 관계 외에 다른 체계와의 협조, 교섭, 갈등의 관계도 가집니다.

전문가의 한마디

'의뢰-응답체계(Referral-Respondent System)'는 서비스 요청(혹은 요청한 사람)을 '의뢰체계(Referral System)'로, 강요에 의해 오게 된 사람을 '응답자(Respondent)'로 부르는 것에서 기인합니다.

(3) 그 밖의 주요 모델

① 생활모델(Life Model) 8회 기출

㉠ 저메인과 기터만(Germain & Gitterman)이 생태체계 관점을 토대로 개발한 통합적 방법론 모델이다.

㉡ 문제를 병리적 상태의 반영이 아닌 사람, 사물, 장소, 조직, 정보, 가치 등 다양한 생태체계 요소들 간 상호작용의 결과로 본다. 즉, 문제를 개인의 성격장애가 아닌 과도한 스트레스를 유발하는 생활상의 문제로 정의한다.

㉢ 문제를 생활상의 맥락에서 파악하므로 개인과 환경 사이의 상호작용 문제에 좀 더 실용적으로 접근한다.

㉣ 생활 과정상에서 인간의 강점, 지속적인 성장, 잠재력의 방출, 환경적 요인의 개선 등을 촉진시키며, 스트레스의 완화를 위해 사회자원을 동원한다.

② 단일화모델(Unitary Model)

㉠ 골드스테인(Goldstein)이 사회체계모델, 사회학습모델, 과정모델을 기초로 체계화한 모델이다.

㉡ 특히 과정모델에서 조사와 평가, 의뢰와 중재, 평가 전략의 측면을 강조하여 이를 사회복지실천 과정의 여러 단계들과 연계시킨다.

㉢ 사회복지실천 과정을 역할유도단계, 핵심단계, 종결단계로 설정하며, 전체 과정 모델을 개인, 가족, 집단, 조직, 지역사회 등의 표적 형태로 구분하여 구체화된 단계와 연결시킨다.

㉣ 사회학습과 관련된 사회복지사의 기능에 관심을 기울이며, 사회학습의 과정을 통해 개인이나 소집단은 물론 조직이나 지역사회 등의 큰 체계들을 변화시킬 수 있다고 주장한다.

전문가의 한마디

생활모델에서는 스트레스를 유발하는 상황을 세 가지 생활영역, 즉 생활 변천(생활주기의 변화), 환경의 압력, 대인관계의 과정으로 설명합니다.

03 | 사회복지실천의 면접론 및 관계론

KEY POINT

- '사회복지실천의 면접론 및 관계론' 영역에서는 면접의 목적 및 방법, 기록의 목적 및 방법, 비어스텍(Biestek)의 7대 원칙이 주요 내용이다.
- 면접의 방법에서는 면접의 특성과 방법이 중요하며, 특히 면접에서 주의해야 할 점을 잘 살펴보아야 한다.
- 관계형성에 대한 이해에서는 비어스텍의 7대 원칙이 빈번히 출제되고 있다. 따라서 각각의 원칙에 따른 주요 내용들을 확실히 이해해야 한다.

01절 │ 사회복지실천의 면접론

1 면접의 방법

(1) 면접의 개념

① 면접의 의미

  ㉠ 면접 혹은 면담(Interview)은 사회복지실천의 가장 중요한 수단이자 방법으로서, 사회복지사와 클라이언트 간의 관계형성을 구체화하는 과정이다.

  ㉡ 사회복지면접은 인간의 행동과 반응에 대한 전문적 지식과 인간관계기술을 가진 사회복지사가 클라이언트와 그의 문제를 이해하고 원조한다는 목적을 가지고 의도적으로 이끌어 나가는 전문적 대화이다.

② 사회복지면접의 목적

  ㉠ 클라이언트에 관한 정보를 획득하는 것이 주목적이다.

  ㉡ 클라이언트에게 정보를 제공한다.

  ㉢ 원조과정에서 장애를 파악하고 제거한다.

  ㉣ 치료관계를 확립·유지한다.

  ㉤ 목표 달성을 위한 활동을 파악·이행한다.

  ㉥ 원조관계를 촉진한다.

③ 사회복지면접의 특성 　5회, 12회, 18회, 20회 기출

  ㉠ 면접을 위한 장(Setting)과 맥락이 있으며, 면접이 기관의 상황적 특성과 맥락에서 이루어진다.

  ㉡ 목적지향적인 활동으로서, 개입 목적에 따라 의사소통 내용이 제한된다.

전문가의 한마디

'Interview'는 우리말로 '면접', '면담', 혹은 '인터뷰' 등으로 번역됩니다. 우리말 번역상의 차이일 뿐 사실상 동일한 개념이므로 혼동하지 않도록 합시다.

ⓒ 한정적·계약적인 것으로서, 사회복지사와 클라이언트 간에 상호 합의한 상태에서 진행된다.

ⓔ 사회복지사와 클라이언트의 특정한 역할 관계가 있다. 즉, 사회복지사와 클라이언트의 역할이 서로 다르다.

ⓜ 개인적·사적인 차원에서 이루어지는 것이 아닌 공식적·의도적인 차원에서 이루어지는 활동이다.

ⓗ 필요에 따라 여러 장소에서 수행되며, 시간과 장소 등 구체적인 요건이 필요하다.

ⓢ 클라이언트의 어려움을 극복하는 데 필요한 변화들을 가져오기도 한다.

ⓞ 클라이언트를 이해하는 데 필요한 정보를 수집하기도 한다.

(2) 면접의 유형(형태) 9회, 11회, 16회, 17회, 22회 기출

정보수집면접 또는 사회조사면접	• 클라이언트와 그의 상황에 대해 필요한 정보를 수집하거나 사회조사를 하기 위한 것이다. • 클라이언트의 개인적·사회적 문제와 관련된 인구사회학적 요인, 현재의 문제, 개인력 및 과거력, 가족력, 사회적·직업적 기능수준 등에 관한 정보를 수집한다. • 수집되는 정보의 내용은 클라이언트의 유형, 문제의 영역, 기관의 성격에 따라 다를 수 있다.
사정면접	• 서비스를 위한 평가와 적격성을 결정하기 위한 것이다. • 구체적인 서비스에 대해 의사결정을 하기 위한 것으로, 행정적인 결정을 내리는 데 도움이 된다. • 문제 상황, 클라이언트의 강점, 문제해결 과정의 장애물 등을 탐색하며, 클라이언트의 욕구 우선순위를 설정하여 문제해결을 위한 목표 및 개입방법 등을 결정한다.
치료면접	• 클라이언트와 클라이언트의 상황을 변화시키거나 이들 모두를 변화시키기 위한 것이다. • 클라이언트의 기능 향상 및 사회적 적응을 위해 환경을 변화시킨다. • 클라이언트의 자신감과 자기효율성을 강화하며, 문제해결능력을 신장하기 위해 필요한 기술을 훈련시킨다.

(3) 면접의 구조적 조건 13회 기출

① 면접장소

ⓐ 참여자들 사이가 개방적이고 비밀보장이 되는 안전하고 독립적인 공간으로 외부인의 출입이 제한되어 방해를 받지 않는 분위기여야 한다.

ⓑ 적절한 채광과 조명, 춥지도 덥지도 않은 온도를 지닌 장소여야 한다.

ⓒ 클라이언트의 긴장을 완화시키고 집중도를 높일 수 있는 편안한 의자를 제공한다.

ⓓ 물리적인 환경이 열악한 경우 이에 대해 설명한다.

ⓔ 클라이언트의 특성이나 사정에 따라 면접장소는 유동적으로 정한다.

② 면접시간

㉠ 시작단계, 중간(진행)단계, 종결단계로 나누어 각 과정에 적합한 질문을 하여 정
보를 얻는 것이 좋다.

㉡ 시간적으로 제한을 둘 경우 면접을 좀 더 신속히 진행할 수 있다.

㉢ 클라이언트의 특성과 상황에 따라 시간과 횟수를 정한다.

㉣ 클라이언트의 주의집중 능력이나 의사소통 능력에 따라 면접시간을 조절한다.

③ 면접자의 태도

㉠ 사회복지사와 클라이언트와의 거리는 너무 가깝지도, 멀지도 않은 적당한 거리
를 유지한다.

㉡ 옷차림이나 행동은 기관의 전통이나 클라이언트의 기대를 고려한다.

㉢ 클라이언트에게 따뜻한 관심과 신뢰를 보여줄 수 있는 행동을 한다.

㉣ 면접 중 기대거나 눈을 감거나 책상 위의 물건을 만지작거리는 등 부주의한 행동
을 하지 않는다.

(4) 면접 진행 시 사회복지사의 주요 과업 9회 기출

① 안정된 면접을 위한 분위기를 조성한다.

② 효과적인 개입을 위한 면접을 구성한다.

③ 의미 있는 상호작용을 통해 면접을 촉진한다.

④ 클라이언트의 문제에 대해 적절한 논의를 진행한다.

2 면접의 기술

(1) 관찰(Observation)

① 클라이언트가 말하고 행동하는 것에 주의를 기울이는 기술이다.

② 관찰은 한계가 있으므로 사회복지사가 알고자 하는 것을 선택하여 관찰하는 의도적
이고 계획적인 활동이다.

③ 클라이언트의 언어적 표현은 물론 비언어적 표현도 관찰 대상이 된다. 특히 클라이
언트의 비언어적 표현을 관찰할 때는 신중해야 한다.

바로암기 ○✕

면접장면에서 클라이언트와의
거리는 가까울수록 효과적이
다?

( )

해설

클라이언트와의 거리가 지나치
게 가까울 경우 긴장을 유발할
수 있으므로 적당한 거리를 유
지하는 것이 좋다.

정답 ✕

출제의도 체크

클라이언트의 이야기를 경청 (Listening)할 때 사회복지사의 태도 및 마음가짐이 매우 중요 합니다. 사회복지사는 클라이 언트에 대한 열린 마음으로 수 용적인 태도를 갖춰야 하며, 상 시 클라이언트와 시선을 맞추 며 몸의 방향도 클라이언트를 향해 앉아 클라이언트로 하여 금 사회복지사가 자신의 이야 기에 경청하고 있음을 느끼게 하는 것이 바람직 합니다.

▶ 22회 기출

전문가의 한마디

면접의 기술로서 관찰이나 경 청은 단순히 보는 것 혹은 듣 는 것이 아닌 의도적 · 계획적 인 활동으로서 선택적인 방식 으로 이루어집니다.

바로암기 ○×

"결혼하셨습니까?"는 개방형 질문이다?

(   )

해설
폐쇄형 질문이다.
정답 ×

(2) 경청(Listening) 20회, 22회 기출

① 클라이언트의 감정과 사고가 어떤 것인지 이해하며 파악하고 듣는 기술이다.

② 클라이언트가 무엇을 말하는지, 사회복지사의 질문에 어떻게 반응하는지를 듣는 것이다.

③ 클라이언트와 사회복지사 사이의 신뢰 관계 형성에 도움이 되고, 중요한 정보를 얻는 방법 중 하나이다.

④ 공감적 태도 속에서 경청은 그 자체로 클라이언트로 하여금 감정정화(Catharsis)를 하고 마음의 안정을 찾도록 하는 효과가 있다.

⑤ 면접에서의 경청이 일상 대화에서의 경청과 다른 점은 '선택적'이라는 점이다. 즉, 사회복지사는 클라이언트가 핵심적인 문제에서 벗어난 이야기를 할 때는 주목하지 않고, 클라이언트가 현재의 심경과 문제를 토로할 때에 주목하여 경청한다.

(3) 질문(Question) 9회, 14회, 15회, 16회, 18회 기출

① 클라이언트로부터 필요한 정보를 얻기 위해, 클라이언트의 생각과 느낌을 표현하도 록 돕기 위해 사용되는 기술이다.

② 클라이언트의 표현이 모호할 때는 오해를 최소화하기 위해 구체적 표현을 요청한다.

③ 유도질문, 모호한 질문, 이중질문, '왜' 질문, 폭탄형 질문 등은 삼가야 한다.

④ 질문은 크게 개방형 질문(Open-ended Question)과 폐쇄형 질문(Closed-ended Question)으로 구분할 수 있다.

개방형 질문	• 질문의 범위가 포괄적이다. • 클라이언트에게 가능한 한 많은 대답을 선택할 기회를 제공한다. • 클라이언트로 하여금 시야를 보다 넓히도록 유도한다. • 바람직한 촉진관계를 열어놓는다. • 면접 초기에 유용하게 사용될 수 있으나, 익숙지 않은 클라이언트에게 오히려 답변에 대한 부담감을 줄 수 있다. 예 "당신은 현재 상담 진행 중인 상담사에 대해 어떻게 생각합니까?"
폐쇄형 질문	• 질문의 범위가 매우 좁고 한정적이다. • 클라이언트가 대답할 수 있는 범위를 '예 / 아니요' 또는 다른 단답식 답변으로 제한한다. • 클라이언트의 시야를 좁게 만든다. • 바람직한 촉진관계를 닫아놓는다. • 위기상황에서 클라이언트를 위한 신속한 대응에 유리하다. 예 "당신은 현재 상담 진행 중인 상담사에 대해 만족합니까?"

심화연구실

면접 시 피해야 할 질문 15회, 19회, 20회, 21회 기출

유도질문	사회복지사는 클라이언트로 하여금 바람직한 결과를 나타내보이도록 하려는 의도에서 간접적으로 특정한 방향으로의 응답을 유도할 수 있다. 이때 클라이언트는 자신의 진정한 의향과 달리 사회복지사가 원하거나 기대하는 방향으로 거짓응답을 할 수 있다. 예 "당신의 행동이 잘못됐다고 생각해보지는 않았나요?"
모호한 질문	클라이언트가 질문의 방향을 명확히 인지하지 못하거나 받아들이지 못하는 형태의 질문이다. 예 "당신은 어렸을 때 어땠나요?"
이중질문 (복합형 질문)	한 번에 두 가지 이상의 내용을 질문하는 것으로서, 클라이언트는 복수의 질문 가운데 어느 하나를 선택하여 답변할 수도, 아니면 어느 쪽에 답변을 해야 하는지 알 수 없어 머뭇거릴 수도 있다. 예 "당신은 선생님께는 어떻게 말했고, 부모님께는 어떻게 말했나요?"
왜(Why) 질문	'왜(Why)' 의문사를 남용함으로써 클라이언트로 하여금 비난을 받고 있다는 느낌을 갖도록 하는 질문이다. 예 "그 민감한 상황에서 왜 그런 말을 하셨지요?"
폭탄형 질문	클라이언트에게 한꺼번에 너무 많은 질문을 쏟아내는 것이다. 예 "당신은 친구에게 절교를 당했을 때 어떤 느낌이 들었나요? 혹시 당신이 친구에게 나쁜 행동을 했다고 생각해보진 않았나요? 그렇게 친구가 절교선언을 했을 때 당신은 어떤 반응을 보였나요?"

바로암기 ○×

"폭력을 당하신 부위는 어디였고, 그때 옆에 누가 계셨나요?"는 복합형 질문이다?
( )

정답 ○

출제의도 체크

중첩형 질문(Stacking Question)은 한 질문 문장 속에 여러 가지 내용의 질문들이 섞여 있는 것이다. 이러한 중첩형 질문은 클라이언트를 혼란스럽게 만들 수 있으므로, 한 가지씩 분리해서 하나하나 질문하는 것이 바람직합니다.

▶ 20회 기출

(4) 반영(Reflection)

① 클라이언트의 말과 행동에서 표현된 기본적인 생각, 감정, 태도를 사회복지사가 다른 참신한 말로 부연해 주는 기술이다.

② 사회복지사는 클라이언트의 생각과 감정 중 가장 중요하고 강력한 것을 선택하여 반영한다.

③ 명료화나 해석과 달리 클라이언트가 말로 표현한 수준 이상으로 깊이 들어가지 않는다.

(5) 명료화(Clarification) 5회, 8회, 18회 기출

① 클라이언트의 말 속에 내포되어 있는 것을 명확하게 해 주는 것이다. 즉, 클라이언트의 반응으로 나타난 생각이나 감정 속에 내포된 관계 혹은 의미를 보다 분명하게 말해 주는 것이다.

② 명료화의 자료는 내담자 자신이 미처 자각하지 못하는 관계나 의미이다.

③ 클라이언트는 애매하게만 느끼던 내용을 사회복지사가 말로 표현해 줌으로써 자신이 이해받고 있다는 느낌을 가지게 된다.

전문가의 **한마디**

직면은 클라이언트의 말과 행동 간에 모순이 있으나 클라이언트가 이를 부인하고 인정하기를 거부하는 경우에 사용할 수 있습니다.

(6) 직면(Confrontation) 14회, 15회 기출

① 클라이언트의 감정, 사고, 행동의 모순을 깨닫도록 하는 기술이다. 즉, 클라이언트의 말과 행동이 일치하지 않는 경우 또는 클라이언트의 말에 모순점이 있는 경우 사회복지사가 그것을 지적해 주는 기술이다.

② 직면은 클라이언트에게 방어적 반응을 불러일으킬 수 있으므로, 클라이언트와의 신뢰관계가 충분히 형성된 후에 사용하는 것이 유용하다.

③ 클라이언트가 극심한 정서적 긴장 상태에 있을 때는 사용하지 않는 것이 좋다.

(7) 해석(Interpretation) 11회, 17회 기출

① 클라이언트가 이야기한 내용에 사회복지사가 새로운 의미와 관계성을 부여하여 언급하는 것이다.

② 클라이언트의 표현 및 행동 저변의 단서를 발견하고 그 결정적 요인들을 찾아서 클라이언트로 하여금 자신의 행동, 감정, 생각을 새로운 시각으로 볼 수 있도록 돕는다.

③ 클라이언트의 내면세계에 접근하는 깊이의 수준은 '반영 → 명료화 → 직면 → 해석' 순으로 볼 수 있다.

④ 클라이언트와의 신뢰관계가 충분히 형성된 후에 해석기술을 활용한다.

심화연구실

반영, 명료화, 직면, 해석의 비교

> (클라이언트는 간밤의 꿈 이야기를 사회복지사에게 하고 있다.)
> 클라이언트 : "저는 지난 밤 너무도 기이한 꿈을 꾸었어요. 아버지와 함께 숲으로 사냥을 나섰는데요, 사냥감에 온통 주의를 기울이느라 깊숙한 곳까지 다다르게 되었죠. 그런데 갑자기 바위 뒤편에서 커다란 물체가 튀어나오는 거예요. 저는 순간 사슴인 줄 알고 방아쇠를 당겼지요. 어렴풋이 그 물체가 쓰러진 듯이 보였고, 저는 두근거리는 가슴을 부여잡은 채 서서히 다가갔어요. 가까이 가보니 그 물체는 사슴이 아닌 아버지였어요. 아버지가 숨을 쉬지 않은 채 죽어 있더라고요. 저는 너무도 황당하고 두려워서 잠에서 깨어났는데요, 등에서는 식은땀이 줄줄 흐르더라고요."

- 반영(Reflection) : "당신은 지난 밤 꿈으로 인해 정말 많이 놀랐나보군요."
- 명료화(Clarification) : "황당하고 두려웠다는 것은 구체적으로 어떤 죄책감이 들었다는 의미인가요?"
- 직면(Confrontation) : "평소 아버지를 미워했나요?"
- 해석(Interpretation) : "아버지에 대한 적개심이 실수로 방아쇠를 당기도록 만든 것은 아닌가요?"

(8) 초점화(Focusing) 4회, 11회, 16회 기출

① 클라이언트와의 의사소통에 있어서 중요한 부분을 강조하거나 집중시키고자 할 때 사용하는 표현적 의사소통기술이다.

② 클라이언트가 보고하는 내용 중 생략되거나 왜곡된 부분, 애매하게 표현된 부분에 대해 관심을 가지고 확인하며, 구체적으로 의사소통을 돕거나 클라이언트가 특정한 관심사나 주제에 대해 집중하도록 돕는다.

③ 특히 이 기술은 클라이언트가 문제의 본질에서 벗어난 주제에 대해 이야기할 때 목표를 향해 나아가도록 새롭게 방향을 되돌리거나 주의를 기울이고자 할 때 유효하다.

④ 클라이언트로부터 사적 질문을 받을 경우 간단히 답하고 초점을 다시 돌리는 것이 좋다.

(9) 요약(Summarizing) 21회 기출

① 면접을 시작하거나 마칠 때 혹은 새로운 주제로 전환하려고 할 때 이전 면접에서 언급된 내용을 간략히 요약하여 기술하는 것이다.

② 요점을 되풀이하여 말하거나 면접 내용의 중요 부분을 간략히 살펴보는 것으로, 무엇이 적절히 다루어졌는지, 부가적인 주의를 필요로 하는 것이 무엇인지 언급한다.

③ 지금까지 다뤄온 내용을 정확하고 간결하게 제시함으로써 면접 도중에 나타난 문제점, 진행 정도 및 다음 단계에 대한 계획을 파악하는 데 도움을 준다.

(10) 자기노출(Self-disclosure) 11회 기출

① 사회복지사가 면접을 효과적으로 전개하기 위해 클라이언트에게 자신에 대한 주관적인 정보 즉, 자신의 경험이나 생각, 느낌 등을 클라이언트에게 노출하는 기술이다.

② 사회복지사는 자기노출로써 클라이언트에게 유사성과 친근감을 전달할 수 있으며, 이를 통해 사회복지사와 클라이언트 간의 보다 깊은 이해를 도모할 수 있다.

③ 자기노출의 내용과 감정은 일치해야 하며, 클라이언트의 반응에 따라 자기노출의 양과 형태를 조절해야 한다.

④ 자기노출의 긍정적 측면과 부정적 측면을 균형 있게 사용하며, 지나치게 솔직한 자기노출은 자제해야 한다.

(11) 침묵 다루기 10회, 19회 기출

① 면접 과정에서 클라이언트가 종종 침묵을 지속하는 경우가 있다. 이때 경험이 부족한 사회복지사의 경우 클라이언트의 침묵을 클라이언트의 의사소통 능력 부족 또는 불안이나 불만 등의 감정적 문제로 간주하는 경향이 있다.

전문가의 한마디

초점화는 제한된 시간 내에 최대의 효과를 추구하는 전문적 관계에서 불필요한 방황과 시간낭비를 방지합니다.

바로암기 OX

클라이언트의 침묵은 저항이므로 힘들더라도 대화를 지속하도록 촉구해야 한다? ( )

해설
클라이언트의 침묵을 섣불리 깨뜨리려 하지 말고, 인내심을 가지고 어느 정도 기다려보는 것이 바람직하다.
정답 ×

② 대개의 경우 클라이언트가 자기 자신을 음미해 보거나 머릿속으로 생각을 간추리는 과정에서 침묵이 발생하므로, 이때의 침묵은 유익한 필요조건이 된다.

③ 사회복지사는 '조용한 관찰자'의 태도로 클라이언트의 침묵을 섣불리 깨뜨리려 하지 말고, 인내심을 가지고 어느 정도 기다려보는 것이 바람직하다.

④ 침묵은 저항의 유형으로도 볼 수 있으므로, 이때 사회복지사는 클라이언트가 침묵하는 이유를 파악하도록 한다. 다만, 침묵이 계속되면 면접을 중단할 수 있다.

(12) 재명명(Relabeling) 11회, 13회, 16회 `기출`

① '재명명(Relabeling)' 또는 '재구성(Reframing)'은 클라이언트로 하여금 문제를 다른 시각에서 보거나 다른 방법으로 이해하도록 돕는 기술로서, 문제 상황에 대한 클라이언트의 관점을 변화시키기 위해 클라이언트가 부여하는 의미를 수정하는 의사소통기술이다.

② 인지행동치료에서 많이 활용되는 기술로서, 클라이언트의 인지 및 사고 과정의 변화와 함께 행동수정을 목표로 한다.

③ 특정 문제에 대해 클라이언트가 부여하는 의미를 수정해 줌으로써 주어진 상황에 대한 부정적인 생각을 보다 새롭고 긍정적인 시각으로 변화하도록 돕는다.

(13) 환언 또는 바꾸어 말하기(Paraphrasing) 16회 `기출`

① 클라이언트의 메시지 내용에 초점을 두고 클라이언트가 말한 바를 재진술하는 기술이다.

② 클라이언트가 한 말 가운데 핵심적인 말을 반복하여 말하는 부연설명기술이다.

③ 클라이언트는 자신이 생각하고 경험한 바를 살피면서 다른 시각에서 생각할 기회를 갖게 된다.

출제의도 체크

아들의 과잉행동이 심각하다고 얘기하는 클라이언트에게 "아들이 활동적이네요."라고 얘기하여 부정적 문제에 긍정적 의미를 부여하는 것이 재명명입니다.

▶ 11회 기출

02절 사회복지실천의 관계론

1 관계의 방법

(1) 관계의 개념

① 관계의 의미

㉠ 두 사람 또는 그 이상의 사람들 간의 역동적이고 계속적인 상호작용의 패턴이다.

ⓛ 인간은 만남의 관계에서 효과적 · 생산적 · 상호보완적이며, 성장과 통합 그리고 사랑을 경험하는 관계가 된다.

② **사회복지실천에서 관계의 목적**

    ⑤ 사회복지사와 클라이언트 간의 태도와 감정의 역동적 상호작용을 통해 클라이언트로 하여금 자신과 환경 간의 보다 나은 적응을 성취하도록 한다.

    ⓛ 사회복지실천 과정의 전 목표의 일부로서, 심리사회적 욕구와 문제를 가진 클라이언트를 원조한다.

③ **사회복지실천에서 관계의 특성**   12회, 17회 기출

    ⑤ 전문적 관계는 목적 지향적이고 시간 제한적인 대화를 통해 형성되는 관계이다.

    ⓛ 사회복지사는 클라이언트보다 우월한 사람이 아니라 문제해결을 위한 자원, 지식 및 다양한 관점을 갖고 있는 사람이다.

    © 사회복지사는 클라이언트를 돕기 위해 클라이언트의 욕구에 초점을 맞추기, 인간이나 사회체계 및 상호관계에 대한 이해가 필요하다.

    ⓔ 사회복지사는 관계의 전반적인 과정에 대한 전문적인 책임을 진다.

    ⓜ 사회복지사와 클라이언트 간의 태도와 감정의 역동적인 상호작용이 이루어진다.

    ⓗ 사회복지사는 목적의식을 가지고 관계를 유지하며, 초기 관계는 다음 단계로의 진행에 영향을 준다.

(2) 클라이언트와의 관계형성(Rapport)을 위한 사회복지사의 노력   11회 기출

① **감정이입**

클라이언트가 두려움 없이 사회복지사를 신뢰하고 좋은 관계를 유지하기 위해서는 사회복지사가 클라이언트의 기분과 경험 등을 이해할 수 있어야 한다.

② **진실성**

자기 자신의 모습 그대로를 거짓 없이 방어적이지 않으며, 일관되고 솔직하게 드러내야 한다.

③ **온 정**

클라이언트가 안정감을 느끼며 자신이 수용되고 이해되고 있음을 알 수 있도록 만들어야 한다.

④ **인 정**

클라이언트의 외양이나 행동, 처한 환경 등과 무관하게 가치 있는 존엄한 존재로 대해야 한다.

출제의도 체크

관계형성은 사회복지사와 클라이언트 간의 상호작용을 강조하는 만큼 관계형성이 사회복지사 혹은 클라이언트 어느 일방의 주도 하에 이루어지는 것은 아닙니다.

▶ 12회 기출

2 관계형성의 원칙(전문적 관계의 원칙) 1회, 2회, 9회, 10회, 11회, 13회, 15회, 20회 기출

참고

관계형성의 원칙(전문적 관계의 원칙)은 Biestek의 관계의 7대 원칙에 관한 내용을 담고 있습니다. 참고로 'Biestek' 은 교재에 따라 '비스텍', '비어스텍', '비에스텍' 등으로도 제시되고 있습니다. 우리말 번역에 의한 발음상 차이일 뿐 동일인물에 해당합니다.

(1) 개별화 13회, 15회, 16회, 18회 기출

① 개 념
  ㉠ 개인으로서 처우 받고 싶은 욕구를 말한다.
  ㉡ 클라이언트를 개별적인 욕구를 지닌 존재로 이해하는 것이다.
  ㉢ 클라이언트 개개인의 독특한 자질을 이해하며, 클라이언트의 차별화된 특성에 따라 상이한 방법을 적용해야 한다.
  ㉣ 클라이언트가 속한 집단적 특성을 탐색하는 과정을 포함한다.

② 사회복지사의 역할
  ㉠ 인간에 대한 편견이나 선입견에서 벗어나야 한다.
  ㉡ 인간행동에 대한 지식을 활용할 수 있어야 한다.
  ㉢ 클라이언트의 언어적 표현은 물론 비언어적인 표현까지 잘 살핌으로써 클라이언트의 특성을 이해할 수 있어야 한다.
  ㉣ 항상 클라이언트와 보조를 맞추어야 한다.
  ㉤ 언어적 표현에 대한 경청 능력 및 감정을 민감하게 포착할 수 있는 능력이 있어야 한다.

출제의도 체크

편견이나 고정관념 없이 클라이언트 개인의 경험을 존중하는 것은 개별화의 원칙에 부합합니다.

▶ 13회 기출

(2) 의도적인 감정표현 14회 기출

① 개 념
  ㉠ 감정을 표명하고 싶은 욕구를 말한다.
  ㉡ 클라이언트가 자신의 긍정적 · 부정적인 감정을 자유로이 표명하고자 하는 욕구에 대한 인식이다.
  ㉢ 사회복지사는 주의 · 집중하여 클라이언트의 말에 주의를 기울여야 하고 비난조의 어투를 피하며 격려하는 태도를 보여야 한다.
  ㉣ 클라이언트로 하여금 자신이 비난받게 될지 모르는 감정을 자유롭게 표현하도록 하며, 긴장이나 압박으로부터 벗어나 자신의 문제를 좀 더 객관적으로 바라볼 수 있도록 돕는다.

전문가의 한마디

'민감성'은 사회복지사에게 요구되는 자질로서, 클라이언트가 언어적으로 표현한 것뿐만 아니라 표현하지 않은 비언어적 내용들도 파악할 수 있어야 합니다.

② 사회복지사의 역할

　　㉠ 클라이언트가 스트레스나 긴장에서 벗어날 수 있도록 편안한 분위기를 만드는 데 힘쓴다.

　　㉡ 클라이언트의 감정표현을 진지한 자세로 경청함으로써 심리적인 지지를 표현한다.

　　㉢ 클라이언트의 부정적인 감정에도 주의를 기울인다.

　　㉣ 섣부른 충고나 해결책을 제시하지 않도록 한다.

(3) 통제된 정서적 관여　3회, 9회, 19회 기출

① 개 념

　　㉠ 문제에 대한 공감을 얻고 싶은 욕구를 말한다.

　　㉡ 클라이언트의 면접은 주로 정서적인 면과 연관되므로, 사회복지사 또한 클라이언트의 감정에 호응하고 정서적으로 관여한다.

　　㉢ 사회복지사는 클라이언트의 감정에 민감성과 이해로 반응하되, 완전한 관여가 아닌 통제된 관여로써 임해야 한다.

　　㉣ 사회복지사의 전문적인 판단에 따라 방향이 설정되어야 한다.

② 정서적 관여의 구성요소

　　㉠ 민감성 : 클라이언트의 생각을 민감하게 파악하여 적절히 대처하도록 한다.

　　㉡ 이해 : 클라이언트의 주관적 경험 및 감정을 인지하며, 정확한 의미를 포착하여야 한다.

　　㉢ 반응 : 클라이언트의 감정적인 변화에 호응하여 적극성을 유지하도록 한다.

(4) 수 용　5회, 9회, 11회, 22회 기출

① 개 념

　　㉠ 가치 있는 개인으로 인정받고 싶은 욕구를 말한다.

　　㉡ 사회복지사는 클라이언트의 장점과 약점, 긍정적인 감정과 부정적인 감정 등 클라이언트의 다양한 특징들을 있는 그대로 이해하고 다루어야 한다.

　　㉢ 수용의 대상은 선한 것이 아니라 참된 것이다.

　　㉣ 수용은 클라이언트의 일탈된 태도나 행위를 허용하는 것이 아니라 사회적·논리적 판단기준에 따라 평가하지 않는다는 의미이다.

　　㉤ 사회복지사는 클라이언트가 안도감을 갖게 하여 현실적인 방법으로 문제 대처를 할 수 있도록 도와야 한다.

② 방해요소

　　㉠ 인간의 행동양식에 관한 불충분한 지식

　　㉡ 클라이언트의 특정 행동을 사회복지사로서 받아들이지 못하는 태도

ⓒ 자기 자신의 감정을 클라이언트에게 맡겨버리는 것

ⓔ 편견과 선입관

ⓜ 보장할 수 없음에도 불구하고 섣불리 약속하는 태도

ⓗ 수용과 승인의 혼동

ⓢ 클라이언트에 대한 존중의 결여

(5) 비심판적 태도   4회 기출

① 개 념

ⓖ 심판 받지 않으려는 욕구를 말한다.

ⓛ 클라이언트의 가치관이나 특성을 심판하거나 비난하지 않는 것이다.

ⓒ 문제에 대한 판단에 있어서 클라이언트의 유죄성 또는 책임성을 배제하는 것이다.

ⓔ 사회복지사는 클라이언트의 태도 · 기준 · 행동 등에 대해 객관적인 자세를 유지해야 한다.

② 방해요소

ⓖ 편견이나 선입견

ⓛ 성급한 확신

ⓒ 다른 사람과 비교 또는 유형화하려는 태도

ⓔ 내담자의 부정적 감정표현

(6) 자기결정   17회, 18회 기출

① 개 념

ⓖ 자신의 선택과 결정을 할 수 있는 자유와 권리 그리고 욕구를 말한다.

ⓛ 문제의 해결자가 사회복지사가 아닌 클라이언트임을 강조하는 것으로, 클라이언트 스스로 해결책을 선택할 수 있도록 한다.

ⓒ 법률에 따라 제한되는 경우를 제외하고 최대한 존중되어야 한다.

② 사회복지사의 역할

ⓖ 경청하고 수용하는 태도를 가져야 한다.

ⓛ 사회복지사는 문제해결을 위해 다양한 대안을 알고 있어야 한다.

ⓒ 클라이언트가 자기수용을 할 수 있도록 지지한다.

ⓔ 클라이언트의 잠재력을 발견하고 이를 적극적으로 활용할 수 있도록 한다.

ⓜ 다양한 인적 · 물적 · 사회적 자원을 연계해 줌으로써 문제해결을 돕는다.

전문가의 한마디

학생이 학교에 대한 부적응으로 인해 자퇴를 결심할 때 사회복지사가 학생의 자퇴 결정을 존중한다면, 이는 자기결정의 원칙에 부합합니다.

(7) 비밀보장

① 개 념

㉠ 자신의 비밀을 간직하려는 욕구를 말한다.

㉡ 전문적인 직업관계에서 나타나게 되는 클라이언트에 대한 비밀정보의 보호이다.

㉢ 사회복지사의 윤리적 의무이며 절대적인 것은 아니다.

② 상대적 비밀보장(비밀보장 권리가 제한되는 경우) 5회, 12회 기출

㉠ 서비스 제공 시 거치는 단계상의 사람들이 클라이언트의 정보를 함께 공유하는 경우

㉡ 사회복지사가 슈퍼바이저에게 사례를 보고하고 지도받을 경우

㉢ 교육적 목적으로 사례를 발표하게 되는 경우

㉣ 다른 기관과 함께 클라이언트를 도와야 하는 경우

㉤ 법원의 명령에 따라 정보를 공개해야만 하는 경우

㉥ 비밀보장이 인간의 존엄성과 생명의 존중이라는 사회복지실천의 절대가치를 위배하는 경우

심화연구실

비밀보장의 한계 사유(출처 : 한국상담학회 윤리강령)

• 내담자가 자신이나 타인의 생명 혹은 사회의 안전을 위협하는 경우
• 내담자가 감염성이 있는 치명적인 질병이 있다는 확실한 정보를 가졌을 경우
• 미성년인 내담자가 학대를 당하고 있는 경우
• 내담자가 아동학대를 하는 경우
• 법적으로 정보의 공개가 요구되는 경우

사회복지실천에서 전문적 관계의 특성 18회, 19회, 20회, 21회, 22회 기출

• 서로 합의된 의식적 목적이 있다.
• 클라이언트의 문제와 욕구가 중심이 된다.
• 시간적인 제한을 둔다.
• 전문가 자신의 정서를 통제하는 관계이다.
• 사회복지사는 특화된 지식 및 기술, 그리고 전문적 윤리강령에서 비롯되는 권위를 가진다.

전문적 원조관계 형성의 주요 장애요인 22회 기출

• 클라이언트의 불신
• 클라이언트의 비자발성
• 클라이언트의 변화에 대한 저항
• 클라이언트의 전문가에 대한 부정적 전이
• 전문가의 클라이언트에 대한 역전이
• 공감이 아닌 동정
• 부정적 감정의 노출 등

04 │ 사회복지실천의 과정

01절 사회복지실천과정

1 사회복지실천과정의 이해

(1) 사회복지실천과정의 개념

① 도움이 필요한 개인, 가족, 집단에 대해 전문적 지식과 기술을 갖춘 사회복지사가 계획된 원조를 단계적으로 제공함으로써 문제해결을 돕는 과정이다.

② 클라이언트와 사회복지사가 클라이언트의 문제를 해결하고 공동의 목적을 달성하기 위해 거치는 일련의 단계들이다.

(2) 사회복지실천과정의 기본적인 3단계 구조

탐색, 사정, 계획, 계약	• 클라이언트의 문제를 비롯하여 그와 관련된 생태학적 맥락을 탐색한다. • 클라이언트의 문제에 대한 기관의 적합성을 판단하며, 적합하지 않은 경우 다른 기관에 의뢰한다. • 클라이언트의 문제와 관련된 제반사항들에 대해 전반적인 사정을 실시한다. • 목표를 설정하고 계약을 체결한다.

실행, 목표달성	• 구체적인 개입방법을 선택하고 이를 수행한다. • 진행과정을 점검하여 클라이언트의 변화를 저해하는 장애물을 제거한다. • 클라이언트의 변화를 촉진하기 위해 자기노출 및 자기주장을 허용한다. • 클라이언트의 자기효율성을 강화한다.
종결, 평가	• 사회복지사는 클라이언트와 함께 종결의 계획을 수립한다. • 변화유지전략에 대한 계획을 통해 개입에 따른 변화를 유지하도록 돕는다. • 서비스 과정 전반에 대해서는 물론 클라이언트의 변화 지속성에 대해서도 평가한다.

2 사회복지실천과정에 대한 학자들의 견해

사회복지실천의 과정은 학자에 따라 3단계 혹은 4~6단계로 분류된다.

학 자	사회복지실천과정
Hepworth & Larsen	탐구와 사정 및 기획 → 변화지향 → 평가 및 종결
McMahon	관계형성 → 자료수집 → 사정 → 개입 → 평가 → 종결
Sheafor et al.	접수와 관계형성 → 자료수집과 사정 → 계획과 계약 → 개입과 모니터링 → 평가와 종결
Kirst-Ashman & Hull, Jr.	관계형성 → 사정 → 계획 → 수행 → 평가 → 종결 → 사후지도
장인협	사정 → 계획 → 개입 → 평가 → 종결
양옥경 外	접수 → 자료수집 및 사정 → 목표설정 및 계약 → 개입 → 평가와 종결
최혜지 外	접수 → 사정 → 계획 → 개입 → 평가 및 종결

> **참고**
>
> 사회복지실천과정에 대한 내용은 학자마다 혹은 교재마다 약간씩 차이가 있습니다. 예를 들어, '사정'을 어떤 학자는 초기단계의 과정으로, 다른 학자는 중간단계의 과정으로 제시하기도 합니다. 따라서 각 단계별 순서 자체보다는 전반적인 과정상의 흐름에 초점을 두고 학습하시기 바랍니다.

02절 사회복지실천의 단계

1 접수 및 관계형성

(1) 개 념   17회 기출

① 접수(Intake)란 문제를 가진 사람이 전문가의 도움을 받고자 찾아왔을 때 사회복지사가 그의 문제와 욕구를 파악하고, 기관에서 그에 관한 서비스를 제공할 수 있는지 적격성 여부를 판단하는 과정이다.

② 사회복지사는 클라이언트와 긍정적 관계를 형성하도록 노력하며, 클라이언트의 정서 상태에 충분한 주의를 기울인다. 특히 클라이언트를 유형화하기보다는 개별성을 존중해야 한다.

(2) 접수의 내용   5회, 6회, 7회, 9회, 10회, 12회 기출

① 클라이언트의 문제와 욕구를 확인한다.

② 클라이언트의 가족관계, 학교 및 직장생활, 주위환경 등에서의 적응상태를 확인한다.

③ 클라이언트가 기관을 찾게 된 상황을 파악한다.

④ 클라이언트가 문제를 보고 느끼는 방식을 파악한다.

⑤ 원조 목적과 원조에서 기대하는 바를 명확히 한다.

⑥ 클라이언트의 욕구가 기관의 자원 정책과 부합되는지의 여부를 판단한다.

⑦ 클라이언트에게 기관의 기능에 대해 설명한다.

(3) 접수단계에서 사회복지사의 주요 과제(과업)   11회, 12회, 14회, 19회, 20회 기출

① 클라이언트의 문제와 욕구를 확인한다.

② 클라이언트와 라포(Rapport)를 형성하며, 원조관계를 수립한다.

③ 클라이언트를 동기화하며, 기관의 서비스와 원조과정에 대해 안내한다.

④ 클라이언트의 양가감정을 수용하고 저항감을 해소한다.

⑤ 서비스 제공 여부를 결정하며, 필요시 다른 기관으로 의뢰한다.

심화연구실

노인복지관의 접수단계에서 사회복지사가 수행하는 역할   18회 기출

• 기관 및 사회복지사 자신을 소개한다.
• 원하는 서비스가 무엇인지 질문한다.
• 이름과 나이를 확인한다.
• 클라이언트의 저항감이 파악되면 완화시킨다.

심화연구실

양가감정(Ambivalence) 15회 기출

- 변화를 원하는 것과 원하지 않는 마음이 공존하는 것을 의미한다.
- 클라이언트가 양가감정을 갖는 것은 변화에 앞서 누구나 가질 수 있는 자연스러운 현상이다.
- 양가감정은 클라이언트로 하여금 개입과정에 적극적으로 참여할 수 있도록 초기 접수단계에서 다루어져야 한다.
- 클라이언트의 저항감은 양가감정, 도움받기를 꺼리는 마음, 변화가 불가능하리라는 생각 등에서 기인하며, 양가감 정을 수용할 경우 클라이언트의 저항감은 줄어든다.

(4) 비자발적인 클라이언트의 동기화를 위한 행동지침(Kirst-Ashman & Hull, Jr.) 12회, 13회 기출

① 사회복지사는 비자발적 클라이언트들이 스스로 원해서 찾아온 것이 아니라는 사실 을 명심한다.

② 서비스에 대한 저항의 실체를 있는 그대로 이해한다.

③ 부정적인 감정을 표출하도록 유도한다.

④ 클라이언트가 원하는 것을 어느 수준까지 해결해 줄 수 있는지를 고려한다.

⑤ 희망을 갖게 하고 용기를 준다.

⑥ 사회복지사에 대한 신뢰감이 즉시 형성될 것이라는 무리한 기대를 가지지 않도록 한다.

2 자료수집 및 사정

(1) 개 념 20회, 21회 기출

① 클라이언트의 문제와 욕구를 이해 · 분석 · 해결하는 데 필요한 자료들을 수집한다.

② 클라이언트로부터 얻은 정보 외에도 클라이언트에 대한 비언어적 행동관찰, 사회복 지사의 주관적 관찰 내용, 그밖에 다양한 부수적 정보를 수집한다.

③ 문제사정, 개인사정, 가족사정, 사회적 환경사정, 강점사정 등이 이루어지며, 특히 이 과정에서 가계도나 생태도 등의 사정도구를 사용한다.

(2) 자료수집의 내용 12회 기출

① 현재 상황

ⓐ 문제의 직접적 요인 및 상황을 악화시킨 요인

ⓑ 해당 문제에 대한 클라이언트의 과거 대처 방식

ⓒ 문제와 관련된 중요한 타자에 대한 정보

ⓓ 클라이언트와 영향을 주고받는 환경에 대한 정보

ⓔ 사회적 · 경제적 · 심리적 요인이 클라이언트 및 가족에게 미치는 영향

바로암기 ○×

자료수집에는 클라이언트의 문 제에 관한 정보는 물론 클라이 언트의 원가족의 가족관계까지 포함한다?

( )

정답 ○

② 생활력

  ㉠ 개인력 : 인간의 생활주기에 따른 인간관계, 생활사건, 클라이언트의 감정 등

  ㉡ 가족력 : 원가족의 가족관계 및 가족상황, 현재의 가족구성 등

  ㉢ 클라이언트의 기능 : 클라이언트의 신체적 · 정서적 · 지적 · 행동적 기능, 대인관계능력, 문제해결능력 등

  ㉣ 클라이언트의 자원 : 현재 이용하고 있는 서비스, 활용 가능한 자원 등

  ㉤ 클라이언트의 한계 및 장점 : 문제해결에 있어서 클라이언트 개인 혹은 그를 둘러싼 환경 속에서의 한계, 장점, 동기 등

(3) 자료수집의 정보원   5회, 6회, 10회, 13회, 21회, 22회 기출

① 클라이언트의 이야기

② 클라이언트의 심리검사 결과

③ 클라이언트에 대한 비언어적 행동관찰

④ 클라이언트가 직접 작성한 양식

⑤ 중요한 사람과의 상호작용 및 가정방문

⑥ 클라이언트에 대한 사회복지사의 개인적 경험(주관적 관찰 내용)

⑦ 부수정보(가족, 이웃, 친구, 친척, 학교, 다른 기관으로부터 얻게 되는 정보) 등

(4) 사정의 특징   9회, 11회, 12회, 13회, 14회 기출

① 사회복지사와 클라이언트 간에 발생하는 것으로, 정보를 수집 · 분석 · 종합화하면서 다면적으로 공식화하는 과정이다.

② 문제에 대한 분명한 진술, 클라이언트 체계에 대한 뚜렷한 기술, 환경적 요소 등 모든 정보의 통합성을 견지한다.

③ 사정은 클라이언트와 사회복지사의 지속적인 상호작용 과정으로서 사실상 개입의 전 과정 동안 계속된다.

④ 수평적 탐색(현재의 기능, 인간관계 등)과 수직적 탐색(과거력, 개인력 등)이 적절히 이루어져야 한다.

⑤ 클라이언트마다 독특한 상황에 처해 있는 개별적인 사례가 있으므로, 클라이언트의 문제와 욕구에 따라 개별화하여 클라이언트가 제시한 문제에 중점을 두고 탐색한다.

⑥ 사정 과정에서는 수집한 정보에 대한 분석과 함께 사회복지사의 전문적 시각에 의한 판단과정이 수행된다.

⑦ 상황 속의 인간이라는 이중적 관점을 가진다. 즉, 클라이언트를 사회적 · 환경적 맥락에서 이해하는 이중초점(Dual Focus)을 가진다.

⑧ 사정을 통해 클라이언트를 완전히 이해하는 것은 불가능하다.

전문가의 한마디

과거 전통적인 사회사업에서는 의료모델의 입장에서 '진단(Diagnosis)'이라고 했으나, 사회복지실천과정에서는 클라이언트의 역기능 측면뿐만 아니라 그들의 자원, 동기, 장점, 능력 등을 모두 보기 때문에 진단보다는 '사정(Assessment)'이라는 용어를 더 많이 사용합니다.

(5) 사정의 내용 14회 기출

① 욕구와 문제의 발견

    ㉠ 클라이언트와의 첫 만남 당시 클라이언트가 제시한 문제로서, 클라이언트 스스로 가장 시급하다고 느끼는 문제를 말한다.

    ㉡ 문제의 정의는 클라이언트의 과업이다. 따라서 사회복지사는 클라이언트로 하여금 문제에 대한 이해를 돕고, 이를 통해 자신의 문제를 정의하도록 원조해야 한다.

② 정보의 발견

    ㉠ 문제에 관여된 사람에 대한 정보

    ㉡ 문제에 대한 참여자들의 관여 방식에 대한 정보

    ㉢ 문제에 대해 클라이언트가 어떤 의미를 부여하는가에 대한 정보

    ㉣ 문제행동이 어디서 나타나는가에 대한 정보

    ㉤ 문제행동이 언제 나타나는가에 대한 정보

    ㉥ 문제행동의 발생빈도에 대한 정보

    ㉦ 문제행동의 시작시점에 대한 정보

    ㉧ 문제와 관련된 욕구불만에 대한 정보

    ㉨ 문제와 관련된 클라이언트의 정서적 반응에 대한 정보

    ㉩ 문제와 관련된 클라이언트의 이전 대처 방식에 대한 정보

    ㉪ 클라이언트의 강점 및 기술에 대한 정보

③ 문제형성 17회 기출

    ㉠ 사회복지사가 얻은 정보를 분석하여 전문적인 시각에 따라 문제를 판단한다.

    ㉡ 클라이언트가 호소하는 문제와 욕구, 욕구충족을 방해하는 요인들을 고려하여 문제를 형성하며, 그에 따라 목표를 설정하고 개입 계획을 세운다.

    ㉢ 클라이언트가 제시한 문제를 충족되지 못한 욕구와 결핍(Wants)으로 바꾸어 재진술해야 클라이언트를 보다 쉽게 도울 수 있다.

(6) 사정을 위한 유용한 질문 10회 기출

① 클라이언트는 어떤 사람이며, 그의 욕구는 무엇인가?

② 클라이언트는 자신의 문제에 대해 어떻게 생각하고 있는가?

③ 클라이언트의 문제는 언제, 어디서, 어떻게 발생했는가?

④ 클라이언트의 문제는 얼마나 지속적으로 진행되어 왔는가?

⑤ 클라이언트는 문제에 대해 어떤 의미를 부여하고 있는가?

⑥ 클라이언트는 문제를 해결하기 위해 어떠한 노력을 해 왔으며, 그 노력은 효과가 있었는가?

전문가의 한마디

사정단계는 클라이언트의 자원과 능력을 평가하는 단계인 만큼 클라이언트의 강점 및 기술에 대한 정보를 수집하여 이를 평가하게 됩니다.

출제의도 체크

사정단계에서 클라이언트가 제시한 남편의 일중독 문제를 자신이 남편에게 중요한 존재임을 느끼고 싶어 하는 욕구로 바꾸어 재진술하는 것은 '문제형성'의 예에 해당합니다.

▶ 17회 기출

⑦ 클라이언트에게 문제를 해결하기 위한 의지가 있는가?

⑧ 클라이언트의 문제에 관여된 사람은 누구인가?

⑨ 클라이언트는 자신의 문제와 관련하여 어떤 사람 또는 집단으로부터 영향을 받고 있는가?

⑩ 클라이언트는 자신의 문제와 관련하여 어떤 사람 또는 집단에게 영향을 미치고 있는가?

⑪ 클라이언트의 강점과 약점은 무엇인가?

⑫ 클라이언트가 활용할 수 있는 자원에는 어떤 것들이 있는가?

⑬ 클라이언트의 문제해결을 위해 필요한 자원은 무엇인가?

(7) 사정의 주요 도구

① 가족 차원의 사정도구 매해 기출

가계도 (Genogram)	클라이언트의 3세대 이상에 걸친 가족관계를 도표화하여 가족의 구조, 가족 및 구성원의 관계(정서적 관계 포함), 동거가족현황, 세대 간의 반복유형, 과거의 결혼관계 등에 대한 상세한 정보를 제공한다. 특히 세대 간 전수되는 가족의 특징이나 반복되는 사건 등을 파악할 수 있도록 해 준다.
생태도 (Ecomap)	환경 속의 클라이언트에 초점을 두고 클라이언트의 상황에서 의미 있는 체계들과의 역동적 관계를 그림으로 표현함으로써 특정 문제에 대한 개입계획을 세우는 데 유효한 정보를 제공한다. 가족과 환경과의 상호작용을 그림으로 표시하여 가족에 대한 총체적인 견해를 갖도록 돕고, 특히 클라이언트 가족에게 유용한 자원은 물론 부족한 자원과 보충되어야 할 자원이 무엇인지 알 수 있도록 해 준다.
생활력표 또는 생활력도표 (Life History Grid)	각각의 가족구성원의 삶에 있어서 중요한 사건이나 시기별로 중요한 문제의 전개 상황을 시계열적으로 도표화함으로써 현재 역기능적인 문제 등을 특정 시기의 어려움이나 경험 등과 연관시켜 이해할 수 있도록 해 준다.
생활주기표 (Life Cycle Matrix)	클라이언트의 생활주기와 가족성원의 발달단계별 과업을 도표화한 것이다. 가족성원은 서로 다른 발달단계에 따른 발달과업과 위기를 경험하는데, 생활주기표는 이러한 과업과 위기를 일목요연하게 살펴볼 수 있도록 해 준다.
사회적 관계망표 또는 사회적 관계망 격자 (Social Network Grid)	클라이언트의 환경 내에 영향을 미치는 중요한 사람이나 체계로부터 물질적·정서적 지지, 원조 방향, 충고와 비판, 접촉 빈도 및 시간 등에 관한 정보를 제공한다.

출제의도 체크

가족과 환경의 상호작용을 볼 수 있는 것은 '가계도'가 아닌 '생태도'입니다.

▶ 17회 기출

출제의도 체크

사회적 관계망 격자(사회관계망표)로 사회적 관계에서의 지지 유형과 정도를 파악하게 됩니다.

▶ 15회 기출

② 집단 차원의 사정도구   6회, 9회, 10회, 11회, 12회, 14회, 16회 기출

소시오그램 (Sociogram)	집단 내에 있어서 집단성원들 간의 견인과 반발, 선호도와 무관심의 형태를 분석하고 그 강도와 빈도를 측정함으로써 집단 내 개별성원의 관계위치를 비롯하여 집단 그 자체의 구조 또는 상태를 발견하여 평가한다.
소시오메트리 (Sociometry)	특정 활동에 대해 개별성원들이 상호작용하기를 원하는 정도를 평가하도록 집단성원들에게 요청함으로써 집단성원들의 호감도 및 집단응집력 수준에 관한 정보를 제공한다.
네트워크 분석 (Network Analysis)	중심성(Centrality)은 네트워크 분석의 핵심 구성개념으로서, 집단(혹은 조직) 간 전달체계 분석에 적절하다. 네트워크 구조분석에는 개체들의 내재된 특성과 관련된 속성형 변수가 아닌 개체 간의 연결 특성을 강조하는 관계형 변수를 주로 사용한다.
의의차별척도 (Semantic Differential Scale)	본래 어떤 대상이 개인에게 주는 주관적인 의미를 측정하는 방법으로서, 집단 사정을 위해서는 두 개의 상반된 입장에서 하나를 선택하도록 하여 집단성원들로 하여금 각자 동료성원에 대해 평가를 내리도록 한다.

심화연구실

PIE(Person in Environment) 분류체계   13회, 19회 기출

- 문제의 '원인-결과'의 관계를 규명하기보다는 '환경 속의 인간'의 관점에서 인간과 환경 간의 상호작용에 따른 문제들을 분류하는 체계이다.
- 미국정신의학협회가 제작한 DSM(Diagnostic and Statistical Manual of Mental Disorders)은 정신의학적 문제들에 대해 질병 및 병리적 개념에서 문제를 정의하는 데 반해, PIE는 개인의 역할기능 수행과 아울러 개인 주변으로부터의 지지상황 모두를 고려하여 문제를 분류한다.
- PIE 분류체계는 네 가지 요인으로 구성되며, 각 요인은 클라이언트의 문제 상황의 특성을 나타낸다.

요인 Ⅰ – 사회기능상 문제
요인 Ⅱ – 환경상 문제
요인 Ⅲ – 정신건강상 문제
요인 Ⅳ – 신체건강상 문제

3 계획 및 계약

(1) 개 념 20회 기출

① 계획은 클라이언트의 문제와 욕구를 이해한 후 변화에 초점을 두고 어떻게 개입할 것인지를 설계하는 과정으로서, 목표를 설정하고 이를 구체화하는 과정 등이 포함된다.

② 목표설정은 사회복지사와 클라이언트가 합의한 목표지점을 향해 함께 노력하며, 클라이언트의 적극적인 참여를 유도하기 위한 것이다.

③ 계약은 목표설정 및 목표달성을 위한 사회복지사와 클라이언트의 과업, 역할, 개입내용 등을 명시적이자 묵시적으로 합의하는 과정이다.

(2) 목표설정의 이유

① 개입 과정에서의 방향을 명확하게 제시한다.

② 개입 결과를 평가할 수 있는 기준을 마련한다.

③ 개입전략 방법을 선택하고 개발할 수 있도록 한다.

④ 클라이언트의 변화 정도 및 효과성 여부를 모니터링할 수 있도록 한다.

⑤ 사회복지사와 클라이언트의 성취목표가 같음을 보증한다.

⑥ 과정의 연속성을 유지하며, 불필요한 부분을 사전에 방지한다.

(3) 목표설정 시 유의해야 할 점 10회, 11회, 12회 기출

① 명시적이고 측정이 가능해야 한다.

② 목표달성이 가능한 것이어야 한다.

③ 기관의 가치나 기능과 일치해야 한다.

④ 사회복지사의 지식과 기술에 상응하는 것이어야 한다.

⑤ 반드시 클라이언트가 바라는 바와 연결되어야 한다.

⑥ 성장을 강조하는 긍정적인 형태이어야 한다.

⑦ 사회복지사의 중요한 권리나 가치에 부합해야 한다.

⑧ 본격적인 개입에 들어가기에 앞서 클라이언트와 충분한 토의를 거쳐 합의점을 찾도록 해야 한다.

(4) 클라이언트가 복합적인 문제를 가진 경우 목표설정의 우선순위 5회, 11회 기출

① 가장 시급하게 해결하여야 할 문제

② 가장 단기간에 성취하여 만족감을 느낄 수 있는 문제

③ 클라이언트가 목표달성에 전력을 다할 동기를 가지고 있는 문제

④ 기관의 기능에 적합하고 사회복지사의 능력에 준하여 달성 가능한 문제

심화연구실

계획의 단계(Kirst-Ashman & Hull, Jr.) 2회, 6회, 18회, 22회 기출

- 1단계 – 클라이언트와 함께 작업하기
- 2단계 – 문제의 우선순위 정하기
- 3단계 – 문제를 욕구로 전환하기
- 4단계 – 개입수준 평가하기
- 5단계 – 일차적 목적 설정하기
- 6단계 – 목표를 구체화하기
- 7단계 – 클라이언트와 계약을 공식화하기

(5) 계약의 요소(Hepworth & Larsen) 2회, 3회, 7회 기출

① 달성될 목표
② 참여자의 역할
③ 사용될 개입방법
④ 세션(Session)의 길이, 빈도, 시간
⑤ 진행에 대한 평가방법(모니터링 방법)
⑥ 계약의 재협상에 대한 조항
⑦ 기타 시작 날짜, 세션 취소 및 변경, 비용 등

(6) 계약의 형식

서면계약	• 가장 공식적인 유형으로서, 사회복지사와 클라이언트가 동의한 바를 서면으로 작성하고 서명한다. • 사회복지사와 클라이언트의 참여의지를 공고히 하도록 하며, 분쟁의 여지 및 오해의 가능성을 최소화한다. • 서면 작성에 따른 시간이 소요되며, 분쟁 시 법적인 문제가 야기될 수 있다.
구두계약	• 목표와 책임을 규명한다는 점에서 서면계약과 같지만, 구두로 계약한다는 점에서 차이가 있다. • 서면계약에 비해서 신속하고 용이하며, 서명을 거부하거나 저항감·불신감을 가진 클라이언트와의 관계에서 유용하다. • 합의한 내용의 자세한 부분을 잊을 수 있고, 서면계약이 가지는 결정적인 힘이 부족하다.
암묵적 합의	• 실제로 서명화 또는 언어화하지 않았어도 묵시적으로 합의한 계약을 말한다. • 사회복지사는 클라이언트가 실제로 동의하지 않았는데도 동의했다고 판단할 수 있다. • 클라이언트가 모든 조건과 책임을 이해한다고 가정해도 실제로는 그렇지 않을 수 있다.

4 개 입

(1) 개 념 18회, 21회 기출

① 개입은 계획 내지는 계약 내용에 따라 실행함으로써 클라이언트의 실제적인 변화를 도모하는 과정이다.

② 계획된 방법으로 서비스를 제공하며, 계획 수정이 필요한 경우 재사정을 실시한다.

③ 사회복지사는 당면한 문제의 해결뿐만 아니라 클라이언트의 문제해결기술을 향상시킴으로써 다른 문제에 대한 대처능력도 향상시키려는 개입을 하게 된다.

④ 문제해결을 위한 구체적인 변화전략을 수립하고 다양한 개입기술로써 클라이언트의 변화를 창출하며, 개입의 효과성과 적절성을 평가하기 위한 점검을 하면서 개입을 통해 유도된 변화가 지속될 수 있도록 한다.

⑤ 사회복지사는 가장 중요하고 반드시 신속하게 행해져야 하는 일에 우선적으로 개입해야 한다.

(2) 직접적 개입기술

① 의사소통기술

㉠ 클라이언트의 정서적 안정 및 자아기능 회복을 돕는 개입기술

9회, 12회, 14회, 15회, 16회, 21회 기출

격 려	• 클라이언트의 가능성에 대한 확신을 표현하는 사회복지사의 진술이다. • 클라이언트의 행동이나 태도 등을 인정하고 칭찬함으로써 클라이언트의 문제해결능력과 동기를 최대화시켜 준다.
일반화 (보편화)	• 클라이언트의 생각, 느낌, 행동이 그와 비슷한 상황에 있는 다른 사람과 같다는 사회복지사의 진술이다. • 클라이언트가 자신이 다른 사람과 다르다고 느낄 때 그와 같은 감정을 중단시키고, 클라이언트의 긍정적인 인간적 특성, 강점 등을 인식시켜 줄 수 있다.
재보증	• 클라이언트의 능력이나 자질에 대해 사회복지사가 신뢰를 표현함으로써 클라이언트의 불안을 제거하고 위안을 주는 것이다. • 클라이언트의 불안감이나 불확실한 감정을 줄이고 편안한 감정을 가질 수 있도록 돕는다.
환 기	• 클라이언트로 하여금 이해와 안전의 분위기 속에서 자신의 슬픔, 불안, 분노, 증오, 죄의식 등 억압된 감정을 자유롭게 털어놓을 수 있도록 돕는다. • 클라이언트의 부정적 감정이 문제해결에 방해가 될 경우 감정의 강도를 약화시킨다.
인 정	• 클라이언트가 어떤 행동을 하거나 중단한 이후 이에 대해 긍정적으로 평가해 준다. • 클라이언트가 어떤 사건이 발생하기 전에 행동을 취하거나 벗어나도록 하는 '격려' 기술과 차이가 있다.

ⓒ 클라이언트의 인지능력 향상 및 상황에의 인식을 돕는 개입기술 9회, 13회, 15회, 16회 기출

직 면	• 클라이언트의 말이나 행동이 일치하지 않는 경우 또는 클라이언트의 말에 모순점이 있는 경우 사회복지사가 그것을 지적해 준다. • 클라이언트의 말과 행동이 불일치하고 감정을 왜곡하거나 부정하고 있을 때 이를 설명하여 상황을 인식하도록 돕는다.
도 전	• 클라이언트가 자신의 문제를 부정하거나 합리화하여 변화를 거부할 때 사용한다. • 클라이언트가 다루기 곤란한 상황을 재고해 보고, 이를 해결할 수 있도록 돕는다.
초점화	• 클라이언트가 자기 문제를 언어로 표현할 때 산만한 것을 점검해 준다. • 클라이언트로 하여금 말 속에 숨겨진 선입견이나 가정, 혼란을 드러내어 자신의 사고 과정을 명확히 볼 수 있도록 해 준다.
명료화	• 클라이언트의 말 중에서 모호하거나 모순된 점이 발견될 때, 이를 명확히 이해하고 넘어가기 위해 사용한다. • 클라이언트가 말한 내용을 사회복지사가 잘 이해했는지 확인한다.
재명명 (재구성)	• 클라이언트로 하여금 문제를 다른 시각에서 보거나 다른 방법으로 이해하도록 돕는다. • 문제 상황에 대한 클라이언트의 관점을 변화시키기 위해 클라이언트가 부여하는 의미를 수정한다.
정보제공	• 클라이언트에게 의사결정이나 과업수행에 필요한 정보를 제공한다. • 정보의 사용 여부는 클라이언트의 자유의사에 달려있다.
조 언	• 클라이언트가 해야 할 것을 추천하거나 제안하는 기술이다. • 조언은 클라이언트가 요구할 때 주어야 한다.

참고

클라이언트의 정서적 안정 및 자아기능 회복을 돕는 개입기술과 인지능력 향상 및 상황에의 인식을 돕는 개입기술은 사실상 명확히 구분하기 어렵습니다. 예를 들어, 일반화(보편화)와 재보증은 그 두 가지 기능을 모두 가지고 있다고 볼 수 있는데, 궁극적으로 클라이언트의 이해를 촉진하기 위해 문제에 대한 관점이나 인식을 변화시키는 방식을 사용한다는 점에서 공통적이라 볼 수 있습니다. 이와 같이 이 두 가지 방식은 명확히 분리하여 판단할 수 있는 것이 아니므로, 이점 감안하여 학습하시기 바랍니다.

② 행동변화기술 15회, 22회 기출

강화와 처벌	스키너(Skinner)의 조작적 행동학습이론을 근거로, 클라이언트에게 적절한 보상이나 소거를 통해 긍정적인 행동을 유도한다.
모 방 (모델링)	클라이언트가 바람직한 행동을 하는 대상을 모방하도록 함으로써 클라이언트의 행동 변화를 유도한다.
토큰경제 (토큰강화)	체계적인 계획에 의거하여 클라이언트의 바람직한 행동에 대해 보상물(토큰)을 부여한다.
타임아웃	문제행동을 중지시킬 목적으로 문제가 일어나는 상황으로부터 클라이언트를 일정시간 분리시킨다.

출제의도 체크

'모방(모델링)'은 문제에 대한 관점이나 인식을 변화시켜 새로운 이해를 촉진하는 개입기술이 아닌 클라이언트의 행동변화를 촉진하는 개입기술에 해당합니다.

▶ 15회 기출

③ 문제해결기술

클라이언트가 미래에 직면하게 될 어려움들에 효과적으로 대처하고, 하나의 원칙을 여러 상황에 적용할 수 있도록 돕는다.

④ 사회기술훈련   12회, 14회, 21회 기출

클라이언트가 원만한 대인관계 및 사회적 관계를 맺을 수 있도록 역할연습, 시연(리허설), 모방(모델링), 직접적 지시 등을 통해 사회기술을 향상시킨다. 사회학습이론에 근거한 것으로, 사회화집단에서 많이 사용하며, 특히 사회복귀지원 프로그램에 적용이 가능하다.

⑤ 자기주장훈련

클라이언트로 하여금 어떤 상황에서 자신의 의사를 정확히 표현하는 행동을 할 수 있도록 클라이언트의 행동목록을 증가시키고, 타인의 감정이나 권리에 대해 민감하게 반응하는 방식으로 자기표현을 할 수 있도록 돕는다.

⑥ 스트레스 관리기술

긴장완화 훈련, 점진적 이완훈련, 명상 등 클라이언트로 하여금 스트레스 상황에 적절히 대처할 수 있도록 돕는다.

(3) 간접적 개입기술   7회, 12회, 21회 기출

① 서비스 조정

클라이언트에게 적절한 서비스가 제공되도록 서비스를 연결하거나 의뢰하는 등의 노력을 기울인다.

② 프로그램(자원) 계획 및 개발

새로운 자원과 프로그램을 계획 · 개발하여 클라이언트가 필요로 하는 서비스를 확보한다.

③ 환경조작

클라이언트의 사회적인 역량을 강화하기 위해 주위환경에 영향력을 행사한다.

④ 옹 호

클라이언트의 권익수호를 위해 제도나 정책의 의사결정자들에 대해 개인 또는 집단의 영향력을 행사한다.

> **참고**
>
> 직접적 개입기술과 간접적 개입기술에 관한 내용은 학자마다 교재마다 매우 다양하게 제시되고 있습니다. 인간의 사고, 정서, 행동에 관한 이론의 온갖 다양한 방법들이 모두 포함될 수 있으므로, 여기서는 간략히 살펴보고 넘어가도록 합니다.

전문가의 한마디

'모방(모델링)'은 행동변화기술이자 클라이언트의 사회기술훈련을 위한 구체적인 기법으로 볼 수 있습니다. 또한 '자기주장훈련'도 클라이언트의 행동변화를 위한 구체적인 기법으로 볼 수 있습니다.

전문가의 한마디

서비스 조정, 환경변화를 위한 개입, 영향력 있는 인사들과의 관여활동, 조직체 내부변화를 위한 활동, 옹호활동 등은 간접적 개입활동으로 볼 수 있습니다.

(4) 가족체계의 개입 1회, 7회, 9회, 11회, 16회 기출

① 가족조각(Family Sculpting)

특정 시기의 정서적인 가족관계를 사람이나 다른 대상물의 배열을 통해 나타내는 것이다. 가족성원들은 말을 사용하지 않은 채 대상물의 공간적 관계나 몸짓 등으로 의미 있는 표상을 만든다. 이러한 가족조각의 목적은 가족관계 및 가족의 역동성을 진단함으로써 치료적인 개입을 하는 데 있다. 가족 내에 존재하는 가족규칙을 포함한 상호작용 양상이 가족조각을 통해 표현될 수 있다.

② 역할연습 또는 역할극(Role Playing)

가족의 문제 상황을 구체적으로 재현하거나 새로운 행동을 연습하는 데 활용된다. 구체적인 연습 장면과 함께 역할연기를 수행할 배역을 정하며, 각각의 배역들이 어떻게 행동하고 반응해야 하는지 구체적인 지시가 이루어진다. 이러한 역할연습은 과거의 사건이나 바람 또는 미래 사건에 대한 감정을 직접적으로 표현하도록 하여 가족성원들에게 생생하게 경험할 수 있는 기회를 제공한다.

③ 증상처방(Prescribing the Symptom) 14회 기출

문제행동을 계속하도록 지시하여 역설적 치료 상황을 조장하는 것으로서, 가족치료에서는 가족이 그 가족 내에서 문제시 해온 행동을 과장하여 계속하도록 하는 기법이다. 클라이언트가 자기 자신이나 가족의 변화를 위해 도움을 청하면서도 동시에 변화에 저항하려는 양가감정을 가지고 있음을 역으로 이용한 것으로, '치료적 이중구속'을 활용한 것이다.

④ 과제할당(Task Setting)

가족성원들 간의 상호교류에서 자연스럽게 발전될 수 있는 행위를 실연해 보도록 하기 위해, 가족이 수행할 필요가 있는 영역을 개발하도록 하기 위해 분명하고 구체적인 과업을 제공한다.

⑤ 실연(Enactment)

가족 갈등을 치료상황으로 가져와 성원들이 갈등을 어떻게 처리하는지를 직접 관찰하며, 상호작용에서 나타나는 문제를 수정하고 이를 구조화하도록 한다.

⑥ 코칭(Coaching)

치료자가 가족문제를 가진 내담자에게 개방적이고 직접적으로 접근하는 기법이다. 코치의 역할을 하는 치료자는 개인적·정서적으로 그 가족의 삼각관계에 관여하되 그것에 끌려가지 않으면서, 가족성원들로 하여금 가족에 대해 이해하도록 하고 가족성원들 간에 기능적인 애정관계가 이루어지도록 한다.

제3영역

출제의도 체크

컴퓨터 게임중독의 문제를 겪는 자녀가 새벽부터 게임을 하다가 중단하려고 할 때, 문제행동 즉, 컴퓨터 게임을 계속하도록 지시하는 이른바 역설적 지시(Paradoxical Directives)를 내리는 것은 증상처방에 해당합니다.

▶ 14회 기출

전문가의 한마디

'치료적 이중구속'은 클라이언트에게 문제행동을 계속하도록 지시하는 다양한 역설적 개입을 일컫는 용어입니다. 클라이언트는 증상을 포기하거나 증상에 대한 자기통제력을 인정해야 하는 딜레마에 빠지게 됩니다.

(5) 집단체계의 개입 17회 기출

① 집단 과정 촉진 기술

- ㉠ 집단성원들의 참여를 유도하는 참여 촉진 기술
- ㉡ 집단성원들 간의 원활한 상호작용을 위한 상호작용 지도 기술
- ㉢ 집단성원들의 말과 행동에 주의를 기울이는 주의집중 기술
- ㉣ 집단의 개방적인 의사소통을 위한 표현 기술
- ㉤ 특정한 집단 과정에 선택적으로 반응하는 반응 기술
- ㉥ 집단 의사소통의 초점 유지 기술
- ㉦ 집단 과정의 명료화 기술
- ㉧ 내용의 명료화 기술(집단 의사소통의 명료화 기술)

② 자료수집 및 사정 기술

- ㉠ 집단성원들의 문제와 상황에 대한 확인 및 묘사 기술
- ㉡ 자료 · 정보 수집을 위한 질문 및 탐색 기술
- ㉢ 자료 · 정보에 대한 분석 기술
- ㉣ 논의된 내용에 대한 요약 및 세분화 기술
- ㉤ 집단성원들의 언어적 · 비언어적 의사소통 통합 기술(사고, 감정, 행동의 통합 기술)

③ 행동 기술

- ㉠ 집단성원들에 대한 심리적 지지 기술
- ㉡ 집단 활동의 지시 기술
- ㉢ 문제와 상황에 대한 새로운 관점을 제공하는 재구성 및 재명명 기술
- ㉣ 집단성원들 간 의사소통의 연계 기술
- ㉤ 말과 행동 사이의 불일치를 인식시키기 위한 직면 기술
- ㉥ 집단성원들을 내부 또는 외부의 자원과 연결시키는 자원 제공 기술
- ㉦ 협상, 중재 등을 통해 집단성원들 간의 긴장을 해소하는 갈등 해결 기술
- ㉧ 그 외 교육, 조언, 제안, 모델링, 실연 등 집단성원들에게 직접적인 영향을 미치기 위한 기술

> **참고**
>
> 집단체계의 개입에서 집단 과정 촉진 기술과 행동 기술을 명확히 구분하기는 어렵습니다. 또한 집단체계의 개입에서도 앞서 살펴본 직접적 개입기술이 공통적으로 사용됩니다.

전문가의 한마디

'집단 과정의 명료화 기술'은 집단성원으로 하여금 자신들이 어떻게 상호작용하고 있는지를 인식하도록 돕는 기술이며, '내용의 명료화 기술'은 집단성원으로 하여금 자신을 분명히 표현하도록 돕고 특정한 메시지를 잘 이해했는지를 검토하는 기술입니다.

전문가의 한마디

집단체계의 개입에서 집단 과정 촉진 기술은 사회복지사가 집단 과정에 영향을 미치려는 의도가 있을 때, 행동 기술은 집단의 목적과 과업을 성취하도록 원조할 때 사용됩니다.

(6) 지역사회체계의 개입

① 사회적 지지체계의 개발
ㄱ 클라이언트의 기존 사회적 지지체계 활성화 및 새로운 지지체계를 개발한다.
ㄴ 지역사회의 체계들이 공식적인 사회복지서비스를 대체할 수 있도록 적극 활용한다.
ㄷ 자원봉사 프로그램을 통해 지역사회복지에 대한 지역주민의 관심을 유발한다.

② 서비스 조정
ㄱ 한 기관의 전문가들이 서비스 연결을 통해 특정 클라이언트의 사례에 접근한다.
ㄴ 서로 다른 기관의 전문가들이 의뢰를 통해 특정 클라이언트의 사례에 접근한다.
ㄷ 사례관리를 통해 클라이언트의 욕구를 파악하여 적절한 서비스를 연결한다.

③ 프로그램 개발
ㄱ 클라이언트의 욕구충족을 위한 방안이나 문제해결 방법이 없는 경우 프로그램 및 지역자원을 개발한다.
ㄴ 문제 및 욕구 확인에서부터 세부 프로그램설계 및 집행·평가에 이르기까지 프로그램 개발을 위한 일련의 활동을 펼쳐나간다.

④ 옹 호
ㄱ 클라이언트의 욕구불만을 야기하는 다양한 사회적 불평등 및 제도·정책상의 문제에 관심을 기울인다.
ㄴ 클라이언트의 입장을 대변하여 개인 또는 집단으로 사회행동을 펼쳐나간다.

전문가의 한마디

지역사회체계의 개입에서는 클라이언트에 대한 직접적 개입보다는 지역사회를 대상으로 한 간접적 개입이 주로 이루어집니다.

5 평가 및 종결(종결 및 평가)

(1) 개 념
① 사회복지사는 클라이언트와 접촉빈도를 점차 줄여가며, 종결과 관련되어 겪을 수 있는 정서적인 문제들을 다룬다.
② 종결 후 일정 기간(약 1~6개월 사이)이 지났을 때 클라이언트의 적응 상태를 확인하고 변화 유지를 돕기 위해 사후관리(Follow-up Service)를 실시한다.
③ 개입의 목표를 충분히 달성하여 클라이언트의 변화가 충분히 이루어졌는지를 구체적으로 측정 가능한 정도로 평가한다.

(2) 평가 및 종결단계에서 사회복지사의 역할 2회, 5회, 13회, 14회, 16회, 17회, 19회, 20회, 21회 기출

① 진전수준 검토 및 결과의 안정화
클라이언트의 진전수준을 검토하며, 클라이언트가 이룬 성과를 확인한다. 또한 클라이언트가 습득한 기술이나 이득 등이 유지될 수 있도록 돕는다.

② 정서적 반응 처리

클라이언트와의 접촉빈도를 점차 줄여가며, 종결과 관련되어 겪을 수 있는 정서적인 문제들을 다룬다. 클라이언트의 비언어적 메시지에 민감하게 반응하고 종결에 의한 상실감에 공감하며, 특히 개입이 실패하거나 결과가 좋지 않을 경우 클라이언트의 감정에 초점을 두어 부정적인 정서적 반응을 해결하기 위해 노력한다.

③ 사후관리 계획

종결 이후의 사후세션에 대해 계획을 세운다. 사회복지사가 떠나는 경우 클라이언트가 이를 준비하고 받아들일 수 있도록 미리 말하는 것이 좋으며, 그와 관련된 감정을 다루고 과제들도 해결해야 한다.

(3) 종결 유형에 따른 사회복지사의 반응 11회 기출

① 시간제한이 있는 종결

클라이언트가 얻은 것을 명확히 하며, 종결에 따른 클라이언트의 상실감을 줄이도록 돕는다. 또한 사후세션(사후관리)을 계획하는 한편, 지속적인 개입의 필요성 여부에 따라 또 다른 계획을 세우도록 한다.

② 시간제한이 없는 종결

종결 시기를 정하는 것이 매우 중요하다. 이때 종결 시기는 클라이언트에게 더 이상의 서비스 제공이 필요하지 않거나 현 시점에서 더 이상 이득이 되지 않는다고 판단하는 경우 내리도록 한다.

③ 일정기간만 제공되는 서비스의 종결

서비스의 특성을 설명하고, 클라이언트에 대해 지속적인 개입이 필요하다고 판단하는 경우 클라이언트를 다른 사회복지사에게 또는 다른 적합한 기관에 의뢰하는 것이 바람직하다.

④ 사회복지사의 이동으로 인한 종결

사회복지사가 다른 부서로 이동하거나 새로운 직장으로 이직하는 경우, 클라이언트에게 자신의 상황에 대해 미리 알려주어야 하며, 클라이언트로 하여금 종결의 상황에 대해 정서적으로 준비할 수 있도록 배려해야 한다. 또한 클라이언트의 남아 있는 문제와 목표들을 재점검하며, 집단 과정을 통해 클라이언트가 획득한 변화나 기술, 기법 등이 지속적으로 유지될 수 있도록 지지한다.

⑤ 클라이언트의 일방적 종결

사회복지사는 우선 클라이언트에게 부정적인 감정에 대해 논의하기를 원한다는 의사를 표시하며, 종결에 대해 신중히 생각할 것을 권고한다. 그러나 무엇보다도 클라이언트의 자기결정권을 존중하며, 전문가로서 적절한 의견을 제시해야 한다.

(4) 종결 후 타 기관 또는 다른 사회복지사에게 의뢰할 때 주의사항　9회, 11회 기출

① 클라이언트에게 도움이 될 만한 곳을 추천한다.
② 의뢰에 대한 클라이언트의 준비상태를 확인한다.
③ 새로운 서비스에 대해 클라이언트가 느끼는 불신이나 걱정 등을 다룬다.
④ 의뢰하는 기관의 서비스에 대해 명확하게 설명하되, 그곳의 사회복지사가 사용할 방법까지 구체적으로 알려주지는 않는다.
⑤ 제공될 서비스에 대해 비현실적으로 보증하는 것은 삼간다.
⑥ 가능한 대안을 제시하고 클라이언트가 스스로 결정하도록 돕는다.
⑦ 지역사회 내 자원에 대한 정보를 클라이언트와 공유한다.
⑧ 의뢰 후 필요한 경우에는 클라이언트와 접촉할 수 있음을 고지한다.

(5) 사후관리 또는 사후세션(Follow-up Service)　13회 기출

① 종결 후 일정 기간(대개 1~6개월 사이에 진행)이 지나서 클라이언트의 적응 상태를 확인하는 것으로, 클라이언트의 변화 유지에 도움이 된다.
② 사회복지사가 지속적으로 관심을 갖고 있다는 것을 보여줌으로써 종결로 인한 클라이언트의 충격을 완화시켜 준다.
③ 사회복지사에게 클라이언트의 기능적 퇴보를 막도록 적절한 원조를 계획하거나 종결 이후 발생한 문제나 잔여문제를 다룰 수 있는 기회를 제공하기도 한다. 만약 문제가 있는 경우 재개입 할 수 있다.

(6) 평가의 유형　7회, 10회 기출

① 형성평가(과정평가)　16회 기출
㉠ 프로그램의 수행이나 전달과정 중에 실시하는 평가조사로서, 현재와 미래에 관련된 프로그램 수행상의 문제해결이나 결정을 내리기 위해 실시한다. 특히 개입이 이루어지는 동안 발생하는 자료를 수집하여 환류하는 것을 중시한다.
㉡ 귀납적인 방법에 의해 프로그램의 변화나 변경, 기관의 운영상황이나 고객 욕구의 변동 등 "앞으로의 결정을 위하여 알아야만 하는 것이 무엇인가?"에 평가의 초점이 있다.
㉢ 사업 또는 서비스 내용의 수정·변경 여부의 결정에 도움을 주며, 그 효과나 부작용의 경로를 밝힘으로써 성과평가(총괄평가)를 보완하는 기능을 수행한다.

② 성과평가(총괄평가)
㉠ 프로그램 운영이 끝날 때 행해지는 평가조사로서, 해당 프로그램이 달성하고자 했던 목표를 얼마나 잘 성취했는가의 여부를 평가한다.

전문가의 한마디
의뢰가 반드시 평가 및 종결단계에서 이루어지는 것은 아닙니다. 초기 접수단계에서 서비스 제공이 불가하다고 판단되는 경우 의뢰가 이루어질 수 있습니다.

바로암기 OX
사후관리는 개입 과정 중에 수시로 실시한다?　(　)

해설
사후관리는 종결이 이루어진 후 일정 기간이 지나서 클라이언트가 잘 적응하고 있는지를 점검하는 과정이다.
정답 ×

출제의도 체크
청소년을 위한 10주간의 진로집단 활동 전·후에 진로효능감 검사를 하여 결과를 비교하였다면, 이는 성과평가에 해당합니다.
▶ 10회 기출

ⓛ 연역적 · 객관적인 방법에 의해 프로그램의 효율성 및 효과성을 평가하며, 평가 결과에 근거하여 프로그램의 재시작 또는 종결 여부를 결정한다.

③ 양적 평가

ⓞ 수량화된 자료를 가지고 적절한 통계적 방법을 활용하여 입수한 자료의 속성을 계량화함으로써 그 결과를 기술 · 분석한다.

ⓛ 체계적 · 과학적인 방법으로 일정한 과정에 따라 진행되어야 하며, 평가 대상에 대한 기술적인 수량화가 이루어져야 한다.

④ 질적 평가

ⓞ 프로그램을 평가하는 데 있어서 인간과 사회현상에 대한 자연주의적 · 해석적 접근을 통해 이해하고 규명하는 데 초점을 둔다.

ⓛ 자연스러운 상황에서의 관찰이나 사례연구 등의 방법으로 소수의 사례를 심도 있게 분석한다.

⑤ 만족도평가

ⓞ 프로그램 또는 서비스에 대한 클라이언트의 평가에 초점을 두는 것으로서, 프로그램 참여자들이 해당 서비스에 대해 만족하고 있는지, 제공된 서비스가 클라이언트의 실제 욕구충족이나 문제해결에 도움이 되었는지 등을 평가한다.

ⓛ 프로그램을 종결하면서 프로그램에 대한 전체적인 내용을 조사하고자 하는 경우 또는 프로그램 과정 중 프로그램의 방향을 수정하고자 하는 경우에 사용된다.

⑥ 실무자평가

ⓞ 프로그램 과정 중 실무자의 행동이나 태도가 개입에 어떠한 영향을 미쳤는지 파악하기 위한 것으로서, 클라이언트의 피드백에 의해 평가가 이루어진다.

ⓛ 클라이언트의 긍정적인 피드백은 프로그램 실무자의 강점을 부각시키는 반면, 부정적인 피드백은 실무자의 비효율적 행동이나 태도를 드러냄으로써 실무자의 역량 향상에 직 · 간접적으로 기여한다.

(7) 평가 요소로서 유의성 검증 9회 기출

실질적 유의성	'임상적 유의성'이라고도 하며, 개입에 의한 표적행동의 변화 정도가 실질적인지, 그로 인해 클라이언트의 문제에 유의미한 변화가 나타났는지 임상적 관점에서 분석한다.
통계적 유의성	실험 결과가 확률적으로 단순한 우연에 의해 야기된 것이 아니라고 생각할 수 있을 정도를 의미하는 것으로서, 클라이언트의 변화를 통계적인 절차에 의해 판단한다.
이론적 유의성	특정한 개입의 기초가 되는 이론이 클라이언트의 변화 방향에 부합하는 경우, 그 결과가 이론에서 제시하는 방향과 일치하는 것인지 분석한다.

바로암기 ○×

단일사례설계의 결과를 분석할 때 클라이언트의 문제에 얼마나 의미 있는 변화가 일어났는지를 살펴보았다면, 이는 실질적 유의성을 검증한 것이다.

( )

정답 ○

05 | 사례관리

KEY POINT

- '사례관리' 영역에서는 사례관리의 목적 및 과정에 대한 포괄적인 이해가 중요하다.
- 사례관리의 과정에서는 접수, 사정, 계획, 개입, 점검, 평가에 이르는 일련의 과정을 순서대로 살펴보아야 한다. 특히 사례관리의 사정단계의 목적과 함께 점검 및 평가의 내용을 살펴보아야 한다.
- 사례관리의 필요성은 최근 빈번히 출제되고 있으므로 반드시 이해해야 한다.
- 최근 사례관리자의 역할에 관한 문제가 예를 통해 제시되고 있으므로 관련 내용을 명확히 이해하고 있어야 한다.

01절 사례관리의 기초

1 사례관리의 이해 14회 기출

(1) 사례관리의 개념 15회, 17회 기출

① 기존의 개별사회사업(Casework) 방법을 원칙적으로 원용하면서 지역을 기반으로 공식적·비공식적 자원을 동원하여 그것을 각각 클라이언트의 욕구와 연계시키는 클라이언트 중심적 서비스이다.

② 지역사회보호(Community Care)의 일환으로 등장한 다양한 지역사회서비스들은 많은 상이한 기관, 다시 말해 병원, 호스텔, 사회서비스기관, 자원조직, 민간조직 등에 의해 중복적으로 또는 부적절하게 제공될 가능성이 높은데, 이들 서비스를 조정·통제하고 클라이언트의 장기적이면서도 복합적인 욕구를 민감히 사정할 전문적인 실천방법을 말한다.

③ 전통적인 사회복지실천방법으로서 개별사회사업, 지역사회조직사업은 물론 사회복지행정에서 사용하는 기법이나 전략을 사용한다는 점에서 전혀 새로운 방법이라고 할 수는 없으나, 전통적인 사회복지방법론을 통합하는 면에서 충분한 의의를 가진다.

(2) 사례관리의 등장배경(필요성) 5회, 6회, 7회, 11회, 13회, 15회, 19회, 21회 기출

① 클라이언트의 욕구가 더욱 다양화·복잡화되고 있다.

② 클라이언트에 대한 지속적인 지원을 위한 통합적인 서비스가 요구되고 있다.

③ 클라이언트 및 그 가족의 과도한 책임부담이 사회적인 문제로 제기되고 있다.

④ 탈시설화 및 재가복지서비스를 강조하는 추세이다.

전문가의 한마디

사례관리의 기원은 19세기 자선조직협회(COS)의 구제활동에서 찾아볼 수 있으나, 현대적인 의미의 사례관리는 1970년대에 이르러 본격적으로 시작된 것으로 볼 수 있습니다. 우리나라에서는 노인복지, 장애인복지, 정신보건 분야에서 사례관리 개념이 도입되었습니다.

⑤ 복잡하고 분산된 서비스 체계로 인해 서비스 공급의 중복과 누수를 방지할 필요가 있다.

⑥ 사회복지서비스의 공급주체가 다원화되고 있다.

⑦ 산업화에 따라 가족의 기능이 약화되었다.

⑧ 사회적 지지체계(지역사회보호)의 중요성에 대한 목소리가 커지고 있다.

⑨ 노령화 등의 인구사회학적인 변화가 뚜렷해지고 있다.

(3) 사례관리의 특성 및 목적   12회, 13회, 15회, 17회, 19회, 20회 `기출`

① 개인의 욕구를 충족시키고, 다양한 욕구를 포괄하며 삶의 질을 개선하도록 한다.

② 보호의 연속성 · 지속성을 보장함으로써 보호서비스가 중단되지 않도록 한다.

③ 개인의 욕구를 지역을 기반으로 하는 공식적 · 비공식적 자원과 연계시킨다.

④ 개별화된 서비스를 제공하고, 서비스의 조정을 통해 효과적인 서비스를 제공한다.

⑤ 환경의 이용을 원활히 함으로써 개인의 잠재력을 개발하며, 능력을 최대화하도록 한다.

⑥ 가족 및 일차집단의 보호능력을 극대화시킨다.

⑦ 직접 서비스와 간접 서비스를 결합하며, 일차적 보호자원들과 공적 보호체계를 통합한다.

⑧ 서비스의 제공 및 이용 상황을 감독하며, 사회적 책임성을 제고하고 성과관리와 평가를 강조한다.

⑨ 한 기관 내에서의 팀 협력 및 지역사회 타 전문분야와의 협력이 중요하다.

⑩ 기관의 범위를 넘은 지역사회 차원의 서비스 제공과 점검을 강조한다.

⑪ 상담이나 조언, 치료 등의 임상적 개입을 할 수 있다.

(4) 사례관리의 개입 원칙   3회, 4회, 9회, 12회, 13회, 16회, 19회, 21회, 22회 `기출`

개별화	• 클라이언트 개개인의 신체적 · 정서적 특성 및 사회적 상황에 맞는 서비스를 제공한다. • 서비스는 클라이언트의 확인된 욕구들마다 각기 구체적으로 개발되거나 고안되어야 한다.
포괄성	• 클라이언트의 다양한 욕구를 충족시킬 수 있도록 포괄적인 서비스를 제공한다. • 기관네트워크 등을 이용하여 광범위한 지지를 연결하고 조정 및 점검한다.
지속성 (연속성)	• 클라이언트 및 주위환경에 대한 지속적인 점검을 통해 클라이언트의 사회적 적응을 향상시킨다. • 서비스는 일회적이거나 단편적으로 제공되지 않고 지속적으로 제공되어야 한다.
연계성	• 복잡하고 분리되어 있는 서비스 전달체계를 연결시킨다. • 분산된 서비스 체계들을 서로 연계하여 서비스 전달체계의 효율성을 도모한다.

접근성	• 클라이언트가 쉽게 기관 및 자원에 접근할 수 있도록 돕는다. • 클라이언트가 서비스를 이용하는 데 있어서 장애가 되는 요소들을 살피며, 이를 최소화한다.
자율성	• 서비스 과정에 있어서 클라이언트의 자율성을 극대화하며, 자기결정권을 보장한다. • 클라이언트가 가능한 한 자립할 수 있도록 돕는 데 초점을 둔다.
체계성	• 서비스와 자원을 효율적으로 조정·관리함으로써 서비스 간 중복을 줄이고 자원의 낭비를 방지한다. • 공식적 지원체계와 비공식적 지원체계를 기능적으로 연결하여 체계적인 지지망을 구축한다.
통합성	• 서비스 통합은 서비스가 잘 조정되어 중복되지 않고 적절히 높은 질을 갖도록 한다. • 서비스 조정을 위해 사례회의를 개최한다.

2 사례관리의 기능 및 사례관리자의 역할

(1) 사례관리의 기능 14회 기출

① 클라이언트의 발견

㉠ 사례관리 서비스가 필요한 개인 및 집단을 발견하여 이들을 대상화하는 기능이다.

㉡ 클라이언트 스스로 자신이 필요로 하는 서비스를 찾아 기관을 방문할 수도 있으나, 사례관리자가 지역사회 내에서 클라이언트를 적극적으로 찾아나서는 아웃리치(Outreach)를 통해 이루어지는 경우가 많다.

② 사 정

㉠ 클라이언트의 욕구, 생활상황, 자원 등에 대한 정보를 수집하고 이를 토대로 구체적인 욕구를 평가하여 관련된 서비스, 기회 및 혜택 등을 확인하는 기능이다.

㉡ 사정은 과거의 사실은 물론 미래의 전망에 대한 내용도 포함되며, 사정 과정에 클라이언트를 참여시키는 것이 매우 중요하다.

③ 서비스 계획의 수립

㉠ 사정을 통해 얻어진 정보를 토대로 종합적인 서비스 계획을 수립하는 기능이다.

㉡ 보통 클라이언트와의 초기 접촉에서부터 시작하며, 클라이언트의 변화하는 욕구에 따라 수정·보완해야 한다.

④ 서비스 연결 및 조정

㉠ 클라이언트와 대인서비스 체계들을 연결하는 기능 혹은 공식적 서비스와 비공식적 지지망을 연결하는 기능을 말한다.

㉡ 사례관리자는 클라이언트와 서비스 제공자 간에 혹은 서비스 프로그램 간에 중개자로서의 역할을 충실히 수행해야 한다.

⑤ 점검(모니터링)

　　㉠ 서비스의 제공 및 이용 상황을 확인 및 감독하는 기능이다.

　　㉡ 사례관리자는 점검 과정을 통해 서비스 계획을 재평가하고 적절히 변경조치를 취할 수 있게 된다.

⑥ 권익옹호

　　㉠ 사례관리에서 권익옹호는 두 가지 차원, 즉 클라이언트 차원과 서비스체계 차원에서 이루어진다.

　　㉡ 사례관리자는 한편으로 클라이언트 차원에서 클라이언트 개인의 욕구충족 및 최선의 이익을 위해 옹호하며, 다른 한편으로 사례관리자와 서비스체계 혹은 특정 기관과 프로그램 간에 발생하는 긴장 상태를 조정하기 위해 옹호한다.

출제의도 체크

사례회의를 통해 생활 형편이 어려운 가정의 아동에게 재정 후원자를 연결해 주었다면, 이는 사례관리자의 중개자(Broker)로서의 역할에 해당합니다.

▶ 21회 기출

(2) 사례관리자의 주요 역할　9회, 11회, 12회, 15회, 19회, 20회, 21회, 22회 `기출`

① 중개자(Broker)

클라이언트가 필요로 하는 자원을 소정의 사회기관으로부터 제공받지 못하거나, 지식이나 능력이 부족하여 다른 유용한 자원을 활용하지 못할 경우에 사례관리자가 다른 유용한 자원과 클라이언트를 연결시킨다.

② 옹호자(Advocate)

클라이언트가 스스로 자신을 대변하고 옹호할 수 있는 능력이 부족할 때 그들을 대변하여 그들의 요구사항을 만들어 내고, 가능한 한 자원이 적절히 공급될 수 있도록 노력한다.

③ 평가자(Evaluator)

프로그램의 효과성, 효율성 및 비용의 효과성을 검토하기 위하여 사례관리 과정 전반에 관한 정보와 자료를 수집하고 분석하는 것이다.

출제의도 체크

사례관리에서도 클라이언트의 자기결정이 중요합니다. 다만, 클라이언트가 지적 · 정신적 · 신체적 장애로 인해 스스로 결정할 능력이 없는 경우, 클라이언트의 결정이 법과 도덕에 어긋날 경우 자기결정의 원리는 제한을 받습니다.

▶ 15회 기출

④ 조정자(Coordinator)

클라이언트의 문제와 원조자들로부터 도움이 필요한 욕구를 사정하고, 원조를 수행하는 과정에서 클라이언트의 욕구와 자원과의 관계, 클라이언트와 원조자들 간의 관계에서 필요한 조정과 타협의 책임이 있다.

⑤ 계획가(Planner)

클라이언트의 욕구를 충족시키기 위한 사례계획, 치료, 서비스 통합, 기관의 협력 및 서비스망을 설계한다.

⑥ 중재자(Mediator)

개인이나 집단의 갈등 파악과 조정 및 논쟁이나 갈등을 해결하고 어느 한 쪽의 편을 들지 않은 채 서로의 입장을 명확히 밝히도록 돕는다.

02절 사례관리의 과정 18회, 21회 기출

참고

사례관리의 과정은 학자마다 교재마다 매우 다양하게 제시되고 있습니다. 본문의 내용은 일반적인 과정에 해당하므로, 이점 감안하여 학습하시기 바랍니다.

1 접수(Intake) 11회 기출

(1) 개 념

① 서비스를 필요로 하는 클라이언트의 장애나 욕구를 개략적으로 파악하여 기관의 서비스에 부합하는지의 여부를 판단한다.

② 사례발견의 과정으로서, 클라이언트의 이름, 나이, 결혼여부, 주거상태 등 배경정보는 물론, 타 기관으로부터 의뢰된 경우 그 의뢰 이유에 관한 정보도 수집한다.

③ 사례관리를 통해 제공할 수 있는 서비스의 내용을 클라이언트에게 상세히 설명하여 클라이언트가 그와 같은 서비스를 수령할 것인지의 여부를 확인하고 계약하는 일이 중심이 된다.

(2) 서비스 제공의 주요 적격성 심사기준

① 시설보호에 대한 욕구 유무

② 복합적인 욕구 및 문제 상태

③ 중요한 타자의 상실에 따른 고통의 유무

④ 비공식적 지원체계의 원조 불충분성 여부

⑤ 이상행동 등의 행동적 특성 유무

⑥ 진료기록의 유무

⑦ 보호자나 후견인의 유무

⑧ 자기보호능력의 유무

⑨ 원조 제공 장소의 유무 등

전문가의 한마디

일부 학자들은 사례관리의 시작을 '접수' 대신 '사례발견'으로 설명합니다. 사례발견은 복합적인 문제나 욕구를 갖는 클라이언트를 찾아내는 작업으로, 여기에는 아웃리치(Outreach), 타 기관으로부터의 의뢰, 지역사회 주요정보제공자의 활용, 기관의 홍보활동을 통한 사례발견 등의 방법들이 포함됩니다.

2 사정(Assessment) 4회, 16회, 22회 기출

(1) 개념

① 감별(Screening)을 통해 클라이언트가 서비스를 받을 자격이 있다고 판단되면 사정이 계획된다.

② 개입, 치료양식을 선택할 목적으로 클라이언트의 문제와 상황을 검토하기 위한 절차이다.

③ 클라이언트의 현재 기능에 관한 광범위하고 구조화된 평가과정으로, 현재 기능수준과 욕구를 파악한다.

(2) 사정의 범주 17회 기출

① 욕구와 문제의 사정

문제는 클라이언트의 욕구가 해소되지 못할 때 발생하게 되므로, 사례관리자는 클라이언트와 함께 욕구와 문제에 대한 목록을 만들어 개입의 우선순위를 정해야 한다.

② 자원의 사정

사례관리자는 문제 해결을 위해 필요한 공식적 자원 및 비공식적 자원을 클라이언트와 함께 사정하고 클라이언트의 강점을 파악한다.

③ 장애물의 사정

사례관리자는 클라이언트의 환경과 관련된 외부장애물, 클라이언트의 왜곡된 신념이나 가치 등의 내부장애물, 그리고 클라이언트 스스로 통제할 수 없는 선천적 무능력 등의 장애물을 사정한다.

3 계획(Service Plan)

(1) 개념

① 욕구와 문제를 사정한 후 사례관리자는 이를 해결할 수 있는 자원을 연결시키기 위해 일련의 개입 계획을 수립하게 된다.

② 계획은 확인된 클라이언트의 문제, 성취될 결과, 목표달성을 위해 추구되는 서비스 등에 대해 클라이언트, 사회적 관계망, 다른 전문가, 사례관리자가 합의를 발달시켜 나가는 일련의 과정이다.

바로암기 O×

사정(Assessment)은 사회복지 실천의 초기 단계에서만 이루어진다?

( )

해설

사정(Assessment)은 클라이언트와 사회복지사의 지속적인 상호작용 과정으로서 개입의 전 과정 동안 계속된다.

정답 ×

출제의도 체크

사례관리의 사정단계에서는 클라이언트와 함께 문제 목록을 작성하며, 클라이언트의 욕구 및 자원을 확인하는 과정이 포함됩니다.

▶ 17회 기출

(2) 사례계획의 여섯 가지 항목(Kirst-Ashman & Hull, Jr.)

① 필요한 서비스에 대한 우선순위의 영역

② 각 영역 내에서 클라이언트의 진행과정을 평가하기 위한 장·단기의 구체적 측정목표

③ 목표성취를 위한 구체적인 행동

④ 클라이언트의 의뢰가 이루어지는 기관

⑤ 구체적인 시간계획

⑥ 서비스 전달 및 활용 상에서의 잠정적 장애물 및 이를 해결하기 위한 방안

4 개입 또는 계획의 실행(Intervention)

(1) 개 념

① 서비스 계획 및 확립된 절차에 따라 이루어진 업무를 수행하는 과정이다.

② 필요한 양질의 서비스나 자원을 확보하여 이를 제공하는 것으로, 사례관리자에 의한 서비스 제공방식에 따라 직접적 개입과 간접적 개입으로 구분된다.

③ 일반적으로 사례관리자는 클라이언트의 욕구와 관련된 기본적인 서비스를 직접적으로 제공하기보다는 서비스 공급주체와의 관계를 통해 클라이언트로 하여금 필요한 서비스를 이용할 수 있도록 돕는 활동을 수행하다.

(2) 직접적 개입과 간접적 개입　16회, 18회, 20회 기출

직접적 개입	• 클라이언트의 서비스 접근과 활용기술 및 능력을 고양시키려는 노력과 관련된다. • 클라이언트를 교육시키는 것, 클라이언트의 결정 및 행동을 격려·지지하는 것, 위기 동안 적절히 개입하는 것, 클라이언트를 동기화시키는 것 등이 있다. • 사례관리자는 주로 안내자, 교육자, 정보제공자로서의 역할을 수행한다. 例 예비부모를 대상으로 가족교육을 실시, 역기능적 가족을 대상으로 가족규칙 재구성 등
간접적 개입	• 클라이언트를 대신하여 클라이언트의 주변체계나 클라이언트와 체계 간의 관계를 변화시키려는 노력과 관련된다. • 클라이언트에게 필요한 자원체계를 연계 또는 서비스를 중개하는 것, 클라이언트를 대신하여 다양한 체계에 대한 클라이언트 욕구를 옹호하는 것 등이 있다. • 사례관리자는 주로 중재자, 연결자, 옹호자로서의 역할을 수행한다. 例 장애인 인식개선을 위한 지역사회 홍보활동, 가정폭력 피해여성을 위한 모금활동 등

바로암기 ○×

사각지대 발굴을 위해 이웃주민을 조직하는 것은 사례관리자의 간접적 개입이다?

(　　)

정답 ○

5 점검(Monitoring) 및 재사정(Reassessment) 7회, 11회 기출

(1) 개 념

① 클라이언트에게 제공되는 서비스의 적시성, 적절성, 충분성, 연속성을 보장하기 위해 서비스 제공체계의 서비스 전달 및 실행을 추적하고 이를 점검 및 재사정하는 과정이다.

② 점검에 의한 지속적인 재사정 과정을 통해 개입계획 또는 문제해결전략이 수정·보완되기도 한다.

(2) 점검의 주요 목적 17회, 21회 기출

① 서비스 개입계획이 적절히 이행되고 있는지를 검토한다.

② 서비스 지원계획의 목표 달성 정도를 검토한다.

③ 서비스와 지원의 산출결과를 검토한다.

④ 클라이언트의 욕구 변화 유무 및 서비스 계획 변경의 필요성에 따라 개입계획의 수정 여부를 검토한다.

6 평가(Evaluation) 및 종결(Disengagement)

(1) 개 념

① 사례관리에서 결과를 평가하는 것은 매우 중요하며, 이러한 자료들은 궁극적으로 사례관리의 효과성을 제시하는 주요한 근거가 된다.

② 평가는 서비스 계획, 서비스 구성요소, 사례관리자에 의해 동원·조정된 서비스 활동이 가치 있는 것인지의 여부를 결정하기 위해 이용되는 과정이다.

(2) 사례관리 평가의 주요 유형

① 클라이언트에 관한 서비스 및 개입계획에 대한 평가

② 목적달성 여부에 대한 평가

③ 전반적인 사례관리 서비스 효과에 대한 평가(서비스의 최종 효과성 검토)

④ 클라이언트의 만족도에 대한 평가

바로암기 ○×

사례관리의 과정에서 서비스의 최종 효과성을 검토하는 것은 점검(Monitoring) 단계이다?
(   )

해설
평가(Evaluation) 및 종결(Disengagement) 단계이다.

정답 ×

제3영역 | 적중문제 다잡기

CHAPTER 01 사회복지실천의 개관

01 다음 중 사회복지의 개념 변화로 가장 옳지 않은 것은?

① 최저수준 보장에서 최적수준 보장으로 변화
② 빈민 구제의 의미로부터 복지사회의 구현으로 변화
③ 보편적 서비스의 차원에서 선별적 서비스의 차원으로 변화
④ 자선의 차원에서 시민권의 차원으로 변화
⑤ 잔여적 개념에서 제도적 개념으로 변화

[해설] ③ 과거에는 빈곤을 개인의 문제로 보았으나 현재는 빈곤을 사회의 문제로 간주하고 있다. 그에 따라 사회서비스 또한 선별적 차원에서 보편적 차원으로 변화하게 되었다.

17회 기출

02 사회복지실천의 목적과 기능으로 옳지 않은 것은?

① 사회정의의 증진
② 클라이언트의 삶의 질 증진
③ 클라이언트의 가능성과 잠재력 개발
④ 개인과 사회 간 상호 유익한 관계 증진
⑤ 개인이 조직에게 효과적으로 순응하도록 원조

[해설] **사회복지실천의 목적과 기능**
• 개인의 삶의 질(Quality of Life)을 향상시킨다.(②)
• 개인의 문제해결능력과 대처능력을 향상시킨다.
• 개인의 가능성과 잠재력을 개발하도록 돕는다.(③)
• 개인과 환경 간 불균형 발생 시 문제를 감소하도록 돕는다.
• 개인과 환경 간의 상호작용에 초점을 두고 사회정책을 개발한다.
• 개인과 환경 간의 상호 유익한 관계를 증진시킨다.(④)
• 사회정의를 증진시킨다.(①)

03 다음 중 미국 사회복지사협회(NASW)가 제시한 사회복지실천의 기능으로 옳지 않은 것은?

① 사회정책과 환경정책에 영향을 미친다.

② 사람들이 자원을 획득하도록 원조한다.

③ 개인이 조직의 요구에 부응하도록 돕는다.

④ 사람들의 역량을 확대하고 대처능력 향상을 돕는다.

⑤ 조직 간의 상호관계에 영향력을 행사한다.

〔 해설 〕 **사회복지실천의 여섯 가지 기능[미국 사회복지사협회(NASW, 1981)]**
 • 사람들의 역량을 확대하고 문제해결능력 및 대처능력을 향상하도록 돕는다.(④)
 • 사람들이 자원(서비스)을 획득하도록 원조한다.(②)
 • 조직이 개인의 요구에 부응하도록 돕는다.
 • 개인과 환경 내의 다른 사람 및 조직과의 상호관계를 촉진시킨다.
 • 조직 및 제도 간의 상호관계에 영향력을 행사한다.(⑤)
 • 사회정책과 환경정책에 영향을 미친다.(①)

21회 기출

04 거시 수준의 사회복지실천에 관한 내용으로 옳지 않은 것은?

① 다문화 청소년을 위한 조례 제정을 추진한다.

② 부모와 자녀의 관계증진을 위한 소집단프로그램을 진행한다.

③ 피학대 노인 보호를 위한 제도 개선을 제안한다.

④ 장애인복지에 필요한 정부 예산 증액을 촉구한다.

⑤ 고독사 문제 해결을 위해 정책 토론회를 개최한다.

〔 해설 〕 ② 미시적 수준의 사회복지실천에 관한 내용이다. 미시적 수준의 사회복지실천은 부부관계, 자녀관계 등 개인 간의 심리상태에 문제가 있는 경우 사회복지사가 클라이언트와 일대일로 접근하여 문제해결을 돕는다.

20회 기출

05 자선조직협회 우애방문자의 활동에 해당하는 사회복지실천의 이념을 모두 고른 것은?

> ㄱ. 인도주의
> ㄴ. 이타주의
> ㄷ. 사회개혁
> ㄹ. 사회진화론

① ㄱ
② ㄴ, ㄷ
③ ㄷ, ㄹ
④ ㄱ, ㄴ, ㄹ
⑤ ㄱ, ㄴ, ㄷ, ㄹ

[해설] ㄷ. 사회개혁은 인보관 운동의 이념으로, 자선조직협회는 사회질서 유지를 강조하였다.

16회 기출

06 민주주의(Democracy)가 사회복지실천에 미친 영향으로 옳지 않은 것은?

① 서비스 제공자와 소비자의 동등한 관계 강조
② 최소한의 수혜자격 강조
③ 빈곤에 대한 사회적 책임 중시
④ 대상자의 서비스 선택권 강조
⑤ 서비스 이용자의 정책결정 참여

[해설] ② 최소한의 수혜자격을 강조하는 것은 사회복지실천의 이념적 배경으로서 개인주의(Individualism)와 연관된다. 사회복지실천에서 개인주의는 두 가지 형태로 나타나는데, 하나는 개인의 권리 존중이며, 다른 하나는 수혜자격의 축소이다. 요컨대, 개인의 권리와 의무가 강조되면서 빈곤의 문제도 빈곤한 자의 책임으로 돌아갔다. 빈곤한 수혜자는 빈곤하게 살 수밖에 없어야 한다는 최소한의 수혜자 원칙이 등장하였으며, 저임금 노동자보다 더 낮은 보조를 받도록 하는 정책이 펼쳐지게 되었다.

정답   03 ③   04 ②   05 ④   06 ②

21회 기출

07 레비(C. Levy)가 제시한 사회복지전문직의 가치 중 결과우선가치에 해당하는 것은?

① 자기 결정권 존중　　　　　　　② 인간 존엄성에 대한 믿음

③ 비심판적 태도　　　　　　　　④ 동등한 사회 참여 기회 제공

⑤ 개별성에 대한 인정

[해설] ① · ③ 수단 우선 가치, ② · ⑤ 사람 우선 가치

사회복지 전문직의 가치(Levy)

사람 우선 가치	전문직 수행의 대상인 사람 자체에 대해 전문직이 갖추고 있어야 할 기본적인 가치 예 개인의 가치와 존엄성 존중, 개인의 건설적 변화에 대한 능력과 열망, 상호책임성, 소속의 욕구, 인간의 공통된 욕구 및 개별성(독특성) 인정 등
결과 우선 가치	개인이 성장할 기회를 제공하고, 욕구를 충족시킬 수 있는 서비스를 제공하는 것에 역점을 두는 가치 예 개인의 기본적 욕구 충족, 교육이나 주택문제 등의 사회문제 제거, 동등한 사회참여 기회 제공 등
수단 우선 가치	서비스를 수행하는 방법 및 수단과 도구에 대한 가치 예 클라이언트의 자기결정권 존중, 비심판적인 태도 등

11회 기출

08 다음 사례에서 윤리적 결정의 철학적 근거는?

> 17세 여고생 A는 학교사회복지사에게 비밀보장을 요구하며 상담을 요청하였고 사회복지사는 비밀보장을 약속했다. A는 현재 임신 10주째로 부모와 교사에게 알리지 않고 출산을 할 수 있도록 도와달라고 요구하였다. 그러나 사회복지사는 A와 태아의 건강과 복지를 위해 비밀보장의 약속을 어기고 부모에게 알리기로 결심하였다.

① 윤리적 개인주의　　　　　　　② 윤리적 상대주의

③ 윤리적 종교주의　　　　　　　④ 윤리적 절대주의

⑤ 윤리적 민주주의

[해설] **윤리적 상대주의(Ethical Relativism)**

• 보편타당한 행위규범으로서의 윤리가 존재하지 않는다는 입장이다. 가치는 상대적인 것으로 결코 고정불변하지 않으며, 행동의 동기보다는 결과를 중시한다.

• 보기에서 사회복지사는 클라이언트인 여고생 A가 요구한 비밀보장의 약속과 태아의 건강 사이에서 윤리적인 딜레마에 빠져있다. 이는 윤리적 의사결정에 있어서 가치문제와 연관된 것으로서, 여기서 사회복지사는 클라이언트의 사생활보호 및 비밀보장의 윤리원칙보다 태아의 생명보호를 우선시하는 것을 볼 수 있다.

19회 기출
09 소속기관의 예산 절감 요구로 클라이언트에게 필요한 서비스를 제공하지 못할 때, 사회복지사가 겪게 되는 가치갈등은?

① 가치상충   ② 의무상충

③ 결과의 모호성   ④ 힘 또는 권력의 불균형

⑤ 클라이언트 체계의 다중성

[해설] **의무의 상충(Competing Loyalties)**
사회복지사는 기관에 대한 의무와 클라이언트에 대한 의무 사이에서 갈등을 경험함으로써 윤리적 딜레마에 빠질 수 있다.

12회 기출
10 클라이언트의 권리를 보호하는 '고지된 동의(Informed Consent)'에 관한 설명으로 옳지 않은 것은?

① 클라이언트에게 서비스의 한계점에 대해 분명히 알린다.

② 고지된 동의는 서비스 제공 이후에 받는다.

③ 고지된 동의의 형태에는 구두 또는 서면 등이 있다.

④ 클라이언트에게 서비스와 관련된 위험성을 분명히 알린다.

⑤ 클라이언트에게 서비스의 목적과 내용을 명확히 알린다.

[해설] **고지된 동의(Informed Consent)**
사회복지사가 제공할 서비스와 관련된 목적 및 내용, 위험성, 한계점, 감수해야 할 사항, 대안, 거부할 수 있는 권리, 시간 설정 등에 대해 클라이언트에게 명확히 알리는 것으로서, 활동의 전 과정을 통해 이루어져야 하는 지속적인 절차이다. 고지된 동의의 형태에는 구두 또는 서면 등이 있다.

10회 기출
11 사회복지사의 자기인식에 관한 설명으로 옳은 것은?

① 자신의 장점보다 단점을 더 잘 파악해야 한다.

② 개인적 가치관보다 전문적 가치관을 더 분명히 인식해야 한다.

③ 클라이언트의 모든 문제를 해결해야 한다는 자세를 가져야 한다.

④ 자신의 경험보다 클라이언트의 경험을 더 중요하게 생각해야 한다.

⑤ 자신의 신념, 태도, 행동습관을 알고 있어야 한다.

[해설] ① 사회복지사는 끊임없는 성찰을 통해 사회복지실천에 있어서 자신의 강점과 약점을 명확히 인식하고 있어야 한다.
② · ④ 사회복지사는 개인적 가치관과 전문적 가치관을 명확히 인식하고 있어야 한다. 또한 사회복지 관련 기술 · 지식 · 가치와 함께 개인적 경험을 의도적으로 활용함으로써 자신의 업무능력을 고양해야 한다.
③ 사회복지사는 자신이 클라이언트의 모든 문제를 해결해야 한다는 자세를 가져서는 안 된다.

17회 기출

12 사회복지사 윤리에 관한 설명으로 옳은 것을 모두 고른 것은?

> ㄱ. 사회복지사는 원조과정에서 자신의 이익을 위해 행동해서는 안됨
> ㄴ. 로웬버그와 돌고프의 윤리원칙 준거틀은 생명보호를 최우선으로 함
> ㄷ. 윤리강령은 윤리적 갈등이 생겼을 때 법적 제재의 근거를 제공함
> ㄹ. 사회복지사는 국가자격이므로 사회복지사 윤리강령은 국가가 채택함

① ㄱ, ㄴ
② ㄱ, ㄷ
③ ㄱ, ㄴ, ㄷ
④ ㄱ, ㄴ, ㄹ
⑤ ㄴ, ㄷ, ㄹ

〔 해설 〕 ㄷ. 윤리강령은 법적 제재의 힘, 즉 법적 구속력을 가지지 않는 특징이 있다.
ㄹ. 사회복지사 윤리강령은 민간기관인 한국사회복지사협회가 채택하고 있다.

17회 기출

13 문화적 다양성과 사회복지실천에 관한 설명으로 옳은 것은?

① 다문화주의는 문화상대주의이다.
② 다문화사회복지실천에서 기술은 지식보다 중요하다.
③ 다문화주의는 사회통합을 위해 소수자의 동화를 유도한다.
④ 다문화사회복지실천은 클라이언트의 차이점을 고려하지 않는 중립적 실천이다.
⑤ 사회복지사는 한국사회복지사 윤리강령에 명시된 다문화적 역량증진 의무를 준수해야 한다.

〔 해설 〕 ① 다문화주의는 한 사회에서 여러 문화를 인정한다는 관점이고, 문화상대주의는 다른 문화를 존중하고 그 문화의 시각에서 평가한다는 관점이다. 다만, 이 두 가지는 어느 하나의 문화가 우월하지 않고 문화집단의 생활기준이 문화적 다양성에 의해 동등하게 존중된다는 점에서 공통적이다.
② 다문화사회복지실천에서는 문화적 역량을 강조한다. 문화적 역량은 실천가로서 사회복지사 자신의 문화적 배경에 관한 자기인식 및 다른 집단 문화의 다양성에 관한 인식, 다양한 문화와 문화집단에 관한 지식, 그리고 문화적으로 적절한 개입기술 등을 주요 요소로 한다.
③ 다문화주의는 다양한 인종이나 민족 집단들의 문화를 지배적인 하나의 문화에 동화시키지 않은 채 서로 인정하고 존중하면서 공존하도록 하는 데 목적을 두므로, 다양한 문화를 지닌 소수자들의 삶을 보장하는 데 초점을 맞춘다.
④ 다문화사회복지실천은 사람들 간에 존재하는 다양성과 차이를 존중하고 원조관계에 작용하는 문화적 요소를 민감하게 고려하는 사회복지실천이다.
⑤ 한국사회복지사 윤리강령에는 다문화적 역량증진 의무가 명시되어 있지 않다.

18회 기출

14 다음은 '한국사회복지사 윤리강령' 중 어느 영역에 해당하는가?

> • 사회복지사는 인권존중과 인간평등을 위해 헌신해야 하며, 사회적 약자를 옹호하고 대변하는 일을 주도해야 한다.
> • 사회복지사는 자신이 일하는 지역사회의 문제를 이해하고, 그것을 해결하는 일에 적극적으로 참여해야 한다.

① 사회복지사의 기본적 윤리기준
② 사회복지사의 동료에 대한 윤리기준
③ 사회복지사의 사회에 대한 윤리기준
④ 사회복지사의 클라이언트에 대한 윤리기준
⑤ 사회복지사의 기관에 대한 윤리기준

[해설] **사회복지사의 사회에 대한 윤리기준**
• 사회복지사는 인권존중과 인간평등을 위해 헌신해야 하며, 사회적 약자를 옹호하고 대변하는 일을 주도해야 한다.
• 사회복지사는 필요한 사회서비스를 개발하기 위한 사회정책의 수립 · 발전 · 입법 · 집행에 적극적으로 참여하고 지원해야 한다.
• 사회복지사는 사회환경을 개선하고 사회정의를 증진시키기 위한 사회정책의 수립 · 발전 · 입법 · 집행을 요구하고 옹호해야 한다.
• 사회복지사는 자신이 일하는 지역사회의 문제를 이해하고, 그것을 해결하는 일에 적극적으로 참여해야 한다.

21회 기출

15 자선조직협회(COS) 활동에 관한 설명으로 옳지 않은 것은?

① 민간 사회복지기관의 활동을 체계적으로 조정하기 위해 등장하였다.
② 적자생존에 기반한 사회진화론을 구빈의 이론적 기반으로 삼았다.
③ 빈민지역에 거주하며 지역사회 문제에 대한 집합적이고 개혁적인 해결을 강조하였다.
④ 과학적이고 적절한 자선활동을 수행하기 위해 클라이언트 등록체계를 실시하였다.
⑤ 자선조직협회 활동은 개별사회사업의 초석이 되었다.

[해설] ③ 빈민지역에 거주하며 지역사회 문제에 대한 집합적이고 개혁적인 해결을 강조한 것은 인보관 운동에 대한 내용이다.

20회 기출

16 인보관 운동에 관한 내용으로 옳지 않은 것은?

① 빈민을 통제하는 사회통제적 기능을 담당함

② 인보관에서 일하는 사람은 지역사회에서 함께 살면서 활동함

③ 지역사회문제에 관한 연구와 조사를 실시함

④ 빈민지역의 주택 개선, 공중보건 향상 등에 관심을 둠

⑤ 사회문제에대한 집합적이고 개혁적인 해결을 강조함

〔 해설 〕 ① 자선조직협회에 대한 설명에 해당한다. 자선조직협회는 우애방문원들의 개별방문을 통해 빈곤가정을 방문하여 상담 및 교육, 교화를 하는 역할을 수행하였으며, 빈민구제에 도덕적 잣대를 적용함으로써 빈민을 통제하고자 하였다. 참고로 인보관 운동은 지식인과 대학생들이 직접 빈민가로 들어가 빈민들과 함께 생활하면서 지역사회의 교육 및 문화활동을 주도하였다.

9회 기출

17 1915년 플렉스너(Flexner)의 비판 결과로 나타난 사회복지계의 반응이 아닌 것은?

① 사회개량운동의 추진

② 사회진단 저서의 출간

③ 전문사회복지학교의 설립

④ 미국 사회복지사협회의 창립

⑤ 개별사회사업방법론의 확립

〔 해설 〕 **플렉스너(Flexner)의 비판 결과로 나타난 사회복지계의 반응**
- 1917년 리치몬드(Richmond)에 의해 『사회진단 (Social Diagnosis)』이 출간됨
- 1919년까지 뉴욕자선학교 외에 17개의 전문사회복지학교가 설립됨
- 1921년 미국 사회복지사협회가 설립됨
- 1929년 밀포드 회의(Milford Conference)를 통해 개별사회사업방법론의 공통 기반을 조성

21회 기출

18 사회복지실천의 역사적 발달과정을 발생한 순서대로 옳게 나열한 것은?

> ㄱ. 밀포드(Milford) 회의에서 사회복지실천의 공통요소를 발표하였다.
> ㄴ. 사회복지사업법에 따라 국내에서 사회복지사 명칭을 사용하기 시작하였다.
> ㄷ. 태화여자관이 설립되었다.
> ㄹ. 사회복지전문요원이 국내 행정기관에 배치되었다.

① ㄱ - ㄴ - ㄷ - ㄹ   ② ㄱ - ㄷ - ㄴ - ㄹ
③ ㄱ - ㄷ - ㄹ - ㄴ   ④ ㄷ - ㄱ - ㄴ - ㄹ
⑤ ㄷ - ㄱ - ㄹ - ㄴ

[해설] **사회복지실천의 역사적 발달순서**
ㄷ. 태화여자관이 설립되었다. → ㄱ. 밀포드(Milford) 회의에서 사회복지실천의 공통요소를 발표하였다. → ㄴ. 사회복지사업법에 따라 국내에서 사회복지사 명칭을 사용하기 시작하였다. → ㄹ. 사회복지전문요원이 국내 행정기관에 배치되었다.

19회 기출

19 한국 사회복지실천의 역사적 발달과정을 발생한 순서대로 나열한 것은?

> ㄱ. 대학교에서 사회복지 전문 인력의 양성교육을 시작하였다.
> ㄴ. 사회복지사업법에 따라 사회복지사 명칭을 사용하기 시작하였다.
> ㄷ. 사회복지전문요원(이후 전담공무원)을 행정기관에 배치하기 시작하였다.
> ㄹ. 정신건강증진 및 정신질환자 복지서비스 지원에 관한 법률에 따라 정신건강사회복지사 명칭을 사용하기
> 시작하였다.

① ㄱ - ㄴ - ㄷ - ㄹ   ② ㄴ - ㄱ - ㄹ - ㄷ
③ ㄴ - ㄹ - ㄱ - ㄷ   ④ ㄷ - ㄴ - ㄹ - ㄱ
⑤ ㄹ - ㄷ - ㄴ - ㄱ

[해설] ㄱ. 1947년 우리나라 최초로 이화여자대학교에 기독교 사회사업학과가 개설되었고, 1953년 중앙신학교(지금의 강남대학교)에 사회
사업학과가 설치되었다.
ㄴ. 1983년 사회복지사업법이 개정됨에 따라 기존 '사회복지사업종사자' 대신 '사회복지사' 명칭을 사용하기 시작하였다.
ㄷ. 1987년 당시 생활보호대상자를 비롯하여, 노인, 장애인 등 저소득 취약계층에게 전문적인 복지서비스를 제공하기 위하여 저소
득 취약계층 밀집지역의 읍 · 면 · 동사무소에 사회복지전문요원을 배치하기 시작하였다.
ㄹ. 2017년 5월 30일부로 「정신보건법」이 「정신건강증진 및 정신질환자 복지서비스 지원에 관한 법률」로 전부 개정되어 정신건강
전문요원으로서 '정신건강사회복지사'의 자격을 명시하였다.

16회 기출

20 사회복지실천의 전문화 과정에서 기능주의와 진단주의에 관한 설명으로 옳은 것은?

① 기능주의의 대표적인 학자는 메리 리치몬드(M. Richmond)이다.

② 기능주의는 과거의 심리사회적 문제가 현재의 기능에 영향을 미친다는 관점을 갖는다.

③ 기능주의는 인간의 성장 가능성과 자유의지를 강조한다.

④ 진단주의는 시간 제한적이고 과제중심적인 단기개입을 선호한다.

⑤ 진단주의는 기관의 기능과 서비스를 최대한 활용하여 문제를 해결하는 것을 선호한다.

[해설] ③ 기능주의는 전통적 정신분석이론에 근거한 진단주의 학파에 대한 비판에서 비롯되었다. 인간에 대한 낙관적인 견해를 가진 랭크(Rank)의 심리학에 영향을 받아 인간의 성장 가능성과 함께 문제해결에 있어서 클라이언트의 '의지(Will)'를 강조하였다.

① 기능주의의 대표적인 학자로는 타프트, 스몰리, 로빈슨(Taft, Smally & Robinson) 등이 있다. 참고로 리치몬드(Richmond)는 1917년 『사회진단 Social Diagnosis』을 저술함으로써 진단주의의 발달에 영향을 미쳤다.

② 해밀턴(Hamilton)과 홀리스(Hollis)에 의해 발전된 심리사회모델의 내용에 해당한다.

④ 리드(Reid)와 엡스타인(Epstein)에 의해 발전된 과제중심모델의 내용에 해당한다.

⑤ 기관의 기능을 활용하는 것이 곧 사회복지실천임을 강조하면서 사회복지실천을 정신분석치료와 구별시키고 사회복지의 정체성 확립에 기여한 것은 기능주의에 해당한다.

19회 기출

21 사회복지사가 현장에서 활용할 수 있는 강점관점 실천의 원리에 해당하지 않는 것은?

① 모든 환경은 자원으로 가득 차 있다.

② 모든 개인 · 집단 · 가족 · 지역사회는 강점을 가지고 있다.

③ 클라이언트와 협동 작업이 이루어질 때 최선의 도움을 줄 수 있다.

④ 클라이언트의 성장과 변화는 제한적이다.

⑤ 클라이언트의 고난은 상처가 될 수 있지만, 동시에 도전과 기회가 될 수 있다.

[해설] **강점관점 실천의 원리(Saleebey)**
- 모든 개인, 집단, 가족, 지역사회는 강점을 가지고 있다.(②)
- 외상과 학대, 질병과 투쟁은 상처가 될 수 있지만, 동시에 도전과 기회가 될 수 있다.(⑤)
- 성장과 변화의 상한선을 설정하지 말고 개인, 집단, 지역사회의 열망을 신중히 받아들인다.
- 클라이언트와 협동 작업이 이루어질 때 최선의 도움을 줄 수 있다.(③)
- 모든 환경은 자원으로 가득 차 있다.(①)

CHAPTER **02**   사회복지실천의 현장과 통합적 접근

01   다음 중 사회복지실천의 2차 현장에 해당하는 것은?

① 종합사회복지관
② 보호관찰소
③ 노인복지관
④ 자활지원센터
⑤ 장애인지역사회재활시설

〔 해설 〕 1차 현장과 2차 현장

1차 현장	기관의 일차적인 기능이 사회복지서비스의 제공에 있으며, 사회복지사가 중심이 되어 활동하는 실천현장이다. ⑩ 종합사회복지관, 노인복지관, 장애인복지관(장애인지역사회재활시설), 사회복귀시설, 지역자활센터(자활지원센터), 지역아동센터 등
2차 현장	사회복지전문기관이 아니지만 사회복지사가 간접적으로 개입하여 사회복지서비스에 영향을 미치는 실천현장이다. ⑩ 병원, 학교, 교정시설, 보호관찰소, 정신보건시설(정신건강증진시설), 주민센터 등

21회 기출

02   사회복지 실천현장과 분류의 연결로 옳지 않은 것은?

① 사회복지관 – 1차 현장
② 종합병원 – 2차 현장
③ 발달장애인지원센터 – 이용시설
④ 노인보호전문기관 – 생활시설
⑤ 사회복지공동모금회 – 비영리기관

〔 해설 〕 ④ 노인보호전문기관 – 이용시설

03 다음 중 기능 수준에 따른 사회복지사의 역할로 옳지 않은 것은?

① 직접 서비스 제공자의 역할 – 개별상담자

② 체계와 연결하는 역할 – 사례관리자

③ 체계 유지 및 강화 역할 – 자문가

④ 체계 개발 역할 – 교육자

⑤ 연구자 및 조사활용자 역할 – 프로그램 평가자

[해설] **기능 수준에 따른 사회복지사의 역할**
- 직접 서비스 제공자의 역할 : 개별상담자, 집단상담자(지도자), 정보제공자, 교육자
- 체계와 연결하는 역할 : 중개자, 사례관리자, 조정자, 중재자, 클라이언트 옹호자
- 체계 유지 및 강화 역할 : 조직분석가, 촉진자, 팀 성원, 자문가
- 연구자 및 조사활용자 역할 : 프로그램 평가자, 조사자
- 체계 개발 역할 : 프로그램 개발자, 기획가(계획가), 정책 및 절차개발자

04 다음 중 전문가집단 차원에서의 사회복지사의 역할에 해당하는 것을 올바르게 모두 고른 것은?

> ㄱ. 동 료
> ㄴ. 옹호자
> ㄷ. 촉매자
> ㄹ. 현장개입가

① ㄱ, ㄴ, ㄷ   ② ㄱ, ㄷ

③ ㄴ, ㄹ   ④ ㄹ

⑤ ㄱ, ㄴ, ㄷ, ㄹ

[해설] **개입 수준 및 기능에 따른 사회복지사의 역할 분류(Miley et al.)**
- 미시 차원 : 조력자, 중개자, 옹호자, 교사
- 중범위 차원 : 촉진자, 중재자, 훈련가
- 거시 차원 : 계획가, 행동가, 현장개입가
- 전문가집단 차원 : 동료, 촉매자, 연구자/학자

05 다음 중 사회복지사의 역할과 그 예를 연결한 것으로 가장 옳지 않은 것은?

① 중재자 – 이혼위기의 부부관계에 개입하여 합의점 도출을 돕는다.

② 교사 – 알코올중독자가 자신의 문제를 깨닫고 금주방법을 찾도록 돕는다.

③ 옹호자 – 장애학생의 교육권 확보를 위해 학교당국에 편의시설을 요구한다.

④ 중개자 – 가족이 없는 중증장애인에게 주거시설을 소개해 준다.

⑤ 조력자 – 고부갈등으로 인한 스트레스에 적절히 대처하도록 돕는다.

[해설] ② 클라이언트가 직면하고 있는 문제를 보다 분명하게 해 주고 해결방안을 찾도록 돕는 것이므로 조력자(Enabler)의 역할에 해당한다.

9회 **기출**

06 다음 중 통합적 접근방법이 나타난 배경으로 옳은 것을 모두 고른 것은?

> ㄱ. 서비스 영역별 분화로 전문직 내 상호협력이 어려워졌다.
> ㄴ. 개별이론을 집중적으로 발전시킬 필요성이 대두되었다.
> ㄷ. 클라이언트의 문제와 욕구가 복잡하고 다원화되었다.
> ㄹ. 전문화 중심의 훈련으로 사회복지사의 분야 이동이 용이해졌다.

① ㄱ, ㄴ, ㄷ   ② ㄱ, ㄷ

③ ㄴ, ㄹ   ④ ㄹ

⑤ ㄱ, ㄴ, ㄷ, ㄹ

[해설] ㄴ. 특정 이론에 국한된 기존 방법과 달리 정신분석이론 등의 전통적 이론은 물론 환경 및 체계를 강조하는 새로운 이론까지 사회복지 지식체계에 도입하고자 하는 시도가 펼쳐졌다.
ㄹ. 전문화 중심의 교육훈련은 사회복지사들의 분야별 직장 이동에 도움이 되지 않았다.

18회 기출

07 사회복지실천에서 통합적 방법에 관한 설명으로 옳은 것은?

① 사례관리가 실천현장에서 일반화된 이후 등장하였다.

② 다양한 클라이언트 체계와 수준에 접근할 수 있다.

③ 고도의 전문화를 통해 해당 실천영역 고유의 문제에 집중한다.

④ 전통적 방법에 비하여 다양하고 복잡한 문제 상황에 개입하기에 적합하지 않다.

⑤ 다양한 유형의 클라이언트를 통합한다는 의미를 가진다.

[해설] ① 사례관리는 사회복지실천의 전통적 방법을 통합적으로 적용하는 사회복지실천의 하나로, 클라이언트의 다양한 욕구를 충족시키기 위해 통합적 서비스를 제공해야 한다는 인식에서 비롯되었다.

③ 고도의 전문화를 통해 해당 실천영역 고유의 문제에 집중할 것을 강조한 것은 전통적 방법이다.

④ 통합적 접근은 제한된 특정 문제 중심의 개입을 해 온 전통적 방법이 현대사회의 다양하고 복잡한 문제 상황에 대해 적절히 개입하기 어렵다는 인식에서 비롯되었다.

⑤ 통합적 접근은 기존의 개별사회사업, 집단사회사업, 지역사회조직사업 등 개별화된 접근법을 방법론적 측면에서 통합한다는 의미를 가진다.

10회 기출

08 '환경 속의 인간'을 반영한 실천 내용으로 옳지 않은 것은?

① 개인이 경험하는 문제의 일차적 책임은 환경에 있다고 봄

② 개인·환경 간 상호작용 증진을 위해 환경변화를 시도함

③ 개인·환경 간 상호작용 증진을 위해 개인의 역량을 강화함

④ 문제해결방안을 개인의 변화와 함께 주변 환경의 변화에서도 찾음

⑤ 사회적 맥락을 고려하여 문제를 사정함

[해설] ① '환경 속의 인간(Person in Environment)'은 인간과 환경을 분리된 실체가 아닌 하나의 총체로 이해하는 통합적인 관점이다. 인간과 환경 사이에 일어나는 상호작용 영역에 초점을 두고, 양자 간의 상호교환을 통해 어떤 일이 진행되고 있는가에 관심을 기울인다. 그로 인해 개인이 경험하는 문제의 일차적 책임을 개인 또는 환경 어느 한 쪽에 일방적으로 부여하지 않으며, 이들 양자 간의 공동책임으로 간주한다.

09 다음 중 체계의 행동적 특성에서 새로운 정보에 자신의 행동결과를 포함시켜 이를 통해 다음의 행동을 수정하는 과정에 해당하는 것은?

① 전환(Throughputs)
② 성과(Outcomes)
③ 산출(Outputs)
④ 투입(Inputs)
⑤ 환류(Feedback)

[해설] **체계의 행동적 특성**

투 입 (Inputs)	체계가 환경으로부터 에너지, 정보 등을 받아들이는 방법을 말한다.
전 환 (Throughputs)	유입된 에너지나 정보를 처리하는 과정으로서, 투입체가 활용되는 단계를 말한다.
산 출 (Outputs)	처리과정이 진행됨에 따라 체계는 적극적으로 환경에 반응하게 되는데, 이와 같은 전환과정을 거쳐 배출된 결과물을 의미한다.
환 류 (Feedback)	체계의 반응은 환경에 직접적으로 영향을 미치면서 다른 체계에 대해 투입으로 작용하는 동시에 환류를 통해 다시 투입으로 작용하게 된다.

12회 기출

10 작은 체계들 속에서 그들을 둘러싼 큰 체계의 특성이 발견되기도 하고 작은 체계들이 큰 체계에 동화되기도 하는 현상은?

① 네겐트로피(Negentropy)
② 동등종결(Equifinality)
③ 홀론(Holon)
④ 피드백(Feedback)
⑤ 다중종결(Multifinality)

[해설] **홀론(Holon)**
그리스어에서 전체를 의미하는 '홀로스(Holos)'와 부분을 의미하는 '온(On)'이 결합된 단어이다. 전체에서 부분을 구별할 수 있으나 절대적인 의미에서 전체와 부분을 별개로 나눌 수 없다는 사실을 전제로 한다. 홀론은 개별 부분이 홀로 기능을 하더라도 전체 시스템에 통합됨으로써 탁월한 효과를 발휘할 수 있음을 의미한다.

11 다음 중 체계이론의 주요 개념에 대한 설명으로 옳은 것은?

① 외부의 투입이 없으면 네겐트로피(Negentrophy) 상태가 된다.
② 항상성(Homeostasis)으로 인해 체계는 행동방식의 규칙성을 갖게 된다.
③ 균형(Equilibrium)은 외부환경과의 상호작용이 이루어지는 개방체계에서 나타난다.
④ 다중종결(Multifinality)은 동일한 목적을 달성하는 방법이 다양함을 의미한다.
⑤ 폐쇄체계(Closed System)는 체계의 정체성이 불분명하고 상호작용을 예측하기 어렵다.

〔 해설 〕 ② 항상성(Homeostasis)은 환경과 지속적으로 소통하면서 역동적인 균형을 이루는 상태를 말한다. 항상성 상태에서 체계의 구조
　　　　　는 크게 달라지지 않으며, 항상성으로 인해 체계는 행동방식의 규칙성을 갖게 된다.
　　　　① 외부의 투입이 없는 폐쇄체계적인 속성을 가질 경우 엔트로피(Entropy) 상태가 된다.
　　　　③ 균형(Equilibrium)은 주로 외부환경과 수평적 상호작용으로 내부균형만 이루는 폐쇄체계에서 나타난다.
　　　　④ 다중종결(Multifinality)은 동일한 방법이라도 그 결과가 다르게 나타남을 의미한다.
　　　　⑤ 체계의 정체성이 불분명하고 상호작용을 예측하기 어려운 것은 개방체계(Open System)이다.

9회 기출

12 브론펜브레너(V. Bronfenbrenner)가 제시한 생태체계에 관한 설명으로 옳은 것은?

① 미시체계 : 개인의 일상생활에 존재하는 실제적인 환경
② 중간체계 : 개인이 직접 상호작용을 하지는 않지만 간접적인 영향을 미치고 있는 환경
③ 내부체계 : 개인 내면의 심리적인 상호작용
④ 외부체계 : 개인이 속한 사회의 이념이나 제도의 일반적 형태
⑤ 거시체계 : 개인이 적극적으로 참여하는 둘 이상의 환경 간의 상호관계

〔 해설 〕 브론펜브레너(Bronfenbrenner)의 생태학적 체계모델에 의한 다섯 가지 체계

미시체계 (Microsystem)	개인의 가장 근접한 환경이다. 가족, 학교, 이웃 등의 물리적 환경과 사회적 환경, 그리고 그 환경 내에서 갖게 되는 지위, 역할, 활동, 대인관계 등을 의미한다.
중간체계 (Mesosystem)	서로 상호작용하는 두 가지 이상 미시체계들 간의 관계망을 말한다. 특히 개인이 다양한 역할을 동시에 수행한다는 의미가 내포된다.
외체계 또는 외부체계 (Exosystem)	개인이 직접 참여하거나 관여하지는 않지만 개인에게 영향을 미치는 환경체계이다.
거시체계 (Macrosystem)	개인이 속한 사회의 이념(신념)이나 제도, 즉 정치, 경제, 문화 등의 광범위한 사회적 맥락을 의미한다.
시간체계 (Chronosystem)	전 생애에 걸쳐 일어나는 변화를 비롯하여 사회역사적인 환경을 포함한다. 개인이 어느 시대에 출생하여 성장했는지에 따라 개인의 발달 및 삶의 양상이 크게 좌우될 수 있는 것이다.

16회 기출

13 음주상태에서 아내에게 폭력을 가하던 남편이 이웃주민의 신고로 경찰을 통해 중독관리통합지원센터에 의뢰되었다. 이 때, 핀커스와 미나한(Pincus & Minahan)의 4체계 모델에서의 변화매개체계는?

① 남 편
② 아 내
③ 경 찰
④ 이웃주민
⑤ 중독치료 전문가

[해설] 핀커스와 미나한(Pincus & Minahan)의 4체계 모델
- 표적체계(Target System) : 목표달성을 위해 변화시킬 필요가 있는 대상(예 남편)
- 클라이언트체계(Client System) : 서비스나 도움을 필요로 하는 사람들(예 아내)
- 변화매개체계(Change Agent System) : 사회복지사와 사회복지사가 속한 기관 및 조직(예 중독치료 전문가)
- 행동체계(Action System) : 변화매개인들이 변화노력을 달성하기 위해 서로 상호작용하는 사람들(예 경찰, 이웃주민)

21회 기출

14 콤튼과 갤러웨이(B. Compton & B. Galaway)의 사회복지실천 구성체계 중 '사회복지사협회'가 해당되는 체계는?

① 변화매개체계
② 클라이언트체계
③ 표적체계
④ 행동체계
⑤ 전문가체계

[해설] 전문가체계
- 전문가단체, 전문가를 육성하는 교육체계, 전문적 실천의 가치와 인가 등을 의미한다.
- 전문가체계의 문화와 가치는 변화매개자인 사회복지사의 행동에 따라 크게 영향을 미친다.
- 사회복지사는 자신의 기관을 변화 내지 사회적 변화의 옹호자로서 행동할 때 이를 활용한다.

01 다음 중 사회복지면접의 목적으로 옳지 않은 것은?

① 클라이언트에 관한 정보를 획득하는 것이 주목적이다.

② 클라이언트에게 정보를 제공한다.

③ 원조과정에서 장애를 파악하고 제거한다.

④ 사회복지사의 역할을 클라이언트에게 인식시킨다.

⑤ 치료관계를 확립·유지한다.

〔해설〕 **사회복지면접의 목적**

- 클라이언트에 관한 정보를 획득하는 것이 주목적이다.
- 클라이언트에게 정보를 제공한다.
- 원조과정에서 장애를 파악하고 제거한다.
- 치료관계를 확립·유지한다.
- 목표 달성을 위한 활동을 파악·이행한다.
- 원조관계를 촉진한다.

18회 기출

02 면접에 관한 설명으로 옳지 않은 것은?

① 사회복지사와 클라이언트 사이의 특정한 역할 관계가 있다.

② 시간과 장소 등 구체적인 요건이 필요하다.

③ 목적보다는 과정지향적 활동이므로 목적에 집착하는 것을 지양한다.

④ 클라이언트의 어려움을 극복하는 데 필요한 변화들을 가져오기도 한다.

⑤ 클라이언트를 이해하는 데 필요한 정보를 수집하기도 한다.

〔해설〕 **사회복지면접의 특성**

- 면접을 위한 장(Setting)과 맥락이 있으며, 면접이 기관의 상황적 특성과 맥락에서 이루어진다.
- 목적지향적인 활동으로서, 개입 목적에 따라 의사소통 내용이 제한된다.
- 한정적·계약적인 것으로서, 사회복지사와 클라이언트 간에 상호 합의한 상태에서 진행된다.
- 사회복지사와 클라이언트의 특정한 역할 관계가 있다. 즉, 사회복지사와 클라이언트의 역할이 서로 다르다.(①)
- 개인적·사적인 차원에서 이루어지는 것이 아닌 공식적·의도적인 차원에서 이루어지는 활동이다.
- 필요에 따라 여러 장소에서 수행되며, 시간과 장소 등 구체적인 요건이 필요하다.(②)
- 클라이언트의 어려움을 극복하는 데 필요한 변화들을 가져오기도 한다.(④)
- 클라이언트를 이해하는 데 필요한 정보를 수집하기도 한다.(⑤)

03 클라이언트와의 면접 중 질문에 관한 설명으로 옳은 것은?

① 폐쇄형 질문은 클라이언트의 상세한 설명과 느낌을 듣기 위해 사용한다.

② 유도형 질문은 비심판적 태도로 상대방을 존중하기 위해 사용한다.

③ '왜'로 시작하는 질문은 클라이언트의 가장 개방적 태도를 이끌어 낼 수 있다.

④ 개방형 질문은 '예', '아니오' 또는 단답형으로 한정하여 대답한다.

⑤ 중첩형 질문(Stacking Question)은 클라이언트를 혼란스럽게 만들 수 있다.

[해설] ⑤ 중첩형 질문은 한 질문 문장 속에 여러 가지 내용의 질문들이 섞여 있는 것이다. 이러한 중첩형 질문은 클라이언트를 혼란스럽게 만들 수 있으므로, 한 가지씩 분리해서 하나하나 질문하는 것이 바람직하다.

① 개방형 질문은 클라이언트에게 가능한 한 많은 대답을 선택할 기회를 제공하고 시야를 넓히도록 유도한다.

② 유도형 질문은 클라이언트로 하여금 바람직한 결과를 나타내보이도록 하려는 의도에서 간접적으로 특정한 방향으로의 응답을 유도하기 위해 사용한다.

③ '왜'로 시작하는 질문은 클라이언트로 하여금 비난을 받고 있다는 느낌을 받게 한다.

④ 폐쇄형 질문은 '예', '아니요' 또는 단답형 답변으로 제한한다.

04 면접의 구조적 조건에 관한 설명으로 옳지 않은 것은?

① 클라이언트와의 거리는 가까울수록 효과적이다.

② 물리적인 환경이 열악한 경우 이에 대해 설명한다.

③ 클라이언트의 특성이나 사정에 따라 면접장소는 유동적으로 정한다.

④ 클라이언트의 주의집중 능력이나 의사소통 능력에 따라 면접시간을 조절한다.

⑤ 클라이언트의 긴장을 완화시키고 집중도를 높일 수 있는 편안한 의자를 제공한다.

[해설] ① 사회복지사와 클라이언트와의 거리는 너무 가깝지도, 멀지도 않은 적당한 거리를 유지하는 것이 효과적이다.

15회 기출

05 면접 과정에서의 질문으로 적절한 것을 모두 고른 것은?

> ㄱ. 부인은 남편의 행동에 대해 어떻게 대응하셨나요?
> ㄴ. 그 민감한 상황에서 왜 그런 말을 하셨지요?
> ㄷ. 이번처럼 갈등이 심각한 적은 몇 번 정도 되나요?
> ㄹ. 그때 아내의 반응은 어땠나요? 죄책감이 들지는 않았나요?

① ㄹ

② ㄱ, ㄷ

③ ㄴ, ㄹ

④ ㄱ, ㄴ, ㄷ

⑤ ㄱ, ㄴ, ㄷ, ㄹ

[해설] ㄴ. '왜(Why) 질문'에 해당한다. 이는 '왜' 의문사를 남용함으로써 클라이언트로 하여금 비난을 받고 있다는 느낌을 갖도록 한다.
ㄹ. '이중질문(복합형 질문)'에 해당한다. 이는 한 번에 두 가지 이상의 내용을 질문하는 것으로서, 클라이언트는 복수의 질문 가운데 어느 하나를 선택하여 답변할 수도, 아니면 어느 쪽에 답변을 해야 하는지 알 수 없어 머뭇거릴 수도 있다.

19회 기출

06 초기 단계에서 사용하는 면접 기술에 관한 설명으로 옳은 것을 모두 고른 것은?

> ㄱ. 공감적 태도와 적극적 반응으로 경청한다.
> ㄴ. 표정, 눈 맞춤 등 비언어적 표현을 관찰한다.
> ㄷ. 가벼운 대화로 시작하여 분위기를 조성한다.
> ㄹ. 침묵을 허용하지 않고 그 이유에 대해 질문한다.

① ㄱ, ㄴ

② ㄴ, ㄹ

③ ㄱ, ㄴ, ㄷ

④ ㄴ, ㄷ, ㄹ

⑤ ㄱ, ㄴ, ㄷ, ㄹ

[해설] ㄹ. 대개의 경우 클라이언트가 자기 자신을 음미해 보거나 머릿속으로 생각을 간추리는 과정에서 침묵이 발생하므로, 이때의 침묵은 유익한 필요조건이 된다. 따라서 사회복지사는 '조용한 관찰자'로서 클라이언트의 침묵을 섣불리 깨뜨리려 하지 말고, 인내심을 가지고 어느 정도 기다려 보는 것이 바람직하다.

18회 기출

07 면접을 위한 의사소통기술 중 클라이언트의 혼란스럽고 갈등이 되는 느낌을 가려내어 분명히 해 주는 기술은?

① 재명명

② 재보증

③ 세분화

④ 명료화

⑤ 모델링

〔 해설 〕 ④ 명료화(Clarification)는 클라이언트의 말 중에서 모호하거나 모순된 점이 발견될 때, 이를 명확히 이해하고 넘어가기 위해 사회 복지사가 다시 질문함으로써 클라이언트가 의미를 명백하게 하는 기술이다.

① 재명명(Reframing)은 클라이언트로 하여금 문제를 다른 시각에서 보거나 다른 방법으로 이해하도록 돕는 기술이다.

② 재보증(Reassurance)은 클라이언트의 능력이나 자질에 대해 사회복지사가 신뢰를 표현함으로써 클라이언트의 불안을 제거하 고 위안을 주는 기술이다.

③ 세분화(Partializing)는 복잡한 문제를 작고 통제 가능한 단위들로 나눔으로써 클라이언트로 하여금 문제에 대한 이해를 돕고 문 제해결의 동기를 증진시키는 기술이다.

⑤ 모델링(Modeling)은 행동 및 사회학습방법의 하나로, 클라이언트가 활용하기를 바라거나 필요로 하는 절차에 대해 시범을 보이 는 기술이다.

10회 기출

08 면접 중 침묵을 다루는 사회복지사의 태도로 적절하지 않은 것은?

① 침묵하는 이유를 파악한다.

② 침묵을 기다리는 배려가 필요하다.

③ 침묵의 이유를 알 때까지 질문한다.

④ 침묵은 저항의 유형으로 볼 수 있다.

⑤ 침묵이 계속되면 면접을 중단할 수 있다.

〔 해설 〕 ③ 사회복지사는 '조용한 관찰자'의 태도로 클라이언트의 침묵을 섣불리 깨뜨리려 하지 말고, 인내심을 가지고 어느 정도 기다려보 는 것이 바람직하다.

16회 기출

09 다음의 사례에서 사용한 사회복지실천기술은?

> 클라이언트 : "아버지께 화내서 너무 죄송해요. 왜냐하면 아버지께서 당뇨를 앓고 계시거든요. 더구나 당뇨관리가
> 제대로 안 되어 다리 절단의 위기에 처해 있는데도 술을 계속 드실 때에는 화를 내게 돼요. 나는 왜 우
> 리가 잘 지내지 못하는지 모르겠어요."
> 사회복지사 : "아버지를 걱정하고 관계가 향상되길 바라지만 때때로 아버지와 함께하는 것이 매우 어려운 것 같군요."

① 재명명(Reframing) 　　　　　　　② 탐색(Probing)
③ 환언(Paraphrasing) 　　　　　　　④ 지시(Direction)
⑤ 해석(Interpretation)

[해설] **환언 또는 바꾸어 말하기(Paraphrasing)**
클라이언트의 메시지 내용에 초점을 두고 클라이언트가 말한 바를 재진술하는 기술이다. 사회복지사가 클라이언트에게서 들은 내용
과 의미를 확인하기 위한 것으로, 보기에서 사회복지사는 자신의 말과 생각으로 클라이언트가 말한 바를 정리하고 있다.

20회 기출

10 사회복지실천에서 관계에 관한 설명으로 옳은 것은?

① 비자발적인 클라이언트는 원천적으로 배제한다.
② 사회복지사는 전문성에 바탕을 둔 권위라도 가져서는 안 된다.
③ 클라이언트는 사회복지사와의 문화적 차이를 수용해야만 한다.
④ 사회복지사와 클라이언트 모두에게 요구되는 의무와 책임감이 있다.
⑤ 선한목적을 위해 클라이언트에게 진실을 감추는 것은 필수적으로 허용된다.

[해설] ① 사회복지사는 비자발적인 클라이언트의 동기화를 위해 힘써야 한다.
② 사회복지사는 전문성을 가지되, 자신의 이익을 위해 가치와 권위를 훼손해서는 안 된다.
③ 사회복지사는 클라이언트와의 문화적 차이를 인정하고 존중해야 한다.
⑤ 클라이언트와의 관계에서 사회복지사는 자기 인식을 바탕으로 진실되게 행동해야 한다. 하지만 매 순간 모든 감정을 솔직하게
표현하라는 것은 아니다.

11 사회복지실천의 전문적 관계에 관한 설명으로 옳지 않은 것은?

① 사회복지사와 클라이언트가 합의하여 목적을 설정한다.

② 사회복지사는 소속된 기관의 특성에 영향을 받는다.

③ 사회복지사의 이익과 욕구 충족을 위한 일방적 관계이다.

④ 사회복지사는 전문성에 바탕을 둔 권위를 가진다.

⑤ 계약에 의해 이루어지는 시간제한적인 특징을 갖는다.

[해설] **사회복지실천에서 전문적 관계의 특성**
- 서로 합의된 의식적 목적이 있다.
- 클라이언트의 욕구가 중심이 된다.(③)
- 시간적인 제한을 둔다.
- 전문가 자신의 정서를 통제하는 관계이다.
- 사회복지사는 특화된 지식 및 기술, 그리고 전문적 윤리강령에서 비롯되는 권위를 가진다.

12 다음에서 설명하는 전문적 관계의 기본 원칙은?

- 클라이언트는 문제에 대한 공감적 반응을 얻고자 하는 욕구가 있다.
- 사회복지사는 클라이언트 감정에 대해 민감성, 공감적 이해로 의도적이고 적절한 반응을 한다.

① 수 용

② 개별화

③ 비심판적 태도

④ 의도적인 감정표현

⑤ 통제된 정서적 관여

[해설] **통제된 정서적 관여**
- 문제에 대한 공감을 얻고 싶은 욕구를 말한다.
- 클라이언트의 면접은 주로 정서적인 면과 연관되므로, 사회복지사 또한 클라이언트의 감정에 호응하고 정서적으로 관여한다.
- 사회복지사는 클라이언트의 감정에 민감성과 이해로 반응하되, 완전한 관여가 아닌 통제된 관여로써 임해야 한다.
- 사회복지사의 전문적인 판단에 따라 방향이 설정되어야 한다.

21회 기출

13 비스텍(F. Biestek)의 관계의 원칙 중 '의도적 감정표현'에 해당하는 것은?

① 클라이언트의 부정적 감정을 자유롭게 표현할 수 있도록 지지한다.

② 클라이언트의 감정이나 태도를 있는 그대로 받아들이고 존중한다.

③ 목적달성을 위한 방안들의 장·단점을 설명하고 클라이언트가 스스로 선택하도록 한다.

④ 공감을 받고 싶어 하는 클라이언트의 욕구에 따라 클라이언트에게 공감하는 반응을 표현한다.

⑤ 사회복지사 자신의 생각과 느낌, 개인적인 경험을 이야기 한다.

[해설] ① '의도적 감정표현'은 클라이언트가 자신의 긍정적·부정적인 감정을 자유로이 표명하고자 하는 욕구에 대한 인식이다. 사회복지사는 주의·집중하여 클라이언트의 말에 주의를 기울여야 하고 비난조의 어투를 피하며 격려하는 태도를 보여야 한다.
② '수용'의 원칙에 해당한다. 사회복지사는 클라이언트의 장점과 약점, 긍정적인 감정과 부정적인 감정 등 클라이언트의 다양한 특징들을 있는 그대로 이해하고 다루어야 한다.
③ '자기결정'의 원칙에 해당한다. 문제의 해결자는 클라이언트이므로, 사회복지사는 클라이언트 스스로 해결책을 선택할 수 있도록 한다.
④ '통제된 정서적 관여'의 원칙에 해당한다. 사회복지사는 클라이언트의 감정에 민감성과 이해로 반응하되, 완전한 관여가 아닌 통제된 관여로써 임해야 한다.
⑤ 사회복지사의 자기노출은 진실성을 보여주는 중요한 방법으로서 클라이언트의 자기노출을 유도할 수 있지만, 클라이언트에 대한 부정적 감정까지 노출하게 되는 경우 갈등을 일으킴으로써 오히려 변화를 방해할 수도 있다.

17회 기출

14 다음 사례에서 사회복지사가 진행한 면접의 유형은?

> 학대의심 사례를 의뢰받은 노인보호전문기관의 사회복지사는 어르신을 만나 학대의 내용과 정도를 파악하고 어르신의 정서 상태와 욕구를 확인하는 면접을 진행하였다.

① 평가면접

② 치료면접

③ 정보수집면접

④ 계획수립면접

⑤ 정서지원면접

[해설] **정보수집면접 또는 사회조사면접**
• 클라이언트와 그의 상황에 대해 필요한 정보를 수집하거나 사회조사를 하기 위한 것이다.
• 클라이언트의 개인적·사회적 문제와 관련된 인구사회학적 요인, 현재의 문제, 개인력 및 과거력, 가족력, 사회적·직업적 기능 수준 등에 관한 정보를 수집한다.
• 수집되는 정보의 내용은 클라이언트의 유형, 문제의 영역, 기관의 성격에 따라 다를 수 있다.

CHAPTER 04 사회복지실천의 과정

01 다음 중 사회복지실천의 과정을 순서대로 올바르게 나열한 것은?

> ㄱ. 계획 및 계약
> ㄴ. 개 입
> ㄷ. 접수 및 관계형성
> ㄹ. 평가 및 종결
> ㅁ. 자료수집 및 사정

① ㄱ - ㅁ - ㄷ - ㄹ - ㄴ   ② ㄱ - ㄷ - ㄴ - ㅁ - ㄹ

③ ㄱ - ㄷ - ㅁ - ㄴ - ㄹ   ④ ㄷ - ㄱ - ㅁ - ㄹ - ㄴ

⑤ ㄷ - ㅁ - ㄱ - ㄴ - ㄹ

[해설] **사회복지실천의 과정**
접수 및 관계형성 → 자료수집 및 사정 → 계획 및 계약 → 개입 → 평가 및 종결(종결 및 평가)

18회 기출

02 노인복지관의 사회복지사가 접수단계에서 수행하는 역할로 옳지 않은 것은?

① 가족 간의 상호작용 유형을 조정한다.

② 기관 및 사회복지사 자신을 소개한다.

③ 원하는 서비스가 무엇인지 질문한다.

④ 이름과 나이를 확인한다.

⑤ 클라이언트의 저항감이 파악되면 완화시킨다.

[해설] ① 문제가 있는 가족에는 문제를 일으키는 사람이 존재한다기보다는 문제를 일으키는 상호작용 유형(Pattern)이 존재한다. 이와 같은 가족 간 상호작용 유형의 조정은 개입단계에서 이루어진다.

접수단계에서 사회복지사의 주요 과제(과업)
• 클라이언트의 문제와 욕구를 확인한다.
• 클라이언트와 라포(Rapport)를 형성하며, 원조관계를 수립한다.
• 클라이언트를 동기화하며, 기관의 서비스와 원조과정에 대해 안내한다.
• 클라이언트의 양가감정을 수용하고 저항감을 해소한다.
• 서비스 제공 여부를 결정하며, 필요시 다른 기관으로 의뢰한다.

20회 기출

03 접수단계의 주요 과업에 해당하지 않는 것은?

① 관계형성을 통한 클라이언트의 참여 유도
② 클라이언트의 드러난 문제 확인
③ 서비스의 효율성과 효과성 측정
④ 서비스에 대한 클라이언트의 동의 확인
⑤ 클라이언트의 문제가 기관의 자원과 정책에 부합 되는지 판단

[해설] ③ 평가 및 종결(종결 및 평가) 단계의 주요 과업에 해당한다. 사회복지실천에서 평가는 목표를 충분히 잘 달성했는가(→ 효과성), 적절한 방법과 비용으로 목표를 달성했는가(→ 효율성)의 개념을 동시에 내포하고 있다.

[참고] 사회복지실천의 과정에 대한 내용은 학자마다 혹은 교재마다 약간씩 차이가 있습니다. 참고로 위의 해설은 〈접수 및 관계형성 – 자료수집 및 사정 – 계획 및 계약 – 개입– 평가 및 종결(종결 및 평가)〉의 5단계를 토대로 하였습니다.

04 다음 중 양가감정(Ambivalence)에 대한 설명으로 옳지 않은 것은?

① 클라이언트가 양가감정을 갖는 것은 자연스러운 현상이다.
② 변화를 원하는 것과 원하지 않는 마음이 공존하는 것이다.
③ 변화가 불가능하리라는 부정적인 생각에서 저항감이 나타날 수 있다.
④ 양가감정은 초기 접수단계가 아닌 개입단계에서부터 다루어져야 한다.
⑤ 클라이언트의 양가감정을 수용하면 클라이언트의 저항감이 줄어든다.

[해설] ④ 양가감정은 클라이언트로 하여금 개입과정에 적극적으로 참여할 수 있도록 초기 접수단계에서부터 다루어져야 한다.

05 다음 중 비자발적인 클라이언트를 동기화하기 위한 방안으로 옳지 않은 것은?

① 희망을 갖게 하고 용기를 준다.
② 부정적인 감정의 표출을 삼가도록 유도한다.
③ 서비스에 대한 저항의 실체를 있는 그대로 이해한다.
④ 사회복지사에 대한 신뢰감이 즉시 형성될 것이라는 무리한 기대를 가지지 않도록 한다.
⑤ 클라이언트가 원하는 것을 어느 수준까지 해결해 줄 수 있는지를 고려한다.

[해설] ② 클라이언트로 하여금 긍정적인 감정은 물론 부정적인 감정에 대해서도 이를 표출하도록 유도하는 것이 바람직하다.

18회 기출

06 사회복지실천 과정의 자료수집에 관한 예시로 옳은 것을 모두 고른 것은?

> ㄱ. 가출청소년의 가족관계 파악을 위해 부모와 면담 실시
> ㄴ. 진로 고민 중인 청년의 진로탐색을 위해 적성검사 실시
> ㄷ. 이웃의 아동학대 신고가 사실인지 여부를 확인하기 위해 가정방문 실시

① ㄱ

② ㄷ

③ ㄱ, ㄴ

④ ㄴ, ㄷ

⑤ ㄱ, ㄴ, ㄷ

〔 해설 〕 **자료수집의 정보원**
- 클라이언트의 이야기
- 클라이언트의 심리검사 결과
- 클라이언트에 대한 비언어적 행동관찰
- 클라이언트가 직접 작성한 양식
- 중요한 사람과의 상호작용 및 가정방문
- 클라이언트에 대한 사회복지사의 개인적 경험(주관적 관찰 내용)
- 부수정보(가족, 이웃, 친구, 친척, 학교, 다른 기관으로부터 얻게 되는 정보) 등

07 다음 중 사정(Assessment)의 특징에 대한 설명으로 옳지 않은 것은?

① 클라이언트와 사회복지사의 지속적인 상호작용 과정이다.

② 클라이언트의 문제와 욕구에 따라 개별화된다.

③ 사정을 통해 클라이언트를 완전히 이해하는 것이 가능하다.

④ 클라이언트의 현재 기능은 물론 과거력에 대한 탐색이 이루어진다.

⑤ 상황 속의 인간이라는 이중적 관점을 가진다.

〔 해설 〕 ③ 사정을 통해 클라이언트를 완전히 이해하는 것은 불가능하다.

08 다음 중 사정을 위한 유용한 질문으로 가장 거리가 먼 것은?

① 클라이언트는 자신의 문제에 대해 어떻게 생각하고 있는가?

② 클라이언트의 주변인물은 클라이언트의 문제를 해결하기 위해 어떠한 노력을 해 왔는가?

③ 클라이언트는 자신의 문제와 관련하여 어떤 사람 또는 집단에게 영향을 미치고 있는가?

④ 클라이언트에게 문제를 해결하기 위한 의지가 있는가?

⑤ 클라이언트의 문제는 언제, 어디서, 어떻게 발생했는가?

[해설] ② "클라이언트는 문제를 해결하기 위해 어떠한 노력을 해 왔으며, 그 노력은 효과가 있었는가?"와 같이 문제와 직접적으로 관련
하여 클라이언트의 이전 대처 방식을 묻는 질문이 보다 유용하다.

20회 기출

09 세대 간 반복된 가족 특성을 파악하기 위한 사정도구는?

① 가계도

② 생태도

③ 소시오그램

④ 생활력도표

⑤ 사회적 관계망 그리드

[해설] ① 가계도(Genogram)는 클라이언트의 3세대 이상에 걸친 가족관계를 도표화하여 가족의 구조, 가족 및 구성원의 관계, 동거가족
현황, 세대 간의 반복유형, 과거의 결혼관계 등에 대한 상세한 정보를 제공한다. 특히 세대 간 전수되는 가족의 특징이나 반복
되는 사건 등을 파악할 수 있도록 해 준다.

② 생태도(Ecomap)는 환경 속의 클라이언트에 초점을 두고 클라이언트의 상황에서 의미 있는 체계들과의 역동적 관계를 그림으
로 표현함으로써 특정 문제에 대한 개입계획을 세우는 데 유효한 정보를 제공한다.

③ 소시오그램(Sociogram)은 집단성원들 간의 상호작용을 도식화하여 구성원의 지위, 구성원 간의 관계, 하위집단은 물론 집단성
원 간 결탁, 수용, 거부 등을 파악하는 데 유용한 집단사정도구이다.

④ 생활력도표(Life History Grid)는 각각의 가족구성원의 삶에 있어서 중요한 사건이나 시기별로 중요한 문제의 전개 상황을 시계
열적으로 도표화함으로써 현재 역기능적인 문제 등을 특정 시기의 어려움이나 경험 등과 연관시켜 이해할 수 있도록 해 준다.

⑤ 사회적 관계망 그리드(Social Network Grid)는 클라이언트의 환경 내에 영향을 미치는 중요한 사람이나 체계로부터 물질적 · 정
서적 지지, 원조 방향, 충고와 비판, 접촉 빈도 및 시간 등에 관한 정보를 제공한다.

18회 기출

10 생태도를 통하여 파악할 수 있는 내용에 해당되지 않는 것은?

① 클라이언트 · 가족구성원과 자원체계 간의 에너지 흐름
② 클라이언트 · 가족구성원에게 스트레스가 되는 체계
③ 클라이언트 · 가족구성원 간의 자원 교환 정도
④ 클라이언트 · 가족구성원의 환경체계 변화가 필요한 내용
⑤ 클라이언트 · 가족구성원의 생애 동안 발생한 문제의 발전과정에 관한 정보

〔 해설 〕 ⑤ 가족구성원으로서 클라이언트의 생애 동안 발생한 사건이나 문제의 발전과정을 사정하는 데 사용되는 대표적인 사정도구는 생활력표(생활력도표)이다.

11회 기출

11 사회복지사가 목표를 설정할 때의 지침으로 옳은 것을 모두 고른 것은?

> ㄱ. 기관의 가치나 기능과 맞지 않더라도 클라이언트가 원하면 목표로 설정한다.
> ㄴ. 목표설정 시 달성 가능성보다 동기부여를 더 중요하게 고려한다.
> ㄷ. 클라이언트와 사회복지사의 목표가 합의되지 않으면 사회복지사의 판단으로 결정한다.
> ㄹ. 목표가 여러 가지인 경우 시급성과 달성가능성을 따져 우선순위를 정한다.

① ㄱ, ㄴ, ㄷ   ② ㄱ, ㄷ
③ ㄴ, ㄹ   ④ ㄹ
⑤ ㄱ, ㄴ, ㄷ, ㄹ

〔 해설 〕 ㄱ. 목표설정은 기관의 가치나 기능과 일치해야 한다.
ㄴ. 목표설정 시 동기부여보다 달성 가능성을 더 중요하게 고려한다.
ㄷ. 목표설정은 클라이언트와 사회복지사의 성취목표가 같음을 보증하는 과정이다. 즉, 목표설정은 클라이언트와 사회복지사의 합의를 전제로 한다.

12 다음 중 클라이언트의 인지능력 향상을 위한 개입기술과 가장 거리가 먼 것은?

① 격 려   ② 직 면
③ 초점화   ④ 재명명
⑤ 정보제공

〔 해설 〕 ① '격려'는 클라이언트의 자아기능 회복을 돕는 개입기술에 해당한다.

13 다음 중 사회복지실천의 직접적 개입기술로서 클라이언트의 행동변화를 촉진하기 위한 기술로 가장 적절한 것은?

① 직 면   ② 모델링
③ 재명명   ④ 일반화
⑤ 재보증

[해설] ① · ③ · ④ · ⑤ 사회복지실천의 직접적 개입기술로서 클라이언트의 정서적 안정 및 자아기능 회복, 인지능력 향상 및 상황에의 인식을 돕는 의사소통기술에 해당한다.

16회 **기출**

14 개인대상 사회복지실천기술에 관한 내용의 연결이 옳지 않은 것은?

① 재보증 : 클라이언트의 불안감이나 불확실한 감정을 줄이고 편안한 감정을 가질 수 있도록 돕는 기법
② 명료화 : 클라이언트가 말한 내용을 사회복지사가 잘 이해했는지 확인하는 기법
③ 환기 : 클라이언트의 부정적 감정이 문제해결에 방해가 될 경우 감정의 강도를 약화시키는 기법
④ 인정 : 클라이언트가 어떤 행동을 하거나 중단한 이후 이에 대해 긍정적으로 평가해 주는 기법
⑤ 도전 : 클라이언트가 부여하는 의미를 수정해서 클라이언트의 시각을 변화시키는 기법

[해설] ⑤ 재명명 또는 재구성(Reframing)의 내용에 해당한다. 재명명(재구성)은 클라이언트로 하여금 문제를 다른 시각에서 보거나 다른 방법으로 이해하도록 돕는 기술로서, 특히 클라이언트의 부정적인 생각을 보다 새롭고 긍정적인 시각으로 변화하도록 돕는다.

15 다음 중 사회복지실천의 개입기술과 그 예시를 연결한 것으로 옳지 않은 것은?

① 재보증 - 염려하지 마세요. 상황은 좋아질 거예요.
② 환기 - 힘드셨을 것 같네요. 그때 기분이 어떠셨나요?
③ 격려 - 계약기간 동안 업무를 잘 해내셨군요. 이번에도 잘 감당할 수 있을 것이라 믿어요.
④ 정보제공 - 힘드시겠지만 상사의 지시를 무작정 거부하기보다는 일단 그 지시에 따르는 것이 어떨까요?
⑤ 직면 - 잠시 무엇을 했는지 한 번 살펴봅시다. 지난 번 하겠다고 한 것과는 반대의 일을 하고 있네요?

[해설] ④ 클라이언트가 해야 할 것을 추천하거나 제안하는 기술로서 '조언'의 예시에 해당한다.

20회 기출

16 종결단계에서 사회복지사의 과업으로 옳지 않은 것은?

① 사후관리 계획 수립
② 목표달성을 위한 서비스 제공
③ 클라이언트 변화결과에 대한 최종 확인
④ 다른기관 또는 외부 자원 연결
⑤ 종결에 대한 클라이언트 반응 처리

[해설] ② 목표달성을 위한 서비스를 제공하는 것은 개입단계에서 사회복지사의 과업에 해당한다. 참고로 종결단계(평가 및 종결 단계)에서 사회복지사는 제공 된 서비스의 목표 달성 정도를 평가하고 클라이언트가 습득한 기술이나 이득이 유지될 수 있도록 도우며, 종결에 대한 클라이언트의 정서적 반응을 처리하고 사후관리 계획을 수립하는 과업들을 수행하게 된다.

9회 기출

17 클라이언트를 다른 기관에 의뢰하는 경우에 지켜야 할 사항으로 옳지 않은 것은?

① 클라이언트에게 도움이 될 만한 곳을 추천한다.
② 의뢰에 대한 클라이언트의 준비상태를 확인한다.
③ 의뢰될 기관의 사회복지사가 사용할 상담기법을 알려준다.
④ 지역사회 내 자원에 대한 정보를 클라이언트와 공유한다.
⑤ 의뢰 후 필요한 경우에는 클라이언트와 접촉할 수 있음을 고지한다.

[해설] ③ 의뢰하는 기관의 서비스에 대해 명확하게 설명하나, 그곳의 사회복지사가 사용할 방법까지 구체적으로 알려주지는 않는다.

18 다음 중 성과평가에 대한 설명으로 가장 옳은 것은?

① 현재와 미래에 관련된 프로그램 수행상의 문제해결이나 결정을 내리기 위해 실시한다.
② 프로그램의 목표 성취 여부를 효율성 및 효과성 측면에서 평가한다.
③ 개입이 이루어지는 동안 발생하는 자료를 수집하여 환류하는 것을 중시한다.
④ 기관의 운영상황이나 고객 욕구의 변동 등에 평가의 초점이 있다.
⑤ 사업 또는 서비스 내용의 수정·변경 여부를 결정하는 데 도움을 준다.

[해설] ①·③·④·⑤ 형성평가(과정평가)의 내용에 해당한다.

CHAPTER 05 사례관리

15회 기출

01 사례관리에 관한 설명으로 옳지 않은 것은?

① 클라이언트 중심적 서비스이다.

② 종결이 어려운 장기적 욕구를 갖는 대상자에게 적절하다.

③ 상담이나 조언, 치료 등의 임상적 개입을 할 수 있다.

④ 한 기관 내에서의 팀 협력 및 지역사회 타 전문분야와의 협력이 중요하다.

⑤ 공공부문의 역할을 확대하기 위한 목적에서 시작되었다.

〔 해설 〕 ⑤ 지역사회보호(Community Care)의 일환으로 등장한 다양한 지역사회서비스들이 많은 상이한 기관들에 의해 중복적으로 또는 부적절하게 제공될 가능성이 높다는 인식하에, 서비스를 조정·통제하고 클라이언트의 장기적이면서도 복합적인 욕구를 민감히 사정할 필요성이 제기됨에 따라 시작되었다.

20회 기출

02 사례관리자의 역할에 관한 내용으로 옳지 않은 것은?

① 중개자 : 지역사회 자원이나 서비스 체계를 연계

② 옹호자 : 클라이언트의 권리를 대변하는 활동 수행

③ 정보제공자 : 개인이나 집단의 갈등 파악과 조정

④ 위기개입자 : 위기 사정, 계획 수립, 위기 해결

⑤ 교육자 : 교육, 역할 연습 등을 통한 클라이언트 역량 강화

〔 해설 〕 ③ 중재자 : 개인이나 집단의 갈등 파악과 조정 및 논쟁이나 갈등을 해결

03 사례관리 등장 배경에 관한 설명으로 옳지 않은 것은?

① 탈 시설화로 인해 많은 정신 장애인이 지역사회 내에서 생활하게 되었다.

② 지역사회 내 서비스 간 조정이 필요하게 되었다.

③ 복지비용 절감에 관심이 커지면서 저비용 고효율을 지향하게 되었다.

④ 인구·사회적 변화에 따라 다양하고, 복합적이며 만성적인 욕구를 가진 클라이언트가 증가하였다.

⑤ 사회복지서비스 공급주체가 지방정부에서 중앙정부로 변화하였다.

〔해설〕 ⑤ 사회복지서비스 공급주체가 중앙정부에서 지방정부로 변화하였다.

04 다음에서 설명하고 있는 사례관리 개입 원칙은?

> • 변화하는 클라이언트 욕구에 반응하여 장기적으로 서비스를 제공해야 한다.
> • 클라이언트에게 필요한 서비스를 중단하지 않고 제공해야 한다.

① 서비스의 체계성

② 서비스의 접근성

③ 서비스의 개별화

④ 서비스의 연계성

⑤ 서비스의 지속성

〔해설〕 ⑤ 서비스는 지속성(연속성)의 원칙에 따라 일회적이거나 단편적으로 제공되지 않고 지속적으로 제공되어야 한다.
　　　① 서비스는 체계성의 원칙에 따라 공식적 지원체계와 비공식적 지원체계를 기능적으로 연결하여 체계적인 지지망을 구축하여야
　　　　한다.
　　　② 서비스는 접근성의 원칙에 따라 클라이언트가 서비스를 이용하는 데 있어서 장애가 되는 요소들을 살피며, 이를 최소화하여야
　　　　한다.
　　　③ 서비스는 개별화의 원칙에 따라 클라이언트 개개인의 신체적·정서적 특성 및 사회적 상황에 맞게 제공되어야 한다.
　　　④ 서비스는 연계성의 원칙에 따라 분산된 서비스 체계들을 서로 연계하여 서비스 전달체계의 효율성을 도모하여야 한다.

18회 기출

05 사례관리 실천과정 중 개입(실행)단계의 과업에 해당하는 것은?

① 클라이언트와 서비스 제공자 간의 갈등 발생 시 조정

② 클라이언트의 욕구에 기초하여 구체적이고 명확한 목표수립

③ 서비스 이용 대상자에 대한 적격성 여부 판별

④ 기관 내부 사례관리팀 구축 및 운영 능력 파악

⑤ 클라이언트가 달성한 변화, 성과, 영향 등을 측정하기 위한 도구 개발

[해설] ② 사정된 자료를 근거로 하여 구체적이고 명확한 목표를 수립하는 것은 계획단계의 과업에 해당한다.

③ 서비스 혹은 서비스 이용 대상자에 대한 적격성 여부를 판별하는 것은 초기과정으로서 접수단계 혹은 사정단계의 과업에 해당한다.

④ 문제 해결을 위한 내부자원 및 외부자원을 파악하는 것은 사정단계의 과업에 해당한다.

⑤ 클라이언트가 달성한 변화, 성과, 영향 등을 측정할 수 있는 목표달성척도를 작성하는 것은 계획단계의 과업에 해당한다.

10회 기출

06 할머니 사망 후 갑자기 큰아버지 집으로 이사를 가게 된 빈곤 조손가정 아동의 사례관리자가 수행할 역할로 적절하지 않은 것은?

① 이사에 대해 걱정되는 것이 있는지 물어본다.

② 이사에 대한 마음의 준비를 하도록 돕는다.

③ 이사 가는 지역의 사례관리 기관을 안내한다.

④ 위급상황 발생 시 연락하도록 기관 연락처를 준다.

⑤ 갑작스러운 이사이므로 이사와 함께 사례관리를 종결한다.

[해설] ⑤ 사례관리자는 클라이언트의 문제 및 욕구가 기관의 서비스에 부합하지 않는 경우, 클라이언트에게 보다 전문적인 서비스가 필요한 경우, 부득이 해당 기관에서 서비스를 받기 어려운 상황에 처한 경우, 다른 적합한 자원과 연계가 이루어지도록 노력해야 한다.

07 사례관리의 사정에 관한 설명으로 옳은 것을 모두 고른 것은?

> ㄱ. 클라이언트와 함께 문제 목록 작성
> ㄴ. 클라이언트의 욕구 및 자원 확인
> ㄷ. 계획된 서비스의 전달과정 추적

① ㄱ   ② ㄴ

③ ㄱ, ㄴ   ④ ㄴ, ㄷ

⑤ ㄱ, ㄴ, ㄷ

[해설] ㄷ. 사례관리의 점검(Monitoring) 및 재사정(Reassessment) 단계의 내용에 해당한다. 점검 및 재사정 단계에서는 클라이언트에게 제공되는 서비스의 적시성, 적절성, 충분성, 연속성을 보장하기 위해 서비스 제공체계의 서비스 전달 및 실행을 추적하고 이를 점검 및 재사정한다.

08 다음에서 설명하고 있는 사례관리 과정은?

> • 계획 수정 여부 논의   • 서비스 계획의 목표달성 정도 파악
> • 클라이언트 욕구변화 검토   • 서비스가 효과적으로 제공되고 있는지 확인

① 점 검   ② 계 획

③ 사후관리   ④ 아웃리치

⑤ 사 정

[해설] **사례관리의 일반적인 과정**

• 접수(제1단계) : 클라이언트의 장애나 욕구를 개략적으로 파악하여 기관의 서비스에 부합하는지의 여부를 판단한다.
• 사정(제2단계) : 클라이언트의 현재 기능에 관한 광범위하고 구조화된 평가과정으로, 현재 기능수준과 욕구를 파악한다.
• 계획(제3단계) : 확인된 클라이언트의 문제, 성취될 결과, 목표달성을 위해 추구되는 서비스 등에 대해 클라이언트, 사회적 관계망, 다른 전문가, 사례관리자가 합의를 발달시켜 나가는 일련의 과정이다.
• 개입 또는 계획의 실행(제4단계) : 필요한 양질의 서비스나 자원을 확보하여 이를 제공하는 것으로, 사례관리자에 의한 서비스 제공방식에 따라 직접적 개입과 간접적 개입으로 구분된다.
• 점검 및 재사정(제5단계) : 클라이언트에게 제공되는 서비스의 적시성, 적절성, 충분성, 연속성을 보장하기 위해 서비스 제공체계의 서비스 전달 및 실행을 추적하고 이를 점검 및 재사정하는 과정이다.
• 평가 및 종결(제6단계) : 서비스 계획, 서비스 구성요소, 사례관리자에 의해 동원·조정된 서비스 활동이 가치 있는 것인지의 여부를 결정하기 위해 이용되는 과정이다.

> **참고**
>
> 사례관리의 과정은 학자에 따라 혹은 교재에 따라 다양하게 제시되고 있으며, 보통 5~6가지 단계로 구분하고 있습니다. 사회복지사 시험에서도 문제가 다양하게 제시되고 있으므로, 위의 해설의 일반적인 과정을 기억해 두시기 바랍니다.

21회 기출

09 사회복지실천의 간접적 개입에 해당하는 것은?

① 의사소통 교육
② 프로그램 개발
③ 부모교육
④ 가족상담
⑤ 사회기술훈련

[해설] **간접적 개입기술 특징**
- 서비스 조정
- 프로그램(자원)계획 및 개발
- 환경조작
- 옹 호

20회 기출

10 사례관리의 목적에 해당하는 것을 모두 고른 것은?

> ㄱ. 서비스의 통합성 확보
> ㄴ. 서비스 접근성 강화
> ㄷ. 보호의 연속성 보장
> ㄹ. 사회적 책임성 제고

① ㄱ, ㄴ
② ㄴ, ㄹ
③ ㄱ, ㄷ, ㄹ
④ ㄴ, ㄷ, ㄹ
⑤ ㄱ, ㄴ, ㄷ, ㄹ

[해설] **사례관리의 목적**
- 클라이언트의 삶의 질 향상과 역량강화
- 보호의 연속성 보장(ㄷ)
- 서비스의 통합성 확보(ㄱ)
- 서비스 접근성 강화(ㄴ)
- 사회적 책임성 제고(ㄹ)
- 성과관리와 평가

제4영역

사회복지실천기술론

제4영역

사회복지실천기술론

01 | 사회복지실천기술의 개관

KEY POINT

■ '사회복지실천기술의 개관' 영역은 사회복지실천론의 중요내용을 다시 한 번 확인하고 있다.

■ 사회복지실천기술의 전문성에 대한 내용과 사회복지사의 기술 및 역할, 가치와 윤리를 포괄적으로 이해할 필요가 있다.

■ 사회복지실천기술의 이해에서는 사회복지실천의 목적에 관한 기본적인 문제가 출제되고 있다.

■ 사회복지실천의 전문성에서는 그린우드의 사회복지전문직의 속성이 종종 출제되고 있으므로 반드시 기억해야 한다.

■ 개입수준에 따른 실천기술에서는 미시 차원, 중범위 차원, 거시 차원, 전문가집단 차원에 있어서 사회복지사의 역할을 기억해야 한다.

■ 사회복지사의 역할에 따른 기술은 시험에 매해 출제되고 있으므로, 사회복지실천론의 CHAPTER 02와 함께 전반적인 내용을 다시 한 번 검토해야 한다.

■ 사회복지실천에서의 가치와 윤리에서는 로웬버그와 돌고프의 우선순위와 리머의 우선순위를 순서에 따라 이해해야 한다.

01절 사회복지실천기술의 이해

1 사회복지실천과 사회복지실천기술

(1) 사회복지실천기술

① 사회복지실천기술의 의미

출제의도 체크

실천지식의 구성수준은 '패러다임 – 관점/시각 – 이론 – 모델 – 실천지혜' 순으로 구체화됩니다.

▶ 16회 기출

㉠ 사회복지실천기술은 클라이언트의 문제, 욕구, 능력 등에 대한 사정을 비롯하여 자원개발, 사회구조 변화 등에 있어서의 숙련성을 의미한다.

㉡ 사회복지실천의 지식, 가치, 윤리를 토대로 클라이언트의 문제 상황에 대한 변화를 위해 심리사회적으로 개입할 수 있는 사회복지사의 전반적인 능력을 말한다.

㉢ 사회복지실천활동 수행 시 효과적으로 지식을 이용하고 적용할 수 있도록 해 주는 방법으로, 지식과 기술을 한데 모아 행동으로 옮기는 실천 요소이다.

② 실천지식의 차원　16회, 21회 [기출]

패러다임	추상적인 수준의 개념적 틀로서, 세계관과 현실에 대한 인식의 방향을 결정한다.
관점/시각	개념적 준거틀로서, 관심영역과 가치, 대상들을 규정하는 사고체계이다.
이 론	특정 현상을 설명하기 위한 가설이나 개념 혹은 의미의 집합체이다. 현실을 구조화 · 객관화하는 과정에서 추상적 수준의 관점이 한 단계 구체적인 이론이 된다.
모 델	일관된 실천활동의 원칙 및 방식을 구조화시킨 것이다. 특히 실천과정에 직접적으로 필요한 기술적 적용방법을 제시한다.
실천지혜	'직관/암묵적 지식'이라고도 하며, 실천현장에서 귀납적으로 만들어진 지식의 종류를 의미한다. 이는 의식적으로 표현하거나 구체적으로 명시할 수 없는 지식으로, 개인의 가치체계 및 경험으로부터 얻어진다.

③ 사회복지실천의 기초 기술

ㄱ 면담기술 : 의사소통 및 관여의 기술

ㄴ 사정기술 : 개인과 환경의 상호작용 맥락에서 문제나 어려움을 발견하는 기술

ㄷ 개입기술 : 문제나 어려움을 해결하는 기술

ㄹ 팀워크 기술 : 문제해결을 위해 다른 전문직과 합동으로 노력하는 기술

ㅁ 지지망 구축기술 : 개입효과의 지속성을 유지하여 클라이언트의 자립을 유도하는 기술

ㅂ 협상기술 : 클라이언트의 복지와 관련하여 주변체계와 협상하는 기술

ㅅ 평가 및 종결 기술 : 사회복지사와 클라이언트의 협력적 노력의 결과를 평가하고 종결하는 기술

전문가의 한마디

사회복지실천의 기술은 상황에 따라 각각 별도로 활용되기도 하지만 통합적으로 혼합되어 사용되는 경우가 보다 많습니다.

(2) 사회복지실천의 전문성

① 사회복지실천을 위한 사회복지사의 전문지식(Johnson et al.) 22회 기출

ㄱ 인간행동과 발달에 관한 지식

ㄴ 인간관계와 상호작용에 관한 지식

ㄷ 실천이론과 모델에 관한 지식

ㄹ 특정 분야와 대상집단에 관한 지식

ㅁ 사회정책과 서비스에 관한 지식

ㅂ 사회복지사 자신에 관한 지식

② 사회복지 전문직의 속성(Greenwood) 5회, 6회, 11회, 19회 기출

ㄱ 기본적인 지식과 체계적인 이론체계

ㄴ 클라이언트와의 관계에서 부여된 전문적(전문직) 권위와 신뢰

ㄷ 전문가집단의 힘과 특권

ㄹ 사회로부터의 승인

ㅁ 명시적이며 체계화된 윤리강령

ㅂ 전문직의 문화

출제의도 체크

전문직 속성으로서 윤리강령은 전문가들이 지켜야 할 전문적 행동기준과 원칙을 기술해 놓은 것으로, 전문가들이 공통으로 합의한 내용을 담고 있습니다.

▶ 19회 기출

③ 전문직으로서 사회복지사가 지녀야 할 속성 1회, 5회, 7회, 10회, 19회 기출

예술적 속성	과학적 속성
• 사랑(동정)과 용기 • 전문적 관계형성 • 창의성과 상상력 • 희망과 에너지 • 판단력, 사고력, 직관적 능력 • 개인적인 가치관 • 자신만의 전문가로서의 스타일 • 감정이입적 의사소통, 진실성, 융통성	• 사회문제에 대한 인식 • 사회현상에 대한 인식 • 사회복지전문직에 대한 지식 • 사회복지실천방법에 대한 지식(관찰, 자료수집, 분석, 실험조사 등) • 사회제도 및 정책, 사회서비스 및 프로그램에 대한 지식

(3) 전문적 관계의 기본 요소(Compton & Galaway) 10회 기출

① 타인에 대한 관심 또는 배려

ㄱ 사회복지사는 클라이언트에게 일어난 일에 관심을 가지며, 클라이언트에 대한 온화함과 지지를 통해 자신의 관심을 반영해야 한다.

ㄴ 사회복지사는 클라이언트에 대한 무조건적인 긍정적 관심을 통해 클라이언트가 이해와 수용을 받고 있음을 느끼도록 배려해야 한다.

ㄷ 관심이나 배려는 언어적 또는 비언어적(눈 맞춤, 경청, 자세, 미소, 음정 등)으로 표현될 수 있다.

② 헌신과 의무 17회, 19회, 22회 기출

ㄱ 헌신과 의무는 원조과정에서의 책임감을 의미하는 것으로, 일관성을 포함하는 개념이다.

ㄴ 사회복지사가 클라이언트를 위한 일에 자신을 내어줌으로써 클라이언트는 사회복지사와 관계형성을 통해 자신을 보다 정직하고 개방적으로 표출하게 된다.

ㄷ 사회복지사의 헌신적 태도는 일시적·순간적인 필요에 의해서가 아닌 일관되고 항구적인 의무에서 비롯된다.

③ 권위와 권한

ㄱ 권위(Authority)는 클라이언트와 기관에 의해 사회복지사에게 위임된 권한(Power)을 말한다.

ㄴ 권위는 사회복지기관 내 사회복지사의 위치에서 비롯되는 제도적 측면의 권위와 더불어, 클라이언트가 사회복지사에게 정보와 조언을 구함으로써 사회복지사를 받아들이는 심리적 측면의 권위로 나타난다.

ㄷ 동반자 관계에서 사회복지사는 클라이언트에게 권위와 권한의 내용 및 범위를 설명해야 하며, 권위와 권한을 오용 또는 남용하여 클라이언트와의 관계형성에 부정적인 영향을 미치지 않도록 주의해야 한다.

④ **진실성과 일치성** 12회, 16회 `기출`

○ 진실성은 사회복지사가 자신과 자신의 감정에 대해 정직한 태도를 견지하는 것, 즉 사회복지사가 자기인식을 바탕으로 자신의 감정과 반응을 있는 그대로 클라이언트에게 전달하는 능력을 말한다. 사회복지사는 클라이언트에게 있는 그대로의 모습을 보임으로써 신뢰를 얻을 수 있게 된다.

○ 일치성은 사회복지사가 정직하고 일관된 태도를 유지하며, 말과 행동에서 상호일치를 보이는 것을 말한다. 사회복지사에게는 정직성, 관계에서 요구되는 제반 요소의 내면화, 전문가로서 자아와 가치체계의 부합이 요구된다.

출제의도 체크

클라이언트와의 전문적 관계에서 사회복지사에게는 진실성과 일치성 증진을 위해 올바른 자기인식, 자신의 감정에 대한 정직성, 말과 행동의 일치, 타인에 대한 관심과 수용의 내면화 등을 위한 노력이 요구됩니다.

▶ 12회 기출

2 사회복지실천의 방법

(1) 직접 실천과 간접 실천 9회, 10회, 11회 `기출`

직접 실천	• 클라이언트와의 직접적인 대면접촉을 통해 서비스를 제공하는 실천방식이다. • 주로 개인, 가족, 집단을 대상으로 대인관계 및 환경과의 상호작용 능력을 강조함으로써 이들의 사회적인 기능 향상을 도모한다. • 임상사회사업 분야에서 클라이언트에 대한 상담 및 면접, 치료 등의 형태로 운영된다. 예 장애인 취업상담, 장애아동 양육을 위한 부모상담, 독거노인 재가방문, 치매노인 주간보호 제공, 정신장애인 사회기술훈련 실시 등
간접 실천	• 클라이언트와의 직접적인 대면접촉 없이 클라이언트의 문제해결을 위해 간접적으로 조력하는 실천방식이다. • 지역사회를 중심으로 클라이언트를 둘러싼 환경체계에 개입하여 지역의 자원 및 지지체계를 발굴하여 이를 연계한다. • 지역사회조직, 지역복지계획, 사회복지정책, 사회복지행정 등의 형태로 운영된다. 예 ADHD아동을 위한 지원정책 개발, 학교폭력 예방을 위한 자원봉사자 모집, 아동학대 예방을 위한 홍보활동, 희귀질환 아동을 위한 모금활동 등

(2) 개입 수준에 따른 실천방법(Miley et al.)

미시 차원	• 개인, 가족을 주요 대상으로 한다. • 개별 클라이언트가 처한 문제를 잘 극복할 수 있도록 상담을 제공하며, 클라이언트로 하여금 문제해결능력을 기르고 서비스나 자원을 확보할 수 있도록 돕는다. 예 조력자, 중개자, 옹호자, 교사의 역할
중범위 차원	• 공식적 집단이나 조직을 주요 대상으로 한다. • 기관 내부 상호작용이나 기관 사이의 연결망을 강화하며, 조직 차원에서 전문성을 개발하기 위한 교육을 담당한다. 예 촉진자, 중재자, 훈련가의 역할

전문가의 한마디

사회복지실천의 기능 범위를 미시적 수준과 거시적 수준으로 양분할 때 직접 실천은 주로 미시적 수준, 간접 실천은 주로 거시적 수준에 해당합니다.

거시 차원	• 지역사회나 전체사회를 주요 대상으로 한다. • 지역사회 문제해결을 위한 정책수립, 프로그램의 개발, 사회연대활동, 홍보 · 교육활동 등을 수행한다. 예 계획가, 행동가, 현장개입가(아웃리치)의 역할
전문가집단 차원 (전문가 차원)	• 동료, 사회복지전문가집단을 주요 대상으로 한다. • 이론적 · 실천적인 측면에서 전문직으로 발전시키는 역할을 한다. 예 동료, 촉매자, 연구자/학자의 역할

> **참고**
>
> 개입 수준에 따른 실천방법에 제시된 사회복지사의 주요 역할에 대해서는 '3영역 사회복지실천론'의 'CHAPTER 02 사회복지실천의 현장과 통합적 접근'을 살펴보시기 바랍니다.

02절 사회복지실천의 가치와 윤리

1 사회복지실천의 가치

(1) 사회복지사의 가치

① 사회복지실천의 본질적 3대 요소는 사회복지 전문직의 가치, 전문적 활동에 필요한 지식, 그리고 가치와 지식을 실현하기 위한 기술 또는 기법이다.

② 사회복지실천은 사회복지 전문직에서 요구하는 가치, 클라이언트가 갖고 있는 가치, 사회복지사 개인이 갖고 있는 가치 등이 서로 혼합된 상황에서 전문지식과 기술을 활용한다.

(2) 사회복지 전문직의 가치체계 16회 기출

① **개인의 존엄성과 독특성에 대한 존중**

인간은 그 자체로서 존엄하고 독특한 존재이므로, 사회복지사는 개인을 있는 그대로 인정하고 받아들여야 한다.

② **자기결정의 원리**

사회복지사는 개인이 자기결정권을 최대한 행사할 수 있도록 도와야 한다.

③ **사회적 형평성의 원리**

사회복지사는 개인의 잠재력을 최대한 실현하기 위해 필요한 자원과 기회에 동등한 접근을 보장해야 한다.

④ 개인의 복지에 대한 사회와 개인 공동의 책임

각 개인은 전체 사회의 요구와 개인 및 사회의 균형 속에서 자신의 복지 향상을 위해 최대한 노력할 책임을 갖고 있다.

심화연구실

가치(Value)	윤리(Ethics)
• '무엇이 좋고 바람직한가?'의 문제이다. • 윤리보다 더 근본적인 것으로 바람직한 경향성을 의미한다. • '좋다/싫다. 바람직하다/바람직하지 않다' 등으로 표현된다.	• '무엇이 옳고 그른가?'의 문제이다. • 가치의 기반 위에 구현된 행동지침을 의미한다. • '옳다/그르다. 정당하다/부당하다' 등으로 표현된다.

출제의도 체크

가치는 상대적인 것으로 결코 고정불변하지 않습니다. 윤리의 경우 보편타당한 행위규범의 존재를 인정하는 절대주의적 입장과, 보편타당한 행위규범의 존재를 인정하지 않는 상대주의적 입장이 공존합니다.

▶ 14회 기출

2 사회복지실천의 윤리

(1) 사회복지사의 윤리 13회 기출

① 윤리적 의사결정을 하기 위해서는 사회복지사에게 요구되는 법적 의무와 윤리적 책임에 대한 이해가 요구된다.

② 클라이언트에게 적절한 서비스를 제공하지 못한 경우, 비밀보장의 문제가 있는 경우, 위험에 처한 클라이언트에 대한 예방조치가 적절하지 못한 경우 사회복지사에게 윤리적 책임의 문제가 발생하게 된다.

③ 윤리적 딜레마는 두 개 이상의 가치가 서로 상충될 때 발생한다. 예를 들어, 보호시설 입소를 원하지 않는 클라이언트와 시설 입소가 클라이언트에게 도움이 된다고 여기는 사회복지사 간에는 자기결정(Self-determination)과 온정주의(Paternalism)의 가치가 상충된다.

(2) 윤리적 의사결정의 우선순위(Loewenberg & Dolgoff)

3회, 6회, 8회, 9회, 14회, 17회, 20회, 22회 기출

① 윤리원칙1 – 생명보호의 원칙

㉠ 인간의 생명보호가 다른 모든 원칙에 우선한다.

㉡ 예를 들어, 윤리적 딜레마가 생사에 관한 것인 경우 클라이언트의 비밀보장에 위배된다고 하더라도 생명을 구하는 행위가 최우선시되어야 한다.

② 윤리원칙2 – 평등과 불평등의 원칙

㉠ 인간은 개개인의 능력과 권력에 따라 동등하게 또는 차별적으로 취급받을 권리가 있다.

전문가의 한마디

온정주의(Paternalism)는 사회복지사의 전문적 가치로서 클라이언트의 최선의 이익을 위해 노력하는 것을 의미합니다. 다만, 사회복지사는 유사 온정주의를 경계해야 하는데, 이는 사회복지사가 클라이언트를 위한다는 명목으로 클라이언트의 자기결정권을 제한할 수 있기 때문입니다.

바로암기 ○×

윤리적 의사결정의 원칙에서는 클라이언트 개개인의 능력과 권력에 따라 다르게 취급받을 권리를 인정하고 있다?

( )

정답 ○

ⓒ 예를 들어, 아동학대장면에서 학대받는 아동은 학대를 가한 성인과 비교할 때 평등한 입장이 아니므로, 학대를 가한 성인의 사생활보호의 권리보다 아동의 권익을 보호하는 것이 우선시된다.

③ 윤리원칙3 – 자율(성)과 자유의 원칙(자기결정의 원칙)

ⓐ 인간의 자율과 자유는 사회복지의 자기결정의 원칙에서 그 중요성이 나타난다.

ⓑ 자유로운 선택과 자유를 가질 권리는 소중하지만 그것이 무제한적인 것은 아니다.

④ 윤리원칙4 – 최소 해악 · 손실의 원칙

ⓐ 클라이언트의 특정문제 해결을 위해 부득이 대안을 선택할 수밖에 없는 경우, 언제나 클라이언트에게 최소한의 유해한 것을 선택하도록 한다.

ⓑ 예를 들어, 사회복지사가 클라이언트에게 열악한 주거조건에 저항하기 위해 월세 지불을 미룰 것을 제안하기에 앞서, 그보다 위험부담이 덜한 대안들이 고려되어야 한다.

⑤ 윤리원칙5 – 삶의 질 원칙(삶의 질 향상의 원칙)

ⓐ 삶의 질을 긍정적인 방향으로 발전시킬 수 있도록 선택이 이루어져야 한다.

ⓑ 사회복지사는 클라이언트의 열악한 삶의 질을 무시해서는 안 되며, 삶의 질을 적정한 수준으로 향상시키도록 클라이언트와 함께 활동해야 한다.

⑥ 윤리원칙6 – 사생활보호와 비밀보장의 원칙

ⓐ 클라이언트의 인격과 사생활 보호를 위해 클라이언트의 비밀이나 사생활은 보호되어야 한다.

ⓑ 비밀보장의 원칙이 사회복지실천에서 매우 중요한 원칙임에도 불구하고 7가지의 원칙들 중 6번째를 차지한 이유는 비밀보장의 상대적 본질을 반영한 것이다.

⑦ 윤리원칙7 – 진실성과 정보 개방의 원칙

ⓐ 사회복지사는 클라이언트에게 진실된 태도를 유지해야 하며, 관련 정보는 공개해야 한다.

ⓑ 이는 사회복지사가 자신의 주관적 판단에 따라 클라이언트에게 해가 될 것으로 보이는 정보의 제공을 제한하고 오히려 온정주의의 태도를 취한다는 점에서 비롯된다.

출제의도 체크

윤리적 의사결정의 우선순위는 윤리적 딜레마 해결을 위한 준거틀에 해당합니다. 우선순위가 높을수록 중요한 원칙이며, 따라서 로웬버그와 돌고프의 윤리원칙 준거틀은 생명보호를 최우선으로 합니다.

▶ 17회 기출

02 | 개인 대상 사회복지실천

KEY POINT

- '개인 대상 사회복지실천' 영역에서는 개별사회복지실천에 대한 기본적인 이해에서부터 개별사회복지실천에 대한 다양한 모델의 전반적인 특징을 포괄적으로 파악하는 것이 중요하다.
- 개별사회복지실천 일반에서는 개별사회복지실천의 특징 및 비어스텍의 관계형성 7가지 원칙을 기억해야 한다. 또한 진단주의와 기능주의의 차이점을 비교할 수 있어야 한다.
- 심리사회모델에서는 심리사회모델을 기초로 하는 다양한 이론들에 대한 이해가 필요하다. 또한 직접적 개입기법과 간접적 개입기법은 시험에 빈번히 출제되고 있으므로 반드시 기억해두어야 한다.
- 문제해결모델에서는 기본적인 개념과 함께 펄만의 4P와 6P를 기억해야 한다.
- 과제중심모델에서는 기본적인 개념과 개입과정을 기억해야 한다.
- 위기개입모델에서는 기본적인 개념 및 개입과정, 위기의 형태를 살펴보아야 한다.
- 인지행동모델에서는 인지행동에 관한 이론을 비롯하여 엘리스와 벡의 치료기법을 이해해야 한다. 또한 인지적 오류의 경향에 대한 이해도 필요하다.
- 클라이언트 중심모델에서는 기본적인 개념과 함께 클라이언트와의 바람직한 관계형성방법에 대해 기억해야 한다.
- 임파워먼트모델에서는 강점관점을 기존의 병리관점과 비교할 수 있어야 하며, 개입과정에 대한 이해가 필요하다.
- 해결중심모델에서는 특히 기적질문, 예외질문, 척도질문 등의 질문기법이 빈번히 출제되고 있으므로 이를 예와 함께 반드시 기억해야 한다.

01절 개별사회복지실천의 이해

1 개인과 사회복지실천

(1) 개별사회복지실천의 개념

① 리치몬드(Richmond)의 정의

개인과 사회환경 간의 의식적 조정을 통해 그 사람의 인격발달을 도모하는 제반 과정이다.

② 바우워(Bower)의 정의

클라이언트가 속한 환경에서 개인의 능력과 지역사회의 자원을 동원하여 보다 나은 적응을 이룰 수 있도록 인간관계의 지식과 대인관계의 기술을 활용하는 기술이다.

(2) 사회복지실천의 개인에 대한 관점

① 개인은 환경과 상호작용하는 존재이다. 따라서 개인의 문제는 개인 혼자만의 원인에서 비롯되었다기보다는 그 개인에게 영향을 미치는 주변 환경에서도 그 원인을 찾을 수 있다.

② 개인이 갖고 있는 능력과 그 개인에 대해 환경이 요구하는 것 사이에 균형을 이룰 수 있도록 개인과 환경 간의 상호작용에 개입하는 것이 중요하다.

③ 사회복지실천은 개인과 그 주변 환경 간의 상호작용을 촉진시키며, 개인으로 하여금 자신의 능력을 확대하고 문제에 대처할 수 있도록 돕는 데 주력한다.

(3) 개별사회복지실천의 특징

① **1인 클라이언트 체계 중심**

개별사회복지실천은 개별 클라이언트 체계가 가지는 문제에 초점을 두며, 클라이언트와의 개별화된 원조과정으로 진행된다. 즉, 개인의 존엄성 및 자기결정권을 강조하는 사회복지실천의 기본적 가치에 따라 클라이언트의 선택권을 중시하며, 개인의 개별적 욕구, 특성, 상황에 부합하는 방법 및 전략을 활용한다.

② **사회복지사와 클라이언트의 전문적 관계**

사회복지사와 클라이언트는 일대일의 관계를 형성하며, 다양한 의사소통기술을 활용하여 클라이언트의 문제해결 과정에 개입한다.

③ **다양한 개입모델의 활용**

전통적 심리사회모델을 비롯하여 문제해결모델, 행동수정모델, 과제중심모델 등 다양한 학문적 배경을 가진 실천모델들을 활용함으로써 개인의 변화 혹은 개인과 환경의 상호작용을 변화시키고자 한다.

---

2 개별사회복지실천의 과정

(1) 초기단계

① 사회복지사가 클라이언트를 처음 접촉하며, 긍정적인 관계를 수립하는 데 초점을 둔다.

② 클라이언트에게 서비스를 제공하기로 한 경우 클라이언트의 문제에 대한 정보를 수집하고 이를 사정하며, 사정 내용을 기반으로 개입 목표를 설정하고 계약을 체결한다.

③ 초기단계에서는 클라이언트의 문제와 욕구, 돕는 목적을 명확히 하며, 클라이언트의 욕구가 기관의 자원이나 정책에 부합되는지를 우선적으로 고려해야 한다.

(2) 중기단계

① 사회복지사가 클라이언트를 구체적으로 돕는 활동이 중시된다.

② 초기단계에서 설정한 목표를 달성하기 위해 클라이언트와 그 주변 환경의 변화를 유발한다.

③ 개입 활동은 클라이언트로 하여금 문제에 대한 대처능력을 향상시키는 데 초점을 둔다.

④ 사회복지사는 개입 활동이 개입 목표에 맞게 진행되고 있는지를 중간 점검(Monitoring)하여 클라이언트와 그 주변 환경의 변화 속도를 조절하며, 개입의 효과가 나타나지 않는 경우 그 원인을 찾아내어 대안을 강구한다.

(3) 종결단계

① 사회복지사가 개입 활동을 마친 후 활동의 효과를 평가하는 데 초점을 둔다.

② 종결은 계획된 개입 기간이 종료되거나 개입 목적이 달성되어 종결하는 경우, 예기치 못한 개입의 중단으로 종결하는 경우 등으로 나타날 수 있다.

③ 평가는 보통 효과성과 효율성 측면에서 이루어지며, 클라이언트의 개입에 대한 만족도나 개입 전후의 변화 등을 측정하는 방법들을 사용한다.

④ 클라이언트가 개입을 통해 자신이 이룬 변화를 유지 및 강화할 수 있도록 사후관리(Follow-up Service)를 해 주는 것이 필요하다.

> **전문가의 한마디**
>
> 개별사회복지실천의 과정은 사회복지실천의 기본적인 3단계 구조로도 설명할 수 있습니다. 이 경우 초기단계는 〈탐색, 사정, 계획, 계약〉, 중기단계는 〈실행, 목표달성〉, 종결단계는 〈종결, 평가〉와 연결됩니다.

02절 개별사회복지실천의 실제

1 정신역동모델

(1) 의의 및 특징 9회, 10회, 13회, 14회, 15회, 19회 기출

① 인간심리에 대한 구조적 가정 및 여러 가지 형태의 부적응 행동에 대한 역동적 이해 등의 이론적 배경에 기초를 둔다.

② 클라이언트의 과거의 외상적 경험, 과거 경험이 현재 증상과의 관계가 있을 경우 사용되는 모델로, 현재의 문제원인을 과거의 경험에서 찾는다.

③ 심리적 결정론에 근거하며, 개인의 성격이 심리성적 발달단계에 따라 형성된다고 본다.

④ 개인은 원초아(Id)와 초자아(Superego) 사이에 발생하는 불안과 긴장 해소를 위해 방어기제를 사용한다.

⑤ 발달단계상 성적 에너지인 리비도(Libido)가 어느 한 곳에 머물러 있는 '고착(Fixation)', 불안을 일으키는 내적 위험에 대한 방어기제로서 적응이 곤란할 때 이전 단계로 되돌아가려는 '퇴행(Regression)'을 고려한다.

⑥ 정신역동모델의 개입목표는 클라이언트의 불안과 무의식적 갈등을 의식화한 뒤, 이
것이 현재의 행동에 어떠한 영향을 주고 있는지를 통찰하도록 돕고, 결국 새로운 반
응형태를 모색하고 습득하도록 돕는 데 있다.

⑦ 클라이언트의 통찰력을 제고하기 위해 클라이언트의 꿈, 자유연상의 의미를 해석한다.

⑧ 정신역동모델은 자기분석을 통한 성장에의 의지가 높은 클라이언트에게 효과적이다.

⑨ 위기개입모델, 과제중심모델, 해결중심모델 등과 달리 비교적 장기적인 개입모델이다.

(2) 주요 기법 10회, 12회, 14회, 17회, 18회, 21회 기출

① 자유연상(Free Association)

㉠ 클라이언트로 하여금 의식에 떠오르는 것이면 모든 것을 이야기하도록 하는 것
이다.

㉡ 클라이언트는 아무런 제한 없이 고통스러운 것이든 즐거운 것이든, 의미 있는 이
야기이든 사소한 이야기이든 마음속에 떠오르는 것은 무엇이든지 이야기하도록
허용된다.

② 해석(Interpretation)

㉠ 클라이언트의 통찰력 향상을 위해 상담자의 직관에 근거하여 설명하는 것이다.

㉡ 해석은 무의식적인 재료를 의식화하도록 촉진함으로써 클라이언트로 하여금 무
의식적인 재료들에 대한 통찰을 갖게 한다.

③ 꿈의 분석(Dream Analysis)

㉠ 꿈을 통해 나타나는 무의식적인 소망과 욕구를 해석하여 통찰력을 갖도록 한다.

㉡ 꿈은 두 가지 수준의 내용, 즉 잠재적 내용과 현시적 내용을 가지고 있다.

④ 저항의 분석(Resistance Analysis)

㉠ 저항(Resistance)은 불안으로부터 자신을 방어하려는 경향을 말하는 것으로서,
사회복지사는 클라이언트의 주의를 집중하게 하고 저항들 가운데 가장 분명한
것을 해석한다.

㉡ 저항의 분석은 내담자로 하여금 저항의 이유들을 각성하게 하고, 이를 적절히 처
리하여 치료과정에 협조하도록 하는 데 목적을 둔다.

⑤ 전이의 분석(Transference Analysis) 14회, 19회 기출

㉠ 전이(Transference)는 클라이언트가 과거에 타인과의 관계에서 경험하였던 소
망이나 두려움 등의 감정을 사회복지사에게 보이는 반응으로서, 반복적이고 부
적절하며, 무의식적으로 일어나고 퇴행하는 특징을 갖는다.

㉡ 전이의 장면에서 사회복지사는 사랑 또는 증오의 대치대상이 되는데, 사회복지
사는 이를 분석함으로써 클라이언트의 통찰력을 증진시킨다.

⑥ 직면(Confrontation) 19회 기출

    ㉠ 클라이언트가 문제해결의 과정에서 저항하는 모습을 보이거나 비순응적인 태도를 보이거나 혹은 클라이언트의 말과 행동 사이에 불일치나 모순이 있는 경우 그것을 직접적으로 지적하는 것이다.

    ㉡ 직면은 핵심이 되는 문제 자체에 초점을 두기 보다는 내담자의 불일치성(Discrepancy)에 초점을 맞춘다.

⑦ 훈습(Working-through) 21회 기출

    ㉠ 클라이언트로 하여금 저항이나 전이에 대한 이해를 심화, 확장하여 통합적으로 이해하도록 한다.

    ㉡ 클라이언트는 훈습을 통해 핵심갈등과 방어기제가 일상생활에서 다양한 방식으로 나타나는 것을 알 수 있게 된다.

바로암기 ○✕

직면은 핵심이 되는 문제에 초점을 맞춘다?

               (   )

해설

내담자의 불일치성에 초점을 맞춘다.

정답 ✕

2 심리사회모델

(1) 의의 및 특징 2회, 3회, 4회, 6회, 10회, 11회 기출

① 정신분석이론, 자아심리이론, 의사소통이론, 문화인류학, 체계이론, 역할이론, 대상관계이론, 생태체계이론 등 다양한 이론에 기초한다.

② 해밀턴(Hamilton)과 홀리스(Hollis)가 체계화한 것으로, 진단의 중요성을 강조한다.

③ 인간의 문제를 심리적·사회적 문제로 이해하는 동시에 사회적인 환경도 함께 고려함으로써 '상황 속 인간'을 강조한다.

④ 사회복지사와 클라이언트의 관계형성을 강조하며, 사회복지사가 클라이언트를 수용하고, 자기결정을 하도록 돕는다.

⑤ 클라이언트의 과거 경험이 현재 심리 혹은 사회기능에 미치는 영향을 다루며, 클라이언트의 과거와 현재의 경험과 관련한 내적 갈등을 이해하고 통찰함으로써 클라이언트가 성장할 수 있다고 본다.

⑥ 사회복지사가 클라이언트 주변의 변화를 직접 행하기보다는 클라이언트 스스로 주변을 변화시킬 수 있도록 최대한 도움을 제공하며, 변화가 가능한 선까지 변화할 수 있도록 현실적 지원을 제공해 주는 것을 목표로 한다.

출제의도 체크

심리사회모델은 정신역동모델과 함께 단기 개입에 적합하지 않은 실천모델에 해당합니다.

          ▶ 11회 기출

(2) 직접적 개입기법 4회, 5회, 6회, 7회, 8회, 10회, 11회, 14회, 18회, 20회, 21회, 22회 기출

① 지지하기(Sustainment)

    ㉠ 사회복지사가 클라이언트를 수용하고 원조하려는 의사와 클라이언트의 문제해결능력에 대한 확신을 표현함으로써 클라이언트의 불안을 줄이고 자기존중감을 증진시키는 과정이다.

ⓛ 지지는 상담의 중요한 기술이나 특히 상담 초기에 자주 활용함으로써 관계형성에 긍정적인 영향을 미치게 된다.

② **지시하기 또는 직접적 영향(Direct influence)**

㉠ 클라이언트의 행동을 촉진하거나 기능을 향상시키기 위한 조언, 충고, 제안 등을 통해 사회복지사의 의견을 클라이언트가 받아들이도록 하는 기법이다.

ⓛ 문제해결을 위해 사회복지사의 의견을 강조한다.

③ **탐색-기술(묘사)-환기(Exploration-Description-Ventilation)**

㉠ '탐색-기술(묘사)'은 클라이언트의 문제와 관련하여 클라이언트, 클라이언트의 환경 혹은 클라이언트와 환경과의 상호작용에 관한 사실을 그대로 말할 수 있도록 돕는 것이며, '환기'는 클라이언트로 하여금 사실과 관련된 감정을 끄집어냄으로써 카타르시스를 경험하도록 돕는 것이다.

ⓛ 클라이언트와 환경과의 상호작용에 대한 사실을 기술하고 감정을 표현하도록 한다.

④ **인간-상황(개인-환경)에 대한 고찰(Person-Situation Reflection)**

㉠ 클라이언트를 둘러싼 최근 사건에 대해 '상황 속 인간'의 관점에서 고찰하는 것으로서, 사건에 대한 클라이언트의 지각방식 및 행동에 대한 신념, 외적 영향력 등을 평가한다.

ⓛ 인간-상황에 대한 고찰은 다음의 여섯 가지 하위영역에 대해 이루어진다.

- 타인, 건강, 상황에 대한 클라이언트의 인식
- 클라이언트의 행동이 자신과 타인에게 미치는 영향
- 클라이언트의 내면에 대한 인식
- 클라이언트 행동의 원인에 대한 이해
- 자기평가
- 사회복지사의 치료 및 원조과정에 대한 반응

⑤ **유형-역동에 대한 고찰(Pattern-Dynamic Reflection)**

㉠ 클라이언트의 성격 혹은 행동의 유형과 심리내적인 역동에 대해 고찰한다.

ⓛ 클라이언트가 사용하는 방어기제를 분석하고 클라이언트가 가지고 있는 내부대상, 분리, 개별화 정도 등에 대해 고찰한다.

⑥ **발달적 고찰(Developmental Reflection)**

㉠ 성인기 이전의 생애경험과 이러한 경험이 현재 기능에 미치는 영향에 대해 고찰한다.

ⓛ 클라이언트로 하여금 과거와 관련하여 현재의 사건을 이해하도록 함으로써 그 관계를 인식하도록 하여 점진적인 변화를 증진시킨다.

심화연구실

직접적 개입에 동원되는 구체적인 기법 4회, 11회, 12회, 15회 기출

지지하기	경청, 격려를 통한 신뢰감 표현, 불안이나 죄책감에 대한 재보증, 실질적인 지원(선물 주기) 등
지시하기 (직접적 영향)	직접적인 조언, 대변적인 행동, 현실적 제한 설정, 클라이언트 자신의 제안을 격려 · 강화 · 장려 등
탐색-기술(묘사)-환기	초점 잡아주기, 부분화하기, 화제 전환하기 등
인간-상황(개인-환경)에 대한 고찰	'상황 속 인간'에 대한 하위영역에의 고찰
유형-역동에 대한 고찰	해석, 통찰, 명확화 등
발달적 고찰	해석, 통찰, 명확화, 논리적 토의 · 추론, 설명, 일반화, 변화, 역할극, 강화, 교육 등

(3) 간접적 개입기법 – 환경조정 7회 기출

① 클라이언트가 필요로 하는 자원을 발굴하여 제공 · 연계한다.

② 클라이언트에 대한 옹호 및 중재활동을 한다.

③ 클라이언트 스스로 주변을 변화시킬 수 있도록 원조한다.

3 문제해결모델

(1) 의의 및 특징 12회, 15회 기출

① 자아심리학, 듀이(Dewey)의 사상, 역할이론, 체계이론 등에 기초한다.

② 1957년 펄만(Perlman)이 진단주의의 입장에서 기능주의를 도입하여 문제해결이론을 제시하였다. 즉, 진단주의와 기능주의의 논쟁 통합이 문제해결모델에서 이루어졌다.

③ 문제를 위험으로 보지 않고 도전으로 인식하도록 도우며, 인간생활을 문제해결의 과정으로 보고 기술을 가르치는 것을 중시한다.

④ 문제해결의 과정은 클라이언트로 하여금 불안이나 공포를 최소화하고 자아방어기제를 약화시키는 반면, 성장에 대한 기대치를 높이는 것이다.

⑤ 사회복지사는 클라이언트를 문제해결능력이 부족한 사람으로 보고, 그들의 잠재능력을 향상시키기 위해 노력한다.

전문가의 한마디

문제해결모델은 클라이언트의 잠재능력 향상을 강조하는 만큼 변화의 동기나 의지가 약한 클라이언트에게는 적합하지 않은 모델입니다.

⑥ 문제해결의 주된 초점을 클라이언트의 대처능력 강화에 두고, 치료보다는 현재의 문제에 대처하는 개인의 문제해결능력을 회복시키는 데 주력한다.

⑦ 사회복지사는 클라이언트가 선택한 대안을 스스로 모니터링 하도록 돕는다.

(2) 문제해결모델의 구성요소(6P 이론) 11회, 15회, 20회 기출

펄만(Perlman)이 강조한 문제해결모델의 4대 구성요소는 사람(Person), 문제(Problem), 장소(Place), 과정(Process)이며, 이후 1986년에 4P에 전문가(Professional Person), 제공(Provision)이 포함되어 6P로 보완되었다.

사 람 (Person)	• 원조를 요청하는 클라이언트를 의미한다. • 사회복지사는 클라이언트와 클라이언트를 둘러싼 환경 간의 상호작용을 분석할 필요가 있다.
문 제 (Problem)	• 클라이언트가 제시하는 문제나 욕구를 의미한다. • 사회복지사는 문제의 주관적 의미와 객관적 의미를 파악할 필요가 있다.
장 소 (Place)	• 클라이언트가 도움을 받는 사회복지기관을 의미한다. • 사회복지사는 클라이언트의 개별적 문제해결을 위한 서비스를 제공할 때 자신이 소속된 사회복지기관을 대표하는 역할을 한다.
과 정 (Process)	• 사회복지사가 클라이언트를 돕는 과정을 의미한다. • 사회복지사는 클라이언트와 함께 문제해결을 위한 방법을 탐색하고 적절한 도움을 제공해야 한다.
전문가 (Professional Person)	• 사회에서 인정하는 전문적인 자격을 갖춘 사회복지사를 의미한다. • 사회복지실천에서 사회복지사의 전문적인 역할을 강조한다.
제 공 (Provision)	• 클라이언트의 문제해결을 위해 자원, 기회 등 유형 혹은 무형의 서비스를 전달하는 것을 의미한다. • 사회복지실천에서 자원이나 기회의 제공을 강조한다.

4 행동수정모델

(1) 의의 및 특징

① 토마스(Thomas)가 행동주의를 토대로 하여 실천모델로 발전시켰다.

② 문제행동에 대한 변화를 목표로 바람직한 적응행동은 강화하는 반면, 바람직하지 못한 부적응행동은 소거하는 행동수정의 원리를 토대로 한다.

③ 클라이언트의 적응행동을 증강시키기 위해 학습원리를 적용하며, 클라이언트로 하여금 일상생활에까지 확대시킬 수 있는 적극적이고 바람직한 행동반응을 치료장면을 통해 연습시킨다.

④ 일반적인 문제보다는 구체적인 문제행동, 특히 관찰 가능한 행동에 초점을 둔다.

⑤ 행동의 변화는 의지의 문제가 아닌 기술의 문제라는 인식을 통해 기계론적이고 조작적인 방법으로 접근한다.

(2) 주요 기법

① **강화와 처벌** 11회, 15회 기출

㉠ 강화(Reinforcement)는 바람직한 반응의 확률을 높이기 위한 것인 반면, 처벌(Punishment)은 바람직하지 못한 반응의 확률을 감소시키기 위한 것이다.

㉡ 정적 강화는 유쾌 자극을 제시하여 행동의 발생빈도를 증가시키는 반면, 정적 처벌은 불쾌 자극을 제시하여 행동의 발생빈도를 감소시킨다. 또한 부적 강화는 불쾌 자극을 철회하여 행동의 발생빈도를 증가시키는 반면, 부적 처벌은 유쾌 자극을 철회하여 행동의 발생빈도를 감소시킨다.

㉢ 간헐적으로 강화된 행동은 소거하기 어렵다.

② **소거(Extinction)** 16회, 21회 기출

강화물을 계속 주지 않을 때 반응의 강도가 감소하는 것을 말한다. 예를 들어, 아이의 버릇없는 행동이 반복될 때 아무런 반응을 보이지 않는 것이 효과적일 수 있다.

③ **토큰경제(Token Economy)**

클라이언트와 행동계약을 체결하여 적응행동을 하는 경우 토큰(보상)을 주어 강화하는 기법이다.

④ **타임아웃(Time-out)**

㉠ 문제 행동을 중지시킬 목적으로 문제가 일어나는 상황으로부터 클라이언트를 일정시간 분리시키는 기법이다.

㉡ 클라이언트의 바람직하지 못한 행동에 강화를 주지 않음으로써 반응의 강도 및 출현빈도를 감소시키는 일종의 소거 기술에 해당한다.

바로암기 ○×

정적 강화는 인지행동모델에서 주로 사용하는 개입기법이다?
( )

해설
행동수정모델에서 주로 사용하는 개입기법이다.
정답 ×

전문가의 한마디

주요 기법 이외에 행동변화를 위한 기법으로 행동연습, 행동계약, 역할교환, 과제부여 등이 있습니다.

전문가의 **한마디**

과제중심모델은 클라이언트로 하여금 자신에게 주어진 행동과제를 통해 스스로 문제를 해결할 수 있도록 돕는 실천모델입니다.

5 과제중심모델(과업중심모델)

(1) 의의 및 특징 3회, 4회, 6회, 8회, 10회, 14회, 15회, 17회, 19회, 21회, 22회 `기출`

① 1960년대 후반 단기치료의 영향을 받아 실용성·간편성·유용성을 토대로 사회복지실천분야에서 발달하기 시작한 것으로, 펄만(Perlman)의 문제해결접근의 요소, 스투트(Studt)의 클라이언트 과제에 대한 개념 등을 접목한 것이다.

② 1972년 미국 시카고 대학교의 리드(Reid)와 엡스타인(Epstein)이 대인관계, 사회적 역할수행, 정서적 어려움 등 생활상의 여러 문제들을 다루기 위해 이론적 실천모델로서 발전시켰다.

③ 시간제한적인 단기개입모델로서, 보통 주 1~2회, 전체 8~12회 정도로 운영되며, 종결이 계획되어 있다.

④ 클라이언트의 표현된 욕구에 초점을 두며, 치료초점은 2~3가지 문제로 특정화·구체화된다.

⑤ 클라이언트의 문제를 자원 혹은 기술의 부족으로 이해하며, 클라이언트가 동의한 과제를 중심으로 개입한다.

⑥ 절차나 단계가 구조화되어 있으며, 고도의 구조성이 요구된다.

⑦ 클라이언트의 심리내적 역동보다는 현재의 활동을 강조하며, 환경에 대한 개입이 이루어진다.

출제의도 체크

과제중심모델의 개입은 클라이언트의 호소문제에 초점을 두는 방식으로 이루어지지, 클라이언트의 성격유형과 심리역동을 탐색하는 방식으로 전개되지 않습니다.

▶ 17회, 22회 기출

⑧ 객관적인 조사연구를 강조하는 경험지향형 모델로서, 통합적인 접근을 통해 특정 이론이 아닌 다양한 접근방법을 활용한다.

⑨ 단기간의 치료로써 효과성 및 효율성을 거두어야 하므로 문제해결을 위한 계약관계가 이루어지며, 개입의 책무성이 강조된다.

⑩ 단기간의 시간제한으로 시간과 비용이 절약되는 경제적 이점이 있다.

⑪ 클라이언트의 참여증진과 자기결정권의 극대화를 가져오므로 주체성 확보에 유리하다.

(2) 개입과정 10회, 11회, 13회, 16회, 20회 `기출`

① 제1단계 – 시작하기

㉠ 다른 기관으로부터 의뢰된 비자발적 클라이언트의 경우 의뢰 이유, 의뢰기관이 제시한 목표, 클라이언트의 목표에 대한 이해도, 목표달성을 위한 외부기관의 자원 등을 파악한다.

ⓛ 자발적 클라이언트의 경우 클라이언트가 제시하는 문제와 우선순위를 확인한다. 만약 기관에서 서비스를 받는 것이 적합하지 않은 것으로 판단되는 경우 다른 기관을 추천한다.

② 제2단계 – 문제 규정(규명)

ⓐ 클라이언트가 현재 자신의 문제를 어떻게 보고 있는지 탐색한다.

ⓛ 클라이언트와 함께 표적문제를 구체적으로 설정하며, 표적문제의 우선순위를 정한다.

ⓒ 본격적인 사정에 앞서 신속한 초기 사정을 수행하여 클라이언트의 강점과 단점, 가족관계, 주변 환경, 의사소통 양상, 스트레스 상황에서의 전형적인 행동 양상 등을 파악한다.

③ 제3단계 – 계약

ⓐ 클라이언트와의 동의하에 계약이 이루어지며, 이때 계약은 계약 당사자인 사회복지사와 클라이언트의 판단에 의해 추후 변경이 가능하다.

ⓛ 계약 내용에는 주요 표적문제와 구체적인 목표, 사회복지사와 클라이언트의 과제, 개입 일정 및 기간, 면접 날짜 및 장소, 참여자 등이 포함된다.

④ 제4단계 – 실행

ⓐ 후속 사정을 통해 초기 사정에서 불충분한 부분들을 보완하며, 이때 사정은 개입의 초점이 되는 현재 문제에 국한하여 집중적인 탐색이 이루어진다.

ⓛ 실현 가능한 대안들을 모색하며, 목표와 개입 내용을 재확인하여 구체적으로 설정 및 변경한다.

ⓒ 과제를 개발하고 클라이언트의 과제수행을 지지하며, 과제수행의 장애물을 찾아내어 이를 제거 · 완화 · 변경한다.

ⓓ 지속적인 모니터링을 통해 클라이언트의 문제가 경감되는 과정을 재검토하며, 진행이 만족스럽지 못한 경우나 새로운 문제가 발견되는 경우 계약의 일부를 수정 또는 변경한다.

⑤ 제5단계 – 종결

ⓐ 클라이언트로 하여금 달성한 것을 확인하도록 하며, 이를 스스로 수행해 나갈 수 있도록 돕는다.

ⓛ 앞으로의 전망을 검토하며, 사후지도를 수행한다.

바로암기 ○×

과제중심모델에서 계약 내용에는 사회복지사의 과제가 포함된다?

( )

정답 ○

출제의도 체크

과제중심모델의 개입과정 중 실행 단계에서는 표적문제에 대한 초점화된 집중, 표적문제의 변화 과정 확인, 실질적 장애물의 규명과 해결, 과제 계획과 이행 등이 주요 과업에 해당합니다.

▶ 16회 기출

6 위기개입모델

(1) 의의 및 특징   18회, 19회, 21회 기출

① 단기치료운동과 지역사회 정신건강운동의 영향을 받은 것으로, 린드만(Lindeman)과 캐플란(Caplan)의 프로젝트에서 비롯되었다.

② 최단 시간 내에 최소의 재정적 · 전문적 자원으로 최대의 치료적 효과를 기대하는 실천모델로서, 단일모델이라기보다는 절충적 모델로 볼 수 있다.

③ 위기상황에 처해 있는 개인이나 가족을 초기에 발견하여 초기단계에서 원조활동을 수행한다.

④ 위기개입은 단기적 접근으로, 구체적이고 관찰이 가능한 문제들이 위기개입의 표적 대상이 된다.

⑤ 위기개입을 할 때에는 가장 적절한 치료전략을 수립해야 하며, 단순히 차선책으로 접근해서는 안 된다.

⑥ 무의식적 · 정신내면적 갈등의 해결에는 역점을 두지 않으며, 만성적 클라이언트에게는 부적절한 방법이다.

(2) 위기개입의 목표(Rapoport)   13회, 20회 기출

① 위기로 인한 증상을 제거한다.

② 위기 이전의 기능수준을 회복하도록 돕는다.

③ 촉발사건에 대해 이해한다.

④ 클라이언트나 가족이 사용하거나 지역사회 자원에서 이용할 수 있는 치료기제를 규명한다.

⑤ 현재의 스트레스를 과거의 생애경험 및 갈등과 연결한다.

⑥ 새로운 인식, 사고, 정서 양식을 개발하며, 새로운 적응적 대처기제를 개발한다.

(3) 위기개입의 원칙   11회, 13회, 15회, 17회, 19회, 21회 기출

① 위기개입은 즉시 이루어져야 하며, 가급적 위기상태 직후부터 6주 이내에 해결되어야 한다.

② 위기개입은 위기와 더불어 그 위기에 대한 클라이언트의 반응에 초점을 둔다.

③ 위기개입은 위기상황과 관련된 현재의 구체적인 문제에 초점을 두며, 클라이언트의 과거에 대한 탐색에 몰두하지 않는다.

④ 위기개입의 목표와 실천과정은 간결하고 구체적이어야 한다.

⑤ 위기개입에서 사회복지사는 적극적이고 직접적인 역할을 수행한다.

⑥ 위기개입은 정보제공, 정서적 지지, 사회적 지지체계 개발 등을 포함한다.

⑦ 사회복지사는 위기로 인해 절망적 감정을 느끼는 클라이언트에게 희망을 고취해 주어야 한다.

⑧ 사회복지사는 클라이언트와 신뢰관계를 조성하며, 클라이언트가 바람직한 자기상(Self Image)을 가질 수 있도록 원조해야 한다.

(4) 위기반응의 단계(Golan)   14회, 21회 기출

① 제1단계 – 위험한 사건(Hazardous Event)

위기는 대개 위험한 사건에서 비롯된다. 이는 외부적인 스트레스 사건일 수도 혹은 내부적인 압력일 수도 있다.

② 제2단계 – 취약 상태(Vulnerable State)

'혼란(Upset) 단계'로서, 개개인마다 평소 사용하던 문제해결기제를 시도하는 등 나름대로의 방법으로 대처한다.

③ 제3단계 – 위기촉진요인(Precipitating Factor)

일련의 연쇄적인 스트레스 유발 사건들이 긴장과 불안을 고조시킴으로써 취약 상태를 불균형 상태로 만든다.

④ 제4단계 – 실제 위기 상태(Active Crisis)

긴장과 불안이 최고조에 달하여 불균형 상태에 이르게 된다.

⑤ 제5단계 – 재통합(Reintegration)

'회복(Restoration) 단계'로서, 긴장과 불안이 점차 가라앉으며, 새로운 대처 행동유형의 학습에 의해 개인의 기능이 재구성된다.

(5) 위기개입모델의 각 단계별 주요 활동(Golan)   22회 기출

시작단계	• 클라이언트와 친화관계를 형성한다. • 위기상황에 대한 초기사정을 실시한다. • 클라이언트와 함께 표적 문제를 설정한다. • 앞으로의 활동에 대한 계약을 체결한다.
중간단계	• 위기사건 이후 상황과 관련된 자료를 보충한다. • 현재 위기와 관련된 과거 경험을 탐색한다. • 클라이언트의 일상생활에 활용할 수 있는 자원과 지지체계를 찾아낸다. • 목표달성을 위한 구체적인 과제들에 대해 작업한다.
종결단계	• 종결에 대한 저항을 다룬다. • 성취한 과제, 목표, 변화와 함께 성취하지 못한 것들에 대해 점검한다. • 가까운 미래의 활동계획에 대해 논의한다.

심화연구실

위기개입모델의 개입과정(Aguilera & Messick) 12회 기출

사 정 (제1단계)	• 위기와 선행사건에 관한 이해 • 현재의 위기와 선행사건에 관한 클라이언트의 인식 파악 • 지지적 자원에 대한 분석 • 과거의 문제 경험과 대처기술에 대한 평가 • 클라이언트의 지해 또는 타해의 위험성 파악
계 획 (제2단계)	• 사정을 통해 확보된 정보와 자료들을 토대로 대안적 대처방안 강구 • 잠재적 대안들의 고려, 각 대안들의 장단점 평가, 행동계획 수립
개 입 (제3단계)	• 클라이언트의 부정적 감정 표현 지지 • 대처기제의 탐색 • 사회적 활동 재개를 위한 조력
위기 대비 계획 (제4단계)	• 미래의 다른 위기를 준비하도록 조력 • 학습한 대처기술을 활용할 수 있도록 조력 • 평가와 사후관리

(6) 위기의 네 가지 유형(James & Gilliland, 2008) 18회 기출

① 발달적 위기

일생을 살아가는 동안 성장하고 발달하는 과정에서의 변화나 전환으로 인해 부적응적인 반응이 나타나는 경우이다. 사춘기, 결혼, 자녀출산, 대학졸업, 은퇴, 배우자 사별 등을 예로 들 수 있다.

② 상황적 위기

개인이 예측하거나 통제할 수 없는 사건이 발생하는 것을 의미한다. 자동차 사고, 유괴, 강간, 실직, 질병 등을 예로 들 수 있다.

③ 실존적 위기

내적 갈등 또는 불안을 포함하는 개념으로, 삶의 목표, 책임감, 독립성, 자유의지와 같은 중요한 실존적인 주제와 관련된 것이다. 조직 내에서 존재감 상실, 노후에 인생을 회고하고 느끼는 무의미감 등이 이에 속한다.

④ 환경적 위기

자연이나 인간이 유발한 재해가 어떤 잘못 등을 하지 않은 개인이나 집단에게 발생하는 경우이다. 홍수, 태풍, 지진해일, 유독성 물질 유출, 전쟁 등을 예로 들 수 있으며, 같은 환경 안에 있는 모든 사람들에게 부정적인 영향을 미친다.

7 인지행동모델

(1) 의의 및 특징 4회, 7회, 10회, 13회, 14회, 15회, 16회, 17회, 19회, 21회 `기출`

① 인지이론과 행동주의적 요소가 결합된 개념으로서, 생각하고 정보를 처리하는 과정인 인지과정의 연구로부터 도출된 개념과 함께 행동주의와 사회학습이론으로부터 나온 개념들을 통합하여 적용한 것이다.

② 인간의 행동이 무의식적인 힘이 아닌 의지에 의해 결정되며, 부정확한 지각과 생각이 부적응행동을 초래한다고 가정한다.

③ 개인의 역기능적인 사고가 잘못된 생각 또는 인지체계에 의해 나타나며, 그것이 정서상의 왜곡과 함께 행동에 직접적인 영향을 미친다는 것을 기본전제로 한다.

④ 클라이언트 각 개인이 갖는 삶의 사건과 정서 반응의 독특한 의미, 현실을 조직하는 데 작용하는 정보전달 과정, 신념구조와 같은 주관적 경험의 독특성을 가정한다.

⑤ 인간의 행동은 일시적인 보상과 처벌에 의해 자동적으로 형성되는 것이 아닌, 전 생애에 걸친 환경이 제공하는 정보와 개인의 인지적 과정이 상호작용한 결과로 이루어진다고 본다.

⑥ 정서적·행동적 문제에 대한 책임이 클라이언트 자신에게 있음을 강조한다. 이는 문제에 대한 통제력이 클라이언트 자신의 내적인 면에 있다는 전제에서 비롯된다.

⑦ 단기적 접근방법에 해당하므로 문제 중심으로 개입하며, 클라이언트의 과거 경험을 탐색하기보다는 현재의 문제에 초점을 둔다.

⑧ 클라이언트의 문제해결을 위한 구조적인 절차를 가지고 있으며, 사회복지사와 클라이언트 간의 협조적인 관계와 노력, 적극적인 참여를 기반으로 구조화된 접근을 강조한다.

⑨ 클라이언트의 자기결정권과 책임성을 강조하며, 클라이언트를 능동적·적극적인 참여자로 간주한다.

⑩ 클라이언트로 하여금 자신의 문제에 대해 파악하도록 하고, 사고 및 행동의 통제를 위한 대처기제를 학습하도록 하기 위해 교육적인 접근을 강조한다.

⑪ 소크라테스식 질문 등으로 문제를 논박하여 인지적 왜곡이나 오류가 있음을 밝혀내며, 사건이나 행동의 의미를 재발견하도록 돕는다.

⑫ 인지행동모델은 지적능력이 낮은 클라이언트에게는 효과성이 제한적이며, 클라이언트의 지적 수준이 낮거나 현실감이 부족한 경우, 새로운 시도에 대한 의지가 약한 경우, 즉각적인 위기개입을 해야 하는 경우 적용하기 어렵다.

⑬ 엘리스(Ellis)의 합리적·정서적 행동치료와 벡(Beck)의 인지치료가 대표적이다.

출제의도 체크

인지행동모델은 객관적 경험의 일반화가 아닌 주관적 경험의 독특성을 인정합니다.
▶ 15회, 16회 기출

제4영역

전문가의 한마디

인지행동모델은 인간행동이 전 생애에 걸쳐 학습되며, 의지에 의해 결정된다고 주장합니다.

(2) 엘리스(Ellis)의 합리적 · 정서적 행동치료(REBT)

① 개념

    ㉠ 1955년 엘리스(Ellis)는 인본주의적 치료와 철학적 치료, 행동주의적 치료를 혼합하여 '인지적(합리적) 치료(RT ; Rational Therapy)'를 고안하였으며, 1962년 '합리적 정서치료(RET ; Rational-Emotive Therapy)'로 명칭을 변경하였다. 이후 1993년 행동의 중요성이 강조됨에 따라 '합리적 · 정서적 행동치료(REBT ; Rational-Emotive Behavior Therapy)'로 명칭을 변경하였으며, 이는 앞선 치료 및 상담의 영역들을 포괄적으로 지칭한다.

    ㉡ 엘리스는 인간의 정서적인 문제가 일상생활에서 구체적으로 경험하는 사건 자체에 기인하는 것이 아닌 이를 합리적이지 못한 방식으로 받아들이는 것에서 비롯된다고 보았다.

    ㉢ 인간의 비합리적 사고 또는 신념이 부적응을 유발한다고 보고, 인지재구성 또는 인지재구조화(Cognitive Restructuring)를 통해 클라이언트의 역기능적이고 비합리적인 신념체계를 보다 기능적이고 합리적인 신념체계로 대체할 수 있도록 돕는다.

② 비합리적 신념의 예(Ellis) 11회 기출

    ㉠ 인간은 주위의 모든 중요한 사람들에게서 항상 사랑과 인정을 받아야만 한다.

    ㉡ 인간은 모든 면에서 반드시 유능하고 성취적이어야 한다.

    ㉢ 어떤 사람은 악하고 나쁘며 야비하다. 따라서 그와 같은 행위에 대해서는 반드시 준엄한 저주와 처벌이 내려져야 한다.

    ㉣ 일이 내가 바라는 대로 되지 않는 것은 끔찍스러운 파멸이다.

    ㉤ 인간의 불행은 외부 환경 때문이며, 인간의 힘으로는 그것을 통제할 수 없다.

    ㉥ 위험하거나 두려운 일이 일어날 가능성은 상존하므로, 그것이 실제로 일어날 가능성에 대해 항상 유념해야 한다.

    ㉦ 인생에 있어서 어떤 난관이나 책임을 직면하는 것보다 회피하는 것이 더욱 쉬운 일이다.

    ㉧ 인간은 타인에게 의지해야 하며, 자신이 의지할만한 더욱 강력한 누군가가 있어야 한다.

    ㉨ 인간의 현재 행동과 운명은 과거의 경험이나 사건에 의해 결정되며, 인간은 과거의 영향에서 결코 벗어날 수 없다.

    ㉩ 인간은 다른 사람의 문제나 곤란에 대해 항상 신경을 써야 한다.

    ㉪ 인간의 문제에는 항상 정확하고 완전한 해결책이 있으므로, 이를 찾지 못하는 것은 매우 유감스러운 일이다.

출제의도 체크

'비합리적 신념'은 벡(Beck)의 인지치료가 아닌 엘리스(Ellis)의 합리적 · 정서적 행동치료의 주요 개념에 해당합니다.

▶ 13회 기출

전문가의 한마디

비합리적 신념은 당위적 사고("반드시 ~해야 한다."), 파국화 또는 재앙화("~하는 것은 끔찍한 일이다."), 좌절에 대한 인내심 부족, 자기 및 타인에 대한 비하 등을 특징으로 합니다.

③ ABCDE 모델   5회, 10회 기출

Activating Event
(선행사건)
→
Belief
(비합리적 신념체계)
→
Consequence
(결과–부적절한 정서와 행동)

↓

Dispute
(논박–합리적 신념)

↓

Effect
(효과–적절한 정서와 행동)

전문가의 한마디

엘리스(Ellis)가 제안한 'ABCDE 모델'은 'ABCD 모델' 혹은 'ABCDEF 모델'로도 불립니다. 'ABCDEF 모델'에서 'F'는 'Feeling(감정)'을 의미하는 것으로서, 내담자가 합리적인 신념을 통해 새로운 감정이나 행동을 경험하는 것을 말합니다.

선행사건 (Activating Event)	클라이언트의 감정을 동요시키거나 클라이언트의 행동에 영향을 미치는 사건을 의미한다.
비합리적 신념체계 (Belief System)	선행사건에 대한 클라이언트의 비합리적 신념체계나 사고체계를 의미한다.
결 과 (Consequence)	선행사건을 경험한 후 자신의 비합리적 신념체계를 통해 그 사건을 해석함으로써 느끼게 되는 정서적·행동적 결과를 말한다.
논 박 (Dispute)	클라이언트가 가지고 있는 비합리적 신념이나 사고에 대해 그것이 사리에 부합하는 것인지 논리성·실용성·현실성에 비추어 반박하는 것으로서, 클라이언트의 비합리적 신념체계를 수정하기 위한 것이다(→ 개입의 실시).
효 과 (Effect)	논박으로 인해 나타나는 효과로서, 클라이언트가 가진 비합리적인 신념을 철저하게 논박하여 합리적인 신념으로 대체한다.

심화연구실

비합리적 사고(비합리적 신념)에 대한 논박기법   20회 기출

논리성	어떤 조건이 좋고 바람직하다고 해서 그것이 반드시 존재해야 하는 것은 아님을 깨닫도록 한다. 예 "그 생각이 옳다는 것을 어떻게 아세요?" 　"그 생각의 논리적 근거는 무엇입니까?"
실용성	내담자가 가지고 있는 신념이 혼란만 초래할 뿐 아무런 이득이 없음을 깨닫도록 한다. 예 "그 생각이 문제해결에 얼마나 도움이 될까요?"
현실성	내담자가 가지고 있는 신념이 현실적으로 이루어질 수 없음을 깨닫도록 한다. 예 "그 일이 실제로 일어날 가능성이 얼마나 될까요?"

전문가의 한마디

'도식(Schema)'은 인간이 사물을 받아들이는 데 사용하는 정신체계로서, 사물이나 사건에 대한 전체적인 윤곽 또는 지각의 틀을 말합니다. 인지치료는 인간의 인지상의 문제가 효과적인 사고를 방해하는 도식에서 비롯된 것으로 가정합니다.

출제의도 체크

'자동적 사고'는 엘리스(Ellis)의 합리적 · 정서적 행동치료가 아닌 벡(Beck)의 인지치료의 주요 개념에 해당합니다.
▶ 10회 기출

전문가의 한마디

벡(Beck)은 우울증 환자들이 생활사건의 의미를 부정적인 것으로 받아들이면서 다양한 유형의 논리적 오류를 범하는 것을 확인하였습니다. 그는 개인이 생활사건의 의미를 해석하는 정보처리 과정에서 범하는 체계적인 과오를 '인지적 오류(Cognitive Error)'로 설명하였습니다.

(3) 벡(Beck)의 인지치료(Cognitive Therapy)

① 개 념 10회, 11회, 13회 기출

㉠ 엘리스(Ellis)가 개인이 가진 비합리적 사고나 신념에 문제의 초점을 두었다면, 벡(Beck)은 개인이 가지고 있는 정보처리 과정상의 인지적 왜곡에 초점을 둔다.

㉡ 벡은 사람들이 느끼고 행동하는 방식이 경험의 지각과 구조화의 방식에 의해 결정된다고 보았다.

㉢ 인지치료는 개인이 정보를 수용하여 처리하고 반응하기 위한 지적인 능력을 개발시키는 방법을 말한다.

㉣ 역기능적이고 자동적인 사고 및 도식, 신념, 가정의 대인관계행동에서의 영향력을 강조하며, 이를 수정하여 내담자의 정서나 행동을 변화시키는 데 역점을 둔다.

㉤ 구조화된 치료이자 단기적 · 한시적 치료로서 '여기-지금(Here & Now)' 내담자가 가지고 있는 문제를 파악하며, 그에 대한 교육적인 치료를 수행하는 과정으로 이루어진다.

② 주요 인지적 오류 9회, 12회, 18회, 21회 기출

이분법적 사고 (Dichotomous Thinking)	모든 경험을 한두 개의 범주로만 이해하고 중간지대가 없이 흑백논리로써 현실을 파악한다. 예 최고가 아니면 모두 실패자인 거야.
선택적 요약(축약) 또는 선택적 추상화 (Selective Abstraction)	다른 중요한 요소들은 무시한 채 사소한 부분에 초점을 맞추고, 그 부분적인 것에 근거하여 전체 경험을 이해한다. 예 지난달에 어머니가 오시지 않은 것을 보면 이제 더 이상 나를 신뢰하지 않는 것 같아요.
임의적 추론 (Arbitrary Inference)	어떤 결론을 지지하는 증거가 없거나 그 증거가 결론에 위배됨에도 불구하고 그와 같은 결론을 내린다. 예 내가 너무 뚱뚱해서 사람들이 다 나만 쳐다보는 것 같아.
개인화 (Personalization)	자신과 관련시킬 근거가 없는 외부사건을 자신과 관련시키는 성향으로서, 실제로는 다른 것 때문에 생긴 일에 대해 자신이 원인이고 자신이 책임져야 할 것으로 받아들인다. 예 내가 신고만 빨리 했어도 지하철 화재로 사람이 죽지 않았을 텐데.
과잉일반화 (Overgeneralization)	한두 가지의 고립된 사건에 근거해서 일반적인 결론을 내리고 그것을 서로 관계없는 상황에 적용한다. 예 내가 너무 못생겨서 남자친구가 떠났으니 결혼도 하기 어렵겠지.

③ **인지행동모델의 개입기법** 7회, 11회, 12회, 16회, 22회 기출

설 명 (Explanation)	클라이언트의 정서가 어떻게 행동에 영향을 미치는지를 '사건-인지-정서적 결과'의 ABC 모델을 통해 설명하기 위해 사용된다.
기록과제 (Written Homework)	클라이언트에게 정서에 대한 ABC 모델을 활용하는 방법에 대해 읽고 기록할 수 있도록 한다.
경험적 학습 (Experiential Learning)	클라이언트가 자신의 인지적 오류와 부합하지 않는 행동을 경험함으로써 자신의 인지적 오류를 발견하도록 한다.
역설적 의도 (Paradoxical Intention)	특정 행동에 대한 클라이언트의 불안을 감소시키기 위해 의도적으로 문제의 행동을 하도록 지시를 내린다.
내적 의사소통의 명료화 (Clarifying Internal Communication)	클라이언트가 자신의 생각과 이야기 속에 감춰진 인지적 오류와 비합리적인 신념에 대해 통찰하도록 클라이언트 스스로에게 피드백을 준다.
역동적 · 실존적 숙고 치료활동 (Dynamic · Existential Reflection)	실제 문제를 해결하기 위한 역동적인 숙고와 함께 삶의 문제를 반성하는 실존적 숙고를 통해 인지재구조화를 촉진한다.
인지재구조화 (Cognitive Restructuring)	클라이언트의 역기능적 사고를 순기능적 사고로 대치할 수 있도록 돕는다.
모델링(Modeling)	관찰학습과정을 통해 클라이언트가 원하는 행동을 학습할 수 있도록 한다.
시연(Rehearsal)	긍정적인 행동에 대한 반복적인 연습을 통해 이를 숙달되도록 한다.
자기지시기법 (Self Instruction)	자기탐지, 목표선택, 목표행동 등의 과정을 통해 자신이 변화시키고자 하는 행동에 대해 계획을 세우도록 한다.
체계적 둔감화 (Systematic Desensitization)	클라이언트에게 가장 덜 위협적인 상황에서 가장 위협적인 상황으로 순차적으로 적응해 나갈 수 있도록 한다.
점진적 이완훈련 (Progressive Relaxation Training)	근육이나 신경의 긴장을 감소시키는 것으로, 일상생활에서 유발되는 스트레스에 대처할 수 있도록 한다.

제4영역

출제의도 체크

아침에 미역국을 먹었으니 시험에 떨어질 것이라는 생각(→ 미역의 미끈거림 = 낙방)은 아무런 증거가 없는 임의적 추론에 불과합니다.

▶ 21회 기출

바로암기 ○✕

인지행동이론의 개입기법으로서 설명(Explanation)은 클라이언트의 행동이 어떻게 정서에 영향을 미치는지를 알려주어 인지변화를 유도한다?

( )

해설

클라이언트의 정서가 어떻게 행동에 영향을 미치는지를 알려주어 인지변화를 유도한다.

정답 ✕

8 클라이언트중심모델(인간중심모델)

(1) 의의 및 특징 15회, 17회, 21회 기출

① 미국의 심리학자인 로저스(Rogers)에 의해 체계화된 것으로, 당시 개인치료의 중심 기류였던 지시적이고 정신분석적인 접근법에 대한 반동으로 생겨난 것이다.

② 로저스는 1942년 자신의 저서 『상담과 치료 ; 치료의 새로운 개념, Counseling and Psychotherapy ; Newer Concepts in Practice』에서 '환자(Patient)'의 개념 대신 '클라이언트(Client)'의 개념을 처음으로 사용하였다.

③ 비지시적인 모델로서, 기존의 지시적인 접근법에서의 치료자와 클라이언트 간의 위계적인 관계를 수평적·협력적인 관계로 전환시켰다. 즉, 클라이언트에게 해석을 내리는 권위주의적 관계구조에 반대하며, 클라이언트와 사회복지사 간의 인간적인 관계를 중시한다.

④ 인간 본성에 대한 인본주의적인 낙관적 관점을 수용하여 실천가가 감정이입적이고 무조건적인 긍정적 관심을 가지고 클라이언트를 수용하고 진정한 관심을 보이는 경우 클라이언트에게서 긍정적인 변화가 일어난다고 보았다.

⑤ 모든 인간이 자기실현의 욕구를 가지고 있으며, 자신의 모든 능력을 개발하려는 타고난 성향을 가지고 있다고 보았다. 따라서 클라이언트의 자기성장을 향한 잠재력이 발현될 수 있는 분위기를 조성하는 데 목표를 둔다.

⑥ 클라이언트중심모델에서는 과거의 경험보다 현재의 경험, 즉 '지금-여기'를 강조한다.

(2) 클라이언트중심모델에 의한 클라이언트와의 바람직한 관계형성 방법 6회, 10회 기출

① 일치성 또는 진실성

사회복지사가 자신의 진실된 반응을 신뢰하고, 그러한 감정 또는 반응을 전달한다.

② 감정이입적 이해와 경청

클라이언트의 입장에서 클라이언트가 생각하고 느끼는 것을 이해하고, 이를 전달한다.

③ 무조건적인 긍정적 관심

사회복지사가 클라이언트를 충분히 수용하여 클라이언트에 대한 순수한 관심을 전달하며, 클라이언트에 대해 관심과 보살핌, 호의, 온정, 인정을 표현한다.

④ 자기결정권 존중 및 수용

클라이언트가 문제해결의 중심에 있음을 강조하며, 클라이언트의 자발적인 의사를 존중한다.

9 임파워먼트모델(권한부여모델, 역량강화모델)

(1) 의의 및 특징 2회, 8회, 9회, 11회, 13회, 14회, 15회, 16회, 17회, 18회, 21회 기출

① 1970년대 후반 일반체계이론과 생태체계적 관점을 이론적 기반으로 하여 나타난 강점중심의 실천모델이다.

② '권한부여 또는 역량강화(Empowerment)'란 무기력 상태에 있거나 필요한 자원을 스스로 활용하지 못하는 클라이언트를 대상으로 자신의 삶과 상황에 대해 더 많은 통제력을 갖도록 돕는 것이다.

③ 클라이언트를 잠재력 있는 인간이며, 문제해결을 위한 자원으로 인식한다. 즉, 클라이언트를 자신의 생활과 경험에 있어서 전문가로 간주한다.

④ 클라이언트의 문제는 기회와 도전의 계기이기도 하다. 임파워먼트모델은 클라이언트로 하여금 생활상의 문제에 직면하여 스스로의 삶에 대해 결정을 내리고 행동에 옮길 수 있도록 힘을 부여한다. 즉, 클라이언트를 개입의 주체로 보고 자기결정권을 강조한다.

⑤ 클라이언트로 하여금 의미 있는 선택을 할 수 있게 자아효능감을 증진하고 자신의 강점을 찾도록 돕는다. 또한 스스로 능력을 발휘하는 데 있어서 장애가 되는 요소들을 제거하고 자신의 능력을 육성하여 권한을 획득하도록 돕는다.

⑥ 이용 가능한 자원체계의 능력을 분석하고 목표를 구체화하며, 클라이언트의 발전적인 변화를 공고히 하기 위해 환경자원을 적절히 활용한다.

⑦ 클라이언트를 일방적 수혜자로 인식하지 않으며, 상호 협력적인 파트너십을 통해 클라이언트와의 동맹·협력적인 관계를 창출한다.

⑧ 임파워먼트모델은 개인, 대인관계, 구조적 차원(사회·정치적 차원) 등 모든 사회체계 수준에 적용이 가능하다. 특히 억압받는 집단에 대한 역사적 관점을 이해하고, 사회변화를 위한 행동에 참여한다.

(2) 개입과정 및 과업 11회, 12회, 13회, 14회, 19회 기출

① 제1단계 – 대화(Dialogue)

㉠ 클라이언트와 상호 협력적인 관계를 수립하며, 초기방향으로서 목표를 설정한다.

㉡ 클라이언트와의 파트너십(협력관계) 형성하기, 현재 상황을 명확히 하기(도전들을 자세히 설명하기), 방향 설정하기(일차적 목표 설정하기) 등

전문가의 한마디

임파워먼트모델은 클라이언트의 권리와 권한을 강조하는 만큼 클라이언트의 책임 또한 강조합니다.

전문가의 한마디

임파워먼트모델은 개별클라이언트 차원을 넘어 이민자, 피난민, 장애인, 사회적 약자로서 여성과 노인, 노숙인 등 억압받는 집단을 대상으로 그들로 하여금 내·외적인 통제력을 획득하도록 돕습니다.

출제의도 체크

임파워먼트모델에서는 역량강화를 위한 사회복지사의 실천가 중심의 개입이 아닌 사회복지사와 클라이언트 간의 상호 협력적인 파트너십을 통한 개입이 강조됩니다.

▶ 13회, 16회 기출

② 제2단계 − 발견(Discovery)
　㉠ 클라이언트가 가지고 있는 강점을 확인하고 대인 상호적인 정보를 연결하며, 자원역량에 대한 사정을 통해 해결방안을 모색한다.
　㉡ 강점 확인하기, 자원체계 조사하기(잠재적 자원을 사정하기), 자원역량 분석하기(수집된 정보를 조직화하기), 해결책 고안하기(구체적인 행동계획을 수립하기) 등
③ 제3단계 − 발전 또는 발달(Development)
　㉠ 클라이언트가 가진 기존의 자원을 활성화시키고 새로운 자원 및 기회를 창출하며, 목표에 도달하기 위한 새로운 대안들을 개발한다.
　㉡ 자원을 활성화하기, 동맹관계를 창출하기, 기회를 확장하기, 성공을 인식(인정)하기, 결과(달성한 것)를 통합하기 등

출제의도 체크

강점관점(Strength Perspective)과 대비되는 것으로 병리관점(Pathology Perspective)이 있습니다. 병리관점은 개인을 진단에 따른 증상을 가진 자로 규정합니다.

▶ 15회 기출

심화연구실

병리관점과 강점관점의 비교 14회, 15회, 16회, 17회, 19회, 20회, 22회 `기출`

병리관점	강점관점
• 개인은 진단에 따른 증상이 있다.	• 개인은 강점, 재능, 자원이 있다.
• 개입의 초점은 문제에 있다.	• 개입의 초점은 가능성에 있다.
• 클라이언트의 진술에 대해 회의적이다.	• 클라이언트의 진술을 인정한다.
• 클라이언트의 진술은 전문가에 따라 재해석된다.	• 클라이언트의 진술은 그 사람에 대해 알아가는 중요한 방법 중 하나이다.
• 개입의 핵심은 전문가가 세운 치료계획이다.	• 개입의 핵심은 개인, 가족, 지역사회의 참여이다.
• 사회복지사는 클라이언트 삶의 전문가이다.	• 개인, 가족, 지역사회가 클라이언트 삶의 전문가이다.
• 개인의 발전은 병리로 인해 제한된다.	• 개인의 발전은 항상 개방되어 있다.
• 변화 자원은 전문가의 지식과 기술이다.	• 변화 자원은 개인, 가족, 지역사회의 강점, 능력, 적응기술이다.
• 돕는 목적은 클라이언트의 사고, 감정, 행동, 관계에서 부정적인 결과와 증상의 영향을 감소시키는 것이다.	• 돕는 목적은 클라이언트의 삶에 함께 하며 가치를 확고히 하도록 지원하는 것이다.

10 해결중심모델

(1) 의의 및 특징 10회, 13회, 14회, 15회, 16회, 18회, 19회, 20회 기출

① 1990년대에 들어서 새롭게 대두된 모델로서, 정신조사연구소(MRI；Mental Research Institute)의 문제중심 단기치료와 사회구성주의적 관점의 영향을 받았다.

② 문제의 원인을 규명하기보다는 클라이언트가 가지고 있는 자원을 활용하여 해결방안을 마련하는 단기적 접근방법에 해당한다.

③ 클라이언트의 병리적 측면에 관심을 기울이기보다는 성공경험, 강점과 자원, 능력과 잠재력 등 클라이언트의 건강한 측면에 초점을 둔다.

④ 문제에 접근하기 위한 다양한 해결책이 존재한다는 점을 강조하며, 탈이론적 · 탈규범적인 양상을 보인다.

⑤ 클라이언트와의 협동작업을 중시하며, 클라이언트의 의견과 관점을 수용하므로 클라이언트 중심의 치료적 접근이 가능하다.

⑥ 인간의 삶에 있어서 안정은 일시적인 반면 변화는 지속적이고 불가피하므로, 변화 자체를 치료를 위한 해결책으로 활용한다.

⑦ 현재와 미래를 지향하며, 사회복지사는 변화촉진을 위한 질문자 역할을 수행한다.

(2) 해결중심모델의 목표설정 16회, 22회 기출

① 잘 정의된 목표는 긍정적이고 과정의 형태로 이루어지며, '지금-여기'에 초점을 두고 가능한 한 상세하다.

② 클라이언트에게 중요한 것을 목표로 설정하며, 작고 구체적이고 행동적인 것을 목표로 설정할 필요가 있다. 또한 클라이언트가 갖고 있지 않은 것보다 갖고 있는 것에 초점을 두며, 목표를 문제해결 과정의 마지막으로 보기보다는 시작으로 간주할 필요가 있다.

(3) 해결중심모델의 주요 원칙 14회, 15회, 21회 기출

① 병리적인 것 대신 건강한 것에 초점을 둔다.
② 클라이언트의 강점과 자원, 건강한 특성을 발견하여 이를 치료에 활용한다.
③ 탈이론적이고 비규범적이며 클라이언트의 견해를 존중한다.
④ 변화는 항상 일어나며 불가피하다.
⑤ 현재와 미래를 지향한다.
⑥ 클라이언트의 자율적인 협력을 중요시한다.

바로암기 OX

해결중심모델은 이론적이고 규범적이다? ( )

해설 해결중심모델은 탈이론적이고 탈규범적이다.

정답 X

전문가의 한마디

해결중심모델에서 목표설정은 클라이언트로 하여금 이전과 다르고 좀 더 바람직한 방향으로 자신의 삶을 경험할 수 있도록 하는 의미를 포함하며, 동시에 그 가능성을 높이는 과정입니다.

바로암기 OX

해결중심모델의 설정된 목표를 수행하는 것은 쉬운 일이다? ( )

해설 변화는 쉽지 않은 일이므로 변하기 위한 목표수행은 힘든 일이다.

정답 X

전문가의 **한마디**

'상담 전 변화질문'은 클라이언트가 상담을 약속한 후 상담소에 오기까지 경험한 변화에 대해 알아보는 것으로, 이는 문제해결에 있어서 중요한 단서를 제공할 수 있습니다.

(4) 해결중심모델에서 사용하는 주요 질문기법　5회, 7회, 9회, 10회, 11회, 12회, 17회, 19회, 20회, 21회 기출

① 상담 전 변화질문(Pre-session Change Question)

상담 전 변화가 있는 경우 클라이언트가 이미 보여준 해결능력을 인정하며, 이를 강화하고 확대할 수 있도록 격려한다.

예 "상담예약을 하신 후부터 지금까지 시간이 좀 지났는데 그동안 상황이 좀 바뀌었나요? 그렇다면 무엇이 어떻게 달라졌는지 말씀해 주세요."

② 예외질문(Exception-finding Question)

문제해결을 위해 우연적이며 성공적으로 실행한 방법을 찾아내어 이를 의도적으로 계속해 보도록 격려한다.

예 "두 분이 매일 싸우신다고 말씀하셨는데, 혹시 싸우지 않은 날은 없었나요?"

③ 기적질문(Miracle Question)

문제 자체를 제거시키거나 감소시키지 않은 채 문제와 떨어져서 문제가 해결된 상태 혹은 그 해결책을 상상해 보도록 한다.

예 "밤새 기적이 일어나서 모든 문제가 해결되었다고 한다면 아침에 일어나서 무엇을 보고 기적이 일어났는지를 알 수 있을까요?"

④ 척도질문(Scaling Question)

숫자를 이용하여 내담자에게 문제의 심각성 및 우선순위, 문제해결에 대한 희망, 자아존중감, 변화(혹은 치료)에 대한 확신, 변화(혹은 치료)에 대한 의지와 노력, 문제가 해결된 정도 등을 표현하도록 한다.

예 "치료를 받으러 왔을 때 스트레스 수준이 10점이라고 하고 스트레스가 완전히 해소된 상태를 0점이라고 한다면 지금 당신의 스트레스 상태는 몇 점인가요?"

⑤ 대처질문(Coping Question)

어려운 상황에서의 적절한 대처 경험을 상기시키도록 함으로써 내담자로 하여금 스스로의 강점을 발견하고, 자신이 대처 방안의 기술을 가지고 있음을 깨닫도록 한다.

예 "어려운 상황 속에서도 더 나빠지지 않고 견뎌 낼 수 있었던 것은 무엇 때문이라고 생각하십니까?"

⑥ 관계성질문(Relationship Question)　17회 기출

클라이언트와 중요한 관계에 있는 사람들이 갖고 있는 생각, 의견, 지각 등에 대해 묻는 것으로, 그들의 관점에서 클라이언트 자신의 문제에 대해 어떻게 생각할지 추측해 보도록 한다.

예 "당신의 어머니는 이 상황에서 당신이 무엇을 해야 문제해결에 도움이 된다고 말씀하실까요?"

바로암기 ○✕

"아드님과의 관계가 지금보다 조금이라도 나았을 때는 언제였나요?"는 관계성질문에 해당한다?

(　　)

해 설
예외질문에 해당한다.
정 답 ✕

03 | 가족 대상 사회복지실천

KEY POINT

- '가족 대상 사회복지실천' 영역은 가족사정 및 가족치료에 관한 내용을 중점적으로 학습하도록 한다.
- 가족과 가족복지실천에서는 현대가족의 변화 양상과 함께 순환적 인과성, 환류고리 등의 개념에 대해 살펴보아야 한다.
- 가족문제의 사정에서는 가족사정의 도구로서 가계도, 생태도가 시험에 빈번히 출제되고 있으므로 그 특징 및 차이점 등을 구분할 수 있어야 한다. 또한 생활력 도표와 사회적 관계망 격자도 최근에 출제되고 있으므로 반드시 학습하여야 한다.
- 다세대적 가족치료모델(세대 간 가족치료모델)에서는 자아분화, 삼각관계, 탈삼각화의 개념을 이해하는 것이 중요하다.
- 구조적 가족치료모델에서는 가족에 대한 체계적 관점, 명확한 경계를 위한 경계 만들기 등이 중요하다.
- 경험적 가족치료모델에서는 특히 가족조각이 수차례 출제된 바 있으므로 이를 반드시 기억해야 하며, 일치형 · 회유형 · 비난형 · 초이성형 · 산만형의 의사소통 유형을 구분할 수 있어야 한다.
- 전략적 가족치료모델에서는 증상처방(역설적 지시)을 이해해야 하며, 해결중심적 가족치료모델에서는 해결지향적 질문기법들을 다시 한 번 반복하여 학습하여야 한다.

01절 가족복지실천의 이해

1 가족 및 가족복지실천

(1) 가족의 일반적인 특성 13회, 17회, 18회 기출

① 가족은 다세대에 걸친 역사성의 산물이다.

② 가족의 현재 모습은 세대 간 전승된 통합과 조정의 결과물이다.

③ 가족은 사회변화에 민감한 체계이다.

④ 가족구성원 간 상호 영향은 지속적이다.

⑤ 가족마다 권력구조와 의사소통 형태를 갖고 있다.

⑥ 가족 내 공식적 · 비공식적 역할들은 고정되어 있지 않다.

⑦ 가족은 생활주기를 따라 단계적으로 발달하고 변화한다.

⑧ 사회 변화에 따라 가족의 구조와 기능도 변화한다.

⑨ 기능적인 가족은 응집성과 적응성, 문제해결력이 높은 가족이다.

⑩ 가족은 가족항상성을 통해 다른 가족과 구별되는 정체성을 갖는다.

⑪ 위기 시 가족은 역기능적 행동을 보일 수도 있지만 가족탄력성을 보일 수도 있다.

⑫ 현대 가족은 점차 정서적 기능이 약화되고 있다.

전문가의 한마디

가족 내 공식적 역할은 누가 가족의 소득을 창출하는 사람이고 누가 가사를 책임지는 사람인가 등 모든 가족구성원이 공감하고 인정하는 역할분담의 내용입니다. 반면, 가족 내 비공식적 역할은 그 역할을 부여한 사람은 없으나 가족생활에서 자연스럽게 갖게 된 역할을 의미합니다.

(2) 현대사회 가족의 변화   10회, 12회, 16회 기출

① 가족의 개념은 시대와 문화의 영향을 받는다.

② 단독가구 및 무자녀가구가 증가하면서 비전통적인 가족 유형이 늘고 있다(→ 형태의 다양화).

③ 과거에 가족이 수행했던 기능이 상당 부분 사회로 이양되었다(→ 기능의 축소).

④ 저출산으로 가족규모가 축소되었다(→ 규모의 축소).

⑤ 평균수명의 연장으로 가족의 생애주기가 길어지고 있다.

⑥ 청년실업이 늘고 자녀가 독립하는 시기가 늦어지면서 빈둥지 시기가 늦게 찾아오는 경향이 있다.

⑦ 초혼연령이 높아지면서 가족을 형성하는 시점이 늦어지고 있다.

⑧ 가족관계가 점차 평등하게 변하면서 이로 인해 갈등이 발생하기도 한다(→ 권력구조의 평등화).

출제의도 체크

'빈둥지 시기(Empty-nest Period)'는 자녀양육이 끝난 시기, 즉 자녀독립 후 부부만(혹은 배우자 중 어느 한쪽만) 남게 되는 시기를 말합니다. 최근에는 청년실업이 늘고 초혼연령이 늦어지면서 빈둥지 시기가 늦게 찾아오는 경향이 있습니다.

▶ 12회 기출

(3) 가족생활주기(가족생애주기)   6회, 7회, 8회, 10회, 14회 기출

① 모든 인간이 발달단계를 거치듯이 모든 가족도 생활주기(생애주기)를 따라 단계적으로 발달하고 변화한다는 것을 기본전제로 한다.

② 가족이 형성된 시점부터 배우자 사망에 이르기까지의 생활변화를 볼 수 있다.

③ 가족이 발달하면서 경험하게 될 사건이나 위기를 예측하는 데 도움이 된다.

④ 가족구조와 발달과업의 변화를 파악하는 데 활용한다.

⑤ 가족생활주기의 단계는 가족 유형(예 한부모가족, 다세대가족 등)이나 사회문화적 배경에 따라 상이할 수 있다.

⑥ 가족성원의 역할은 고정되어 있지 않으며, 가족생활주기에 따라 각자의 역할도 변화한다.

⑦ 이혼가족은 부모 자신의 적응과 자녀 양육의 과업 수행을 병행하며, 재혼가족은 새로운 관계에 대한 적응 및 재조정 과업을 수행해야 한다.

전문가의 한마디

가족생활주기가 가족의 발달단계를 체계적으로 제시하고 있다고 해서 모든 가족이 동일한 단계를 거쳐 발달한다고 생각해서는 안 됩니다. 가족생활주기의 각 단계들도 가족에 따라 길이나 내용에서 차이가 있습니다.

가족생활주기(The Family Life Cycle)

결혼전기 가족	• 부모-자녀 관계로부터 분리하기 • 이성관계의 긴밀한 발전을 유지하기
결혼적응기 가족	• 부부체계 형성에 따른 새로운 역할에 적응하기 • 배우자 가족과의 관계 및 친족망 형성하기
학령전자녀 가족	• 자녀를 수용하고 가족으로 통합하기 • 부모의 역할을 통해 새로운 행동유형을 발전시키기

학령기자녀 가족	• 사회제도를 흡수하기 위해 가족의 경계를 개방적으로 만들기 • 새로운 역할변화를 수용하기 • 자녀의 변화하는 발달적 요구에 효과적으로 대응하기
십대자녀 가족	• 자녀의 독립 및 자율성에 대한 새로운 상황에 대처하기 • 노년을 위한 준비를 시작하기
자녀독립 가족	• 성장한 자녀가 직업활동을 수행할 수 있도록 준비시키기 • 자녀와의 관계를 성인과의 관계로 전환하기 • 자녀의 결혼을 통해 새로운 가족구성원을 받아들임으로써 가족범위를 확대시키기
중년기 가족	• 자신의 부모의 죽음에 대처하기 • 빈둥지 증후군에 대처하기 • 쇠퇴하는 신체적 · 정신적 기능에 대처하기
노년기 가족	• 은퇴에 대처하기 • 자녀의 배우자와 손자녀와의 새로운 관계를 형성하기 • 배우자, 형제, 친구의 죽음에 대처하기 • 자신의 삶을 회고하고 죽음을 준비하기

참고

에릭슨(Erikson)의 심리 사회적 발달단계에서 각 단계별 명칭 및 발달 시기, 심리사회적 위기와 그 결과 등에 대해서는 교재에 따라 약간씩 다르게 제시되고 있으므로, 이점 감안하여 학습하시기 바랍니다.

(4) 가족복지의 특징 13회 기출

① 아동복지, 노인복지, 모자복지, 장애인복지 등은 특정인을 그 대상으로 하지만 가족복지는 가족을 하나의 전체 및 유기체로서 취급한다.

② 가족생활의 보호 · 강화뿐만 아니라 사회구성원으로서의 기능을 높이기 위해 행하는 서비스 활동을 의미한다.

③ 가족성원 개개인보다 가족 전체성에서 나타나는 요구와 문제를 해결하고자 하는 정책적 · 전문적 대책이다.

(5) 가족복지실천의 원칙 13회 기출

① 가족을 돕기 위한 최적의 장소는 그 가족의 집이다.

② 가족이 스스로 문제를 해결할 수 있도록 가족의 역량을 강화한다.

③ 가족개입은 가족의 특성에 따라 개별화되어야 한다.

④ 가족의 즉각적인 욕구에 우선적으로 반응하며, 장기적인 목표를 추구하여야 한다.

⑤ 가족은 하나의 사회체계이므로, 한 성원에 대한 개입 노력이 전체 가족에게 영향을 미칠 수 있다.

⑥ 가족사회복지사와 가족 간에는 협력적인 원조관계가 이루어져야 한다.

⑦ 가족을 위한 사회복지실천의 목표는 인종, 국가, 종교와 상관없이 모든 집단을 위한 사회정의를 증진하는 것이다.

출제의도 체크

가족복지실천에서 사회복지사는 가족과 합류하여 신뢰관계를 형성하며, 가족과 주변 환경의 상호작용 양상을 파악하게 됩니다. 또한 가족이 가족 내 · 외부에서 경험하는 현상을 어떻게 파악하고 이해하는지를 확인하게 됩니다.

▶ 13회 기출

2 가족복지실천의 주요 개념 11회 기출

(1) 가족생태학(Family Ecology)

① 가족이 주변 환경과 상호작용을 하며, 이를 통해 가족의 기본적인 욕구를 충족시키기 위한 자원과 지지를 확보한다는 이론이다.

② 가족은 주변 환경과 적응적인 균형 상태를 유지해야 한다. 즉, 가족은 환경으로부터 고립되거나 반대로 환경에 의해 과도하게 스트레스를 받지 않아야 적절한 기능을 유지할 수 있다.

(2) 순환적 인과성(Circular Causality) 10회, 12회, 13회, 16회, 18회, 21회 기출

① 가족체계를 원인에 따른 결과 또는 자극에 따른 반응과 같은 선형적(단선적) 유형으로 보는 것이 아닌 가족체계의 상호작용 패턴에 초점을 두는 순환적 반응으로 보는 것이다.

② 가족체계 내의 한 구성원의 변화는 다른 구성원을 자극하여 반응을 이끌어내게 되고, 이것이 또 다시 다른 구성원을 자극함으로써 가족 전체에 영향을 미치게 된다.

③ 가족 문제를 해결하기 위해서는 문제의 원인 그 자체보다는 문제가 유지되는 가족의 상호작용 과정을 살펴보아야 한다. 즉, '왜(Why)'가 아닌 '무엇(What)'에 초점을 두어야 한다.

④ 문제를 일으키거나 증상을 표출하는 성원 또는 다른 성원의 변화를 통해 가족의 역기능적 문제가 해결된다. 즉, 가족체계 내의 한 구성원의 긍정적인 변화는 곧 가족 전체의 긍정적인 변화로 이어지면서 문제가 해결될 수 있다.

⑤ 상호 영향을 주고받는 과정에서 나타나는 현상이므로, 가족구성원이 많을수록 더욱 복잡한 양상을 띤다.

(3) 가족항상성(Family Homeostasis) 15회 기출

① 항상성(Homeostasis)은 끊임없는 변화와 운동의 과정에서 체계가 균형을 회복하려는 경향을 말한다.

② 체계로서의 가족은 구조 및 기능상 균형을 유지하려는 속성을 가지는데, 이를 가족항상성이라 한다.

③ 가족항상성은 가족규칙을 활성화하여 지속적인 관계를 유지하도록 한다.

(4) 가족규칙(Family Rules)과 가족신화(Family Myth) 10회 기출

가족규칙 (Family Rules)	• 가족성원들이 서로의 행동규칙을 규정하고 제한하는 관계상의 합의를 말한다. • 가족의 언어, 시간과 공간의 사용패턴, 가족 내 의사소통의 흐름과 본질, 구성원 간 지위와 권력의 부여 등을 규정한다. • 가족규칙이 가족발달 단계에 따라 유연하게 변화할 때 기능적이다.
가족신화 (Family Myth)	• 가족성원들이 모두 공유하고 있는 전체 가족 혹은 개별 가족원에 대한 잘못된 신념과 기대를 말한다. • 가족신화는 보통 현실에 대한 왜곡이나 부정, 현실을 위장하는 요소를 가지고 있다. • 가족신화는 가족 내에서 가족성원의 행동은 물론 가족성원들 간의 관계에 부정적인 영향을 미친다.

전문가의 한마디

가족규칙과 가족신화는 특히 가족조각(Family Sculpting)을 통해 파악할 수 있습니다.

(5) 비합산의 원칙(Non-summation Principle)

① 합산의 원칙은 전체가 부분들의 합으로서 해당 부분들은 다시 전체로 환원된다는 것이다. 반면, 비합산의 원칙은 전체가 단순한 부분들의 합이 아닌 그보다 커질 수도 작아질 수도 있으며, 전체는 부분들로 환원되지 않는다는 것이다.

② 가족의 전체적인 모습은 가족성원들의 상호작용 방식에 따라 달라진다. 따라서 가족성원들 개개인에 대한 이해를 통해 가족의 전체적인 모습을 파악할 수는 없다.

(6) 가족체계의 다중종결성(Multifinality)과 동등종결성(Equifinality) 13회 기출

체계는 다양한 정보나 에너지를 받아들여 필요로 하는 자원을 생산하는 특성이 있는데, 이는 '투입-전환-산출'의 과정을 통해 이루어진다. 특히 산출과 관련하여 다음의 두 개념이 대비된다.

다중종결성 (Multifinality)	체계를 구성하는 요소들의 상호작용 성격에 따라 유사한 조건이라도 각기 다른 결과를 초래하는 경우를 말한다. 예 어떤 가정에서는 장애아의 출생으로 인해 가족의 응집력이 높아지는 반면, 다른 가정에서는 부부관계가 소원해져 가정불화가 나타나기도 한다.
동등종결성 (Equifinality)	체계를 구성하는 요소들의 상호작용 성격에 따라 서로 다른 조건이라도 유사한 결과를 초래하는 경우를 말한다. 예 모자(母子) 한부모가정의 경우 거의 대부분 경제적 지위가 매우 열악한 상황에 처해지게 되는데, 그와 같은 상태에 이르게 된 원인은 이혼, 사별, 미혼모 등 다양할 수 있다.

전문가의 한마디

'투입-전환-산출'은 체계의 행동적 특성을 반영합니다. 투입(Inputs)은 환경으로부터 에너지나 정보 등을 받아들이는 과정이고, 전환(Throughputs)은 투입된 에너지를 체계에 적절히 변형하여 재조직화 하는 과정이며, 산출(Outputs)은 전환을 통해 만들어진 결과물을 환경에 방출하는 과정입니다.

(7) 환류고리(Feedback Loop) 5회, 11회, 13회, 17회 기출

가족체계는 환류고리에 따라 규범을 강화하며, 규범에서 지나치게 벗어나는 행동을 부적 환류(Negative Feedback) 과정을 통해 저지함으로써 항상성을 유지하려고 한다. 가족체계는 항상성을 유지하려는 동시에 정적 환류(Positive Feedback) 과정을 통해 체계 내외의 변화에 적응하려고 한다.

출제의도 체크

환류고리(Feedback Loop)는 가족규범이 유지되거나 변화되는 과정을 설명합니다.

▶ 17회 기출

정적 환류 (Positive Feedback)	• 체계가 안정적인 상태를 거부한 채 체계 자체를 변화시키려는 방향으로 피드백이 이루어지는 것을 말한다. • 체계가 새로운 행동을 받아들여 변화를 수용하는 일탈 확장의 역할을 한다. 예 자녀의 일탈행동에 대해 부모가 잔소리를 하자 일탈행동이 더욱 심해진 경우
부적 환류 (Negative Feedback)	• 체계가 변화를 거부한 채 안정적인 상태를 유지하려는 방향으로 피드백이 이루어지는 것을 말한다. • 체계가 규범에서 벗어나는 행동을 저지하여 안정성을 유지하려는 일탈 감소의 역할을 한다. 예 자녀의 늦은 귀가에 대해 부모가 꾸중을 하자 자녀가 약속한 시간 내에 귀가하게 되는 경우

(8) 의사소통의 구두점(Punctuation)

① 연속적인 의사소통의 흐름 가운데 어느 지점에 구두점을 찍느냐에 따라 원인과 결과가 달라지는 것을 상징한다.

② 예를 들어, 남편의 늦은 귀가에 대해 아내가 잔소리를 하는 상황에서, 아내의 의사소통상 구두점은 "당신이 늦게 돌아오니 잔소리를 한다.", 남편의 의사소통상 구두점은 "당신이 잔소리를 하니 집에 늦게 돌아온다."로 각자 상황 묘사의 마침표를 찍는다.

③ 사람들이 의사소통상 구두점을 어디에 두느냐에 따라 동일한 문제 현상에 대해서도 서로 다른 원인들이 등장할 수 있다.

(9) 의사소통의 이중구속(Double Binds) 13회, 16회 기출

① 한 사람이 다른 사람에게 논리적으로 상호 모순되고 일치하지 않는 두 가지 메시지를 동시에 전달하는 것을 말한다.

② 가족성원들의 상호 모순된 메시지를 혼란된 상황에 놓이게 함으로써 유대관계 형성에 악영향을 미치는 것으로, 역설적 의사소통의 대표적인 유형에 해당한다.

(10) 가족치료의 사이버네틱스(Cybernetics) 9회, 17회 기출

① 체계가 지속적으로 안정상태를 유지하기 위해 과거에 성공했던 기억과 실패했던 기억을 비교분석하는 자동적 메커니즘을 정교화하기에 이르며, 이후 전개되는 유사한 상황에서 이러한 메커니즘이 의식적인 생각을 거치지 않고도 되풀이되도록 한다는 것이다.

② 이러한 과정에서 피드백 정보는 새롭게 변경되어 미래 행위에 대한 패턴의 변경으로 이어지는데, 이것은 가족치료에서 비정상적인 행동 패턴을 자연스럽게 정상적인 행동 패턴으로 변경할 수 있음을 반영한다.

전문가의 한마디

전략적 가족치료의 MRI(Mental Research Institute) 학파는 부모와 자녀 관계에 있어서 지속적인 이중구속의 발생이 자녀를 불안과 갈등에 빠지게 하며, 결국 정신분열과 같은 역기능을 발생시킨다고 보는 '병리적 이중구속(Pathological Double Binds)'을 제시하였습니다.

전문가의 한마디

'사이버네틱스(Cybernetics)'는 본래 기계의 자동제어장치 원리를 일컫는 개념으로, 체계적 관점에서는 어떤 체계가 다른 체계나 체계 내부의 구성요인들과 어떻게 의사소통을 하고, 그 의사소통을 통한 피드백이 어떻게 처리되는지, 그리고 체계가 어떻게 행동을 통제하는지 등에 관심을 둡니다.

③ 1차 수준의 사이버네틱스는 치료자들이 전문가로서의 객관적 입장이나 전문적 기술로써 확실한 지표를 가지고 가족체계를 진단할 수 있다고 본다. 반면, 2차 수준의 사이버네틱스는 행동이 객관적인 발견대상이 아닌 주관적인 구성과정임을 강조하며, 치료자와 내담자가 동등한 관계로서 상호교류를 통해 치료적 개입에 가담한다고 본다.

3 가족체계의 경계

(1) 가족 하위체계 간 경계 2회, 11회, 10회, 13회, 21회 [기출]

① 경직된 경계선(Rigid Boundary)
  ㉠ 부모와 자녀 간에 타협, 협상할 여지가 거의 없으며, 하위체계들 간의 경계 또한 매우 엄격하다.
  ㉡ 부모와 자녀가 자신의 생각이나 감정을 표출하지 않으며, 서로에 대한 관심과 가족에 대한 몰두가 거의 없다.
  ㉢ 가족성원들은 독립적이고 자율적으로 기능할 수는 있으나 충성심 및 소속감이 부족하여 도움이 필요할 때 원조를 요청하는 능력이 부족하다.

② 애매한(모호한) 경계선 또는 밀착된 경계선(Enmeshed Boundary)
  ㉠ 체계 간의 경계가 불분명하고 미분화되어 있으며, 가족성원들 간의 구분이 모호하고 거리감이 거의 없다.
  ㉡ 부모와 자녀가 서로 지나치게 관여하고 간섭하여 적정 수준의 경계가 결여된 경우이다.
  ㉢ 과도하게 밀착된 경계는 개별성원의 자율성을 방해하는 것은 물론 자아의식 및 책임감의 발달에도 부정적인 영향을 미친다.

③ 명확한 경계선 또는 분명한 경계선(Clear Boundary)
  ㉠ 가족성원들 간에 분명한 경계와 자율성이 있으며, 서로의 경계를 침범하지 않는다.
  ㉡ 경계는 융통성이 있어서 필요할 경우 전체 가족체계를 서로 지지하고 개입하는 기능이 용이하게 이루어진다.
  ㉢ 하위체계 간에 의사소통의 기회를 증가시키고 성공적인 협상으로 변화를 유용하게 하므로 가족의 안정이 유지된다.

바로암기 ○×

가족 하위체계 간 경계는 경직된 경계와 모호한 경계의 둘로 구분된다?
( )

해설
경직된 경계, 애매한(모호한) 경계, 명확한(분명한) 경계로 삼분된다.

정답 ×

(2) 가족체계의 외부와의 경계 5회, 8회, 10회, 11회, 15회 기출

① 폐쇄형 가족체계(Closed Family Systems)
ㄱ 가족성원들의 외부와의 상호작용과 출입을 엄격히 제한한다.
ㄴ 가족 안의 권위자가 가족공간에 명확한 경계를 설정하여 이웃 및 지역사회와의 소통을 통제하므로, 가족 외부와의 경계가 경직적이고 침투력이 없다.
ㄷ 부모의 자녀에 대한 감시, 대중매체의 통제, 높은 담장과 굳게 닫힌 문 등의 모습으로 나타난다.

② 개방형 가족체계(Open Family Systems)
ㄱ 가족성원들의 행위를 제한하는 규칙이 집단의 합의과정에서 도출된다.
ㄴ 가족 내 경계는 유동적이며, 가족 외부와의 경계는 분명하면서도 침투력이 있다.
ㄷ 대중매체에 대한 최소한의 검열, 외부활동에의 참여, 지역사회와의 교류 확대, 손님의 빈번한 방문 등의 모습으로 나타난다.

③ 방임형 또는 임의형 가족체계(Random Family Systems)
ㄱ 가족성원들은 각자 자신의 영역과 가족의 영역을 확보하면서 개별적인 패턴을 만들어간다.
ㄴ 가족경계선을 중요하게 생각지 않으며, 외부와의 교류를 제한하지 않는다.
ㄷ 외부활동에의 무제한적 참여, 집안 내 갈등의 외부로의 표출, 제삼자의 집안 출입 권리 확대 등의 모습으로 나타난다.

4 가족문제의 사정

(1) 가계도(Genogram) 1회, 2회, 7회, 8회, 15회, 16회 기출

① 의의 및 특징
ㄱ 보웬(Bowen)이 고안한 것으로, 클라이언트의 3세대 이상에 걸친 가족관계를 도표로 제시함으로써 현재 제시된 문제의 근원을 찾는다.
ㄴ 가족의 구조, 가족 및 구성원의 관계, 동거가족 현황, 과거의 결혼관계 등에 대한 상세한 정보를 제공한다.
ㄷ 가계도를 통해 세대 간 전수되는 가족의 특징이나 반복되는 사건 등을 파악할 수 있다.

② 가계도의 작성지침
ㄱ 남성은 사각형(ㅁ), 여성은 원(ㅇ), 결혼관계의 경우 수평선, 사실혼의 경우 점선으로 표시한다.

출제의도 체크

폐쇄형 가족체계는 외부와의 상호작용을 제한하는 반면, 방임형 가족체계는 외부와의 상호작용을 제한하지 않으므로 가족 외부와의 구분이 거의 없습니다.
▶ 10회, 11회 기출

출제의도 체크

가족사정의 주된 목적은 가족체계가 어떻게 기능하는지를 발견함으로써 가족 상호작용 유형에 적합한 방법을 찾는 데 있습니다.
▶ 21회 기출

ⓛ 자녀는 출생순서(연령순)에 따라 배치하되 왼쪽에서부터 나이가 많은 사람 순으로 위치시킨다.

ⓒ 별거는 한 점의 교차선(/)으로, 이혼은 두 점의 교차선(//)으로 표시하며, 이때 연도를 표시하는 것이 유용하다.

ⓔ 구성원이 사망한 경우 해당 구성원의 사각형 혹은 원의 내부를 '×'로 표시하며, 사망연도를 기입한다.

ⓜ 기본적인 구조 모형에 따라 수평으로는 현재의 형제자매 혹은 사촌을, 수직으로는 시간의 경과에 따른 세대를 표현한다.

ⓑ 클라이언트 혹은 당사자는 겹선(◎)으로 표시한다.

ⓢ 항상 사회복지사와 클라이언트가 함께 작성한다.

③ 가계도를 통해 알 수 있는 정보 8회, 11회, 13회, 18회 기출

ⓖ 가족구성원에 대한 정보(성별, 나이, 출생 및 사망 시기, 직업 및 교육수준, 결혼 및 동거관계 등)

ⓛ 가족구조 및 가족관계의 양상(자연적 혈연관계 또는 인위적 혈연관계)

ⓒ 가족 내 하위체계 간 경계의 속성

ⓔ 가족성원 간의 단절 또는 밀착 정도

ⓜ 가족 내 삼각관계

ⓑ 가족성원의 역할과 기능의 균형상태

ⓢ 가족기능의 불균형과 그것에 기여하는 요인

ⓞ 가족구성원별 인생의 중요사건과 이에 대한 다른 가족구성원의 역할

ⓩ 그 밖에 가족양상의 다세대적 전이, 세대 간 반복되는 유형 등 종단·횡단, 종합·통합적인 가족의 속성

출제의도 체크

가계도(Genogram)를 통해 가족원의 구성과 구조, 가족의 생애주기, 가족성원의 역할 및 기능, 세대 간 유형의 반복 등을 확인할 수 있습니다.

▶ 13회 기출

전문가의 한마디

가계도(Genogram)는 친밀한 관계나 갈등 관계와 같은 정서적 관계를 포함합니다.

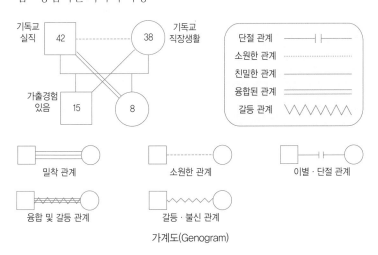

가계도(Genogram)

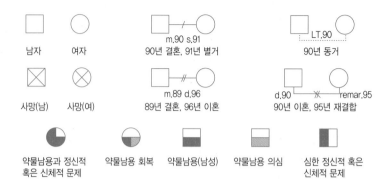

약물남용과 정신적 혹은 신체적 문제　　약물남용 회복　　약물남용(남성)　　약물남용 의심　　심한 정신적 혹은 신체적 문제

(2) 생태도(Ecomap) 2회, 3회, 4회, 6회, 8회, 11회, 15회, 17회 기출

① 의의 및 특징

ㄱ 하트만(Hartman)이 고안한 것으로, 클라이언트의 상황에서 의미 있는 환경체계들과의 역동적 관계를 그림으로 표현한 것이다.

ㄴ 클라이언트의 가족관계를 비롯하여 소속감과 유대감, 가족의 자원, 가족과 외부환경의 상호작용, 접촉빈도 등을 묘사한다.

ㄷ 가족관계에 대한 도식, 즉 클라이언트의 상황에서 의미 있는 체계들과의 관계를 그림으로 표현함으로써 특정 문제에 대한 개입계획을 세우는 데 유용한 도구이다.

ㄹ 환경 속의 클라이언트에 초점을 두므로 클라이언트를 생태학적 관점에서 이해하는 데 도움을 준다.

ㅁ 생태도는 가족이나 클라이언트의 삶에 영향을 미치는 조직이나 요인을 원을 사용하여 나타내며, 관계를 상징하는 단어 및 기호 등을 가계도와 공통으로 사용한다.

② 생태도의 작성지침 10회, 21회 기출

ㄱ 생태도 중앙에 클라이언트의 가족에 해당하는 원을 그린 후 클라이언트와 그의 가족성원을 표시한다.

ㄴ '원'은 일반적으로 자원의 양을 표시한다. 가족이 일상생활을 통해 상호작용하는 학교, 직장, 친구, 동료, 사회복지기관 등의 환경체계를 중심에 위치한 원의 주변으로 표시한다.

ㄷ '선'은 일반적으로 관계의 정도를 표시한다. 클라이언트와 그의 가족성원들이 환경체계와 맺고 있는 관계의 정도를 다양한 형태의 선으로 표현하며, 에너지의 흐름을 화살표로 나타낸다. 예를 들어, 실선은 긍정적인 관계를, 점선은 빈약하고 불확실한 관계를 의미한다.

ㄹ 지도가 완성된 후 클라이언트와 함께 확인하며, 전반적인 결과에 대한 클라이언트의 인상을 물어본다.

ㅁ 클라이언트와 함께 계획을 세우기 위해 상호 평가를 수행한다.

출제의도 체크

생태도(Ecomap)는 가족환경을 체계론적 관점에서 이해합니다.
▶ 16회 기출

출제의도 체크

생태도에서 자원의 양은 '원'으로, 관계의 속성(혹은 정도)은 '선'으로 표시합니다.
▶ 21회 기출

③ 생태도를 통해 알 수 있는 정보 8회, 13회 기출

  ㉠ 가족과 그 가족의 생활공간 내에 있는 사람 및 기관 간의 관계

  ㉡ 개별 가족성원들과 환경체계들 간의 관계

  ㉢ 가족과 환경 간의 경계의 성격, 가족 내 역동

  ㉣ 가족체계의 욕구와 자원의 흐름 및 균형상태

  ㉤ 가족체계에 필요한 자원의 소재와 내용

  ㉥ 가족체계의 스트레스 요인 등

바로암기 ○×

개인 및 가족의 환경과의 교류는 생태도(Ecomap)를 통해 파악할 수 있다?

( )

정답 ○

심화연구실

생태도(Ecomap)를 통해 제시될 수 있는 다양한 자료들 16회 기출

- 고용 및 직업상황
- 지역사회 자원의 이용(예 학교, 병원, 사회복지관 등 다양한 서비스기관)
- 비공식적 자원과 자연적 사회관계망(예 친구, 친척, 이웃, 확대가족, 자조집단 등)
- 사회적 활동과 흥미(예 취미, 오락, 여가활동 등)
- 종교활동, 기타 모임
- 상호작용에서의 지지와 스트레스의 근원 등
- 가족의 기본정보(예 가족구조, 연령과 성별, 결혼상태 등)

출제의도 체크

생태도(Ecomap)를 통해 확대 가족과의 관계, 가족이 이용하는 서비스기관의 종류, 이웃주민들과의 친밀도, 가족의 여가활동도 파악할 수 있습니다.

▶ 16회 기출

참고

가계도(Genogram)나 생태도(Ecomap)를 통해 알 수 있는 정보(혹은 제시될 수 있는 자료)에 관한 내용은 교재마다 매우 다양하게 제시되고 있습니다.

심화연구실

맥매스터 모델(McMaster Model)

가족기능에 대한 개념적 모델로서 가족사정척도(FAD ; Family Assessment Device)를 통해 '문제해결', '의사소통', '가족역할', '정서적 반응성', '정서적 관여', '행동통제' 등 여섯 가지 측면과 함께 가족의 '전반적 기능'을 포함하여 총 7개의 하위범주로 구성된 가족기능의 사정도구를 제안하고 있습니다.

생태도(Ecomap)

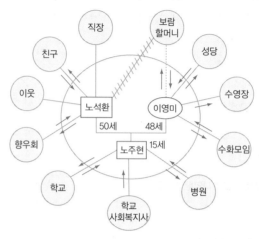

37 여성, 37세	강한교류, 긍정적인 교류, 중요한 교류
40 남성, 40세	소원한 교류, 약하며 별로 중요하지 않은 교류
△ 사람, 성과 연령 모름 /////////////	스트레스관계, 충돌관계
65 여성, 65세에 사망	자원, 에너지, 취미 등의 이동 방향

(3) 생활력표 또는 생활력도표(Life History Grid) 2회, 5회, 7회, 9회, 12회, 15회, 17회 기출

① 각각의 가족구성원의 삶에 대해 중요한 사건(주요 생애경험)이나 시기별로 중요한 문제의 전개 상황을 시계열적으로 나타내는 방법이다.

② 현재 역기능적인 문제 등을 특정 시기의 어려움이나 경험 등과 연관시켜 이해할 수 있다.

③ 중요한 사건이나 시기를 중심으로 해서 연대기적으로 작성한다.

④ 생태도나 가계도처럼 원이나 화살표 등 기호를 이용하지 않고 도표로 제시된다.

전문가의 한마디

진단주의 학파는 클라이언트의 생활력(Life History)을 강조하였습니다. 과거에서 현재에 이르는 생활력의 분석을 통해 클라이언트의 문제를 확인하고, 현재의 생활상황을 토대로 자아의 기능을 해명하고자 한 것입니다.

생활력표(Life History Grid)[예] 클라이언트 : 이혜영(여, 51세)]

연 도	나 이	장 소	가 족	사 건	문 제
1996	28	부 산	첫째 자녀	출 산	조산에 의한 저체중
1998	30	서 울	남 편	실 직	회사의 경영난에 의한 정리해고
2000	32	부 산	가 족	이 사	생활고에 의한 친정으로의 이주
2004	36	부 산	부 모	별 거	금전문제 갈등으로 인한 모(母)의 이사

(4) 사회적 관계망표(사회관계망표) 또는 사회적 관계망 격자(Social Network Grid)

① 클라이언트 개인이나 가족의 사회적 지지체계를 사정하기 위한 도구이다.
② 사회적 관계에서의 지지 유형과 정도를 파악하기 위한 것으로, 사회적 지지의 유형을 구분하고 가족의 환경과 필요한 자원을 파악하는 데 유용하다.
③ 사회적 관계망은 클라이언트의 환경 내에 영향을 미치는 중요한 사람이나 체계를 지칭하며, 사회적 관계망표는 이러한 사람이나 체계로부터의 물질적 · 정서적 지지, 정보 또는 조언, 원조 방향, 접촉 빈도 및 시간 등에 관한 정보를 제공한다.
④ 사정 과정에서는 지지가 제공되는 생활영역, 지지의 종류, 지지의 제공 간격, 지지 제공자와의 거리 및 접촉 빈도 등을 고려해야 한다.

사회적 관계망표(Social Network Grid)

중요 인물 (ID)	생활영역	물질적 지지	정서적 지지	정보/조언	원조 방향	접촉 빈도
	1. 가구원 2. 다른 가족 3. 직장/학교	1. 거의 없음 2. 가끔 3. 자주	1. 거의 없음 2. 가끔 3. 자주	1. 거의 없음 2. 가끔 3. 자주	1. 양방향 2. 일방적으로 줌 3. 일방적으로 받음	1. 일년에 2~3회 2. 한달에 2~3회 3. 일주일에 2~3회 4. 거의 매일
01						
02						
03						

⋮

---

5 다세대적 가족치료모델(세대 간 가족치료모델) 8회, 11회, 12회, 15회, 22회 기출

(1) 의의 및 특징 10회, 15회 기출

① 보웬(Bowen)은 현재 가족의 문제를 파악하기 위해 여러 세대에 걸친 가족체계를 분석해야 한다는 점을 강조하였다.
② 대부분의 가족문제는 가족성원이 자신의 원가족에서 심리적으로 분리되지 못한 데에서 비롯되므로, 문제해결을 위해 가족성원이 원가족과 맺는 관계를 통찰하는 것이 중요하다.
③ 가족을 일련의 상호 연관된 체계 및 하위체계들로 이루어진 복합적 총체로 인식하여 한 부분의 변화가 다른 부분의 변화를 야기한다고 본다.

출제의도 체크

사회관계망표로 가족의 사회적 지지체계를 파악할 수 있어도, 가족 내 규칙을 파악할 수는 없습니다.

▶ 10회 기출

전문가의 한마디

다세대적 가족치료모델(세대 간 가족치료모델)은 원가족 분석을 중시하는 개입방법입니다. 보웬은 가족사정을 위해 가계도(Genogram)를 고안하였는데, 가계도를 작성하고 해석하면서 가족의 정서적 과정을 가족과 함께 이야기하게 됩니다.

④ 개인이 가족자아로부터 분화되어 확고한 자신의 자아를 수립할 수 있도록 가족성원의 정서체계에 대한 합리적인 조정을 강조한다.

⑤ 불안의 정도와 자아분화의 통합 정도로서 개인의 감정과 지적 과정 사이의 구분능력을 강조한다. 즉, 정서적인 것과 지적인 것을 분화할 수 있는 능력을 키우도록 함으로써 '미분화된 가족자아 집합체(Undifferentiated Family Ego Mass)'를 적절하게 분화하는 것을 목표로 한다.

(2) 주요 개념

① **자아분화 및 분화촉진**   10회, 14회, 17회, 20회 기출

ⓐ 정서적인 것과 지적인 것의 분화를 의미하며, 감정과 사고가 적절히 분리되어 있는 경우 자아분화 수준이 높은 것으로 간주한다.

ⓑ 개인이 가족의 정서적인 혼란으로부터 자유롭고 독립적인 사고나 행동을 할 수 있는 정도를 의미한다.

ⓒ 독립의 상태를 '1~100'까지의 분화지수로 표시하며, 이때 '0'은 가족으로부터의 완전한 구속을, '100'은 가족으로부터의 완전한 독립을 의미한다.

ⓓ 자아분화 수준이 높을수록 사고와 감정이 균형을 이루며, 타인과의 관계에서 자주적으로 행동한다. 반면, 자아분화 수준이 낮은 사람은 합리적으로 의사결정을 하지 못하며, 반사적인 행동 수준에 머무른다. 특히 삼각관계를 통해 자신의 불안을 회피하고자 하며, 적응력과 자율성이 작아진다.

ⓔ 분화촉진은 원가족에게서 자아분화 수준을 높임으로써 가족 내 개별성원으로 하여금 자주성과 성장의 기회를 제공한다.

② **삼각관계 및 탈삼각화**   11회, 12회, 13회, 15회, 20회, 22회 기출

ⓐ 스트레스는 두 사람(특히 부부)의 관계체계에서 발생하는 관계의 균형을 유지하기 위한 시도 과정에서 발생한다.

ⓑ 삼각관계(Triangle)는 스트레스의 해소를 위해 두 사람 간의 상호작용체계에 다른 가족성원을 끌어들임으로써 갈등을 우회시키는 것이다. 예를 들어, 자아분화 수준이 낮은 부모는 미분화에서 오는 자신들의 불안이나 갈등을 삼각관계를 통해 회피하려 한다.

ⓒ 보웬은 삼각관계를 가장 불안정한 관계체계로 보았으며, 실제로 삼각관계가 불안이나 긴장, 스트레스를 감소시키는 데에 일시적인 도움은 줄 수 있지만 가족의 정서체계를 혼란스럽게 만들어 증상을 더욱 악화시키는 것으로 보았다.

ⓓ 탈삼각화(Detriangulation)는 가족 내 삼각관계를 교정하여 미분화된 가족자아 집합체로부터 벗어나도록 돕는 것으로, 두 성원들의 감정영역에서 제3의 성원을 분리하는 것이다.

바로암기 O×

자아분화 수준이 높을수록 가족체계의 정서로부터 분화된다?

( )

정답 O

출제의도 체크

아내가 남편보다 장남인 아들에 집착하는 경우 탈삼각화(Detriangulation)를 통한 가족치료를 적용합니다.

▶ 12회 기출

ⓜ 나-입장 취하기(I-position)는 타인을 비난하는 대신 자신이 생각하고 느낀 바를 말함으로써 탈삼각화를 촉진한다.

③ 다세대 전수과정 　16회 기출

ⓖ 가족의 분화 수준과 기능이 세대 간 전수되는 과정을 일컫는 것으로, 가족체계 내 문제가 세대 간 전이를 통해 나타남을 의미한다.

ⓝ 자아분화 수준이 낮은 가족이 부적절한 가족투사로 삼각관계를 형성하여 가족 내 지나친 정서적 융합 또는 단절을 여러 세대에 걸쳐 지속시킴으로써 정신적 · 정서적 장애를 유발한다.

ⓒ 다세대 전수과정을 파악하기 위해서는 확대가족에 대한 자료를 수집해야 하며, 그와 같은 과정 자체가 분화를 촉진하는 수단이 된다.

6　구조적 가족치료모델 　2회, 9회, 10회, 11회, 14회, 17회, 20회, 21회 기출

(1) 의의 및 특징

① 미누친(Minuchin)이 제안한 것으로서, 가족구조를 재구조화하여 가족이 적절한 기능을 수행할 수 있도록 돕는 방법으로 개인을 생태체계 또는 환경과의 관계에서 이해한다.

② 가족을 하나의 체계로 보며, 개인의 문제를 정신적 요인보다 체계와의 관련성에 둔다. 또한 가족의 구조를 변화시킴으로써 체계 내 개인의 경험이 변화되어 구조를 평가하고 새로운 구조로 변화시키는 전략을 사용한다.

③ 가족 간의 명확한 경계를 강조하고 특히 하위체계 간에 개방되고 명확한 경계를 수립하는 것을 치료의 목표로 삼는다.

④ 경직된 경계선에서의 분리와 혼돈된 경계선에서의 밀착이 모두 가족의 문제를 유발할 수 있으므로 명확한 경계선이 설정되어야 하며, 명확한 경계선에서 가족성원들은 지지받고 건강하게 양육되며 독립과 자율이 허락된다.

⑤ 가족구조를 재조정 혹은 재구조화하여 가족이 적절한 기능을 수행할 수 있도록 돕는다.

(2) 주요 개념 　10회, 14회, 15회, 17회 기출

① 가족 재구조화(Restructuring)

ⓖ 가족의 상호작용을 바꾸는 것으로, 가족 하위체계 간의 경계를 조정하고 위계질서를 강화하며, 규칙을 현실적인 것으로 바꾸는 것 등을 포함한다.

ⓝ 재구조화를 위해 치료자는 지지, 교육, 안내 등 적극적인 역할을 수행한다.

② 재구성(Reframing) 또는 재명명(Relabeling) 19회 기출

　㉠ 가족성원의 문제를 다른 시각에서 보거나 다른 방법으로 이해하도록 돕는 방법 이다. 이는 모든 행동에는 부정적인 면과 긍정적인 면이 동시에 존재한다는 관점 에서, 부정적인 행동에 긍정적인 암시를 부여하는 것이다.

　㉡ 가족구성원에게 가족 내의 문제를 현실에 맞게 새로운 관점에서 보도록 함으로 써 문제를 올바르게 인식하게 하고 서로 관계하는 방법을 변화시키도록 돕는다.

③ 경계 만들기(Boundary Making) 7회, 9회, 15회, 21회 기출

　㉠ 개인체계뿐만 아니라 하위체계 간의 경계를 명확히 함으로써 가족성원 간 상호 지지의 분위기 속에서 독립과 자율을 허용하도록 하는 것이다.

　㉡ 밀착된 가족의 경우 하위체계 간 경계를 보다 강화하여 개별성원의 독립성을 고 양시키는 반면, 유리된(분리된) 가족의 경우 하위체계 간 교류를 촉진하여 경직 된 경계를 완화시킨다.

　　예 '부모-자녀' 체계에서 부모는 자녀에게 권위를 지켜야 하고 부부 중 어느 한 쪽이 자녀와 배우자보다 더 친하지 말아야 함을 강조한다.

④ 합류 또는 합류하기(Joining) 12회, 17회, 18회 기출

　㉠ 치료자가 가족성원들과의 관계형성을 위해 가족을 수용하고 가족에 적응함으로 써 기존의 가족구조에 참여하는 방법이다. 치료자는 합류를 통해 가족 상호작용 의 맥락을 파악하고, 가족의 희생양이 느끼는 고통을 이해할 수 있다.

　㉡ 합류를 촉진하기 위한 기법으로 '따라가기(Tracking)', '유지하기(Accomodation)', '흉내 내기(Mimesis)'가 있다.

⑤ 실연(Enactment) 19회 기출

　㉠ 치료면담 과정에서 가족성원들로 하여금 역기능적인 교류를 실제로 재연시키는 것이다.

　㉡ 가족 갈등을 치료상황으로 가져와 성원들이 갈등을 어떻게 처리하는지 직접 관 찰하도록 함으로써 상호작용에서 나타나는 문제를 수정하고 이를 재구조화한다.

⑥ 긴장 고조시키기(Increasing the Stress)

　㉠ 가족성원들 간의 긴장을 고조시켜 가족이 지켜 온 평형상태에서 벗어나 재구조 화 하도록 돕는다.

　㉡ 긴장 고조는 특히 강조(Intensity) 기법을 통해 더욱 원활해질 수 있다. 강조는 가족 상호작용의 흐름을 막음으로써 가족이 예전 상태로 되돌아가지 않고 평형 상태에서 벗어나도록 하는 데 사용된다.

⑦ 균형 깨기 또는 균형 깨뜨리기(Unbalancing) 17회 기출

　㉠ 치료자가 가족 내 하위체계들 간의 역기능적 균형을 깨뜨리기 위한 것이다.

ⓒ 가족 내에서 희생을 하거나 낮은 위치에 있는 구성원을 위해 가족체계 내의 지위나 권력구조를 변화시킨다.

　　예 권위적이고 가부장적인 남편이 자기주장만을 강조하는 경우, 치료자는 의도적으로 부인의 편을 들어주어 역기능적 균형을 깨뜨릴 수 있다.

⑧ **과제부여(과제주기) 또는 과제할당(Task Setting)**

　　ㄱ 가족의 상호교류 유형을 변화시키기 위해 적절한 과제를 부여함으로써 상호작용을 변화시키는 것이다.

　　ㄴ 가족성원들 간의 상호교류에서 자연스럽게 발전될 수 있는 행위를 실연해 보도록 하기 위해, 가족이 수행할 필요가 있는 영역을 개발하도록 하기 위해 분명하고 구체적인 과업을 제공한다.

　　예 유리된(분리된) 가족의 경우 형제 간 친밀감을 형성하도록 돕기 위해 형제가 3시간 정도 함께 시간을 보내도록 과제를 부여한다.

7　경험적 가족치료모델　9회, 12회, 21회, 22회 기출

(1) 의의 및 특징　15회 기출

① 사티어(Satir)는 가족의 기능으로서 의사소통의 방식에 관심을 기울였다.

② 가족은 올바른 의사소통 방식을 학습하고 이를 실제장면에 적용함으로써 상호작용의 과정을 통해 문제를 해결할 수 있다.

③ 가족관계의 병리적 측면보다는 긍정적 측면에 초점을 두며, 가족의 안정보다는 성장을 목표로 한다.

④ 가족에게 통찰이나 설명을 해 주기보다는 가족의 특유한 갈등과 행동양식에 맞는 경험을 제공하려고 노력한다.

⑤ 인본주의적이고 현상학적인 사고에 영향을 받음으로써 치료적 기법을 강조하기보다는 최선을 다해 치료에 임하는 치료자의 개인적인 관여를 중시한다.

⑥ 치료자는 가족성원들이 각자 자신의 감정과 욕구에 민감하고 이를 가족과 나누며, 효과적인 의사소통을 위해 기쁨뿐만 아니라 실망, 두려움, 분노에 대해서도 대화하고 수용할 수 있도록 돕는 데 초점을 둔다.

(2) 주요 개념

① **자아존중감(Self-esteem)**

　　ㄱ 사티어는 자아존중감 향상을 의사소통 가족치료의 목적으로 제시하였다.

　　ㄴ 자아존중감 형성에는 가족구조와 부모와의 관계가 중요하게 부각되는 생애 초기에 자녀가 어떠한 관계를 경험했는가가 매우 중요하다.

바로암기 ○×

'탈삼각화', '합류하기', '경계만들기'는 구조적 가족치료의 대표적인 기법이다?

　　　　　　　　(　)

해설

'탈삼각화'는 다세대적 가족치료모델(세대 간 가족치료모델)의 주요 기법이다.

정답 ×

전문가의 한마디

사티어(Satir)는 체계이론, 의사소통이론, 자아심리학 등의 영향을 받아 가족의 의사소통 과정에 초점을 두는 치료모델을 개발하였는데, 초창기 의사소통 가족치료에 몰두한 정신조사연구소(MRI)에의 참여를 계기로 그의 치료모델을 '의사소통 가족치료모델'로 부르기도 합니다.

© 부모-자녀 관계에서 부모가 자녀에게 적절하게 반응하지 못한 경우, 자녀가 자아존중감을 학습하고 발전시킬 수 있는 기회를 갖지 못한 경우, 부모가 역기능적인 의사소통을 보이거나 의사소통 내용이 부정적일 경우 자녀의 자아존중감은 손상된다.

② 개인의 낮은 자아존중감을 회복시켜 자신의 가치를 인정하고 자신이 보유한 강점과 자원을 발견 및 활용하도록 함으로써 문제 상황에 잘 대처할 수 있게 된다.

② **의사소통 및 대처유형** 5회, 11회, 13회, 16회, 18회, 19회, 20회 기출

사티어(Satir)는 자아존중감의 3대 요소로 자기, 타인, 상황을 제시하였다. 그리고 그 세 가지 요소가 모두 순기능을 하는 일치형을 제외한 나머지 의사소통 유형(대처유형)을 모두 역기능적인 것으로 보았다.

일치형	• 자신이 중심이 되어 타인과 관계를 맺으며, 다른 사람과 연결이 필요한 경우 스스로 직접 선택한다(→ 자신 존중, 타인 존중, 상황 존중). • 의사소통 내용과 내면의 감정이 일치함으로써 매우 진솔한 의사소통이 가능하며, 알아차린 감정이 언어로 정확하고 적절하게 표현된다. • 자신 및 타인, 상황을 신뢰하고 높은 가치관을 가지고 있으며, 심리적으로도 안정된 상태이다.
회유형 (아첨형)	• 자신의 내적 감정이나 생각을 무시한 채 타인의 비위와 의견에 맞추려 한다(→ 자신 무시, 타인 존중, 상황 존중). • 자신이 안정을 유지하기 위해서는 상대방에게 "예"라고 대답해야 한다고 생각한다. • 다른 사람의 의견에 지나치게 동조하고 비굴한 자세를 취하며, 사죄와 변명을 하는 등 지나치게 착한 행동을 보인다.
비난형	• 회유형과 반대로 자신만을 생각하며, 타인을 무시하고 비난하는 양상을 보인다(→ 자신 존중, 타인 무시, 상황 존중). • 약해서는 안 된다는 의지로 자신을 강하게 보이도록 하기 위해 타인을 통제하고 명령한다. • 외면적으로는 공격적인 행동을 보이나, 내면적으로는 자신을 소외자 또는 외로운 실패자라고 느낀다.
초이성형 (계산형)	• 자신 및 타인을 모두 무시하고 상황만을 중시한다(→ 자신 무시, 타인 무시, 상황 존중). • 비인간적인 객관성과 논리성의 소유자로서 원리와 원칙을 강조한다. • 내면적으로는 쉽게 상처받고 소외감을 느낀다.
산만형 (혼란형)	• 초이성형과 달리 자신 및 타인은 물론 상황까지 모두 무시한다(→ 자신 무시, 타인 무시, 상황 무시). • 가장 접촉하기 어려운 유형으로서, 위협을 무시하고 상황과 관계없이 행동하며, 말과 행동이 불일치하고 정서적으로 혼란스러워 보인다. • 내면적으로 모두가 자신을 거부한다고 생각함으로써 무서운 고독감과 자신의 무가치함을 느낀다.

③ **가족조각(Family Sculpting)** 1회, 3회, 4회, 7회, 8회, 9회, 14회, 16회, 17회, 19회 기출

　ㄱ 가족의 상호작용 양상을 공간 속에 배치하는 방법으로서, 특정 시기의 정서적인 가족관계를 사람이나 다른 대상물의 배열을 통해 나타낸다.

　ㄴ 가족조각의 목적은 가족관계 및 가족의 역동성을 진단함으로써 치료적인 개입을 하는 데 있다.

　ㄷ 자신을 제외한 다른 가족성원들을 이용하여 가족조각을 마친 후 가족을 조각한 사람도 맨 마지막에 자신이 만든 조각의 어느 한 부분에 들어가 동작을 취해야 한다.

　ㄹ 가족조각에 대한 피드백 주고받기 상황이 끝난 후 사회복지사는 각 가족성원들로 하여금 현재의 조각이 어떻게 변화되기 바라는지를 다시 조각으로 표현하게 한다. 또한 그와 같은 변화를 위해 가족성원 중 누가 어떤 행동변화를 해야 할 것인가를 가족에게 묻는다.

　ㅁ 가족조각을 하는 동안 가족은 서로 웃거나 이야기하지 않는다. 이는 자기를 드러내지 않으려는 자기방어적인 행동일 수 있기 때문이다.

　ㅂ 가족조각을 하면서 혹은 형성된 가족조각을 통해 가족 간의 친밀도나 가족 내 숨겨져 표현되지 못했던 감정, 가족규칙 및 가족신화 등이 노출될 수 있다.

④ **가족그림(Family Drawing)**

　ㄱ 가족성원 각자에게 가족이 어떻게 조직되어 있는지 생각나는 대로 그리도록 하는 것이다.

　ㄴ 가족성원들로 하여금 각자 가족에 대해 어떻게 생각하고 있는지, 다른 성원들이 서로에 대해 어떻게 느끼고 있는지, 가족관계에 어떤 문제가 있는지 등을 이해할 수 있도록 해 준다.

　ㄷ 가족 내 개별성원들은 자신이 그린 그림을 다른 성원들 앞에서 설명함으로써 자신을 객관적으로 평가하는 기회를 가진다.

⑤ **역할연습 또는 역할극(Role Playing)**

　ㄱ 가족의 문제 상황을 구체적으로 재현하거나 새로운 행동을 연습하는 데 활용된다.

　ㄴ 가족성원들은 가족 내 다른 성원의 역할을 수행해 봄으로써 다른 성원의 내면에 대해 보다 깊이 이해할 수 있다.

　ㄷ 역할극은 실제상황의 위험부담 없이 새로운 행동을 연습할 수 있는 장점이 있다.

바로암기 ○×

가족을 조각한 사람은 객관성을 유지하기 위해 조각에서 제외되는 것이 일반적이다?

（　）

해설
가족을 조각한 사람도 조각의 어느 한 부분에 들어가 동작을 취해야 한다.

정답 ×

---

8 전략적 가족치료모델 22회 기출

(1) 의의 및 특징

① 헤일리(Haley)가 의사소통 가족치료의 전통을 계승하여 제안한 것으로서, 인간행동의 원인에는 관심이 없으며, 단지 문제행동의 변화를 위한 해결방법에 초점을 둔다.

② 목표설정에 있어서 가족이 호소하는 문제를 포함하며, 가족의 문제를 해결하기 위한 다양한 전략을 모색한다.

③ 단기치료에 해당하며, 이해보다는 변화에, 이론보다는 기법에 더 많은 관심을 가진다.

④ 전략적 치료모델은 헤일리의 전략적 구조주의모델, 정신조사연구소(MRI ; Mental Research Institute)의 상호작용모델, 밀란(Milan)의 체계적 모델로 확대되었다.

(2) 주요 개념

① 역설적 지시(Paradoxical Directives) 또는 증상처방(Prescribing The Symptom)

5회, 8회, 9회, 11회, 13회, 14회, 15회, 17회, 19회 기출

㉠ 문제행동을 계속하도록 지시하여 역설적 치료 상황을 조장하는 것으로, 특히 가족이 변화에 대한 저항이 클 때 사용할 수 있다.

㉡ 가족이 그 가족 내에서 문제시해 온 행동을 과장하여 계속하도록 함으로써 문제를 유지하는 순환고리를 끊도록 한다.

㉢ 클라이언트가 자기 자신이나 가족의 변화를 위해 도움을 청하면서도 동시에 변화에 저항하려는 양가감정을 가지고 있음을 역으로 이용한 것으로, '치료적 이중구속'을 활용한 것이다.

㉣ 변화의 속도가 지나치게 빠를 때 천천히 변화하도록 권하거나 개선이 생길 때 재발 가능성에 대해 염려하고 이를 경고하는 제지(Restraining), 클라이언트가 가진 증상보다 더 고된 체험을 하도록 과제를 부여함으로써 증상을 포기하도록 하는 시련(Ordeal)도 역설적 기법이다.

㉤ 치료적 이중구속 상황에서 클라이언트는 치료자의 지시를 따라도, 지시를 따르지 않아도 문제가 해결될 수 있다. 이는 지금까지 클라이언트가 자신의 문제를 해결하기 위해 다각적으로 노력하였음에도 불구하고 문제해결에 실패하여 치료자를 찾아온 것이기 때문이다.

② 재구성, 재명명, 재정의 또는 재규정(Reframing) 20회 기출

㉠ 가족성원의 문제를 다른 시각에서 보거나 다른 방법으로 이해하도록 돕는 것이다.

㉡ 이미 경험한 사실에 대한 관점이나 감정을 좀 더 구체화하고 이를 긍정적으로 재규정하여 사건과 관련된 가치판단이나 감정을 변화시키는 방법이다.

③ 순환적 질문(Circular Questioning) 8회 기출

　　㉠ 문제에 대한 제한적이고 단선적인 시각에서 벗어나 문제의 순환성을 깨닫도록 하기 위해 연속적으로 질문을 하는 것이다.

　　㉡ 가족성원들로 하여금 스스로를 관계적 맥락에서 바라보게 하는 관계질문기법으로서, 다른 개별성원의 반응을 경청하는 과정에서 가족을 새롭게 인식하는 경험을 하도록 한다.

④ 가장 기법(Pretend Technique)

　　㉠ 역설적 기법으로 긴장 상황을 조성하고 반항심을 유발하는 대신 놀이를 이용하여 저항을 우회시키는 방법이다.

　　㉡ 문제 증상을 나타내 보이는 자녀에게 증상을 가진 것처럼 행동하게 하고, 부모는 그런 자녀를 돕는 것처럼 행동하도록 지시한다.

　　㉢ 사람은 실제로 공포나 심한 분노를 느끼면서 동시에 그와 같은 행동을 가장할 수 없다는 사실에 근거한 것으로서, 문제 증상을 가진 자녀는 증상을 가진 척 하는 것만으로도 충분하여 실제 증상을 포기하게 되는 것이다.

9 해결중심적 가족치료모델

(1) 의의 및 특징 9회, 14회 기출

① 스티브 드 세이저(Steve de Shazer)와 인수 김 버그(Insoo Kim Berg)에 의해 개발된 것으로서, 가족의 병리적인 것보다 건강한 것에 초점을 둔다.

② 가족에게서 강점, 자원, 건강한 특성, 탄력성 등을 발견하여 이를 상담에 활용한다.

③ 탈이론적 입장에서 가족의 견해를 중시하므로 인간행동에 대한 가설에 근거하여 가족을 사정하지 않으며, 해결방법의 간략화를 추구하여 작은 변화에서부터 시도한다.

④ 과거의 문제보다는 미래와 해결방안 구축에 관심을 기울임으로써 현재와 미래 상황에 적응하도록 돕는다.

⑤ 상담자와 가족이 함께 해결방안을 발견 및 구축하는 과정에서 상호협력을 중시한다.

⑥ 상담 전 변화질문, 예외질문, 기적질문, 척도질문, 대처질문, 관계성질문 등 해결지향적 질문기법을 사용한다.

> **참고**
>
> 해결지향적 질문기법에 대해서는 앞선 'CHAPTER 02 개인 대상 사회복지실천'의 '해결중심모델'을 살펴보시기 바랍니다.

(2) 클라이언트의 관계유형

불평형 (Complainant)	• 문제해결의 필요성에 대해 상세히 설명함에도 불구하고 자기 자신을 문제해결의 일부로 보지 않는 유형이다. • 문제해결이 부모, 배우자, 자녀 등 다른 사람의 변화를 통해 이루어질 수 있다고 생각한다.
방문형 (Visitor)	• 비자발적 클라이언트 유형으로서, 불평도 없고 치료도 원하지 않으면서 아무것도 하려고 하지 않는 유형이다. • 문제는 자기 자신이 아닌 다른 사람에게 있다고 생각하거나, 문제 자체를 인식하고 있지 않다.
고객형 (Customer)	• 자신의 문제를 시인하고 문제해결을 위한 동기도 가지고 있으며, 이를 위해 치료자에게 도움을 요청하는 유형이다. • 클라이언트는 상담 및 치료의 목표를 인식하고 있으며, 이를 달성하기 위해 자신의 노력이 필수적이라는 사실도 인지하고 있다.

10 이야기치료 모델

(1) 의의 및 특징

① 인간의 문제행동을 근본적 구조(자아, 정체성)의 결함에서 비롯된 것으로 보는 전통적 심리치료와 달리, 이야기치료는 후기 구조주의의 흐름으로서 사회구성주의의 영향을 받아 개인의 행동을 내적 역동에 의한 것이라기보다는 문화와 역사의 산물로 간주한다.

② 구성주의가 사람들이 현실에 대해 의미를 구성하는 과정에 관심을 둔다면, 사회구성주의는 의미를 구성하는 과정에서의 상호작용에 초점을 맞춘다.

③ 사람들은 어떠한 현상이나 사건을 객관적·보편적으로 지각하기보다는 언어체계를 통한 제한적 경험에 의해 주관적으로 구성한다.

④ 사회구성주의는 가족 내 대화환경에서 가족구성원이 의미를 재구성하는 과정에 초점을 둔다. 즉, 사회구성주의적 관점에서는 가족의 문제상황에 대해 가족구조의 상호작용이나 의사소통 유형 등을 파악하기보다는 가족구성원이 가족의 문제에 대해 어떻게 인식하고 있는지를 우선적으로 고려한다.

⑤ 이야기치료 모델은 가족구성원마다 호소하는 문제를 감소시키는 것이 단기적 목표이며, 가족구성원 각각이 자신들이 선호하는 방향으로 가족의 이야기를 할 수 있도록 하는 것이 궁극적인 목표이다.

(2) 주요 개념

① 이야기(Story)

㉠ 개인은 자신이 경험한 사건들 가운데 논리적 가정에 근거하여 특정한 것을 선택하며, 그것에 의미를 부여한다.

㉡ 삶의 이야기는 개인의 삶을 반영하는 도구이자 개인의 삶 자체를 만들어 내고 나아가 개인의 정체성을 만들어 내는 도구가 된다.

② 문제의 외현화(Externalization) 9회, 13회, 14회, 17회, 21회 기출

㉠ 이야기치료 모델은 가족의 상호작용 유형을 확인하고 문제를 외현화한다.

㉡ 이야기치료에서 주로 사용하는 문제의 외현화는 가족의 문제가 가족구성원 개인이나 가족 자체의 문제가 아닌 가족에게 부정적인 영향을 미치는 별개의 존재로서 이야기하도록 하는 것이다.

㉢ 문제의 외현화 작업을 통해 클라이언트 가족으로 하여금 가족과 문제가 동일한 것이 아님을 깨닫도록 하며, 가족과 문제 사이에 일정한 공간을 만듦으로써 그 관계를 재조명하고 수정할 수 있도록 한다.

> 클라이언트 : "저는 조그마한 어려움이 있어도 쉽게 좌절하는 사람이에요."
> 사회복지사 : "좌절감이 당신으로 하여금 새로운 일을 하는 것을 방해하네요."

04 | 집단 대상 사회복지실천

KEY POINT

- '집단 대상 사회복지실천'에서는 3영역 '사회복지실천론'의 CHAPTER 02 '사회복지실천의 현장과 통합적 접근' 부분을 함께 학습하도록 한다.
- 집단사회복지실천의 이해에서는 치료집단, 과업집단, 자조집단 및 개방집단과 폐쇄집단에 대한 특징 및 분류가 중요하다. 특히 시험에서 예를 통해 문제가 주어지므로, 해당 집단이 소속된 카테고리를 잘 정리해야 한다.
- 얄롬이 제시한 집단의 치료적 효과는 시험에 빈번히 출제되고 있으므로 이를 반드시 기억해야 한다.
- 집단사회복지실천모델에서는 사회적 목표모델, 치료모델, 상호작용모델의 특징 및 차이점을 분석할 수 있어야 한다.
- 집단단계별 사회복지실천에서는 준비단계에서 종결단계에 이르기까지 사회복지사에게 주어진 과제를 기억해야 한다.

01절　집단사회복지실천의 이해

1　집단 및 집단사회복지실천

(1) 집단의 구성　9회, 10회, 14회, 17회 기출

전문가의 한마디

집단성원의 동질성을 높이기 위해서는 사전에 욕구 수준을 파악해야 하며, 집단의 응집력을 높이기 위해 참여 동기가 유사한 성원을 모집하는 것이 좋습니다.

① 동질성과 이질성

집단이 유지되기 위해 집단은 동질적이면서 또한 이질적이어야 한다. 동질적인 집단은 집단성원들 간의 상호작용이 활발하나, 동질성이 지나칠 경우 객관적인 관점을 갖지 못하는 등 부정적인 결과를 가져올 수도 있다.

② 집단의 크기

집단의 목표에 따라 집단의 크기를 융통성 있게 정한다. 집단성원의 연령, 집단의 유형, 집단의 목적 등을 고려하며, 특히 아동 및 청소년의 경우 성인을 위한 집단보다 그 규모가 작은 것이 좋다.

③ 집단의 개방수준(집단유형)

다양한 집단성원의 참여를 유도하기 위해서는 개방형 집단으로 구성하고, 집단의 연속성과 성원들 간의 강한 응집력을 위해서는 폐쇄형 집단으로 구성한다. 일반적으로 개방형 집단이 폐쇄형 집단에 비해 위기상황에 처한 사람들에게 더 융통성 있는 참여기회를 제공한다.

④ 집단의 지속기간 및 회합의 빈도

집단의 지속기간은 응집력이 발생할 수 있을 정도로 충분히 길어야 하나, 그렇다고 너무 길어서도 안 된다. 또한 한 회의 회합은 보통 한두 시간씩 일주일에 한두 번이 적당하다. 특히 아동집단은 성인집단에 비해 모임 시간은 더 짧게 빈도는 더 자주 설정한다.

⑤ 물리적 환경의 배려

집단의 정서적 안정감을 높이기 위해 쾌적한 장소를 선정한다. 특히 물리적 공간을 결정할 때 좌석배치까지 고려한다.

⑥ 기관의 승인

승인은 수직적일 뿐만 아니라 수평적이어야 한다. '수직적 승인'은 기관장이나 합법적인 권한을 가진 사람으로부터, '수평적 승인'은 동료 및 다른 분야 직원들로부터 나온다.

심화연구실

개방형 집단과 폐쇄형 집단의 장단점 16회 기출

개방형 집단(개방집단)	폐쇄형 집단(폐쇄집단)
• 새로운 성원의 아이디어나 자원을 활용할 수 있다. • 새로운 성원의 참여로 집단 전체의 분위기를 조성할 수 있다. • 성원 교체에 따른 안정성이나 집단정체성에 문제가 발생할 수 있다. • 집단이 개방적일 경우 그 발달단계를 예측하기 어렵다. • 새로운 성원의 참여가 기존 성원의 집단과업 과정에 방해요소가 될 수 있다.	• 같은 성원의 지속적인 유지로 인해 결속력이 매우 높다. • 안정적인 구성으로 집단성원의 역할행동을 예측할 수 있다. • 성원의 결석이나 탈락이 집단에 부정적인 영향을 미친다. • 새로운 정보의 유입이 이루어지지 않으므로 효율성이 떨어질 수 있다. • 소수 의견이 집단의 논리에 의해 무시될 수 있다.

전문가의 한마디

집단이 개방적일 경우 새로운 성원의 참여로 인해 집단의 과정을 되풀이하게 되는 경우도 있으므로 집단의 발달을 저해할 수 있습니다.

(2) 집단역동(집단역학)

① **집단역동의 구성요소(Northern & Kurland)** 2회, 4회, 5회, 7회, 16회 기출

집단은 역동적인 힘을 통해 변화해 나가면서 개별성원에게 영향을 주어 변화를 유도하거나 문제해결을 돕는다. 집단역동은 대개 다음의 요소들로 구성된다.

㉠ 의사소통 유형   ㉡ 집단목적

㉢ 대인관계   ㉣ 지위와 역할

㉤ 가치와 규범   ㉥ 긴장과 갈등

㉦ 집단응집력   ㉧ 하위집단 등

집단역동 또는 집단역학(Group Dynamics)의 구성요소는 학자마다 교재마다 매우 다양하게 제시되고 있습니다. 위의 요소들은 노든과 쿠클란트(Northern & Kurland)가 제시한 것으로, 그 외에도 '집단지도자와 지도력', '집단문화', '피드백' 등 다양한 요소들이 언급되고 있습니다.

② 집단역동을 증진시키기 위한 방안   11회, 13회 기출

ㄱ 집단성원들 간의 솔직한 의사소통이 이루어지도록 노력한다.

ㄴ 집단성원들이 다양한 지위와 역할을 경험할 수 있도록 한다.

ㄷ 집단의 규칙과 규범을 제정하고 이를 준수하도록 한다.

ㄹ 집단성원들로 하여금 집단 중심적인 생각과 행동을 보이도록 촉진한다.

ㅁ 집단성원들 간의 긴장과 갈등은 집단관계에서 오히려 건설적인 힘이 될 수도 있으므로, 이를 바람직한 방향으로 해결하기 위해 노력한다.

③ 하위집단   17회, 19회 기출

ㄱ 하위집단은 정서적 유대감을 갖게 된 집단구성원 간에 형성된다.

ㄴ 적게는 두 명에서 많게는 다수의 성원들로 구성된다.

ㄷ 하위집단의 발생은 필연적이기 때문에 전체집단에 부정적 영향을 주는지 파악하는 것이 필요하다.

ㄹ 하위집단 가운데 다소 우위에 있는 하위집단이 집단에 대한 통제력을 행사하려고 시도하기 때문에 다른 하위집단과 갈등을 유발할 수 있다.

ㅁ 하위집단은 소시오그램(Sociogram)이나 소시오메트리(Sociometry)를 통해 측정 가능하다.

바로암기 ○×

하위집단은 적게는 한 명에서 많게는 다수의 성원들로 구성된다?

(   )

해설

하위집단은 최소 두 명 이상으로 구성된다.

정답 ×

심화연구실

집단과정을 촉진시키기 위한 사회복지사의 실천 활동   11회, 13회, 16회, 18회, 19회 기출

자기노출	• 자신의 경험, 감정, 생각 등을 집단성원에게 솔직하게 노출한다. • 지속적으로 상세하게 노출하거나 너무 많이 노출하지 않도록 주의한다.
직면하기	• 집단성원이 말과 행동 간에 불일치를 보이는 경우 혹은 전달하는 메시지의 내용들 사이에 불일치를 보이는 경우 그 집단성원을 직면한다. • 종종 오해를 불러일으키거나 역효과를 낳을 수 있으므로 사용 시 주의를 기울인다.
피드백	• 집단성원들에게 그들의 역할수행이나 혹은 서로를 어떻게 바라보는지에 대해 명확한 정보를 제공한다. • 피드백은 구체적이며, 클라이언트의 장점에 초점을 두도록 한다. 지나치게 많은 피드백을 동시에 제공하는 것은 효과적이지 못하다.

(3) 집단응집력

① 응집력이 높은 집단의 특징   11회, 20회 `기출`

    ㉠ 자기 자신을 개방하며, 자기 탐색에 집중한다.

    ㉡ 다른 성원들과 고통을 함께 나누며, 이를 해결해 나간다.

    ㉢ 자유로운 분위기에서 집단 활동에 적극적으로 동참한다.

    ㉣ 자신의 생각과 느낌을 즉각적으로 표현한다.

    ㉤ 서로를 보살피며, 있는 그대로 수용해 준다.

    ㉥ 보다 진실되고 정직한 피드백을 교환한다.

    ㉦ 건강한 유머를 통해 친밀감을 느끼며, 기쁨을 함께 한다.

    ㉧ 깊은 인간관계를 맺으므로 중도이탈자가 적다.

    ㉨ 집단의 규범이나 규칙을 준수하며, 이를 지키지 않는 다른 집단성원을 제지한다.

② 집단응집력 향상을 위한 방안(Corey & Toseland et al.)   12회, 19회 `기출`

    ㉠ 집단성원들 간의 활발한 상호작용을 위해 집단토의와 프로그램 활동을 적극적으로 활용하도록 한다.

    ㉡ 집단성원 개개인이 스스로 가치 있고 능력 있는 존재이며, 서로 다른 인식과 관점을 가진 존재임을 깨닫도록 돕는다.

    ㉢ 집단성원들의 욕구가 집단 내에서 충족된 방법들을 파악하도록 돕는다.

    ㉣ 집단성원들이 목표에 초점을 두고 목표를 달성할 수 있도록 돕는다.

    ㉤ 집단성원들 간 비경쟁적 관계 및 상호협력적인 관계를 형성하도록 돕는다.

    ㉥ 집단성원들이 집단 과정에 완전히 참여할 수 있는 규모의 집단을 형성하도록 한다.

    ㉦ 집단성원들이 기대하는 바를 명확히 하고 집단성원의 기대와 집단의 목적을 일치시킨다.

    ㉧ 집단에 참여함으로써 얻을 수 있는 자원이나 보상 등의 자극제를 제시한다.

    ㉨ 집단성원들이 현재 참여하고 있는 집단에 대해 자부심을 느끼도록 돕는다.

    ㉩ 집단성원으로서의 책임성을 강조한다.

(4) 집단의 치료적 효과(Yalom)   5회, 6회, 7회, 10회, 11회, 12회, 16회, 17회, 21회, 22회 `기출`

① 희망의 고취(Instillation of Hope)

집단은 클라이언트에게 문제가 개선될 수 있다는 희망을 심어주는데 이때 희망 그 자체가 치료적 효과를 가질 수 있다.

② 보편성 또는 일반화(Universality)

클라이언트 자신만 심각한 문제, 생각, 충동을 가진 것이 아니라 다른 사람들도 자기와 비슷한 갈등과 생활경험, 생활상의 문제를 가지고 있다는 것을 알고 위로를 얻는다.

전문가의 한마디

집단응집력은 소속감과 집단의 흡인력이 집단성원들에게 나타나는 일종의 집단의 특성에 해당합니다.

출제의도 체크

자신의 성정체감을 숨겨왔던 동성애자가 집단모임에 참여하면서 자신과 비슷한 갈등을 경험한 사람들을 만나 위안을 얻게 되었다면, 이는 '보편성'의 치료적 효과에 해당합니다.

▶ 10회 기출

제4영역

③ 정보전달(Imparting Information)

클라이언트는 사회복지사의 강의로 자신의 문제에 대해 보다 명확하게 이해하고, 집단성원으로부터 직 · 간접적인 제안, 지도, 충고 등을 얻는다.

④ 이타심 또는 이타성(Altruism)

집단성원들은 위로, 지지, 제안 등을 통해 서로 도움을 주고받는다. 자신도 누군가에게 도움을 줄 수 있고, 타인에게 중요할 수 있다는 발견은 자존감을 높여준다.

⑤ 1차 가족집단의 교정적 재현(The Corrective Recapitulation of the Primary Family Group)

집단은 가족과 유사한 점이 있다. 다시 말해 사회복지사는 부모, 집단성원은 형제자매가 되는 것이다. 클라이언트는 부모형제들과 교류하면서 집단 내에서 상호작용을 재현하는데, 그 과정을 통해 그동안 해결되지 못한 가족 갈등에 대해 탐색하고 도전한다.

⑥ 사회기술의 개발(Development of Socializing Techniques)

집단성원으로부터의 피드백이나 특정 사회기술에 대한 학습을 통해 대인관계에 필요한 사회기술을 개발한다.

⑦ 모방행동(Imitative Behavior)

집단사회복지사와 집단성원은 새로운 행동을 배우는 데 좋은 모델이 될 수 있다.

⑧ 대인관계학습(Interpersonal Learning)

집단성원과의 상호작용을 통해 자신의 대인관계에 대한 통찰과 자신이 원하는 관계 형성에 대한 아이디어를 가질 수 있다. 또한 집단은 대인관계 형성의 새로운 방식을 시험해 볼 수 있는 장이 된다.

⑨ 집단응집력(Group Cohesiveness)

집단 내에서 자신이 인정받고, 수용된다는 소속감은 그 자체로서 집단성원의 긍정적인 변화에 영향을 미친다.

⑩ 정화(Catharsis)

집단 내의 비교적 안전한 분위기 속에서 집단성원은 그동안 억압되어온 감정을 자유롭게 발산할 수 있다.

⑪ 실존적 요인들(Existential Factors)

집단성원과의 경험 공유를 통해 자기 자신이 다른 사람에게 아무리 많은 지도와 후원을 받는다 해도 자신들의 인생에 대한 궁극적인 책임은 스스로에게 있다는 것을 배운다.

전문가의 한마디

가정폭력 피해여성을 위한 집단프로그램에서 참여자로 하여금 폭력에 압도된 감정을 자유롭게 표현하도록 하여 카타르시스를 경험하도록 하는 것은 '정화(Catharsis)'의 치료적 효과에 해당합니다.

심화연구실

집단의 치료적 효과(Malekoff) 17회, 19회 기출

- 상호지지
- 희망증진
- 새로운 지식과 기술 습득
- 정화의 기능
- 현실감각의 테스트 효과
- 일반화
- 이타성 향상
- 집단의 통제감 및 소속감
- 재경험의 기회 제공

(5) 집단사회복지실천의 원칙 14회 기출

① 개별화의 원칙

집단 내 집단관계를 통한 개인으로서의 입장을 명확히 하며, 성원 각자의 성장을 돕기 위하여 개인의 욕구에 대응한다.

② 수용의 원칙

집단성원의 성장을 촉진하기 위해 사회복지사 스스로 자신을 진솔하게 수용하고, 자신을 이해하기 위해 부단히 노력하는 모습을 보인다.

③ 참가의 원칙

집단성원의 참여를 촉진하기 위해 지지하며, 참여를 저해하는 요인들을 제거한다.

④ 체험의 원칙

집단성원의 과제해결 및 목표달성 과정에서의 다양한 활동은 사회생활의 기본적인 태도를 기르는 내적 · 심리적 체험이 된다.

⑤ 갈등해결의 원칙

집단 내 갈등이 발생한 경우 이를 회피하지 않고 직면하여 문제를 해결하기 위해 노력하는 과정이 중시된다.

⑥ 규범의 원칙

집단 활동 과정에서 최소한의 규칙 및 규범, 기본적 태도에 대한 규정은 필수적이다.

⑦ 계속평가의 원칙

집단 및 개인 성장의 궁극적 목적을 달성하기 위해 계속적 · 연속적으로 집단 과정을 분석 · 평가하며, 그 평가에 기초하여 다음 단계로 이행한다.

2 집단의 분류 3회, 4회, 7회, 14회, 15회, 18회 기출

(1) 치료집단 12회, 13회 기출

일반적으로 다소 심한 정서적·개인적 문제를 가진 집단성원들로 구성되며, 이들 개개인의 행동변화, 개인적인 문제의 개선 및 재활을 목표로 한다. 집단지도자는 상당한 정도의 기술을 가진 전문가로서, 권위적인 인물 또는 변화매개인으로서의 역할을 수행한다.

① 지지집단 7회, 8회, 10회, 14회, 20회 기출

ㄱ 집단성원들이 생활사건에 대처하고 이후 효과적으로 적응할 수 있도록 원조하는 것을 목적으로 한다.

ㄴ 집단사회복지사는 집단성원들이 자조와 상호원조를 통해 생활사건의 문제에 대한 대처기술을 형성하도록 도우며, 미래에 대한 긍정적이고 희망적인 삶의 힘을 공유할 수 있도록 촉진한다.

ㄷ 유사한 문제를 경험하는 사람들로 구성되기 때문에 자기개방 수준이 높으며, 유대감 형성에 유리하다.

예 이혼가정의 취학아동모임, 아동양육의 어려움을 함께 나누는 한부모집단, 암환자 가족모임 등

② 교육집단 5회, 8회 기출

ㄱ 집단성원들의 문제와 욕구를 해결하기 위해 각 구성원에게 필요한 기술과 정보를 제공하는 것을 목적으로 한다.

ㄴ 주로 전문가의 강의와 교육을 중심으로 이루어지며, 교육의 효과를 강화하기 위해 집단토론의 기회를 제공한다.

ㄷ 지도자를 중심으로 형성된 집단이므로 집단성원들의 자기개방 수준은 비교적 낮다.

예 부모역할 훈련집단, 위탁가정의 부모가 되려는 집단, 청소년 성교육집단, 특정 약물이나 질환에 대해 정보를 획득하려는 집단 등

③ 성장집단 6회, 12회, 18회 기출

ㄱ 촉진자로서의 전문가 역할이 강조된다.

ㄴ 성원 간의 상호작용이 중요한 도구가 되며, 개별 성원의 자기표출을 긍정적으로 인식하고, 공감과 지지를 얻기 위해 동질성이 높은 성원으로 구성한다.

ㄷ 집단성원들의 자기인식을 증진시키며, 각 성원들의 잠재력을 최대화하는 것을 목표로 한다.

ㄹ 집단성원들의 병리적 현상을 치료하기보다는 집단을 도구로 하여 심리적인 건강을 증진시키고 기능을 향상하도록 한다.

ⓜ 집단역동이 강조되므로 집단성원들의 자기개방 정도가 높다.

　　예 부부를 위한 참만남집단, 청소년 대상의 가치명료화집단, 리더십 향상집단, 잠재력 개발집단, 여성을 위한 의식고양집단, 은퇴 후의 삶에 초점을 맞추는 노인집단 등

④ **치유집단** 13회 기출

ⓖ 집단성원들이 스스로 자신의 부적응적인 행동을 변화시키고, 개인적인 문제를 완화하거나 제거할 수 있도록 원조하는 것을 목적으로 한다.

ⓛ 집단은 전문가의 사정을 통해 문제를 호소하는 개인이 치유집단에 적합한지 파악하는 과정을 거친다.

ⓒ 집단은 치유, 회복, 재활의 공동 목적이 있다고 하더라도 집단성원 각자가 서로 다른 증상과 문제를 나타내므로 개별적 차원에서 서로 상이한 목적을 가지게 된다.

　　예 학교폭력 피해아동의 외상 치유를 위한 집단, 심리치료를 받는 외래환자집단, 금연집단, 약물중독자집단, 보호관찰처분을 받은 청소년집단 등

⑤ **사회화집단** 14회 기출

ⓖ 집단성원들이 사회적 기술을 습득하고, 사회적으로 수용되는 행동유형을 학습함으로써 지역사회의 생활에서 효과적으로 기능할 수 있도록 원조하는 것을 목적으로 한다.

ⓛ 사회적 관계에 어려움을 경험하고 있는 사람들을 중심으로 집단이 형성되며, 사회기술훈련집단, 자치집단, 여가집단 등의 하위유형으로 구분된다.

ⓒ 활동을 통한 학습을 지향하며, 다양한 프로그램 활동, 야외활동, 게임 등을 활용한다.

　　예 과거 정신장애환자였던 사람들의 모임집단, 공격성을 가진 아동들의 집단, 자기주장훈련집단, 춤이나 악기연주 등의 여가활동을 포함하는 한부모집단 등

(2) 과업집단 4회, 15회 기출

① 과업의 달성, 문제 해결책 모색, 결과물(성과물)의 산출, 명령이나 지시의 수행, 의사결정 등을 목표로 한다.

② 조직의 문제에 대한 해결방안을 모색하며, 이를 위해 새로운 아이디어를 개발하고 효과적인 전략을 수립하는 등 과업을 수행한다.

③ 공동의 목표를 가지고 동일한 주제에 대해 관심이나 재능을 가지고 있는 사람들로 구성된다.

④ 보통 과제수행이 완료되는 경우 기능의 정지와 함께 집단이 해체된다.

⑤ 집단성원들의 자기개방 수준은 낮다.

　　예 팀, 위원회, 이사회, 연합체, 협의체, 치료회의, 행정집단, 사회행동집단 등

참고

일반적으로 '치료집단'은 'Treatment Group' 또는 'Therapy Group'으로 번역됩니다. 다만, 치료집단을 과업집단(Task Group)과 구분하는 경우 이때의 치료집단은 'Treatment Group'을 말하는 것이며, 'Therapy Group'은 '치유집단'으로 명명하여 치료집단인 'Treatment Group'에 포함되는 것으로 간주합니다. 그러나 교재에 따라 '치료집단'을 'Treatment Group'과 'Therapy Group'으로도 제시하기도 하며, 사회복지사 시험에서도 이를 명확히 구분하지 않는 경향이 있습니다.

바로암기 ○×

조직문제에 대한 해결책 모색이나 성과물 산출을 목적으로 하는 집단은 과업집단이다?

(　)

정답 ○

(3) 자조집단 9회, 14회, 19회 기출

① 서로 유사한 문제나 공동의 관심사를 가진 사람들이 자발적으로 구성하여 각자의 경험을 공유하며, 개인적으로 바람직한 변화를 위해 노력하는 상호원조집단이다.

② 집단 활동을 통해 집단성원 각자 자신의 문제 상황에 대처할 수 있는 능력을 고양하는 것을 목적으로 한다.

③ 집단성원들이 상호지지를 통해 보다 적극적으로 자신의 문제에 대한 해결책을 강구함으로써 스스로에 대해 긍정적인 느낌을 가지게 되며, 자신의 삶에 대해 책임감을 부여할 수 있다.

④ 집단성원의 자율적인 참여를 위해 동기부여가 필요하며, 집단과정 촉진을 위해 성원 간의 의사소통이 중요하다.

⑤ 집단사회복지사의 주도적인 역할 없이 비전문가들에 의해 구성·유지된다는 점에서 치료집단이나 지지집단과 구분된다.

⑥ 집단사회복지사는 집단에 대한 직접적인 통제나 운영이 아닌 물질적 자원이나 정보의 제공, 다른 체계와의 연결, 자문 등의 기능을 담당한다.

> 예 단주모임, 단약모임, 단도박모임, 치매노인가족모임, 자폐아동부모모임, 알코올중독 가족모임, 정신장애인 가족모임, 참교육을 위한 학부모연대 등

전문가의 한마디

자조집단은 치료집단으로서 지지집단과 일면 유사하나, 집단사회복지사의 역할에 있어서 차이를 보입니다. 즉, 자조집단은 집단사회복지사의 역할이 보다 제한적입니다.

02절 집단사회복지실천의 실제

1 집단사회복지실천모델

(1) 사회적 목표모델(Social Goals Model) 11회, 21회, 22회 기출

① 인보관에서 발전한 초기 집단사회사업의 전통적 모델이다.

② 각 개인은 사회의 주류에서 의미 있는 참여를 할 수 있는 잠재적인 가능성을 가지며, 각 집단은 효과적인 사회변화를 위한 잠재력을 가지고 있는 것으로 간주된다.

③ 집단성원의 주요 과업은 사회의식과 사회적 책임을 발전시키는 것이다.

④ 집단사회복지사는 집단 내의 사회의식을 개발하고 사회적 책임의 가치를 심어주며, 책임 있는 시민으로서 적합한 행동 형태를 자극 및 강화하는 '영향력을 끼치는 자(Influence Person)'로서 바람직한 역할모델을 제시한다.

⑤ 민주적 집단 과정을 중시하므로, 민주주의적 참여를 통한 학습이 이루어질 수 있도록 민주적 절차를 개발하고 유지하는 역할이 중시된다.

출제의도 체크

사회적 목표모델은 집단 내의 민주적 절차와 과정이 중시됩니다.

▶ 10회 기술

(2) 치료모델 또는 교정모델(Remedial Goals Model) 5회, 11회 기출

① 사회적 기능수행상 문제가 있거나 문제발생의 위험성이 높은 개인을 원조하는 것을 강조하는 임상모델이다.

② 집단을 통해 개인을 치료하는 것으로, 집단은 개인의 목적을 달성하기 위한 도구 또는 상황이며, 집단구조와 집단과정에서의 변화는 그 자체가 목적이라기보다는 목적 달성을 위한 수단이다.

③ 집단사회복지사에 의한 진단·평가·계획된 치료적 목적이 강조되며, 집단 내 개별 성원의 행동변화에 초점을 두고 구조화된 개입이 이루어진다.

④ 집단사회복지사는 지시적이고 계획적으로 활동하며, 전문적인 '변화매개인(Change Agent)'의 역할을 한다.

바로암기 ○×

사회적 목표모델은 민주시민의 역량개발에 초점을 둔다?
( )

정답 ○

(3) 상호작용모델(Reciprocal Goals Model) 11회, 13회, 21회 기출

① 앞선 두 가지 모델을 혼합한 것으로, 인본주의적 접근을 강조한다. 특히 집단성원이나 집단의 문제를 해결하기 위한 상호원조체계 개발에 초점을 둔다.

② 개인과 사회의 조화가 장기적 목적으로, 사회복지사는 개인과 집단의 조화를 도모하며, 상호원조체계가 이루어지도록 집단성원과 집단 사이의 '중재자(Mediator)' 역할을 한다.

③ 집단활동 이전에 구체적인 목표를 정하지 않으며, 사회복지사와 집단성원 간의 협력을 통해 집단 목표를 설정한다.

④ 지지집단이나 자조집단이 이 모델의 대표적인 예가 될 수 있다.

2 집단 단계별 사회복지실천 10회, 13회 기출

(1) 준비단계(계획단계) 15회, 16회, 21회 기출

① 집단 형성 이전 사회복지사가 집단 구성요소를 고려하여 집단을 계획·구성한다.

② 집단의 목적 및 목표를 설정하며, 사전계획을 수립한다.

③ 잠재적 성원을 확인하고 정보를 수집하며, 집단에 적합한 성원을 결정한다.

④ 동질성과 이질성, 집단의 크기, 집단유형, 집단의 지속기간 및 회합의 빈도, 물리적 환경, 기관의 승인 등을 고려하여 집단을 구성한다.

출제의도 체크

집단 구성요소를 고려하여 집단을 계획하는 것은 준비단계에서 사회복지사의 과업에 해당합니다.

▶ 10회 기출

(2) 초기단계(시작단계) 3회, 7회, 10회, 16회, 18회, 20회, 21회 [기출]

① 집단성원들은 차례대로 돌아가면서 자신을 소개하며, 프로그램 활동 과정에 대한 정보를 공유한다.

② 사회복지사는 집단의 목적을 명확히 하며, 이를 집단성원 모두가 공유하게 한다.

③ 집단성원 간 공통점을 찾아 연결시키며, 집단의 공통적인 목표와 함께 개별적인 목표를 수립한다.

④ 집단규범(집단규칙)과 관련된 내용을 집단성원들과 함께 논의하며, 특히 집단성원에게 비밀보장에 대해 설명하고 비밀보장의 한계를 정한다.

⑤ 집단 참여에의 동기를 확인하고 이를 부여하며, 집단성원의 능력을 독려한다.

⑥ 집단성원의 불안감, 저항감을 감소시키기 위해 노력하며, 집단 활동의 장애물 또는 장애요인을 예측한다.

⑦ 계약을 통해 집단성원과 집단지도자 및 기관에 대한 기대, 책임, 의무를 구체적으로 합의한다.

(3) 사정단계 15회, 22회 [기출]

① 집단성원들이 집단 내에서 어떠한 역할을 수행하는지를 사정한다.

② 집단행동양식, 하위집단, 집단의 규범 등에 대해 사정한다.

③ 집단성원의 특성, 대인관계, 환경을 비롯하여 집단 내 개별성원들의 장단점을 모두 사정한다.

④ 집단성원들이 반복적으로 나타내는 역기능적인 행동패턴과 인식에 초점을 둔다.

⑤ 표준화된 척도나 질문지, 집단성원의 자기관찰이나 사회복지사에 의한 관찰, 외부전문가에 의한 보고 등을 활용한다.

(4) 중간단계(개입단계) 4회, 8회, 13회, 17회, 18회, 22회 [기출]

① 집단성원 간 공통점과 차이점은 물론 집단의 상호작용, 갈등, 협조체계 등을 파악한다.

② 집단을 구조화하며, 집단 회합이나 프로그램 활동을 마련한다.

③ 집단성원들이 다양한 경험을 할 수 있도록 돕는다.

④ 집단성원들의 참여를 유도하고 능력을 고취시키며, 서로 원조할 수 있도록 돕는다.

⑤ 구체적인 치료 계획을 발전시키며, 이를 실행에 옮기도록 돕는다.

⑥ 집단성원의 저항을 다루며, 집단 활동의 장애요소를 극복하도록 돕는다.

출제의도 체크

집단 초기단계에서는 집단성원으로 하여금 신뢰감을 갖고 참여할 수 있도록 분위기를 조성하는 것이 중요합니다.

▶ 21회 기출

바로암기 OX

집단성원 간 공통점과 차이점을 파악하는 것은 집단의 사정단계에서 사회복지사가 수행해야 하는 과업이다?

( )

해설
중간단계(개입단계)에서 수행해야 하는 과업이다.

정답 ✕

⑦ 성원의 내적 변화를 파악하기 위해 개별상담을 한다.

⑧ 성원들의 참여를 촉진하기 위해 집단의 목적을 상기시킨다.

⑨ 하위집단의 의사소통과 상호작용 빈도를 평가한다.

⑩ 개별성원의 태도, 관계, 행동, 동기, 목표 등을 평가하며, 집단 과정 및 프로그램 진행상황을 모니터링 한다.

⑪ 집단성원의 사회적 관계망을 확대하고 물리적 환경을 변화시키기 위해 환경적 수준에서의 개입을 수행한다.

(5) 종결단계 　9회, 14회, 15회, 17회, 22회 기출

① 집단 활동에 의해 성취된 변화를 유지하도록 하며, 변화의 지속성 및 생활영역으로의 일반화가 이루어지도록 돕는다.

② 집단에 대한 의존성을 감소시키며, 종결에 따른 집단성원들의 감정적 반응을 다룬다.

③ 구성원 간 피드백을 교환하도록 하며, 미래에 대한 계획을 세우도록 한다. 또한 자조집단의 형성을 돕는다.

④ 부가적인 서비스나 자원이 필요한 경우 타 부서 혹은 타 기관으로 의뢰한다.

⑤ 집단 활동의 효과성, 과업성취도, 서비스 이용자의 만족도 등 개입의 효과성을 종합적으로 평가한다.

출제의도 체크

집단사회복지실천의 종결단계 과업으로는 변화노력의 일반화, 집단 의존성 감소, 구성원 간 피드백 교환, 의뢰의 필요성 검토 등이 있습니다.

▶ 17회 기출

심화연구실

1. 집단프로그램 구성 시 주요 고려사항 　9회 기출

· 집단의 목적과 목표에 부합되어야 한다.

· 집단성원들 간의 사회적 상호작용을 위해 기본적인 욕구를 충족시켜야 한다.

· 비언어적 의사소통이 언어적 의사소통보다 더 효과적일 수 있다.

· 집단성원들의 생활상 과업과 관련된 기술을 발전시켜야 한다.

· 어려운 토론에 앞서 집단성원들의 관심을 표출시키기 위해 사용한다.

· 집단성원의 공유를 촉진시켜 집단응집력을 고양하도록 한다.

· 집단성원의 안전을 보장해야 한다.

2. 집단프로그램 참여자에 대한 사전면접이 중요한 주요 이유 　15회 기출

· 참여자들과 관계형성을 하고 개별적인 관심사를 찾아낼 수 있다.

· 참여자들이 집단 내에서 좀 더 쉽게 개방적이 되도록 돕는다.

· 참여자에 대한 사전지식으로 집단 내 행동의 의미를 빨리 파악할 수 있게 한다.

· 참여자에 대한 추가정보를 얻어서 개입의 방향을 조정할 수 있다.

3 집단사정의 주요 도구 18회 기출

(1) 소시오그램(Sociogram) 6회, 9회, 10회, 14회, 20회 기출

① 모레노(Moreno)가 중심이 되어 발전시킨 인간관계의 측정방법이다.

② 집단 내에 있어서 집단성원들 간의 견인과 반발의 형태를 분석하고 그 강도와 빈도를 측정함으로써 집단 내 개별성원의 관계위치를 비롯한 집단 그 자체의 구조 또는 상태를 발견하여 평가한다.

③ 집단성원들 간의 관계와 패턴화된 제휴관계를 설명하며, 영향관계, 의사소통관계, 지배관계, 갈등관계를 기호를 사용하여 그림으로 표시한다.

④ 집단성원들에 대한 선호도(호감도), 무관심, 친화력, 반감 등 관계 방향과 정도, 하위집단의 형성 여부, 원근관계의 유형, 배척의 정도와 유형 등을 파악할 수 있다.

⑤ 집단성원들 간의 상호작용을 도식화하여 구성원의 지위, 구성원 간의 관계, 하위집단은 물론 집단성원 간 결탁, 수용, 거부 등을 파악하는 데 유용하다.

출제의도 체크

소시오메트리(Sociometry)는 집단성원 간 관심 정도를 측정하기 위해 각 성원에 대한 호감도를 1점(가장 싫어함)에서 5점(가장 좋아함)으로 평가한다. 이러한 소시오메트리 질문을 통해 소시오그램(Sociogram)은 하위집단을 측정할 수 있습니다.

▶ 20회 기출

전문가의 한마디

소시오그램(Sociogram)은 집단의 전반적인 상호작용 양상을 평가하기 위해 널리 사용되고 있습니다.

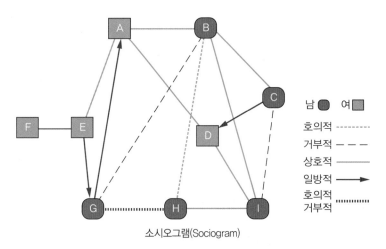

소시오그램(Sociogram)

(2) 소시오메트리(Sociometry) 12회 기출

① 집단성원들이 서로 간의 관계에 대해 인식하고 있는 정도, 즉 집단성원 간 관심 정도를 사정하는 방법이다.

② 특정 활동에 대해 개별성원들이 상호작용하기를 원하는 정도를 평가하도록 집단성원들에게 요청한다.

③ "당신은 집단 내에서 누구를 가장 좋아합니까?", "당신은 집단성원들 중 누구와 함께 가장 일하고 싶습니까?" 등의 질문을 제시한다.

④ 사회복지사는 집단성원들로 하여금 다른 성원들의 이름을 적도록 한 후 각 성원에
대한 호감도를 5점 척도를 활용하여 1점(가장 선호하지 않음 또는 가장 싫어함)에서
5점(가장 선호함 또는 가장 좋아함)으로 평가하도록 한다.

⑤ 이는 집단성원들이 집단으로부터 얻은 총점을 획득 가능한 최고점수로 나누어 호감
도를 계산하는 방식이므로, 점수의 높고 낮음에 따라 집단성원들의 호감도 및 집단
응집력을 측정할 수 있는 것이다. 다시 말해 점수가 높다는 것은 상호 간에 호감도
가 높으며, 그에 따라 집단에 대한 매력과 함께 집단응집력 또한 높음을 의미한다.

소시오메트리(Sociometry) 질문의 예

> A. 당신은 집단 내에서 누구를 가장 좋아합니까?
> B. 당신은 집단성원들 중 누구와 함께 가장 일하고 싶습니까?
> C. 당신은 집단성원들 중 누구와 함께 고충을 상의하고 싶습니까?
> D. 당신이 함께 파트너로 일하고 싶은 사람을 우선순위대로 고르시오.
> ⋮

전문가의 한마디

소시오메트리(Sociometry)는
소시오그램(Sociogram)을 그
리기에 앞서 일차적으로 사회
적 선호도, 즉 집단성원들이 서
로 간의 관계에 대해 인식하고
있는 정도를 사정하기 위해 사
용할 수 있습니다.

(3) 의의차별척도(Semantic Differential Scale) 11회, 16회 기출

① 두 개의 상반된 입장 중 하나를 선택하도록 요청하는 척도이다.

② 동료 성원에 대한 평가, 동료 성원의 잠재력에 대한 인식, 동료 성원의 활동력에 대
한 인식 등을 평가하는 데 활용될 수 있다.

③ 보통 5개 혹은 7개의 응답 범주를 갖는다.

당신이 ○○○에 대해 느끼고 있는 바를 가장 잘 묘사하고 있는 곳에 'ᐯ'로 표시하시오.

		7	6	5	4	3	2	1	
		매우 그렇다	그렇다	약간 그렇다	모르겠다	약간 그렇다	그렇다	매우 그렇다	
1. 잠재력	큰								작 은
2. 활동력	빠른								느 린
3. 평 가	높은								낮 은
4. 잠재력	강인한								유순한
5. 활동력	적극적인								소극적인
6. 평 가	공정한								불공정한

⋮

잠재력 = ___ + ___ + ___ ⋯⋯ = ___
활동력 = ___ + ___ + ___ ⋯⋯ = ___
평 가 = ___ + ___ + ___ ⋯⋯ = ___

(4) 상호작용차트(Interaction Chart)

① 집단성원과 사회복지사 또는 집단성원들 간의 상호작용 빈도를 확인하여 이를 기록하는 것이다.

② 특정 행동을 중심으로 그것이 발생할 때마다 기록하는 방법, 한정된 시간 동안 특정 행동이 어느 정도 빈번히 발생하고 있는지 기록하는 방법이 있다.

전문가의 한마디

상호작용차트(Interaction Chart)를 활용하여 일정시간 동안 집단성원 간 발생한 특정 행동의 빈도를 측정할 수 있습니다.

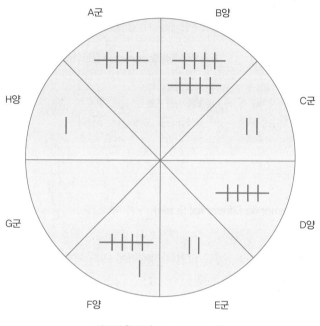

상호작용차트(Interaction Chart)

---

4 집단지도 및 공동지도력

(1) 집단지도자로서 사회복지사의 역할 12회 기출

① 조력자 또는 조성자(Enabler)

집단성원들로 하여금 목표달성과 관련된 계획 및 활동에 대한 자신의 감정과 관심사를 표현하도록 격려하며, 집단성원들이 자신의 장점과 자원을 발견하고 이를 활성화시키도록 원조한다.

② 중개자(Broker)

집단성원들이 목표달성을 위해 필요로 하는 지역사회의 자원을 파악하여 이를 알려주며, 보다 적합한 서비스를 받을 수 있도록 다른 기관에 의뢰한다.

③ 중재자(Mediator)

집단사회복지사는 집단성원들 간의 갈등이나 상반되는 관점 등을 해결할 수 있도록 원조한다. 이때 중립적인 태도로써 어느 한 쪽의 편을 들지 않으며, 서로 대립하는 체계들 간의 합의 또는 타협점을 찾기 위해 의사소통을 활성화해야 한다.

④ 옹호자(Advocate)

집단성원들이 특정 서비스에의 접근을 거부당할 때 이를 확보할 수 있도록 원조하며, 필요한 서비스나 자원을 얻지 못하는 성원들을 대신하여 그들의 관심과 욕구를 대변한다.

⑤ 교육자(Educator)

집단성원들의 사회적 기능 및 문제해결능력이 향상될 수 있도록 다양한 정보와 교육프로그램을 제공하며, 새로운 행동을 보여주어 행동모델로서의 역할을 수행한다.

(2) 공동지도력

① 개 념

둘 혹은 그 이상의 집단지도자 또는 집단상담자가 협력하여 함께 상담하는 것을 말한다.

② 장단점 2회, 5회, 7회, 8회, 11회 기출

장 점	• 한 지도자가 직접 집단 활동에 참여하거나 집단을 지도하는 동안 다른 지도자는 집단 전체를 객관적인 입장에서 관찰할 수 있다. • 한 지도자는 과업목표에 치중하고 다른 지도자는 사회정서적 문제에 집중하는 식으로 역할분담이 가능하다. • 지도자들 간 피드백을 통해 서로 다른 관점에서 상호작용을 할 수 있으므로 집단 내 전문성 향상을 가져올 수 있다. • 지도자들 간 상호작용을 통해 집단성원들에게 시범을 보임으로써 집단성원들 간 갈등 상황에서 적절한 갈등해결 방법의 모델이 될 수 있다. • 공동지도자가 참석해 있으므로 역전이를 어느 정도 방지할 수 있다. • 초보 지도자의 훈련에 가장 효과적인 방법이 될 수 있다. • 집단성원의 욕구를 충족시키기 위한 역할을 구조화하는 기회를 갖는다. • 지도자의 탈진을 예방할 수 있다.
단 점	• 지도자들 간 화합이 이루어지지 않은 채 의견충돌이 일어나는 경우 집단이 양극화될 수 있다. • 지도자들이 각자 자신의 역할과 기능을 제대로 발휘하지 못하는 경우 치료적 역할모델로서 기능할 수 없다. • 지도자들이 자신의 입장을 고수하거나 상대방의 능력을 인정하지 않는 경우 권력다툼이나 갈등, 경쟁관계가 발생할 수 있다. • 한 지도자가 집단성원들과 결탁하여 다른 지도자에 대항할 수 있다. • 절친한 지도자들인 경우 자신들의 사적인 문제를 해결하기 위해 집단을 이용할 수 있다. • 집단의 유지 및 발전에 지장을 초래하기도 한다. • 비용이 많이 든다.

출제의도 체크

공동지도력의 이점은 집단지도자와 클라이언트에 따라 다르게 나타납니다. 예를 들어, 소진 예방, 역전이 방지, 지도자의 전문적 성장 도모 등은 집단지도자가 얻을 수 있는 이점인 반면, 다양한 갈등해결 방법의 모델링은 클라이언트가 얻을 수 있는 이점에 해당합니다.

▶ 11회 기출

제4영역

05 사회복지실천 기록

01절 사회복지실천 기록의 이해

1 기록의 개념과 원칙

(1) 기록의 개념

① 사회복지실천에서 기록은 사회복지사가 개입한 사례에 대해 계획에서부터 종결 및 사후지도에 이르기까지의 과정을 합당한 형식을 갖춘 틀에 객관적으로 서술하는 작업이다.

② 사회복지사는 클라이언트는 물론 기관, 나아가 지역사회에 이르기까지 법적 · 윤리적 책무성(Accountability)을 가지고 서비스 전달과정을 기록하며, 이를 평가해야 한다.

③ 기록에는 메모하기, 녹음 및 녹화하기 등의 방법이 사용된다. 다만, 이와 같은 방법을 사용하는 경우 사전에 클라이언트에게 동의를 구해야 한다.

(2) 기록의 원칙

① 비밀보장

기록의 내용은 비밀이 보장되어야 한다. 즉, 사회복지사가 기록 내용을 특정인의 사적인 목적으로 공개할 수 없다.

② 객관성 유지

기록자 임의대로 기록해서는 안 된다. 즉, 사회복지사의 개입 내용이 과장되거나 축소되어 기록될 수 없다.

③ 논리성 유지

기록은 논리적이어야 한다. 즉, 다음 활동 계획은 이전 활동의 평가 내용에 부합해야 하며, 평가는 사회복지사의 개입 내용에 근거해야 한다.

2 기록의 목적과 내용

(1) 기록의 목적 및 활용 2회, 4회, 9회, 13회, 14회, 16회, 19회 기출

① 기관의 서비스 수급자격을 입증할 문서를 구비한다.

② 클라이언트의 욕구를 확인한다.

③ 서비스 내용을 보고한다.

④ 서비스의 연속성 혹은 사례의 지속성을 유지한다.

⑤ 학제 간 혹은 전문가 간 의사소통을 원활하게 한다.

⑥ 클라이언트와 정보를 공유한다.

⑦ 서비스의 과정 및 효과를 점검한다.

⑧ 학생과 다른 관련자들에 대한 교육용 자료(슈퍼비전 도구)로 활용한다.

⑨ 행정적 과업을 위한 자료를 제공한다.

⑩ 연구 · 조사를 위한 자료를 제공한다.

⑪ 지도감독, 자문, 동료검토를 활성화한다.

⑫ 프로그램 실시를 위한 예산을 확보한다.

> **출제의도 체크**
>
> 사회복지실천 기록은 개인적 보관 및 활용을 목적으로 하지 않습니다.
>
> ▶ 16회 기출

참고

사회복지실천 기록의 목적 및 활용은 학자에 따라 혹은 교재에 따라 다양하게 제시되고 있으나 내용상 큰 차이는 없습니다. 위의 내용은 여러 교재의 다양한 내용들을 간략히 정리한 것입니다.

(2) 기록의 내용(Kirst-Ashman & Hull, Jr.)

① 의뢰 및 방문 사유

② 문제의 본질

③ 기관에 대한 클라이언트의 기대

④ 클라이언트의 동기 및 기관의 서비스 활용 능력

⑤ 클라이언트의 사회적 자료(생년월일, 주소, 연락처, 직업, 종교, 교육수준, 가족력 등)

⑥ 클라이언트의 상황에 대한 사정

⑦ 목표 및 계약

⑧ 개입전략

⑨ 클라이언트와 사회복지사의 상호작용 정도, 사례 진전 상황

⑩ 목표달성의 잠재적 혹은 실제적 장애

⑪ 사후관리 계획 등

02절 사회복지실천 기록의 실제

1 기록의 주요 유형 8회, 10회, 11회, 21회 기출

(1) 과정기록(Process Recording) 2회, 7회, 12회, 15회 기출

① 의의 및 특징

㉠ 사회복지사와 클라이언트의 상호작용 과정을 구체적으로 기록한다.

㉡ 클라이언트가 실제로 말한 내용을 정확하게 상기할 수 있도록 대화 형태를 그대로 기록한다.

㉢ 직접적인 의사소통의 내용은 물론 비언어적인 표현까지 기록한다.

② 장단점

장 점	• 지도 · 감독 및 교육적 목적으로 유용하다. • 초보 사회복지사나 실습생 등이 자신의 활동을 점검할 때 혹은 슈퍼비전이나 자문을 받을 때 유용하다. • 클라이언트와의 상호작용에 대한 이해를 높일 수 있다. • 사회복지사와 클라이언트 사이의 활동을 개념화 · 조직화함으로써 사례에 대한 개입 기술을 향상시키는 데 도움이 된다.
단 점	• 기억의 복원에 의한 왜곡의 우려가 있다. • 사회복지사의 기억 능력에 따라 기록의 유용성이 좌우된다. • 작성하는 데 있어서 시간과 비용이 많이 소요된다.

(2) 요약기록(Summary Recording) 4회, 20회 기출

① 의의 및 특징

㉠ 사회복지기관에서 널리 사용되는 기록 방식으로서, 클라이언트와의 면담 내용을 요약체로 기록한다.

㉡ 세부적인 면담 내용을 제외한 채 클라이언트에게 일어난 변화에 초점을 두어 기록한다.

ⓒ 시간의 경과에 따라 일정한 간격을 두어 특정 행동이나 사실을 기록할 때, 또는 주제별로 조직화하여 기록 내용을 구분적으로 표시하고자 할 때 사용된다.

② 장단점

장 점	• 사례가 장기간에 걸쳐 진행되는 경우 유용하다. • 전체 서비스 과정을 이해하기 쉽다. • 사회복지사가 중요하다고 판단되는 내용을 선택적으로 기록할 수 있는 융통성이 있다.
단 점	• 클라이언트의 언어적 표현이나 비언어적 표현이 사실적으로 전달되지 않을 수 있다. • 클라이언트나 사회복지사의 생각 또는 느낌이 잘 드러나지 않을 수 있다. • 선택적인 기록으로 인해 면담 내용이 지나치게 단순화될 수 있다.

(3) 이야기체기록(Narative Recording) 11회 기출

① 의의 및 특징

ㄱ 면담 내용이나 서비스 제공 과정에 대해 이야기하듯 서술체로 기록하는 방법이다.

ㄴ 일정한 양식이나 틀이 없이 총괄적인 기록이 이루어진다.

ㄷ 시간대별로 기록할 수도, 요약해서 기록할 수도 있다.

② 장단점

장 점	• 클라이언트의 상황이나 서비스 교류의 특성이 잘 나타난다. • 사례마다 주제를 정하여 정리함으로써 문서들을 조직화할 수 있다. • 중요한 것과 그렇지 않은 것을 구분하여 융통성 있게 기록할 수 있으며, 특수한 상황을 반영할 수 있다.
단 점	• 기록이 지나치게 단순화되거나 초점이 흐려질 수 있다. • 기록자의 관점에 의해 크게 좌우될 수 있다. • 이야기를 재구성하는 방식이므로 나중에 본래대로의 정보를 복구하기 어렵다. • 기록할 것과 제외할 것을 구분하여 재구성하는 과정에서 시간이 많이 소요된다.

(4) 문제중심기록(Problem-oriented Recording) 6회 기출

① 의의 및 특징 17회 기출

ㄱ 클라이언트의 현재 문제에 초점을 두어, 각각의 문제 영역에 대한 사정을 통해 문제해결을 위한 계획 및 진행 상황을 기록한다.

ㄴ 의학 및 정신보건 분야에서 학제 간 협력을 증진시키기 위한 용도로 개발되었다. 특히 병원에서 의료기록을 표준화하고 그에 대한 일치 정도를 점검한다.

ㄷ 문제를 파악하기 위한 자료수집, 문제의 목록화, 문제에 대한 치료계획 수립, 치료개입의 수행 및 점검 등 특히 실천적 측면에 영향을 준다.

ㄹ 기록은 SOAP 포맷, 즉 주관적 정보(S), 객관적 정보(O), 사정(A), 계획(P)의 형태를 취한다.

주관적 정보 (Subjective Information)	클라이언트가 지각하는 문제, 즉 자기의 상황과 문제에 대해 스스로 어떻게 생각하고 느끼는지에 대한 주관적인 정보를 기술한다. 예 "저는 이 문제를 해결할 수 없어요. 저를 도와줄 사람도 없고요."
객관적 정보 (Objective Information)	클라이언트의 행동이나 외모에 대한 사회복지사의 관찰을 비롯하여 사실적 자료와 같은 객관적인 정보를 기술한다. 예 질문에만 겨우 답하고 눈물을 보이며 시선을 제대로 마주치지 못함
사 정 (Assessment)	주관적 정보와 객관적 정보를 토대로 사정, 견해, 해석 및 분석을 기술한다. 예 자기효능감이 저하된 상태로 지지체계가 빈약함
계 획 (Plan)	주관적 정보, 객관적 정보, 사정을 토대로 확인된 문제에 대해 무엇을 할 것인지에 대한 계획을 기술한다. 예 우울증 검사와 욕구에 따른 인적, 물적 자원 연결이 필요함

바로암기 ○×

문제중심기록은 사회복지사와 클라이언트의 상호작용을 구체적으로 기록한다?

( )

해설
현재의 특정한 문제에 초점을 두어 기록한다.

정답 ×

② 장단점 18회 기출

장 점	• 타 전문직 간의 효율적인 의사소통 및 정보교류가 원활하게 이루어질 수 있다. • 문제유형의 파악이 용이하며, 전문직 간의 책무성이 증가된다. • 특정한 문제에 초점을 두므로 기록이 간결하고 통일성이 있어 팀 접근 시 활용이 용이하다. • 미해결 문제에 대한 대안적 계획, 다른 기관에의 의뢰 등에 관한 대략적인 윤곽을 그릴 수 있다. • 클라이언트의 주관적 진술과 사회복지사의 관찰과 같은 객관적 자료를 구분한다. • 슈퍼바이저, 조사연구자, 외부자문가 등이 함께 검토하는 데 용이하다.
단 점	• 클라이언트의 강점보다는 문제를 강조하므로 강점관점에는 부합하지 않는다. • 클라이언트와 환경 간의 상호작용보다는 클라이언트 개인에게 초점을 두므로 생태체계적 관점에 부합하지 않는다. • 문제에 대한 사정이 부분적으로 이루어지며, 서비스 전달의 복잡성을 간과한 채 지나치게 단순화하는 경향이 있다. • 클라이언트의 능력과 자원을 소홀히 하는 경향이 있다.

(5) 최소기본기록(Minimum Basic Recording)

① 가장 단순하고 경제적인 기록양식이다.

② 기본적인 신상정보와 클라이언트의 주요 문제와 개입상태에 대한 정보 등만 기록한다.

예 클라이언트의 이름, 주소, 전화번호, 주요한 문제, 목적, 개입계획 등

2 기록의 고려사항

(1) 좋은 기록(Kagle) 5회, 15회 기출

① 서비스의 결정 및 실행(행동)에 초점을 둔다.

② 사정, 개입, 평가의 기초로서 클라이언트와 상황에 관한 정보를 포함한다.

③ 각 단계에서의 목표, 계획, 과정, 진행, 서비스 전달 등에 관한 정보를 포함한다.

④ 사회복지사의 견해와 상황에의 기술이 명확히 분리되어 있다.

⑤ 정보의 문서화를 위해 구조화되어 있다.

⑥ 서비스 전달이 잘 기술되어 있으며, 모든 문서가 정확하다.

⑦ 기록이 간결하고 구체적이며, 타당하고 논리적이다.

⑧ 시기적절하고 유의미하며, 사실에 근거한다.

⑨ 전문가적 윤리를 토대로 한다.

⑩ 수용된 이론에 기초한다.

⑪ 전문가의 견해를 담고 있으면서도 클라이언트의 관점을 소홀히 하지 않는다.

(2) 좋지 않은 기록

① 부정확한 사정, 그릇된 판단, 비윤리적 행동, 부적절한 개입에 관한 정보를 포함한다.

② 정보가 너무 많거나 적게 기술되어 있으며, 조직화되어 있지 않다.

③ 근거로 제시할만한 관찰이나 평가 없이 일방적인 결론을 내림으로써 과잉 단순화가 나타난다.

④ 초점이 없이 모호하고 편견에 치우쳐 있으며, 추리에 의존하여 정확성이 결여되어 있다.

⑤ 맞춤법상의 오류가 있다.

⑥ 표현이 반복적이고 장황하며, 진부한 용어를 사용한다.

⑦ 표현이 의미가 없고 비판적이며, 과장된 형태로 나타난다.

⑧ 클라이언트에 대한 독단적인 견해로 클라이언트에게 부정적인 낙인을 붙인다.

⑨ 행위자가 명확히 식별되지 않는 수동태 문장으로 표현한다.

(3) 기록 시 유의사항 2회, 8회 기출

① 사전에 클라이언트의 동의를 얻어 기록한다.

② 면담이 끝난 직후 잊어버리기 쉬운 사실을 간단하게 기록한다.

③ 면담 중 메모하는 것은 최소한으로 줄인다.

④ 사실적인 내용이나 약속 등은 정확하게 메모하는 것이 더 유익하다.

⑤ 기록 중간이라도 클라이언트가 이를 불편하게 여기는 경우에는 중단한다.

⑥ 보관에 유의하여야 한다.

바로알기 ○×

좋은 기록은 상황묘사와 사회복지사의 견해를 구분한다?
( )

정답 ○

제4영역

제4영역 | 적중문제 다잡기

CHAPTER 01 사회복지실천기술의 개관

11회 기출

01 그린우드(Greenwood)가 제시한 전문직의 속성을 모두 고른 것은?

> ㄱ. 체계적 이론
> ㄴ. 전문적 권위
> ㄷ. 사회적 인가
> ㄹ. 전문직 문화

① ㄱ, ㄴ, ㄷ   ② ㄱ, ㄷ
③ ㄴ, ㄹ   ④ ㄹ
⑤ ㄱ, ㄴ, ㄷ, ㄹ

[해설] **사회복지 전문직의 속성(Greenwood)**
- 기본적인 지식과 체계적인 이론체계(ㄱ)
- 클라이언트와의 관계에서 부여된 전문적(전문직) 권위와 신뢰(ㄴ)
- 전문가집단의 힘과 특권
- 사회로부터의 승인(ㄷ)
- 명시적이며 체계화된 윤리강령
- 전문직의 문화(ㄹ)

20회 기출

02 사회복지실천에 관한 설명으로 옳지 않은 것은?

① 과학성과 예술성을 통합적으로 활용한다.
② 사회복지의 관점과 이론을 토대로 한다.
③ 심리학, 사회학 등 타 학문과 배타적 관계에 있다.
④ 클라이언트의 특성을 반영한다.
⑤ 사회복지 가치와 윤리를 반영한다.

[해설] ③ 사회복지실천의 기초이론은 인간의 성장, 발달 또는 사회환경과의 기능과 역기능을 설명하려는 심리학, 경제학, 사회학, 교육학 등의 이론이다.

19회 기출

03 사회복지실천기술의 전문적 기반에 관한 설명으로 옳지 않은 것은?

① 이론과 실천의 준거틀을 적절하게 이용하는 것은 예술적 기반에 해당된다.

② 연구자료를 수집하고 분석하는 것은 과학적 기반에 해당된다.

③ 사회복지전문가로서 가지는 가치관은 예술적 기반에 해당된다.

④ 감정이입적 의사소통, 진실성, 융통성은 예술적 기반에 해당된다.

⑤ 사회복지사에게는 과학성과 예술성의 상호보완적이고 통합적인 실천역량이 요구된다.

〔 해설 〕 ① 이론과 실천의 준거틀을 적절하게 이용하는 것은 과학적 기반에 해당한다. 과학적 기반은 주관적 판단의 오류를 최소화시키기 위해 전문직에서 기본적으로 요구된다.

16회 기출

04 전문적 관계의 기본 요소 중 자기인식을 바탕으로 사회복지사의 감정과 반응을 있는 그대로 클라이언트에게 전달하는 능력은?

① 구체성

② 공 감

③ 진실성

④ 헌 신

⑤ 민감성

〔 해설 〕 **전문적 관계의 기본 요소로서 진실성과 일치성**
사회복지사가 자신과 자신의 감정에 대해 정직한 태도를 견지하는 것. 즉 사회복지사가 자기인식을 바탕으로 자신의 감정과 반응을 있는 그대로 클라이언트에게 전달하는 능력을 말한다. 사회복지사는 클라이언트에게 있는 그대로의 모습을 보임으로써 신뢰를 얻을 수 있게 된다.

05 다음 중 직접 실천에 해당하는 것은?

① 장애아동 양육을 위한 부모상담을 실시한다.

② 아동학대 예방을 위한 홍보활동을 한다.

③ 희귀질환 아동을 위한 모금활동을 한다.

④ 학교폭력 예방을 위한 자원봉사자를 모집한다.

⑤ ADHD 아동을 위한 지원정책을 개발한다.

〔 해설 〕 ② · ③ · ④ · ⑤ 간접 실천에 해당한다.

06 다음 중 간접 실천에 해당하는 것은?

① 장애인 취업상담
② 독거노인 재가방문
③ 치매노인 주간보호 제공
④ 한부모가족을 위한 지역자원 발굴
⑤ 정신장애인 사회기술훈련 실시

〔 해설 〕 ① · ② · ③ · ⑤ 직접 실천에 해당한다.

13회 `기출`

07 다음 사례에서 사회복지사가 수행한 개입역할이 모두 옳게 연결된 것은?

> 가족에 의해 강제 입소되었던 장애인이 거주시설에서 퇴소하기를 요청함에 따라 (ㄱ) 퇴소상담을 실시하였다. 이후 가족들을 설득하여 (ㄴ) 지역사회 내 다양한 주거 관련 정보를 안내하고, (ㄷ) 공동생활가정에 입주할 수 있도록 연계 하였다.

① ㄱ : 조력자, ㄴ : 중재자, ㄷ : 교사
② ㄱ : 중개자, ㄴ : 중재자, ㄷ : 계획가
③ ㄱ : 조력자, ㄴ : 교사, ㄷ : 중개자
④ ㄱ : 중개자, ㄴ : 옹호자, ㄷ : 계획가
⑤ ㄱ : 교사, ㄴ : 옹호자, ㄷ : 조력자

〔 해설 〕 ㄱ. 조력자(Enabler) : 클라이언트가 직면하고 있는 문제를 보다 분명하게 해 주고 해결방안을 찾도록 돕는 역할을 말한다.
ㄴ. 교사(Teacher) : 클라이언트의 사회적응기능이나 문제해결능력이 향상될 수 있도록 다양한 정보를 제공하고 기술을 가르치는 등 교육하는 역할을 말한다.
ㄷ. 중개자(Broker) : 클라이언트로 하여금 지역사회 내에 있는 서비스체계나 자원을 활용할 수 있도록 돕거나 안내해 주는 역할을 말한다.

08 다음 중 사회복지 전문직의 가치체계와 가장 거리가 먼 것은?

① 자기결정의 원리
② 자기책임의 원리
③ 사회적 형평성의 원리
④ 개인의 독특성에 대한 존중
⑤ 개인의 존엄성에 대한 존중

[해설] **사회복지 전문직의 가치체계**
· 개인의 존엄성과 독특성에 대한 존중
· 자기결정의 원리
· 사회적 형평성의 원리
· 개인의 복지에 대한 사회와 개인 공동의 책임

13회 기출

09 보호시설 입소를 원하지 않는 클라이언트와 시설 입소가 클라이언트에게 도움이 된다고 여기는 사회복지사 간에 상충되는 가치의 연결로 옳은 것은?

① 자기결정 – 사생활보호
② 비밀보장 – 진실성 고수
③ 자기결정 – 온정주의
④ 사생활보호 – 평등주의
⑤ 진실성 고수 – 온정주의

[해설] **자기결정과 온정주의**
일반적으로 클라이언트의 능력, 법이나 관습, 타인의 권리, 생명보호 등과 관련하여 자기결정권이 제한을 받게 된다. 사회복지사는 온정주의에 기초하여 클라이언트의 최선의 이익을 위해 노력하나, 클라이언트의 자기결정이 때로 사회복지사의 그와 같은 노력과 상충할 수 있다.

10 다음 보기는 로웬버그와 돌고프(Loewenberg & Dolgoff)가 제시한 윤리원칙이다. 상위원칙에서부터 하위원칙의 순서대로 올바르게 나열한 것은?

> ㄱ. 자율과 자유의 원칙
> ㄴ. 평등과 불평등의 원칙
> ㄷ. 삶의 질 원칙
> ㄹ. 사생활보호와 비밀보장의 원칙

① ㄱ - ㄴ - ㄷ - ㄹ   ② ㄱ - ㄷ - ㄴ - ㄹ
③ ㄴ - ㄱ - ㄷ - ㄹ   ④ ㄴ - ㄷ - ㄱ - ㄹ
⑤ ㄹ - ㄱ - ㄴ - ㄷ

[해설] **윤리적 의사결정의 우선순위(Loewenberg & Dolgoff)**
- 윤리원칙1 : 생명보호의 원칙
- 윤리원칙2 : 평등과 불평등의 원칙(ㄴ)
- 윤리원칙3 : 자율과 자유의 원칙(자기결정의 원칙)(ㄱ)
- 윤리원칙4 : 최소 해악 · 손실의 원칙
- 윤리원칙5 : 삶의 질 원칙(삶의 질 향상의 원칙)(ㄷ)
- 윤리원칙6 : 사생활보호와 비밀보장의 원칙(ㄹ)
- 윤리원칙7 : 진실성과 정보 개방의 원칙

9회 기출

11 오랫동안 극심한 고통에 시달려 온 암환자가 자살하겠다고 말했을 때 사회복지사가 고려해야 할 윤리원칙으로 적절하지 않은 것은?

① 생명보호의 원칙
② 평등과 불평등의 원칙
③ 자율성과 자유의 원칙
④ 삶의 질의 원칙
⑤ 사생활과 비밀보장의 원칙

[해설] ② 평등과 불평등의 원칙은 인간이 개개인의 능력과 권력에 따라 동등하게 또는 차별적으로 취급받을 권리가 있음을 강조하는 것으로서 문제의 내용과 가장 거리가 멀다.

CHAPTER 02   개인 대상 사회복지실천

01 개별사회복지실천의 과정은 초기단계, 중기단계, 종결단계로 구분할 수 있다. 다음 중 초기단계에서 이루어지는 내용으로 옳지 않은 것은?

① 개입의 목표를 설정한다.
② 클라이언트와 계약을 체결한다.
③ 클라이언트와 긍정적인 관계를 수립한다.
④ 클라이언트와 그 주변 환경의 변화를 유발한다.
⑤ 클라이언트의 문제에 대한 정보를 수집한다.

[해설] ④ 중기단계의 내용에 해당한다. 중기단계에는 사회복지사가 클라이언트를 구체적으로 돕는 활동이 중시된다.

18회 기출

02 정신역동모델에 관한 설명으로 옳은 것은?

① 통찰보다는 치료적 처방에 초점을 둔다.
② 무의식적 충동과 미래 의지를 강조한다.
③ 사회구성주의적 관점의 영향을 받았다.
④ 기능주의 학파의 이론적 기초가 되었다.
⑤ 자유연상, 훈습, 직면의 기술을 사용한다.

[해설] ①·⑤ 정신역동모델은 치료적 처방제공보다는 클라이언트의 무의식적 갈등이 현재의 행동에 어떠한 영향을 주고 있는지를 통찰하도록 돕기 위해 자유연상, 해석, 꿈의 분석, 저항의 분석, 전이의 분석, 직면, 훈습 등 다양한 기술들을 활용한다.
② 정신역동모델은 클라이언트의 미래 의지를 강조하지 않는다. 다만, 클라이언트의 과거를 탐색함으로써 현재의 상황과 과거의 발달경험 간의 관계를 규명하고 현재와 과거의 연관성을 구성하는 데 주력한다.
③ 정신역동모델은 의미를 구성하는 과정에서의 대인 간 상호작용에 초점을 두는 사회구성주의적 관점에 근거를 두지 않는다.
④ 정신역동모델은 진단주의 학파와 이론적 맥락을 같이 한다. 진단주의 학파는 인간을 기계적·결정론적 관점에서 바라보며 무의식을 강조하는 경향이 있는 반면, 기능주의 학파는 인간을 의지적·낙관적 관점에서 바라보며 인간 스스로의 창조성과 성장 가능성을 강조한다.

21회 기출

03 정신역동모델의 개입기법에 관한 설명으로 옳은 것을 모두 고른 것은?

> ㄱ. 직면 : 클라이언트의 이야기와 행동 간 불일치를 보일 때 자기모순을 직시하게 한다.
> ㄴ. 해석 : 치료적 관계에서 나타나는 클라이언트의 특정 생각이나 행동의 의미를 설명한다.
> ㄷ. 전이분석 : 클라이언트가 과거의 중요한 인물에 대해 느꼈던 감정을 치료사에게 재현하는 현상을 분석하여 과거 문제를 해석하고 통찰하도록 한다.
> ㄹ. 명료화 : 저항이나 전이에 대한 이해를 심화·확장하여 통합적으로 이해하도록 한다.

① ㄱ
② ㄴ, ㄹ
③ ㄷ, ㄹ
④ ㄱ, ㄴ, ㄷ
⑤ ㄱ, ㄴ, ㄷ, ㄹ

[해설] ㄹ. 훈습 : 저항이나 전이에 대한 이해를 심화·확장하여 통합적으로 이해하도록 한다.

11회 기출

04 심리사회모델의 형성에 기여한 이론이 아닌 것은?

① 역할이론
② 자아심리이론
③ 대상관계이론
④ 의사소통이론
⑤ 사회구성주의이론

[해설] ⑤ 사회구성주의의 영향을 받은 대표적인 치료모델로 해결중심모델과 가족치료의 이야기치료 모델 등이 있다.
　　　　①·②·③·④ 심리사회모델은 정신분석이론, 자아심리이론, 의사소통이론, 문화인류학, 체계이론, 역할이론, 대상관계이론, 생태체계이론 등 다양한 이론에 기초한다.

05 심리사회모델의 기법에 관한 설명으로 옳지 않은 것은?

① 발달적 성찰 : 현재 클라이언트 성격이나 기능에 영향을 미친 가족의 기원이나 초기 경험을 탐색한다.

② 지지하기 : 클라이언트의 현재 또는 최근 사건을 고찰하게 하여 현실적인 해결방법을 찾는다.

③ 탐색–기술–환기 : 클라이언트의 상황에 관한 사실을 드러내고 감정의 표현을 통해 감정의 전환을 제공한다.

④ 수용 : 온정과 친절한 태도로 클라이언트의 감정이나 주관적인 상태에 감정이입을 하며 공감한다.

⑤ 직접적 영향 : 사회복지사와 클라이언트 간의 신뢰관계를 바탕으로 클라이언트에게 제안과 설득을 제공한다.

[해설] ② 클라이언트를 둘러싼 최근 사건에 대해 '상황 속 인간'의 관점에서 고찰하는 것으로서, 사건에 대한 클라이언트의 지각방식 및 행동에 대한 신념, 외적 영향력 등을 평가하는 개입기법은 '인간–상황(개인–환경)에 대한 고찰(Person–Situation Reflection)'이다. 참고로 '지지하기(Sustainment)'는 사회복지사가 클라이언트를 수용하고 원조하려는 의사와 클라이언트의 문제해결능력에 대한 확신을 표현함으로써 클라이언트의 불안을 줄이고 자기존중감을 증진시키는 개입기법이다.

제4영역

06 심리사회모델의 개입기법에 관한 설명으로 옳지 않은 것은?

① 직접적 개입과 간접적 개입으로 구분된다.

② 직접적 영향은 주변인에게 영향력을 행사하여 환경을 변화시키는 기법이다.

③ 탐색–기술(묘사)–환기는 자기 상황과 감정을 말로 표현하게 함으로써 감정전환을 도모하는 기법이다.

④ 지지는 이해, 격려, 확신감을 표현하는 기법이다.

⑤ 유형의역동 성찰은 성격, 행동, 감정의 주요 경향에 관한 자기이해를 돕는다.

[해설] ② 직접적 영향(Direct Influence)은 클라이언트의 행동을 촉진하거나 기능을 향상시키기 위한 조언, 충고, 제안 등을 통해 사회복지사의 의견을 클라이언트가 받아들이도록 하는 기법이다.

12회 기출

07 문제해결모델의 개입기술에 관한 설명으로 옳지 않은 것은?

① 클라이언트의 동기부여를 위해 자아방어기제를 적극적으로 활용하도록 한다.

② 문제를 위험으로 보지 않고 도전으로 인식하도록 돕는다.

③ 클라이언트가 선택한 대안을 스스로 모니터링 하도록 돕는다.

④ 변화의 동기나 의지가 약한 클라이언트에게 적합하지 않은 모델이다.

⑤ 문제해결의 주된 초점은 클라이언트의 대처능력 강화이다.

〔 해설 〕 ① 문제해결모델은 자아심리학에 영향을 받아 클라이언트의 자아가 문제해결에 있어서 중요한 역할을 수행하는 것으로 본다. 그에 따라 문제해결의 과정은 클라이언트로 하여금 불안이나 공포를 최소화하고 자아방어기제를 약화시키는 반면, 성장에 대한 기대치를 높이는 것이다. 문제해결모델에서 사회복지사는 변화를 위해 클라이언트의 동기를 개방하고 방향성을 제시하며, 잠재능력을 향상시키기 위해 노력한다. 또한 문제의 경감 또는 해결에 필요한 자원을 클라이언트가 이용할 수 있도록 돕는다.

08 다음 중 펄만(Perlman)이 강조한 사회복지실천의 네 가지 구성요소에 해당하지 않는 것은?

① 사람(Person)

② 장소(Place)

③ 실천(Practice)

④ 문제(Problem)

⑤ 과정(Process)

〔 해설 〕 **사회복지실천의 구성요소로서 4P와 6P**
• 4P : 사람(Person), 문제(Problem), 장소(Place), 과정(Process)
• 6P : 4P + 전문가(Professional Person), 제공(Provision)

11회 기출

09 행동수정모델에서 사용하는 강화와 처벌에 관한 설명으로 옳은 것은?

① 부적 강화는 불쾌한 자극을 제거함으로써 행동을 증가시킨다.

② 정적 강화는 강화를 제공함으로써 행동을 감소시킨다.

③ 강화는 바람직하지 않은 행동을 감소시키기 위해 사용하는 방법이다.

④ 정적 처벌은 행동의 결과로 불쾌한 자극을 제거함으로써 이루어진다.

⑤ 부적 처벌은 불쾌한 자극을 주어 잘못된 행동을 수정하는 것이다.

[해설] **강화와 처벌**

정적 강화	유쾌 자극을 제시하여 행동의 빈도를 증가시키는 것 예 교실 청소를 하는 학생에게 과자를 준다.
부적 강화	불쾌 자극을 철회하여 행동의 빈도를 증가시키는 것 예 발표자에 대한 보충수업 면제를 통보하여 학생들의 발표를 유도한다.
정적 처벌	불쾌 자극을 제시하여 행동의 빈도를 줄이는 것 예 장시간 컴퓨터를 하느라 공부를 소홀히 한 아이에게 매를 가한다.
부적 처벌	유쾌 자극을 철회하여 행동의 빈도를 줄이는 것 예 방청소를 소홀히 한 아이에게 컴퓨터를 못하게 한다.

제4영역

20회 기출

10 과제중심모델에서 과제에 관한 설명으로 옳지 않은 것은?

① 사회복지사보다 클라이언트가 제시하는 문제나 욕구를 고려하여 선정한다.

② 조작적 과제는 일반적 과제에 비해 구체적이다.

③ 과거보다 현재에 초점을 둔다.

④ 과제 수는 가급적 3개를 넘지 않게 한다.

⑤ 과제달성정도는 최종평가 시 결정되므로 과제수행 도중에는 점검하지 않는다.

[해설] ⑤ 지속적인 모니터링을 통해 클라이언트의 문제가 경감되는 과정을 재검토하며, 진행이 만족스럽지 못한 경우나 새로운 문제가 발견되는 경우 계약의 일부를 수정 또는 변경한다.

16회 기출

11 과제중심모델의 개입과정 중 중기(실행) 단계에서 해야 할 과업이 아닌 것은?

① 표적문제의 변화 과정 확인

② 실질적 장애물의 규명과 해결

③ 표적문제에 대한 초점화된 집중

④ 표적문제의 설정

⑤ 과제 계획과 이행

[해설]   ④ 표적문제의 설정은 문제 규정(규명) 단계에서 해야 할 과업에 해당한다.

20회 기출

12 사회복지실천모델에 관한 설명으로 옳지 않은 것은?

① 행동수정모델은 선행요인, 행동, 강화요소에 의해 인간행동을 예측하고 통제할 수 있다고 본다.

② 심리사회모델은 상황 속 인간을 고려하되 환경보다 개인의 내적변화를 중시한다.

③ 인지행동모델은 왜곡된 사고에 의한 정서적 문제의 개입에 효과적이다.

④ 과제중심모델은 여러 모델들을 절충적으로 활용하며 개입의 책임성을 강조한다.

⑤ 위기개입모델은 위기에 의한 병리적 반응과 영구적 손상의 치료에 초점을 둔다.

[해설]   ⑤ 위기개입모델은 위기상황과 관련된 현재의 구체적인 문제에 초점을 둔다.

18회 기출

13 다음 사례에 적용한 실천모델은?

성폭력 피해 대학생인 A씨는 심적 고통을 받고 있으며 서비스 제공자와의 만남도 거부하고 있다. 이에 사회복지사는 A씨가 절망감에 극단적인 선택을 할 가능성이 높다고 생각하여 안전확보를 위한 지지체계를 구성하였다.

① 과제중심모델
② 심리사회모델
③ 해결중심모델
④ 위기개입모델
⑤ 역량강화모델

[해설] 위기개입모델의 위기개입 과정(Gilliland)

문제 정의 (제1단계)	사회복지사는 클라이언트의 관점에서 문제에 관한 정보를 경청하며, 언어적 · 비언어적 메시지를 전달하여 클라이언트에게 관심을 갖고 있음을 보여 준다.
안전 확보 (제2단계)	클라이언트의 안전을 확보하는 것이 중요하므로, 클라이언트 주변의 위험을 최소화하고 치명성(Lethality)을 사정한다.
지 지 (제3단계)	수용적 · 비심판적인 태도로 클라이언트를 지지하며, 클라이언트에게 관심과 돌봄을 표현한다.
대안 탐색 (제4단계)	클라이언트의 지지체계, 대처기제, 사고방식, 현실성 등 다양한 측면들을 고려하여 가능한 대안을 탐색한다.
계획 수립 (제5단계)	사회복지사와 클라이언트 간의 협력관계를 통해 현실적인 단기계획을 수립함으로써 클라이언트의 자립심을 고양시킨다.
참여 유도 (제6단계)	사회복지사와 클라이언트가 수립한 계획을 클라이언트로 하여금 요약하게 함으로써 클라이언트의 책임감을 높이고 위기 해결을 위한 노력에 참여하도록 유도한다.

14 다음 중 골란(Golan)이 제시한 위기반응의 단계를 순서대로 올바르게 나열한 것은?

> ㄱ. 위기촉진요인
> ㄴ. 실제 위기 상태
> ㄷ. 재통합
> ㄹ. 취약 상태
> ㅁ. 위험한 사건

① ㄱ → ㄴ → ㄹ → ㅁ → ㄷ

② ㄱ → ㅁ → ㄹ → ㄴ → ㄷ

③ ㅁ → ㄱ → ㄹ → ㄴ → ㄷ

④ ㅁ → ㄴ → ㄹ → ㄱ → ㄷ

⑤ ㅁ → ㄹ → ㄱ → ㄴ → ㄷ

〔 해설 〕 위기반응의 단계(Golan)
위험한 사건 → 취약 상태 → 위기촉진요인 → 실제 위기 상태 → 재통합

15 위기개입모델에서 개입단계에 해당하는 것은?

① 위기와 선행사건에 관한 이해

② 부정적 감정 표현 지지

③ 과거의 문제 경험과 대처기술 평가

④ 지지적 자원에 대한 분석

⑤ 클라이언트의 자해 위험성 파악

〔 해설 〕 ① · ③ · ④ · ⑤ 위기개입모델에서 사정단계의 내용에 해당한다.

16 다음 중 현실치료모델에서 개입의 원칙으로 가장 옳지 않은 것은?

① 보호와 존경으로 좋은 관계를 형성한다.
② 클라이언트가 변명을 하더라도 일단 수용한다.
③ 실제로 달성할 수 있는 바람을 평가하는 과정을 가지도록 한다.
④ 성공을 향한 개인의 힘과 잠재력에 초점을 둔다.
⑤ 치료세션에 대한 한계나 구조를 세운다.

〔 해설 〕 ② 클라이언트의 책임감이 없거나 비효율적인 행동에 대한 변명을 금지시킨다.

21회 기출

17 인지행동모델에 관한 설명으로 옳지 않은 것은?

① 개인의 주관적 경험의 독특성을 중시한다.
② 클라이언트의 강점과 자원이 문제해결의 주요 요소이다.
③ 제한된 시간 내에 특정 문제에 초점을 두고 접근한다.
④ 과제 활용과 교육적인 접근으로 자기 치료가 가능하도록 한다.
⑤ 클라이언트의 적극적 참여와 협조적 태도를 중시한다.

〔 해설 〕 ② 모든 사람은 강점과 자원, 능력과 잠재력을 가지고 있다고 가정하면서, 클라이언트의 강점과 자원 등을 문제해결의 주요 요소로 간주하는 것은 해결중심모델에 해당한다. 해결중심모델은 클라이언트의 병리적 측면에 관심을 기울이기보다는 건강한 측면에 초점을 둔다.

18 다음 중 엘리스(Ellis)가 제시한 비합리적 신념의 예로 옳지 않은 것은?

① 인간은 모든 면에서 반드시 유능하고 성취적이어야 한다.
② 인간의 불행은 외부 환경 때문이며, 인간의 힘으로는 그것을 통제할 수 없다.
③ 인간은 타인에게 의지해야 하며, 자신이 의지할만한 더욱 강력한 누군가가 있어야 한다.
④ 인생에 있어서 어떤 난관이나 책임을 직면하는 것보다 회피하는 것이 더욱 쉬운 일이다.
⑤ 인간의 문제에 있어서 항상 정확하고 완전한 해결책이란 있을 수 없다.

〔 해설 〕 ⑤ 당위성을 전제로 하지 않은 채 예외적인 경우를 인정하는 합리적 사고로 볼 수 있다. 참고로 엘리스(Ellis)는 "인간의 문제에는 항상 정확하고 완전한 해결책이 있으므로, 이를 찾지 못하는 것은 매우 유감스러운 일이다"를 비합리적 신념의 예로 제시하였다.

19 다음 중 엘리스(Ellis)의 ABCDE 모델에서 개입을 실시하는 단계에 해당하는 것은?

① A(Activating Event) - 선행사건
② B(Belief System) - 비합리적 신념체계
③ C(Consequence) - 결과
④ D(Dispute) - 논박
⑤ E(Effect) - 효과

[해설] 엘리스(Ellis)의 ABCDE 모델

선행사건 (Activating Event)	클라이언트의 감정을 동요시키거나 클라이언트의 행동에 영향을 미치는 사건을 의미한다.
비합리적 신념체계 (Belief System)	선행사건에 대한 클라이언트의 비합리적 신념체계나 사고체계를 의미한다.
결 과 (Consequence)	선행사건을 경험한 후 자신의 비합리적 신념체계를 통해 그 사건을 해석함으로써 느끼게 되는 정서적 · 행동적 결과를 말한다.
논 박 (Dispute)	클라이언트가 가지고 있는 비합리적 신념이나 사고에 대해 그것이 사리에 부합하는 것인지 논리성 · 실용성 · 현실성에 비추어 반박하는 것으로서, 클라이언트의 비합리적 신념체계를 수정하기 위한 것이다(→ 개입의 실시).
효 과 (Effect)	논박으로 인해 나타나는 효과로서, 클라이언트가 가진 비합리적인 신념을 철저하게 논박하여 합리적인 신념으로 대체한다.

9회 기출

20 다음 사례에서 도출된 '인지적 오류'로 옳지 않은 것은?

> "어머니는 제 능력이 형제들 중에 가장 뛰어나다며 저만 대학에 보냈어요. 저는 그게 당연하다고 생각했고 ① 다른 사람들도 저를 대접하지 않으면 참지 못했어요. 취업면접에서도 면접관이 ② 먼저 악수를 청하지 않으면 떨어졌다고 좌절했어요. 그런데, ③ 지난달에 어머니도 오시지 않은 것을 보면 이제 저를 신뢰하지 않는 것 같아요. ④ 아버지만 살아계셨더라도 이런 일은 없었을 거예요. ⑤ 이런 대접을 받고 산다는 것은 실패한 삶이예요."

① 과잉일반화   ② 임의적 추론
③ 선택적 축약   ④ 개인화
⑤ 이분법적 사고

[해설] ① 벡(Beck)이 제시한 인지적 오류라기보다는 엘리스(Ellis)가 제시한 비합리적 신념에 해당하는 것으로 볼 수 있다. 엘리스는 "인간은 주위의 모든 중요한 사람들에게서 항상 사랑과 인정을 받아야만 한다."는 비합리적 신념의 예를 제시하였다.

16회 기출

21 대중 앞에서 발표할 때 만성적 긴장과 불안을 호소하는 클라이언트의 문제를 해결하기 위한 다음의 실천활동에 포함되지 않은 기법은?

> 사회복지사는 대중 앞에서 발표를 잘 하는 사람의 동영상을 클라이언트에게 여러 차례 보여주었다. 이후 사회복지사 앞에서 간단한 발표를 반복적으로 연습하게 한 후, 2~3명 앞에서 발표하게 하였다. 발표에 앞서 사회복지사는 20초 복식호흡과 함께 평화로운 하늘의 구름을 연상하도록 지시하였다. 그 후, 그룹의 크기를 조금씩 키워가면서 발표하도록 하였고, 나중에는 200여명 앞에서 발표를 하도록 하였다. 이때도 복식호흡과 심상훈련을 하게 하였다.

① 시 연
② 모델링
③ 이완훈련
④ 정적 강화
⑤ 체계적 둔감화

[해설] ④ 정적 강화(Positive Reinforcement)는 어떤 행위가 있고 난 후 그 행위에 대해 제삼자가 긍정적 반응이나 보상을 해 줌으로써 그 행동이 계속해서 일어나거나 강화될 수 있도록 하는 것이다.
① 시연(Rehearsal)은 긍정적인 행동에 대한 반복적인 연습을 통해 이를 숙달되도록 하는 것이다(예 사회복지사 앞에서 간단한 발표를 반복적으로 연습하게 함).
② 모델링(Modeling)은 관찰학습 과정을 통해 클라이언트가 원하는 행동을 학습할 수 있도록 하는 것이다(예 발표를 잘 하는 사람의 동영상을 보도록 함).
③ 이완훈련(Relaxation Training)은 근육의 수축과 이완, 깊고 규칙적인 호흡 등을 훈련함으로써 일상생활에서 유발되는 스트레스에 대처할 수 있도록 하는 것이다(예 복식호흡을 하도록 함).
⑤ 체계적 둔감화(Systematic Desensitization)는 클라이언트에게 가장 덜 위협적인 상황에서 가장 위협적인 상황으로 순차적으로 적응해 나갈 수 있도록 하는 것이다(예 그룹의 크기를 조금씩 키워가면서 발표하도록 함).

20회 기출

22 인지행동모델에서 비합리적인 사고에 대해 '실용성에 관한 논박기법'을 사용한 질문은?

① 그 생각이 옳다는 것을 어떻게 아세요?

② 지금 느끼는 감정을 명확하게 설명할 수 있으세요?

③ 그 일이 실제로 일어날 가능성이 얼마나 될까요?

④ 그 생각이 문제해결에 얼마나 도움이 될까요?

⑤ 그 생각의 논리적 근거는 무엇입니까?

〔 해설 〕

논리성	어떤 조건이 좋고 바람직하다고 해서 그것이 반드시 존재해야 하는 것은 아님을 깨닫도록 한다. 예 "그 생각이 옳다는 것을 어떻게 아세요?" "그 생각의 논리적 근거는 무엇입니까?"
실용성	내담자가 가지고 있는 신념이 혼란만 초래할 뿐 아무런 이득이 없음을 깨닫도록 한다. 예 "그 생각이 문제해결에 얼마나 도움이 될까요?"
현실성	내담자가 가지고 있는 신념이 현실적으로 이루어질 수 없음을 깨닫도록 한다. 예 "그 일이 실제로 일어날 가능성이 얼마나 될까요?"

23 클라이언트와 사회복지사 간의 바람직한 원조관계의 형성을 위해서는 클라이언트의 두려움을 감소시키고 사회복지사를 신뢰하게 하는 기술이 요구된다. 클라이언트에게 적절한 서비스를 제공하기 위해 선행되어야 할 사회복지사의 기본적 특성에 해당하는 것을 올바르게 모두 고른 것은?

ㄱ. 감정이입적 이해
ㄴ. 온정과 인정
ㄷ. 자기결정권 존중
ㄹ. 도전과 직면

① ㄱ, ㄴ, ㄷ 　　　　　　　　　② ㄱ, ㄷ
③ ㄴ, ㄹ 　　　　　　　　　　　④ ㄹ
⑤ ㄱ, ㄴ, ㄷ, ㄹ

〔 해설 〕 **클라이언트와의 바람직한 관계형성 방법**
　　• 일치성 또는 진실성
　　• 감정이입적 이해와 경청
　　• 무조건적인 긍정적 관심(관심과 보살핌, 호의, 온정, 인정)
　　• 자기결정권 존중 및 수용

18회 기출

24 클라이언트를 문제 중심으로 보지 않고, 필요한 자원을 활용하거나 문제에 대처할 수 있도록 지지하여 자립을 가능하게 하는 실천모델은?

① 과제중심모델　　　　　　　　　　　② 심리사회모델
③ 역량강화모델　　　　　　　　　　　④ 위기개입모델
⑤ 인지행동모델

[해설] ① 과제중심모델은 클라이언트의 문제를 자원 혹은 기술의 부족으로 이해하고 클라이언트가 동의한 과제를 중심으로 구체적인 문제해결에 주력하는 단기간의 종합적인 개입모델이다.
② 심리사회모델은 클라이언트의 과거 경험이 현재 심리 혹은 사회기능에 미치는 영향을 다루며, 클라이언트의 과거와 현재의 경험과 관련한 내적 갈등을 이해하고 통찰함으로써 클라이언트의 성장을 돕는 개입모델이다.
④ 위기개입모델은 위기상황에 처해 있는 개인이나 가족을 초기에 발견하여 그 구체적이고 관찰 가능한 문제에 초점을 두고 초기 단계에서 원조활동을 수행하는 단기적 개입모델이다.
⑤ 인지행동모델은 문제에 대한 논박을 통해 인지적 왜곡이나 오류가 있음을 밝혀내며, 질문을 통해 자기발견과 타당화의 과정을 거침으로써 사건이나 행동의 의미를 재발견하도록 돕는 개입모델이다.

25 다음 중 임파워먼트(Empowerment) 관점의 문제해결 과정에서 발전(발달)단계의 과업에 해당하는 것을 올바르게 모두 고른 것은?

ㄱ. 강점 확인하기
ㄴ. 잠재적 자원을 사정하기
ㄷ. 현재 상황을 명확히 하기
ㄹ. 기회를 확장하기

① ㄱ, ㄴ, ㄷ　　　　　　　　　　　② ㄱ, ㄷ
③ ㄴ, ㄹ　　　　　　　　　　　　　④ ㄹ
⑤ ㄱ, ㄴ, ㄷ, ㄹ

[해설] **임파워먼트(Empowerment) 관점의 문제해결 과정별 과업**

대 화 (Dialogue)	클라이언트와의 파트너십(협력관계) 형성하기, 현재 상황을 명확히 하기(도전들을 자세히 설명하기), 방향 설정하기(일차적 목표 설정하기) 등
발 견 (Discovery)	강점 확인하기, 자원체계 조사하기(잠재적 자원을 사정하기), 자원역량 분석하기(수집된 정보를 조직화하기), 해결책 고안하기(구체적인 행동계획을 수립하기) 등
발전 또는 발달 (Development)	자원을 활성화하기, 동맹관계를 창출하기, 기회를 확장하기, 성공을 인식(인정)하기, 결과(달성한 것)를 통합하기 등

15회 기출

26 강점관점에 관한 설명으로 옳지 않은 것은?

① 개인을 진단에 따른 증상을 가진 자로 규정한다.

② 개입의 초점이 가능성에 있다.

③ 외상과 학대 경험은 클라이언트에게 도전과 기회의 원천이 될 수 있다.

④ 모든 환경 속에는 활용 가능한 자원이 있다.

⑤ 사회복지사와 클라이언트의 협동 작업이 이루어질 때 클라이언트에게 최선의 도움이 주어질 수 있다.

〔 해설 〕 ① 개인을 진단에 따른 증상을 가진 자로 규정한 것은 병리관점(Pathology Perspective)에 해당한다. 이는 개인을 고유한 특성, 자원과 강점을 가진 독특한 존재로 규정한 강점관점(Strength Perspective)과 상반된다.

14회 기출

27 해결중심모델에 관한 설명으로 옳은 것을 모두 고른 것은?

ㄱ. 이론적이고 규범적이다.

ㄴ. 문제가 발생되지 않았던 예외적인 상황을 중요시한다.

ㄷ. 해결과제를 수립할 때 클라이언트보다 사회복지사의 견해를 우선시한다.

ㄹ. 클라이언트의 자원과 과거의 성공 경험을 중요시한다.

① ㄱ, ㄴ, ㄷ   ② ㄱ, ㄷ

③ ㄴ, ㄹ   ④ ㄹ

⑤ ㄱ, ㄴ, ㄷ, ㄹ

〔 해설 〕 ㄱ. 해결중심모델은 탈이론적 · 탈규범적인 양상을 보인다. 타 이론에서와 같이 클라이언트를 인간행동에 대한 가설적 이론의 틀에 맞추어 사정, 평가하지 않는다.

ㄷ. 해결중심모델은 클라이언트의 견해를 존중한다. 클라이언트의 의견과 관점을 수용하므로 클라이언트 중심의 치료적 접근이 가능하다.

16회 기출

28 다음과 같은 목표설정을 주로 하는 사회복지실천모델은?

> • 작고 구체적이며 행동적일 것
> • 클라이언트가 중요하다고 생각하는 것
> • 클라이언트가 갖지 않은 것보다 갖고 있는 것에 초점을 둠
> • 긍정적이며 과정의 형태로 정의
> • 목표를 문제해결의 시작으로 간주

① 인지행동모델
② 해결중심모델
③ 클라이언트중심모델
④ 심리사회모델
⑤ 행동수정모델

[해설] **해결중심모델의 목표설정**
해결중심모델에서 목표설정은 클라이언트로 하여금 이전과 다르고 좀 더 바람직한 방향으로 자신의 삶을 경험할 수 있도록 하는 의미를 포함하며, 동시에 그 가능성을 높이는 과정이다.

21회 기출

29 해결중심모델에서 사용하는 질문기법과 그에 관한 예로 옳은 것은?

① 관계성 질문 : 재혼하신 아버지는 이 문제를 어떻게 생각하실까요?
② 기적질문 : 처음 상담했을 때와 지금의 스트레스 수준을 비교한다면 지금은 몇 점인가요?
③ 대처질문 : 어떻게 하면 그 문제가 발생하지 않을 것 같나요?
④ 예외질문 : 당신은 그 어려운 상황에서 어떻게 견딜 수 있었나요?
⑤ 척도질문 : 처음 상담을 약속했을 때와 지금은 무엇이 어떻게 달라졌는지 말씀해 주세요.

[해설] 관계성질문은 클라이언트와 중요한 관계에 있는 사람들이 갖고 있는 생각, 의견, 지각 등에 대해 묻는 것으로, 그들의 관점에서 클라이언트 자신의 문제에 대해 어떻게 생각할지 추측해 보도록 하는 것이다.
② 척도질문, ③ 예외질문, ④ 대처질문, ⑤ 상담 전 변화질문

21회 기출

30 해결중심모델에 관한 설명으로 옳은 것은?

① 클라이언트에게 대처행동을 가르치고 훈련함으로써 부적응을 해소하도록 한다.

② 탈이론적이고 비규범적이며 클라이언트의 견해를 존중한다.

③ 문제의 원인을 클라이언트의 심리 내적 요인에서 찾는다.

④ 클라이언트의 문제를 자원 혹은 기술 부족으로 본다.

⑤ 문제와 관련이 있는 환경과 자원을 사정하고 개입 방안을 강조한다.

[해설] **해결중심모델의 주요 원칙**
- 병리적인 것 대신 건강한 것에 초점을 둔다.
- 클라이언트의 강점과 자원, 건강한 특성을 발견하여 이를 치료에 활용한다.
- 탈이론적이고 비규범적이며 클라이언트의 견해를 존중한다.(②)
- 변화는 항상 일어나며 불가피하다.
- 현재와 미래를 지향한다.
- 클라이언트의 자율적인 협력을 중요시한다.

CHAPTER 03 가족 대상 사회복지실천

18회 기출

01 가족의 특성에 관한 설명으로 옳은 것을 모두 고른 것은?

> ㄱ. 사회변화에 민감한 체계이다.
> ㄴ. 현대 가족은 점차 정서적 기능이 약화되고 있다.
> ㄷ. 가족의 현재 모습은 세대 간 전승된 통합과 조정의 결과물이다.
> ㄹ. 기능적인 가족은 응집성과 적응성, 문제해결력이 높은 가족이다.

① ㄱ, ㄷ ② ㄴ, ㄹ
③ ㄱ, ㄴ, ㄷ ④ ㄴ, ㄷ, ㄹ
⑤ ㄱ, ㄴ, ㄷ, ㄹ

[해설] **가족의 특성**
- 가족은 다세대에 걸친 역사성의 산물이다.(ㄷ)
- 가족은 사회변화에 민감한 체계이다.
- 가족구성원 간 상호 영향은 지속적이다.
- 가족마다 권력구조와 의사소통 형태를 갖고 있다.
- 가족 내 공식적 · 비공식적 역할들은 고정되어 있지 않다.
- 가족은 생활주기를 따라 단계적으로 발달하고 변화한다.
- 사회 변화에 따라 가족의 구조와 기능도 변화한다.(ㄱ)
- 가족은 가족항상성을 통해 다른 가족과 구별되는 정체성을 갖는다.
- 위기 시 가족은 역기능적 행동을 보일 수도 있지만 가족탄력성을 보일 수도 있다.
- 기능적인 가족은 응집성과 적응성, 문제해결력이 높은 가족이다.(ㄹ)
- 현대 가족은 점차 정서적 기능이 약화되고 있다.(ㄴ)

17회 기출

02 가족에 관한 설명으로 옳지 않은 것은?

① 사회 변화에 따라 가족의 구조와 기능도 변화한다.
② 위기 시 가족은 역기능적 행동을 보일 수도 있지만 가족탄력성을 보일 수도 있다.
③ 가족은 생활주기를 따라 단계적으로 발달하고 변화한다.
④ 가족은 가족항상성을 통해 다른 가족과 구별되는 정체성을 갖는다.
⑤ 가족은 권력구조를 갖고 있지 않은 애정공동체이다.

[해설] ⑤ 가족은 나름대로 권력구조를 갖고 있다. 어느 가정에서는 아버지가, 다른 가정에서는 어머니가, 또 다른 가정에서는 할아버지나 할머니가 상대적으로 강한 의사결정권 및 통솔권을 갖고 있을 수 있다.

14회 기출

03 가족생활주기에 관한 설명으로 옳지 않은 것은?

① 가족구조와 발달과업의 변화를 파악하는 데 활용한다.

② 가족생활주기를 파악하기 위해 가족의 생태도를 작성한다.

③ 가족이 형성된 시점부터 배우자 사망에 이르기까지의 생활변화를 볼 수 있다.

④ 가족이 발달하면서 경험하게 될 사건이나 위기를 예측하는 데 도움이 된다.

⑤ 가족생활주기의 단계는 가족 유형이나 사회문화적 배경에 따라 상이할 수 있다.

〔 해설 〕 ② 생태도(Ecomap)는 가족과 환경 간 경계의 속성, 가족 내 역동, 가족체계의 욕구와 자원의 흐름 및 균형상태 등에 대한 정보를
얻기 위해 사용한다.

20회 기출

04 가족개입의 전략적 모델에 관한 설명으로 옳은 것은?

① 역기능적인 구조의 재구조화를 개입목표로 한다.

② 증상처방이나 고된 체험 기법을 비지시적으로 활용한다.

③ 가족문제가 왜 일어났는지 파악하여 원인 제거에 필요한 전략을 사용한다.

④ 가족 내 편중된 권력으로 인해 고착된 불평등한 위계구조를 재배치한다.

⑤ 문제를 보는 시각을 변화시키고 새로운 의미를 발견하는 재명명기법을 사용한다.

〔 해설 〕 ⑤ 재명명(Relabeling)은 가족성원의 문제를 다른 시각에서 보거나 다른 방법으로 이해하도록 돕는 방법이다. 이는 모든 행동에는
부정적인 면과 긍정적인 면이 동시에 존재한다는 관점에서, 부정적인 행동에 긍정적인 암시를 부여하는 것이다.

① 역기능적인 가족이 가족구조의 재구조화(Restructuring)를 통해 적절한 대처능력을 가지며, 순기능적인 가족으로서 적절한 기능
을 수행할 수 있도록 돕는 것은 구조적 가족치료모델에 해당한다.

② 문제행동을 계속하도록 지시하여 역설적 치료 상황을 조장하는 증상처방(Prescribing the Symptom), 증상이 나타날 때마다 클
라이언트가 괴로워하는 일을 수행하도록 지시하는 고된 체험 기법(Ordeal Technique)을 지시적으로 활용한다.

③ 전략적 가족치료모델은 인간행동의 원인에는 관심이 없으며, 단지 문제행동의 변화를 위한 해결방법에 초점을 둔다.

④ 가족 내 하위체계들 간의 역기능적 균형을 깨뜨림으로써 가족체계 내의 지위나 권력구조를 변화시키는 균형 깨뜨리기(Unbal-
ancing)는 구조적 가족치료모델의 개입방법에 해당한다.

17회 기출

05 구조적 가족치료의 모델로 개입하기에 적절하지 않은 것은?

① 아픈 어머니, 철없는 아버지 대신 동생에게 부모역할을 하며 자신에게 소홀한 맏딸의 문제

② 비난형 아버지와 감정표현을 통제하는 어머니의 영향으로 자기감정을 억압하는 아들의 문제

③ 할머니와 어머니의 양육방식이 달라서 혼란스러운 자녀의 문제

④ 부부불화로 아들에게 화풀이를 하자 반항행동이 증가한 아들의 문제

⑤ 밀착된 아내와 딸이 남편을 밀어내어 소외감을 느끼는 남편의 문제

[해설] ② 경험적 가족치료모델로 개입하기에 적절하다. 경험적 가족치료모델은 가족성원 간 효과적인 의사소통을 강조한 모델로, 특히 사티어(Satir)는 자아존중감 향상을 의사소통 가족치료의 목적으로 제시하였다. 부모-자녀 관계에서 부모가 자녀에게 적절하게 반응하지 못한 경우, 자녀가 자아존중감을 학습하고 발전시킬 수 있는 기회를 갖지 못한 경우, 부모가 역기능적인 의사소통을 보이거나 의사소통 내용이 부정적일 경우 자녀의 자아존중감은 손상된다.

16회 기출

06 가족체계의 순환적 인과성에 관한 설명으로 옳지 않은 것은?

① 가족체계 내 문제가 세대 간 전이를 통해 나타남을 의미한다.

② 가족구성원이 많을 때 더욱 복잡한 양상을 띤다.

③ 상호 영향을 주고받는 과정에서 나타나는 현상이다.

④ 가족의 문제가 유지되는 상호작용 과정을 파악하여 문제를 해결한다.

⑤ 증상을 표출하는 성원 또는 다른 성원의 변화를 통해 가족 문제를 해결한다.

[해설] ① 다세대 전수과정(Multigenerational Transmission Process)과 연관된다. 다세대 전수과정은 자아분화 수준이 낮은 가족이 부적절한 가족투사로 삼각관계를 형성하여 가족 내 지나친 정서적 융합 또는 단절을 여러 세대에 걸쳐 지속시킴으로써 정신적 · 정서적 장애를 유발하는 것이다.

11회 기출

07 다음 상황에 부합하는 가족체계 관련 용어는?

> 딸의 일탈행동에 대해 부모가 잔소리를 하자 일탈행동이 더 심해졌다.

① 이중구속   ② 정적 환류

③ 부적 환류   ④ 일차 사이버네틱스

⑤ 이차 사이버네틱스

[해설] ② 딸과 부모의 의사소통 과정에서 말과 행동에 뒤이은 반응들은 그들 간의 갈등을 오히려 증폭시키고 있다. 이는 정적 환류(Positive Feedback)에 의한 일탈의 확장에 해당하는 것으로서, 변화의 수용에 따라 가족체계의 항상성을 깨뜨리는 결과를 초래한다.

18회 기출

08 알코올 중독자 당사자는 치료에 거부적이다. 우선적으로 동기화되어 있는 가족들을 알코올 중독자 가족모임이나 자녀모임에 참여하도록 하였다. 이때 사회복지사가 개입 시 고려한 내용으로 옳은 것은?

① 가족항상성
② 가족모델링
③ 가족재구조화
④ 다세대 간 연합
⑤ 순환적 인과성

[해설] **순환적 인과성(Circular Causality)**
- 가족체계를 원인에 따른 결과 또는 자극에 따른 반응과 같은 선형적 유형으로 보는 것이 아닌 가족체계의 상호작용 패턴에 초점을 두는 순환적 반응으로 보는 것이다.
- 가족체계 내의 한 구성원의 변화는 다른 구성원을 자극하여 반응을 이끌어내게 되고, 이것이 또다시 다른 구성원을 자극함으로써 가족 전체에 영향을 미치게 된다.
- 가족 문제를 해결하기 위해서는 문제의 원인 그 자체보다는 문제가 유지되는 가족의 상호작용 과정을 살펴보아야 한다. 즉, '왜(Why)'가 아닌 '무엇(What)'에 초점을 두어야 한다.
- 문제를 일으키거나 증상을 표출하는 성원 또는 다른 성원의 변화를 통해 가족의 역기능적 문제가 해결된다. 즉, 가족체계 내의 한 구성원의 긍정적인 변화는 곧 가족 전체의 긍정적인 변화로 이어지면서 문제가 해결될 수 있다.

10회 기출

09 가족의 구조와 기능에 관한 설명으로 옳은 것을 모두 고른 것은?

> ㄱ. 부모와 자녀 간의 밀착된 관계는 하위체계 간 균형을 유지하게 한다.
> ㄴ. 가족 하위체계 간 경계는 경직된 경계와 모호한 경계의 둘로 구분된다.
> ㄷ. 가족규칙이 가족발달 단계에 따라 변화할 때 역기능적이다.
> ㄹ. 가족 내 역할을 파악하는 것이 가족을 이해하는 데 도움이 된다.

① ㄱ, ㄴ, ㄷ   ② ㄱ, ㄷ
③ ㄴ, ㄹ   ④ ㄹ
⑤ ㄱ, ㄴ, ㄷ, ㄹ

[해설] ㄱ. 부모와 자녀 간의 밀착된 관계는 부모와 자녀가 서로 지나치게 관여하고 간섭하여 적정 수준의 경계가 결여된 경우이므로 하위체계 간 균형을 깨뜨린다.
ㄴ. 가족 하위체계 간 경계는 '경직된 경계', '모호한(밀착된) 경계', '명확한(분명한) 경계'로 삼분된다.
ㄷ. 가족규칙이 가족발달 단계에 따라 유연하게 변화할 때 기능적이다.

10 자녀양육의 어려움을 호소하는 가족의 사정도구에 관한 설명으로 옳지 않은 것은?

① 가계도를 활용하여 구성원 간 관계를 파악한다.

② 생태도를 통해 회복탄력성과 문제해결능력을 확인한다.

③ 양육태도척도를 활용하여 문제가 되는 부분을 탐색한다.

④ 자녀 입장의 가족조각으로 자녀가 인식하는 가족 관계를 탐색한다.

⑤ 생활력표를 활용하여 현재 어려움에 영향을 주는 발달단계 상의 경험을 이해한다.

[해설] ② 생태도(Ecomap)는 가족에 영향을 미치는 주요 환경체계를 확인하기 위한 사정도구이다. 참고로 가족기능에 대한 개념적 모델로서 맥매스터 모델(McMaster Model)은 가족사정척도(FAD ; FamilyAssessment Device)를 통해 '문제해결', '의사소통', '가족역할', '정서적 반응성', '정서적 관여', '행동통제' 등 여섯 가지 측면과 함께 가족의 '전반적 기능'을 포함하여 총 7개의 하위범주로 구성된 가족기능의 사정도구를 제안하고 있다.

11 가계도 분석에 관한 설명으로 옳은 것을 모두 고른 것은?

> ㄱ. 세대를 통해 반복되는 패턴 분석
> ㄴ. 가족구성원에 대한 객관적 정보를 파악
> ㄷ. 가족기능의 불균형과 그것에 기여하는 요인 분석
> ㄹ. 가족구성원별 인생의 중요사건과 이에 대한 다른 가족구성원의 역할 분석

① ㄹ

② ㄱ, ㄷ

③ ㄴ, ㄹ

④ ㄱ, ㄴ, ㄷ

⑤ ㄱ, ㄴ, ㄷ, ㄹ

[해설] **가계도를 통해 알 수 있는 정보**
• 가족구성원에 대한 정보(성별, 나이, 출생 및 사망 시기, 직업 및 교육수준, 결혼 및 동거관계 등)(ㄴ)
• 가족구조 및 가족관계의 양상(자연적 혈연관계 또는 인위적 혈연관계)
• 가족 내 하위체계 간 경계의 속성
• 가족성원 간의 단절 또는 밀착 정도
• 가족 내 삼각관계
• 가족성원의 역할과 기능의 균형상태(ㄷ · ㄹ)
• 그 밖에 가족양상의 다세대적 전이, 세대 간 반복되는 유형 등 종단 · 횡단, 종합 · 통합적인 가족의 속성(ㄱ)

12 다음 중 생태도(Ecomap)를 통해 제시될 수 있는 자료로 가장 거리가 먼 것은?

① 가족규칙과 가족신화

② 가족이 이용하는 서비스기관의 종류

③ 가족의 취미, 오락, 여가활동

④ 친척 및 이웃과의 친밀도

⑤ 고용 및 직업상황

〔해설〕 ① 가족규칙과 가족신화는 가족조각(Family Sculpting)을 통해 제시될 수 있다.

20회 기출

13 보웬(M. Bowen)이 제시한 개념 중 다음 설명에 해당하는 것은?

> • 여러 세대에 거쳐 전수될 수 있다.
> • 정신내적 개념이면서 대인관계적 개념이다.
> • 정신내적개념은 자신의 지적 측면과 정서적 측면의 구분을 의미한다.
> • 대인관계적 개념은 타인과 친밀하면서도 독립성을 유지하는 능력을 말한다.

① 가족투사

② 삼각관계

③ 자아분화

④ 핵가족 정서

⑤ 다세대 전수

〔해설〕 ③ 자아분화는 개인이 가족의 정서적인 혼란으로부터 자유롭고 독립적인 사고나 행동을 할 수 있는 정도를 의미한다. 만약 자아분화 수준이 낮다면 미분화에서 오는 불안이나 갈등을 삼각관계를 통해 회피하게 된다.

① 가족투사는 부부가 불안이 증가될 때 자신의 미분화된 정서문제를 자녀에게 투사하는 것을 의미한다.

② 삼각관계는 스트레스의 해소를 위해 두 사람 간의 상호작용체계에 다른 가족성원을 끌어들임으로써 갈등을 우회시키는 것을 의미한다.

④ 핵가족 정서는 해소되지 못한 불안들이 개인에게서 가족에게로 투사되는 것을 의미한다.

⑤ 다세대 전수는 가족의 분화 수준과 기능이 세대 간 전수되는 과정을 일컫는 것으로, 가족체계 내 문제가 세대 간 전이를 통해 나타남을 의미한다.

20회 기출

14 다음 사례에 대해 미누친(S. Minuchin)의 구조적 모델을 적용한 개입방법이 아닌 것은?

> 자녀교육 문제로 시어머니와 대립하는 며느리가 가족상담을 요청했다. 며느리는 남편이 모든 것을 어머니한테 맞추라고 한다며 섭섭함을 토로했다.

① 가족을 이해하고 수용하면서 합류한다.
② 가족문제를 더 정확히 이해하기 위해 실연을 요청한다.
③ 가족지도를 통해 가족구조와 가족역동을 이해하도록 돕는다.
④ 남편이 시어머니의 영향권에서 벗어나도록 탈삼각화를 진행한다.
⑤ 부부가 함께 부모역할을 수행하도록 하위체계의 경계를 명확하게 한다.

〔 해설 〕 ④ 탈삼각화(Detriangulation)는 보웬(Bowen)의 다세대적 가족치료모델(세대 간 가족치료모델)을 적용한 개입방법이다. 이는 가족 내 삼각관계를 교정하여 미분화된 가족자아 집합체로부터 벗어나도록 돕는 것이다.

18회 기출

15 노인학대가 의심된다는 이웃의 신고로 노인보호전문기관에서 상황을 파악하고자 하였다. 어르신은 사회복지사의 개입을 거부하며 방어적이다. 이 상황에 관한 분석으로 적절하지 않은 것은?

① 비난형 의사소통 유형이다.
② 스스로 해결하고자 하는 의지의 표현이다.
③ 현재의 상태를 유지하려고 하는 항상성이 있다.
④ 독립과 자립을 강조하는 사회문화적 영향으로 도움에 거부적이다.
⑤ 일방적 신고를 당해서 외부인에 대한 불신과 배신감을 느끼고 있다.

〔 해설 〕 ① 문제상의 노인은 외부인에 대한 불신을 드러내면서 사회복지사의 개입을 거부하고 있는데, 이는 사티어(Satir)의 의사소통 유형 중 산만형(혼란형)과 연관된다. 산만형(혼란형)은 위협을 무시하고 상황과 관계없이 행동하며, 말과 행동이 불일치하고 정서적으로 혼란스러워 보인다. 특히 내면적으로 모두가 자신을 거부한다고 생각함으로써 무서운 고독감과 자신의 무가치함을 느낀다.

14회 기출

16 가족사정 기법 중 가족조각을 통해 파악할 수 있는 것을 모두 고른 것은?

> ㄱ. 가족 간의 친밀도
> ㄴ. 가족규칙
> ㄷ. 가족성원들의 감정
> ㄹ. 가족의 교육수준

① ㄱ, ㄴ, ㄷ   ② ㄱ, ㄷ
③ ㄴ, ㄹ   ④ ㄹ
⑤ ㄱ, ㄴ, ㄷ, ㄹ

〔 해설 〕ㄹ. 가족구성원의 직업 및 교육수준 등은 가계도(Genogram)를 통해 파악할 수 있다.

18회 기출

17 다음 사례에서 사회복지사가 우선적으로 계획할 내용으로 적절한 것은?

> 은옥 씨는 심각한 호흡기 질환을 앓고 있으며, 28세 아들은 고교 졸업 후 게임에만 몰두하며 집에만 있다. 아들은 쓰레기를 건드리지도 못하게 하여 집은 쓰레기로 넘쳐나고, 이는 은옥 씨의 건강에 치명적인 위협이 되고 있다. 은옥 씨는 과거 자신의 잘못과 아들에 대한 죄책감을 호소하고 있으나, 서비스를 거부하며 특히 아들에 대한 접근을 막고 있다.

① 치료적 삼각관계 형성하기
② 가족하위체계 간의 경계 만들기
③ 가족의 기능적 분화수준 향상시키기
④ 가족과 합류(Joining)할 수 있는 방법 탐색하기
⑤ 역설적 개입으로 치료자의 지시에 저항하도록 하기

〔 해설 〕**합류 또는 합류하기(Joining)**
  • 치료자가 가족성원들과의 관계형성을 위해 가족을 수용하고 가족에 적응함으로써 기존의 가족구조에 참여하는 방법이다. 치료자는 합류를 통해 가족 상호작용의 맥락을 파악하고, 가족의 희생양이 느끼는 고통을 이해할 수 있다.
  • 합류를 촉진하기 위한 기법으로 '따라가기(Tracking)', '유지하기(Accomodation)', '흉내 내기(Mimesis)'가 있다.

18 다음 중 보기의 사례에 대해 사회구성주의로 접근하는 경우 우선적으로 고려해야 할 사항에 해당하는 것은?

> 3대가 살고 있는 한 가정에서 시어머니와 며느리 간에 고부갈등이 심화되고 있다. 그 주된 이유는 3대 독자인 외동아들의 교육문제와 관련해서 시어머니가 자신의 의사를 강하게 주장하고 있었던 것이다. 며느리는 이러한 시어머니를 이해하지 못하였고, 그로 인해 시댁 식구들과도 소원해진 상태이다.

① 원가족과의 관계를 파악한다.
② 가족 내 믿음으로서 가족신화의 양상을 파악한다.
③ 남편과 시어머니 간의 자아분화 정도를 사정한다.
④ 가족구조와 가족 내 상호작용을 파악하는 데 초점을 둔다.
⑤ 시어머니가 가족의 문제를 어떻게 인식하는지 확인한다.

〔해설〕 ⑤ 사회구성주의는 가족 내 대화환경에서 가족구성원이 의미를 재구성하는 과정에 초점을 둔다. 즉, 사회구성주의적 관점에서는 가족의 문제상황에 대해 가족구조의 상호작용이나 의사소통 유형 등을 파악하기보다는 가족구성원이 가족 문제에 대해 어떻게 인식하고 있는지를 우선적으로 고려한다.

14회 기출

19 가족치료모델 유형에 관한 설명으로 옳은 것은?

① 구조적 가족치료 : 가족구성원 간의 규칙 및 역할을 재조정하도록 원조하기
② 경험적 가족치료 : 상담 계획이 정해진 후 첫 회기 전까지 나타난 긍정적 변화를 질문하기
③ 전략적 가족치료 : 가족구성원이 삼각관계에서 벗어나도록 정서적 체계를 수정하기
④ 보웬의 세대 간 가족치료 : 문제가 되는 상황을 강화하기 위해 역설적으로 개입하기
⑤ 해결중심 가족치료 : 가족의 상호작용 유형을 확인하고 문제를 외현화하기

〔해설〕 ① 구조적 가족치료모델은 가족구조를 재조정 혹은 재구조화하여 가족이 적절한 기능을 수행할 수 있도록 돕는다.
② 상담 계획이 정해진 후 첫 회기 전까지 나타난 긍정적 변화를 질문하는 '상담 전 변화질문(Pre-session Change Question)'은 해결중심적 가족치료모델의 주요 기법에 해당한다.
③ 가족 내 삼각관계를 교정하여 미분화된 가족자아 집합체로부터 벗어나도록 돕는 탈삼각화(Detriangulation)는 다세대적 가족치료모델(세대 간 가족치료모델)의 주요 기법에 해당한다.
④ 문제가 되는 상황을 강화하기 위해 역설적으로 개입하는 역설적 지시(Paradoxical Directives)는 전략적 가족치료모델의 주요 기법에 해당한다.
⑤ 가족의 상호작용 유형을 확인하고 문제를 외현화(Externalization)하는 것은 사회구성주의 관점의 가족치료로서 이야기치료 모델의 주요 기법에 해당한다.

19회 기출

20 가족의 문제가 개선될 때 체계의 항상성 균형이 위험하다고 판단되어 사용하는 전략으로, 변화의 속도가 빠르다고 지적하며 조금 천천히 변화하라고 하는 기법은?

① 시 련 ② 제 지
③ 재정의 ④ 재구조화
⑤ 가족옹호

[해설] ② 제지(Restraining)는 변화의 속도가 지나치게 빠를 때 천천히 변화하도록 권하거나, 개선이 생길 때 재발 가능성에 대해 염려하고 이를 경고하는 역설적 기법이다.
① 시련(Ordeal)은 변화를 원하는 사람에게 증상보다 더 고된 체험을 하도록 과제를 주어 증상을 포기하도록 하는 기법이다.
③ 재정의(Reframing)는 가족성원의 문제를 다른 시각에서 보거나 다른 방법으로 이해하도록 돕는 기법이다.
④ 가족 재구조화(Restructuring)는 가족의 상호작용을 바꾸는 것으로, 가족 하위체계 간의 경계를 조정하고 위계질서를 강화하며, 규칙을 현실적인 것으로 바꾸는 것 등을 포함한다.
⑤ 가족옹호(Family Advocacy)는 가족을 위한 기존의 서비스 혹은 서비스 전달을 개발하도록 하는 것으로, 가족의 사회환경을 향상시키고 사회정의를 증진시키기 위한 과정으로 볼 수 있다.

CHAPTER 04 집단 대상 사회복지실천

01 집단구성에 관한 설명으로 옳지 않은 것은?

① 집단이 커질수록 구성원의 참여의식이 증가하고 통제와 개입이 쉽다.

② 집단상담을 위해 가능하면 원형으로 서로 잘 볼 수 있는 공간을 만들 수 있는 장소가 바람직하다.

③ 집단성원의 유사함은 집단소속감을 증가시킨다.

④ 개방집단은 새로운 정보와 자원의 유입을 허용한다.

⑤ 비구조화된 집단에서는 집단성원의 자발성이 더욱 요구된다.

[해설] ① 소규모의 집단이 결속력과 상호정체감을 가지며, 통제와 개입이 쉽다.

02 집단역학(Group Dynamics)의 구성요소가 아닌 것은?

① 긴장과 갈등   ② 가치와 규범

③ 집단목적   ④ 의사소통 유형

⑤ 지식 및 정보습득

[해설] **집단역학(집단역동)의 주요 구성요소**
- 의사소통 유형(④)   · 집단목적(③)
- 대인관계   · 지위와 역할
- 가치와 규범(②)   · 긴장과 갈등(①)
- 집단응집력   · 하위집단 등

20회 기출

03 **집단목표에 관한 설명으로 옳은 것은?**

① 목표는 구체적으로 수립한다.
② 한번 정한 목표는 혼란 방지를 위해 수정하지 않는다.
③ 집단 크기나 기간을 정할 때 목표는 고려하지 않는다.
④ 집단목표는 구성원의 목표와 관련 없다.
⑤ 목표는 집단과정에서 자연스럽게 형성되므로 의도적인 노력은 필요 없다.

[해설] ② 집단목표는 집단성원들 간의 토론을 통해 타협, 수정될 수 있다.
③ 집단목표에 따라 집단의 크기를 융통성 있게 정한다.
④ 사회복지사는 집단성원들을 위해 집단목표와 개별목표를 설정할 수 있다. 구체적인 개별목표와 목표달성을 위한 단계들이 설정될 때 집단성원들이 집단에 대해 갖는 매력이 증가할 수 있다.
⑤ 집단목표는 집단상담자가 집단구성원의 목표나 특성, 집단상담이론, 자신의 특성 등을 고려하여 집단이 나아가야 할 방향으로 설정한 것이다.

04 **다음 중 집단과정 촉진을 위한 사회복지사의 실천 활동으로 옳지 않은 것은?**

① 자신의 경험, 감정, 생각 등을 솔직하게 노출한다.
② 피드백을 통해 집단성원들의 역할수행에 대한 정보를 제공한다.
③ 지나치게 많은 피드백을 동시에 제공하지 않는다.
④ 가급적 집단성원의 장점에 초점을 두고 피드백을 제공한다.
⑤ 집단성원이 전달하는 메시지 사이에 불일치가 있더라도 이를 직면하지 않는다.

[해설] ⑤ 집단성원이 말과 행동 간에 불일치를 보이는 경우 혹은 전달하는 메시지의 내용들 사이에 불일치를 보이는 경우 그 집단성원을 직면한다.

18회 기출

05 **토스랜드와 리바스(R. Toseland & R. Rivas)가 분류한 성장집단에 관한 설명으로 옳지 않은 것은?**

① 촉진자로서의 전문가 역할이 강조된다.
② 성원 간의 상호작용이 중요한 도구가 된다.
③ 개별 성원의 자기표출을 긍정적으로 인식한다.
④ 공동과업의 성공적 수행이 일차적인 목표이다.
⑤ 공감과 지지를 얻기 위해 동질성이 높은 성원으로 구성한다.

[해설] ④ 성장집단(Growth Group)은 집단성원들의 자기인식을 증진시키며, 각 성원들의 잠재력을 최대화하는 것을 목표로 한다. 참고로 공동과업의 성공적 수행을 일차적인 목표로 하는 것은 과업집단(Task Group)이다.

20회 **기출**

06 집단 응집력에 관한 설명으로 옳은 것을 모두 고른 것은?

> ㄱ. 구성원 간 신뢰감이 높을수록 응집력이 높다.
> ㄴ. 응집력이 높은 집단에서는 자기노출을 억제한다.
> ㄷ. 구성원이 소속감을 가지면 응집력이 강화된다.
> ㄹ. 응집력이 높은 집단이 낮은 집단보다 생산적인 작업에 더 유리하다.

① ㄱ
② ㄱ, ㄷ
③ ㄴ, ㄹ
④ ㄱ, ㄷ, ㄹ
⑤ ㄱ, ㄴ, ㄷ, ㄹ

〔 해설 〕 ㄴ. 응집력이 높은 집단에서는 자기 자신을 개방하며, 자기 탐색에 집중한다.

07 집단 대상 실천의 장점으로 옳지 않은 것은?

① 타인의 문제에 관심을 갖고 공감하면서 이타심이 커진다.
② 유사 경험을 가진 사람들을 만나면서 문제의 보편성을 경험한다.
③ 다양한 성원들로부터 새로운 행동을 학습하면서 정화 효과를 얻는다.
④ 사회복지사나 성원의 행동을 모방하면서 사회기술이 향상된다.
⑤ 성원간 관계를 통해 원가족과의 갈등을 탐색하는 기회를 갖는다.

〔 해설 〕 ③ 다양한 성원들로부터 새로운 행동을 학습하면서 자신의 행동을 생각함은 물론 다른 성원들의 행동을 관찰하는 과정에서 치료적 효과를 얻는 것은 모방행동(Imitative Behavior)에 해당한다. 반면, 정화(Catharsis)는 집단 내의 비교적 안전한 분위기 속에서 집단성원이 그동안 억압되어온 감정을 자유롭게 발산함으로써 내적 구속감에서 벗어나 해방감을 느끼게 되는 것이다.

16회 기출

08 집단사회사업의 장점에 관한 설명으로 옳지 않은 것은?

① 타인에게 도움을 줄 수 있는 기회를 통해 이타성이 향상된다.

② 집단 내에서 서로 공통된 문제를 확인함으로써 자신의 문제를 일반화할 수 있다.

③ 타인의 행동을 관찰하는 과정에서 자신의 잘못된 생각을 고쳐 나갈 수 있는 치료적 효과를 가진다.

④ 구성원과 자신의 문제를 분석하고 역전이를 통해 해결하는 보편성을 경험한다.

⑤ 집단 내에서 역기능적인 경험을 재현함으로써 이를 통해 성장의 기회를 가진다.

〔 해설 〕 ④ 집단의 치료적 요인으로서 보편성(일반화)은 참여자 자신만 심각한 문제, 생각, 충동을 가진 것이 아니라 다른 사람들도 자기와
비슷한 갈등과 생활경험, 생활상의 문제를 가지고 있다는 것을 알고 위로를 얻는 것이다. 반면, 역전이(Counter Transference)
는 집단지도자가 집단 구성원을 마치 자신의 과거 경험 속 인물인 것처럼 착각하여 무의식적으로 반응하는 것이다.

17회 기출

09 집단사회복지실천에서 하위집단에 관한 설명으로 옳은 것을 모두 고른 것은?

> ㄱ. 집단 초기단계에 나타나 집단응집력을 촉진한다.
> ㄴ. 정서적 유대감을 갖게 된 집단구성원 간에 형성된다.
> ㄷ. 적게는 한 명에서 많게는 다수로 구성된다.
> ㄹ. 소시오메트리를 통해 측정 가능하다.

① ㄱ, ㄴ

② ㄴ, ㄹ

③ ㄱ, ㄷ, ㄹ

④ ㄴ, ㄷ, ㄹ

⑤ ㄱ, ㄴ, ㄷ, ㄹ

〔 해설 〕 ㄱ. 하위집단 가운데 다소 우위에 있는 하위집단이 집단에 대한 통제력을 행사하려고 시도하기 때문에 다른 하위집단과 갈등을 유
발할 수 있다.
ㄷ. 하위집단은 적게는 두 명에서 많게는 다수의 성원들로 구성된다.

10 다음 중 병리의 치료보다 심리적 건강 증진 및 기능 향상에 초점을 두는 성장집단에 해당하는 것은?

① 부모역할 훈련집단
② 이혼가정의 취학아동모임
③ 참교육을 위한 학부모연대
④ 사회행동집단
⑤ 여성을 위한 의식고양집단

〔 해설 〕 ① 교육집단, ② 지지집단, ③ 자조집단, ④ 과업집단

11 자조모임(Self-help Group)의 특성에 해당하지 않는 것은?

① 자기노출을 통해 문제의 보편성을 경험한다.
② 집단성원 간의 학습을 통해 모델링 효과를 얻는다.
③ 집단과정 촉진을 위해 성원 간의 의사소통이 중요하다.
④ 과업달성을 위해 집단사회복지사의 주도성이 요구된다.
⑤ 집단성원의 자율적인 참여를 위해 동기부여가 필요하다.

〔 해설 〕 ④ 과업의 달성, 문제 해결책 모색, 결과물(성과물)의 산출, 명령이나 지시의 수행, 의사결정 등을 목표로 하는 것은 과업집단(Task Group)에 해당한다.

12 조직 문제에 대한 해결책 모색이나 성과물 산출을 목적으로 하는 집단은?

① 성장집단   ② 치료집단
③ 사회화집단   ④ 과업집단
⑤ 교육집단

〔 해설 〕 **과업집단(Task Group)**
• 과업의 달성, 문제 해결책 모색, 결과물(성과물)의 산출, 명령이나 지시의 수행, 의사결정 등을 목표로 한다.
• 조직의 문제에 대한 해결방안을 모색하며, 이를 위해 새로운 아이디어를 개발하고 효과적인 전략을 수립하는 등 과업을 수행한다.

13 다음 중 집단사회복지실천모델로서 사회적 목표모델에 대한 설명으로 옳은 것을 모두 고른 것은?

> ㄱ. 인보관에서 발전한 초기 집단사회사업의 전통적 모델이다.
> ㄴ. 집단성원의 주요 과업은 사회의식과 사회적 책임을 발전시키는 것이다.
> ㄷ. 집단사회복지사는 전문적인 변화매개인(Change Agent)의 역할을 한다.
> ㄹ. 민주주의적 참여를 통한 학습이 강조된다.

① ㄱ   ② ㄴ, ㄷ
③ ㄱ, ㄴ, ㄹ   ④ ㄴ, ㄷ, ㄹ
⑤ ㄱ, ㄴ, ㄷ, ㄹ

〔해설〕 ㄷ. 집단사회복지사가 지시적이고 계획적으로 활동하며, 전문적인 '변화매개인(Change Agent)'의 역할을 하는 것은 치료모델(교정모델)에 해당한다.

13회 기출

14 집단 대상 사회복지실천 접근방법 중 상호작용모델에 관한 설명으로 옳지 않은 것은?

① 개인과 사회의 조화가 장기적 목적이다.
② 문제해결을 위한 상호원조체계 개발에 초점을 둔다.
③ 사회복지사는 집단성원과 집단 사이의 중재자 역할을 한다.
④ 정해진 목표달성을 위해 구조화된 개입을 한다.
⑤ 사회복지사와 집단성원 간의 협력을 통해 집단 목표를 설정한다.

〔해설〕 ④ 집단사회복지사에 의한 진단·평가·계획된 치료적 목적이 강조되며, 집단 내 개별성원의 행동변화에 초점을 두고 구조화된 개입이 이루어지는 것은 치료모델(교정모델)에 해당한다.

15 집단발달의 초기단계에 적합한 실천기술에 해당하는 것을 모두 고른 것은?

> ㄱ. 집단성원이 신뢰감을 갖고 참여할 수 있는 분위기를 조성한다.
> ㄴ. 집단성원이 수행한 과제에 대해 솔직하고 구체적인 피드백을 준다.
> ㄷ. 집단역동을 촉진하기 위해 사회복지사가 의도적인 자기노출을 한다.
> ㄹ. 집단성원의 행동과 태도가 불일치하는 경우에 직면을 통해 지적한다.

① ㄱ ② ㄱ, ㄷ
③ ㄴ, ㄹ ④ ㄱ, ㄷ, ㄹ
⑤ ㄱ, ㄴ, ㄷ, ㄹ

〔해설〕ㄱ. 집단발달의 초기단계에서는 집단성원의 불안감, 저항감을 감소시키면서, 집단성원으로 하여금 사회복지사나 집단에 대해 신뢰감을 가질 수 있도록 분위기를 조성한다.
ㄴㆍㄷㆍㄹ. 자기노출, 직면하기, 피드백은 집단발달의 중간단계(개입단계)에서 집단과정을 촉진하기 위한 사회복지사의 실천 활동에 해당한다.

16 다음 중 집단프로그램 구성 시 고려해야 할 사항으로 옳지 않은 것은?

① 집단성원들의 생활상 과업과 관련된 기술을 발전시켜야 한다.
② 집단성원들의 이해를 위해 언어적 의사소통 위주로 구성해야 한다.
③ 집단의 목적과 목표에 부합되어야 한다.
④ 집단성원의 공유를 촉진하는 것이어야 한다.
⑤ 집단성원의 안전을 보장해야 한다.

〔해설〕**집단프로그램 구성 시 주요 고려사항**
• 집단의 목적과 목표에 부합되어야 한다.(③)
• 집단성원들 간의 사회적 상호작용을 위해 기본적인 욕구를 충족시켜야 한다.
• 비언어적 의사소통이 언어적 의사소통보다 더 효과적일 수 있다.(②)
• 집단성원들의 생활상 과업과 관련된 기술을 발전시켜야 한다.(①)
• 어려운 토론에 앞서 집단성원들의 관심을 표출시키기 위해 사용한다.
• 집단성원의 공유를 촉진시켜 집단응집력을 고양하도록 한다.(④)
• 집단성원의 안전을 보장해야 한다.(⑤)

18회 기출

17 집단성원 간의 관계를 파악하는 사정도구에 관한 설명으로 옳은 것은?

① 소시오메트리 : 성원 간의 상호작용 빈도를 기록한다.

② 상호작용차트 : 집단성원에 대한 다양한 측면의 인식 정도를 평가한다.

③ 소시오그램 : 성원 간의 관계를 표현한 것으로 하위집단의 유무를 알 수 있다.

④ 목적달성척도 : 목적달성을 위한 집단성원들의 협력과 지지 정도를 측정한다.

⑤ 의의차별척도 : 가장 호감도가 높은 성원과 호감도가 낮은 성원을 파악할 수 있다.

[해설] ③ 소시오그램(Sociogram)은 집단성원들 간의 상호작용을 도식화하여 구성원의 지위, 구성원 간의 관계, 하위집단은 물론 집단성원 간 결탁, 수용, 거부 등을 파악하는 데 유용한 사정도구이다.

① 집단성원과 사회복지사 또는 집단성원들 간의 상호작용 빈도를 확인하여 이를 기록하는 것은 상호작용차트(Interaction Chart)이다.

②·⑤ 집단성원들이 서로 간의 관계에 대해 인식하고 있는 정도를 평가하는 것은 소시오메트리(Sociometry)이다. 소시오메트리는 집단성원 간 관심 정도를 측정하기 위한 방법으로 각 성원에 대한 호감도를 1점(가장 싫어함)에서 5점(가장 좋아함)으로 평가한다.

④ 목적달성척도(Goal-attainment Scaling)는 개입의 목표가 어느 정도 달성되었는지를 평가하기 위한 것으로, 각 목표영역에서 달성될 수 있는 성과를 5점 척도로 나누어 기록하는 사정도구이다.

20회 기출

18 집단 사정을 위한 소시오그램에 관한 설명으로 옳은 것은?

① 구성원 간 호감도 질문은 하위집단을 형성하므로 피한다.

② 구성원 모두가 관심을 갖는 주제를 발견하는 데 목적이 있다.

③ 소시오메트리질문을 활용하여 정보를 파악한다.

④ 구성원 간 상호작용을 문장으로 표현한다.

⑤ 특정 구성원에 대한 상반된 입장 중 하나를 선택하는 것이다.

[해설] ③ 소시오메트리(Sociometry)는 집단성원 간 관심 정도를 측정하기 위해 각 성원에 대한 호감도를 1점(가장 싫어함)에서 5점(가장 좋아함)으로 평가한다. 이러한 소시오메트리 질문을 통해 하위집단을 측정할 수 있다.

① 집단성원의 행동관찰만으로 파악하기 어려운 집단내의 소외자, 하위집단 형성 유무, 성원 간의 호감관계 또는 갈등관계 등을 파악할 수 있다.

② 집단 내에 있어서 집단성원들 간의 견인과 반발의 형태를 분석하고 그 강도와 빈도를 측정함으로써 집단 내 개별성원의 관계위치를 비롯한 집단 그 자체의 구조 또는 상태를 발견하여 평가하는 데 목적이 있다.

④ 집단성원들 간의 상호작용을 도식화한다.

⑤ 의의차별척도에 관한 설명이다.

19 다음 중 집단성원들 간의 갈등이나 상반되는 관점을 해결할 수 있도록 원조하는 집단사회복지사의 역할에 해당하는 것은?

① 조력자(Enabler)
② 중개자(Broker)
③ 중재자(Mediator)
④ 옹호자(Advocate)
⑤ 교육자(Educator)

〔 해설 〕 ① 조력자(Enabler)로서 집단사회복지사는 집단성원들로 하여금 목표달성과 관련된 계획 및 활동에 대한 자신의 감정과 관심사를 표현하도록 격려하며, 집단성원들이 자신의 장점과 자원을 발견하고 이를 활성화시키도록 원조한다.
② 중개자(Broker)로서 집단사회복지사는 집단성원들이 목표달성을 위해 필요로 하는 지역사회의 자원을 파악하여 이를 알려주며, 보다 적합한 서비스를 받을 수 있도록 다른 기관에 의뢰한다.
④ 옹호자(Advocate)로서 집단사회복지사는 집단성원들이 특정 서비스에의 접근을 거부당할 때 이를 확보할 수 있도록 원조하며, 필요한 서비스나 자원을 얻지 못하는 성원들을 대신하여 그들의 관심과 욕구를 대변한다.
⑤ 교육자(Educator)로서 집단사회복지사는 집단성원들의 사회적 기능 및 문제해결능력이 향상될 수 있도록 다양한 정보와 교육 프로그램을 제공하며, 새로운 행동을 보여주어 행동모델로서의 역할을 수행한다.

11회 기출
20 다수의 지도자가 집단을 진행할 때 클라이언트가 공동지도력으로부터 얻을 수 있는 것은?

① 소진 예방
② 역전이 방지
③ 지도자의 전문적 성장 도모
④ 초보 진행자의 훈련에 유리
⑤ 다양한 갈등해결 방법의 모델링

〔 해설 〕 ① · ② · ③ · ④ 공동지도력의 장점으로서 클라이언트가 아닌 집단지도자가 얻을 수 있는 이점에 해당한다.

CHAPTER 05 사회복지실천 기록

01 사회복지실천 기록의 목적에 해당하는 것을 모두 고른 것은?

> ㄱ. 개인적 보관 및 활용
> ㄴ. 지도감독 및 교육 활성화
> ㄷ. 책임성의 확보
> ㄹ. 정보제공
> ㅁ. 클라이언트에 대한 이해 증진

① ㄴ, ㄹ
② ㄱ, ㄷ, ㅁ
③ ㄱ, ㄴ, ㄷ, ㄹ
④ ㄴ, ㄷ, ㄹ, ㅁ
⑤ ㄱ, ㄴ, ㄷ, ㄹ, ㅁ

[해설] **사회복지실천 기록의 목적**
- 기관의 서비스 수급자격을 입증할 문서를 구비한다.(ㄷ)
- 클라이언트의 욕구를 확인한다.(ㅁ)
- 서비스 내용을 보고한다.
- 서비스의 연속성 혹은 사례의 지속성을 유지한다.
- 학제 간 혹은 전문가 간 의사소통을 원활하게 한다.
- 클라이언트와 정보를 공유한다.
- 서비스의 과정 및 효과를 점검한다.
- 학생과 다른 관련자들에 대한 교육용 자료(슈퍼비전 도구)로 활용한다.(ㄴ)
- 행정적 과업을 위한 자료를 제공한다.(ㄹ)
- 연구 · 조사를 위한 자료를 제공한다.(ㄹ)
- 지도감독, 자문, 동료검토를 활성화한다.(ㄴ)
- 프로그램 실시를 위한 예산을 확보한다.

20회 기출

02 다음 설명에 해당하는 기록방법은?

> • 날짜와 클라이언트의 기본사항을 기입하고 개입 내용과 변화를 간단히 기록함
> • 시간 흐름에 따라 변화된 상황, 개입 활동, 주요 정보 등의 요점을 기록함

① 과정기록
② 요약기록
③ 이야기체기록
④ 문제중심기록
⑤ 최소기본기록

[해설] ① 과정기록 : 클라이언트가 실제로 말한 내용을 정확하게 상기할 수 있도록 대화 형태를 그대로 기록하는 방법
③ 이야기체기록 : 면담 내용이나 서비스 제공 과정에 대해 이야기하듯 서술체로 기록하는 방법
④ 문제중심기록 : 클라이언트의 현재 문제에 초점을 두어, 문제해결을 위한 계획 및 진행 상황을 기록하는 방법
⑤ 최소기본기록 : 단순하고 경제적인 기록양식으로 기본적인 신상정보와 클라이언트의 주요 문제와 개입상태에 대한 정보 등만 기록하는 방법

18회 기출

03 문제중심기록의 특성으로 옳지 않은 것은?

① 현상의 복잡성을 단순화시키고 부분화를 강조하는 단점이 있다.
② 문제유형의 파악이 용이하며 책무성이 명확해진다.
③ 클라이언트의 주관적 진술과 사회복지사의 관찰과 같은 객관적 자료를 구분한다.
④ 클라이언트의 문제 상황을 진단하고 개입계획을 제외한 문제의 목록을 작성한다.
⑤ 슈퍼바이저, 조사연구자, 외부자문가 등이 함께 검토하는 데 용이하다.

[해설] ④ 문제중심기록의 SOAP 포맷에는 개입계획에 대한 내용도 포함된다.

문제중심기록의 SOAP 포맷

주관적 정보 (Subjective Information)	클라이언트가 지각하는 문제, 즉 자기의 상황과 문제에 대해 스스로 어떻게 생각하고 느끼는지에 대한 주관적인 정보를 기술한다.
객관적 정보 (Objective Information)	클라이언트의 행동이나 외모에 대한 사회복지사의 관찰을 비롯하여 사실적 자료와 같은 객관적인 정보를 기술한다.
사 정 (Assessment)	주관적 정보와 객관적 정보를 토대로 사정, 견해, 해석 및 분석을 기술한다.
계 획 (Plan)	주관적 정보, 객관적 정보, 사정을 토대로 확인된 문제에 대해 무엇을 할 것인지에 대한 계획을 기술한다.

10회 기출

04 사회복지실천 기록에 관한 설명으로 옳지 않은 것은?

① 과정기록은 사회복지 실습이나 교육수단으로 유용하다.

② 과정기록은 시간과 비용이 너무 많이 소요되어 비효율적이다.

③ 이야기체기록은 사회복지사의 재량에 의존하기 때문에 추후에는 원하는 정보를 찾기 어렵다.

④ 문제중심기록은 기록이 간결하고 통일성이 있어 팀 접근 시 활용이 용이하다.

⑤ 문제중심기록은 사회복지사와 클라이언트의 상호작용을 구체적으로 기록한다.

[해설] ⑤ 사회복지사와 클라이언트의 상호작용을 구체적으로 기록하는 것은 과정기록에 해당한다.

15회 기출

05 좋은 기록의 특징으로 옳은 것은?

① 서비스 결정과 실행에 초점을 둔다.

② 상황묘사와 사회복지사의 견해를 구분하지 않는다.

③ 비밀보장을 위해 정보를 쉽게 분류할 수 없게 한다.

④ 모든 문제나 상황을 가능한 자세하고 풍부하게 기술한다.

⑤ 클라이언트의 관점은 배제하고 전문적 견해를 강조한다.

[해설] ② 사회복지사의 견해와 상황에의 기술이 명확히 분리되어야 한다.
　　　③ 정보는 문서화를 위해 구조화되어 있어야 하며, 서비스 전달이 잘 기술되어 있고 정확해야 한다.
　　　④ 기록은 간결하고 구체적이며, 타당하고 논리적이어야 한다.
　　　⑤ 전문가의 견해를 담고 있으면서도 클라이언트의 관점을 소홀히 하지 않아야 한다.

제5영역

지역사회복지론

제5영역

지역사회복지론

중요키워드

- **정치적 의사결정** : 정치적 의사결정 모델, 엘리트주의 의사결정 모델과 다원주의 의사결정 모델

- 지방자치제의 실시배경, 지방분권의 긍정적 및 부정적 영향, 지방재정 이양에 따른 보조금
- **지역사회보장협의체** : 기존의 지역사회복지협의체를 대체한 것
- **사회복지협의회** : 지역사회보장협의체와의 차이점, 운영의 주요 원칙 및 업무
- **지역사회복지관** : 운영의 기본원칙, 사업의 기능별 분류
- **사회복지공동모금회** : 공동모금의 특성, 모금방법·모금기간·배분방법
- **자원봉사** : 자원봉사활동의 기본원칙, 자원봉사활동기본법의 주요 내용
- **재가복지** : 재가복지봉사서비스의 역할, 운영의 기본원칙

- **자활사업** : 자활사례관리, 자활근로사업, 자활기업의 주요 내용
- **사회적경제의 각 주체** : 자활기업을 비롯한 사회적기업, 마을기업, 협동조합, 소셜벤처기업 등

- 지역사회복지운동의 일반적인 특성, 시민운동의 의의 및 효과
- **주민참여** : 아른스테인의 주민참여 8단계와 3범주, 브래거와 스펙트의 주민참여 6수준
- **시민운동 및 비영리 민간단체** : 시민운동의 긍정적 및 부정적 효과, 비영리 민간단체의 기능 및 역할

01 지역사회복지의 개관

KEY POINT

- '지역사회복지의 개관' 영역에서는 지역사회와 지역사회복지의 개념 및 기능, 다양한 이론적 관점 등을 포괄적으로 이해해야 하며, 지역사회복지의 역사에 대해서도 기억해야 한다.
- 지역사회의 이해에서는 지역사회가 지녀야 할 공통요소와 함께 길버트와 스펙트가 분류한 지역사회의 기능을 숙지해야 한다.
- 지역사회에 관한 이론에서는 사회체계론적 관점, 생태학적 관점에 대한 이해가 필요하며, 특히 기능주의 관점과 갈등주의 관점의 비교는 시험에 종종 출제되고 있으므로 확실히 구분해야 한다.
- 지역사회조직에서는 지역사회조직의 특성에 대해 숙지해야 한다.
- 지역사회복지에서는 정상화, 탈시설화, 주민참여, 사회통합, 네트워크의 기본적인 이념에서부터 가족주의와 국가주의에 대해서도 살펴보아야 한다.
- 지역사회복지실천에서는 지역사회복지실천 목적 분류와 함께 지역사회복지실천의 기본가치와 원칙에 대해 살펴보아야 한다.
- 지역사회복지실천의 역사에서는 최근 들어 우리나라와 미국의 역사가 빈번히 출제되고 있으므로 이를 시기적으로 구분하여 학습해야 한다.

01절 지역사회의 이해

1 지역사회의 개념 및 특성

(1) 지역사회와 관련 개념들과의 관계 6회, 12회 기출

① 지역사회(Community)

사회복지 활동영역이자 사회복지 현장으로서, 지역사회 그 자체가 지역사회복지의 실천이 될 수 있다.

② 지역사회실천 또는 지역사회복지실천(Community Welfare Practice)

지역사회의 복지증진을 위한 모든 전문적 · 비전문적 활동을 포함한다.

③ 지역사회보호(Community Care)

기존의 시설보호 위주의 서비스에서 탈피하여 지역사회와 상호 보완하여 서비스를 개선시키고자 등장한 개념이다. 가정 또는 그와 유사한 지역사회 내의 환경에서 서비스를 제공하는 사회적 돌봄의 형태이다.

④ 지역사회개발(Community Development) 16회 기출

지역사회를 대상으로 지역사회의 변화를 강조하므로 지역사회실천과 밀접한 관련이 있으며, 특히 이를 통해 지역사회 구성원들의 사회적 관계를 향상시킬 수 있다. 지역주민들의 공동 참여를 전제로 지역주민들의 자발적 · 자조적 노력에 의한 공통 욕구의 해결을 강조한다.

전문가의한마디

'Community Care'는 보통 '지역사회보호'로 번역되지만, 최근 '지역사회돌봄'으로도 자주 언급되고 있습니다.

⑤ 지역사회조직사업(Community Organization Work)

공공 및 민간 사회복지기관의 전문사회복지사에 의해 계획적·조직적으로 이루어지며, 과학적·전문적 기술을 활용한다는 점에서 지역사회복지 활동과 구별된다.

(2) 지역사회의 구분 6회, 7회, 13회, 15회, 17회, 19회 기출

① 지리적인 의미의 지역사회

지역적 특성에 의한 특수성과 분리성을 강조한 지역사회를 말한다(예 이웃, 마을, 도시 등). 주민들과 조직체의 지리적 분포로서 이루어지는 활동영역으로, 모든 지역사회는 사회(Society)이나, 모든 사회가 지역사회는 아니다.

② 사회적 동질성을 띤 지역사회

다른 지역과 구별될 수 있는 사회적 특성을 지닌 독립적인 지역으로, 지역사회 주민들의 합의성·일체감·공동생활양식·공동관심과 가치·공동노력 등이 강조되는 지역사회를 말한다.

③ 지리적·사회적 동질성을 강조하는 지역사회

지리적인 특성과 지역 내의 거주하는 사람들의 상호작용에 있어서 동질성을 고려하는 것으로 지역사회에 대한 사회학적 개념이라고 할 수 있다.

④ 기능적인 의미의 지역사회(기능적 공동체)

공동의 관심과 이해관계에 의해 형성된 공동체로, 사회문화적 동질성을 기반으로 한 멤버십(Membership) 공동체 개념을 말한다. 직업, 취미, 활동영역 등 기능적 기준에 기초한 넓은 의미의 지역사회로, 이념, 사회계층, 직업유형 등을 중심으로 이루어진다. 특히 가상공간은 시공을 초월하여 새로운 공동체 형성을 가능하게 하는데, 가상공동체(Virtual Community)로서 온라인 커뮤니티도 기능적 공동체에 포함된다.

⑤ 갈등의 장으로서의 지역사회

지역사회에 존재하는 갈등현상에 주목하며, 지역사회 내의 구성원들의 경제적 자원, 권력, 권위 등의 불평등한 배분관계 갈등으로 인해 지역사회의 변동이 초래된다.

(3) 지역사회의 특성

① 지리적 경계

지리적인 측면에서 물리적인 지리성과 지리적인 경계를 가진다. 이는 다른 지역과의 분리성과 특수성으로 나타난다.

② 사회·문화적 동질성

기능적인 측면에서 지역주민들 간의 사회·문화적인 동질성, 합의성, 자조성 또는 다른 집단행위와의 상호작용을 강조한다.

> **전문가의 한마디**
>
> 외국인노동자 공동체도 일종의 지역사회로 지리적 공간을 공유할 수 있으며, 공동의 관심을 토대로 구성원들 간 긴밀한 상호작용을 하게 됩니다.

> **전문가의 한마디**
>
> 현대의 지역사회는 지리적 개념을 넘어 기능적 개념까지 포괄하는 추세입니다. 또한 지역사회를 상호의존적인 집단들의 결합체로도 볼 수 있습니다.

③ 다변화

정보화의 시대적 흐름에 따라 새로운 형태로 다변화하고 있다.

④ 공동체 의식 및 정서적 유대

지역주민들의 공동의 관심과 이해관계를 통해 상호합의와 일체감을 가지며, 강한 정서적 유대를 보인다.

⑤ 정치적 실체

지방자치의 정치구조적 상황에 의해 개인과 국가를 연결하는 중재자적인 양상을 보인다.

2 지역사회의 공통요소 및 기준

전문가의 **한마디**

지역사회는 어떤 지리적 영역 안에서 사회적 상호작용을 하며, 공동의 유대를 가지는 사람들로 구성된 인간집단으로 정의할 수 있습니다.

(1) 지역사회의 기본요소(Hillery) 14회, 17회 기출

① 지리적 영역(Area)

② 사회적 상호작용(Social Interaction)

③ 공동의 유대(감)(Common Tie)

(2) 좋은 지역사회의 기준(Warren) 11회 기출

① 구성원 사이에 인격적 관계가 이루어질 수 있어야 한다.

② 권력이 폭넓게 분산되어 있어야 한다.

③ 다양한 소득, 인종, 종교, 이익집단이 포함되어 있어야 한다.

④ 지역주민들의 자율권이 충분히 보장되어야 한다.

⑤ 정책형성과정에서 갈등을 최소화하면서 협력을 최대화해야 한다.

(3) 지역사회역량

전문가의 **한마디**

'지역사회역량(Community Competence)'은 지역사회를 구성하는 다양한 부분들이 지역사회의 문제와 욕구를 파악하는 데 효과적으로 협력하며, 상호 합의된 목표를 수행하기 위하여 필요한 행동을 취할 수 있는 능력을 말합니다.

① 지역사회역량을 향상시키는 요소 17회 기출

ㄱ 다양성 존중　　　　　　　ㄴ 구성원의 자율성 유지

ㄷ 사회가치의 공유　　　　　ㄹ 공동선의 추구와 조정

ㅁ 공동 이익의 극대화 등

② 지역사회역량을 향상시키는 조건(Fellin)

ㄱ 지역주민은 지역사회에 헌신하여야 한다.

ㄴ 지역사회의 다양한 집단들은 자신들의 가치와 이익에 대해 자각하고 있어야 한다.

ㄷ 지역사회 구성원들 간에 효과적인 의사소통이 이루어져야 한다.

ㄹ 지역사회 구성원들은 목표를 확인하고 목표달성을 위한 활동에 참여하여야 한다.

ㅁ 지역사회 내 여러 집단들 간에 발생하는 갈등을 처리하는 절차가 있어야 한다.

ⓗ 지역사회는 적절한 수준의 자율성을 유지하면서 외부사회와의 관계를 처리할 수 있는 능력을 갖추어야 한다.

(4) 지역사회의 유형화 기준(Dunham) 13회, 19회 기출

① 인구의 크기

가장 기본적인 유형으로서, 인구 크기에 따라 지역사회를 구분한다.

예 대도시, 중소도시, 읍지역 등

② 인구 구성의 특성(사회적 특수성)

지역사회 구성원 대다수의 경제적 · 인종적 특성에 따라 지역사회를 구분한다.

예 저소득층 밀집주거지역(쪽방촌), 외국인 집단주거지역, 새터민 주거지역 등

③ 정부의 행정구역

행정상 필요에 따라 지역사회를 구분하는 것으로서, 일반적으로 인구 크기를 중심으로 구분하지만, 반드시 인구 크기에 비례하는 것은 아니다.

예 특별시, 광역시 · 도, 시 · 군 · 구, 읍 · 면 · 동 등

④ 산업구조 및 경제적 기반

지역주민들의 경제적 특성은 물론 사회문화적 특성을 파악하기 위한 인류학적 조사 연구에서 흔히 사용되는 구분이다.

예 농촌, 어촌, 산촌, 광산촌, 광공업지역, 산업단지 등

> **바로암기 ○×**
>
> 던햄(Dunham)은 지역사회를 인구의 크기, 경제적 기반, 행정구역, 사회적 특수성으로 유형화했다?
>
> ( )
>
> 정답 ○

3 지역사회의 기능 및 비교척도

(1) 지역사회의 기능(Gilbert & Specht) 10회, 14회, 16회, 18회, 20회, 21회, 22회 기출

생산 · 분배 · 소비	• 1차적 분배의 기능으로서 경제제도와 연관된다. • 지역사회 주민들이 일상생활에 필요한 물자와 서비스를 생산하고 소비하는 과정과 관련된 기능을 말한다.
상부상조	• 2차적 분배(재분배)의 기능으로서 사회복지제도와 연관된다. • 사회제도에 의해 지역주민들이 자신들의 욕구를 스스로 충족할 수 없는 경우에 필요로 하는 사회적 기능을 말한다.
사회화	• 가족제도와 연관된다. • 사회가 향유하고 있는 일반적 지식, 사회적 가치, 행동양식을 그 지역사회 구성원에게 전달하는 과정을 말한다.
사회통제	• 정치제도와 연관된다. • 지역사회가 그 구성원들에게 사회규범에 순응하도록 행동을 규제하는 것을 말한다.
사회통합	• '사회참여의 기능'이라고도 하며, 종교제도와 연관된다. • 사회체계를 구성하는 사회단위 조직들 간의 관계와 관련된 기능을 말한다.

> **출제의도 체크**
>
> '갑' 마을에서 인사 잘하는 마을 만들기를 위하여 조례를 제정하고, 위반하는 청소년에게 벌금을 강제로 부과하기로 했다면, 이는 지역사회의 사회통제 기능에 해당합니다.
>
> ▶ 14회 기출

(2) 지역사회기능의 비교척도(Warren)   15회, 20회 기출

① 지역적 자치성

지역사회가 제 기능을 수행할 때 타 지역에 어느 정도 의존하는가를 말한다.

② 서비스 영역의 일치성

상점, 학교, 공공시설, 교회 등의 서비스 영역이 동일 지역 내에서 어느 정도 이루어지고 있는가를 말한다.

③ 지역에 대한 주민들의 심리적 동일시

지역주민들이 자신이 소속된 지역에 대해 어느 정도 소속감을 가지고 있는가를 말한다.

④ 수평적 유형

지역사회 내에 있는 상이한 단위조직들이 구조적 · 기능적으로 얼마나 강한 관련을 가지고 있는가를 말한다.

02절   지역사회에 관한 이론

1   지역사회를 바라보는 이론적 관점

(1) 지역사회에 관한 이론   14회 기출

지역사회 상실이론	• 산업화에 따른 일차집단의 해체, 공동체의 쇠퇴, 비인간적 사회관계로의 변화 등을 강조한다. 특히 과거의 지역사회공동체를 이상적인 것으로, 더 이상 복구될 수 없는 잃어버린 세계로 간주한다. • 전통적인 의미의 지역사회가 붕괴됨에 따라 지역사회의 상호부조기능 강화 및 국가의 사회복지제도에 대한 개입을 강조한다.
지역사회 보존이론	• 지역사회 상실이론에 대한 반대의 입장으로서, 가족이나 지역사회가 가지고 있는 사회적 지지망을 강조한다. • 복지국가의 제도적 역할을 축소하며, 국가의 개입을 최소화할 것을 주장한다.
지역사회 개방이론	• 지역사회 상실이론과 지역사회 보존이론의 대안적 입장이다. • 지역성의 단순개념에서 벗어나 사회적 지지망에 의한 비공식적 연계를 강조한다.

(2) 공동사회와 이익사회   9회, 10회, 15회 기출

퇴니스(Tönnies)는 구성원의 결합의지에 따라 사회집단을 '공동사회(Gemeinschaft)'와 '이익사회(Gesellschaft)'로 구분하였다. 특히 산업화 이후에는 구성원의 이해관계에 따라 계약 등의 일정한 절차에 의해 구성된 이익사회의 비중이 더욱 커지고 있다.

공동사회 (Gemeinschaft)	• 가족이나 친족 등과 같이 혈연이나 지연의 애정적 · 정서적 결합에 의해 이루어진 공동사회를 말한다. • 자생적 의지, 즉 자연스럽고 자발적인 감정 및 정서의 표현을 특징으로 한다.
이익사회 (Gesellschaft)	• 조합, 정당, 국가 등과 같이 객관적 계약이나 조약, 협정 등에 의해 이해타산적으로 이루어진 이익사회를 말한다. • 경제적 · 정치적 · 합리적 이해에 의한 간접적 · 몰인격적 인간관계를 특징으로 한다.

2 지역사회분석에 관한 이론적 관점   11회, 13회, 15회 기출

(1) 기능주의(구조기능주의) 관점

① 기능이론은 지역사회가 다양한 체계들로 구성되어 상호 관계성을 이루고 있으며, 각 체계들이 상호 의존하면서 바람직한 지역사회가 이루어진다고 본다.

② 생물학적 유기체의 관점에 근거한 것으로, 지역사회의 각 부분은 체계의 기능에 기여하며, 이들 간의 상호작용에 의해 모든 체계가 기능할 수 있다.

③ 지역사회의 본질에 대한 변화보다는 상호협력과 안정성을 강조하며, 지역사회 하위체계의 기능과 역할을 강조한다.

④ 지역사회 내의 모든 사회적 현상이 조화를 이루며, 유익한 것으로 간주된다. 즉, 현존하는 지역사회 자원들이 불평등하게 분배될 경우에도 이를 인정하며, 지역사회가 각 기능을 통해 바람직하게 변화될 수 있다고 본다.

⑤ 지역사회의 이익과 개인의 이익 간에 갈등이 존재한다는 점을 부인하며, 지역사회에 유익한 것이 곧 개인에게도 유익하다는 점을 강조한다.

⑥ 지역사회복지는 지역사회의 통합 및 균형 회복, 지역주민의 연대감 형성 등을 통해 분열적인 제 요소들을 제거하기 위해 노력하며, 지역주민들로 하여금 지역사회에 적응할 수 있도록 기능적인 방법들을 강구한다.

⑦ 기능주의 관점은 지역사회를 하나의 체계로 본다는 점에서 사회체계이론과 동일한 맥락에서 이해할 수 있다.

바로암기 OX

지역사회는 이익사회에서 공동사회로 발전한다?

(   )

해 설
산업화 이후 이익사회의 비중이 더욱 커지고 있다.

정 답 ×

전문가의 한마디

사회복지실천론 영역에서 다루는 '진단주의와 기능주의', 지역사회복지론 영역에서 다루는 '기능주의와 갈등주의'를 혼동하지 마세요.

(2) 갈등주의 관점 10회, 13회, 14회, 18회, 21회 기출

① 갈등이론은 지역사회에 존재하는 갈등 현상에 주목하며, 갈등을 사회발전의 요인과 사회통합의 관점에서 다룬다. 즉, 갈등 현상을 사회적 과정의 본질로 간주한다.

② 지역사회 내의 각 계층들이 이해관계에 의해 형성되며, 지역사회 구성원들 간에 경제적 자원, 권력, 권위 등이 불평등한 배분관계에 놓일 때 갈등이 발생한다고 본다.

③ 지역사회의 문제해결 및 지역주민들의 욕구해소를 위해 경제적 자원, 권력, 권위 등에 대한 재분배의 요구가 확대되며, 그 결과로써 사회행동이 표출된다.

④ 대중 혹은 사회적 약자는 조직적 결성과 대항을 통해 소수 기득권층과의 갈등을 해결하고 타협을 하는 과정에서 자원과 힘을 획득할 수 있다.

⑤ 이와 같이 갈등이론은 갈등을 둘러싼 연대와 권력형성의 도구가 될 수 있다는 측면에서 사회행동모델에 유용하다.

⑥ 알린스키(Alinsky)는 지역사회 수준에서 갈등이론을 적용하면서, 지역사회조직의 목표는 경제적으로 부자이든 빈자이든 동일한 사회적 혜택을 받는 것이라고 주장하였다. 그는 지역사회의 문제에 초점을 둔 '지역사회행동모델'을 발전시켰으며, 이는 지역사회조직의 형성 및 활동가의 역할, 대결 및 갈등 전술 등 오늘날 지역사회복지운동에 직접적인 영향을 미쳤다.

심화연구실

기능주의 관점과 갈등주의 관점의 비교 14회 기출

구 분	기능주의 관점	갈등주의 관점
주요 내용	체계의 안정을 위한 구조적 적응	갈등의 긍정적 측면에 대한 인식 (사회발전의 요인)
사회의 형태	안정지향적	집단 간의 갈등
각 요소의 관계	조화, 적응, 안정, 균형	경쟁, 대립, 투쟁, 갈등
대상요인	사회부적응	사회불평등
중요 가치 결정	합의에 의한 결정	지배계급의 이데올로기
지위 배분	개인의 성취	지배계급에 유리
변 화	점진적, 누진적	급진적, 비약적

(3) 사회체계론적 관점   4회, 9회, 13회 기출

① 사회체계는 단일 실체를 함께 구성하고 있는 경계 지어진 일련의 상호관련 활동이다.

② 지역사회체계 내에 있는 상이한 단위조직들과 사회제도들을 연관시키는 방식이다.

③ 지역사회를 지위·역할·집단·제도들로 이루어진 하나의 체계로 보고 다양한 체계들 간의 상호작용을 강조하며, 지역사회와 환경의 관계를 설명한다.

④ 모든 체계는 부분인 동시에 전체로서의 속성을 지닌다고 본다. 즉, 전체 체계는 부분의 합 이상의 의미를 지니며, 그에 따라 체계 내 부분의 작은 변화라도 전체로 파급된다는 점을 강조한다.

⑤ 지역사회를 체계론적 관점에서 보는 것은 지역사회를 하나의 행위자로 보는 것을 의미한다.

⑥ 특히 하위체계의 효과적인 작동 유무를 분석하여 지역주민에 미치는 긍정적·부정적인 영향을 파악한다.

⑦ 사회체계이론은 지역사회가 구조화·조직화되는 방식을 설명함으로써 지역사회 구조적 요소들 간의 상호작용 과정을 이해하는 데 유용한 분석틀을 제공한다.

(4) 생태학적 관점   4회, 6회, 9회, 11회, 13회, 16회, 21회 기출

① 사회체계이론이 지역사회의 구조와 구성체들의 기능, 내·외부적 관계에 초점을 두고 지역사회 현상을 설명한다면, 생태학적 이론은 지역사회와 환경 간의 상호 교류와 생태체계로서 지역사회의 변환 과정에 초점을 두고 지역사회 현상을 설명한다.

② '환경 속의 인간'이라는 사회복지실천의 기본 관점을 반영한다.

③ 지역사회의 변환 과정을 역동적 진화 과정으로 설명한다. 즉, 지역사회를 환경의 제 요소들 간의 지속적인 상호 교류에 의해 적응·진화해 나가는 하나의 체계로 간주한다.

④ 지역사회가 변화에 순응하면 살아남고, 순응하지 못하면 도태된다는 자연의 섭리를 강조한다.

⑤ 사람과 사회환경 간에 질서 있고 건설적인 방식으로 변화가 일어날 때 지역사회의 역량이 커지고 지역주민들이 필요로 하는 자원을 원활히 제공할 수 있게 된다고 본다.

⑥ 생태학적 시각에서 지역사회는 조직적·비조직적 상태에 있으며, 특정한 공간적 위치를 점유하는 인구집합체(Population Aggregate)로 간주된다.

⑦ 지역사회의 변환 과정을 역동적으로 설명하기 위해 경쟁, 중심화, 분산, 집결, 분리, 우세, 침입, 계승 등 다양한 개념들을 사용한다.

⑧ 지역의 특성(예 인구의 크기, 밀도 등), 도시화, 도시 공동화, 지역사회에서의 사회적 층화, 이웃의 모습 등을 연구하고 규명하는 데 유용하다.

전문가의 한마디

생태학적 이론은 본래 동물, 식물이 환경에 어떻게 적응하는지를 설명하기 위해 만들어진 이론으로, 이후 사회현상에 대한 설명으로까지 그 범위가 확대되었습니다.

전문가의 한마디

생태학과 체계이론이 결합된 '생태체계이론'은 지역사회의 공간적 배치 등에 관한 지도(Mapping)는 물론 인구집단 분포에 대한 지도 및 사회문화적 지도 등을 구성하면서, 공간 형성의 배경적 요인들을 분석하는 동시에 현재의 지도가 나타내는 의미를 탐색해 볼 수 있도록 합니다.

출제의도 체크

도농복합지역의 인구분포에 따른 계층화 현상, 외국인 노동자 주거 공동체 형성에 따른 주민 간 갈등 현상 등을 분석할 때 생태학적 관점이 유용하게 사용될 수 있습니다.

▶ 16회, 21회 기출

심화연구실

지역사회의 변환 과정에 관한 주요 개념 11회, 13회 기출

경 쟁 (Competition)	보다 나은 위치를 차지하기 위한 적응 과정
중심화 (Centralization)	지역의 기능, 사회시설 및 서비스 등이 지역의 중심으로 몰림
분 산 (Decentralization)	구성원들이 밀도가 높은 중심으로부터 밀도가 낮은 외곽으로 빠져나감
집 결 (Concentration)	개인들이 도시 등으로 이주하며 유입됨
분 리 (Segregation)	개인, 집단 등이 배경적 특성에 따라 물리적 지역 내에서 서로 떨어져 유사한 배경 및 기능을 중심으로 한데 모임
우 세 (Domination)	기능적으로 우위에 있는 단위가 다른 단위에 대해 영향력을 행사함
침 입 (Invasion)	지역사회의 한 집단이 완전히 분리된 다른 집단의 거주 지역으로 들어감
계 승 (Succession)	침입이 완결된 지역의 상태

전문가의 한마디

힘 의존이론(권력의존이론)은 자원이 부족한 집단이 자원을 많이 가진 집단에게 종속 · 의존할 수밖에 없다고 보는데, 따라서 자원동원이론은 사회운동조직이 다양한 전략과 전술을 통해 영향력과 정당성을 동시에 확보해야 한다고 주장합니다.

(5) 자원동원론적 관점 9회, 11회, 12회, 13회, 21회 기출

① 사회운동조직의 역할과 한계를 규명하는 이론적 관점으로서, 재정지원자에 대한 사회복지조직의 지나친 의존에 따른 자율성 제한의 문제를 제기한 힘 의존이론(권력의존이론)으로부터 영향을 받았다.

② 사회운동의 발전과 전개 과정은 축적된 사회적 불만의 팽배보다는 사회의 구조적 불평등이나 약자의 권리옹호를 위한 자원동원의 가능성 여부와 그 정도에 의해 결정된다.

③ 의사결정 시 상대적으로 적은 자원을 가진 계층들이 집중적으로 자원을 지원받아 이러한 불균형을 해소할 수 있는지에 대해 고려한다.

④ 자원에는 돈, 정보, 사람, 조직성원 간의 연대성, 사회운동의 목적과 방법에 대한 정당성 등이 포함된다. 따라서 조직의 발전과 더 나아가 사회운동의 발전을 위해 구성원 모집, 자금 확충, 직원 고용에 힘쓰며, 참여자들의 적극적인 참여를 강조한다.

⑤ 지역사회 현장에서 사회적 약자의 권리를 옹호하기 위한 활동을 전개하거나, 그들을 대변하고자 사회운동을 조직하고 이를 행동화하는 데 있어서 중요한 이론적 토대가 된다.

출제의도 체크

외부체계와의 종속관계를 약화시키기 위해 회원의 수를 늘리고, 사회운동을 발전시키기 위해 회원들을 적극적으로 참여하도록 독려하는 것은 '자원동원이론'과 관련이 있습니다.

▶ 12회 기출

(6) 사회구성론적 관점 9회, 17회, 19회, 20회 기출

① 포스트모더니즘과 상징적 상호주의의 영향을 받았으며, 모든 현상에 대한 객관적 진실이 존재한다는 점에 의구심을 던진다. 즉, 개인이 속한 사회나 문화에 따라 현실의 상황을 재구성할 수 있다는 관점이다.

② 사회구성론적 관점에 있어서 상징적 상호주의의 요소는 문화적 가치, 규범, 언어 등을 통해 구성되는 일상행동의 재해석을 강조하는 데 있다.

③ 사회적 억압계층의 삶과 경험에 대한 새로운 이해를 토대로 지식을 형성하며, 그와 같은 억압을 해소하고자 사회적 제도 및 관습, 일상생활과 관련된 의미들을 파악하기 위한 지속적이고 집중적인 대화를 강조한다.

④ 사회복지사와 클라이언트의 만남을 새로운 현실을 창조하는 맥락으로 보지만, 사회적으로 구성된 지식을 절대적 지식으로 받아들여서는 안 되는 한계가 있다.

(7) 사회교환론적 관점 10회, 16회, 20회, 22회 기출

① 인간은 최대의 이익을 추구하는 경향이 있으며, 인간의 행동은 타인과의 보상이나 이익을 교환하는 방식으로 전개된다.

② 사회교환론은 호만스(Homans)와 블라우(Blau)가 제시한 것으로, 사람들 사이에 자원을 교환하는 반복된 현상으로서 사회적 행동에 주목한다.

③ 인간관계에 대한 경제적 관점을 토대로 이익이나 보상에 의한 긍정적인 이득을 최대화하는 한편, 비용이나 처벌의 부정적인 손실을 최소화하는 교환의 과정을 분석한다.

④ 교환은 상호신뢰를 토대로 평등한 관계에서 이루어지는 호혜성과, 반대로 권력이나 지위를 토대로 차별적인 관계에서 이루어지는 시혜성의 양상으로 나타난다. 특히 호혜적 교환은 개인 상호 간의 신뢰와 유대를 강화한다.

⑤ 지역사회의 주요 교환자원으로는 상담, 기부금, 정보, 정치적 권력, 재정적 지원, 의미, 힘 등이 있다.

⑥ 지역사회에서 힘(권력)의 균형 전략으로는 경쟁, 재평가, 호혜성, 연합, 강제 등이 있다.

⑦ 지역사회에서 교환관계에 불균형이 발생하거나 교환자원이 고갈되는 경우 지역사회 문제가 발생할 수 있다.

⑧ 마케팅(Marketing)을 교환을 통한 인간의 요구(Needs) 및 욕구(Want) 충족과 기업의 생존 및 성장 목적의 연결로 간주할 때, 네트워크(Network)를 개인이나 조직 및 기관 간의 상호작용과 자원교환의 사회적 체계로 간주할 때, 사람들 사이에 자원을 교환하는 반복된 현상으로서 사회적 행동에 주목하는 사회교환이론이 이들을 적절히 설명할 수 있다.

출제의도 체크

사회구성론적 관점(사회구성주의이론)은 가치나 규범, 신념, 태도 등이 다양한 문화적 집단에 따라 다르게 구성된다고 봅니다.

▶ 20회 기출

전문가의 한마디

사회의 권력현상에 초점을 맞추는 이론을 총칭하여 '권력관계이론'이라 부르기도 합니다. 넓은 의미에서 권력관계이론은 갈등주의 관점, 자원동원론적 관점, 사회교환론적 관점 등을 포괄한다고 볼 수 있습니다.

바로암기 OX

사회교환이론에서 지역사회의 힘(권력)의 균형 전략으로 '경쟁', '연합', '진화', '재평가' 등이 있다?

(   )

해설

'진화'는 포함되지 않는다.

정답 ✕

전문가의 **한마디**

A정신보건센터가 B정신병원으로부터 클라이언트를 의뢰받고 있는 상황에서 B정신병원으로부터 자원봉사자 파견과 같은 무리한 요구를 받게 되었을 때 인근에 있는 C정신병원과 새롭게 연계하여 필요한 클라이언트를 의뢰받기로 하였다면, 이는 하드캐슬(Hardcastle) 등이 제시한 전략 중 '경쟁'에 해당합니다.

▶ 12회 기출

심화연구실

사회교환론적(교환이론) 관점에서 힘(권력)의 균형 전략(Hardcastle, Wenocur & Powers)　12회 `기출`

경 쟁 (Competition)	A가 필요한 자원을 B가 독점하여 일방적인 복종이 예상되는 경우, B와의 교환을 포기한 채 C나 D 등 다른 대상자에게서 필요한 자원을 획득하려고 한다.
재평가 (Re-evaluation)	A가 B의 자원을 재평가함으로써 B에 대한 종속을 회피하려고 한다.
호혜성 (Reciprocity)	A가 B에게 서로 필요한 관계임을 인식시킴으로써 일방적인 의존관계를 쌍방적이고 동등한 관계로 변모시킨다.
연 합 (Coalition)	B에 종속된 A가 역시 B에 종속되어 있는 C나 D 등 다른 대상자들과 연대적인 관계를 구축함으로써 집단적으로 B와 교환관계를 맺는다.
강 제 (Coercion)	B에 종속된 A가 물리적인 힘을 동원하여 B가 가지고 있는 자원을 장악한다.

03절　지역사회조직, 지역사회복지, 지역사회복지실천

1　지역사회조직(Community Organization)

(1) 개 념　7회 `기출`

① 지역사회조직은 전통적인 전문 사회복지실천방법 중 하나이다.
② 지역사회를 단위로 하여 발생하는 사회적 문제, 즉 지역주민이 당면하고 있는 공통적 요구나 어려움을 지역사회 스스로 조직적으로 해결할 수 있도록 측면에서 원조해 주는 일종의 기술 과정이다.

(2) 특 성　10회 `기출`

① 공공과 민간 사회복지기관의 전문사회복지사에 의해 수행된다.
② 보다 조직적이고, 추구하는 변화에 대해 의도적이며, 과학적인 지식과 기술을 사용한다.
③ 지역주민의 적극적인 참여를 권장하며, 지역사회의 변화를 위해 개입기술을 활용한다.
④ 지역주민의 협력 아래 지역사회 문제 해결을 위한 계획을 세운다.
⑤ 지역사회의 자원을 효율적으로 조정 · 동원하는 과정을 총괄한다.

전문가의 **한마디**

지역사회조직은 공공 및 민간 사회복지기관의 전문사회복지사에 의해 계획적 · 조직적으로 이루어지며, 과학적 · 전문적 기술을 활용한다는 점에서 지역사회복지 활동과 구별됩니다.

(3) 지역사회조직을 위한 추진회의 원칙(Ross) 10회 기출

① '추진회(Association)'는 지역사회의 현재 조건에 대한 지역주민들의 불만에 의해 결성된다.

② 지역주민들의 불만은 관련 문제에 대해 계획을 세우고 이를 실천에 옮길 수 있도록 집약되어야 한다.

③ 활동 수행을 위한 불만은 지역주민들에게 널리 인식되어야 한다.

④ 추진회에는 지역사회의 주요 집단들에 의해 지목ㆍ수용될 수 있는 공식적ㆍ비공식적 지도자들을 참여시켜야 한다.

⑤ 지역주민들에게서 지지를 받을 수 있는 목표와 운영방법을 갖춰야 한다.

⑥ 수행하는 사업에는 정서적 내용을 지닌 활동들이 포함되어야 한다.

⑦ 지역사회에 현존하는 현재적ㆍ잠재적 호의를 활용해야 한다.

⑧ 회원 상호 간에 또는 지역사회와의 관계에서 효과적인 대화통로를 개발해야 한다.

⑨ 관련 집단들을 지원ㆍ강화하여 협동적인 참여가 이루어지도록 해야 한다.

⑩ 정상적인 업무상의 결정 과정을 저해하지 않는 범위 내에서 절차상 융통성을 발휘할 필요가 있다.

⑪ 사업을 수행하는 데 있어서 지역사회의 현존 조건에 부응해야 한다.

⑫ 효과적인 지도자를 개발하기 위해 노력해야 한다.

⑬ 지역사회의 지도자를 참여시키고 문제를 적절히 해결할 수 있는 능력을 가져야 하며, 지역사회로부터 안전성과 신뢰성을 인정받아야 한다.

2 지역사회복지(Community Welfare)

(1) 개념 7회, 13회, 18회 기출

① 지역사회복지는 매우 포괄적인 개념으로서, 전문 혹은 비전문인력이 지역사회 수준에 개입하여 지역사회의 각종 제도에 영향을 주고, 지역사회의 문제를 예방 및 해결하고자 하는 일체의 사회적 노력을 의미한다.

② 사회복지사의 전문적 활동에 국한되지 않으며, 다양한 전문적ㆍ비전문적 활동을 포함한다.

③ 자연발생적인 민간활동이나 민간자선활동 등을 포괄한다.

④ 개인, 가정, 집단 등의 활동을 보완하는 위치에 있다.

⑤ 지역사회복지가 궁극적으로 추구하는 것은 이상적인 지역사회를 건설하는 것이다.

⑥ 이상적인 지역사회복지는 개인의 생명과 재산의 안전을 도모해야 한다.

⑦ 사회복지기관은 조직운영과 실천을 민주적으로 해야 한다.

(2) 특 성 11회 기출

① 연대성 · 공동성

공동의 관심사에 따라 인간은 연대를 형성하고 공동으로 이를 확대시켜 나가는 특성을 가지고 있다. 즉, 개인적 문제를 연대와 공동성으로 해결하게 된다.

② 예방성

주민의 욕구 또는 문제해결을 조기에 발견함으로써 이에 대응할 수 있는 네트워크를 형성한다.

③ 지역성

주민의 생활권 영역(생활권역)에 대한 지리적 특성을 파악하고 이를 고려해야 한다.

④ 통합성 · 전체성(포괄성)

공급자 중심에서는 공급의 용이성 및 효율성을 언급하며 서비스를 분리시켜 제공하지만, 이용자 측면에서 볼 때 주민의 생활은 분리할 수 없으므로 이러한 현상은 부적절한 조치이다. 즉, 공급자와 이용자 간의 단절된 서비스를 통합하여 제공하는 특성을 가지고 있다.

(3) 이 념 2회, 7회, 9회, 11회, 14회, 21회 기출

정상화	1950년대 덴마크를 비롯한 북유럽에서 시작된 이념으로서, 지역주민이 지역사회와 관계를 맺고 사회의 온갖 다양한 문제들에서 벗어나 사회적으로 가치 있는 역할을 수행할 수 있도록 한다.
탈시설화	지역사회복지의 확대 발전에 따라 기존의 대규모 시설 위주에서 그룹홈, 주간 보호시설 등의 소규모로 전개되는 것을 말한다. 다만, 이는 무시설주의를 지향하는 것이 아니다.
주민참여	지역주민이 자신의 욕구와 문제를 주체적으로 해결할 수 있도록 하는 것으로서, 지역주민과 지자체와의 동등한 파트너십을 형성하는 방법이기도 하다. 다만, 이는 지역유일주의를 지향하는 것이 아니다.
사회통합	지역사회 내의 갈등이나 지역사회 간의 차이 또는 불평등을 뛰어넘어 사회 전반의 통합을 이루는 것이다.
네트워크	지역사회복지실천의 측면에서 기존의 공급자 중심의 서비스에서 탈피하여 이용자 중심의 서비스로 발전하기 위한 공급체계의 네트워크화 및 관련기관 간의 연계를 말한다.

(4) 가족주의와 국가주의 9회 기출

① 가족주의

㉠ 가족주의는 사회복지서비스가 보호의 가족적 형태와 가장 근접한 형태로 재생산되어야 한다고 주장한다.

㉡ 가족은 국가를 비롯한 외부 제도로부터의 침입을 막는 보호망으로서 개인주의와도 연관된다.

출제의도 체크

지역사회복지의 특성으로서 '지역성'은 생활권역이 '주민 생활의 장'이면서 동시에 '사회참가의 장'이라는 점을 강조합니다.

▶ 11회 기출

전문가의 한마디

뒤르켐(Durkheim)은 두 가지 형태의 사회통합의 개념, 즉 '문화적-규범적 통합'과 '기능적 통합'을 제시하였습니다. 문화적-규범적 통합은 공통의 가치와 신념을 통한 부분들의 통합으로서 '기계적 연대'를 말하는 반면, 기능적 통합은 유기체의 부분들이 전체에 기여하는 것과 같이 상호의존을 통한 통합으로서 '유기적 연대'를 의미합니다.

전문가의 한마디

가족주의에서 비가족적인 형태는 비정상적인 것으로 간주됩니다.

ⓒ 가족의 자율성과 독립성을 토대로 가족 중심의 보호를 강조한다.

ⓔ 가족의 발전과 안위가 개인이나 국가의 안녕보다 우선적으로 고려된다.

ⓜ 사회복지서비스는 가족의 기능을 강화하고 가족구성원의 안전과 행복을 강조하는 방향에서 이루어져야 한다.

② 국가주의

ⓖ 가족주의가 개인의 독립성 및 자율성에 기초한 가족지향적 보호를 강조하는 반면, 국가주의는 상호의존을 토대로 집합주의적 보호를 강조한다.

ⓛ 모든 사회구성원에 대한 집합주의적 책임을 토대로 공적·사적 영역을 포괄한다.

ⓒ 노인이나 장애인은 기본적인 생활과업을 수행하기 위해 타인에 의존할 수밖에 없다.

ⓔ 특정 개인이나 가족에 의한 일대일 보호는 한계가 있으며, 그로 인한 의무와 부담이 사회적인 문제로 연결되기도 한다.

ⓜ 사회복지서비스는 개인의 욕구와 취향을 반영해야 하며, 개인의 기술과 재능을 개발할 수 있는 방향으로 전개되어야 한다.

3 지역사회복지실천(Community Welfare Practice)

(1) 개 념 21회 기출

① 지역사회를 대상(Target) 또는 클라이언트(Client)로 하는 사회복지실천을 말한다.

② 지역사회 수준에서 지역 내의 집단과 조직, 제도, 지역주민 간의 상호관계 및 상호작용의 행동패턴을 변화시키기 위해 다양한 실천기술을 적용한다.

③ 지역사회복지를 달성하기 위해, 즉 지역사회 구성원들이 공유하는 문제와 관련하여 지역사회의 변화를 이끌어내기 위해 개입기술을 활용한다.

④ 지역사회복지 증진을 위한 모든 전문적·비전문적 활동을 포함하는 것으로, 지역주민 간 상생협력화와 지역사회 기관 간 협력관계 구축에 힘쓴다.

⑤ 지역사회 특성을 반영한 계획을 수립하며, 지역사회 변화에 초점을 둔 개입을 수행한다.

(2) 기본가치 8회, 13회, 18회 기출

① 문화적 다양성 존중

지역사회 내외의 차이 및 문화의 다양성을 인정하고 소외된 집단을 정책결정 과정에 참여하도록 유도한다.

바로암기 ◯✕

지역사회복지실천은 공식적인 전문가에 의해서만 이루어진다? ( )

해설
지역사회복지 증진을 위한 모든 전문적·비전문적 활동을 포함한다.

정답 ✕

전문가의 한마디

지역사회는 지리적 특성과 지역주민의 특성에 따라 생활양식으로서 고유의 문화를 가진 유기체로 볼 수 있습니다. 이러한 관점은 지역사회복지실천이 문화적 다양성 존중을 기본가치로 삼는 이유이기도 합니다.

② 자기결정과 임파워먼트

　지역사회에서 지역주민이 스스로 문제를 해결할 수 있도록 역량을 강화시키도록 한다.

③ 비판의식의 개발

　집단성원 간의 상호작용은 물론 건전한 비판의식을 통해 지역의 긍정적인 발전 및 변화를 도모한다.

④ 상호학습　22회 기출

　특정한 가치와 신념을 신봉하거나 강요하지 아니하며, 지역의 다양한 문화적 배경을 학습하도록 한다.

⑤ 배분적 사회정의

　자원의 균등한 배분을 토대로 사회정의를 수호하고자 하는 사명감을 가진다.

(3) 지역사회복지실천의 원칙　12회, 15회 기출

① 지역사회의 갈등 해결을 위해 추진위원회를 구성한다.

② 지역사회의 갈등은 집약되고 공유되어야 한다.

③ 지역사회 내 풀뿌리 지도자를 발굴하고 참여시킨다.

④ 공동의 목표를 수립하고 이를 실천할 수 있는 방법을 수립한다.

⑤ 지역주민들을 결속시킬 수 있는 이벤트를 개발 및 추진한다.

⑥ 지역주민들이 의사를 자유롭게 표현하도록 효과적인 의사소통을 개발하고 유지한다.

⑦ 모임 참여자들을 지지하고 역량을 강화한다.

⑧ 합리적인 절차를 준수하고 리더십을 개발한다.

⑨ 지역사회 내 유능한 지도자를 발굴 및 육성한다.

⑩ 지역주민들로부터 인정과 신용을 얻도록 한다.

(4) 맥닐(McNeil)의 지역사회복지실천의 원칙(지역사회조직의 실천원칙)　13회 기출

① 지역사회조직은 주민들과 주민의 욕구에 관심을 가진다.

② 지역사회조직의 일차적인 클라이언트는 지역사회이다.

③ 지역사회는 있는 그대로 이해되고 수용되어야 한다.

④ 지역사회의 모든 사람은 보건과 복지서비스에 관심을 가진다.

⑤ 모든 사회복지기관과 단체는 상호 의존적이어야 한다.

⑥ 과정으로서의 지역사회조직은 사회사업의 한 방법이다.

⑦ 지역사회 주민들의 욕구와 관계는 계속 변화한다.

(5) 존스(Johns)와 디마치(Demarche)의 지역사회복지실천에 대한 견해 11회, 13회 기출

① 지역사회조직은 수단(Means)이지 목적(End)이 아니다.
② 개인과 집단처럼 각 지역사회는 상이하다.
③ 지역사회는 개인과 동일하게 자기결정의 권리를 갖는다.
④ 사회적 욕구는 지역사회조직의 토대이다.
⑤ 사회복지기관은 자체의 이익보다 지역사회복지를 우선시한다.
⑥ 조정(Coordination)은 성장을 위한 과정이다.
⑦ 지역사회조직을 수행하기 위한 구조는 가능한 한 단순해야 한다.
⑧ 지역사회서비스는 공평하게 분배되어야 하며, 모든 사람들이 차별 없이 평등하게 이용할 수 있어야 한다.
⑨ 문제해결의 접근방법에 있어서 다양성이 존중되어야 한다.
⑩ 복지기관협의체에는 광범위한 집단의 이익이 반영되어야 한다.
⑪ 지역사회복지기관의 효과적인 운영 및 사업을 위해 집중(Centralization)과 분산(Decentralization) 간의 균형이 있어야 한다.
⑫ 지역사회 내에 존재하는 집단들 간의 의사소통을 가로막는 장애물은 제거되어야 한다.
⑬ 지역사회는 전문가의 도움을 필요로 한다.

(6) 지역사회복지실천의 목적 분류(Perlman & Gurin)

① 지역사회 참여와 통합의 강화 – 로스(Ross)

지역사회에 있는 모든 집단들이 자유롭게 의사를 표현하도록 격려하며, 효과적인 상호작용을 통해 사회환경의 개선방안을 협의하는 데 중점을 둔다. 특히 각 집단 및 조직들 간의 적응과 협동적인 관계가 중요시된다.

② 문제대처 능력의 고양 – 리피트(Lippitt)

지역사회 또는 지역사회의 일부로 하여금 환경과 변화에 대처할 수 있는 능력을 가지도록 하기 위해 소통 및 상호작용의 수단을 향상시키는 데 중점을 둔다.

③ 사회조건 및 서비스의 향상 – 모리스와 빈스톡(Morris & Binstock)

지역사회의 욕구와 결함을 발견하고 사회문제의 해결 및 예방을 위한 효과적인 서비스와 방법을 개발하는 데 중점을 둔다. 특히 여기에는 특정 목표를 설정하고 해당 목표를 달성하기 위한 자원동원이 포함된다.

④ 불이익집단의 이익 증대 – 그로서(Grosser)

특수집단이 받아야 할 물질적 재화와 서비스의 몫을 늘리는 동시에 지역사회의 주요 결정에 있어서 그들의 참여와 역량을 확대함으로써 그들의 전반적인 이익을 증대시키는 데 중점을 둔다.

전문가의 한마디

웨일(Weil)은 '지역사회조직'의 의미로는 지역사회복지의 실체 및 활동 영역을 포괄할 수 없으므로 '지역사회복지실천'의 용어를 사용하는 것이 바람직하다고 주장하였습니다. '지역사회복지실천'은 지식, 기술, 방법 측면에서 다양한 실천모델을 포괄할 수 있는 용어이며, 이를 통해 지역사회 문제의 해결과정에서 조직 간 협력이나 지역사회의 참여 등을 개념적·이론적 틀로 제시할 수 있습니다.

04절 지역사회복지실천의 역사

1 영국 지역사회복지실천의 역사 7회, 16회, 17회, 20회, 21회 기출

(1) 지역사회보호의 태동기(1950년대~1960년대 후반) 22회 기출

① 제2차 세계대전 이후부터 '시설보호로부터 지역사회'라는 새로운 접근법의 개발과 실천이 이루어졌다.

② 1957년 정신병과 정신장애에 관한 왕립위원회의 보고서에서 지역사회보호의 개념이 공식적으로 사용되었으며, 1959년 '정신보건법(Mental Health Act)'이 제정되어 지역사회보호가 법률적으로 명확히 규정되었다.

(2) 지역사회보호의 형성기(1960년대 후반~1980년대 후반) 15회, 20회 기출

① 1968년 시봄 보고서(Seebohm Report) 발표 이후 지역사회보호가 실질적인 전환의 계기를 맞게 되었다. 시봄 위원회는 지역사회를 사회서비스 제공자로 인식하고 사회서비스 부서의 창설을 제안하여 여러 부서에 산재되어 있는 서비스의 협력 및 통합을 주장함으로써 대인사회서비스의 효율적인 조정에 기여하였다.

② 1971년 하버트 보고서(Harbert Report)가 《지역사회에 기초한 사회적 보호(Community-based Social Care)》의 제명으로 발표되었다. 이 보고서는 공공서비스와 민간서비스 외의 가족체계나 지역사회 하위단위에 의한 비공식적 서비스의 중요성을 강조하였다.

③ 1982년 발표된 바클레이 보고서(Barclay Report)는 지역사회 내 비공식적 보호망의 중요성을 제기하며, 공식적 사회서비스가 비공식적 서비스와 긴밀한 관계를 유지해야 한다고 주장하였다. 특히 사회사업가가 비공식적 보호서비스와 공식적 보호서비스 간의 파트너십을 개발해야 한다고 강조하였다.

(3) 지역사회보호의 발전기(1980년대 후반~현재) 16회, 19회 기출

① 1988년 그리피스 보고서(Griffiths Report)가 《지역사회보호-행동의제(Community Care : Agenda for Action)》의 제명으로 발표되었다. 이 보고서는 지역사회보호를 위한 권한과 재정을 지방정부에 이양하고, 민간부문의 경쟁을 통해 서비스 제공을 다양화할 것을 주장하였다. 또한 서비스의 적절성 확보를 위한 케어 매니지먼트(Care Management)의 도입을 강조하였다.

② 그리피스 보고서 제출 이후 지역사회보호 실천주체의 다양화는 신보수주의 이념의 영향 하에서 '케어의 혼합경제' 혹은 '복지다원주의(Welfare Pluralism)'의 논리에 의해 뒷받침되고 있다.

전문가의 한마디

영국의 지역사회복지는 특히 '지역사회보호(Community Care)'가 주류를 이루고 있으며, 재가복지의 개념보다 더욱 일반화되어 사용되고 있습니다.

출제의도 체크

사회서비스 부서 창설 제안, 대인사회서비스, 서비스의 협력 및 통합 등은 시봄 보고서(Seebohm Report)의 특성과 관련이 있습니다.

▶ 15회 기출

출제의도 체크

그리피스 보고서가 지역사회보호를 위한 권한과 재정을 지방정부에 이양할 것을 주장했다고 해서 이를 지역사회보호를 위한 지방정부의 서비스 공급과 역할을 강조한 것으로 생각하면 안 됩니다. 오히려 지방정부의 역할 축소 및 민간부문의 활성화를 통해 지역사회보호 실천주체의 다양화를 추구했다고 보아야 합니다.

▶ 16회 기출

③ 2008년 지역사회 보호서비스의 질적 향상을 위해 관리감독기구에 민간부문이 참여할 수 있도록 '지역참여 네트워크(LINks ; Local Involvement Networks)'를 시행하였다.

④ 2013년 '보건 및 사회보호법(Health and Social Care Act)'에 따라 기존 지역참여 네트워크(LINks)가 폐지되고 보건서비스의 정보제공 및 소비자보호 등을 위한 '지역 헬스워치(Local Healthwatch)'로 재편되었다.

바로암기 ○×

영국의 지역사회보호 관련 보고서는 〈시봄 보고서 → 하버트 보고서 → 바클레이 보고서 → 그리피스 보고서〉 순으로 발표되었다?
( )

정답 ○

2 미국 지역사회복지실천의 역사 10회, 12회 기출

(1) 자선조직 활동시기(1865~1914년) 21회, 22회 기출

① 남북전쟁이 끝나고 제1차 세계대전이 시작되는 시기로서, 산업화와 도시화, 이민문제와 흑인문제 등이 대두되기 시작하였다.

② 사회진화주의, 급진주의, 실용주의, 자유주의의 이념이 발달하여 지역사회조직사업에 영향을 미치게 되었다.

③ 자선조직협회와 인보관을 중심으로 사회복지활동이 전개되었으나, 전문 분야로서 정체성을 갖지는 못하였다.

④ 1877년 거틴(Gurteen) 목사가 뉴욕 주 버팔로(Buffalo)시에 최초의 자선조직협회(COS)를 설립하여 기관들 간의 업무조정뿐만 아니라 직접적인 구호 및 서비스를 제공하였다.

⑤ 1886년 코이트(Coit)가 뉴욕에 미국 최초의 인보관인 근린길드(Neighborhood Guild)를 세웠으며, 1889년 아담스(Adams)가 시카고에 헐 하우스(Hull House)를 설립하였다.

⑥ 1908년 자선조직협회의 발전된 형태로서 현대적인 지역사회복지협의회에 해당하는 자선연합회(Associated Charities)가 피츠버그에 출현하였다.

전문가의 한마디

미국 최초의 인보관은 '근린길드(Neighborhood Guild)'이나, 일부 교재에서는 '헐 하우스(Hull House)'를 미국 최초의 인보관으로 소개하고 있습니다.

(2) 지역공동모금 및 협의회 발전시기(1914~1929년)

① 제1차 세계대전의 종식과 대공황으로 이어지는 시기로, 산업화와 도시화가 가속되었으며, 특히 흑백 갈등 및 인종 대립이 심화되었다.

② 정신분석과 반지성주의가 대두되었으며, 경제적 성장에 대한 비관론이 확대되었다.

③ 도시빈민을 수용하는 사회복지기관들이 계속 증가하였으나 재정난에 봉착하게 되었다.

④ 지역공동모금제도가 등장하였으며, 사회복지기관협의회가 설립되었다.

(3) 공공복지사업 발전시기(1929~1954년)

① 대공황 이전 미국의 사회복지 전문화와 조직화는 자선조직협회와 인보관운동 등 주로 민간에 의해 주도되었다. 그러나 대공황과 제2차 세계대전으로 인해 경제 및 사회분야에서 정부의 개입이 확대되었다.

② 이데올로기가 양분되고 동서양극체제가 형성됨으로써 사회적인 혼란이 심화되었다.

③ 1935년 '사회보장법(Social Security Act)'이 제정되었으며, 공적부조사업을 비롯한 다양한 공공복지 프로그램이 시행되었다.

④ 1938년 '공정노동기본법(Fair Labor Standards Act)'이 제정되어 현대적인 의미의 전국 최저임금제도가 시행되었다.

(4) 지역사회복지 정착시기(1955년 이후) 16회 기출

① 흑인차별에 반대하는 민권운동과 사회개혁을 주장하는 학생운동이 펼쳐졌으며, 연방정부를 중심으로 빈곤문제를 해결하기 위한 각종 프로그램들이 시행되었다.

② 반(反)공산주의의 이념적 논쟁을 주도했던 매카시즘(McCarthyism)이 종식되었다.

③ 1964년 미국의 존슨(Johnson) 행정부는 '빈곤과의 전쟁(War on Poverty)'을 선포하였으며, 이를 계기로 지역사회개혁프로그램(CAP ; Community Action Program)을 실시하였다.

④ 1965년 빈곤의 대물림을 방지하기 위한 시도로서 빈곤아동에 대한 종합지원서비스인 헤드스타트(Head Start) 프로그램이 도입되었다.

⑤ 1970년대 인종차별 금지와 반전(反戰)운동은 지역사회조직사업을 촉진하였다. 특히 사회정의와 관련된 이슈에 대해 직접적인 조직화가 이루어졌으며, 다양한 전략과 접근을 활용한 사회행동 및 옹호계획이 개발되었다.

⑥ 1970년대 극심한 인플레이션과 석유파동으로 인해 정부의 지원규모가 축소되어 복지프로그램이 축소되었다.

⑦ 1980년대 레이건(Reagan) 행정부는 '작은 정부(Small Government)' 지향으로 사회복지에 대한 지원을 연방정부 책임 하에서 지방정부, 민간기업, 가족에 중심을 두는 방향으로 전환하였다.

⑧ 1996년에 시행된 '복지개혁(Welfare Reform)'은 복지예산 삭감 및 서비스 축소의 압력, 사회복지서비스의 민영화 등 보수주의적 분위기에서 비롯된 것으로, 지역사회 중심의 민간비영리조직의 양적 확산은 물론 개인적 책임과 근로연계를 강화하는 생산적 복지(Productive Welfare)를 강조하였다.

⑨ 2008년 대선에서 승리한 오바마(Obama) 행정부는 과거 전력 및 선거운동에서 보여준 사회참여와 활동을 통해 풀뿌리 지역사회조직활동에 대한 새로운 평가와 함께 지역사회조직화에 대한 학문적 · 실천적 관심을 증대하였다.

전문가의 한마디

존슨(Johnson) 행정부의 '빈곤과의 전쟁(War on Poverty)' 선포로 사회복지에 대한 연방정부의 역할과 책임이 증대되었습니다.

바로암기 OX

1990년대 '복지개혁(Welfare Reform)'은 풀뿌리 지역사회조직활동을 강조하였다?

( )

해설
풀뿌리 지역사회조직활동이 강조된 것은 2000년대이다.

정답 ×

3 우리나라 지역사회복지실천의 역사

(1) 일제강점기 이전 13회, 15회 기출

① 품앗이

지역 내의 이웃이나 농촌의 농민들이 서로 노동력을 차용 또는 교환하는 조직이다.

② 두 레

촌락단위의 농민상호협동체로서, 자연발생적으로 조직된 원시적인 농민중심의 협동체이다.

③ 향약(鄕約)

지역사회의 발전과 지역주민들의 순화, 덕화, 교화를 목적으로 한 지식인들 간의 자치적인 협동조직이다.

④ 계(契)

조합적 성격을 지닌 자연발생적 조직으로서, 전통적 생활구조의 사회경제적 측면을 집약적으로 반영한 자생적 조직의 실체적 구조이다.

⑤ 오가통(五家統) 22회 기출

정부에 의해 어느 정도 강제성을 지닌 인보제도로서, 각 하급 지방행정구획을 세분하여 그 구역 내의 구성원이 지역의 치안을 유지하고 복리를 증진하며, 교화를 향상하여 지방행정의 운영을 돕도록 한 조선시대의 지방자치제도이다.

⑥ 의창(義倉)

고려와 조선시대에 각 지방에 설치한 창고로, 평상시에 곡식을 저장하였다가 흉년이 들었을 때 저장한 곡식으로 빈민을 구제하였던 제도이다.

⑦ 상평창(常平倉)

풍년에 곡가가 떨어지면 관에서 시가보다 비싸게 미곡을 사두었다가 흉년에 곡가가 오를 때 싸게 방출함으로써 물가를 조절하여 농민의 생활을 돕고자 한 제도이다.

⑧ 사창(社倉)

춘궁기에 곡식을 대출하여 가을에 이식(이자)과 함께 받아들이는 민간자치적 성격을 띤 구호제도이다.

⑨ 진휼청(賑恤廳)

의창(義倉)이나 상평창(常平倉)과 같이 흉년으로 인한 이재민과 빈민을 구제하던 국가기관으로서, 평상시 상평창과 함께 곡가 조절 업무를 수행하다가 흉황 시 구휼·진대 업무를 수행하였다.

출제의도 체크

오가통(五家統)은 지역이 자율적으로 주도한 인보제도가 아닌 정부가 각 하급의 지방행정구획을 일정한 호수(戶數)를 기준으로 지역별로 세분화한 제도입니다.

▶ 13회 기출

바로암기 ○×

진휼청(賑恤廳)은 조선시대 흉년으로 인한 이재민과 빈민을 구제한 국가기관이다?

( )

정답 ○

⑩ 대비원(大悲院)

고려시대와 조선시대의 의료구호기관으로서, 병자나 굶주린 사람을 수용하여 치료·보호하던 일종의 국립의료기관이다. 고려시대에 개경을 중심으로 동쪽과 서쪽에 있었다고 하여 동서대비원(東西大悲院)으로 불렸으며, 조선시대에 동서활인원(東西活人院), 활인서(活人署)로 개칭되었다.

(2) 일제강점기 12회 기출

① 조선구호령(朝鮮救護令)

일본의 구호법을 기초로 하여 모자보호법과 의료보호법을 가미한 근대적 의미를 둘 수 있는 공공부조의 시발점으로 볼 수 있다.

② 최초의 사회복지관 건립 22회 기출

미국의 감리교 선교사 놀스(Knowles)는 1906년 원산에 반열방(班列房)이란 인보관을, 마이어스(Myers)는 1921년 서울에 태화여자관(泰和女子館)이란 인보관을 설립하여 여성을 위한 계몽사업을 실시하였다. 참고로 '태화사회관(泰和社會館) 50년사'의 기록에서는 태화여자관을 우리나라 최초의 인보관이자 사회복지관으로 소개하고 있다.

(3) 해방 이후 ~ 1980년대 16회, 18회, 20회, 21회 기출

① 1950년대 한국인에 대한 기여와 봉사를 증대하기 위해 외국 민간원조단체의 한국연합회인 'KAVA(Korean Association of Voluntary Agencies)'가 구성되었으며, 1952년 7개 기관이 모여 조직되었다가 1955년에 사무국을 둠으로써 비로소 연합회로서의 기능을 갖추게 되었다.

② 1970년대까지는 대부분 외국 민간원조기관에 의해 사회복지서비스가 이루어졌다.

③ 1970년대 지역사회개발사업이 새마을운동사업으로 전환되어 지역사회복지실천을 위한 기반을 마련하였다.

④ 1980년대 민주화 운동과 함께 생활권 보장의 차원에서 지역사회를 중심으로 사회운동과 연관된 지역사회행동이 구체화되었다. 이는 사회행동모델에서 비롯된 것으로 지역사회 생활권 보장을 위한 활동으로 전개되었다.

⑤ 1980년대 후반부터 한국형의 복지모형론이 등장했으며, 사회복지관사업이 전국적으로 확대되었다. 특히 1983년 사회복지사업법 개정으로 사회복지관 운영 국고보조가 이루어졌으며, 1986년 '사회복지관 운영·국고보조사업지침'이 마련되었다.

⑥ 1987년 사회복지전문요원제도가 시행되어 공공영역에 사회복지전문요원이 배치되었다.

⑦ 1988년 「주택건설촉진법」에 따라 저소득 무주택자를 위한 영구임대아파트가 건설되면서 아파트단지 내에 사회복지관을 의무적으로 건립하도록 하였다.

전문가의 한마디

미국의 감리교 여선교사들에 의해 설립된 초기의 사회관들은 그 명칭이 '여자관'이었는데, 이는 한국 여성들의 열악한 사회적 지위를 향상시키기 위함이었습니다.

바로암기 ○×

'KAVA'는 외국 공공원조단체의 한국연합회이다.
( )

해설
'KAVA'는 외국 민간원조단체의 한국연합회이다.
정답 ×

출제의도 체크

사회복지전담공무원은 1987년에 당시 생활보호대상자를 비롯하여, 노인, 장애인 등 저소득 취약계층에게 전문적인 복지서비스를 제공하기 위하여 저소득 취약계층 밀집지역의 읍·면·동사무소에 사회복지전문요원으로 최초 배치되었습니다.

▶ 18회 기출

(4) 1990년대 16회, 18회, 19회, 21회 기출

① 1991년 '재가복지봉사센터의 설치·운영계획'이 마련되어, 이듬해 1992년 '재가복지봉사센터 설치·운영지침'이 제정되었다. 당시 전국의 사회복지관 105개에 재가복지봉사센터가 신설되었고, 8개의 노인복지관과 16개의 장애인복지관에도 설치되어 총 129개가 설립되었다.

② 1991년 지방의회의원 선거, 1995년 지방자치단체장 선거를 통해 완전한 민선 지방자치시대가 열렸다.

③ 1995년 7월 보건복지사무소 시범사업이 4년 6개월간 실시되어 1999년 12월에 종료되었다.

④ 1996년 자활지원센터 시범사업이 전국 5개소에서 실시되었다.

⑤ 1997년 「사회복지공동모금법」 제정을 통해 1998년에 전국 16개의 광역 시·도에 '사회복지공동모금회'가 설립되어 전국적으로 공동모금이 실시되었으며, 1999년에 사회복지공동모금법이 「사회복지공동모금회법」으로 개정되어 지역공동모금회가 중앙공동모금회의 지회로 전환되었다.

⑥ 1998년 사회복지사업법 개정을 통해 사회복지시설평가 법제화가 이루어졌으며, 1999년부터 모든 사회복지시설이 3년마다 시설에 대한 평가를 받도록 하였다.

(5) 2000년대 이후 10회, 11회, 12회, 14회, 15회, 16회, 17회, 18회, 19회, 20회, 22회 기출

① 2000년대에는 참여복지를 목표로 지역사회복지에 있어서 지역주민의 능동적인 역할을 강조하는 동시에 보편적 서비스 제공을 위해 국가의 역할이 증대되었다.

② 2000년 10월부터 국민기초생활보장제도가 전국적으로 시행되었다.

③ 2003년 사회복지사업법 개정을 통해 2005년 7월 31일부터 시·도 및 시·군·구 지역사회복지계획을 4년마다 수립·시행하도록 의무화하였다.

④ 2004년 6월 건강가정지원센터 시범사업을 실시하였으며, 2005년 1월 중앙건강가정지원센터의 개소에 따라 본격적인 사업을 시작하였다.

⑤ 2004년 7월 사회복지사무소 시범사업이 2년간 실시되어 2006년 6월에 종료되었다.

⑥ 2005년부터 2009년까지 한시적 분권교부세를 운영하기로 하였으나 이를 2014년까지 연장 운영하였으며, 2015년부터는 보통교부세로 통합되었다.

⑦ 2006년 7월부터 지역주민이 주민생활 관련 행정서비스를 제공받기 위해 개별기관을 일일이 방문하지 않고 시·군·구 또는 읍·면·동사무소 중 한 군데만 방문하여도 관련 서비스를 종합적으로 제공받을 수 있는 주민생활지원서비스가 실시되었다.

⑧ 2007년 지역사회서비스 투자사업이 도입되었으며, '자활후견기관'이 '지역자활센터'로 개편되었다.

⑨ 2007~2010년 제1기 지역사회복지계획이 시행되었다.

출제의도 체크

1990년대 재가복지가 정부 차원의 지원을 받아 종합적인 프로그램으로 발전하게 되었습니다.

▶ 21회 기출

바로암기 ○×

사회복지공동모금회의 지역별 독립법인이 관련 법령 개정에 따라 중앙공동모금회의 지회로 전환되었다?

( )

정답 ○

전문가의 한마디

국민기초생활보장제도의 시행은 지역사회 중심의 자활사업을 촉진시켰습니다.

전문가의 한마디

분권교부세는 국고보조사업의 일부를 지방자치단체로 이양하는 과정에서 이양사업을 추진하기 위한 재원을 지방교부세로 이전하기 위해 한시적으로 도입된 제도입니다.

⑩ 2010년 사회복지통합관리망 '행복e음'이 구축되었으며, 이를 계기로 2012~2013년 범정부 복지정보통합시스템인 '사회보장정보시스템'이 단계별로 개통되었다.

⑪ 2012년 5월부터 지역주민 맞춤형 통합서비스체계 구축을 목적으로 지역사회가 보유한 자원과 서비스를 총괄적으로 조정하는 '희망복지지원단'을 공식적으로 운영하기 시작하였다.

⑫ 2012년 12월 「협동조합기본법」이 시행됨에 따라 자활공동체가 보다 쉽게 협동조합을 결성할 수 있게 되었다.

⑬ 2013년 9월 정부가 발표한 '지방재정 건전화를 위한 재원조정 방안'에 따라 노인양로시설, 장애인거주시설, 정신요양시설 사업 등(단, 아동복지시설 사업은 제외)은 2015년부터 중앙정부로의 환원이 이루어졌다.

⑭ 2015년 7월부터 「사회보장급여의 이용·제공 및 수급권자 발굴에 관한 법률」에 따라 '지역사회복지계획'이 '지역사회보장계획'으로 변경되었다.

⑮ 2015년 7월부터 국민기초생활보장제도가 맞춤형 급여체계로 개편되었다. 이에 따라 급여별 수급자 선정기준이 다층화되었으며, 수급자 선정기준으로 기존의 '최저생계비' 대신 '기준 중위소득'을 사용하게 되었다.

⑯ 2016년 '복지 행복 체감 프로젝트'의 일환으로서 복지 관련 공공 및 민간 기관·법인·단체·시설 등과의 지역 네트워크를 기반으로 읍·면·동 중심의 통합서비스 제공을 위한 '읍·면·동 복지허브화'를 추진하였다. 이를 위해 2016년 3월 자치단체의 조례 개정을 권고하여 기존의 '읍·면 사무소 및 동 주민센터'를 '읍·면·동 행정복지센터'로 순차적으로 변경하도록 하였다.

⑰ 2017년 출범한 문재인 정부는 지역주민이 체감하는 지역복지 안전망 구축을 목표로 '포용적 복지'를 추진하였다.

⑱ 2019년 사회서비스의 공공성 강화를 위한 사회서비스원이 서울 출범을 시작으로 2022년 전국 17개 시·도로 확대되었다.

⑲ 2019년 6월부터 주거, 보건의료, 요양, 돌봄, 일상생활의 지원이 통합적으로 확보되는 지역주도형 정책으로서 지역사회 통합돌봄(커뮤니티케어) 선도사업이 실시되어 2026년 통합돌봄의 보편적 실행을 목표로 추진 중이다.

⑳ 2020년 차세대 사회보장정보시스템 구축을 위한 사업에 본격적으로 착수하여 단계적 개통을 진행하고 있다.

㉑ 2022년 출범한 윤석열 정부는 취약계층 위주의 선별지원에 무게를 두는 이른바 '약자복지'를 추진하고 있다.

㉒ 2024년 필수의료 붕괴 위기를 극복하기 위한 중장기 과제로 의료인력 확충, 지역의료 강화, 의료사고 안전망 구축, 보상체계 공정성 제고 등을 골자로 한 필수의료 정책 패키지를 추진하고 있다.

02 | 지역사회복지의 실천모델 및 실천과정

KEY POINT

- '지역사회복지의 실천모델 및 실천과정' 영역에서는 지역사회복지실천모델, 지역사회복지실천의 과정 등이 매우 중요하다.
- 로스만의 지역사회복지실천모델은 거의 매회 출제되고 있는 부분으로 지역사회개발모델, 사회계획모델, 사회행동모델에 대한 전반적인 내용 및 차이점을 파악하고 있어야 한다. 또한 최근에는 테일러와 로버츠의 모델, 웨일과 갬블의 모델도 종종 출제되고 있으므로 모델의 구분에 따른 목표를 살펴볼 필요가 있다.
- 지역사회복지의 실천과정에서는 각 단계의 순서는 물론 단계별 활동내용을 구체적으로 살펴보아야 한다.

01절 지역사회복지의 실천모델

1 로스만(Rothman)의 지역사회복지실천모델

(1) 의의 및 특징

① 로스만(Rothman)은 지역사회조직을 하나의 현상으로 보기 보다는 세 가지의 독특한 지역사회관계의 형태로 보아야 한다고 주장하였다.

② 1967년 발표한 논문에서 사회계획을 첫 번째 모델로 제시하였는데, 이는 당시 빈곤퇴치사업이 활발했기 때문이다.

③ 1987년에는 기존의 지역사회개발모델, 사회계획모델, 사회행동모델에 사회개혁모델을 추가한 바 있다.

④ 1995년에는 사회계획모델에 정책을 연계시킴으로써 사회계획 및 정책모델을 제시하기도 하였다.

(2) 세 가지 모델

① **지역사회개발모델** 2회, 7회, 11회, 16회, 21회 기출

ㄱ 지리적 측면에서의 지역사회 전체를 대상집단으로 간주하여 지역주민의 자조와 자발적이고 적극적인 참여, 강력한 주도권을 강조한다.

ㄴ 지역주민들 간에 유익한 인간관계를 맺는 데 장애가 되는 문제요소를 해결하기 위한 능력이나 기술이 결여된 경우 또는 지역사회의 전통에 지배되어 민주적인 과정에 의한 지역사회 내의 문제해결에 대한 인식이 결여된 경우 적합한 모델이다.

전문가의 한마디

로스만(Rothman)의 지역사회 개발모델의 활동 내용은 인보관을 비롯하여 지역사회복지관 등에서 펼치는 다양한 지역개발사업과 성인교육, 기타 지역활동 등을 들 수 있습니다.

© 지역사회의 변화를 위해서는 지역사회 구성원의 조직화를 통해 광범위한 지역주민들을 변화의 목표설정과 실천행동에 참여시켜 그들 스스로 욕구를 결정하고 문제를 해결하도록 돕는 것이 효과적이라고 본다.

② 사회복지사는 조력자, 조정자, 교육자, 능력부여자로서 민주적인 절차와 자발적인 협동을 강조하며, 토착적인 지도자의 개발 및 교육을 위해 힘쓴다.

⑩ 과정지향적 활동목표를 가진다.

⑭ 새마을운동, 지역사회복지관의 지역개발사업, 자원봉사운동 등이 해당된다.

② **사회계획모델** 3회, 4회, 5회, 8회, 9회, 12회, 17회, 18회 기출

⑤ 지역사회가 빈곤, 실업, 주거, 고용, 보건, 비행, 범죄 등과 관련된 사회문제들을 안고 있는 경우 적합한 모델이다.

⑥ 문제해결을 위해 공식적·합리적으로 계획을 수립하고 기술적인 통제로 변화를 유도해야 한다고 본다.

© 문제에 관련된 자료수집 및 분석을 통한 문제규명, 욕구사정, 목표개발 등 특정 사회문제를 해결하고자 하는 기술적인 과정을 강조한다.

② 사회복지사는 계획가, 분석가, 전문가, 프로그램기획자로서 고도의 숙련된 기술을 토대로 합리적인 계획을 수립하며, 통제된 변화를 이끌어낸다.

⑩ 클라이언트는 서비스의 혜택을 받는 소비자(Consumer)로 인식된다.

⑭ 과업지향적 활동목표를 가진다.

⊗ 정부 관련 부서, 도시계획국, 지역사회복지협의회 등이 해당된다.

③ **사회행동모델** 3회, 4회, 7회, 10회, 11회, 17회, 21회, 22회 기출

⑤ 지역사회집단들 간에 적대적이거나 이해관계가 상충되는 경우 또는 그로 인해 논의나 협상 등으로 문제를 해결하기 어려운 경우 적합한 모델이다.

⑥ 사회정의와 민주주의에 입각하여 지역사회의 소외된 계층에 대한 처우 개선 등을 지역사회에 요구하는 방식이다.

© 권력이나 자원에 있어서의 재분배와 지역사회정책 결정에 대한 참여가능성 확대를 통해 정부나 공공기관의 정책의 근본적인 변화를 유도해야 한다고 본다.

② 불리한 처지에 놓여있거나 불이익을 받는 집단을 위해 그들의 반대세력이나 강압세력을 합법적인 적으로 간주하며, 이들에 대항하기 위해 집단행동을 조직하여 압력을 가하는 것을 기본 전략으로 한다.

⑩ 사회복지사는 옹호자, 행동가로서 갈등이나 대결의 전술을 사용하여 소외된 계층에 대한 권력이나 자원의 재분배, 지역사회정책결정에 대한 참여와 연대를 주장한다.

⑭ 과업·과정 병행의 활동목표를 가진다.

⊗ 인권운동, 학생운동, 여권신장운동, 환경보호운동, 노동조합, 급진정당 등이 해당된다.

출제의도 체크

로스만(Rothman)의 사회계획모델은 시민참여 등을 기반으로 한 '아래로부터의 접근'보다는 전문가 역량 등을 기반으로 한 '위로부터의 접근'의 속성을 가지는 것으로 평가되고 있습니다.

▶ 9회 기출

출제의도 체크

사회계획모델이 클라이언트 집단을 '소비자(Consumers)'로 본다면, 사회행동모델은 클라이언트 집단을 '체제의 희생자(Victims)'로 봅니다.

▶ 22회 기출

바로암기 ○×

지역사회 내의 자원 배분과 권력 이양을 강조하는 로스만(Rothman)의 지역사회복지실천모델은 사회계획모델이다?

( )

해설
사회행동모델이다.
정답 ×

심화연구실

새마을운동(Saemaul Undong) 11회, 14회 기출

- 1970년대 시작한 우리나라의 전형적인 지역사회개발사업이다.
- 농한기 농촌마을가꾸기 시범사업 형태로 시작되었다.
- 근면 · 자조 · 협동을 주요 정신으로 한다.
- 농촌생활환경개선운동으로 시작되었으나 소득증대운동으로 확대되었으며, 도시민의 의식개선운동으로도 전개되었다.
- 2013년 새마을운동 기록물이 유네스코 세계기록유산에 등재되었다.
- 매년 4월 22일은 정부지정 '새마을의 날'이다.

전문가의 **한마디**

새마을운동은 정부 주도적 지역사회개발이었습니다.

(3) 구체적인 실천변수 11회, 13회, 15회, 16회, 18회, 19회, 20회, 21회, 22회 기출

구 분	지역사회개발모델	사회계획모델	사회행동모델
활동의 목표	• 자조 : 지역사회의 통합과 능력의 향상 • 과정지향적	• 실재적 지역사회의 문제해결 • 과업지향적	• 기본적인 제도의 변혁 • 과업 · 과정의 병행
구조 · 문제에 관한 가정	• 지역사회의 아노미 상태 • 다양한 관계의 결핍과 민주적 해결능력 결여 • 정적이며 전통적인 지역사회	• 실업, 비행, 범죄 등 실재적인 사회문제 • 정신적 · 육체적 건강문제, 주택, 여가 문제 등	• 불리한 상황에 있는 인구집단 • 사회적 불공평 · 박탈 · 불평등
기본적인 변화전략	문제의 결정 · 해결에 관여된 자들의 광범위한 참여	• 문제에 관련된 자료의 수집 • 가장 합리적인 방안의 결정	• 대상집단에 압력을 가함 • 집단의 행동을 위한 주민동원
변화를 위한 전술 · 기법	• 합의 · 집단토의 • 지역사회의 제 집단 간의 의사소통을 가짐	• 사실의 발견 및 분석 • 합의 또는 갈등	• 갈등 또는 경쟁 • 대결 · 직접적인 행동 • 협 상
사회복지사의 역할	• 조력자 · 조정자로서의 역할 • 문제해결기술과 윤리적 가치를 가르치는 지도자의 역할	• 분석가 · 전문가 역할 • 프로그램 기획 및 평가자	옹호자 · 대변자 · 행동가
변화의 매체	과업지향의 소집단 활용	공식조직 및 관료조직 중시	대중조직과 정치적 과정의 영향력
권력구조	• 공동사업의 협력자 • 권력자도 지역발전에 노력	권력의 소재가 전문가의 고용자 또는 후원자	행동의 외적 표적 권력구조는 밖에 존재하는 반대세력

출제의도 체크

억압자에 대항하기 위한 규합, 즉 표적대상에 대한 조치를 취할 수 있도록 주민을 동원하는 것은 로스만(Rothman)의 '사회행동모델'의 변화전략에 해당합니다.

▶ 16회 기출

출제의도 체크

로스만(Rothman)의 지역사회개발모델에서 정부조직은 경쟁자가 아닌 협력자로 인식됩니다.

▶ 20회 기출

대상주민의 범위	지리상의 전 지역사회	지역사회 전체 또는 일부	지역사회 일부
지역사회 내의 하위집단들의 이해관계	• 공적인 이익 또는 의견 차이의 조정 가능성 • 이질적보다 동질적 하위 체계	• 크게 개의치 않음 • 실용적이며 특정한 문제의 해결에만 관심을 가짐	조정이 어려운 갈등적 이익관계
공익에 대한 개념	• 합리주의 • 목적과 의사주체의 단일성	• 이상주의 • 목적과 의사주체의 단일성	• 현실주의 • 목적과 의사주체의 다양성

(4) 통합모델   7회, 9회 기출

로스만(Rothman)이 제시한 각 모델들은 단독으로 지역사회복지실천 활동에 적용될 수 있지만, 지역사회 고유의 특징 및 문제의 다양성 등으로 인해 어느 하나만을 단독으로 적용하는 데 한계가 있을 수 있다. 통합모델은 이를 보완하기 위한 것으로, 지역사회의 특수성과 각각의 모델이 지니는 가치체계 등을 통합적으로 고려한 것이다.

계획 · 개발모델	• 사회계획에 개발적 요소가 혼합된 형태이다. • 사회계획을 토대로 지역주민의 자발적이고 적극적인 참여를 유도함으로써 지역사회의 문제를 해결한다. • 전문가에 의한 실증적 조사와 객관적 자료분석, 주민참여의 민주성 · 주체성 등이 강조된다.
행동 · 계획모델	• 사회행동에 진단적 · 계획적 요소가 혼합된 형태이다. • 사회적 갈등의 원인을 실증적 · 객관적으로 분석하여 공격대상을 명확히 하며, 갈등전술 등을 통해 문제를 해결하고 대안을 개발한다. • 조사연구를 통한 사회구조의 변화, 문제해결을 위한 과학적 연구 등이 강조된다.
개발 · 행동모델	• 사회개발에 행동적 요소가 혼합된 형태이다. • 지역주민의 자발적이고 적극적인 참여를 통해 사회구조적인 모순을 해결하고자 한다. • 지역주민의 역량강화, 개혁을 통한 사회변화 등이 강조된다.

출제의도 체크

사회조사 결과 모금활동과 관련한 주민참여가 취약하다는 점이 발견되어 사회복지사가 지역주민들의 참여방안을 수립하고, 지역주민들은 모금 관련 교육훈련에 참가하였다고 가정합시다. 이후 지역주민들이 스스로 조직을 결성하여 주체적으로 모금활동을 전개하였다면, 이는 '계획 · 개발모델'에 해당합니다.

▶ 9회 기출

2 테일러와 로버츠(Taylor & Roberts)의 지역사회복지실천모델

(1) 의의 및 특징 12회 기출

① 로스만(Rothman)의 기본 세 가지 모델을 분화하여 지역사회복지실천모델을 다섯 가지 유형으로 구분하였다.

② 테일러와 로버츠는 지역사회복지실천모델을 실천방법의 각 변인, 대안적 전략, 의사결정의 영향 정도 등에 있어서 후원자와 클라이언트 간의 의사결정 영향 정도를 구체적으로 구분하였다.

프로그램 개발 및 조정모델	후원자가 100% 결정 권한을 가짐
계획모델	후원자가 대략 7/8 정도 결정 권한을 가짐
지역사회연계모델	후원자와 클라이언트가 각각 1/2 정도 결정 권한을 가짐
지역사회개발모델	클라이언트가 대략 7/8 정도 결정 권한을 가짐
정치적 권력강화모델	클라이언트가 100% 결정 권한을 가짐

바로암기 ○×

테일러와 로버츠(Taylor & Roberts)의 지역사회복지실천모델은 '프로그램 개발 및 조정', '연합', '지역사회연계', '지역사회개발', '정치적 권력강화'로 구분된다?

( )

해설

'연합모델'이 아닌 '계획모델'이 옳다.

정답 ×

(2) 다섯 가지 모델 12회, 14회, 20회, 21회 기출

① 지역사회개발모델(Community Development Model)

㉠ 시민참여에 기초한 자조적 활동, 시민역량 개발, 자체적 리더십 개발 등을 통해 지역사회개발을 추구한다.

㉡ 지역사회의 자체적 역량을 개발하여 지역사회 문제를 스스로 해결할 수 있도록 지지 및 지원하는 데 초점을 둔다.

㉢ 전문가는 조직가(Organizer)의 역할보다는 주로 조력자(Enabler)로서의 역할을 담당한다.

② 프로그램 개발 및 조정모델(Program Development and Coordination Model)

㉠ 지역사회복지의 모체인 자선조직협회 및 인보관운동에 근거한다.

㉡ 지역사회의 변화를 효과적이고 효율적으로 유도하기 위해 프로그램을 개발 및 조정해 나간다.

㉢ 후원자 중심의 모델로서, 합리성, 중립성, 협력의 가치를 토대로 지역사회의 모든 문제를 객관적인 입장에서 중재할 수 있으며, 그 과정을 통해 갈등을 피하고 협력을 이끌어 낼 수 있다.

출제의도 체크

테일러와 로버츠(Taylor & Roberts)의 모델에는 '연합모델(Coalitions Model)'이 없습니다. 연합모델은 웨일과 갬블(Weil & Gamble)의 모델에 해당됩니다.

▶ 20회 기출

③ 계획모델(Planning Model) 13회 기출

  ㉠ 로스만의 초기 사회계획모델을 보다 인간지향적인 측면에서 수정한 것으로, 다양한 지역단위에서 합리성 및 전문성을 토대로 보다 합리적이고 비용 효과적인 변화를 유도한다.

  ㉡ 조사연구, 과학적 분석 등 기술적 능력에 큰 비중을 두는 방식으로, 합리성, 중립성, 객관성의 원칙에 따라 공식적 구조 및 과정을 통해 지역사회의 문제를 해결해 나간다.

  ㉢ 계획모델은 관점에 따라 다양한 모델들로 세분되며, 여기에는 사회정의와 사회구조 변화를 지향하는 옹호적·진보적 접근방식의 대변적 계획모델, 급진적 계획모델도 포함된다.

④ 지역사회연계모델(Community Liaison Model)

  ㉠ 로스만의 모델에는 포함되어 있지 않은 것으로서, 일선 사회복지기관의 사회복지사나 행정가들에 의해 수행되는 기능을 중심으로 설명된다.

  ㉡ 지역사회의 문제를 해결하기 위해 클라이언트의 개별적인 문제와 지역사회의 문제를 연계하는 방식이다.

  ㉢ 직접적 서비스를 제공하는 기관이 사회복지사들을 통해 클라이언트의 욕구와 관련된 지역사회와의 관계를 개발하고 이를 확대·강화·조정하면서 클라이언트의 문제에 다차원적으로 접근한다.

⑤ 정치적 권력강화모델 또는 정치적 행동 및 역량강화모델(Political Action & Empowerment Model) 16회 기출

  ㉠ 로스만의 사회행동모델과 유사한 것으로서, 갈등이론과 다원주의 사회에서의 다양한 이익집단 간 경쟁원리에 기초한다.

  ㉡ 사회적으로 배제된 집단의 사회참여를 지원 및 지지하고, 자신들의 권리를 확보할 수 있도록 집단의 역량을 강화한다.

  ㉢ 사회복지사는 교육자, 자원개발자, 선동가(운동가)로서의 역할을 수행하며, 사기진작 및 사기개발 전략, 문제해결 전략, 기능전이 전략, 권력전이 전략 등을 사용한다.

3 **웨일과 갬블(Weil & Gamble)의 지역사회복지실천모델** 4회, 5회, 8회, 10회, 11회, 13회, 18회 기출

(1) 의의 및 특징

① 기존의 지역사회복지실천에 대한 조사·연구를 통해 목표, 변화표적체계, 일차적 구성원, 관심영역, 사회복지사의 역할 등을 중심으로 여덟 가지 유형의 실천모델을 제시하였다.

② 다양하고 광범위한 지역사회복지실천의 유형들을 포괄하면서 지역사회에서 선택될 수 있는 실천방법에 관한 기본틀을 제공한다.

③ 각 모델들은 상호배타적이지 않으며, 개념적 구성요소나 사회복지사의 역할 등에 있어서 상호 중복되어 나타난다.

(2) 여덟 가지 모델

① 근린지역사회조직모델(Neighborhood and Community Organizing Model) 13회, 19회 기출

　ㄱ 의의 : 지역사회개발모델에서 그 원형을 찾을 수 있는 것으로서, 지리적 근접성에 기초한 지역사회조직화에 초점을 두고 지역주민의 삶의 질에 관심을 기울인다.

　ㄴ 목표 : 구성원의 조직 능력을 개발하고 범지역적인 계획 및 외부개발에 영향과 변화를 일으킬 수 있는 능력을 개발한다.

　ㄷ 변화표적체계 : 지방정부, 외부개발자, 지역주민

　ㄹ 일차적 구성원 : 지리적 의미의 지역주민

　ㅁ 관심영역 : 지역주민의 삶의 질

　ㅂ 사회복지사의 역할 : 조직가, 교사(교육자), 코치, 촉진자

② 기능적 지역사회조직모델(Functional Community Organizing Model) 11회, 21회 기출

　ㄱ 의의 : 동일한 정체성이나 이해관계를 가진 사람들의 인위적인 조직을 통해 구성원들의 역량을 강화하며, 특정 관심사에 대한 사회적 변화를 유도한다.

　ㄴ 목표 : 행위와 태도의 옹호 및 변화에 초점을 둔 사회정의를 위한 행동 및 서비스를 제공한다.

　ㄷ 변화표적체계 : 일반대중, 정부기관

　ㄹ 일차적 구성원 : 공동의 관심과 이해를 가진 동호인

　ㅁ 관심영역 : 특정 이슈와 대상에 대한 옹호

　ㅂ 사회복지사의 역할 : 조직가, 옹호자, 정보전달자, 촉진자

출제의도 체크

'기능적 지역사회조직모델'은 이해관계 즉, 학교폭력 추방이나 정신지체아동의 사회재활과 같은 특정의 공통 관심사나 이슈를 기반으로 조직화되는 특성이 있습니다.

▶ 11회 기출

③ **지역사회의 사회 · 경제개발모델(Community Social and Economic Development Model)**

18회 **기출**

- ㉠ 의의 : 로스만의 지역사회개발모델과 연관된 것으로서, 지역주민의 소득, 자원, 사회적 지원의 개발 등 지역사회의 경제개발과 사회개발이 동시에 이루어져야 한다는 점을 강조한다.
- ㉡ 목표 : 지역주민의 관점에 입각하여 개발계획을 주도하며, 사회경제적 투자에 대한 지역주민의 활용 역량을 제고한다.
- ㉢ 변화표적체계 : 금융기관, 재단, 외부개발자, 지역주민
- ㉣ 일차적 구성원 : 지역 내 저소득계층, 불이익을 받고 있는 집단
- ㉤ 관심영역 : 지역주민의 소득 · 자원 · 사회적 지원 개발, 교육수준 및 리더십 기술 향상
- ㉥ 사회복지사의 역할 : 협상자(협상가), 증진자, 교사(교육자), 계획가, 관리자

④ **사회계획모델(Social Planning Model)**

- ㉠ 의의 : 객관성과 합리성에 기반을 두고 지역사회 문제를 해결하려는 것으로서, 특히 전문가의 지식과 기술, 객관적 조사와 자료분석 등을 기초로 한다.
- ㉡ 목표 : 선출된 기관이나 인간서비스계획 협의회가 지역복지계획을 마련하는 등 행동을 하기 위한 제안을 한다.
- ㉢ 변화표적체계 : 지역지도자의 관점, 인간서비스지도자의 관점
- ㉣ 일차적 구성원 : 선출직 공무원, 사회기관 및 기관 간의 조직
- ㉤ 관심영역 : 지역사회의 사회적 욕구통합과 사회서비스 관계망 조정
- ㉥ 사회복지사의 역할 : 조사자, 관리자, 정보전달자, 프로포절 제안자(제안서 작성자)

⑤ **프로그램 개발과 지역사회연계모델(Program Development and Community Liaison Model)** 11회, 17회 **기출**

- ㉠ 의의 : 로스만의 사회계획모델을 보다 세분화한 것으로서, 지역주민의 욕구를 충족시키기 위해 지역사회와 연계된 다양한 수준의 프로그램을 개발 및 확대한다.
- ㉡ 목표 : 지역사회서비스의 효과성 증진을 위해 새로운 프로그램을 개발하는 동시에 기존 프로그램을 확대 혹은 재조정한다.
- ㉢ 변화표적체계 : 기관 프로그램의 재정 지원자, 기관 서비스의 수혜자
- ㉣ 일차적 구성원 : 기관 위원회 또는 행정가, 지역사회 대표자
- ㉤ 관심영역 : 특정 욕구를 가진 대상자를 위한 서비스 개발
- ㉥ 사회복지사의 역할 : 대변자, 계획가, 관리자, 프로포절 제안자(제안서 작성자)

출제의도 체크

웨일과 갬블(Weil & Gamble)의 '지역사회 사회 · 경제개발모델'은 주민의 관점에서 개발계획을 수립하고, 주민들이 사회경제적 투자를 이용하도록 준비시키는 것을 목표로 합니다.

▶ 18회 기출

바로암기 O X

웨일과 갬블(Weil & Gamble)이 제안한 '프로그램 개발과 지역사회연계모델'에서 사회복지사는 계획가, 관리자, 프로포절 제안자의 역할을 수행한다?

( )

정답 O

⑥ 정치 · 사회행동모델 또는 정치적 · 사회적 행동모델(Political and Social Action Model)

20회 기출

  ㉠ 의의 : 지역주민의 정치적 권력 강화와 함께 기존 제도의 변화를 추구함으로써 의사결정에서 배제된 사람들로 하여금 힘의 균형을 찾도록 한다.

  ㉡ 목표 : 정책 및 정책입안자의 변화에 초점을 둔 사회정의실현 활동을 전개한다.

  ㉢ 변화표적체계 : 선거권자, 선출직 공무원, 잠재적 참여자

  ㉣ 일차적 구성원 : 정치적 권한을 가진 시민

  ㉤ 관심영역 : 정치권력의 형성, 제도의 변화

  ㉥ 사회복지사의 역할 : 옹호자, 조직가, 조사자, 조정자

⑦ 연합모델 또는 연대활동모델(Coalitions Model) 15회 기출

  ㉠ 의의 : 지역사회의 문제가 어느 한 집단의 노력으로만 해결되기 어렵다는 점을 강조하면서, 분리된 집단들을 사회변화에 집합적으로 동참시킨다.

  ㉡ 목표 : 연합의 공통된 이해관계에 대응할 수 있도록 자원을 동원하며, 영향력 행사를 위해 다조직적인 권력기반을 형성한다.

  ㉢ 변화표적체계 : 선출직 공무원, 재단, 정부기관

  ㉣ 일차적 구성원 : 특정 이슈에 이해관계가 있는 집단 및 조직

  ㉤ 관심영역 : 사회적 욕구 및 사회적 관심과 관련된 특정 이슈

  ㉥ 사회복지사의 역할 : 중개자, 협상자(협상가), 대변자

⑧ 사회운동모델(Social Movements Model) 16회 기출

  ㉠ 의의 : 인간 존엄성과 보편적 가치를 강조하면서 사회운동을 통해 바람직한 사회변화를 추구한다.

  ㉡ 목표 : 특정 집단이나 이슈에 대해 새로운 패러다임을 제공할 수 있는 사회정의 실현을 행동화한다.

  ㉢ 변화표적체계 : 일반대중, 정치제도

  ㉣ 일차적 구성원 : 새로운 비전을 창출할 수 있는 조직과 지도자

  ㉤ 관심영역 : 사회정의

  ㉥ 사회복지사의 역할 : 옹호자, 촉진자

참고

웨일과 갬블(Weil & Gamble)의 지역사회복지실천모델에 관한 구체적인 내용들은 교재에 따라 약간씩 다르게 제시되어 있으나 내용상 큰 차이점은 없습니다.

전문가의 한마디

정치 · 사회행동모델은 지역사회에서 기회를 제한하는 불평등에 도전하고 지역사회의 욕구를 무시하는 의사결정자에 대항하며, 조직의 효과성에 대한 신념을 강화하고 불공정한 조건을 변화시키는 기술을 개발함으로써 지역주민에게 권한을 부여할 것을 강조합니다.

바로암기 ○×

웨일과 갬블(Weil & Gamble)의 '연합모델'의 관심영역은 지역사회의 사회적 욕구통합과 사회서비스 관계망 조정이다?

( )

해설

'연합모델'이 아닌 '사회계획모델'의 관심영역이다.

정답 ×

포플(Popple)의 지역사회복지실천모델 19회, 22회 기출

지역사회보호 (Community Care)	노인, 장애인, 아동 등 지역주민의 복지를 위한 사회적 관계망 및 자발적 서비스 증진을 목표로, 복지욕구를 충족시키기 위한 자조개념을 개발하는 데 주력한다.
지역사회조직 (Community Organization)	타 복지기관 간 상호협력 증진을 목표로, 사회복지기관의 상호 협력 및 조정을 통해 서비스 중복을 방지하고 자원의 부재현상을 극복하여 복지전달의 효율성 및 효과성을 높이는 데 일조한다.
지역사회개발 (Community Development)	지역사회 구성원의 삶의 질 향상을 위한 기술과 신뢰를 습득할 수 있도록 집단을 원조하는 데 주력한다.
사회/지역계획 (Social/Community Planning)	사회적 상황과 사회정책 및 사회복지기관의 서비스 분석, 주요 목표 및 우선순위의 설정, 서비스 프로그램의 기획과 자원의 동원, 서비스와 프로그램의 집행 및 평가 등에 주력한다.
지역사회교육 (Community Education)	비판적 사고와 담론을 통해 지역사회의 억압적 조건이나 상황을 변화시키는 행동양식을 고양하는 데 주력한다.
지역사회행동 (Community Action)	전통적으로 계급에 기초한 모델로 갈등과 직접적인 행동을 활용하며, 권력이 없는 집단이 자신들의 효과성을 증대할 수 있도록 대응하는 데 주력한다.
여권주의적 지역사회사업 (Feminist Community Work)	지역사회복지실천에 페미니즘을 적용한 것으로, 여성불평등의 사회적 요인에 대한 집합적 대응을 통해 여성의 복지를 향상시키는 데 주력한다.
인종차별철폐 지역사회사업 (Black and Anti-racist Community Work)	지역사회에서 인종차별에 대한 저항이나 그들의 권리 보호를 위한 상호원조와 조직화에 초점을 두고, 교육, 주택, 건강, 고용 등의 영역에서 차별을 시정하도록 하는 데 주력한다.

지역사회복지관이 지역 내 노인, 장애인, 아동을 위해 주민 스스로 돌봄과 자원봉사활동을 활성화하도록 자조모임 지원 등 사회적 관계망을 확충하였다면, 이는 포플(Popple)의 지역사회복지실천모델 중 '지역사회보호(커뮤니티케어)' 모델에 해당합니다.

▶ 19회 기출

02절 지역사회복지의 실천과정

1 지역사회의 거시적 실천

(1) 거시적 실천의 개념
① 거시적 실천은 미시적 실천에 대비되는 개념으로, 지역사회복지의 실현을 위한 전문직의 실천방법이다.
② 거시적 실천은 지역사회의 능력 향상 및 사회통합, 지역사회 문제의 해결, 서비스와 프로그램의 제공을 통한 지역주민의 욕구 충족을 목표로 한다.
③ 거시적 실천가로서 사회복지사는 지역사회의 환경과 지역주민의 삶의 향상을 위한 변화의 매개자이다.

전문가의 한마디

거시적 실천은 지역주민 다수의 공통적인 욕구와 문제를 해결하기 위해 지역사회 전체 또는 조직체로부터 체계적인 변화를 위한 개입을 수행하는 실천을 의미한다는 점에서 미시적 실천과 차이가 있습니다.

(2) 거시적 실천의 주요 과정 16회 기출

문제와 표적집단의 이해	• 지역사회 문제에 대한 이해(지역사회 상황 확인) • 인구집단에 대한 이해 • 문제의 원인과 문제에 대한 요약진술
지역사회의 강점과 문제의 분석	• 표적집단의 확인 • 지역사회 특성의 이해 • 지역사회 내 차별의 인식 • 구조에 대한 확인
개입전략의 개발	• 인과관계에 근거한 개입가설의 개발 • 참여자의 정의 • 변화를 위한 시스템의 준비 점검 • 변화를 위한 접근방법의 선택 • 정치적 · 경제적 요인에 대한 고려 • 성공의 가능성 검토 • 개입목적과 목표의 설정
지역사회실천 개입	• 지역사회의 사정 • 프로그램 기획 및 실행
평 가	• 효율성 평가 • 효과성 평가

2 지역사회복지실천의 과정

(1) 지역사회복지실천의 일반적인 과정 11회, 13회, 22회 기출

① 제1단계 – 문제확인

지역사회에 내재되어 있거나 표출된 문제들이 무엇인지를 규명하기 위한 과정으로, 지역사회 진단, 표적집단 확인, 우선순위 선정 등이 포함된다.

② 제2단계 – 지역사회 사정

지역사회의 욕구와 자원을 파악하는 과정으로, 사회지표를 비롯하여 욕구사정을 위한 다양한 자료수집방법들이 활용된다.

③ 제3단계 – 계획 및 실행

목표를 설정하고 프로그램의 내용 및 방법을 구체화하며, 프로그램에 대한 홍보 활동을 진행한다. 또한 실천모델을 결정하여 계획에 맞춰 실행한다.

④ 제4단계 – 평 가

지역사회의 변화를 위해 활용된 개입의 과정 및 결과를 평가한다.

출제의도 체크

'사회지표'는 문제의 확인, 욕구사정, 평가에 유용하게 사용되는 자료입니다.

▶ 11회 기출

(2) 지역사회복지실천 9단계 과정(Kettner, Daley & Nichol) 13회, 15회, 18회, 20회 기출

① 제1단계 – 변화기회 확인

㉠ '문제확인 단계' 혹은 '문제발견 단계'에 해당하는 것으로서, 문제와 관련된 사람은 누구인지, 문제의 범위는 어디까지인지, 문제의 특성은 무엇인지 등을 파악한다.

㉡ 문제는 보는 관점에 따라 여러 가지로 정의될 수 있고, 문제정의에 따라 다양한 대안들이 나올 수 있으므로, 문제의 정확하고 객관적인 확인을 위해 지역사회 서베이, 지역사회포럼, 주요정보제공자 조사 등의 자료수집방법들을 활용한다.

② 제2단계 – 변화기회 분석

㉠ '문제분석 단계'에 해당하는 것으로서, 문제가 발생한 이유, 문제가 어떤 역동성과 의미를 가지는지를 명확히 밝혀내어 문제 자체를 객관화시킨다.

㉡ 문제발견 단계에서 수집되고 산출된 자료들을 사정하고 해석하며, 이를 토대로 문제의 역동성을 점검하고 인과관계에 대한 가설을 설정하는 작업을 진행한다.

③ 제3단계 – 목적 및 목표 설정

㉠ 앞선 단계에서 정의되고 분석된 지역사회 문제, 즉 변화기회에 대한 개입방향과 수준을 정한다.

㉡ 목적 및 목표 설정은 해결방안 선택기준이 되는 동시에 추후 개입이 얼마나 효과적이었는지를 점검하는 평가척도로서의 기능을 수행한다.

전문가의 한마디

'목적 및 목표 설정' 단계에서는 목적과 목표를 설정하고 활동계획을 구성하게 되는데, 이를 위해 간트 차트(Gantt Chart)나 스마트(SMART) 기법을 활용하기도 합니다.

④ 제4단계 – 변화노력 설계 및 구조화

　㉠ 변화노력을 어떻게 전개해야 하는가를 설계하고 구조화하는 단계로서, 이전 단계에서 설정한 목표를 달성하도록 시스템을 만드는 과정으로 볼 수 있다.

　㉡ 목적 및 목표를 구체적인 과업과 활동으로 전환시키면서 이를 전개하기 위한 적절한 시기, 순서 등을 배열하며, 동시에 조직구조를 만든다.

⑤ 제5단계 – 자원계획

　㉠ 변화노력을 위한 자원을 어디서 구할 것인지, 어떠한 방법을 통해 변화노력과 자원의 연결을 보다 효과적이고 효율적으로 이루어낼 것인지를 결정한다.

　㉡ 자원계획은 변화목표와 자원의 연결이 적절하게 설정되었는지를 점검하고, 지역사회 내외에서 이용 가능한 자원이 무엇인지 파악하며, 자원계획서를 통해 변화노력의 전반적인 방향을 인식시키는 것을 목적으로 한다.

⑥ 제6단계 – 변화노력 실행

　㉠ 계획을 행동으로 변환시키는 단계로서, 구체적인 활동계획에 착수하여 참여자를 적응시키고 활동들을 조정하면서 조화를 이루게 하는 등 적응과 조정을 촉진한다.

　㉡ 실행 단계에서는 저항과 갈등 관리하기, 참여자의 자기규제 및 자기통제 개발시키기, 지지기반(네트워크) 강화하기 등의 대인관계적 과제가 제시된다.

⑦ 제7단계 – 변화노력 점검

　㉠ 실행체계가 계획대로 잘 진행되고 있는지를 살펴보는 과정으로서, 특히 변화 과정에서 어느 한 부분이 다른 부분에 영향을 미칠 수 있으므로, 점검을 진행할 경우 각 부분을 대상으로 하면서도 전체 과정을 모두 포괄할 수 있어야 한다.

　㉡ 점검을 보다 효과적이고 효율적으로 수행하기 위해 관리정보체계(Management Information System)를 활용하기도 한다.

⑧ 제8단계 – 변화노력 평가

　㉠ 변화노력 전반에 대한 가치적 판단을 하는 것으로서, 점검한 현상들을 다양한 기준에서 판단하고 가치를 부여하는 과정으로 볼 수 있다.

　㉡ 노력 및 활동, 성과 또는 결과, 성과의 적절성, 효율성, 실행과정 등 각 영역에 대해 평가를 진행한다.

⑨ 제9단계 – 재사정 및 변화노력 안정화

　㉠ 변화과정을 마친 후 변화과정 전반에 대한 진행 및 결과를 비판적·종합적으로 재검토한다.

　㉡ 변화과정 종료 후에도 변화노력 체계가 지속적·안정적으로 운영될 수 있도록 유도한다.

출제의도 체크

재정자원의 집행, 추진인력의 확보 및 활용, 참여자 간 저항과 갈등 관리, 참여자 적응 촉진, 협력과 조정을 위한 네트워크 구축 등은 '실행(변화노력 실행)' 단계에서 수행되는 과업에 해당합니다.

▶ 15회, 21회, 22회 기출

지역사회복지실천의 과정은 학자에 따라 혹은 교재에 따라 다양하게 제시되고 있습니다. 물론 4단계 혹은 5단계 과정도 있으나, 내용 순서를 보다 명확히 하기 위해 케트너 등(Kettner et al.)의 실천단계를 제시합니다. 참고로 다음의 과정들도 기억해 두시기 바랍니다.

- 문제정의 및 확인 → 지역사회 욕구사정 → 실천계획 수립 → 자원동원 → 실행
- 지역사회의 사정 → 지역사회의 욕구파악 → 실천 전략의 계획 → 실천 전략의 추진 → 평가 및 재사정

3 문제확인 및 욕구사정

(1) 지역사회복지실천 과정에서 문제확인 및 문제규명

① 문제확인 및 문제규명의 의미 20회 기출

ㄱ 지역사회 문제해결을 위해 지역사회의 충족되지 않은 욕구나 해결을 필요로 하는 문제를 찾아내는 일이다.

ㄴ 문제를 규명하는 데 있어서 사회복지사는 해결하고자 하는 문제와 관련된 다양한 가치관에 대해 고려해야 한다.

② 문제확인 및 문제규명의 방법 10회, 12회 기출

ㄱ 문제의 범위 설정에 있어 초기에는 개방적인 태도를 갖는다.

ㄴ 관련된 당사자들과 폭넓게 대화를 나눈다.

ㄷ 시간과 자원의 양에 따라 표적집단을 결정하는 것이 필요하다.

ㄹ 문제와 관련된 문헌을 검토하며, 다양한 조사방법을 통해 객관적인 자료를 확보한다.

ㅁ 해당 문제를 해결하기 위한 과거의 노력을 찾아보며, 해결을 위한 장애요인과 문제의 지속요인을 파악한다.

ㅂ 문제에 대해 공식적으로 인정하고 지역사회행동을 위한 아젠다(Agenda)로 채택한다.

(2) 지역사회 사정의 유형 14회, 19회 기출

포괄적 사정 (Comprehensive Assessment)	특정한 문제나 표적집단 관련 욕구보다는 지역사회 전반을 대상으로 한 1차 자료의 생성을 주된 목적으로 한다.
문제중심 사정 (Problem-oriented Assessment)	전체 지역사회와 관련되지만 지역사회의 중요한 특정 문제(예 아동보호, 정신건강 등)에 초점을 둔다.

하위체계 사정 (Subsystem Assessment)	전체 지역사회를 사정하는 것이 아닌 지역의 특정 부분이나 일면을 조사하는 것으로, 특히 지역사회의 하위체계에 초점을 둔다.
자원 사정 (Resource Assessment)	지역사회에서 이용할 수 있는 권력, 전문기술, 재정, 서비스 등 자원영역을 검토하는 것이다. 이러한 자원 사정은 클라이언트의 욕구보다는 이용 가능한 자원의 본질과 운영, 그리고 질에 초점을 둔다.
협력적 사정 (Collaborative Assessment)	지역사회 참여자들이 완전한 파트너로서 조사계획, 참여관찰, 분석 및 실행 국면 등에 관계되면서 지역사회에 의해 수행된다.

(3) 지역사회복지실천 과정에서 욕구사정 9회, 10회, 14회, 15회, 16회 기출

① 욕구의 상대적 중요성을 확인하고, 욕구의 우선순위를 결정하는 데 목적이 있다.

② 지역사회복지실천 활동을 수행하기 위한 예비적인 안내역할로서의 의미를 갖는다.

③ 지역사회의 다양한 이슈와 문제를 포괄해야 하며, 욕구사정에 대한 다양한 방법론을 이해해야 한다.

④ 지역사회에 영향을 미치는 사회문제를 확인하고 문제해결의 우선순위를 결정하는 데 주안점을 둔다.

⑤ 욕구사정의 초점은 서비스의 이용가능성, 서비스체계의 조정, 서비스의 차이, 서비스의 접근가능성 등에 있다.

⑥ 지역사회의 욕구사정을 위해 초점집단기법, 명목집단기법 등의 기법들이 사용된다.

초점집단기법	• 소수의 이해관계자를 모아 자유롭게 의견을 개진하고 토론하게 하여 문제를 깊이 파악할 수 있는 욕구조사 방법이다. • 지역사회집단의 이해관계를 가장 잘 대표할 수 있는 참여자들을 선택한다. • 선택된 사람들은 한 곳에 모여 특정 문제에 대한 의견을 집단으로 토론한다. • 의사소통은 개방형 질문으로 진행한다.
명목집단기법	• 비교적 짧은 시간 안에 다양한 배경을 가진 지역사회 내 집단의 이익을 수렴하는 욕구조사 방법이다. • 욕구의 배경이나 결정과정보다 욕구내용 결정에 초점을 둔다. • 모든 참여자가 직접 만나서 욕구에 대한 우선순위를 결정한다. • 욕구순위에 대한 합의의 과정이 반복시행을 거쳐 이루어질 수 있다.

참고

지역사회의 다양한 욕구사정방법에 대해서는 '2영역 사회복지조사론'의 'CHAPTER 04 표본조사와 욕구조사'를 살펴보시기 바랍니다.

바로암기 O X

지역사회복지실천에서 이루어지는 초기 욕구사정은 지역사회복지의 실천을 위한 성과평가의 의미를 갖는다?

(   )

해설

지역사회복지실천의 실천을 위한 예비적인 안내역할의 의미를 갖는다.

정답 X

제5영역

03 | 사회복지사의 역할 및 실천기술

KEY POINT

- '사회복지사의 역할 및 실천기술' 영역에서는 사회복지사의 다양한 실천기술과 함께 사회행동의 전략 및 전술에 대한 이해가 필요하다.
- 지역사회복지실천에서 사회복지사의 역할은 로스가 제시한 지역사회개발모델에서의 역할을 중심으로 샌더스의 사회계획모델, 그로서의 사회행동모델에서의 역할까지 전반적인 이해가 필요하다.
- 사회복지사의 실천기술에서는 옹호 기술, 연계(네트워크) 기술, 조직화 기술, 자원개발·동원 기술, 임파워먼트 기술의 내용을 구분할 필요가 있다.
- 사회행동에서는 사회행동조직의 타 조직과의 협력 전략으로서 협조, 연합, 동맹의 차이점을 확실히 이해해야 한다.
- 정치적 의사결정에서는 정치적 의사결정의 네 가지 모델을 구분할 수 있어야 한다.

01절 지역사회복지실천에서 사회복지사의 역할

1 지역사회개발모델에서 사회복지사의 역할(Ross) 3회, 7회, 9회, 11회, 13회, 17회 기출

(1) 안내자(Guide)

① 일차적인 역할

지역사회로 하여금 문제해결에 따른 목표를 설정하고, 이를 해결하는 방도를 강구하도록 돕는다.

② 주도능력

도움을 청하지 않은 지역사회에 접근하거나 지역사회의 문제해결 과정에서 다방면으로 주도권을 발휘한다.

③ 객관적인 입장

지역사회의 조건에 대해 객관적인 입장을 취하면서 지역사회를 있는 그대로 수용한다.

④ 지역사회와의 동일시

지역사회 전체에 동일시하며, 지역사회 내의 일부나 특정집단과 함께 일하지 않는다.

⑤ 자기역할의 수용

자기의 역할을 수용하고 그것에 만족하며, 지역주민을 대신하여 판단을 내려주거나 직접적인 해결책을 제시하지 않는다.

⑥ 역할에 대한 설명

자기의 역할이 지역사회에 이해되도록 설명해 준다.

전문가의 한마디

안내자로서 사회복지사의 일차적인 역할(Primary Role)은 지역주민들이 여러 가지 요소들을 감안하여 올바른 방향으로 목표를 설정하도록 돕는 데 있습니다. 이때 문제해결을 위한 방향과 방도를 선택하는 것은 어디까지나 지역사회 자체의 노력이어야 합니다.

(2) 조력자(Enabler) 11회, 17회, 22회 기출

① 불만을 집약하는 일

지역사회조건에 대한 불만을 일깨우고 이를 집약함으로써 궁극적으로 지역사회를 돕는다.

② 조직화를 격려하는 일

지역주민들로 하여금 자신들의 불만에 대해 서로 논의하고 그에 대한 우선순위를 결정하게 하며, 이를 해결하기 위한 조직을 결성하도록 돕는다.

③ 좋은 대인관계를 육성(조성)하는 일

지역주민들 간의 상호관계 유지 및 협동적 참여에 따른 만족감을 가질 수 있도록 지역사회의 모임에 따뜻한 분위기를 조성한다.

④ 공동목표를 강조하는 일

지역사회조직의 과정에서 모든 일이 효과적인 계획 및 지역사회 능력 개발의 양대 목표에 합치되도록 돕는다.

(3) 전문가(Expert)

① 지역사회진단

지역사회를 분석하고 진단하여 지역사회 자체의 구조 및 특성에 대해 지적해 준다.

② 조사기술

조사방법에 대한 지식과 기술을 활용하여 스스로 지역사회가 필요로 하는 조사를 계획하고 수행한다.

③ 타 지역사회에 관한 정보제공

타 지역사회에서의 조사, 연구, 시범사업 등에 관한 정보를 제공하여 현 지역사회 자체의 문제해결을 돕는다.

④ 방법에 대한 조언제공

지역주민들에게 조직을 결성하는 방법 및 절차 등에 대한 조언을 제공한다.

⑤ 기술상의 정보제공

기술적인 문제에 관한 참고자료를 숙지하여 지역주민들이 필요로 할 때 이를 제공해 준다.

⑥ 평 가

수행되고 있는 사업에 대해 평가를 하거나 해당 사업의 과정에 대해 지역주민들에게 설명해 준다.

전문가의 한마디

지역사회개발모델에서 사회복지사의 조력자(Enabler)로서의 역할은 지역사회조직의 과정을 용이하게 하는 역할을 의미합니다.

전문가의 한마디

지역사회개발모델에서 사회복지사의 전문가(Expert)로서의 역할은 필요한 자료를 제공하고 직접적인 충고를 하는 역할을 의미합니다.

제5영역

전문가의 **한마디**

치료자(사회치료자)로서 사회복지사는 적절한 진단을 위해 지역사회 전체 혹은 그 일부의 기원과 역사를 파악하고, 현재의 믿음이나 관습에 관한 사회적 근원 및 믿음과 실제와의 관계를 알아야 합니다. 또한 지역사회의 권력구조, 지역사회 내의 역할 및 역할들 간의 관계에 대해 알아야 합니다.

(4) 치료자 또는 사회치료자(Therapist)

① 진단 및 치료

지역사회 공동의 관심사를 저해하는 금기적 사고나 전통적인 태도에 대해 지역사회 수준에서 진단하고 치료하여 이를 제거하도록 돕는다.

② 긴장의 해소 및 방해요인 제거

진단을 통해 규명된 성격 및 특성을 지역주민들에게 제시하여 그들의 올바른 이해를 돕고 긴장을 해소하도록 함으로써 협력적인 작업을 방해하는 요인들을 제거한다.

2 사회계획모델에서 사회복지사의 역할(Sanders) 12회, 22회 기출

(1) 분석가(Analyst)

① 지역사회의 현존 문제에 대한 분석에서 사회변화를 위한 프로그램 과정의 분석에 이르기까지 지역사회의 변화를 위한 전반적인 분석과 평가를 수행한다.

② 사회문제와 영향을 미치는 요인들에 대한 조사, 사회변화를 위한 프로그램의 과정에 대한 분석, 계획을 수립하는 과정에 대한 분석, 유도된 변화에 대한 평가 등을 포함한다.

전문가의 **한마디**

모리스와 빈스톡(Morris & Binstock)은 사회계획모델에서 사회복지사의 역할로 '계획가(Planner)'를 강조하였습니다.

(2) 계획가(Planner)

① 분석의 결과를 토대로 사회문제의 변화를 목표로 하는 계획을 수립한다.

② 지역사회의 현존 문제를 해결하기 위해 기술적인 것뿐만 아니라 인간적 · 철학적인 면에서 계획을 수립한다. 또한 목표달성을 위한 수단적 측면을 검토한다.

(3) 조직가(Organizer)

① 조직의 수립과 실천과정에 지역주민은 물론 지역사회의 행정체계를 참여시킨다.

② 지역주민들의 참여의식을 고취시키고 수립된 계획을 제도화하여 지역주민들 스스로 추진해 나갈 수 있도록 사기와 능력을 북돋아 준다.

출제의도 체크

사회복지사가 사회복지관 평가에 대비하여 업무를 조정하고 준비를 위한 계획표를 작성하며, 해당 기간 동안의 문서를 정리하고 직원들이 각 분야별로 역할을 분담하도록 하였다면, 이는 사회복지사의 '행정가'로서의 역할에 해당합니다.

▶ 12회 기출

(4) 행정가(Program Administrator)

① 프로그램이 실제로 운영되어 그 계획이 효과적으로 달성되기 위한 모든 물적 · 인적 자원을 관리한다.

② 계획의 추진 자체보다는 그 계획을 수행하기 위해 마련된 프로그램이나 기관의 운영에 주로 관심을 갖는다.

3 사회행동모델에서 사회복지사의 역할(Grosser) 3회, 4회, 5회, 7회, 11회 기출

(1) 조력자(Enabler)

① 지역주민들이 자체의 욕구분석을 토대로 스스로 목표를 설정하여 추진하도록 조직화를 용이하게 하고 격려하는 역할이다.

② 다른 역할에 비해 중립적인 입장에 놓이므로 소극적인 역할로 볼 수 있다.

(2) 중개자(Broker)

① 주민들이 필요로 하는 자원이 어디에 있는지 소재를 가르쳐 줌으로써 보다 적극적으로 원조해 주는 역할이다.

② 집단적인 중개의 차원에서 전 주민계급에 영향을 미치는 행정과 정책의 변화를 추구한다.

(3) 옹호자 또는 대변자(Advocate)

① 필요한 정보를 끌어내고 주민들 입장의 정당성을 주장하며, 기관의 입장에 도전하기 위해 지도력과 자원을 제공하는 역할이다.

② 사회복지사의 전문적인 역량은 오로지 클라이언트의 이익을 위해 사용된다.

(4) 행동가(Activist)

① 지역사회 내 불이익을 당하는 주민들을 위해 지역사회 환경개선 및 서비스 요구의 집단행동에서 리더십을 발휘하는 역할이다.

② 사회복지사는 지역사회와 지역주민들을 클라이언트로 보기보다는 사회변화를 위해 함께 나아가야 할 동지로 본다.

> **전문가의 한마디**
>
> 그로스맨(Grossman)은 사회행동모델에서 사회복지사의 역할로 '조직가 또는 행동조직가(Organizer)'를 강조하였습니다.

> **전문가의 한마디**
>
> 사회행동모델에서 사회복지사의 행동가(Activist)로서의 역할은 네 가지 역할 중 가장 적극적이고 급진적인 역할로 볼 수 있습니다.

02절 지역사회복지실천에서 사회복지사의 실천기술

1 옹호 기술 4회, 11회, 13회, 16회 기출

(1) 옹호의 개념 19회, 20회 기출

① 옹호(Advocacy)는 클라이언트의 이익 혹은 권리를 위해 싸우거나 대변하는 등의 적극적인 활동을 말한다. 사회정의 준수 및 유지를 궁극적인 목적으로 하며, 지역주민이 정당한 처우나 서비스를 받지 못하는 경우에 활용하는 기술이다.

② 옹호 기술은 지역사회복지실천 과정에서 지역주민, 특히 억압된 집단 입장의 정당성을 주장하고 지도력과 자원을 제공해야 한다는 점에서 매우 중요하다.

(2) 옹호의 유형(Hardcastle) 11회 기출

① 자기옹호(Self-advocacy)

자조집단 또는 지지집단으로 구성해서 활동하거나 클라이언트 개인 및 집단이 스스로 자신을 옹호하는 활동을 말한다.

② 개인옹호(Individual Advocacy)

개인 또는 가족을 대신하여 옹호하는 활동으로서, 클라이언트가 스스로 자신을 옹호할 수 없는 경우에 나타난다.

③ 집단옹호(Group Advocacy)

구성 집단으로는 비슷한 문제를 경험하는 클라이언트이며, 이러한 집단의 공동문제를 해결하기 위한 활동을 말한다.

④ 지역사회옹호(Community Advocacy)

지역사회 대신 다른 사람들이 옹호하기도 하며, 지역주민 스스로 지역사회를 옹호하는 경우를 나타낸다. 즉, 소외되거나 공동의 문제를 경험하는 지역주민들을 위한 옹호활동을 말한다.

⑤ 정치 또는 정책적 옹호(Political/Policy Advocacy)

입법영역과 행정영역, 그리고 사법영역에 있어서 사회정의와 복지를 증진시키기 위한 다양한 형태로 전개되는 옹호활동을 말한다.

⑥ 체제변환적 옹호(Advocacy for Systems Change)

근본적인 제도상의 변화를 위해서 시민으로 모인 구성원과 사회체제 전체에 영향을 미치는 옹호활동을 말한다.

(3) 옹호의 구체적 전술(Kirst-Ashman & Hull, Jr.) 12회, 19회 기출

① 설득(Persuasion)

변화표적체계로 하여금 기존의 결정과 다른 결정을 내리도록 필요한 정보를 제공한다.

② 공청회 또는 증언청취(Fair Hearing)

정당한 권리를 거부당한 클라이언트에게 평등한 처우가 보장되도록 정부기관 종사자 등의 외부인사로 하여금 관련 당사자들의 주장을 듣는 자리를 마련한다.

③ 표적을 난처하게 하기(Embarrassment of the Target)

조직의 실수나 실패를 지적하고 주의를 환기시켜 당혹스럽게 만든다.

④ 정치적 압력(Political Pressure)

바람직한 방향으로의 변화가 발생하지 않는 경우 이를 강요하기 위해 객관적이고 타당한 자료를 가지고 정치적 영향력이 있는 사람들과 접촉한다.

⑤ 미디어 활용(Using Media)

TV를 비롯한 각종 미디어매체를 활용하여 불평을 널리 알린다.

⑥ 청원 또는 탄원서(Petitioning)

여러 사람들에게 탄원서를 돌리거나 서명을 받아 특정 행동을 촉구한다.

(4) 옹호의 전술로서 설득(Persuasion)의 구성요소 14회 기출

전달자 (Communicator)	전달자는 신뢰성, 전문성, 동질성, 비언어적 강점 등을 갖추는 것이 좋다.
전달형식 (Format)	메시지는 직접 대면을 통해 전달하는 것이 설득의 효과가 크다.
메시지 (Message)	메시지는 반복적이면서 전달 대상에게 이익과 보상을 가져다주는 것일수록 설득력을 지닌다.
대 상 (Audience)	메시지의 전달 대상이 전달자를 이미 알거나 평소 좋아하는 경우, 메시지를 이미 신뢰하고 있거나 과거 유사한 명분으로 동조한 경험이 있는 경우, 소기의 행동을 취할 시간과 자원을 가진 경우 전달자의 설득이 상대적으로 쉽다.

출제의도 체크

지역사회복지실천에서 옹호의 전술 중 하나인 설득(Persuasion)의 구성요소로 '의제설정(Agenda Setting)'은 포함되지 않습니다.

▶ 14회 기출

심화연구실

옹호의 기술로서 청원(Petitioning) 17회 기출

• 특정 조직이나 기관이 일정한 방향으로 별도의 조치를 해줄 것을 요청하기 위해 다수인의 서명지를 전달하는 활동이다.
• 청원 서명서는 비교적 쉽게 받을 수 있으며, 서명을 통한 청원에 대해 표적체계가 심한 압력을 받지 않는다.
• 우리나라에서는 「청원법」에서 헌법상의 권리인 청원권 행사에 관한 사항을 규정하고 있다.

2 연계(네트워크) 기술 7회, 9회, 10회, 13회, 18회, 22회 기출

(1) 연계의 개념 9회, 17회, 19회, 21회 기출

① 연계(Network)는 서비스의 중복과 누락을 방지하고 자원을 효율적으로 관리하기 위해 정기적인 모임 및 회의를 통해 서비스 계획을 공동으로 수립한 후 개별기관들이 각각 서비스를 제공할 수 있도록 팀 접근을 시도해 나가는 과정을 말한다.

② 사회복지사가 클라이언트를 적절한 지역사회 자원과 연계하는 기술로서, 관련 기관들 간의 상호 신뢰와 호혜성의 원칙에 의해 유지된다.

출제의도 체크

사회복지기관의 서비스 제공 과정에서 효율성 증대, 서비스 계획의 공동 수립과 서비스 제공에서 팀 접근 수행, 사회복지사의 연계망 강화 및 확장, 지역의 사회적 자본 확대, 이용자 중심의 통합적 서비스 제공 등은 연계 기술과 관련이 있습니다.

▶ 17회, 21회 기출

③ 수요자(이용자) 중심의 통합적 복지서비스 제공 기반 마련을 목적으로 지역사회의 보건·복지 서비스의 제공자 간 연계망(Network)을 구성하여 수요자의 복합적 요구에 공동으로 대응하고자 하는 지역사회보장협의체(지역사회복지협의체)도 연계 기술을 활용한 사례로 볼 수 있다.

(2) 연계의 수준 14회 기출

연 락 (Communication)	낮은 수준의 연계·협력으로서, 개별기관이 서비스 제공에 필요한 정보를 교환 및 공유하는 단계이다.
조 정 (Coordination)	서비스의 중복을 방지하고 자원 활용의 효율성을 도모하기 위해 조직의 정체성을 유지하면서 정기모임이나 회의를 통해 활동이 이루어지도록 조력한다.
협 력 (Collaboration)	분리된 각 조직이 단일한 프로그램이나 서비스를 결합하여 함께 제공하기 위한 목적을 가지고 연계하되, 조직의 정체성을 유지하면서 자원을 공유한다.
통 합 (Integration)	개별기관들이 각자의 정체성을 유지하지 않고 서비스 제공을 위해 하나의 조직체로 통합함으로써 새로운 조직체로의 정체성을 갖는다.

(3) 지역사회복지 네트워크의 성공요인 14회 기출

① 협력의 목적과 비전이 공유되어야 한다.
② 원활한 참여를 위해 자원이 풍부하여야 한다.
③ 조직의 힘은 균등하여야 한다.
④ 조직의 자발성이 인정되어야 한다.
⑤ 네트워크 관리자의 역할이 중요하다.

3 조직화 기술 6회, 9회, 10회, 17회 기출

(1) 조직화의 개념 20회 기출

① 조직화(Organizing)는 클라이언트의 문제를 해결하기 위해 필요한 인력이나 서비스를 규합하고 조직의 목표를 성취하도록 합당하게 운영해 나가는 과정으로서, 전체 지역주민을 대표하는 일정 수의 주민을 선정하여 지역사회의 당면문제 해결을 도모하는 과정이다.
② 사회복지사는 지역사회가 처한 상황과 해결 방향에 따라 목표를 세우고 관련 당사자들로 하여금 문제의식을 갖게 하여 모임을 만들도록 하며, 그 조직이 지역사회의 욕구나 문제를 해결해 나가도록 돕는다. 특히 지역주민이 주체가 되어 사회복지조직의 목표를 성취하도록 운영한다.

전문가의 한마디

연계기술(Networking)을 통해 클라이언트 중심의 사회적 관계망을 강화시킬 수 있으며, 새로운 인프라 구축에 필요한 시간과 비용을 줄일 수 있습니다.

출제의도 체크

연계(네트워크)는 위계조직이 아니므로 목적 달성을 위해 항상 강한 결속력을 필요로 하는 것은 아닙니다. 참여 기관들은 평등한 주체로서의 관계가 보장되어야 하며, 수평적 방식으로 운영하는 것이 바람직합니다.
▶ 18회 기출

출제의도 체크

사회복지사가 지역사회 내 저소득 장애인의 취업 문제를 해결하는 과정에서 당사자들로 하여금 문제의식을 갖게 하고, 그들 스스로 문제해결능력을 향상시키기 위해 노력하였다면, 이는 '조직화' 기술에 해당합니다.
▶ 17회 기출

(2) 사회복지사가 활용하는 조직화 기술 15회 기출

① 지역문제 이슈설정 기술 – 사실의 발견과 조사

사회복지사는 사회조사 전문가가 아니더라도 최소한 지역사회에서 일어나는 주요 이슈와 관련하여 지식이 있어야 한다.

② 회의 기술 – 집단회의

지역주민들이 문제에 대해 논의할 수 있도록 집단회의를 개최할 수 있어야 한다.

③ 지역사회 지도자 발굴 기술 – 위원회 활동

지역주민을 대표할 수 있는 대표자(지도자)들을 선출하여 위원회를 구성하고 그들과 함께 일하는 것이 일의 효율성을 증가시키는 방법이다.

④ 협상 기술 – 협상

갈등을 해결하기 위해 위원회 개최, 집단회의, 개별상담을 통해 협상을 수행할 수 있어야 한다.

(3) 효과적인 조직화를 위한 방안 9회 기출

① 지역사회의 불만을 공통된 불만으로 집약한다.
② 사적인 이익에 대한 관심을 조직화에 활용한다.
③ 지속적인 관심과 노력을 요구하는 동적인 과정으로 이끈다.
④ 갈등과 대립(대결)에 익숙해지는 법을 배운다.
⑤ 쟁점을 명확히 표현하며, 실현 가능한 쟁점에 초점을 둔다.
⑥ 정서적인 활동을 포함한다.

(4) 지역사회 조직화 과정에서 사회복지사가 지켜야 할 주요 원칙 및 고려사항

14회, 20회 기출

① 지역사회의 외적 능력보다는, 지역사회의 내적 능력에 우선 중점을 두어야 한다.
② 모든 일에 솔직하고 근면하여야 한다.
③ 평소 지역사회의 주요 행사에 관심과 참여를 통해 행사운영 과정을 이해해야 한다.
④ 지역사회 관련 법, 제도, 규칙 등을 알아야 한다.
⑤ 주민모임을 위한 기금을 확보하여야 한다.
⑥ 지역사회의 강점을 활용하여야 한다.
⑦ 지역사회는 여러 갈등을 갖고 있음을 알아야 한다.
⑧ 사회적 쟁점과 관련하여 지역주민의 입장과 상충할 수 있음을 염두에 두어야 한다.
⑨ 지역주민에 대한 이해와 수용과 함께 성공할 수 있다는 신념을 가져야 한다.
⑩ 지역사회 역량강화를 위해 지역사회복지 거버넌스 구조와 기능을 확대하여야 한다.

제5영역

바로암기 O X

효과적인 조직화를 위해서는 갈등과 대립을 의도적으로 피해야 한다?

( )

해설

갈등과 대립에 익숙해지는 법을 배워야 한다.

정답 ×

출제의도 체크

지역사회 조직화 과정에서 사회복지사는 지역사회의 외적 능력에 중점을 두기보다는 그 내적 능력에 우선 중점을 두어야 합니다.

▶ 14회 기출

4 자원개발 · 동원 기술

(1) 자원의 개념

① 자원(Resources)은 사회복지실천에서 클라이언트의 변화나 그들의 생활을 향상시키는 데 유용하게 사용할 수 있는 인력, 물질, 조직, 정보 등을 의미한다.

② 자원개발 · 동원 기술은 지역주민의 욕구 충족 및 문제 해결을 위해 자원이 필요한 경우 자원을 발굴하고 동원하는 기술이다.

(2) 인적 자원을 동원하는 기술 14회, 19회, 21회 기출

① 기존 조직(집단)의 활용

지역사회의 여러 조직들을 면밀히 조사한 후 참여 가능성이 높은 조직이나 집단(예 지역 내 종교단체 등)의 지도자들과 접촉하여 지역사회실천에 동참할 것을 권유한다.

② 개별적 접촉

지역주민들을 개별적으로 접촉하여 지역사회실천에 동참하도록 한다.

③ 네트워크의 활용

네트워크(Network)는 서로 이미 사회적으로 알고 있는 사람들 사이의 결속관계를 의미한다. 특히 네트워크에 속해 있는 사람을 직접적으로 접촉하기보다는 내부의 동료를 통해 접촉하는 것이 더욱 효과적이다.

(3) 자원개발의 방법 10회 기출

① 지역조사를 통해 지역사회 문제를 수집 · 사정하여 지역사회 내의 충족되지 않은 욕구와 함께 인적 · 물적 자원을 파악한다.

② 클라이언트, 기부자들과 같은 이해당사자들의 욕구를 규명한다.

③ 자원동원의 원천이나 특성에 따라 서로 다른 방법들을 사용한다.

④ 자원개발을 위한 기법에는 이벤트, 대중매체, 광고, ARS 등이 있다.

⑤ 기업연계 마케팅 또는 명분연계 마케팅(CRM ; Cause Related Marketing)은 기업 이미지 제고와 사회복지기관의 자원개발에 기여하고 있다.

(4) 자원개발을 위한 기관의 신뢰성 형성 · 유지에 대한 노력 16회 기출

① 특정 문제에 대해 오랜 기간 동안 사회활동을 해 왔거나 혹은 자발적 참여의지가 높은 개인은 지역사회복지의 잠재적 참여인물로서 인적 자원에 해당한다.

② 지역의 후원단체 발굴 및 자원봉사자 모집 등 다양한 후원활동은 전반적인 기관의 신뢰성과 밀접하게 연관된다. 즉, 자원의 개발 및 동원에서 중요한 것은 후원자에 대한 기관의 신뢰성을 형성 및 유지시키는 것이다.

출제의도 체크

한부모가족을 대상으로 한 프로그램을 계획하고 있는 사회복지사가 자신이 개인적으로 참여하고 있는 수영 클럽을 통해 프로그램 운영에 필요한 예산과 자원봉사자를 확보하고자 운영진에게 모임 개최를 요청하였고, 그에 대해 성공적인 결과를 얻었다면, 이는 지역사회복지 실천기술 중 자원개발 · 동원 기술과 연관됩니다.

▶ 19회 기출

출제의도 체크

최근 개관한 사회복지관에서 바자회 개최를 계기로 지역의 다양한 후원단체를 발굴하고, 자원봉사자를 모집하였다면, 이는 기관의 신뢰성 형성 · 유지를 위한 노력으로 볼 수 있습니다.

▶ 16회 기출

심화연구실

후원개발 등 지역사회 자원동원의 의의(장점) 14회 기출

• 복지사회 이념의 성공적 실현을 위한 지역사회 구성원 간 연대의식 및 공동체의식 함양
• 프로그램을 통한 지역주민의 자발적인 참여 유도
• 참여주민 혹은 후원자 개인의 자아실현 기회 제공
• 지역사회 내 가용 복지자원의 총량 확대
• 복지수요의 급증에 따른 공공자원의 한계 극복
• 민간비영리조직의 자율성 향상 기여 등

5 임파워먼트 기술 6회, 9회 기출

(1) 임파워먼트의 개념 19회, 22회 기출

① 임파워먼트(Empowerment)는 지역주민의 강점을 인정하고 스스로 문제 해결을 위한 주도적인 역할을 함으로써 현재 처한 문제 해결뿐만 아니라 근본적인 역량을 강화하도록 원조하는 기술로서, 대화, 강점확인, 자원동원기술 등을 포함한다.
② 임파워먼트는 주민들의 노력과 지역사회 실천가들의 개입의 효과로 나타난 지역사회에 대한 주민들의 더 많은 통제력과 자원 접근성을 의미한다.
③ 개인이나 조직들로 하여금 각각의 욕구를 충족시키기 위해 기술과 자원을 공동의 노력으로 이끌어 낼 수 있는 지역사회로 만드는 것을 목표로 한다.

(2) 지역사회의 임파워먼트를 높이기 위한 구체적인 방법(Rubin & Rubin)

9회, 15회, 17회, 18회, 22회 기출

① 의식 제고 또는 의식 고양하기(Consciousness Raising)
무력감에 빠진 개인들을 대상으로 문제의 원인이 자신들에게 있기보다는 사회구조에서 비롯된 것임을 인식시킨다.
② 자기 주장 또는 자기 목소리(Self-assertion)
클라이언트로 하여금 두려움이나 위축감에서 벗어나 공개적으로 자신의 주장을 개진할 수 있도록 돕는다.
③ 공공의제의 틀 형성하기 또는 공공의제 만들기(Framing the Agenda)
문제의 쟁점에 대해 일반대중의 관심을 이끌 수 있도록 이를 의제화 한다.
④ 권력 키우기(Building Power)
자원동원 및 조직화를 통해 지역주민들의 권력을 키운다.

바로암기 ○×

임파워먼트 기술에서는 사회복지사의 '자원연결자'로서의 기술과 역할이 중요하다?

(   )

정답 ○

출제의도 체크

사회복지사는 임파워먼트 기술을 활용하여 무력화되어 있는 클라이언트의 잠재 역량 및 자원을 인정하고 삶을 스스로 결정할 수 있도록 북돋아 줄 수 있습니다.

▶ 22회 기출

⑤ 역량 건설(Capacity Building)

클라이언트의 역량을 강화하기 위해 조직을 설립하며, 자신들의 주장을 보다 효과적으로 표출할 수 있도록 캠페인을 전개한다.

⑥ 사회자본의 창출 또는 사회자본의 확장(Creating Social Capital) 19회 기출

사회자본은 지역사회 구성원들의 사회적 관계에 기초한 자원으로서, 이는 구성원들 간의 협력 및 연대감을 높이는 데 기여한다. 특히 사회자본은 물리적 자본과 달리 사용할수록 총량이 증가한다.

(3) 임파워먼트를 위한 사회복지사의 실천 원칙(Lee)

① 모든 억압은 삶에 있어서 파괴적이며, 사회복지사와 클라이언트는 이러한 억압에 도전한다.

② 사회복지사는 억압적인 상황에 대해 총체적인 시각을 유지한다.

③ 클라이언트는 스스로 역량을 강화하며, 사회복지사는 이를 원조할 뿐이다.

④ 공통기반을 공유하는 사람들은 역량강화를 위해 서로를 필요로 한다.

⑤ 사회복지사는 클라이언트와 일대일의 관계를 정립한다.

⑥ 사회복지사는 클라이언트로 하여금 자신의 말로 이야기하도록 격려한다.

⑦ 사회복지사는 개인에 대해 희생자가 아닌 승리자(생존자)로서 초점을 유지한다.

⑧ 사회복지사는 사회변화의 초점을 유지한다.

전문가의 한마디

'사회자본(Social Capital)'은 조직화된 행동을 유도하여 사회발전의 효율성을 증대시키는 대인간 신뢰, 규범 및 네트워크 등을 의미하는 것으로, 물리적 자본과 달리 사용할수록 총량이 증가하는 반면, 사용하지 않을수록 감소합니다. 또한 일방향일 때보다 쌍방향일 때 커지므로 자기충족적(Self-fulfilling)이라 할 수 있습니다.

03절 사회행동과 정치적 의사결정

1 사회행동(Social Action)

(1) 개 념

① 지역주민의 생활에 영향을 미치는 중요한 결정에 대한 지역주민의 통제력을 강화시키기 위해 펼치는 다각적인 노력을 말한다.

② 우리나라에서는 1970년대와 1980년대 대학생운동·노동자운동의 형태로 나타났으며, 1980년대 후반부터 공산주의의 붕괴와 정치적 상황의 변화에 따라 지역사회차원의 사회행동이 확대되었다.

③ 최근에는 지역사회개발모델보다 사회행동모델이 더욱 부각되고 있다.

(2) 사회행동을 위한 전략　9회, 11회 기출

① 상대집단을 이기기 위한 힘의 확보 전략

ㄱ 정보력 : 현재의 사건이나 상황에 대한 정보를 정부당국이나 정치인에게 제공한다.

ㄴ 힘의 과시 : 상대집단의 반대에 맞서 불편과 손해를 가함으로써 힘을 과시한다.

ㄷ 잠재력 : 실제로 피해를 입히기보다 피해를 입힐 수 있는 능력이 있음을 강조한다.

ㄹ 약점의 이용 : 상대집단의 약점을 자극하여 수치심을 가지도록 한다.

ㅁ 집단동원력 : 집단을 조직하여 이끄는 것은 사회행동의 가장 중요한 힘이다.

② 사회행동 합법성 확보 전략

ㄱ 사회행동은 내부 또는 외부집단의 구성원들에게 수용될 수 있어야 한다.

ㄴ 사회적 합법성을 인정받는다는 것은 승리의 목표와 직결된다.

ㄷ 사회적 합법성을 확보하는 데 있어서 적합한 전술을 선택해야 하며, 과격한 폭력행위를 행사하지 않도록 주의해야 한다.

③ 사회행동조직의 타 조직과의 협력 전략　4회, 5회, 11회, 13회 기출

구 분	협조(Cooperation)	연합(Coalition)	동맹(Alliance)
의 의	타 조직과 최소한의 협력을 유지하는 유형	참여조직들 간에 이슈와 전략을 합동으로 선택하는 보다 조직적인 유형	대규모의 조직관계망을 가지는 고도의 조직적인 유형
특 징	특정 이슈를 중심으로 유사한 목표를 가진 조직들이 일시적으로 연결됨	계속적이나 느슨하게 구조화된 협력으로, 조직적 자율성을 최대화하면서 힘을 증대시킴	기술적 정보제공 및 로비활동에 역점을 두는 전문가를 둔 영속적인 구조
결정 절차	임시적 계획이 사안에 따라 만들어짐	선출된 대표들이 정책을 결정하나, 각 개별조직들의 비준이 있어야 함	회원조직으로부터 승인이 필요하나, 결정할 수 있는 힘은 중앙위원회나 전문직원이 가짐
존 속	언제든지 한쪽에 의해 중단될 수 있음	참여조직들은 특정 캠페인에 대한 참여 여부를 선택할 수 있으나 협력구조는 지속됨	중앙위원회나 전문직원에 의해 장기적인 활동이 수행됨

(3) 법적 행동과 사회적 대결

① 법적 행동은 '게임의 규칙'에 대한 존중을 표시하여 상대방이 그와 같은 규칙을 지키지 않는다고 주장하는 반면, 사회적 대결은 자신들의 주장에 대한 관심을 환기시키기 위해 '게임의 규칙'을 무시한 채 정부나 기업에게 자신들의 요구에 승복할 것을 요구한다.

제5영역

출제의도 체크

사회행동의 전략에 포함되는 다양한 전술들은 문제의 특수성과 사회적 상황에 따라 적절히 혼합하여 사용하는 것이 효과적일 수 있습니다.

▶ 9회 기출

바로암기 OX

조직 간의 협력체계 정도는 〈협조→동맹→연합〉 순으로 갈수록 강화된다?

(　　)

해설
〈협조→연합→동맹〉 순으로 갈수록 강화된다.

정답 ×

출제의도 체크

연합관계에서 각 조직은 모든 행동에 참여할 필요가 없습니다.

▶ 11회 기출

② 법적 행동이 비교적 차분하고 비가시적인 반면, 사회적 대결은 상대적으로 소란스럽고 가시적이다.

③ 법적 행동이 사회행동조직의 정당성을 확실히 높일 수 있는 방법인데 반해, 사회적 대결은 사회행동조직의 정당성에 손상을 가할 개연성이 내포되어 있다.

④ 법적 행동에는 가처분 청구(금지명령의 요구), 법적 소송 등이 있는 반면, 사회적 대결에는 집회와 성토대회, 피케팅과 행진, 보이콧 등이 있다.

2 정치적 의사결정

(1) 이익집단이 의사결정자들에게 영향력을 행사할 수 있는 요인(Herbenar)

① 의사결정자에게 전달될 수 있는 집단의 규모, 정보, 서비스 및 집단응집력 정도

② 집단의 중요성과 신뢰성

③ 집단이 대표하는 관심의 유형

④ 관련 법안에 대한 집단의 지지 혹은 반대의사

⑤ 의사결정자가 속해 있는 상위조직(예 정당)의 관련 법안에 대한 지지 정도

⑥ 관련 법안을 둘러싼 이슈 및 쟁점 등에 대한 이익집단 간 경쟁 정도

(2) 정치적 의사결정 모델(Dye) 14회 기출

엘리트주의 의사결정 모델	지역사회에서의 주요 의사결정이 지역사회 내의 엘리트들에 의해 이루어진다고 본다. 일반적으로 엘리트들은 지역사회 내 다양한 집단들과 직접적인 의사소통을 거의 하지 않으므로, 엘리트와 지역주민 사이에 중개자 집단이 있다.
다원주의 의사결정 모델	지역사회에서의 주요 의사결정이 이익집단들의 경쟁 과정을 통해 최종정책이 결정되는 점을 전제로 한다. 이런 의미에서 지방자치단체나 지방의회의 주요 역할은 이익집단들 간의 경쟁이나 갈등을 중재하는 것으로 볼 수 있다.
공공선택 의사결정 모델	주요 의사결정은 이익집단들이 정치가들에게 제공할 수 있는 자원(예 기부금, 투표, 미디어 활용 등)의 크기에 영향을 받는다. 따라서 각 이익집단들은 영향력을 강화하기 위해 제공자원의 증가에 관심을 가지고 노력하게 된다.
신엘리트주의 의사결정 모델	이익집단들이 엘리트층에게 일정한 수단(예 기부금, 투표, 미디어 활용 등)을 지원함으로써 의사결정의 영향력을 높일 수 있다고 본다. 특히 사회운동 조직들은 재정적 자원 모금과 인적 자원의 조직을 통해 접근성을 향상시킴으로써 의사결정의 영향력을 높일 수 있다.

04 | 지역사회복지실천의 체계와 환경

KEY POINT

- '지역사회복지실천의 체계와 환경' 영역에서는 지역사회보장협의체, 사회복지협의회, 지역사회복지관 등 사회복지사 시험에 빈번히 출제되는 내용과 함께 공동모금, 자원봉사, 재가복지, 지역사회자활 및 사회적경제 등의 기본적인 내용을 다루고 있다.
- 지역사회보장협의체는 기존의 지역사회복지협의체를 대체한 것으로서, 과거 지역사회복지협의체가 사회복지사 시험에서 매우 중요하게 다루어진 만큼 내용 전반을 체계적으로 학습해야 한다.
- 사회복지협의회에서는 지역사회보장협의체와의 차이점, 운영의 주요 원칙 및 업무 등에 대해 학습해야 한다.
- 지역사회복지관에서는 운영의 기본원칙과 함께 사업의 기능별 분류를 체계적으로 분류할 수 있어야 한다.
- 공동모금에서는 공동모금의 특성, 모금방법 · 모금기간 · 배분방법 등이 지속적으로 출제될 수 있다.
- 자원봉사에서는 자원봉사활동기본법의 주요 내용을 학습해야 한다.
- 재가복지는 최근 재가복지봉사서비스가 지역사회복지관의 사업으로 편입되었음에도 불구하고 지속적으로 출제될 수 있다.
- 자활사업에서는 자활사례관리, 자활근로사업, 자활기업의 주요 내용을 학습해야 한다.
- 최근 사회적경제에 관한 문제가 연속해서 출제되고 있으므로 사회적경제의 각 주체, 즉 자활기업을 비롯한 사회적기업, 마을기업, 협동조합 등에 대해서도 학습해야 한다.

제5영역

01절 지역사회의 공공복지실천

1 공공복지실천

(1) 의의 및 특징

① 개인, 집단, 지역사회의 삶의 수준을 개선하고자 노력하는 조직적 · 체계적인 활동으로서, 정부 주도하에 사회복지서비스의 생산 및 전달 등 전문적이고 직접적인 개입활동이다.

② 지역 차원에서 실천주체는 지역사회의 복지집행기관으로서 지방자치단체이다.

③ 전문인력인 사회복지전담공무원이 법적 규정에 의한 사회복지업무를 수행한다.

④ 지역사회 구성원의 욕구를 충족시키고 문제 상황에 대처하도록 하기 위한 전문적인 서비스 제공 및 연계활동을 수행한다.

전문가의 한마디

공공복지(Public Welfare)는 서비스의 공급 및 실천주체가 정부이고, 운영재원은 조세에 의한 정부재정으로 충당됩니다. 또한 서비스의 수급자격은 비교적 엄격히 규정되어 있는 편이며, 일정한 조건에 해당되면 차별 없이 서비스를 받을 수 있습니다.

(2) 사회복지전담공무원의 주요 역할   15회, 16회 [기출]

출제의도 체크

한 지역주민이 최근 건강이 나빠져서 일을 할 수 없게 되어 주민센터(행정복지센터)를 찾았고, 사회복지전담공무원이 그에게 지원 가능한 급여와 서비스 등을 알려주어 해당 서비스를 이용할 수 있도록 해 주었다면, 이는 사회복지전담공무원의 '자원연결자'로서의 역할로 볼 수 있습니다.

▶ 16회 기출

자원연결자	• 잠재적 수급권자 파악 • 자산조사 및 수급권자 욕구조사 • 공공부조 대상자 책정 • 서비스 및 시설입소 의뢰 • 취업정보 제공 및 알선 • 지역사회자원 개발 및 연결
옹호자(대변자)	• 기초생활보장수급자 권익옹호 • 학대피해자의 발견 및 보호 • 지역주민 조직화
교육자	• 보호대상자 자립 및 자녀교육 관련 정보 제공 • 사회복지서비스 관련 정보 제공 • 구직 및 면접기술 훈련 • 일반생활교육(예 건강, 영양지도 등) • 가족생활교육(예 부모역할훈련, 자녀교육 등)
조력자	• 욕구 및 문제의식, 문제해결의 주체의식 증진 • 욕구 및 문제해결의 동기 부여 • 문제해결 환경의 조성
사례관리자	• 요보호 대상자의 일상생활 상태 파악 • 다양한 서비스 제공자의 연결 • 서비스 제공 결과의 확인 • 문제해결의 지속적 점검 및 사후관리 • 동원된 자원의 조정관리
상담가	심리사회적 문제해결을 위한 전문적 개입(개별 · 집단 · 가족 대상 상담)
중재자	• 서비스 제공자 간 의견 조정 • 수혜자 및 서비스 제공자 간 의견 조정
자문가	관련 사례나 프로그램에 관한 전문적 지식 및 정보 제공
연구자/평가자	• 지역사회 욕구조사, 지역사회문제 파악 및 해결방향 모색 • 프로그램 평가
프로그램 개발자	욕구 및 문제해결을 위한 프로그램 기획 및 개발

2 지방자치와 지역사회복지

(1) 우리나라의 지방자치제   19회, 22회 기출

① 우리나라의 지방자치는 1949년 「지방자치법」이 제정되고 1952년 지방의회가 구성되면서 시작되었으나, 정치적 격동기를 거치면서 약 30년 간 중단되었다.

② 지방자치 구현을 위한 노력은 1988년 법의 전면개정으로 구체화되었고, 이를 근거로 1991년 지방의회의원 선거, 1995년 지방자치단체장 선거가 치러지면서 완전한 민선 지방자치시대가 개막되었다.

③ 지방자치는 주민자치와 단체자치를 일컫는 것으로, 지방자치제는 민주주의 사상에 기초를 두며, 지역문제에 대한 자기통치 원리를 담고 있다.

④ 지방자치단체의 장은 선거로 선출하며, 지방자치단체의 행정사무는 주민참여로 이루어진다.

(2) 지방분권이 지역사회복지에 미치는 영향   9회, 12회, 15회, 18회, 19회, 20회, 21회 기출

긍정적 영향	• 복지의 분권화를 통해 효율적인 복지집행체계의 구축이 용이해질 수 있다. • 지방정부의 지역복지에 대한 자율성 및 책임의식을 증대시킬 수 있다. • 지방정부 간 경쟁으로 복지프로그램의 이전 및 확산이 이루어진다. • 지역사회복지에 대한 주민의 주체적 참여기회를 제공하며, 지역주민의 실제적 욕구에 기반을 둔 독자적이고 차별화된 복지정책을 추진할 가능성이 높아진다. • 지방행정부서의 역할을 강화하고 비정부조직(NGO)의 자원을 활용함으로써 분권형 복지사회를 실현할 수 있다.
부정적 영향	• 지방자치단체장의 의지에 따라 복지서비스의 지역 간 불균형이 나타날 수 있다. • 사회복지 행정업무와 재정을 지방에 이양함으로써 중앙정부의 사회적 책임성을 약화시킬 수 있다. • 지방정부가 사회개발정책에 우선을 두는 경우 지방정부의 복지예산이 감소될 수 있다. • 지방정부 간의 재정력 격차로 복지수준의 차이가 나타날 수 있다. • 지방정부 간의 경쟁이 심화되어 지역 이기주의가 나타날 수 있다. • 복지행정의 전국적 통일성을 저해할 수 있다.

(3) 지방분권화에 따른 지역사회복지의 과제   10회 기출

① 공공부문의 서비스를 보완하는 서비스의 개발 및 강화

② 사회복지종사자들의 직무능력 개발 및 책임성 강화

③ 지역사회의 종교 · 시민단체 등과의 상호협조 강화

④ 복지관련 연계망 구축기반 마련

⑤ 공공부문에 대한 견제와 협력의 강화

바로암기 O×

우리나라 지방자치제는 1990년에 처음으로 실시되었다?
( )

해설

1949년 지방자치법 제정에 따라 1952년 지방의회가 구성되면서 시작되었다.

정답 ×

출제의도 체크

지방분권은 주민참여로 권력의 재분배가 이루어진다는 점에서 의의가 있습니다.

▶ 21회 기출

출제의도 체크

지방자치발달은 중앙정부의 사회복지 책임과 권한을 약화시키며, 지방정부 간 복지 수준 불균형을 초래합니다.

▶ 18회 기출

출제의도 체크

보조금을 지원받는 지방정부는 자체재원으로 '매칭펀드(Matching Fund)'라 불리는 재정을 부담하게 되는데, 이는 지방정부의 재정 운영을 어렵게 만들 수 있습니다.

▶ 16회 기출

3 지방재정 이양

(1) 보조금

① 국고보조금 14회 기출

ㄱ 국고보조금은 중앙정부 각 부처가 지방자치단체에 지원하는 재원이다.

ㄴ 국가가 정책상 필요하다고 인정할 때 또는 지방자치단체의 재정 사정상 특히 필요하다고 인정할 때에 예산의 범위에서 지원한다(지방재정법 제23조 제1항 참조).

ㄷ 국고보조금은 대부분 용도가 정해져 있는 특정보조금으로서 범주적 보조금(Categorical Grant)이지만, 보조금을 지원하는 조건 및 사용 용도를 구체적으로 지정하지 않은 포괄보조금(Block Grant)으로도 존재한다.

② 보조금의 용도지정 여부에 따른 분류 12회, 16회 기출

전문가의 한마디

범주적 보조금은 특성상 '특정 보조금(Specific Grant)' 또는 '조건적 보조금(Conditional Grant)'으로도 불립니다.

범주적 보조금 (Categorical Grant)	보조금의 지급 및 사용 목적이 상세히 규정되어 있는 것으로서, 중앙정부가 재정 지출에 대해 실질적인 통제력을 확보하고 있으므로 복지서비스의 전국적 통일성과 평등한 수준을 유지하는 데 적합하다.
포괄보조금 (Block Grant)	보조금의 지급 및 사용 목적이 포괄적으로 규정되어 있는 것으로서, 보조금 사용에 그 총액 및 용도의 범위만을 정하고 구체적인 용도를 제한하지 않으므로 집행상 재량권이 인정된다.
일반보조금 (General Grant)	보조금의 지급 및 사용 목적이 별도로 규정되어 있지 않은 것으로서, 지역 간 재정 격차의 축소와 지방정부의 지출능력 강화를 목적으로 한다.

전문가의 한마디

지방교부세는 「지방교부세법」에 따라 보통교부세, 특별교부세, 부동산교부세, 소방안전교부세로 구분되는데, 그중 보통교부세는 해마다 기준재정수입액이 기준재정수요액에 못 미치는 지방자치단체에 그 미달액을 기초로 교부합니다.

> **참고**
>
> 보조금은 보조금 사용 용도의 제한성 유무, 보조금 교부조건 여부, 정률보조금 규모에 대한 제한 여부 등 다양한 방식으로 분류되며, 그에 따라 그 명칭도 약간씩 다르게 제시됩니다. 참고로 '일반보조금'은 보조금의 사용 용도에 대한 구체적인 제한이 없는 것으로, 대표적으로 지방교부세 중 보통교부세가 이에 해당합니다.

(2) 지방교부세로서 분권교부세 9회, 14회, 15회 기출

① 지방교부세는 「지방교부세법」에 따라 산정한 금액으로서, 국가가 재정적 결함이 있는 지방자치단체에 교부하는 금액을 말한다(지방교부세법 제2조 제1호 참조).

② 2005년 국고보조사업을 이양받은 지방자치단체에 교부하는 재정보전 수단으로 분권교부세를 도입함으로써 지방재정분권을 본격화하였다.

③ 분권교부세는 본래 2005년부터 2009년까지 한시적으로 도입하였다가 2014년까지 연장하였으나, 지방교부세법 개정으로 2015년에 폐지되어 보통교부세로 통합되었다.

전문가의 한마디

'분권교부세'는 국고보조금 이양사업 중 일정수준의 재정수요를 계속적으로 보전할 필요가 있는 사업이나 특정 자치단체의 사업수요로 인하여 재정수요를 보전할 필요가 있는 사업에 대해 구분하여 산정하였습니다.

심화연구실

우리나라 지방자치단체의 사회복지재정 조달체계

구 분		주요 항목
자체재원		지방세, 세외수입
이전재원	지방교부세	보통교부세, 특별교부세, 부동산교부세, 소방안전교부세
	조정교부금	시 · 군조정교부금, 자치구조정교부금
	보조금	국고보조금, 시도비보조금, 국가균형발전특별회계보조금
	수평적 보조금	지역상생발전기금
지방채		직접 · 간접 차입, 국내 · 국외 차입

전문가의 한마디

지역상생발전기금은 지역상생
발전을 도모하기 위해 수도권
시 · 도에서 출연하여 설치 · 운
영하도록 한 것으로 본래 2019
년 12월 31일까지 운영할 예정
이었으나, 「지방자치단체 기금관
리기본법」 개정에 따라 2029년
12월 31일까지 10년간 연장되었
습니다.

02절 지역사회복지 네트워크

1 지역사회보장협의체 5회, 9회, 11회, 13회, 15회 기출

(1) 등장배경 13회, 15회, 19회, 20회, 22회 기출

① 공공 · 민간 분야의 상호연계체계가 미흡하여 서비스의 중복 및 누락이 발생되고 있
다는 지적 하에, 지역사회 보건복지 분야의 민 · 관 대표자들과 실무자들이 참여하는
논의구조를 마련하여 지역주민에게 통합적인 서비스를 제공할 필요성이 제기되었다.

② 지역사회의 공공 · 민간 분야의 네트워크를 강화하고 지역 내 보건복지서비스의 공
급자와 수요자 간 연계 · 협력체계를 구축하기 위한 시도가 펼쳐졌다.

③ 2003년 7월 「사회복지사업법」 개정에 따라 2005년 7월부터 지역사회복지협의체 설
치 · 운영과 함께 지역사회복지계획 수립을 의무화하여 지역복지 활성화의 기틀을
마련하였다.

④ 2014년 12월 「사회보장급여의 이용 · 제공 및 수급권자 발굴에 관한 법률」 제정에
따라 2015년 7월부터 기존 지역사회복지협의체는 '지역사회보장협의체'로, 지역사
회복지계획은 '지역사회보장계획'으로 변경되었다.

⑤ 변경된 제도는 지역사회민관협력 체계의 변화를 담고 있으며, 특히 민 · 관협력 기
구의 구성 · 업무 범위를 보건 · 복지에서 사회보장(고용, 주거, 교육, 문화, 환경 등)
으로 확대하고 있다.

전문가의 한마디

지역사회보장협의체는 지역사회 내 사회보장 관련 서비스 제공기관 간 연계·협력을 강화하기 위한 것으로, 이를 통해 지역사회 공동체 기능 회복과 사회자본 확대를 지향합니다.

출제의도 체크

지역사회보장협의체는 대표협의체, 실무협의체, 실무분과, 읍·면·동 협의체 간 수평적 네트워크를 통해 지역사회보장증진을 위한 단위별 역할을 수행합니다.

▶ 19회 기출

바로암기 ○×

지역사회보장협의체의 대표협의체는 '대표성', '포괄성', '전문성'을 협의체 구성 원칙으로 한다?

( )

해설
'전문성'은 실무협의체의 구성 원칙에 해당한다.

정답 ×

(2) 협의체 구성·운영의 목적

① 첫째, 민·관 협력의 구심점으로서 지역사회보호체계를 구축·운영한다.

② 둘째, 수요자 중심의 통합적 사회보장급여 제공 기반을 마련한다.

③ 셋째, 지역사회 내 사회보장급여 제공기관·법인·단체·시설 간 연계·협력으로 지역복지자원의 효율적 활용체계를 조성한다.

④ 넷째, 민·관 협력을 통해 사각지대 발굴 및 지원 강화를 위한 읍·면·동 단위 주민 네트워크를 조직한다.

(3) 협의체 구성·운영의 원칙(특성)

① **지역성**

지역주민의 복지욕구, 복지자원 총량 등을 고려, 사회보장급여가 필요한 지원대상자에 대한 현장밀착형 서비스 제공기반을 마련한다.

② **참여성**

협의체의 원활한 기능 수행을 위해 공공과 민간의 적극적·자발적 참여가 필요하다.

③ **협력성** 19회 기출

협의체는 네트워크형 조직 구조를 통해 당면한 지역사회 복지문제 등의 현안을 해결하는 민·관 협력기구이다.

④ **통합성**

지역사회 내 복지자원 발굴 및 유기적인 연계와 협력을 통하여 수요자의 다양하고 복잡한 욕구에 부응하는 서비스를 통합적으로 제공한다.

⑤ **연대성**

자체적으로 해결이 곤란한 복지문제는 지역주민 간 연대를 형성하거나 인근 지역과 연계·협력을 통하여 복지자원을 공유함으로써 해결한다.

⑥ **예방성**

지역주민의 복합적인 복지문제를 조기에 발견하여 예방할 수 있도록 노력한다.

(4) 협의체 구성의 원칙 21회 기출

대표협의체	• 대표성 : 공공과 민간을 포함한 해당 시·군·구의 지역사회보장 이해관계자를 대표할 수 있도록 구성한다. • 포괄성 : 해당 시·군·구의 지역사회보장 영역 및 연계 분야의 이해관계자를 포괄할 수 있도록 구성한다. • 민주성 : 민주적인 절차와 방법에 의해 임명하거나 위촉한다.
실무협의체	• 포괄성 : 해당 시·군·구의 지역사회보장 주체를 모두 포함할 수 있도록 구성한다. • 전문성 : 해당 시·군·구의 지역사회보장 영역 업무에 종사하고 있는 실무자(현장전문가) 중심으로 구성한다.

(5) 협의체의 기능

협 치 (Governance)	지역사회보장계획의 수립 · 과정(이행) · 평가 등 지역사회보장의 주요 사항에 대하여 민간과 공공이 협력하여 정책적 심의 · 자문한다.
연 계 (Network)	사회보장과 관련된 서비스를 제공하는 관계 기관 · 법인 · 단체 · 시설 간 연계 · 협력을 강화한다.
통 합 (Integrate)	협의체 내 각 분과 간 통합 및 조정 역할을 수행하고 지역주민의 욕구를 반영한 통합적 서비스 제공체계를 지원한다. 또한 통합서비스 제공을 위해 기존의 보건복지뿐만 아니라 고용 · 주거 · 교육 · 문화 · 환경 등 다양한 영역과 연계한다.

(6) 협의체의 주요 역할 16회, 17회, 20회 기출

대표협의체를 비롯하여 내부기구로서 실무협의체, 실무분과, 읍 · 면 · 동 단위 지역사회보장협의체는 다음의 안건들을 심의 · 자문한다.

대표협의체	• 시 · 군 · 구 지역사회보장계획 수립 · 시행 및 평가에 관한 사항 • 시 · 군 · 구 지역사회보장조사 및 지역사회보장지표에 관한 사항 • 시 · 군 · 구 사회보장급여 제공에 관한 사항 • 시 · 군 · 구 사회보장 추진에 관한 사항 • 읍 · 면 · 동 단위 지역사회보장협의체의 구성 및 운영에 관한 사항 • 그 밖에 위원장이 필요하다고 인정하는 사항
실무협의체	• 대표협의체 심의 안건에 대한 사전 논의 및 검토 • 시 · 군 · 구 사회보장관련 시책 개발 협의 및 제안서 마련 • 실무분과 및 읍 · 면 · 동 지역사회보장협의체 현안 과제에 대한 검토 • 실무분과 공동 사업 검토 • 실무분과 간의 역할, 조정에 대한 수행
실무분과	• 분과별 자체사업 계획 · 시행 · 평가 • 지역사회보장(분야별)과 관련된 현안 논의 및 안건 도출 • 지역사회보장계획 시행과정(연차별 시행계획) 모니터링
읍 · 면 · 동 단위 지역사회보장협의체	• 관할 지역의 지역사회보장 대상자 발굴 업무 지원 • 사회보장 자원 발굴 및 연계 업무 지원 • 지역사회보호체계 구축 및 운영 업무 지원 • 그 밖에 관할 지역 주민의 사회보장 증진을 위하여 필요한 업무 지원

출제의도 체크

'지역사회보장지표'는 지역사회보장의 목표를 점검할 수 있는 지표로서, 대표협의체가 설정하고 실무협의체에서 모니터링을 합니다.

▶ 17회 기출

출제의도 체크

시 · 군 · 구의 사회보장급여 제공에 관한 사항을 심의 · 자문하는 주체는 '실무협의체'가 아닌 '대표협의체'입니다.

▶ 16회 기출

(7) 지역사회보장계획의 수립

① 지역사회보장계획 수립의 기본 절차 17회 기출

계획준비	지역사회보장계획 수립을 위한 기획, 예산 확보 및 활용계획 등을 총괄하여 계획 수립을 준비한다.
지역분석	지역사회보장조사를 실시하여 지역주민의 사회보장 욕구와 활용 가능한 자원을 파악한다.
계획 작성	지역사회보장계획의 추진 전략(비전) 및 목표를 결정하고, 세부사업의 선정 및 중기별·연차별 계획을 수립하며, 행정·재정계획을 수립함으로써 지역사회보장계획안을 마련한다.
의견수렴	지역사회보장계획의 지역성과 정당성을 확보하기 위해 지역주민의 의견을 수렴한다.
계획 확정	지역사회보장협의체(시·군·구), 사회보장위원회(시·도)에서 지역사회보장계획을 심의하고 계획안을 확정하는 과정을 거친다.
제 출	심의를 거쳐 확정된 지역사회보장계획을 지방의회에 보고함으로써 향후 계획의 내용과 예산 편성의 연계성을 제고한다.
권고·조정 사항 반영	시·도지사 또는 보건복지부장관이 제시한 권고·조정 사항이 있는 경우 이를 논의하여 지역사회보장계획에 반영하고 계획안을 수정하여 이를 확정한다.

② 시·군·구 지역사회보장계획 및 시·도 지역사회보장계획의 수립 10회, 22회 기출

시·군·구 지역사회보장계획	• 제1단계 : 시장·군수·구청장은 지역주민 등 이해관계인의 의견을 들어 지역의 복지욕구 및 복지자원을 조사한다. • 제2단계 : 시·군·구 지역사회보장계획안을 마련한다. • 제3단계 : 지역사회보장협의체의 심의를 받는다. • 제4단계 : 시·군·구 의회에 보고한다. • 제5단계 : 시·도지사에게 제출한다.
시·도 지역사회보장계획	• 제1단계 : 시·도지사는 제출받은 시·군·구 지역사회보장계획을 종합·조정한다. • 제2단계 : 시·군·구 지역사회보장계획을 지원하는 내용 등을 포함한 시·도 지역사회보장계획안을 마련한다. • 제3단계 : 시·도 사회보장위원회의 심의를 받는다. • 제4단계 : 시·도 의회에 보고한다. • 제5단계 : 보건복지부장관에게 제출한다. • 제6단계 : 보건복지부장관은 제출된 계획을 사회보장위원회에 보고한다.

2 사회복지협의회

(1) 의의 및 특징 9회, 14회, 17회, 18회, 19회 기출

① 지역사회복지에 관심을 가진 민간단체 또는 개인의 연합체로서, 지역사회의 복지욕구를 효과적으로 달성하기 위한 상호협력 및 조정단체이자, 사회복지시설 및 기관 중심의 지역사회복지 증진을 위한 법정단체이다.

② 사회복지기관이나 시설 간의 상호연계 및 협력을 통해 민간복지의 역량을 강화하는 중간 조직으로서의 성격을 가진다.

③ 구호활동을 하던 민간사회사업기관들의 자주적인 모임에서 비롯된 것으로, 민간과 공공기관이 상호 협의하는 기구인 지역사회보장협의체와 차이가 있다.

④ 「사회복지사업법」에 설립 근거를 두고 있으며, 전국 단위의 한국사회복지협의회(중앙협의회), 시·도 단위의 시·도 사회복지협의회, 시·군·구 단위의 시·군·구 사회복지협의회를 2025년 1월부터 의무적으로 설치하도록 하고 있다.

⑤ 한국사회복지협의회는 「공공기관의 운영에 관한 법률」에 따라 '기타 공공기관'으로 지정되었다.

⑥ 지역사회복지실천 기관 중 간접 서비스 기관으로서, 원칙적으로 지역주민에게 직접 서비스를 제공하지는 않는다.

> **전문가의한마디**
>
> 시·군·구 사회복지협의회의 설치에 관한 규정은 본래 임의규정으로 되어 있었으나, 2024년 1월 2일 사회복지사업법 개정에 따라 2025년 1월 3일부로 의무적으로 설치하도록 변경되었습니다.

(2) 협의회의 주요 원칙 2회, 8회 기출

① 주민욕구 중심의 원칙(주민욕구 기본의 원칙)

지역주민의 생활실태와 복지욕구를 파악하기 위해 노력하며, 그 욕구를 충족시키기 위한 활동을 수행한다.

② 주민참여의 원칙(주민활동 주체의 원칙)

지역주민이 복지활동에 주체적으로 참여할 수 있도록 사회복지에 대한 관심을 높이며, 이를 위해 개방된 조직구조와 민주적인 과정을 통해 합의를 형성해 나간다.

③ 전문성의 원칙

지역사회복지의 추진조직으로서 지역사회보장계획의 수립, 평가, 조직화, 조사 및 교육, 홍보 등과 관련하여 전문성을 발휘하는 활동을 수행한다.

④ 민간비영리성의 원칙

민간단체로서의 특성을 살려서 지역문제의 해결, 클라이언트의 옹호활동, 지역주민의 복지욕구에 적극적으로 대응한다.

⑤ 민관협력의 원칙(공사협동의 원칙)

민·관 사회복지 관련 조직, 지역주민들과의 협력과 역할분담을 통해 지역사회복지를 계획적이고 종합적으로 수행한다.

⑥ 지역 특성 존중의 원칙

협의회의 조직 및 구조를 지역사정에 따라 결정하며, 지역적 특성에 적절한 사업 내용 및 방법을 구사한다.

> **전문가의한마디**
>
> 사회복지협의회의 민관협력의 원칙은 사회복지협의회가 민간복지의 협의조정기관으로서 공공부문과의 협력을 추구한다는 의미이지, 지역사회보장협의체와 같이 민간과 공공기관으로 이루어진 상호 협의기구라는 의미는 아닙니다.

(3) 협의회의 주요 기능

① 지역사회복지활동 기능

지역사회 전체가 가지고 있는 복지욕구를 찾아내어 이를 해결하기 위한 방안을 강구하며, 계획을 세워 실천함으로써 지역사회복지를 증진시킨다.

② 연락 · 조정 · 협의 기능

지역사회의 다양한 복지기관 및 단체들 간의 상호 연계 · 협력을 통해 민간복지역량을 강화하는 동시에 중복적으로 진행되는 사업을 조정함으로써 민간자원의 효율적인 활용을 도모한다.

③ 지원 · 유지 기능

위의 기능들을 잘 수행할 수 있도록 조사 · 연구, 정책 개발 및 제안, 교육 · 훈련, 정보제공, 출판 및 홍보, 자원 조성 및 배분, 국제교류의 전개 등 지원 · 유지 기능을 수행한다.

(4) 한국사회복지협의회의 업무(사회복지사업법 제33조 및 시행령 제12조)

3회, 4회, 6회, 11회, 20회 기출

① 사회복지에 관한 조사 · 연구 및 정책 건의
② 사회복지 관련 기관 · 단체 간의 연계 · 협력 · 조정
③ 사회복지 소외계층 발굴 및 민간사회복지자원과의 연계 · 협력
④ 사회복지에 관한 교육훈련
⑤ 사회복지에 관한 자료수집 및 간행물 발간
⑥ 사회복지에 관한 계몽 및 홍보
⑦ 자원봉사활동의 진흥
⑧ 사회복지사업에 관한 기부문화의 조성
⑨ 사회복지사업에 종사하는 사람의 교육훈련과 복지증진
⑩ 사회복지에 관한 학술 도입과 국제사회복지단체와의 교류
⑪ 그 밖에 보건복지부장관이 위탁하는 사회복지에 관한 업무

심화연구실

한국사회복지사협회의 업무(사회복지사업법 시행령 제22조) 6회, 11회 기출
• 사회복지사에 대한 전문지식 및 기술의 개발 · 보급
• 사회복지사의 전문성 향상을 위한 교육훈련
• 사회복지사제도에 대한 조사연구 · 학술대회개최 및 홍보 · 출판사업
• 국제사회복지사단체와의 교류 · 협력
• 보건복지부장관이 위탁하는 사회복지사업에 관한 업무
• 기타 협회의 목적달성에 필요한 사항

전문가의 한마디

지역사회보장협의체나 사회복지협의회는 지역사회복지 관련 주체들 간 상호 연계 · 협력을 강조한다는 점에서 공통적이며, 이는 특히 지역사회복지실천기술 중 연계(네트워크)와 관련이 있습니다.

전문가의 한마디

국제사회복지단체와의 교류는 '한국사회복지협의회', 국제사회복지사단체와의 교류는 '한국사회복지사협회'의 업무에 해당합니다.

03절 지역사회복지실천의 추진체계

1 지역사회복지관

(1) 의의 및 특징 15회, 19회 기출

① '사회복지관'이란 지역사회를 기반으로 일정한 시설과 전문 인력을 갖추고 지역주민의 참여와 협력을 통하여 지역사회복지문제를 예방하고 해결하기 위하여 종합적인 복지서비스를 제공하는 시설을 말한다.

② 사회복지서비스 욕구를 가지고 있는 모든 지역주민들을 대상으로 보호서비스, 재가복지서비스, 자립능력 배양을 위한 교육훈련 등 그들이 필요로 하는 복지서비스를 제공하고, 가족기능 강화 및 주민상호 간 연대감 조성을 통한 각종 지역사회문제를 예방·치료하는 종합적인 복지서비스 전달기구로서 지역사회 주민의 복지증진을 위한 중심적 역할을 수행한다.

③ 사회복지관의 설치 및 운영과 관련된 사항들은 사회복지사업법령에 근거한다.

(2) 사회복지관 운영의 기본원칙 2회, 5회, 6회, 9회, 11회, 14회 기출

① **지역성의 원칙**

사회복지관은 지역사회의 특성과 지역주민의 문제나 욕구를 신속하게 파악하여 지역사회의 문제를 해결하기 위한 사업 계획을 수립하고 이에 따른 서비스를 제공하여야 하며, 지역주민의 적극적 참여를 유도하여 주민의 능동적 역할과 책임의식을 조성하여야 한다.

② **전문성의 원칙**

사회복지관은 다양한 지역사회문제에 대처하기 위해 일반적 프로그램과 특정한 문제를 해결할 수 있는 전문적 프로그램이 병행될 수 있도록 지식과 기술을 보유한 전문인력이 사업을 수행하도록 하고, 이들 인력에 대한 지속적인 재교육 등을 통해 전문성을 증진토록 하여야 한다.

③ **책임성의 원칙**

사회복지관은 서비스 이용자의 욕구를 충족하고 지역사회문제를 해결함에 있어서 효과성을 극대화하기 위하여 최선의 노력을 기울여야 한다.

④ **자율성의 원칙**

사회복지관은 다양한 복지서비스를 효율적으로 제공하기 위하여 사회복지관의 능력과 전문성이 최대한 발휘될 수 있도록 자율적으로 운영하여야 한다.

출제의도 체크

사회복지관은 지방자치단체, 사회복지법인 및 기타 비영리법인이 설치·운영할 수 있습니다.

▶ 19회 기출

바로암기 ○×

사회복지관은 지역성, 전문성, 책임성의 원칙 등에 따라 운영되어야 한다?

( )

정답 ○

출제의도 체크

사회복지관은 효율적인 서비스 제공을 위하여 자율성의 원칙에 따라 운영되어야 합니다.

▶ 11회 기출

⑤ 통합성의 원칙

사회복지관은 사업을 수행함에 있어 지역 내 공공 및 민간 복지기관 간에 연계성과 통합성을 강화시켜 지역사회복지 체계를 효율적이고 효과적으로 운영되도록 하여야 한다.

⑥ 자원활용의 원칙

사회복지관은 주민욕구의 다양성에 따라 다양한 기능인력과 재원을 필요로 하므로 지역사회 내의 복지자원을 최대한 동원·활용하여야 한다.

⑦ 중립성의 원칙

사회복지관은 정치활동, 영리활동, 특정 종교활동 등에 이용되지 않게 중립성이 유지되어야 한다.

⑧ 투명성의 원칙

사회복지관은 자원을 효율적으로 이용하고 운영과정의 투명성을 유지하여야 한다.

(3) 사회복지관 사업의 내용 3회, 4회, 5회, 6회, 7회, 10회, 12회, 17회, 20회, 21회, 22회 기출

① 서비스제공 기능

가족기능강화	• 가족관계증진사업 : 가족원 간의 의사소통을 원활히 하고 각자의 역할을 수행함으로써 이상적인 가족관계를 유지함과 동시에 가족의 능력을 개발·강화하는 사업 • 가족기능보완사업 : 사회구조 변화로 부족한 가족기능, 특히 부모의 역할을 보완하기 위하여 주로 아동·청소년을 대상으로 실시되는 사업 • 가정문제해결·치료사업 : 문제가 발생한 가족에 대한 진단·치료·사회복귀 지원사업 • 부양가족지원사업 : 보호대상 가족을 돌보는 가족원의 부양부담을 줄여주고 관련 정보를 공유하는 등 부양가족 대상 지원사업 • 다문화가정, 북한이탈주민 등 지역 내 이용자 특성을 반영한 사업
지역사회보호	• 급식서비스 : 지역사회에 거주하는 요보호 노인이나 결식아동 등을 위한 식사제공 서비스 • 보건의료서비스 : 노인, 장애인, 저소득층 등 재가복지사업대상자들을 위한 보건·의료관련 서비스 • 경제적 지원 : 경제적으로 어려운 지역사회 주민들을 대상으로 생활에 필요한 현금 및 물품 등을 지원하는 사업 • 일상생활 지원 : 독립적인 생활능력이 떨어지는 요보호 대상자들이 시설이 아닌 지역사회에 거주하기 위해서 필요한 기초적인 일상생활 지원서비스 • 정서서비스 : 지역사회에 거주하는 독거노인이나 소년·소녀가장 등 부양가족이 없는 요보호 대상자들을 위한 비물질적인 지원 서비스 • 일시보호서비스 : 독립적인 생활이 불가능한 노인이나 장애인 또는 일시적인 보호가 필요한 실직자·노숙자 등을 위한 보호서비스 • 재가복지봉사서비스 : 가정에서 보호를 요하는 장애인, 노인, 소년·소녀가정, 한부모가족 등 가족기능이 취약한 저소득 소외계층과 국가유공자, 지역사회 내에서 재가복지봉사서비스를 원하는 사람에게 다양한 서비스 제공

출제의도 체크

장애인 일상생활 지원을 위한 서비스 제공, 독거노인을 위한 도시락 배달 등은 사회복지관의 서비스제공 기능 중 '지역사회보호' 분야에 해당합니다.

▶ 21회 기출

교육문화	• 아동 · 청소년 사회교육 : 주거환경이 열악하여 가정에서 학습하기 곤란하거나 경제적 이유 등으로 학원 등 다른 기관의 활용이 어려운 아동 · 청소년에게 필요한 경우 학습 내용 등에 대하여 지도하거나 각종 기능 교육 • 성인기능교실 : 기능습득을 목적으로 하는 성인사회교육사업 • 노인 여가 · 문화 : 노인을 대상으로 제공되는 각종 사회교육 및 취미교실운영사업 • 문화복지사업 : 일반주민을 위한 여가 · 오락프로그램, 문화 소외집단을 위한 문화프로그램, 그 밖에 각종 지역문화행사사업
자활지원 등 기타	• 직업기능훈련 : 저소득층의 자립능력배양과 가계소득에 기여할 수 있는 기능훈련을 실시하여 창업 또는 취업을 지원하는 사업 • 취업알선 : 직업훈련 이수자 기타 취업희망자들을 대상으로 취업에 관한 정보제공 및 알선사업 • 직업능력개발 : 근로의욕 및 동기가 낮은 주민의 취업욕구 증대와 재취업을 위한 심리 · 사회적인 지원프로그램 실시사업 • 그 밖의 특화사업

② 사례관리 기능

사례발굴	지역 내 보호가 필요한 대상자 및 위기 개입대상자를 발굴하여 개입계획 수립
사례개입	지역 내 보호가 필요한 대상자 및 위기 개입대상자의 문제와 욕구에 대한 맞춤형 서비스가 제공될 수 있도록 사례개입
서비스연계	사례개입에 필요한 지역 내 민간 및 공공의 가용자원과 서비스에 대한 정보 제공 및 연계, 의뢰

③ 지역조직화 기능

복지네트워크 구축	지역 내 복지기관 · 시설들과 네트워크를 구축함으로써 복지서비스 공급의 효율성을 제고하고, 사회복지관이 지역복지의 중심으로서의 역할을 강화하는 사업 예 지역사회연계사업, 지역욕구조사, 실습지도 등
주민조직화	주민이 지역사회 문제에 스스로 참여하고 공동체 의식을 갖도록 주민 조직의 육성을 지원하고, 이러한 주민협력 강화에 필요한 주민의식을 높이기 위한 교육을 실시하는 사업 예 주민복지증진사업, 주민조직화 사업, 주민교육 등
자원 개발 및 관리	지역주민의 다양한 욕구 충족 및 문제해결을 위해 필요한 인력, 재원 등을 발굴하여 연계 및 지원하는 사업 예 자원봉사자 개발 · 관리, 후원자 개발 · 관리

바로암기 ○×

'사례관리'는 사회복지관 사업 내용 중 서비스제공 기능에 해당한다? ( )

해설
사례관리는 별도의 기능으로 분류된다.
정답 ×

출제의도 체크

독거노인의 생활을 지원하기 위해 주민봉사단을 조직하여 정기적인 가정방문을 실시하는 것은 사회복지관의 지역조직화 기능 중 '주민조직화', 아동의 자립생활을 지원하기 위해 후원자를 개발하는 것은 사회복지관의 지역조직화 기능 중 '자원 개발 및 관리' 분야에 해당합니다.

▶ 17회, 21회 기출

2 공동모금

(1) 개 념

① 지역주민의 욕구를 충족시키기 위해 가장 효과적인 기부금을 통한 민간사회복지의 재원을 조성한다.

② 민간사회복지기관의 재정운용에 안정성을 부여함으로써 사회복지서비스 프로그램의 전문화 및 질적 수준을 제고시킨다.

③ 지역주민들로 하여금 지역사회복지 증진에 참여할 수 있는 기회를 제공한다.

④ 무분별한 자선사업의 난립으로 인해 생겨난 공동모금에 대한 불신을 불식시키고, 신뢰할 수 있는 민간모금단체를 등장시키는 데 주안점을 둔다.

⑤ 전 국민을 상대로 다양한 홍보전략과 모금활동을 벌이는 가운데 사회복지에 대한 국민의 인식을 개선한다.

(2) 특 성

① 봉사활동으로서 순수민간재원을 기초로 한 민간운동의 특성을 띤다.

② 기본적으로 지역사회를 중심기반으로 한다.

③ 기부금 모집에 있어서 효율성과 일원화를 추구한다.

④ 기부금 모집에 동원되는 시간 · 경비 등을 절약할 수 있다.

⑤ 기부금의 모집 및 관리, 배분의 내용을 공표함으로써 기부자로 하여금 필요금액에 대한 이해와 협조를 구한다.

⑥ 지역 단위를 뛰어넘어 전국적인 협조를 도모한다.

(3) 형 식

① 모금방법 14회 기출

개별형	개인이나 가정의 헌금을 통해 모금하는 형태
기업중심형	회사, 공장 및 사업체 등과 그 근로자를 대상으로 모금하는 형태
단체형	재단, 협회 등의 단체를 대상으로 모금하는 형태
특별사업형	특별한 프로그램이나 사업(Special Events)을 통해 모금하는 형태 예 시민 걷기대회, 자선골프대회, 카드 발매 등

② 모금기간 13회 기출

| 연말집중모금 | 보통 연말연시 2개월 동안 방송, 신문, ARS, 은행지로, 사랑의 열매 등을 통해 집중모금 실시 |
| 연중모금 | 기간을 정하지 않고 연중 계속해서 모금을 하는 방식으로, 기업모금, 직장모금, 인터넷모금, 그 밖의 기획모금 등 다양한 방법으로 실시 |

③ 배분방법(배분형태)

기관배분형	사회복지시설이나 기관을 대상으로 모금액을 배분하는 방법
문제 및 프로그램 배분형	지역사회 보건 및 사회문제 해결을 위해 배분하거나 이를 위한 구체적인 프로그램을 위해 배분하는 방법
지역배분형	복지혜택에서 낙후된 지역을 중심으로 배분하는 방법

(4) 장단점

| 장 점 | • 개별모금보다 기금을 많이 모을 수 있으며, 사회복지사업에 많은 사람을 참여시킨다.
• 사회복지기관의 모금활동과 관련된 경비가 절약된다.
• 기관의 노력과 시간의 낭비가 적어 기관이 사업계획에 전념할 수 있다.
• 기부자의 지속적인 관심을 유도한다.
• 기부자에게 지역사회에 대한 책임감과 신뢰감을 갖도록 한다.
• 적절한 예산과 결산이 이루어지도록 함으로써 사회복지사업계획의 효율을 높인다.
• 광범위한 선전활동을 통해 사회복지에 대한 지식과 관심을 널리 보급한다.
• 합동의 계획과 기준을 마련하며 전반적인 활동의 개선 기회를 제공한다. |
| 단 점 | • 권력의 집중화에 따라 개별기관의 자주성이 상실된다.
• 금전에 치우친 관심으로 변질될 우려가 있다.
• 기부자의 자율적인 선택의 기회에 제한이 있다.
• 기부자를 적대시하지 못함으로써 사회복지의 현상유지를 위한 방어자가 되고, 사회행동을 주저할 우려가 있다.
• 모금 실패 시 가입기관 전체에 타격을 미친다. |

(5) 사회복지공동모금회

① 의 의 11회 기출

지역사회의 재원을 동원하고 배분하는 전문기관으로서, 민간자원의 동원을 통해 사회복지의 향상에 기여한다. 특히 공공사회복지부문의 제한되고 유연하지 못한 서비스 공급기능을 보완하며, 민간부문의 자원개발과 서비스 공급의 확대, 사회복지 프로그램의 전문성 제고에 기여한다.

바로암기 ○×

에너지 빈곤층을 위해 정유회사에서 유류를 기부하는 것도 모금활동으로 볼 수 있다?
( )

정답 ○

전문가의 한마디

아너 소사이어티(Honor Society)는 1억 원 이상 개인 고액 기부자 모임으로, 사회복지공동모금회가 미국 공동모금회(UWA)의 '토크빌 소사이어티(Tocqueville Society)'를 본받아 설립하였습니다.

바로암기 ○×

사회복지공동모금회의 신청사업은 '프로그램사업'과 '긴급지원사업'으로 나누어 공모형태로 진행된다?

( )

해설

모금회의 신청사업은 '프로그램사업'과 '기능보강사업'으로 구분된다.

정답 ×

② 특성 13회, 19회 기출

㉠ 「사회복지공동모금회법」을 설립근거로 하는 민간운동적 특성의 법정기부금 모금단체로, 현재는 공익법인 중 전문모금기관으로 분류된다.

㉡ 조직은 중앙과 지방의 독립법인형식에서 1999년 3월 「사회복지공동모금법」의 「사회복지공동모금회법」으로의 개정을 통해 시·도별 지회형식으로 변경되었다.

㉢ 전체 모금액 중 법인모금액이 차지하는 비중이 개인모금액보다 크다.

㉣ 노블레스 오블리주 실천을 위한 아너 소사이어티(Honor Society)를 운영하고 있다.

③ 배분사업의 종류 10회, 17회 기출

신청사업	사회복지 증진을 위하여 자유주제 공모형태로 복지사업을 신청 받아 배분하는 사업(프로그램사업과 기능보강사업으로 구분)
기획사업	모금회가 그 주제를 정하여 배분하는 사업 또는 배분대상자로부터 제안 받은 내용 중에서 선정하여 배분하는 시범적이고 전문적인 사업
긴급지원사업	재난재해지원, 개인긴급지원 등 긴급히 지원해야 할 필요가 있는 경우에 배분하는 사업
지정기탁사업	사회복지 증진을 위하여 기부자가 기부금품의 배분지역·배분대상자 또는 사용용도를 지정한 경우 그 지정취지에 따라 배분하는 사업

④ 심사과정 2회 기출

예비심사 → 서류심사 → 면접심사 → 현장심사

(6) 사회복지공동모금회법

① 주요 내용 10회, 14회, 17회, 20회, 22회 기출

㉠ 사회복지공동모금회(이하 "모금회"라 한다)는 「사회복지사업법」에 따른 사회복지법인으로 한다. 모금회는 정관을 작성하여 보건복지부장관의 인가를 받아 등기함으로써 설립된다(법 제4조 제2항 및 제3항).

㉡ 모금회에는 회장 1명, 부회장 3명, 이사(회장·부회장 및 사무총장을 포함) 15명 이상 20명 이하, 감사 2명의 임원을 둔다. 임원의 임기는 3년으로 하며, 한 차례만 연임할 수 있다(법 제7조 제1항 및 제2항).

㉢ 모금회의 기획·홍보·모금·배분 업무에 관한 사항을 심의하기 위하여 해당 분야의 전문가와 시민대표 등으로 구성되는 기획분과실행위원회, 홍보분과실행위원회, 모금분과실행위원회 및 배분분과실행위원회 등 분과실행위원회를 둔다(법 제13조 제1항).

㉣ 사회복지공동모금에 의한 기부금품, 법인이나 단체가 출연하는 현금·물품 또는 그 밖의 재산, 「복권 및 복권기금법」에 따라 배분받은 복권수익금, 그 밖의 수입금을 재원으로 조성한다(법 제17조).

출제의도 체크

사회복지공동모금회의 복권 발행에 대한 승인권자는 '기획재정부장관'이 아닌 '보건복지부장관'입니다.

▶ 20회 기출

ⓜ 모금회는 보건복지부장관의 승인을 받아 복권을 발행할 수 있다(법 제18조의2 참조).

ⓗ 모금회는 기부금품의 접수를 효율적이고 공정하게 하기 위하여 언론기관을 모금창 구로 지정하고, 지정된 언론기관의 명의로 모금계좌를 개설할 수 있다(법 제19조).

ⓢ 기부금품의 기부자는 배분지역, 배분대상자 또는 사용 용도를 지정할 수 있다(법 제27조 제1항).

ⓞ 모금회의 회계연도는 1월 1일부터 12월 31일까지로 한다(법 제28조).

ⓩ 모금회가 아닌 자는 사회복지공동모금 또는 이와 유사한 명칭을 사용하지 못한 다(법 제29조).

② **공동모금재원 배분기준에 포함되어야 하는 사항(법 제20조 제1항)** 18회 기출

ⓖ 공동모금재원의 배분대상

ⓛ 배분한도액

ⓒ 배분신청기간 및 배분신청서 제출 장소

ⓔ 배분심사기준

ⓜ 배분재원의 과부족 시 조정방법

ⓗ 배분신청 시 제출할 서류

ⓢ 그 밖에 공동모금재원의 배분에 필요한 사항

---

3 자원봉사

(1) 개 념

사회문제의 예방 및 해결 또는 국가의 공익사업을 수행하고 있는 공사조직에 자발적으 로 참여하여 영리적인 반대급부를 받지 않고서도 인간의 존엄성과 민주주의 원칙에 입 각하여 타인들에게 필요한 서비스를 제공함으로써 사회의 공동선을 고양시킴과 동시 에 이타심의 구현을 통해 자기실현을 성취하는 활동을 말한다.

(2) 자원봉사활동기본법상 자원봉사활동의 기본원칙(자원봉사활동기본법 제2조 제2호)

6회, 10회, 16회 기출

① 무보수성　　　　② 자발성

③ 공익성　　　　　④ 비영리성

⑤ 비정파성(非政派性)　⑥ 비종파성(非宗派性)

(3) 자원봉사센터

① 의 의

자원봉사활동의 개발 · 장려 · 연계 · 협력 등의 사업을 수행하기 위하여 법령과 조례 등에 따라 설치된 기관 · 법인 · 단체 등으로서, 지역사회의 다양한 욕구와 문제들을 해결하고자 하는 지역주민과 단체들을 지지하는 역할을 수행한다.

② 주요 목적 12회 기출

- ㉠ 지역사회의 문제를 해결하기 위해 다양한 자원봉사자들의 참여를 촉진하고 개발 · 육성한다.
- ㉡ 자원봉사자를 필요로 하는 기관과 단체들의 자원봉사자 수급 및 관리를 지원하여 효과적인 자원봉사활동이 이루어지도록 지원한다.
- ㉢ 지역사회 자원의 조직화와 소통 · 조정 · 연계를 통해 지역사회의 문제해결을 돕는다.
- ㉣ 지역사회 내에서 자원봉사에 대한 인식을 증진시키고 자원봉사자의 위상을 제고하여 활동을 진흥시킨다.

출제의도 체크

자원봉사활동에 드는 비용을 모금하는 것은 자원봉사센터의 목적이 될 수 없습니다.

▶ 12회 기출

③ 유 형

공급자 중심	민간단체의 민간형태 비사회사업적 영역에서 기관 본연의 목적을 수행하기 위해 자원봉사를 활용한다. 예 교육기관, 기업, 종교사회봉사 등
수요자 중심	사회사업적 목적을 수행하기 위해 자원봉사자를 직접 활용한다. 예 사회복지 관련 시설, 병원의료사회사업실, 시민단체, 환경단체 등
조정자 중심	자원봉사의 수요와 공급을 적절히 조정하고, 자원봉사센터 간 효율적인 연계 역할을 수행한다. 예 보건복지부, 행정안전부, 여성가족부, 문화체육관광부 등 공공 형태의 중앙정부 관할 자원봉사센터 등

(4) 자원봉사활동기본법

① 주요 내용 10회, 11회, 14회, 21회 기출

- ㉠ '자원봉사활동'이란 개인 또는 단체가 지역사회 · 국가 및 인류사회를 위하여 대가 없이 자발적으로 시간과 노력을 제공하는 행위를 말한다(법 제3조 제1호).
- ㉡ 국가와 지방자치단체는 자원봉사활동의 진흥에 관한 시책을 마련하여 국민의 자원봉사활동을 권장하고 지원하여야 한다(법 제4조).
- ㉢ 국가기관 및 지방자치단체는 자원봉사센터를 설치할 수 있다. 이 경우 자원봉사센터를 법인으로 하여 운영하거나 비영리 법인에 위탁하여 운영하여야 한다(법 제19조 제1항).

전문가의 한마디

자원봉사센터는 직영체제와 민간위탁체제로 운영됩니다. 그 중 직영체제는 '완전직영형'과 '혼합직영형'이 있는데, 완전직영형의 경우 지자체 내에 자원봉사계나 전담부서가 센터의 기능을 하고 직원들도 공무원으로 구성되는 반면, 혼합직영형은 지자체장이 센터의 대표로 예산지원과 지도감독의 권한을 행사하나 직원은 민간 전문가들로 구성됩니다.

ⓔ 국가는 자원봉사센터의 설치·운영이 활성화될 수 있도록 적극 노력하여야 하며, 지방자치단체는 자원봉사센터의 운영에 필요한 경비를 지원할 수 있다(법 제19조 제3항).

ⓜ 국가 및 지방자치단체로부터 지원을 받는 자원봉사단체 및 자원봉사센터는 그 명의 또는 그 대표의 명의로 특정 정당이나 특정인의 선거운동을 하여서는 아니된다(법 제5조 제1항).

ⓗ 국가와 지방자치단체는 자원봉사활동의 진흥을 위하여 자원봉사단체 및 자원봉사센터가 대통령령으로 정하는 특정한 사업을 수행하기 위하여 국유·공유 재산이 필요하다고 인정하면 이를 무상으로 대여하거나 사용하게 할 수 있다(법 제16조).

ⓢ 행정안전부장관은 관계 중앙행정기관의 장과 협의하여 자원봉사활동의 진흥을 위한 국가기본계획을 5년마다 수립하여야 한다(법 제9조 제1항).

ⓞ 국가는 국민의 자원봉사활동에 대한 참여를 촉진하고 자원봉사자의 사기를 높이기 위하여 매년 12월 5일을 자원봉사자의 날로 하고 자원봉사자의 날부터 1주일간을 자원봉사주간으로 설정한다(법 제13조 제1항).

② **자원봉사진흥위원회(법 제8조 참조)** 8회 기출

ⓐ 자원봉사활동에 관한 주요 정책을 심의하기 위하여 행정안전부장관 소속으로 관계 공무원 및 민간 전문가로 구성된 자원봉사진흥위원회를 둔다.

ⓑ 자원봉사진흥위원회는 다음의 사항을 심의한다.

> • 자원봉사활동의 진흥을 위한 정책 방향의 설정 및 협력·조정
> • 자원봉사활동의 진흥을 위한 국가기본계획과 연도별 시행계획에 관한 사항
> • 자원봉사활동의 진흥을 위한 제도 개선에 관한 사항
> • 그 밖에 자원봉사활동의 진흥에 필요한 사항

③ **한국자원봉사협의회(법 제17조 참조)** 10회 기출

ⓐ 자원봉사단체는 전국 단위의 자원봉사활동을 진흥·촉진하기 위한 활동을 하기 위하여 한국자원봉사협의회를 설립할 수 있다.

ⓑ 한국자원봉사협의회는 법인으로 하며, 정관을 작성하여 행정안전부장관의 인가를 받아 등기함으로써 설립된다.

ⓒ 한국자원봉사협의회는 다음의 활동을 수행한다.

> • 회원단체 간의 협력 및 사업 지원
> • 자원봉사활동의 진흥을 위한 대국민 홍보 및 국제교류
> • 자원봉사활동과 관련된 정책의 개발 및 조사·연구
> • 자원봉사활동과 관련된 정책의 건의
> • 자원봉사활동과 관련된 정보의 연계 및 지원
> • 그 밖에 자원봉사활동의 진흥과 관련하여 국가 및 지방자치단체로부터 위탁받은 사업

전문가의 한마디

행정기관 소속 위원회의 효율적인 운영을 위해 자원봉사진흥위원회의 소속을 기존 '국무총리'에서 '행정안전부장관'으로 변경하였습니다.

바로암기 ○×

한국자원봉사협의회는 정관을 작성하여 보건복지부장관의 인가를 받아 등기함으로써 설립된다?

( )

해설
한국자원봉사협의회의 인가권자는 '행정안전부장관'이다.

정답 ×

4 재가복지

(1) 개념

① 시설보호와 더불어 지역사회복지체계를 구성하는 복지활동의 한 형태로서, 시설보호를 부정하는 것이 아니라 시설보호를 지역사회로 확장, 개방 또는 시설로부터 지역사회로 서비스체계를 개발하는 것이다.

② 재가복지는 탈시설화의 이념논쟁이나 생활시설의 사회화 및 개방화와 같은 맥락에서 이해될 수 있다.

(2) 재가복지봉사센터와 재가복지봉사서비스 6회, 11회 기출

① 재가복지봉사센터는 지역사회에 일정한 시설을 갖추고 전문인력과 자원봉사자를 활용하여 재가복지서비스를 제공하는 사회복지시설로서 직접서비스 실천기관이다.

② 사회복지기관에서 교육이나 훈련을 받은 자들이 클라이언트의 기능을 유지 · 강화 · 보호하기 위해 도움을 주는 것이며, 가족기능의 약화된 부분을 보완하는 보충적 서비스이다.

③ 여러 가지 도움이 필요한 노인, 장애인, 아동들을 시설에 수용하지 않고 지역사회 내에서 가정봉사원을 가정으로 파견하거나 또는 재가복지봉사센터로 통원하게 하여 일상생활을 위한 서비스와 자립할 수 있는 프로그램을 제공하는 것이다.

④ 민간복지서비스 전달체계 개선계획의 일환으로 2010년 1월 1일부터 종합사회복지관 부설 재가복지봉사센터가 종합사회복지관의 '재가복지봉사서비스'로 흡수 · 통합되었으며, 기존 재가복지봉사센터는 사회복지관의 지역사회보호사업 중 재가복지봉사서비스로 편성되었다.

(3) 재가복지봉사서비스의 역할 11회 기출

① 조사 및 진단

재가복지봉사서비스 대상자 및 가정의 욕구를 조사하고 문제를 진단하여 필요한 서비스의 종류를 선정한다.

② 서비스 제공

재가복지봉사서비스 대상별로 측정된 욕구와 문제의 진단 내용을 토대로 대상자 및 가정에 대한 직 · 간접적인 서비스를 제공한다.

③ 자원동원 및 활용

재가복지봉사서비스의 내실화와 함께 대상자 및 가정의 욕구와 문제해결을 위해 지역사회 내의 인적 · 물적 자원을 동원 · 활용한다.

전문가의 한마디

'탈시설화'는 시설 중심 복지서비스의 한계를 극복하기 위해 시설을 탈피하여 시설 밖에서 다양한 서비스를 제공하는 것이고, '생활시설의 사회화 및 개방화'는 수용보호 위주의 서비스에서 탈피하여 지역사회와 상호 보완하여 서비스를 개선하는 것을 말합니다.

바로암기 OX

재가복지봉사서비스는 조사 및 진단 기능을 수행하며, 자원동원 기술을 사용한다?

( )

정답 O

④ 사업평가

재가복지봉사서비스의 기능 및 분야별 효과, 자원동원 및 활용의 효과 등에 대해 자체 평가를 하며, 이를 재가복지봉사서비스사업에 활용한다.

⑤ 교육기관

지역주민들 및 자원봉사자들을 대상으로 사회복지사업을 비롯한 각종 취미 · 교양 등에 관한 교육을 제공한다.

⑥ 지역사회 연대의식 고취

지역사회 내의 다양한 인적 · 물적 자원의 연계를 통해 계층 간의 연대감을 고취시킨다.

(4) 재가복지봉사서비스의 운영의 기본원칙

① 자립성의 원칙

재가복지의 근본 목적인 요보호대상자의 신체적 · 정신적 · 사회적 자립을 위해 힘써야 한다.

② 연계성의 원칙

행정기관이나 사회봉사단체 등과 항시 연결체계를 구축하여 대상자의 다양한 욕구를 충족시켜야 한다.

③ 능률성의 원칙

인적 · 물적 자원의 효율적인 운영을 통해 최소의 비용으로 최대의 효과를 거둔다.

④ 적극성의 원칙

대상자의 요청을 기다리지 않고 적극적으로 발굴하려는 자세를 가져야 한다.

전문가의 한마디

우리나라 재가복지봉사서비스의 실천주체는 주로 자원봉사자들입니다. 물론 재가복지봉사서비스를 위해 전문인력이 배치되어 있으나 극소수이며, 이들은 자원봉사를 조직하여 배치 · 관리하는 업무를 주로 담당하므로 다수의 서비스 대상자들에 대해 직접적으로 전문 서비스를 제공하기 어려운 실정입니다.

심화연구실

재가복지봉사서비스의 종류

• 가사서비스 : 집안청소, 급식 및 취사, 세탁, 청소 등
• 간병서비스 : 병간호, 병원안내, 병원동행, 병원수속대행, 약품구입, 신체운동 등
• 정서서비스 : 상담, 말벗, 여가 및 취미활동 제공 등
• 결연서비스 : 서비스 대상자에 대한 재정적 지원 알선, 의부모 · 의형제 맺어주기 등
• 의료서비스 : 지역보건의료기관과의 연계 · 결연, 수시방문진료 등
• 자립지원서비스 : 직업보도, 기능훈련, 취업알선 등
• 주민교육서비스 : 보호대상의 가족, 이웃, 친지를 비롯한 지역주민을 위한 재가보호서비스 방법에 대한 교육
• 그 밖에 사회복지관 내의 시설을 활용한 서비스 등

04절 지역사회자활 및 사회적경제

1 자활사업

(1) 의의 및 특징 12회 기출

① 우리나라의 대표적인 노동연계복지 프로그램으로서, 2000년 10월 국민기초생활보장제도의 시행과 함께 본격적으로 실시되었다.

② 미국이나 영국 등에서 시행하던 노동연계복지를 우리나라에 도입한 것으로서, 국민기초생활보장제도가 지닌 근로 유인 문제를 해결하기 위해 근로능력이 있는 사람들에 대한 자활사업에의 참여를 규정하고 있다.

③ 저소득층의 자립과 가계소득에 기여할 수 있는 기능훈련을 실시하여 창업 및 취업을 하도록 지원한다.

④ 근로의욕 및 동기가 낮은 주민의 취업욕구 증대와 재취업을 위한 심리 · 사회적인 지원프로그램을 시행하며, 지역봉사자를 위한 전문지도, 재활프로그램, 근로의욕 고취 프로그램, 공동창업을 통한 자립의 지원 등을 실시한다.

⑤ 자활사업 프로그램은 자활사례관리, 자활근로사업, 자활기업 지원사업, 자활근로소득공제, 그리고 자산형성지원사업 등을 포함한다.

(2) 자활사업 참여 자격 9회, 12회, 14회 기출

① 조건부수급자
자활사업 참여를 조건으로 생계급여를 지급받는 수급자(의무참여)

② 자활급여특례자
의료급여 수급자가 자활근로, 자활기업 등 자활사업 또는 국민취업지원제도에 참가하여 발생한 소득으로 인하여 소득인정액이 기준 중위소득의 40%를 초과한 자

③ 일반수급자
근로능력 없는 생계급여 수급권자 및 조건부과 유예자, 의료 · 주거 · 교육급여 수급(권)자 중 참여 희망자

④ 자활참여특례자
자활급여특례자에 해당하지 않는 조건부 또는 일반수급자로 자활참여로 발생한 소득으로 인하여 해당 급여 기준을 초과한 자

⑤ 특례수급가구의 가구원
의료급여특례, 이행급여특례가구의 근로능력 있는 가구원 중 자활사업 참여를 희망하는 자

바로암기 ○ X

자활장려금이 2022년부터 자활사업에 새롭게 포함되었다?
( )

해설

2022년부로 자활장려금 별도 지급이 종료되었다.

정답 ×

전문가의 한마디

근로능력이 있는 수급자가 생계급여를 지급받기 위해서는 조건부수급자로 선정되어 자활사업에 참여하여야 합니다. 참고로 취업취약계층에 대한 고용안전망 사각지대를 획기적으로 해소하고, 기존 취업성공패키지의 한계를 보완하기 위해 2021년 1월부터 국민취업지원제도가 도입되었습니다.

바로암기 ○ X

일반수급자도 자활사업에 참여할 수 있다?
( )

정답 ○

⑥ **차상위자**

근로능력이 있고, 소득인정액이 기준 중위소득 50% 이하인 사람 중 비수급권자

⑦ **근로능력이 있는 시설수급자**

시설수급자 중 생계 · 의료급여 수급자 및 일반시설 생활자(주거 · 교육급여 수급자
및 기타)

2 자활사례관리

(1) 의의 및 특징

① 개인별 자활지원계획을 바탕으로 상담, 근로기회 제공, 자활근로를 통한 근로의
욕 · 자존감 고취 등을 모니터링하고 자립에 필요한 각종 서비스를 연계 지원한다.

② 자활방향의 수립을 지원하며, 자활을 위해 필요한 서비스 연계와 조정, 점검 및 사
후관리를 실시한다.

③ 지역사회 내 · 외 사회복지 유관기관들과 상시 업무연계 및 사례관리를 강화한다.

(2) Gateway 과정

① **참여 대상**

모든 자활사업 신규참여자 및 자활경로 재설정이 필요한 기존 자활사업 참여자

② **참여자 관리**

㉠ 2개월 이내 참여를 원칙으로 하며, 1개월에 한하여 추가 연장이 가능하다.

㉡ 참여자당 참여 횟수는 자활사업 참여기간(최대 5년) 동안 총 3회 이내로 제한
한다.

(3) 사례관리 추진절차

접수 및 초기상담 → 사정 → 계획수립 → 실행 및 점검 → 평가 및 종결 → 사후관리

전문가의 한마디

'Gateway'는 자활사업 참여 전
진입 과정을 의미합니다.
Gateway 과정 참여자에게 지
급되는 급여는 훈련수당의 성
격을 띠므로 세법상 근로소득
적용이 어려우며, Gateway 참
여기간 또한 자활근로 참여기
간에 산정하지 않습니다.

---

3 자활근로사업

(1) 의의 및 특징

① 자활근로사업은 한시적인 일자리 제공에 그치지 않고, 저소득층이 노동시장에서 취·창업을 통해 경제활동을 영위하는 데 필요한 기초능력 배양 및 자립 장애요인의 제거에 초점을 둔다.

② 전국 표준화사업(간병, 집수리, 청소, 자원 재활용 등), 공공·민간 연계사업(커뮤니티케어, 정부양곡배송 등)의 전국 단위 사업 및 지역 실정에 맞는 특화사업을 적극 개발하여 추진한다.

③ 자활참여자의 자활 촉진 및 자활근로 안주를 방지하기 위해 자활근로 참여기간을 최대 60개월로 제한한다(단, 근로유지형 자활근로의 경우 연속 참여기간 제한 없음).

(2) 사업의 주요 유형   6회, 8회, 10회 기출

① 시장진입형 자활근로

㉠ 시장진입 가능성이 높고 자활기업 창업이 용이한 사업으로, 매출액이 총 사업비(총 투입 예산)의 30% 이상 발생하는 사업을 대상으로 한다.

㉡ 신규사업단은 원칙적으로 사회서비스형으로 추진하되, 시장·군수·구청장이 사업의 특성, 수익 창출 효과를 검토하여 제한적으로 시장진입형 신규사업단 설치가 가능하다.

② 사회서비스형 자활근로

㉠ 공익성이 있는 사회적으로 유용한 일자리 분야의 사업을 선정하여 추진하되, 향후 시장 진입 가능성을 고려하여 추진한다.

㉡ 수익형은 매출액이 총 사업비의 10% 이상 발생하여야 하며, 공익형(비수익형)은 지역사회 취약계층 대상 사회서비스 개발·제공을 위해 매출액 기준을 적용하지 않는다.

③ 인턴·도우미형 자활근로

지자체, 지역자활센터, 사회복지시설 및 일반기업체 등에서 자활사업대상자가 자활인턴사원으로 근로를 하면서 기술·경력을 쌓은 후 취업을 통한 자활을 도모하는 취업유도형 자활근로사업이다.

전문가의 **한마디**

공익형(비수익형)은 무료간병 서비스, 장애인통합보조교육 및 농촌형 지역자활센터의 정부양곡배송, 무료집수리, 무료 빨래방 등 시·군·구의 승인을 받은 업종을 주요 대상으로 합니다.

인턴형	단순노무 지원형태를 지양하고 수급자의 자활유도가 용이한 기술 습득이 가능한 업체, 자활기업 및 사업자등록증(고유번호증) 발급 업체 등 해당 시·군·구가 승인하는 업체, 인건비 지원 후 인턴형 자활근로 참여자 채용을 확약한 업체를 선정하여 지원한다.
복지도우미형	담당공무원의 지휘를 받아 자활사업(자산형성지원사업을 포함)을 홍보·안내하거나, 읍면동 사회복지담당 공무원의 업무수행을 보조·지원하는 인력으로 활용한다.
자활도우미형	게이트웨이 업무 지원, 자활근로사업단 매출액 관리 등 회계업무를 수행하거나, 사업장·참여자 관리 등 자활사업 실시기관 사업담당자의 업무를 보조하는 인력으로 활용한다.
사회복지시설도우미형	사회복지시설의 보조 인력으로 활용한다. 사회복지시설 도우미 지원 시 취업연계지원시설과 무료지원시설로 구분하여 지원하되, 취업연계지원시설은 인턴형 자활근로사업으로 지원한다.

④ 근로유지형 자활근로

ㄱ 현재의 근로능력 및 자활의지를 유지하면서 향후 상위 자활사업 참여를 준비하는 형태의 사업이다.

ㄴ 생계·의료급여 수급자, 자활급여특례자를 대상으로 하며, 노인·장애인 등에 대한 가사도우미, 지역환경정비, 공공시설물관리 보조 등 노동강도가 약하나 지역사회 필수적인 공공서비스 제공사업 중심으로 추진한다.

⑤ 시간제 자활근로

ㄱ 돌봄·간병·건강 등의 사유로 종일 일자리 참여가 어려운 저소득층을 위한 사업이다.

ㄴ 조건부수급자나 그 외의 희망참여자를 대상으로 하며, 일 4시간 근무 원칙으로 참여기간 최대 60개월 이내에서 사업 실시기관과 협의 후 전일제 참여로 전환이 가능하다.

⑥ 청년자립도전 자활사업단

ㄱ 자활사업에 참여하는 청년들이 '맞춤형 자립지원'을 통해 스스로 개인의 변화와 성장을 이끌어내고 공동체성을 회복하는 것에 중점을 둔 사업단이다.

ㄴ 만 18세~39세의 신규 자활 참여자 또는 참여기간 3년 이내의 기존 참여자를 대상으로 하며, 최대 3년까지 사업단 참여가 가능하다.

전문가의 한마디

조건부수급자는 전일제 자활근로 참여가 원칙이나 가구 특성 등을 고려하여 배치 사유에 해당하는 경우 예외적으로 시간제 근무로 배정하며, 주 15시간 이상 근무 시 조건이행으로 판단합니다.

전문가의 한마디

청년자립도전 자활사업단의 기존 참여자 참여조건이 종전 "참여기간 2년 이내"에서 "참여기간 3년 이내"로 확대되었습니다.

4 자활기업 지원사업

(1) 의의 및 특징

① 자활기업은 2인 이상의 수급자 또는 차상위자가 상호 협력하여, 조합 또는 사업자의 형태로 탈빈곤을 위한 자활사업을 운영하는 업체를 말한다.

② 「국민기초생활보장법」에 의한 자활기업 요건을 갖추고 보장기관으로부터 인정을 받은 인정 자활기업에 해당하는 것으로서, 기존의 '자활공동체'에서 명칭이 변경되었다.

③ 자활기업의 원활한 수행을 위하여 자활기업 참여자는 관할 시·군·구 지역 거주자에 국한하지 않으며, 사업실시지역은 관할지역을 벗어날 수 있다.

④ 자활기업은 자립형 자활기업과 사회형 자활기업으로 구분한다.

(2) 자활기업의 설립 및 인정   8회, 9회 기출

① 기본 설립 및 인정 요건   18회 기출

ⓐ 자활근로사업단을 거친 2인 이상의 수급자 또는 차상위자로 구성한다(단, 친족만으로 구성은 불가함).

ⓑ 조합 또는 부가가치세법상 사업자로 설립한다.

② 자활기업 인정 시 유의사항

ⓐ 모든 참여자에 대해 노동관계법령상의 최저임금 이상의 임금 지급이 지속적으로 가능한 자활사업단은 특별한 사유가 없는 한 원칙적으로 자활기업으로 전환하여야 한다.

ⓑ 자활기업은 정관을 작성하여 자활기업 사업의 명칭·목적·내용, 조직 및 구성원의 권리와 의무, 회의의 종류 및 결의, 운영원칙 및 회계방식 등을 정해야 한다.

ⓒ 한시적 인건비 지원 자활기업의 경우 기업 운영을 위해 필요한 인력보다 과도한 인원으로 구성되지 않도록 해야 한다.

ⓓ 보장기관과 자활기업 실시기관은 자활기업의 설립과 인정 요건, 설립 형태 및 사업자등록, 창업자금 등 지원사항, 자활정보시스템 입력사항, 노무 및 세무 사항 등 창업에 필요한 교육 및 안내를 충분히 실시해야 한다.

ⓔ 자활근로사업단의 자활기업 전환 시 사업의 동일성을 유지해야 한다.

ⓕ 자활기업 창업 예정자 중 1/2 이상은 한국자활연수원의 창업 실무교육을 수료해야 한다.

③ 지원 요건

자립형 자활기업	인정요건을 충족하며 구성원 중 기초생활보장 수급자 및 차상위자가 1/3 이상이어야 지원이 가능하다(단, 수급자는 반드시 1/5 이상이어야 함).
사회형 자활기업	전체 구성원이 5인 이상이고 사회적기업육성법령에 따른 취약계층을 전체 구성원의 30% 이상 고용하였으며, 설립 후 만 3년이 경과하였고, 법인인 경우에 지원이 가능하다.

전문가의 한마디

사회형 자활기업의 경우에도 지원을 받기 위해서는 2인 이상의 수급자 또는 차상위자가 운영주체로 참여하는 등의 기본 인정 요건을 갖추어야 합니다.

(3) 자활기업의 지원 내용

① 자활을 위한 사업자금 융자
② 국유지 · 공유지 우선 임대
③ 국가나 지방자치단체가 실시하는 사업의 우선 위탁
④ 자활기업 운영에 필요한 경영 · 세무 등의 교육 및 컨설팅 지원
⑤ 그 밖에 수급자의 자활촉진을 위한 각종 사업

5 자활근로소득공제

(1) 의의 및 특징

① 보충급여를 기본원리로 하고 있는 국민기초생활보장제도가 야기할 수 있는 수급자의 근로의욕 감퇴를 예방하기 위한 사업이다.
② 근로소득의 일정비율을 산정하여 자활근로소득공제를 적용한다.

(2) 자활근로소득공제 산출방법

① 기초생활보장급여 산정 시 소득인정액에서 자활소득의 30%를 공제하여 소득인정액 산정, 급여 지급 및 보장유지 여부를 처리한다.
② 타 근로소득공제와 중복을 방지한다. 즉, 둘 이상의 근로 · 사업소득 공제 항목에 해당하는 경우 가장 유리한 하나의 항목을 적용한다.

전문가의 한마디

기존의 자활장려금이 2016년 사업 종료되었다가 2019년 재도입되었는데, 2022년부터 자활장려금 별도 지급을 종료하고 자활근로소득공제를 적용하고 있습니다.

6 자산형성 지원사업

(1) 의의 및 특징 16회, 19회 기출

① 자산형성지원 대상자가 자활에 필요한 자산을 형성할 수 있도록 재정적으로 지원하고 필요한 교육을 실시하는 사업을 의미한다.
② 2022년부터 희망저축계좌 Ⅰ·Ⅱ(상반기) 및 청년내일저축계좌(하반기)로 사업을 개편하였다.
③ 원칙적으로 각 통장별로 1회에 한하여 수혜 가능하며, 하나의 통장에 참여하여 지원금을 수령한 이후 타 통장에 가입하여 수혜가 가능하다.

(2) 사업의 주요 내용 14회, 16회 기출

구 분	희망저축계좌 Ⅰ	희망저축계좌 Ⅱ	청년내일저축계좌	
사업목적	일을 통한 근로빈곤층의 탈빈곤 촉진	근로빈곤층의 생계·의료 수급가구 진입에 대한 사전예방	근로빈곤층 청년의 생계수급자 등으로의 하락에 대한 사전예방	일하는 중간계층 청년의 사회안착 및 자립 촉진
가입대상	일하는 생계·의료 수급 가구	일하는 주거·교육 수급 가구 및 차상위계층 가구	일하는 생계·의료·주거·교육 수급 가구 및 차상위 가구의 청년 (만 15~39세)	일하는 기준 중위 50% 초과 100% 이하 가구의 청년 (만 19~34세)
본인 저축	월 10만 원 이상 자율저축 (최대 50만 원까지 가능)			
정부 지원	30만 원	10만 원	30만 원	10만 원
기타 지원	대상자별 추가지원금 지원			
3년 평균 적립액 (10만 원 저축 시)	1,440만 원 + 이자 (본인저축 360만 원 포함)	720만 원 + 이자 (본인저축 360만 원 포함)	1,440만 원 + 이자 (본인저축 360만 원 포함)	720만 원 + 이자 (본인저축 360만 원 포함)
지원조건	3년 이내 생계·의료 탈수급	자립역량교육 이수 및 자금사용계획서 제출	자립역량교육 이수 및 자금사용계획서 제출	

참고

자활사업의 구체적인 사업 내용은 정부정책에 따라 수시로 변경되는 경향이 있으므로, 보건복지부 홈페이지(www.mohw.go.kr)를 반드시 살펴보시기 바랍니다.

7 자활사업 지원체계

(1) 지역자활센터 12회, 16회 기출

① 목 적

　㉠ 근로능력이 있는 저소득층에게 집중적·체계적인 자활지원서비스를 제공함으로써 자활의욕을 고취시키고 자립능력을 향상시킨다.

　㉡ 기초수급자 및 차상위계층의 자활 촉진에 필요한 사업을 수행하는 핵심 인프라로서의 역할을 수행하도록 한다.

② 주요 사업 22회 기출

　㉠ 자활의욕 고취를 위한 교육

　㉡ 자활을 위한 정보제공, 상담, 직업교육 및 취업알선

　㉢ 생업을 위한 자금융자 알선

　㉣ 자영창업 지원 및 기술·경영 지도

　㉤ 자활기업의 설립·운영 지원

　㉥ 그 밖에 자활을 위한 각종 사업

③ 지역자활센터 운영원칙 7회 기출

　㉠ 참여주민 고유성과 존엄성의 원칙

　㉡ 주민자발성과 민주적 운영의 원칙

　㉢ 독립성의 원칙

　㉣ 기준시설 확보의 원칙

　㉤ 전문가에 의한 사업수행의 원칙

　㉥ 교육·훈련의 원칙

　㉦ 사회적 가치 구현의 원칙

　㉧ 지역사회와의 연대·협력의 원칙

　㉨ 사업실행 평가의 원칙

(2) 광역자활센터 11회 기출

① 목 적

　㉠ 기초단위에서 단편적으로 추진되고 있는 자활지원체계를 광역단위의 자활사업 인프라 구축을 통해 종합적이고 효율적으로 자활사업을 추진함으로써 자활사업의 효과성을 제고하고 활성화를 도모한다.

　㉡ 중앙-광역-지역으로 이루어지는 효율적인 자활지원 인프라를 통해 자활사업의 내실화를 이루고 자활지원 정책의 효과적인 전달체계를 형성한다.

출제의도 체크

지역자활센터의 자활지원서비스는 근로능력이 있는 저소득층을 대상으로 합니다. 즉, 조건부수급자만을 대상으로 하는 것은 아닙니다.

▶ 16회 기출

전문가의 한마디

지역자활센터 운영원칙에 '민주적 운영', '교육·훈련', '사회적 가치 구현', '지역사회와의 연대·협력'이 새롭게 포함되었습니다.

② 주요 사업

ㄱ 시 · 도 단위의 자활기업 창업지원

ㄴ 시 · 도 단위의 수급자 및 차상위자에 대한 취업 · 창업 지원 및 알선

ㄷ 지역자활센터 종사자 및 참여자에 대한 교육훈련 및 지원

ㄹ 지역특화형 자활프로그램 개발 · 보급 및 사업개발 지원

ㅁ 지역자활센터 및 자활기업에 대한 기술 · 경영 지도

ㅂ 그 밖에 자활촉진에 필요한 사업으로서 보건복지부장관이 정하는 사업

③ 광역자활센터의 운영 12회 기출

ㄱ 광역자활센터는 보장기관으로부터 시 · 도 단위로 지정을 받은 사회복지법인, 사회적협동조합 등 비영리법인과 단체 등에 의해 운영된다.

ㄴ 2021년 12월 30일 개소된 제주광역자활센터를 포함하여 2024년 2월 기준 총 16개소가 설치 · 운영 중에 있다.

(3) 한국자활복지개발원

① 목 적

자활지원을 위한 조사 · 연구 및 프로그램 개발 · 평가, 민간자원 연계 등의 기능 수행 및 자활관련 기관 간의 협력체계 구축 등의 지원업무를 전담하여 자활사업 지원체계의 전문성 및 효율성을 제고한다.

② 주요 사업

ㄱ 자활지원사업의 개발 및 평가

ㄴ 자활 지원을 위한 조사 · 연구 및 홍보

ㄷ 광역자활센터, 지역자활센터 및 자활기업의 기술 · 경영 지도 및 평가

ㄹ 자활 관련 기관 간의 협력체계 구축 · 운영

ㅁ 자활 관련 기관 간의 정보네트워크 구축 · 운영

ㅂ 취업 · 창업을 위한 자활촉진 프로그램 개발 및 지원

ㅅ 고용지원서비스의 연계 및 사회복지서비스의 지원 대상자 관리

ㅇ 수급자 및 차상위자의 자활촉진을 위한 교육 · 훈련

ㅈ 광역자활센터 등 자활 관련 기관의 종사자 및 참여자에 대한 교육 · 훈련 및 지원

ㅊ 국가 또는 지방자치단체로부터 위탁받은 자활 관련 사업

ㅋ 그 밖에 자활촉진에 필요한 사업으로서 보건복지부장관이 정하는 사업

전문가의 한마디

2019년 7월 출범한 '한국자활복지개발원'은 기존의 '중앙자활센터'를 대체한 것으로, 이는 자활지원사업을 수행하는 비영리법인 및 단체 등이 서로 다른 운영주체에 의해 운영됨에 따라 나타나는 부작용을 줄이고, 중앙과 광역 · 지역 간의 보다 체계적이고 효율적인 사업수행이 이루어지도록 시스템을 조정한 것입니다.

(4) 자활기관협의체 11회, 12회 기출

① 목 적

㉠ 조건부수급자 등 저소득층의 자활을 위한 사업을 의뢰하고 사후관리체계를 구축한다.

㉡ 지역자활지원사업의 활성화를 위해 공공 및 민간자원의 총체적인 활용을 도모한다.

㉢ 수급자의 자활 및 복지욕구 충족을 위해 지역사회 중심의 복지서비스 연계시스템을 마련함으로써 실질적인 사례관리(Case Management) 체계를 구축한다.

② 자활기관협의체의 운영

시장 · 군수 · 구청장이 자활지원사업의 효율적인 추진을 위하여 직업안정기관, 자활사업실시기관 및 사회복지시설 등과 상시적인 협의체계를 구축한다.

출제의도 체크

자활사업 활성화를 위해 민관 협력체계인 자활기관협의체가 운영되고 있습니다.

▶ 12회 기출

(5) 자활지원계획(국민기초생활보장법 시행령 제37조 참조) 10회 기출

① 시장 · 군수 · 구청장은 수급자의 자활을 체계적으로 지원하기 위하여 다음의 사항이 포함된 해당 지역의 자활지원계획을 해마다 1월 31일까지 수립하고, 그 계획을 특별자치시장 · 특별자치도지사는 보건복지부장관에게 통보해야 하고, 시장 · 군수 · 구청장(특별자치시장 · 특별자치도지사는 제외)은 특별시장 · 광역시장 · 도지사에게 통보해야 한다.

- 해당 연도 및 다음 연도의 자활지원 수요와 자활지원사업 실시에 관한 사항
- 해당 연도 및 다음 연도의 자활지원사업 실시를 위한 재원 조달에 관한 사항
- 다음 연도의 자활사업실시기관 육성 · 지원계획에 관한 사항
- 그 밖에 자활지원에 필요한 사항

② 특별시장 · 광역시장 · 도지사는 통보받은 자활지원계획을 기초로 해당 시 · 도 자활지원계획을 수립하고, 그 계획을 해마다 2월 말까지 보건복지부장관에게 통보해야 한다.

③ 보건복지부장관은 기초생활보장 기본계획의 내용을 반영하여 연도별 자활지원계획을 수립하여야 한다.

바로암기 OX

시장 · 군수 · 구청장은 자활지원계획을 매해 수립한다?
( )

정답 ○

8 사회적경제

(1) 개 념 12회, 16회, 19회, 20회 기출

① '사회적경제(Social Economy)'는 사각지대에 놓인 사회적 약자들에게 재화와 서비스를 공급하는 '제3부문'으로서, 시장 및 정부의 영역과 일부 긴밀히 연계되어 있으면서도 독자적인 운영을 통해 사회적 재화와 서비스를 공급하는 경제활동을 말한다.

② 자본주의 시장경제가 사적 이윤의 극대화를 추구하는 경제시스템인 반면, 사회적경제는 사회적 가치에 기반을 두고 공동 이익을 목적으로 하는 경제시스템이다.

③ 사회적경제의 주체는 사회적기업, 마을기업, 협동조합, 자활기업 등을 포함한다.

(2) 사회적기업 14회, 16회, 17회, 21회 기출

① 취약계층에게 사회서비스 또는 일자리를 제공하거나 지역사회에 공헌함으로써 지역주민의 삶의 질을 높이는 등의 사회적 목적을 추구하면서 재화 및 서비스의 생산·판매 등 영업활동을 하는 기업이다(사회적기업 육성법 제2조 제1호 참조).

② 국가는 사회서비스 확충 및 일자리 창출을 위하여 사회적기업에 대한 지원대책을 수립하고 필요한 시책을 종합적으로 추진하여야 하며, 지방자치단체는 지역별 특성에 맞는 사회적기업 지원시책을 수립·시행하여야 한다(동법 제3조 제1항 및 제2항).

③ 사회적기업을 운영하려는 자는 법령에 따른 인증 요건을 갖추어 고용노동부장관의 인증을 받아야 하며, 고용노동부장관은 인증을 하려면 고용정책심의회의 심의를 거쳐야 한다(동법 제7조 제1항 및 제2항).

④ 사회적기업은 사회적 일자리 창출 등 사회적 가치 실현을 중요시하는 만큼, 특히 상법상 회사의 경우 이윤을 사회적 목적에 재투자하는 것을 인증 요건으로 한다.

(3) 마을기업 15회, 18회, 22회 기출

① 지역주민이 각종 지역자원을 활용한 수익사업을 통해 공동의 지역문제를 해결하고, 소득 및 일자리를 창출하여 지역공동체 이익을 효과적으로 실현하기 위해 설립·운영하는 마을단위의 기업이다.

② 마을기업은 공동체성, 공공성, 지역성, 기업성 등을 운영원칙으로 한다.

③ 마을기업의 설립과정에 지역주민 또는 지역 내 다양한 이해관계자 등을 참여시켜야 하며, 의견을 수렴하고 반영하도록 노력하여야 한다.

④ 시·군·구의 적격 검토, 시·도의 지정 요건 등 심사, 행정안전부의 최종 심사를 거쳐 마을기업으로 지정된다.

⑤ 마을기업은 사업 성격에 따라 '지역자원 활용형', '사회서비스 제공형', '마을 관리형'으로 구분된다.

(4) 협동조합　15회, 18회, 20회 `기출`

① 재화 또는 용역의 구매 · 생산 · 판매 · 제공 등을 협동으로 영위함으로써 조합원의 권익을 향상하고 지역사회에 공헌하고자 하는 사업조직이다(협동조합 기본법 제2조 제1호).

② 협동조합을 설립하려는 경우에는 5인 이상의 조합원 자격을 가진 자가 발기인이 되어 정관을 작성하고 창립총회의 의결을 거친 후 주된 사무소의 소재지를 관할하는 시 · 도지사에게 신고하여야 한다(동법 제15조 제1항). 시 · 도지사는 협동조합의 설립신고를 받은 때에는 즉시 기획재정부장관에게 그 사실을 통보하여야 한다(동법 제15조 제5항).

③ 협동조합 중 지역주민들의 권익 · 복리 증진과 관련된 사업을 수행하거나 취약계층에게 사회서비스 또는 일자리를 제공하는 등 영리를 목적으로 하지 아니하는 협동조합을 '사회적협동조합'이라고 한다.

(5) 소셜벤처기업

① 사회적기업가 정신을 가진 기업가가 기존과는 다른 혁신적인 기술이나 비즈니스 모델을 통해 사회적 가치와 경제적 가치를 동시에 창출하는 기업이다.

② 소셜벤처기업은 사회성, 혁신성장성을 요건으로 하며, 이는 다음의 기준에 따라 판별된다.

사회성	• 사회적경제기업관련 인증 • 사회적 가치 실현능력	• 사회적 가치 추구 정도 • 대표자의 사회적 가치 창출수준 등
혁신성장성	• 기술의 혁신성 • 연구개발 역량	• 사업의 성장성 • 대표자 기술역량 등

③ 소셜벤처기업을 판별 · 관리하고, 이들 기업을 지원하기 위한 종합정보망으로서 '소셜벤처스퀘어'를 운영하고 있다.

전문가의 한마디

소셜벤처기업은 사회적경제의 새로운 흐름으로 「벤처기업육성에 관한 특별법」(구 벤처기업육성에 관한 특별조치법)에 기반을 두고 있습니다.

참고

우리나라 사회적경제의 주체들로는 앞서 살펴본 자활기업을 필두로 사회적기업, 마을기업, 협동조합, 소셜벤처기업 등을 포함합니다. 각 주체들의 주무부처는 서로 다른데, 자활기업은 보건복지부, 사회적기업은 고용노동부, 마을기업은 행정안전부, 협동조합은 기획재정부, 소셜벤처기업은 중소벤처기업부에서 관장합니다.

출제의도 체크

우리나라 지역사회복지의 최근 동향에서 특히 사회적경제 주체들의 다양화가 눈에 띕니다.

▶ 18회 기출

전문가의 한마디

돌봄경제(Care Economy)에 의한 '지역사회 통합돌봄'은 '제2차 사회보장기본계획('19~'23)'에서 비롯됩니다. 돌봄서비스 및 관련 산업 육성을 통해 사회서비스 분야의 안정적인 일자리 창출을 도모할 것으로 기대하고 있습니다.

심화연구실

돌봄경제와 지역사회 통합돌봄(커뮤니티케어) 19회 기출

- 돌봄경제(Care Economy)는 노인 · 장애인 · 아동 등의 돌봄서비스 수요를 충족시켜 삶의 질 향상과 함께 관련 산업을 육성하는 것을 목적으로 하는 새로운 정책전략이다. 통합돌봄분야 서비스 · 인력 확충에 따라 서비스 산업의 발전 및 대규모 일자리 창출이 가능하며, 지역과 밀착된 생활기반시설을 통해 전문직종 간 서비스를 연계하여 제공함으로써 지역균형발전에 기여한다.
- 지역사회 통합돌봄(Community Care)은 돌봄경제에 기초하여 돌봄이 필요한 주민(노인, 장애인, 아동 등)들이 살던 곳(자기 집, 그룹홈 등)에서 개개인의 욕구에 맞는 서비스를 누리고, 지역사회와 함께 어울려 살아갈 수 있도록 주거, 보건의료, 요양, 돌봄, 일상생활의 지원이 통합적으로 확보되는 지역주도형 정책이다. 노화 · 사고 · 질환 · 장애 등 돌봄이 필요한 상태로 평소 살던 곳에서 지내기를 희망하는 사람들을 대상으로 다음과 같은 서비스를 제공한다.

주 거	케어안심주택, 자립체험주택, 주택개조, 거주시설 전환 등
보건의료	방문 건강관리, 방문의료, 방문약료, 만성질환 관리 등
복지 · 돌봄	재가 장기요양, 재가 돌봄서비스, 스마트 홈 등

05 | 지역사회복지운동의 개관

KEY POINT

- '지역사회복지운동의 개관' 영역에서는 지역사회복지운동의 일반적인 특징을 비롯하여 주민참여, 시민운동의 의의 및 효과 등에 대해 살펴본다.
- 지역사회복지운동의 이해에서는 지역사회복지운동의 일반적인 양상과 함께 특히 지역화폐운동에 관한 내용이 출제된 바 있으므로, 그에 대한 포괄적인 이해가 요구된다.
- 주민참여에서는 아른스테인의 주민참여 단계, 브래거와 스펙트의 주민참여 수준을 순서대로 암기해야 한다.
- 시민운동 및 비영리 민간단체에서는 시민운동의 긍정적 및 부정적 효과와 함께 비영리 민간단체의 기능 및 역할을 기억해야 한다.

01절　지역사회복지운동의 이해

1　지역사회복지운동

(1) 개 념　9회, 15회, 18회, 19회, 20회 기출

① 지역주민의 주체성 및 역량을 강화하고 지역사회의 변화를 주도하는 조직운동이다.
② 주민참여 활성화에 의해 복지에 대한 권리의식과 시민의식을 배양하는 사회권(복지권) 확립의 운동이다.
③ 지역주민의 삶의 질과 관련된 생활영역에 주된 관심을 두므로, 지역사회복지의 확산과 발전을 위한 생활운동으로서의 의미를 가진다.
④ 지역사회의 다양한 자원 활용 및 관련 조직들 간의 유기적인 협력이 이루어지는 동원운동(연대운동)이다.
⑤ 인간성 회복을 위한 인도주의 정신과 사회적 가치로서 사회정의를 실현하고자 하는 사회개혁운동이다.

(2) 주민운동으로서 지역사회복지운동의 특성　17회, 19회, 20회, 21회 기출

① 지역주민의 생활근거지로서 지역사회를 기반으로 한다.
② 지역주민의 삶의 질과 관련된 생활영역을 포함한다.
③ 지역주민, 지역사회활동가, 사회복지전문가는 물론 사회복지시설 종사자 및 사회복지서비스 이용자도 사회복지운동의 주체가 될 수 있다.
④ 지역사회문제를 해결하기 위한 목적지향성을 가진다.
⑤ 지역사회복지운동에는 다양한 이념이 사용될 수 있다.

출제의도 체크

지역사회복지운동은 노동운동이나 민중운동, 여성운동과 같이 뚜렷한 계층적 기반을 두고 있는 것이 아니라 포괄적으로 지역사회 주민 전체에 두고 있습니다.

▶ 20회 기출

바로암기 OX

지역사회복지서비스 이용자도 지역사회복지운동의 주체가 될 수 있다?

(　)

정답 ○

전문가의 한마디

우리나라의 경우 1997년 말 경제위기를 겪으면서 지역화폐운동이 주목을 받기 시작하였습니다. 국내 지역화폐운동은 과거 선조들이 시행하던 품앗이 운동과 비슷한 측면이 있는데, 실제로 서울 송파구 자원봉사센터의 회원들로 구성된 '송파품앗이' 등의 단체가 지역화폐운동을 전개하기도 하였습니다.

심화연구실

지역화폐운동(Community Currency) 9회 기출

- 1983년 캐나다의 코목스 밸리(Comox Valley)라는 작은 섬마을에서 시작된 것으로서, 근본적으로 경제 불황에 따른 실업자 양산의 문제를 타파하기 위해 지역 내 시민단체 등 비영리단체들의 주도하에 전개된 운동이다.
- 중앙집권화된 통화제도와 차별된 지역화폐시스템을 고안하여, 지역자원의 지역 내 교환을 장려하고 지역의 소기업들을 지원하며, 지역구성원들에게 일자리를 제공하는 등 세계적인 경제 불황에 맞서 지역사회의 자립을 추구하였다.
- 지역 내 실업자 및 저소득층 보호, 자원봉사운동 활성화, 지역사회 상부상조 증진, 지역주민들의 사회적 관계에 기반을 둔 경제제도의 활성화 등에 기여한 것으로 평가받고 있다.
- 특히 지역사회 자조 네트워크를 통해 지역사회의 연대성과 평등성을 실현한 지역사회복지운동의 일환으로 볼 수 있다.

2 주민참여 2회, 7회, 14회 기출

(1) 개 념 20회 기출

① 지역주민들이 공식적인 정부의 의사결정 과정에 관여하여 주민들의 욕구를 정책이나 계획에 반영하도록 하는 적극적인 노력이다.

② 지역주민들이 그 지역사회의 일반적인 사항과 관련된 결정에 대해 권력을 행사하는 과정이다.

(2) 주민참여 단계 12회, 16회, 17회, 19회, 22회 기출

아른스테인(Arnstein)은 주민참여를 8단계로 나누고 이를 참여의 효과, 즉 권력분배 수준의 측면에서 3개의 범주로 구분하였다.

바로암기 ○×

아른스테인(Arnstein)의 주민참여 단계 중 '주민회유(Placation)'는 형식적 참여에 속한다?

(   )

정답 ○

단 계	주민참여	참여의 효과
8단계	주민통제(Citizen Control)	주민권력 수준 (Degree of Citizen Power)
7단계	권한위임(Delegated Power)	
6단계	협동관계(Partnership)	
5단계	주민회유(Placation)	형식적 참여 (Degree of Tokenism)
4단계	주민상담(Consultation)	
3단계	정보제공(Informing)	
2단계	대책치료(Therapy)	비참여 (Non-participation)
1단계	여론조작(Manipulation)	

① 제1단계 – 조작 또는 여론조작(Manipulation)

행정과 주민이 서로 간의 관계를 확인한다는 점에서 의의를 찾을 수 있다. 다만, 공무원이 일방적으로 교육 및 설득을 하고, 주민은 단순히 참석하는 데 그친다.

② 제2단계 – 처방 또는 대책치료(Therapy)

주민의 욕구불만을 일정한 사업에 분출시켜 치료하는 단계이다. 다만, 이는 행정의 일방적인 지도에 그친다.

③ 제3단계 – 정보제공(Informing)

행정이 주민에게 일방적으로 정보를 제공한다. 다만, 이 과정에서 환류는 잘 일어나지 않는다.

④ 제4단계 – 주민상담 또는 협의(Consultation)

공청회나 집회 등의 방법으로 주민으로 하여금 행정에의 참여를 유도한다. 다만, 이는 형식적인 수준에 그친다.

⑤ 제5단계 – 회유 또는 주민회유(Placation)

각종 위원회 등을 통해 주민의 참여범위가 확대된다. 다만, 최종적인 판단이 행정기관에 있다는 점에서 제한적이다.

⑥ 제6단계 – 협동관계 또는 파트너십(Partnership)

행정기관이 최종적인 의사결정권을 가지고 있으나 주민들이 경우에 따라 자신들의 주장을 협상으로 유도할 수 있다.

⑦ 제7단계 – 권한위임(Delegated Power)

주민들이 특정 계획에 대해 우월한 결정권을 행사하며, 집행단계에 있어서도 강력한 권한을 행사한다.

⑧ 제8단계 – 주민통제(Citizen Control)

주민들이 스스로 입안하며, 결정에서부터 집행 그리고 평가단계에 이르기까지 통제한다.

(3) 주민참여 수준 21회 기출

브래거와 스펙트(Brager & Specht)는 주민참여를 6가지 수준, 즉 단순히 지역의 정보를 접하는 수준에서부터 기획과 집행에서 책임과 권한을 가지는 수준에 이르기까지 참여수준에 따른 참여자 위상을 열거하였다.

참여수준	참여자 위상
높음	기획과 집행에서 책임과 권한 부여
	의사결정권 보유 · 행사
↕	계획단계에 참여
	자문담당자
낮음	조직대상자
	단순정보수혜자

바로암기 O X

주민참여 단계 중 주민들이 특정 계획에 대해 우월한 결정권을 행사하며, 집행단계에 있어서도 강력한 권한을 행사하는 것은 '파트너십(Partnership)' 단계이다?

( )

해설
'권한위임(Delegated Power)' 단계이다.

정답 X

(4) 주민참여 효과

긍정적 효과	• 지방정부의 효율적인 의사결정을 유도한다. • 지방행정에 있어서 성장과 분배의 불균형에 의한 사회적 불평등을 완화한다. • 중앙정부와 지방정부 간의 갈등을 중재 또는 해결한다.
부정적 효과	• 주민공청회, 주민소환 등에 따른 행정비용의 증가를 야기한다. • 지역주민 간의 합의 등 시간지연으로 계획입안이나 진행에 차질이 발생할 수 있다. • 이해관계가 다른 주민들 간에 갈등이 유발될 수 있다. • 참여자들의 대표성 문제가 제기될 수 있다.

02절 시민운동 및 비영리 민간단체

1 시민운동

(1) 개 념

① 일부 기득권층을 제외한 모든 시민이 주체가 되어 자발적으로 참여하는 운동이다.
② 시민은 한 사회의 구성원으로서 동등한 권리와 의무를 가진다.

전문가의 한마디

시민운동의 초계급적 성격은 어느 특정 계급의 이익만을 중시하지 않는다는 의미로 볼 수 있습니다.

(2) 특 성

① 주로 초계급적인 문제를 이슈로 삼으며, 그 목표나 방법이 개량적인 성격을 띤다.
② 주로 합법적인 방법을 통해 국가권력을 비판하거나 감시한다.
③ 국가권력을 상대로 시민적 권리를 요구하고 이를 확대하려는 운동으로 전개된다.
④ 특정 계급이나 집단의 이해관계를 떠나 사회적 공공선을 실현하고자 한다.

(3) 시민운동 효과

긍정적 효과	• 국가정책에 대한 여론형성 및 감시·비판의 역할을 한다. • 소외계층을 도우며, 그들의 목소리를 대변한다. • 사회문제에 대해 관심을 유도한다. • 사회문제에 대한 정화작용을 한다.
부정적 효과	• 잘못된 정보로 여론을 형성함으로써 정책유지의 혼선을 야기할 수 있다. • 과열운동으로 변질되어 폭력성을 나타내 보일 수 있다. • 권력과 결탁하여 정부비호세력으로 이용될 수 있다.

2 비영리 민간단체

(1) 개 념

비영리 민간단체는 영리가 아닌 공익활동을 수행하는 것을 주된 목적으로 하는 민간단체로서, 비영리기구와 비정부기구를 포함한다.

NPO (Non-Profit Organization)	• '비영리민간기구' 또는 '민간비영리단체'를 지칭한다. • 공권력에 의존하지 않고 영리를 목적으로 하지 않으며, 사회 각 분야에서 자발적으로 활동하는 각종 시민단체를 총칭한다. • 자원봉사단체를 포함하나, 그 활동에 초점을 두기보다는 조직 자체를 지칭한다는 점에서 약간의 차이가 있다. 예 경제정의실천시민연합, 참여연대, 흥사단, YMCA 등
NGO (Non-Governmental Organization)	• '비정부기구' 또는 '비정부조직(단체)'를 지칭한다. • 지역, 국가 또는 국제적으로 조직된 자발적인 비영리 시민단체로서, 특히 국경을 넘어 활동하는 단체를 가리킬 때 사용하기도 한다. • 보통 정부정책에 대한 감시 및 사회적인 문제에 대한 이슈화를 비롯하여 다양한 서비스와 인도주의적 기능을 수행하며, 특히 다수의 권익을 옹호하고 사회적 약자의 입장을 대변하는 역할을 한다. 예 국제기아대책기구, 월드비전, 국경없는의사회, 그린피스(Greenpeace) 등

(2) 기능 및 역할

① 기 능

ㄱ 국가와 시장이 지닌 권력을 비판하고 감시함으로써 이들을 견제한다.

ㄴ 정부가 제공하지 못하는 사회서비스를 제공한다.

ㄷ 사회적 약자의 권익을 대변한다.

ㄹ 정부와 이익집단 간의 갈등 혹은 이익집단과 다른 이익집단 간의 갈등을 조정한다.

ㅁ 일반시민들로 하여금 공동체의식 배양을 통한 참여민주주의를 배울 수 있도록 한다.

② 역 할

ㄱ 정책 과정에서 파트너로서의 역할을 한다.

ㄴ 정책 제언자로서의 역할을 한다.

ㄷ 국제적인 협조자로서의 역할을 한다.

전문가의 한마디

국제연합헌장(Charter of the United Nations)에서는 민간단체가 국제적인 기관과의 관계에 있어서 당사자가 될 수 있음을 승인하고 있습니다.

전문가의 한마디

몇 해 전 국경없는의사회(MSF ; Médecins Sans Frontières)가 'Top 500 NGO' 중 1위로 뽑히기도 하였습니다. 국경없는의사회는 단순 의료 지원 외에 현지에서 벌어지는 불의의 사건들을 전 세계에 알리는 역할을 하기도 합니다.

제5영역 | 적중문제 다잡기

CHAPTER 01 지역사회복지의 개관

01 다음 중 지역사회(Community)의 개념에 대한 설명으로 옳지 않은 것은?

① 모든 지역사회는 사회이나, 모든 사회가 지역사회는 아니다.
② 지리적 지역사회는 일정한 지리적 공간을 공유하는 사람들의 집단이다.
③ 기능적 지역사회는 구성원 공동의 관심과 이해관계에 의해 형성된 공동체이다.
④ 가상공동체는 새로운 형태의 지역사회로 등장하고 있다.
⑤ 산업화 이후 이익사회보다는 공동사회의 비중이 더욱 커지고 있다.

〔 해설 〕 ⑤ 산업화 이후에는 구성원의 이해관계에 따라 계약 등의 일정한 절차에 의해 구성된 이익사회의 비중이 더욱 커지고 있다.

19회 기출

02 던햄(A. Dunham)의 지역사회유형 구분과 예시의 연결로 옳지 않은 것은?

① 인구 크기 – 대도시, 중소도시 등
② 산업구조 및 경제적 기반 – 농촌, 어촌, 산업단지 등
③ 연대성 수준 – 기계적 연대 지역, 유기적 연대 지역 등
④ 행정구역 – 특별시, 광역시 · 도, 시 · 군 · 구 등
⑤ 인구 구성의 사회적 특수성 – 쪽방촌, 외국인 밀집지역 등

〔 해설 〕 ③ 연대성 수준은 던햄(Dunham)의 지역사회 유형화 기준에 포함되지 않는다.

14회 기출

03 지역사회복지의 기능과 사례의 연결로 옳지 않은 것은?

① 상부상조 기능 : 수급자인 독거어르신을 위하여 주민 일촌 맺기를 실시하여 생계비를 연계 지원한다.

② 생산·분배·소비 기능 : 지역주민이 생산한 채소를 마을 공동 판매장에 진열하여 판매한다.

③ 사회화 기능 : '갑' 마을에서는 인사 잘하는 마을 만들기를 위하여 조례를 제정하고, 위반하는 청소년에게 벌금을 강제로 부과한다.

④ 사회통제 기능 : 지역사회에서 안전한 생활영위를 위하여 법률로 치안을 강제하고, 법과 도덕을 지키게 한다.

⑤ 사회통합 기능 : '을' 종교단체가 지역주민 어르신을 대상으로 경로잔치를 개최하고 후원물품을 나누어 준다.

〔해설〕 ③ 사회통제의 기능에 해당한다.

15회 기출

04 지역사회기능의 비교척도로 옳지 않은 것은?

① 사회성 : 지역사회의 사회적 분화 정도

② 서비스의 일치성 : 지역사회 내 서비스 영역이 동일 지역 내에서 일치하는 정도

③ 심리적 동일시 : 지역주민들이 자기 지역을 중요한 준거집단으로 생각하는 정도

④ 자치성 : 지역사회가 타 지역에 의존하지 않는 정도

⑤ 수평적 유형 : 상이한 조직들의 구조적·기능적 관련 정도

〔해설〕 **지역사회기능의 비교척도(Warren)**
- 지역적 자치성 : 지역사회가 제 기능을 수행할 때 타 지역에 어느 정도 의존하는가를 말한다.
- 서비스 영역의 일치성 : 상점, 학교, 공공시설, 교회 등의 서비스 영역이 동일 지역 내에서 어느 정도 이루어지고 있는가를 말한다.
- 지역에 대한 주민들의 심리적 동일시 : 지역주민들이 자신이 소속된 지역에 대해 어느 정도 소속감을 가지고 있는가를 말한다.
- 수평적 유형 : 지역사회 내에 있는 상이한 단위조직들이 구조적·기능적으로 얼마나 강한 관련을 가지고 있는가를 말한다.

18회 기출

05 갈등이론에 관한 설명으로 옳은 것을 모두 고른 것은?

> ㄱ. 갈등 현상을 사회적 과정의 본질로 간주한다.
> ㄴ. 사회나 조직을 지배하는 특정 소수집단의 역할이 중요하다.
> ㄷ. 사회관계는 교환적인 활동을 통해 이익이나 보상이 주어질 때 유지된다.
> ㄹ. 사회문제는 사회변화가 아닌 개인의 사회적응을 통해 해결할 수 있다.

① ㄱ
② ㄱ, ㄴ
③ ㄴ, ㄷ
④ ㄱ, ㄴ, ㄷ
⑤ ㄴ, ㄷ, ㄹ

〔 해설 〕 ㄱ. 갈등이론은 지역사회에 존재하는 갈등 현상에 주목하며, 갈등을 사회발전의 요인과 사회통합의 관점에서 다룬다.
ㄴ. 갈등이론은 대중 혹은 사회적 약자가 조직적 결성과 대항을 통해 소수 기득권층과의 갈등을 해결하고 타협을 하는 과정을 강조한다.
ㄷ. 사회교환이론(사회교환론적 관점)의 내용에 해당한다.
ㄹ. 갈등이론은 지역사회가 갈등을 겪으면서 보다 역동적이고 민주적인 지역사회로 변화할 수 있다고 본다.

06 사회복지사는 '아동보호를 위한 마을 만들기 지원사업'을 시작하기 위해 지역사회복지이론에 기초한 실천을 계획하였다. 다음 중 관점에 따른 계획으로 옳은 것을 모두 고른 것은?

> ㄱ. 생태학적 관점 – 아동 관련 지역사회 활동의 변화 과정을 조사할 계획이다.
> ㄴ. 갈등주의 관점 – 학부형의 긴밀한 연대를 위해 비학부형은 참여대상에서 제외할 계획이다.
> ㄷ. 사회체계론적 관점 – 지역 내 아동 관련 다양한 단체들의 상호작용 과정을 파악할 계획이다.
> ㄹ. 사회구성론적 관점 – 다수의 지역에서 도입하고 있는 아동보호사업 계획을 객관성 · 보편성 차원에서 도입할 계획이다.

① ㄱ, ㄴ, ㄷ
② ㄱ, ㄷ
③ ㄴ, ㄹ
④ ㄹ
⑤ ㄱ, ㄴ, ㄷ, ㄹ

〔 해설 〕 ㄴ. 갈등주의 관점은 대중 혹은 사회적 약자들이 조직적 결성과 대항을 통해 소수 기득권층과의 갈등을 해결하고 타협을 하는 과정에서 자원과 힘을 획득할 수 있다고 본다.
ㄹ. 사회구성론적 관점은 모든 현상에 대한 객관적 진실이 존재한다는 점에 의구심을 던지면서, 상징적 상호주의의 요소로서 문화적 가치, 규범, 언어 등을 통해 구성되는 일상행동의 재해석을 강조한다.

07 다음 중 보기의 내용과 연관된 하드캐슬(Hardcastle)의 힘(권력)의 균형 전략으로 가장 옳은 것은?

> A정신보건센터는 B정신병원으로부터 클라이언트를 의뢰받고 있다. 그런데 최근 B정신병원에서 클라이언트를 의뢰해 주는 조건으로 병원 내 입원환자들을 위한 상담서비스에 A정신보건센터의 직원을 활용할 수 있도록 요구하였다. A정신보건센터의 입장에서는 현재의 인력 상황을 고려해 볼 때 그와 같은 일방적인 조건을 수용하기가 어려웠다. 이에 A정신보건센터는 자신들 또한 클라이언트를 B정신병원에 의뢰해 줄 수 있음을 강조하면서 양측이 서로 필요한 관계임을 인식시켰다.

① 경쟁(Competition)
② 재평가(Re-evaluation)
③ 호혜성(Reciprocity)
④ 연합(Coalition)
⑤ 강제(Coercion)

[해설] ③ 호혜성(Reciprocity)은 A가 B에게 서로 필요한 관계임을 인식시킴으로써 일방적인 의존관계를 쌍방적이고 동등한 관계로 변모시키는 전략이다.

08 다음 중 지역사회복지의 이념에 대한 설명으로 옳은 것은?

① 정상화 – 1950년대 영국에서 시작된 이념이다.
② 탈시설화 – 무시설주의를 지향하는 것이다.
③ 주민참여 – 지역유일주의를 지향하는 것이다.
④ 네트워크 – 기존 공급자 중심의 서비스에서 탈피하여 이용자 중심의 서비스를 추구하기 위하여 노력한다.
⑤ 사회통합 – 세대 간, 지역 간 차이에서 발생하는 경제적 우위를 추구하기 위하여 노력한다.

[해설] ① 정상화는 1950년대 덴마크를 비롯한 북유럽에서 시작된 이념이다.
② 탈시설화는 무시설주의를 지향하는 것이 아니다.
③ 주민참여는 지역유일주의를 지향하는 것이 아니다.
⑤ 사회통합은 지역사회 내의 갈등이나 지역사회 간의 차이 또는 불평등을 뛰어넘어 사회 전반의 통합을 이루는 것이다.

9회 기출

09 지역사회복지 이념에 관한 설명으로 옳지 않은 것은?

① 뒤르켐(Durkheim)은 사회통합에 대해 기계적 연대와 유기적 연대를 제시하였다.

② 사회적 연대는 사회적 자원의 분배를 가능하게 한다.

③ 가족주의에 따르면 사회복지서비스는 가족적 형태의 보호와 가장 근접하게 제공되어야 한다.

④ 가족주의에서 비가족적인 형태는 비정상적인 것으로 간주된다.

⑤ 가족주의에 비해 국가주의는 자율성을 강조한다.

〔 해설 〕 ⑤ 가족주의가 개인의 독립성 및 자율성에 기초한 가족지향적 보호를 강조하는 반면, 국가주의는 상호의존을 토대로 집합주의적 보호를 강조한다.

10 다음 중 지역사회복지실천에서 추구하는 기본가치로 옳지 않은 것은?

① 문화적 다양성 존중

② 배분적 사회정의

③ 임파워먼트

④ 상호학습

⑤ 비판의식의 지양

〔 해설 〕 ⑤ '비판의식의 지양'이 아닌 '비판의식의 개발'이 옳다.

15회 기출

11 다음 사례를 해결하기 위한 지역사회복지실천의 원칙은?

> A 사회복지사는 공동 사업 수행을 위해 특별추진회를 구성하였다. 그러나 주민들이 자유롭게 의견을 제시할 수 있는 기회를 제공하지 못한 채 사업추진을 진행하였다.

① 기관들 간의 역할 분담
② 효과적인 의사소통 개발과 유지
③ 인간 욕구의 가변성 수용
④ 집중과 분산 간의 균형
⑤ 전문가의 역할 강화

[해설] **지역사회복지실천의 원칙**
- 지역사회의 갈등 해결을 위해 추진위원회를 구성한다.
- 지역사회의 갈등은 집약되고 공유되어야 한다.
- 지역사회 내 풀뿌리 지도자를 발굴하고 참여시킨다.
- 공동의 목표를 수립하고 이를 실천할 수 있는 방법을 수립한다.
- 지역주민들을 결속시킬 수 있는 이벤트를 개발 및 추진한다.
- 지역주민들이 의사를 자유롭게 표현하도록 효과적인 의사소통을 개발하고 유지한다.(②)
- 모임 참여자들을 지지하고 역량을 강화한다.
- 합리적인 절차를 준수하고 리더십을 개발한다.
- 지역사회 내 유능한 지도자를 발굴 및 육성한다.
- 지역주민들로부터 인정과 신용을 얻도록 한다.

17회 기출

12 영국 지역사회복지의 발달에 영향을 미친 주요 사건을 순서대로 나열한 것은?

> ㄱ. 토인비 홀(Toynbee Hall) 설립
> ㄴ. 정신보건법(Mental Health Act) 제정
> ㄷ. 그리피스(Griffiths) 보고서
> ㄹ. 하버트(Harbert) 보고서
> ㅁ. 시봄(Seebohm) 보고서

① ㄱ - ㄴ - ㄷ - ㅁ - ㄹ   ② ㄱ - ㄴ - ㅁ - ㄹ - ㄷ
③ ㄱ - ㅁ - ㄹ - ㄴ - ㄷ   ④ ㄴ - ㄱ - ㅁ - ㄹ - ㄷ
⑤ ㄴ - ㄷ - ㅁ - ㄹ - ㄱ

[해설] ㄱ. 1884년, ㄴ. 1959년, ㄷ. 1988년, ㄹ. 1971년, ㅁ. 1968년

13 다음 중 미국 지역사회복지실천의 역사적 특징에 대한 설명으로 옳지 않은 것은?

① 대공황 이전에는 주로 민간이 지역사회복지실천의 전달체계를 담당하였다.

② 1960년대 '빈곤과의 전쟁'은 사회복지에 대한 연방정부의 역할과 책임을 강조하였다.

③ 1970년대 인종차별 금지와 반전(反戰)운동은 지역사회조직사업을 촉진하였다.

④ 1990년대 '복지개혁(Welfare Reform)'은 풀뿌리 지역사회조직활동을 강조하였다.

⑤ 오바마 행정부의 사회참여와 활동은 지역사회조직화에 대한 학문적 · 실천적 관심을 증대하였다.

〔 해설 〕 ④ 1996년에 시행된 '복지개혁(Welfare Reform)'은 복지예산 삭감 및 서비스 축소의 압력, 사회복지서비스의 민영화 등 보수주의적 분위기에서 비롯된 것으로, 지역사회 중심의 민간비영리조직의 양적 확산은 물론 개인적 책임과 근로연계를 강화하는 생산적 복지(Productive Welfare)를 강조하였다. 참고로 풀뿌리 지역사회조직활동이 강조된 것은 2000년대이다.

13회 기출

14 우리나라 지역사회복지 역사에 관한 설명으로 옳지 않은 것은?

① 오가통(五家統)은 지역이 자율적으로 주도한 인보제도이다.

② 두레는 촌락단위의 농민상호협동체이다.

③ 향약은 지역민의 순화, 덕화, 교화를 목적으로 한 자치적 협동조직이다.

④ 계(契)는 조합적 성격을 지닌 자연발생적 조직이다.

⑤ 품앗이는 농민의 노동력을 서로 차용 또는 교환하는 것이다.

〔 해설 〕 ① 오가통(五家統)은 정부에 의해 어느 정도 강제성을 지닌 인보제도로서, 각 하급 지방행정구획을 세분하여 그 구역 내의 구성원이 지역의 치안을 유지하고 복리를 증진하며, 교화를 향상하여 지방행정의 운영을 돕도록 한 조선시대의 지방자치제도이다.

18회 기출

15 한국 지역사회복지 역사에 관한 설명으로 옳은 것은?

① 2001년 국민기초생활보장제도 시행으로 정부의 책임성 강화

② 2007년 「협동조합기본법」의 제정으로 자활공동체가 보다 쉽게 협동조합을 결성할 수 있게 됨

③ 2010년 사회복지통합관리망(행복e음) 구축

④ 2015년 시 · 군 · 구 희망복지지원단 운영으로 통합사례관리 시행

⑤ 2018년 주민자치센터를 행정복지센터로 명칭 변경

〔 해설 〕 ① 2000년, ② 2012년, ④ 2012년, ⑤ 2016년

CHAPTER 02 지역사회복지의 실천모델 및 실천과정

14회 기출

01 다음 내용에서 사용되고 있는 로스만(J. Rothman)의 지역사회복지실천모델의 적용으로 옳은 것은?

> 사회복지사로 종사하는 '갑'은 지역 내에 독거노인들이 급격히 증가하면서 여러 가지 생활 어려움에 직면해 있는 현실을 직시하고, 동시에 관련 자료의 수집 및 분석과 분야의 전문가들을 만나서 설명과 그 문제해결을 위한 모임을 갖기로 하였다. 그리고 지역주민들이 참여하는 토론회 개최 등을 통해 문제해결방안을 모색한다.

① 사회행동모델, 지역사회개발모델
② 사회행동모델, 사회계획모델
③ 지역사회개발모델, 사회계획모델
④ 지역사회개발모델, 사회운동모델
⑤ 사회운동모델, 사회계획모델

[해설] ③ 지역 내 독거노인의 급격한 증가에 따라 나타날 수 있는 노인빈곤, 주거, 건강, 여가 등 지역사회 문제를 해결하고자 문제에 관련된 자료를 수집 및 분석하여 문제규명, 욕구사정, 목표개발 등을 실행하는 것은 '사회계획모델'에 해당한다. 또한 이와 같은 지역사회 문제를 해결하기 위해 광범위한 주민들을 목표설정과 실천행동에 참여시킴으로써 합의와 집단토의 과정을 통해 문제해결방안을 모색하는 것은 '지역사회개발모델'에 해당한다.

20회 기출

02 로스만(J. Rothman)의 지역사회조직모델 중 지역사회개발에 관한 설명으로 옳지 않은 것은?

① 지역사회 변화를 위한 전술로 합의방법을 사용한다.
② 변화의 매개체는 과업지향의 소집단이다.
③ 지역사회의 아노미 상황에 사용할 수 있다.
④ 정부조직을 경쟁자로 인식한다.
⑤ 변화를 위한 전략으로 문제해결에 다수의 사람을 참여시킨다.

[해설] ④ 로스만(Rothman)의 지역사회조직모델 중 지역사회개발모델에서는 권력구조에 있는 구성원을 협력자로 인식한다. 즉, 지역사회 내의 권력을 가진 사람이 지역사회를 향상시키는 데 공동의 노력을 한다고 본다.

03 우리나라 새마을운동에 관한 설명으로 옳지 않은 것은?

① 지역사회개발사업과 관련이 있다.

② 농촌생활환경개선운동으로 시작되었으나 소득증대운동으로는 발전하지 못하였다.

③ 근면 · 자조 · 협동을 주요 정신으로 한다.

④ 1970년대 새마을운동 기록물은 유네스코 세계기록유산에 등재되어 있다.

⑤ 매년 4월 22일은 정부지정 새마을의 날이다.

〔 해설 〕 ② 새마을운동은 처음에 초가집 없애기(지붕개량), 블록 담장으로 가꾸기, 마을 안길 넓히고 포장하기, 다리놓기, 농로(논밭으로 이어지는 길) 넓히기, 공동빨래터 설치 등의 기초적인 환경개선사업을 하였다. 이 사업의 성과로 마을이 아담하고 쾌적한 모습으로 달라지자 주민들은 이에 그치지 않고 마을회관 건립, 상수도 설치, 소하천 정비, 복합영농 추진, 축산, 특용작물 재배 등을 통해 1970년대 중반에는 농가소득이 도시 근로자 소득수준으로 향상되었다.

04 지역사회복지실천모델에 관한 설명으로 옳지 않은 것은?

① 로스만(J. Rothman)의 사회행동모델은 불이익을 받거나 권리가 박탈당한 사람의 이익을 옹호한다.

② 로스만(J. Rothman)의 지역사회개발모델은 지역사회나 문제의 아노미 또는 쇠퇴된 상황을 전제한다.

③ 로스만(J. Rothman)의 사회계획모델은 주택이나 정신건강 등의 이슈를 명확히 하고 권력구조에 대항한다.

④ 웨일과 갬블(M. Weil & D. Gamble)의 기능적 지역사회조직모델은 발달장애아동의 부모 모임과 같이 공통 이슈를 지닌 집단의 이해관계를 기반으로 한다.

⑤ 웨일과 갬블(M. Weil & D. Gamble)의 연합모델의 표적체계는 선출직 공무원이나 재단 및 정부당국이 될 수 있다.

〔 해설 〕 ③ 로스만(Rothman)의 사회계획모델은 주택(주거), 정신건강(보건), 범죄 등 구체적인 사회문제를 해결하는 기술적인 과정을 중시한다. 문제해결을 위한 공식적 · 합리적인 계획이 핵심이며, 과업지향적 활동목표를 가진다. 반면, 지역사회 내 권력과 자원의 재분배, 사회적 약자에 대한 의사결정의 접근성 강화를 위해 권력구조에 대항하는 대항활동(Confrontation)을 강조하는 것은 사회행동모델에 해당한다.

12회 기출

05 지역사회복지실천모델 중 테일러와 로버츠(Taylor & Roberts) 모델에 해당하는 것을 모두 고른 것은?

> ㄱ. 로스만(Rothman)의 기본 3가지 모델을 분화하여 지역사회복지실천모델을 5가지 유형으로 구분하였다.
> ㄴ. 이 모델의 특징은 후원자의 의사결정 영향 정도를 구체적으로 구분하였다는 것이다.
> ㄷ. 정치적 권력강화모델은 로스만의 사회행동모델과 유사하다.
> ㄹ. 지역사회연계모델은 후원자가 클라이언트보다 더 많은 결정 권한이 있다.

① ㄱ, ㄴ, ㄷ　　　　　　　　　　　② ㄱ, ㄷ
③ ㄴ, ㄹ　　　　　　　　　　　　　④ ㄹ
⑤ ㄱ, ㄴ, ㄷ, ㄹ

[해설]　ㄹ. 지역사회연계모델(Community Liaison Model)은 지역사회의 문제를 해결하기 위해 클라이언트의 개별적인 문제와 지역사회의 문제를 연계하는 방식으로, 후원자와 클라이언트의 의사결정 영향 정도가 비교적 균등하다.

06 테일러와 로버츠(Taylor & Roberts)는 지역사회복지실천모델을 다섯 가지 유형으로 구분하였으며, 각각의 유형에 대해 후원자와 클라이언트 간의 의사결정 영향 정도를 제시하였다. 다음 중 후원자가 가장 높은 수준의 결정 권한을 가지는 모델에 해당하는 것은?

① 정치적 권력강화모델
② 지역사회개발모델
③ 지역사회연계모델
④ 프로그램 개발 및 조정모델
⑤ 계획모델

[해설]　**후원자와 클라이언트 간의 의사결정 영향 정도**

프로그램 개발 및 조정모델	후원자가 100% 결정 권한을 가짐
계획모델	후원자가 대략 7/8 정도 결정 권한을 가짐
지역사회연계모델	후원자와 클라이언트가 각각 1/2 정도 결정 권한을 가짐
지역사회개발모델	클라이언트가 대략 7/8 정도 결정 권한을 가짐
정치적 권력강화모델	클라이언트가 100% 결정 권한을 가짐

16회 기출

07 다음 설명에 해당하는 테일러와 로버츠(S. Taylor & R. Roberts)의 지역사회복지실천모델은?

> • 갈등이론과 다원주의 사회에서의 다양한 이익집단의 경쟁원리에 기초한다.
> • 시민의 참여를 보장하고 극대화하는 데 중요한 목적이 있다.
> • 전문가들은 교육자, 자원개발자, 운동가의 역할을 한다.

① 프로그램 개발 및 조정
② 계 획
③ 지역사회연계
④ 지역사회개발
⑤ 정치적 권력강화

[해설] **테일러와 로버츠(Taylor & Roberts)의 정치적 권력강화모델**
사회적으로 배제된 집단의 사회참여를 지원 및 지지하고, 자신들의 권리를 확보할 수 있도록 집단의 역량을 강화하는 데 초점을 둔다. 특히 사회체계 및 사회제도에서 시민의 참여를 보장하고 극대화함으로써 민주주의의 확장을 도모하는 한편, 새로운 조직 개발을 통해 참여의 채널을 촉진하는 것을 주요 목적으로 한다.

21회 기출

08 다음에서 설명하는 웨일과 갬블(M. Weil & D. Gamble)의 지역사회복지실천모델은?

> • 공통 관심사나 특정 이슈에 대한 정책, 행위, 인식의 변화에 초점
> • 일반대중 및 정부기관을 변화의 표적체계로 파악
> • 조직가, 촉진자, 옹호자, 정보전달자를 사회복지사의 주요 역할로 인식

① 사회계획
② 기능적 지역사회조직
③ 프로그램 개발과 지역사회연계
④ 연 합
⑤ 정치사회행동

[해설] **기능적 지역사회조직모델**
동일한 정체성이나 이해관계를 가진 사람들의 인위적인 조직을 통해 구성원들의 역량을 강화하며, 특정 관심사에 대한 사회적 변화를 유도한다. 특히 행위와 태도의 옹호 및 변화에 초점을 둔 사회정의를 위한 행동 및 서비스 제공을 목표로 한다.

16회 기출

09 웨일과 갬블(M. Weil & D. Gamble)의 지역사회복지실천모델에 관한 설명으로 옳은 것을 모두 고른 것은?

> ㄱ. 사회운동모델 : 성취목표는 특정 대상집단 또는 이슈 관련 사회정의를 위한 행동이다.
> ㄴ. 근린지역사회조직모델 : 사회복지사의 역할은 정보전달자, 관리자 등이다.
> ㄷ. 사회계획모델 : 관심영역은 특정 욕구를 가진 대상자를 위한 서비스 개발이다.
> ㄹ. 정치 · 사회행동모델 : 일차적 구성원은 선출된 공무원, 사회복지기관 등이다.

① ㄱ   ② ㄱ, ㄴ

③ ㄴ, ㄷ   ④ ㄷ, ㄹ

⑤ ㄱ, ㄷ, ㄹ

[해설] ㄱ. 사회운동모델은 특정 집단이나 이슈에 대해 새로운 패러다임을 제공할 수 있는 사회정의 실현의 행동화를 목표로 한다.
ㄴ. 근린지역사회조직모델에서 사회복지사는 조직가, 교사, 코치, 촉진자로서의 역할을 수행한다. 반면, 사회복지사가 정보전달자, 관리자 등의 역할을 수행하는 것은 사회계획모델에 해당한다.
ㄷ. 사회계획모델의 관심영역은 지역사회의 사회적 욕구통합과 사회서비스 관계망 조정 등이다. 반면, 특정 욕구를 가진 대상자를 위한 서비스 개발은 프로그램 개발과 지역사회연계모델의 관심영역에 해당한다.
ㄹ. 정치 · 사회행동모델의 일차적 구성원은 정치적 권한을 가진 시민이다. 반면, 선출된 공무원, 사회복지기관 등을 일차적 구성원으로 하는 것은 사회계획모델에 해당한다.

17회 기출

10 웨일과 갬블(M. Weil & D. Gamble)이 제안한 프로그램 개발과 지역사회연계모델에서 사회복지사의 역할로 옳게 묶인 것은?

① 대변자, 계획가, 중재자

② 계획가, 관리자, 프로포절 제안자

③ 대변자, 조직가, 촉진자

④ 관리자, 대변자, 교육자

⑤ 협상가, 전문가, 프로포절 제안자

[해설] **지역사회복지실천모델과 사회복지사의 역할(Weil & Gamble)**
 • 근린지역사회조직모델 – 조직가, 교사(교육자), 코치, 촉진자
 • 기능적 지역사회조직모델 – 조직가, 옹호자, 정보전달자, 촉진자
 • 지역사회의 사회 · 경제개발모델 – 협상자(협상가), 증진자, 교사(교육자), 계획가, 관리자
 • 사회계획모델 – 조사자, 관리자, 정보전달자, 프로포절 제안자(제안서 작성자)
 • 프로그램 개발과 지역사회연계모델 – 대변자, 계획가, 관리자, 프로포절 제안자(제안서 작성자)(②)
 • 정치 · 사회행동모델 – 옹호자, 조직가, 조사자, 조정자
 • 연합(연대활동)모델 – 중개자, 협상자(협상가), 대변자
 • 사회운동모델 – 옹호자, 촉진자

11 다음 중 지역사회의 거시적 실천 과정과 실행 내용을 연결한 것으로 옳지 않은 것은?

① 문제와 표적집단의 이해 – 지역사회 상황 확인과 인구집단에 대한 이해
② 지역사회의 강점과 문제의 분석 – 인과관계에 근거한 개입가설의 개발
③ 개입전략의 개발 – 개입목적과 목표의 설정
④ 지역사회실천 개입 – 프로그램 기획 및 실행
⑤ 평가 – 효율성 및 효과성 평가

〔 해설 〕 ② 인과관계에 근거한 개입가설의 개발은 '개입전략의 개발' 과정의 실행 내용에 해당한다.

13회 **기출**

12 다음은 지역사회복지실천 과정 중 어느 단계에 관한 설명인가?

주거빈곤의 어려움을 호소하는 클라이언트에 대해 사회복지사는 해당 지역에 대한 조사를 실시한 후 이를 개인의 경제적 문제, 지역사회의 불량주택문제, 공공임대주택정책의 문제 중 어떤 문제로 볼 것인지를 결정하였다.

① 자원계획 및 동원 단계　　　　　② 목적 및 목표 설정 단계
③ 문제발견 및 분석 단계　　　　　④ 실행 단계
⑤ 평가 단계

〔 해설 〕 ③ 문제발견 및 분석 단계는 케트너 등(Kettner et al.)이 제시한 지역사회복지실천의 단계 중 변화기회를 확인(제1단계)하고 이를 분석(제2단계)하는 단계에 해당한다. 이 단계에서는 문제와 관련된 사람이 누구인지, 문제의 범위는 어디까지인지, 문제의 특성은 무엇인지 등을 파악하며, 문제의 역동성과 의미를 분석하여 문제 자체를 객관화시킨다.

15회 기출

13 지역사회복지실천 과정 중 다음 활동을 해야 하는 단계는?

- 참여자 적응 촉진하기
- 참여자 간 저항과 갈등 관리하기

① 실행 단계　　　　　　　　　　　② 자원계획 단계
③ 목적 · 목표 설정 단계　　　　　　④ 문제분석 단계
⑤ 평가 단계

[해설] ① 변화노력 실행, 즉 실행 단계는 케트너 등(Kettner et al.)이 제시한 지역사회복지실천 9단계 과정 중 제6단계로, 계획을 행동으로 변환시키는 단계이다. 구체적인 활동계획에 착수하여 참여자를 적응시키고 활동들을 조정하면서 조화를 이루게 하는 등 적응과 조정을 촉진한다. 특히 이 단계에서는 저항과 갈등 관리하기, 참여자의 자기규제 및 자기통제 개발시키기, 지지기반(네트워크) 강화하기 등의 대인관계적 과제가 제시된다.

12회 기출

14 지역사회 문제를 규명하는 방법으로 옳지 않은 것은?

① 문제에 대해 공식적으로 인정하고 지역사회행동을 위한 아젠다(Agenda)로 채택한다.
② 해당 문제와 관련된 문헌을 검토한다.
③ 지역사회 지도자, 공직자, 토착주민, 지역운동가 등 유력인사의 인식은 배제한다.
④ 해당 문제를 해결하기 위한 과거의 노력을 찾아본다.
⑤ 해결을 위한 장애요인과 문제의 지속요인을 파악한다.

[해설] ③ 지역사회의 문제확인을 위해 객관적 문헌과 실증자료를 토대로 그것이 왜 문제시되어 왔는지, 어떠한 장애요인들이 문제해결을 어렵게 하고 있는지, 과거에 어떠한 노력을 기울여 왔는지 등을 파악한다. 특히 지역사회 문제 유형을 구분하고 이를 특정화(Specification)하기 위해 지역사회 내의 다양한 관련자들과 폭넓은 대화를 시도할 필요가 있으므로, 지역사회 내 유력인사의 인식을 포함시킨다.

16회 기출

15   **지역사회복지실천에서 이루어지는 초기 욕구사정에 관한 설명으로 옳지 않은 것은?**

① 욕구의 상대적 중요성을 확인하는 목적이 있다.

② 지역사회복지실천을 위한 성과평가의 의미를 갖는다.

③ 욕구사정에 대한 다양한 방법론을 이해해야 한다.

④ 문제확인과 해결의 우선순위에 주안점을 둔다.

⑤ 욕구사정의 초점은 서비스 및 접근가능성이 포함된다.

〔 해설 〕 ② 욕구사정은 지역사회복지실천 활동을 수행하기 위한 예비적인 안내역할로서의 의미를 갖는다.

CHAPTER **03**   **사회복지사의 역할 및 실천기술**

9회 기출

01   **지역사회복지실천에서 안내자로서의 역할로 옳은 것을 모두 고른 것은?**

> ㄱ. 자신의 역할에 대한 설명
> ㄴ. 합리적인 설득
> ㄷ. 객관적인 입장 견지
> ㄹ. 지배세력의 주요 관심사 발견

① ㄱ, ㄴ, ㄷ   ② ㄱ, ㄷ

③ ㄴ, ㄹ   ④ ㄹ

⑤ ㄱ, ㄴ, ㄷ, ㄹ

〔 해설 〕 지역사회개발모델에서 사회복지사의 안내자(Guide)로서의 역할(Ross)
   • 일차적인 역할   • 주도능력
   • 객관적인 입장(ㄷ)   • 지역사회와의 동일시
   • 자기역할의 수용   • 역할에 대한 설명(ㄱ)

02 다음 중 지역사회개발모델에서 사회복지사의 조력자(Enabler)로서의 역할로 옳지 않은 것은?

① 지역사회 문제해결을 위한 주도권을 발휘한다.
② 지역사회 문제해결을 위한 조직화를 격려한다.
③ 지역사회의 모임에 따뜻한 분위기를 조성한다.
④ 지역사회의 불만을 집약한다.
⑤ 공동의 목표를 강조한다.

[해설] ① 지역사회개발모델에서 사회복지사의 안내자(Guide)로서의 역할에 해당한다.

지역사회개발모델에서 사회복지사의 조력자(Enabler)로서의 역할(Ross)
• 불만을 집약하는 일
• 조직화를 격려하는 일
• 좋은 대인관계를 육성하는 일
• 공동목표를 강조하는 일

03 다음 중 보기의 내용과 연관된 지역사회개발모델에서 사회복지사의 역할로 가장 옳은 것은?

> 사회복지사는 주변 지역과 비교하여 사회문화적으로 낙후된 양상을 보이는 지역에 대해 진단을 실시하였다. 그리고 그 원인이 수구적인 관습과 금기시되는 사고에 있음을 주민들에게 이해시키고, 사회문화적 발전을 저해하는 요인을 제거하도록 도왔다.

① 조사자
② 안내자
③ 조정자
④ 사회치료자
⑤ 촉매자

[해설] **지역사회개발모델에서 사회복지사의 사회치료자(Therapist)로서의 역할(Ross)**
• 지역사회 공동의 관심사를 저해하는 금기적 사고나 전통적인 태도에 대해 지역사회 수준에서 진단하고 치료하여 이를 제거하도록 돕는다.
• 진단을 통해 규명된 성격 및 특성을 지역주민들에게 제시하여 그들의 올바른 이해를 돕고 긴장을 해소하도록 함으로써 협력적인 작업을 방해하는 요인들을 제거한다.

04 다음 중 그로서(Grosser)가 제시한 사회행동모델에서 사회복지사의 역할 가운데 가장 적극적이고 급진적인 역할에 해당하는 것은?

① 옹호자(Advocate)
② 중개자(Broker)
③ 행동가(Activist)
④ 조력자(Enabler)
⑤ 중재자(Mediator)

[해설] **사회행동모델에서 사회복지사의 행동가(Activist)로서의 역할(Grosser)**
• 지역사회 내 불이익을 당하는 주민들을 위해 지역사회 환경개선 및 서비스 요구의 집단행동에서 리더십을 발휘하는 역할이다.
• 사회복지사는 지역사회와 지역주민들을 클라이언트로 보기보다는 사회변화를 위해 함께 나아가야 할 동지로 본다.

05 다음 중 지역사회복지 실천기술에 대한 설명으로 옳지 않은 것은?

① 조직화 – 클라이언트의 문제를 해결하기 위해 필요로 하는 인력이나 서비스를 규합한다.
② 연계 – 참여조직들에 대한 업무의 배분과 조정에 초점을 둔다.
③ 임파워먼트 – 기업연계 마케팅(CRM) 등의 방법을 활용한다.
④ 자원개발 · 동원 – 기존 조직, 개별적 접촉, 네트워크 등을 활용한다.
⑤ 옹호 – 억압된 집단 입장의 정당성을 주장하고 지도력과 자원을 제공한다.

[해설] ③ 기업연계 마케팅(CRM) 등의 방법을 활용하는 것은 자원개발 · 동원 기술에 해당한다. 특히 사회복지기관은 물적 자원을 효과적으로 확보하기 위해 마케팅 전략을 필요로 한다.

06 다음 중 자기옹호(Self-advocacy)에 대한 설명으로 옳은 것은?

① 근본적인 제도상의 변화를 추구한다.
② 자조집단이나 지지집단으로 구성하여 활동한다.
③ 가정폭력 피해자들의 입장을 대변한다.
④ 개인이나 가족을 대신하여 옹호하는 활동이다.
⑤ 비슷한 문제를 경험하는 클라이언트들로 구성된다.

[해설] ① 체제변환적 옹호(Advocacy for Systems Change)
③ · ⑤ 집단옹호(Group Advocacy)
④ 개인옹호(Individual Advocacy)

12회 기출

07 사회복지사가 클라이언트를 위한 옹호를 할 때, 옹호의 구체적 전술에 해당하지 않는 것은?

① 설 득   ② 증언청취
③ 표적을 난처하게 하기   ④ 정치적 압력
⑤ 의 뢰

[해설] **옹호의 구체적 전술**(Kirst-Ashman & Hull, Jr.)
- 설득(Persuasion)
- 공청회 또는 증언청취(Fair Hearing)
- 표적을 난처하게 하기(Embarrassment of the Target)
- 정치적 압력(Political Pressure)
- 미디어 활용(Using Media)
- 청원 또는 탄원서(Petitioning)

08 다음 지역사회복지 실천기술 중 연계 기술에 대한 설명으로 옳지 않은 것은?

① 서비스의 중복과 누락을 방지하고 자원을 효율적으로 관리하기 위한 기술이다.
② 상호 신뢰와 호혜성의 원칙에 입각한다.
③ 기관이나 조직은 체계적이고 수직적인 관계를 유지한다.
④ 지역사회보장협의체는 연계기술을 활용한 대표적인 사례로 볼 수 있다.
⑤ 사회복지사는 기존의 연계체제를 다른 사회복지사와 서로 주고받아 활용할 수 있도록 한다.

[해설] ③ 연계 기술은 제반 자원의 공유와 상호교류를 위해 합당한 능력을 갖춘 둘 이상의 개인이나 기관 혹은 조직의 특성을 파악하여 이들을 한 체계로 엮어놓는 기술이다. 특히 관련 기관이나 조직들 간의 상호 신뢰와 호혜성의 원칙이 강조되므로, 수직적인 관계가 아닌 수평적인 관계를 유지해야 한다.

17회 기출

09 지역사회복지실천에서 연계 기술(Networking)에 관한 설명으로 옳지 않은 것은?

① 사회복지기관의 서비스 제공 과정에서 효율성 증대
② 사회복지사의 연계망 강화 및 확장
③ 이용자 중심의 통합적 서비스 제공
④ 서비스 계획의 공동 수립과 서비스 제공에서 팀 접근 수행
⑤ 지역사회 복지의제 개발과 주민 의식화

[해설] ⑤ 지역사회복지 관련 문제의 쟁점에 대해 일반대중의 관심을 이끌 수 있도록 이를 의제화하고, 문제의 원인이 지역주민 자신들이 아닌 사회구조에 있음을 의식화하도록 하는 것은 임파워먼트(Empowerment) 기술과 연관된다.

10 다음 중 보기의 내용과 연관된 지역사회조직의 연계 수준으로 가장 옳은 것은?

> 사회복지사가 서비스의 중복을 방지하고 자원 활용의 효율성을 도모하기 위해 조직의 정체성을 유지하면서 정기모 임이나 회의를 통해 활동이 이루어지도록 조력한다.

① 연락(Communication) ② 통합(Integration)
③ 조정(Coordination) ④ 동맹(Alliance)
⑤ 융합(Convergence)

[해설] **연계의 수준**
- 연락(Communication) : 낮은 수준의 연계 · 협력으로서, 개별기관이 서비스 제공에 필요한 정보를 교환 및 공유하는 단계이다.
- 조정(Coordination) : 서비스의 중복을 방지하고 자원 활용의 효율성을 도모하기 위해 조직의 정체성을 유지하면서 정기모임이 나 회의를 통해 활동이 이루어지도록 조력한다.
- 협력(Collaboration) : 분리된 각 조직이 단일한 프로그램이나 서비스를 결합하여 함께 제공하기 위한 목적을 가지고 연계하되, 조직의 정체성을 유지하면서 자원을 공유한다.
- 통합(Integration) : 개별기관들이 각자의 정체성을 유지하지 않고 서비스 제공을 위해 하나의 조직체로 통합함으로써 새로운 조 직체로의 정체성을 갖는다.

11 다음 중 지역사회복지 네트워크의 성공요인으로 옳지 않은 것은?

① 조직의 자발성이 인정되어야 한다.
② 조직의 경쟁성이 우선되어야 한다.
③ 조직의 힘은 균등하여야 한다.
④ 협력의 목적과 비전이 공유되어야 한다.
⑤ 네트워크 관리자의 역할이 중요하다.

[해설] **지역사회복지 네트워크의 성공요인**
- 협력의 목적과 비전이 공유되어야 한다.(④)
- 원활한 참여를 위해 자원이 풍부하여야 한다.
- 조직의 힘은 균등하여야 한다.(③)
- 조직의 자발성이 인정되어야 한다.(①)
- 네트워크 관리자의 역할이 중요하다.(⑤)

15회 기출

12 사회복지사가 활용하는 조직화 기술에 해당하지 않는 것은?

① 회의 기술
② 협상 기술
③ 지역문제 이슈설정 기술
④ 지역사회 지도자 발굴 기술
⑤ 주민통제 기술

[해설] **사회복지사가 활용하는 조직화 기술**
- 지역문제 이슈설정 기술 : 사회복지사는 사회조사 전문가가 아니더라도 최소한 지역사회에서 일어나는 주요 이슈와 관련하여 지식이 있어야 한다.
- 회의 기술 : 지역주민들이 문제에 대해 논의할 수 있도록 집단회의를 개최할 수 있어야 한다.
- 지역사회 지도자 발굴 기술 : 지역주민을 대표할 수 있는 대표자(지도자)들을 선출하여 위원회를 구성하고 그들과 함께 일하는 것이 일의 효율성을 증가시키는 방법이다.
- 협상 기술 : 갈등을 해결하기 위해 위원회 개최, 집단회의, 개별상담을 통해 협상을 수행할 수 있어야 한다.

20회 기출

13 조직화 기술에 관한 설명으로 옳은 것을 모두 고른 것은?

> ㄱ. 지역주민이 주체가 되어 사회복지조직의 목표를 성취하도록 운영한다.
> ㄴ. 지역주민이 자신들의 문제를 함께 풀어나가는 과정을 포함한다.
> ㄷ. 지역사회 역량강화를 위해 지역사회복지 거버넌스 구조와 기능을 축소시킨다.

① ㄴ
② ㄱ, ㄴ
③ ㄱ, ㄷ
④ ㄴ, ㄷ
⑤ ㄱ, ㄴ, ㄷ

[해설] ㄷ. 지역사회 역량강화를 위해 지역사회복지 거버넌스 구조와 기능을 확대한다. 이른바 '로컬 거버넌스(Local Governance)'는 지역사회의 분권화, 시민사회의 성장, 지역주민 욕구들의 다양화에 반응하기 위한 새로운 대안으로서, 민·관의 이분법적 참여구조를 넘어 지방정부와 비영리단체는 물론 지방의 기업과 같은 영리단체의 참여를 포함하는 삼자 이상의 협의체계를 가능하게 한다.

21회 기출

14 다음 사례에서 사회복지사가 활용한 기술은?

> A사회복지사는 독거노인이 따뜻한 겨울을 보낼 수 있도록 지역 내 종교단체에 예산과 자원봉사자를 지원해 줄 것을 요청하였다.

① 조직화

② 옹 호

③ 자원개발 및 동원

④ 협 상

⑤ 교 육

〔 해설 〕 **자원개발 및 동원**
- 자원개발 · 동원 기술은 지역주민의 욕구 충족 및 문제 해결을 위해 자원이 필요한 경우 자원을 발굴하고 동원하는 기술이다.
- 특히 인적 자원을 동원하기 위해 기존 조직(집단)이나 네트워크를 활용하며, 개별적 접촉을 통해 지역사회실천에 동참하도록 유도한다.

18회 기출

15 임파워먼트 기술에 해당하는 것을 모두 고른 것은?

> ㄱ. 권력 키우기
> ㄴ. 의식 고양하기
> ㄷ. 공공의제 만들기
> ㄹ. 지역사회 사회자본 확장

① ㄹ

② ㄱ, ㄷ

③ ㄴ, ㄹ

④ ㄱ, ㄴ, ㄷ

⑤ ㄱ, ㄴ, ㄷ, ㄹ

〔 해설 〕 **지역사회의 임파워먼트를 높이기 위한 구체적인 방법(Rubin & Rubin)**
- 의식 제고 또는 의식 고양하기(Consciousness Raising)(ㄴ)
- 자기 주장 또는 자기 목소리(Self-assertion)
- 공공의제의 틀 형성하기 또는 공공의제 만들기(Framing the Agenda)(ㄷ)
- 권력 키우기(Building Power)(ㄱ)
- 역량 건설(Capacity Building)
- 사회자본의 창출 또는 사회자본의 확장(Creating Social Capital)(ㄹ)

16 다음 중 사회행동과 관련된 내용으로 옳지 않은 것은?

① 사회행동은 외부집단 구성원들에게까지 수용될 수 있어야 한다.
② 사회적 합법성을 인정받는 것은 승리의 목표와 직결된다.
③ 상대집단의 약점을 자극하여 수치심을 자극하는 것도 하나의 전략이다.
④ 목표달성을 위해 필요한 경우 폭력행위를 사용해도 무방하다.
⑤ 상대집단에 피해를 입힐 수 있는 능력을 보이는 것만으로도 효과적이다.

〔해설〕 ④ 사회적 합법성을 확보하는 데 있어서 적합한 전술을 선택하는 것이 중요하며, 특히 과격한 폭력행위를 행사하지 않도록 주의해야 한다.

17 다음 중 지역사회 내 조직 간 협력전략에 대한 설명으로 옳은 것은?

① 동맹(Alliance)은 조직의 자율성을 중시하면서 힘을 증대시키는 방식이다.
② 협조(Cooperation)는 계속적이나 느슨하게 구조화된 협력방식이다.
③ 연합(Coalition)은 대규모의 조직관계망을 가지는 고도의 조직적인 유형이다.
④ 조직 간의 협력체계 정도는 '협조 → 연합 → 동맹' 순으로 갈수록 강화된다.
⑤ 동맹은 의사결정 시 회원조직으로부터 승인을 필요로 하지 않는다.

〔해설〕 ①·② 연합(Coalition)의 내용에 해당한다. 연합은 계속적이나 느슨하게 구조화된 협력방식으로서, 참여조직들 간에 이슈와 전략을 합동으로 선택하는 보다 조직적인 유형이다.
③ 동맹(Alliance)의 내용에 해당한다. 동맹은 기술적 정보제공 및 로비활동에 역점을 두는 전문가를 둔 영속적인 구조이다.
⑤ 동맹(Alliance)은 의사결정 시 회원조직으로부터 승인을 필요로 한다.

11회 기출
18 사회행동조직이 타 조직과 맺는 협력관계 유형 중 연합관계에 관한 설명으로 옳은 것은?

① 각 조직은 모든 행동에 참여할 필요가 없음
② 유사한 목표를 가진 조직들의 일시적 연결
③ 언제든지 어느 한 쪽에 의해 중단 가능
④ 전문가를 둔 영속적인 구조
⑤ 중앙위원회나 직원에 의해 장기적인 활동 수행

〔해설〕 ① 연합관계에서 참여조직들은 특정 행동(예 캠페인이나 대항행동 등)에 대한 참여 여부를 선택할 수 있다.
②·③ 협조관계에 해당한다. 협조관계는 타 조직과 최소한의 협력을 유지하는 관계유형으로서, 임시적 계획이 사안에 따라 만들어진다.
④·⑤ 동맹관계에 해당한다. 동맹관계는 대규모의 조직관계망을 가지는 고도의 조직적인 관계유형이다.

19 다음 중 상대집단을 이기기 위한 힘의 확보 전략으로서 특히 사회행동에서 가장 중요한 힘의 원천이 되는 것은?

① 정보력
② 잠재력
③ 약점의 이용
④ 힘의 과시
⑤ 집단동원력

[해설] ⑤ 집단행동에 다수의 사람을 동원할 수 있는 능력, 즉 집단동원력은 사회행동에서 가장 중요한 힘의 원천이 된다. 시위에 많은 사람들이 참여한다는 것 자체가 정부당국의 정책에 대해 주민의 저항이 강하다는 것을 인식시키는 것이며, 이는 선거에 의해 선출되는 정치인들에게 있어서 무시할 수 없는 현상으로 인식될 수 있다.

14회 기출

20 지역사회 권력구조를 설명하는 정치적 의사결정 모델 중 다음 설명에 해당되는 것은?

> 지역사회에서의 주요 의사결정이 이익집단들의 경쟁 과정을 통해 최종정책이 결정되는 점을 전제로 한다. 이런 의미에서 지방자치단체나 지방의회의 주요 역할은 이익집단들 간의 경쟁이나 갈등을 중재하는 것으로 볼 수 있다.

① 다원주의 의사결정 모델
② 엘리트주의 의사결정 모델
③ 신엘리트주의 의사결정 모델
④ 공공선택 의사결정 모델
⑤ 시민선택 의사결정 모델

[해설] **정치적 의사결정 모델(Dye)**
• 엘리트주의 의사결정 모델 : 지역사회에서의 주요 의사결정이 지역사회 내의 엘리트들에 의해 이루어진다고 본다.
• 다원주의 의사결정 모델 : 주요 의사결정이 이익집단들의 경쟁 과정을 통해 최종정책이 결정되는 점을 전제로 한다.
• 공공선택 의사결정 모델 : 주요 의사결정은 이익집단들이 정치가들에게 제공할 수 있는 자원(예 기부금, 투표, 미디어 활용 등)의 크기에 영향을 받는다.
• 신엘리트주의 의사결정 모델 : 이익집단들이 엘리트층에게 일정한 수단(예 기부금, 투표, 미디어 활용 등)을 지원함으로써 의사결정의 영향력을 높일 수 있다고 본다.

CHAPTER 04 지역사회복지실천의 체계와 환경

16회 기출

01 다음 사회복지전담공무원의 핵심 역할은?

> A씨는 최근 건강이 나빠져서 일을 할 수 없게 되자 주민센터(행정복지센터)를 찾아갔다. 사회복지전담공무원은 지원 가능한 급여와 서비스 등을 알려주고, A씨는 이를 이용하였다.

① 조직가   ② 교육자
③ 옹호자   ④ 협상가
⑤ 자원연결자

〔 해설 〕 ⑤ 지역사회자원을 필요로 하는 사람에게 자원을 연결시켜 주는 것이므로 자원연결자로서의 역할에 해당한다.

20회 기출

02 지방자치제도에 관한 설명으로 옳은 것은?

① 지방정부에 비해 중앙정부의 책임을 강조하고 있다.
② 지역 간 복지수준의 격차가 발생하지 않는다.
③ 복지예산의 지방이양으로 지방정부의 책임이 강화된다.
④ 지방자치단체장은 중앙정부가 임명한다.
⑤ 지방정부의 복지예산 확대로 민간의 참여가 약화된다.

〔 해설 〕 ③ 지방자치제도는 지방정부의 지역복지에 대한 자율성 및 책임의식을 증대시킬 수 있다.
　　　　　① 지방정부의 책임성을 강조하는 방향으로 나아가고 있다.
　　　　　② 지역 간 복지수준의 격차가 발생할 수 있다.
　　　　　④ 지방자치단체의 장은 주민이 보통 · 평등 · 직접 · 비밀선거로 선출한다(지방자치법 제107조).
　　　　　⑤ 지방정부의 복지예산 확대로 민간의 참여기회가 확대될 수 있다.

16회 기출

03 우리나라 중앙정부의 지방정부 재정지원방식에 관한 설명으로 옳은 것을 모두 고른 것은?

> ㄱ. 일반보조금(General Grant)은 지역 간 재정 격차를 해소하려는 데 목적이 있다.
> ㄴ. 범주적 보조금(Categorical Grant)은 복지서비스의 전국적 통일성과 평등한 수준을 유지하는 데 적합하다.
> ㄷ. 범주적 보조금(Categorical Grant)의 매칭펀드는 지방정부의 재정운영을 어렵게 만들 수 있다.

① ㄴ   ② ㄱ, ㄴ
③ ㄱ, ㄷ   ④ ㄴ, ㄷ
⑤ ㄱ, ㄴ, ㄷ

[해설] ㄱ. 일반보조금(General Grant)은 보조금의 지급 및 사용 목적이 별도로 규정되어 있지 않은 것으로서, 지역 간 재정 격차의 축소와 지방정부의 지출능력 강화를 목적으로 한다.
ㄴ. 범주적 보조금(Categorical Grant)은 보조금의 지급 및 사용 목적이 상세히 규정되어 있는 것으로서, 중앙정부가 재정지출에 대해 실질적인 통제력을 확보하고 있으므로 복지서비스의 전국적 통일성과 평등한 수준을 유지하는 데 적합하다.
ㄷ. 보조금을 지원받는 지방정부는 자체재원으로 '매칭펀드(Matching Fund)'라 불리는 재정을 부담하게 되는데, 이와 같은 재원부담의 조건은 주로 범주적 보조금에서 나타난다. 우리나라는 중앙정부가 지원하는 보조금에 지방자치단체가 일정 비율의 자금을 매칭하는 정률보조방식으로 운영하고 있는데, 이는 재정적 여유가 없는 지방자치단체로 하여금 과중한 지방비 부담으로 인해 재정운영을 어렵게 만들고 있다.

04 다음 중 우리나라의 분권교부세에 대한 설명으로 옳은 것을 모두 고른 것은?

> ㄱ. 지방교부세법의 개정에 따라 2005년에 도입되었다.
> ㄴ. 지방이양사업에 대한 재정보전의 수단이다.
> ㄷ. 지방재정에 있어서 분권과 책임 원칙을 구현하는 데 의의가 있다.
> ㄹ. 당초 2014년까지 운영될 예정이었으나 이를 5년간 연장하였다.

① ㄱ, ㄴ, ㄷ   ② ㄱ, ㄷ
③ ㄴ, ㄹ   ④ ㄹ
⑤ ㄱ, ㄴ, ㄷ, ㄹ

[해설] ㄹ. 국고보조사업의 지방이양을 위한 분권교부세는 본래 2005년부터 2009년까지 한시적으로 도입하였다가 2014년까지 연장하였으나, 지방교부세법 개정으로 2015년에 폐지되어 보통교부세로 통합되었다.

05 지역사회보장협의체에 관한 내용으로 옳지 않은 것은?

① 네트워크 원리에 따른 운영
② 민간사회복지기관에 대한 감사 및 평가
③ 수요자 중심의 지역사회보장서비스 제공 기반 마련
④ 지역사회 공동체 기능 회복과 사회자본 확대 지향
⑤ 「사회보장급여의 이용 · 제공 및 수급권자 발굴에 관한 법률」로 시행

[해설] ② 지역사회보장협의체는 지역사회보장계획의 수립 · 과정(이행) · 평가 등 지역사회보장의 주요 사항에 대하여 민간과 공공이 협
력하여 심의 · 자문하는 협치(Governance)의 기능을 한다.

06 다음 중 지역사회보장협의체의 구성 조직으로서 실무분과의 역할로 가장 옳은 것은?

① 지역사회보장지표에 관한 사항의 심의
② 읍 · 면 · 동 단위 지역사회보장협의체의 구성 및 운영에 관한 사항의 심의
③ 대표협의체 심의 안건에 대한 사전 논의 및 검토
④ 지역사회보장계획 연차별 시행계획 모니터링
⑤ 관할 지역의 지역사회보장 대상자 발굴 업무 지원

[해설] ① · ② 대표협의체의 주요 역할에 해당한다.
③ 실무협의체의 주요 역할에 해당한다.
⑤ 읍 · 면 · 동 단위 지역사회보장협의체의 주요 역할에 해당한다.

07 지역사회보장계획의 수립 과정을 순서대로 옳게 나열한 것은?

> ㄱ. 세부사업 계획 수립
> ㄴ. 지역사회보장협의체 심의
> ㄷ. 지역사회보장조사
> ㄹ. 행·재정계획 수립
> ㅁ. 의회 보고
> ㅂ. 추진 비전 및 목표 수립

① ㄱ - ㄴ - ㅁ - ㄹ - ㅂ - ㄷ
② ㄴ - ㄹ - ㄱ - ㅁ - ㅂ - ㄷ
③ ㄷ - ㄹ - ㅂ - ㄱ - ㄴ - ㅁ
④ ㄷ - ㅂ - ㄹ - ㄱ - ㄴ - ㅁ
⑤ ㄷ - ㅂ - ㄱ - ㄹ - ㄴ - ㅁ

[해설] **지역사회보장계획 수립의 기본 절차**

계획준비	지역사회보장계획 수립을 위한 기획, 예산 확보 및 활용계획 등을 총괄하여 계획 수립을 준비한다.
지역분석	지역사회보장조사를 실시(ㄷ)하여 지역주민의 사회보장 욕구와 활용 가능한 자원을 파악한다.
계획 작성	지역사회보장계획의 추진 전략(비전) 및 목표를 결정(ㅂ)하고, 세부사업의 선정 및 중기별·연차별 계획을 수립(ㄱ)하며, 행정·재정계획을 수립(ㄹ)함으로써 지역사회보장계획안을 마련한다.
의견수렴	지역사회보장계획의 지역성과 정당성을 확보하기 위해 지역주민의 의견을 수렴한다.
계획 확정	지역사회보장협의체(시·군·구), 사회보장위원회(시·도)에서 지역사회보장계획을 심의(ㄴ)하고 계획안을 확정하는 과정을 거친다.
제 출	심의를 거쳐 확정된 지역사회보장계획을 지방의회에 보고(ㅁ)함으로써 향후 계획의 내용과 예산 편성의 연계성을 제고한다.
권고·조정 사항 반영	시·도지사 또는 보건복지부장관이 제시한 권고·조정 사항이 있는 경우 이를 논의하여 지역사회보장계획에 반영하고 계획안을 수정하여 이를 확정한다.

08 다음 중 사회복지협의회에 대한 설명으로 옳지 않은 것은?

① 사회복지사업법에 근거를 둔 법정단체이다.
② 민·관 협력을 위해 시·군·구에 설치된 공공기관이다.
③ 사회복지기관 간 연계·협력·조정 등의 업무를 수행한다.
④ 주민참여와 전문성의 원칙에 따라 운용된다.
⑤ 한국사회복지협의회는 기타 공공기관으로 지정되었다.

[해설] ② 민·관 협력을 위해 시·군·구에 설치된 공공기관은 지역사회보장협의체이다. 시장·군수·구청장은 지역의 사회보장을 증진하고, 사회보장과 관련된 서비스를 제공하는 관계 기관·법인·단체·시설과 연계·협력을 강화하기 위하여 해당 시·군·구에 지역사회보장협의체를 둔다(사회보장급여의 이용·제공 및 수급권자 발굴에 관한 법률 제41조 제1항).

09 다음 중 한국사회복지협의회의 업무에 해당하는 것을 올바르게 모두 고른 것은?

ㄱ. 사회복지에 관한 정책 심의
ㄴ. 국제사회복지사단체와의 교류·협력
ㄷ. 재가복지봉사서비스 활동의 진흥
ㄹ. 사회복지사업에 관한 기부문화의 조성

① ㄱ, ㄴ, ㄷ   ② ㄱ, ㄷ
③ ㄴ, ㄹ   ④ ㄹ
⑤ ㄱ, ㄴ, ㄷ, ㄹ

[해설] ㄱ. 사회복지에 관한 정책 심의가 아닌 정책 건의에 해당한다.
ㄴ. 한국사회복지사협회의 업무에 해당한다.
ㄷ. 재가복지봉사서비스 활동의 진흥이 아닌 자원봉사활동의 진흥에 해당한다.

10 다음 중 보기의 내용과 연관된 사회복지관 운영의 기본원칙에 해당하는 것은?

> 사회복지관은 지역사회의 특성과 지역주민의 문제나 욕구를 신속하게 파악하여 지역사회의 문제를 해결하기 위한 사업 계획을 수립하고 이에 따른 서비스를 제공하여야 하며, 지역주민의 적극적 참여를 유도하여 주민의 능동적 역할과 책임의식을 조성하여야 한다.

① 전문성의 원칙
② 지역성의 원칙
③ 자율성의 원칙
④ 통합성의 원칙
⑤ 투명성의 원칙

〔해설〕 ① 사회복지관은 다양한 지역사회문제에 대처하기 위해 일반적 프로그램과 특정한 문제를 해결할 수 있는 전문적 프로그램이 병행될 수 있도록 지식과 기술을 보유한 전문인력이 사업을 수행하도록 하고, 이들 인력에 대한 지속적인 재교육 등을 통해 전문성을 증진토록 하여야 한다.
③ 사회복지관은 다양한 복지서비스를 효율적으로 제공하기 위하여 사회복지관의 능력과 전문성이 최대한 발휘될 수 있도록 자율적으로 운영하여야 한다.
④ 사회복지관은 사업을 수행함에 있어 지역 내 공공 및 민간 복지기관 간에 연계성과 통합성을 강화시켜 지역사회복지 체계를 효율적이고 효과적으로 운영되도록 하여야 한다.
⑤ 사회복지관은 자원을 효율적으로 이용하고 운영과정의 투명성을 유지하여야 한다.

21회 기출

11 사회복지관 사업 내용 중 지역사회조직화 기능에 해당하는 것은?

① 독거노인을 위한 도시락 배달
② 한부모 가정 아동을 위한 문화 프로그램 제공
③ 아동 자립생활 지원을 위한 후원자 개발
④ 학교 밖 청소년을 위한 직업기능 교육
⑤ 장애인 일상생활 지원을 위한 서비스 제공

〔해설〕 ③ 아동 자립생활 지원을 위한 후원자 개발은 사회복지관의 지역(사회)조직화 기능 중 자원 개발 및 관리 분야에 해당한다.
① 독거노인을 위한 도시락 배달은 사회복지관의 서비스제공 기능 중 지역사회보호 분야에 해당한다.
② 한부모 가정 아동을 위한 문화 프로그램 제공은 사회복지관의 서비스제공 기능 중 교육문화 분야에 해당한다.
④ 학교 밖 청소년을 위한 직업기능 교육은 사회복지관의 서비스제공 기능 중 자활지원 분야에 해당한다.
⑤ 장애인 일상생활 지원을 위한 서비스 제공은 사회복지관의 서비스제공 기능 중 지역사회보호 분야에 해당한다.

14회 기출

12 공동모금회의 모금방법 중 시민 걷기대회를 개최하고 언론사 홍보를 통해 사회복지공동모금의 필요성과 중요성을 홍보하면서 재원을 확보하는 방식에 해당하는 유형은?

① 지역배분형
② 개별형
③ 기업중심형
④ 단체형
⑤ 특별사업형

[해설] **공동모금회의 모금방법**

개별형	개인이나 가정의 헌금을 통해 모금하는 형태
기업중심형	회사, 공장 및 사업체 등과 그 근로자를 대상으로 모금하는 형태
단체형	재단, 협회 등의 단체를 대상으로 모금하는 형태
특별사업형	특별한 프로그램이나 사업(Special Events)을 통해 모금하는 형태 예 시민 걷기대회, 자선골프대회, 카드 발매 등

17회 기출

13 사회복지공동모금회법의 내용으로 옳은 것은?

① 사회복지공동모금회에는 20명 이상 25명 이하의 이사를 둔다.
② 사회복지공동모금회는 보건복지부장관의 승인 없이 복권을 발행할 수 있다.
③ 사회복지공동모금회는 모금창구로 지정된 언론기관의 명의로 모금계좌를 개설할 수 없다.
④ 사회복지공동모금회의 회계연도는 1월 1일부터 12월 31일까지로 한다.
⑤ 기부금품의 기부자는 사용 용도를 지정할 수 없다.

[해설] ④ 사회복지공동모금회법 제28조
　　　① 사회복지공동모금회에는 회장 1명, 부회장 3명, 이사(회장·부회장 및 사무총장을 포함) 15명 이상 20명 이하, 감사 2명의 임원을 둔다(동법 제7조 제1항).
　　　② 사회복지공동모금회는 사회복지사업이나 그 밖의 사회복지활동 등을 지원하기 위한 재원을 조성하기 위하여 복권을 발행할 수 있다. 복권을 발행하려면 그 종류·조건·금액 및 방법 등에 관하여 미리 보건복지부장관의 승인을 받아야 한다(동법 제18조의2 제1항 및 제2항).
　　　③ 사회복지공동모금회는 기부금품의 접수를 효율적이고 공정하게 하기 위하여 언론기관을 모금창구로 지정하고, 지정된 언론기관의 명의로 모금계좌를 개설할 수 있다(동법 제19조).
　　　⑤ 기부금품의 기부자는 배분지역, 배분대상자 또는 사용 용도를 지정할 수 있다(동법 제27조 제1항).

14 다음 중 사회복지공동모금회의 분과실행위원회에 해당하지 않는 것은?

① 관리분과실행위원회
② 배분분과실행위원회
③ 기획분과실행위원회
④ 홍보분과실행위원회
⑤ 모금분과실행위원회

〔 해설 〕 **분과실행위원회(사회복지공동모금회법 제13조 제1항)**
모금회의 기획 · 홍보 · 모금 · 배분 업무에 관한 사항을 심의하기 위하여 해당 분야의 전문가와 시민대표 등으로 구성되는 기획분과실행위원회, 홍보분과실행위원회, 모금분과실행위원회 및 배분분과실행위원회 등 분과실행위원회를 둔다.

16회 **기출**

15 자원봉사활동기본법상 자원봉사활동의 원칙에 해당하지 않는 것은?

① 무보수성
② 비집단성
③ 비영리성
④ 비정파성(非政派性)
⑤ 비종파성(非宗派性)

〔 해설 〕 **자원봉사활동의 원칙(자원봉사활동기본법 제2조 제2호)**
자원봉사활동은 무보수성, 자발성, 공익성, 비영리성, 비정파성(非政派性), 비종파성(非宗派性)의 원칙 아래 수행될 수 있도록 하여야 한다.

12회 **기출**

16 자원봉사센터의 목적에 해당하지 않는 것은?

① 다양한 자원봉사자들의 참여를 촉진하고 개발 · 육성한다.
② 자원봉사를 필요로 하는 기관과 단체들에게 자원봉사자를 공급한다.
③ 지역사회 자원의 조직화와 소통 · 조정 · 연계를 한다.
④ 자원봉사에 대한 인식을 증진시키고 자원봉사자의 위상을 제고시킨다.
⑤ 자원봉사활동에 드는 비용을 모금한다.

〔 해설 〕 **자원봉사센터의 주요 목적**
• 지역사회의 문제를 해결하기 위해 다양한 자원봉사자들의 참여를 촉진하고 개발 · 육성한다.
• 자원봉사자를 필요로 하는 기관과 단체들의 자원봉사자 수급 및 관리를 지원하여 효과적인 자원봉사활동이 이루어지도록 지원한다.
• 지역사회 자원의 조직화와 소통 · 조정 · 연계를 통해 지역사회의 문제해결을 돕는다.
• 지역사회 내에서 자원봉사에 대한 인식을 증진시키고 자원봉사자의 위상을 제고하여 활동을 진흥시킨다.

17 다음 중 자원봉사활동기본법의 내용으로 옳은 것은?

① 지방자치단체는 자원봉사센터를 법인으로 하여 운영하거나 비영리 법인에 위탁하여 운영하여야 한다.

② 자원봉사센터는 보건복지부에서 관할한다.

③ 자원봉사활동에 관한 주요 정책을 심의하기 위하여 국무총리 소속으로 자원봉사진흥위원회를 둔다.

④ 한국자원봉사협의회는 정관을 작성하여 고용노동부장관의 인가를 받아 등기함으로써 설립된다.

⑤ 자원봉사자의 날은 매년 4월 22일로 하고 자원봉사자의 날부터 1주일간을 자원봉사주간으로 설정한다.

[해설] ① 국가기관 및 지방자치단체는 자원봉사센터를 설치할 수 있다. 이 경우 자원봉사센터를 법인으로 하여 운영하거나 비영리 법인에 위탁하여 운영하여야 한다(자원봉사활동기본법 제19조 제1항).
② 자원봉사센터는 행정안전부에서 관할한다.
③ 자원봉사활동에 관한 주요 정책을 심의하기 위하여 행정안전부장관 소속으로 관계 공무원 및 민간 전문가로 구성된 자원봉사진흥위원회를 둔다(동법 제8조 제1항).
④ 한국자원봉사협의회는 정관을 작성하여 행정안전부장관의 인가를 받아 등기함으로써 설립된다(동법 제17조 제3항).
⑤ 국가는 국민의 자원봉사활동에 대한 참여를 촉진하고 자원봉사자의 사기를 높이기 위하여 매년 12월 5일을 자원봉사자의 날로 하고 자원봉사자의 날부터 1주일간을 자원봉사주간으로 설정한다(동법 제13조 제1항).

18 다음 중 재가복지봉사서비스에 대한 설명으로 옳지 않은 것은?

① 가족기능의 약화된 부분을 보완하는 보충적 서비스이다.

② 사회복지관의 사업분야로서 가족기능강화와 연관된다.

③ 조사 및 진단 기능을 수행한다.

④ 급식지원, 말벗 등 생활지원서비스를 제공한다.

⑤ 자립성, 연계성, 능률성, 적극성을 운영의 기본원칙으로 한다.

[해설] ② 사회복지관의 사업분야로서 지역사회보호와 연관된다.

19 다음 중 자활사업에 대한 설명으로 옳은 것은?

① 자활사업은 생활보호법이 시행되면서 본격적으로 이루어졌다.

② 광역자활센터는 전국 시·군·구에 설치·운영된다.

③ 생계·의료급여 수급자는 자활사업의 의무참여 대상이다.

④ 차상위자는 자활사업에 참여할 수 없다.

⑤ 자활사업 활성화를 위해 민관협력체계인 자활기관협의체가 운영되고 있다.

[해설] ① 자활사업은 우리나라의 대표적인 노동연계복지 프로그램으로서, 2000년 10월 국민기초생활보장제도의 시행과 함께 본격적으로 실시되었다.
② 광역자활센터는 보장기관으로부터 시·도 단위로 지정을 받은 사회복지법인, 사회적협동조합 등 비영리법인과 단체 등에 의해 운영된다.
③ 자활사업의 의무참여 대상은 자활사업 참여를 조건으로 생계급여를 지급받는 조건부수급자이다.
④ 차상위자(근로능력이 있고, 소득인정액이 기준 중위소득 50% 이하인 사람 중 비수급권자)도 자활사업 참여 자격을 가진다.

20 다음 중 자활근로의 유형에 대한 설명으로 가장 옳은 것은?

① 사회서비스형 자활근로 - 공익성보다는 수익성이 있는 일자리 분야의 사업을 선정하여 추진한다.

② 시장진입형 자활근로 - 시장진입 가능성이 높고 자활기업 창업이 용이한 사업으로, 매출액이 총 사업비의 30% 이상 발생하는 사업을 대상으로 한다.

③ 인턴·도우미형 자활근로 - 인턴형, 복지도우미형, 장애인도우미형으로 구분된다.

④ 근로유지형 자활근로 - 주거·교육급여 수급자를 대상으로 하며, 생계·의료급여 수급자는 대상에서 제외된다.

⑤ 시간제 자활근로 - 일 5시간 근무 원칙으로 초과근무를 지양한다.

[해설] ① 사회서비스형 자활근로는 공익성이 있는 사회적으로 유용한 일자리 분야의 사업을 선정하여 추진하되, 향후 시장 진입 가능성을 고려하여 추진한다.
③ 인턴·도우미형 자활근로는 인턴형, 복지도우미형, 자활도우미형, 사회복지시설도우미형으로 구분된다.
④ 근로유지형 자활근로는 생계·의료급여 수급자, 자활급여특례자를 대상으로 한다.
⑤ 시간제 자활근로는 일 4시간 근무 원칙으로 초과근무를 지양한다.

21 다음 중 자활기업의 설립 및 인정 요건에 대한 설명으로 옳지 않은 것은?

① 자활근로사업단을 거친 2인 이상의 수급자 또는 차상위자로 구성한다.

② 조합 또는 부가가치세법상 사업자로 설립한다.

③ 모든 참여자에 대해 최저임금 이상의 임금 지급이 지속적으로 가능한 자활사업단은 원칙적으로 자활기업으로 전환하여야 한다.

④ 자활근로사업단의 자활기업 전환 시 다른 사업으로 전환이 가능하다.

⑤ 자활기업 창업 예정자 중 1/2 이상은 한국자활연수원의 창업 실무교육을 수료해야 한다.

〔해설〕 ④ 자활근로사업단의 자활기업 전환 시 사업의 동일성을 유지해야 한다.

22 다음 중 자활근로소득공제의 공제대상소득에 대한 공제율로 옳은 것은?

① 15%

② 25%

③ 30%

④ 40%

⑤ 50%

〔해설〕 **자활근로소득공제 산출방법**
- 기초생활보장급여 산정 시 소득인정액에서 자활소득의 30%를 공제하여 소득인정액 산정, 급여 지급 및 보장유지 여부를 처리한다.
- 타 근로소득공제와 중복을 방지한다. 즉, 둘 이상의 근로 · 사업소득 공제 항목에 해당하는 경우 가장 유리한 하나의 항목을 적용한다.

23 다음 중 보기의 내용과 연관된 자산형성 지원사업으로 옳은 것은?

> • 사업목적 : 근로빈곤층의 생계 · 의료 수급가구 진입에 대한 사전예방
> • 가입대상 : 일하는 주거 · 교육 수급 가구 및 차상위계층 가구

① 희망저축계좌 Ⅰ　　　　　　　　　② 희망저축계좌 Ⅱ
③ 청년내일저축계좌　　　　　　　　④ 내일키움장려금
⑤ 자활장려금

[해설] **자산형성 지원사업의 비교**

구 분	희망저축계좌 Ⅰ	희망저축계좌 Ⅱ	청년내일저축계좌	
사업목적	일을 통한 근로빈곤층의 탈빈곤 촉진	근로빈곤층의 생계 · 의료 수급가구 진입에 대한 사전예방	근로빈곤층 청년의 생계수급자 등으로의 하락에 대한 사전예방	일하는 중간계층 청년의 사회안착 및 자립 촉진
가입대상	일하는 생계 · 의료 수급 가구	일하는 주거 · 교육 수급 가구 및 차상위계층 가구	일하는 생계 · 의료 · 주거 · 교육 수급 가구 및 차상위 가구의 청년(만 15~39세)	일하는 기준 중위 50% 초과 100% 이하 가구의 청년(만 19~34세)

24 사회적경제 주체에 해당하는 것을 모두 고른 것은?

> ㄱ. 사회적기업　　　　　　　　　　ㄴ. 마을기업
> ㄷ. 사회적협동조합　　　　　　　　ㄹ. 자활기업

① ㄱ, ㄴ　　　　　　　　　　　　　② ㄱ, ㄷ
③ ㄴ, ㄷ　　　　　　　　　　　　　④ ㄱ, ㄷ, ㄹ
⑤ ㄱ, ㄴ, ㄷ, ㄹ

[해설] **사회적경제의 주체**
　　　• 사회적기업
　　　• 마을기업
　　　• 협동조합(사회적협동조합 포함)
　　　• 자활기업
　　　• 소셜벤처기업 등

20회 기출

25 사회적경제에 관한 설명으로 옳은 것을 모두 고른 것은?

> ㄱ. 사회적기업은 경제적 이익을 추구한다.
> ㄴ. 사회적경제는 자본주의 시장경제의 대안모델이다.
> ㄷ. 사회적협동조합의 목적은 취약계층에게 사회서비스 또는 일자리를 제공하는 것이다.

① ㄱ

② ㄴ

③ ㄱ, ㄴ

④ ㄴ, ㄷ

⑤ ㄱ, ㄴ, ㄷ

〔 해설 〕 ㄱ. '사회적기업'은 영리조직과 비영리조직의 중간 형태로, 사회적 목적을 우선적으로 추구하면서 영업활동을 통해 영리를 추구한다.
　　　　　ㄴ. '사회적경제'는 이윤의 극대화가 최고의 가치인 자본주의 시장경제와 달리 사회적 가치, 즉 사람의 가치를 우위에 두는 경제활동이다.
　　　　　ㄷ. '사회적협동조합'은 「협동조합기본법」에 따른 협동조합 중 지역주민들의 권익ㆍ복리 증진과 관련된 사업을 수행하거나 취약계층에게 사회서비스 또는 일자리를 제공하는 등 영리를 목적으로 하지 아니하는 협동조합을 말한다.

CHAPTER 05　지역사회복지운동의 개관

18회 기출

01 지역사회복지운동이 갖는 의의에 관한 설명으로 옳은 것을 모두 고른 것은?

> ㄱ. 복지권리의식과 시민의식을 배양하는 복지권 확립
> ㄴ. 지역사회의 다양한 자원 활용 및 관련 조직 간의 협력을 통한 지역자원동원
> ㄷ. 지역사회의 정체성 확인과 역량강화를 통해 지역사회 변화를 주도
> ㄹ. 사회복지가 추구하는 사회적 가치로서 사회정의 실현

① ㄱ　　　　　　　　　　　　　② ㄱ, ㄹ

③ ㄴ, ㄷ　　　　　　　　　　　④ ㄱ, ㄴ, ㄷ

⑤ ㄱ, ㄴ, ㄷ, ㄹ

〔 해설 〕 ㄱ. 지역사회복지운동은 주민참여 활성화에 의해 복지에 대한 권리의식과 시민의식을 배양하는 사회권(복지권) 확립의 운동이다.
　　　　　ㄴ. 지역사회복지운동은 다양한 자원 활용 및 관련 조직들 간의 유기적인 협력이 이루어지는 동원운동(연대운동)이다.
　　　　　ㄷ. 지역사회복지운동은 지역주민의 주체성 및 역량을 강화하고 지역사회의 변화를 주도하는 조직운동이다.
　　　　　ㄹ. 지역사회복지운동은 인간성 회복을 위한 인도주의 정신과 사회적 가치로서 사회정의를 실현하고자 하는 사회개혁운동이다.

02 다음 아른스테인(Arnstein)의 주민참여 단계 중 주민참여의 효과가 상대적으로 가장 높은 수준에 해당하는 것은?

① 주민통제(Citizen Control)
② 주민상담(Consultation)
③ 협동관계(Partnership)
④ 정보제공(Informing)
⑤ 대책치료(Therapy)

[해설] 아른스테인(Arnstein)의 주민참여 단계(높은 것에서 낮은 것 순서로)
주민통제(①) > 권한위임 > 협동관계(③) > 주민회유 > 주민상담(②) > 정보제공(④) > 대책치료(⑤) > 여론조작

21회 기출

03 지역사회복지실천에서 지역주민 참여수준이 높은 것에서 낮은 것 순서로 옳게 나열한 것은?

> ㄱ. 계획단계에 참여
> ㄴ. 조직대상자
> ㄷ. 단순정보수혜자
> ㄹ. 의사결정권 행사

① ㄴ - ㄷ - ㄹ - ㄱ   ② ㄷ - ㄱ - ㄴ - ㄹ
③ ㄷ - ㄴ - ㄱ - ㄹ   ④ ㄹ - ㄱ - ㄴ - ㄷ
⑤ ㄹ - ㄴ - ㄱ - ㄷ

[해설] 지역사회복지실천에서 지역주민 참여수준(Brager & Specht)

참여수준	참여자 위상
높 음	기획과 집행에서 책임과 권한 부여
↑	의사결정권 보유 · 행사
	계획단계에 참여
	자문담당자
↓	조직대상자
낮 음	단순정보수혜자

04 **다음 중 주민참여의 효과로 옳지 않은 것은?**

① 지방정부의 효율적인 의사결정을 유도한다.
② 지방정부의 행정비용이 감소한다.
③ 중앙정부와 지방정부 간의 갈등을 중재한다.
④ 이해관계가 다른 주민들 간에 갈등이 유발될 수 있다.
⑤ 참여자들의 대표성 문제가 제기될 수 있다.

〔해설〕 ② 주민공청회, 주민소환 등에 따른 행정비용의 증가를 야기한다.

05 **다음 중 보기의 내용과 연관된 비영리 민간단체의 기능에 해당하는 것은?**

> 최근 A지역에서는 비영리 민간단체인 푸드뱅크가 들어섰다. 이 푸드뱅크에서는 지역 내 대략 200여 명에 이르는 아동 및 노인들에게 무료급식을 제공하고 있다. 푸드뱅크의 무료급식서비스로 인해 그동안 지자체로부터 급식서비스를 받지 못하던 사람들이 혜택을 입게 되었다.

① 조정 기능
② 대변 기능
③ 복지 기능
④ 견제 기능
⑤ 교육 기능

〔해설〕 **비영리 민간단체의 복지 기능**
정부와 직·간접적인 계약을 맺거나 독자적으로 인력 및 재정을 갖추어 정부가 제공하지 못하는 사회서비스를 제공한다.

훌륭한 가정만한 학교가 없고,

덕이 있는 부모만한 스승은 없다.

−마하트마 간디−

제6영역

사회복지정책론

제6영역

사회복지정책론

01 | 사회복지정책의 개관

KEY POINT

- 사회복지와 사회복지정책에서는 사회복지 개념의 변화 양상과 사회복지정책의 특징을 살펴보도록 한다.
- 사회복지정책의 가치에서는 평등의 개념(수량적 평등/비례적 평등/기회의 평등)과 자유의 개념(소극적 자유/적극적 자유)을 구분하도록 한다.
- 독일의 사회복지정책에서는 사회보험제도의 토대를 이루는 사회보험입법의 특징을 살펴보도록 한다.
- 영국의 사회복지정책에서는 다양한 정책들을 시기에 따라 기억하도록 하며, 자선조직협회와 인보관 운동, 베버리지 보고서를 기억하도록 한다.
- 미국의 사회복지정책에서는 사회보장제도의 발전으로 이어진 사회보장법과 사회보장제도의 침체로 이어진 레이거노믹스를 기억하도록 한다.
- 복지국가의 위기에서는 복지국가 위기의 양상과 함께 '복지혼합', '제3의 길', '사회투자국가' 등의 개념을 이해하며, 특히 새로운 사회적 위험의 양상을 살펴보도록 한다.

01절 사회복지정책의 이해

1 사회복지와 사회복지정책

(1) 사회복지의 개념

① 윌렌스키와 르보(Wilensky & Lebeaux)

국민의 경제적 조건 및 건강, 인간의 능력을 유지 혹은 향상시키는 기능을 발휘하는 기관, 제도 및 프로그램이 조직화된 체계로 정의하였으며, 사회복지의 공급주체에 따라 잔여적(보충적) 개념과 제도적(보편적) 개념으로 구분하였다.

② 로마니쉰(Romanyshyn)

사회복지의 객체의 범위에 따라 소극적(Negative) 개념과 적극적(Positive) 개념을 제시하면서, 소극적 사회복지가 사회적 낙오자로서 불우계층에게 금전적 지원 등의 서비스를 제공하는 반면, 적극적 사회복지는 전 국민의 보편적 욕구를 충족시키기 위한 집합적 책임을 진다고 보았다.

전문가의 한마디

사회복지의 개념은 그 대상과 범위의 문제와 연결되어 있습니다. 즉, 사회복지를 좁은 의미로 받아들이느냐 혹은 넓은 의미로 받아들이느냐 아니면 이 둘을 포괄하는 복합적인 의미로 받아들이느냐에 따라 그 유형이 달라질 수 있습니다.

---

(2) 사회복지 개념의 변화 　2회 　기출

과 거	현 재
• 잔여적 · 보충적	• 제도적 · 보편적
• 시혜 · 자선	• 시민권
• 특수한 서비스 활동	• 보편적 서비스 활동
• 최저수준보장	• 최적수준달성
• 개인적 개혁(자발성)	• 사회적 개혁(공공성)
• 빈민구제의 성격	• 복지사회구현의 성격
• 중앙집중 경향	• 지방분권 경향
• 공사분리체제	• 공사협동체제
• 공급자 중심	• 이용자 중심
• 시설 위주	• 재가복지 확대
• 무료 서비스	• 이용자부담 서비스

(3) 사회복지정책의 개념

① 사회복지정책은 국민의 복지 증진을 위해 복지국가가 사용하는 수단이다.

② 사회생활을 영위해 나가는 데 필요한 인간의 기본적 욕구를 충족시키거나 사회문제를 해결하기 위한 목적으로 사회복지프로그램을 형성 및 구체화하고 가치를 권위적으로 배분하는 활동을 의미한다.

③ 사회적 약자들을 위한 복지서비스 지원은 물론 모든 사람들의 삶의 질에 영향을 미치는 교육, 주택, 조세제도, 노동시장정책 등을 포괄한다.

(4) 사회복지정책의 목적 및 특징 　9회, 14회, 15회, 19회 　기출

① 국민최저수준 보장 및 삶의 질 향상을 목적으로 한다.

② 인간존엄성과 사회연대의식을 기초로 사회통합 및 질서유지를 목적으로 한다.

③ 소득재분배, 개인의 자립성 증진, 정상화 이념의 확대를 목표로 한다.

④ 사회연대의식에 기초하여 사회적 평등을 실현하며, 사회적 적절성을 확보한다.

⑤ 시장의 실패를 시정하여 자원배분의 효율화 기능을 수행한다.

⑥ 서비스의 주체는 정책을 형성 · 집행 · 제공하는 기관이며, 서비스의 객체는 서비스를 필요로 하는 사람, 나아가 전 국민이 해당된다.

⑦ 사회복지정책은 사실상 가치중립적일 수 없으며, 이를 연구하는 사회과학자도 연구주제의 선택이나 연구 결과의 해석에 있어서 가치를 배제할 수 없다.

⑧ 경기 상승 시 경기가 과열되지 않도록 막는 한편, 경기 하락 시 과도한 하락을 방지해 주는 경제의 자동안정장치(Built-in-stabilizer) 기능을 수행한다.

심화연구실

사회복지정책의 일반적인 기능 13회, 21회 기출

• 사회통합과 정치적 안정
• 사회문제 해결과 사회적 욕구 충족
• 개인의 자립 및 성장, 잠재능력 향상을 통한 재생산의 보장
• 기회의 재분배를 통한 사회구성원의 사회화
• 소득재분배와 최저생활 확보

(5) 사회복지서비스와 다른 공공서비스들과의 차별성 17회 기출

① 사회복지서비스는 사람들의 개별적(배타적) 욕구를 충족시키고자 한다.

② 사회복지서비스는 사람들의 욕구를 직접적으로 충족하려는 경향이 있다.

③ 사회복지서비스는 사람들의 욕구를 비시장적으로 해결하며, 주로 이차분배에 관여한다.

④ 사회복지서비스는 사람들의 욕구를 주로 공식적 기구나 제도를 통해 충족한다.

⑤ 사회복지서비스는 사람들의 욕구를 비영리적 부문에서 해결한다.

⑥ 사회복지서비스는 사람들의 욕구를 일방적 이전(Unilateral Transfer)의 형태로 해결한다.

⑦ 사회복지서비스는 사람들의 욕구 가운데 주로 소비적인 욕구를 해결한다.

2 사회복지정책의 가치

(1) 평 등 11회, 12회, 13회, 17회 기출

① 수량적 평등(결과의 평등)

　　㉠ 모든 사람을 똑같이 취급하여 사람들의 욕구나 능력의 차이에는 상관없이 사회적 자원을 똑같이 분배하는 것이다.

　　㉡ 현실적으로는 불가능하며, 사회복지정책에서 소득재분배의 부분적인 목표로 삼고 있다.

　　㉢ 평등의 개념 가운데 가장 적극적인 의미로서, 특히 저소득층에게 보다 많은 자원이 할당된다.

　　㉣ 사회복지국가는 결과의 평등과 함께 사회적 차별의 해소를 포함하는 사회적 평등(Social Equality)을 추구한다.

　　㉤ 사회복지정책을 통한 결과의 평등 지향은 일부 사회구성원의 소극적 자유를 침해하는 결과를 가져올 수 있다.

② 비례적 평등　3회, 5회, 10회, 13회, 14회, 17회, 19회 **기출**

　　㉠ 개인의 욕구, 능력, 기여(업적 혹은 공헌)에 따라 사회적 자원을 상이하게 배분하는 것으로서, '공평 또는 형평(Equity)'이라고도 한다.

　　㉡ 개인의 능력에 모든 것을 맡기는 것이 아닌 개인의 능력에서 부족한 부분을 사회적으로 보충해 주는 것으로서, 실질적으로 자본주의 사회에서 널리 사용되는 개념이다.

　　㉢ 공공부조의 급여액이 노동시장의 최저임금수준보다 낮아야 한다는 열등처우의 원칙이나, 사회보험의 경우 보험료를 많이 낸 사람에게 많은 급여를 한다는 보험방식의 사회보장(보험수리의 원칙) 등이 해당한다.

　　㉣ 비례적 평등은 자원 또는 급여의 배분에 있어서 명확한 기준을 전제로 한다.

　　㉤ 긍정적 차별 또는 적극적 차별(Positive Discrimination)은 사회의 불이익집단들에 대한 과거의 부정적 차별(Negative Discrimination)을 보상하는 것으로서, 공평(형평)의 가치를 저해하는 것으로 볼 수 없다.

③ 기회의 평등　16회 **기출**

　　㉠ 결과가 평등한가 아닌가의 측면은 무시한 채 결과를 얻을 수 있는 과정상의 기회만을 똑같이 주는 것이다.

　　㉡ 과정상의 기회만 평등하다면 그로 인한 결과의 불평등은 아무런 상관이 없다는 개념으로, 수많은 불평등을 합법화할 수 있다.

　　㉢ 평등의 개념 가운데 가장 소극적인 의미로서, 빈곤대책의 교육프로그램, 드림스타트(Dream Start), 여성고용할당 등이 해당한다.

(2) 효율

① 수단으로서의 효율　18회, 21회 **기출**

　　㉠ 특정한 목표를 달성하는 데 가능한 한 적은 자원을 투입하여 최대한의 효과를 얻는 것을 의미한다.

　　㉡ 사회복지정책이 목표로 하는 대상자들에게 자원을 얼마나 집중적으로 할당하였는지(→ 대상효율성), 정책을 운영하는 데 비용을 얼마나 유효적절하게 투입하였는지(→ 운영효율성) 등을 고려한다.

　　㉢ 공공부조는 대상효율성(목표효율성)은 높지만, 운영효율성은 낮다.

② 파레토 효율(배분적 효율)　17회 **기출**

　　㉠ 사회 전체의 효용을 높일 수 있도록 사회적 자원을 배분하는 것이다.

　　㉡ 경제학에서는 정부의 개입이 없는 완전경쟁시장에서만 가능한 것으로 보고 있는데, 그 이유는 정부의 개입이 필연적으로 어떤 사람의 효용을 감소시킬 것이기 때문이다.

출제의도 체크

비례적 평등은 개인의 능력, 업적, 공헌에 따라 사회적 자원을 분배하는 것을 의미합니다.

▶ 19회 기출

바로암기 ◯✕

기회의 평등은 결과의 평등보다 재분배에 적극적이다?

(　　)

해설

기회의 평등은 재분배에 소극적이다.

정답 ✕

전문가의 한마디

'대상효율성'은 사회복지정책이 의도한 목표대상의 문제해결이나 삶의 질 향상을 위해 얼마만큼 최소의 비용으로 기대한 목표에 이르렀는가를 의미하기 때문에 '목표효율성'과 사실상 동일한 의미로 간주합니다.

전문가의 **한마디**

평등의 가치와 효율의 가치는 상충적일 수밖에 없습니다. 사회복지정책을 통해 평등의 가치를 추구하다 보면 다른 사람의 효용을 줄여야 하고 재분배 과정에서 파레토 효율이 저하되어 사회적 자원의 총량이 줄어들게 됩니다.

출제의도 체크

적극적 자유의 관점에서는 임차인의 주거 안정을 위해 임대인의 자유를 제약할 수 있습니다.

▶ 18회 기출

ⓒ 요컨대, 사회복지정책은 사회적 자원의 재분배를 통해 평등의 가치를 구현하는 것을 목표로 한다. 그런데 그와 같은 과정은 특정한 사람들(예 빈자)의 효용을 높이기 위해 다른 사람들(예 부자)의 효용을 줄여야 하므로, 파레토 효율의 정의상 소득재분배는 매우 비효율적이다.

ⓔ 이와 같이 사회복지정책이 추구하는 평등의 가치와 효율의 가치는 상충적(Trade-off)일 수밖에 없는데, 만약 사회적 자원 배분이 평등적이고 동시에 파레트 효율적이라면 평등과 효율을 동시에 달성할 수 있다.

(3) 자유 11회, 18회, 20회 기출

자유는 크게 소극적 자유와 적극적 자유로 구분된다. 사회복지정책은 개인들의 자유로운 선택의 기회를 제한하여 특정한 사람들의 소극적 자유를 줄이는 한편, 사회적 약자들에게는 원하는 것을 할 수 있도록 적극적 자유를 증가시킨다.

소극적 자유	• 타인의 간섭이나 구속 혹은 의지로부터의 자유를 의미한다. • 개인의 행동에 대한 외적 강제가 없는 상태로, 자유지상주의 관점에서 옹호하는 자유이다. • 복지에 대한 국가의 개입에 부정적인 입장을 보인다.
적극적 자유	• 자신이 원하는 것을 할 수 있는 자유를 의미한다. • 적극적 자유의 관점에서 자유의 침해는 개인에게 필요한 자원이나 기회를 박탈당한 것을 의미한다. • 복지에 대한 국가의 개입에 긍정적인 입장을 보인다.

(4) 사회적 적절성(충분성) 10회, 14회, 16회, 21회 기출

① 인간다운 생활을 할 수 있도록 적절한 수준의 급여를 제공하는 것을 의미하는 것으로서, 특히 사회복지급여가 개인의 신체적·정신적 안녕(복리)을 위해 적절한 수준인가에 관한 것이다.

② 개인의 기여에 따라 급여를 지급하는 방식인 개인적 형평성(개별적 공평성)과 상충된다.

③ 욕구의 객관성을 더욱 중시하며, 자산조사 등의 객관적인 방법이 동원된다.

④ 사회적 적절성에 기초하여 자원을 배분하는 데에는 국가가 효과적이다. 국가의 정책에 의한 조세징수 및 급여배분은 소득재분배에 대한 정치적 저항이 상대적으로 작기 때문이다.

⑤ 사회적 적절성에 대한 기준은 시간과 환경에 따라 변한다. 이는 급여를 받는 사람의 삶의 질에 대한 관심이 시대적 배경에 따라 달라지기 때문이다.

⑥ 국민기초생활보장제도의 최저보장수준(최저생계비)이나 최저임금 등이 사회적 적절성에 근거한다.

전문가의 **한마디**

우리나라의 사회보험제도는 사회적 적절성의 가치와 비례적 평등(공평 또는 형평)의 가치를 동시에 반영하고 있으나, 사실 이 두 가치는 상충되는 경향이 있습니다.

(5) 사회적 연대 17회 기출

① 사회적 연대는 자립능력을 상실하거나 혹은 상실할 가능성이 있는 사회구성원을 공동으로 보호하는 사회적 협력행위이다.

② 사회문제에 대한 집단적 대처수단으로서 상부상조의 정신을 바탕으로 하며, 사회문제의 해결과정에서 조직 구성원 간 이타적 정신을 강조한다.

③ 사회적 연대원칙은 확산된 사회적 위험을 모든 사회구성원에게 분산시키고, 그 비용을 공동으로 부담하도록 하는 제도를 형성한다.

심화연구실

롤즈(Rawls)의 사회정의론 13회, 14회, 15회, 21회 기출

• 롤즈는 『정의론(A Theory of Justice)』에서 공평의 원칙(Fairness Principle)에 기초하여 분배의 정의에 대한 이론을 제시하였다.

• 사회구성원이 공공의 이익을 추구하더라도 절대적(획일적) 평등을 추구하는 사회적 규범에 동의하는 것이 아닌 공평의 원칙에 따라 사회계약을 체결한다고 본다.

• 공평의 원칙은 사회경제적 취약계층에게 보다 많은 장점을 주는 방법을 개발하여 이해갈등과 불평등을 완화해 가는 것이다.

• 롤즈는 원초적 상황(Original Position)에서 사회구성원 간의 사회적 계약의 원칙을 도출하고자 하였다.

• 원초적 상황에 있는 사람들은 무지의 베일(Veil Of Ignorance)에 싸여 '최소극대화 원칙(Maximin Rule)'을 선택하게 된다. 이는 사람들이 가장 불행한 사람에게 가장 불행하지 않은 상황을 제공하는 사회를 선택할 것임을 의미한다.

• 롤즈는 원초적 상황에서 합의될 정의 원칙으로서 제1원칙과 제2원칙을 제시하였다. 제1원칙은 모든 개인의 평등한 기본적 자유 보장의 권리를 담고 있으며(→ 평등한 자유의 원칙), 제2원칙은 사회적·경제적 불평등에 있어서 공평한 기회의 평등(→ 공평한 기회의 원칙)과 최소 수혜자의 최대 편익(→ 차등의 원칙)을 담고 있다.

• 제1원칙과 제2원칙 사이에는 축차적 서열이 있으며, 제1원칙이 제2원칙에 우선한다(→ 자유우선성의 원칙). 또한 제2원칙 중에서도 공평한 기회의 원칙이 차등의 원칙에 우선한다. 효율성이나 공리주의 원칙은 어떤 경우에도 이와 같은 정의의 두 가지 원칙을 앞설 수 없다.

전문가의 한마디

공동체에 대한 개인의 연대 참여는 당사자의 자유의지에 달려 있습니다.

출제의도 체크

'원초적 상황', '무지의 베일', '최소극대화의 원칙', '차등의 원칙' 등은 롤즈(Rawls)의 사회정의를 구성하는 요소로 볼 수 있습니다.

▶ 15회 기출

제6영역

02절 사회복지정책의 발달

1 영국의 구빈제도 9회, 10회, 11회, 12회 기출

(1) 엘리자베스 구빈법(1601년) 4회, 6회, 9회 기출

① 영국은 당시 흉작과 식량위기의 상황을 같이 하면서 부랑자가 급속도로 증가하여 사회문제화 되었다.

② 엘리자베스 여왕은 기존의 빈민법을 집대성하여 빈민을 통제하는 동시에 노동력을 확보하고자 하였다.

③ 구빈을 담당하는 행정기관을 설립하고 빈곤자를 위한 구빈세를 부과하였다.

④ 빈민을 노동능력이 있는 빈민, 노동능력이 없는 빈민, 요보호아동으로 분류하였다.

⑤ 빈곤을 개인의 결함에서 비롯된 것으로 간주하는 개인주의적 빈곤죄악관을 근거로 하며, 빈민을 경멸하고 이들을 가혹하게 다루어 근로에 참여시키고자 하였다.

⑥ 세계 최초의 구빈법이자 공공부조로, 근대적 사회복지의 출발점이 되었다.

⑦ 빈민구제의 국가책임주의를 인식하였다. 즉, 교회가 아닌 국가가 구빈의 책임을 최초로 졌다는 점에 의의를 가진다.

(2) 정주법(1662년)

① '주소법' 또는 '거주지법'이라고도 하며, 농촌 노동력의 이동으로 빈민의 도시유입을 방지하기 위해 마련되었다.

② 모든 교구는 새로운 이주자에 대하여 거부할 수 있는 권리를 부여하였다.

③ 구빈행정의 책임자는 치안판사가 담당하고 전국적인 제도로 확대하였다.

④ 노동자의 이동을 제한함으로써 실업과 요구호자의 양적 증대를 초래하였다.

⑤ 낮은 임금으로 노동력을 얻고자 한 자본가의 이익을 대변한 법으로서, 빈민의 이전의 자유 및 주거선택의 자유를 침해하였다.

(3) 작업장법(1722년)

① 1696년 제정되어 1722년 개정된 것으로, '작업장 조사법(작업장 심사법)' 또는 '나치블법(Knatchbull Act)'이라고도 한다.

② 근로능력이 있는 빈민들의 노동력을 최대한 이용하면서 구빈재정도 축소시키고자 하는 목적으로 만들어졌다.

③ 빈민이 구제를 받으려면 작업장에 수용되어야 하며, 작업장에 수용되기를 거부한 경우 구제받을 자격을 박탈하였다.

④ 상습적인 걸인이나 난폭한 부랑아를 연합구의 공동작업장에서 종사하게 하였다.

⑤ 정부로부터의 위탁계약에 의한 운영으로 변화되면서, 생산물의 조악함, 비효율적인 운영, 빈민의 혹사, 노동력 착취 등의 문제가 불거졌다.

⑥ 오늘날 직업보도 프로그램의 효시가 되었다는 점에 의의를 가진다.

(4) 길버트법(1782년)   9회, 18회, 20회, 22회 기출

① 원내구제와 원외구제를 인정하는 인도주의적 · 이상주의적 구제법으로 과거의 시설구호 원칙에서 거택보호의 원칙으로 전환되는 계기가 되었다.

② 교구연합을 제도화함으로써 행정구역을 확대하고 행정의 합리화와 빈민처우의 개선에 기여하였다.

③ 작업장에서의 빈민착취를 개선하고 원내 · 외의 구제를 관리하기 위해 과거의 명예직 민생위원에서 유급직 구빈사무원을 고용하였다. 최초의 유급직 사회사업 전문요원으로서 오늘날 사회복지전문요원의 역할이 이에 해당한다.

④ 강제성보다는 임의성이 더 강했지만 교구민의 구빈세 부담을 가중시켰다.

출제의도 체크

'길버트법(1782년)'은 원외구제를 허용했다는 데 의의가 있습니다. 이는 작업장에서 빈민의 비참한 생활과 착취를 개선할 목적에서 비롯된 것으로, 노동 가능한 빈민이 지역사회에 거주하면서 인근의 적당한 일터에서 일하거나 구제받을 수 있도록 한 것입니다.

▶ 18회, 20회, 22회 기출

(5) 스핀햄랜드법(1795년)   9회, 10회, 12회, 22회 기출

① 빈민의 노동에 대한 임금을 보충해 주기 위한 제도로서, 최저생활기준에 미달되는 임금의 부족분을 구빈세로 보조하였다.

② 오늘날 가족수당 또는 최저생활보장의 기반이 되었다.

③ 최초의 빈곤대책으로 대가족을 고려하고 경기불황에 노동자를 보호했다는 점에서 의의를 가진다.

④ 구빈세의 증가, 임금의 현저한 감소 및 독립심과 노동능력의 저하 등 부작용을 초래했다.

출제의도 체크

'스핀햄랜드법'은 가족수당제도의 시초로 불립니다.

▶ 12회 기출

(6) 공장법(1833년)   12회 기출

① 아동에 대한 노동력 착취를 막기 위한 목적에서 만들어졌으며, 아동의 노동여건 및 작업환경의 개선을 주된 내용으로 하였다.

② 9세 미만의 아동을 고용하지 못하도록 규정하고, 9~13세의 아동을 고용할 경우에도 근로시간을 하루 9시간, 일주일 48시간으로 제한하도록 규정하였다.

③ 공장검열관제도를 도입하여 공장검열관이 각 지방의 공장들을 돌아다니면서 법규정의 이행 여부를 감독하도록 하였다.

④ 최초의 아동복지법으로서의 성격을 가진다는 점에 의의가 있다.

전문가의 한마디

엘리자베스 구빈법(1601년)이 국가와 특권적 지주계급의 지배연합이 구축해온 봉건적 정치·경제질서 유지를 위한 수단이었다면, 신구빈법(1834년)은 국가와 자본가 계급의 지배연합이 구축한 자본주의적 정치·경제질서 유지를 위한 수단이었습니다.

(7) 신구빈법(개정구빈법) 또는 신빈민법(1834년) 2회, 6회, 7회, 9회, 11회, 12회, 16회, 19회, 21회, 22회 기출

① 기존 구빈제도에 대한 비판과 함께 스핀햄랜드법의 임금보조제도를 철폐하였다.

② 빈민을 가치 있는 빈민과 가치 없는 빈민으로 분류하고, 노동능력이 있는 빈민에 대한 원외구제를 폐지하여 이들에 대한 구빈을 작업장 내에서의 구빈으로 제한하였다 (→ 작업장 활용의 원칙 혹은 원내구제의 원칙). 다만, 노약자, 병자 등에 한해 원외구제를 허용하였다.

③ 피구제 빈민의 생활상황이 자활의 최하급 노동자의 생활조건보다 높지 않은 수준에서 보호되도록 하였다(→ 열등처우의 원칙 혹은 최하위자격의 원칙).

④ 빈민의 유형이나 거주지에 관계없이 균일한 행정서비스를 받을 수 있도록 구빈행정의 전국적 통일을 기하였다(→ 전국 균일처우의 원칙 혹은 전국적 통일의 원칙).

⑤ 20세기 사회보장제도가 성립될 때까지 영국 공공부조의 기본원리가 되었다.

2 | 19C 후반 민간영역의 전문적 사회복지실천

(1) 자선조직협회(COS, 1869년) 2회, 3회, 4회, 5회, 10회, 11회, 18회 기출

① 협회의 창설

㉠ 자선조직협회(Charity Organization Society)는 1869년 영국 런던에서 처음으로 시작된 조직적인 운동으로서, 독일의 '엘버펠트(Elberfeld) 제도'를 모방하였다.

㉡ 영국 성공회의 거틴(Gurteen) 목사는 영국의 자선조직협회를 본받아 1877년 뉴욕주 버팔로(Buffalo) 시에 미국 최초의 자선조직협회를 창설하였다.

㉢ 1908년 미국 피츠버그(Pittsburg)에 자선조직협회의 발전된 형태로서 현대적인 지역사회복지협의회에 해당하는 자선연합회(Associated Charities)가 출현하였다.

② 협회의 활동 14회 기출

㉠ 인도주의·박애주의를 기본철학으로 하였으며, 그에 따라 우애방문자들이 무조건적인 봉사정신에 입각하여 사회빈곤층을 대상으로 인도주의적인 구호활동을 전개하였다.

㉡ 사회에 적합한 계층은 살아남는 반면, 부적합한 계층은 소멸된다는 사회진화론에 바탕을 두었다. 이는 사회빈곤층이 현 상태를 유지하도록 최소한의 도움을 제공해야 한다는 주장에 명분을 제공하였다.

㉢ 원조의 대상을 '가치 있는 자'로 한정하고, 도덕적·종교적 교화를 통해 빈곤의 문제에 대처하였다.

㉣ 빈민에 대한 체계적인 환경조사는 오늘날 개별사회사업 및 가족사회사업으로의 발전에 영향을 미쳤다.

출제의도 체크

자선조직협회(COS)가 모든 빈민을 원조의 대상으로 삼은 것은 아닙니다.

▶ 14회 기출

ⓜ 여러 자선단체에서 중복구제를 받으려는 직업적인 클라이언트를 방지하기 위해 클라이언트를 자선단체에 등록시키고 이들 간의 연락기관을 설치하였다. 이는 오늘날의 지역사회조직사업으로 발전하는 계기를 마련하였다.

ⓗ 1860~1870년대 초창기 자선조직협회(COS)의 우애방문자들은 무급으로 일하는 자원봉사자들이었다. 그러나 이후 1900년대에 이르러 우애방문자들에게 활동에 대한 보수가 제공되면서 우애방문자들은 그 역할 및 활동 영역이 넓어지게 되었으며, 책임성과 전문성을 가진 전문인으로 발전하게 되었다.

출제의도 체크

자선조직협회(COS)는 빈민 지원 시 중복과 누락을 방지하고자 시작되었다고 볼 수 있습니다.

▶ 18회 기출

(2) 인보관 운동(Settlement House Movement, 1884년) 1회, 2회, 4회, 8회, 10회, 13회 기출

① 인보관의 설립

ⓐ 1884년 영국 런던에서 바네트(Barnett) 목사가 세계 최초의 인보관인 토인비 홀(Toynbee Hall)을 설립하였다.

ⓑ 1886년 미국 뉴욕에서 코이트(Coit)가 미국 최초의 인보관인 근린길드(Neighborhood Guild)를 설립하였다.

② 인보관 운동의 활동

ⓐ 경제현상으로서의 빈곤보다는 '빈곤에 대한 의식의 빈곤'을 문제시함으로써 빈곤에 의해 위기에 처한 인간 자신을 교육으로 변혁시킬 것을 강조하였다.

ⓑ 지식인과 대학생들이 빈민촌에 정착하여 빈자들에 대한 교육 및 문화수준 향상을 위해 헌신함으로써 사회입법 등에 대한 여론을 환기시키고자 노력하였다.

ⓒ 서비스 조정보다 서비스 직접 제공에 역점을 두었으며, 부조나 원조보다 사회개혁을 강조하였다.

ⓓ 주택의 개선, 공중보건의 향상, 빈민노동력의 착취 방지 및 해결 등 제반 사회문제에 대한 집합적인 해결을 강조하였다.

ⓔ 언어훈련, 성인교육, 직업기술훈련, 환경개선운동 등을 공동으로 전개함으로써 빈민들이 자립할 수 있는 여건을 형성하기 위한 집단적인 노력을 전개하였다.

ⓕ 클라이언트 집단을 중심으로 운영하였으며, 집단 레크리에이션 방법을 활용하였다. 이는 오늘날 현대적인 의미의 집단사회사업에 영향을 주었다.

전문가의 한마디

인보관 운동은 성직자나 대학생 등이 중심이 되었으며, 특히 바네트(Barnett) 목사의 주도하에 옥스퍼드대 학생들과 교회 청년들이 참여하였습니다.

3 독일의 사회복지정책 발달

(1) 세계 최초의 사회복지정책 12회 기출

① 독일은 세계 최초로 사회복지정책을 시행한 나라로서, 1870년대 강단사회주의자들의 사회복지정책에 대한 관념이 비스마르크(Bismarck) 사회입법의 이론적 기초가 되었다.

② 강단사회주의자들은 사회복지정책을 분배 과정의 조정 및 수정을 위한 윤리적 조치로서 계급 간 대립 완화와 함께 이를 통한 계급 간 협조 유도를 목표로 하는 국가정책, 즉 계급 간 분배정책으로 간주하였다.

③ 비스마르크는 당시 지주계급과 노동자계급에 대한 견제를 근본적인 목적으로 최초의 사회보험제도를 시행하였다. 그의 의도는 사회주의운동을 탄압하는 동시에 노동자의 국가에 대한 충성심을 확보하고자 한 것이다.

④ 공제조합적 성격이 강한 비스마르크의 사회보험은 개인과 가족의 복지증진보다는 노동력의 보호를 통한 산업입국과 국가 산업정책의 추진에 정향된 제도였다.

⑤ 사회보험의 제도화를 통해 사회의 빈곤화를 예방하고, 당근과 채찍으로써 노동자들을 국가에 결속시키고자 하였다.

(2) 사회보험입법 1회, 2회, 11회, 12회, 20회 기출

① 비스마르크(Bismarck)는 국가 주도하에 1883년 질병(건강)보험, 1884년 산업재해보험, 1889년 노령 및 폐질보험(노령폐질연금) 순으로 사회보험입법을 추진하였다. 이는 사회주의운동을 탄압하는 동시에 노동자의 국가에 대한 충성심을 확보하기 위한 의도였다.

② 질병(건강)보험은 육체노동자와 저임금 화이트칼라 노동자를 대상으로 한 세계 최초의 사회보험으로, 기존의 임의조직 및 자조조직을 활용하여 이들에 대해 국가가 감독하는 방식으로 운영되었다.

③ 산재보험(재해보험)의 재원은 사용자만의 보험료 부담으로 운영되었다.

④ 노령폐질연금은 노동자와 사용자가 동일한 보험료를 지불하였으며, 육체노동자와 저임금 화이트칼라 노동자를 대상으로 시행되었다.

⑤ 사회주의자들은 노동자를 국가복지의 노예로 만드는 것으로 보아 특히 산재보험의 도입을 반대하기도 하였다. 반면, 자유주의자들은 사회보험이 국가의 권력 강화와 관료화를 초래하며, 자본가의 부담을 증폭시킬 것이라고 비난하였다.

4 영국의 사회복지정책 발달

(1) 구빈법 왕립위원회(왕립빈민법위원회) 22회 기출

① 1905년 구빈법과 그 밖의 빈곤구제제도의 운영을 조사하여 개혁의 방향을 강구하는 것을 목적으로 '구빈법과 빈곤구제에 관한 왕립위원회(Royal Commission on the Poor Law and Relief of Distress)'가 조직되었다.

② 18명의 위원들로 구성된 구빈법 왕립위원회는 빈곤의 원인과 그 대처수단에 대해 서로 다른 견해를 가졌다. 이는 자선조직협회를 중심으로 한 자유방임주의자들의 다수파와 페이비언협회를 중심으로 한 사회개혁주의자들의 소수파로 양분되었다.

③ 다수파는 기존의 구빈제도를 개혁하되 이를 유지·존속하는 방향을 제안한 반면, 소수파는 기존의 구빈제도를 전면 폐지하고, 노동 가능한 빈민들을 위해 직업알선 및 직업훈련 프로그램 등 전국적인 서비스를 조직해야 한다고 주장하였다.

④ 당시 자유당 정부는 다수파의 의견을 수렴하여 여러 가지 사회복지 관련 법령들을 제정하였다. 그 대표적인 것으로 실업노동자법(1905년), 노령연금법(1908년), 직업소개법(1909년), 최저임금법(1909년), 그리고 국민보험법(1911년) 등이 있다.

(2) 국민보험법(1911) 12회, 16회 기출

① 영국의 자유당 정부가 제정한 것으로, '건강보험'과 '실업보험'으로 구성되었다.

② 재정을 고용주와 근로자로부터 조달받는 영국 최초의 사회보험이다.

③ 강제적인 자조에 의한 자유주의적 사회개혁을 통해 부자와 빈민 간의 양극화를 막고자 하였다.

④ 급여수준은 인간다운 생활을 유지할 만큼 충분하지 못했으며, 재정 부담에 있어서 국가의 부담을 적게 하는 반면, 노동자와 그 고용주가 이를 주로 부담하도록 하였다.

(3) 베버리지 보고서(Beveridge Report) 2회, 6회, 9회, 10회, 11회, 12회, 15회, 18회, 22회 기출

① 1941년 6월 창설된 '사회보험 및 관련 사업에 관한 각 부처의 연락위원회'의 위원장이었던 베버리지(Beveridge)가 1942년에 제출한 보고서이다.

② 사회보장이 국가와 개인의 협력에 의해 달성되어야 한다는 원리를 토대로, 사회보험, 공공부조, 아동수당(가족수당), 포괄적 보건서비스(포괄적 의료 및 재활서비스), 완전고용 등을 사회보장의 전제조건으로 주장하였다.

③ 베버리지는 강제적인 사회보험을 국민최저선 달성을 위해 가장 중요한 제도로 보았으며, 노령, 장애, 실업, 질병 등과 같은 사회적 위험들을 하나의 국민보험에서 통합적으로 운영하는 복지국가 모형을 구상하였다.

출제의도 체크

왕립위원회의 다수파보고서는 기존 구빈법의 폐지보다는 개혁을 주장하는 내용을 담고 있습니다.

▶ 22회 기출

바로암기 OX

1911년에 제정된 영국의 「국민보험법」은 '건강보험'과 '산재보험'으로 구성되었다?

( )

해설

'건강보험'과 '실업보험'으로 구성되었다.

정답 ×

전문가의 한마디

베버리지(Beveridge)가 사회보험을 강조한 이유는 일을 하는 노동자라도 그 수입이 생존선에조차 미치지 못하는 경우가 많아서, 적은 수입으로 가족을 부양하기 위해서는 사회보험에 의한 소득재분배가 필요하다고 생각했기 때문입니다.

④ 사회보험체계는 일반적인 사회적 위험을 모두 포함해야 하며, 재정은 피보험자, 고용주, 국가 3자가 부담하고, 급여수준과 기간은 충분한 정도가 되어야 한다.

⑤ 사회보험체계는 '적용대상자의 범위를 늘릴 것', '보장 내용을 늘릴 것', '연금 비율을 높일 것' 등 세 가지 차원에서 발전되어야 한다.

⑥ 사회보험체계는 정액급여(균일급여), 정액기여(정액부담), 행정통합, 급여 충분성(급여 적절성), 포괄성(위험과 대상의 포괄성), 피보험자 구분(가입대상 분류)의 원칙을 토대로 하여야 한다.

⑦ 베버리지 보고서를 근거로 하여 가족수당법, 국민부조법 등이 제정되었다.

전문가의 한마디

베버리지 보고서가 강조한 포괄성의 원칙은 보편주의를 토대로 모든 국민이 의무적으로 가입하는 보장 특성을 담고 있습니다. 또한 정액기여(정액부담)의 원칙은 보험료의 징수와 관련한 행정비용을 절감할 수 있는 효과가 있습니다.

심화연구실

베버리지 보고서(Beveridge Report)에 규정된 영국 사회의 5대 사회악 및 해결방안 1회, 2회, 5회, 11회, 21회 [기출]

• 불결(Squalor) → 주택정책
• 궁핍 또는 결핍(Want) → 소득보장(연금)
• 무지(Ignorance) → 의무교육
• 나태(Idleness) → 노동정책
• 질병(Disease) → 의료보장

---

(4) 사회보장제도의 침체 - 대처리즘(Thatcherism) 8회 [기출]

① 복지국가는 2차 세계대전 직후 노동당 정부의 집권으로 출현하였으며, 당시 중간계급과 노동자계급의 복지동맹을 통해 이루어졌다. 그러나 복지국가는 관료화, 비효율, 의존성 증대 등 부정적인 결과를 야기했고, 경제발전의 활력을 저해함에 따라 1970년대 말부터 외면당하기 시작하였다.

② 1979년 보수당의 집권에 의해 대처(Thatcher) 수상이 기존의 노동당 정부의 복지정책에서 벗어나 경제개혁 및 민영화를 강조하였다.

③ 개인과 국가, 그리고 경제와 복지에 관한 신념체계로서 대처리즘(Thatcherism)은 다음의 내용들을 포함하였다.

　㉠ 복지에 필요한 공공지출의 축소
　㉡ 국영기업의 민영화
　㉢ 노동조합의 활동 억제
　㉣ 기업 및 민간의 자유로운 경제활동 보장
　㉤ 금융규제 완화

5 미국의 사회복지정책 발달

(1) 뉴딜(New Deal) 정책

① 1930년대 미국은 대공황으로 인해 대량의 실업자와 빈곤자가 양산되었고, 미국 정부는 그와 같은 실업과 빈곤의 원인을 개인의 결함이 아닌 사회구조의 결함에서 찾게 되었다.

② 미국은 대공황을 경험하면서 총수요관리에 초점을 둔 국가정책을 도입하였다. 특히 루즈벨트(Roosevelt) 대통령은 뉴딜(New Deal) 정책을 통해 각종 사회간접자본에 막대한 자금을 투자하여 유효수요를 창출하였고, 이를 기반으로 민간기업 투자와 고용을 진작시킴으로써 대공황으로부터 탈출의 전기를 마련하였다.

(2) 사회보장법(Social Security Act) 9회, 12회 기출

① 1935년 연방정부의 적극적인 개입(케인즈식 국가개입주의)을 통한 경제회복을 주된 목적으로 사회보장법(Social Security Act)이 제정되었으며, 최초로 '사회보장'이라는 용어를 공식화하였다.

② 구제(Relief), 부흥(Recovery), 개혁(Reform)을 위한 정책과 함께 다양한 사회보험, 공공부조, 보건 및 복지서비스 프로그램을 실시하였다.

③ 실업보험은 연방정부가 세금을 징수하지 않고, 일정한 기준을 정해 놓은 후 거기에 부합하는 제도를 수립한 주(州)에 대해 세금을 면제해 줌으로써 주정부가 독자적으로 운영하였다.

④ 노령연금은 연방정부가 재정과 운영을 담당하여 전국의 사업주에게 사회보장세를 부과하고 피용자에게도 동일한 비율로 부담하도록 하였다.

⑤ 공공부조는 65세 이상 노령의 빈민, 맹인, 요보호아동을 대상으로 하여 각 주가 공공부조 제도를 수립하는 경우, 그 재정의 3분의 1 내지 2분의 1을 연방정부가 보조하도록 하였다.

⑥ 보건 및 복지서비스 프로그램으로 모성 및 아동보건서비스(모자보건서비스), 장애아동서비스, 아동복지서비스, 직업재활 및 공중보건서비스 등을 운영하였다.

(3) 사회보장제도의 침체 – 레이거노믹스(Reaganomics) 15회, 22회 기출

① 1980년대 레이건(Reagan) 행정부는 '작은 정부(Small Government)' 지향으로 사회복지에 대한 지원을 연방정부 책임 하에서 지방정부, 민간기업, 가족에 중심을 두는 방향으로 전환하였다.

② 레이거노믹스(Reaganomics)라 불리는 일종의 경제정책은 정부지출을 줄이는 것에 초점을 두었는데, 특히 복지예산 삭감에 대한 압력으로 사회복지비용의 감소가 두드러졌다.

전문가의 한마디

영국의 경제학자 케인즈(Keynes)는 고도의 경제성장과 완전고용을 위해서는 경제의 수요부문에 대한 국가의 개입이 필요하다고 주장하였습니다.

전문가의 한마디

영국의 대처리즘은 1979년 총선에서 대처(Thatcher) 당수가 이끈 보수당의 승리로, 미국의 레이거노믹스는 1980년 대선에서 공화당의 레이건(Reagan) 후보의 당선으로 거의 동시에 등장하였습니다. 이 둘은 2차 세계대전 후 복지국가의 이념적 기반이었던 케인즈주의(Keynesism)를 무력화시켰습니다.

전문가의 한마디

자녀가 있는 가구 중 수급자격이 있는 빈곤가구에 대해 복지혜택을 보장한 'AFDC'와 달리, 'TANF'는 빈곤가구라도 일생에 걸쳐 최대 60개월 동안만 수급이 가능하도록 하였습니다.

③ 레이거노믹스에는 소득세 및 법인세 감소, 연방정부차원의 복지 기능 축소 및 지방 정부로의 이양, 공공부조제도인 요보호아동가족부조(AFDC)의 빈곤가족한시지원 또는 임시가족부조(TANF)로의 전환 등이 포함되었다.

심화연구실

스웨덴의 적녹동맹(Red-green Alliance) 16회 `기출`

• 1930년대 스웨덴은 노동계급과 농민 간 적녹동맹(Red-green Alliance)을 통해 복지국가 발전의 기틀을 마련하였다.

• 1932년 노동계급을 지지기반으로 한 사민당은 보편주의적 복지원칙, 농업관계와 농업보조금 지급 등 농민당의 요구를 수용함으로써 농민당과의 연정을 이루었으며, 이를 통해 권력 장악에 성공하였다.

• 적녹동맹은 사민당의 안정적인 집권을 가능하게 함으로써 정치적 결정에 의한 재분배기제인 복지국가의 확대를 가져왔으며, 노동자와 농민을 지지기반으로 보편주의를 더욱 확대함으로써 장기적으로 복지국가의 기반을 굳건히 하였다.

03절　복지국가의 위기

1　복지국가 위기의 배경 및 양상

(1) 복지국가 위기의 배경　13회 `기출`

① 경제적 배경

경기침체와 국가재정위기, 성장의 둔화, 실업의 증대, 지하경제 문제, 세금회피 및 탈세 등

② 정치적 · 행정적 배경

정부에 대한 신뢰도 하락, 정당에 대한 애착의 결여, 관료 및 행정기구의 팽창과 비효율성, 이익집단 중심의 비효율적 다원주의 등

③ 사회 · 문화적 배경

급격한 사회변동에 따른 아노미 현상, 사회통합의 이완현상, 성별 · 계층별 갈등 현상 등

④ 그 밖의 보다 근본적인 변화

석유파동, 혼합경제와 포디즘적 생산체계의 붕괴, 전후 합의의 붕괴, 노동연대의 약화 등

전문가의 한마디

'포디즘(Fordism)'은 미국의 자동차회사인 포드(Ford)의 컨베이어벨트 시스템을 이용한 작업공정에서 유래합니다. 2차 세계대전 이후 저렴한 화석에너지와 계획화 · 전문화된 작업공정으로 소품종 대량생산체계를 이루었으며, 이는 1970년대 석유파동 이전까지 자본주의 경제체제의 발전으로 이어졌습니다.

(2) 복지국가 위기의 양상 3회, 6회, 9회 **기출**

① 신자유주의, 신보수주의 이념의 확산과 함께 시장기능이 강조된 반면, 국가의 시장 규제나 경제개입은 축소되었다.

② 석유파동과 함께 스태그플레이션이 심화되면서 사회복지 지출이 급격히 팽창하였음에도 불구하고 재원 마련을 위한 재정수입이 감소되었다.

③ 국가-자본-노동 간의 화해적 정치구조에 균열이 발생되었다.

④ 사회주의 이념의 쇠퇴와 함께 노동자계급의 구성이 다양화되면서 상대적으로 복지 국가의 정치적 기반이 약화되었다.

⑤ 소품종 대량생산 시대에서 다품종 소량생산 시대로 접어들면서 근로자들과 기업의 분산이 가속화되어 복지국가의 확대기반인 조합주의의 붕괴가 초래되었다.

⑥ 노령, 실업, 질병, 장애 등의 전통적인 사회적 위험은 물론 인구고령화, 가족구조의 변화, 노동시장구조의 변화 등 새로운 사회적 위험이 복지수요의 증대를 유발하였다.

> **전문가의 한마디**
>
> '스태그플레이션(Stagflation)'은 경제활동이 침체되고 있음에도 불구하고 물가가 지속적으로 상승하는 현상으로, 저성장·고물가 상태를 의미합니다.

2 복지혼합과 복지혼합경제

(1) 복지혼합(Welfare Mix) 9회, 11회, 13회, 18회, 22회 **기출**

① 1980년대 영국의 대처리즘(Thatcherism)과 미국의 레이거노믹스(Reaganomics) 등으로 대표되는 신보수주의의 입장을 대변하는 용어이다.

② 복지국가의 위기 직후 대두된 것으로, 한 사회에서 복지의 총량이 국가, 시장, 그리고 가족 및 비영리 민간복지기관에서 제공하는 다양한 복지의 혼합으로 구성된다는 의미를 내포한다.

③ 복지공급 주체의 다양화를 표방하는 복지다원주의(Welfare Pluralism) 양상을 나타낸다.

④ 복지공급의 영역을 국가로 제한하지 않은 채 사회복지서비스의 다양한 공급주체의 역할에 주목함으로써 전달체계의 복잡성을 증가시키는 경향이 있다.

⑤ 복지혼합은 사회복지서비스 공급에 있어서 국가의 의도적인 역할 축소를 근본적인 목적으로 하는 것이 아닌 복지의 다양한 공급주체들 간의 기능적 재분배를 강조하는 것이다.

⑥ 국가를 포함한 복지제공의 주체를 재구성하는 논리로 활용되는 한편, 복지제공의 주체로 국가 외에 다른 주체를 수용한다는 점에서 복지국가를 비판하는 논리로도 쓰인다.

> **출제의도 체크**
>
> 복지혼합(Welfare Mix)을 통한 정부와 민간의 역할 조정은 복지국가 위기의 원인이 아닌 그에 대한 대응방편으로 볼 수 있습니다.
>
> ▶ 13회 기출

(2) 복지혼합경제(Mixed Economy of Welfare) 14회, 18회 **기출**

① 정부가 사회복지의 재정을 전적으로 부담하기보다 복지재정에 비영리적 자금은 물론 영리적 자금을 유입시키도록 유도하는 재정 방식이다.

② 영국과 미국의 경우 복지다원주의에 의한 복지혼합경제를 지향하고 있으며, 우리나라의 경우에도 비영리기관에서 영리 활동을 할 수 있도록 허용하고, 사회적일자리사업이나 바우처사업에 비영리기관은 물론 영리기업도 참여할 수 있도록 하는 방향으로 전환하고 있다.

③ 시립사회복지관의 민간 위탁, 사회복지기관에서의 사회적기업 육성, 바우처 방식을 이용한 보육서비스 제공, 노인장기요양보험을 활용한 노인요양병원 운영 등은 복지혼합경제의 예로 볼 수 있다.

④ 복지혼합의 유형 중 서비스 이용자의 선택권은 '계약 < 증서 < 세제혜택' 순으로 커진다.

출제의도 체크

서비스 이용자의 선택권에 있어서 공급자 지원방식인 계약(위탁계약)보다 수요자 지원방식인 증서(바우처)가 크며, 정부의 세제혜택이 그보다 유리한 것으로 알려져 있습니다.

▶ 18회 기출

계약 또는 위탁계약 (Contracts)	재화나 서비스의 배분이나 공급권을 일정기간 동안 특정 개인이나 집단에게 부여하는 것으로, 일종의 공급자 지원방식이다.
증서 또는 바우처 (Voucher)	정부가 이용자로 하여금 재화나 서비스를 구매할 수 있도록 증서(바우처)를 지급하는 것으로, 일종의 수요자 지원방식이다.
세제혜택 (Tax Expenditure)	정부가 공급자나 수요자에게 세제혜택을 줌으로써 재화나 서비스의 제공 및 수혜의 폭이 넓어지도록 유도하는 간접지원방식이다.

3 제3의 길과 사회투자국가

(1) 제3의 길(The Third Way) 2회, 5회, 7회, 8회, 11회, 13회 기출

① 1997년 영국의 블레어(Blair) 수상이 시장의 효율성과 사회적 연대성의 조화를 목표로 제시하였다.

② '제1의 길'은 베버리지 보고서에 의한 분배의 강조, '제2의 길'은 대처(Thatcher) 수상에 의한 경제성장의 강조, '제3의 길'은 블레어 수상에 의한 경제안정 및 사회복지 향상에 대한 동시적인 노력을 의미한다.

③ 고복지, 고부담, 저효율로 요약되는 사회민주주의적 복지국가 노선(→ 제1의 길)과 고효율, 저부담, 불평등으로 요약되는 신자유주의적 시장경제노선(→ 제2의 길)을 지양한 새로운 정책노선을 제안함으로써 시민들의 경제생활을 보장하는 동시에 시장의 활력을 높이고자 하는 전략이다.

④ 국민들에게 경제적 혜택을 직접 제공하기보다는 인적자원에 대한 투자 및 사회적 자본의 확충을 강조하는 기든스(Giddens)의 사회투자국가론을 지지한다.

⑤ 권리와 의무의 조화, 근로와 복지의 연계, 사회복지 공급주체의 다원화(복지다원주의), 생산적 복지, 적극적 복지를 표방한다.

전문가의 한마디

'제3의 길'은 1997년 노동당 당수인 블레어(Blair)의 집권과 함께 새롭게 제안된 것으로, 기든스(Giddens)가 이론적으로 체계화하였으며, 이를 블레어가 정치노선으로 채택한 것입니다.

전문가의 한마디

블레어(Blair)의 복지개혁의 핵심은 '일하는 복지(Welfare to Work)'입니다. 이는 '의존형 복지'로부터 '자립형 복지'로의 전환을 의미하는 것으로, 복지국가는 자원제공보다는 위험성을 공동부담하는 데 역점을 둔다는 기든스(Giddens)의 복지국가관을 토대로 합니다.

(2) 사회투자국가와 사회투자전략 14회, 15회, 20회 기출

① 기든스(Giddens)는 전통적 사회민주주의의 성과물인 복지국가가 급속한 사회경제적 변화에 적절히 대응하지 못할 뿐만 아니라 재분배 체계로서의 기능 또한 제한적이라고 진단하였다. 이에 복지의 투자적 성격과 생산적 성격을 부각시키고, 복지와 성장, 사회정책과 경제정책의 상호보완성을 강조한 새로운 복지패러다임을 구축하였다.

② 사회투자국가는 경제활동 참여기회 확대, 경제성장과 사회통합의 동시 추구, 인적자본 및 사회적 자본에 대한 투자 강조, 불평등 해소보다 사회적 배제 감소에 더 큰 중요성 부여 등을 특징으로 한다.

③ 사회투자전략은 인적자본의 근본적 육성을 통한 사회참여의 촉진을 목표로 한다. 특히 아동 세대에게 교육기회를 제공하여 미래의 근로능력을 향상시키는 방식으로 기회의 평등을 통한 인적자원의 투자를 강조한다.

출제의도 체크

사회투자전략은 현재 아동 세대에 대한 선제적 투자를 중시합니다.

▶ 20회 기출

4 최근 사회복지정책의 흐름

(1) 우리나라 사회복지정책의 주요 환경변화 15회 기출

① 전 인구 중 노인의 비율이 높아졌다.
② 저출산 현상이 주요 사회문제로 등장하게 되었다.
③ 다양한 문화적 배경의 사회구성원이 증가하였다.
④ 고용안정성에 대한 정책적 대응의 필요성이 높아졌다.
⑤ 경기침체로 인해 세수 확보를 통한 복지재원 마련이 어려워지고 있다.

(2) 최근 우리나라 사회복지정책의 주요 변화 15회 기출

① 사회복지정책의 총 지출이 증가하는 추세이다.
② 지방자치단체의 자체적인 복지사업이 증가하는 추세이다.
③ 고용불안정의 심화로 사회보험제도의 기반이 취약해지고 있는 추세이다.
④ 복지정책 대상의 초점이 점차 확대되는 추세이다.
⑤ 근로장려세제(EITC)의 적용 확대 등 근로빈곤층 지원제도를 강화하는 추세이다.

(3) 새로운 사회적 위험 10회, 15회, 16회, 19회 기출

① 사회복지의 정책적 측면에서 개인의 적극적인 참여를 전제조건으로 하는 프로그램이 확대되고 있다.
② 복지재정의 부족현상이 심화되는 가운데, 사회적 취약계층에 대한 표적화를 통해 사회안전망을 가동하는 선별주의적 접근방식으로의 전환이 이루어지고 있다.

바로암기 OX

새로운 사회적 위험의 배경으로 탈산업화로 인한 서비스업 고용 감소를 들 수 있다?

( )

해설

기존의 제조업에서 서비스업 중심으로 전환됨에 따라 서비스업의 고용이 증가된 반면, 제조업의 고용은 급격히 감소된 것이 그 배경이다.

정답 ×

③ 산업구조 및 산업생산 방식의 변화로 인해 기존의 제조업 중심 산업에서 서비스업 중심으로 전환되고 있으며, 특히 정보기술 중심의 지식기반경제에 따른 산업의 고부가가치화가 이루어지고 있다.

④ 국가 간의 노동인구 이동이 증가함에 따라 검증되지 않거나 노동의 질이 낮은 해외 노동력의 무분별한 유입과 함께 불법체류, 인권침해의 증가 등 사회적 문제가 확산되고 있다.

⑤ 계급이념의 쇠퇴로 인해 복지국가의 전통적 지지세력인 노동자계급의 세력이 약화되고 있다.

⑥ 노동시장의 유연성이 촉발되어 임시·일용직 등 비정규직이 증가하고 있으며, 이로써 임금 및 근로조건의 불평등이 확대되고 있다.

⑦ 소득양극화로 인해 소득집단 내 차이는 좁아지는 반면, 고소득층과 저소득층의 소득집단 간 차이는 더욱 벌어지게 되었다.

⑧ 가족구조의 변화(→ 가족해체 현상의 증가), 출산율의 감소, 인구의 고령화(→ 노인부양비의 증가) 등으로 인해 기존의 복지제도를 지속화하는 데 한계를 드러내고 있다.

⑨ 남성생계부양 가구모델이 한계에 도달함으로써 여성의 경제활동참여가 증가하게 되었으며, 그로 인해 일·가정 양립의 문제가 대두되고 있다.

심화연구실

전문가의 한마디

〈고용형태별근로실태조사 보고서〉에는 매년 표본사업체 약 33,000개소를 대상으로 조사된 고용형태별 근로일수, 근로시간 및 임금에 관한 사항이 수록되어 있습니다.

우리나라 고용형태별 사회보험 및 노동조합 가입률, 부가급부 현황 17회 기출

우리나라 비정규직 노동자의 사회보험 및 노동조합 가입률은 정규직 노동자의 가입률에 비해 현저히 낮으며, 상여금 지급이나 퇴직연금 가입 등 부가급부에 있어서도 상당한 차이를 보이고 있다.

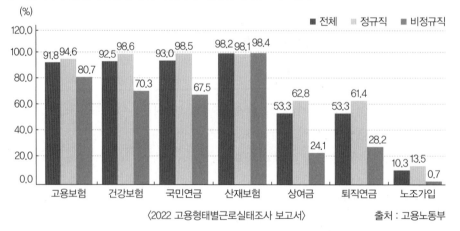

〈2022 고용형태별근로실태조사 보고서〉　　　　　출처 : 고용노동부

02 | 복지국가와 복지정책

KEY POINT

- '복지국가와 복지정책' 영역에서는 학자들에 따른 다양한 복지국가의 이념모델을 비롯하여 사회복지정책 관련 이론들의 특징을 비교하는 것이 중요하다. 또한 복지 이데올로기를 통해 경제와 복지의 상관관계를 이해해야 한다.
- 윌렌스키와 르보의 복지국가 이념모델에서는 잔여적 모델과 제도적 모델을 비교하여 학습해야 한다. 특히 잔여적 모델은 수급자의 최저생활보장이 목적이며, 제도적 모델은 사회환경 및 자원제공의 최적수준 지향이 목적임을 기억해야 한다.
- 조지와 윌딩의 복지국가 이념모델에서는 자유방임주의에 해당하는 반집합주의가 소극적 자유를, 사회민주주의에 해당하는 페이비언 사회주의가 적극적 자유를 강조한다는 점을 기억해야 한다.
- 에스핑-안데르센의 복지국가 유형에서는 자유주의 복지국가에서 사회민주주의 복지국가에 이르기까지 노동력의 상품화 및 탈상품화에 따른 복지국가에의 접근을 구분해야 한다. 또한 탈상품화의 기본개념을 숙지하도록 한다.
- 사회복지정책 발달이론의 사회양심이론에서는 사회진화론적 관점에 의한 집단양심 및 인도주의적 특성에 대한 이해가 필요하다.
- 산업화이론(수렴이론)에서는 경제발전 수준과 사회복지지출 수준 간 강한 상관관계에 주목한다는 점을 기억해야 한다.
- 시민권이론에서는 시민권의 확립에 따른 사회복지정책의 개선 및 확대 가능성에 주목한다는 점을 기억해야 한다.
- 복지 이데올로기에서는 케인즈주의에서 신자유주의로의 전개 과정을 이해해야 한다.

01절 복지국가의 이해

1 복지국가의 개념 및 특성

(1) 개 념

① 티트머스(Titmuss)

복지국가는 사적인 시장에서는 제공될 수 없는 특별한 서비스를 모든 시민에게 제공하는 국가이다.

② 윌렌스키(Wilensky)

복지국가는 모든 국민에게 최소한의 소득, 영양, 보건, 주택, 교육 등을 자선이 아닌 정치적 권리로서 인정하는 국가이다.

③ 미쉬라(Mishra)

복지국가는 국민 최저수준의 삶이 보장되도록 정부의 책임을 제도화한 국가이다.

전문가의 한마디

'복지국가(Welfare State)'란 용어는 영국의 켄터베리 대주교 윌리엄 템플(William Temple)이 1941년 출간한 『시민과 성직자(Citizen and Churchman)』에서 '무력국가(Power State)'에 대응하는 개념으로 가장 먼저 사용하였습니다. 여기서 복지국가는 영국을, 무력국가는 나치 독일을 가리킵니다.

전문가의 **한마디**

복지국가의 특성에 대한 여러 학자들의 견해를 종합해 보면, 경제제도로서 수정자본주의, 정치제도로서 민주주의, 국민최저수준의 보장, 복지에 대한 정부의 책임 등으로 정리됩니다.

(2) 특 성   13회 기출

① 정책의 형성과 집행에서 국가의 역할이 중요하다.

② 복지정책의 일차적 목표를 전 국민의 최소한의 생활보장에 둔다.

③ 정치제도로서 민주주의를 복지국가 성립의 수반조건으로 한다.

④ 경제제도로서 수정자본주의 또는 혼합경제체제로 운용된다.

⑤ 사회적 차별의 해소를 포함하는 사회적 평등(Social Equality)을 강조한다.

2   복지국가의 이념모델

전문가의 **한마디**

윌렌스키와 르보(Wilensky & Lebeaux)는 사회복지정책 관련 이론 중 '산업화이론(수렴이론)'의 대표적인 학자이기도 합니다.

(1) 윌렌스키와 르보(Wilensky & Lebeaux)의 모델   8회, 16회 기출

① 잔여적(보충적) 모델(Residual Model)

ㄱ 개인의 욕구가 가족이나 시장과 같은 정상적인 공급구조에 의해 충족되어야 한다는 점을 강조한다.

ㄴ 가족이나 시장이 제 기능을 발휘하지 못하여 개인의 욕구가 충족되지 않을 때 사회복지정책이 보충적으로 개입하여 응급조치 기능을 수행한다.

② 제도적(보편적) 모델(Institutional Model)

ㄱ 급변하는 현대 산업사회에서 가족이나 시장이 개인의 욕구를 충족시키는 것에 한계가 있음을 인정한다.

ㄴ 사회복지정책은 각 개인이나 집단, 지역사회가 만족할 만한 수준의 삶을 누릴 수 있도록 제도적인 기능을 수행한다.

ㄷ 사회복지서비스에 대한 보편적인 권리를 인정하여, 각 개인이 자신의 능력개발을 위해 사회복지의 혜택을 받는 것을 정상적인 것으로 간주한다.

심화연구실

잔여적(보충적) 모델과 제도적(보편적) 모델의 비교

구 분	잔여적(보충적) 모델	제도적(보편적) 모델
대 상	특수 집단 혹은 특정 개인(사회적 취약계층)	지역사회 및 전 국민
목 표	수급자의 최저생활보장	사회환경 및 자원제공의 최적수준 지향
개 입	보충적 · 일시적 · 한정적인 보호 및 지원	항시적인 소득재분배 기능 수행
복지욕구 충족기제	가족이나 시장 우선	국가의 사회복지제도
실행주체	민간의 자발적인 주도	국가의 역할 강조
빈곤의 책임	개인이나 가족, 시장의 책임 강조	사회구조적 · 국가적 책임 강조
서비스의 성격	시혜 · 자선의 성격, 낙인의 문제	시민권으로서의 성격, 평등사상에 입각
이 념	선별주의	보편주의

(2) 티트머스(Titmuss)의 모델 16회 기출

① 잔여적(보충적) 모델(Residual Model)

ⓐ 가족이나 시장이 제 기능을 발휘하지 못해 개인의 복지욕구를 해결하지 못하는
경우 일시적으로 개입한다.

ⓑ 요보호자를 대상으로 최소한의 생활을 보장한다.

ⓒ 특히 공공부조 프로그램을 강조한다.

② 산업적 업적성취 모델 또는 산업성취수행 모델(Industrial-achievement-performance
Model)

ⓐ 사회복지의 급여를 생산성, 즉 개인의 시장 및 사회에 대한 업적이나 성취도(기
여도), 공헌 정도에 따라 결정한다.

ⓑ 사회복지를 경제성장의 수단으로 활용하고자 하므로 '시녀적 모델'이라고도 한다.

ⓒ 특히 사회보험 프로그램을 강조한다.

③ 제도적 재분배 모델(Institutional Redistributive Model)

ⓐ 시장에서의 1차적 분배에 따른 사회적 불평등과 사회적 형평 차원에서 재분배를
시행하여 사회적·보편적 형평 및 사회통합을 지향한다.

ⓑ 사회복지정책을 사회의 중요한 제도로 간주하며, 사회의 구조적 불평등을 해소
하기 위해 보편적 급여를 제공한다.

ⓒ 특히 보편적 프로그램을 강조한다.

심화연구실

복지의 사회적 분화 유형(Titmuss) 10회 기출

사회복지 (Social Welfare)	정부의 직접적인 재정지출에 의해 복지혜택을 제공하는 것으로서, 소득보장, 의료, 교육, 주택, 개별적 사회서비스 등을 모두 포함한다. 예 국가에 의한 국민기초생활보장제도 운영 등
재정복지 (Fiscal Welfare)	정부의 조세정책에 의해 국민의 복지를 간접적으로 높이는 것으로서, 조세징수체계 내에 특정한 사회복지적 목적 달성을 위한 조치를 마련한다. 예 가계의 의료비 지출에 대한 소득공제 등
직업복지 (Occupational Welfare)	기업복지와도 일맥상통하는 것으로서 개인이 속한 기업에서 제공하는 다양한 복지급여에 해당한다. 예 각종 복리후생, 사내복지기금, 교육훈련, 국민연금에서 사용자의 부담금 등

전문가의 한마디

티트머스(Titmuss)는 국민들의 복지가 국가에 의한 '사회복지(Social Welfare)', 정부의 조세정책에 의한 '재정복지(Fiscal Welfare)', 그리고 기업에서의 '직업복지(Occupational Welfare)' 등 세 가지 방법에 의해 해결될 수 있다고 보았습니다.

(3) 조지와 윌딩(George & Wilding)의 모델 　9회, 10회, 11회, 12회, 13회 기출

① 반집합주의(Anti-collectivism) 　17회 기출

ⓐ 소극적 자유, 개인주의, 불평등을 중심적인 가치로 한다.

ⓑ 자유를 개인중심의 단순히 강제가 없는 상태를 의미하는 소극적인 개념으로 파악한다.

ⓒ 사회복지가 개인의 자유와 선택을 제한하며, 정부 주도의 사회복지정책 확대가 경제적 비효율성을 야기한다고 주장함으로써 복지에 대한 정부의 개입에 부정적인 입장을 보인다.

ⓓ 복지국가를 자유로운 시장 활동의 걸림돌로 간주하면서, 시장이 주도적인 역할을 수행해야 한다고 본다.

ⓔ 자발적 협동과 경쟁을 강조하며, 경제성장과 부의 극대화를 위해 힘쓴다.

ⓕ 모든 종류의 계약과 합의에 있어서 개별적 선택을 강조한다.

ⓖ 복지급여는 주로 빈곤선 이하의 빈곤계층에게 국가온정주의적 차원에서 정치적 안정유지를 위해 최소한으로 주어진다.

ⓗ 수정이데올로기 모형에서 '신우파(The New Right)'로 수정되었다.

② 소극적 집합주의(Reluctant Collectivism) 　16회, 21회 기출

ⓐ 소극적 자유, 개인주의, 실용주의를 중심적인 가치로 한다.

ⓑ 자유를 소극적인 개념으로 파악한다.

ⓒ 반집합주의에 비해 실용적인 성격을 가진다.

ⓓ 자본주의 혹은 시장경제의 효율적인 운용을 위해, 즉 시장체계의 약점을 보완하기 위해 복지에 대한 정부의 개입을 조건부로 인정한다.

ⓔ 복지국가를 사회 안정과 질서의 유지에 필요한 것으로 간주하여 제한적으로 지지한다.

ⓕ 빈곤이나 불평등과 같은 사회병리를 개선하고 사회결속을 유지하기 위해 사회복지정책이 필요하다고 본다.

ⓖ 수정이데올로기 모형에서 '중도노선(The Middle Way)'으로 수정되었다.

③ 페이비언 사회주의(Fabian Socialism) 　20회 기출

ⓐ 적극적 자유, 평등, 우애를 중심적인 가치로 한다.

ⓑ 자유를 사회적 · 경제적 · 정치적 · 문화적 상황구조에서 발현할 수 있는 능력으로 표현하는 적극적인 개념으로 파악한다.

ⓒ 복지국가를 사회주의의 한 과정으로 인식한다.

ⓓ 시장경제의 문제점을 제거하기 위해 정부가 적극적으로 개입해야 한다고 주장한다.

ⓔ 한편으로 경제성장을 통한 사회자본의 증대를 강조하고, 다른 한편으로 경제성장으로 야기되는 불평등 문제의 해결을 강조한다.

ⓑ 사회통합과 평등 추구를 위한 사회복지정책 확대를 지지하면서, 민주주의에 기반을 둔 대중의 참여를 주장한다.

ⓢ 공공부문을 강조하며, 자원의 재분배를 도모한다.

ⓞ 이타주의를 증진하며, 사회통합을 위해 힘쓴다.

ⓩ 수정이데올로기 모형에서 '사회민주주의 또는 민주적 사회주의(Democratic Socialism)'로 수정되었다.

④ **마르크스주의(Marxism)** 10회 기출

㉠ 적극적 자유, 결과적 평등을 중심적인 가치로 한다.

㉡ 자본주의 사회에서 빈곤 문제는 필연적으로 발생한다고 본다.

㉢ 경제적 평등만이 노동자와 빈민으로 하여금 빈곤에서 벗어나도록 한다는 점을 강조한다.

㉣ 계급갈등을 자본주의의 필연적인 과정으로 보는 계급갈등론에 기초한다.

㉤ 생산수단이 소수의 특권계급에 의해 독점됨으로써 갈등이 발생한다고 보고, 정부의 개입에 대해 적극적으로 찬성한다.

㉥ 복지국가를 자본과 노동계급 간 갈등의 결과로 본다. 즉, 복지국가를 자본주의의 산물이자 자본주의 체제를 강화하는 수단으로 간주하므로, 그러한 개념 자체를 부정한다.

⑤ **페미니즘(Feminism)**

㉠ 가부장적 복지국가를 비판하지만 양성평등을 위한 사회복지정책의 역할을 인정한다.

㉡ 복지국가가 여성의 사회적 평등과 여성들을 위한 서비스를 제공한다는 점을 강조하여 긍정적으로 보기도 하는 반면, 복지국가가 남성들이 정책입안자가 되어 정책수혜자인 여성을 지배하는 국가에 해당한다고 주장하여 부정적으로 보기도 한다.

㉢ 페미니즘의 양면적인 관점에도 불구하고, 페미니스트들은 여성의 빈곤화가 남성의 빈곤화보다 더욱 현저하다는 점에 초점을 두어 복지국가가 여성의 평등과 경제적 욕구해결에 실패했음을 주장한다.

⑥ **녹색주의(Greenism)**

㉠ 복지국가가 경제성장을 통해 환경문제를 유발한다고 주장하면서, 그에 대해 반대의 입장을 보인다.

㉡ 경제성장 및 대규모 기술, 산업사회의 탐욕 및 소비사회의 지속으로 나타난 부작용을 지적하며, 산업사회가 사회문제의 원인에 관심을 기울이기보다는 현상에 초점을 두고 있다고 비판한다.

ⓒ 산업사회가 확대되고 개인주의가 팽배해짐에 따라 자원이 고갈되고 사회문제가 증가한다고 봄으로써, 경제성장은 물론 정부의 복지 지출에 대해서도 반대의 입장을 보인다.

심화연구실

조지와 윌딩(George & Wilding) 이념모델의 주요 특징

유 형	반집합주의	소극적 집합주의	페이비언 사회주의	마르크스주의
자유에 대한 관점	소극적 자유	소극적 자유	적극적 자유	적극적 자유
정부의 개입	불인정	조건부 인정	적극적 인정	적극적 인정
복지국가에 대한 입장	적극적 반대	제한적 찬성	적극적 찬성	적극적 반대

전문가의 한마디

사회서비스 제공체제 모델은 안토넨과 시필라(Antonnen & Sipilä)의 연구를 선두로 이후 먼데이(Munday), 바알레(Bahle) 등에 의해 체계화되었습니다.

(4) 사회서비스 제공체제 모델 16회 기출

① 공공서비스 모델(Public Social Service Model)
  ㉠ 사회서비스의 공급 · 전달 · 규제 · 재정 모두에서 공공부문의 압도적인 우위를 특징으로 한다.
  ㉡ 비영리조직이나 영리조직의 역할은 미미하며, 지방정부가 개인 사회서비스의 생산 및 계획에서 중심적인 역할을 담당한다.
  ㉢ 스웨덴, 덴마크, 핀란드, 노르웨이 등의 국가가 해당된다.

② 가족주의 모델(Family Care Model)
  ㉠ 사회서비스체계가 전반적으로 낙후된 유형으로, 공공서비스 기구와 가톨릭교회 기구가 복지혼합의 핵심을 이루나 파편화된 성격을 가지고 있다.
  ㉡ 사회서비스체계의 지체된 발전과 파편화는 강한 가족제도에 기인하며, 이는 돌봄에 대한 가족의 의무를 강조하는 가톨릭 전통에서 비롯된다.
  ㉢ 스페인, 그리스, 포르투갈 등의 국가가 해당된다.

③ 자산조사-시장의존 모델(Means-tested Model)
  ㉠ 사회적 돌봄(Social Care)은 일반적으로 개인 책임이며, 국가는 스스로 돌봄의 문제를 해결하기 어려운 의존적인 집단에게만 표적화된 서비스를 제공한다.
  ㉡ 그 밖의 사람들은 대체로 능력에 따라 시장에 의존하며, 비영리부문도 일정한 역할을 담당하나 대륙유럽처럼 비중이 크지는 않다.
  ㉢ 영국, 아일랜드, 미국 등의 국가가 해당된다.

바로암기 ○×

안토넨과 시필라(Antonnen & Sipilä)의 사회서비스 제공체제 모델에서 미국은 '자산조사-시장의존 모델'의 예에 해당하는 국가이다?

( )

정답 ○

④ 보충주의 모델(Subsidiarity Model)

　　㉠ 교회에 뿌리를 둔 비영리부문이 크고 강하면서도 공공서비스체계에 통합되어 있는 양상을 보인다. 즉, 정부가 재원을 조달하고 비영리부문이 서비스를 제공한다.

　　㉡ 자산조사-시장의존 모델과 일면 유사하나, 대부분의 사회서비스가 비영리부문에 의해 공급되고 대부분의 재원을 국가가 조달한다는 점에서 시장주의적 원칙이 상대적으로 강한 자산조사 모델과 구분된다.

　　㉢ 독일, 오스트리아, 네덜란드 등의 국가가 해당된다.

참고

사회서비스 제공체제 모델에 대해서는 여러 학자들이 제안한 바 있으며, 그 선구자적인 작업으로 안토넨과 시필라 (Antonnen & Sipilä)의 연구를 들 수 있습니다. 이후 그들의 연구는 먼데이(Munday), 바알레(Bahle) 등에 의해 계승되는데, 그 과정에서 약간의 수정이 이루어지기도 했습니다. 예를 들어, 안토넨과 시필라, 먼데이는 프랑스와 벨기에를 보충주의 모델로 포함시켰으나, 바알레는 이 두 나라의 경우 사회서비스에서 공공부문이 비영리부문을 압도한다고 주장하면서 이를 별도의 유형, 즉 '준공공서비스 모델'로 분류하고 있습니다. 그로 인해 프랑스와 벨기에를 보충주의 모델로 포함시키기도, 이를 별도로 준공공서비스 모델로 분류하기도 합니다. 이와 같이 이론모델의 발전 과정에 따라 각 모델별 해당 국가에 차이가 있을 수 있으므로, 이점 감안하여 학습하시기 바랍니다.

3　복지국가의 유형

(1) 에스핑-안데르센(Esping-Andersen)의 유형

4회, 5회, 8회, 10회, 11회, 12회, 13회, 14회, 15회, 16회, 19회, 20회, 21회, 22회 기출

① 자유주의 복지국가(Liberal Welfare State)

　　㉠ 개인책임과 자조의 원리를 강조하며, 국가복지가 민간복지를 보완한다는 관점을 가진다.

　　㉡ 잔여적 특성이 강하며, 시장의 효율성, 노동력의 상품화, 근로의욕의 고취를 강조한다.

　　㉢ 주로 종교단체나 자원봉사조직과 같은 민간부문이 사회서비스를 전달한다.

　　㉣ 복지정책의 다차원적인 사회계층체제가 발생한다.

　　㉤ 시장규제 완화와 복지 축소를 통해 복지국가 위기 타개를 모색한다.

　　㉥ 저소득층을 대상으로 소득조사에 의한 공공부조 프로그램을 강조한다.

　　㉦ 노동력의 탈상품화 정도가 최소화되어 나타난다.

　　㉧ 미국, 영국, 호주 등의 국가가 해당된다.

전문가의 한마디

'탈상품화(Decommodification)'는 에스핑-안데르센(Esping-Andersen)의 복지국가 유형화 기준의 핵심개념으로, 탈상품화 정도가 높을수록 복지선진국에 해당합니다.

② 보수주의(조합주의) 복지국가(Conservative-corporative Welfare State)

㉠ 전통적 가족과 교회의 기능 및 역할을 강조함으로써 보수적인 양상을 보인다.

㉡ 전통적으로 가부장제가 강하여 전형적인 남성생계부양자 모델에 속한다.

㉢ 사회복지 대상자를 노동자, 고용주로 양분하는 것이 아닌, 산업별·직업별·계층별로 다른 종류의 복지급여를 제공한다.

㉣ 사회보험 프로그램을 강조한다.

㉤ 노동력의 탈상품화에 한계가 있다.

㉥ 프랑스, 독일, 오스트리아 등의 국가가 해당한다.

③ 사회민주주의(사민주의) 복지국가(Social Democratic Welfare State)

㉠ 보편주의에 입각하며, 평등을 지향한다.

㉡ 시민권에 기초한 보편적이고 포괄적인 복지체계를 구축하고자 하며, 특히 중산층을 중요한 복지의 대상으로 포괄한다.

㉢ 노동조합의 권한을 강화하며, 완전고용을 유지하고자 한다.

㉣ 공공부문의 고용 확대로 복지국가 위기 타개를 모색한다.

㉤ 보편적 사회수당, 적극적 노동시장정책을 강조한다.

㉥ 보편적 원칙과 사회권을 통한 노동력의 탈상품화 효과가 가장 크다.

㉦ 스웨덴, 덴마크, 노르웨이 등 스칸디나비아 국가들이 해당한다.

출제의도 체크

보수주의 복지국가는 사회보험의 비중이 큰 국가입니다.

▶ 19회 기출

> **참고**
>
> 'Esping-Andersen'은 교재에 따라 '에스핑-안데르센', '에스핑-앤더슨', '에스핑-엔더슨' 등으로 제시되고 있습니다. 우리말 번역에 의한 발음상 차이일 뿐 동일인물에 해당합니다.

> **심화연구실**

에스핑-안데르센(Esping-Andersen)의 복지국가 유형화 기준 5회, 6회, 8회, 19회, 21회, 22회 `기출`

탈상품화	근로자가 자신의 노동력을 상품으로 시장에 내다 팔지 않고도 살아갈 수 있는 정도를 말한다. 즉, 개인이 노동시장에서 이탈되었을 때 공공 사회보장제도를 통해 소비능력을 사회적으로 보장하는 한편, 개인의 노동력에 대한 의존성을 약화시킴으로써 시장에 대한 임금노동자의 의존성을 약화시키는 정도를 의미한다.
사회계층화 (계층화)	복지정책의 근본적인 목표가 평등의 실현에 있음에도 불구하고 현실에서는 오히려 불평등을 재생산한다는 점에 기인한다. 국가가 계급차별이나 신분지위를 어느 정도의 수준으로 확대 또는 축소하는가에 따라 복지국가의 양상이 달라진다.
국가와 시장의 상대적 비중	국내총생산(GDP) 대비 공적연금·민간연금·개인연금의 비중, 민간기업연금의 비중, 총 연금지출 중 사회보장연금·공무원연금·기업연금·개인연금의 비중, 만 65세 이상 노인가구의 소득원천구성 등으로 측정한다.

바로암기 ○×

에스핑-안데르센(Esping-Andersen)은 '탈상품화'와 '계층화' 등을 기준으로 복지국가 유형을 분류하였다?

( )

`정답` ○

(2) 퍼니스와 틸튼(Furniss & Tilton)의 유형 13회, 16회 기출

① 적극적 국가(Positive State)

- ㉠ 경제성장 및 안정, 자유와 사유재산보장을 강조하는 등 정부의 경제정책에 대한 적극성을 특징으로 한다.
- ㉡ 사회복지가 경제성장의 걸림돌이 되는 것을 거부한다.
- ㉢ 사회보험을 강조한다.
- ㉣ 대표적인 국가로 미국을 들 수 있다.

② 사회보장국가(Social Security State)

- ㉠ 경제정책의 중요성을 강조하되, 경제와 연관된 복지를 통해 국민의 최저생활을 보장하고자 한다.
- ㉡ 사회보험의 한계를 인식하며, 공공부조나 사회복지서비스를 도입한다.
- ㉢ 개인의 책임과 함께 일정 수준의 사회적 평등을 강조한다.
- ㉣ 대표적인 국가로 영국을 들 수 있다.

③ 사회복지국가(Social Welfare State)

- ㉠ 노동조합의 활성화 및 노동자, 여성, 장애인 등의 정치적 참여를 촉진한다.
- ㉡ 평등과 공동체의식을 강조하며, 단순한 국민최저수준의 보장을 넘어서 전반적인 삶의 질의 평등을 추구한다.
- ㉢ 사회보험이나 공공부조와 같은 사회보장 대신 시민의 생활에 편익을 제공하는 각종 공익사업을 대폭 확대할 것을 강조한다.
- ㉣ 대표적인 국가로 스웨덴을 들 수 있다.

(3) 미쉬라(Mishra)의 유형 13회, 16회 기출

① 분화된 복지국가(Differentiated Welfare State)

- ㉠ 사회복지는 경제와 구분되고 대립된다.
- ㉡ 경제에 부정적인 영향을 미치는 사회복지를 제한함으로써 잔여적인 양상을 보인다.
- ㉢ 복지정책은 이익집단들의 다양한 이익추구 과정에서 이루어지므로 포괄적이지 못한 채 단편화되는 경향이 있다.
- ㉣ 대표적인 국가로 미국, 영국을 들 수 있다.

② 통합된 복지국가(Integrated Welfare State)

- ㉠ 사회복지와 경제는 구분되지 않고 상호의존적이다.
- ㉡ 복지정책은 경제집단들 혹은 계급들 간의 상호 협력에 의해 추진된다.
- ㉢ 집합적 책임을 강조하며, 사회구성원들의 이익이 통합되는 복지정책의 형태를 추구한다.
- ㉣ 대표적인 국가로 오스트리아, 스웨덴을 들 수 있다.

전문가의 한마디

퍼니스와 틸튼(Furniss & Tilton)의 복지국가 유형에서 '사회보장국가'는 국민의 최저생활보장을 위해 기회균등과 어느 수준까지의 평등만을 강조하는 반면, '사회복지국가'는 국민의 최저수준의 보장을 넘어서 소득, 재산, 권력의 불평등을 제거하고 국민화합을 강조합니다.

전문가의 한마디

미쉬라(Mishra)는 우파가 주장하는 '자유방임주의로의 복귀'나 좌파가 주장하는 '자본주의의 철폐' 모두 복지국가의 발전적 방향 모색이 될 수 없다고 주장하면서, 조합주의에 입각한 '통합된 복지국가'만이 진정한 대안이 될 수 있다고 제안하였습니다.

02절 사회복지정책 관련 이론 및 복지 이데올로기

1 사회복지정책 관련 이론

(1) 사회양심이론 2회, 5회, 6회, 8회 기출

① 1950년대 영국 사회정책학의 통설로 적용되었던 이론으로서, 사회복지를 이타주의가 제도화된 것으로 간주한다.

② 박애주의자들이 선호하는 이론으로서, 인도주의에 입각한 사회적 의무감이 사회복지정책을 확대할 수 있다고 본다.

③ 사회구성원들의 집단양심을 사회복지의 변수로 본다. 즉, 사회적 양심의 증대가 사회복지의 발전을 가져오는 원동력이 된다는 것이다.

④ 사회복지정책을 국가의 자선활동으로 간주한다. 즉, 국가의 복지활동을 동정주의적 관점으로 본다.

⑤ 사회복지정책은 일정한 수준으로 변화하지 않지만 지속적이고 축적적으로 발전해 나간다.

⑥ 사회진화론적 관점에서 개선의 역전을 부정하며, 현재의 사회서비스 수준을 가장 높은 역사적 형태에 있는 것으로 간주한다.

(2) 산업화이론(수렴이론) 4회, 8회, 10회, 13회, 14회, 16회, 20회, 22회 기출

① 윌렌스키와 르보(Wilensky & Lebeaux)는 산업사회의 사회구조를 결정짓는 주요 요인이 이데올로기나 정치적 변수가 아닌 산업화에 있다고 보았다. 특히 산업화는 가족구조의 변화를 초래하여 복지에 대한 국가의 역할을 증대시킨다.

② 산업화가 촉발시킨 사회문제에 대한 대응으로 사회복지제도가 확대된다. 즉, 복지국가는 산업화로 발생된 사회적 욕구에 대한 대응이다.

③ 복지국가의 발전은 산업화로 인한 경제성장과 함께 이루어진다. 즉, 복지국가는 산업화의 발전으로 재정능력이 향상됨으로써 가능해진 것이다.

④ 복지국가 간 차이점보다 유사성을 강조하는 것으로, 경제발전 수준과 사회복지지출 수준 간에 강한 상관관계가 존재한다고 주장한다.

⑤ 경제발전이 상당한 수준에 도달하게 되면 사회복지가 유사한 형태로 수렴된다고 봄으로써 '수렴이론'으로도 불린다.

전문가의 한마디

사회양심이론은 인도주의적 특성을 지나치게 강조하며, 사회복지정책 과정에서 정치적 맥락의 중요성을 간과하는 한계를 지니고 있습니다.

전문가의 한마디

산업화이론은 산업사회에서 기술 및 경제가 사회복지정책의 구조와 내용을 결정한다는 결정론적 관점을 보이면서, 산업화 정도와 복지국가의 다양한 제도 형태와의 연계성을 잘 설명하지 못하는 한계를 지니고 있습니다.

(3) 시민권이론　　4회, 6회, 8회, 9회, 10회, 12회, 19회, 22회 `기출`

① 마샬(Marshall)은 시민권 확대의 과정을 정치적 · 역사적 맥락에서 파악하였으며, 18세기 이래로 '공민권(Civil Right)', '정치권 또는 참정권(Political Right)', '사회권(Social Right)'이 점진적으로 발전해 왔다고 주장하였다.

② 마샬은 완전한 시민권의 실현을 위한 전제조건으로 사회권을 강조하였는데, 이는 '권리로서의 복지' 또는 '복지에 대한 권리'를 의미한다는 점에서 '복지권(Welfare Right)'과 동일한 것으로 간주된다.

③ 사회권의 확립을 통해 사회복지를 제도화함으로써 시민들을 사회에 통합시키고 상호 원조하도록 하여 사회적 연대를 이루는 데 기여한다.

④ 사회복지정책이 시민권의 확립이라는 진화적 과정에 따라 개선 및 확대될 수 있다고 본다.

⑤ 불평등한 계급구조와 평등주의적 시민권이 양립할 수 있다고 보며, 오히려 이들 간의 긴장이 사회발전의 동력이 된다고 주장한다.

(4) 음모이론(사회통제이론)　　5회, 6회 `기출`

① 피븐과 클라워드(Piven & Cloward)는 빈민규제론을 통해 대량실업 등 심각한 사회문제가 사회의 무질서를 야기할 때 정부가 공적 복지제도를 확대하는 반면, 사회가 안정되면 복지를 위축시키는 현상에 주목하였다.

② 사회복지는 인도주의나 엘리트들의 선한 의지의 결과가 아니다. 사회복지의 확대는 서민의 궁핍화에 따른 저항과 투쟁에 대한 지배계급의 대응책일 뿐이며, 사회복지정책은 사회 안정과 질서 유지를 위한 하나의 수단에 불과하다.

③ 구빈제도는 노동을 규제하는 데 일차적인 목표가 있으며, 그 방법은 대량실업에 의한 실업자들을 질서 유지 차원에서 흡수 · 통제하는 데 있다.

④ 근본적으로 노동자 집단에 대한 통제를 통해 재생산을 촉진하고 노동자 계급을 계층화하고자 한다.

⑤ 사회복지의 진정한 수혜층은 지배층이며, 사회복지정책에 관한 의사결정은 지배층의 장기적인 계획으로 이루어진다.

⑥ 노동자에 의한 위협이 사라지고 사회가 보수화됨으로써 사회복지정책은 후퇴할 수 있다고 본다.

바로암기 ○×

마샬(Marshall)은 '정치권'의 실현을 통해서 완전한 시민권의 실현이 가능하다고 보았다?　　(　　)

해설

완전한 시민권의 실현을 위한 전제조건으로 '사회권'을 강조하였다.

정답 ×

전문가의 한마디

음모이론은 지배계급이 자신들의 이익에 기초하여 정책을 실행하고, 그 결과는 피지배계급에게 불리하게 작용한다고 가정합니다. 특히 지배계급이 자본주의 생산양식의 결과인 불평등을 유지시키기 위해 노력한다는 점에서 '음모적'이라고 볼 수 있습니다.

(5) 권력자원이론(사회민주주의이론) 5회, 6회, 11회, 21회, 22회 기출

① 사회복지정책의 발달에 있어서 정치적인 면을 중요하게 여기며, 사회복지정책의 발달을 노동자 계급 혹은 노동조합의 정치적 세력의 확대 결과로 본다.

② 산업화로 인해 그 수가 급격히 증가한 노동계급은 노동조합을 조직하여 확대된 힘을 가지게 되며, 그들은 자신들의 이익을 대변하는 정당을 지지하게 됨으로써 사회권의 확대를 가져온다.

③ 복지국가 발전을 설명하는 데 있어서 지나치게 경제적 변수에만 의존하는 것에서 벗어나 정치적 요소들에 대한 분석이 중요하다는 것을 보여준다.

④ 시장제도는 개인적 권리가 일차적 관심이므로 본질적으로 비민주적 제도이다. 따라서 사회적 요구의 측면에서 기능하도록 정부가 개입하여 불평등한 기회와 부자유로부터 인간을 해방시켜야 한다.

⑤ 국가의 상대적 자율성, 노동계급의 정치적 세력화, 시장실패 교정·보완 등을 특징으로 하며, 사회복지의 확대에 있어서 좌파정당과 노동조합의 영향을 강조한다.

(6) 확산이론(전파이론) 1회, 3회, 8회, 11회 기출

① 사회복지정책의 발달이 국가 간 교류 및 소통의 과정에서 이루어진다고 본다. 즉, 한 국가의 제도나 기술 혁신이 인근 국가에 영향을 준다는 것이다.

② 사회복지정책의 도입을 선구적인 복지국가에 대한 모방의 과정으로 인식한다. 특히 미즐리(Midgley)는 제3세계 국가들이 식민지 시절 지배국가의 사회복지정책을 그대로 모방하여 시행한다는 점에 주목하였다.

③ 콜리어와 메식(Collier & Messick)은 확산을 '위계적 확산(Hierarchical Diffusion)'과 '공간적 확산(Spatial Diffusion)'으로 구분하였다.

④ 다른 나라의 사회복지정책에 대한 모방은 수정 없이 그대로 이루어지는 경우도 있고, 상당 부분 수정하여 이루어지는 경우도 있다.

⑤ 사회복지정책의 발달을 국제적인 범위로 확대시켜 설명하고 있으며, 이는 교통과 통신이 발달된 현대사회에서 보다 높은 설명력을 발휘하고 있다.

(7) 이익집단이론(다원주의이론) 13회, 15회, 22회 기출

① 복지국가의 다양한 사회복지정책들을 자본과 노동 간의 대립이 아닌 다양한 관련 이익단체들 간의 대립과 타협의 산물로 해석한다. 즉, 다양한 비계급적 집단들의 이해의 조정을 통해 복지국가가 발전한다고 본다.

② 정부의 사회복지 지출이 민주주의 사회에서 선거에 의한 득표 경쟁과 밀접하게 연관된다는 점에 근거한다. 즉, 정부의 사회복지 지출은 각각 자신들의 이익을 추구하는 이익집단 활동들의 정치적 결과로 볼 수 있다.

③ 현대사회에서는 직업, 소득, 연령, 성별, 인종, 문화 등 귀속적 차이에 따른 집단들 간의 정치적 행위가 커지고 있으므로, 각 집단들이 구성원들의 집단이익을 실현하기 위해 국가에 대해 가하는 압력은 결국 복지비의 증대를 가져온다.

④ 권력의 분산을 토대로 하고 있으므로, 이익집단들 간의 이익상충에 대한 정부 역할의 중요성을 각인시킨다.

(8) 엘리트이론(엘리트주의이론) 3회, 5회, 6회, 18회 기출

① 모스카와 파레토(Mosca & Pareto)는 권력이 항상 소수에 의해 행사되며, 다수 일반인들에 의해서는 행사되지 않는다고 보았다.

② 사회는 엘리트와 대중으로 구분되며, 정책결정에 있어서 대중의 의견은 무시된다. 즉, 사회는 소수의 엘리트집단을 정점으로 한 피라미드 구조로 이루어져 있으며, 정책은 엘리트들이 사회의 개량과 개선을 위해 대중에게 일방적·하향적으로 전달·집행한다.

③ 역사는 계급투쟁이 아닌 엘리트의 교체과정으로 나타난다. 따라서 계급 간 투쟁보다 엘리트들 간의 갈등을 중시한다.

④ 엘리트집단은 자신들의 이익 또는 권력의 유지를 위해 사회복지정책을 도입하기도 한다.

출제의도 체크

사회복지정책을 권력 엘리트의 산물로 보는 것은 '권력자원이론'이 아닌 '엘리트이론'입니다.
▶ 18회 기출

2 복지 이데올로기

(1) 조합주의(코포라티즘)

① 일종의 다원주의이론의 변종으로서, 거대한 노조가 출현하여 사용자와 대등한 수준에서 임금·근로조건 등 노사 간의 주요 현안을 협상하고 정부가 이를 중재하며, 나아가 정부와 노사 간의 현안인 물가와 복지 등의 문제를 상의·결정하는 삼자협동 체제를 말한다.

② 노조와 자본가단체는 평범한 압력집단(Pressure Groups)에서 거대한 힘을 가진 통치기구(Governing Institutions)로 변모한다.

③ 국가적 현안이 의회 밖의 삼자에 의해 결정됨으로써 의회의 정책결정 권한이 상대적으로 약화되며, 그에 따라 사회복지정책의 확대 및 발전에 영향을 미친다.

④ 일반적으로 다원주의이론이 정책형성 과정에서 국가가 수동적이면서 일종의 집단 간 심판관으로서의 역할을 수행하는 것으로 본다면, 조합주의이론은 국가가 전체의 이익을 확대하고 사회질서를 유지하기 위해 의도적으로 사회집단과 개인의 이익을 통제·조정하는 수단을 갖는다는 점에서 다소 차이가 있다.

전문가의 한마디

슈미터(Schmitter)는 코포라티즘을 이익집단의 자율성이 보장되는 '사회적 코포라티즘(Social Corporatism)'과 이익집단들이 국가에 종속되어 권위적 권력에 의해 강제적으로 운영되는 '국가 코포라티즘(State Corporatism)'으로 구분하였습니다.

⑤ 조합주의이론은 이와 같이 국가가 특정 거대 이익집단들을 적절히 통제하는 한편, 정치적 결합관계를 형성함으로써 국가의 지배체제를 이끌어간다고 주장한다.

(2) 케인즈주의(Keynesianism)   9회, 13회, 17회 기출

① 케인즈 경제이론은 1929년에 시작된 경제대공황을 계기로 부각되었다. 이는 시장실패에 대해 국가가 적절히 개입해야 한다는 것이다.

② 국가의 시장개입을 통해 재정지출을 증대하고 금융정책 및 사회재분배정책을 확대하여 경기를 활성화함으로써 소비와 투자를 늘려 유효수요를 증대시키고자 한 것이다.

③ 고용이 증가하면 소득이 증가하고, 소득이 증가하면 유효수요가 증가한다. 반대로, 유효수요가 감소하면 소득이 감소하여 경기불황을 가져오고, 소득이 감소하면 실업이 증가하게 된다.

④ 케인즈주의는 자본주의의 불평등한 소득에 따른 빈부격차를 해소하기 위해 재분배정책을 중심으로 한 복지정책이 필요하다고 강조한다.

⑤ 전후 선진국들이 국가의 시장개입 정책으로 복지제도를 확충하면서 자본주의의 위기를 안정화시킨 것은 이와 같은 케인즈 경제이론에서 비롯된다.

(3) 신자유주의   5회, 7회, 11회, 13회, 14회 기출

① 신자유주의는 케인즈주의가 서구경제의 지속적인 성장 및 복지국가의 발전을 이끌어내지 못한 채 오히려 재정위기를 초래했다고 비판한다. 즉, 복지국가가 국민의 책임보다 권리를 강조한다고 비판한다.

② 복지지출의 확대는 생산부문의 투자를 위축시켜 경제성장을 저해하며, 복지급여수급은 개인의 저축 및 투자동기를 약화시킨다고 본다. 또한 복지급여수급으로 소득효과가 대체효과보다 커짐으로써 복지수혜자들의 근로동기가 감소된다고 본다.

③ 사회복지는 재화나 서비스에 대한 수급자들의 선택을 왜곡시킴으로써 비효율적 배분을 증대시키며, 조세 및 보험료 부담의 회피를 유발하여 지하경제의 규모를 확대시킬 수 있다.

④ 신자유주의는 경제위기를 극복하기 위해 국가개입을 축소시키고 자유주의적 시장경제의 원리를 복원하고자 한다.

⑤ 시장 자유화, 탈규제화, 민영화, 개방화, 노동시장의 유연화, 초국적 생산체계 확대, 사회복지의 잔여화 및 임의성 확대 등을 주장한다.

⑥ 신자유주의는 최소한의 복지를 추구하는 '작은 정부(Small Government)'를 주장하는 한편 자유의 세계화를 강조한다는 점에서 극단적인 자유와 정부의 배제를 강조한 자유주의(Liberalism)와 구분된다.

신자유주의(Neo-liberalism)와 신보수주의(Neo-conservatism)는 '신우파'의 이념적 부류로서, 신자유주의가 자유롭고 개방적인 시장의 원리를 회복하는 것을 보다 강조하는 반면, 신보수주의는 국가와 가족의 전통적 권위 회복과 사회적 규율의 강화를 보다 강조한다는 점에서 약간의 차이가 있습니다. 다만, 이 둘은 차별성보다는 유사성이 매우 크므로 보통 하나의 그룹으로 취급되는 경향이 있습니다.

(4) 신마르크스주의 13회, 22회 기출

① 전통적 마르크스주의에 이론적 기초를 둔 갈등주의적 시각이다.

② 복지국가의 발전을 독점자본주의의 속성과 관련시켜 분석하였다.

③ 자본의 축적 및 정당성, 생산력과 생산관계에 있어서 모순이 있음을 인식하면서, 독점자본주의의 필요에 의해 사회복지가 증대될 수 있음을 주장한다.

④ 복지정책을 자본축적의 위기나 정치적 도전을 수정하기 위한 수단으로 본다.

⑤ 국가의 자율적 역할 정도에 따라 도구주의 관점과 구조주의 관점으로 대별된다.

도구주의 관점	• 국가는 자본가들의 이익을 위한 도구로서의 역할을 수행한다고 본다. • 자본주의 사회에서는 자본가들이 경제조직을 독점하므로, 그에 힘입어 정치조직에도 강력한 영향력을 발휘하게 된다. • 자본가들은 경제위기나 사회혼란에 대비하여 자본축적이나 노동력 재생산을 필요로 하므로, 국가에 영향을 미쳐 사회복지를 증대시킨다.
구조주의 관점	• 독점자본주의는 경제구조 자체의 특성상 국가의 기능이 곧 자본가의 이익과 합치된다고 본다. • 노동자 계급은 어떠한 계급의식도 없이 개인의 단기적 이익을 위해 자본주의에 도전할 수 있으므로, 이들 노동자 계급을 적절히 통제하고 분열시킬 필요가 있다. • 국가는 이와 같은 노동자 계급을 통제 혹은 분열시키기 위한 전략으로 사회복지정책을 확대하게 된다.

전문가의 한마디

전통적 마르크스주의는 국가가 자본가의 이익만을 위해 기능하기 때문에 국가에 의한 복지 확대 자체가 불가능하다고 보았습니다. 그러나 2차 세계대전 이후 독점자본주의가 대두되기 시작하면서 전통적 마르크스주의 또한 수정·발전하게 되었습니다.

출제의도 체크

신마르크스주의의 구조주의 관점은 자본의 도구에 불과한 자본 엘리트들과 달리, 상대적 자율성을 지닌 국가 엘리트들이 자본의 장기적 발전을 위해 복지정책을 발달시킨다고 주장합니다.

▶ 22회 기출

03 | 사회복지정책의 과정

01절 사회복지정책 형성의 이해

1 사회복지정책 형성의 개념

전문가의 한마디

조건(Conditions)은 객관적 사실을 의미하는 것일 뿐 그 자체로 문제(Problem)가 되는 것은 아닙니다. 예를 들어, 저소득은 '빈곤'이라는 문제의 원인이자 조건이 되는 것이지, 그 자체가 문제인 것은 아닙니다.

(1) 주요 개념용어

① 조건(Conditions)

어떤 사상이나 현상이 문제로 발전할 수 있는 객관적 사실들 자체를 말한다.

② 문제(Problem)

고통을 받고 있는 사람들로 하여금 해결에 대한 욕구를 불러일으키는 상황과 조건을 말한다.

③ 요구(Demand)

문제가 해결되기를 원하는 경우 나타나는 구체적인 행위를 말한다.

④ 아젠다 혹은 정책의제(Agenda)

어떤 문제나 이슈가 공공정책으로 전환되기 위하여 정책결정자들의 관심을 불러일으키고 논의될 수 있는 상태에 놓일 때 그 문제나 이슈의 목록을 말한다.

⑤ 이슈(Issue)

어떤 문제나 요구가 공공의 관심을 끌게 되어 공공정책상의 논점으로 제시되는 경우 혹은 그로 인해 이해갈등이 나타나는 경우를 말한다.

⑥ 대안(Alternative)

어떤 문제나 이슈가 정책의제로 채택되어 논의되고 정의되는 과정에서 나타나는 여러 가지 해결방안들을 말한다.

⑦ 정책(Policy)

권위를 가진 정책결정자에 의해 선택된 대안을 말한다.

(2) 사회복지정책의 형성과정 11회 기출

① 제1단계 – 문제형성

고통을 주는 상황이나 조건을 해결해야 할 문제로 인식하는 것을 말한다.

② 제2단계 – 아젠다 형성 또는 정책의제 형성

문제가 공공이나 정책결정자들의 관심을 끌어 정책형성에 대한 논의가 가능한 상태가 되는 것을 말한다.

③ 제3단계 – 정책대안 형성 및 정책입안

정책문제를 파악하고 이를 달성할 수 있는 정책수단으로서의 정책대안을 개발하며, 이를 비교·분석하여 정책입안의 내용을 마련한다.

④ 제4단계 – 정책결정

대안의 선택 또는 우선순위를 확정하는 것을 말한다.

⑤ 제5단계 – 정책집행

결정된 정책을 구체화하는 것을 말한다.

⑥ 제6단계 – 정책평가

정책 활동의 가치를 따져보기 위해 정보를 수집·분석·해석하는 것을 말한다.

(3) 사회복지정책 형성의 기획 활동에서 공익을 바라보는 관점(Banfield) 12회 기출

유기체적 견해 (Organismic View)	• 공동체를 구성하는 개인들의 구체적인 이익 및 선호를 초월하는 이상적인 공익이 존재한다고 본다. • 공동체는 그 구성원들의 단순 합이 아닌 그보다 더 큰 이익을 추구하는 하나의 유기체로 인식된다. • 기획가는 자신이 속한 전문직에 대해 책임성을 가지며, 전문적인 기술과 지식을 바탕으로 공익을 위해 기획하는 전문가(기술관료)이다(→ 전문성 가치 강조).
공동체적 견해 (Communalistic View)	• 공동체 구성원 모두의 공통된 관심사로 이루어진 일원적 공익을 상정한다. • 전체로서의 정치체(The Body Politic)가 추구하는 목표를 잘 알고 있는 것으로 판단되는 입법가 또는 행정가가 포함되는 기획 과정과 관련이 있다. • 기획가는 관료로서 정치적 혹은 행정적 위계구조에 대해 책임성을 가지며, 기관의 리더가 결정한 공익을 위해 기획한다(→ 리더십 가치 강조).

출제의도 체크

사회복지정책 형성과정은 '의제형성 → 정책입안 → 정책결정 → 정책집행 → 정책평가' 단계로 전개됩니다.

▶ 11회 기출

바로암기 OX

공익을 바라보는 관점에서 개인주의적 견해는 '리더십 가치'가 강조된다?

( )

해설

리더십 가치가 강조되는 것은 '공동체적 견해'이다.

정답 ×

개인주의적 견해 (Individualistic View)	• 일원적 공익의 존재를 부인하는 반면, 서로 다른 관심사를 가진 서로 다른 다수의 존재를 인정한다. • 공익은 경쟁적 관계에 있는 이익들 간의 상호작용 과정에서 나타나는 한시적 타협점에 불과하며, 이와 같은 과정에서 특정 집단의 대중으로부터의 지지를 얻기 위한 참여가 강조된다(→ 참여의 가치 강조). • 기획가는 이익대변가로서 자신의 서비스를 구매한 개인 또는 집단의 이익을 대변하며, 집단의 선호 가운데서 뽑힌 공익을 위해 기획한다.

2 아젠다 형성(정책의제 형성)

(1) 아젠다 형성(정책의제 형성)의 특징 9회 기출

① 아젠다 형성과정에서 초기의 이슈는 재정의가 이루어지는 역동적인 상황에서 다양한 하위이슈들로 구체화되거나 모호화되는 등 변화의 과정을 거친다.

② 아젠다 형성과정은 이슈를 중심으로 이해집단 간 정치적 성격이 강한 반면, 대안 구체화과정은 비교적 중립적인 입장에서 문제에 접근하므로 정치적 성격이 상대적으로 약하다.

③ 정책과정에 등장한 모든 아젠다가 법이나 제도로 만들어지거나 정책에 반영되는 것은 아니다.

④ 어떤 정치체제든지 체제 자체는 그것을 구축한 기득권자들에게 유리한 방향으로 작용하도록 편향되어 있으며, 이러한 체제의 편향성은 사회복지정책 아젠다의 형성을 억제시키는 역할을 한다.

(2) 아젠다 형성(정책의제 형성)의 모델(Cobb, Ross & Ross)

바로암기 ○×

콥, 로스와 로스(Cobb, Ross & Ross)의 외부주도형 아젠다 형성모델은 '선진국'에서 자주 볼 수 있다?

( )

정답 ○

외부주도형 아젠다 형성모델	• 정부 외부 집단들의 주도 하에 정부에게 정책의제의 채택을 강요하는 경우이다. • 언론이나 정당의 역할이 강조되며, 다원화 · 민주화된 선진국에서 자주 볼 수 있다.
동원형 아젠다 형성모델	• 정부 내 정책결정자들에 의해 의제화가 주도되는 경우로, 주로 정치지도자들의 지시에 의해 사회문제가 정부의제로 채택된다. • 정부의 PR활동을 통해 공중의제로 확산시키는 방식으로, 특히 권력이 집중되어 있는 후진국에서 자주 볼 수 있다.
내부접근형 아젠다 형성모델	• 정부 내 관료집단이나 외부집단에 의해 주도되는 경우로, 이들이 정책결정자에게 접근하여 문제를 의제화하는 경우이다. • 선진국의 경우 외교, 국방정책 등에서, 후진국의 경우 관료들이 주도하는 경제개발계획 등에서 자주 볼 수 있다.

3 정책대안 형성

(1) 정책대안 개발을 위한 방법 15회 기출

① 사회문제와 관련된 과거 정책이나 현존 정책을 검토한다.

② 외국의 정책사례를 검토한다.

③ 사회과학적 지식이나 이론을 활용한다.

④ 직관적 방법을 활용한다.

(2) 합리적 사회정책분석의 일반적인 절차 13회 기출

① 제1단계 – 문제인식과 명확한 목표 설정(사회문제의 분석과 정의)

정책분석에 앞서 무엇이 문제인지를 파악하며, 문제해결을 통해 이루고자 하는 목표를 명확히 설정한다.

② 제2단계 – 대안탐색 및 기준 결정(정책대안의 결과 예측)

광범위한 조사를 통해 목표달성을 위한 대안들을 탐색하며, 여러 대안들 중 올바른 대안을 선택하기 위한 기준을 결정한다. 특히 정책대안들에 대한 본격적인 분석에 앞서 예비분석을 실시하여 정책대안의 결과를 예측한다.

③ 제3단계 – 정책대안의 비교와 평가

탐색된 대안들을 효과성, 실현가능성, 비용과 편익, 정치적 여건, 현실적 제약, 각 대안이 미치게 될 영향 등을 종합적으로 고려하여 비교·평가한다.

④ 제4단계 – 최적대안의 선택 제시

앞선 과정들을 통해 설정된 목표에 가장 적합하다고 판단되는 최적의 정책대안을 선택한다.

(3) 사회복지 정책대안의 비교분석기준 10회, 11회 기출

① 효과성 21회 기출

정책의 목표달성이 충분하게 이루어졌는가, 즉 투입에 관계없이 산출이 최대로 나타나는가의 여부를 말한다. 특히 사회적 효과성은 사회통합 기능에 초점을 두어 사회복지정책으로 인해 사회연대 및 사회통합이 어느 정도 달성되었는지를 평가한다.

② 효율성

투입에 대한 산출의 비율과 관련된 것으로서, 사회복지 정책대안이 일정한 비용으로 문제해결을 위한 최대한의 복지서비스를 창출해낼 수 있는지를 평가한다.

③ 사회적 형평성

공평하고 공정한 배분을 강조하는 것으로서, 사회복지 정책대안이 어느 정도 사회계층 간의 소득불평등을 감소시켰는지를 평가한다.

전문가의 한마디

'직관적 방법'은 정책대안에 관한 선례나 전문지식 및 상황에 대한 정보가 부족할 때 사용할 수 있는 방법입니다.

전문가의 한마디

'비용효과성'이 개인주의적 가치를 강조하면서 사회복지 수급자와 비수급자, 빈민과 빈민이 아닌 자로 사회를 분리하는 결과를 초래한다면, '사회적 효과성'은 집합주의적 가치를 강조하면서 모든 사람을 사회의 평등한 구성원으로 처우하여 사회를 통합하는 결과를 이끌어냅니다.

▶ 21회 기출

④ 기술적 실현가능성

정책대안이 기술적으로 실현 가능한가 또는 집행기관이 문제해결능력을 가지고 있는가의 여부를 말하는 것으로서, 사회복지 정책대안이 기술적·방법적으로 실현 가능한지를 평가한다.

⑤ 정치적 실현가능성

사회복지 정책대안이 정치적으로 받아들여질 수 있는가의 여부를 말하는 것으로서, 사회복지 정책대안이 정책의제의 형성, 대안의 선택 및 집행 과정에서 관련 이해집단이나 일반국민으로부터 얼마나 지지를 받고 있는지를 평가한다.

(4) 사회복지 정책대안의 미래예측기법

① 유추법(Analogy)

비슷한 구조 혹은 같은 꼴 구조의 사례를 통해 미래 상황을 추정하는 방법이다.

② 경향성 분석법(Tendency Analysis)

시계열 분석에 기초한 것으로서, 과거의 경향이나 추세를 미래에 연장시켜 추측하는 방법이다.

③ 마르코프 모형(Marcov Model)

어떤 상황이 시간의 흐름에 따라 일정한 확률로 변하는 경우 그 최종적 상태를 예측하여 정책결정을 위한 확률적 정보를 제공하는 방법이다.

④ 회귀분석(Regression Analysis)

변수들 사이의 인과관계를 토대로 만들어낸 회귀방정식에 의해 미래를 예측하는 방법이다.

⑤ 델파이기법(Delphi)

미래의 사건에 관한 식견이 있는 전문가집단으로 하여금 다수의 의견을 서로 교환하는 반복적인 과정을 거치도록 함으로써 합의를 도출해내는 방법이다.

(5) 사회복지 정책대안의 비교분석기법 12회, 13회 기출

① 비용-편익 분석(Cost-Benefit Analysis)

㉠ 정책대안을 집행할 때 소요되는 비용과 예상되는 편익을 비교해 보는 방법이다.

㉡ 모든 비용과 편익을 화폐가치로 환산하여 기간별로 추정하며, 이에 할인율을 적용하여 전 기간에 걸친 비용과 편익의 현재가치를 계산한다.

㉢ 사회복지정책에 의한 편익을 실제 화폐가치로 계량화할 수 없는 부분이 있다는 점에서 문제가 있다. 예를 들어, 빈곤층에게 생계급여를 제공함으로써 얻게 되는 건강증진이나 일탈행위 감소 등을 화폐가치로 계량화하기 어렵다.

전문가의 한마디

'회귀분석'은 독립변수와 종속변수 간의 관계 형태 및 크기를 추정하는 방식으로, 특히 원인을 설명해 주는 변수들을 정확하게 선정하고 측정하는 것이 중요합니다.

전문가의 한마디

사회연금보험의 경우 가입자가 20년간 연금보험료를 지불하였을 때 가입자가 지불한 비용의 현재가치가 어느 정도이며, 이후 65세에 퇴직하여 일정 기간 동안 받는 연금의 현재가치는 어느 정도인가 등 가입자의 편익을 비교하기 위해 현재가치로 계산할 필요가 있습니다.

② 비용-효과 분석(Cost-Effectiveness Analysis)

　㉠ 정책대안을 집행할 때 소요되는 비용과 예상되는 결과를 비교하는 방법이다.

　㉡ 비용-편익 분석과 유사하나, 결과에 따른 각 정책의 급여를 물건이나 서비스 단위, 즉 재화단위나 용역단위 등 비화폐적으로 나타낼 수 있다.

　㉢ 비용과 편익을 모두 고려하면서도 편익을 화폐가치로 측정하지 않으므로 이윤극대화의 논리를 따르지 않으며, 비교적 적용이 용이한 장점이 있다.

　㉣ 서로 다른 단위를 사용함으로써 직접적인 증거로 제시하기 어려운 단점이 있다.

③ 줄서기 분석기법(Queuing)

　㉠ 줄서서 기다리는 시간 등의 사회적 비용과 이를 줄이기 위해 투자하는 시설투자비의 적정 수준을 찾아내기 위한 방법이다.

　㉡ 모든 요소를 화폐가치로 환산하는 것이 가능하다면, 대기시간과 복지서비스 및 서비스 수용능력에 대한 효과적인 정보를 산출할 수 있다.

④ 모의실험기법(Simulation)

　㉠ 정책대안들이 어떠한 변화를 가져올 것인가를 실제로 집행하지 않고도 비슷한 상황 속에서 분석함으로써 미래를 예측하는 방법이다.

　㉡ 수학적 모형의 적용이 어려운 경우, 실제 상황에서 실행할 때 위험이 수반되는 경우, 실제 행동이 불가능한 경우, 현상의 복잡성으로 인해 문제의 구조나 함수관계를 찾기 어려운 경우 사용할 수 있다.

⑤ 결정분석기법(Decision Analysis)

　㉠ 정책대안의 결과를 예측하기 위해 나타날 수 있는 확률적 사건들을 나뭇가지와 같이 그려놓고 분석하는 방법이다.

　㉡ 결정나무그림(Decision Tree)은 대안, 결과 상황, 결과 상황을 초래할 수 있는 확률, 그리고 결과 등 네 가지 요소로 구성된다.

⑥ 선형계획기법(Linear Programing)

　㉠ 제약점이 여러 가지이면서 목표를 나타내는 변수와 투입 변수 사이의 관계가 곧은 선의 관계를 나타내는 경우 사용할 수 있다.

　㉡ 일정한 제약조건 하에서 편익의 극대화 혹은 비용의 극소화를 달성할 수 있는 자원배분방법에 관한 정보를 제공해 준다.

제3영역

4 사회복지정책의 평가

(1) 정책평가의 의의 및 특징 10회, 11회, 12회, 21회 기출

① 정책평가는 정책이 원래 해결하고자 했던 문제를 얼마나 해결했는지 평가하는 것으로서, 정책 활동의 가치를 가늠하기 위한 정보의 수집·분석·해석 활동이다.

② 기술적·실용적·정치적·가치지향적 성격을 띠며, 개별사례적인 동시에 종합학문적인 특성을 가진다.

③ 자원 사용의 경제적 합리성을 위해, 이해관계자들의 설득을 통한 지지 확보를 위해, 보다 향상된 연구를 위한 대안적 기법의 마련을 위해, 윤리적 책임성 확보를 위해 필요하다.

④ 평가목표는 정책평가자 결정이나 평가의 기준 설정에 영향을 미친다.

⑤ 평가는 정책담당자, 정책대상자 및 지역주민 등 다양한 인적 요인에 영향을 받는다.

⑥ 평가의 유용성은 정책평가의 질적 타당성, 시간적 적절성, 정책담당자의 의지에 의해 영향을 받는다.

바로암기 ○×

정책평가는 가치지향적 성격을 띠지 않는다?

( )

해설

가치지향적 성격을 띤다.

정답 ×

(2) 정책평가의 목적 및 필요성 5회, 14회, 15회, 17회 기출

① 정책프로그램의 효과성 증진

② 정책 활동에 대한 책임성 확보

③ 정책의 정당성 근거 확보

④ 정책 활동 통제 및 감사의 필요성

⑤ 문제해결을 위한 정책결정 및 기존 정책의 개선에 필요한 정보 획득

⑥ 관련 이익집단에 대한 설득력 있는 자료 마련

⑦ 새로운 정책대안 개발을 위한 기초자료 제시

⑧ 사회복지정책 관련 학문적·이론적 발전에의 기여 등

출제의도 체크

정책평가는 사회복지정책 이론의 형성에 기여하나, 정책평가가 정책결정이론의 형성을 위해 반드시 필요한 것은 아닙니다.

▶ 14회 기출

(3) 정책평가의 일반적인 단계 11회 기출

정책평가 목표 및 평가 대상 결정 → 정책의 내용 및 구조 파악 → 평가 설계(평가기준 결정) → 자료의 수집·분석·해석 → 평가보고서 작성 및 제출

(4) 사회복지정책의 주요 평가 유형 11회, 19회 기출

① 효율성(능률성) 평가

동일한 정책 산출물에 대해 얼마만큼 비용을 최소화했는지에 초점을 두는 것으로서, 정책 목표 달성을 위한 비용 대비 편익을 비교하는 것이다.

② 효과성 평가

정책 목표를 얼마만큼 달성했는지에 초점을 두는 것으로서, 특히 사회복지정책에서는 사회연대 및 사회통합 달성 정도와 밀접하게 연관된다.

③ 대상효율성 평가

정책이 의도한 목표대상의 문제해결이나 삶의 질 향상을 위해 얼마만큼 최소의 비용으로 기대한 목표에 이르렀는지를 평가한다.

④ 형평성 평가

정책이 사회집단 간 소득불평등을 얼마만큼 감소시켰는지를 평가한다.

⑤ 반응성 평가

정책이 복지수혜자들을 얼마만큼 만족시켰는지를 평가한다.

⑥ 민주성 평가

정책이 복지수혜자들을 정책 과정에 얼마만큼 참여시켰는지를 평가한다.

5 사회복지정책 결정에 관한 이론모형

(1) 합리모형 5회, 10회, 14회, 20회 기출

① 기본전제

㉠ 경제학, 경영학, 수학 등의 학문을 배경으로 발전된 모형으로서, 인간의 이성과 합리성을 전제로 정책결정 과정을 설명한다.

㉡ 주어진 상황에서 목표 달성을 극대화하는 최선의 정책대안을 찾아낼 수 있다고 본다.

㉢ 완전한 지식, 정보, 충분한 시간, 고도의 합리성, 최선의 판단기준이 존재한다고 가정한다.

㉣ 정책결정자는 주어진 정책 목표나 문제의 본질을 명백히 할 수 있고, 문제 해결과 관련된 모든 정책대안들을 빠짐없이 고려할 수 있으며, 각각의 정책대안이 어떠한 결과를 가져올지 예측할 수 있다. 또한 각 대안들을 비교·평가할 수 있으므로, 문제 해결에 대한 최선의 대안을 찾아낼 수 있다.

② 비판점

㉠ 인간 능력의 한계, 시간과 비용의 문제, 미래 상황의 불확실성 등을 고려하고 있지 못하다.

㉡ 각 대안들의 평가 기준이 항상 명확히 제시되는 것이 아니므로 최선의 정책대안을 결정할 수 없다.

전문가의 한마디

'형평성 평가'는 정책 집행 후에 나타난 정책 결과의 평가 속에 정책 효과가 사회집단 간 공평하게 배분되었는지를 측정하는 것으로, 모든 사람에게 동일한 기준을 적용하느냐 아니면 연령이나 소득 등에 따라 서로 다른 판단 기준을 적용하느냐에 따라 '수평적 형평'과 '수직적 형평'으로 구분하기도 합니다.

제6영역

(2) 만족모형 7회, 8회, 10회 기출

① 기본전제

　　㉠ 사이몬과 마치(Simon & March)는 인간의 합리성이 제한된 것으로 생각하였다.

　　㉡ 인간의 제한적 합리성을 인정하는 것으로서, 합리모형의 비현실성을 완화시킨 보다 현실적이고 경험적인 정책결정 모형이다.

　　㉢ 현실의 복잡한 상황을 인간의 능력으로 인지하는 것은 한계가 있으며, 개인이나 조직은 이를 간소화하여 인지함으로써 최선의 대안이 아닌 만족할 만한 대안을 선택한다고 본다.

　　㉣ 정책 목표가 항상 명백한 것은 아니며, 여러 가지의 복수 목표 간의 우선순위도 뚜렷이 매겨질 수 없다.

　　㉤ 정책결정에 주관적 요소가 개입되므로 비합리성이 존재하지만, 이는 완전히 비합리적인 것은 아니다.

② 비판점

　　㉠ 만족할 만한 수준이 어느 정도의 수준인지에 대한 객관적인 판단 기준이 없다.

　　㉡ 만족할 만한 정책대안이 나타났다고 해서 대안의 탐색을 중단하는 경우 보다 훌륭한 정책대안이 사장되므로 정책결정에 있어서 보수적인 성향을 띠게 되며, 변화나 발전보다는 무사안일의 정책결정이 조장될 수 있다.

(3) 점증모형 5회, 12회 기출

① 기본전제

　　㉠ 린드블롬, 브레이브루크, 윌다프스키(Lindblom, Braybrooke & Wildavsky) 등이 주장한 것으로서, 정치학, 사회학 등을 학문적인 배경으로 한다.

　　㉡ 인간의 비합리성을 전제로 정책결정을 설명한다. 즉, 정책결정 과정이 과거의 정책결정을 기초로 점증적 차이가 있는 한정된 수의 정책대안을 검토한다.

　　㉢ 정치적 합리성에 입각하여 과거의 정책을 약간 수정한 정책결정이 이루어지므로 '기회주의적 정책결정' 혹은 '연속적·순차적 정책결정'으로 볼 수 있다.

　　㉣ 정책 목표는 시간의 흐름에 따라 변화하며, 조직은 환경이나 다른 조직과의 경쟁관계에 있으므로 이들에 맞추어 적응할 필요가 있음을 주장한다.

　　㉤ 지극히 보수적인 성격을 띠는 모형으로서, 이는 기존의 사업계획이나 정책, 세출 등이 새로운 사업이나 정책의 기반이 되고, 여기에 약간의 증감이나 수정만을 가하기 때문이다.

② 비판점

㉠ 점증모형에 따른 부분적 · 분산적 결정은 정책결정의 평가기준을 모호하게 만든다.

㉡ 과거나 현재의 정책이 존재하지 않는 경우 점증주의는 성립될 수 없다.

㉢ 합리적 정책결정 방법을 시도하지 않는 구실로 사용될 수 있다.

㉣ 위기상황 시 정책결정의 지침을 제시하지 못하며, 새로운 대안을 과감하게 기용하는 데 미흡하다.

(4) 혼합모형 16회 기출

① 기본전제

㉠ 에치오니(Etzioni)가 주장한 것으로서, 합리모형과 점증모형의 혼합으로 볼 수 있다.

㉡ 종합적 합리성(Comprehensive Rationality)을 토대로 기본적 · 거시적 결정은 합리적으로 이루어지는 반면, 세부적 · 미시적 결정은 점증적으로 이루어진다는 것이다.

㉢ 정책결정을 기본적 결정과 세부적 결정의 수준으로 구분하여 이 둘 사이의 관계를 설정함으로써 합리모형의 지나친 이상성과 점증모형의 지나친 보수성을 극복하고자 한다.

② 비판점

단지 두 개의 대립되는 모형, 즉 합리모형과 점증모형을 혼합 · 절충한 것에 지나지 않는다.

(5) 최적모형 14회, 21회 기출

① 기본전제

㉠ 드로어(Dror)가 주장한 것으로서, 합리모형과 점증모형의 단순혼합이 아닌 체계론적 관점에서 정책결정을 최적화하려는 데 초점을 둔다.

㉡ 정책결정에 있어서 합리적인 요소와 초합리적인 요소를 동시에 고려하는 질적 모형이다.

㉢ 현실의 정책결정을 위해 경제적 합리성(Economic Rationality)과 초합리성(Extra-rationality)을 강조한다.

② 비판점

㉠ 정책결정에 있어서 사회적 과정에 대한 고찰이 불충분하다.

㉡ 초합리성의 구체적인 달성 방법이 불명확하여 신비주의에 빠질 가능성이 있으며, 정책결정 과정에서 실현가능성이 낮다.

바로암기 ○×

사회복지정책 결정에 관한 이론모형 중 혼합모형은 합리모형과 만족모형을 혼합시킨 것이다?

( )

해설
합리모형과 점증모형을 혼합시킨 것이다.

정답 ×

전문가의 한마디

'경제적 합리성'은 합리적 결정의 효과가 합리적 결정에 소요되는 비용보다 많은 경우를 말하며, '초합리성'은 직관, 판단력, 통찰력, 영감 등 하부의식(Sub-conscious)의 요소를 말합니다.

(6) 쓰레기통 모형 5회, 8회, 13회, 16회, 17회, 20회, 21회 `기출`

① 기본전제

㉠ 정책결정이 합리성이나 타협에 의해 이루어지는 것이 아닌 조직화된 무정부 상태(Organized Anarchies) 속에서 나타나는 몇 가지 흐름에 의해 우연히 이루어진다고 본다.

㉡ 코헨, 마치, 올슨(Cohen, March & Olsen)은 네 가지 요소, 즉 정책결정이 이루어질 수 있는 선택 기회(Choice Opportunity), 해결되어야 할 문제(Problem), 문제에 대한 해답으로서 해결방안(Solutions), 정책결정에의 참여자(Participants)가 평소 독립적으로 움직이다가 우연히 쓰레기통 속에서 만나게 되어 정책결정이 이루어진다고 보았다.

㉢ 킹던(Kingdon)은 정책결정 과정을 문제의 흐름(Problem Stream), 정책(대안)의 흐름(Policy Stream), 정치의 흐름(Political Stream) 등 세 가지로 나누어 논의하였으며, 이 세 가지 흐름의 우연한 연결에 의해 '정책의 창(Policy Window)'이 열릴 때 정책대안이 마련될 수 있다고 보았다.

② 비판점

일부의 조직에서 혹은 일시적으로 나타나는 정책결정의 형태를 설명하는 데에만 적합하다.

02절 사회복지정책의 분석틀

1 사회복지정책 분석의 접근방법

(1) 정책분석의 3P 9회, 10회, 11회, 12회, 14회, 18회, 19회 `기출`

① 과정분석(Studies of Process) - 정책형성 과정에 대한 사회정치적 · 기술적 · 방법적 분석

㉠ 정책 사정이 어떻게 이루어지는지를 이해하기 위한 목적에서 이루어진다.

㉡ 복지정책의 계획과 관련된 각종 정보와 함께 다양한 정치집단, 정부조직, 그리고 이익집단 간의 관계 및 상호작용이 정책형성에 어떻게 영향을 미치는가를 분석하는 데 초점을 둔다.

예 노인장기요양보험법 제정에서 이익집단의 영향 분석

② 산물분석 또는 산출분석(Studies of Product) – 정책선택의 형태와 내용에 대한 분석

   ㉠ 기획 과정을 통해 얻게 되는 산물은 일련의 정책선택이다. 이러한 정책선택은 프로그램안(案)이나 법률안 혹은 확정적 계획의 형태를 띨 수도 있다.

   ㉡ 산물분석은 정책선택과 관련된 여러 가지 쟁점들을 분석하는 데 초점을 둔다.

   예 기초연금과 국민연금의 대상자 선정기준 분석

③ 성과분석(Studies of Performance) – 정책 프로그램의 집행결과에 대한 평가 분석

   ㉠ 특정한 정책선택에 의해 실행된 프로그램이 산출한 결과를 기술하고 평가하는 데 초점을 둔다.

   ㉡ 성과분석에서는 두 가지 형태의 질문, 즉 "프로그램이 얼마나 잘 실행되었는가?"와 "프로그램을 실시하여 얻은 영향은 무엇인가?"에 대한 답을 구한다.

   예 근로장려세제(EITC)의 저소득층 근로유인효과 분석

바로암기 ○×

노숙인에 대한 공공임대주택정책의 탈노숙효과 분석은 '성과분석'의 예에 해당한다?
( )

정답 ○

(2) 사회복지정책 분석의 기본틀　9회, 20회 **기출**

① 산물분석에 따른 선택 차원

   길버트, 스펙트, 테렐(Gilbert, Specht & Terrell)은 산물분석을 기본틀로 하여 사회복지정책의 선택 차원으로서 다음의 '할당, 급여, 재정, 전달'을 제시하였다.

출제의도 체크

정책분석틀을 할당, 급여, 재정, 전달체계로 구분하는 것은 산물분석에 적합합니다.
▶ 12회 기출

선택 차원	의 미	대안적 선택
할 당 (Allocation)	사회적 급여를 누구에게 줄 것인가?	귀속적 욕구, 보상, 진단, 자산조사 등
급 여 (Benefits)	선정된 수혜자에게 무엇을 줄 것인가?	현금급여, 현물급여, 이용권(증서), 기회, 권력 등
재 정 (Finance)	자원 및 재원은 어떻게 마련할 것인가?	공공재원, 민간재원, 공공 및 민간재원의 혼합 등
전 달 (Delivery)	어떤 방법으로 급여를 줄 것인가?	공공부문(중앙정부 · 지방정부), 민간부문, 혼합형태 등

  예 우리나라의 건강보험제도
- 할당 : 기여조건
- 급여 : 현금급여, 현물급여
- 재정 : 보험료, 국고보조금, 이용료
- 전달체계 : 공공전달체계, 민간전달체계

② 산물분석의 한계　21회 **기출**

   ㉠ 정해진 틀에 따라 사회복지정책 내용을 분석함으로써 적용된 사회적 가치를 평가하기 어려우며, 사회복지정책의 방향성을 명확히 제시하지 못한다.

   ㉡ 산물분석 결과는 기존의 사회주류적 입장을 대변할 가능성이 높다.

   ㉢ 현행 사회복지정책에서 배제되고 차별받는 사람들의 욕구를 제대로 파악할 수 없으며, 이들을 위한 구체적인 대안을 담아내지 못한다.

2 사회복지정책의 대상(할당)

(1) 할당의 기본원칙으로서 선별주의와 보편주의 5회, 10회, 11회, 12회, 13회, 14회, 17회 기출

① 선별주의(Selectivism)

ㄱ 개인의 욕구에 근거하여 도움을 필요로 하는 사람들에게만 급여를 제공한다. 즉, 개인과 가족이 사회복지 혜택을 받을 욕구가 있음을 증명해야 한다고 생각한다.

ㄴ 도움을 필요로 하는 사람인지 아닌지를 판별하는 것은 자산조사에 의해 결정되어야 한다는 가치이다.

ㄷ 사회복지를 잔여적 개념(Residual Conception)으로 파악한다.

ㄹ 선별주의에 입각한 제도로 생계급여, 의료급여, 주거급여, 자활사업, 기초연금, 장애인연금 등이 있다.

② 보편주의(Universalism)

ㄱ 사회복지급여는 사회적 권리로서 모든 국민을 대상으로 골고루 주어야 한다는 가치이다.

ㄴ 사회구성원을 '주는 자'와 '받는 자'의 두 집단으로 나누지 않으며, 별도의 자산조사를 요구하지 않는다.

ㄷ 사회복지를 제도적 개념(Institutional Concept)으로 파악한다.

ㄹ 보편주의에 입각한 제도로 실업급여, 누리과정 등이 있다.

③ 선별주의와 보편주의의 비교 13회, 22회 기출

구 분	선별주의	보편주의
원 리	개인의 욕구에 기초	사회적 권리에 기초
대 상	도움을 필요로 하는 개인	모든 국민
이 념	보수주의, 자유주의	사회민주주의, 진보주의
전 제	자산조사	욕구, 자산조사 불필요
성 격	치료적	예방적
치 료	개인의 노력	공공의 노력
모 형	잔여적 모형	제도적 모형
장 점	• 높은 목표(대상)효율성 • 자원 낭비 방지 • 비용효과성(총지출 감소)	• 사회적 통합 효과(사회적 효과성) • 최저소득 보장, 빈곤 예방 • 사회적 낙인이 발생하지 않음 • 간편한 행정 업무 • 사례의 균일성 유지 • 모든 시민의 일정수준 구매력 유지

단점	• 자산조사에 따른 불필요한 행정비용 발생 • 사회정책이 사회통합을 소외시킬 위험성 • 사회적 낙인 유발 • 빈곤의 덫 유발 • 복잡한 행정 업무	• 낮은 목표(대상)효율성 • 자원 낭비 발생 • 총지출 증가

(2) 할당의 세부원칙(Gilbert & Terrell) 3회, 12회, 13회, 14회, 19회 [기출]

① **귀속적 욕구에 의한 할당**
  ㉠ 수급자격은 제도적 장치에 의해 충족되지 않는 욕구를 가진 사람들의 공통적 범주에 따라 파악한다.
  ㉡ 욕구의 규범적 준거를 토대로 특정 집단에 소속된 사람들의 공통적 욕구에 대해 집단적 할당이 이루어진다.
  ㉢ 65세 이상의 노인에 대한 경로우대제도나, 고등학교 무상교육이 이에 해당한다.

② **보상에 의한 할당**
  ㉠ 수급자격은 사회발전의 기여자나 사회 부당행위의 피해자가 해당된다.
  ㉡ 형평의 규범적 준거를 토대로 수급자 선정기준에 따른 집단적 할당이 이루어진다.
  ㉢ 국가유공자에 대한 처우 및 국민연금, 국민건강보험 등의 사회보험과, 국토개발 등으로 인한 이주자 보상이 해당한다.

③ **진단(진단적 차등)에 의한 할당**
  ㉠ 수급자격은 전문가의 진단적 판단에 의해 차등적으로 이루어진다.
  ㉡ 욕구의 기술적 진단을 토대로 개인적인 할당이 이루어진다.
  ㉢ 장애인에 대한 장애 정도 사정, 치매나 중풍의 노인들에 대한 의료서비스가 이에 해당한다.

④ **자산조사(자산조사 욕구)에 의한 할당**
  ㉠ 수급자격은 자산조사를 통해 상품의 구매력 유무에 대한 판단으로 이루어진다.
  ㉡ 욕구의 경제적 기준을 토대로 개인적인 할당이 이루어진다.
  ㉢ 국민기초생활보장제도와 같은 공공부조가 이에 해당한다.

심화연구실

대상자 선정의 관점에 의한 할당의 원칙

귀속적 욕구	보상	진단	자산조사
제도적 개념 (보편주의)	←――――――――――――――→		잔여적 개념 (선별주의)

전문가의 한마디

'빈곤의 덫(빈곤의 함정)'은 자력으로 일을 해서 가난으로부터 벗어나려 하기보다는 사회보장급여에 의존하여 생계를 해결하려는 의존심이 생겨 결국 가난에 정체되는 현상을 말하는 것으로, 특히 공공부조의 부작용과 연관됩니다.

전문가의 한마디

고등학교 전 학년 무상교육이 본래 2022년부터 시행될 예정이었으나 정부 방침에 따라 한 해 앞당겨 2021년부터 시행되고 있습니다.

전문가의 한마디

장애인복지법령 개정에 따라 2019년 7월부터 장애등급제가 폐지되고, 종전의 1~6등급 체계가 장애 정도에 따라 '장애의 정도가 심한 장애인'과 '장애의 정도가 심하지 않은 장애인'으로 단순화되었습니다.

전문가의 한마디

인구학적 요건에는 연령, 성별, 장애 유무 등이 포함되며, 노인, 아동, 장애인, 임산부 등이 특정한 인구학적 집단에 속하게 됩니다.

(3) 급여자격 조건에 따른 대상선정 기준의 예(2024년도 기준) 11회, 18회, 19회, 20회, 21회 기출

국민연금	18세 이상 60세 미만인 국민을 가입대상으로 하여 급여의 종류에 따라 수급연령(→ 인구학적 기준)에 차이가 있으며, 가입자의 연금보험료(→ 기여)를 재원으로 사업이 운영된다. 특히 장애연금의 경우 장애 정도(→ 진단적 구분)에 따라 수급권이 발생한다.
노인장기 요양보험	65세 이상의 노인(→ 인구학적 기준) 또는 65세 미만의 자로서 노인성 질병을 가진 사람(→ 진단적 구분)을 대상으로 하며, 가입자의 장기요양보험료(→ 기여)와 국가 및 지방자치단체의 부담금 등을 재원으로 사업이 운영된다.
국민기초 생활보장제도	소득인정액(→ 자산조사)과 부양의무자 유무(→ 부양의무 기준)를 고려한다. 참고로 기존의 생활보호법상 수급요건으로서 인구학적 기준(→ 18세 미만의 아동 및 65세 이상의 노인)에 의한 대상자 구분은 폐지되었다.
기초연금	만 65세 이상의 노인들(→ 인구학적 기준) 중 소득인정액(→ 자산조사)이 선정기준액 이하인 노인을 대상으로 한다.
장애인연금	만 18세 이상(→ 인구학적 기준)의 등록한 중증장애인(→ 진단적 구분) 중 소득인정액(→ 자산조사)이 선정기준액 이하인 사람을 대상으로 한다.
장애수당	만 18세 이상(→ 인구학적 기준)의 등록한 장애인 중 중증장애인이 아닌 사람(→ 진단적 구분)으로서 국민기초생활보장수급자 또는 차상위계층(→ 자산조사)을 대상으로 한다.
아동수당	경제적 수준과 상관없이 8세 미만의 아동(→ 인구학적 기준)이 있는 가구를 대상으로 한다.

전문가의 한마디

중증장애인은 장애인연금, 경증장애인은 장애수당의 지급대상자입니다.

출제의도 체크

2022년 4월 1일부터 아동수당의 지급대상 연령이 기존 '7세 미만'에서 '8세 미만'으로 상향 조정되었습니다.

▶ 21회 기출

> **참고**
>
> 국민기초생활보장제도의 부양의무자 기준이 2021년 10월부로 원칙상 폐지되었습니다. 다만, 부양의무자가 한 명(또는 한 가구)이라도 연 소득 1억 원(월 소득 834만 원) 또는 일반재산 9억 원을 초과하는 경우 수급자 선정에서 제외됩니다. 이 경우에도 부양불능이나 부양기피 등을 보장기관이 확인한 경우 수급자 선정이 가능합니다.

3 사회복지정책의 급여

(1) 현금급여(Cash Benefit) 2회, 6회, 12회, 15회, 19회, 22회 기출

① 수급자에게 현금을 지급하여 자신이 원하는 재화나 서비스를 선택적으로 구매할 수 있도록 하는 급여이다.

② 연금, 수당, 공공부조 등 사회복지급여에서 가장 큰 비중을 차지한다.

③ 수급자의 자유의지를 존중하고, 자신의 삶을 관리할 수 있는 존엄성을 인정한다.

④ 수급자의 효용을 극대화하고 자기결정권을 고양할 수 있도록 하기 위한 급여 형태이다.

⑤ 급여가 수급자의 직접적인 문제욕구에 사용되지 않음으로써 오 · 남용의 위험이 있다.

전문가의 한마디

'현금급여'는 복지상품이나 서비스의 선택권을 보장할 수 있으며, 사회복지기관 관리운영비의 절감과 행정적 편의를 가져다 줄 수 있습니다.

⑥ 국민연금의 노령연금, 유족연금, 장애연금이나 산재보험의 휴업급여, 장해급여, 상병보상연금, 유족급여, 그 밖에 고용보험의 구직급여나 상병급여나 국민건강보험의 장애인 보조기기에 대한 보험급여 등을 예로 들 수 있다.

(2) 현물급여(Kind Benefit) 1회, 4회, 7회, 15회, 22회 기출

① 수급자에게 필요한 물품이나 서비스를 직접 급여로 제공하는 형태이다.
② 급여대상자에게 본래의 목적대로 급여를 정확히 전달할 수 있으므로, 현금급여에 비해 대상효율성이 높다.
③ 의료서비스와 교육서비스에서 큰 비중을 차지하며, 수급자는 비용을 지불하지 않고 서비스를 이용할 수 있다.
④ 정책의 목표효율성을 높일 수 있으며, 정치적 측면에서 유리하다.
⑤ 규모의 경제(Economies of Scale) 효과에 의해 급여를 대량으로 비교적 저렴하게 제공할 수 있다.
⑥ 수급자의 개인적인 선택에 제약이 있고, 낙인감을 유발할 수 있으며, 관리에 따른 행정비용이 발생하기 때문에 효율성(운영효율성)이 낮다.
⑦ 국민건강보험의 요양급여, 건강검진이나 산재보험의 요양급여, 노인장기요양보험의 재가급여, 국민기초생활보장의 의료급여 등을 예로 들 수 있다.

심화연구실

가치재(Merit Goods)의 현물급여 선호 이유 10회, 12회 기출
• 가치재는 본래 시장에서 거래가 가능하나 수요자가 불완전한 정보로 인해 그 진정한 가치를 인식하지 못함으로써 과소소비 하기 쉬운 재화나 서비스를 말한다.
• 대표적인 가치재로서 의료서비스를 예로 들 수 있는데, 의료서비스는 수요자가 완전한 정보로서 확보하기 어려운 측면이 있으므로 의료기관 및 의사 등 전문가집단에 의한 독점이 이루어질 수 있다.
• 특히 가치재로서 의료서비스는 의도하지 않은 편익이나 손해를 동반한 외부효과가 존재하며 국민의 건강권과 관련하여 공익성이 크다고 볼 수 있으므로, 수요자의 개인적인 선택을 강조하는 현금급여보다 현물급여로 이루어지는 것이 바람직하다.

(3) 이용권, 증서 또는 바우처(Voucher) 3회, 9회, 11회, 16회, 22회 기출

① 현금급여와 현물급여의 중간형태로서 수급자가 일정한 용도에 한하여 필요로 하는 상품이나 서비스를 자유롭게 선택할 수 있도록 하는 급여이다.
② 정부가 특정 사회복지재화나 서비스를 구입할 수 있는 이용권을 소비자에게 직접 제공하여 소비자들로 하여금 민간부문에서 필요한 재화나 서비스를 받을 수 있도록 한다.

출제의도 체크

현물급여는 현금급여에 비해 오·남용의 위험이 적습니다.
▶ 15회 기출

바로암기 ○×

현물급여는 대상효율성이 높은 반면, 운영효율성은 낮다?
( )
정답 ○

출제의도 체크

이용권(증서)은 수급자가 일정한 용도 혹은 범위 내에서 원하는 재화나 서비스를 자유롭게 선택할 수 있도록 보장하지만, 미리 정해 둔 용도와 목적에 맞게 급여를 사용하도록 사회적 통제를 부과합니다.
▶ 22회 기출

전문가의 한마디

이용권(증서)은 현물급여에 비해 서비스에 대한 충분한 정보 접근이 이루어져야 합니다.

③ 현금급여의 오·남용 위험성과 현물급여의 소비자 주권 침해와 관련된 단점을 보완하기 위한 것이다.

④ 현금급여에 비해 목표 달성에 효과적이며, 현물급여에 비해 공급자 간 경쟁을 유도하는 데 유리하다.

⑤ 현물급여에 비해 소비자 선택권이 높은 반면, 현금급여에 비해서는 상대적으로 낮다.

⑥ 일정한 범위 내에서만 교환가치를 가지기 때문에 개인주의자와 집합주의자 모두 선호하며, 정치적으로 현금급여보다 더 많은 지지를 받는다.

⑦ 현금할인 등 오·남용 문제를 완전히 해결하지 못하며, 서비스 공급자의 특정 소비자 선호나 이용권의 회피 현상이 발생할 수 있다.

⑧ 'Food Stamp'를 비롯하여 최근 임신·출산 진료비 지원정책의 일환으로 시행되고 있는 '국민행복카드(구 고운맘카드)' 등을 예로 들 수 있다.

심화연구실

우리나라 사회서비스 전자바우처 제도의 성과 14회 기출

- 수요자 선택권 강화 : 복지서비스 대상자가 소극적 복지수급자에서 능동적 서비스 구매자로 전환되었다.
- 경쟁체계 구축 : 사업당 2개 이상의 제공기관을 지정·운영하도록 함으로써 복지 분야의 독점상태를 해소하는 동시에 경쟁을 통한 서비스 품질 제고 환경을 구축하였다.
- 일자리 창출 : 신규 사업을 통한 일자리 창출로 여성, 중고령자 등 고용 취약 및 애로 계층에게 일자리를 제공함으로써 서민생활 안정 및 경제활동 참여기회를 확대하였다.
- 투명성 및 효율성 제고 : 사업의 전자화로 행정관리비용을 감소시키는 한편, 재정운영의 효율성 및 투명성을 제고하였다. 특히 지불·정산업무 전산화로 지방자치단체의 사회서비스 행정부담이 경감되었다.

바로암기 ○×

우리나라 사회서비스 전자바우처는 공급자 중심의 직접지원(직접지불) 방식이다?

( )

해설

수요자 중심의 직접지원(직접지불) 방식이다.

정답 ×

(4) 기회(Opportunity) 14회, 20회 기출

① 사회 불이익 집단에 유리한 기회를 제공하여 시장경쟁에 적응할 수 있도록 유도하는 무형의 급여 형태이다.

② 사회적 차별을 받고 있는 것으로 널리 인식되는 노인, 여성, 장애인 등을 대상으로 교육이나 고용에 있어서 보다 유리한 차별적 조건을 부여한다.

③ 기회는 부정적인 의미의 차별과 달리 긍정적인 의미의 차별에 해당하며, 부정적 의미의 차별을 보상하는 방법이라고 볼 수 있다.

④ 수급자의 의존도를 최소화하는 동시에 불이익 집단들의 소득 향상에 도움을 준다.

⑤ 장애인 의무고용제도, 농어촌 특별전형제도, 여성고용할당제도, 빈곤층 자녀의 대학입학정원 할당제도 등을 예로 들 수 있다.

(5) 권력(Power) 9회, 22회 기출

① 수급자에게 정책결정에 대한 권력을 부여함으로써 정책이 수급자에게 유리한 방향으로 결정될 수 있도록 하는 급여 형태이다.

② 정책의 결정과정에 수급자를 참여시킴으로써 수급자의 이익이 최대한 반영되도록 한다.

③ 현금급여나 현물급여와 같이 수급자에게 직접적으로 현금이나 물품을 제공하는 것은 아니지만, 다른 형태의 급여에 비해 수급자에게 더 많은 선택의 여지를 제공할 수 있다.

④ 권력이 형식상으로 그칠 수 있으므로 실질적인 효과성에 대한 의문이 남아있다.

4 사회복지정책의 재원(재정)

(1) 공공재원 5회, 9회, 11회 기출

① 공공재원 조달의 필요성

- ㉠ 국가가 국민의 생존권 보장의 의무를 가지는 이상, 지불 능력을 가지지 못한 저소득자에 대해 사회복지서비스 제공에 대한 책임을 져야 한다.
- ㉡ 사회복지정책의 대상이 되는 사고(Risk)는 개인적으로 대응하기 어려운 사회적 사고인 경우가 대부분이다.
- ㉢ 사회적 사고의 감소로 인해 장기적으로 사회구성원 전부의 이익이 향상된다.

② 공공재원의 주요 조달방식 10회, 14회, 18회, 22회 기출

소득세	소득능력에 따른 부과, 고소득자에 대한 누진세율 적용, 저소득자에 대한 감면 혜택 등으로 일반세 중 소득계층 간 소득재분배의 효과가 가장 크다.
소비세	일반적으로 모든 상품에 대한 단일세율 부과로 인해 기본적으로 역진성이 크다.
재산세	지방정부의 재원으로 보통 단일세율이 적용되며, 재산의 가치평가액이 실질 시장가격의 변화에 대응하지 못하므로 역진성이 있다.
목적세	특정 목적에 충당하기 위해 거두어들이는 조세로서, 교육세와 농어촌특별세가 대표적이다. 사용목적이 정해져 있어 재원 안정성이 높다.
사회보장세	사회보장의 목적을 위해 거두어들이는 사회보험료가 해당되며, 세금은 아니지만 세금과 같은 기능을 담당한다.
조세지출 (조세비용)	정부가 비과세 · 감면 · 공제 등의 방법으로 정책적인 감면을 해 주는 제도이다. 조세부과 및 대상자 선별에 소요되는 비용을 줄이는 효과가 있지만, 그 수혜자가 주로 중상위 계층에 해당한다는 점을 고려할 때 역진적이라 할 수 있다.

출제의도 체크

참여민주주의와 민주적 거버넌스 구성, 서비스 대상자나 급여 수급자의 참여 보장, 재화나 자원을 통제하는 영향력의 재분배 등은 사회복지정책의 급여 형태 중 권력(Power)에 해당합니다.

▶ 9회 기출

전문가의 한마디

'누진성'은 소득이 높은 사람에게 더 높은 조세부담이 발생하는 것으로, 특히 소득세가 대표적인 누진적 조세에 해당합니다. 반면, '역진성'은 소득이 낮은 사람에게 상대적으로 높은 조세부담이 발생하는 것으로, 특히 소비세와 조세지출이 대표적인 역진적 조세에 해당합니다.

출제의도 체크

정부가 받아야 할 세금을 감면하는 방식을 통해 마련하는 사회복지재원은 '조세지출'입니다.

▶ 14회 기출

③ **일반조세와 사회보험료 부과** 9회, 16회, 18회, 22회 기출

　　㉠ 사회보험료는 조세 중 직접세에 해당하는 소득세에 비해 역진적이다.

　　㉡ 사회보험료에는 조세와 같은 인적공제가 없으므로 저소득층에게 불리하다.

　　㉢ 조세와 달리 소득상한선이 있는 사회보험료는 고소득층에게 유리하다.

　　㉣ 조세나 사회보험료 모두 소득의 일정 부분에 부과되는 공적 비용이라는 점에서는 같지만, 조세는 사회보험료와 달리 국가의 반대급부가 특정되어 있지 않다.

　　㉤ 조세는 납세자가 장차 받을 수 있을 것으로 기대되는 어떤 것의 가치가 아닌 추정된 조세부담능력(Assumed Capacity)에 관련된 반면, 사회보험료는 지불능력(Capacity to Pay)이 아닌 급여가치(Value of the Benefits)에 관련된다.

　　㉥ 조세는 부담능력에 따라, 사회보험료는 급여가치에 따라 부과되므로, 조세와 달리 사회보험료는 추정된 부담능력을 고려하지 않는다고 볼 수 있다.

　　㉦ 사회보험료는 조세에 비해 징수에 대한 저항이 적다.

　　㉧ 사회보험료를 일종의 급여세(Payroll-tax)로 간주하여 조세로 보는 입장도, 재분배를 위해 사회보장기구에 지불되는 사회화된 임금으로 간주하여 임금으로 보는 입장도 있다.

④ **부(負)의 소득세(Negative Income Tax)** 6회 기출

　　㉠ 소득이전 프로그램의 하나로서, 개인의 소득이 일정수준 이하가 되면 그 차액에 대하여 일정세율을 적용하여 계산된 금액을 조세환급을 통해 지급하는 제도이다.

　　㉡ 면세점, 즉 세금을 감면받는 점 이상의 소득자에 대해서는 정상적으로 소득세를 과세하지만, 면세점 이하의 소득자에 대해서는 부(-)의 세율을 적용하여 계산한 금액을 정부에서 지원하게 된다(→ 공공부조의 성격).

(2) 민간재원 7회, 11회 기출

① **이용료 또는 사용자부담** 16회, 18회 기출

　　㉠ 사회복지급여나 서비스를 이용하는 사람들이 그 이용의 대가를 지불하는 방법으로 재원을 조달하는 것을 말한다.

　　㉡ 사회복지서비스의 남용과 도덕적 해이를 방지하며, 사용자(이용자)의 선택권과 권리의식 증가로 서비스의 질을 높일 수 있다. 또한 정부의 재정 부담을 줄이며, 사용자의 자기존중감을 높일 수 있다.

　　㉢ 정액의 이용료는 소득재분배에 역진적이며, 저소득층의 서비스 이용을 억제할 수 있다. 특히 '정액제 < 정률제 < 연동제(Sliding Scale)' 순으로 소득재분배 효과가 상대적으로 높아진다.

　　㉣ 국민건강보험의 본인부담금, 각종 사회복지서비스의 이용료 등이 해당한다.

출제의도 체크

일반적으로 소득세와 사회보험료 모두 소득이 높은 사람이 더 많이 부담합니다.

▶ 18회 기출

출제의도 체크

이용료(사용자부담)는 저소득층의 서비스 접근성을 떨어뜨리며, 이는 사회복지정책이 추구하는 사회통합을 저해하는 결과를 가져올 수 있습니다.

▶ 16회 기출

전문가의 한마디

'정액제'는 서비스 이용자에게 서비스 비용에 관계없이 일정액을 부담시키는 방식이고, '정률제'는 서비스 이용자에게 서비스 비용의 조정된 비율에 따른 금액을 부담시키는 방식입니다. 또한 '연동제'는 서비스 이용자의 경제적 능력에 따라 이용료를 차등화시키는 방식입니다.

② 자발적 기여

　㉠ 개인이나 조직, 단체가 특정의 사회복지기관을 지원하는 후원금 및 기부금을 통해 부담하는 것을 말한다.

　㉡ 후원금이나 기부금은 정기적으로 제공되기도 하지만 부정기적·일시적으로 제공되는 경우도 있다. 특히 부정기적·일시적인 경우 경제적 상황에 따라 기부액수의 변화가 크므로 안정적인 재원 마련이 어려우며, 그로 인해 체계적인 사업의 수행이 어려울 수 있다.

　㉢ 자발적 기여가 보통 중상위 계층에 의해 이루어지므로, 조세감면의 혜택이 주로 그들에게 돌아가게 되어 역진성이 발생한다.

③ 기업복지　20회, 22회 기출

　㉠ 고용주가 피고용자들에게 직접적인 임금 인상의 효과를 주기보다는 기업연금, 퇴직급여, 출산휴가, 장학금 등 기업복지의 형태로 서비스를 제공한다.

　㉡ 고용주의 입장에서 피고용자에게 임금 대신 기업복지를 지급하는 것이 세제상 유리하며, 우수한 인력을 유치하고 피고용자들의 기업에 대한 충성심과 소속감을 높이는 데 유리하다. 또한 노사안정을 통해 생산성 향상을 기대할 수 있다.

　㉢ 기업복지가 안정된 직장에서 높은 임금을 받는 근로자를 주된 대상으로 하는 만큼 저임금 근로자, 비정규직 근로자, 실업자 등에 상대적으로 불리하므로 역진성이 발생한다.

　㉣ 경기변동에 민감하므로 재원이 불안정하며, 체계적·지속적인 사회복지정책 수립 및 집행을 어렵게 한다.

④ 가족 간 이전

　㉠ 공공복지가 발달되지 않은 상태에서 혹은 국가의 개입이 미치지 못하는 부문에서 가족이나 친지, 이웃을 통한 비공식적 지원이 이루어지는 것을 말한다.

　㉡ 가족 간 이전은 크게 소득이전과 비경제적 측면에서의 서비스제공으로 구분할 수 있다.

　㉢ 가족 간 이전은 시간적·공간적으로 복지욕구를 빨리 해결해 줄 수 있는 장점을 가진다.

　㉣ 빈곤한 가족의 경우 가족성원의 사회복지 욕구가 크다고 하더라도 이를 해결해 주는 데 한계가 있다.

전문가의 한마디

국내 기부금 총액은 국세청에 신고된 개인 기부금과 법인 기부금(기업 기부금)으로 확인할 수 있습니다. 즉, 세금 혜택을 받기 위한 신고를 하지 않은 금액은 포함되어 있지 않으므로, 실제 기부금 규모는 국세청이 추산한 액수보다 더 많을 것으로 추정됩니다.

출제의도 체크

기업복지는 기업의 입장에서 임금을 높여주는 것보다 조세부담의 측면에서 유리하지만, 조세 방식에 비해 재분배효과가 떨어집니다.

▶ 20회 기출

전문가의 한마디

가족 간 이전에서 '소득이전'은 현금이전, 금전대여, 의료비 대납 등으로, '서비스제공'은 자녀부양, 부모부양 등으로 나타날 수 있습니다.

전문가의 한마디

직접세와 간접세의 예는 국가가 부과하는 조세, 즉 국세(國稅)에 포함되는 것으로, 「국세기본법」에 명시되어 있습니다.

심화연구실

1. 직접세와 간접세   11회 기출

직접세	• 납세의무자와 실제 그 세금을 부담하는 자가 일치하고 조세부담의 전가가 예정되어 있지 않은 조세이다. • 소득이나 재산에 따라 과세되므로 합리적이나 조세저항의 우려가 있다. **예** 소득세, 법인세, 상속세와 증여세, 종합부동산세 등
간접세	• 납세의무자와 실제 그 세금을 부담하는 자가 일치하지 않고 조세부담의 전가가 예정되어 있는 조세이다. • 조세가 물품의 가격에 포함되어 있으므로, 간접세의 인상이 물가상승의 요인이 된다. **예** 부가가치세, 개별소비세, 주세(酒稅), 인지세(印紙稅), 증권거래세 등

2. 기 금   14회 기출

• 기금은 지속적이고 안정적인 과제 추진을 위해 자금 지원이 필요하거나 탄력적인 사업 추진이 필요한 경우 예산과 별도로 설치·운용함으로써 안정적인 재원의 기반 하에 사업을 지속적으로 추진하도록 하기 위한 것이다.
• 「국가재정법」은 국가가 특정한 목적을 위하여 특정한 자금을 신축적으로 운용할 필요가 있을 때에 한정하여 법률로써 기금을 설치하되, 정부의 출연금 또는 법률에 따른 민간부담금을 재원으로 하는 기금은 법률에 의하지 아니하고는 이를 설치할 수 없도록 하고 있다(국가재정법 제5조 참조).
• 국가재정법령에 규정된 기금설치 근거법률은 2021년 12월 21일 개정법령상 총 68가지이며, 여기에는 국민건강보험법을 제외한 국민연금법, 고용보험법, 산업재해보상보험법, 공무원연금법, 군인연금법, 사립학교교직원연금법 등 사회보험성 기금에 관한 법률이 포함되어 있다.

출제의도 체크

중앙정부의 사회보험성 기금에 '고용보험기금'과 '공무원연금기금'은 포함되나, '국민건강보험기금'이나 '예금보험기금'은 포함되지 않습니다.

▶ 14회 기출

---

5 사회복지정책의 전달

(1) 사회복지 전달체계의 구분   6회, 11회, 14회 기출

① 중앙정부 전달체계

장 점	• 공공재적인 성격이 강한 국방, 안보, 치안 등은 평등지향적인 서비스의 공급이라는 측면에서 중앙정부의 역할이 중요하다. • 공급규모나 재원조달의 측면에서 중앙정부의 역할이 대두된다. • 복지에 대한 다양한 욕구를 수용하여 프로그램을 포괄·조정할 수 있다. • 지속적이고 안정적인 서비스를 제공할 수 있다.
단 점	• 서비스에 관한 지역 수급자의 욕구 반영이 어렵다. • 자원의 효율적인 배분이 이루어지기 어렵다. • 독점성으로 인해 가격과 질적인 측면에서 수급자에게 불리하다. • 수급자의 서비스에 대한 접근성이 떨어진다.

전문가의 한마디

공공복지 행정체계는 대상자 선정 과정에서 강한 엄격성을 띠는데, 이는 서비스에 대한 접근성을 떨어뜨립니다.

② 지방정부 전달체계

장 점	• 중앙정부 전달체계에 비해 지역주민의 욕구를 더 효과적으로 반영할 수 있다. • 지방정부 간 경쟁으로 인해 가격과 질적인 측면에서 더 유리하다. • 지역주민의 욕구에 보다 신속히 대처할 수 있다. • 수급자의 정책 결정에 대한 참여의 기회가 확대된다.
단 점	• 지역 간 경쟁을 유발한다는 취지와 달리 지역 간 불평등이 야기되기 쉽다. • 공급규모에 따른 경제효과가 중앙정부 전달체계에 비해 낮다. • 프로그램의 안정성과 지속성에 있어서 불리하다. • 지방정부 간 프로그램 연계에 있어서 불리하다.

③ 민간 전달체계

장 점	• 서비스의 다양성 및 전문성과 함께 서비스 공급의 신속성 · 접근성 · 창의성 · 융통성 등에 유리하다. • 공급자 간 경쟁유도를 통해 서비스의 질을 확보할 수 있으며, 이용자의 다양한 선택권을 보장할 수 있다. • 정부제공 서비스의 비해당자 혹은 비수급자에게까지 서비스를 확대 적용하며, 환경 변화에 대응하여 서비스를 선도한다. • 자원봉사 등 민간의 사회복지에 대한 참여 욕구를 반영한다. • 중앙정부나 지방정부의 사회복지 활동에 대한 입력단체로서의 역할을 수행한다.
단 점	• 계약에 따른 불필요한 거래비용이 소요될 수 있다. • 대상 범주나 수준이 포괄적이지 못하며, 평등의 가치를 추구하기 어렵다. • 공공재 제공, 규모의 경제 실현 등이 어렵다.

전문가의 한마디

사회복지 전달체계는 각 부문별 장단점을 지니고 있으므로, 정부와 민간부문의 역할을 적절히 분담하는 혼합체계 방식이 대두되고 있습니다. 이는 복지국가의 위기 이후 '민영화(Privatization)'를 통해 잘 나타나고 있습니다.

(2) 사회복지 전달체계의 문제점(Gilbert & Specht) 9회, 10회 기출

① 분열 또는 단편성(Fragmentation)

사회복지서비스를 제공하는 각각의 기관들이 서로 통합되어 있지 않음으로써 서비스가 한 장소에서 모두 실행되지 않고 각각 분열되어 실행되는 것을 말한다.

② 단절 또는 비연속성(Discontinuity)

사회복지서비스의 제공자들 간에 충분한 의사전달이 이루어지지 않음으로써 클라이언트로 하여금 서비스를 이용하는 데 불편을 야기하는 상태를 말한다.

③ 비책임성(Unaccountability)

사회복지서비스 제공자가 클라이언트의 욕구와 이익에 대해 무감각하게 반응하는 상태를 말한다.

④ 비접근성(Inaccessibility)

클라이언트의 소득이나 종교, 연령, 비용, 지리적 위치 등으로 인해 클라이언트가 서비스 이용에 제한을 받는 것을 말한다.

(3) 사회복지 전달체계 재구조화 전략(Gilbert & Terrell) 21회 기출

① 정책결정권한 재구조화 전략

조정	• 행정적 단일화(집권화 또는 집중화) • 기관 간 연합(연합화) • 사례별 협력
시민참여	• 비분배적 참여(유사참여) • 명목적 참여 • 재분배적 참여

② 과업할당(업무배치) 재조직화 전략

역할부여 (역할부과)	사회복지사와 서비스 대상자를 연결시키는 역할을 만든다.
전문가 이탈 (전문가 분리)	서비스전달을 강화하기 위해 전문가를 관료조직으로부터 분리시킨다.

③ 전달체계 구성변화 전략 22회 기출

전문화된 접근구조	서비스에 접근하는 것 자체를 하나의 독자적인 서비스로서 제공한다.
의도적인 중복	경쟁 전략과 분리 전략을 활용한다.

(4) 사회복지재화 및 서비스의 국가 제공의 필요성(시장실패의 원인)

6회, 10회, 11회, 12회, 17회, 18회, 19회, 20회, 22회 기출

① 공공재 성격

교육, 국방 등 재화의 속성으로 인해 공익이나 사회적 필요성에 따라 공급해야 하는 공공재의 경우 국가가 일정하게 책임을 지고 공급할 필요가 있다.

② 소득분배의 불공평

시장경제에서는 소득분배에 있어서 불공평 또는 불공정에 의해 가치가 있는 자원을 가진 사람과 그렇지 못한 사람 간에 격차가 발생하며, 그로 인해 사회적 불평등이 야기된다.

③ 불완전한 시장정보(정보의 비대칭)

시장은 본래 공정한 경쟁과 교환을 원칙으로 해야 하지만 실제로는 일방에 유리하거나 불리하게 정보의 수급이 비대칭적으로 이루어지는 경우가 있다. 특히 특정 정보의 이용이 시장의 불균형을 야기하는 경우 국가가 직접 개입하는 것이 바람직하다.

④ 시장의 불완전성

시장은 완전경쟁이 성립되지 않은 상태에서 독점이나 과점 등이 나타나며, 시장의 자동조절기능이 약화된다.

⑤ 외부효과 21회 기출

어떠한 경제적 활동이 본래의 의도와는 달리 제삼자에게 특정한 혜택을 주거나(→ 긍정적 외부효과), 손해를 주는 경우(→ 부정적 외부효과)를 말한다. 국가는 부정적 외부효과에 대해 적절한 규제를 가하는 대신 긍정적 외부효과를 창출하기 위해 직접적으로 개입하는 것이 바람직하다.

⑥ 규모의 경제

생산시장에 있어서 대규모 생산의 경우 평균적인 생산비용의 절감효과를 가져오므로 경제의 효율성과 이윤의 극대화를 위해 국가 차원에서 관리하는 것이 유리한 경우가 있다.

⑦ 도덕적 해이(Moral Hazard)

보험계약에 있어서 도덕적 해이로 인해 보험료가 올라가게 되는 경우 보험가입자 수가 감소하게 되어 민간보험을 통한 제공이 어렵게 된다. 따라서 수혜자에 대한 충분한 정보를 토대로 이들의 행위를 적절히 통제할 수 있는 강제적인 방식이 효율적일 수 있다.

출제의도 체크

'공공재(Public Goods)'란 비경합적이고 비배제적인 성격을 지니고 있기 때문에 구성원이 각각 생산에 기여했는지 여부에 관계없이 모든 구성원이 활용할 수 있는 재화를 말합니다. ▶ 19회 기출

출제의도 체크

현실적으로 시장은 독과점이 존재하며, 공공재, 외부효과, 불완전한 정보 등의 이유로 불완전하다고 볼 수 있습니다. 즉, 사회복지 전달체계는 완전경쟁시장에서와 같이 공급자와 수요자가 가격기구(Price Mechanism)를 매개로 상호작용하는 것을 원칙으로 하지 않습니다. ▶ 19회 기출

전문가의 한마디

'도덕적 해이'는 보험계약이 가입자들의 동기와 행동에 영향을 미치는 현상입니다. 예를 들어, 어떤 사람이 보험에 가입했다고 하여 보험에 가입하기 전에 비해 위험발생을 예방하려는 노력을 덜하거나, 불필요한 진료 혹은 치료 효과와 관계없이 고액의 진료를 선호하는 현상을 말합니다.

⑧ 역의 선택(Adverse Selection)

보험계약에 있어서 역의 선택은 보험금을 타내기 위해 의도적으로 자신의 건강상태를 속이거나 위장사고를 일으킨다는 점, 보험회사의 경우 위험군 선택(Risk Selection)을 통해 저위험 집단만 보험에 가입시킨다는 점에서 도덕적 해이와 구분된다. 따라서 국가가 강제적으로 가입시켜 보험집단의 크기를 확대함으로써 역의 선택은 약화될 수 있다.

⑨ 위험발생의 비독립성

민간 보험시장에서 어떤 위험에 대비한 보험 상품이 제공되기 위해서는 재정 안정이 이루어져야 한다. 그러나 만약 어떤 사람의 위험발생이 다른 사람의 위험발생과 연계되어 있는 경우 재정 안정을 유지하기 어렵다. 예를 들어, 어떤 사람이 질병에 걸릴 가능성은 다른 사람이 질병에 걸릴 가능성과 연계되어 있다. 이와 같이 보험가입자의 위험발생이 다른 사람의 위험발생과 상호 독립적이지 못한 경우 국가의 개입에 의한 강제적인 방식이 요구된다.

심화연구실

지역자율형 사회서비스 투자사업 14회 기출

- 중앙정부 주도의 복지지원체계는 지자체별 특성과 지역주민의 다양한 욕구충족이 어려워 사각지대가 발생할 수 있다는 지적에 따라, 지역주민의 수요와 서비스 공급자원을 고려하여 지자체가 직접 서비스를 개발하고 제공할 수 있는 지원체계를 마련하였다.

복지부		지자체		이용자		제공기관
지자체 재정지원	→	이용 대상자 선정 및 바우처 지원	→	서비스 공급자(제공기관) 선택	→	사회서비스 제공 및 바우처 결제

- 2013년 기존 '가사·간병 방문 지원사업', '산모·신생아 건강관리 지원사업', '지역사회서비스 투자사업'을 지역자율형 사회서비스 투자사업의 내역사업으로 포괄보조 하였다가, 2019년 시·도별 예산 불균형 및 안정적인 예산 확보를 위해 국가균형발전특별회계 '지역자율계정(포괄보조)'에서 '지역지원계정'으로 변경하였다.
- 2022년 '산모·신생아 건강관리 지원사업'을 지방으로 이양하였으며, 2023년 지역자율형 사회서비스 투자사업 국가균형발전특별회계 계정 분리, 2024년 지역자율형 사회서비스 투자사업 지역균형발전특별회계 계정 분리를 단행하였다. 또한 '청년마음건강 지원사업' 등 일부 사업을 신규로 추진하였다.

사업명	지역자율계정 (시·도 자율편성사업)	제주특별자치도계정	세종특별자치시계정	지역지원계정 (부처 직접편성사업)
지역자율형 사회서비스 투자사업	지역사회서비스 투자사업			청년마음건강 지원사업
				생활사회서비스 투자사업
	가사·간병 방문 지원사업			긴급돌봄 지원사업

04 | 사회보장론

KEY POINT

- '사회보장론' 영역에서는 사회보장과 관련된 정책 및 제도들에 대해 포괄적으로 이해해야 한다.
- 사회보장에서는 소득재분배의 유형을 구분하며, 사회보험, 공공부조, 사회서비스의 차이점을 비교해 보아야 한다.
- 사회보험의 이해에서는 사회보험과 민간보험, 사회보험과 공공부조의 특징 및 차이점을 비교해 보아야 한다.
- 공적연금에서는 적립방식과 부과방식, 확정기여식 연금과 확정급여식 연금 등 분류방식을 기억해야 한다.
- 국민연금, 국민건강보험, 고용보험, 산업재해보상보험의 주요 특징을 살피되, 각각에 대한 보다 자세한 사항은 '8영역 사회복지법제론'을 통해 학습 하도록 한다.
- 공공부조의 이해에서는 국민기초생활보장제도와 근로연계복지제도의 주요 특징을 기억해야 한다.
- 빈곤의 이해에서는 절대적 빈곤, 상대적 빈곤, 주관적 빈곤의 차이점을 구분하고, 빈곤선 계측 방식과 함께 불평등 지수들을 학습하도록 한다.

01절 사회보장의 이해

1 사회보장

(1) 사회보장의 정의

① 베버리지 보고서(1942년)

'사회보장'이란 실업, 질병, 재해로 인한 소득의 감소, 은퇴로 인한 소득의 중단, 주된 소득자의 사망으로 인한 생계유지의 어려움, 출생 · 사망 · 결혼으로 인한 추가적인 비용의 지출 등에 대비한 소득보장정책이다.

② 국제노동기구(ILO ; International Labour Organization)

'사회보장'이란 사람들이 여러 가지 위험들, 즉 질병, 노령, 실업, 장애, 사망, 출산, 빈곤 등으로 인해 소득이 일시적으로 중단되거나 혹은 장기적으로 없어지는 경우, 지출이 크게 증가하여 이전의 생활을 유지하지 못할 경우, 이전의 사회생활을 할 수 있도록 하는 국가의 제반 프로그램을 말한다.

③ 우리나라 사회보장기본법   5회, 11회, 12회, 13회, 14회, 20회 [기출]

우리 실정법상 사회보장의 정의규정은 「사회보장기본법」에 있다. 사회보장기본법은 1995년 12월 30일 제정되었으며, 2012년 1월 26일 전부개정 되어 개정된 법령이 2013년 1월 27일부터 시행 중에 있다. 법 개정에 따라 '사회보장'의 개념 또한 변경되었으며, 그에 따른 개정 전 및 개정 후의 내용은 다음과 같다.

개정 전	개정 후
'사회보장'이란 질병, 장애, 노령, 실업, 사망 등의 사회적 위험으로부터 모든 국민을 보호하고 빈곤을 해소하며 국민 생활의 질을 향상시키기 위하여 제공되는 사회보험, 공공부조, 사회복지서비스 및 관련복지제도를 말한다.	'사회보장'이란 출산, 양육, 실업, 노령, 장애, 질병, 빈곤 및 사망 등의 사회적 위험으로부터 모든 국민을 보호하고 국민 삶의 질을 향상시키는 데 필요한 소득·서비스를 보장하는 사회보험, 공공부조, 사회서비스를 말한다.

(2) 사회보장의 목적

① 전통적 목적과 새로운 목적(Sainsbury)

전통적 목적	• 빈민구제 : 궁핍(Want)에 대한 대책 • 욕구충족 : 아동, 노인, 장애인 등 사회적 욕구가 큰 집단을 위한 사회적 대책 • 소득 유지 및 보전 : 공적연금, 건강보험 등 • 보상 : 산재보험, 노동자보상법 등 • 재분배 : 수직적 재분배, 수평적 재분배, 세대 간 재분배 등
새로운 목적	• 적극적 목적의 강조 : 사회보장의 생산적 측면 강조 • 근로유인 강조 : 근로조건부 복지 강조 • 행동의 변화 : 사회적으로 바람직한 행동의 촉진(결혼 및 출산의 장려, 구직을 위한 노력의 촉진, 책임의식의 강화 등)

② 소득재분배(이차적 소득분배) 2회, 9회, 13회, 16회, 19회, 20회, 22회 기출

단기적 재분배	현재의 자원을 동원하여 사회적 욕구를 충족시키는 재분배 형태이다. 예 공공부조 등
장기적 재분배	여러 세대에 걸친 자원의 동원 및 소득재분배가 동시에 이루어지는 재분배 형태이다. 예 국민연금 등
수직적 재분배	소득수준을 기준으로 한 소득계층 간 재분배 형태로서, 대체적으로 소득이 높은 계층으로부터 소득이 낮은 계층으로 재분배가 이루어진다(→ 고소득층 대 저소득층). 예 공공부조, 누진적 소득세 등
수평적 재분배	소득수준과 관계없이 특정한 사회적 기준을 토대로 해당 조건을 갖춘 사람들에게 재분배가 이루어지는 것으로, 특히 위험 미발생집단에서 위험 발생집단으로 소득이 이전되는 경우이다(→ 고위험집단 대 저위험집단). 예 가족수당(아동수당), 건강보험 등
세대 간 재분배	현 근로세대와 노령세대 또는 현 세대와 미래세대 간의 소득을 재분배하는 형태이다. 예 장기요양보험, 부과방식의 연금제도 등
세대 내 재분배	동일한 세대 내에서 소득이 재분배되는 형태로서, 젊은 시절 소득을 적립해 놓았다가 노년기에 되찾는 방식이다. 예 개인연금, 적립방식의 연금제도 등
우발적 재분배	재해, 질병 등 특정한 우발적 사고로 고통 받는 자로의 소득이전이 이루어지는 형태이다. 예 건강보험 등

③ 사회안전망(Social Safety Net) 15회, 21회 기출

일차적 사회안전망	• 개인의 노력과 능력, 경제적·사회적 기여를 통해 스스로 확보하게 되는 보호장치이다. • 일반적으로 보험의 원리 또는 공급의 원리를 토대로 운영되며, 주로 사회보험제도로 구성되어 있다.
이차적 사회안전망	• 일차적 사회안전망으로부터 탈락되거나 적절한 수준의 급여를 받지 못하는 빈곤계층의 기본적 욕구를 충족시켜 주기 위한 최종적인 보호장치이다. • 빈곤의 원인, 근로능력, 나이, 성별, 국적 등에 관계없이 빈곤 현상 그 자체를 보호의 대상으로 하며, 주로 공공부조제도로 구성되어 있다.

출제의도 체크

사회보험제도로서 고용보험과 산업재해보상보험은 소득활동 중 발생할 수 있는 소득상실 위험에 대한 사회안전망이라는 공통점을 가지고 있습니다.

▶ 21회 기출

2 사회보장제도

(1) 사회보장제도의 구분 3회, 7회, 11회, 12회, 17회 기출

구 분	사회보험	공공부조	사회서비스
주 체	정부	정부 및 지방자치단체	정부 및 지방자치단체, 민간단체 및 사회복지법인
객 체	전 국민	저소득층	요보호자
목 적	빈곤 예방	빈곤 치료	사회적 적응
내 용	• 국민연금 • 국민건강보험 • 산업재해보상보험 • 고용보험 • 노인장기요양보험	• 국민기초생활보장 • 의료급여 • 긴급복지지원 • 기초연금 • 장애인연금	• 아동복지 • 노인복지 • 장애인복지 • 모자복지 • 재가복지
재 정	• 기여금(근로자) • 부담금(사용자) • 지원금(정부)	조 세	• 국가보조금 • 민간재원

출제의도 체크

'장애인연금'은 사회보장급여 중 '공공부조'에 해당하지만, 국민연금의 '장애연금'과 산재보험의 '장해연금'은 사회보장급여 중 '사회보험'에 해당합니다.

▶ 17회 기출

(2) 사회보장제도의 기능

① 긍정적 기능

㉠ 각종 사회적 위험에 대비함으로써 국민의 생활안정을 도모할 수 있다.

㉡ 산업화에 따른 노사문제를 해소하며, 생산성을 증진시킨다.

㉢ 국민경제의 조절능력을 갖게 하고, 사회·경제적 균형성장을 통한 소득재분배에 기여한다.

㉣ 국민의 기본욕구와 수요를 충족시키고 빈곤, 질병, 실업 등 사회적 제 문제를 해소한다.

② 부정적 기능

㉠ 과도한 사회보장의 급부는 근로자의 근로의욕을 저하시키고 오용 및 악용의 문제를 야기한다.

㉡ 복지수요에 대처하기 위해 국민에게 사회보장 비용부담을 증가시키므로 조세저항을 초래한다.

㉢ 이미 증대된 급부의 정도를 감소시키기가 곤란하다.

㉣ 방대한 사회보장제도의 유지에 따른 국민경제 발전의 압박요인이 증가한다.

(3) 사회보장제도의 운영원칙(사회보장기본법 제25조 참조) 6회, 11회, 14회 기출

① 적용범위의 보편성

② 급여 수준 및 비용 부담의 형평성

③ 운영의 민주성

④ 효율성 · 연계성 · 전문성

⑤ 시행의 책임성

출제의도 체크

사회보장기본법에 명시된 사회보장제도 운영원칙으로 '보편성', '형평성', '효율성', '전문성' 등이 포함되지만 '통일성'은 포함되지 않습니다.

▶ 14회 기출

02절 사회보험의 이해

1 사회보험의 개념 및 특성

(1) 개 념 8회, 13회 기출

① 국민에게 발생하는 사회적 위험을 보험방식에 의하여 대처함으로써 국민의 건강과 소득을 보장하는 제도이다.

② 우리나라의 사회보험은 사회보험법을 법적 근거로 하여 사회연대성의 원칙에 따라 중앙집권적 관리 · 감독 하에 시행하고 있다. 따라서 사회보험제도 운영에 있어서 중앙정부의 책임성이 크다.

③ 우리나라의 사회보험은 산업재해보상보험(1964년 7월), 국민연금(1988년 1월), 고용보험(1995년 7월), 국민건강보험(2000년 7월), 노인장기요양보험(2008년 7월) 순으로 시행되었다.

전문가의 한마디

국민건강보험의 전신인 '의료보험'은 1977년 7월 시행되었습니다.

(2) 특 성 11회, 19회, 21회 기출

① 강제적 프로그램으로서, 강제 가입(의무 가입)을 원칙으로 한다.

② 사회적 위험에 대비하기 위한 최저소득보장제도이다.

③ 개인적 형평성(개별적 공평성)보다는 사회적 적절성(충분성)을 중시한다.

④ 수익자 부담 원칙을 전제로 하며, 기여금이 주요 운영재원이 된다.

⑤ 소득수준과 급여수준이 항상 정비례하는 것은 아니다.

⑥ 사회보험 급여는 피보험자와 보험자 간 계약에 의해 규정된 법적 권리이다.

⑦ 사전에 규정된 욕구에 따라 급여가 제공된다.

⑧ 자산조사를 필요로 하지 않는다.

⑨ 기금 또는 재정 관리에 정부가 개입한다.

⑩ 공공기관이 관리운영을 담당한다.

⑪ 사회보험 재정의 완전적립이 불필요하다.

⑫ 가입자의 보험료율은 사회보험 종류별로 다르며, 이를 개인이 선택할 수 없다.

출제의도 체크

사회보험의 급여수준이 소득에 정비례하는 것은 아닙니다. 예를 들어, 국민건강보험의 경우 보험료는 부담능력에 따라 차등적으로 부담하는 반면, 보험 급여는 균등한 수혜가 이루어집니다.

▶ 11회 기출

(3) 사회보험의 기능

① 현대사회의 불만을 조성하는 가장 큰 원인인 경제적 문제를 완화시킨다.

② 소득의 재분배적 기능을 통해 수입의 유지와 형평을 도모하고 구매력의 지속성을 견지함으로써 생활안정과 산업발전을 촉진시킨다.

③ 빈곤의 예방, 노동력의 회복과 유지 및 발전의 수단이 된다.

④ 기여금 등은 재투자의 재원이 되고, 직접적으로는 사회투자의 재원, 간접적으로는 국가의 생산투자의 재원이 된다.

⑤ 국민의 최저생활을 보장함으로써 인간의 존엄과 가치를 보존하고 자립정신을 앙양시킨다.

⑥ 사회연대의식을 고양시키고 불안의 해소를 위한 국민적 협동의식을 고조시킴으로써 사회질서의 유지와 합리적인 산업생활에 기여하게 된다.

(4) 사회보험과 민간보험의 비교 2회, 3회, 6회, 8회, 10회, 17회, 20회 기출

사회보험과 민간보험은 공통적으로 '위험분산(Risk Pooling)' 또는 '위험이전(Risk Transfer)'에 기초하나, 다음과 같은 차이점이 있다.

구 분	사회보험	민간보험
원 리	사회적 적절성(충분성) 중시, 개인적 형평성(개별적 공평성) 반영	개인적 형평성(개별적 공평성) 중시
참 여	강제적 · 비선택적	임의적 · 선택적 · 자발적

바로암기 ○×

사회보험과 달리 민간보험은 '위험분산'을 하지 않는다?

( )

해설
사회보험과 민간보험은 공통적으로 '위험분산'에 기초한다.

정답 ×

보험료 · 기여금 부과 기준	평균적 위험정도, 소득수준	개별적 위험정도, 급여수준
보호수준	최저보호수준	요구와 능력에 의해 결정
급여 근거	법에 의한 법적 권리	법적 계약에 의한 계약적 권리
관리체계	정부독점	보험시장에서의 경쟁
재정운영	부과방식 또는 부분적립방식	완전적립방식
비용부담	정부, 기업, 피고용인 3자 부담	보험계약자 부담
비용예측	비교적 어려움	비교적 용이함
인플레이션	인플레이션에 대한 대책 가능	인플레이션에 취약

(5) 사회보험과 공공부조의 비교   16회, 17회, 21회, 22회 기출

사회보험과 공공부조는 법정 이전소득이라는 점에서 공통적이지만, 다음과 같은 차이점이 있다.

구 분	사회보험	공공부조
기 원	공제조합	빈민법
목 적	빈곤의 예방(사전적)	빈곤의 완화(사후적)
대 상	모든 국민(보편적)	빈곤층(선별적)
대상효율성	상대적으로 낮음	상대적으로 높음
권리성	상대적으로 강함	상대적으로 약함
재 원	기여금과 부담금(일부는 조세)	조 세
재정 예측성	예측이 비교적 용이함	예측이 비교적 어려움
자산조사	불필요함	필요함
낙 인	사회적 낙인이 아닌 권리로 인정	낙인감 유발
재분배 효과	수평적 · 수직적 재분배 효과 모두 있음 (수직적 재분배 효과는 상대적으로 작음)	수직적 재분배 효과가 큼

2   공적연금

(1) 필요성   12회 기출

① 공적연금은 소득재분배를 통해 불평등을 완화하고 사회통합을 증진시킨다.

② 공적연금이 은퇴준비 필요성을 인식시켜 자발적 저축을 증가시키는 효과가 발생할 수 있다.

③ 공적연금 수급권은 재산권 보호의 대상이 되므로, 노후의 빈곤을 예방하고 미래의 불확실성에 대비할 수 있다.

④ 공적연금은 위험분산의 효과가 있으며, 자동안정장치의 기능으로 경기 불안정을 조정한다.

(2) 구분 방식   10회 기출

① 기여 여부에 따라 무기여연금과 기여연금으로 구분한다.

② 급여의 소득비례 여부에 따라 정액연금과 소득비례연금으로 구분한다.

③ 재정 방식(연금재정 운용 방식)에 따라 적립방식과 부과방식으로 구분한다.

④ 기여와 급여 중 어느 것을 확정하는지에 따라 확정기여식 연금과 확정급여식 연금으로 구분한다.

(3) 재정 방식(연금재정 운용 방식)에 따른 분류   5회, 6회, 10회, 12회, 13회, 15회, 19회 기출

① 적립방식(Funded System)

㉠ 장래에 지급하게 될 연금급여를 제도에 가입하고 있는 동안 보험료, 국고 출연금, 누적기금 등으로 적립하는 방식으로, 결과적으로 가입자들 각자가 보험료를 납부하여 축적한 적립기금으로 자신들의 노후를 보장하는 방식이다.

㉡ 저축 기능을 토대로 운영되므로 자본축적 효과가 크며, 재정관리는 수지상등의 원칙(Equivalence Principle)을 고려한다.

㉢ 연금지출이 적은 초기부터 제도가 성숙하여 지출액이 증가될 때까지 보험료를 평준화할 수 있으므로 세대 간 공평한 보험료 부담이 가능한 점, 재정을 비교적 안정적으로 운영할 수 있는 점 등의 장점을 가진다.

㉣ 장기적 예측에 있어서 어려움이 있으며, 인플레이션과 투자위험에 취약한 단점이 있다.

② 부과방식(Pay-as you-go System)

㉠ 한 해의 지출액 정도에 해당하는 미미한 보유잔고만을 남겨두고 그 해 연금보험료 수입을 그 해 급여의 지출로 써버리는 방식이다.

㉡ 일정기간에 지출된 급여비를 동일기간의 보험료 수입으로 충당하는 방식으로서, 매년도 연금재정의 수입총액과 지출총액이 균형을 유지할 수 있도록 운영한다. 즉, 현재의 근로세대가 은퇴세대의 연금급여에 필요한 재원을 부담하는 방식으로 볼 수 있다.

㉢ 시행초기에 적은 보험료로 운영할 수 있고 투자위험에 노출되지 않으며, 인플레이션을 고려하지 않아도 되는 장점을 가진다. 특히 제도 도입 당시의 노인세대에게도 일정한 연금을 제공할 수 있다.

출제의도 체크

대표적인 무기여 방식의 노후 소득보장제도로 '기초연금제도'가 있습니다.

▶ 18회 기출

전문가의 한마디

'수지상등의 원칙(Equivalence Principle)'은 개인이 낸 보험료 총액과 개인이 받는 급여 총액이 같아야 한다는 것입니다.

출제의도 체크

적립방식의 연금제도는 '세대 내 재분배'에 유리한 반면, 부과방식의 연금제도는 '세대 간 재분배'에 효과적입니다.

▶ 19회 기출

㉣ 노령화 등 인구 구성의 변동에 취약하며, 상대적으로 재정운영의 불안정성이 존재하므로 적립방식에 비해 기금확보가 더 불리하다. 특히 노령화에 따른 인구구조의 변화는 재정조달의 어려움을 초래하며, 그로 인해 제도 존립에 대한 문제가 대두될 수 있다.

심화연구실

완전적립방식과 부분적립방식　13회 `기출`

완전적립방식 (Fully-funded System)	• 장기에 걸쳐 계산한 보험수리상의 공평한 보험료를 제도 도입 초기부터 일관성 있게 부과·징수하여 적립하는 방식이다. • 퇴직 후 생활보장을 위해 현재 소득의 일부를 저축하는 구조이다. • 민간기업의 퇴직연금에 적용되는 보험수리를 원용한 방식이다. 따라서 재정관리는 수지 상등의 원칙에 입각하며, 재분배 기능은 없다.
부분적립방식 (Partially-funded System)	• 장기에 걸쳐 계산한 보험수리상의 공평한 보험료 대신 제도 도입 초기에는 이 보험료 보다 낮은 수준으로 부과·징수하다가 차츰 보험료를 인상하는 방식이다. • 적립기금을 운용하여 그 원리금을 장래의 급여지급 재원의 일부로 활용함으로써 장래 예상되는 수지균형 보험료율을 낮게 유지한다. • '수정적립방식' 혹은 '혼합방식'이라고도 하며, 우리나라의 연금재정 운용방식이 해당한다.

(4) 기여 또는 급여의 확정 방식에 따른 분류　10회, 13회, 17회 `기출`

① 확정기여식 연금(Defined Contribution Plan)

㉠ 사전에 확정된 보험료를 부담하되, 그에 상응하는 연금급여는 확정하지 않은 채 가입자 개인이 결정한 투자의 적립 수익금을 월정연금이나 일시금으로 되돌려 주는 방식이다.

㉡ 급여액은 적립한 기여금의 운영결과에 따라 추후 결정되는데, 기본적으로 적립한 기여금과 기여금의 투자수익에 의해서 결정된다.

㉢ 연금재정의 유지에는 유리한 반면, 투자 위험을 개인이 고스란히 지게 된다.

② 확정급여식 연금(Defined Benefit Plan)

㉠ 개인이 부담한 보험료의 크기에 상관없이 사전에 확정된 금액으로 급여를 지급하는 방식이다.

㉡ 확정급여식 연금의 재정은 완전적립방식에서 부과방식까지 다양하게 운용될 수 있다.

㉢ 주로 과거의 소득 및 소득활동 기간에 의해 결정되며, 물가상승이나 경기침체, 수명연장 등의 위험을 사회 전체적으로 분산 대응하여 안정적인 노후소득을 보장한다.

(5) 공·사 연금체계의 주요 분류(Esping-Anderson) 12회 기출

잔여적 연금체계	• 자유주의적 시장순응체계에 부합하는 것으로서, 통상 사적연금의 역할을 강조한다. • 공적연금은 최저생계보장에 그치며, 공적연금의 급여수준 또한 다른 유형의 공적 연금체계와 비교하여 상대적으로 낮다.
보편주의적 국가지배체계	• 사회연대에 기초하여 직업에 관계없이 혹은 기업연금에 대한 자격 유무와 관계없 이 높은 소득대체율을 가진 공적연금을 제공한다. • 특히 스웨덴의 경우 기업연금이 노후소득의 원천으로서 제한된 역할만을 수행하 나, 전국적 차원의 노사협약에 의해 제공됨으로써 거의 모든 피용자에게 보편적으 로 확대되어 있다.
조합주의적 국가우위의 연금체계	• 사적연금은 급여수준이나 가입대상 면에서 볼 때 노후소득보장에 주변적 역할만 수행한다. • 공적연금은 직업에 따라 적용대상을 달리하는 여러 개의 연금제도로 분절된 형태 를 취하며, 퇴직 전 생활수준을 유지하도록 보장한다.

전문가의 한마디

에스핑-안데르센(Esping-Anderson)은 공·사 연금체계의 도입방식과 관련하여 미국, 캐나다, 호주 등을 '잔여적 연금체계', 스웨덴, 노르웨이, 덴마크 등을 '보편주의적 국가지배체계', 그리고 프랑스, 독일, 이탈리아 등을 '조합주의적 국가우위의 연금체계'로 분류하였습니다.

3 국민연금

(1) 개 념 21회 기출

① 우리나라 주요 공적연금은 국민연금을 주축으로 하여 공무원(공무원연금), 사립학교교직원(사립학교교직원연금), 군인(군인연금), 별정우체국직원(별정우체국직원연금)에게 각각 적용되는 4개의 직역연금으로 구성되어 있다.

② 최초로 도입된 공적연금은 1960년에 도입된 공무원연금이며, 1963년 군인연금이 공무원연금으로부터 분리되어 독자적으로 운영되고 있다. 1975년 사립학교교원연금이 도입되었으며, 1978년 사립학교 사무직원으로 적용범위를 확대하여 사립학교교직원연금으로 변경되었다. 국민연금은 1999년 공적연금 중 가장 늦게 도입되었다.

③ 국민연금법상 국민연금의 목적은 국민의 노령, 장애 또는 사망에 대하여 연금급여를 실시함으로써 국민의 생활 안정과 복지 증진에 이바지하는 데 있다.

출제의도 체크

우리나라 사회보험방식의 공적연금은 국민연금과 특수직역연금으로 구분하여 운영되고 있습니다.

▶ 21회 기출

(2) 국민연금 적용의 확대과정 14회, 21회 기출

① 1973년 12월 국민복지연금법이 제정·공포되어 1974년 1월부터 시행 예정이었으나 석유파동의 여파로 인해 무기한 연기되었다.

② 노동시장 확대와 계속적인 출생률 저하 등으로 국민연금제도에 대한 필요성이 증가되면서, 1986년부터 종전의 국민복지연금제도를 수정·보완하여 1988년 1월부터 국민연금제도를 시행하게 되었다.

③ 기금운용 등 효율적인 관리운영을 위해 1987년 9월 국민연금관리공단(현 국민연금공단)을 설립하였다.

출제의도 체크

1973년 12월 24일 「국민복지연금법」이 제정되었으나 시행되지 못하고, 1986년 12월 31일 「국민연금법」으로 전부개정 되어 1988년 1월 1일부터 시행되었습니다.

▶ 21회 기출

전문가의 한마디

국민연금제도는 1988년 1월부터 시행되었으나 당시 10명 이상 사업장의 18세 이상 60세 미만 근로자 및 사업주를 대상으로 하였습니다. 공적연금으로서 전 국민을 대상으로 제도가 확대된 것은 1999년 4월 이후부터입니다.

④ 1988년 1월 우선적으로 10명 이상 사업장에 근무하는 18세 이상 60세 미만의 근로자 및 사업주를 대상으로 실시하였다.

⑤ 1992년 1월 상시근로자 5명 이상 사업장으로 당연적용대상을 확대하였다.

⑥ 1995년 7월에 농어촌 지역주민으로, 1999년 4월에 도시 지역주민으로 확대됨으로써 전 국민 국민연금이 달성되었다.

⑦ 2003년 7월부터 국민연금 당연적용 사업장 적용대상을 종전 근로자 5명 이상 사업장에서 근로자 1명 이상 사업장으로 단계적으로 확대하여 2006년 1월 근로자 1명 이상 모든 사업장으로 확대하였다.

(3) 특 징 15회, 16회, 20회 기출

① 가입에 있어서 강제성이 있다.

② 세대 내 소득재분배 기능과 세대 간 소득재분배 기능을 동시에 포함하고 있다.

③ 국가가 최종적으로 연금 지급을 보장한다.

④ 노령연금 이외에도 장애연금, 유족연금 등 다양한 혜택이 있다.

⑤ 물가가 오르더라도 실질가치가 보장된다.

⑥ 보험료 부과체계상에 소득상한선을 두어 연금급여의 편차를 일정수준에서 제한하는 한편, 소득하한선을 두어 저소득계층의 과도한 분배적 부담을 억제한다. 다만, 소득상한선을 높게 설정할 경우 고소득계층의 부담이 그만큼 더 커지게 되며, 소득하한선을 높게 설정할 경우 국민연금 가입자 규모가 감소할 수 있다.

전문가의 한마디

'소득상한선'은 일정수준을 초과하는 소득에 대해서는 더 이상 보험료를 부과하지 않는 기능을 하며, '소득하한선'은 일정수준 이하의 저소득계층을 제도의 적용으로부터 제외시키는 기능을 합니다.

⑦ 출산, 군복무 및 실업에 대해 연금 가입기간을 추가로 인정해 주는 크레딧 제도를 운영하고 있다. 출산크레딧은 2명 이상의 자녀가 있을 때부터 가능하며, 군복무크레딧은 병역의무를 이행한 자에게 6개월을 가입기간에 추가로 산입한다. 또한 실업크레딧은 구직급여 수급자에 대해 본인일부부담(연금보험료의 25%)을 전제로 최대 12개월까지 가입기간을 추가로 산입할 수 있다.

⑧ 노령연금 수급권자가 소득활동을 하면 최대 5년 동안 연금액이 감액된다.

출제의도 체크

국민연금의 연금크레딧 제도로서 출산크레딧과 군복무크레딧은 2007년 제2차 제도 개혁에 따라 도입되었으며, 실업크레딧은 2015년 1월 28일 「국민연금법」 개정과 2016년 5월 29일 「고용보험법」 개정을 통해 도입되었습니다.

▶ 20회 기출

(4) 가입대상

① 국내에 거주하는 국민으로서 18세 이상 60세 미만인 자는 국민연금 가입 대상이 된다. 다만, 공무원, 군인, 교직원 및 별정우체국 직원, 그 밖에 대통령령으로 정하는 자는 제외한다.

② 국민연금법의 적용을 받는 사업장에 사용되고 있거나 국내에 거주하는 외국인으로서 대통령령으로 정하는 자 외의 외국인도 사업장가입자 또는 지역가입자가 된다. 다만, 국민연금에 상응하는 연금에 관하여 그 외국인의 본국 법이 대한민국 국민에게 적용되지 아니하면 그러하지 아니하다.

(5) 국민연금 가입자의 종류

① 사업장가입자 ② 지역가입자

③ 임의가입자 ④ 임의계속가입자

(6) 국민연금 급여의 종류 20회 기출

① 노령연금(노령연금, 조기노령연금, 분할연금)

② 장애연금

③ 유족연금

④ 반환일시금

⑤ 사망일시금

전문가의 한마디

국민연금의 노령연금은 가입기간, 연령, 소득활동 유무에 따라 노령연금(소득활동에 따른 노령연금 포함), 조기노령연금으로 구분되며, 파생급여로 분할연금이 있습니다.

심화연구실

국민연금 소득대체율 9회, 10회 기출

'소득대체율'은 은퇴 후 수입을 은퇴 전 소득과 비교하여 어느 정도 수준인지 수치로 나타낸 것이다. 즉, 일정 기간 국민연금에 가입하여 보험료를 납부한 경우 본인 가입 중 평균소득과 대비하여 받을 수 있는 연금액의 지급수준(지급률)을 말한다.

예 국민연금 기본연금액 공식이 다음과 같고, A와 B 모두 100만 원으로 가정하는 경우

$$기본연금액 = 1.2 \times (A^* + B^*) \times (1 + \frac{0.05n^*}{12})$$

* A : 연금수급 전 3년간 전체 가입자의 평균소득월액의 평균액
* B : 가입자 개인의 가입기간 중 기준소득월액의 평균액
* n : 20년 초과 가입월수

• 20년 가입자

$$기본연금액 = 1.2 \times (100만 + 100만) \times (1 + \frac{0.05 \times 0개월}{12}) = 240(만 원)$$

$$소득대체율(\%) = \frac{연금액(월)}{기준소득월액(B)} \times 100 = \frac{240만 \div 12개월}{100만} \times 100 = 20(\%)$$

• 40년 가입자

$$기본연금액 = 1.2 \times (100만 + 100만) \times (1 + \frac{0.05 \times 240개월}{12}) = 480(만 원)$$

$$소득대체율(\%) = \frac{연금액(월)}{기준소득월액(B)} \times 100 = \frac{480만 \div 12개월}{100만} \times 100 = 40(\%)$$

따라서, 20년 가입자의 소득대체율은 20%, 40년 가입자의 소득대체율은 40%이다.

전문가의 한마디

실제 우리나라 국민연금은 전체 가입자의 평균소득에 해당하는 사람이 소득의 9%(→ 사업장가입자는 본인 부담 4.5%, 사용자 부담 4.5%)로 40년간 납부 시 가입기간이 속한 연도에 따라 소득의 40~70%를 받을 수 있도록 설계되어 있습니다.

참고

국민연금을 비롯하여 국민건강보험, 고용보험, 산업재해보상보험 등에 관한 보다 자세한 내용은 '8영역 사회복지법 제론'의 'CHAPTER 3 사회보험법'을 살펴보시기 바랍니다.

4 국민건강보험 2회, 11회 기출

(1) 개 념

① 질병이나 부상으로 인해 발생한 고액의 진료비로 가계에 과도한 부담이 되는 것을 방지하기 위하여 국민들이 평소에 보험료를 내고 보험자인 국민건강보험공단이 이를 관리·운영하다가 필요시 보험급여를 제공함으로써 국민 상호 간 위험을 분담하고 필요한 의료서비스를 받을 수 있도록 하는 사회보장제도이다.

② 국민건강보험법상 국민건강보험의 목적은 국민의 질병·부상에 대한 예방, 진단, 치료, 재활과 출산, 사망 및 건강증진에 대한 보험급여를 실시하여 국민보건을 향상시키고 사회보장을 증진시키는 데 있다.

(2) 국민건강보험 적용의 확대과정 14회, 16회, 19회 기출

① 1963년 12월 의료보험법이 제정되었으나 임의적용 방식이었으므로 큰 성과를 거두지 못하였다.

② 1977년 7월 500인 이상 사업장 근로자 의료보험을 실시함으로써 의료보험제도가 본격적으로 실시되었다.

③ 1981년 1월 100인 이상 사업장에, 1988년 7월 5인 이상 사업장에 의료보험을 확대 적용하였다.

④ 1988년 1월 농어촌 지역의료보험으로 확대 실시되었다.

⑤ 1989년 7월 도시지역 의료보험을 실시함으로써 전 국민 의료보험이 실현되었다.

⑥ 1997년 12월 국민의료보험법이 제정되었다.

⑦ 1998년 10월 기존의 조합주의 방식에서 통합주의 방식으로 변경하였으며, 이를 계기로 국민의료보험관리공단(현 국민건강보험공단)이 출범하였다.

⑧ 1999년 2월 국민건강보험법이 제정되었다.

⑨ 2000년 7월 국민의료보험관리공단과 직장의료보험조합의 통합으로 의료보험 완전 통합이 이루어졌다(→ 국민건강보험공단 출범).

⑩ 2003년 7월 직장재정과 지역재정을 통합함으로써 실질적인 건강보험의 통합이 이루어졌다.

출제의도 체크

우리나라의 국민건강보험과 국민연금 중 적용범위가 농어민으로까지 먼저 확대된 것은 '국민건강보험'입니다.

▶ 14회 기출

⑪ 2011년 1월 사회보험 징수통합에 따라 건강보험, 국민연금, 고용보험, 산재보험의 징수업무를 단일화하였다.

⑫ 2019년 7월 6개월 이상 기간 동안 국내에 거주하는 외국인 지역가입자에 대해서도 당연적용을 실시하였다.

(3) 특징 16회 기출

① 국내에 거주하는 국민을 적용 대상으로 하며, 법률에 의해 강제가입 된다.

② 보험료 부과수준에 관계없이 관계법령에 의해 균등한 보험급여가 이루어진다.

③ 부담능력에 따라 보험료를 차등적으로 부담하게 되며, 가입자의 소득수준 등에 따라 본인부담상한액이 결정된다.

④ 외래진료의 경우 본인일부부담금은 기관의 종류 및 소재지 등에 따라 달라진다.

⑤ 월별 보험료의 총체납횟수가 6회 이상일 경우 급여가 제한될 수 있다.

⑥ 연금보험과 달리 단기성 보험으로서, 1년 단위의 회계연도를 기준으로 수입과 지출을 예정하여 보험료를 계산한다.

(4) 국민건강보장제도의 유형 12회 기출

사회보험 방식 (SHI ; Social Health Insurance)	• 국가가 기본적으로 의료보장에 대한 책임을 지지만, 의료비에 대한 국민의 자기 책임을 일정 부분 인정하는 체계이다. • 정부기관이 아닌 보험자가 보험료를 통해 재원을 마련하여 의료를 보장하는 방식이다. • 정부에 대해 상대적으로 자율성을 지닌 기구를 통한 자치적 운영을 근간으로 하며, 의료공급자가 국민과 보험자 사이에서 보험급여를 대행한다. 예 독일, 프랑스 등
국민건강보험 방식 (NHI ; National Health Insurance)	• 사회보험 방식에 의한 의료보장정책 대안으로서, 사회보험의 운영원리를 자국의 사회적 · 경제적 실정에 맞게 적용한 것이다. • 다수 보험자를 통해 운영되는 전통적인 사회보험 방식과 달리 단일한 보험자가 국가 전체의 건강보험을 관리 · 운영한다. • 사회적으로 동질성을 갖는 국민이 보험집단을 형성하여 보험료 갹출로 재원을 마련하며, 직접 또는 계약을 체결한 의료기관을 통해 피보험자에게 보험급여를 실시한다. 예 우리나라, 대만 등
국민보건서비스 방식 (NHS ; National Health Service)	• 국민의 의료문제는 국가가 모두 책임져야 한다는 관점을 토대로 의료의 사회화를 이루고자 한다. • 정부가 일반조세로 재원을 마련하며, 모든 국민에게 무상으로 의료를 제공하여 직접적으로 의료를 관장하는 방식이다. • 의료기관은 상당부분 사회화 내지 국유화되어 있다. 예 영국, 스웨덴 등

바로암기 ○×

국민건강보험은 월별 보험료의 총체납횟수가 3회 이상일 경우 급여가 제한될 수 있다?

( )

해설
월별 보험료의 총체납횟수가 6회 이상일 경우 급여가 제한될 수 있다.
정답 ×

전문가의 한마디

사회보험 방식(SHI)은 다수 보험자, 국민건강보험 방식(NHI)은 단일 보험자로 이루어진다는 점에서 차이가 있으나, 의료비에 대한 국민의 일차적 자기 책임을 강조한다는 점에서 공통적입니다. 따라서 이 두 가지 개념을 합쳐 '국민건강보험 방식(NHI)'으로 지칭함으로써 의료비의 국가 책임을 강조하는 국민보건서비스 방식(NHS)과 대별하기도 합니다.

(5) 국민건강보험 가입자의 종류

① 직장가입자

② 지역가입자

③ 임의계속가입자(→ 실업자에 대한 특례)

(6) 국민건강보험 급여의 종류

① 현물급여

요양급여, 건강검진

② 현금급여

요양비, 장애인 보조기기 급여비, 본인부담액 상한제

③ 이용권(Voucher)

임신 · 출산 진료비(부가급여)

> **참고**
>
> 국민건강보험의 부가급여로서 상병수당이 법적 근거 규정에도 불구하고 도입되지 않았다가, 최근 코로나19를 계기로 근로자의 "아프면 쉴 권리"가 부각됨에 따라 실질적인 제도 도입을 위한 작업에 착수하게 되었습니다. 이에 2022년 7월 1단계 시범사업을 시작으로 2023년 7월 2단계 시범사업으로 확대하고, 이후 3단계 시범사업을 거친 다음 그 진행 과정 및 사회적 논의를 통해 2025년경 본 제도로 도입할 계획입니다.

심화연구실

질병군별 포괄수가제도(DRG ; Diagnosis Related Group)   9회, 11회, 16회, 20회, 21회 기출

- 포괄수가제는 의료공급자의 개별서비스 행위에 대해 개별가격으로 환산하는 방식인 행위별수가제(Free For Service)와 달리, 환자에게 제공되는 의료서비스의 양과 질에 관계없이 수술, 처치명, 연령, 진료 결과 등에 따라 유사한 질병군 또는 환자군으로 분류하여 일정한 기준에 따라 일정액의 진료비를 건강보험공단이 해당 의료기관에 지급하는 지불보상방식이다.
- 우리나라의 경우 1997~2001년까지 일부 질병군에 대해 포괄수가제 시범사업을 실시하였으며, 2002년 1월부터 포괄수가제 본 사업을 8개 질병군에 한해 시행하였다. 이후 2003년 9월부터 정상분만을 제외한 7개 질병군(수정체수술, 편도선수술, 항문수술, 탈장수술, 맹장수술, 자궁수술, 제왕절개수술)에 대해 선택적용하였다.
- 2012년 7월부터 7개 질병군에 대해 모든 병 · 의원에 당연적용 하였고, 2013년 7월부터는 종합병원과 상급종합병원에도 당연적용 함으로써 전국 모든 병원에서 7개 질병군의 입원환자는 포괄수가제의 혜택을 받을 수 있도록 하였다.
- 포괄수가제는 과잉진료 등에 따른 불필요한 진료행위를 줄임으로써 적정 진료를 유도하는 동시에 진료비 지급에 소요되는 비용을 절감할 수 있도록 한다. 또한 의료서비스 소비자의 입장에서도 사전에 자신의 진료비를 예측하는 것이 가능함으로써 적정 소비가 유도되는 동시에 소비자의 부담이 줄어드는 장점이 있다.
- 반면, 포괄수가제는 진료비 청구가 간소해짐에 따라 DRG 코드 조작에 따른 허위 · 부당청구의 가능성이 있고, 의료기관의 비용 최소화에 따라 의료서비스의 질이 떨어질 수 있으며, 병원의 경영수지에 부합하지 않는 중증도 시술을 회피할 수 있는 단점이 있다.

---

5 고용보험

(1) 개념 5회, 12회 기출

① 실직 근로자에게 실업급여를 지급하는 전통적 의미의 실업보험 사업 외에 근로자 등의 실업예방 및 고용촉진을 위한 고용안정 사업, 근로자 등의 직업능력개발을 위한 직업능력개발 사업을 상호 연계 실시하는 사회보장제도임과 동시에 적극적 고용정책을 구현하기 위한 노동시장정책이다.

② 고용보험법상 고용보험의 목적은 실업의 예방, 고용의 촉진 및 근로자 등의 직업능력의 개발과 향상을 꾀하고, 국가의 직업지도, 직업소개 기능을 강화하며, 근로자 등이 실업한 경우에 생활에 필요한 급여를 실시함으로써 근로자 등의 생활안정과 구직활동을 촉진하여 경제 · 사회를 발전시키는 데 있다.

(2) 고용보험 적용의 확대과정 20회 기출

① 1993년 12월 고용보험법이 제정되어 1995년 7월부터 시행되었다.

② 1998년 10월 1인 이상 전 사업장으로 고용보험이 확대 적용되었다.

③ 2003년 고용보험과 산재보험 보험료 통합징수를 위한 관련 규정을 정비하였다.

④ 2004년 1월부터 일용근로자도 고용보험을 적용받도록 하였다.

⑤ 2012년 1월부터 자영업자도 고용보험을 적용받도록 하였다.

⑥ 2013년 6월부터 65세 이상인 자도 고용보험을 적용받도록 하였다.

⑦ 2020년 12월부터 예술인도 고용보험을 적용받도록 하였다.

⑧ 2021년 7월부터 특수형태근로종사자도 고용보험을 적용받도록 하였다.

⑨ 2022년 1월부터 플랫폼종사자도 고용보험을 적용받도록 하였다.

(3) 특징

① 사회보장적 측면에서 사회적 빈곤 증대를 완화한다.

② 사회적 측면에서 근로자 등의 생활안정과 재취업을 촉진하여 사회연대를 성취한다.

③ 경제적 측면에서 실직자들의 노동력을 보존하고 인력수급을 원활히 하여 경제적 효율성을 제고한다.

④ 정치적 측면에서 노사 간 갈등을 완화한다.

(4) 적용 범위 19회 기출

① 근로자를 사용하는 모든 사업 또는 사업장에 적용한다. 다만, 산업별 특성 및 규모 등을 고려하여 대통령령으로 정하는 사업에 대해서는 적용하지 아니한다.

② 고용보험법을 적용받는 사업의 사업주와 근로자는 당연히 고용보험법에 따른 고용보험의 보험가입자가 된다.

출제의도 체크

고용보험과 산업재해보상보험은 보건복지부장관이 아닌 고용노동부장관이 관장합니다.

▶ 22회 기출

전문가의 한마디

보험설계사, 학습지강사, 택배기사 등 12개 직종 노무제공자의 경우 2021년 7월부터, 퀵서비스기사(배달라이더 포함) 및 대리운전기사 등 플랫폼 이용 직종의 경우 2022년 1월부터, 정보기술(IT) 소프트웨어 기술자, 화물차주, 골프장 캐디, 관광통역안내사, 어린이통학버스기사의 경우 2022년 7월부터 고용보험을 적용받도록 하고 있습니다.

출제의도 체크

고용보험의 보험가입자는 사업주와 근로자 모두 포함합니다.

▶ 19회 기출

(5) 급여 및 사업 11회, 13회 기출

① 실업급여

구직급여, 취업촉진 수당(조기재취업 수당, 직업능력개발 수당, 광역 구직활동비, 이주비)
② 모성보호

육아휴직 급여, 육아기 근로시간 단축급여, 출산전후휴가 급여
③ 고용안정 · 직업능력개발 사업

고용창출장려금(고용촉진장려금), 고용안정장려금, 고용유지지원금, 청년 · 장년 고용장려금(고령자 포함), 고용환경개선 장려금, 지역고용촉진지원금

6 산업재해보상보험

(1) 개 념

① 산업재해보상보험(산재보험)은 공업화의 진전으로 인해 급격히 증가하는 산업재해로부터 근로자를 보호하기 위해 1964년 도입된 우리나라 최초의 사회보험제도이다.
② 산업재해를 사전에 예방하는 것이 중요하나 산업재해의 발생으로 인해 피해근로자 및 그 가족을 보호 내지 보상해 주기 위한 의도로써 산재보험이 중요한 의미를 지닌다.
③ 산재근로자 및 그 가족의 생활을 보장하기 위하여 국가가 책임을 지는 의무보험으로서, 근로기준법상 사용자의 재해보상의 책임을 보장하기 위해 국가가 사업주로부터 소정의 보험료를 징수하여 그 기금을 마련하는 제도이다.

(2) 산재보험 도입의 논리적 근거 16회 기출

산업위험이론	산업재해는 산업화로 인해 불가피하게 초래된 것이므로 마땅히 사회적으로 그에 대한 보상비용을 부담하여야 한다. 이때 보험료는 임금총액에 비례하여 부과되는 사회보장세와 같다.
사회비용최소화이론	산재보상은 산재 발생을 억제함으로써 기업의 경제적 비용을 감소시킨다. 산재발생률을 줄여야 보험료 부담이 줄고, 산재보험에 가입하지 않았을 때보다 가입했을 때 비용부담 측면에서 이익이 되므로, 기업은 사고를 줄이려는 노력을 하게 된다.
사회적 타협이론	산재근로자는 산재보상을 받는 데 필요한 법정비용을 줄일 수 있고, 사업주는 노동자가 제기하는 법정제소의 부담을 비롯하여 재판에서 패소할 때 부담해야 하는 높은 보상비를 피할 수 있는 장점이 있다.

(3) 특 징 15회, 17회, 22회 기출

① 산업재해보상보험제도에 관한 구체적인 사회입법은 근로기준법이며, 강제 노동재
해보험 유형에 속한다.

② 산재보험은 고용노동부장관이 관장하며, 근로복지공단이 고용노동부장관의 위탁을
받아 사업을 수행한다.

③ 보험관계는 보험료 납부 등 제반 의무를 이행하는 보험가입자(→ 사업주), 그리고
보험급여를 받을 권리가 있는 수급권자(→ 재해근로자 및 유족)로 기본구조를 형성
한다.

④ 업무상 재해의 인정 기준으로 업무상 사고, 업무상 질병, 출퇴근 재해를 명시하고
있다.

⑤ 사용자의 무과실책임 원칙하에 근로자를 보호하므로 비용은 전액 사업주가 부담한다.

⑥ 사업주의 고의 또는 과실로 발생한 업무상의 재해로 근로자가 장해를 입거나 사망
한 경우 별도의 손해배상청구를 할 수 있다.

⑦ 자진신고, 자진납부의 원칙이 적용되며, 개별노동자 단위가 아닌 사업장 단위로 산
재보험관리가 운영된다.

⑧ 보험료는 개산보험료와 확정보험료로 구성되며, 업종별로 상이한 보험료율을 적용
한다. 특히 개별 사업장의 산재사고실적에 따라 보험료를 증감한다.

(4) 적용 범위 15회 기출

① 적용제외 사업을 제외한 근로자를 사용하는 모든 사업 또는 사업장은 산재보험의
당연가입 대상에 해당한다.

② 당연가입사업장은 해당 사업이 시작된 날 또는 일정 규모 이상의 사업에 해당하게
된 날 보험관계가 성립되므로, 재해를 입은 근로자는 사업주의 보험관계 성립신고
여부와 관계없이 재해보상을 받을 수 있다.

(5) 산재보험 급여의 종류 20회 기출

① 요양급여
② 휴업급여
③ 장해급여
④ 간병급여
⑤ 유족급여
⑥ 상병보상연금
⑦ 장례비
⑧ 직업재활급여

전문가의 한마디

산재보험은 고용보험과 달리
근로자에 대해 피보험자의 개
념이 성립되지 않습니다.

전문가의 한마디

연초에 당해 연도의 임금을 추
정하여 계산하는 보험료를 '개
산보험료', 다음해에 확정된 임
금에 의거하여 산정된 보험료
를 '확정보험료'라고 합니다.
사업주는 매년 3월 31일까지
전년도 확정보험료와 당해 연
도 개산보험료를 근로복지공단
에 신고·납부하여야 합니다.

전문가의 한마디

산재보험 급여의 종류 중 '장의
비'가 법 개정에 따라 '장례비'
로 명칭이 변경되었습니다.

03절 공공부조의 이해

1 공공부조의 개념 및 특성

전문가의 한마디

인간다운 생활을 할 권리인 생존권은 사회권적 기본권의 일부에 해당합니다. 물론 사회권적 기본권을 생존권적 기본권으로 부르기도 하지만, 엄밀한 의미에서 사회권적 기본권은 생존권적 기본권의 보다 완전한 보장을 위한 보완적 권리로 이해할 수 있습니다.

출제의도 체크

공공부조는 자산조사를 거쳐 대상을 선정합니다.
▶ 15회 기출

(1) 개 념

① 국가 및 지방자치단체의 책임 하에 생활유지능력이 없거나 생활이 어려운 국민에게 최저생활을 보장하고 자립을 지원하는 제도이다.

② 소득의 재분배를 통해 자본주의의 모순을 극복하기 위한 것으로서, 경제 불안에 대한 보완책이다.

③ 사회권적 기본권으로서 기본권 존중사상에 기인한 제도이다.

(2) 특 성 15회, 19회 기출

① 공공부조는 신청주의를 원칙으로 한다. 즉, 신청과정을 거친다.

② 공공부조는 보충성의 원리를 원칙으로 한다. 즉, 수급자로 선정·보장되기 전에 자신의 재산, 소득, 근로능력 등을 최대한 활용하도록 요구되며, 이를 위해 자산조사가 선행된다.

③ 공공부조의 책임과 관련하여 중앙정부의 부담을 줄이고 지방정부의 부담을 늘리는 것이 세계적 현상이다.

④ 공공부조는 고소득층에서 저소득층으로 수직적 재분배가 이루어지므로 상대적으로 소득재분배 효과가 크다.

(3) 기본원리 11회 기출

① 국가책임의 원리

공공부조를 통해 생활이 어려운 국민의 생존권을 실현하는 것을 국가의 책임으로 한다.

② 생존권 보장의 원리

모든 국민은 누구나 생활이 어려운 때에 국가에 대해 보호를 청구할 수 있는 권리가 있으며, 국가는 국민의 이와 같은 요구를 받아들일 의무가 있다.

③ 최저생활보장의 원리

공공부조의 보호수준은 건강하고 문화적인 생활수준을 유지할 수 있는 최저한도의 생활보장이어야 한다.

④ 무차별 평등의 원리

수급자는 급부 내용에 있어서 인종, 성별, 종교, 사회적 신분 등에 차별이 없이 평등하게 보호받을 권리가 있다.

⑤ 보충성의 원리

수급자는 우선적으로 자신이 가지고 있고 이용할 수 있는 자산능력 및 그 밖의 모든 것을 최대한 활용하며, 그럼에도 불구하고 최저생활을 유지할 수 없는 경우 최종적으로 그 부족분을 보충 받는다.

⑥ 자립조장의 원리

수급자의 잠재능력을 개발·육성하여 자력으로 사회생활에 적응하도록 한다.

(4) 우리나라 공공부조의 확대과정

① 1961년 생활보호법 및 군사원호보상법 제정

② 1962년 재해구호법 제정

③ 1977년 의료보호법 제정

④ 1999년 생활보호법 폐지, 국민기초생활보장법 제정

⑤ 2000년 10월 1일부터 국민기초생활보장제도 시행

⑥ 2001년 5월 의료보호법 전부개정, 의료급여법으로 변경

⑦ 2015년 7월 1일부터 맞춤형 급여체계로 개편(수급자 선정기준의 다층화)

(5) 우리나라 공공부조의 주요 현황   16회 기출

기초생활보장	• 기초생활보장급여 • 긴급복지지원 • 사회취약계층 특별보장대책 • 각종감면제도 등
자립지원	• 자활근로사업 • 자활기업 • 지역자활센터 • 자산형성지원(희망저축계좌, 청년내일저축계좌) 등
기초의료보장	• 의료급여 • 선택의료급여기관제도 • 건강생활유지비 • 본인부담보상금 및 본인부담상한금 • 중증질환 및 희귀·중증난치질환자 산정특례 • 장애인보장구 등
지역복지	• 찾아가는 보건복지서비스 • 통합사례관리 등

전문가의 한마디

'사회취약계층 특별보장대책'에는 주거가 일정하지 않은 취약계층에 대한 특별보장, 교정시설 출소예정자에 대한 특별연계보장방안, 지역사회 자원활용을 통한 민관연계 보장체계 운영방안 등이 포함됩니다.

전문가의 한마디

기초의료보장으로서 본인부담보상금은 수급권자의 급여대상 본인부담금이 일정한 기준 금액을 초과한 경우 그 초과금액의 일정 부분을 보상하는 것이며, 본인부담상한금은 본인부담금 보상제를 선 적용한 후 본인부담금이 상한 기준액을 초과한 경우 초과금액의 전액을 보상하는 제도입니다.

2 국민기초생활보장제도

(1) 개 념 21회 기출

① 우리나라의 대표적인 공공부조는 국민기초생활보장제도이다.

② 기존의 생활보호제도가 사회안전망으로서 근본적인 한계를 보인다는 지적에 따라, 근로능력에 관계없이 저소득층의 기초생활을 국가가 보장할 필요성이 대두되었다.

③ 근로능력에 관계없이 빈곤선 이하의 모든 저소득층에게 최저생활을 보장하는 한편, 근로능력자에 대해서는 빈곤에서 스스로 탈출하도록 체계적인 자립 및 자활지원 서비스를 제공함으로써 생산적 복지를 구현한다.

④ 최근 수급자격 중 부양의무자 기준이 완화되어 생계급여에 대한 부양의무자 기준이 원칙상 폐지되었다. 또한 수급자 선정을 위한 기준 중위소득이 2015년 이후 지속적으로 인상되었으며, 근로능력평가 방식도 간소화되었다.

(2) 급여의 종류 15회 기출

① 생계급여　　　　　　　② 주거급여
③ 의료급여　　　　　　　④ 교육급여
⑤ 해산급여　　　　　　　⑥ 장제급여
⑦ 자활급여

(3) 급여의 기본원칙 21회 기출

① **최저생활보장의 원칙**

생활이 어려운 자에게 생계 · 의료 · 주거 · 교육 · 자활 등 필요한 급여를 행하여 이들의 최저생활을 보장한다.

② **보충급여의 원칙**

생계급여 수급자에 대한 최저보장수준은 생계급여액과 수급자 가구의 소득인정액을 합한 수준이 생계급여 선정기준 이상이 되도록 지원한다.

③ **자립지원의 원칙**

근로능력이 있는 생계급여 수급자가 근로활동에 종사하지 않는 경우에는 자활사업에 참여할 것을 조건으로 생계급여를 지급한다.

④ **개별성의 원칙**

급여수준을 정함에 있어서 수급자의 개별적 특수 상황을 최대한 반영한다.

⑤ **가족부양 우선의 원칙**

급여신청자가 부양의무자로부터 부양될 수 있으면 기초생활보장급여에 우선하여 부양의무자의 보호가 먼저 행해져야 한다.

출제의도 체크

교육급여가 2000년 10월 국민기초생활보장제도 시행에 맞춰 처음 신설된 것은 아닙니다. 생활보호법 시행 당시 '생계보호'로부터 분리되어 '교육보호'라는 별도의 프로그램으로 이미 존재해 왔습니다.

▶ 21회 기출

전문가의 한마디

주거급여 및 교육급여는 부양의무자의 우선보호원칙을 적용하지 않으며, 수급자 가구의 소득인정액만으로 보장여부를 결정합니다.

⑥ 타급여 우선의 원칙

급여신청자가 다른 법령에 따라 보장을 받을 수 있는 경우에는 기초생활보장급여에
우선하여 다른 법령에 따른 보장이 먼저 행해져야 한다.

⑦ 보편성의 원칙

국민기초생활보장법에 규정된 요건을 충족시키는 국민에 대하여는 성별 · 직업 · 연
령 · 교육수준 · 소득원 기타의 이유로 수급권을 박탈하지 아니한다.

(4) 선정기준

① 소득인정액 기준

결정기준	가구의 소득인정액을 가구규모별 · 급여종류별 선정기준과 비교하여 급여종류별로 수급자 선정 및 급여액 결정
산정방식	소득인정액 = 소득평가액 + 재산의 소득환산액

② 부양의무자 기준

부양의무자 범위	수급권자의 1촌의 직계혈족 및 그 배우자(단, 사망한 1촌의 직계혈족의 배우자는 제외)
부양의무자 제도의 적용	• 적용 : 의료급여 • 미적용 : 생계급여*, 주거급여, 교육급여 (단, 생계급여의 경우 부양의무자가 연 소득 1억 원 또는 일반재산 9억 원을 초과하는 경우 생계급여 지급대상에서 제외)

(5) 수급자의 권리와 의무 3회, 5회 기출

① 급여 변경의 금지

수급자에 대한 급여는 정당한 사유 없이 수급자에게 불리하게 변경할 수 없다.

② 압류금지

수급자에게 지급된 수급품과 이를 받을 권리는 압류할 수 없다.

③ 양도금지

수급자는 급여를 받을 권리를 타인에게 양도할 수 없다.

④ 신고의 의무

수급자는 거주지역, 세대의 구성 또는 임대차 계약내용이 변동되거나 법령에 따른
사항이 현저하게 변동되었을 때에는 지체 없이 관할 보장기관에 신고하여야 한다.

> **참고**
>
> 국민기초생활보장제도에 관한 보다 자세한 내용은 '8영역 사회복지법제론'의 'CHAPTER 4 공공부조법'을 살펴보시
> 기 바랍니다.

3 근로연계복지제도

(1) 개 념 7회, 13회 기출

① 수급자의 근로유인을 강화하고 근로의욕을 고취시키는 것을 목적으로 한다.

② 근로빈곤층의 문제에 있어서 국가의 책임을 강조하는 유럽의 복지국가 모델과 달리 개인의 책임을 보다 강조하는 미국의 빈곤가족한시지원(TANF)이나 영국의 일하는 복지(Welfare to Work) 모델에 근접해 있다.

③ 취업을 위한 직업훈련을 강조하며, 취업 우선전략과 인적자원 투자전략이 활용된다.

④ 우리나라에서는 각종 자활사업을 비롯하여 근로장려세제(EITC), 자녀장려세제(CTC) 등이 실시되고 있다.

(2) 근로장려세제(EITC) 12회, 16회, 18회, 21회, 22회 기출

출제의도 체크

우리나라 근로장려세제(EITC)는 조세환급제도의 일종에 해당합니다.

▶ 16회 기출

① 의 의

㉠ 근로장려세제(Earned Income Tax Credit)는 근로소득 수준에 따라 산정된 근로장려금을 지급함으로써 근로빈곤층의 근로유인을 제고하고 실질소득을 지원하기 위한 근로연계형 소득지원제도이다.

㉡ 근로를 통한 빈곤탈출과 경제적 자립을 지원하여 저소득근로자가 빈곤층으로 추락하는 것을 사전에 예방할 수 있는 능동적·예방적 복지제도이다.

㉢ 기존의 소득공제 및 세액공제 등 소득에 대한 감면방식과 달리, 환급형 세액공제(Refundable Tax Credit) 원리에 따라 운영되는 일종의 조세환급제도이다.

㉣ 우리나라의 근로장려세제는 미국의 EITC 제도를 모델로 하였다.

㉤ 조세특례제한법 개정을 근거로 2008년부터 시행되었으며, 2008년 근로소득을 기준으로 2009년부터 최초 지급이 이루어졌다.

㉥ 제도 도입 초기에 소득 파악이 쉬운 근로자계층부터 적용하였으며, 이후 지속적인 소득 파악 노력을 통해 개인사업자에 대해서도 단계적으로 적용을 확대하였다.

전문가의 한마디

우리나라 근로장려세제(EITC)는 2015년 지급분부터 일부 업종(전문직종)을 제외한 모든 사업자를 적용대상에 포함시키고 있습니다.

② 특 징

㉠ 소득세법에 따른 근로소득이나 사업소득 또는 종교인소득이 있는 가구로서 거주자(배우자 포함)의 연간 총소득의 합계액이 총소득기준금액 미만인 일하는 저소득 가구에 대해 현금급여로서 근로장려금을 지급한다.

㉡ 총소득기준, 배우자 또는 부양자녀 요건, 재산 요건 등을 신청자격 요건으로 한다.

㉢ 가구원 구성(단독가구, 홑벌이 가구, 맞벌이 가구)에 따라 총소득기준금액을 차등 적용한다.

ⓔ 거주자와 배우자의 연간 총소득의 합계액 등을 감안하여 점증구간, 평탄구간, 점감구간 등 3개 구간으로 구분하여 산정한다.

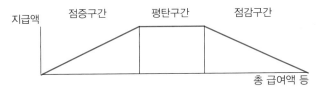

ⓜ 2024년 2월 기준 근로장려금 총소득기준금액 및 최대지급액은 다음과 같다.

가구원 구성	총소득기준금액	최대지급액
단독가구	2,200만 원 미만	165만 원
홑벌이 가구	3,200만 원 미만	285만 원
맞벌이 가구	3,800만 원 미만	330만 원

ⓗ 근로장려세제의 주무 부처는 기획재정부이며, 근로장려금 신청 접수는 관할 세무서에서 담당한다.

ⓢ 근로장려세제는 신청주의를 채택하고 있다. 즉, 일반적인 환급금과 동일하게 관할 세무서에 신청한 경우에 한하여 적용한다.

심화연구실

자녀장려세제(CTC ; Child Tax Credit)
• 자녀장려세제는 저소득 근로가구의 자녀양육비 지원을 위한 것으로, 지난 2015년부터 지급하고 있다.
• 저출산 극복과 여성의 경제활동 확대 및 아동빈곤 예방을 위해 조세제도를 통하여 자녀양육비용을 지원한다.
• 소득세법에 따른 근로소득이나 사업소득 또는 종교인소득이 있는 거주자로서 부양자녀가 있으며, 거주자(배우자 포함)의 연간 총소득 합계액이 7천만 원 미만이고 가구원 재산의 합계액이 2억 4천만 원 미만인 가구에 대해 현금급여로서 자녀장려금을 지급한다.
• 자녀 1인당 최대 100만 원을 지급하며, 자녀수에 제한은 없다.

참고

근로장려세제(EITC)와 자녀장려세제(CTC)의 세부적인 내용은 2024년 2월을 기준으로 합니다. 관련 내용은 정부정책에 따라 변경될 수 있으므로, 이점 감안하여 학습하시기 바랍니다.

전문가의 한마디

근로장려금 산정에서 '총 급여액 등'은 부부의 과세대상 근로소득, 사업소득 및 종교인소득을 합산하여 산정하며, 비과세소득은 원칙적으로 '총 급여액 등'의 범위에서 제외합니다.

출제의도 체크

우리나라 근로장려세제(EITC)의 주무 부처는 '고용노동부'가 아닌 '기획재정부'입니다.
▶ 12회 기출

전문가의 한마디

2024년부터 자녀장려금 신청자격 요건 중 연간 총소득 합계액 기준이 기존 '4천만 원 미만'에서 '7천만 원 미만'으로 상향되어 신청대상자의 범위가 확대되었습니다. 또한 최대 지급액이 자녀 1인당 기존 '80만 원'에서 '100만 원'으로 인상되었습니다.

04절 빈곤의 이해

1 빈곤의 개념

(1) 절대적 빈곤(Absolute Poverty) 5회, 10회, 11회 기출

① 빈곤에 대한 고전적 개념으로서, 빈곤을 최소한의 수준, 즉 최저생활 유지를 위한 수준에조차 미치지 못하는 생활상태로 보고, 그에 대한 객관적인 빈곤선을 설정하여 그에 미달되는 소득수준을 빈곤으로 간주하는 입장이다.

② '최저생활', 즉 최저한의 생활수준의 개념이 가변적이므로, 사회의 통념과 관습에 따라 달라지는 한계가 있다.

③ 우리나라 국민기초생활보장제도는 2015년 7월 맞춤형 급여체계로의 개편 이전까지 절대적 빈곤의 개념을 기준으로 삼았다. 즉, 3년 주기로 계측조사를 통해 최저생계비를 결정하여 이를 토대로 급여 대상자를 선정하였다.

(2) 상대적 빈곤(Relative Poverty) 15회, 18회, 19회, 20회 기출

① 한 사회의 소득수준을 계층별로 비교하여 소득의 고저 수준에 따라 상대적으로 소득이 낮은 계층을 빈곤층으로 간주하는 입장이다. 이는 한 사회의 평균적인 생활수준과 비교하여 빈곤을 규정하는 방식이므로, 사회의 불평등 정도 혹은 상대적 박탈감 수준과 밀접하게 연관된다.

② 상대적 박탈(Relative Deprivation)은 상대적 빈곤의 관점에서 소득과 자원 배분의 불평등에 초점을 둔다.

③ 상대적 빈곤 개념을 측정하는 것은 매우 어려우며, 보통 그 사회의 평균소득이나 중위소득의 일정 비율로 정하기도 한다.

④ 경제협력개발기구(OECD)에서는 국가 간 비교를 위해 주로 상대적 빈곤의 개념을 사용하고 있다.

⑤ 최근 우리나라도 상대적 빈곤 문제에 보다 효과적으로 대응하기 위해 복지사업의 주요 기준으로 기존의 '최저생계비' 대신 '중위소득(기준 중위소득)'을 적용하고 있다.

⑥ 중위소득의 50%를 빈곤선으로 책정할 경우, 사회구성원 99명을 소득액 순으로 나열하여 이 중 50번째 사람의 소득 50%를 빈곤선으로 한다.

(3) 주관적 빈곤(Subjective Poverty)

① 자신이 처한 상황에서 자신의 빈곤 여부를 가장 잘 평가할 수 있는 것이 바로 자기 자신이라는 전제에서 비롯된다.

② 사람들의 주관적 평가에 기초하여 빈곤 여부를 판단한다.

③ 기존의 주관적 빈곤선에 대한 다양한 여론조사 결과가 전문가에 의한 객관적 빈곤선과 거의 유사하다는 사실에서 볼 때, 한 사회 내의 빈곤에 대한 개개인의 판단이 어느 정도 사회적으로 인정되는 방식으로 표출되는 것으로 볼 수 있다.

심화연구실

사회적 배제(Social Exclusion) 16회, 18회, 22회 기출

• 최근 심각한 빈곤형태를 나타내기 위한 개념으로 주변화(Marginalisation)와 사회적 배제(Social Exclusion)라는 용어를 사용하고 있으며, 특히 사회적 배제는 빈곤 · 박탈과 관련된 사회문제를 나타내는 새로운 접근법으로 인정받고 있다.

• 주변화가 사회의 변두리에서 살고 있는 사람들을 묘사한다면, 사회적 배제는 관례적인 사회적 규범으로부터 완전히 차단된 사람들을 묘사한다.

• 배제의 개념은 사람들을 온전히 사회에 참여할 수 없도록 하는 상황들(예 장애로 인한 낙인, 인종적 불이익 등)과 함께 빈곤문제를 사회통합문제의 일부로 파악하도록 하는 한편, 주로 물질적 자원의 제공에 관심을 기울이던 기존의 빈곤정책과 달리 사회적 관계의 중요성을 고려하면서 사회에 진입시키기 위한 정책들을 강조한다.

---

2 빈곤선 설정 및 계측 방식

(1) 빈곤선 설정의 접근 방식 21회 기출

① 예산 기준(Budget Standard) – 절대적 측정 방식

재화의 장바구니 측면에서 욕구를 확인한 다음 이를 구매하기 위한 비용이 얼마인지를 추정하는 방식으로서, 절대적 빈곤의 개념에 근거한다.

예 전물량 방식, 반물량 방식 등

② 저소득 기준(Low Income Standard) – 상대적 측정 방식

중위소득의 특정 비율과 같은 상대적 방식으로 기준을 설정하는 방식으로서, 상대적 빈곤의 개념에 근거한다.

예 타운센드(Townsend) 방식, 소득과 지출을 이용한 상대적 추정 방식 등

③ 주관적 기준(Subjective Standard) – 주관적 측정 방식

최소소득기준에 대한 공동체적 인식에 기초하는 방식으로서, 주관적 빈곤의 개념에 근거한다.

예 라이덴(Leyden) 방식 등

전문가의 한마디

'사회적 배제'의 문제에 대처하기 위한 정책들은 기존의 현금 지원과 같은 수동적이고 소극적인 접근방식과 달리, 각종 유인과 훈련, 다양한 경험적 서비스 등 보다 능동적이고 적극적인 접근방식으로 전개됩니다.

바로암기 ○×

'전물량 방식'은 절대적 측정 방식이고, '반물량 방식'은 상대적 측정 방식이다?

( )

해설

반물량 방식도 절대적 측정 방식이다.

정답 ×

(2) 빈곤선 계측 방식 2회, 4회, 8회, 16회, 19회, 22회 기출

① 전물량 방식 – 마켓바스켓(Market Basket) 방식 또는 라운트리(Rowntree) 방식

㉠ 1899년 영국에서 라운트리(Rowntree)가 요크(York)시의 빈곤을 추정하는 데 처음 사용한 것이다.

㉡ 인간생활에 필수적인 모든 품목에 대하여 최저한의 수준을 정하고, 이를 화폐가치로 환산하여 빈곤선을 구하는 방식이다.

㉢ 전문가가 사치품과 고가품을 배제하고 필수품만을 포함할 수 있는 장점이 있다. 또한 의료, 교육 등 현물급여를 고려한 현금급여기준선의 산정과 함께 노인, 장애인 등의 가구에 대한 복지서비스 대상가구 선정기준 및 부가급여 수준을 결정하는 데 유용하다.

㉣ 마켓바스켓을 구성하는 데 있어서 전문가의 자의성이 개입될 수 있다.

② 반물량 방식 – 엥겔(Engel) 방식 또는 오샨스키(Orshansky) 방식 22회 기출

㉠ 1963년 미국에서 오샨스키(Orshansky)가 전물량 방식을 보다 간소화한 방식으로 처음 도입하였다.

㉡ 영양학자에 의해 계측된 최저식품비에 엥겔계수(→ 가계 소비지출 대비 식료품비 비율)의 역수를 곱한 금액을 빈곤선으로 보는 방식이다.

㉢ 각 생필품에 대한 최저지출비를 모두 고려하는 전물량 방식에 비해 계측이 간편하다.

㉣ 어떤 계층의 엥겔계수를 적용하느냐에 따라 빈곤선이 다르게 산출되는 단점이 있다.

③ 박탈지표 방식 – 타운센드(Townsend) 방식

㉠ 1974년 타운센드(Townsend)는 절대적 수준에 입각한 빈곤의 개념을 비판하고, '상대적 박탈(Relative Deprivation)'의 개념을 통해 빈곤을 정의하는 박탈지표 방식을 도입하였다.

㉡ 객관적 박탈을 측정할 수 있는 지표 항목과 주관적 박탈을 측정할 수 있는 지표 항목을 선정하여 소득계층별로 이들 항목들을 보유하거나 누리고 있는 양태를 비교하는 방식이다.

㉢ 상대적 박탈감의 정도를 측정하기 위한 항목을 구성하고, 각 항목의 공통단위를 구성하는 데 어려움이 있다. 그로 인해 일반적으로 평균소득이나 중위소득을 기준으로 한다.

㉣ 사용자료 및 기준선에 따라 각기 다른 빈곤선이 계측될 수 있으며, 박탈지표 항목의 구성에 전문가의 자의적인 판단이 개입될 수 있다.

④ 소득과 지출을 이용한 상대적 추정 방식

ⓐ 타운센드(Townsend) 방식보다 좀 더 일반적으로 이용되는 방식으로, 평균소득이나 중위소득 혹은 지출의 몇 % 이하에 해당하느냐에 따라 빈곤선을 결정한다.

ⓑ 상대적 빈곤선의 도출을 위해 소득 기준을 사용한 예로 경제협력개발기구(OECD), 국제부흥개발은행(IBRD) 등이 있으며, 지출 기준을 사용한 예로 일본의 생활보호대상자 선정 방식 등이 있다.

ⓒ 빈곤선 결정에 있어서 소득을 기준으로 삼을 것인지 혹은 지출을 기준으로 삼을 것인지, 더 나아가 소득 혹은 지출 중 어느 하나를 선택하더라도 구체적으로 어느 개념을 기준으로 할 것인지 등이 문제시된다.

예 소득의 경우 시장·경상·가처분소득 등 / 지출의 경우 가계·소비지출 등

ⓓ 이 방식 또한 상대적 방식의 개념 자체가 가지는 자의성 개입의 문제에서 완전히 벗어나지 못한다.

⑤ 라이덴(Leyden) 방식

ⓐ 네덜란드 라이덴(Leyden) 대학의 학자들에 의해 처음 개발된 주관적 빈곤선 계측 방식이다.

ⓑ "당신이 인간다운 생활을 위해 필요하다고 생각하는 최소소득(Minimum Income)이 얼마인가?"를 묻고, 이를 토대로 사람들이 판단하는 최소소득과 그들의 실제소득(Actual Income) 간의 관계를 분석하여 그 일치점을 빈곤의 기준선으로 결정한다.

ⓒ 주관적 빈곤선은 사람들의 직접적이고 구체적인 느낌이 반영되는 장점이 있다.

ⓓ 주관적 빈곤선의 개념을 정확하게 설명할 수 있는 설문을 구성하는 데 어려움이 있으며, 주관적 빈곤선의 의미에 대해 응답자가 어떻게 판단하느냐에 따라 편의(Bias)가 발생할 수 있다.

전문가의 한마디

주관적 빈곤선 계측 방식으로 '델릭(Deleeck) 방식'과 '갤럽(Gallup) 방식'도 있습니다. 델릭 방식은 각자 응답한 최소생계비와 실제소득이 일치하는 가구들을 선정하여 이들의 평균소득을 빈곤선으로 간주하는 방식인 반면, 갤럽 방식은 제삼자의 입장에서 생존에 필요한 최소비용이 얼마인지를 묻는 질문에 응답한 금액의 평균을 빈곤선으로 간주하는 방식입니다.

3 빈곤율과 빈곤갭 9회, 10회 기출

(1) 빈곤율(Poverty Rate) 16회, 20회 기출

① 개인의 소득차이를 반영하지 않고 단순히 빈곤선 소득 이하에 살고 있는 사람들의 숫자가 얼마인가를 통해 빈곤한 사람의 규모, 즉 빈곤인구가 전체 인구에서 차지하는 비율을 나타낸다.

② 예를 들어, 빈곤선이 100이고 두 지역 모두 빈곤선 이하 소득자가 10명이라고 가정하자. A지역 빈곤자의 경우 모두 소득이 99이고, B지역 빈곤자의 경우 모두 소득이 0이라고 할 때, 빈곤율이 같다고 하더라도 두 지역의 소득분포는 전혀 다르다고 할

바로암기 ○×

빈곤율(Poverty Rate)은 빈곤한 사람의 규모를 나타낸다?

(　　)

정답 ○

수 있다. 즉, 빈곤율은 개인의 소득 차이를 반영하지 않으므로 빈곤의 수준을 명확히 파악할 수 없다.

③ 빈곤율은 다음의 공식으로 나타낼 수 있다.

$$\text{빈곤율(\%)} = \frac{\text{빈곤선 이하 인구(혹은 가구)}}{\text{전체 인구(혹은 가구)}} \times 100$$

출제의도 체크

빈곤갭(Poverty Gap)과 빈곤율(Poverty Rate)이 동일하다고 하여 두 사회의 빈곤층 소득분포가 동일한 것은 아닙니다.

▶ 9회 기출

(2) 빈곤갭(Poverty Gap)

① 빈곤층의 소득을 빈곤선까지 상향시키는 데 필요한 총비용을 말하는 것으로서, 빈곤의 심도를 나타낸다.

② 예를 들어, 빈곤선이 100이고 두 지역 모두 빈곤선 이하 소득자가 2명이라고 가정하자. A지역 빈곤자 중 한 명은 소득이 99, 다른 한 명은 소득이 1이고, B지역 빈곤자는 두 명 모두 50인 경우, 빈곤갭은 같다고 하더라도 두 지역의 소득분포는 전혀 다르다고 할 수 있다. 즉, 빈곤갭은 빈곤한 사람들 간의 소득 차이를 알 수 없다.

③ 빈곤갭은 빈곤선을 기준으로 빈곤선 이하(혹은 미만)에 있는 사람들의 빈곤선과 개인(혹은 가구)의 소득 간의 차이를 계산한 값이다. 즉, 빈곤선 이하(혹은 미만)에 있는 개인(혹은 가구)의 소득을 빈곤선 상태로 끌어올리는 데 필요한 액수를 의미한다.

> **예** 10명의 빈곤자 중 5명은 소득이 0원. 나머지 5명은 소득이 90만 원이며, 빈곤선은 월 100만 원인 경우
>
> $[(100-0) \times 5] + [(100-90) \times 5] = 500 + 50 = 550(만 원)$

4 불평등 지수 3회, 4회, 8회, 10회, 11회, 12회, 16회, 17회 기출

(1) 십분위 분배율(10분위 분배지수)

① 소득이 낮은 하위 40% 가구의 소득이 전체 소득에서 차지하는 비중을 소득이 높은 상위 20% 가구의 소득의 합으로 나눈 값이다.

$$\text{십분위 분배율} = \frac{\text{하위 40\% 가구소득의 합}}{\text{상위 20\% 가구소득의 합}}$$

② 십분위 분배율이 클수록 소득격차가 작으며, 그에 따라 소득분배가 평등한 상태임을 반영한다.

(2) 오분위 분배율(5분위 분배지수) 20회 기출

① 소득이 높은 상위 20% 가구의 소득의 합을 소득이 낮은 하위 20% 가구의 소득의 합으로 나눈 값이다.

$$\text{오분위 분배율} = \frac{\text{상위 20\% 가구소득의 합}}{\text{하위 20\% 가구소득의 합}}$$

② 오분위 분배율이 클수록 소득격차가 크며, 그에 따라 소득분배가 불평등한 상태임을 반영한다.

(3) 로렌츠 곡선(Lorenz Curve) 15회, 16회, 20회 기출

① 소득 불평등을 측정하는 지니계수는 로렌츠 곡선에서 도출된다.
② 소득금액의 누적백분율과 소득자의 누적백분율을 대비시킨 것이다.
③ 모든 개인이 동일한 수준의 소득을 가지고 있다면, 로렌츠 곡선은 대각선의 형태가 된다.
④ 로렌츠 곡선이 45˚선과 일치하면, 즉 완전평등선(균등분포선)과 일치하면 소득분포가 완전히 균등하다. 반면, 완전평등선(균등분포선)과 멀수록, 즉 아래로 볼록할수록 소득은 불균등하게 분배되었음을 나타낸다.

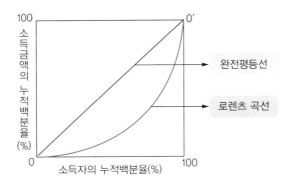

(4) 지니계수(Gini's Coefficient) 16회, 17회, 20회 기출

① 소득분배의 불균형 수치로서, 로렌츠 곡선을 숫자로 표현한 것이다.

② 로렌츠 곡선에서 완벽하게 평등한 분배 상태를 나타내는 직각삼각형의 전체 면적 중 현실의 분배 상태를 나타내는 볼록한 부분이 차지하는 비중의 값을 나타낸다.

③ 소득분배의 불평등 정도에 따라 '0~1'까지의 값을 가진다.

④ 완전평등 상태에서 지니계수는 '0', 완전불평등 상태에서 지니계수는 '1'이며, 그 값이 클수록 소득분배가 불평등한 상태임을 나타낸다.

⑤ 특히 시장소득 기준 지니계수와 가처분소득 기준 지니계수의 차이는 직접세, 공적 이전소득, 사회보장세 등 정부정책의 효과를 의미한다.

(5) 센 지수(Sen Index) 18회 기출

① 기존의 빈곤율과 빈곤갭 개념의 단점을 보완하고자 새롭게 고안된 것으로서, 특히 빈곤집단 내의 불평등 정도를 반영한다.

② 빈곤율, 빈곤갭 비율(소득갭 비율), 그리고 빈곤선에 있는 계층들 간의 소득불평등 정도를 의미하는 저소득층 지니계수로 구성된다.

$$P = H[I + (1-I) \times G_P]$$
(단, 'H'는 빈곤율, 'I'는 빈곤갭 비율, 'G_P'는 저소득층 지니계수)

③ '0~1'까지의 값을 가지며, 그 값이 '1'에 가까워질수록 빈곤의 정도가 심한 상태임을 나타낸다.

제6영역 | 적중문제 다잡기

21회 기출

01 다음 중 사회복지정책이 필요한 이유를 모두 고른 것은?

> ㄱ. 국민의 생존권 보장
> ㄴ. 사회통합의 증진
> ㄷ. 개인의 자립성 증진
> ㄹ. 능력에 따른 분배

① ㄱ, ㄴ
② ㄴ, ㄷ
③ ㄴ, ㄹ
④ ㄱ, ㄴ, ㄷ
⑤ ㄱ, ㄷ, ㄹ

〔 해설 〕 ㄹ. 사회복지정책은 사회연대의식에 기초하여 사회적 평등을 실현하며, 사회적 적절성을 확보하는 것을 원칙으로 한다.

02 다음 중 사회복지정책의 특성에 대한 설명으로 옳지 않은 것은?

① 가치중립적 특성을 가진다.
② 개인의 자립성을 증진시킨다.
③ 국민의 최저생활을 보장한다.
④ 사회적 적절성 확보를 원칙으로 한다.
⑤ 경제의 자동안정장치(Built-in-stabilizer) 기능을 수행한다.

〔 해설 〕 ① 사회복지정책은 사실상 가치중립적일 수 없으며, 이를 연구하는 사회과학자도 연구 주제의 선택이나 연구 결과의 해석에 있어
서 가치를 배제할 수 없다.

---

03 사회복지서비스와 다른 공공서비스들과의 차별성을 설명한 것으로 옳지 않은 것은?

① 사회복지서비스는 주로 이차분배에 관여한다.

② 사회복지서비스는 사람들의 욕구를 직접적으로 충족하려는 경향이 있다.

③ 사회복지서비스는 개별적 욕구를 충족시키고자 한다.

④ 사회복지서비스에서의 교환은 쌍방적이며, 급여에 대한 대가를 반드시 지불해야 하는 이전(移轉)관계이다.

⑤ 사회복지서비스는 사람들의 욕구를 주로 공식적 기구나 제도를 통해 충족한다.

〔 해설 〕 ④ 사회복지서비스는 사람들의 욕구를 일방적 이전의 형태로 해결한다. 일방적 이전(Unilateral Transfer)이란 재화나 서비스의 제공자가 그 재화의 수급자로부터 특정한 물질적 혹은 비물질적 대가를 받지 않고 주는 것을 말한다. 반면, 시장에서의 교환은 쌍방적(Bilateral)이며, 특정한 이득을 받으면 반드시 그에 대한 대가를 지불해야 하는 이전관계이다.

04 다음 중 사회복지정책에 대한 설명으로 가장 옳은 것은?

① 사회복지정책은 소득증대를 목표로 한다.

② 사회복지정책은 시장실패의 원인이 된다.

③ 복지국가는 궁극적으로 기회의 평등을 추구한다.

④ 드림스타트(Dream Start)는 결과의 평등을 반영한다.

⑤ 긍정적 차별(Positive Discrimination)은 형평의 가치를 저해하는 것으로 볼 수 없다.

〔 해설 〕 ⑤ 긍정적 차별 또는 적극적 차별(Positive Discrimination)은 사회의 불이익집단들에 대한 과거의 부정적 차별(Negative Discrimination)을 보상하는 것으로서, 공평(형평)의 가치를 저해하는 것으로 볼 수 없다.
　　　　① 사회복지정책은 소득재분배를 목표로 한다.
　　　　② 사회복지정책은 시장실패를 시정하여 자원배분의 효율화 기능을 수행한다.
　　　　③ 복지국가는 기회의 평등에 그치는 것이 아니라 결과의 평등과 함께 사회적 차별의 해소를 포함하는 사회적 평등을 강조한다.
　　　　④ 드림스타트(Dream Start)는 기회의 평등을 반영한다.

19회 기출

05 사회복지정책의 가치에 관한 설명으로 옳은 것은?

① 비례적 평등은 개인의 능력, 업적, 공헌에 따라 사회적 자원을 분배하는 것을 의미한다.
② 적극적 자유는 타인의 간섭 혹은 의지로부터의 자유를 의미한다.
③ 결과의 평등을 달성하기 위해 부자들의 소득을 재분배하더라도 소극적 자유를 침해하지 않는다.
④ 결과가 평등하다면 과정의 불평등은 상관없다는 것이 기회의 평등이다.
⑤ 기회의 평등은 적극적인 평등의 개념이다.

[해설] ② 적극적 자유는 자신이 원하는 것을 할 수 있는 자유로서 능력(Capacity)의 측면을 강조하는 반면, 소극적 자유는 타인의 간섭이
나 구속 혹은 의지로부터의 자유로서 기회(Opportunity)의 측면을 강조한다.
③ 결과의 평등(수량적 평등)은 모든 사람을 똑같이 취급하여 사람들의 욕구나 능력의 차이에는 상관없이 사회적 자원을 똑같이
분배하는 것이다. 평등의 개념 가운데 가장 적극적인 의미로서, 특히 저소득층에게 보다 많은 자원이 할당되며, 부자들의 소극
적 자유가 침해될 가능성이 높다.
④ · ⑤ 기회의 평등은 결과가 평등한가 아닌가의 측면은 무시한 채 결과를 얻을 수 있는 과정상의 기회만을 똑같이 주는 것으로
서, 평등의 개념 가운데 가장 소극적이라고 볼 수 있다.

06 다음 중 롤즈(Rawls)의 사회정의론에 대한 설명으로 옳지 않은 것은?

① 공평의 원칙에 기초하여 분배의 정의에 대한 이론을 제시한다.
② 원초적 상황에서 사회구성원 간의 사회적 계약의 원칙을 도출하고자 한다.
③ 사회구성원의 평등을 중시한다는 점에서 평등주의적 전통에 속한다.
④ 최소극대화 원칙을 통해 평등주의적 분배의 근거를 제공한다.
⑤ 평등한 자유의 원칙을 제1원칙으로 고려한다.

[해설] ③ 롤즈(Rawls)의 사회정의론은 개인의 자유를 중시한다는 점에서 자유주의적 전통에 속한다. 특히 평등한 자유의 원칙을 제
1원칙으로 고려함으로써, 모든 개인의 평등한 기본적 자유 보장의 권리를 강조한다.

12회 기출

07 영국 사회복지의 역사에 관한 설명으로 옳은 것을 모두 고른 것은?

> ㄱ. 스핀햄랜드법은 가족수당제도의 시초로 불린다.
> ㄴ. 공장법은 아동의 노동여건을 개선하였다.
> ㄷ. 1834년 신구빈법은 전국적으로 구빈행정 구조를 통일하였다.
> ㄹ. 1911년 국민보험법은 건강보험과 실업보험으로 구성되었다.

① ㄱ, ㄴ, ㄷ   ② ㄱ, ㄷ

③ ㄴ, ㄹ   ④ ㄹ

⑤ ㄱ, ㄴ, ㄷ, ㄹ

〔 **해설** 〕 ㄱ. 스핀햄랜드법(1795)은 빈민의 노동에 대한 임금을 보충해 주기 위한 제도로서, 최저생활기준에 미달되는 임금의 부족분을 구빈
세로 보조하였다. 이는 오늘날 가족수당 또는 최저생활보장의 기반이 되었다.

　　　　ㄴ. 공장법(1833)은 아동에 대한 노동력 착취를 막기 위한 목적에서 만들어진 제도로서, 9세 미만의 아동에 대한 고용 금지, 아동에
대한 야간 노동 금지 등 아동의 노동조건 및 작업환경의 개선을 주된 내용으로 하였다.

　　　　ㄷ. 신구빈법(1834년)은 스핀햄랜드법의 임금보조제도를 철폐하고 교구단위의 구빈행정체제를 중앙집권화함으로써 '전국 균일처
우의 원칙'을 탄생시켰다.

　　　　ㄹ. 국민보험법(1911년)은 영국의 자유당 정부가 제정한 것으로, '건강보험'과 '실업보험'으로 구성되었다.

16회 기출

08 영국의 신빈민법(1834)과 우리나라의 현재 국민기초생활보장제도에서 공통으로 나타나는 원칙은?

① 비례급여의 원칙

② 원외구제의 원칙

③ 임금보조의 원칙

④ 열등처우의 원칙

⑤ 비부양의무의 원칙

〔 **해설** 〕 ④ 열등처우의 원칙(Less Eligibility)은 피구제 빈민의 생활상황이 자활의 최하급 노동자의 생활조건보다 높지 않은 수준에서 보호
되어야 한다는 것이다. 이는 '공평한 대우'라는 관습적인 의미를 가진 '공평 또는 형평(Equity)'의 가치를 반영한 것으로서, 여기
에는 비례적 요소가 포함되어 있다.

09 다음 중 자선조직협회와 인보관에 대한 설명으로 옳지 않은 것은?

① 자선조직협회는 사회진화론에 바탕을 두었다.

② 인보관은 지역주민과 함께 거주하면서 사회개혁을 시도하였다.

③ 자선조직협회는 도덕적 의무를 강조하여 모든 빈민에게 도움을 제공하였다.

④ 자선조직협회는 개별사회사업으로의 발전에 영향을 미쳤다.

⑤ 인보관은 집단사회사업의 발전에 영향을 미쳤다.

[해설] ③ 자선조직협회(COS)는 원조의 대상을 '가치 있는 자'로 한정하고, 도덕적 · 종교적 교화를 통해 빈곤의 문제에 대처하였다. 특히 우애방문자들은 구조를 받을만한 가치가 있는 빈곤자에게는 도움을 제공하는 반면, 일할 능력이 있는 빈곤자에게는 도움을 제공하지 않음으로써 "일하지 않으면 먹지도 말라"는 도덕적 의무를 강조하였다.

10 독일 비스마르크의 사회입법에 관한 설명으로 옳은 것은?

① 1883년 제정된 질병(건강)보험은 세계 최초의 사회보험이다.

② 1884년 산재보험의 재원은 노사가 반씩 부담하였다.

③ 1889년 노령폐질연금이 전 국민을 대상으로 시행되었다.

④ 사회민주당이 사회보험 입법을 주도하였다.

⑤ 질병(건강)보험은 전국적으로 일원화된 통합적 조직에 의하여 운영되었다.

[해설] ① 비스마르크(Bismarck)는 지주계급과 노동자계급에 대한 견제를 목적으로 사회보험제도를 시행하였다. 1883년 질병(건강)보험이 최초로 제정되었으며, 이후 1884년에 산업재해보험, 1889년에 노령 및 폐질보험(노령폐질연금) 순으로 사회보험입법을 추진하였다.

② 1884년 산재보험(재해보험)의 재원은 사용자만의 보험료 부담으로 운영되었다.

③ 1889년 노령 및 폐질보험(노령폐질연금)은 육체노동자와 저임금 화이트칼라 노동자를 대상으로 시행되었다.

④ 비스마르크는 사회주의운동을 탄압하는 동시에 노동자의 국가에 대한 충성심을 확보하기 위해 사회보험제도를 적극 도입하였다.

⑤ 질병(건강)보험은 기존의 임의조직 및 자조조직을 활용하여 이들에 대해 국가가 감독하는 방식으로 운영되었다.

21회 기출

11 1942년 베버리지 보고서에서 규정한 5대 악에 해당되지 않는 것은?

① 무 지   ② 질 병

③ 산업재해   ④ 나 태

⑤ 결핍(궁핍)

〔해설〕 베버리지 보고서(Beveridge Report)에서 규정한 영국 사회의 5대 사회악 및 해결방안
- 불결(Squalor) → 주택정책
- 궁핍 또는 결핍(Want) → 소득보장(연금)
- 무지(Ignorance) → 의무교육
- 나태(Idleness) → 노동정책
- 질병(Disease) → 의료보장

12회 기출

12 1935년 미국의 사회보장법에 관한 설명으로 옳지 않은 것은?

① 빈곤의 사회구조적 원인에 관한 인식 증가

② 실업보험은 주정부가 운영

③ 노령연금은 연방정부가 재정과 운영을 담당

④ 사회주의 이념 확산에 따른 노동자 통제 목적

⑤ 공공부조에 대한 연방정부의 재정 지원

〔해설〕 ④ 독일의 비스마르크(Bismarck) 사회보험입법의 목적에 해당한다. 반면, 1935년 미국의 사회보장법은 대공황으로 인해 대량의 실업자와 빈곤자가 양산되었고, 이것이 미국의 정치·경제·사회 전반에 부정적인 영향을 미치게 됨으로써 연방정부의 적극적인 개입을 통한 경제회복을 주된 목적으로 하였다.

18회 기출

13 복지혼합(Welfare-Mix)의 유형 중 서비스 이용자의 선택권이 작은 것에서 큰 순서로 나열한 것은?

① 세제혜택 - 계약 - 증서

② 세제혜택 - 증서 - 계약

③ 증서 - 계약 - 세제혜택

④ 계약 - 증서 - 세제혜택

⑤ 계약 - 세제혜택 - 증서

〔해설〕 ④ 복지혼합의 유형 중 서비스 이용자의 선택권은 '계약 < 증서 < 세제혜택' 순으로 커진다.

19회 기출

14 새로운 사회적 위험(New Social Risk)에 관한 설명이 아닌 것은?

① 여성들의 유급노동시장으로의 참여 증가로 일과 가정의 양립 문제가 확산되고 있다.

② 노인인구 증가로 인한 복지비용 증가와 노인 돌봄이 중요한 문제로 대두되고 있다.

③ 노동시장의 불안정으로 근로빈곤층이 증가하고 있다.

④ 국가 간의 노동인구 이동이 줄어들고 있다.

⑤ 새로운 사회적 위험으로 인한 수요증가에 필요한 복지재정의 부족현상이 심화되고 있다.

[해설] ④ 국가 간의 노동인구 이동이 증가함에 따라 검증되지 않거나 노동의 질이 낮은 해외노동력의 무분별한 유입과 함께 불법체류, 인권침해의 증가 등 사회적 문제가 확산되고 있다.

15 다음 중 최근 우리나라 사회복지정책의 변화에 대한 설명으로 옳은 것을 모두 고른 것은?

ㄱ. 근로빈곤층 지원제도가 강화되고 있다.
ㄴ. 고용불안정의 심화로 사회보험제도의 기반이 약해지고 있다.
ㄷ. 사회복지정책의 총지출이 증가하고 있는 추세이다.
ㄹ. 지방자치단체의 자체적인 복지사업이 증가하고 있는 추세이다.

① ㄱ, ㄴ, ㄷ   ② ㄱ, ㄷ
③ ㄴ, ㄹ   ④ ㄹ
⑤ ㄱ, ㄴ, ㄷ, ㄹ

[해설] ㄱ. 근로빈곤층의 근로유인을 위해 근로장려세제(EITC)의 적용을 확대하고 적극적 노동시장정책 등 고용서비스를 결합하는 고용 주도형 복지를 지향하는 추세이다.
ㄴ. 우리나라 비정규직 노동자의 사회보험 가입률은 정규직 노동자의 사회보험 가입률에 비해 현저히 낮다.
ㄷ. 2023년 12월 21일 국회 의결을 거쳐 확정된 보건복지부 소관 2024년도 예산 및 기금운용계획의 총지출 규모는 122조 3,779억 원으로, 이는 2023년 예산(109조 1,830억 원) 대비 13조 1,949억 원(12.1%) 증가된 규모이다.
ㄹ. 지방자치단체는 개별 복지서비스 확대 방안으로 자체적인 복지사업에 대한 추가 수요조사 및 분석을 통해 지원 대상 사업을 확대하고 있는 추세이다.

CHAPTER 02 복지국가와 복지정책

---

01 다음 중 복지국가의 특징에 대한 설명으로 옳지 않은 것은?

① 복지국가는 궁극적으로 '기회의 평등'을 추구한다.
② 정책의 형성과 집행에서 국가의 역할이 중요하다.
③ 복지정책의 일차적 목표를 전 국민의 최소한의 생활보장에 둔다.
④ 정치제도로서 민주주의를 복지국가 성립의 수반조건으로 한다.
⑤ 경제제도로서 수정자본주의 또는 혼합경제체제로 운용된다.

〔 해설 〕 ① 복지국가는 평등의 개념 가운데 가장 소극적인 의미로서 '기회의 평등'을 추구하기보다는 사회적 차별의 해소를 포함하는 '사회적 평등'을 강조한다.

13회 **기출**

02 복지국가 유형화 연구의 연구자와 유형을 옳게 연결한 것은?

① 티트머스(R. Titmuss)는 '사회적 시장경제'와 '사회주의적 시장경제'로 구분하였다.
② 미쉬라(R. Mishra)는 '분화된 복지국가'와 '통합된 복지국가'로 구분하였다.
③ 퍼니스와 틸튼(N. Furniss & T. Tilton)은 '소극적 국가', '적극적 국가', '사회투자국가'로 구분하였다.
④ 조지와 윌딩(V. George & P. Wilding)은 '프로레타리아 복지국가'와 '부르조아 복지국가'로 구분하였다.
⑤ 윌렌스키와 르보(H. Wilensky & C. Lebeaux)는 '선발 복지국가'와 '후발 복지국가'로 구분하였다.

〔 해설 〕 ① 티트머스(Titmuss)는 '잔여적(보충적) 모델', '산업적 업적성취 모델', '제도적 재분배 모델'을 제시하였다.
③ 퍼니스와 틸튼(Furniss & Tilton)은 '적극적 국가', '사회보장국가', '사회복지국가'를 제시하였다.
④ 조지와 윌딩(George & Wilding)은 '반집합주의', '소극적 집합주의', '페이비언 사회주의', '마르크스주의' 등을 제시하였다.
⑤ 윌렌스키와 르보(Wilensky & Lebeaux)는 '잔여적(보충적) 모델'과 '제도적(보편적) 모델'을 제시하였다.

03 다음 중 윌렌스키와 르보(Wilensky & Lebeaux)의 복지국가 이념모델로서 제도적 모델에 대한 설명으로 옳은 것은?

① 개인의 욕구가 가족이나 시장에 의해 우선적으로 충족되어야 한다는 점을 강조한다.

② 개인이 자신의 능력개발을 위해 사회복지의 혜택을 받는 것을 정상적인 것으로 본다.

③ 특수 집단 혹은 특정 개인을 복지 대상으로 한다.

④ 수급자의 최저생활보장을 목표로 한다.

⑤ 서비스는 자선의 성격을 띠므로 낙인의 문제를 유발한다.

〔 해설 〕 ① · ③ · ④ · ⑤ 잔여적(보충적) 모델의 특징에 해당한다.

제6영역

04 다음 중 티트머스(Titmuss)가 제시한 복지의 사회적 분화 유형과 그 예로 옳은 것을 모두 고른 것은?

> ㄱ. 사회복지 – 국가에 의한 국민기초생활보장제도 운영
> ㄴ. 재정복지 – 가계의 의료비 지출에 대한 소득공제
> ㄷ. 직업복지 – 각종 복리후생, 사내복지기금
> ㄹ. 민간복지 – 종교기관이 노숙인에게 제공하는 무료급식

① ㄱ, ㄴ, ㄷ   ② ㄱ, ㄷ

③ ㄴ, ㄹ   ④ ㄹ

⑤ ㄱ, ㄴ, ㄷ, ㄹ

〔 해설 〕 티트머스(Titmuss)가 제시한 복지의 사회적 분화 유형
  • 사회복지(Social Welfare) : 정부의 직접적인 재정지출에 의해 복지혜택을 제공하는 것으로서, 소득보장, 의료, 교육, 주택, 개별적 사회서비스 등을 모두 포함한다.
  • 재정복지(Fiscal Welfare) : 정부의 조세정책에 의해 국민의 복지를 간접적으로 높이는 것으로서, 조세징수체계 내에 특정한 사회복지적 목적 달성을 위한 조치를 마련한다.
  • 직업복지(Occupational Welfare) : 기업복지와도 일맥상통하는 것으로서 개인이 속한 기업에서 제공하는 다양한 복지급여에 해당한다.

05 조지(V. George)와 윌딩(P. Wilding)이 제시한 사회복지이념에 관한 설명으로 옳은 것을 모두 고른 것은?

> ㄱ. 반집합주의 – 빈곤은 경제적 비효율을 초래하므로 국가에 의해 제거되어야 함
> ㄴ. 마르크스주의 – 자본주의 사회에서 빈곤 문제는 필연적으로 발생함
> ㄷ. 페이비언 사회주의 – 빈곤은 민간의 자선에 의해 해결되어야 함
> ㄹ. 소극적 집합주의 – 시장체계의 약점을 보완하는 정부의 개입을 인정함

① ㄱ, ㄴ, ㄷ   ② ㄱ, ㄷ
③ ㄴ, ㄹ   ④ ㄹ
⑤ ㄱ, ㄴ, ㄷ, ㄹ

〔 해설 〕 ㄱ. 반집합주의는 정부 주도의 사회복지정책 확대가 경제적 비효율성을 야기한다고 주장함으로써 복지에 대한 정부의 개입에 부정적인 입장을 보인다.
　　　　 ㄷ. 페이비언 사회주의는 시장경제의 문제점을 제거하기 위해 정부가 적극적으로 개입해야 한다고 주장한다.

06 안토넨과 시필라(A. Antonnen & T. Sipilä)의 사회서비스 제공체제 모형과 해당 국가의 연결이 옳은 것은?

① 보충주의 모형 – 스페인
② 공공서비스 모형 – 독일
③ 가족주의 모형 – 스웨덴
④ 합리주의 모형 – 핀란드
⑤ 자산조사 · 시장의존 모형 – 미국

〔 해설 〕 ⑤ 미국은 국가가 스스로 돌봄의 문제를 해결하기 어려운 의존적인 집단에게만 표적화된 서비스를 제공하는 자산조사 · 시장의존 모형의 국가에 해당한다.
　　　　 ① 스페인은 돌봄에 대한 가족의 의무를 강조하는 가족주의 모형의 국가에 해당한다.
　　　　 ② 독일은 정부가 재원을 조달하고 비영리부문이 서비스를 제공하는 보충주의 모형의 국가에 해당한다.
　　　　 ③ · ④ 스웨덴과 핀란드는 사회서비스의 공급 · 전달 · 규제 · 재정 모두에서 공공부문의 압도적인 우위를 특징으로 하는 공공서비스 모형의 국가에 해당한다.

11회 기출

07 에스핑-안데르센(Esping-Andersen)이 분류한 '사회민주주의 복지체제'에 관한 설명으로 옳지 않은 것은?

① 대표적인 국가는 스웨덴, 덴마크, 노르웨이 등이다.
② 적극적 노동시장정책을 강조한다.
③ 중산층을 중요한 복지의 대상으로 포괄한다.
④ 주로 종교단체나 자원봉사조직과 같은 민간부문이 사회서비스를 전달한다.
⑤ 탈상품화 정도가 매우 높다.

〔 해설 〕 ④ '사회민주주의 복지국가'에서는 보편주의에 입각하여 평등을 지향하며, 국가가 사회의 모든 계층을 대상으로 한 포괄적인 복지체제를 구축하고자 한다.

20회 기출

08 에스핑-앤더슨(G. Esping-Andersen)의 세 가지 복지체제에 관한 설명으로 옳지 않은 것은?

① 보수주의 복지체제 국가는 가족의 중요성을 강조한다.
② 자유주의 복지체제 국가에서 탈상품화 정도가 가장 높다.
③ 사회민주주의 복지체제 국가는 보편주의를 강조한다.
④ 보수주의 복지체제 국가의 예로 독일, 프랑스, 이탈리아가 있다.
⑤ 자유주의 복지체제 국가의 사회보장급여는 잔여적 특성이 강하다.

〔 해설 〕 ② 자유주의 복지체제 국가에서는 노동력의 탈상품화 정도가 최소화되어 나타난다.

09 다음 중 퍼니스와 틸튼(Furniss & Tilton)이 분류한 복지국가 유형에 대한 설명으로 옳지 않은 것을 모두 고른 것은?

> ㄱ. 적극적 국가는 사회보험보다는 공공부조를 중시한다.
> ㄴ. 사회보장국가는 사회보험의 한계를 인식하며, 공공부조나 사회복지서비스를 도입한다.
> ㄷ. 사회보장국가는 노동조합의 정치적 참여를 촉진하며, 대표적인 국가로는 스웨덴 등이 있다.
> ㄹ. 사회복지국가는 단순한 국민최저수준의 보장을 넘어서 전반적인 삶의 질의 평등을 추구한다.

① ㄱ, ㄴ, ㄷ　　　　　　　　　　　② ㄱ, ㄷ
③ ㄴ, ㄹ　　　　　　　　　　　　　④ ㄹ
⑤ ㄱ, ㄴ, ㄷ, ㄹ

〔 해설 〕 ㄱ. 적극적 국가는 사회복지가 경제성장의 걸림돌이 되는 것을 거부하며, 공공부조보다는 사회보험을 강조한다.
ㄷ. '사회복지국가'에 대한 내용에 해당한다. 사회복지국가는 노동조합의 활성화 및 노동자, 여성, 장애인 등의 정치적 참여를 촉진한다.

10 다음 중 미쉬라(Mishra)가 제시한 복지국가 유형으로서 '분화된 복지국가(Differentiated Welfare State)'의 특징에 해당하는 것은?

① 오스트리아와 스웨덴이 대표적인 국가에 해당한다.

② 사회구성원들의 이익이 통합되는 복지정책의 형태를 추구한다.

③ 사회복지와 경제는 상호의존적이다.

④ 복지정책은 경제집단들 혹은 계급들 간의 상호 협력에 의해 추진된다.

⑤ 경제에 부정적인 영향을 미치는 사회복지를 제한함으로써 잔여적인 양상을 보인다.

〔 해설 〕 ① · ② · ③ · ④ '통합된 복지국가(Integrated Welfare State)'의 특징에 해당한다.

16회 기출

11 사회복지정책의 발달이론에 관한 설명으로 옳지 않은 것은?

① 확산이론 : 한 국가의 제도나 기술 혁신이 인근 국가에 영향을 준다.

② 음모이론 : 사회복지정책에 대해 사회 안정과 질서 유지를 위한 하나의 수단으로 보았다.

③ 독점자본이론 : 경제발전이 상당 수준에 이르면 사회복지 발전정도가 유사하게 나타난다.

④ 이익집단이론 : 현대사회에서 귀속적 차이 등에 따른 집단들 간의 정치적 행위가 커지고 있다.

⑤ 사회양심이론 : 인도주의에 입각한 사회적 의무감이 사회복지정책을 확대할 수 있다.

〔 해설 〕 ③ 산업화이론(수렴이론)의 내용에 해당한다. 산업화이론은 산업사회의 사회구조를 결정짓는 것은 기술, 즉 산업화에 달려 있으며, 어느 정도 산업화를 이룬 나라들의 사회제도는 어느 한 점에서 수렴되어 비슷하다고 본다. 반면, 독점자본이론은 전통적 마르크스주의에 기초하여 복지국가의 발전을 독점자본의 필요성의 산물로 보는 이론이다. 계급갈등과 국가의 역할이라는 측면을 기준으로 도구주의 관점, 구조주의 관점, 그리고 정치적 계급투쟁의 관점 등으로 분류한다.

11회 기출

12 사회복지의 확대에 있어 좌파정당과 노동조합의 영향을 강조한 이론은?

① 이익집단이론(다원주의이론)

② 권력자원이론(사회민주주의이론)

③ 음모이론

④ 종속이론

⑤ 수렴이론(산업화이론)

〔 해설 〕 **권력자원이론(사회민주주의이론)**

• 사회복지정책의 발달에 있어서 정치적인 면을 중요하게 여기며, 사회복지정책의 발달을 노동자 계급 혹은 노동조합의 정치적 세력의 확대 결과로 본다.

• 산업화로 인해 그 수가 급격히 증가한 노동계급은 노동조합을 조직하여 확대된 힘을 가지게 되며, 그들은 자신들의 이익을 대변하는 정당을 지지하게 됨으로써 사회권의 확대를 가져온다.

13 사회복지 발달을 18세기 공민권, 19세기 정치권, 20세기 사회권 등 시민권의 확대과정으로 설명한 학자는?

① 마샬(T. H. Marshall) ② 케인즈(J. M. Keynes)

③ 스미스(A. Smith) ④ 티트머스(R. Titmuss)

⑤ 폴라니(K. Polanyi)

〔 해설 〕 ① 마샬(Marshall)은 자본주의국가가 복지국가로 전환되는 원동력으로서 사회권의 확대를 강조하였다. 시민권이론의 선구자로서 마샬은 시민권 확대 과정을 정치적 · 역사적 맥락에서 파악하였으며, 18세기 이래로 '공민권(Civil Right)', '정치권 또는 참정권(Political Right)', '사회권(Social Right)'이 점진적으로 발전해 왔다고 주장하였다.

14 다음 중 사회복지정책 관련 이론으로서 확산이론에 대한 설명으로 옳은 것은?

① 산업화가 촉발시킨 사회문제에 대한 대응으로 사회복지제도가 확대되었다.

② 사회복지정책의 확대 과정은 국제적인 모방의 과정이다.

③ 사회복지정책의 확대 과정에서 정당정치의 역할을 우선시한다.

④ 20세기 사회권이 시민의 권리로 확장되면서 사회복지정책이 확대되었다.

⑤ 집단적 사회양심의 축적과 인도주의 가치의 구현에 의해 사회복지정책이 발달되었다.

〔 해설 〕 ② 확산이론(전파이론)은 사회복지정책의 발달이 국가 간 교류 및 소통의 과정에서 이루어진다고 본다. 미즐리(Midgley)는 제3세계 국가들이 식민지 시절 지배국가의 사회복지정책을 그대로 모방하여 시행한다는 점에 주목하면서, 사회복지정책의 도입을 선구적인 복지국가에 대한 모방의 과정으로 인식하였다.
① 산업화이론(수렴이론), ③ 이익집단이론(다원주의이론), ④ 시민권이론, ⑤ 사회양심이론

15 다음 중 사회복지정책 관련 이론으로서 음모이론에 대한 설명으로 옳은 것은?

① 모스카와 파레토(Mosca & Pareto)가 주장하였다.

② 복지국가는 다양한 관련 이익단체들 간의 대립과 타협의 산물이다.

③ 사회복지정책에 관한 의사결정이 지배층의 장기적인 계획에서 비롯된다.

④ 사회복지정책의 발달은 노동조합의 정치적 세력의 확대 결과이다.

⑤ 사회문제가 대두되면 공적 복지제도가 축소되고, 사회가 안정되면 복지가 향상된다는 원리이다.

〔 해설 〕 ① 모스카와 파레토(Mosca & Pareto)는 엘리트이론을 주장하였다.
② 이익집단이론에 대한 내용이다.
④ 권력자원이론에 대한 내용이다.
⑤ 음모이론은 심각한 사회문제가 사회의 무질서를 야기할 때 정부가 공적 복지제도를 확대하는 반면, 사회가 안정되면 복지를 위축시키는 현상을 설명한다.

정답 10 ⑤ 11 ③ 12 ② 13 ① 14 ② 15 ③

16 복지국가 발달이론 중 수렴이론에 관한 설명으로 옳은 것을 모두 고른 것은?

> ㄱ. 산업화로 인한 사회문제에 대응하여 사회복지제도 확대
> ㄴ. 복지국가 간 차이점보다 유사성 강조
> ㄷ. 이데올로기나 정치적 변수의 역할은 중요하지 않음
> ㄹ. 경제발전 수준과 사회복지지출 수준 간에 강한 상관관계 존재

① ㄱ, ㄴ, ㄷ   ② ㄱ, ㄷ

③ ㄴ, ㄹ   ④ ㄹ

⑤ ㄱ, ㄴ, ㄷ, ㄹ

[해설] ㄱ. 수렴이론(산업화이론)은 복지국가를 산업화로 발생된 사회적 욕구에 대한 대응으로 본다.

ㄴ·ㄹ. 복지국가 간 차이점보다 유사성을 강조하는 것으로, 경제발전 수준과 사회복지지출 수준 간에 강한 상관관계가 존재한다고 주장한다.

ㄷ. 산업사회의 사회구조를 결정짓는 주요 요인이 이데올로기나 정치적 변수가 아닌 산업화에 있다고 본다.

17 다음 중 보기의 내용과 연관된 복지 이데올로기로 옳은 것은?

> 일종의 다원주의이론의 변종으로서, 거대한 노조가 출현하여 사용자와 대등한 수준에서 임금·근로조건 등 노사 간의 주요 현안을 협상하고 정부가 이를 중재하며, 나아가 정부와 노사 간의 현안인 물가와 복지 등의 문제를 상의·결정한다는 이론이다.

① 사회민주주의   ② 산업민주주의

③ 이익집단주의   ④ 코포라티즘

⑤ 노동조합주의

[해설] 조합주의 또는 코포라티즘(Corporatism)

2차 세계대전 이후 서유럽 각국에 나타난 현상으로, 거리의 계급투쟁을 지양하고 노조, 자본가단체, 정부의 3자가 협력하여 연합체적으로 국가의 사회경제정책을 결정하는 체계를 말한다.

17회 기출

18 복지국가의 이론적 기초가 되는 케인즈(J. M. Keynes) 경제이론에 관한 설명으로 옳지 않은 것은?

① 고용이 증가하면 소득이 증가하고, 소득이 증가하면 유효수요가 증가한다.

② 유효수요가 감소하면 경기불황을 가져오고, 소득이 감소한다.

③ 저축이 증가하면 투자가 감소하고, 고용의 감소로 이어진다.

④ 유효수요가 증가하면 경기호황을 가져와 투자의 증가로 이어진다.

⑤ 소득이 증가하면 저축이 감소하고, 투자의 감소로 이어진다.

[해설] 케인즈(Keynes) 경제이론
- 국가의 시장개입을 통해 재정지출을 증대하고 금융정책 및 사회재분배정책을 확대하여 경기를 활성화함으로써 소비와 투자를 늘려 유효수요를 증대시키고자 한 것이다.
- 고용이 증가하면 소득이 증가하고, 소득이 증가하면 유효수요가 증가한다. 유효수요의 증가는 경기호황을 가져와 투자의 증가와 함께 고용의 증가로 이어진다. 반대로, 유효수요의 감소는 경기불황을 가져와 투자의 감소와 함께 고용의 감소로 이어진다.

13회 기출

19 신자유주의가 지향하는 정책적 특성으로 옳은 것을 모두 고른 것은?

> ㄱ. 시장의 자율적 경쟁을 강조한다.
> ㄴ. '작은 정부'를 지향한다.
> ㄷ. 복지국가는 국민의 책임보다 권리를 강조한다고 비판한다.
> ㄹ. 복지제공에서 보편주의를 주창한다.

① ㄱ, ㄴ, ㄷ   ② ㄱ, ㄷ

③ ㄴ, ㄹ   ④ ㄹ

⑤ ㄱ, ㄴ, ㄷ, ㄹ

[해설] ㄹ. 신자유주의는 국가개입을 축소시키고 자유주의적 시장경제의 원리를 복원하고자 하였으며, 복지에 있어서 개인의 선택과 시장 기능을 강조함으로써 복지의 민영화와 시장화를 추진하였다.

13회 기출

20 신마르크스주의(Neo-Marxism) 이론에 관한 설명으로 옳지 않은 것은?

① 전통적 마르크스주의에 이론적 기초를 둔 갈등주의적 시각이다.

② 다양한 비계급적 집단들의 이해의 조정을 통해 복지국가가 발전하였다고 본다.

③ 복지국가 발전을 독점자본주의의 속성과 관련시켜 분석하였다.

④ 복지정책은 자본축적의 위기나 정치적 도전을 수정하기 위한 수단으로 본다.

⑤ 국가의 자율적 역할 정도에 따라 도구주의 관점과 구조주의 관점으로 대별된다.

〔 해설 〕 ② 복지국가의 다양한 사회복지정책들이 자본과 노동 간의 계급적 대립이 아닌 다양한 관련 이익단체들 간의 대립과 타협의 산물로 보며, 이러한 이익집단들 간의 이해와 조정을 이끌어내는 정부의 역할을 강조한 것은 이익집단이론 혹은 다원주의이론에 해당한다.

CHAPTER 03 사회복지정책의 과정

11회 기출

01 사회복지정책 과정의 단계로 옳은 것은?

① 의제형성 – 정책입안 – 정책결정 – 정책평가 – 정책집행

② 의제형성 – 정책결정 – 정책입안 – 정책평가 – 정책집행

③ 정책입안 – 의제형성 – 정책결정 – 정책집행 – 정책평가

④ 정책입안 – 정책결정 – 정책집행 – 정책평가 – 의제형성

⑤ 의제형성 – 정책입안 – 정책결정 – 정책집행 – 정책평가

〔 해설 〕 **사회복지정책의 형성과정**
문제형성 → 아젠다 형성 또는 정책의제 형성 → 정책대안 형성 및 정책입안 → 정책결정 → 정책집행 → 정책평가

02 다음 중 공익을 바라보는 관점에 따른 정책기획가의 역할 또는 주요 가치를 연결한 것으로 옳은 것은?

① 유기체적 견해 – 입법가로서 기획가의 역할을 강조한다.
② 공동체적 견해 – 전문가로서 기획가의 역할을 강조한다.
③ 개인주의적 견해 – 참여의 가치를 강조한다.
④ 유기체적 견해 – 리더십 가치를 강조한다.
⑤ 공동체적 견해 – 전문성 가치를 강조한다.

[해설] ① 입법가 또는 행정가로서 기획가의 역할을 강조하는 것은 공동체적 견해에 해당한다.
② 전문가로서 기획가의 역할을 강조하는 것은 유기체적 견해에 해당한다.
④ 유기체적 견해는 전문성 가치를 강조한다.
⑤ 공동체적 견해는 리더십 가치를 강조한다.

9회 기출

03 사회복지정책의 아젠다 형성과정에 관한 설명으로 옳은 것은?

① 아젠다 형성과정은 대안 구체화과정보다 상대적으로 정치적 성격이 약하다.
② 콥, 로스와 로스(Cobb, Ross and Ross)의 외부주도형 아젠다 형성모델은 후진국에서 자주 볼 수 있다.
③ 아젠다 형성과정에서 초기의 이슈는 변화될 가능성이 없다.
④ 정책과정에 등장한 모든 아젠다가 법이나 제도로 만들어지는 것은 아니다.
⑤ 어떤 정치체제든지 체제의 편향성을 가지며 이는 아젠다 형성을 활성화시킨다.

[해설] ① 아젠다 형성과정은 이슈를 중심으로 이해집단 간 정치적 성격이 강한 반면, 대안 구체화과정은 비교적 중립적인 입장에서 문제에 접근하므로 정치적 성격이 상대적으로 약하다.
② 외부주도형 아젠다 형성모델은 다원화 · 민주화된 선진국에서 자주 볼 수 있다.
③ 아젠다 형성과정에서 초기의 이슈는 재정의가 이루어지는 역동적인 상황에서 다양한 하위이슈들로 구체화되거나 모호화되는 등 변화의 과정을 거친다.
⑤ 어떤 정치체제든지 체제 자체는 그것을 구축한 기득권자들에게 유리한 방향으로 작용하도록 편향되어 있으며, 이러한 체제의 편향성은 사회복지정책 아젠다의 형성을 억제시키는 역할을 한다.

15회 기출

04 사회복지정책의 대안을 개발할 때, 활용할 수 있는 방법을 모두 고른 것은?

> ㄱ. 과거의 정책을 검토한다.
> ㄴ. 해외 정책사례를 검토한다.
> ㄷ. 사회과학적 지식을 활용한다.
> ㄹ. 직관적 방법을 활용한다.

① ㄱ

② ㄴ, ㄷ

③ ㄷ, ㄹ

④ ㄱ, ㄴ, ㄷ

⑤ ㄱ, ㄴ, ㄷ, ㄹ

〔 해설 〕 사회복지 정책대안 개발을 위한 방법
- 사회문제와 관련된 과거 정책이나 현존 정책을 검토한다.
- 외국의 정책사례를 검토한다.
- 사회과학적 지식이나 이론을 활용한다.
- 직관적 방법을 활용한다.

05 다음 중 합리적 사회정책분석의 일반적인 절차를 순서대로 올바르게 나열한 것은?

> ㄱ. 최적대안의 선택 제시
> ㄴ. 사회문제의 분석과 정의
> ㄷ. 정책대안의 비교와 평가
> ㄹ. 정책대안의 결과 예측

① ㄱ - ㄴ - ㄷ - ㄹ

② ㄴ - ㄷ - ㄹ - ㄱ

③ ㄴ - ㄹ - ㄷ - ㄱ

④ ㄷ - ㄱ - ㄴ - ㄹ

⑤ ㄹ - ㄴ - ㄱ - ㄷ

〔 해설 〕 합리적 사회정책분석의 일반적인 절차
- 제1단계 : 문제인식과 명확한 목표 설정(사회문제의 분석과 정의)
- 제2단계 : 대안탐색 및 기준 결정(정책대안의 결과 예측)
- 제3단계 : 정책대안의 비교와 평가
- 제4단계 : 최적대안의 선택 제시

06 정책대안을 비교분석하는 기준에 관한 설명으로 옳은 것은?

① 사회적 효과성은 정책대안이 가진 사회통합 기능에 주안점을 둔다.

② 정치적 실현가능성은 정책대안이 사회계층 간 불평등을 얼마나 시정할 수 있는지와 관련된다.

③ 효율성은 정책대안이 가진 기술적 문제와 집행 가능성 모두와 관련된다.

④ 사회적 형평성은 정책대안이 가진 정치적 수용 가능성을 중요시한다.

⑤ 기술적 실현가능성은 정책대안이 문제해결을 위한 복지서비스를 최대한으로 창출해낼 수 있는지를 중요시한다.

[해설] ② 정치적 실현가능성은 사회복지 정책대안이 정치적으로 받아들여질 수 있는가의 여부와 관련된다.
③ 기술적 실현가능성의 내용에 해당한다. 효율성은 투입에 대한 산출의 비율과 관련된다.
④ 정치적 실현가능성의 내용에 해당한다. 사회적 형평성은 공평하고 공정한 배분을 강조한다.
⑤ 사회복지 정책대안이 일정한 비용으로 문제해결을 위한 최대한의 복지서비스를 창출해낼 수 있는지를 평가하는 것은 효율성의 기준에 해당한다.

07 다음 중 사회복지 정책대안의 미래예측기법에 대한 설명으로 옳은 것을 모두 고른 것은?

> ㄱ. 유추법은 비슷하거나 같은 꼴 구조의 사례를 통해 미래 상황을 추정한다.
> ㄴ. 델파이기법은 시간에 따른 과거의 변화확률을 토대로 미래의 변화를 예측하는 방법이다.
> ㄷ. 회귀분석기법은 변수들 사이의 인과관계를 토대로 만들어낸 회귀방정식에 의해 미래를 예측한다.
> ㄹ. 마르코프 모형은 전문가들의 의견을 모으고 교환함으로써 미래를 예측하는 방법이다.

① ㄱ, ㄴ, ㄷ   ② ㄱ, ㄷ

③ ㄴ, ㄹ   ④ ㄹ

⑤ ㄱ, ㄴ, ㄷ, ㄹ

[해설] ㄴ. 델파이기법은 미래의 사건에 관한 식견이 있는 전문가집단으로 하여금 다수의 의견을 서로 교환하는 반복적인 과정을 거치도록 함으로써 합의를 도출해내는 방법이다.
ㄹ. 마르코프 모형은 어떤 상황이 시간의 흐름에 따라 일정한 확률로 변하는 경우 그 최종적 상태를 예측하여 정책결정을 위한 확률적 정보를 제공하는 방법이다.

17회 기출

08 사회복지정책 평가가 필요한 이유를 모두 고른 것은?

> ㄱ. 문제해결을 위한 정책결정에 필요한 정보를 얻기 위함
> ㄴ. 기존 정책의 개선에 필요한 정보를 얻기 위함
> ㄷ. 정책의 정당성 근거를 확보하기 위함
> ㄹ. 정책평가는 사회복지정책 이론의 형성에 기여함

① ㄱ, ㄴ, ㄷ　　　　　　　　　　② ㄱ, ㄴ, ㄹ
③ ㄱ, ㄷ, ㄹ　　　　　　　　　　④ ㄴ, ㄷ, ㄹ
⑤ ㄱ, ㄴ, ㄷ, ㄹ

[해설] **정책평가의 목적 및 필요성**
- 정책프로그램의 효과성 증진
- 정책 활동에 대한 책임성 확보
- 정책의 정당성 근거 확보(ㄷ)
- 정책 활동 통제 및 감사의 필요성
- 문제해결을 위한 정책결정 및 기존 정책의 개선에 필요한 정보 획득(ㄱ·ㄴ)
- 관련 이익집단에 대한 설득력 있는 자료 마련
- 새로운 정책대안 개발을 위한 기초자료 제시
- 사회복지정책 관련 학문적·이론적 발전에의 기여 등(ㄹ)

10회 기출

09 정책결정이론에 관한 설명으로 옳은 것을 모두 고른 것은?

> ㄱ. 최적모형 – 정책결정은 과거의 정책을 점증적으로 수정하는 방식으로 이루어진다.
> ㄴ. 합리모형 – 목표 달성을 극대화할 수 있는 최선의 정책대안을 찾을 수 있다.
> ㄷ. 혼합모형 – 정책결정에 드는 비용보다 효과가 더 커야 한다.
> ㄹ. 만족모형 – 정책결정자가 완전한 합리성을 가지고 있지는 않다.

① ㄱ, ㄴ, ㄷ　　　　　　　　　　② ㄱ, ㄷ
③ ㄴ, ㄹ　　　　　　　　　　　　④ ㄹ
⑤ ㄱ, ㄴ, ㄷ, ㄹ

[해설] ㄱ. 정치적 합리성에 입각하여 과거의 정책을 약간 수정한 정책결정이 이루어진다는 보수적인 성격의 모형은 '점증모형'에 해당한다.
　　　　ㄷ. 현실의 정책결정을 위해 경제적 합리성을 강조하는 것은 '최적모형'에 해당한다.

10 다음 중 사회복지정책 결정에 관한 이론모형으로서 쓰레기통 모형에 대한 설명으로 옳지 않은 것은?

① 정책결정에 있어서 직관, 판단력, 통찰력 등이 크게 작용한다.

② 정책결정은 합리성이나 타협이 아닌 우연적인 흐름에 의해 이루어진다.

③ 정책결정의 요소로는 선택 기회, 해결되어야 할 문제, 해결방안, 참여자 등이 포함된다.

④ 정책결정 과정에는 문제의 흐름, 정책의 흐름, 정치의 흐름이 존재한다.

⑤ 정치의 흐름 및 문제의 흐름 각각에 의하여 또는 이들의 결합에 의하여 정책아젠다가 결정된다.

[해설] ① 정책결정에 있어서 직관, 판단력, 통찰력 등 초합리적 요소를 강조하는 것은 최적모형에 해당한다.

11 다음 중 사회복지정책 결정에 관한 이론모형과 그 한계를 연결한 것으로 가장 옳은 것은?

① 합리모형 – 기존 정책이 없는 경우 정치적 결정은 방향 없는 행동이 될 가능성이 있다.

② 혼합모형 – 합리모형과 만족모형의 단순한 혼합에 불과하다.

③ 점증모형 – 인간 능력의 한계, 미래 상황의 불확실성 등을 고려하고 있지 못하다.

④ 최적모형 – 초합리적 요소로 인해 신비주의에 빠질 가능성이 있다.

⑤ 만족모형 – 합리적 정책결정 방법을 시도하지 않는 구실로 사용될 수 있다.

[해설] ①·⑤ 점증모형의 한계에 대한 설명이다.
② 혼합모형은 단지 두 개의 대립되는 모형, 즉 합리모형과 점증모형을 혼합·절충한 것에 지나지 않는다.
③ 합리모형의 한계에 대한 설명이다.

11회 **기출**

12 사회복지정책에 대한 분석적 접근방법 중 산물(Product) 분석에 관한 예로 옳은 것을 모두 고른 것은?

ㄱ. 자활사업 참여자와 비참여자의 공공부조 탈수급률 비교 분석
ㄴ. 국민기초생활보장제도의 형성과정 분석
ㄷ. 근로장려세제(EITC)의 저소득층 근로유인효과 분석
ㄹ. 기초연금과 국민연금의 대상자 선정기준 분석

① ㄱ, ㄴ, ㄷ   ② ㄱ, ㄷ

③ ㄴ, ㄹ   ④ ㄹ

⑤ ㄱ, ㄴ, ㄷ, ㄹ

[해설] ㄱ·ㄷ. 정책 프로그램의 효과성에 분석의 초점을 두고 있으므로 '성과분석'에 해당한다.
ㄴ. 정책형성 과정에 분석의 초점을 두고 있으므로 '과정분석'에 해당한다.

19회 기출

13 사회복지정책의 수급조건에 해당하지 않는 것은?

① 연 령   ② 자산조사
③ 기여 여부   ④ 진단평가
⑤ 최종 학력

[해설] ① 연령 – 귀속적 욕구에 의한 할당
② 자산조사 – 자산조사(자산조사 욕구)에 의한 할당
③ 기여 여부 – 보상에 의한 할당
④ 진단평가 – 진단(진단적 차등)에 의한 할당

14 다음 중 우리나라 사회복지제도로서 보편주의(Universalism)에 입각한 제도에 해당하는 것은?

① 자활사업   ② 장애인연금
③ 기초연금   ④ 의료급여
⑤ 실업급여

[해설] ① · ② · ③ · ④ 선별주의(Selectivism)에 입각한 제도에 해당한다.

19회 기출

15 사회보험제도의 급여와 급여형태에 관한 설명으로 옳지 않은 것은?

① 고용보험법상 구직급여는 현물급여이다.
② 산업재해보상보험법상 요양급여는 현물급여이다.
③ 노인장기요양보험법상 재가급여는 현물급여이다.
④ 국민연금법상 노령연금은 현금급여이다.
⑤ 국민건강보험법상 장애인 보조기기에 대한 보험급여는 현금급여이다.

[해설] ① 고용보험법상 구직급여는 현금급여이다.

16 사회복지급여의 하나인 증서(Voucher)에 관한 설명으로 옳지 않은 것은?

① 현금급여에 비해 목표 달성에 효과적이다.
② 현물급여에 비해 소비자의 선택권이 낮다.
③ 현물급여에 비해 공급자 간 경쟁을 유도하는 데 유리하다.
④ 공급자가 소비자를 자의적으로 선택하는 현상이 발생할 수 있다.
⑤ 현물급여에 비해 서비스에 대한 충분한 정보접근이 이루어져야 한다.

〔해설〕 ② 증서 또는 이용권(Voucher)은 현물급여에 비해 소비자 선택권이 높은 반면, 현금급여에 비해서는 상대적으로 낮다.

17 다음 중 조세와 사회보험료 부과에 대한 설명으로 옳은 것은?

① 사회보험료는 소득세에 비해 누진적이다.
② 조세와 달리 소득상한선이 있는 사회보험료는 고소득층에게 유리하다.
③ 사회보험료에는 조세와 같은 인적공제가 없으므로 저소득층에게 유리하다.
④ 조세와 달리 사회보험료는 국가의 반대급부가 특정되어 있지 않다.
⑤ 조세와 달리 사회보험료는 추정된 부담능력(Assumed Capacity)을 고려한다.

〔해설〕 ① 사회보험료는 조세 중 직접세에 해당하는 소득세에 비해 역진적이다.
③ 사회보험료에는 조세와 같은 인적공제가 없으므로 저소득층에게 불리하다.
④ 조세나 사회보험료 모두 소득의 일정 부분에 부과되는 공적 비용이라는 점에서는 같지만, 조세는 사회보험료와 달리 국가의 반대급부가 특정되어 있지 않다.
⑤ 조세는 부담능력에 따라, 사회보험료는 급여가치에 따라 부과되므로, 조세와 달리 사회보험료는 추정된 부담능력을 고려하지 않는다고 볼 수 있다.

18 사회복지 재원에 관한 설명으로 옳지 않은 것은?

① 일반세 중 재산세의 계층 간 소득재분배 효과가 가장 크다.
② 목적세는 사용목적이 정해져 있어 재원 안정성이 높다.
③ 이용료는 저소득층의 서비스 이용을 저해할 수 있다.
④ 고용주가 부담하는 사회보험료는 수직적 소득재분배 성격을 지닌다.
⑤ 기업이 직원들에게 제공하는 기업복지는 소득역진적 성격이 강하다.

〔해설〕 ① 일반세 중 계층 간 소득재분배 효과가 가장 큰 것은 소득세이다. 소득세에는 개인소득세와 법인소득세가 있는데, 특히 개인소득세의 경우 누진세율을 적용하고 일정 소득 이하인 사람에게 조세를 면제해 주거나 저소득층에게 보다 많은 조세감면 혜택을 부여한다.

14회 기출

19 사회복지 전달체계 주체로서 공공과 비교하여 민간의 강점으로 옳지 않은 것은?

① 정부제공 서비스의 비해당자를 지원

② 서비스 선택의 기회 확대

③ 대상자 선정 과정의 강한 엄격성과 책임성 보증

④ 특정영역에서 고도로 전문화된 서비스 제공

⑤ 환경 변화에 대응하여 서비스 선도

[해설] ③ 대상자 선정 과정의 강한 엄격성은 공공 전달체계의 단점에 해당한다. 반면, 민간 전달체계는 정부제공 서비스의 비해당자 혹은 비수급자에게까지 서비스를 확대 적용한다.

18회 기출

20 실업보험을 민간시장에서 제공할 때 발생할 수 있는 문제점을 모두 고른 것은?

> ㄱ. 역의 선택(Adverse Selection)이 나타난다.
> ㄴ. 가입자의 도덕적 해이가 발생할 가능성이 크다.
> ㄷ. 위험발생이 상호의존적이기 때문에 보험료율 계산이 어렵다.
> ㄹ. 무임승차자 문제가 발생한다.

① ㄹ

② ㄱ, ㄷ

③ ㄴ, ㄹ

④ ㄱ, ㄴ, ㄷ

⑤ ㄱ, ㄴ, ㄷ, ㄹ

[해설] ㄹ. 실업보험과 같은 사회보험은 공공재(Public Goods)의 특성을 가지며, 무임승차(Free-rider) 현상은 그와 같은 공공재의 문제점에 해당한다. 사람들은 자신의 이익을 위해 가급적 다른 사람이 대신 공공재를 생산하도록 기다렸다가 이를 공짜로 소비하려는 심리를 가질 수 있다.

CHAPTER **04** 사회보장론

01 다음 중 사회보장기본법에서 정의하는 '사회적 위험'에 해당하는 것을 올바르게 모두 고른 것은?

> ㄱ. 장 애
> ㄴ. 양 육
> ㄷ. 노 령
> ㄹ. 출 산

① ㄱ, ㄴ, ㄷ   ② ㄱ, ㄷ
③ ㄴ, ㄹ   ④ ㄹ
⑤ ㄱ, ㄴ, ㄷ, ㄹ

〔 해설 〕 사회보장의 정의(사회보장기본법 제3조 제1호)
'사회보장'이란 출산, 양육, 실업, 노령, 장애, 질병, 빈곤 및 사망 등의 사회적 위험으로부터 모든 국민을 보호하고 국민 삶의 질을
향상시키는 데 필요한 소득·서비스를 보장하는 사회보험, 공공부조, 사회서비스를 말한다.

20회 **기출**

02 소득재분배에 관한 설명으로 옳은 것은?

① 소득재분배는 1차적으로 시장을 통해서 발생한다.
② 세대 내 재분배에서는 한 세대에서 다음 세대로 소득이 이전된다.
③ 수직적 재분배의 예로 공공부조제도를 들 수 있다.
④ 수평적 재분배는 누진적 재분배의 효과가 가장 크다.
⑤ 세대 간 재분배는 적립방식을 통해 운영된다.

〔 해설 〕 ① 소득재분배는 일차적으로 시장에서 결정되는 분배의 결과를 조세정책 또는 사회복지정책 등을 통해 수정하는 것을 의미하므
로, '이차적 소득재분배'라고도 한다.
② 세대 내 재분배는 동일한 세대 내에서 소득이 재분배되는 형태이다.
④ 누진적 재분배 효과는 소득이 높은 계층으로부터 소득이 낮은 계층으로 자원이 이전되는 수직적 재분배에서 주로 나타난다.
⑤ 세대 간 재분배는 부과방식을 통해, 세대 내 재분배는 적립방식을 통해 운영된다.

15회 기출

03 사회안전망에 관한 설명으로 옳지 않은 것은?

① 이차적 사회안전망은 빈곤계층의 기본적 욕구를 충족시켜 주기 위한 목적으로 운영된다.

② 일차적 사회안전망과 이차적 사회안전망은 각자의 목표에 따라 엄격하게 구분하여 운영된다.

③ 일차적 사회안전망은 개인의 노력과 능력으로 확보하게 되는 안전망이다.

④ 이차적 사회안전망은 주로 공공부조제도로 구성되어 있다.

⑤ 일차적 사회안전망은 주로 사회보험제도로 구성되어 있다.

〔해설〕② 국가는 전체 사회안전망이 합리적으로 운영될 수 있도록 하기 위해 일차적 사회안전망과 이차적 사회안전망 상호 간 기능의 연계체계를 구축할 필요가 있다. 특히 이차적 사회안전망은 일차적 사회안전망의 기능을 보완할 수 있는 방향으로 설계되어야 한다.

11회 기출

04 사회보장기본법령상 사회보장제도 운영원칙이 아닌 것은?

① 보편성의 원칙

② 독립성의 원칙

③ 형평성의 원칙

④ 민주성의 원칙

⑤ 전문성의 원칙

〔해설〕 사회보장제도의 운영원칙(사회보장기본법 제25조 참조)
- 적용범위의 보편성(①)
- 급여 수준 및 비용 부담의 형평성(③)
- 운영의 민주성(④)
- 효율성 · 연계성 · 전문성(⑤)
- 시행의 책임성

05 다음 중 사회보험과 민간보험에 대한 설명으로 옳지 않은 것은?

① 민간보험은 위험분산(Risk Pooling)을 하지 않는다.

② 민간보험은 임의적·선택적 참여가 이루어진다.

③ 사회보험의 보험료는 평균적 위험정도와 소득수준에 기초한다.

④ 사회보험과 민간보험은 급여 제공 시 자산조사에 근거하지 않는다.

⑤ 사회보험은 인플레이션에 대한 대책이 가능한 반면, 민간보험은 인플레이션에 취약하다.

[해설] ① 사회보험과 민간보험은 공통적으로 위험분산(Risk Pooling) 또는 위험이전(Risk Transfer)에 기초한다.

21회 기출

06 사회보험과 비교하여 공공부조제도의 장점으로 옳은 것은?

① 대상효율성이 높다.

② 가입률이 높다.

③ 수급자에 대한 낙인을 예방할 수 있다.

④ 행정비용이 발생하지 않는다.

⑤ 수평적 재분배 효과가 크다.

[해설] ② 사실상 의무가입을 원칙으로 하는 사회보험과 달리, 공공부조는 사회적 취약계층을 대상으로 선별가입을 원칙으로 하므로 가입률이 상대적으로 낮다.
③ 공공부조의 차별적인 자산조사와 자격조사는 수급자에 대한 낙인을 유발한다.
④ 공공부조는 자산조사와 자격조사에 따른 불필요한 행정비용이 발생한다.
⑤ 공공부조는 고소득층에서 저소득층으로 수직적 재분배가 이루어지며, 상대적으로 소득재분배 효과가 크다.

13회 기출

07 공적연금제도에 관한 설명으로 옳은 것을 모두 고른 것은?

> ㄱ. 적립방식에 비해 부과방식(Pay-as you-go)이 인구 구성의 변동에 더 취약하다.
> ㄴ. 확정급여식 연금은 주로 과거의 소득 및 소득활동 기간에 의해 결정된다.
> ㄷ. 완전적립방식은 퇴직 후 생활보장을 위해 현재 소득의 일부를 저축하는 구조이다.
> ㄹ. 부과방식에서는 현재의 근로세대가 은퇴세대의 연금급여에 필요한 재원을 부담한다.

① ㄱ, ㄴ, ㄷ   ② ㄱ, ㄷ

③ ㄴ, ㄹ   ④ ㄹ

⑤ ㄱ, ㄴ, ㄷ, ㄹ

〔 해설 〕 ㄱ·ㄹ. 연금재정 운용 방식 중 부과방식(Pay-as you-go System)은 한 해의 지출액 정도에 해당하는 미미한 보유잔고만을 남겨 두고 그 해 연금보험료 수입을 그 해 급여의 지출로 써버리는 방식이다. 즉, 현재의 근로세대가 은퇴세대의 연금급여에 필요한 재원을 부담하는 방식으로 볼 수 있다. 이와 같은 부과방식은 인구 구성의 변동에 취약하다. 특히 노령화에 따른 인구구조의 변화는 재정조달의 어려움을 초래하며, 그로 인해 제도 존립에 대한 문제가 대두될 수 있다.
       ㄴ. 확정급여식 연금은 개인이 부담한 보험료의 크기에 상관없이 사전에 확정된 금액으로 급여를 지급하는 방식이다. 그로 인해 주로 과거의 소득 및 소득활동 기간에 의해 결정된다.
       ㄷ. 완전적립방식은 가입자 각각이 부담한 만큼을 노후에 연금으로 보장받는 방법으로서, 수지상등의 원칙에 입각한 재정 운용 방식이다.

15회 기출

08 국민연금 보험료 부과체계상 소득상한선과 소득하한선에 관한 설명으로 옳지 않은 것은?

① 소득하한선은 일정수준 이하의 저소득계층을 제도의 적용으로부터 제외시키는 기능을 한다.

② 소득하한선을 높게 설정할 경우 국민연금 가입자 규모가 감소할 수 있다.

③ 소득상한선을 낮게 유지할 경우 고소득계층의 부담은 그만큼 더 커지게 된다.

④ 소득상한선은 국민연금 가입자들 상호 간 연금급여의 편차를 일정수준에서 제한하는 기능을 하게 된다.

⑤ 소득상한선은 그 이상의 소득에 대해서는 더 이상 보험료가 부과되지 않는 소득의 경계선을 의미한다.

〔 해설 〕 ③ 우리나라 국민연금은 보험료 부과체계상에 소득상한선을 두어 연금급여의 편차를 일정수준에서 제한하는 한편, 소득하한선을 두어 저소득계층의 과도한 분배적 부담을 억제한다. 다만, 소득상한선을 높게 설정할 경우 고소득계층의 부담이 그만큼 더 커지게 되며, 소득하한선을 높게 설정할 경우 국민연금 가입자 규모가 감소할 수 있다.

09 다음 중 우리나라의 국민건강보험제도에 대한 설명으로 가장 옳지 않은 것은?

① 연금보험과 달리 단기성 보험이다.

② NHI(National Health Insurance) 방식을 도입한 것이다.

③ 국외에 거주하는 국민은 원칙적으로 적용 대상에서 제외된다.

④ 보험료 부과수준에 관계없이 관계법령에 의해 균등한 보험급여가 이루어진다.

⑤ 진료비 지불방식 중 포괄수가제(DRG)를 2002년 7개 질병군에 한해 시행하였다.

〔 해설 〕 ⑤ 우리나라는 1997년부터 2001년까지 3차에 걸쳐 질병군별 포괄수가제도 시범사업을 실시하였으며, 이후 2002년부터 8개 질병군에 대해 요양기관에서 선택적으로 참여하는 방식으로 본 사업을 실시하였고, 2003년 9월 이후에는 정상분만을 제외한 7개 질병군에 대해 선택적용하였다.

20회 **기출**

10 우리나라 산업재해보상보험의 급여가 아닌 것은?

① 요양급여

② 상병수당

③ 유족급여

④ 장례비

⑤ 직업재활급여

〔 해설 〕 ② 상병수당은 국민건강보험법상 부가급여에 해당한다. 국민건강보험법 제50조는 부가급여로 임신·출산 진료비, 장제비, 상병수당 등을 규정하고 있다. 참고로 산업재해보상보험법상 보험급여로 상병보상연금이 있다.

11 다음 중 공공부조에 대한 설명으로 가장 옳은 것은?

① 신청과정을 거치지 않는다.

② 자산조사를 거쳐 대상을 선정한다.

③ 수혜자들의 경제적인 기여를 전제조건으로 한다.

④ 중앙정부가 단독으로 공공부조의 책임을 지는 것은 세계적 현상이다.

⑤ 사회보장제도 중 공공부조는 투입 재원 대비 소득재분배 효과가 가장 낮다.

〔 해설 〕 ② 공공부조는 보충성의 원리를 원칙으로 한다. 즉, 수급자로 선정·보장되기 전에 자신의 재산, 소득, 근로능력 등을 최대한 활용
하도록 요구되며, 이를 위해 자산조사가 선행된다.
① 공공부조는 신청주의를 원칙으로 한다.
③ 공공부조의 수혜자들은 프로그램의 재원을 위해 자신이 별도로 경제적인 기여를 하지 않는다.
④ 공공부조의 책임과 관련하여 중앙정부의 부담을 줄이고 지방정부의 부담을 늘리는 것이 세계적 현상이다.
⑤ 공공부조는 고소득층에서 저소득층으로 수직적 재분배가 이루어지므로 상대적으로 소득재분배 효과가 크다.

15회 기출

12 우리나라의 사회복지정책 중 대상을 빈곤층으로 한정하는 정책이 아닌 것은?

① 보육급여　　　　　　　　　　　② 생계급여

③ 주거급여　　　　　　　　　　　④ 의료급여

⑤ 교육급여

〔 해설 〕 ① 우리나라는 소득과 관계없이 만 0~5세 어린이집을 이용하는 영유아에 대해 보육료 등을 지원하고 있다.
②·③·④·⑤ 생계급여, 주거급여, 의료급여, 교육급여 등은 국민기초생활보장법에 따른 급여로서, 저소득 취약계층을 대상으로
한다.

18회 기출

13 우리나라의 근로장려세제에 관한 설명으로 옳지 않은 것은?

① 근로장려금 신청 접수는 보건복지부에서 담당한다.

② 근로능력이 있는 빈곤층에 대해 근로의욕을 고취한다.

③ 미국의 EITC를 모델로 하였다.

④ 근로장려금은 근로소득 외에 재산보유상태 등을 반영하여 지급한다.

⑤ 근로빈곤층에게 실질적 혜택을 제공하여 빈곤탈출을 지원한다.

〔 해설 〕 ① 근로장려금 신청 접수는 관할 세무서에서 담당한다.

21회 기출

14 다음 중 상대적 빈곤선을 설정(측정)하는 방식으로 옳은 것을 모두 고른 것은?

ㄱ. 중위소득의 일정 비율
ㄴ. 라이덴(Leyden) 방식
ㄷ. 반물량 방식
ㄹ. 라운트리(Rowntree) 방식
ㅁ. 타운센드(Townsend) 방식

① ㄱ, ㄴ   ② ㄱ, ㅁ
③ ㄴ, ㅁ   ④ ㄷ, ㄹ
⑤ ㄱ, ㄷ, ㄹ

[해설]   ㄴ. 라이덴(Leyden) 방식은 주관적 기준에 따른 주관적 측정 방식에 해당한다.
            ㄷ · ㄹ. 반물량 방식과 라운트리(Rowntree) 방식은 예산 기준에 따른 절대적 측정 방식에 해당한다.

18회 기출

15 빈곤과 불평등 측정에 관한 설명으로 옳은 것은?

① 완전평등 사회에서 로렌츠 곡선은 45° 각도의 직선과 거리가 가장 멀어진다.
② 지니계수의 최댓값은 1, 최솟값은 −1이다.
③ 빈곤갭은 빈곤선 이하에 속하는 인구가 전체 인구에서 차지하는 비율을 의미한다.
④ 빈곤율은 빈곤선과 실제소득과의 격차를 반영한다.
⑤ 센(Sen) 지수는 빈곤집단 내의 불평등 정도를 반영한다.

[해설]   ① 로렌츠 곡선(Lorenz Curve)이 45° 각도의 직선과 일치하면 소득분포가 완전히 균등한 상태이다.
            ② 지니계수의 최댓값은 '1', 최솟값은 '0'이다. 완전평등 상태에서 지니계수는 '0', 완전불평등 상태에서 지니계수는 '1'이다.
            ③ 빈곤율(Poverty Rate)의 내용에 해당한다.
            ④ 빈곤갭(Poverty Gap)의 내용에 해당한다.

모든 전사 중 가장 강한 전사는 이 두 가지,

시간과 인내다.

−레프 톨스토이−

제7영역

사회복지행정론

제7영역

사회복지행정론

Chapter 04 인적자원관리와 재정관리

- 인적자원관리의 구성요소 및 일반적인 과정
- 직무분석, 직무기술서와 직무명세서, 직무평가와 직무
  수행평가
- 직원개발의 주요 방법
- 슈퍼비전의 기능 및 모형, 슈퍼바이저의 역할과 자질
- 동기부여에 관한 이론(동기-위생이론, ERG이론, 성취
  동기이론, 형평성이론 등)
- 예산편성 모형(품목별 예산, 성과주의 예산, 계획예산,
  영기준 예산 등)

Chapter 05 기타 사회복지행정

- 사회복지마케팅의 특성 및 과정
- 마케팅 믹스와 마케팅 기법
- 사회복지조직에서 정보관리시스템의 필요성
- 프로그램 목표설정의 원칙(SMART 원칙)
- 프로그램 평가의 목적과 평가의 기준, 논리모델(Logic
  Model)
- 최근 사회복지행정환경의 변화와 조직운영을 위한 경
  영관리기법

01 | 사회복지행정의 개관

KEY POINT

- '사회복지행정의 개관' 영역은 사회복지행정의 전반에 대한 원론적인 내용을 다루고 있다.
- 사회복지행정의 개념 및 이념, 사회복지행정의 특징과 원칙 등도 시험에 출제될 수 있는 분야이므로 소홀히 하지 말아야 한다.
- 사회복지행정의 이론적 배경인 고전적 이론과 인간관계이론, 체계이론과 상황이론, 그 밖에 조직관리에 관한 이론 등은 반복되어 출제되므로 각 이론별 특성을 반드시 알아두어야 한다.
- 미국과 우리나라의 사회복지행정의 역사를 숙지해야 하며, 특히 우리나라의 사회복지행정 역사의 중요사항은 연도별로 암기해야 한다.

01절 사회복지행정의 이해

1 사회복지행정의 개념 및 특성

전문가의 한마디

사회복지행정은 거시적인 정책이나 미시적인 현장사업을 통합하는 중간적인 활동영역으로서, 특히 광의의 사회복지행정은 공공 및 민간기관을 포함한 사회복지조직 구성원들의 총체적인 활동을 의미합니다.

(1) 개 념 5회, 18회 기출

① 사회복지정책을 개별적이고 구체적인 서비스로 전환시키는 과정이다. 즉, 사회복지정책으로 표현된 추상적인 것을 실제적인 사회복지서비스로 전환하는 공·사의 전 과정이다.

② 사회복지제도와 정책을 서비스 급여, 프로그램으로 전환시키기 위한 전달체계이다.

③ 사회복지 과업수행을 위해서 인적·물적 자원을 체계적으로 결합·운영하는 합리적 행동이다.

④ 관리자가 조직목표를 달성하기 위해서 수행하는 과정, 기능 그리고 활동이다.

(2) 특 성 10회, 11회, 16회, 18회, 22회 기출

① 지역사회의 욕구를 충족시키기 위한 활동으로서, 이를 위해 조직관리 기술을 필요로 한다.

② 모든 구성원들이 조직운영 과정에 참여하여 일정 부분 영향을 미친다.

③ 조직들 간의 체계적인 관련성을 위해 개방적 조직구조 및 통합과 연계를 중시하며, 역동적 환경변화에 대응하는 조직관리를 강조한다.

④ 사회복지조직은 외부환경에 대한 의존성이 높으므로, 사회복지조직의 관리자는 조직의 운영을 지역사회와 연관시킬 책임이 있다.

⑤ 클라이언트와의 전문적 상호작용을 위해 참여적 · 수평적 조직구조로부터 창의성과 역동성을 추구한다.

⑥ 서비스 이용자와 제공자 간 공동생산(Co-production)의 가치를 높여야 한다.

⑦ 다양한 상황에서 윤리적 딜레마와 가치 선택에 직면하며, 대립적인 가치로 인한 갈등을 조정해야 한다.

⑧ 사회복지사의 전문성과 자율성을 인정하며, 일선 사회복지사는 클라이언트에게 재량권을 행사할 수 있다.

(3) 사회복지행정과 일반행정

① 주요 공통점 9회 기출

ㄱ 서로 관련되고 작용하는 부분들의 기능적인 집합이다.

ㄴ 개인 및 집단이 효과적으로 기능하도록 지원하는 체제이다.

ㄷ 대안을 모색하고 실행하고 평가하는 문제해결 과정이다.

ㄹ 지식과 기술의 창의적인 활용이 이루어지며, 미래지향적인 특징을 가진다.

ㅁ 목표를 설정하고 목표 달성을 위해서 인적 · 물적 자원을 동원한다.

ㅂ 가치판단을 통한 대안의 선택 과정을 거친다.

ㅅ 관리운영의 객관화, 인적자원 활용 간 적절한 균형을 유지하는 기능을 가진다.

ㅇ 관리자에 의해 수행되는 기획 및 의사결정, 평가 과정을 거친다.

ㅈ 조직부서 간 업무의 조정이 요구되고 직무평가가 이루어진다.

② 주요 차이점 5회, 9회, 12회, 16회, 17회, 21회, 22회 기출

ㄱ 사회복지행정은 인간의 가치와 관계성을 기반으로 한다.

ㄴ 일반행정에 비해 도덕적 · 윤리적 가치판단이 강조된다.

ㄷ 공공복리보다는 지역사회 내 인지된 욕구를 충족함으로써 사회문제를 해결하고자 한다.

ㄹ 클라이언트의 욕구충족을 기본으로, 자원을 제공하고 손상된 사회적 기능을 회복하며, 사회적 역기능을 예방한다.

ㅁ 사회복지행정가는 휴먼서비스 조직 관리에 필요한 사회과학적 지식을 가지며, 조직운영에서 지역사회 협력의 중요성을 인식해야 한다.

ㅂ 자원의 외부의존도가 높으며, 전문인력인 사회복지사에 대한 의존도 또한 높다.

ㅅ 일선 직원과 수혜자와의 관계가 조직의 효과성을 좌우한다.

ㅇ 목표달성의 효과성 및 효율성을 측정하기 어려우며, 조직성과의 객관적 증명이 쉽지 않다.

출제의도 체크

사회복지행정은 인간을 도덕적 가치를 지닌 존재로 가정하므로, 대안선택 시 인간적 가치의 측면에서 효과성을 고려하게 됩니다.

▶ 16회 기출

전문가의 한마디

사회복지행정은 클라이언트와 지역사회의 욕구를 충족시키기 위한 활동입니다. 클라이언트의 욕구는 사회문제와 연관되므로, 사회복지조직의 활동은 사회문제를 해결하기 위한 활동으로 연결됩니다.

출제의도 체크

휴먼서비스 조직으로서 사회복지조직이 목표달성을 위해 사용하는 지식과 기술은 불확실하며, 목표달성의 효과성 및 효율성을 측정하는 데 있어서도 어려움이 있습니다. 따라서 사회복지행정은 서비스 성과를 평가하기 어렵습니다.

▶ 21회, 22회 기출

(4) 사회복지에서 행정지식이 중요하게 된 이유   11회 기출

① 사회복지실천에서 조직적 과정의 중요성이 커졌다.

② 사회문제 해결을 위한 사회복지조직의 역할이 커졌다.

③ 한정된 사회복지자원에 대한 효과적 관리의 필요성이 커졌다.

④ 사회복지조직이 세분화되면서 조직 간 통합과 조정의 필요성이 커졌다.

⑤ 사회복지조직에 대한 외부의 책임성 이행요구가 증가하였다.

---

2   사회복지행정의 이념과 기능

(1) 이 념   2회, 19회 기출

① 합법성(Legality)

사회복지행정이 진행되는 과정은 법률에 적합해야 한다.

② 효율성(Efficiency)

사회복지조직의 재원은 한정되어 있으므로, 한정된 재원으로 조직이 추구하는 복지행정을 펼쳐야 한다.

③ 효과성(Effectiveness)

사회복지조직에서 제공하는 서비스나 프로그램은 클라이언트의 욕구와 문제를 해결하는 데 있어서 효과적이어야 한다.

④ 형평성 또는 공평성(Equity)

동일한 욕구를 가진 사람들에게 동일한 서비스 혜택을 제공해야 한다는 자유의 가치와 소수집단이나 불리한 입장에 있는 사람들의 이익을 고려해야 한다는 평등의 가치를 함께 고려해야 한다.

⑤ 접근성(Accessibility)

사회복지조직은 서비스를 받고자 하는 사람이 언제나 쉽게 이용할 수 있도록 가까운 거리에 위치하며, 수혜자가 어려움 없이 서비스를 이용할 수 있도록 응대해야 한다.

⑥ 책임성(Accountability)

사회복지행정이 목표를 달성하고자 하는 노력으로서, 그 결과는 효과성이나 효율성으로 나타난다.

(2) 사회복지행정 실천원칙(Trecker)   15회 기출

① 사회복지가치의 원칙(사회사업가치의 원칙)

사회복지행정의 전문적 가치는 제반 서비스의 개발과 활용의 기초가 된다.

② 지역사회와 클라이언트 요구(욕구)의 원칙

기관의 존립과 프로그램 제공의 기반이며 기관 종사자들의 일차적 의무로 받아들여야 한다.

③ 기관 목적의 원칙

기관의 사회적 목적을 공식화 또는 명문화하고, 이해 및 활용하여야 한다.

④ 문화적 장의 원칙

그 지역사회의 문화에 대한 지식과 이해의 정도를 확대시키고 활용한다.

⑤ 의도적인 관계의 원칙

효율성 증진을 위한 의도적인 관계나 상호연결이 필요하다.

⑥ 기관 전체성의 원칙

기관은 하나의 유기체로서, 상호 관련되는 부서들이 연계되고 전체적 · 총체적인 기구로 운용되어야 한다.

⑦ 전문적 책임의 원칙

주의 깊게 공식화되고 엄격하게 적용되어 전문적 실천의 기준에 기반을 둔 고도의 전문적 서비스를 제공해야 한다.

⑧ 참여의 원칙

지속적이고 역동적인 참여의 과정을 통해 이사 또는 직원 등의 적절한 공헌을 추구 · 활용해야 한다.

⑨ 지도력의 원칙

예시, 자극, 격려, 지지 등을 통한 목적 달성과 전문적 서비스의 측면에서 지도력을 구사해야 할 책임이 있다.

⑩ 계획의 원칙

의미 있는 서비스의 계속적인 개발을 위한 과정이다.

⑪ 조직(조직화)의 원칙

많은 사람들의 활동은 효과성과 효율성의 제고 및 책임과 관계의 명백화를 위해 조직화 · 구조화가 되어야 한다.

⑫ 권한위임의 원칙

직원들의 능력에 비추어 업무를 할당하고 책임을 위임하며 그들로 하여금 한정된 범위 내에서 결정을 내리게 하는 필수적인 원리이다.

⑬ 커뮤니케이션(의사소통)의 원칙

사람들의 완전한 기능을 위해 커뮤니케이션의 경로를 조성하고 최대한으로 개방 · 활용해야 한다.

바로암기 ○×

사회복지행정의 실천원칙으로서 '조직화'는 직무에 대한 조직의 연대책임을 강조하는 원칙이다?

( )

해설

사회복지행정이 조직된 형식 속에서 그 책임과 관계가 명확히 규정되도록 구조화되어야 한다는 원칙이다.

정답 ×

⑭ 조정의 원칙

위임된 다양한 업무들에 노력이 집중될 수 있도록 적절히 조정되어야 한다.

⑮ 자원활용의 원칙

사회가 기관에 부여한 신뢰에 부응하여 재정, 시설, 인사 등을 주의 깊게 통제 · 처리해야 한다.

⑯ 변화의 원칙

변화의 과정은 기관 내에서든 지역 내에서든 계속적인 것이므로, 사회복지행정가는 민주적으로 결정된 변화를 실천하도록 돕고, 변화의 과정을 유도하기도 한다.

⑰ 평가의 원칙

기관의 목적 달성(목표성취)에 필수적인 것으로, 자타의 활동과정과 프로그램을 개방적 · 비판적 · 미래지향적으로 평가할 수 있는 분위기가 보장되어야 한다.

⑱ 성장의 원칙

모든 참여자의 성장과 발전을 위해 적극적인 작업의 할당과 사려 깊은 지도 · 감독 및 개인과 집단의 학습을 위한 기회를 제공해야 한다.

전문가의 한마디

'평가의 원칙'은 기관의 목표성취를 위한 지속적 평가 과정을 강조합니다.

전문가의 한마디

귤릭(Gulick)은 조직행정의 행정적 기능을 각 과정의 영문 앞글자를 이용하여 'POSDCoRBE'로 표현하였습니다.

(3) 사회복지행정의 기능(과정)(Gulick) 5회, 6회, 7회, 16회, 21회 기출

기 획 (Planning)	목표의 설정과 목표를 달성하기 위한 과업 및 활동. 과업을 수행하기 위해 사용되는 방법을 결정하는 단계이다.
조직화 (Organizing)	조직의 공식구조를 통해 업무를 규정하는 것으로, 과업이 할당 · 조정되는 과정이다. 조직목표와 과업 변화에 부응하여 조직구조를 확립한다.
인사 또는 스태핑(Staffing)	직원의 채용과 해고, 직원의 교육훈련. 우호적인 근무조건(활동조건)의 유지 등이 포함되는 활동이다.
지시 또는 지휘 (Directing)	기관의 효과적인 목표달성을 위한 행정책임자의 관리 · 감독의 과정이다.
조 정 (Coordinating)	조직 활동에서 구성원들을 상호 연관 짓는 중요한 기능으로, 사회복지행정가는 부서 간, 직원들 간의 효과적인 의사소통의 망을 만들어 유지하고 조정해야 한다.
보 고 (Reporting)	사회복지행정가가 직원, 지역사회, 이사회, 행정기관. 후원자 등에게 조직의 활동 및 조직에서 일어나는 상황을 알려주는 과정이다.
재 정 (Budgeting)	조직의 재정행정는 현재를 포함하여 중장기적인 재정계획을 수립하고 회계규정에 따라 재정운영에 대한 책임을 진다.
평 가 (Evaluating)	클라이언트의 욕구나 문제의 해결이 적절했는지에 대한 서비스의 효과성 평가, 자원의 투입 및 산출과 관련된 효율성 평가 등이 이루어진다.

사회복지행정의 전통적 과정과 현대적 과정 20회 기출

전통적 행정과정	기획(Planning) → 조직화(Organizing) → 실시(Actuating) → 통제(Controlling)
현대적 행정과정	목표설정(Goal Setting) → 정책결정(Policy Making) → 기획(Planning) → 조직화(Organizing) → 동기부여 · 촉진(Motivating) → 평가(Evaluation) → 환류(Feedback)

3 사회복지행정의 책임성

(1) 사회복지행정의 책임성 기준 10회 기출

법적 기준	• 사회복지조직의 행정활동이 명문화된 법령에 근거하여 충실하게 이행되고 있는지를 결정하는 기준을 말한다. • 법적 기준은 윤리적 기준이나 도덕적 기준과 상충되는 것이라기보다는 이들을 보완하는 기능을 한다.
이념적 기준	• 사회복지행정의 이념은 사회복지실천의 지도이념인 동시에 사회복지조직의 책임성에 대한 법적 · 윤리적 기본전제이자 평가의 기준이 된다. • 사회복지행정의 이념은 국가 및 시대의 요구에 영향을 받으며, 가치 지향적 측면에서 다양한 양상을 보인다.
공익성 기준	• 공익성은 사회복지조직의 재량권과 관련하여 정당성 여부를 결정짓는 기준이 된다. • 공익성은 규범적 기준으로서 포괄성 및 상대성을 본질적인 특징으로 한다.
욕구충족 기준	• 사회복지행정은 클라이언트의 욕구충족을 목표로 사회복지서비스의 접근성 및 대응성을 강조한다. • 사회복지서비스는 프로그램을 통해 전달되므로 클라이언트의 욕구에 대응하는 적절한 프로그램이 개발되어야 한다.

(2) 사회복지조직의 책임성 20회 기출

① 업무수행 결과에 대한 책임뿐만 아니라 업무과정에 대한 정당성을 의미한다.

② 지역사회와의 관계뿐만 아니라 조직 내 상호작용에서도 정당성을 확보해야 한다.

③ 정부 및 재정자원제공자, 사회복지조직, 사회복지전문직, 클라이언트 등에게 책임성을 입증해야 한다.

④ 클라이언트 집단의 욕구를 충족시키고 당면한 사회문제를 해결하고 있다는 증거를 보여줘야 한다.

⑤ 책임의 내용에는 서비스 효과성, 효율성, 조직 내부의 유지관리 등이 포함된다.

(3) 사회복지조직의 책임성이 있는 관리자의 자세 12회 기출

① 지역사회의 다양한 이해집단에 대하여 정확하게 파악한다.

② 클라이언트 집단의 관점이 배제되지 않도록 주의한다.

③ 조직 내 서비스 제공자의 업무수행을 파악한다.

④ 동원된 자원의 사용에 관한 정보를 공개한다.

⑤ 조직의 구조와 직원이 조직의 목표 달성을 위해 얼마나 노력하는지 평가한다.

⑥ 어떤 행정통제 기제를 사용할 것인지를 결정한다.

(4) 사회복지조직의 책임성 확보를 위한 행정통제 효율화 방안 18회 기출

① 행정정보 공개를 통해 조직의 개방성을 유도한다.

② 사회복지 정책과정에 주민참여의 기회를 확대한다.

③ 전문직의 전문성 향상과 함께 전문직으로서의 권한을 강화한다.

④ 외부통제와 내부통제의 균형이 이루어지도록 한다.

⑤ 사회복지행정 평가제도를 확립한다.

02절 사회복지행정의 이론적 배경

1 고전적 이론 1회, 2회, 6회, 7회, 12회 기출

(1) 관료제이론

① 의 의

베버(Weber)가 주장한 것으로, 합리적이고 합법적인 규칙과 최대한의 효율성을 목적으로 한 조직구조에 관한 이론이다. 관료제는 조직관리를 위한 합리적인 규칙을 의미하는 것으로, 의사결정의 계층화, 고도의 전문화에 기초한다.

② 특 징 16회, 21회 기출

㉠ 합리 · 법적 권한을 기초로 한 관료제를 가장 효율적인 조직으로 간주한다.

㉡ 조직운영의 권한양식이 합법성 · 합리성을 띠고 있다.

㉢ 인간의 개성보다 공적인 지위에 기반을 둔 위계적인 권위구조를 강조한다.

㉣ 전문화된 분업과 엄격한 규칙에 의한 위계적 관리를 강조한다.

㉤ 조직이 수행해야 할 과업이 일상적 · 일률적인 경우 효율적이다.

㉥ 비정의성(몰인정성), 인간에 대한 무관심으로 구성원들 간의 인간관계가 없는 상태이다.

ⓢ 기술적 지식이나 자격에 기반을 둔 관리의 임명이 이루어진다.

ⓞ 계층적 승진 제도를 통해서 직원의 성취 욕구를 고려한다.

③ 사회복지조직에의 적용상 문제점 16회, 18회 기출

ⓐ 일상적인 과업에 대해서는 효율적이고 합리적이지만, 조직의 업무가 일상적이지 않거나 일률적으로 처리할 업무가 아닌 경우 문제가 있다.

ⓑ 정해진 규칙에 집착하는 관행을 만들고 조직운영의 경직성을 초래함으로써 부서 이기주의가 나타나고 조직 변화를 어렵게 만든다.

ⓒ 조직 운영규정 자체가 목적으로 인식될 수 있다.

ⓓ 서비스 제공 과정에서 융통성이 결여되며, 서비스가 최저수준에 머무를 수 있다.

(2) 과학적 관리론

① 의 의 19회 기출

테일러(Taylor)가 주장한 것으로, 조직 구성원의 업무를 과학적으로 분석하여 활용하는 이론이다. 개인들의 과업을 수행하는 데 필요한 시간 및 동작에 초점을 두고, 조직에서 개인의 기여를 극대화하기 위해 개인의 동작에 대한 소요시간을 표준화하여 적정한 일의 분업을 확립한 다음 과업의 성과와 임금을 관련시킨다.

② 특 징 12회, 19회 기출

ⓐ 조직의 효율성과 생산성의 극대화를 실현하기 위한 이론이다.

ⓑ 조직의 목적은 상하의 일치성에 기반을 두고 있다.

ⓒ 조직이 적정 수준으로 달성하고자 하는 객관적인 기준과 목표를 규정한다.

ⓓ 목표성취에 필요한 조직 내 활동의 분석과 측정에 기초한 모델을 개발한다.

ⓔ 조직 내 목표달성을 위한 활동을 수학적으로 분석한다.

ⓕ 모델이 제공하는 최선의 해결책에 일치하도록 조직 활동을 재구성한다.

ⓖ 작업의 효율은 노동의 분업에 의해 얻어질 수 있다.

ⓗ 경제적 보상을 통해 생산성을 극대화할 수 있다.

ⓘ 권한과 책임성은 행정 간부에게만 주어진다.

③ 사회복지조직에의 적용상 문제점 15회, 20회 기출

ⓐ 인간의 정서적인 측면과 사회적 관계를 소홀히 하며, 비공식 집단, 커뮤니케이션 등의 중요성을 간과한다.

ⓑ 조직구성원들의 비인간화로 소외현상이 발생한다.

ⓒ 폐쇄적 환경을 강조하여 환경적 요인이 조직의 목적과 구조에 미치는 영향을 등한시한다.

ⓓ 주로 경제적 보상을 강조하여 구성원이 오로지 금전적인 요인에만 반응한다고 가정함으로써 인간에 대한 기계론적인 견해를 가지도록 한다.

전문가의 한마디

사회복지조직에서는 다양한 욕구를 지닌 클라이언트들을 대상으로 개별화된 서비스를 제공해야 할 필요성이 있으므로, 일률적인 업무를 강조하는 관료제이론이 부적합할 수 있습니다.

전문가의 한마디

조직의 목적이 상하의 일치성에 기반을 둔다는 것은 의사결정이 상의하달식으로, 즉 상급자의 명령이 하급자에게 일방적으로 전달되는 방식으로 이루어진다는 의미로 볼 수 있습니다. 이는 민주적 절차를 지향하는 사회복지조직에는 맞지 않을 수 있습니다.

ⓜ 관리자에게만 조직의 목표를 설정할 수 있는 권한과 책임을 부여하기 때문에 직원의 의사결정 참여를 지향하는 사회복지조직에 적용하는 데는 한계가 있을 수 있다.

심화연구실

관료제이론과 과학적 관리론의 주요 강조점 비교 22회 기출

관료제이론	• 권위의 위계구조 • 사적 감정의 배제 • 경력지향성	• 규칙과 규정 • 분업과 전문화 • 능률성(행정능률) 강조 등
과학적 관리론	• 목표설정 • 관리의 원칙수립	• 직무의 과학적 분석 • 경제적 보상 등

2 인간관계이론 및 X·Y·Z 이론 13회 기출

(1) 인간관계이론

① 의 의

메이요(Mayo) 등 하버드 대학의 경영학과 교수들이 미국의 웨스턴일렉트릭사(Western Electric Co.)의 호손(Hawthorne) 공장에서 수행한 일련의 실험에 기초하여, 인간의 심리사회적 욕구와 구성원의 사회적 상호작용이 생산성에 중요한 영향을 미친다는 점을 강조한다.

② 특 징 1회, 2회, 6회, 9회, 13회, 17회, 21회, 22회 기출

ⓐ 조직의 생산성 향상을 위해 인간의 정서적인 요인과 함께 심리사회적 요인, 비공식적 요인에 역점을 두어 인간을 관리하는 기술 또는 방법을 강조한다.

ⓑ 인간의 심리사회적 욕구에 초점을 두며, 인간의 정서적인 측면과 사회적인 관계를 중시한다.

ⓒ 인간관계가 작업능률과 생산성을 좌우하며, 조직 내 비공식 집단이 개인의 생산성에 영향을 미친다고 본다.

ⓓ 조직구성원의 자율성과 책임성을 강조하며, 조직의 목표와 조직구성원들의 목표 간의 균형유지를 위한 민주적·참여적 관리방식을 지향한다.

ⓔ 관리자는 관리행동의 목표를 생산성 향상에 두면서, 조직구성원의 상호작용을 통한 사회기술(Social Skill)의 활용을 중시한다. 특히 하급직원들과 비공식적인 방식을 통한 관계유지에도 관심을 가진다.

③ 한계점

    ㉠ 인간의 일면성을 지나치게 강조한 나머지 환경적인 요인들을 충분히 고려하지 못한다.

    ㉡ 비공식적 조직을 지나치게 강조한 나머지 공식적 조직에 대한 관심이 결여되어 있다.

    ㉢ 조직과 환경의 조화 및 변화 관계를 다루지 않은 채 조직 및 조직구성원의 내재적인 측면만을 다룬다.

    ㉣ 조직의 목표달성이 전적으로 내적 요인에 의해 추구된다고 봄으로써 조직 외적인 환경적응과 그에 대한 변화전략을 수립하기 어렵다.

(2) 맥그리거(McGregor)의 X · Y이론

① 의 의

맥그리거(McGregor)는 조직 내에서 개인과 직무를 보는 태도성향 및 직무수행 자세에 따라 인간을 X이론과 Y이론으로 구분하여 설명하였다.

② X · Y 이론

X이론	• 사람은 본래 일하는 것을 싫어한다. • 사람은 야망이 없고 책임지려 하지 않으며, 지휘받기를 좋아한다. • 대부분의 사람은 조직문제의 해결에 창의적이지 못하다. • 동기부여는 생리적 욕구와 안정의 욕구 영역에만 적용된다. • 조직의 목표를 성취하려면 통제와 지시가 필요하다.
Y이론	• 사람은 본래 일하는 것을 좋아한다. • 대부분의 사람은 조직목표를 달성하기 위한 자기통제가 가능하다. • 대부분의 사람은 조직문제의 해결을 위한 창의성을 가지고 있다. • 동기부여는 모든 영역에 적용된다. • 조직의 목표를 성취하려면 자율성과 창조성을 발휘할 수 있도록 해야 한다.

(3) 룬트슈테트(Lundstedt)의 Z이론

① 의 의

룬트슈테트(Lundstedt)는 기존 조직이론이 단순하다고 비판하면서, 방임상태의 조직들(예 대학, 실험실 등)에서는 조직원들의 개성이 중시되므로 자유방임적 관리전략이 필요하다고 주장하였다.

② 특 징 15회 기출

    ㉠ 과학자나 학자와 같은 특수 전문분야 종사자들로 구성된 조직에 적합한 이론이다.

    ㉡ 인간은 통제와 강제의 대상이 아님을 강조한다.

바로암기 ◯×

인간관계이론은 맥그리거(McGregor)의 X이론과 유사한 관점의 이론이다?

(   )

해 설

인간관계이론은 Y이론과 유사한 관점의 이론이다.

정 답 ×

ⓒ 관리자는 주어진 시점에서 존재하는 특수한 상황에 따라 중간적 접근을 사용한다.

ⓔ 관리자는 구성원들로 하여금 자유의지에 따라 행동하도록 분위기만을 조성할 뿐 인위적인 동기부여는 가능한 한 억제한다.

3 구조주의이론 및 체계이론 8회 기출

(1) 구조주의이론

① 의 의
에치오니(Etzioni)는 합리성·공식성에 중점을 둔 전통적 조직이론과 비합리성·비공식성에 중점을 둔 인간관계이론을 통합한 이론을 제시하였다.

② 특 징
ⓐ 조직은 특정한 목표를 추구하기 위해 의도적으로 구성 및 재구성되는 사회적 단위이다.

ⓑ 조직은 환경과 상호작용을 하는 실체로서, 각 조직은 서로 이해관계를 공유하기도 하는 한편, 양립할 수 없는 이해관계를 가지기도 한다.

ⓒ 기본적으로 조직 변동 과정에서 불확실성을 감소시키는 방안을 중시하며, 업무의 사회적 기능(예 대인관계의 기획, 세밀한 관리감독 등)을 강조한다.

ⓓ 갈등(Conflict)은 문제를 노출시키고 그에 대한 해결책을 강구하도록 함으로써 사회적 기능을 달성하도록 하는 순기능을 가진다.

③ 사회복지조직에의 적용상 문제점
ⓐ 인간적인 요소를 충분히 고려하지 않으며, 인간의 욕구나 성격을 무시하고 있다.

ⓑ 갈등을 문제해결을 위한 전략으로 사용하는 것에 대해 저항이 있을 수 있다.

(2) 체계이론

① 의 의
톰슨(Tompson)은 조직을 유기체로 보는 관점에서 조직 내 하부조직 간 상호의존성, 조직의 독자적 욕구존재, 조직환경의 중요성 등을 강조하였다.

② 특 징
ⓐ 조직은 유기체와 마찬가지로 생존하고 환경에 적응하며, 성장의 욕구를 가진 독자적인 욕구존재이다.

ⓑ 조직의 욕구는 내적 욕구와 외적 욕구가 있다.

내적 욕구	• 조직 구성요소와 단위들 간의 통합, 조직원들의 충성과 헌신, 자원을 동원 및 개발할 수 있는 능력 등과 연관된다. • 복지행정에서는 목표변화, 리더십과 슈퍼비전, 프로그램의 개발 및 평가 등으로 연결된다.
외적 욕구	• 조직 기능을 수행하고 지역사회의 요구에 부응하기 위한 자원과 연관된다. • 복지행정에서는 제안서 작성, 홍보, 기금 모금, 자원봉사자 확보, 후원자 관리 등으로 연결된다.

ⓒ 조직이 유지·발전하기 위해 조직을 둘러싼 환경과 다양한 교환관계를 유지하는 동시에 조직 내부의 결속을 다지는 것도 중요하다는 점에서 조직환경의 중요성이 부각된다.

③ 체계모형의 다섯 가지 하위체계   3회, 15회 기출

생산하위체계 (Production Subsystem)	• 모든 조직은 생산과 관련된 과업을 수행한다. • 모든 조직은 결과물로서 '생산품'을 생산하기 위해 조직·운영된다. • 효율적인 산출이 핵심이며, 관료제나 과학적 관리 등의 조직운영 방식이 적용될 수 있다.
유지하위체계 (Maintenance Subsystem)	• 개인의 욕구를 통합하고 조직의 영속성을 확보하는 것이 주요 목적이다. • 보상체계를 확립하고, 교육·훈련 등을 통해 조직의 안정을 추구한다. • 업무절차의 공식화·표준화로 조직의 계속성을 확보하며, 조직을 안정상태로 유지한다.
경계하위체계 (Boundary Subsystem)	• 조직과 환경적인 요인을 강조한다. • 외부환경의 변화에 대한 적절한 반응과 대응이 목표이다. • 환경으로부터 지지를 받고 다른 조직들과의 관계를 유지하는 기능을 한다.
적응하위체계 (Adaptive Subsystem)	• 환경의 변화에 대응하여 조직의 변화를 추구하는 것이 주요 목적이다. • 실제 조직 변화를 위한 최적의 대안을 찾기 위해 연구·평가한다. • 조직의 업무수행능력을 평가하며, 조직 변화의 방향을 제시한다.
관리하위체계 (Managerial Subsystem)	• 다른 네 가지 하위체계를 조정하고 통합하기 위한 리더십을 제공한다. • 갈등의 해결과 조정, 적절한 업무환경의 제공, 외부환경의 영향에 대한 조직의 대응책 등을 모색한다. • 자원을 증진시키고 필요한 경우 조직을 재구조화하기 위해 체계적인 관점을 제공한다.

④ 체계이론이 조직관리에 미친 영향

복잡하지만 통일된 전체를 이루는 상호 관련된 부분의 집합, 즉 다양한 하위체계들 간의 기능적 관계를 강조함으로써, 각 체계들 간의 상호의존성에 대한 이해를 증진시켰다.

출제의도 체크

업무절차를 공식화하고 표준화하는 것, 직원을 선발하여 훈련시키며 보상하는 제도를 확립하는 것은 '유지하위체계'와 연관됩니다.

▶ 15회 기출

4 상황이론 및 조직환경이론 9회, 10회 기출

(1) 상황이론(상황적합이론) 19회, 20회, 22회 기출

① 효과적인 조직관리 방법은 조직이 처한 환경과 조건에 따라 달라진다.

② 조직의 구조와 환경의 적합성이 조직의 능률성을 확보하는 데 있어서 매우 중요하므로, 조직은 상황에 적합한 조직구조와 형태를 유지하는 것이 바람직하다.

③ 모든 문제를 해결하기 위한 한 가지 최선의 방법은 존재하지 않으며, 외부환경이나 조직의 규모 또는 기술체계 등에 영향을 받아 여러 개의 적합하고 합리적인 조직구조나 관리방식이 존재하게 된다.

④ 어떤 상황에서 어떤 조직구조가 적합한지에 대한 일정한 원칙을 제시하지 못하며, 환경결정론적 시각에서 조직 내부 변화의 능동성을 간과하고 있다.

⑤ 사회복지조직에서 관리자가 조직을 둘러싸고 있는 전체적인 사회, 정치, 경제, 문화변수 등을 간과해서는 안 된다는 점을 시사한다.

(2) 조직군생태이론(인구생태이론)

① 환경적 요인에 가장 적합한 조직이 생존한다는 환경결정론적인 관점을 기초로 한다.

② 조직 외부의 환경적인 요인들이 환경에 가장 적합한 조직을 선택한다고 본다.

③ 특히 분석단위가 미시적 수준의 개별조직이 아닌 거시적 수준의 조직군이라는 점에서 다른 조직이론과 구분된다.

④ '변이-선택-보전'의 조직변동 과정을 장기적인 관점에서 파악하는 것이 특징이다.

변이(Variation)	환경에 따라 조직 형태가 다양해지는 단계이다.
선택(Selection)	환경에 의해 조직이 선택되는 단계이다.
보전(Retention)	환경에 적합한 조직만이 유지·보존되는 단계이다.

⑤ 사회복지조직에서 소비자의 욕구, 정부나 사회의 요구, 자금 지원 등의 차원에서 조직의 유지 및 성장을 위한 생존전략에 시사하는 점이 많다.

(3) 정치경제이론(자원의존이론) 10회, 16회, 18회 기출

① 개방체계적 관점에서 조직과 환경 간의 상호작용을 중시하며, 그와 같은 상호작용이 조직의 내부 역학 관계에 어떠한 영향을 미치는가에 초점을 둔다.

② 조직은 합법성이나 세력 등의 정치적 자원과 함께 인적·물적 자원 등의 경제적 자원을 통해 서비스 활동을 수행하며 생존을 하게 되는데, 이와 같은 외부환경적 요소가 조직의 내부에 영향을 미치게 되어 조직 내부의 권력관계와 조직 외부의 이익집단 간의 역학관계에 의해 조직의 의사결정에 크게 영향을 미친다고 주장한다.

③ 조직환경에서 재원을 둘러싼 권력관계를 부각시킴으로써 외부환경에 의존하는 사회복지조직의 현실을 설명할 수 있다.

④ 조직을 이끄는 가치와 이념을 간과하는 한계성을 드러낸다.

(4) (신)제도이론 9회, 13회, 14회 기출

① 조직이 생존을 위해 조직 내외의 조건에 적응하여 가는 과정에서 하나의 특징적인 구조를 자연적으로 형성한다고 주장하면서, 이를 '제도화(Institutionalization)'로 설명한다.

② 조직의 생존을 위한 적응기제를 주목하면서, 특히 조직의 생존을 사회적 정당성과 결부시킨다.

③ 조직이 제도적 환경에 부합하는 행동을 통해 사회로부터 정당성을 인정받는 경우 생존 가능성이 증가한다.

④ 제도적 환경을 조직의 행동과 구조에 영향을 미치는 핵심적 원천으로 간주하면서, 조직이 법률, 규칙, 사회적 여론 등의 제도적 규칙을 받아들이며, 동조 또는 모방의 방식을 통해 성공적인 조직의 관행 및 절차를 수용하는 것으로 본다.

⑤ 사회복지조직과 관련된 법적 규범이나 가치 체계를 주요 설명요인으로 다루며, 유사 조직 간의 동형화(Isomorphism) 현상을 모범사례에 대한 모방과 전이 행동으로 설명한다.

심화연구실

조직이론에서 환경에 대한 체계적 관점 10회, 14회 기출

폐쇄체계적 관점	• 다른 체계와의 상호교류에 관심을 기울이지 않으며, 상황이나 환경에 대한 관점에서 폐쇄적이다. • 조직의 엄격한 경계 내에서 합리적인 의사결정과 체계적인 관리를 강조한다. 예 관료제이론, 과학적 관리론, 인간관계이론, 맥그리거(McGregor)의 X·Y이론, 룬트슈테트(Lundstedt)의 Z이론 등
개방체계적 관점	• 상황, 환경, 기술의 영향에 따른 조직의 가변성을 강조한다. • 조직의 외부환경에 관심을 가지며, 조직들 상호간의 의존적 성격을 강조한다. 예 상황이론(상황적합이론), 조직환경이론(조직군생태이론, 정치경제이론, (신)제도이론) 등

제7영역

전문가의 한마디

제도이론은 기능론적인 성격을 띠는 반면, 신제도이론은 보다 방법론적인 성격을 띤다는 점에서 약간 차이가 있습니다. 즉, 제도이론은 기능적 관점에서 적응을 다룬 반면, 신제도이론은 규범의 수용 혹은 동조로써 조직행동을 이해합니다.

바로암기 ○ ×

정치경제이론은 폐쇄체계적 시각을 갖고 있다?

( )

해설
정치경제이론은 개방체계적 시각을 갖고 있다.

정답 ×

전문가의 **한마디**

목표관리(MBO)는 프로그램의 목표와 활동 간 관계를 합리적으로 관리하는 일종의 기법으로 볼 수 있습니다.

5 **최근의 조직 및 조직관리에 관한 이론**

(1) 목표관리(MBO ; Management By Objectives) 3회, 13회 기출

① **의 의**

ㄱ 민간부문에서 처음 개발되어 1970년대 닉슨(Nixon) 행정부에 의해 공공부문에 도입 · 운영된 목표 중심의 민주적 · 참여적 관리기법이다.

ㄴ 조직구성원의 광범위한 참여와 합의하에 조직의 목표를 설정 · 평가 · 환류함으로써 조직 운영의 효율성을 향상한다.

② **특 징** 11회 기출

ㄱ 명확한 목표설정과 책임부여에 초점을 두어 생산성을 높이고자 한다.

ㄴ 목표는 직원들이 실시한 수행에 기초한 과업분석과 연관된다.

ㄷ 목표는 성과지향적 · 긍정적 · 현실적이며, 측정이 가능하다.

ㄹ 목표는 직원들과 함께 설정한다.

ㅁ 계획, 환류(피드백), 보상은 목표 달성을 위해 필수적이다.

ㅂ 목표를 향한 진행상황에 대해 정기적인 검토가 요구된다.

③ **목표관리의 기본요소**

목표설정 (Objectives)	목표는 숫자로 표시하여 정량적으로 측정이 가능하도록 해야 한다.
참 여 (Participation)	상부와 하부의 관리자들이 함께 참여하여 목표를 설정해야 한다.
환 류 (Feedback)	목표를 수행하는 과정이나 수행을 마친 후에는 조직원에게 관련된 정보를 제공하고 문제점을 검토하도록 해야 한다.

전문가의 **한마디**

목표관리는 원칙적으로 전체 조직, 부서, 개인의 목표가 조직원 모두의 참여를 통해 설정되므로 조직의 목표와 개인의 목표를 통합시킬 수 있는 장점이 있는 반면, 구성원의 광범위한 참여로 인해 목표설정 자체가 어려울 수 있는 단점도 있습니다.

④ **사회복지조직에의 적용상 문제점**

ㄱ 목표설정이 상대적으로 어려우며, 시간과 노력이 많이 소요된다.

ㄴ 불확실한 상황에서는 목표설정이 빈번히 이루어지므로 적용상 어려움이 있다.

ㄷ 목표와 결과를 중시한 나머지 업무 과정에서 수단의 적절성과 정당성이 무시될 수 있다.

ㄹ 목표의 양적인 측면을 강조한 나머지 질적인 측면이 간과되기 쉽다.

심화연구실

책임행렬표(Responsibility Matrix)와 마일스톤(Milestone) 17회 기출

책임행렬표 (Responsibility Matrix)	• 목표관리(MBO)에서는 활동이 어느 목표성취에 어떻게 기여하는지를 제시하고, 각 활동에 따른 구성원들의 책임과 역할을 명시하는 것이 효과적이다. • 책임행렬표는 주로 목표, 활동, 책임의 종류와 소재 등을 각 구성원별로 구체적으로 명시하 는 데 사용되는 도구이다.
마일스톤 (Milestone)	• 마일스톤(Milestone)은 프로그램 진행상황을 모니터링하고 목표성취를 가늠하기 위한 기법 이다. • 활동들에 대한 시간순서를 정함으로써 행정관리자들로 하여금 어떤 시점에서 어떤 자원들 이 필요하게 되고 배치되어야 할 것인가를 미리 점검할 수 있도록 한다.

(2) 총체적 품질관리(TQM ; Total Quality Management) 8회, 10회, 11회, 13회, 14회, 15회, 21회 기출

① 의 의

　㉠ 1980년대 초반 미국 기업들이 일본 기업들의 경쟁력에 대해 연구하는 과정에서 처음 등장하였다. 이 연구에서 일본 기업들이 최종 생산물을 중심으로 조직을 운영하기보다는 산출물의 결함을 제거하는 과정을 중요시한다는 사실을 발견하게 되었다.

　㉡ 품질향상(Quality Improvement), 품질보장(Quality Assurance) 등 기업조직의 품질관리를 위해 도입된 기법이지만, 최근 정부 및 공공기관을 비롯하여 사회복지기관과 같은 비영리조직에게도 그 활용 가능성이 높은 것으로 평가받고 있다.

② 특 징 10회, 13회, 14회, 15회, 16회, 18회, 20회 기출

　㉠ 품질에 중점을 둔 관리기법으로서, 산출과 서비스의 질을 개선하기 위한 포괄적이고 고객중심적인 관리체계이다.

　㉡ 품질(Quality)을 조직의 중심적인 목표로 인식하며, 고객(Customers)을 품질에 대해 정의를 내리는 사람, 즉 품질의 최종 결정자로 간주한다.

　㉢ 조직의 목표가 고객의 욕구에 따라 설정되며, 고객이 필요로 하는 서비스를 가능한 한 빠른 시간 내에 제공함으로써 고객만족에 도달하는 것을 목표로 한다.

　㉣ 서비스 품질은 초기단계, 즉 기획 단계부터 고려되며, 투입과 산출에 관한 전반적인 과정을 포함한다.

　㉤ 지속적인 서비스 품질향상을 강조하며, 서비스 생산 과정과 절차를 지속적으로 개선한다.

　㉥ 조직구성원의 집단적 노력을 강조하며, 특히 품질향상은 전체 조직구성원의 투철한 사명감과 헌신을 필요로 한다.

출제의도 체크

총체적 품질관리(TQM)는 서비스 질을 조직의 일차적 목적으로 하며, 특히 통계자료의 활용을 강조합니다.

▶ 11회 기출

전문가의 한마디

사회복지기관이 제공하는 서비스에 있어서도 서비스 이용자와 제공자(공급자) 관점에서의 질적 평가가 중요시 되고 있는 추세입니다.

출제의도 체크

총체적 품질관리(TQM)는 종업원 개인의 노력보다는 집단의 노력이 품질향상에 더 기여한다고 보며, 조직구성원에 대한 훈련을 강조합니다.

▶ 20회 기출

ⓐ 성공적인 총체적 품질관리 도입과 실행을 위해서는 특히 초기 과정에서 조직리더의 주도성이 중요하다.

ⓞ 구성원의 자발적인 참여를 전제로 하는 만큼 구성원의 참여 활성화 전략을 중요시한다.

ⓩ 조직의 문제점을 발견하고 시정함에 있어 지속적인 학습과정을 강조하며, 팀워크를 통한 조직의 지속적인 변화를 도모한다.

ⓩ 서비스 이용자를 대상으로 욕구조사를 실시하며, 의사결정은 자료분석에 기반한다.

③ 총체적 품질관리의 기본요소(Martin) 11회 기출

㉠ 서비스의 질(Quality)

㉡ 고객(Customers)

㉢ 고객만족(Customers Satisfaction)

㉣ 변이(Variation) – 문제를 일으키는 요인(원인)

㉤ 변화(Change) – 지속적인 개선

㉥ 최고관리층의 절대적 관심(Top Management Commitment)

④ 서비스 품질에 관한 SERVQUAL 모형의 구성차원(Parasuraman, Zeithaml & Berry)

17회, 20회, 21회, 22회 기출

신뢰성 (Reliability)	생산과 서비스에 있어서 지속성 및 예측성과 연관된다. 예 믿음직하고 정확하게 약속한 서비스를 이행함
반응성 또는 응답성 (Responsiveness)	생산과 서비스 제공의 시기적절성과 연관된다. 예 신속한 서비스를 제공하여 고객들을 도움
확신성 (Assurance)	직원에 의해 수행되는 지원 및 능력에 대한 느낌과 연관된다. 예 신용과 자신감 고취
공감성 (Empathy)	직원으로부터 개인적인 보호나 관심을 받는다는 느낌과 연관된다. 예 고객들에게 개별적인 관심을 갖고 서비스를 제공함
유형성 (Tangibles)	서비스 제공 혹은 상품생산을 위해 사용된 장비나 물리적인 시설 등의 외형(외관) 혹은 미적 상태와 연관된다. 예 물리적인 시설 및 장비 능력, 종업원의 외모(용모), 통신장비의 이해와 활용의 용이성 등

⑤ 사회복지조직에의 적용상 문제점 19회 기출

㉠ 서비스의 질은 사회복지평가의 기준이나, 사회복지조직이 산출하는 서비스의 질을 객관적이고 타당하게 측정할 수 있는 척도가 부족하다.

㉡ 성공적인 총체적 품질관리 도입과 실행을 위해서는 조직리더의 의지와 구성원의 자발적인 참여가 중요하나 실제 조직 환경에서는 그와 같은 선행요건을 갖추기 어려운 경우가 많다.

전문가의 한마디

패러슈라만 등(Parasuraman et al.)은 본래 서비스 품질차원을 열 가지로 제시하였다가 이후 열 가지 차원 간 중복이 있다고 하여 실증적 분석을 통해 총 다섯 가지 차원으로 재정리하였습니다.

ⓒ 사회복지조직 및 사회복지서비스의 특수성에 부합하는 행정적 관리기술을 겸비한 전문가가 많지 않다.

심화연구실

위험관리(Risk Management) 16회, 21회 `기출`

• 위험관리는 위험을 예방·회피하려는 사전적인 대응활동으로서, 위험을 확인(발견), 분석, 평가하여 최적의 위험 처리 방도를 선택하는 관리 과정을 말한다.

• 사고가 발생하지 않도록 하는 사전적 예방대책과 함께 사고가 발생했을 때 확실한 대처로서 사후적 사고대책을 포함한다.

• 서비스 관리 측면에서 고객과 이용자에 대한 안전 확보가 서비스의 질과 연결되어 있으며, 조직관리 측면에서 작업환경의 안전과 사고 예방책이 마련되어야 한다는 점을 강조한다.

• 위험관리는 복지권의 보장 차원에서 이루어진다. 복지권의 보장은 이용자의 권리옹호를 위한 모든 대책까지 포함한 광의의 위험관리를 필요로 한다.

• 위험관리는 전문성의 확보와 윤리적 기준의 실행을 위해, 더 나아가 조직을 유지시키고 발전시키기 위해 필요하다.

전문가의 한마디

보통 위험을 예방·회피하려는 사전적 대응을 위험관리(Risk Management), 기현실화된 위험에 대한 사후적 대응을 위기관리(Crisis Management)라고 하는데, 광의의 의미에서 위험관리가 이 모두를 포함합니다.

03절 사회복지행정의 역사

1 미국 사회복지행정의 역사 7회, 10회 `기출`

(1) 명목상 인정단계(1900~1935년)

① 자조적인 조직, 종교계의 재산가, 사회지도층을 중심으로 자선활동에 의한 자선과 기부가 이루어졌다.

② 1910년대에는 사회복지사에 대한 정규교육이 시작되었으며, 1920년대에 이르기까지 사회복지행정 교육의 필요성이 지속적으로 주장되었다.

③ 1929년 밀포드 회의(Milford Conference)에서 사회복지행정이 개별사회사업, 집단사회사업, 지역사회조직사업과 더불어 사회복지실천방법으로 인정되었다.

④ 사회복지행정이 사회복지현장에서 필요하다는 인식이 있었으나, 개별사회사업이 사회복지의 중심이며, 사회복지행정은 이를 위한 보조적인 기술로 생각하는 경향이 지배적이었다.

(2) 사실상 인정단계(1935~1960년) 9회 `기출`

① 1920년대 말 경제 대공황으로 대규모 실업이 발생하자, 루스벨트(Roosevelt) 행정부는 뉴딜(New Deal) 정책을 앞세워 국가의 적극적인 활동에 의한 경기 진작을 시도하였다.

② 1935년 사회보장에 대한 국가의 책임을 인정하는 내용의 사회보장법이 제정되었다. 사회보장법 제정 이후 공공복지행정가에 대한 수요가 증가하였다.

③ 1950년대에는 공동모금이 전국적으로 확대되어 미국 사회복지공동모금협의회(United Way)로 발전하게 되었다. 또한 미국 사회복지교육협의회(CSWE)에서 사회복지행정을 대학원 교과과정으로 인정하였다.

④ 1960년 미국 사회복지사협회(NASW)에서 사회복지행정에 관한 보고서를 발간하기 시작하였다.

(3) 정체의 단계(1960~1970년)

① 1960년대에는 존슨(Johnson) 행정부의 '빈곤과의 전쟁(War on Poverty)'을 통해 정부 시책에 따른 민간기관에 대한 각종 지원이 이루어졌으나, 반전운동의 사회분위기 속에서 정부활동에 대한 회의적인 시각이 대두되었다.

② 1960년대에는 사회복지행정의 대안으로 지역사회조직화가 활발히 추진된 반면, 사회복지행정의 발달은 정체되었다.

③ 1963년 미국 사회복지사협회(NASW) 산하에 사회복지행정위원회가 설립되었다.

④ 1963년 '지역사회정신건강센터 건립법(Community Mental Health Centers Construction Act)' 제정을 계기로, 지역사회정신건강센터가 늘어나기 시작하였다.

(4) 도전과 발전의 단계(1970~1990년) 9회, 10회, 15회 기출

① 1970년대 이후에는 다양한 과학적 관리기법이 도입됨으로써 사회복지행정이 좀 더 체계적으로 발전하게 되었다.

② 1976년 사회복지행정에 관한 전문학술연구지인 ≪Administration in Social Work≫가 발간되었다.

③ 1980년대에는 신보수주의(Neo-conservatism)가 미국의 중심적 이데올로기로 자리를 잡게 되었다. 신보수주의가 민간의 자율성 극대화와 중앙정부의 역할 축소를 강조함에 따라 민간 사회복지기관들의 행정에 대한 관심이 증대되었으며, 민간 사회복지조직에서 재원조달의 문제와 책임성의 문제가 강조되었다.

④ 1980년대 레이건(Reagan) 행정부는 '작은 정부' 지향으로 사회복지에 대한 지원을 연방정부 책임하에서 지방정부, 민간기업, 가족에 중심을 두는 방향으로 전환하였으며, 이를 계기로 사회복지분야의 민영화가 시작되었다.

⑤ 사회복지행정가는 프로그램의 평가, 비용의 효과분석, 자원동원의 능력을 필요로 하게 되었다.

(5) 1990년대 이후 12회 기출

① 1990년대 이후에는 기획에서 서비스 전달에 이르기까지 업무를 직접 담당했던 거대 공공관료조직들의 퇴조가 두드러졌다.

② 계약이나 서비스 구입 방식을 통한 민간조직의 전달 역할이 증대되었다.

③ 공공기관과 민간기관의 기능이 유사해짐에 따라 공공과 민간의 조직적 구분이 모호해졌다.

④ 서비스 목표 달성을 위해 느슨하게 연결되어 있는 다양한 서비스 조직들을 상호 연계할 서비스 전달체계 통합의 필요성에 대한 인식이 확산되었다.

⑤ 사회복지서비스의 책임성에 대한 구체적인 행정 실천이 강조되었다.

> **참고**
>
> 미국 사회복지행정의 역사에 대한 내용은 학자에 따라 혹은 교재에 따라 다양하게 제시되고 있습니다. 참고로 이를 출현기(19C 중반~1920년대), 발전기(1930~1960년대), 확립기(1970~1980년대), 도전과 모색기(1990년대 이후)로 구분하기도 합니다.

2 우리나라 사회복지행정의 역사 7회, 10회, 21회 기출

(1) 사회복지 전문활동의 태동(1900~1945년)

① 이 시기의 사회복지행정은 자선 및 시혜의 성격이 강했으며, 종교단체의 박애정신과 민간단체의 봉사정신에 의해 사회복지기관이 설립·운영되었다.

② 1920년대 조선총독부는 식민통치를 위해 사회복지사업을 활용하였으며, 내무부 산하에 구휼 및 자선사업을 담당하는 사무국을 통해 사회복지 업무를 통합하였다.

③ 1927년 이후 방면위원제도의 도입으로 지역사회 빈민들을 대상으로 한 개별사회사업이 시행되었다.

④ 1944년 식민정책의 일환으로서 일본의 구호법을 기초로 한 '조선구호령(朝鮮救護令)'이 제정·시행되었다.

(2) 외국 원조기관의 원조활동 및 사회복지행정의 시작(1946~1970년대) 22회 기출

① 이 시기의 사회복지행정은 전쟁의 여파로 인해 전쟁고아나 부랑인 등을 대상으로 한 긴급구호 및 수용시설에 대한 보호가 주를 이루었으며, 외국으로부터의 구호물자를 효율적으로 배분하는 것과 함께 수용시설을 적절하게 유지·운영하는 것에 초점을 두었다.

> **전문가의 한마디**
>
> 1990년대에는 공공기관과 민간기관의 재정과 기능이 유사해지면서 그 경계가 모호해지는데, 이는 준-공공기관이나 준-민간기관과 같이 그 성격이 혼합된 이른바 하이브리드모델(Hybrid Model)로 나타나게 됩니다. 참고로 준-공공기관은 공적자금에 전적으로 의존하는 반면, 준-민간기관은 그 일부를 지원받는다는 점에서 차이가 있습니다.

> **전문가의 한마디**
>
> 조선구호령(朝鮮救護令)은 정치적 목적의 자선 및 시혜의 의미를 가지고 있었습니다. 다만, 근대적 의미의 공공부조의 시작으로 볼 수 있으며, 이를 토대로 해방 이후 '생활보호법'이 만들어졌습니다.

② 3년간의 미군정하에서 사회복지행정은 임시방편적인 양상을 보였으며, 조직의 운영 및 관리가 체계적으로 이루어지지 못했다.

③ 한국전쟁 이후 외국의 원조기관들이 대거 들어옴으로써 수용시설 위주로 긴급구호 및 시설보호 형태의 사회복지사업이 펼쳐졌으며, 외국원조기관을 중심으로 사회복지시설이 설립되었다.

④ 1947년 이화여자대학교에 기독교사회사업학과가 개설되었으며, 1957년에는 '한국사회사업학회'가, 1967년에는 한국사회복지사협회의 전신인 '한국사회사업가협회'가 창설되었다.

⑤ 1960년대는 군사정부가 경제개발정책을 강력히 추진한 시기로, 사회복지에 투자할 자원이 절대적으로 부족했기 때문에 민간복지기관들이 여전히 외국원조기관의 원조에 의존할 수밖에 없었다.

⑥ 1970년 1월 1일 '사회복지사업법'이 제정되었으며, 1970년대에 사회복지행정 분야가 대학 교과목으로 채택되어 사회복지행정에 대한 필요성이 인정되었다.

⑦ 1970년대에는 외원기관의 원조가 감소하면서 민간 사회복지시설의 경우 시설운영에 필요한 자원이 부족하였으며, 여전히 체계적인 운영 및 관리가 이루어지지 못했다.

(3) 사회복지행정의 체계화(1980~1990년대) 11회, 17회, 20회, 22회 기출

① 이 시기의 사회복지행정은 다양한 사회문제의 증가와 함께 사회복지 관련 법률 및 정책들이 등장하였으며, 사회복지기관들이 급속히 증가하였다. 특히 1990년대 지방자치제도의 시행과 함께 사회복지서비스 전달체계의 중요성이 인정되어 사회복지행정에 대한 연구 활동이 활발히 전개되었다.

② 1985년 전국 시·도에 종합사회복지관이 설립되면서 기존 생활시설 중심의 보호에서 이용시설 중심의 보호로 전환이 이루어지기 시작하였다.

③ 1987년 사회복지전문요원제도가 시행되어 공공영역에 사회복지전문요원이 배치됨으로써 공공복지행정의 체계를 구축하였다.

④ 1992년 사회복지사업법 개정으로 사회복지전담공무원과 복지사무전담기구의 설치를 위한 법적 근거를 마련하였다.

⑤ 1990년대에는 사회복지학과가 설치된 거의 모든 대학에서 사회복지행정을 필수과목으로 책정하였다.

⑥ 1995년 공공복지 전달체계 개선방안의 일환으로 보건복지사무소 시범사업이 실시되었다.

⑦ 1997년 사회복지사업법 개정에 따라 사회복지시설의 설치·운영이 허가제에서 신고제로 전환되었으며, 사회복지시설에 대한 평가제도가 도입되었다.

⑧ 1998년 사회복지공동모금회가 설립되었으며, 1999년 사회복지행정학회가 창설되었다.

(4) 사회복지행정의 확립(2000년대 이후) 13회, 15회, 16회, 20회, 21회, 22회 기출

① 이 시기의 사회복지행정은 지방분권화의 강화에 의해 중앙정부와 지방정부 간의 적절한 역할 분담이 강조되었으며, 지역사회를 중심으로 지역사회복지협의체의 운영 및 지역사회복지계획의 수립 등 사회복지행정에 있어서 지역적 특수성, 전문성, 책임성 등이 요구되었다.

② 2000년 '국민기초생활보장법'의 시행과 함께 수급자의 권리성이 강화된 공공부조 정책으로의 전환이 이루어졌으며, '보호'에서 '보장'으로, '단순 복지급여'에서 '생산적 복지급여'로의 변화가 이루어졌다.

③ 2003년 사회복지사 1급 국가시험이 실시되었으며, 2004년 사회복지사무소가 시범적으로 운영되었다. 특히 사회복지사무소는 2006년 7월 주민생활지원국으로 개편되면서 본격적인 주민생활지원서비스의 토대가 되었다.

④ 2005년부터 시 · 군 · 구를 중심으로 지역사회의 복지문제를 해결하기 위해 수요자 중심의 통합적 복지서비스를 구축하고 복지자원을 효율적으로 활용하며, 자원 간 연계협력을 강화하는 것을 주된 기능으로 하는 '지역사회복지협의체'를 운영하였다.

⑤ 2007년 장애인활동보조, 노인돌봄, 지역사회서비스투자사업으로부터 사회서비스 이용권(바우처) 사업이 시작되었다.

⑥ 2009년부터 사회복지서비스 제공의 효율성을 목표로 공공 및 민간부문 전달체계를 개편하고 사회복지통합관리망을 구축하기 위한 '희망복지' 전달체계를 마련하였으며, 개별적 수요자에게 필요한 다양한 복지서비스를 원스톱으로 제공하기 위해 희망복지지원단이 2012년 4월 각 지방자치단체에 설치되어 5월부터 공식적으로 운영되었다.

⑦ 2010년부터 사회복지 급여 · 서비스의 지원대상자 자격 및 이력에 관한 정보를 통합적으로 관리하고 지방자치단체의 복지업무처리를 지원하기 위한 사회복지통합관리망 '행복e음'이 구축되었다. 사회복지통합관리망은 2013년 사회보장정보시스템(범정부)으로 확대되었다.

⑧ 2012년 8월부터 사회복지법인의 사회복지시설정보시스템(www.w4c.go.kr)을 의무화하였다.

⑨ 2015년 7월 「사회보장급여의 이용 · 제공 및 수급권자 발굴에 관한 법률」이 시행됨에 따라 기존의 '지역사회복지협의체'가 '지역사회보장협의체'로 개편되었다.

⑩ 2016년 민 · 관 협력에 의한 맞춤형 통합서비스 제공을 목적으로 하는 '읍 · 면 · 동 복지허브화' 전략의 구체적인 사업계획이 마련되어, 읍 · 면 · 동을 중심으로 복지사각지대 발굴, 통합사례관리, 지역자원 발굴 및 지원 등의 서비스를 제공하고 있다.

바로암기 ○×

우리나라 사회복지 전달체계에서 희망복지지원단 설치 후 사회복지통합관리망(행복e음)을 구축하였다? ( )

해 설

사회복지통합관리망(행복e음)이 구축된 것은 2010년 1월인 반면, 희망복지지원단이 각 지방자치단체에 설치된 것은 2012년 4월 이후이다.

정 답 ×

전문가의 한마디

2013년 사회복지통합관리망이 사회보장정보시스템으로 개편되면서 기존 사회복지통합관리망을 대체한 '사회보장정보시스템(행복e음)'과 정부 각 부처 및 정보보유기관의 사회복지사업 정보와 지원대상자의 자격정보, 수급이력정보 등을 통합 관리하는 '사회보장정보시스템(범정부)'로 확대되었습니다.

⑪ 2019년부터 각 지자체별로 사회서비스의 공공성 및 투명성 향상을 위한 사회서비스원을 설립 · 운영하기 시작하였고, 양질의 돌봄서비스 기반 구축을 위한 지역사회 통합돌봄(커뮤니티케어) 선도사업을 추진하기 시작하였다.

⑫ 2020년 차세대 사회보장정보시스템 구축을 위한 사업에 본격적으로 착수하여 2021년 9월 1차 개통, 2022년 9월 2차 개통에 이어 3 · 4차 개통을 순차적으로 진행하고 있다.

심화연구실

1. 사회서비스원 사업 18회 기출

- 사회서비스 제공기관의 지속적인 확대와 함께 시설의 각종 안전문제, 서비스 종사자들의 처우개선문제, 서비스 공공성 향상에 관한 문제가 지적됨에 따라 대국민 서비스 품질을 향상하고 일자리 안정성을 강화할 수 있도록 공공부문이 직접 서비스 제공기관을 운영하고 종사자들을 고용하는 사업이다.
- 사회서비스원은 지방자치단체로부터 국 · 공립 시설을 위탁받아 운영하고 서비스 종사자들을 직접 고용하여 관리하며, 종합재가센터를 설치하여 재가서비스를 직접 제공한다. 또한 민간 제공기관의 품질 향상을 위한 상담 · 자문, 대체인력 파견 및 시설 안전점검 지원, 지방자치단체의 사회서비스 수급계획 수립 지원, 감염병 등 재난 시 돌봄 공백 최소화를 위한 긴급돌봄 지원 등을 수행한다.
- 2019년 4개 시 · 도(서울 · 대구 · 경기 · 경남), 2020년 7개 시 · 도(인천 · 광주 · 세종 · 강원 · 충남 · 대전 · 전남), 2021년 3개 시 · 도(울산 · 전북 · 제주), 2022년 3개 시 · 도(부산 · 충북 · 경북)로 확대되었으며, 2022년 3월 정책지원 및 통합지원시스템 구축을 위해 중앙 사회서비스원이 개원하였다.

2. 차세대 사회보장정보시스템 구축사업

- 노후화된 정보시스템을 개편하는 장기 프로젝트로서, 현행 시스템을 사회보장정보시스템(행정망), 사회서비스 정보시스템 및 복지로(인터넷망)로 개편한다.
- 국민의 복지체감도 향상, 일선 현장의 업무부담 경감, 민관협력을 통한 서비스 제공, 데이터기반 정책 및 사용자 편의성 강화 등을 목표로 한다.

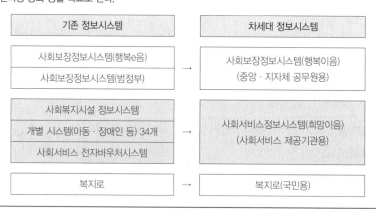

기존 정보시스템	차세대 정보시스템
사회보장정보시스템(행복e음) 사회보장정보시스템(범정부)	→ 사회보장정보시스템(행복이음) (중앙 · 지자체 공무원용)
사회복지시설 정보시스템 개별 시스템(아동 · 장애인 등) 34개 사회서비스 전자바우처시스템	→ 사회서비스정보시스템(희망이음) (사회서비스 제공기관용)
복지로	→ 복지로(국민용)

Chapter

02 | 사회복지조직의 체계

KEY POINT

- '사회복지조직의 체계' 영역은 클라이언트에게 적합한 서비스를 제공하기 위한 전달체계의 구축에 관한 내용을 다루는 분야이다.
- 사회복지서비스의 통합성을 증진시키기 위한 전달체계 개선전략에 관하여 묻는 문제가 가장 많이 출제된다.
- 사회복지서비스 전달체계 구축의 원칙에 관한 내용은 앞으로도 얼마든지 출제될 수 있으므로 반드시 기억해야 한다.

01절 사회복지 전달체계

1 사회복지 전달체계의 이해

(1) 개 념 20회 기출

① 사회복지정책을 사회복지서비스로 전환하기 위해 사회복지서비스의 공급자와 소비자를 연결시키는 조직적 장치이다.
② 추상적이고 일반적인 사회복지정책을 구체적이고 개별적인 사회복지서비스로 전환하는 과정에 있는 조직들의 연결구조이다.
③ 전달체계의 특성은 사회복지서비스 급여의 유형과 관련이 있다.

(2) 전달체계의 구분

① 구조 · 기능적 구분 13회 기출

㉠ 구조 · 기능을 중심으로 의사결정, 즉 정책을 결정하는 행정체계와 행정체계가 결정한 내용을 실행에 옮기는 집행체계로 구분된다.

| 행정체계 | 서비스 전달을 기획, 지시, 지원, 관리하는 기능을 담당한다. |
| 집행체계 | 전달자가 소비자에게 직접적인 대면관계를 통해 서비스를 전달하는 기능을 담당한다. |

㉡ 행정체계는 행정기능만 수행하는 반면, 집행체계는 서비스 전달기능을 주로 수행하면서 행정기능도 병행한다.

바로암기 ○×

사회복지 전달체계는 운영주체에 따라 행정체계와 집행체계로 구분할 수 있다?

( )

해설
구조 · 기능 차원에서 행정체계와 집행체계로 구분할 수 있다.

정답 ×

ⓒ 행정체계와 집행체계는 실제 서비스 운영방식에 따라 다르게 구성된다.

예 자활급여	
구조	• 행정체계 : 보건복지부 → 지방자치단체(특별시·광역시·도 및 시·군·구) • 집행체계 : 서비스 기관 → 수급자
기능	• 행정기능 : 서비스 전달업무를 원활히 하기 위한 행정 • 서비스 제공기능 : 수급자(소비자)의 욕구에 부응하여 서비스를 직접 제공

② 운영주체별 구분

누가 운영하느냐에 따라 공적 전달체계와 사적 전달체계로 구분된다.

공적 전달체계	• 정부(중앙 및 지방)나 공공기관이 직접 관리·운영한다. • 정부조직의 관련 부서들 간 위계적인 체계망으로 연결되어 있다. • 재정적으로 안정적이지만 경직되어 있으며, 복잡한 체계를 지닌다.
사적 전달체계	• 민간(또는 민간단체)이 직접 관리·운영한다. • 민간복지단체, 자원봉사단체, 사회복지협의회 등 단체와 개인의 기관들이 수평적인 체계망으로 연결되어 있다. • 재정적으로 불안정하지만 융통성이 있으며, 클라이언트와 밀접하게 연결되어 있다.

(3) 전달체계 구축의 원칙 4회, 10회, 11회, 12회, 13회, 14회, 15회, 16회, 17회, 19회, 22회 기출

① 전문성

사회복지서비스의 핵심적인 업무는 반드시 전문가가 담당해야 한다. 여기서 전문가는 자격요건이 객관적으로 인정된 사람이며, 자신의 전문적 업무에 대한 권위와 자율적 책임성을 지닌 사람을 말한다.

② 적절성(충분성)

사회복지서비스는 그 양과 질, 제공하는 기간이 클라이언트나 소비자의 욕구충족과 서비스의 목표달성에 충분해야 한다.

③ 포괄성

사람들의 욕구와 문제는 다양하고 복잡하기 때문에 이러한 문제들을 동시에 또는 순차적으로 해결하기 위하여 포괄적인 서비스를 필요로 한다.

④ 지속성(연속성)

한 개인이 필요로 하는 다른 종류의 서비스와 질적으로 다른 서비스를 지역사회 내에서 계속적으로 받을 수 있도록 서비스들이 상호 연계되어야 한다.

⑤ 통합성

클라이언트의 문제는 매우 복합적이고 상호 연관되어 있기 때문에 이러한 문제를 해결하기 위해서 기관 간의 서비스가 통합적으로 제공되어야 한다.

⑥ 평등성

사회복지서비스는 기본적으로 성별, 연령, 소득, 지역, 종교, 지위에 관계없이 모든 국민에게 평등하게 제공되어야 한다.

⑦ 책임성

사회복지조직은 복지국가가 시민의 권리로 인정한 사회복지서비스를 전달하도록 위임받은 조직이므로 사회복지서비스의 전달에 대하여 책임을 져야 한다.

⑧ 접근성(접근 용이성)

사회복지서비스는 그것을 필요로 하는 사람들이면 누구나 쉽게 받을 수 있어야 하기 때문에 클라이언트가 접근하기에 용이해야 한다. 특히 거리뿐만 아니라 서비스 이용 비용도 접근성에 영향을 준다.

⑨ 경쟁성

사회복지서비스가 특정 조직에 의해 독점적으로 제공되는 경우 서비스 가격 및 질적인 측면에서 불리할 수 있으므로, 여러 공급자들의 경쟁을 통해 소비자에게 유리한 방식으로 공급이 이루어져야 한다.

⑩ 비파편성(비편파성)

서비스의 편중이나 조건의 불확실성으로 인해 누락이 발생하여 전달체계나 서비스가 제대로 연계되지 못하는 것을 지양해야 한다.

심화연구실

사회복지서비스에 대한 접근성을 높이는 주요 방법 12회 기출
- 서비스가 필요한 인구의 수와 특성을 고려하여 서비스 조직을 배치한다.
- 낙인 위험을 줄이는 환경을 조성한다.
- 서비스 정보를 알기 쉽게 홍보한다.
- 서비스 이용 비용을 저렴하게 한다.

(4) 서비스의 통합성을 증진시키기 위한 전달체계 개선전략 3회, 9회, 11회 기출

① 종합서비스센터

종합적 서비스를 제공하는 별도의 기관을 설치하는 방법이다. 장애인종합복지관, 지역종합복지관처럼 하나의 서비스 분야를 두고서 복수의 서비스가 제공될 수 있도록 할 수 있다.

② 인테이크(Intake)의 단일화

클라이언트의 다양한 욕구를 종합적으로 평가하여 적절한 서비스 계획을 개발하도록 인테이크를 전담하는 창구를 개발하는 방법이다. 인테이크의 단일화를 통해 접수과정을 반복함으로써 발생하는 번거로움을 해소할 수 있다.

③ 종합적인 정보와 의뢰시스템(I&R ; Information & Referral System)

통합정보망을 구축하여 서비스 연계를 강화하는 방법이다. 전달체계들을 단순 조정하는 것으로, 각기 독립성을 유지하면서 서비스 제공을 강화할 수 있다.

④ 사례관리(Case Management)

지역사회 수준에서 사례관리체계를 도입하는 방법이다. 사례관리자가 중심이 되어 조직들 간의 네트워크를 이용하여 클라이언트를 관리하고 욕구를 만족시켜 줄 수 있다.

⑤ 트래킹(Tracking)

서로 다른 각각의 기관과 프로그램에서 다루었던 클라이언트에 대한 정보를 서로 공유할 수 있도록 하는 방법이다. 이 시스템을 통해 클라이언트가 받은 서비스의 경로와 행적을 추적해서 정보를 얻을 수 있다.

출제의도 체크

사례관리는 조직들 간 구조적인 통합이 아닌 느슨한 네트워크를 구성하면서 조직들에 분산된 서비스를 클라이언트의 욕구에 맞추어 연결하고 관리하는 방식으로 서비스를 통합합니다.

▶ 11회 기출

2 사회복지 역할분담

(1) 중앙정부와 지방정부 간 역할분담의 원칙

① 분권성

기초자치단체 우선의 원칙으로, 기초자치단체가 주민들의 욕구를 가장 정확히 파악하고 행정의 능률성을 향상시킨다는 관점이다.

② 현실성

지방정부의 규모와 능력에 맞추어 기능 배분을 한다.

③ 전문성

이양되는 업무를 담당할 수 있는 행정인력의 전문성을 확보한다.

④ 종합성

분업과 조정의 협력체계가 이루어져야 한다.

⑤ 책임성

행정책임 명확화의 원칙에 따른 책임이 부과되어야 한다.

(2) 정부와 민간 간 역할분담의 모형

국유화 모형	정부가 복지서비스를 거의 담당하고, 극소수의 민간부문이 최소한의 서비스만을 담당한다.
정부주도 모형	정부가 거의 모든 서비스를 제공하고, 민간부문은 부수적·종속적 대행자 역할을 한다.
실용적 동반자 모형	정부가 기본 서비스 제공을 하되, 서비스 전달과정에서 민간부문에게 자금을 지원하고 운영권을 위임한다.
민간강화 모형	비공식 혹은 비영리 민간부문이 서비스 전달을 담당하여야 한다는 것이다.
민영화 모형	현재 시장체제와 같이 경쟁을 통해 서비스의 가격과 질을 결정하자는 것이다.

(3) 역할분담의 원리(서비스 제공의 결정기준) 14회, 21회 기출

구 분	내 용	제공주체
공공재 성격	공익, 사회적 필요성, 다수의 수혜자가 혜택을 보는 경우	정부가 제공
외부효과	서비스가 필요한 만큼 제공되지 않거나 더욱 많은 부담을 유발하는 부정적인 외부효과	정부가 제공
서비스에 대한 정보	서비스에 대한 국민의 정보가 적거나, 정보 공유에 많은 비용이 소요되는 경우	정부가 제공
서비스의 속성	서비스를 대규모 혹은 강제적으로 제공하는 것이 바람직한 경우	정부가 제공
보완적인 서비스	정부서비스와 민간서비스가 서로 보완적인 관계인 경우	정부와 민간이 제공
서비스의 가치	서비스가 추구하는 중요한 가치가 평등이나 공평성인 경우	정부가 제공
서비스 제공의 연속성	서비스를 안정적 · 지속적으로 제공할 필요가 있는 경우	정부가 제공
서비스의 표준화	서비스를 포괄 · 조정하여 표준화하는 것이 용이한 경우	정부가 제공
서비스의 개별화	개별화가 강한 서비스를 대상자의 특성에 따라 제공할 필요가 있는 경우	민간이 제공

심화연구실

거버넌스 구조 19회 기출

거버넌스(Governance)는 공공서비스의 효율성을 높이고자 하는 새로운 조직 구조상의 변화로, 정부만이 공공서비스를 공급하는 방식이 아닌 비정부조직이나 민간영역이 함께 공공서비스를 공급하는 구조이다. 전통적 방식과 거버넌스는 다음과 같은 차이점을 가진다.

구 분	전통적 방식	거버넌스
주 체	정 부	정부, 비정부조직, 민간의 파트너십
조직구조	계층제	네트워크
권력구조	정부 권력독점	각 주체 간 권력공유
공급방식	정부 일방주의	정부, 비정부조직, 민간의 분점 주의

02절 사회복지조직의 구조

1 사회복지조직의 이해

(1) 개 념

① 조직(Organization)은 특정 목표를 달성할 목적으로 의도적으로 구조화된 계획적 단위이다.

② 조직은 조직구조(사회적 구조), 참여자, 목표, 기술(기술자), 환경 등의 요소를 가진다.

③ 사회복지조직은 욕구를 가진 소비자(클라이언트)를 위해 전문적이고 직업적인 기술을 제공하도록 사회로부터 위임받은 조직이다.

출제의도 체크

사회복지조직은 도덕적 정당성에 민감합니다. 이는 사회복지행정이 서비스 대상으로서 인간을 도덕적 가치를 지닌 존재로 가정하기 때문입니다.

▶ 14회 기출

(2) 사회복지조직의 특수성 14회, 16회, 21회 기출

① 사회복지조직은 도덕적 정당성에 민감하며, 서비스 기술은 도덕적으로 정당화되어야 함을 전제로 한다.

② 사회복지조직의 목표는 모호하고 질적인 요소를 많이 포함하며, 이해관계자들 간의 타협을 요구한다.

③ 지속적인 변화를 거듭하는 인간과 사회를 대상으로 하므로, 그 변화에 대응하여 목표를 달성하는 데 있어서 불완전한 지식과 기술을 사용할 수밖에 없다.

④ 사회복지조직의 활동은 전문적인 과정으로서 주로 전문가에 의존하며, 조직의 운영 등 제반 업무들에 있어서 전문가의 역할을 요구한다.

⑤ 외부환경에 대한 의존성이 높으며, 지역사회의 변화 과정에 의해 영향을 받는다.

⑥ 인간의 도덕적 가치를 고려함으로써 목표달성의 효과성 및 효율성을 측정하는 데 어려움이 있다.

⑦ 지역사회를 대표하는 이사회와 함께 지역사회 내의 욕구충족을 위해 구성되는 위원회를 가짐으로써 지역사회와 관련된 책임을 진다.

⑧ 비영리조직이지만 필요에 따라 수익사업을 실시하기도 하며, 개입대상 선정과 개입방법을 특화하여 특정 이익집단을 위한 서비스를 제공하기도 한다.

전문가의 한마디

조직의 목표는 조직의 지침을 제공하고 정당성의 근거를 제시하며, 효과성 평가의 기준이 되고 장래의 행동결정을 준비하는 기획의 기능을 가집니다.

(3) 사회복지조직의 목표 9회 기출

① 일반적으로 하나의 목표보다 다수의 목표를 추구한다.

② 조직목표와 구성원의 개인목표는 일치하지 않을 수 있다.

③ 조직목표는 공식목표와 운영목표(작업목표)로 구분된다.

공식목표	• 조직이 공식적으로 내세우는 목표이다. • 조직 평가의 기준으로 사용되며, 조직구성원의 활동이나 업무의 방향을 지도하는 지침으로서 기능한다. • 조직의 정관 등 공식적인 자료를 통해 확인할 수 있다.
운영목표 (작업목표)	• 조직이 현실적으로 추구하는 실질적인 목표이다. • 공식목표의 내용을 떠나 조직의 실제 수행으로 이어진다. • 공식적인 자료를 통해 명확하게 파악하기 어렵다.

2 조직구조 관련 주요 개념 12회, 14회 기출

(1) 공식화(Formalization) 21회 기출

① 조직 내 직무에 대한 표준화 정도를 의미하는 것으로, 조직 내 직무와 수행 과정을 명문화하는 것이다.

② 공식화는 조직이 직면한 상황을 다루기 위해 고안해낸 규칙이나 절차들로 나타나며, 이와 같은 공식화의 정도는 매우 엄격한 수준에서부터 방임의 수준에 이르기까지 다양하다.

③ 공식화는 구성원들의 업무 편차를 줄이는 데 효과적이다. 특히 업무가 안정적이고 단순할수록 공식화의 효과는 더 크다.

④ 조직규모가 커질수록 공식화 정도가 높아지는 경향이 있다. 다만, 공식화 정도가 높을수록 구성원들의 재량권이 줄어들게 된다.

(2) 복잡성(Complexity) 10회, 22회 기출

① 조직 내 분화의 정도를 의미한다.

② 분화에는 조직 활동의 분업화에 의한 '수평적 분화', 분업화된 조직 활동들을 조직목표 달성을 위해 구조화한 '수직적 분화', 지역적 거리 혹은 분산에 의한 '공간적 분화'가 있다.

수평적 분화	• 종업원의 수, 과업의 양과 질에 따른 조직단위 간의 분화 정도를 의미한다. • 조직 내에서 전문화된 지식 및 기술을 요구하는 특징적 과업들이 많을수록 수평적 분화가 많이 일어나며, 그로 인해 조직의 복잡성이 증대된다.
수직적 분화	• 조직구조의 깊이 또는 조직의 계층 수를 의미한다. • 분화가 증가할수록 계층 수가 늘어나며, 그로 인해 조직의 복잡성이 증대된다.
공간적 분화 (지역적 분산)	• 과업 및 권력을 지리적·장소적으로 분리하는 것을 의미한다. • 공간적 분화(지역적 분산)가 가중될수록 조직의 복잡성이 증대된다.

바로암기 ○✕

조직규모가 커질수록 공식화 정도가 높아진다?

( )

정답 ○

전문가의 한마디

일반적으로 통제범위가 좁으면 수직적으로 긴 조직계층을 형성하는 반면, 통제범위가 넓으면 상대적으로 평평한 조직구조를 형성합니다.

③ 수평적 분화에서는 통제의 범위를, 수직적 분화에서는 조정과 의사소통의 수준을 고려하여 설계한다.

④ 조직에서 분화의 정도가 증가할수록 과업들을 통합·조정해야 할 필요성이 커지게 된다.

⑤ 복잡성이 증가할수록 수평적·수직적·공간적 분화 속에서 이루어지는 조직 활동을 조직목표와 효과적으로 연계시키기 위해 조직관리 기법들이 요구된다.

(3) 집권화(Centralization)/분권화(Decentralization) 14회, 17회 기출

① 조직 내 의사결정의 권한이 어느 한 지점에 집중 혹은 분산되어 있는 정도를 의미한다.

② 집권화(Centralization)는 의사결정의 공식적 권한이 조직의 어느 한 지점에 집중되어 있는 것인 반면, 분권화(Decentralization)는 의사결정의 공식적 권한이 분산되거나 이양된 것을 말한다.

③ 공식적 권한의 집중·분산은 조직관리의 효과성·효율성과 연관되어 있다.

④ 집권화와 분권화의 장단점은 다음과 같다.

구 분	집권화	분권화
장 점	• 정책의 통일성을 기할 수 있다. • 통제와 지도감독이 용이하다. • 중복과 분열을 억제할 수 있다. • 대량의 업무처리가 가능하여 비용을 절감할 수 있다. • 자원동원이 용이하고 갈등을 신속히 해결할 수 있다.	• 대규모 조직에서 효율성이 크다. • 최고관리자의 업무를 감소시킬 수 있다. • 직원들의 참여의식을 높이고 자발적인 협조를 유도할 수 있다. • 부서나 지역 실정에 맞는 행정업무를 수행할 수 있다. • 업무의 창의성·융통성이 증진되며, 책임감을 증진시킬 수 있다.
단 점	• 관료주의·권위주의적 성격을 띤다. • 형식주의에 빠져 행정의 실효성을 거두지 못할 수 있다. • 조직 내 창의성·자발성을 저해할 수 있다. • 부서 또는 지역의 특수성을 간과할 수 있다. • 정보가 과다하게 집중되어 있는 상황에서 의사결정자의 결정시간 지연은 실패 가능성을 높인다.	• 하위계층의 재량권 강화는 통제력 약화로 이어질 수 있다. • 행정업무의 중복을 초래하여 업무처리가 산만해진다. • 조직의 행정력이 분산될 수 있다. • 타 분야 전문적인 기술의 활용이 어려워지기도 한다.

3 **조직의 구분**

(1) 공식조직과 비공식조직 18회 기출

공식조직	• 계층제와 권한중심으로 구성되며, 법률·규칙·정관 등에 의해 명문화된 제도상의 조직이다. • 행정책임자, 이사회, 위원회, 직원 등 조직의 기구표에 나열된 지위와 관계로 나타난다. • 업무의 분화(분업), 위계질서, 통제범위, 조직구조 등을 기본요소로 한다.
비공식조직	• 인간관계를 통해 자연발생적으로 형성된 조직으로, 보통 소규모 집단으로 이루어진다. • 능률보다는 감정의 논리를 우선시하며, 경직된 공식조직의 긴장감을 덜어주는 기능을 하나 공식조직의 역할을 대신할 수는 없다. • 조직의 응집력을 높일 수 있으나 파벌형성, 정실주의 등이 나타날 수 있으며, 조직 내 갈등을 고조시키고 결과적으로 조직의 해체를 초래할 수도 있다.

출제의도 체크

비공식조직이 공식적 명령계통을 위배할 경우 설득, 경고, 전보 등의 조치를 취함으로써 그 세력을 약화시킬 필요가 있습니다.

▶ 9회 기출

(2) 수직조직과 수평조직

수직조직	• 명령과 복종관계를 가진 수직적 구조를 형성하여 조직의 목표달성에 중심이 되는 구조이다. • 책임자가 조직의 목표달성에 대한 결정권을 가지며, 통제력을 발휘한다. • 임무에 대한 책임의 한계가 명확하며, 조직의 안정성을 확보할 수 있다. • 책임자에게 부여되는 과중한 업무량 및 독단적 의사결정, 조직의 경직화 등이 우려된다.
수평조직	• 수직조직이 원활하게 기능을 수행할 수 있도록 지원하고 촉진하여 조직의 목표달성에 간접적으로 공헌하는 구조이다. • 전문적인 지식과 경험을 활용하며, 합리적인 지시와 명령이 가능하다. • 수평적인 업무의 조정이 이루어지며, 신축성이 있어 대규모 조직에 유리하다. • 책임소재에 의한 갈등, 운영과 행정의 지연, 의사소통 경로의 혼란 등이 우려된다.

출제의도 체크

특별과업이나 문제해결을 위한 전문가 중심 조직으로서 일상 업무수행기구와는 별도로 구성되는 위원회 구조(Adhocracy)는 높은 수준의 수평적 분화, 낮은 수준의 수직적 분화와 공식화를 특징으로 합니다.

▶ 22회 기출

(3) 프로젝트 조직(태스크포스)과 행렬조직(매트릭스조직) 17회, 20회 기출

프로젝트 조직 (Task Force)	• 환경의 변화에 대응하기 위한 것으로, 팀 형식으로 운영하는 조직이다. • 특정 업무 해결을 위해 각 부서로부터 인력을 뽑아 프로젝트 팀을 만들고 업무가 해결되면 다시 해당 부서에 복귀시킨다.
행렬조직 (Matrix Organization)	• 직무별 분업을 인정하면서 동시에 사업별 협력을 강조하는 조직이다. • 조직의 일상적 기능은 상급자의 명령을 통해 수행하지만, 문제해결 및 전문성이 필요한 기능은 상하가 아닌 수평으로 해당 분야 전문가의 명령을 받아 수행한다.

전문가의 한마디

프로젝트 조직(태스크포스)은 부서 간 경계 없이 다양한 전문성을 가진 구성원을 팀으로 조직하여 임시적으로 운영합니다.

제7영역

심화연구실

행렬조직(매트릭스조직)의 장단점 5회, 6회, 10회 `기출`

장 점	• 분업과 통합이 가능한 구조로서 안정성과 탄력성을 가진다. • 전문인력의 이동활동이 용이하다. • 전문지식의 축적 및 기술의 개발이 용이하다. • 지식 및 기술의 전사적 이전과 활용이 용이하다.
단 점	• 이중의 권한구조로 인해 명령계통 간 권력다툼이 발생할 수 있다. • 조정 과정을 필요로 하므로 의사결정이 지연될 수 있다. • 책임소재가 모호하다. • 업무자가 역할긴장이나 갈등을 경험할 수 있다.

4 조직의 유형

(1) 업무의 통제성에 따른 분류(Smith) 3회, 16회 `기출`

관료조직	• 공식적인 조직과 규정 • 계층적인 권위구조 • 문서에 의한 업무처리 • 명확하고 전문화된 분업 • 기술에 의한 신분보장 • 합리적인 통제조직
일선조직	• 주도권이 일선에 있는 조직 • 각 업무단위는 독립적으로 상호 업무를 수행함 • 업무단위의 직접적인 통제가 어려움
전면통제조직	관리자가 전면적으로 강한 통제권을 행사하는 조직 예 정신병원, 기숙사, 교도소 등
투과성조직	• 조직구성원, 클라이언트의 자발적인 참여 • 업무와 사적 활동에 구분이 있어 사적 활동을 침해하지 않음 • 조직의 통제가 약하며 활동이 노출됨 • 영역의 유지구조가 매우 약하며 역할구조가 복잡함 예 자원봉사활동조직 등

(2) 사회적 기능에 따른 분류(Parsons)

생산조직	사회의 적응기능을 수행하는 경제적 생산과 분배에 종사하는 조직 예 회사, 공기업 등
정치조직	사회자원을 동원하여 사회적 목표와 가치를 창조하는 조직 예 공공행정기관, 정당 등

전문가의 한마디

파슨스(Parsons)는 사회체계의 기능적 요건으로 '적응(Adaptation)', '목표달성(Goal-Attainment)', '통합(Integration)', '잠재적 유형유지 또는 형태유지(Latent Pattern Maintenance)'를 제시한 바 있습니다.

통합조직	사회 안정 유지, 사회적 갈등의 조정 및 일탈방지에 종사하는 조직 예 사법기관, 경찰, 정신병원 등
유형유지조직	사회체제의 독특한 문화와 가치를 보존하고, 문화형태의 전승이나 교육적 기능을 수행하는 조직 예 학교, 교회, 문화단체 등

(3) 수혜자의 종류(클라이언트의 유형)에 따른 분류(Blau & Scott)

호혜조직 (상호수혜조직)	조직의 주된 수혜자가 조직의 일반구성원이 되는 조직 예 정당, 노동조합, 공제회, 재향군인회, 전문직업인회, 종파 등
사업조직	조직의 주된 수혜자가 조직원 관리자나 소유자가 되는 조직 예 회사, 은행, 보험회사 등
서비스조직	조직의 주된 수혜자가 조직과 직접 접촉하는 일반대중(클라이언트)이 되는 조직 예 사회복지기관, 병원, 학교, 법률상담소, 정신병원 등
공공조직	조직의 주된 수혜자가 대중 전체가 되는 조직 예 정부기관, 경찰, 소방서, 대학의 연구기관 등

(4) 권력 형태 혹은 지배 · 복종 관계에 따른 분류(Etzioni)

분류	소외적 관여	타산적 관여	도덕적 관여
강제적 권력 (위협, 신체적 탄압)	유형1. 강제적 조직 (수용소, 정신병원, 형무소 등)	유형2	유형3
보상적 권력 (물질, 금전)	유형4	유형5. 공리적 조직 (산업조직, 기업 등)	유형6
규범적 권력 (지위의 상징, 존엄)	유형7	유형8	유형9. 규범적 조직 (종교조직, 정치조직, 학교, 병원, 사회복지조직 등)

(5) 클라이언트 상태와 조직기술에 따른 분류(Hasenfeld) 3회 기출

분류	정상기능	비정상기능
인간식별기술	유형1. 순기능적 클라이언트 업무처리조직 (대학 신입생선발, 신용카드회사 등)	유형2. 역기능적 클라이언트 업무처리조직 (소년법원, 진료소 등)
인간유지기술	유형3. 순기능적 클라이언트 지지조직 (사회보장청, 양로시설 등)	유형4. 역기능적 클라이언트 지지조직 (공공부조사무소, 요양시설 등)
인간변화기술	유형5. 순기능적 클라이언트 변화조직 (공립학교, YMCA 등)	유형6. 역기능적 클라이언트 변화조직 (병원, 수용치료센터 등)

전문가의 한마디

'인간식별기술'이란 클라이언트의 개인적 속성을 변화시키지 않은 채 사회적 명칭을 부여하거나 공식적 지위를 부여함으로써 클라이언트의 변화를 시도하는 기술을 말합니다.

03절 사회복지조직의 조직화

1 조직화의 이해

(1) 조직(조직화)의 원리

① 계층제의 원리

조직은 권한과 책임 및 의무로 등급화된 계층의 체계를 가진다.

② 명령통일의 원리

조직구성원은 한 사람의 상관으로부터 명령을 받고 보고하여야 한다.

③ 통솔범위의 원리

한 사람의 상관이 부하를 관리하는 데에는 지휘의 한계가 있으므로 적정 수의 부하나 하부조직을 가져야 한다.

④ 분업 · 전문화의 원리

조직은 구성원들 간의 업무를 분담시켜 일을 처리하게 하며, 업무의 동일성이나 업무 자체의 특성에 따라 일을 전문화한다.

⑤ 조정의 원리

조직은 공통의 목표 달성을 위해 조직원의 행동을 통일시킨다.

⑥ 부문화 · 부서화의 원리

조직은 업무의 효율성을 위해 목적이나 기능에 따라 조직을 개편한다.

(2) 업무세분화

① 의 의

㉠ 업무세분화는 조직 내에서 업무들이 구분되어 있는 정도를 말하는 것으로서, 구분될 수 있는 업무의 수에 의해 파악될 수 있다. 구분되는 업무들과 그에 따른 직원 수가 많을수록 업무의 세분화가 증대되는 것이다.

㉡ 조직이나 프로그램 전체의 목적을 보다 효율적으로 수행하기 위한 것이나 조직의 분업현상이 복잡화된다.

㉢ 업무와 기술을 단순화하여 관리와 감독을 용이하게 하며, 전문기술의 개발을 통해 효율성을 증대할 수 있다.

㉣ 직무의 전문화를 강조하므로 타 부서와의 업무 조정에 어려움이 있으며, 업무의 단조로움으로 인해 매너리즘에 빠지기 쉽다.

② 업무세분화의 단점을 보완하는 방법 4회, 9회, 10회 기출

사례관리	사정 · 연계 · 옹호 등을 통해 클라이언트 문제를 통합적으로 해결하는 방법이다.
팀제 접근 (치료팀)	조직단위별로 다루어지는 클라이언트 문제를 조직 공동의 노력을 통해 해결하는 방법이다.
직무확대	개별 업무자가 담당하는 과업의 종류나 수를 확대하는 방법이다.
직무순환	주기적으로 다른 업무를 수행하도록 인력을 배치하는 방법이다.

(3) 부문화

① 의 의

  ⊙ 업무의 분화는 부서와 직무의 수를 증가시키며, 이는 업무의 효율성을 저해하고 부서 간 갈등을 증폭시킬 수 있다.

  ⊙ 분업화와 부문화는 수평적 분화의 형태로서, 분업화(Specialization)가 분업의 원리에 따라 과업을 세분화하여 개인에게 할당하는 것인 반면, 부문화(Departmentation)는 분업화의 결과로 양산된 많은 전문가들을 업무의 유사성에 의해 묶어주는 것이다.

② 부문화의 방법(Weinbach) 1회, 9회, 15회 기출

수(數) 기준 부문화	• 동일 역할을 하는 사람들을 한 명의 관리자(혹은 슈퍼바이저) 밑에 소속시키는 방법이다. • 업무단위 간 개인들의 능력차를 간과할 수 있는 단점이 있다.
시간 기준 부문화	• 업무시간을 2교대 또는 3교대로 하여 업무를 부문화한다. • 사회복지 생활시설, 요양시설, 의료 및 보건서비스 조직 등에서는 유용하게 사용될 수 있으나 일반사회복지조직에서는 활용하기 어렵다.
기능 기준 부문화	• 조직요원의 능력, 선호도, 관심 등에 근거하여 직무상 적성에 맞는 분야에 사람을 배치한다. • 사회복지조직에서 서비스 제공, 모금, 프로그램기획 등 기능을 기준으로 하는 방법은 업무단위 간 협조를 끌어내기 어려울 수 있다.
지리적 영역 기준 부문화	• 클라이언트의 거주 지역, 즉 잠정적 고객을 포함한 서비스 수요자의 거주 지역에 따라 업무를 부문화한다. • 부서 간 업무량 격차가 발생할 수 있으며, 조직원이 선호하지 않는 지역의 부서에서는 조직원의 사기저하가 우려된다.
서비스 기준 부문화	• 개별사회사업, 집단사회사업, 지역사회조직사업 등 사회사업 실천방법에 따라 부문화한다. • 개인이나 사회문제가 복잡한 경우 통합적인 서비스가 불가능할 수 있다.

출제의도 체크

업무세분화의 단점을 보완하기 위한 방법들은 조직단위 간 연결 자체를 강조하기보다는 직무수행자의 직무반복에 따른 문제를 해결하기 위한 직무의 조정 및 통합, 클라이언트에게 제공되는 세분화된 서비스의 조정 및 통합을 강조합니다.

▶ 9회 기출

전문가의 한마디

'기능 기준 부문화'는 조직의 중요한 기능에 따라 각기 적성에 맞는 사람을 배치하는 방식으로, 부서 간 경쟁이 심할 경우 부서 간 협조가 곤란하고, 조직의 전체 목표보다 부서의 업무만을 중요시하는 문제가 발생할 수 있습니다.

전문가의 **한마디**

사회복지분야의 접근통로는 학교, 병원, 주민센터(행정복지센터), 대중매체(예) TV, 신문, 인터넷) 등 그 종류가 매우 다양합니다.

고객 기준 부문화	• 클라이언트의 특성에 따라 아동복지, 청소년복지, 노인복지 등으로 부문화하거나, 가족문제, 비행문제 등 문제 유형을 기준으로 부문화한다. • 다양한 문제를 가진 클라이언트에게 서비스를 효과적으로 전달하기 어렵다.
서비스 접근통로 기준 부문화	• 클라이언트가 서비스에 접근할 수 있는 통로별로 업무를 부문화한다. • 사회복지분야는 보통 접근통로가 불확실하고 정보도 제한되어 있으므로, 조직에서 각각의 특성에 맞는 다양한 접근통로를 개발해야 한다.

(4) 관료제

① 주요 특성 17회 기출

㉠ 관료제는 수직적으로 계층화되고, 수평적으로 기능적 분업체제를 이룬다.

㉡ 조직 내 서열화된 위계질서가 있다.

㉢ 업무와 활동을 분업화함으로써 전문화를 추구한다.

㉣ 직무 배분과 인력 배치는 공식적 규칙과 규정에 의해서 이루어진다.

㉤ 조직 운영에서 구성원 개인의 사적 감정은 배제된다.

② 관료제적 병폐 11회, 13회, 17회, 18회, 21회 기출

매너리즘 (Mannerism)	단조로운 역할과 행동들이 계속해서 반복됨에 따라 업무담당자들이 창의적인 사고를 하지 않은 채 업무에 대한 관념을 고정시키고 일의 처리방식을 고착화시키는 현상이다.
레드테이프 (Red Tape)	지나친 형식주의로 사무처리의 절차를 복잡하게 하고 사무처리를 지연시킴으로써 행정수요의 원활화를 저해하는 현상이다.
할거주의 (Sectionalism)	관료제의 구조적 특성으로 인해 조직구성원들이 자신이 속한 기관과 부서만을 생각하고 다른 부서에 대해서는 배려하지 않는 편협한 태도를 취하는 현상이다.
크리밍 (Creaming)	서비스 조직들이 접근성 메커니즘을 조정함으로써 보다 유순하고 성공 가능성이 높은 클라이언트를 선발하기 위해 비협조적이거나 어려울 것으로 예상되는 클라이언트들을 배척하고자 하는 현상이다.
목적전치 (Goal Displace-ment)	조직의 규칙과 규정이 전체 목표달성을 위한 수단으로 간주되지 않은 채 규칙과 규정 그 자체가 목적이 되거나, 본래 목적이 다른 목적으로 변질되거나 대체되는 현상이다.

전문가의 **한마디**

'레드테이프(Red Tape)'는 본래 관공서에서 공문서를 매는 데 쓰는 붉은 끈을 지칭하는 것으로, 여기서는 관료제적 형식주의를 말합니다.

2 이사회와 위원회

(1) 이사회

① 의 의 11회 기출

⊙ 이사회는 목표 달성의 법률적인 책임이 있는 조직의 정책결정기구이다.

ⓒ 사회복지조직은 지역사회에 서비스를 제공하므로 조직의 목표설정, 실행방안의 수립 등 의사결정을 하기 위해 시민들로 구성된 이사회를 가진다.

ⓒ 사회복지조직은 법인과 시설의 관계로 구성될 수 있다. 시설의 책임자는 법인의 이사회가 임명한다. 법인과 시설은 분리된 책임과 권한을 가지는 것이 바람직하다.

ⓔ 이사회의 결정은 구속력을 갖게 된다.

② 일반적인 기능

⊙ 조직의 목표 및 운영기구 설정

ⓒ 필요한 인적 · 물적 자원의 조달

ⓒ 조직의 행정책임자 채용 및 임용

ⓔ 각종 정책의 결정

ⓜ 예산 인준

ⓑ 조직운영의 점검 및 평가

ⓢ 조직과 지역사회 간 중개

ⓞ 정관의 변경 등

(2) 위원회

① 의 의

⊙ 위원회는 특별업무나 문제해결을 위해 조직의 일상 기구와는 별도로 구성된 전문가 혹은 업무 관련자의 활동기구이다.

ⓒ 사회복지조직에서는 조직의 효과성을 달성하고 외부환경과의 원활한 연계를 위해 위원회를 둔다.

ⓒ 정규성 여부에 따라 상임위원회와 임시위원회로 구분되며, 업무 내용에 따라 자문위원회와 조정위원회로 구분된다.

② 장단점

장 점	• 중립성을 유지하면서 상이한 의견을 조정하고 다수의 의견을 수렴할 수 있다. • 공정성과 함께 신중한 의사결정이 내려진다. • 전문성을 확보할 수 있다. • 원활한 의사소통을 통해 다수의 지지를 획득하며, 민주적인 관계를 유지할 수 있다.
단 점	• 의사결정이 지체될 수 있으며, 비능률과 낭비를 초래한다. • 책임소재가 불명확하고, 책임의식도 빈약하다. • 이해관계자들 간 정치적인 타협이 이루어질 수 있다. • 비밀유지가 어렵다.

전문가의**한마디**

일반적으로 인사위원회나 예산위원회는 상임위원회에 해당하는 반면, 각종 특별위원회는 임시위원회에 해당합니다.

바로암기 ○✕

위원회를 통해 공정하고 신속한 의사결정이 내려진다?

( )

해설

신속한 의사결정이 아닌 신중한 의사결정이 내려진다.

정답 ✕

04절 사회복지 조직환경과 조직문화

1 사회복지 조직환경 19회 기출

(1) 일반환경(General Environment) 17회 기출

① 의 의

ⓐ 조직의 거시적인 사회환경으로서 직접적이기보다는 업무환경을 통해 간접적으로 조직에 영향을 미치는 영역을 말한다.

ⓑ 일반환경의 조건들은 모든 조직에 영향을 미치며, 조직이 이를 임의로 변경시킬 수 없다.

② 일반환경의 세부조건 4회, 10회, 15회, 16회 기출

경제적 조건	조직의 재정적 기반 마련과 관련이 있다. 예 경기호황 또는 불황, 경제성장률, 실업률, 1인당 GDP 등
사회·인구· 통계학적 조건 (인구사회학적 조건)	사회의 다양한 문제와 욕구의 차이를 유발한다. 예 연령과 성별분포, 가족구성, 거주지역, 사회적 계급 등
문화적 조건	그 사회의 전반적인 가치(혹은 우세한 가치)와 관련이 있다. 예 사회의 우세한 문화적 가치 및 규범
정치적 조건	정부의 정책기조를 의미한다. 예 선 성장 후 분배 또는 성장과 분배의 균형 등 정부정책기조
법적 조건	조직의 활동을 인가하는 기준이 된다. 예 헌법, 법률, 명령, 규칙, 특히 사회복지관계법 등
기술적 조건	사회의 기술적 진보나 변화가 조직의 서비스 기술에 미치는 영향과 관련이 있다. 예 의료, 정신건강, 교육, 사회개혁 분야 등의 기술개발 정도

(2) 과업환경 또는 업무환경(Task Environment) 17회 기출

① 의 의

ⓐ 조직이 업무활동을 통해 직접적으로 관련을 맺고 있는 영역을 말한다.

ⓑ 과업환경은 일반환경에 의해 영향을 받는다.

ⓒ 과업환경은 조직에 영향을 미치기도, 조직에 의해 영향을 받기도 한다. 즉, 조직이 변경시킬 수 있는 환경이다.

② 과업환경(업무환경)의 세부조건　10회, 15회, 19회 기출

재정자원의 제공자	복지조직에 재정(기금)을 제공하는 국가, 기업체, 공동모금, 개인후원 등을 말한다. 예 중앙정부 및 지방정부, 공적·사적단체, 외국단체, 개인, 법인 등
합법성과 권위의 제공자	복지조직으로 하여금 정당성이나 사회적 승인을 얻도록 하면서, 복지조직을 감독·평가하는 기능을 수행한다. 예 사회복지사업법, 정부, 의회, 시민단체, 한국사회복지협의회, 한국사회복지사협회 등
클라이언트 제공자	클라이언트를 복지조직에 의뢰하거나 복지조직으로부터 직접 서비스를 받고자 하는 개인·집단·조직을 말한다. 예 개인, 가족, 의뢰기관, 정부기관 등
보충적 서비스 제공자	조직 간의 의뢰·협력체계는 보충적 서비스 제공 역할을 한다. 복지조직은 자체능력의 한계로 인해 다른 전문기관에 보충적인 서비스를 의뢰한다. 예 알코올치료센터와 병원, 노인복지시설과 사회복지전담공무원 등
조직이 산출한 것을 소비·인수하는 자	복지조직을 통해 치유된 개인·가족 등 조직 산출물을 받아들여 활용할 조직을 말한다. 예 클라이언트 자신, 가족, 지역사회, 교정기관, 국가 등
경쟁조직	자원과 클라이언트를 놓고 경쟁하거나 자원에 대한 접근에 있어서 영향을 미치는 조직을 말한다. 예 지역공동모금 후원회로부터 보다 많은 지원을 받기 위해 경쟁하는 아동복지시설, 노인복지시설 등

2 | 권력관계 변화 혹은 종속관계 극복을 위한 조직의 대응전략　8회, 16회, 18회 기출

(1) 권위주의 전략(Authority Strategy)

① 명령에 대해 동의하도록 효과적인 제재를 가할 수 있는 능력을 향상시키는 전략이다.
② 민주적·지방분권적인 정치체제가 아닌 경우 실제 사용하는 경우가 드물다는 점, 우세한 위치의 소수 조직에만 한정된다는 점, 감시·감독에 많은 비용이 소요된다는 점, 명령에 복종하더라도 형식적인 것으로 그칠 수 있다는 점 등이 단점으로 지적된다.

(2) 경쟁적 전략(Competitive Strategy)

① 서비스의 질과 절차 및 관련된 행정절차 등을 더욱 바람직하고 매력적으로 하기 위해 다른 사회복지조직들과 경쟁하여 세력을 증가시키는 전략이다.

② 클라이언트로 하여금 선택의 폭을 넓혀 주고 질 높은 프로그램과 서비스를 받게 하는 이점이 있는 반면, 경쟁으로 인한 서비스 중복과 자원낭비를 조장한다는 점, 조직의 효과성 측면에 치중하여 성공률 높은 클라이언트만을 선택하는 크리밍(Creaming) 현상이 나타난다는 점 등이 단점으로 지적된다.

(3) 협동적 전략(Cooperative Strategy)

① 과업환경 내 다른 조직에게 필요한 서비스를 제공하여 그 조직이 그러한 서비스를 획득하는 데 대한 불안감을 해소시키는 전략이다.

② 사회복지조직에서는 계약(Contract), 연합(Coalition), 흡수(Absorption) 전략으로 나눌 수 있다.

계 약 (Contract)	• 두 조직 간 서비스 교환을 위한 공식적 · 비공식적 합의를 의미한다. • 두 조직이 상호 필요에 의해 서비스를 교환하므로 과업환경에 대한 의존을 줄일 수 있다. • 조직의 선택범위를 좁히며, 자율성이 침해될 수 있다.
연 합 (Coalition)	• 여러 조직들이 합동으로 사업을 하기 위하여 자원을 합하는 것이다. • 각 조직들이 의사결정기구를 형성하여 협상할 세력을 구축하므로 협상에 유리하다. • 회원조직 간 행동에 대한 갈등이 발생할 수 있으며, 이익분배에 따른 의견의 불일치가 나타날 수 있다.
흡 수 (Absorption)	• 과업환경 내 주요 구성조직들의 대표자들을 지도층이나 정책수립 기구에 흡수하여 조직의 안정성을 높이고 생존 위협을 피하는 방법이다. • 조직의 합법성과 생존에 대한 지지를 유도할 수 있다. • 조직의 목적과 활동이 변경될 수 있으며, 자율성 저해의 위험성이 있다.

(4) 방해 전략(Disruptive Strategy)

① 조직의 자원생산 능력을 위협하는 행동을 의도적으로 하는 전략이다.

② 권력이 없는 사람들이 목표로 하는 조직으로부터 양보를 얻는 데 효과적일 수 있으나, 장기적으로는 일시적으로 얻은 이익을 상쇄해 버릴 수도 있다(예 보편적 불평등 해소를 위한 전략에의 무관심 등).

전문가의 한마디

협동적 전략 중 흡수(Absorption)는 조직에 전략자원이 없고 환경에 자원이 집중된 경우, 조직을 위협하는 요인을 조직 스스로 해결할 수 없는 경우 최소한의 위협을 방지하기 위한 전략으로 볼 수 있습니다.

출제의도 체크

방해 전략은 사회적 약자를 대신해 권한을 가진 조직으로부터 양보를 얻는 데 효과적일 수 있습니다. 또한 표적조직이 평화적인 요구를 무시할 때 채택할 수 있습니다.

▶ 16회 기출

3 조직문화

(1) 조직문화와 조직문화이론

① 조직문화 9회, 18회 기출

ⓐ 조직문화(Organizational Culture)는 조직구성원 모두가 공유하고 있는 가치와 신념, 규범과 전통, 지식과 이념 등을 포괄하는 종합적인 개념이다.

ⓑ 조직문화는 조직 내 의사결정방식과 과업수행방식에 영향을 주며, 조직행동에도 영향을 미친다.

ⓒ 직원의 선발과 교육은 조직문화를 유지·전파하는 수단이 되며, 조직구성원이 조직의 가치를 깊이 공유할수록 조직문화의 강도는 커진다.

ⓓ 사회복지조직의 조직문화는 사회복지서비스 체계의 규범과 가치로서 역할을 하며, 서비스 제공자의 상황인식은 물론 조직구성원의 행태·인식·태도를 통해 조직 효과성과 연결하는 역할을 한다.

② 조직문화이론 13회 기출

ⓐ 조직구성원의 내적 통합과 변화된 환경에 대한 외적 적응의 관계를 주로 다룬다.

ⓑ 조직구성원의 소속감 및 정체성 형성에 영향을 미치는 요인을 설명한다.

ⓒ 새로운 기술도입에 따른 조직의 유연성 정도를 설명한다.

ⓓ 최근에는 이직의 원인을 설명해 주는 이론으로도 활용된다.

(2) 조직문화의 기능 9회, 22회 기출

① 긍정적 기능

조직문화는 조직 내 의사소통을 원활히 하고 조직구성원의 헌신을 유도하며, 조직의 공식화를 견고히 한다.

② 부정적 기능

조직문화가 구성원 대부분의 변화 욕구에 맞지 않을 경우 혹은 조직에 오랜 기간 동안 강한 문화가 존재하고 있는 경우 조직의 변화에 큰 저해요소가 될 수 있다.

(3) 조직문화와 조직성과의 연관성 12회 기출

① 조직문화와 조직성과는 긴밀한 관계를 갖는다.

② 조직문화가 조직의 전략과 일치할수록 조직성과가 향상된다.

③ 조직의 핵심가치를 공유하는 조직구성원이 많을수록 조직성과가 향상된다.

④ 환경 적응적 조직문화는 조직외부 이해당사자들의 기대실현을 적절한 수준으로 고려하여 조직성과를 향상시킨다.

⑤ 조직문화는 조직성과에 긍정적인 방향으로도 부정적인 방향으로도 나타날 수 있다.

전문가의 한마디

휴먼서비스 조직의 성공은 서비스 제공자와 서비스 대상자 간의 관계형성과 상호작용의 정도에 달려있으며, 이들 당사자 간의 관계와 상호작용의 수준 및 특성은 조직문화에 의해 좌우됩니다.

출제의도 체크

경직된 조직문화는 시장환경의 변화 혹은 불확실한 환경에도 불구하고 그에 신속히 대처할 수 없게 하며, 자율적인 조직문화는 하위부서들의 강한 독자성으로 인해 이들 부서 간 협력을 통한 조직 전체의 통합을 달성할 수 없게 합니다.

▶ 22회 기출

03 | 리더십, 기획, 의사소통

01절 리더십

1 리더십의 이해

(1) 리더십의 개념

① 의 미

⊙ 리더십은 어떠한 형태의 조직에서도 항상 존재하는 리더(지도자)가 갖는 성향·행동·상황과 관련된 제반 특성을 포괄하는 개념이다.

⊙ 조직의 목표달성을 위한 리더의 전반적인 행위노력 과정으로서, 구성원들로 하여금 능동적으로 역할을 수행할 수 있도록 각각의 힘을 통일적으로 발휘시키는 작용이다.

② 지위와 능력으로서의 리더십

지 위 (Position)	한 사람이 어떤 상황을 통제할 책임을 갖고 지도 및 관리하는 지도적 지위를 의미한다.
능 력 (Ability)	다른 사람에게 영향을 미쳐서 리더가 선택한 방향으로 따라오도록 하는 재능이나 기술을 의미한다.

③ 과정과 속성으로서의 리더십

과 정 (Process)	구성원들에게 비강압적인 영향력을 행사하여 그들로 하여금 목표달성을 위한 활동을 하도록 지휘하는 것을 의미한다.
속 성 (Property)	리더로서의 영향력을 성공적으로 사용하는 사람에게서 나타나는 특성들을 의미한다.

전문가의 한마디

리더십(Leadership)은 '지도력'으로도 불리는 것으로, 리더십이 시대에 따라 서로 다른 특성을 보여주는 만큼 이를 한 마디로 규정하기는 어렵습니다.

(2) 리더십의 필요성

① 조직구성원들에게 조직의 규칙과 규정을 준수하도록 동기를 부여하기 위해 필요하다.

② 외부환경에 적절히 대응하기 위해 필요하다.

③ 새로운 기술이나 구조를 도입하는 등 중요한 변화를 조직에 통합하기 위해 필요하다.

④ 조직의 목표와 구성원들의 목표를 일치시키기 위해 필요하다.

(3) 리더십의 요소

① 지속성(끈기)　　② 시간관리

③ 타 협　　④ 관대함(유연성)

⑤ 창의성

(4) 리더십의 기능

① 목표설정 및 구체화 기능

② 인적 · 물적 · 정치적 자원의 동원 기능

③ 조직의 조정 · 통합 · 통제 기능

④ 변화(변동)의 유도, 조직의 일체감, 동기부여, 적응성 확보 기능

2 리더십의 유형 및 수준

(1) 리더십의 유형　2회, 4회, 5회, 7회, 10회 기출

① 지시적 리더십

㉠ 전체적 리더십에 해당하는 것으로서, 명령과 복종을 강조한다.

㉡ 지도자는 독선적이며, 조직성원들을 보상 · 처벌의 연속선에서 통제한다.

㉢ 정책에 일관성이 있고 신속한 결정이 가능하며, 위기 시에 기여한다.

㉣ 조직성원들의 사기가 저하되며, 조직의 경직성을 초래한다.

② 참여적 리더십　10회, 15회, 16회, 19회, 20회 기출

㉠ 민주적 리더십에 해당하는 것으로서, 의사결정 과정에 있어서 부하직원들을 참여시킨다.

㉡ 의사소통 경로의 개방을 통해 정보교환이 활발히 이루어지도록 함으로써 직원들의 일에 대한 적극적 동기부여가 가능하며, 사명감이 증진될 수 있다.

㉢ 기술수준이 높고 동기부여 된 직원들이 있을 때 효과적이며, 집단의 지식, 경험, 기술을 활용하는 데 유리하다.

㉣ 책임이 분산되어 조직이 무기력하게 될 수 있고, 긴급한 결정이 어려운 단점이 있다.

바로암기 ○×

리더십의 요소에는 '지속성'과 '지시성'이 포함된다? (　　)

해설
'지시성'은 포함되지 않는다.

정답 ×

출제의도 체크

참여적 리더십은 리더–직원들 간의 양방향 의사소통을 강조합니다. 이는 리더 혹은 직원들 어느 한쪽이 의사결정을 적극적으로 주도하는 것을 의미하지 않습니다.

▶ 15회 기출

③ 자율적 리더십

    ㉠ 방임적 또는 위임적 리더십에 해당하는 것으로서, 대부분의 의사결정권을 부하 직원에게 위임한다.

    ㉡ 특정 과업을 해결하기 위한 전문가조직에 적합하며, 이들에게는 일정한 한계 내에서 자유로운 활동이 허용된다.

    ㉢ 지도자는 특히 자문가로서의 역할을 수행하므로 부하들에게 지시나 감독 등을 통해 명확한 설명을 제공하지 못한다.

    ㉣ 업무처리에 대한 정보제공이 부족하며, 내부 갈등에 개입이 어려워 혼란을 야기할 수 있다.

(2) 리더십의 수준   4회 기출

최고관리층 (Upper-level)	• 조직의 기본적 임무의 설정 • 외부환경의 변화 파악 및 적응 • 외부 이해관계 집단과의 교섭 및 조직의 정체성 확립 • 내부 구조의 발전 및 유지 • 임무 수행을 위한 서비스 기술의 선정
중간관리층 (Middle-level)	• 조직 내 수직적 · 수평적 의사소통의 연결쇠 역할 • 최고관리층의 지시에 대한 구체적 프로그램으로의 전환 • 직원들의 욕구를 조직의 목표에 통합시키는 역할 • 필요한 인적 · 물적 자원 확보에 의한 프로그램의 관리 · 감독 · 조정 · 평가
하위관리층 (Lower-level)	• 중간관리층과 일선 요인들 간 의사소통의 연결쇠 역할 • 일선 요원들의 프로그램 수행에 대한 감독 • 일선 요원들에 대한 업무의 위임 및 분담 • 개인적인 성과 평가 및 충고와 지침 제공

3   리더십에 관한 이론   2회, 5회, 7회, 10회, 12회, 14회 기출

(1) 특성이론 또는 자질이론(Trait Theory)

① 의의 및 특징

    ㉠ 기본적으로 리더십은 타고나야 한다는 관점이다. 즉, 리더가 어떤 특정한 특성(자질)을 갖추면 효과적인 리더가 될 수 있다고 주장한다.

    ㉡ 리더십이 어떤 사람은 가지고 있고 또 다른 사람은 가지고 있지 못한 개인적 특성이라고 가정하며, 지도자들이 가지는 공통요소를 규명하고자 한다.

    ㉢ 개별적인 동시에 공통적인 요소를 가지고 있다면, 그가 처해 있는 상황이나 환경이 바뀌더라도 항상 리더가 될 수 있다.

② 효과적인 리더의 주요 특성(자질)

바너드 (Barnard)	• 활력 및 인내성 • 결단력 • 지적 · 기술적 능력 등	• 설득력 • 책임성
스토길 (Stogdill)	• 신체적 특성 • 성 격 • 사회성(사회적 특성)	• 사회적 배경 • 지 능 • 과업태도(과업과 관련된 특성) 등

(2) 행동이론 또는 행위이론(Behavior Theory) 3회, 6회, 14회 기출

① 의의 및 특징

㉠ "지도자는 어떤 행동을 하며, 어떻게 행동을 하는가?"라는 관점에 초점을 두고 적합한 지도자의 행동 유형을 규명하고자 한다.

㉡ 적합한 지도자의 행동 유형을 파악하여 공통적으로 이루어지는 행동영역들을 분석하고, 이를 다른 사람들에게 교육 · 훈련시킴으로써 훌륭한 지도자를 육성할 수 있다고 본다.

㉢ 효과적인 지도자는 비효과적인 지도자보다 구성원의 자존감을 높여주며, 그들과 상호 협력적인 관계를 맺는다. 또한 구성원들의 입장을 고려한 의사결정을 하며, 과업수행의 목표를 구체적으로 설정한다.

② 행동이론(행위이론)의 연구 18회 기출

	지도자의 행위 유형을 집단의 태도 및 생산성의 관점에서 '권위적 리더, 민주적 리더, 자유방임적 리더'로 구분하였다.	
아이오와(Iowa) 대학의 연구	권위적 리더	계획의 수립에서 정책의 결정에 이르기까지 지도자가 단독으로 결정한다.
	민주적 리더	필요한 정보를 확보하여 계획을 수립하며, 활동 과정 및 정책의 결정을 집단의 결정에 맡긴다.
	자유방임적 리더	집단 개별성원들에게 제반 활동과정을 일임하며, 자신이 임의대로 구체적인 계획이나 정책 결정을 내리지 않는다.
오하이오(Ohio) 대학의 연구	리더십 행동의 구성요소로서 '구조성(구조주도)'과 '배려성(배려의 수준)'을 제시하였다. 특히 구조성과 배려성이 모두 낮은 경우 불평수준과 이탈율이 높다고 주장하였다.	
	구조성	하위자들에 대한 지시적 행동, 역할의 명확화, 업무성과에 대한 질책 및 독려 등을 특징으로 한다.
	배려성	지도자의 우호적 · 지원적 행동, 하위자들의 이해관계 대변, 개방적 의사소통 등을 특징으로 한다.

미시간(Michigan) 대학의 연구	리더십의 유형으로 '직무 중심적 리더십'과 '구성원 중심적 리더십'을 제시하였다. 특히 구성원 중심적 리더십에서 업무성과나 구성원의 만족도가 상대적으로 높게 나타난다고 주장하였다.

직무 중심	세밀한 감독과 합법적이고 강제적인 권력을 활용하여 업무계획표에 따라 감독 및 업무성과를 평가한다.
구성원 중심	인간지향적이고 책임을 위임하며, 구성원의 복지와 욕구, 개인의 성장에 관심을 가진다.

블레이크와 머튼 (Blake & Mouton)의 연구	• 오하이오 연구를 발전시킨 것으로서, 횡축과 종축을 따라 각각 9개의 위치로 설정된 관리망을 통해 총 81종의 합성적 리더십 유형을 제시하였다. • 횡축은 생산(산출)에 대한 관심 정도를, 종축은 인간에 대한 관심 정도를 나타낸다. • 특히 네 모퉁이와 중앙 등 기본적인 5개의 리더십 유형으로 방임형 또는 무기력형(1,1), 인간중심형 또는 컨트리클럽형(1,9), 생산지향형 또는 과업형(9,1), 중도형(5,5), 이상형 또는 팀형(9,9)을 강조한다. • 연구결과 가장 높은 성과를 보이는 최적의 리더십 스타일은 팀형(9,9)이다.

출제의도 체크

블레이크와 머튼(Blake & Mouton)의 관리격자이론은 조직원의 특성 등 상황적 요소를 고려하는 상황이론이 아닌 지도자(리더)의 행동 또는 행위에 초점을 두는 행동이론(행위이론)의 범주에 포함됩니다.

▶ 18회 기출

출제의도 체크

사회복지관의 관장이 직원 개인의 문제와 상황에 관심을 갖고 직원들의 공동체 의식을 키우기 위해 노력하면서, 정작 사업관리는 팀장에게 일임하고 자신은 화기애애한 조직 분위기를 조성하는 역할에 전념한다면, 이는 '인간중심형(컨트리클럽형)' 리더십 유형에 해당합니다.

▶ 19회 기출

심화연구실

관리격자모형(Blake & Mouton) 　19회, 21회 기출

• (1,1) : 방임형 또는 무기력형(무력형)
• (1,9) : 인간중심형 또는 컨트리클럽형
• (9,1) : 생산지향형 또는 과업형
• (5,5) : 중도형
• (9,9) : 이상형 또는 팀형

(3) 상황이론(Situational Theory) 2회, 5회, 10회, 11회, 14회, 16회 기출

① 의의 및 특징

　㉠ 지도자의 행동(행태)이나 특성(자질)은 상황에 따라 달라질 수 있다는 가정에 기초하고 있다. 즉, 그때의 상황이 지도자의 행동이나 특성을 결정하는 요인이 된다고 보고, 상황이 달라짐에 따라 다른 리더십이 요청될 수도 있다고 보는 입장이다.

　㉡ 리더십에 영향을 미치는 상황으로는 지도자가 속한 집단, 집단 목표, 구조, 성격, 사회문화적 요인, 시간적·공간적 요인 등을 들 수 있다.

　㉢ 한 조직에서 성공한 리더가 타 조직에서도 반드시 성공하는 것은 아니다.

② 상황이론의 연구 20회 기출

　상황이론에 관한 연구는 피들러(Fiedler)의 상황적합이론, 하우스(House)의 경로-목표이론(목표-경로이론), 첼라두라이(Chelladurai)의 다차원이론, 허쉬와 블랜차드(Hersey & Blanchard)의 상황적 리더십이론 등이 대표적이다.

상황적합이론	• 리더십 유형을 '과업지향적 리더십'과 '관계지향적 리더십'으로 구분하였으며, 이를 세 가지 상황적 조건 즉 리더의 지위권력 정도, 직원(부하)과의 관계, 과업의 구조화와 결합시켜 어떠한 상황에서 어떠한 결합방식이 적합한가를 비교하여 리더십의 효과성을 파악하였다. • 리더십 상황이 리더에게 유리하거나 불리한 경우에는 과업지향적 리더십이 효과적이며, 상황이 리더에게 유리하지도 불리하지도 않은 경우 관계지향적 리더십이 효과적이라고 주장한다. • LPC(Least Preferred Coworker) 척도를 고안하였으며, LPC 평점이 높은 사람은 배려 또는 인간관계 중심적 대인관계지향형 리더로, LPC 평점이 낮은 사람은 과업지향형 리더로 간주한다.
경로-목표이론 (목표-경로이론)	• 리더의 특성보다는 상황과 리더의 행동에 초점을 맞추어 리더십을 지시적·지지적(지원적)·참여적·성취지향적 리더십으로 분류하였다. • 상황변수로서 직원(부하)의 특성과 업무환경(근무환경) 특성을 고려하여 효과적인 리더의 행동에 대해 설명한다. • 리더는 직원으로 하여금 조직 목표를 효과적으로 달성할 수 있도록 행동경로를 명확히 밝혀주고, 그에 따른 보상도 더 많이 받게 될 것이라 믿도록 동기를 부여해야 한다.
다차원이론	• 리더의 특별한 행동이 특정 상황에 매우 효율적이라는 가정에 기초한다. • 조직의 수행 및 구성원의 만족도에 따라 상황이 요구하는 행동(→ 요구된 행동), 실제 리더가 취하는 행동(→ 인지된 행동), 구성원이 좋아하는 리더의 행동(→ 선호된 행동)을 구분한다. • 특정 상황이 요구하는 행동을 리더가 취하는 경우, 집단의 수행 및 집단성원의 만족도가 매우 높다.

바로암기 O×

리더십의 상황이론은 업무의 환경 특성에 따라서 필요한 리더십이 달라진다고 본다?

(　)

정답 O

전문가의 한마디

LPC 척도는 '가장 좋아하지 않는 동료직원 질문지'를 말하는 것으로, 함께 일하기 가장 싫었던 동료를 생각하면서 자신의 리더십 스타일의 모습을 점검하는 도구입니다. 이 척도에서는 함께 일하기 가장 싫었던 사람을 긍정적으로 받아들이는 사람의 경우 관계지향적 행동을 갖는 것으로, 부정적으로 받아들이는 사람의 경우 과업지향적 행동을 갖는 것으로 구분합니다.

상황적 리더십이론	• 리더의 행동을 '과업지향적 행동'과 '관계지향적 행동'으로 구분하고, 상황변수로서 조직성원이나 부하의 심리적 성숙도(Maturity)를 강조한 3차원적 유형의 상황적 리더십을 제시하였다. • 리더는 조직성원, 즉 팔로워(Follower)의 성숙도에 따라 리더십 행동을 변화시켜 나간다. 즉, 성숙도가 낮을 경우 지시형 리더십이, 성숙도가 높을 경우 위임형 리더십이 적합하다. • 조직성원의 성숙도가 낮은 경우 지도자의 지시적·일방적인 과업지향적 행동이 효과적이고, 성숙도가 중간 수준인 경우 조직성원을 참여시키는 관계지향적 행동이 효과적이며, 성숙도가 높은 수준인 경우 조직성원에게 권한을 대폭 위임해 주는 것이 효과적이다.

심화연구실

허쉬와 블랜차드(Hersey & Blanchard)의 리더십 유형 9회 기출

허쉬와 블랜차드는 직원의 능력과 의지(의욕)의 수준에 따라 네 가지 유형의 적합한 리더십을 제시하였다.

리더십 유형	직원의 능력	직원의 의지(의욕)
지시형	×	×
제시형	×	○
참여형	○	×
위임형	○	○

출제의도 체크

직원들의 업무수행 능력을 평가한 결과, 직원들의 직무수행 능력은 전반적으로 높게 나타났으나 솔선수범하여 일을 하려는 의지는 매우 약한 것으로 나타났다면, 허쉬와 블랜차드(Hersey & Blanchard)의 리더십 유형 중 '참여형'이 적합합니다.

▶ 9회 기출

(4) 거래적-변혁적 리더십이론(Transactional-Transformational Leadership Theory)

14회, 21회 기출

① 의의 및 특징

ㄱ 번즈(Burns)는 리더십을 서로의 동기 수준을 높이기 위한 리더와 추종자 간의 상호작용 또는 교환과정으로 정의하면서, 리더십을 안정을 지향하는 유형과 변화를 지향하는 유형, 즉 거래적(Transactional) 리더십과 변혁적(Transformational) 리더십으로 구분하였다.

ㄴ 혁신은 목표를 더 효과적으로 달성하기 위한 인위적이고 계획적인 활동이다. 이러한 관점에서 거래적 리더십이 기존의 리더십 이론에서 제시된 일반적인 리더의 특징에 해당한다면, 변혁적 리더십은 조직성원에 대한 보다 깊은 관심과 함께 기존의 문제에 대한 새로운 접근방식을 통해 조직성원의 변화를 이끌어내는 리더의 특징으로 볼 수 있다.

ㄷ 변혁적 리더십이론은 후에 배스(Bass)에 의해 좀 더 정교하게 연구되었다. 특히 배스는 변혁적 리더십이 추종자의 동기를 높이고 조직의 목적을 달성하는 데 있어서 이상적인 리더십으로 보았다.

출제의도 체크

변혁적 리더십은 새로운 비전 제시 및 지적 자극, 조직문화 창출을 지향합니다.

▶ 18회 기출

② 거래적 리더십과 변혁적 리더십의 차이점 20회 기출

거래적 리더십	• 구성원은 이기적이므로 개인적인 관심에 주의를 기울인다. • 리더는 조직성원의 보수나 지위를 보상하는 것과 같이 거래를 통해 조직성원의 동기 수준을 높인다. • 리더는 조직성원의 역할과 임무를 명확히 제시하며, 복종과 그에 대한 보상을 강조한다.
변혁적 리더십	• 리더십은 높은 도덕적 가치와 이상에 호소하여 조직성원의 의식을 변화시킨다. • 리더는 추종자들에게 권한부여(Empowerment)를 통해 개혁적·변화지향적인 모습과 함께 비전을 제시함으로써 그들에게 높은 수준의 동기를 부여한다. • 변혁적 리더는 구성원 스스로 업무에 대한 확신감을 가질 수 있도록 동기를 부여하고 업무결과에 대한 욕구를 자극함으로써, 구성원 스스로 추가적인 노력을 통해 기대 이상의 성과를 가져오도록 유도한다.

전문가의 한마디

'거래적 리더십'은 복종과 보상의 과정에서, '변혁적 리더십'은 협력의 과정에서 리더십이 형성되는 것으로 간주합니다.

바로암기 O X

교환관계를 기반으로 하여 조직성과를 높이고자 하는 것은 변혁적 리더십이다?

( )

해설
거래적 리더십이다.

정답 ×

(5) 경쟁적 가치 리더십이론(Competing Values Leadership Theory)

① 의의 및 특징

ㄱ. 퀸(Quinn)은 조직에서 나타나는 두 가지 경쟁적인 가치, 즉 내부지향 대 외부지향, 유연성(분권화) 대 통제성(집권화)을 각각 가로축과 세로축에 배치하고, 조직활동을 네 가지 기술 영역으로 구분하여, 각 부문의 리더십 역할을 연구하였다.

ㄴ. 경계-잇기기술 영역에서 리더는 '비전제시가'가 되고, 지휘기술 영역에서 리더는 '목표달성가'가 된다. 또한 조정기술 영역에서 리더는 '분석가'가 되고, 인간관계 기술 영역에서 리더는 '동기부여가'가 된다.

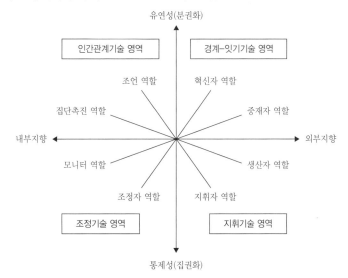

전문가의 한마디

퀸(Quinn)의 경쟁적 가치 리더십이론은 리더의 역할을 과업 중심과 관계중심의 두 가지 형태로 구분하는 기존의 이론과 달리 통합적 관점에서 리더의 다양한 역할을 규정하고 있습니다.

퀸(Quinn)의 경쟁적 가치에 의한 리더십 역할

② 리더십 유형별 리더의 역할 17회 기출

비전제시가 (Vision Setter)	• 기관의 변화 · 적응을 리더십 목표로 한다. • 기관 운영과 관련된 외부환경 변화를 주시하며, 기관 운영의 새로운 방향을 모색하고 혁신적 변화를 주도한다.
목표달성가 (Task Master)	• 기관 생산력의 극대화를 리더십 목표로 한다. • 기관 활동의 목표 달성 및 결과를 중시하며, 특히 중앙집권적 관리를 통해 생산력을 극대화하고자 한다.
분석가 (Analyzer)	• 기관 활동의 지속성 향상을 리더십 목표로 한다. • 기관의 서비스(혹은 프로그램) 실행에 대한 이론적 · 기술적 지식을 확보하며, 진행상황에 대해 면밀히 분석하고 기관 활동을 위해 전문인력을 효율적으로 배치한다.
동기부여가 (Motivator)	• 기관 구성원 관계강화를 리더십 목표로 한다. • 구성원 간 협동심과 전문직 간 팀워크를 강조하며, 구성원의 동기를 고양하고 자율권을 극대화한다.

출제의도 체크

퀸(Quinn)의 경쟁적 가치 리더십에 의하면 '동기부여가 리더십'은 '목표달성가 리더십'과 상반된 가치를 추구합니다.

▶ 17회 기출

(6) 서번트 리더십이론(Servant Leadership Theory) 14회, 21회, 22회 기출

① 의의 및 특징

ㄱ 그린리프(Greenleaf)는 리더를 다른 사람에게 봉사하는 하인(Servant)으로, 구성원을 섬김의 대상으로 간주하였으며, 섬기는 자로서 리더가 지녀야 할 특성(혹은 요건)으로 인간 존중, 봉사, 정의, 정직성, 공동체적 윤리성 등을 강조하였다.

ㄴ 구성원 성장에 대한 헌신과 함께 이를 통한 공동체 목표의 달성(혹은 공동체 의식의 형성)을 강조한다.

ㄷ '섬김의 리더십'으로서 힘과 권력에 의한 조직지배를 지양하는 반면, 생산성 측면에서 자발적 행동의 정도를 중시한다.

ㄹ 청지기(Stewardship) 책무 활동을 수행하므로, 사회복지조직 관리에 적합한 리더십이 될 수 있다.

② 서번트 리더의 역할

방향제시자	조직의 비전을 제시해 주는 역할이다.
파트너	구성원들 간의 합의를 이끌어 내기 위해 의견들을 조율하는 역할이다.
지원자	구성원들이 업무수행을 원활히 할 수 있도록 지원하고, 일과 삶의 균형을 이룰 수 있도록 돕는 역할이다.

전문가의 한마디

청지기 혹은 청지기 의식(Stewardship)은 '타인을 섬기려는 자세'를 일컫는 것으로, 이는 섬김 리더십의 바탕을 이루는 가치입니다.

02절 기 획

1 기획의 이해

(1) 기획의 개념

① 의 의 14회 기출

ㄱ 기획(Planning)은 조직의 목표를 유지·발전시키기 위해 조직 내·외부환경의 변화에 대해서 현재와 미래의 합리적인 행위를 결정하는 과정이다.

ㄴ 미래의 환경 변화에 대응하기 위한 의사결정 과정으로서, 타당한 사업 추진을 하기 위함이다.

ㄷ 기획(Planning)은 계획을 세워가는 활동 과정으로서 동적인 개념이라고 할 수 있는 반면, 계획(Plan)은 사업에 대한 연속적인 의사결정으로서 기획의 결과로 결정된 행동의 정적인 개념이라고 할 수 있다.

② 특 징 2회, 4회, 5회, 7회, 14회, 16회 기출

ㄱ 미래지향적이고 계속적인 과정이다.

ㄴ 목표 달성을 위한 수단적 과정이다.

ㄷ 목표 지향적인 동시에 과정 지향적이다.

ㄹ 연속적이며 동태적인 과업이다.

ㅁ 효율성 및 효과성 모두 관련이 있다.

ㅂ 전문화된 지식체계에 기반을 둔다.

ㅅ 의사결정과 관련이 있다.

(2) 기획의 필요성 2회, 5회, 7회, 10회, 12회, 14회 기출

① 효율성 증진

제한된 자원, 최소의 노력과 비용으로 목표를 달성한다.

② 효과성 증진

이용자들에게 효과적인 서비스를 제공하기 위해 사전계획이 필요하다.

③ 책임성 증진

정부와 지역사회의 재원을 사용하므로 서비스의 효율성 및 효과성에 대한 책임을 진다.

④ 합리성 증진

더욱 타당하게 적용될 수 있는 수단을 제공한다.

전문가의 한마디

보통 기획(Planning)과 계획(Plan)을 명확히 구분하지 않는 경우도 있지만, 이 두 가지는 각각 동적인 개념과 정적인 개념이라는 점에서 차이가 있습니다.

전문가의 한마디

기획은 프로그램의 효율성, 효과성 및 합리성을 증진시키는 동시에 프로그램 수행의 책임성을 높이는 데 도움이 됩니다.

제7영역

⑤ 미래의 불확실성 감소

급변하는 환경과 불확실한 미래상황에 대처한다.

⑥ 조직성원의 사기진작

기획 과정에 많은 조직성원들을 참여시킴으로써 사기를 진작한다.

2 기획의 유형

(1) 조직의 위계수준에 따른 유형 15회 기출

최고관리층	전반적 목표 및 정책, 장기적 기획, 전략적 기획, 조직 전체 기획
중간관리층	보완적 목표 및 정책, 사업계획, 프로그램 기획, 할당 기획
감독관리층	단기적 목표, 구체적 사업계획, 구체적 프로그램 기획, 운영 기획
관리실무자	일정표, 일상적 업무 및 사소한 절차에 국한

바로암기 O X

중간관리층은 구체적인 프로그램 기획에 관여한다?

( )

해설
감독관리층이 구체적인 프로그램 기획에 관여한다.

정답 ✕

(2) 기간(시간)에 따른 유형 3회 기출

장기기획	• 보통 1년 이상의 기간에 걸친 기획으로, 외부환경의 영향을 중시하고 주기적으로 조직의 목표를 재설정하는 것을 포함한다. • 창의성과 미래에 대한 비전을 가지게 한다는 점에서 중요하다. • 조직의 발전을 위해서 장기적인 계획을 수립하는 것이 필요하다.
단기기획	• 보통 1년 미만의 기간에 걸친 기획으로, 장기기획에 근거하고 있다. • 구체적이고 상세하며, 행동지향적이고 실행방법에 관한 것을 다룬다. • 장기기획과 상호 밀접한 관련성을 가지며, 장기기획 속에 통합되어야 한다.

(3) 대상에 따른 유형 3회, 9회, 15회 기출

전략적 기획	• 조직의 기본적인 결정 및 행동계획 수립을 위한 것으로서, 조직의 구체적 목표의 설정 및 변경, 구체적 목표 달성을 위한 자원, 그 자원의 획득, 사용, 분배에 대한 정책을 결정하는 과정이다. • 기관의 사명과 가치를 설정하고 자원 할당을 통해 기관이 목표로 하는 전략적인 방향을 설정하는 과정이라 할 수 있다.
운영기획 (관리운영기획)	• 전략적 기획에서 설정된 목표를 구체적으로 실천하기 위해 중간계층 이하에서 작성하는 관리 차원의 기획이다. • 조직의 목적을 효율적·효과적으로 달성하기 위해 자원을 사용하는 것으로, 기관과 시설운영을 위한 규칙의 개발, 사업결과 평가를 위한 기준의 개발, 서비스 전달체계의 설계 등의 과정과 연관된다.

전문가의 한마디

전략적 기획은 목표설정, 목표들의 우선순위 결정, 자원의 획득 및 분배에 관한 것인 반면, 운영기획은 기술적·단기적 기획처럼 이들 자원의 관리를 강조합니다.

3 **기획의 과정**

(1) 스키드모어(Skidmore)의 7단계 기획 과정 14회, 16회, 20회 기출

① 제1단계 – 목표설정

목적(Purpose)을 달성하기 위해 목표(Goal)가 설정되며, 목표를 달성하기 위해 세부목표(Objective)가 설정된다.

② 제2단계 – 자원 고려

설정된 목표를 달성하기 위해 정보를 수집하며, 기관의 인적·물적 자원을 고려한다.

③ 제3단계 – 대안 모색

목표를 달성하는 데 필요한 여러 가지 대안들을 고려한다.

④ 제4단계 – 결과 예측

열거한 대안들을 다각도로 검토하며, 기대효과와 장단점 등을 평가한다.

⑤ 제5단계 – 계획 결정

대안들을 검토한 후 우선순위에 따라 최종적인 대안을 선택한다.

⑥ 제6단계 – 구체적 프로그램 수립

합의된 목표에 도달하기 위해 구체적인 프로그램을 기획한다. 이 단계는 도표 작성 등의 업무를 포함하며, 단계별 개요가 기록된다.

⑦ 제7단계 – 개방성 유지

프로그램의 실제 수행 과정에서 발생할 수 있는 변화에 대해 개방성과 융통성을 발휘함으로써 발전적이고 합리적인 변경이 이루어지도록 한다. 다만, 보다 나은 절차가 없는 경우 기존 계획이 유지된다.

참고

기획의 과정에 대한 내용은 학자마다 혹은 교재마다 매우 다양하게 제시되고 있습니다. 여기서는 사회복지사 시험에서 중요하게 다루어지는 내용을 본문에 수록하였습니다.

출제의도 체크

스키드모어(Skidmore)의 7단계 기획 과정 중 첫 번째 단계는 '자원 고려' 단계가 아닌 '목표설정' 단계입니다.

▶ 16회 기출

제7영역

(2) 전략적 기획의 과정

① 제1단계 - 전략적 기획 합의

전략적 기획을 위한 팀 혹은 위원회를 통해 기획이 추구하는 가치, 목적, 전체 업무 과정 등을 결정한다.

② 제2단계 - 조직 및 환경 분석

조직의 내부환경 및 외부환경에 대한 분석이 이루어진다.

③ 제3단계 - 쟁점의 구체화

조직에 영향을 미칠 수 있는 현안문제(쟁점)를 규명하고, 이를 해결할 수 있는 전략을 탐구한다.

④ 제4단계 - 조직의 사명 및 목적 재설정

이전 단계에서 도출된 쟁점들을 토대로 조직의 사명과 목적 및 목표에 대한 재설정 혹은 재구성이 이루어진다.

⑤ 제5단계 - 전략 결정

최종적인 대안적 전략을 결정한다.

⑥ 제6단계 - 기획안 작성

구체적인 실행계획을 작성한다.

⑦ 제7단계 - 실행 평가

모의실험(Simulation)을 통해 계획의 문제점을 수정하며, 실행 불가능한 상황에 대비하여 차선책을 구상한다.

심화연구실

SWOT 분석 6회, 9회 기출

- 전략적 기획에서 기관의 장단점에 대한 내부분석과 현재와 미래의 기관 활동에 영향을 줄 수 있는 외부환경에 대한 분석을 할 때 유용한 기법이다.
- 조직의 내부환경 분석인 조직의 강점(Strength)과 약점(Weakness), 조직의 외부환경 분석인 기회(Opportunity)와 위협(Threat)을 분석하여 활용한다.
- 사회복지기관에서는 현재 기관의 조직력, 자원 확보력 등의 강점(S)과 내부 자원 부족, 열악한 시설 및 장비 등 약점(W)을 점검하며, 지역사회의 관심 증가, 새로운 재정 공급처 확보 등 기회(O)의 요인과 복지예산의 감소, 다른 복지기관과의 경쟁 등 위협(T)의 요인을 파악할 수 있다.

전문가의 한마디

전략적 기획의 과정에서 마지막 단계의 '실행 평가'는 기획의 실제적 실행을 의미하는 것이 아닌 모의실험(Simulation)을 의미합니다.

전문가의 한마디

SWOT 분석을 통해 내부환경에 대한 분석과 외부환경에 대한 분석이 이루어지며, 이를 토대로 SO전략(강점·기회 전략), ST전략(강점·위협 전략), WO전략(약점·기회 전략), WT전략(약점·위협 전략) 등 조직의 전략이 마련됩니다.

4 프로그램 기획

(1) 프로그램 기획의 개념

① 의 의 18회 기출

- ㉠ 프로그램의 목표 설정에서부터 실행, 평가에 이르기까지 제반 과정들을 합리적으로 결정함으로써 미래의 행동 계획을 구체화하는 과정이다.
- ㉡ 개별 사회복지기관이 다룰 수 있는 영역과 범위 안에 있는 이슈를 해결하기 위한 것으로, 업무 설계를 기재하고 구체적인 실행방법을 명시한다.

② 사회복지 프로그램 13회 기출

- ㉠ 사회복지 프로그램은 사회문제를 해결하기 위해 계획된 일련의 활동으로서, 클라이언트의 욕구를 충족시키거나 역량을 강화하기 위해 개입하는 활동인 서비스들의 묶음을 의미한다.
- ㉡ 사회복지 프로그램 기획에서는 합리성, 지속성, 목적성, 참여성, 미래지향성 등이 중시된다.

전문가의 한마디

프로그램(Program)은 정책의 구체적 실행을 위한 수단적 · 도구적 성격을 갖습니다.

(2) 프로그램 기획에서 대상인구 규정 17회 기출

일반인구	• 대상지역의 전체 인구를 말한다. • 일반인구에 대한 설명은 일반적인 사실들에 기초한다. 예를 들어, 아동복지 프로그램의 경우 해당 지역의 아동과 가족에 대해 설명한다.
위험인구	• 일반인구의 하위집단으로서, 프로그램이 제기하는 사회문제에 특별히 민감하다고 판단되는 집단을 말한다. • 프로그램이 해결하려는 문제에 취약성이 있는 사람들을 포함한다.
표적인구	• 위험인구의 하위집단으로서, 위험인구 중에서도 프로그램이 구체적으로 개입 대상으로 삼은 집단을 말한다. • 프로그램 수급 자격을 갖춘 사람들을 포함한다.
클라이언트인구	• 표적인구의 하위집단으로서, 프로그램에 실제 참여하는 집단을 말한다. • 서비스 자원의 부족으로 인해 인원을 제한할 수도 있고, 서비스를 거부하거나 서비스의 존재 여부를 알지 못하여 참가하지 못하는 경우도 있으므로, 표적인구 중의 일부만이 클라이언트인구가 된다.

출제의도 체크

프로그램에 실제 참여하는 사람은 '클라이언트인구'에 해당합니다.

▶ 17회 기출

(3) 프로그램 기획의 과정 13회 기출

① 제1단계 – 문제 확인

문제 분석 및 욕구 사정의 과업이 포함된다. 문제 사정은 프로그램이 의도하는 사회적 조건(예 실업률, 아동학대, 비행 등)을 규정하는 것이고, 욕구 사정은 문제들이 인구집단에 얼마나 영향을 미쳤는지를 측정하는 것이다.

② 제2단계 - 목적 설정

프로그램이 도달하고자 하는 미래의 상태를 규정한다. 이때 계량화가 가능한 조작적 목표를 설정해야 한다.

③ 제3단계 - 프로그래밍

구체적인 프로그램 계획들을 수립하는 단계로, 목적 달성을 위해 몇 가지 대안들을 고안하고 이들 대안들을 비교·평가한다.

④ 제4단계 - 실 행

실행은 프로그램 목표들이 확실히 실현되도록 하는 활동이다.

⑤ 제5단계 - 평 가

평가는 목표들이 어느 정도 성취되었는지를 확인하는 활동이다.

(4) 프로그램 기획의 기법 2회, 5회, 7회 기출

① 시간별 활동계획 도표(Gantt Chart) 4회, 8회, 13회, 16회, 18회 기출

㉠ '간트(갠트) 차트' 또는 '막대그래프 차트'라고도 하며, 세로 바에는 목표, 활동 및 프로그램을 기입하고 가로 바에는 시간을 기입하여 사업의 소요시간을 막대로 나타내는 도표이다.

㉡ 작업단위와 작업시간을 분석하여 작업들을 '하나의 작업이 완성된 후 다음 단계로 넘어갈 수 있는 작업', '하나의 작업이 진행되는 도중에 시작되는 작업', '동시적으로 시작할 수 있는 작업'으로 구분하여 시간을 통제함으로써 프로그램이 정해진 시간에 완성되도록 관리한다.

㉢ 비교적 단순 명료하고 전체 작업의 진행상황을 점검할 수 있으며, 과업 완성 시간을 단축할 수 있고 여유시간을 관리할 수 있다.

㉣ 다만, 세부적인 활동을 포함하지 않으며, 과업이나 활동 간의 연결과정도 표시하지 않는다.

② 프로그램 평가 검토기법(PERT) 3회, 5회, 8회, 10회, 11회, 13회, 15회, 22회 기출

㉠ '프로그램 평가 검토기법(Program Evaluation Review Technique)'은 1958년 미국 폴라리스 잠수함(Polaris Submarine) 건조계획에 도입된 것으로서, 본래 6년으로 예정했던 폴라리스 미사일 잠수함의 배치 계획을 4년으로 단축하기 위해 고안되었다.

㉡ 목표달성 기한을 정해 놓고 목표달성을 위해 설정된 주요 세부목표와 프로그램의 상호관계 및 시간계획을 연결시켜 도표화한 것이다.

㉢ 프로그램을 명확한 목표들로 조직화하고 진행일정표를 작성하며, 자원계획을 세우고 프로그램 진행사항을 추적하는 데 활용된다.

출제의도 체크

시간별 활동계획 도표(Gantt Chart)는 막대그래프를 이용하는 방식으로, 작업 간의 연결성에 대한 파악이 어렵습니다.

▶ 16회 기출

ⓔ 기획된 활동의 실행을 위해 필요한 과업의 선행·후행관계 및 소요시간 등을 일 목요연하게 파악하며, 과업별 소요시간을 계산하여 추정한다.

ⓜ '임계경로 또는 임계통로(Critical Path)'는 시작에서 종료에 이르기까지 가장 많은 시간을 요구하는 경로(통로)를 말한다. 이는 활동 수행을 위해 최소한 확보해야 할 시간에 해당한다.

ⓗ 간트 차트(Gantt Chart)가 단선적 활동만을 표시하여 복잡한 작업단계들 간의 상관관계를 나타낼 수 없었던 것에 반해, PERT는 각 작업단계들을 입체적으로 연결하여 전반적인 계획을 잘 반영하는 것은 물론 작업완성에 기대되는 시간까지 보여준다.

ⓢ PERT를 통해 전체 과업들 간 최적의 시간경로를 파악할 수 있으며, 시작 및 완료 기간을 고려하여 예산배정을 관리할 수 있다.

ⓞ 도표 작성에 시간이 소요되며, 프로그램 실행과정상 불확실성이 많은 경우 활용하기 어렵다.

③ **월별 활동계획카드(Shed-U Graph)**
   ⊙ 바탕종이의 위쪽 가로에는 월별이 기록되어 있고 특정 활동이나 업무를 조그만 카드에 기입하여 월별 아래 공간에 삽입하거나 붙인다.
   ⓛ 이 카드는 업무의 시간에 따라 변경하여 이동시키는 데 편리하다.
   ⓒ 간트 차트와 마찬가지로 과업과 완성된 행사들 간의 상관관계를 알기 어렵다.

④ **방침관리기획(PDCA Cycle)**
   ⊙ '계획(Plan)-실행(Do)-확인(Check)-조정(Act)'의 일련의 절차를 프로그램 기획과정으로 보는 것으로, 조직의 핵심적인 목표달성을 위해 조직의 자원을 결집시키고 조직구성원 전체의 노력을 조정하기 위한 기법이다.
   ⓛ 보통의 기획 과정이 계획을 수립하고 각종 대안들에 대해 우선순위를 파악한 후 실행에 옮겨지는 반면, 방침관리기획은 계획을 수립한 후 곧바로 실행에 옮겨진다는 차이가 있다.
   ⓒ 계획을 실행한 후 발견되는 문제점에 대해서는 즉각적인 수정을 거쳐 보완해 나가는 방식으로 해결해 나간다.

⑤ **목표에 의한 관리(MBO ; Management By Objectives)**
   ⊙ 조직구성원들이 자신의 업무를 설정하는 데 참여하고 자신에 대한 평가방법을 인식하며, 합의에 의해 설정된 목표 달성 정도에 따라 업적을 평가하는 기법이다.
   ⓛ '목표의 발견 → 목표의 설정 → 목표의 확인 → 목표의 실행 → 평가 및 환류'의 순환적 과정으로 이루어진다.
   ⓒ 업무자의 참여를 통해 일정 기간 성취되어야 할 장기적인 목적과 단기적인 목표들이 구체화되며, 이를 통해 목표의 성공 여부가 정기적으로 평가될 수 있다.

바로암기 OX

PERT에서 프로그램 시작부터 모든 활동의 종료까지 소요되는 최소한의 시간 경로를 찾는 방법은 최소경로(Minimal Path)이다? ( )

해설 임계경로(Critical Path)이다.
정답 ×

전문가의 한마디

프로그램 평가 검토기법(PERT)과 매우 유사한 것으로, 미국의 한 건설회사에서 개발한 주요 경로방법(CPM ; Critical Path Method)이 있습니다. PERT가 새로운 프로젝트와 같이 활동의 소요시간 예측이 어려운 경우 주로 활용되는 반면, CPM은 소요시간이 비교적 확실한 기획활동에 사용됩니다.

전문가의 한마디

목표에 의한 관리(MBO)는 활동 중심적이고 결과 지향적이며, 참여를 강조하는 특징을 가지고 있습니다.

03절 의사결정

1 의사결정의 이해

(1) 의사결정의 개념

① 의 의

㉠ 의사결정은 기본적으로 목표 달성을 위한 여러 가지 대안 가운데 최적의 것을 선택하는 과정이다.

㉡ 조직은 선택된 대안에 따라 활동을 전개하므로, 의사결정을 어떻게 하느냐의 문제는 곧 조직의 목표 달성 활동을 좌우하는 문제가 된다.

② 의사결정과 기획의 차이점

㉠ 기획은 목표의 달성에 중점을 두는 반면, 의사결정은 문제의 해결에 중점을 둔다.

㉡ 기획은 의사결정 외에 자원동원, 활동통제, 동기부여 등 폭넓은 행정적 기술과 과정을 포함하는 개념인 반면, 의사결정은 그 자체로 최적의 대안선택을 강조하는 개념이다.

(2) 의사결정의 유형 15회 기출

① 의사결정 절차의 관점

정형적 의사결정 (Programmed Decision-making)	• 일정한 절차에 의해 의사결정을 하는 것이다. • 습관, 사무적 관례, 조직의 체계 등에 의해 결정이 이루어진다.
비정형적 의사결정 (Non-programmed Decision-making)	• 특정한 절차에 따르지 않은 의사결정을 하는 것이다. • 직관 · 판단 · 창의성을 지닌 책임자의 선택에 의해 결정이 이루어진다.

② 의사결정 방법의 관점 14회 기출

직관적 의사결정 (Intuitive Decisions)	• 합리성보다는 개인의 감정, 육감, 느낌, 인상에 의해 의사결정이 이루어진다. • 즉시 결정되어야 하는 사항이나 경미한 사항에는 유효하나, 체계적인 훈련이 없으므로 위험성이 크다.
판단적 의사결정 (Judgemental Decisions)	• 개인이 일상적이고 정해진 일을 하는 가운데 얻어진 지식과 경험에 의해 의사결정이 이루어진다. • 대부분의 사회복지조직에서 이루어지는 의사결정 방식이다.
문제해결적 의사결정 (Problem Solving Decisions)	• 정보수집, 연구, 분석과 같은 합리적이고 과학적인 절차를 통해 이루어진다. • 시간적인 여유가 있고 중요한 사항에 대한 의사결정에 적합한 방식이다.

전문가의 **한마디**

비정형적 의사결정은 보통 조직이 종전에는 경험하지 못한 새로운 문제에 대해 또는 예측하지 못한 상황이 발생하는 경우에 이루어집니다. 특히 사회복지조직에서는 비정형적 의사결정이 상대적으로 중요합니다.

출제의도 체크

판단적 의사결정(Judgemental Decisions)은 기존 지식과 경험에 의해 기계적으로 결정하는 것이 아닌 개인이 가지고 있는 지식과 경험을 기초로 판단하여 결정하는 것입니다.

▶ 14회 기출

2 의사결정의 절차와 기법

(1) 의사결정의 절차(Ables & Murphy)

① 제1단계 – 문제 정의와 욕구 규정

개선 혹은 해결되어야 할 문제 및 욕구가 어떤 것인가를 명확히 규정한다.

② 제2단계 – 관련 정보의 수집(확보)

문제 및 욕구와 관련된 정보를 다양한 경로를 통해 수집 및 확보한다.

③ 제3단계 – 해결 대안의 개발 및 평가

수집된 정보와 조직의 문제해결 목표, 잠재적·현실적 제약사항 등을 고려하여 문제해결을 위한 다양한 대안을 도출하며, 각 대안의 장단점, 성공 가능성, 기대효과 등을 검토한다.

④ 제4단계 – 최선의 대안 선택

검토된 대안들 가운데 최선의 대안을 선택한다.

⑤ 제5단계 – 선택된 대안의 실행

선택된 대안을 모든 부서 및 조직원들에게 알리고, 그것이 성공적으로 실행될 수 있도록 조직 전체의 지원체계를 구축하도록 한다.

⑥ 제6단계 – 환류(Feedback)

의사결정의 전 과정에 걸쳐 각 단계마다의 문제점이나 예상치 못한 상황, 유의사항에 대한 의견을 듣고, 이를 다른 의사결정에 반영한다.

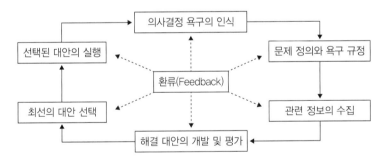

전문가의 한마디

스키드모어(Skidmore)는 문제해결적 의사결정 절차와 관련하여 〈상황 및 문제 정의, 관련된 사실의 수집·조사, 대안의 모색, 대안의 결과예측, 관련된 사람들의 감정 고려, 최적대안의 선택, 결정된 대안의 실천, 융통성 발휘〉를 언급한 바 있습니다.

전문가의 한마디

명목집단기법(Nominal Group Technique)은 보통 6~9명 정도의 소집단(들)을 이용하여 의사결정을 하는 방법이므로, '소집단 투표 의사결정법' 혹은 '소집단 간 투표 의사결정법'이라고도 부릅니다.

(2) 의사결정의 기법 1회, 6회, 7회, 9회, 14회, 15회 [기출]

① 개인적 의사결정기법

의사결정나무분석 (Decision Tree Analysis)	문제해결을 위해 선택 가능한 대안들을 놓고, 각 대안별로 선택할 경우와 선택하지 않을 경우에 나타날 결과를 분석하여, 각 대안들이 갖게 될 장단점에 대해 균형된 시각을 갖도록 돕는 기법이다.
대안선택흐름도표 (Alternative Choice Flow Chart)	목표가 분명하고 예상 가능한 사항의 선택에 적용될 수 있는 것으로서, '예'와 '아니요'로 답할 수 있는 질문을 연속적으로 만들어 예상되는 결과를 결정하도록 하는 도표이다.

② 집단적 의사결정기법 21회, 22회 [기출]

델파이기법 (Delphi Technique)	• 전문가 · 관리자들로부터 우편이나 이메일(E-mail)로 의견이나 정보를 수집하여 그 결과를 분석한 후 그것을 다시 응답자들에게 보내어 의견을 묻는 식으로 만족스러운 결과를 얻을 때까지 계속하는 방법이다. • 전문가들이 한 곳에 모이지 않아도 되고 자유로운 시간에 익명으로 의견을 개진할 수 있으나, 시간이 많이 소요되고 절차가 반복되는 동안 응답자 수가 줄어드는 단점이 있다.
명목집단기법 (Nominal Group Technique)	• 전문가를 한 장소에 모아 각자의 의견을 적게 하고 이를 종합하여 정리한 다음, 정리된 의견에 대해 집단별로 의견을 발표하여 투표를 통해 최종적인 의견을 도출하는 방법이다. • 다양한 의견을 청취할 수 있고 감정이나 분위기상의 왜곡현상을 피할 수 있으나, 다수의 사람을 참여시킬 경우 시간이 많이 소요되는 단점이 있다.
브레인스토밍 또는 집단토의 (Brainstorming)	• 집단성원들 간의 대화나 토론을 통한 자유발언의 기회를 제공하여 일정한 주제에 대해 각자 아이디어를 제시하도록 함으로써, 자유분방한 사고과정에서 우수한 아이디어를 수집하기 위한 방법이다. • 브레인스토밍에서는 아이디어의 양이 강조되는데, 참여자의 아이디어가 많을수록 더 우수한 아이디어가 나올 가능성이 높기 때문이다.
변증법적 토의 (Dialectical Inquiry)	• 상반된 의견이나 견해를 가진 사람들로 두 집단을 구성하여, 그중 한 집단에서 먼저 의견을 제시하면 다른 집단에서 그에 반대하는 새로운 대안을 만들어 제시하도록 하는 방법이다. • 각 집단들이 사안의 찬성과 반대를 이해함을 기본으로 한다.

04 | 인적자원관리와 재정관리

KEY POINT

- '인적자원관리'는 사회복지조직의 목적을 달성하기 위해 인적자원을 가장 효과적으로 관리하는 내용을 다루는 분야이다.
- 슈퍼비전과 슈퍼바이저, 동기부여와 욕구계층이론, 맥클리랜드의 성취동기이론 등이 자주 출제되고 있다.
- '재정관리'는 사회복지조직의 재정에 관한 내용을 다루는 분야이다.
- 예산편성 모형에서 매년 꾸준히 집중적으로 출제되는 경향을 보인다.
- 예산편성 모형에 관한 내용을 집중적으로 학습하도록 하며, 다른 부분은 부담 없이 읽어서 이해하는 정도로 학습하면 충분하다.

01절 인적자원관리

1 인적자원관리의 이해

(1) 인적자원관리의 개념

① 의 의

'인사관리'라고도 부르는 것으로, 조직의 유지를 위해 조직이 필요로 하는 인사를 채용, 개발, 유지, 활용하는 일련의 관리활동체계를 말한다(예 직원채용, 직무수행평가, 직원개발 등).

② 주요 구성요소(관리기능) 21회, 22회 기출

㉠ 확보관리 : 직무분석, 채용(직원모집 · 선발 · 배치)

㉡ 평가관리 : 인사고과, 직무평가

㉢ 개발관리 : 교육훈련, 지도감독, 승진, 직무순환(배치전환)

㉣ 보상관리 : 임금, 인센티브, 복리후생

㉤ 유지관리 : 인적자원 유지, 이직관리, 노사관계관리

> **전문가의 한마디**
>
> 플리포(Flippo)는 인적자원관리의 구성요소로 확보관리, 개발관리, 보상관리, 통합관리, 유지관리, 이직관리 등을 제시한 바 있습니다.

(2) 인적자원관리의 일반적인 과정 10회, 16회, 19회 기출

① 모집 · 충원

자격 있는 지원자들을 공석 중인 직위에 유치하는 과정이다. 직원을 모집하기 위해서는 단기 · 중기 · 장기의 충원계획 수립이 필요하다.

② 선 발

조직의 요구와 채용될 사람의 요구를 고려하여 직원을 선발하는 과정이다. 선발시험 방법은 크게 필기시험, 실기시험, 면접시험 등으로 구분되며, 직업능력검사 등 다양한 유형의 검사도구를 활용한다.

> **바로암기 ○×**
>
> 신규채용은 비공개모집을 원칙으로 한다?
>
> ( )
>
> **해설**
> 일반적으로 공개모집을 원칙으로 한다.
> **정답** ×

전문가의 한마디

인사관리에서 〈모집 → 선발 → 임용(임명)〉은 '채용'의 주요 과정에 해당합니다. '채용'은 사회복지조직의 직원으로서 적절한 인물을 신규로 충원하는 것을 말합니다.

③ 임용(임명)

선발된 직원에게 조직의 목적과 목표, 구성, 직무와 책임 등을 설명하는 과정이다.

④ 오리엔테이션(Orientation)

신입직원들을 대상으로 하는 훈련을 일컫는 것으로, 조직의 역사, 사명, 기본정책 등은 물론 조직이 제공하는 서비스 및 지역사회를 구체적으로 소개하는 과정이다.

⑤ 배 치

신입직원들을 각각의 부서에 배치하는 과정이다.

⑥ 활 용

신입직원들에게 실제 직무를 수행하도록 하는 과정이다. 넓은 의미에서 직원들의 능력을 개발하고, 직원들의 업무수행능력을 평가하며, 승진을 통해 지위와 보수를 발전시키는 전반적인 과정을 포괄한다.

> **참고**
>
> 인적자원관리(인사관리)의 과정은 교재에 따라 다양하게 제시되고 있습니다. 본문의 내용은 일반적인 과정을 제시한 것이므로, 이점 감안하여 학습하시기 바랍니다.

(3) 인적자원관리의 방식 10회, 14회, 15회, 17회 [기출]

전문가의 한마디

인사계획의 관점에서 직무분석, 직무기술서 및 직무명세서의 작성 등은 인적자원관리의 필수적인 활동에 해당합니다. 참고로 직무명세서를 '작업자명세서'라고도 부릅니다.

① 직무분석(Job Analysis) 17회, 20회 [기출]

㉠ 직무에 대한 업무내용과 책임을 종합적으로 분류하는 것으로, 인적자원관리의 기초가 된다.

㉡ 직무를 구성하고 있는 일, 즉 해당 직무의 내용 및 직무의 수행을 위한 직무조건을 조직적으로 밝히는 절차이다.

㉢ 직무명세서와 직무기술서는 직무분석이 이루어진 후에 작성하게 된다.

㉣ 명문화, 세분화된 직무는 작업조직의 경직성을 초래하여 시장변화에 대한 전략을 세우는 데 적합하지 않을 수 있다.

② 직무기술서와 직무명세서 19회, 21회 [기출]

바로암기 ○×

직무분석 이전에 직무기술서와 직무명세서를 작성한다?

( )

해설

직무분석 이후에 직무기술서와 직무명세서를 작성한다.

정답 ×

직무기술서 (Job Description)	• 직무 자체에 대한 기술이다. • 직무분석의 결과에 의거하여 직무수행과 관련된 과업 및 직무행동을 일정한 양식에 따라 기술한 문서이다. • 직무 명칭 및 내용, 직무수행에 필요한 각종 장비 및 도구, 직무수행 과제 및 방법(책임과 행동), 직무수행의 환경적 조건(작업조건) 등이 포함된다.
직무명세서 (Job Specification)	• 직무수행자의 인적요건에 대한 기술이다. • 직무수행에 필요한 직원의 지식, 기술, 능력 등을 일정한 양식에 따라 기술한 문서이다. • 직무수행에 요구되는 지식 · 기술 · 능력 수준, 성격 · 흥미 · 가치 · 태도, 작업 경험, 자격요건 등이 포함된다.

③ 직무평가와 직무수행평가 18회 기출

직무평가 (Job Evaluation)	직무분석을 통해 작성된 직무명세서(작업자 명세서)에 의해 조직 내 각종 직무의 숙련, 노력·책임의 정도, 직무수행의 난이도 등을 비교·평가함으로써 각종 직무들 간의 상대적인 가치를 결정하는 작업이다.
직무수행평가 (Job Performance Appraisal)	일정 기간 작업자들이 그들의 업무를 얼마나 잘 수행했는지에 대한 정기적·공식적인 평가이다. 작업자에 대한 기대치와 비교하여 그들의 업적을 측정·평가하고 이를 다시 구성원들에게 피드백하는 과정이다.

④ 직무확대와 직무충실

직무확대 (Job Enlargement)	직무내용이 단순화·정형화됨에 따라 발생하는 소외감이나 단조로움을 방지하기 위해 세분화된 직무를 한 사람에게 담당시키는 것이 아닌 직무의 과업 수를 늘여서 업무량을 확대하는 방법이다.
직무충실 (Job Enrichment)	업무 그 자체를 질적으로 충실히 하기 위해 업무에 계획, 준비, 통제 등의 내용을 추가하고, 책임이나 권한의 범위를 확대하여 업무의 폭을 넓히고자 하는 것이다.

2 직원개발

(1) 의의 및 특징

① 직원개발(Staff Development)은 직원들의 소양·능력을 개발하고 직무수행에 필요한 지식·기술을 향상시키며, 가치관과 태도를 바람직한 방향으로 변화시키기 위한 교육훈련 활동을 말한다.

② 직원개발은 직원들로 하여금 새로운 지식과 기술 및 전문적 태도를 향상시켜 조직이 제공하는 서비스의 효과성을 높이는 한편, 직원들 간의 상호작용을 통해 서로에 대해 더 잘 이해하고 연대감을 높임으로써 조직의 효과성을 높이는 데 있다.

③ 직원개발은 신규채용자 훈련(오리엔테이션), 일반직원 훈련, 감독자 훈련, 관리자 훈련 등으로 구분된다.

(2) 직원개발의 주요 방법

① 강의(Lectures) 22회 기출

일정한 장소에 직원들을 모아놓고 서비스에 관한 전문지식과 기술 및 태도를 전달하는 것으로, 짧은 시간에 많은 사람을 대상으로 교육내용을 체계적으로 전달할 때 사용한다.

② 회의(Conference)

집단을 대상으로 1명 이상의 연사가 발표 또는 토론을 하거나 구성원들 간 상호의견을 교환한다.

③ 토의(Discussion)

한 주제에 대해 소수의 사람이 먼저 주제를 발표한 다음 여러 사람이 그에 대해 토론을 벌인다.

④ 계속교육(Continuing Education) 18회 기출

학교교육이 끝난 직원들을 대상으로 그들의 전문성을 유지 및 향상시키기 위해 계속적으로 필요에 따라 교육한다.

⑤ 슈퍼비전(Supervision)

슈퍼바이저가 부하직원을 업무 과정에서 지도 · 감독한다.

⑥ 사례발표(Case Presentation)

직원들이 돌아가면서 사례를 발표하고 그에 대해 토의를 하여 문제의 본질이나 해결책을 규명한다.

⑦ 역할연기 또는 역할연습(Role Playing) 9회 기출

인간관계훈련에 효과적인 프로그램으로, 어떤 사례나 사건을 구체적인 상황에 근거하여 실제 연기로 표현하도록 한 후 그에 대해 평가하고 토론한다.

⑧ 집단행동 또는 감수성 훈련(Sensitivity Training)

구성원들이 어떻게 생각하고 느끼고 행동하며, 다른 사람들의 행위에 어떻게 반응하는지를 알 수 있도록 수용적인 분위기를 제공한다.

심화연구실

패널토의와 분임토의 18회 기출

패널토의 (Panel Discussion)	특정 주제에 대해 지식과 경험이 풍부한 전문가들이 사회자의 진행에 따라 토의를 하고 연수자는 그 토의를 듣는 방법이다.
분임토의 (Syndicate)	전체를 10명 내외의 소집단들로 나누고 각 집단별로 동일한 문제를 토의하여 그 해결방안을 작성하도록 한 후, 전체가 모인 자리에서 각 집단별 해결방안을 발표하고 그에 대해 토론하여 합리적인 해결방안을 모색하는 방법이다.

(3) OJT와 Off-JT 19회 기출

OJT (On-the-Job Training)	• 직무를 통한 연수로, 직무를 수행하는 과정에서 조직의 상사나 선배들에게 직접적으로 직무교육을 받는 방식이다. • 교육의 중심은 인사나 교육부서가 아닌 현업부서가 되며, 일상적인 업무를 통해 이루어지는 경우가 많다.
Off-JT (Off-the-Job Training)	• 직무와 분리된 연수로, 조직 외부의 연수원이나 전문교육 기관에서 체계적인 교육을 받는 방식이다. • 일정 기간 일상적인 업무에서 벗어나 행하는 연수로, 보통 직원이 지출한 자기개발 비용을 조직에서 지원한다.

3 슈퍼비전(Supervision)

(1) 의의 및 특징 10회, 11회, 13회 기출

① 조직에서 직원이 서비스를 효과적 · 효율적으로 전달하기 위해 지식과 기술을 잘 활용할 수 있도록 도움을 주는 활동으로, 인적자원개발에 관심을 두는 일종의 행정행위이다.

② 슈퍼바이저(Supervisor)와 슈퍼바이지(Supervisee) 간 상호작용과 의사소통이 핵심이다.

③ 슈퍼비전의 질은 슈퍼바이저의 역량에 의해 좌우된다. 특히 리더십 역할과 결부되어 수행될 부분이 크다.

④ 슈퍼비전에는 객관적인 평가와 그에 따른 책임성이 요구된다.

⑤ 사회복지조직에서 슈퍼바이저는 기본적으로 사회복지사의 전문적 지식과 기술을 증진시키는 임무를 가지며, 가치와 감정의 문제에도 접근한다.

⑥ 사회복지조직에서는 사회복지사의 관리 및 통제의 수단으로도 활용된다.

⑦ 슈퍼바이저는 다양한 의문을 가진 사회복지사가 쉽게 찾아올 수 있도록 해야 한다.

⑧ 긍정적 슈퍼비전은 사회복지사의 소진 예방에 도움을 준다.

전문가의 한마디

'슈퍼바이저(Supervisor)'는 슈퍼비전을 제공하는 사람을, '슈퍼바이지(Supervisee)'는 슈퍼비전을 받는 사람을 지칭합니다.

(2) 슈퍼비전의 기능(Kadushin) 3회, 5회, 9회, 11회 기출

교육적 기능 (Education)	슈퍼비전은 사회복지사의 지식과 기술 등을 향상시킨다. 예 학습 · 훈련의 촉진, 경험과 지식의 공유, 정보제공, 교수 및 안내, 조언 및 제안 등
관리적 · 행정적 기능 (Administration)	슈퍼비전은 사회복지사에게 지시와 지도를 내리고 사회복지사가 제공하는 서비스를 감독하며, 행정적 업무를 돕는다. 예 업무의 계획 및 위임, 업무에 대한 모니터링 및 평가, 업무의 협조, 행정적 책임 등
지지적 기능 (Support)	슈퍼비전은 사회복지사에게 스스로 업무를 할 수 있도록 용기를 주고 정서적 · 사회적 지지를 제공하는 등 동기와 사기를 진작시킨다. 예 스트레스 유발상황 방지, 스트레스 대처의 원조, 신뢰형성 및 관점의 공유, 성공을 위한 기회 제공 등

출제의도 체크

일선 슈퍼바이저는 개별 사례에 대한 목표 및 과업을 직접 결정하는 기능을 하지 않습니다.

▶ 9회 기출

(3) 슈퍼바이저의 역할(Kadushin) 9회 기출

① 교육자로서의 역할

직접서비스를 제공하는 일선 사회복지사에게 전문적인 지식과 기술을 증진시키는 역할로 전통적인 교육 기능을 강조한다.

② 행정적인 상급자로서의 역할

하급자가 기관의 정책이나 과정, 규정 등을 잘 지키고 있는지를 감독하는 등 업무에 대한 조정과 통제의 임무를 수행한다.

③ 상담자로서의 역할

일선 사회복지사의 동기와 사기를 진작시키고, 좌절과 불만에 대해 도움을 제공하여 전문가로서의 가치를 느끼도록 하며, 기관에 대한 소속감과 직무수행에 안정감을 갖도록 한다.

(4) 슈퍼바이저의 조건(자질) 12회 기출

① 풍부하고 종합적인 지식의 구비
② 실천기술과 경험의 구비
③ 개방적 접근의 용이성
④ 헌신적인 사명감
⑤ 솔직한 태도(솔직성)
⑥ 감사와 칭찬의 태도

(5) 혁신적 슈퍼바이저가 가져야 할 능력(Quinn) 16회 기출

① 비판적 · 창의적 사고 능력
② 유연한 변화를 만들기 위한 의사소통 능력
③ 조직을 둘러싼 변화를 판단할 수 있는 능력
④ 조직구성원과 이해관계자들 간의 갈등을 예방할 수 있는 능력

(6) 슈퍼비전의 모형(Watson) 10회, 21회 기출

개인교습모형 (Tutorial Model)	슈퍼바이저(Supervisor)와 슈퍼바이지(Supervisee) 간의 일대일 관계에 의해 슈퍼비전이 이루어진다.
사례상담 (Case Consultation)	업무자와 상담자의 일대일 관계 또는 다른 업무자의 참여하에, 슈퍼바이저가 상담자로서 그들의 학습을 돕거나 기여를 모색한다.
슈퍼비전 집단 (Supervisory Group)	개인교습모형이 확대된 형태로서, 한 사람의 슈퍼바이저와 한 집단의 슈퍼바이지로 구성된다.
동료집단 슈퍼비전 (Peer-group Supervision)	특정한 슈퍼바이저 없이 모든 구성원들이 동등한 자격으로 참여한다.
직렬 슈퍼비전 (Tandem Supervision)	동료집단 슈퍼비전이 발전된 형태로서, 두 업무자가 동등한 입장에서 서로에게 슈퍼비전을 제공한다.
팀 슈퍼비전 (Team Supervision)	안건을 미리 팀 구성원들에게 제시하고 그에 대한 결정을 다양한 성격을 가진 팀 동료들 간의 상호작용에 의해 구체화하도록 한다.

4 동기부여 15회 기출

(1) 의의 및 특징

동기부여이론은 크게 내용이론과 과정이론으로 분류된다. 내용이론은 어떤 욕구 (What)를 충족시킬 때 동기가 유발될 것인가에 관심을 두는 반면, 과정이론은 특정한 욕구를 어떻게(How) 충족시킬 것인가에 역점을 둔다.

내용이론	• 매슬로우(Maslow)의 욕구계층이론(위계적 욕구이론) • 허즈버그(Herzberg)의 동기-위생이론(2요인 이론) • 알더퍼(Alderfer)의 ERG이론 • 맥클리랜드(McClelland)의 성취동기이론 • 맥그리거(McGregor)의 X · Y이론
과정이론	• 브룸(Vroom)의 기대이론 • 아담스(Adams)의 형평성(공정성 또는 공평성)이론 • 로크(Locke)의 목표설정이론

(2) 매슬로우(Maslow)의 욕구계층이론(위계적 욕구이론)

① 매슬로우는 인간을 생존적 경향과 실현적 경향을 함께 가진 존재로 보았으며, 욕구가 행동을 일으키는 동기요인이라 주장하였다.

② 인간의 욕구를 타고난 것으로 보고, 욕구를 강도와 중요성에 따라 5단계로 분류한다.

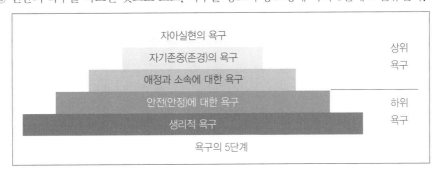

③ 인간의 욕구는 가장 낮은 것으로부터 가장 높은 것으로 올라가는 계층(Hierarchy)을 이룬다.

④ 하위욕구가 충족되어야 상위욕구가 나타나게 된다.

⑤ 어떤 욕구가 충족되면, 그 욕구는 더 이상 동기유발 요인이 되지 않는다.

전문가의 한마디

동기부여는 욕구충족과 밀접하게 연관됩니다. 욕구는 그 자체로 결핍이나 불균형 상태를 의미하는 것으로 볼 수 있는데, 조직원은 결핍된 그 무엇을 충족시키기 위해 목표지향적인 행동을 하게 되며, 이는 곧 동기부여(Motivation)가 되는 것입니다.

(3) 허즈버그(Herzberg)의 동기-위생이론(2요인 이론) 3회, 14회, 22회 기출

① 허즈버그는 인간이 이원적 욕구구조 즉, 불만을 일으키는 요인과 만족을 일으키는 요인을 가진다는 욕구충족요인 이원론을 제시하였다.

② 불만 요인에 대한 회피 욕구는 '아담적 욕구'에 해당하며, '위생요인' 또는 '불만족 요인'이라고도 한다.

③ 계속적인 정신적 성장을 통해 자신의 잠재능력을 실현하고자 하는 욕구는 '아브라함적 욕구'에 해당하며, '동기요인(동기유발요인)' 또는 '만족 요인'이라고도 한다.

④ 허즈버그는 인간이 자신의 일에 만족감을 느끼지 못하게 되면 위생요인에 관심을 기울이게 되고, 이들에 대해 만족하지 못할 경우에는 일의 능률이 크게 저하된다고 보았다.

(4) 알더퍼(Alderfer)의 ERG이론 20회 기출

① 알더퍼는 매슬로우의 '만족-진행'의 욕구 전개를 비판하고 '좌절-퇴행'의 욕구 전개를 주장하면서 매슬로우의 욕구계층이론의 문제점을 극복하고자 하였다.

② 매슬로우의 5단계 욕구를 세 가지 범주, 즉 '존재욕구(Existence Needs)', '(인간)관계욕구(Relatedness Needs)', '성장욕구(Growth Needs)'로 구분한다.

③ 저차원(저순위) 욕구와 고차원(고순위) 욕구 간의 기본적인 구별이 필요하다고 보며, 고차원 욕구가 좌절되었을 때 오히려 저차원 욕구의 중요성이 커진다고 주장한다.

④ 욕구가 저차원 욕구에서 고차원 욕구 순으로 나타나는 것은 아니며, 어느 시점에서든 그와 같은 욕구들이 동시에 추구될 수 있다.

존재욕구	생리적 욕구 + 안전(안정)에 대한 욕구
(인간)관계욕구	애정과 소속에 대한 욕구 + 자기존중(존경)의 욕구 일부
성장욕구	자기존중(존경)의 욕구 일부 + 자아실현의 욕구

출제의도 체크

사회복지행정가가 직원의 불만족 요인을 낮추기 위하여 급여를 높이고, 업무환경 개선을 위한 사무실 리모델링을 진행하여 조직의 성과를 높이고자 하였다면, 이는 동기-위생이론을 적용한 사례로 볼 수 있습니다.

▶ 22회 기출

바로암기 O×

알더퍼(Alderfer)의 ERG이론에서 존재욕구, 관계욕구, 성장욕구는 동시에 추구될 수 없다?

( )

해설
동시에 추구될 수 있다.

정답 ×

(5) 맥클리랜드(McClelland)의 성취동기이론 9회, 15회, 17회 기출

① 맥클리랜드는 개인의 성격이 행위를 유발하는 잠재적인 요소들, 즉 '성취욕구(Need for Achievement)', '권력욕구(Need for Power)', '친교욕구 또는 친화욕구(Need for Affiliation)'로 구성되어 있다고 보았다.

성취욕구	• 어려운 일을 성취하려는 욕구, 즉 목표를 달성하고 그것을 능가하려는 욕구이다. • 일을 신속하고 독자적으로 해내려고 하며, 스스로의 능력을 성공적으로 발휘하여 자긍심을 높이려고 한다.
권력욕구	• 조직의 지도자가 되어 다른 사람을 통제·지시하려는 욕구이다. • 다른 사람에 대해 영향력을 행사하여 자기가 바라는 대로 이끌고자 한다.
친교(친화)욕구	• 다른 사람과 친근하고 밀접한 관계를 맺으려는 욕구이다. • 다른 사람들과 좋은 관계를 유지하려고 노력하며, 친절하고 동정심이 많다.

② 맥클리랜드는 세 가지 욕구 중 성취욕구의 중요성을 강조하였는데, 이는 곧 매슬로우의 자아실현의 욕구와 흡사하다.

③ 성취욕구를 가진 조직원에게는 도전적인 문제해결 과업을 분담시키고, 권력욕구를 가진 조직원에게는 지위와 권위를 보장해 주며, 친교(친화)욕구를 가진 조직원에게는 새롭고 만족할만한 우정을 형성할 수 있는 기회를 가지도록 함으로써 동기를 부여할 수 있다.

(6) 맥그리거(McGregor)의 X·Y이론 1회, 10회 기출

① 맥그리거는 인간의 본성에 대해 상반된 가정을 토대로, 부정적인 관점을 반영한 X이론과 함께 긍정적인 관점을 반영한 Y이론을 제시하였다.

② 일반적으로 X이론은 전통적인 인간관을, Y이론은 현대적인 인간관을 반영한다.

X이론	• 인간은 본래 일을 하기 싫어하며, 신체적·정신적 수고를 요하는 일을 회피하고자 한다. • 인간은 자발적으로 책임을 지기보다는 오히려 지시받기를 좋아한다. • 조직 내 목표달성을 위해 통제, 명령, 처벌이 필요하다. • 저차원의 욕구, 즉 생리적 욕구와 안전에 대한 욕구 수준에 머문다.
Y이론	• 인간은 본래 일을 하기 좋아하며, 신체적·정신적 수고는 놀이나 휴식과도 같다. • 인간은 자율적이고 능동적으로 자신의 의지에 따라 스스로를 통제할 수 있다. • 조직 내 목표달성을 위한 의지는 목표달성에 따른 보상 및 그에 대한 기대에서 비롯된다. • 고차원의 욕구, 즉 자아실현의 욕구 수준에 이른다.

③ 맥그리거는 Y이론의 가정이 X이론의 가정보다 타당하다고 본다. 그로 인해 의사결정, 책임, 도전적인 직무에 직원들을 참여시키는 것은 직무동기를 극대화시킨다고 주장한다.

바로암기 ○×

맥클리랜드(McClelland)의 성취동기이론은 인간의 동기부여 욕구를 '성취욕구', '권력욕구', '성장욕구'로 구분한다?
( )

해설
'성장욕구'가 아닌 '친교욕구' 또는 '친화욕구'가 옳다.

정답 ×

전문가의 한마디

X이론의 인간관은 생리적 수준 또는 안전성 수준에서 동기가 부여되므로 하위욕구 관리전략이 필요한 반면, Y이론의 인간관은 자존적 수준 또는 자아실현 수준에서 동기가 부여되므로 상위욕구 관리전략이 필요합니다.

제7영역

(7) 브룸(Vroom)의 기대이론

① 인간이 행동하는 방향과 강도는 그 행동이 일정한 성과로 이어진다는 기대와 강도, 실제로 이어진 결과에 대해 느끼는 매력에 달려 있다. 즉, 노력과 성과, 그리고 그에 대한 보상적 결과에 대한 믿음으로 동기를 설명한다.

② 주요 변수로서 기대감(Expectancy), 유의성 또는 유인가(Valence), 도구성 또는 수단성(Instrumentality)이 있다.

기대감	노력을 통해 특정한 목표행위를 성취할 수 있는가에 대한 주관적인 확률
유의성 (유인가)	개인이 특정 행위를 통해 달성한 1차적 결과에 의해 얻게 되는 2차적 결과에 대한 욕구
도구성 (수단성)	1차적 결과를 달성했을 때 2차적 결과를 얻게 되리라는 주관적인 믿음

③ 직무에서 열심히 일함으로써 긍정적 유의성(유인가)이 높은 성과들을 얻을 확률이 높다고 지각하는 경우 작업동기는 높아진다.

(8) 아담스(Adams)의 형평성(공정성 또는 공평성)이론 18회 기출

① 개인의 행위는 타인과의 관계에서 공정성(공평성)을 유지하는 방향으로 동기부여가 된다.

② 노력과 보상 간의 공정성이 동기부여의 핵심요소이다. 즉, 업무에서 공평하게 취급 받으려고 하는 욕망이 개인으로 하여금 동기를 갖게 한다.

③ 투입, 산출, 준거인물을 요소로 하여 자신의 '산출/투입'보다 준거가 되는 다른 사람의 '산출/투입'이 클 때 비형평성을 자각하게 되고, 형평성 추구행동을 작동시키는 동기가 유발된다.

(9) 로크(Locke)의 목표설정이론 16회 기출

① 인지에 초점을 둔 이론으로서, 의미 있는 목표가 동기유발을 일으켜서 조직성과 달성에 기여한다고 본다. 즉, 목표의 설정 자체가 사람들의 인지에 영향을 미쳐서 이것이 동기화될 수 있다고 설명한다.

② 조직에서 구성원들의 동기를 형성시키는 방안으로 목표설정에 대한 관리가 필요하다고 주장한다.

전문가의 한마디

보통 일반회사의 영업사원은 남들보다 빨리 승진하기를 원하며, 그와 같은 승진의 조건이 매출목표 달성에 있다고 생각합니다. 도구성(수단성)은 만약 자신이 매출목표를 달성하면 분명 승진할 수 있을 것이라는 신념의 강도를 나타낸다고 볼 수 있습니다.

출제의도 체크

A가 자신보다 승진이 빠른 입사 동기인 B와 업무역량을 비교·분석하여 자신에게 상대적으로 부족한 역량을 향상시키려는 동기를 가지게 되었다면, 이는 형평성이론과 연관됩니다.
▶ 18회 기출

출제의도 체크

목표설정이론은 동기 형성을 위한 목표설정이 필요하다고 보며, 그 목표는 구체적일수록 효과적이라고 주장합니다.
▶ 16회 기출

5 직무만족 및 갈등관리

(1) 직무만족(Job Satisfaction)

① 직무만족은 업무수행 과정에서 체험되거나 직무로부터 유래되는 욕구만족 정도의 함수이다.

② 직무만족에 영향을 미치는 요인으로 직무 자체, 보수, 승진, 인정, 복리후생, 작업 환경, 감독, 동료, 회사경영방침 등이 있다.

③ 조직구성원들이 지각하는 직무만족은 조직몰입에 긍정적인 영향을 미친다.

(2) 소진(Burnout) 11회, 17회, 18회 기출

① 과도한 스트레스에 노출되어 신체적 · 정신적 기력이 고갈됨으로써 직무수행능력이 떨어지고 단순 업무에만 치중하게 되는 현상이다.

② 휴먼서비스 인력의 소진을 유발하는 스트레스의 요인에는 여러 가지가 있으나, 특히 직원들 간의 과도한 경쟁을 유발하는 평가시스템의 폐해, 즉 성과평가에 따른 성과급 확대 및 연봉제 도입 등을 주된 요인으로 제시할 수 있다.

③ 소진은 성향(Trait), 상태(State), 활동(Activity)의 세 가지 수준 중 한 부분에서 발생하게 된다.

④ 소진은 일반적으로 '열성(Enthusiasm) → 침체(Stagnation) → 좌절(Frustration) → 무관심(Apathy)'의 단계로 진행된다.

⑤ 목적의식이나 관심을 점차적으로 상실하는 과정으로, 특히 감정이입이 업무의 주요 기술인 직무현장에서 흔히 발생한다.

(3) 갈등관리(Conflict Management)

① 조직 내에서 갈등(Conflict)은 희소자원이나 업무배분의 불균형 또는 목표, 가치, 인지 등의 차이로 인해 개인, 집단 및 조직의 심리, 행동 또는 그 양면에 나타나는 대립적 상호작용이다.

② 지나치게 많은 갈등이나 너무 적은 갈등은 조직에 다양한 부정적인 결과를 가져오지만, 적정 수준의 갈등은 구성원으로 하여금 최선의 행동결과를 유발시킨다.

③ 따라서 갈등관리는 갈등을 제거시키는 것이 아닌 적정 수준의 갈등을 유지시키는 것으로 볼 수 있다.

전문가의한마디

갈등이 조직 내에 비능률을 가져오는 역기능만을 갖는 것은 아닙니다.

02절 재정관리

1 재정관리의 이해

(1) 사회복지조직의 재정관리 10회, 22회 기출

① 사회복지조직에서 재정관리는 필요한 재원을 합리적이고 계획적으로 동원·배분하고, 이를 효율적으로 사용·관리하는 과정이다.

②「사회복지법인 및 사회복지시설 재무·회계 규칙」에서는 예산·결산, 회계, 감사 등의 영역으로 복지조직의 재정관리 범위를 지정하고 있다.

③ 사회복지재정은 민주성과 공공성, 합리성과 형평성이 강조된다. 또한 조직운영에 있어서 통제기능, 조정기능, 정책형성의 기능이 강조되는 동시에 재정관리에 있어서 프로그램 기획 및 관리기능, 회계기능 등이 강조된다.

④ 관리회계는 행정적 의사결정을 내리는 데 필요하도록 재정관계 자료를 정리하는 것이다.

⑤ 사회복지조직의 회계는 업무전반에 관한 법인회계, 시설의 운영에 관한 시설회계 및 법인이 수행하는 수익사업에 관한 수익사업회계로 구분하여 관리한다.

(2) 사회복지조직의 재정관리 과정 13회 기출

① 사회복지조직에 있어서 재정관리 과정은 조직이 운영목표 달성을 위해 필요로 하는 재화와 용역을 조달하고 관리·운용하는 제반 경제활동을 의미한다.

② 재정관리의 과정은 일반적으로 예산편성 및 집행을 중심으로 이루어진다.

예산편성 → 심의·의결 → 예산집행 → 결산 및 회계감사 → 결산보고서 심의 및 승인

(3) 사회복지조직의 예산 수립 17회 기출

① 회계연도 독립의 원칙

사회복지조직은 세입·세출의 상황을 명확히 하고 재정을 적절히 통제하기 위해 1년 단위로 예산을 수립하여야 한다.

② 수지균형의 원칙(건전재정운영의 원칙)

사회복지조직은 비영리를 목적으로 하므로 건전재정운영을 위해 수지균형을 조화 있게 하여야 한다.

③ 예산의 목적 외 사용금지의 원칙

법인회계 및 시설회계의 예산은 세출예산이 정한 목적 외에 이를 사용하지 못한다.

④ 예산 총계주의 원칙(총액주의 원칙)

1회계연도의 모든 수입을 세입으로 하고 모든 지출을 세출로 하되, 세입과 세출은 모두 예산에 계상하여야 한다.

⑤ 예산 사전 의결의 원칙

예산은 예정적 계획이므로 회계연도가 개시되기 전에 법인 이사회의 의결을 거쳐야 한다.

(4) 사회복지조직의 예산서류 제출 시 첨부하는 서류(사회복지법인 및 사회복지시설 재무 · 회계 규칙 제11조 제1항 참조) 20회 기출

① 예산총칙

② 세입 · 세출명세서

③ 추정재무상태표

④ 추정수지계산서

⑤ 임직원 보수 일람표

⑥ 예산을 의결한 이사회 회의록 또는 예산을 보고받은 시설운영위원회 회의록 사본

심화연구실

예산통제의 원칙 13회, 20회, 22회 기출

- 개별화의 원칙
- 예외의 원칙
- 개정의 원칙
- 의미의 원칙
- 생산성의 원칙
- 강제의 원칙
- 보고의 원칙
- 효율성의 원칙
- 환류의 원칙

출제의도 체크

예산통제의 원칙에 '보편성의 원칙', '접근성의 원칙'은 포함되지 않습니다.

▶ 13회, 20회 기출

---

2 예산편성 모형

(1) 품목별(항목별) 예산(LIB ; Line-Item Budget) 2회, 7회, 9회, 14회, 18회, 21회 기출

① 의의 및 특징

㉠ 각 조직단위에서 조직의 유지 및 관리에 필요한 품목을 정한 다음 각 품목들에 대해 단가를 곱하고 이를 합산하여 예산을 정하는 방식이다.

㉡ 전년도의 예산을 근거로 일정한 금액만큼 증가시킨 이른바 '점증주의적 예산방식'을 취한다.

㉢ 수입과 지출을 항목별로 명시하여 수립하는 방식으로, 다른 예산모형과 결합하여 사회복지조직에서 널리 활용되고 있다.

㉣ 투입중심의 예산으로, 회계자에게 유리한 방식이다.

전문가의 한마디

품목별(항목별) 예산(LIB)은 가장 고전적인 예산제도로서, 예산의 통제기능을 충족시키기 위해 구입하고자 하는 물품(혹은 서비스)별로 예산을 편성합니다. 즉, 봉급이나 수당은 '급료' 항목으로, 필기구 등 사무용품은 '소모품' 항목으로 정리합니다.

② 장단점

장점	• 회계작성 및 회계작업이 용이하다. • 집행내용을 명확히 보여주므로 급여와 재화 및 서비스 구매에 효과적이다. • 지출근거가 명확하므로 예산통제에 효과적이며, 예산의 남용을 방지할 수 있다. • 회계책임을 명백히 할 수 있다.
단점	• 조직의 활동내용을 명확히 알기 어려우며, 정책 및 사업의 우선순위를 소홀히 할 수 있다. • 예산증감을 전년도와 비교하여 결정하므로 신축성이 떨어진다. • 부서별 중복되는 활동이 있는 경우 효율성이 문제시된다. • 신규 사업을 벌이기보다는 전년도 사업을 답습하는 경향이 있다.

출제의도 체크

성과주의 예산(PB)이 예산집행에 신축성을 부여하는 것과 달리, 품목별 예산(LIB)은 신축성 있게 예산을 집행할 수 없습니다.

▶ 18회 기출

(2) 성과주의 예산(PB ; Performance Budget) 3회, 5회, 6회, 7회, 14회, 15회 기출

① 의의 및 특징

 ㉠ 목표수행 혹은 수행업무에 중점을 두는 관리지향 예산제도로서, '기능주의 예산(Functional Budget)' 또는 '프로그램 예산(Program Budget)'이라고도 한다.

 ㉡ 각 기관이 예산사업의 성과 목표와 달성 방법을 제시하고, 예산 당국이 매년 성과 결과를 평가하여 다음 회계연도에 반영하는 방식이다.

 ㉢ 사회복지기관의 경우 기관의 활동을 업무별 또는 사업별로 구분하고 이를 다시 세부사업으로 나누며, 세부사업에 대해 단위원가와 업무량을 계산하여 이를 서로 곱한 다음 필요한 예산을 측정하게 된다.

 ㉣ 과정중심의 예산으로, 관리자에게 유리한 방식이다.

② 장단점

전문가의 한마디

성과주의 예산(PB)은 각 세부사업을 '단위원가×업무량 = 예산액'으로 표시하여 편성을 합니다.

장점	• 사업별 예산통제가 가능하다. • 실적의 평가를 용이하게 한다. • 예산집행에 있어 신축성을 부여한다. • 기관의 사업과 목표를 이해하는 데 도움을 준다. • 자금배분의 합리화가 가능하다.
단점	• 재정의 비용효과성에 치중하여 프로그램의 효과성에 대해 소홀할 수 있다. • 비용산출의 단위 설정 및 단위비용 책정이 어렵다. • 수년에 걸친 지속사업의 경우 전체 사업목표를 고려하지 않는다.

(3) 계획예산제도 또는 기획예산제도(PPBS ; Planning-Programming Budgeting System)

12회, 19회 기출

① 의의 및 특징

 ㉠ 장기적인 계획수립과 단기적인 예산편성을 프로그램 작성을 통해 유기적으로 결합시키는 방식이다.

ⓛ 우선 목표를 설정 및 개발(Planning)하고 정해진 목표를 달성할 수 있도록 실시계획을 입안(Programming)한 다음, 그 구체적인 실시계획들에 대해 체계적으로 예산을 배정(Budgeting)한다.

ⓒ 계획예산제도(PPBS)는 중장기 계획이 필요하고 실시계획이 구체적으로 기술되어야 하며, 비용-효과 분석 및 비용-편익 분석과 같은 수량적 분석기법이 필요하다.

전문가의 한마디

'PPB(Planning-Programming Budgeting)'를 '프로그램 기획예산'이라고도 부르는데, 이는 '프로그램 예산(PB ; Program Budget)'과 다릅니다.

② 장단점

장점	• 의사결정을 일원화시킬 수 있으므로 결정이 용이하다. • 실현성 있는 장기계획이 작성되므로 장기적 사업계획의 신뢰성이 확보된다. • 최적의 대안을 검토하는 과정에서 부서 간 의견교환을 통해 서로 간의 입장이나 문제점을 이해할 수 있으므로 조직의 통합적 운영이 편리하다. • 의사결정에 있어서 과학적이고 합리적인 기법을 활용하여 합리적 자원배분이 가능하며, 자원배분의 최적화를 이룰 수 있다.
단점	• 사업에 필요한 품목들이나 단위원가가 직접적으로 제시되지 않으며, 평가를 위한 기준들의 계량화가 어렵다. • 장기계획과 단기예산을 연결시키므로 사회변동에 대해 탄력적으로 대응하기 어렵다. • 최고결정자에게 권한이 집중되어 중앙집권적인 조직구조가 되기 쉽다. • 조직품목과 예산이 직접 연결되지 않아 환산작업에 어려움이 있다.

(4) 영기준 예산(ZBB ; Zero-Base Budgeting or Zero Based Budgeting)

1회, 2회, 4회, 10회 기출

① 의의 및 특징

㉠ 전년도 예산과 무관하게 매년 프로그램 우선순위에 따라 예산을 편성하는 방식이다.

㉡ 모든 사업을 막론하고 그 효율성(능률성), 효과성, 사업의 계속성, 축소 및 확대 여부 등을 새롭게 분석·검토한 후 사업의 우선순위를 결정한다.

㉢ 여러 개의 독자적인 목표를 가지고 활동하는 예산결정 단위를 설정한다.

㉣ 예산의 감축기능에 적합한 감축관리 중심의 예산제도이다.

전문가의 한마디

영기준 예산(ZBB)은 기존의 예산제도가 각 사업들의 필요성이나 우선순위를 결정하는 절차를 제대로 고려하지 못한다는 단점을 극복하기 위해 시도되었습니다.

② 장단점

장점	• 각 활동마다 영(Zero) 개념에서 파악하므로 예산절감이 가능하다. • 사업의 우선순위에 따라 합리적으로 재원을 배분한다. • 효율적이고 탄력적인 재정운영이 가능하다. • 예산과 기획 과정의 이해를 향상시킨다.
단점	• 관리자가 사업순위, 결정항목들을 적절히 결정해야 하므로 관리자의 전문성과 객관성이 요구되며, 관리자에 대한 훈련이 필요하다. • 장기적인 계획에는 적용이 어렵다. • 합리성만을 강조한 나머지 심리적인 요인을 무시하는 경향이 있다. • 우선순위 결정이 어려우며, 시간과 노력이 많이 소요된다.

3 회계 및 회계감사

(1) 회계의 분류

회계는 이해관계자의 목적에 따라 크게 재무회계, 관리회계, 세무회계 등으로 구분된다.

재무회계 (Financial Accounting)	• 내부 및 외부의 정보이용자들이 경제적 의사결정을 내리는 데 필요하도록 일정기간의 수입 및 지출사항을 측정하여 보고하는 것이다. • 거래자료 기록, 시산표 작성, 분개 작성, 결산 등을 주요 내용으로 한다.
관리회계 (Managerial Accounting)	• 행정책임자가 행정적 의사결정을 내리는 데 필요하도록 재정관계 자료를 정리하는 것이다. • 예산단위의 비용을 계산하여 예산의 실행성과를 분석하는 것을 주요 내용으로 한다.
세무회계 (Tax Accounting)	• 납세자(기업)가 정부(국가)에 세금을 납부하기 위해 필요한 각종 세법에 관한 회계를 말한다. • 법령의 규정에 따라 기업이 납부해야 할 세금액을 계산하는 것을 주된 기능으로 한다.

(2) 회계감사의 주요 유형　11회 기출

① 규정준수 회계감사 또는 규정순응 감사(Compliance Audit)

　㉠ 업무의 효과성이나 경비지출의 효율성 등을 중시하기보다는 규칙 및 절차, 항목의 규정에 따른 예산집행이 적절히 이루어지고 있는지에 초점을 둔다.

　㉡ 전형적인 품목별(항목별) 예산에서 요구하는 방식으로, 주어진 자금이 규정된 항목별로 올바르게 사용되고 있는지를 평가한다.

② 운영회계감사 또는 운영감사(Operational Audit)

　㉠ 규정준수 회계감사의 약점을 보완하기 위한 것으로서, 예산과 관련된 바람직한 프로그램 운영의 산출여부, 조직목표 달성을 위한 효과성 및 능률성 등의 문제에 초점을 둔다.

　㉡ 운영회계감사를 위해서는 예산비용에 따른 산출물의 양 또는 목표달성 여부를 판단할 수 있도록 기능별 예산이 성과중심의 프로그램 예산과 같은 형식을 갖추어야 한다.

출제의도 체크

규정준수 회계감사(규정순응 감사)는 재정감사에 가까운 것으로, 프로그램의 목표달성 여부나 효율성 문제를 다루기 어렵습니다.

▶ 11회 기출

05 | 기타 사회복지행정

01절 마케팅(Marketing)

1 마케팅의 이해

(1) 마케팅의 개념

① 기업 마케팅

기업이 고객을 만족시키기 위해 제품과 서비스를 창출하는 한편, 고객은 그 대가를 지불하여 제품과 서비스를 구매하는 교환활동을 말한다.

② 사회복지조직 마케팅

조직의 소비자인 클라이언트, 자원제공자, 자격부여기관 및 전체 사회로 하여금 복지조직에 대해 좀 더 많은 관심과 욕구를 갖도록 하기 위한 제반활동을 말한다.

(2) 사회복지조직에서 마케팅의 중요성이 대두되는 배경 11회, 19회 기출

① 서비스 이용자의 선택권이 확대되었다.

② 서비스 제공 조직들 간 경쟁이 증가하고 있다.

③ 고객 중심의 서비스 제공 요구가 증가하고 있다.

④ 사회적 돌봄 서비스의 시장 방식 공급이 확대되고 있다.

⑤ 공익사업과 수익사업의 적절한 운영을 위해 기업의 마케팅 전략과 기법을 활용해야 한다는 목소리가 커졌다.

⑥ 재정자원의 확보를 위해 기관의 욕구보다는 장점을 부각시켜야 한다는 목소리가 커졌다.

(3) 사회복지마케팅의 특성 10회, 16회, 19회, 21회 기출

① 두 개의 시장, 즉 사회복지기관으로부터 서비스를 제공받는 소비자(클라이언트)들로 구성된 시장과 함께 사회복지기관의 활동을 지원해 주는 후원자들로 구성된 시장으로 이루어진다.

전문가의 한마디

과거에는 정부의 지원금이나 각종 후원금을 더 많이 확보하기 위해 기관의 재정적 어려움과 욕구를 좀 더 강력하게 부각시키는 경향이 있었습니다. 그러나 현재는 구걸(Begging)이 아닌 마케팅(Marketing)을 통해 해당 기관이 잠재적 후원자의 사회문제 해결에 대한 이상과 목표의 실현이라는 욕구를 충족시킬 수 있음을 인식시키려는 방향으로 변화하였습니다.

② 이윤추구보다는 사회적 가치 실현에 주안점을 두며, 조직체가 추구하는 목표를 얼마나 효과적으로 달성하는가에 중점을 둔다.

③ 사회복지마케팅의 대상은 무형의 서비스로 이루어지는 경우가 많으므로, 목표 달성에 대한 측정이 어렵다.

④ 사회복지마케팅에 의한 서비스는 소비자의 개별적인 욕구를 중시하므로 다양한 형태로 제공되며, 서비스와 관련된 이해집단들의 요구에 따라 복잡한 양상을 보인다.

⑤ 대상자 선정, 후원자 개발, 후원금의 전달과정 등과 관련하여 윤리성과 투명성을 강조한다. 특히 후원금은 증가하거나 감소하는 유동적인 재원이므로, 이를 만들기 위한 다양한 전략과 함께 조직차원에서의 상당한 노력을 필요로 한다.

⑥ 사회복지기관의 서비스는 소멸성을 가지고 있으며, 제공된 서비스를 반환하거나 되팔기 어렵다.

⑦ 사회복지기관은 소비자들이 필요로 하는 서비스를 제공하는 대신 정부나 관련 단체들에게서 보조금 및 후원금을 비롯하여 각종 세제상의 혜택을 제공받고 있다. 따라서 소비자들의 평가에 의해 지배되기 쉽다.

⑧ 사회복지부문의 서비스는 생산과 소비가 동시에 일어나며, 특히 사회복지기관을 포함한 비영리조직 마케팅은 서비스의 다양성과 복잡성에서 영리조직 마케팅과 차이가 있다.

(4) 사회복지마케팅의 과정　22회 기출

시장기회 분석 → 고객 및 시장 조사 → 마케팅 목표 설정 → 시장세분화 · 표적시장 선정 및 포지셔닝 → 자원개발 프로그램 수집 → 마케팅 실행도구 설정 → 마케팅 관리 → 마케팅 평가

2 마케팅의 방법

(1) 마케팅 믹스(Marketing Mix)　5회, 6회, 14회, 17회, 19회, 21회 기출

성공적인 마케팅을 위한 요소로서 마케팅 믹스의 4P는 다음의 전략으로 구체화된다.

상품 또는 제품 (Product)	고객의 욕구를 충족시키기 위하여 제공하는 재화나 서비스 예 상품(프로그램)의 차별화 전략
유통 또는 입지 (Place)	고객이 서비스를 쉽게 이용할 수 있도록 하는 조직적 활동 예 장소개발, 접근편리성 등의 전략
촉진 또는 판매촉진 (Promotion)	고객의 마음에 관심을 자극하여 구매의도를 높이는 조직적 활동 예 이벤트, 광고, 자원봉사자 활용 등의 전략
가 격 (Price)	재화나 서비스를 구입하기 위해 지불하는 대가 예 가격 및 후원금 개발 전략

(2) 시장분석

① 시장세분화(Market Segmentation) 9회 기출

㉠ 전체 시장을 일정한 기준에 의해 동질적인 세분시장으로 구분하는 과정이다.

㉡ 사회복지조직이 마련한 특정 서비스를 가장 필요로 하고 이를 적극적으로 이용하거나 활용할 수 있는 고객들을 중심으로 시장을 세분화한다.

대량 마케팅	→	세분화 마케팅	→	틈새시장 마케팅	→	미시적 마케팅
세분화 정도 낮음						세분화 정도 높음

시장세분화 수준(Armstrong & Kotler)

② 시장 포지셔닝(Market Positioning) 3회 기출

㉠ 사회복지조직이 마련한 특정 서비스를 고객들의 마음속에 바람직한 위치를 형성하도록 하기 위해 시장에 대한 의사결정을 종합적으로 반영하는 과정이다.

㉡ 다른 기관과의 차별화를 통해 클라이언트의 욕구에 적절히 대처하며, 클라이언트의 인식에 명확히 자리 잡도록 한다.

(3) 마케팅 기법 5회, 6회, 12회, 15회, 16회, 18회, 20회, 22회 기출

① 다이렉트 마케팅(DM ; Direct Marketing)

후원을 요청하는 편지를 잠재적 후원자들에게 발송함으로써 후원자를 개발하는 가장 전통적인 방법이다.

② 고객관계관리 마케팅(CRM ; Customer Relationship Management Marketing)

고객과 관련된 자료를 분석하여 고객 특성에 기초한 맞춤서비스를 지속적으로 제공함으로써 가치 있는 고객을 파악 · 획득 · 유지하는 방법이다.

③ 공익연계 마케팅 또는 기업연계 마케팅(CRM ; Cause Related Marketing)

기업의 기부 또는 봉사활동을 사회복지와 연계함으로써 기업 이윤의 사회에의 환원을 통한 긍정적 기업이미지의 확보와 함께 사회복지조직의 프로그램 운영효율성을 동시에 달성하고자 하는 방법이다.

④ 데이터베이스 마케팅(DBM ; Database Marketing)

고객정보, 경쟁사정보, 산업정보 등 시장에 관한 각종 정보를 직접 수집 · 분석하고 이를 데이터베이스화하여 마케팅전략을 수립하는 방법이다.

⑤ 인터넷 마케팅(Internet Marketing)

정보화 시대에 적합한 마케팅 기법으로서, 인터넷의 홈페이지 등을 통해 기관의 홍보와 모금을 하는 방법이다.

⑥ 사회 마케팅 또는 소셜마케팅(Social Marketing)

사회문제로부터 도출된 사회적 목표를 달성하기 위해 사회적 아이디어를 개발하고 이를 일반인들에게 수용시키기 위한 방법이다.

출제의도 체크

사회복지 마케팅에서 시장을 세분화하는 정도가 가장 높은 것은 '미시적 마케팅(Micro Marketing)'입니다.

▶ 9회 기출

바로암기 ◯✕

다이렉트 마케팅은 방송이나 잡지 등 대중매체를 활용하는 방식이다?

( )

해설

방송이나 잡지 등 대중매체를 활용하는 방식은 대중매체 광고이다.

정답 ✕

전문가의 한마디

공익연계 마케팅(CRM)은 '명분연계 마케팅' 혹은 '명분마케팅'이라고도 부릅니다. 이 기법은 기업이미지 제고와 사회복지기관의 자원개발에 기여하고 있습니다.

⑦ 크라우드 펀딩(Crowd Funding)

"대중으로부터 자금을 모은다"는 의미로, 소셜미디어나 인터넷 등의 매체를 활용하여 필요한 자금을 불특정 다수로부터 지원받는 방법이다.

02절 정보관리시스템(MIS)

1 정보관리시스템의 이해

(1) 정보관리시스템(정보관리체계)의 개념 11회 기출

① 좁은 의미의 개념

정보관리시스템(MIS ; Management Information System)은 조직관리와 관련된 기본적인 정보를 처리하기 위해 전산화된 시스템을 응용하는 것이다.

② 포괄적인 의미의 개념

정보관리시스템은 사람·절차·기술의 집합체로서, 데이터와 정보를 모으고 처리 과정을 강화함으로써 그 결과물들을 활용하기 위한 것이다. 즉, 전산화를 필수조건으로 하지 않는다.

(2) 사회복지조직에서 정보관리시스템이 필요한 이유 13회 기출

① 조직의 업무효율성을 증대하고 비용을 절약하며, 신속한 서비스를 제공한다.

② 조직 간 신속하고 정확한 의사소통 및 유관기간 간 서비스 연계가 이루어지도록 한다.

③ 상시적인 평가와 환류로 사회복지의 정확성, 객관성, 타당성을 확보한다.

④ 정보의 일괄적 처리, 자료분석 능력의 향상으로 조직성과를 대내외적으로 제시한다.

⑤ 공개적인 정보공유와 함께 서비스 질에 대한 모니터링이 이루어짐으로써 보다 양질의 서비스를 제공한다.

(3) 사회복지조직에서 정보관리의 영향 11회, 14회 기출

① 사회복지전문가가 복잡한 의사결정을 쉽게 할 수 있도록 지원하고 있다.

② 서비스이용자의 실적을 월별, 분기별, 사업현황별 등으로 구분하여 정기적인 점검이 가능하도록 하고 있다.

③ 저장된 수천 개의 사례를 기반으로 한 이론이 발전하고 있다.

④ 정보관리의 용도가 필요한 정보를 통합·제공하는 것에서 한걸음 더 나아가 의사결정의 질을 높이는 방향으로 확장되고 있다.

⑤ 정보관리시스템 설계에 현장 서비스 인력의 참여가 중요해지고 있다.

⑥ 정보관리에서 조직 간 수준의 개방성이 강조되고 있다.

⑦ 대규모 개인정보 유출의 위험성이 제기되고 있다.

2 정보관리시스템의 구분 및 유형

(1) 관리 수준별 정보관리시스템

① 전략기획 정보관리시스템

전략적 정보관리시스템으로서, 주로 최고경영자나 최고관리자를 대상으로 외부환경에 대한 정보나 변화에 대한 예측정보를 다룬다.

② 관리통제 정보관리시스템

관리적 정보관리시스템으로서, 주로 중간관리자를 대상으로 내부정보, 과거 활동에 대한 정보, 계획과 실행의 차이에 관한 정보 등을 다룬다.

③ 운영통제 정보관리시스템

작업적 정보관리시스템으로서, 하위관리자나 현장관리자를 대상으로 매일의 업무 상황에서 발생하는 정보들을 자료화한다.

(2) 정보관리시스템의 주요 유형 10회, 12회 기출

① 전산자료처리체계(EDPS ; Electronic Data Processing System)

컴퓨터를 통해 복잡한 계산을 수행하며, 대량의 자료를 처리하기 위한 시스템이다. 정보수집 · 저장 · 검색 · 조정 · 자료출력의 체계적인 과정을 포함한다.

② 관리정보체계(MIS ; Management Information System)

기업의 경영에 관한 정보를 효과적으로 제공하기 위해 컴퓨터를 통한 통합시스템을 활용한다. 주로 중간관리층을 지원하기 위한 시스템으로서 경영관리의 효율성을 도모한다.

③ 지식기반체계(KBS ; Knowledge Based System)

정보자원 및 정보시스템 자원을 경영의 전략적 자원으로 활용하기 위해 구축하는 시스템으로서, '전문가 시스템(Expert System), 사례기반추론(CBR ; Case-Based Reasoning), 자연음성처리(NLP ; Natural Language Processing)'의 단계로 구분된다.

④ 의사결정지원체계(DSS ; Decision Support System)

관리정보체계(MIS)보다 발전된 것으로, 상위관리층의 비구조적 · 비정형적 업무 또는 전략적 문제해결을 위한 의사결정을 지원하는 대화식 시스템이다.

전문가의 한마디

관리정보체계(MIS)는 좁은 의미의 정보관리시스템을 대표합니다. 단순한 사무자동화 기능을 넘어서 조직의 상하관계나 수평관계에서 자료나 정보의 상호교류가 이루어지는데, '종이 없는 사무실(Paperless Office)'에 대한 상상이 여기서 비롯됩니다.

⑤ 업무수행지원체계(PSS ; Performance Support System)

현장에서 업무수행에 필요한 정보를 지원하고 필요한 정보를 통합함으로써 업무수행능력을 향상시키기 위한 시스템이다.

03절 프로그램 평가

1 프로그램 목표설정 및 성과수준 결정

(1) 프로그램 목표설정의 원칙(SMART 원칙) 11회, 13회 기출

① 구체적일 것(Specific)

② 측정 가능할 것(Measurable)

③ 달성 가능할 것(Attainable)

④ 결과지향적일 것(Result-oriented)

⑤ 시간제한적일 것(Time Bounded or Time-boundary)

(2) 과정목표와 성과목표 18회 기출

과정목표 (Process Objectives)	• 프로그램 수행단계별로 이루어지거나 설정될 수 있는 목표를 말한다. • 무엇으로 어떻게 결과에 도달할 것인지에 대한 목표 진술과 함께 과정목표에 의해 실행되어야 할 구체적인 행동들이 포함된다. 예 10대 미혼모를 대상으로 월 4회 1시간씩 육아교실을 진행한다.
성과목표 (Outcome Objectives)	• 일련의 프로그램이 수행된 결과 클라이언트체계의 변화를 나타내는 최종목표를 말한다. • 프로그램의 결과 표적대상이 변화하게 될 행동이나 태도를 기술하는 것으로, 변화 정도는 어떠하며, 언제 변화가 나타날 것인지 등을 표현한다. 예 중장년 실직자를 대상으로 자아존중감을 10% 이상 향상시킨다.

(3) 성과수준 결정 시 고려사항 12회 기출

① 성과수준은 클라이언트를 중심으로 두고 설정되어야 한다.

② 목적과 논리적인 연관성이 있어야 한다.

③ 결과 중심적이어야 한다.

④ 현실적이어야 한다.

⑤ 달성할 수 있어야 한다.

⑥ 수량, 품질 등으로 표현되어 측정 가능해야 한다.

⑦ 구체적이고 분명하며 정확해야 한다.

⑧ 시간과 연계되어야 한다.

⑨ 목표가 달성되었을 때의 상태를 기술해야 한다.

2 프로그램 평가의 기준 및 논리모형

(1) 프로그램 평가의 목적 22회 기출

① 환류기능(정책개발)

② 책임성 이행(재무ㆍ회계적, 전문적 책임 이행)

③ 이론 형성

(2) 프로그램 평가의 기준 2회, 5회, 11회, 12회, 13회, 15회, 16회, 17회, 19회, 20회, 21회 기출

프로그램을 어떤 기준에 의해 평가할 것인가는 학자들마다 차이를 보이나, 보통 노력성, 효과성, 효율성 등을 기준으로 제시하고 있다.

노력성 (Effort)	• 프로그램을 위해 동원된 자원 정도를 의미한다. • 투입시간, 금전적ㆍ물질적 자원의 배분 및 사용, 클라이언트의 참여, 사회복지사의 수와 활동시간 등을 평가요소로 한다.
효과성 (Effectiveness)	• 서비스 목표 달성 정도를 의미한다. • 프로그램 참여자의 변화 정도, 클라이언트의 문제해결능력 향상도, 클라이언트의 만족도 등과 연관된다.
효율성 (Efficiency)	• 투입 대비 산출을 의미하는 것으로, 프로그램 단위요소 당 투입된 예산을 지표로 한다. • 비용-효과 분석(Cost-Effectiveness Analysis), 비용-편익 분석(Cost-Benefit Analysis), 비용-노력으로서 서비스 단위당 투입된 비용(Cost per Service Unit) 등을 평가도구로 한다.
서비스의 질 (Quality of Service)	• 이용자의 욕구 충족 수준과 전문가의 서비스 제공 여부 등을 의미한다. • 프로그램의 전문성을 강조하는 것으로, 서비스의 우월성과 관련된 전반적인 판단이 이루어진다.
영향성 (Impact)	• 사회문제 해결에 미친 영향 정도를 의미한다. • 프로그램 노력과 사회적 지표 변화 간의 관계와 연관된다.
공평성 또는 형평성 (Equity)	• 사회집단 간 얼마나 공평하게 배분되었는가를 의미한다. • 동일한 접근 기회 제공 여부 등을 평가요소로 한다.
과 정 (Process)	• 노력이 산출로 옮겨지는 중간 과정(혹은 절차)을 의미한다. • 산출물이 만들어지기 위한 이전 단계로서의 중간 과정이 체계적이고 합리적으로 구조화되어 있는지, 미리 정해진 절차나 규정에 따라 서비스가 제공되고 있는지 등에 초점을 둔다.

제7영역

출제의도 체크

'비용-편익 분석'은 어떤 프로그램과 관련된 편익, 비용들을 모두 화폐적 가치로 환산한 후 이 결과를 토대로 프로그램의 효율성을 평가하는 반면, '비용-효과 분석'은 프로그램에 투입되는 비용들은 화폐적 가치로 환산하나, 프로그램으로부터 얻게 되는 편익 또는 산출은 화폐적 가치로 환산하지 않고 산출물 그대로 분석에 활용합니다.

▶ 21회 기출

출제의도 체크

서비스 인력의 자격증 보유는 '서비스의 질(Quality of Service)'의 평가요소에 해당합니다.

▶ 14회 기출

(3) 프로그램 평가의 논리모델 또는 로직모형(Logic Model) 13회, 14회, 16회, 17회, 19회 기출

프로그램 개발과정에서 체계이론을 적용하여 '투입−전환(활동)−산출−성과(결과)−영향' 간의 관계를 설명하는 도식을 활용한다.

투 입 (Input)	프로그램에 투여되거나 프로그램에 의해 소비되는 인적 · 물적 · 기술적 자원들을 말한다. 예 이용자, 직원, 봉사자, 자금, 예산, 시설, 장비, 소모품 등
전환 또는 활동 (Throughput or Activity)	임무를 수행하기 위해 프로그램에서 투입으로 활동하는 것을 말한다. 예 상담, 직업훈련, 치료 및 교육, 보호, 청소년 대인관계지도 등
산 출 (Output)	프로그램 활동의 직접적인 산물(실적)을 말한다. 예 상담 수, 서비스에 참여한 참가자 수, 취업인원, 서비스 제공시간, 분배된 교육적 자료의 수, 지도한 집단 수 등
성과 또는 결과 (Outcome)	프로그램 활동 중 또는 활동 이후의 참여자들이 얻은 이익을 말한다. 예 새로운 지식, 향상된 기술, 태도 및 가치 변화, 행동의 수정, 향상된 조건, 변화된 지위, 생활만족도 등
영 향 (Impact)	프로그램 활동의 결과로 인해 원래 의도했던 혹은 의도하지 않았던 변화가 나타났는지를 말한다. 예 관심분야의 확대, 바람직한 관계의 지속 등

바로암기 ○×

서비스 제공자와 이용자 간 접촉 건수, 이용자의 서비스 참여 횟수 등은 프로그램 평가 논리모델의 요소 중 '산출(Output)'에 해당한다?

( )

정답 ○

참고

프로그램 평가의 논리모델은 학자에 따라 혹은 교재에 따라 다음과 같이 약간씩 다르게 제시되고 있습니다.
• 투입 − 전환(활동) − 산출 − 성과(결과)
• 투입 − 전환(활동) − 산출 − 성과(결과) − 환류
• 투입 − 전환(활동) − 산출 − 성과(결과) − 영향
다만, 내용상 별다른 차이 없이 확장된 것에 불과하므로 이를 함께 기억해 두시기 바랍니다.

심화연구실

성과평가와 관련된 문제들 11회, 13회, 17회 기출

기준행동 (Criterion Behavior)	• 업무자들이 기준으로 제시된 측정 가능한 양적 평가지표들에 대해서만 관심을 가짐으로써 실질적인 서비스의 효과성에 대해 무관심하게 되는 문제이다. • 측정기준이 엄격히 적용되는 평가가 지속되는 경우, 서비스 과정 자체가 지나치게 경직될 수 있다.
매몰비용 (Sunk Cost)	• 조직과 직원들이 기존 업무 분야에 대해 투자했던 시간과 노력, 헌신을 회수받지 못하는 문제이다. • 결과적으로 사회복지조직이 혁신과 변화를 시도할 때 저항력으로 작용하며, 그것이 클수록 조직 차원의 변화 시도에 대항하려는 힘이 커진다.

출제의도 체크

'기준행동(Criterion Behavior)'은 사회복지서비스 평가로 인해 발생 가능한 부정적 현상으로, 양적 평가지표가 많을 때 증가되기 쉽습니다.

▶ 17회 기출

04절 최근의 경영관리

1 경영관리의 이해

(1) 새로운 경영관리기법 도입의 필요성

① 기존의 원조나 후원 중심의 조직관리 시스템으로는 다양한 계층의 욕구와 필요성을 충족시킬 수 없다.

② 기존의 산업사회 조직관리 시스템으로는 지식정보사회의 치열한 경쟁과 정보의 홍수 속에서 시스템 자체를 유지해 나가기 어렵다.

③ 급속한 환경변화와 불확실성의 증가에 대비하기 위해 새로운 조직전략, 경영혁신, 효율적인 조직형태가 요구되고 있다.

(2) 최근 사회복지행정환경의 변화 20회, 21회 기출

① 사회복지 공급주체의 다양화

② 시설복지에서 지역복지로의 전환

③ 소비자 주권에 대한 인식 강화

④ 욕구(Need) 충족에서 수요(Demand) 충족을 위한 복지제공으로의 관점 전환

⑤ 원조 중심에서 자립(자활) 중심으로의 전환

⑥ 조직의 개방화와 투명화, 책임성에 대한 요구 증가

⑦ 민영화와 경쟁성 강화 노력의 증가

⑧ 기업의 경영관리기법 도입

⑨ 그 밖에 성과에 대한 강조, 마케팅 활성화, 품질관리의 강화, 빅데이터 활용의 증가 등

(3) 사회복지조직 혁신의 방해 요인(Kotter) 22회 기출

① 무사안일주의에 빠져있는 경우

② 충분히 영향력 있는 지도 연합을 형성하지 못한 경우

③ 비전의 영향력을 과소평가하는 경우

④ 비전에 대해 충분히 의사소통하지 못하는 경우

⑤ 새로운 비전을 차단하는 장애물(예 경직된 조직구조나 보상체계 등)을 허용하는 경우

⑥ 단기간의 승리를 이루어내지 못하는 경우

⑦ 너무 일찍 승리를 선언하는 경우

⑧ 변화를 조직문화에 확실히 정착시키는 것에 대해 무관심한 경우

출제의도 체크

최근 사회복지조직은 환경변화에 적응하기 위해 기업의 경영관리기법을 도입하고 있습니다.

▶ 20회, 21회 기출

전문가의 한마디

단기간의 승리를 이루어내지 못하는 경우 직원들은 나태함이나 좌절에 빠질 수 있습니다.

제9영역

2 조직운영을 위한 경영관리기법

(1) 관리기법의 주요 유형   20회, 21회 기출

① 리스트럭처링(Restructuring)

조직의 경쟁력 확보를 위해 중복사업을 통합한다.

② 벤치마킹(Benchmarking)

특수분야에서 우수한 대상을 찾아 뛰어난 부분을 모방한다.

③ 리엔지니어링(Re-engineering)

업무시간을 간소화시켜 서비스 시간을 단축시킨다.

④ 다운사이징(Downsizing)

조직의 효율성을 향상시키기 위해 의도적으로 조직의 규모를 축소시킨다.

⑤ 아웃소싱(Outsourcing)

계약을 통해 외부전문가에게 조직기능의 일부를 의뢰·위탁한다.

⑥ 균형성과표(BSC ; Balanced Score Card)

고객 관점, 내부 프로세스 관점, 학습·혁신·성장 관점, 재무 관점 등 4가지 관점에서 조직의 성과를 종합적으로 관리한다.

(2) 학습조직(Learning Organization)

① 의의 및 특징   21회 기출

㉠ 조직의 외부와 내부의 정보를 조직의 요구에 맞게 가공하여 조직구성원 간 공유하며, 이를 토대로 새로운 지식을 창출하여 조직 전체에 확산·보급하는 지속적이고 조직적인 학습활동을 전개하는 조직이다.

㉡ 사회복지정보화에 따라 조직의 업무효율성을 증대시키고 전략경영능력을 향상시키며, 생성적 학습을 통해 조직의 창의력을 극대화시킨다.

② 학습조직 구축요인   20회 기출

자기숙련 (자기완성)	조직구성원이 단순한 지식의 습득이나 능력의 신장을 넘어서 진실로 원하는 성과를 창조적으로 획득할 수 있는 능력을 확장시키는 것이다.
사고모형	조직구성원이 상호 간의 대화, 성찰, 질문을 통한 지속적인 학습과정에서 최선의 해결책을 찾고, 현재의 상황과 미래에 대한 사고의 틀을 형성하도록 하는 것이다.
공유비전 (비전의 공유)	조직구성원 모두에 의해 공유된 조직 비전이 다시 조직학습의 목표와 에너지 원천으로 작용하는 것이다.
팀 학습 (팀제 학습)	학습조직을 구성하는 팀의 구성원들이 조직 안팎의 문제를 해결하기 위해 서로의 생각과 아이디어를 교환하고 학습하여 문제해결능력을 신장시키는 것이다.
시스템 사고	조직에 다양한 요소가 상호관련을 맺고 역동적으로 작용하고 있다는 인식을 토대로, 이러한 요소들 간의 타협과 협력으로 전체 조직의 목표 달성에 기여한다고 생각하는 것이다.

바로암기 ○×

'균형성과표'는 공정한 직원채용을 위해서 만든 면접평가표이다?

( )

해설

조직의 성과를 종합적으로 관리하기 위한 지표이다.

정답 ×

출제의도 체크

시스템 사고(Systems Thinking)는 전체와 부분 간 역동적 관계 이해를 전제로 합니다.

▶ 20회 기출

제7영역 │ 적중문제 다잡기

CHAPTER 01 사회복지행정의 개관

01 다음 중 사회복지행정의 특성으로 옳지 않은 것은?

① 조직들 간의 통합과 연계를 중시한다.

② 역동적 환경변화에 대응하는 조직관리를 강조한다.

③ 사회복지행정가는 대안선택 시 가치중립적이어야 한다.

④ 사회복지조직의 관리자는 조직의 운영을 지역사회와 연관시킬 책임이 있다.

⑤ 서비스 이용자와 제공자 간 공동생산(Co-production)의 가치를 높여야 한다.

〔 해설 〕 ③ 사회복지조직은 가치중립적이 아닌 문화적 가치를 부여받고 사회적·도덕적 정체성을 가진 인간을 대상으로 한다. 그로 인해 사회복지행정은 서비스 대상으로서 인간을 도덕적 가치를 지닌 존재로 가정한다. 따라서 서비스 기술은 도덕적으로 정당화될 수 있는 것이어야 하며, 그 효과성은 인간적 가치의 측면에서 고려되어야 한다.

21회 **기출**

02 사회복지행정의 기능에 관한 설명으로 옳은 것을 모두 고른 것은?

> ㄱ. 기획(Planning) : 조직의 목적과 목표달성 방법을 설정하는 활동
> ㄴ. 조직화(Organizing) : 조직의 활동을 이사회와 행정기관 등에 보고하는 활동
> ㄷ. 평가(Evaluating) : 설정된 목표에 따라 성과를 평가하는 활동
> ㄹ. 인사(Staffing) : 직원 채용, 해고, 교육, 훈련 등의 활동

① ㄱ, ㄴ   ② ㄱ, ㄷ

③ ㄱ, ㄷ, ㄹ   ④ ㄴ, ㄷ, ㄹ

⑤ ㄱ, ㄴ, ㄷ, ㄹ

〔 해설 〕 ㄴ. 사회복지행정가가 직원, 지역사회, 이사회, 행정기관, 후원자 등에게 조직의 활동 및 조직에서 일어나는 상황을 알려주는 과정은 '보고(Reporting)'에 해당한다.

03 사회복지행정의 실행 과정을 순서대로 나열한 것은?

ㄱ. 과업 평가
ㄴ. 과업 촉진
ㄷ. 과업 조직화
ㄹ. 과업 기획
ㅁ. 환 류

① ㄱ - ㄷ - ㄹ - ㅁ - ㄴ
② ㄷ - ㄱ - ㄹ - ㄴ - ㅁ
③ ㄷ - ㄹ - ㅁ - ㄴ - ㄱ
④ ㄹ - ㄴ - ㄷ - ㄱ - ㅁ
⑤ ㄹ - ㄷ - ㄴ - ㄱ - ㅁ

[해설] **사회복지행정의 실행 과정**
목표설정(Goal Setting) → 정책결정(Policy Making) → 기획(Planning) → 조직화(Organizing) → 동기부여 · 촉진(Motivating) → 평가(Evaluation) → 환류(Feedback)

04 다음 중 사회복지행정의 책임성 기준에 해당하지 않는 것은?

① 명문화된 법적 기준이 있어야 한다.
② 사회복지행정 이념이 전제되어야 한다.
③ 공익이 고려되어야 한다.
④ 서비스는 실용적이어야 한다.
⑤ 클라이언트의 욕구를 반영해야 한다.

[해설] **사회복지행정의 책임성 기준**
- 법적 기준
- 이념적 기준
- 공익성 기준
- 욕구충족 기준

16회 기출

05 베버(M. Weber)의 관료제이론에 관한 설명으로 옳은 것을 모두 고른 것은?

> ㄱ. 조직 내 비공식 집단의 중요성을 인식한다.
> ㄴ. 조직이 수행해야 할 과업이 일상적 · 일률적인 경우 효율적이다.
> ㄷ. 조직 외부의 정치적 상황에 주목한다.
> ㄹ. 조직운영의 권한양식이 합법성 · 합리성을 띠고 있다.

① ㄱ, ㄷ
② ㄱ, ㄹ
③ ㄴ, ㄹ
④ ㄱ, ㄴ, ㄹ
⑤ ㄴ, ㄷ, ㄹ

〔해설〕 ㄱ. 조직 내 비공식 집단의 중요성을 인식하면서 비공식 집단이 개인의 태도와 생산성에 강한 영향을 미친다고 주장한 것은 '인간관계이론'이다.
ㄷ. 외부환경적 요소가 조직의 내부에 영향을 미치게 되어 조직 내부의 권력관계와 조직 외부의 이익집단 간의 역학관계에 의해 조직의 의사결정에 크게 영향을 미친다고 주장한 것은 '정치경제이론(자원의존이론)'이다.

15회 기출

06 과학적 관리론에 관한 설명으로 옳지 않은 것은?

① 구성원들의 비인간화로 소외현상이 발생한다.
② 인간의 정서적인 측면과 사회적 관계를 중시한다.
③ 주로 경제적 보상을 강조한다.
④ 폐쇄적 환경을 강조하여 환경적 요인이 조직의 목적과 구조에 미치는 영향을 등한시한다.
⑤ 비공식 집단, 커뮤니케이션 등의 중요성을 간과하였다.

〔해설〕 ② 조직의 생산성 향상을 위해 인간의 정서적인 요인과 함께 심리사회적 요인, 비공식적 요인에 역점을 두어 인간을 관리하는 기술 또는 방법을 강조한 것은 메이요(Mayo)의 인간관계이론이다.

07 다음 체계모형의 하위체계 중 업무절차의 공식화 및 표준화와 가장 밀접하게 연관된 것은?

① 유지하위체계(Maintenance Subsystem) ② 적응하위체계(Adaptive Subsystem)

③ 생산하위체계(Production Subsystem) ④ 관리하위체계(Managerial Subsystem)

⑤ 경계하위체계(Boundary Subsystem)

[해설] 유지하위체계(Maintenance Subsystem)
- 개인의 욕구를 통합하고 조직의 영속성을 확보하는 것이 주요 목적이다.
- 보상체계를 확립하고, 교육·훈련 등을 통해 조직의 안정을 추구한다.
- 업무절차의 공식화·표준화로 조직의 계속성을 확보하며, 조직을 안정상태로 유지한다.

08 다음 조직이론 중 정치경제이론에 대한 설명으로 옳지 않은 것은?

① 조직환경에서 재원을 둘러싼 권력관계를 부각시킨다.

② 조직을 이끄는 가치와 이념을 중시한다.

③ 합법성이나 세력은 조직의 정치적 자원이다.

④ 자원을 소유하고 있는 이해관계집단이 조직에 영향력을 발휘한다.

⑤ 외부환경에 의존하는 사회복지조직의 현실을 설명할 수 있다.

[해설] ② 정치경제이론은 조직을 이끄는 가치와 이념을 간과하는 한계성을 드러낸다. 돈과 권력 등 정치적·경제적 변수에 의해 조직의 환경을 설명하므로, 무형의 가치와 이념이 존재하는 사회복지조직에 적용하는 데 한계가 있다.

13회 **기출**

09 다음을 공통적으로 중요시하는 조직이론은?

- 개방체계적 관점에서 조직에 대한 환경의 영향력을 설명한다.
- 사회복지조직과 관련된 법적 규범이나 가치 체계를 주요 설명요인으로 다룬다.
- 유사 조직 간의 동형화(Isomorphism) 현상을 모범사례에 대한 모방과 전이 행동으로 설명한다.

① 제도이론 ② 관료제이론

③ 정치경제이론 ④ 자원의존이론

⑤ 조직군생태학이론

[해설] (신)제도이론
- 조직이 생존을 위해 조직 내외의 조건에 적응하여 가는 과정에서 하나의 특징적인 구조를 자연적으로 형성한다고 주장하면서, 이를 '제도화(Institutionalization)'로 설명한다.
- 조직의 생존을 위한 적응기제를 주목하면서, 특히 조직의 생존을 사회적 정당성과 결부시킨다.
- 조직이 제도적 환경에 부합하는 행동을 통해 사회로부터 정당성을 인정받는 경우 생존 가능성이 증가한다.

10 다음 중 목표관리(MBO)에 대한 설명으로 옳지 않은 것은?

① 명확한 목표설정과 책임부여에 초점을 둔다.
② 목표의 질적인 측면과 수단의 적절성을 강조한다.
③ 목표설정에 있어서 구성원의 참여를 강조한다.
④ 계획, 환류, 보상은 목표 달성을 위해 필수적이다.
⑤ 목표는 직원들이 실시한 수행에 기초한 과업분석과 연관된다.

[해설] ② 목표관리(MBO)는 명확한 목표설정과 책임부여에 초점을 두어 생산성을 높이고자 하는 것으로, 목표의 양적인 측면을 강조한 나머지 질적인 측면이 간과되기 쉬우며, 목표와 결과를 중시한 나머지 업무 과정에서 수단의 적절성과 정당성이 무시될 수 있다.

20회 기출
11 총체적 품질관리(TQM)에 관한 설명으로 옳지 않은 것은?

① 지속적인 품질개선을 강조하는 일련의 과정이다.
② 자료와 사실에 기반한 의사결정을 중시한다.
③ 좋은 품질이 무엇인지는 고객이 결정한다.
④ 집단의 노력보다는 개인의 노력이 품질향상에 더 기여한다고 본다.
⑤ 조직구성원에 대한 훈련을 강조한다.

[해설] ④ 총체적 품질관리(TQM)는 품질에 중점을 둔 관리기법으로서, 조직운영, 제품, 서비스의 지속적인 개선을 통해 고품질과 경쟁력을 확보하기 위한 전 종업원의 체계적인 노력, 즉 조직구성원의 집단적 노력을 강조한다.

17회 기출
12 패러슈라만 등(A. Parasuraman, V. A. Zeithaml & L. L. Berry)이 주장한 서비스 질 측정도구인 SERVQUAL 구성차원이 아닌 것은?

① 중립성   ② 신뢰성
③ 확신성   ④ 유형성
⑤ 공감성

[해설] 서비스 품질에 관한 SERVQUAL 모형의 구성차원(Parasuraman, Zeithaml & Berry)
• 신뢰성(Reliability)
• 반응성 또는 응답성(Responsiveness)
• 확신성(Assurance)
• 공감성(Empathy)
• 유형성(Tangibles)

13　다음 중 위험관리(Risk Management)에 대한 설명으로 가장 옳지 않은 것은?

① 위험발생에 대한 사전적 대응보다는 사후적 대응을 강조한다.
② 작업환경의 안전에 대한 대책 마련을 강조한다.
③ 안전 확보는 서비스의 질과 연결된다.
④ 조직의 유지 및 발전을 위해 필요하다.
⑤ 이용자 권리옹호가 모든 대책에 포함된다.

〔 해설 〕　① 위험관리(Risk Management)는 위험을 예방 · 회피하려는 사전적인 대응활동으로서, 위험을 확인(발견), 분석, 평가하여 최적의
　　　　　위험 처리 방도를 선택하는 관리 과정을 말한다.

14　다음 중 미국 사회복지행정의 역사에서 1990년대 이후에 일어난 변화로 가장 옳은 것은?

① 사회복지분야의 민영화가 시작되었다.
② 사회복지행정 교육의 필요성이 주장되었다.
③ 계약이나 서비스 구입 방식을 통한 민간조직의 전달 역할이 증대되었다.
④ 지역사회정신건강센터(Community Mental Health Center)가 크게 늘었다.
⑤ 미국 사회복지사협회(NASW) 산하에 사회복지행정위원회가 설립되었다.

〔 해설 〕　① 미국 사회복지분야의 민영화가 시작된 것은 1980년대이다.
　　　　　② 1910년대에 사회복지사에 대한 정규교육이 시작되었으며, 1920년대에 이르기까지 사회복지행정 교육의 필요성이 지속적으로
　　　　　　주장되었다.
　　　　　④ 1963년 '지역사회정신건강센터 건립법(Community Mental Health Centers Construction Act)' 제정을 계기로, 지역사회정신건강
　　　　　　센터가 늘어나기 시작하였다.
　　　　　⑤ 1963년 미국 사회복지사협회(NASW) 산하에 사회복지행정위원회가 설립되었다.

19회 기출

15 우리나라 사회복지전달체계의 변화 과정을 순서대로 나열한 것은?

> ㄱ. 사회복지사무소 시범사업
> ㄴ. 지역사회 통합돌봄
> ㄷ. 읍·면·동 복지허브화
> ㄹ. 사회복지통합관리망(행복e음) 개통
> ㅁ. 보건복지사무소 시범사업

① ㄱ - ㅁ - ㄷ - ㄹ - ㄴ
② ㄴ - ㄱ - ㄹ - ㅁ - ㄷ
③ ㄷ - ㄴ - ㅁ - ㄹ - ㄱ
④ ㄹ - ㅁ - ㄱ - ㄷ - ㄴ
⑤ ㅁ - ㄱ - ㄹ - ㄷ - ㄴ

[해설] ㅁ. 1995년, ㄱ. 2004년, ㄹ. 2010년, ㄷ. 2016년, ㄴ. 2019년

CHAPTER 02 **사회복지조직의 체계**

01 다음 중 사회복지서비스 전달체계에 대한 설명으로 옳지 않은 것은?

① 구조·기능적 차원에서는 행정체계와 집행체계로 구분된다.
② 서비스 종류에 따라 공적 전달체계와 사적 전달체계로 구분된다.
③ 행정체계는 서비스 전달을 기획, 지시, 지원, 관리하는 기능을 담당한다.
④ 집행체계는 서비스 전달기능을 주로 수행하면서 행정기능도 병행한다.
⑤ 서비스 기관은 사회복지서비스를 수급자에게 제공하는 집행체계에 해당한다.

[해설] ② 공적 전달체계와 사적 전달체계는 운영주체별 구분에 해당한다.

17회 기출

02 독거노인을 위한 복지서비스 전달체계 구축 원칙과 내용이 옳지 않은 것은?

① 충분성 – 치매예방서비스 양을 증가시킴
② 연속성 – 치매예방 및 관리서비스를 중단 없이 이용하게 함
③ 접근성 – 치매예방서비스 비용을 낮춤
④ 책임성 – 치매예방서비스 불만사항 파악절차를 마련함
⑤ 통합성 – 치매예방서비스를 적극적으로 홍보함

〔 해설 〕 복지서비스 전달체계 구축의 통합성(Unification) 원칙
  • 클라이언트의 문제는 매우 복합적이고 상호 연관되어 있기 때문에 이러한 문제를 해결하기 위해서 기관 간의 서비스가 통합적으로 제공되어야 한다.
  • 예를 들어, 독거노인의 치매 관련 문제는 인지기능저하 노인을 대상으로 한 초기상담 프로그램, 조기검진 프로그램, 초기 경증 치매노인의 치매 악화 지연을 위한 인지재활 프로그램 등 관련 서비스 프로그램들을 필요한 순서에 따라 진행함으로써 통합적으로 접근할 수 있다.

9회 기출

03 서비스의 통합성을 증진시키기 위한 전달체계 개선전략으로 옳지 않은 것은?

① 종합적 서비스를 제공하는 별도의 기관을 설치한다.
② 지역사회 수준에서 사례관리체계를 도입한다.
③ 클라이언트의 서비스이력 정보를 공유한다.
④ 서비스별로 인테이크 창구를 마련한다.
⑤ 통합정보망을 구축하여 서비스 연계를 강화한다.

〔 해설 〕 ④ 인테이크(Intake)의 단일화를 통해 접수과정을 반복함으로써 발생하는 번거로움을 해소하며, 클라이언트가 필요로 하는 서비스를 체계적이고 종합적으로 받을 수 있도록 한다.

14회 기출

04 사회복지서비스 전달에서 공공과 민간의 상대적 장점을 고려할 때 바람직한 역할분담으로 옳지 않은 것은?

① 공공재적 성격, 외부효과가 강한 서비스는 정부가 제공
② 개별화가 강한 서비스는 민간이 제공
③ 재원 안정성이 중요한 서비스는 정부가 제공
④ 표준화가 용이한 서비스는 민간이 제공
⑤ 기초적인 대규모 서비스는 정부가 제공

〔 해설 〕 ④ 정부는 복지에 대한 다양한 욕구를 수용하여 프로그램을 포괄·조정할 수 있으므로, 표준화가 용이한 서비스를 제공하는 데 유리하다.

05 다음 중 사회복지조직의 특수성에 대한 설명으로 옳은 것은?

① 외부환경에 대한 의존성이 낮다.　　② 도덕적 정당성에 민감하다.

③ 성과에 대한 평가가 용이하다.　　④ 일선전문가의 재량을 인정하지 않는다.

⑤ 주된 기술이 단순하고 확실하다.

[해설] ② 사회복지행정은 서비스 대상으로서 인간을 도덕적 가치를 지닌 존재로 가정한다. 따라서 사회복지조직의 서비스 기술은 도덕적으로 정당화될 수 있는 것이어야 하며, 그 효과성은 인간적 가치의 측면에서 고려되어야 한다.
① 사회복지조직은 외부환경에 대한 의존성이 높으며, 지역사회의 변화 과정에 의해 영향을 받는다.
③ 사회복지조직은 인간의 도덕적 가치를 고려함으로써 목표달성의 효과성 및 효율성을 측정하는 데 어려움이 있다.
④ 사회복지조직의 활동은 전문적인 과정으로서 주로 전문가에 의존하며, 조직의 운영 등 제반 업무들에 있어서 전문가의 역할을 요구한다.
⑤ 사회복지조직은 지속적인 변화를 거듭하는 인간과 사회를 대상으로 하므로, 그 변화에 대응하여 목표를 달성하는 데 있어서 불완전한 지식과 기술을 사용할 수밖에 없다.

9회 기출
06 사회복지조직의 목표에 관한 설명으로 옳지 않은 것은?

① 일반적으로 하나의 목표보다 다수의 목표를 추구한다.
② 조직목표와 구성원의 개인목표는 일치하지 않을 수 있다.
③ 정관에 나타난 목표 분석을 통해 조직의 운영목표를 명확하게 파악할 수 있다.
④ 공식목표는 조직구성원의 활동이나 업무의 방향을 지도하는 지침으로서 기능한다.
⑤ 공식목표는 조직 평가의 기준으로 사용된다.

[해설] ③ 조직의 정관 등 공식적인 자료를 통해 확인할 수 있는 것은 운영목표(작업목표)가 아닌 공식목표이다.

21회 기출
07 조직구조에 관한 설명으로 옳은 것은?

① 조직규모가 커질수록 공식화 정도가 낮아진다.
② 공식화 정도가 높을수록 직원의 재량권이 줄어든다.
③ 과업의 종류가 많을수록 수직적 분화가 늘어난다.
④ 분권화 정도가 높을수록 최고관리자에게 조직 통제권한이 집중된다.
⑤ 집권화 정도가 높을수록 직원의 권한과 책임의 범위가 모호해진다.

[해설] ① 조직규모가 커질수록 공식화 정도가 높아진다.
③ 과업의 종류가 많을수록 수평적 분화가 늘어난다.
④ 분권화 정도가 높을수록 직원의 재량권이 강화된다.
⑤ 분권화 정도가 높을수록 직원의 권한과 책임의 범위가 모호해진다.

18회 기출

08 조직 내 비공식조직의 순기능으로 옳은 것은?

① 조직의 응집력을 높인다.
② 공식 업무의 신뢰성과 일관성을 높인다.
③ 정형화된 구조로 조직의 안정성을 높인다.
④ 파벌이나 정실인사의 부작용이 나타난다.
⑤ 의사결정이 하층부에 위임되어 직원들의 참여의식을 높인다.

[해설] 조직 내 비공식조직의 순기능과 역기능

순기능	• 조직 내 구성원들이 소속감 및 안정감을 갖기 쉬우므로 조직의 응집력을 높인다. • 공식적으로 거론될 수 없는 문제나 사안들에 대한 의사소통 경로가 될 수 있으며, 심리적 불만에 대한 배출구가 될 수도 있다.
역기능	• 파벌이 형성될 수 있으며, 조직 내 갈등을 고조시킬 수 있다. • 업무의 처리나 인사 등에서 자신이 속한 비공식조직의 구성원에게 유리한 결정을 내리는 정실주의(정실행위)가 나타날 수 있다.

09 다음 중 스미스(Smith)가 제시한 업무의 통제성에 따른 조직 분류의 유형에서 자원봉사활동조직과 밀접하게 연관된 것은?

① 관료조직
② 일선조직
③ 투과성조직
④ 전면통제조직
⑤ 부분통제조직

[해설] 업무의 통제성에 따른 조직의 분류(Smith)
• 관료조직 : 공식적인 조직과 규정, 계층적인 권위구조를 가지는 조직이다.
• 일선조직 : 주도권이 일선에 있는 조직이다.
• 전면통제조직 : 관리자가 전면적으로 강한 통제력을 행사하는 조직이다.
• 투과성조직 : 조직구성원과 클라이언트의 자발적인 참여를 강조하는 조직이다.

10회 **기출**

10 업무세분화의 부정적 영향에 대한 대처방법으로 옳은 것은?

① 관리 · 감독을 철저히 한다.
② 직무순환을 실시한다.
③ 업무와 기술을 단순화 한다.
④ 전문기술 개발을 강화한다.
⑤ 업무의 효율성을 높인다.

[해설] ② '직무순환(Job Rotation)'은 주기적으로 다른 업무를 수행하도록 인력을 배치하는 방법으로, 업무세분화에 의해 야기되는 고유 업무 반복의 문제를 해소하고 작업자로 하여금 다양한 직무경험을 쌓도록 하기 위한 것이다.

15회 **기출**

11 사회복지조직의 부문화(Departmentation)에 관한 설명으로 옳은 것을 모두 고른 것은?

> ㄱ. 서비스 기준 : 서비스 제공, 사례관리, 지역사회조직 등으로 구분
> ㄴ. 지리적 기준 : 클라이언트 거주 지역에 따라 구분
> ㄷ. 기능 기준 : 개별사회사업, 집단사회사업, 지역사회조직사업 등으로 구분
> ㄹ. 시간 기준 : 업무시간에 따라 2교대 혹은 3교대로 구분

① ㄱ, ㄴ
③ ㄴ, ㄹ
⑤ ㄴ, ㄷ, ㄹ
② ㄱ, ㄷ
④ ㄱ, ㄴ, ㄹ

[해설] **사회복지조직의 부문화 방법**
• 수(數) 기준 부문화 : 동일 역할을 하는 사람들을 한 명의 관리자(혹은 슈퍼바이저) 밑에 소속시키는 방법이다.
• 시간 기준 부문화 : 업무시간을 2교대 또는 3교대로 하여 업무를 부문화한다.(ㄹ)
• 기능 기준 부문화 : 조직요원의 능력, 선호도, 관심 등에 근거하여 직무상 적성에 맞는 분야에 사람을 배치한다.
• 지리적 영역 기준 부문화 : 클라이언트의 거주 지역, 즉 잠정적 고객을 포함한 서비스 수요자의 거주 지역에 따라 업무를 부문화한다.(ㄴ)
• 서비스 기준 부문화 : 개별사회사업, 집단사회사업, 지역사회조직사업 등 사회사업 실천방법에 따라 부문화한다.
• 고객 기준 부문화 : 클라이언트의 특성에 따라 아동복지, 청소년복지, 노인복지 등으로 부문화하거나, 가족문제, 비행문제 등 문제 유형을 기준으로 부문화한다.
• 서비스 접근통로 기준 부문화 : 클라이언트가 서비스에 접근할 수 있는 통로별로 업무를 부문화한다.

19회 기출

12 사회복지조직의 환경에 관한 설명으로 옳지 않은 것은?

① 다른 기관과의 경쟁은 고려하지 않는다.

② 과학기술의 발전은 사회복지기관의 서비스에도 영향을 미친다.

③ 사회인구적 특성은 사회문제와 밀접한 관계가 있다.

④ 경제적 상황은 서비스 수요에 영향을 미친다.

⑤ 법적 규제가 많을수록 서비스에 대한 클라이언트의 접근이 제한된다.

〔 해설 〕 ① 다른 기관과의 경쟁을 고려한다. 참고로 경쟁조직은 사회복지조직의 환경 중 과업환경에 해당한다.

13 다음 중 사회복지조직의 외부환경에 대한 설명으로 옳지 않은 것은?

① 사회복지조직은 외부환경에 의존적이다.

② 조직 간의 의뢰·협력체계는 보충적 서비스 제공 역할을 한다.

③ 시장 상황에서 활동하는 사회복지조직은 경쟁조직을 중요한 환경요소로 다룬다.

④ 사회복지사업법은 사회복지조직의 정당성과 권위를 제공하는 외부환경 중 하나이다.

⑤ 우리나라 민간 사회복지조직은 정부재정 요소의 비중이 상대적으로 낮은 편이다.

〔 해설 〕 ⑤ 우리나라 민간 사회복지조직은 재정자원을 정부나 다른 민간단체, 일반 시민 또는 영리기업 등 조직 외부의 다양한 재정지원자에게 의존한다. 비록 민간 사회복지조직이 사업을 수행하기 위해 자체적으로 수익사업을 하거나 후원자를 개발하기 위해 노력한다고 해도, 여전히 정부재정에 의존하는 경향이 상대적으로 높은 편이다.

16회 **기출**

14 다음에서 설명하는 환경의존 대응전략은?

> • 사회적 약자를 대신해 권한을 가진 조직으로부터 양보를 얻는 데 효과적일 수 있다.
> • 일시적으로 얻은 이익을 상쇄하는 반작용을 야기할 수 있다.
> • 표적조직이 평화적인 요구를 무시할 때 채택할 수 있다.

① 방해 전략
② 교환 전략
③ 흡수 전략
④ 경쟁 전략
⑤ 권위주의 전략

[해설] 권력관계 변화 혹은 종속관계 극복을 위한 조직의 대응전략
• 권위주의 전략 : 명령에 대해 동의하도록 효과적인 제재를 가할 수 있는 능력을 향상시키는 전략이다.
• 경쟁적 전략 : 서비스의 질과 절차 및 관련된 행정절차 등을 더욱 바람직하고 매력적으로 하기 위해 다른 사회복지조직들과 경쟁하여 세력을 증가시키는 전략이다.
• 협동적 전략 : 과업환경 내 다른 조직에게 필요한 서비스를 제공하여 그 조직이 그러한 서비스를 획득하는 데 대한 불안감을 해소시키는 전략으로, 계약(Contract), 연합(Coalition), 흡수(Absorption) 등으로 구분된다.
• 방해 전략 : 조직의 자원생산 능력을 위협하는 행동을 의도적으로 하는 전략이다. 권력이 없는 사람들이 목표로 하는 조직으로부터 양보를 얻는 데 효과적일 수 있다.

9회 **기출**

15 조직문화에 관한 설명으로 옳지 않은 것은?

① 조직의 가치를 깊이 공유할수록 조직문화의 강도는 커진다.
② 조직문화는 조직 내 의사결정방식과 과업수행방식에 영향을 준다.
③ 강한 조직문화는 조직의 변화와 혁신에 기여한다.
④ 구성원들이 집단적으로 공유하는 신념과 가치로 조직행동에 영향을 준다.
⑤ 직원의 선발과 교육은 조직문화를 유지 · 전파하는 수단이다.

[해설] ③ 강한 조직문화는 조직형성 초기에는 동질성과 안정성 등 순기능을 수행하지만 장기적으로는 획일적인 집단사고의 확립으로 인해 조직구성원의 사고와 행동에 유연성 및 창의성을 저해하는 등 조직의 변화와 개혁에 걸림돌이 되기도 한다.

CHAPTER 03 리더십, 기획, 의사소통

19회 기출

01 다음에 해당하는 리더십 유형은?

> • 조직의 목표에 대한 구성원의 참여동기가 증대될 수 있다.
> • 조직의 리더와 구성원 간 의사소통이 활발해질 수 있다.
> • 집단의 지식, 경험, 기술의 활용이 용이하다.

① 지시적 리더십
② 참여적 리더십
③ 방임적 리더십
④ 과업형 리더십
⑤ 위계적 리더십

[해설] **참여적 리더십**
• 민주적 리더십에 해당하는 것으로서, 의사결정 과정에 있어서 부하직원들을 참여시킨다.
• 의사소통 경로의 개방을 통해 정보교환이 활발히 이루어지도록 함으로써 직원들의 일에 대한 적극적 동기부여가 가능하며, 사명감이 증진될 수 있다.

10회 기출

02 리더십 이론에 관한 설명으로 옳은 것은?

① 상황이론은 주어진 상황에 따라 요구되는 지도자의 행태와 자질이 달라진다고 본다.
② 행위이론에서 성공적 리더십은 조직이나 집단의 상황에 따라 상이할 수 있다고 본다.
③ 관리격자이론에서는 중도형이 최적의 리더십 스타일이다.
④ 자질이론에서 효과적인 리더는 생산과 인간에 대한 행동유형으로 구별된다.
⑤ 거래적 리더십은 높은 도덕적 가치와 이상에 호소하여 추종자의 의식을 변화시킨다.

[해설] ② 상황이론의 내용에 해당한다.
③ 블레이크와 머튼(Blake & Mouton)의 관리격자이론(관리격자모형)에서는 팀형(9,9)이 최적의 리더십 스타일이다.
④ 생산(산출)에 대한 관심 정도와 인간에 대한 관심 정도를 통해 합성적 리더십 유형을 제시한 것은 블레이크와 머튼의 관리격자이론(관리격자모형)이다.
⑤ 높은 도덕적 가치와 이상에 호소하여 추종자의 의식을 변화시키는 것은 변혁적 리더십이다.

03 다음 중 보기의 상황에서 가장 적합한 허쉬와 블랜차드(Hersey & Blanchard)의 리더십 유형으로 옳은 것은?

> 신임 사회복지기관의 장이 직원들의 업무수행 능력을 평가한 결과, 직원들의 직무수행 능력은 전반적으로 낮게 나타났지만, 직원들의 솔선수범하여 일을 하려는 의지는 매우 강한 것으로 나타났다.

① 참여형
② 제시형
③ 지시형
④ 위임형
⑤ 팀 형

〔 해설 〕 허쉬와 블랜차드(Hersey & Blanchard)의 리더십 유형

리더십 유형	직원의 능력	직원의 의지(의욕)
지시형	×	×
제시형	×	○
참여형	○	×
위임형	○	○

21회 **기출**

04 리더십 이론에 관한 설명으로 옳지 않은 것은?

① 상황이론에 의하면 상황에 따라 적합하게 대응하는 리더십이 효과적이다.
② 행동이론에서 컨트리클럽형(Country Club Management)은 사람에 대한 관심과 일에 대한 관심이 모두 높은 리더이다.
③ 행동이론에서 과업형은 일에만 관심이 있고 사람에 대해서는 전혀 관심이 없는 리더이다.
④ 서번트 리더십(Servant Leadership)은 사회복지조직 관리에 적합한 리더십이 될 수 있다.
⑤ 생산성 측면에서 서번트 리더십은 자발적 행동의 정도를 중시한다.

〔 해설 〕 ② 리더십에 관한 행동이론으로서 블레이크와 머튼(Blake & Mouton)의 관리격자모형 중 컨트리클럽형(Country Club Management)은 사람에 대한 관심은 높은 반면, 일(생산)에 대한 관심은 낮은 리더이다.

16회 기출

05 기획에 관한 설명으로 옳지 않은 것은?

① 연속적이며 동태적인 과업이다.

② 효율성 및 효과성 모두 관련이 있다.

③ 타당한 사업 추진을 하기 위함이다.

④ 미래의 환경 변화에 대응하기 위한 의사결정 과정이다.

⑤ 목표 지향적이나 과정 지향적이지는 않다.

[해설] ⑤ 기획은 과정 지향적이다. 즉, 기획 활동은 미래 활동에 대한 연속적인 준비과정으로서 단일과업이 아닌 계속적으로 진행되는 의사결정 활동을 의미한다.

06 다음 중 사회복지행정에 있어서 기획의 필요성에 대한 설명으로 가장 옳지 않은 것은?

① 미래의 불확실한 상황에 대처하기 위해서이다.

② 최소 비용으로 서비스 목표를 달성하기 위해서이다.

③ 관리자의 서비스에 대한 책임성을 증진시키기 위해서이다.

④ 관리자의 직관적 의사결정능력을 증진시키기 위해서이다.

⑤ 더욱 타당하게 적용될 수 있는 수단을 제공하기 위해서이다.

[해설] **기획의 필요성**
- 효율성 증진(②)
- 효과성 증진
- 책임성 증진(③)
- 합리성 증진(⑤)
- 미래의 불확실성 감소(①)
- 조직성원의 사기진작

15회 기출

07 기획의 유형에 관한 설명으로 옳은 것은?

① 최고관리층은 조직의 사업계획 및 할당 기획에 관여한다.
② 중간관리층은 구체적인 프로그램 기획에 관여한다.
③ 감독관리층은 주로 1년 이상의 장기 기획에 관여한다.
④ 전략적 기획은 조직의 기본적인 결정과 행동계획을 수립하기 위해 이루어진다.
⑤ 운영기획은 외부 환경과의 경쟁에 관한 사정을 포함한다.

[해설] ④ 전략적 기획은 조직의 정체성을 명확히 설정하며, 무엇을, 왜 해야 하는지를 지시해 주는 기본적인 결정과 행동계획을 수립하기 위해 이루어진다.
① 조직의 사업계획 및 할당 기획은 중간관리층 수준에서 이루어진다.
② 구체적인 프로그램 기획은 감독관리층 수준에서 이루어진다.
③ 1년 이상의 장기적 기획은 최고관리층 수준에서 이루어진다.
⑤ 운영기획은 조직 내부의 관리 차원에서 이루어진다.

14회 기출

08 다음은 스키드모어(Skidmore)의 기획 과정을 열거한 것이다. (   )에 들어갈 내용을 순서대로 연결한 것은?

> 목표설정 – 자원 고려 – (   ) – (   ) – (   ) – (   ) – 개방성 유지

① 대안 모색 – 구체적 프로그램 수립 – 결과 예측 – 계획 결정
② 대안 모색 – 결과 예측 – 계획 결정 – 구체적 프로그램 수립
③ 계획 결정 – 구체적 프로그램 수립 – 결과 예측 – 대안 모색
④ 결과 예측 – 대안 모색 – 계획 결정 – 구체적 프로그램 수립
⑤ 결과 예측 – 구체적 프로그램 수립 – 대안 모색 – 계획 결정

[해설] 기획의 과정(Skidmore)
목표설정 → 자원 고려 → 대안 모색 → 결과 예측 → 계획 결정 → 구체적 프로그램 수립 → 개방성 유지

13회 기출

09 사회복지 프로그램 기획에서 공통적으로 중시하는 요소가 아닌 것은?

① 합리성   ② 지속성
③ 참여성   ④ 목적성
⑤ 현재지향성

[해설] ⑤ 현재지향성이 아닌 미래지향성이 옳다.

10 다음 중 사회복지 프로그램 기획의 과정을 순서대로 올바르게 나열한 것은?

> ㄱ. 실 행
> ㄴ. 평 가
> ㄷ. 프로그래밍
> ㄹ. 문제 확인
> ㅁ. 목적 설정

① ㄱ - ㄴ - ㄷ - ㄹ - ㅁ

② ㄴ - ㄹ - ㅁ - ㄱ - ㄷ

③ ㄷ - ㄴ - ㅁ - ㄱ - ㄹ

④ ㄹ - ㅁ - ㄷ - ㄱ - ㄴ

⑤ ㅁ - ㄱ - ㄷ - ㄴ - ㄹ

〔 해설 〕 사회복지 프로그램 기획의 과정
　　　　　 문제 확인 → 목적 설정 → 프로그래밍 → 실행 → 평가

18회 기출

11 시간별 활동계획 도표(Gantt Chart)의 설명으로 옳은 것을 모두 고른 것은?

> ㄱ. 시간별 활동계획의 설계는 확인–조정–계획–실행의 순환적 과정으로 이루어진다.
> ㄴ. 헨리 간트(H. Gantt)에 의해 최초로 개발되었다.
> ㄷ. 목표달성 기한을 정해 놓고 목표달성을 위해 설정된 주요활동과 시간계획을 연결시켜 도표로 나타낸 것이다.
> ㄹ. 활동과 활동 사이의 상관관계를 파악하기 힘들다.

① ㄱ, ㄴ

② ㄱ, ㄷ

③ ㄴ, ㄷ

④ ㄴ, ㄹ

⑤ ㄷ, ㄹ

〔 해설 〕 　ㄱ. '계획(Plan)–실행(Do)–확인(Check)–조정(Act)'의 일련의 절차를 프로그램 기획과정으로 보는 것은 방침관리기획(PDCA Cycle)
　　　　　　　 이다.
　　　　　　ㄷ. 목표달성 기한을 정해 놓고 목표달성을 위해 설정된 주요 세부목표와 프로그램의 상호관계 및 시간계획을 연결시켜 도표화한
　　　　　　　 것은 프로그램 평가 검토기법(PERT)이다.

12 PERT에서 프로그램 시작부터 모든 활동의 종료까지 소요되는 최소한의 시간 경로를 찾는 방법은?

① 최소경로(Minimal Path)

② 임계경로(Critical Path)

③ 기술경로(Technical Path)

④ 혼합경로(Mixed Path)

⑤ 기대경로(Expected Path)

[해설] ② '임계경로 또는 임계통로(Critical Path)'는 시작에서 종료에 이르기까지 가장 많은 시간을 요구하는 경로(통로)를 말한다. 이는 활동 수행을 위해 최소한 확보해야 할 시간에 해당한다.

13 다음 중 의사결정 방법 및 기술에 대한 설명으로 옳은 것은?

① 정형적 의사결정은 특정한 절차를 따르지 않는다.

② 비정형적 의사결정은 의사결정자의 직관과 판단에 의해 이루어진다.

③ 판단적 의사결정은 정보수집, 연구, 분석과 같은 합리적이고 과학적인 절차를 통해 이루어진다.

④ 직관적 의사결정은 개인의 지식과 경험에 의해 이루어진다.

⑤ 문제해결적 의사결정은 신속한 결정에 유효하다.

[해설] ② 비정형적 의사결정은 특정한 절차에 따르지 않은 의사결정을 하는 것으로, 직관 · 판단 · 창의성을 지닌 책임자의 선택에 의해 결정이 이루어진다.

① 정형적 의사결정은 일정한 절차에 의해 의사결정을 하는 것이다.

③ 정보수집, 연구, 분석과 같은 합리적이고 과학적인 절차를 통해 이루어지는 것은 문제해결적 의사결정이다.

④ 개인이 일상적이고 정해진 일을 하는 가운데 얻어진 지식과 경험에 의해 의사결정이 이루어지는 것은 판단적 의사결정이다.

⑤ 문제해결적 의사결정은 시간적인 여유가 있고 중요한 사항에 대한 의사결정에 적합한 방식이다.

14 다음 의사결정 기법 중 개인적 의사결정기법에 해당하는 것은?

① 델파이기법(Delphi Technique)

② 변증법적 토의(Dialectical Inquiry)

③ 명목집단기법(Nominal Group Technique)

④ 브레인스토밍(Brainstorming)

⑤ 대안선택흐름도표(Alternative Choice Flow Chart)

〔 해설 〕 ① · ② · ③ · ④ 집단적 의사결정기법에 해당한다.

15 다음 중 보기의 내용과 연관된 의사결정기법으로 옳은 것은?

> 문제해결을 위해 선택 가능한 대안들을 놓고, 각 대안별로 선택할 경우와 선택하지 않을 경우에 나타날 결과를 분석하여, 각 대안들이 갖게 될 장단점에 대해 균형된 시각을 갖도록 돕는다.

① 의사결정나무분석(Decision Tree Analysis)

② 대안선택흐름도표(Alternative Choice Flow Chart)

③ 델파이기법(Delphi Technique)

④ 명목집단기법(Nominal Group Technique)

⑤ 변증법적 토의(Dialectical Inquiry)

〔 해설 〕 의사결정나무분석(Decision Tree Analysis)
　　　　　개인이 여러 선택 가능한 대안들을 발견하여 나열하고 각각의 대안을 선택할 경우와 선택하지 않을 경우에 나타날 수 있는 결과를 일종의 나무그림을 그려서 판단하도록 하는 방법이다.

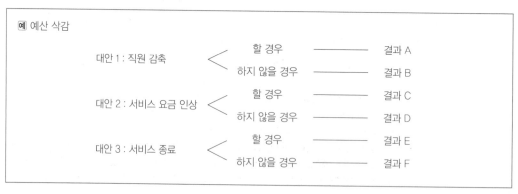

CHAPTER 04 인적자원관리와 재정관리

16회 기출

01 사회복지조직에서의 인적자원관리에 관한 설명으로 옳은 것을 모두 고른 것은?

ㄱ. 직원채용을 위해서 직업능력검사를 시행하였다.
ㄴ. 조직의 역사, 사명, 기본정책 등에 관하여 직원 오리엔테이션을 가졌다.
ㄷ. 업무 담당자를 위해 직무기술서를 작성하였다.
ㄹ. 업무성과 평가를 위해 직원의 행동평가를 실시하였다.

---

① ㄱ, ㄷ
② ㄴ, ㄹ
③ ㄱ, ㄴ, ㄷ
④ ㄱ, ㄷ, ㄹ
⑤ ㄱ, ㄴ, ㄷ, ㄹ

[해설] ㄱ. 인사관리의 일반적인 절차는 '모집 · 충원 → 선발 → 임용(임명) → 오리엔테이션 → 배치 → 활용'으로 진행된다. 직원채용을 위해서 직업능력검사를 시행하는 것은 그중 선발 과정에 해당한다.
ㄴ. 오리엔테이션(Orientation)은 신입직원들을 대상으로 하는 훈련을 일컫는 것으로, 조직의 역사, 사명, 기본정책 등은 물론 조직이 제공하는 서비스 및 지역사회를 구체적으로 소개하는 과정이다.
ㄷ. 인사계획의 관점에서 직무분석(Job Analysis), 직무기술서(Job Description) 및 직무명세서(Job Specification)의 작성 등은 인적자원관리의 필수적인 활동이다.
ㄹ. 인적자원관리는 인력에 대한 모집 · 채용 · 유지 · 개발은 물론 평가 과정까지 포함하는 관리 과정이다. 직원의 평가는 직무수행 정도를 평가하는 것으로서, 직무수행평가(Job Performance Appraisal), 직무만족도평가(Job Satisfaction Appraisal) 등이 포함된다.

02 다음 중 인적자원관리에 대한 설명으로 옳지 않은 것은?

① 직무분석은 직무조건을 조직적으로 밝히는 절차이다.
② 직무기술서는 직무 자체에 대한 기술이다.
③ 직무명세서는 직무수행자의 인적요건에 대한 기술이다.
④ 직무분석 이전에 직무기술서와 직무명세서를 작성한다.
⑤ 인사관리는 성과관리, 개발관리, 보상관리 등을 포함한다.

〔 해설 〕 ④ 직무분석은 직무를 구성하고 있는 일, 즉 해당 직무의 내용 및 직무의 수행을 위한 직무조건을 조직적으로 밝히는 절차로서, 직무기술서와 직무명세서는 이와 같은 직무분석이 이루어진 후에 작성하게 된다.

03 다음 중 직원개발에 대한 설명으로 옳지 않은 것은?

① 직원들에게 새로운 지식과 기술을 습득시킨다.
② 직원들 간의 상호작용을 통해 조직의 효과성을 높인다.
③ 구성원의 가치관과 태도 변화를 위한 교육은 하지 않는다.
④ 역할연기는 인간관계훈련에 효과적인 프로그램이다.
⑤ 강의, 회의, 토의, 사례발표 등의 방법을 활용한다.

〔 해설 〕 ③ 직원개발(Staff Development)은 직원들의 소양 · 능력을 개발하고 직무수행에 필요한 지식 · 기술을 향상시키며, 가치관과 태도를 바람직한 방향으로 변화시키기 위한 교육훈련 활동을 말한다.

9회 〔기출〕

04 일선 슈퍼바이저의 슈퍼비전 기능으로 옳지 않은 것은?

① 개별 사례에 대한 목표 및 과업을 결정한다.
② 일선 사회복지사가 제공하는 서비스를 감독한다.
③ 업무에 대한 조정과 통제의 임무를 수행한다.
④ 일선 사회복지사의 동기와 사기를 진작시킨다.
⑤ 일선 사회복지사의 지식과 기술을 향상시킨다.

〔 해설 〕 ① 일선 슈퍼바이저는 개별 사례에 대한 목표 및 과업을 직접 결정하는 기능을 하지 않는다.
②·③ 관리적·행정적 기능, ④ 지지적 기능, ⑤ 교육적 기능

05 슈퍼바이저에게 필요한 자질에 해당하는 것을 모두 고른 것은?

> ㄱ. 풍부한 지식
> ㄴ. 실천기술과 경험
> ㄷ. 개방적 접근의 용이성
> ㄹ. 솔직성

① ㄱ, ㄴ, ㄷ   ② ㄱ, ㄷ

③ ㄴ, ㄹ   ④ ㄹ

⑤ ㄱ, ㄴ, ㄷ, ㄹ

[해설] **슈퍼바이저의 조건(자질)**
- 풍부하고 종합적인 지식의 구비(ㄱ)
- 실천기술과 경험의 구비(ㄴ)
- 개방적 접근의 용이성(ㄷ)
- 헌신적인 사명감
- 솔직한 태도(솔직성)(ㄹ)
- 감사와 칭찬의 태도

06 다음 중 보기의 내용과 연관된 슈퍼비전의 모형으로 옳은 것은?

> 안건을 미리 팀 구성원들에게 제시하고 그에 대한 결정을 다양한 성격을 가진 팀 동료들 간의 상호작용에 의해 구체화하도록 한다.

① 동료집단 슈퍼비전(Peer-group Supervision)

② 팀 슈퍼비전(Team Supervision)

③ 개인교습모형(Tutorial Model)

④ 사례상담(Case Consultation)

⑤ 직렬 슈퍼비전(Tandem Supervision)

[해설] ① 동료집단 슈퍼비전(Peer-group Supervision)은 특정한 슈퍼바이저 없이 모든 구성원들이 동등한 자격으로 참여한다.
③ 개인교습모형(Tutorial Model)은 슈퍼바이저와 슈퍼바이지 간의 일대일 관계에 의해 슈퍼비전이 이루어진다.
④ 사례상담(Case Consultation)은 업무자와 상담자의 일대일 관계 또는 다른 업무자의 참여하에, 슈퍼바이저가 상담자로서 그들의 학습을 돕거나 기여를 모색한다.
⑤ 직렬 슈퍼비전(Tandem Supervision)은 동료집단 슈퍼비전이 발전된 형태로서, 두 업무자가 동등한 입장에서 서로에게 슈퍼비전을 제공한다.

제7영역

15회 기출

07 동기부여이론과 주요 학자의 연결이 옳은 것은?

① 인간관계이론 – 매슬로우(Maslow)
② ERG이론 – 허즈버그(Herzberg)
③ 성취동기이론 – 맥클리랜드(McClelland)
④ 욕구계층이론 – 맥그리거(McGregor)
⑤ X · Y이론 – 알더퍼(Alderfer)

[해설] 동기부여이론의 분류

내용이론	• 매슬로우(Maslow)의 욕구계층이론(위계적 욕구이론)
	• 허즈버그(Herzberg)의 동기-위생이론(2요인 이론)
	• 알더퍼(Alderfer)의 ERG이론
	• 맥클리랜드(McClelland)의 성취동기이론
	• 맥그리거(McGregor)의 X · Y이론
과정이론	• 브룸(Vroom)의 기대이론
	• 아담스(Adams)의 형평성(공정성 또는 공평성)이론
	• 로크(Locke)의 목표설정이론

10회 기출

08 동기부여에 관한 설명으로 옳지 않은 것은?

① X이론의 인간관은 생리적 수준에서 동기가 부여되므로 하위욕구 관리전략이 필요하다.
② 과업환경상의 동기부여를 위해서는 작업환경의 개선이 필요하다.
③ 공평성 이론은 개인의 투입 · 산출에 대해 형평에 맞게 보상하는 동기부여를 강조한다.
④ 허즈버그(Herzberg)의 이론에서 봉급과 작업조건은 위생요인에 해당된다.
⑤ Y이론에 의하면 안전의 욕구가 강한 계층에서 동기부여가 가능하다.

[해설] ⑤ X이론에서는 저차원의 욕구, 즉 생리적 욕구와 안전에 대한 욕구 수준에서 동기부여가 이루어지는 반면, Y이론에서는 고차원의 욕구, 즉 자아실현의 욕구 수준에서 동기부여가 이루어진다고 본다.

18회 기출

09 다음 사례에서 설명하는 동기이론은?

> A는 자신보다 승진이 빠른 입사 동기인 사회복지사 B와의 비교로, 보충해야 할 업무역량을 분석하였다. A는 B가 가진 프로그램 기획력과 사례관리 역량의 필요성을 알게 되었고, 직무 향상과 승진을 위해 대학원 진학을 결정하였다.

① 욕구위계이론(A. Maslow)

② 동기위생이론(F. Herzberg)

③ ERG이론(C. Alderfer)

④ 형평성이론(J. S. Adams)

⑤ 기대이론(V. H. Vroom)

[해설] ④ 아담스(Adams)의 형평성(공정성 또는 공평성)이론은 투입, 산출, 준거인물을 요소로 하여 자신의 '산출/투입'보다 준거가 되는 다른 사람의 '산출/투입'이 클 때 비형평성을 자각하게 되고, 형평성 추구행동을 작동시키는 동기가 유발된다고 본다. 보기의 사례에서 A는 입사 동기인 B를 준거인물로 하여 형평성 유지를 위한 동기부여가 이루어지고 있다.

17회 기출

10 사회복지조직의 인적자원관리에 관한 설명으로 옳은 것은?

① 직무만족은 조직몰입에 부정적인 영향을 미친다.

② 신규채용은 비공개모집을 원칙으로 한다.

③ 브레인스토밍은 제시된 아이디어의 양보다는 질을 더욱 중시한다.

④ 갈등은 조직 내에 비능률을 가져오는 역기능만을 갖는다.

⑤ 소진은 일반적으로 열성-침체-좌절-무관심의 단계로 진행된다.

[해설] ① 조직구성원들이 지각하는 직무만족은 조직몰입에 긍정적인 영향을 미친다.
　　　　② 신규채용은 일반적으로 공개모집을 원칙으로 한다.
　　　　③ 브레인스토밍(Brainstorming)에서는 아이디어의 양이 강조되는데, 참여자의 아이디어가 많을수록 더 우수한 아이디어가 나올 가능성이 높기 때문이다.
　　　　④ 지나치게 많은 갈등이나 너무 적은 갈등은 조직에 다양한 부정적인 결과를 가져오지만, 적정 수준의 갈등은 구성원으로 하여금 최선의 행동결과를 유발시킨다.

11 다음 중 일반적인 재정관리의 과정을 순서대로 올바르게 나열한 것은?

> ㄱ. 심의·의결
> ㄴ. 예산편성
> ㄷ. 결산 및 회계감사
> ㄹ. 예산집행
> ㅁ. 결산보고서 심의 및 승인

① ㄱ - ㄴ - ㄷ - ㄹ - ㅁ
② ㄱ - ㄹ - ㄴ - ㅁ - ㄷ
③ ㄴ - ㄱ - ㄹ - ㄷ - ㅁ
④ ㄴ - ㄹ - ㄱ - ㅁ - ㄷ
⑤ ㄹ - ㄷ - ㄴ - ㄱ - ㅁ

[해설] 재정관리의 과정
예산편성 → 심의·의결 → 예산집행 → 결산 및 회계감사 → 결산보고서 심의 및 승인

15회 기출

12 예산통제의 원칙으로 옳지 않은 것은?

① 강제의 원칙
② 개별화의 원칙
③ 접근성의 원칙
④ 효율성의 원칙
⑤ 예외의 원칙

[해설] ① 강제의 원칙 : 재정통제체계는 강제성을 띠는 명시적 규정이 있어야 하며, 이를 통해 공평성과 활동에 공식성이 부여된다.
② 개별화의 원칙 : 재정통제체계는 개별기관 그 자체의 제약조건, 요구 및 기대사항에 맞게 고안되어야 한다.
④ 효율성의 원칙 : 예산통제는 시간과 비용이 많이 드는 경우가 있는데, 비용과 노력을 최소화하는 정도에서 이루어질 수 있어야 한다.
⑤ 예외의 원칙 : 예외적인 상황에 적용할 수 있는 예외적 규칙이 있어야 한다.

14회 기출

13 성과주의 예산에 관한 설명으로 옳지 않은 것은?

① 수행하는 업무에 중점을 둔다.

② 각 세부사업을 '단위원가 × 업무량 = 예산액'으로 표시하여 편성을 한다.

③ 간편하고 주로 점증식으로 평가된다.

④ 기관의 사업과 목표를 이해하는 데 도움을 준다.

⑤ 예산집행에 신축성을 부여한다.

〔해설〕③ 예산편성 모형 중 전년도의 예산을 근거로 일정한 금액만큼 증가시킨 이른바 '점증주의적 예산방식'을 취하는 것은 품목별(항목별) 예산(LIB)이다.

21회 기출

14 예산에 관한 설명으로 옳은 것은?

① 영기준 예산(Zero Based Budgeting)은 전년도 예산 내역을 반영하여 수립한다.

② 계획예산(Planning Programming Budgeting System)은 국가의 단기적 계획수립을 위한 장기적 예산편성 방식이다.

③ 영기준 예산(Zero Based Budgeting)은 비용-편익분석, 비용-효과분석을 거치지 않고 수립한다.

④ 성과주의 예산(Performance Budgeting)은 전년도 사업의 성과를 고려하지 않고 수립한다.

⑤ 품목별 예산(Line Item Budgeting)은 수입과 지출을 항목별로 명시하여 수립한다.

〔해설〕① 영기준 예산(ZBB)은 전년도 예산과 무관하게 매년 프로그램 우선순위에 따라 예산을 편성하는 방식이다.

② 계획예산 또는 기획예산(PPBS)은 장기적인 계획수립과 단기적인 예산편성을 프로그램 작성을 통해 유기적으로 결합시키는 방식이다.

③ 영기준 예산(ZBB)은 모든 사업을 막론하고 그 효율성(능률성), 효과성, 사업의 계속성, 축소 및 확대 여부 등을 새롭게 분석·검토한 후 사업의 우선순위를 결정한다.

④ 성과주의 예산(PB)은 각 기관이 예산사업의 성과 목표와 달성 방법을 제시하고, 예산 당국이 매년 성과 결과를 평가하여 다음 회계연도에 반영하는 방식이다.

11회 기출

15 예산집행의 결과에 대한 감사(Audit)의 유형으로, 다음에 해당하는 것은?

> • 재정감사에 가깝다.
> • 전형적인 품목예산 방식과 잘 맞는다.
> • 프로그램의 목표달성 여부나 효율성 문제를 다루기 어렵다.

① 복식부기 감사
② 운영감사(Operational Audit)
③ 발생주의 감사(Accrual Audit)
④ 성과감사
⑤ 규정순응 감사(Compliance Audit)

[해설] **규정준수 회계감사 또는 규정순응 감사(Compliance Audit)**
　• 업무의 효과성이나 경비지출의 효율성 등을 중시하기보다는 규칙 및 절차, 항목의 규정에 따른 예산집행이 적절히 이루어지고 있는지에 초점을 둔다.
　• 전형적인 품목별(항목별) 예산에서 요구하는 방식으로, 주어진 자금이 규정된 항목별로 올바르게 사용되고 있는지를 평가한다.

CHAPTER 05 기타 사회복지행정

19회 기출

01 비영리조직 마케팅에 관한 설명으로 옳은 것은?

① 영리추구의 목적으로만 마케팅을 추진한다.
② 비영리조직 간의 경쟁에 대한 대응은 필요 없다.
③ 공익사업과 수익사업의 적절한 운영을 위하여 필요하다.
④ 사회복지조직이 제공하는 비물질적인 서비스는 마케팅 대상이 아니다.
⑤ 비영리조직의 재정자립은 마케팅의 목표가 될 수 없다.

[해설] ③ 비영리조직은 고유목적사업으로서 공익사업과 목적사업에 부수적인 수익사업의 적절한 운영을 위해 마케팅 전략과 기법을 필요로 한다.

02 다음 중 사회복지마케팅의 특성에 대한 설명으로 옳은 것은?

① 표준화된 서비스로 대량생산할 수 있다.
② 대체로 목표 달성에 대한 측정이 가능하다.
③ 일반적으로 소비자들의 평가에 의해 지배되기 쉽다.
④ 서비스의 생산과 소비는 주로 분리된다.
⑤ 제공된 서비스를 반환하거나 되팔기 용이하다.

[해설] ① 사회복지마케팅에 의한 서비스는 소비자의 개별적인 욕구를 중시하므로 다양한 형태로 제공된다.
② 사회복지마케팅의 대상은 무형의 서비스로 이루어지는 경우가 많으므로, 목표 달성에 대한 측정이 어렵다.
④ 사회복지부문의 서비스는 생산과 소비가 동시에 일어난다.
⑤ 사회복지기관의 서비스는 소멸성을 가지고 있으며, 제공된 서비스를 반환하거나 되팔기 어렵다.

19회 기출

03 마케팅 믹스(Marketing Mix)의 4P에 해당하지 않는 것은?

① 제품(Product)
② 가격(Price)
③ 판매촉진(Promotion)
④ 입지(Place)
⑤ 성과(Performance)

[해설] **마케팅 믹스(Marketing Mix)**
• 상품 또는 제품(Product) : 상품(프로그램)의 차별화 전략
• 유통 또는 입지(Place) : 장소개발, 접근편리성 등의 전략
• 촉진 또는 판매촉진(Promotion) : 이벤트, 광고, 자원봉사자 활용 등의 전략
• 가격(Price) : 가격 및 후원금 개발 전략

04 다음 중 사회복지마케팅에서 시장을 세분화하는 정도가 가장 높은 것은?

① 세분화 마케팅
② 미시적 마케팅
③ 틈새시장 마케팅
④ 대량 마케팅
⑤ 표적시장 마케팅

[해설] **시장세분화 수준(Armstrong & Kotler)**

대량 마케팅 —— 세분화 마케팅 —— 틈새시장 마케팅 —— 미시적 마케팅

세분화 정도 낮음   세분화 정도 높음

20회 기출

05 다음에서 설명하는 마케팅 방법은?

> A초등학교의 학부모들이 사회복지사에게 본인들의 자녀와 연령대가 비슷한 아이들을 돕고 싶다고 이야기하였다.
> 이에 사회복지사들은 월 1회 아동문화체험 프로그램을 기획하여 이들을 후원자로 참여할 수 있도록 요청하였다.

① 사회 마케팅
② 공익연계 마케팅
③ 다이렉트 마케팅
④ 데이터베이스 마케팅
⑤ 고객관계관리 마케팅

[해설] 고객관계관리 마케팅(CRM ; Customer Relationship Management Marketing)
고객과 관련된 자료를 분석하여 고객 특성에 기초한 맞춤서비스를 지속적으로 제공함으로써 가치 있는 고객을 파악 · 획득 · 유지하는 방법이다.

14회 기출

06 정보관리시스템 구축의 영향에 해당하지 않는 것은?

① 대규모 개인정보 유출 위험 감소
② 사회복지전문가가 복잡한 의사결정을 쉽게 할 수 있도록 지원
③ 저장된 수천 개의 사례를 기반으로 한 이론의 발전
④ 서비스이용자의 실적을 월별, 분기별, 사업현황별로 정기적 점검이 가능
⑤ 필요한 정보를 통합 · 제공하여 업무 향상

[해설] ① 대규모 개인정보 유출의 위험성이 제기되고 있다.

07 다음 중 프로그램 목표설정의 SMART 원칙을 올바르게 연결한 것은?

① Specific – 구체적일 것
② Manageable – 조절 가능할 것
③ Adequate – 적합할 것
④ Reasonable – 합리적일 것
⑤ Timeless – 시간제한이 없을 것

〔 해설 〕 프로그램 목표설정의 원칙(SMART 원칙)
- 구체적일 것(Specific)
- 측정 가능할 것(Measurable)
- 달성 가능할 것(Attainable)
- 결과지향적일 것(Result-oriented)
- 시간제한적일 것(Time Bounded or Time-boundary)

16회 **기출**

08 사회복지 평가기준과 그 설명으로 옳지 않은 것은?

① 효과성은 목표 달성 정도를 의미한다.
② 영향성은 사회집단 간 얼마나 공평하게 배분되었는가를 의미한다.
③ 노력성은 프로그램을 위해 동원된 자원 정도를 의미한다.
④ 서비스 질은 이용자의 욕구 충족 수준과 전문가의 서비스 제공 여부 등을 의미한다.
⑤ 효율성은 투입 대비 산출을 의미한다.

〔 해설 〕 ② 공평성 또는 형평성(Equity) 기준에 해당한다. 반면, 영향성(Impact)은 프로그램 노력과 사회적 지표 변화 간의 관계와 연관된다.

17회 기출

09 논리모델을 적용하여 치매부모부양 가족원 스트레스 완화 프로그램을 설계했을 때, 옳은 것을 모두 고른 것은?

ㄱ. 투입 : 스트레스 완화 프로그램 실행 비용 1,500만 원
ㄴ. 활동 : 프로그램 참여자의 스트레스 완화
ㄷ. 산출 : 상담전문가 10인
ㄹ. 성과 : 치매부모부양 가족원 삶의 질 향상

---

① ㄱ
② ㄱ, ㄹ
③ ㄴ, ㄷ
④ ㄷ, ㄹ
⑤ ㄴ, ㄷ, ㄹ

〔해설〕 ㄴ. 성과(결과), ㄷ. 투입

20회 기출

10 현대조직운영 기법에 관한 설명으로 옳지 않은 것은?

① 리스트럭처링(Restructuring) : 중복사업을 통합하여 조직 경쟁력 확보
② 리엔지니어링(Re-engineering) : 업무시간을 간소화시켜 서비스 시간 단축
③ 벤치마킹(Benchmarking) : 특수분야에서 우수한 대상을 찾아 뛰어난 부분 모방
④ 아웃소싱(Outsourcing) : 계약을 통해 외부전문가에게 조직기능 일부 의뢰
⑤ 균형성과표(Balanced Score Card) : 공정한 직원채용을 위해서 만든 면접평가표

〔해설〕 ⑤ 균형성과표(BSC)는 고객 관점, 내부 프로세스 관점, 학습·혁신·성장 관점, 재무 관점 등 4가지 관점에서 조직의 성과를 종합적으로 관리하는 지표이다.

제8영역

사회복지법제론

제8영역

사회복지법제론

01 | 사회복지법제 총론

01절 법의 이해

1 법의 기초

(1) 법의 개념

① 법은 사회규범이다.
② 법은 문화규범이다.
③ 법은 상대적 규범인 동시에 절대적 규범이다.
④ 법은 행위규범이다.
⑤ 법은 강제성을 띤 규범이다.

(2) 법의 목적

① 정의(正義)로서 법적 정당성

법의 목적으로서 법적 정당성은 그 법이 정의의 관점에서 규정되고 실현될 때 달성된다.

② 합목적성으로서 공공복지

공공복지는 사회공동생활에서 모든 사회구성원의 이익이 조화될 때 가능하다. 법의 합목적성에 대한 판단은 이와 같은 공공복지와의 관계에 따라 달라진다.

③ 법적 안정성으로서 사회질서유지

법적 안정성은 법에 의해 사회구성원이 안심하고 사회생활을 할 수 있는 것을 의미한다. 법은 이와 같은 사회질서를 유지하기 위해 필요하다.

전문가의 한마디

사회규범은 당위(當爲)의 규범입니다. 당위규범인 법은 지켜야 할 것에 관한 것을 내용으로 합니다.

---

2 법원(法源)

(1) 성문법원(成文法源) 10회, 11회, 19회, 20회, 22회 기출

① 헌 법

　㉠ 국가와 국민 간의 권리와 의무에 관한 기본법이다.

　㉡ 국가의 최상위법으로서, 국가의 기본조직, 통치작용, 국민의 기본권 등을 규정한다.

　㉢ 헌법 규정은 사회복지 관련 하위법규의 존립근거인 동시에 재판의 규범으로서 효력을 가진다.

　㉣ 1919년 독일의 바이마르 공화국이 헌법 제151조에 생존권적 기본권에 관한 내용을 명시함으로써 사회복지법의 기본 근거가 되었다.

> **독일 바이마르 공화국 헌법 제151조**
> "경제생활의 질서는 모든 사람에게 인간다운 생존을 보장하기 위하여 정의의 원칙에 합치하지 않으면 안 된다. 이 한계 안에서 개인의 경제적 자유는 보장되어야 한다."

② 법 률 10회, 14회, 16회 기출

　㉠ 법률은 헌법의 하위에, 명령이나 규칙의 상위에 있는 규범이다.

　㉡ 국회의 의결을 거쳐 대통령이 서명 · 공포함으로써 성립한다.

　㉢ 국회의원과 정부는 법률안을 제출할 수 있다(헌법 제52조).

　㉣ 국회에서 의결된 법률안은 정부에 이송되어 15일 이내에 대통령이 공포한다(헌법 제53조 제1항).

　㉤ 대통령은 법률안의 일부에 대하여 또는 법률안을 수정하여 재의를 요구할 수 없다(헌법 제53조 제3항).

　㉥ 대통령이 15일 이내에 공포나 재의의 요구를 하지 아니한 때에도 그 법률안은 법률로서 확정된다(헌법 제53조 제5항).

　㉦ 법률은 특별한 규정이 없는 한 공포한 날로부터 20일을 경과함으로써 효력을 발생한다(헌법 제53조 제7항).

③ 명 령 19회 기출

　㉠ 국회의 의결을 거치지 않고 대통령 이하의 행정기관이 제정한 법규이다.

　㉡ 개별 법률의 시행령 및 시행규칙의 존재양식으로 표현되며, 대통령령, 총리령, 부령(장관령) 등이 포함된다.

　㉢ '시행령'은 대통령령으로 공포되는 것으로서, 법에서 위임된 사항을 비롯하여 그 시행에 관하여 필요한 사항을 정한 것이며, '부령'은 행정 각부의 장이 소관사무에 관하여 법률이나 대통령령의 위임 또는 직권으로 발하는 명령을 말한다.

전문가의 한마디

'법원(法源)'이란 법의 연원(Source of Law)을 의미하는 것으로, 법의 존재형식, 즉 법을 인식하는 수단 내지 자료를 말합니다.

전문가의 한마디

바이마르 공화국 헌법 제151조는 자유주의적 국가원리를 기초로 하고 있던 근대적 의미의 시민적 법치국가의 헌법원리 대신 새로운 복지주의적 사회국가의 헌법원리를 도입한다는 데 의의가 있습니다.

출제의도 체크

법률을 제정하기 위해서는 반드시 국회의 의결을 거쳐야 합니다.
▶ 10회 기출

② '대통령령'은 대통령이 발하는 명령으로서, 그 성질 및 효력에 따라 '법규명령'과 '행정명령(행정규칙)'으로 구분된다. '법규명령'은 국민의 권리와 의무에 관계되는 것으로서, 헌법이나 법률에서 구체적으로 범위를 정하여 위임받은 사항에 대해서만 효력을 발할 수 있다. 이에 반해 '행정명령'은 행정조직의 내부만을 규율하는 것으로서, 대통령이 직권의 범위 내에서 당연히 효력을 발할 수 있다.

⑩ '총리령'은 국무총리가 소관사무에 관하여 법률이나 대통령령의 위임 또는 직권으로 발하는 명령으로서, 법률이나 대통령령의 위임에 의해 발하는 명령을 '위임명령'이라고 하며, 직권으로 발하는 명령을 '집행명령(시행명령)'이라고 한다. 다만, '집행명령'의 경우 법규사항을 규정할 수 없으며, 단지 대통령령의 집행을 위한 시행세칙만을 규정할 수 있다.

⑭ '부령'은 행정 각부의 장이 소관사무에 관하여 법률이나 대통령령의 위임 또는 직권으로 발하는 명령으로서, 총리령과 마찬가지로 법률이나 대통령령의 위임에 의해 발하는 명령을 '위임명령'이라고 하며, 직권으로 발하는 명령을 '집행명령(시행명령)'이라고 한다. 이러한 부령은 법률이나 대통령령에 위배되는 내용을 규정할 수 없다.

④ **자치법규**   13회, 14회, 16회, 17회, 19회, 21회 `기출`

㉠ '자치법규'는 지방자치단체가 법령의 범위 안에서 자기의 사무에 관하여 또는 주민의 권리와 의무에 관하여 제정한 자치에 관한 법규를 말하는 것으로서, 조례와 규칙이 포함된다.

㉡ 헌법 제117조 제1항에는 "지방자치단체는 주민의 복리에 관한 사무를 처리하고 재산을 관리하며, 법령의 범위 안에서 자치에 관한 규정을 제정할 수 있다"고 명시되어 있다.

㉢ '조례'는 법률이나 명령보다 하위의 법규범으로서, 지방자치단체가 법령의 범위 안에서 그 권한에 속하는 사무에 관하여 지방의회의 의결을 거쳐 정립하는 법형식이다.

㉣ 지방자치단체는 법령의 범위에서 그 사무에 관하여 조례를 제정할 수 있다. 다만, 주민의 권리 제한 또는 의무 부과에 관한 사항이나 벌칙을 정할 때에는 법률의 위임이 있어야 한다(지방자치법 제28조 제1항).

㉤ '규칙'은 지방자치단체의 장이 법령이나 조례가 위임한 범위 안에서 그 권한에 속하는 사무에 관하여 제정하는 규범이다.

㉥ 시·군 및 자치구의 조례나 규칙은 시·도의 조례나 규칙을 위반해서는 아니 된다(동법 제30조).

㉦ 자치법규는 원칙적으로 해당 지방자치단체 영역 안에서만 효력을 가진다.

바로암기 ○×

국무총리는 소관사무에 관하여 법률의 위임 또는 직권으로 '부령'을 발할 수 있다?

( )

해설

'부령'이 아닌 '총리령'을 발할 수 있다.

정답 ×

출제의도 체크

법령에 위반한 조례는 효력이 없습니다.

▶ 13회 기출

전문가의 한마디

조례, 규칙 등의 자치법규는 지역제한적인 특성을 가지고 있습니다.

⑤ 국제조약 및 국제법규

㉠ '국제조약'은 국제법 주체 간에 국제적 권리의무의 발생 및 국제법률 관계의 설정을 위해 문서로써 명시적으로 합의한 것이다.

㉡ 국제조약은 국가 간의 조약은 물론 협정, 협약, 의정서, 헌장 등을 포함한다.

㉢ '국제법규'는 우리나라가 당사국이 아닌 조약으로, 국제사회에 의해 그 규범성이 인정된 것과 국제관습법을 포괄한다.

㉣ 헌법 제6조 제1항에는 "헌법에 의하여 체결·공포된 조약과 일반적으로 승인된 국제법규는 국내법과 같은 효력을 가진다"고 명시되어 있다.

심화연구실

조례로 정하도록 위임된 사항 9회 기출

• 사회보장급여의 이용·제공 및 수급권자 발굴에 관한 법률에서 정한 사항 외에 지역사회보장협의체 및 실무협의체의 조직·운영에 필요한 사항은 보건복지부령으로 정하는 바에 따라 해당 시·군·구의 조례로 정한다(사회보장급여의 이용·제공 및 수급권자 발굴에 관한 법률 제41조 제6항).

• 읍·면·동 단위 지역사회보장협의체의 조직·운영에 필요한 사항은 보건복지부령으로 정하는 바에 따라 해당 특별자치시 및 시·군·구의 조례로 정한다(동법 제41조 제8항).

• 사회보장사무 전담기구의 사무 범위, 조직 및 운영 등에 필요한 사항은 해당 특별자치시 및 시·군·구의 조례로 정한다(동법 제42조 제3항).

• 의료급여법에서 정한 사항 외에 의료급여기금의 관리·운용에 관하여 필요한 사항은 보건복지부령으로 정하는 바에 따라 해당 지방자치단체의 조례로 정한다(의료급여법 제26조 제4항).

• 기초연금의 지급에 드는 비용 중 국가가 부담하는 비용을 뺀 비용은 특별시·광역시·특별자치시·도·특별자치도와 시·군·구가 상호 분담한다. 이 경우, 그 부담비율은 노인인구 비율 및 재정여건 등을 고려하여 보건복지부장관과 협의하여 시·도의 조례 및 시·군·구의 조례로 정한다(기초연금법 제25조 제2항).

• 아동복지전담공무원은 사회복지사업법에 따른 사회복지사의 자격을 가진 사람으로 하고 그 임용 등에 필요한 사항은 해당 시·도 및 시·군·구의 조례로 정한다(아동복지법 제13조 제2항).

• 아동복지법에서 정한 사항 외에 아동위원에 관한 사항은 해당 시·군·구의 조례로 정한다(아동복지법 제14조 제5항).

(2) 불문법원(不文法源)

① 관습법

㉠ 사회인의 사실상 관행이 계속적이고 일반적으로 행해짐에 따라 법으로서의 효력을 가지는 불문법이다.

㉡ 우리나라는 관습법의 법원성을 인정하고 있다. 다만, 민법 제1조 "민사에 관하여 법률에 규정이 없으면 관습법에 의하고 관습법이 없으면 조리에 의한다"의 규정에서와 같이 그 보충적인 효력만 인정하고 있다.

② 판례법

㉠ 법원이 내리는 판결로서 대법원의 판례에 의해 형성된다.

㉡ 영미법계에서는 판례를 중요한 법원으로 인정하고 있는 반면, 우리나라를 포함한 대륙법계에서는 아직 판례의 법원성이 부정되고 있다.

③ 조 리

㉠ 사물의 도리, 합리성, 본질적 법칙을 의미한다.

㉡ 조리는 민법 제1조와 판례 및 다수설을 통해 보충적 규범으로서 법원성을 인정받고 있다.

3 법의 분류방법 13회 기출

(1) 상위법과 하위법 – 법의 수직적 체계

① 우리나라 법체계는 헌법, 법률, 시행령, 시행규칙, 자치법규의 순서로 법제정 형식에 따른 위계를 가지고 있다.

② 예를 들어, 헌법은 국가의 기본법으로서 다른 법들의 상위법이므로, 헌법의 규정을 위반한 하위의 법률은 위헌법률이 되며, 그 효력은 상실된다.

(2) 강행법과 임의법 – 법률 또는 법조문 적용상의 강제성 유무

① 강행법은 법률행위 당사자의 의사에 관계없이 적용되는 법인 반면, 임의법은 법률행위 당사자의 의사에 따라 적용이 배제될 수 있는 법을 말한다.

② 일반적으로 형법, 행정법 등의 공법은 강행법에 해당하는 반면, 민법, 상법 등의 사법은 임의법에 해당한다. 다만, 사회복지법 등의 사회법은 그 성격에 따라 구별된다.

(3) 일반법과 특별법 – 법 적용 및 효력의 범위

① 일반법은 법 적용 및 효력의 범위가 넓은 법인 반면, 특별법은 보다 제한된 영역에서 적용되는 법을 말한다.

② 일반법과 특별법의 구분의 실익은 "특별법은 일반법에 우선한다"는 원칙에 따라 우선적으로 특별법을 적용하며, 그 보충으로 일반법을 적용한다.

(4) 신법과 구법 – 법의 제정 시기

① 신법은 새로 제정된 법인 반면, 구법은 신법에 의해 폐지되는 법을 말한다.

② 신법의 시행시기와 구법의 종료시기가 상호 불일치할 수 있으므로, 이를 위해 신법에 경과규정 혹은 부칙을 둔다.

전문가의 한마디

사회복지법은 사회법의 영역에 속하는 것으로, 강행법규이자 임의법규로서의 성격을 동시에 가집니다.

심화연구실

법 적용의 우선순위 13회 기출

• 일반법과 특별법이 충돌할 때에는 특별법 우선의 원칙에 따라 특별법이 일반법에 우선 적용된다.
• 신법과 구법이 충돌할 때에는 신법 우선의 원칙에 따라 신법이 우선 적용되는데, 이 경우 충돌된 법이 동등 효력을 가진 경우에만 해당되며, 상위법이나 특별법 관계일 때에는 적용되지 않는다.
• 즉, '신법인 특별법 > 구법인 특별법 > 신법인 일반법 > 구법인 일반법' 순으로 적용된다.

출제의도 체크

'구법인 특별법'과 '신법인 일반법' 간에 충돌이 있는 경우에는 '구법인 특별법'이 우선 적용됩니다.

▶ 13회 기출

02절 사회복지법의 이해

1 사회복지법의 기초

(1) 사회법의 등장배경 15회 기출

① 자본주의 사회는 근대시민법의 원리를 법적 기반으로 하여 출발하였으나 상대적 빈곤과 실질적 불평등의 심화로 존립의 위기에 처하게 되었다.

② 사회법은 근대시민법의 원리를 수정한 것으로서, 자본주의 경제의 기본적인 틀은 유지하되 실질적 자유와 평등을 도모하는 한편, 자본주의 경제를 지속적으로 유지·발전시키고자 하는 시도에서 비롯되었다.

③ 근대시민법 원리의 수정은 노동법, 경제법, 사회보장법, 그리고 사회복지법의 순서로 발전이 이루어졌다.

근대시민법 원리의 수정

근대시민법의 원리		수정 원리
소유권 절대의 원칙	⇒	소유권 상대의 원칙
계약 자유의 원칙		계약 공정의 원칙
과실 책임의 원칙		무과실 책임의 원칙

출제의도 체크

사회복지법은 사회법으로서 '과실 책임의 원칙'이 아닌 '무과실 책임의 원칙'에 기초하고 있습니다.

▶ 15회 기출

(2) 사회복지법의 법적 성격 13회 기출

① 사회복지법은 사회복지에 관한 법이다.

사회복지법은 사회복지의 조직과 작용으로서 급여 및 재정에 관한 법이자 권리구제에 관한 법이다.

② 사회복지법은 사회법이다.

사회복지법은 생존권 보장을 이념으로 하는 사회법으로서, 시민의 자유권 보장을 기본으로 하는 공법이나 사법의 영역과 다른 성격을 지닌다.

③ 사회복지법은 사회복지에 관한 국내법이다.

사회복지법은 대한민국의 통일적 법체계 속에서 사회복지 현상을 다루는 국내 법규범의 총체이다.

2 사회복지법의 분류 및 현황

(1) 사회복지법의 일반적인 분류

① 사회보장법

사회복지법의 기본 법률로서의 성격을 가지는 것으로, 우리나라의 「사회보장기본법」이 이를 포괄적으로 다루고 있다. 사회보장에 관한 국민의 권리와 국가 및 지방자치단체의 책임을 정하고, 사회보장정책의 수립·추진과 관련 제도에 관한 기본적인 사항들을 규정한다.

② 사회보험법

국가와 사회가 책임을 지고 위험분산의 보험원리를 이용하여 국민의 생활을 위협하는 노령, 사망, 질병, 실업, 산업재해 등의 문제를 해결하거나 경제적 불안으로부터 국민 개개인을 제도적으로 보호하는 것을 목적으로 한다.

③ 공공부조법

국가가 규정한 일정 수준 이하의 경제적 빈곤층 혹은 요보호 상태에 있는 사람들에 대해 건강하고 문화적인 최저한도의 기초생활을 유지할 수 있도록 현금급여, 현물급여 혹은 이용권(증서)을 제공하기 위한 것이다.

④ 사회서비스법

국가, 지방자치단체 및 민간부문의 도움이 필요한 모든 국민을 대상으로 상담, 재활, 돌봄, 정보의 제공, 관련 시설의 이용, 역량 개발, 사회참여 지원 등을 통한 삶의 질 향상을 목적으로 한다.

우리나라의 주요 사회복지법

사회보험법	국민연금법, 국민건강보험법, 고용보험법, 산업재해보상보험법, 노인장기요양보험법, 군인연금법, 공무원연금법, 사립학교교직원연금법 등
공공부조법	국민기초생활보장법, 의료급여법, 기초연금법, 긴급복지지원법, 장애인연금법 등

바로암기 ○×

국민연금법은 공공부조법 영역에 속한다?

( )

해설
사회보험법 영역에 속한다.

정답 ×

사회서비스법	노인복지법, 아동복지법, 영유아보육법, 장애인복지법, 한부모가족지원법, 다문화가족지원법, 입양특례법, 정신건강증진 및 정신질환자 복지서비스 지원에 관한 법률, 성매매방지 및 피해자보호 등에 관한 법률, 성폭력방지 및 피해자보호 등에 관한 법률, 가정폭력방지 및 피해자보호 등에 관한 법률, 농어촌주민의 보건복지 증진을 위한 특별법, 노숙인 등의 복지 및 자립지원에 관한 법률, 장애인활동 지원에 관한 법률, 장애아동 복지지원법, 노인 일자리 및 사회활동 지원에 관한 법률 등

(2) 우리나라의 사회복지 관련 주요 입법 역사   10회, 13회, 14회, 16회, 17회, 18회, 19회, 20회, 21회, 22회 기출

시 기	사회복지 관련법	제정(개정)	시 행
1960 년대	공무원연금법	1960. 1. 1.(제정)	1960. 1. 1.
	생활보호법	1961. 12. 30.(제정)	1962. 1. 1.
	아동복리법	1961. 12. 30.(제정)	1962. 1. 1.
	재해구호법	1962. 3. 20.(제정)	1962. 3. 20.
	군인연금법	1963. 1. 28.(제정)	1963. 1. 1.
	산업재해보상보험법	1963. 11. 5.(제정)	1964. 1. 1.
	의료보험법	1963. 12. 16.(제정)	1964. 3. 17.
1970 년대	사회복지사업법	1970. 1. 1.(제정)	1970. 4. 2.
	의료보호법	1977. 12. 31.(제정)	1977. 12. 31.
	공무원 및 사립학교교직원 의료보험법	1977. 12. 31.(제정)	1978. 7. 1.
1980 년대	아동복지법	1981. 4. 13.(전부개정)	1981. 4. 13.
	심신장애자복지법	1981. 6. 5.(제정)	1981. 6. 5.
	노인복지법	1981. 6. 5.(제정)	1981. 6. 5.
	국민연금법	1986. 12. 31.(전부개정)	1988. 1. 1.
	최저임금법	1986. 12. 31.(제정)	1986. 12. 31.
	보호관찰법	1988. 12. 31.(제정)	1989. 7. 1.
	모자복지법	1989. 4. 1.(제정)	1989. 7. 1.
	장애인복지법	1989. 12. 30.(전부개정)	1989. 12. 30.

출제의도 체크

'재해구호법'과 '산업재해보상보험법'은 1960년대에 제정된 사회복지 관련법입니다.

▶ 10회 기출

출제의도 체크

우리나라 4대 사회보험법은 '산업재해보상보험법(1963년) → 국민연금법(1986년) → 고용보험법(1993년) → 국민건강보험법(1999년)' 순으로 제정되었습니다.

▶ 17회 기출

출제의도 체크

'고용보험법'과 '사회복지공동모금회법'은 1990년대에 제정된 법률입니다.

▶ 19회 기출

바로암기 ○×

'노인장기요양보험법'은 '고용보험법'이나 '산업재해보상보험법'보다 제정연도가 최근이다?

( )

정답 ○

	장애인고용촉진 등에 관한 법률	1990. 1. 13.(제정)	1991. 1. 1.
	영유아보육법	1991. 1. 14.(제정)	1991. 1. 14.
	청소년기본법	1991. 12. 31.(제정)	1993. 1. 1.
	고용보험법	1993. 12. 27.(제정)	1995. 7. 1.
1990년대	사회보장기본법	1995. 12. 30.(제정)	1996. 7. 1.
	청소년보호법	1997. 3. 7.(제정)	1997. 7. 1.
	가정폭력방지 및 피해자보호 등에 관한 법률	1997. 12. 31.(제정)	1998. 7. 1.
	국민건강보험법	1999. 2. 8.(제정)	2000. 1. 1.
	사회복지공동모금회법	1999. 3. 31.(전부개정)	1999. 4. 1.
	국민기초생활보장법	1999. 9. 7.(제정)	2000. 10. 1.
	장애인고용촉진 및 직업재활법	2000. 1. 12.(전부개정)	2000. 7. 1.
	의료급여법	2001. 5. 24.(전부개정)	2001. 10. 1.
	건강가정기본법	2004. 2. 9.(제정)	2005. 1. 1.
	저출산·고령사회기본법	2005. 5. 18.(제정)	2005. 9. 1.
	자원봉사활동기본법	2005. 8. 4.(제정)	2006. 2. 5.
2000년대	긴급복지지원법	2005. 12. 23.(제정)	2006. 3. 24.
	장애인차별금지 및 권리구제 등에 관한 법률	2007. 4. 10.(제정)	2008. 4. 11.
	노인장기요양보험법	2007. 4. 27.(제정)	2008. 7. 1.
	한부모가족지원법	2007. 10. 17.(일부개정)	2008. 1. 18.
	다문화가족지원법	2008. 3. 21.(제정)	2008. 9. 22.
	국민연금과 직역연금의 연계에 관한 법률	2009. 2. 6.(제정)	2009. 8. 7.
	장애인연금법	2010. 4. 12.(제정)	2010. 7. 1.
	성폭력방지 및 피해자보호 등에 관한 법률	2010. 4. 15.(제정)	2011. 1. 1.
	장애인활동 지원에 관한 법률	2011. 1. 4.(제정)	2011. 10. 5.
	노숙인 등의 복지 및 자립지원에 관한 법률	2011. 6. 7.(제정)	2012. 6. 8.
	장애아동 복지지원법	2011. 8. 4.(제정)	2012. 8. 5.
2010년대	기초연금법	2014. 5. 20.(제정)	2014. 7. 1.
	사회보장급여의 이용·제공 및 수급권자 발굴에 관한 법률	2014. 12. 30.(제정)	2015. 7. 1.
	정신건강증진 및 정신질환자 복지서비스 지원에 관한 법률	2016. 5. 29.(전부개정)	2017. 5. 30.
	아동수당법	2018. 3. 27.(제정)	2018. 9. 1.
2020년대	사회서비스 지원 및 사회서비스원 설립·운영에 관한 법률	2021. 9. 24.(제정)	2022. 3. 25.
	노인 일자리 및 사회활동 지원에 관한 법률	2023. 10. 31.(제정)	2024. 11. 1.

03절 사회복지의 권리성

1 기본권

(1) 개 념

① 기본권은 국민이 향유하는 기본적인 권리로서, 헌법에 의해 보장되는 권리를 말한다.

② 국가의 기본질서를 구성하는 요소로서 사회적 통합을 위한 생활양식이자, 법질서의 바탕이 되는 가치체계로서 국가권력 정당성의 원천이다.

③ 기본권은 크게 자유권적 기본권과 사회권적 기본권(생존권적 기본권)으로 대별된다.

(2) 사회권적 기본권으로서 생존권　6회, 13회, 17회 기출

① 생존권은 헌법상 보장된 기본권으로서, 사회복지의 권리이자 사회복지법의 이념이다.

② 국민이 자신의 최저생활유지를 위해 필요한 조건을 국가로 하여금 확보해 주도록 요구할 수 있는 권리를 말한다.

③ 생존권은 사회권적 기본권의 일부이다. 특히 헌법상 사회권적 기본권에 해당하는 교육권, 근로권, 근로3권, 복지권, 환경권, 혼인·가족생활·모성보호·보건권 등은 생존권적 기본권의 보다 완전한 보장을 위한 보완적 권리로 이해할 수 있다.

2 기본권의 규정

(1) 우리나라 헌법상 기본권에 관한 규정　15회 기출

① 헌법 제10조 - 행복추구권　22회 기출

국민의 인간으로서의 행복을 추구할 권리, 국가의 개인에 대한 기본적 인권 보장에의 의무

② 헌법 제31조 - 교육권

국민의 능력에 따라 균등하게 교육을 받을 권리, 초등교육 등에 대한 무상 의무교육, 교육의 자주성·전문성·정치적 중립성 및 대학의 자율성 보장, 평생교육의 진흥

③ 헌법 제32조 - 근로권

국민의 근로에 대한 권리 및 의무, 최저임금제 시행, 근로조건의 인간 존엄성 보장, 근로에 있어서 여성 및 연소자에 대한 특별한 보호, 국가유공자 및 유가족 등에 대한 우선적 근로의 기회 부여

④ 헌법 제33조 - 근로3권

근로자의 근로3권 보장(자주적 단결권, 단체교섭권, 단체행동권)

출제의도 체크

"모든 국민은 신체의 자유를 가진다"는 헌법 제12조 제1항의 규정은 자유권적 기본권에 해당합니다.

▶ 17회 기출

전문가의 한마디

사회권적 기본권은 빈부격차, 계급 간 대립의 격화 등 자유권적 기본권의 한계에서 비롯되었습니다.

출제의도 체크

모든 국민은 인간으로서의 존엄과 가치를 가지며, '행복'을 추구할 권리를 가집니다(헌법 제10조).

▶ 22회 기출

출제의도 체크

공무원인 근로자는 법률이 정하는 자에 한하여 단결권·단체교섭권 및 단체행동권을 가집니다(헌법 제33조 제2항).

▶ 20회 기출

⑤ 헌법 제34조 – 복지권(협의)

모든 국민의 인간다운 생활을 할 권리, 국가의 사회보장 · 사회복지의 증진을 위한
노력, 여성 · 노인 · 청소년의 복지와 권익 향상을 위한 노력, 신체장애자 및 생계곤
란자에 대한 보호, 재해 예방 및 국민의 위험으로부터의 보호

⑥ 헌법 제35조 – 환경권

국민의 건강하고 쾌적한 환경에서 생활할 권리, 국가와 국민의 환경보전을 위한 노
력, 국민의 쾌적한 주거생활을 위한 국가의 노력

⑦ 헌법 제36조 – 혼인 · 가족생활 · 모성보호 · 보건권

혼인과 가족생활이 개인의 존엄과 양성의 평등에 기초하여 성립 · 유지되도록 하기
위한 국가의 노력, 모성보호와 보건에 대한 노력

(2) 생존권 및 협의의 복지권에 관한 규정(헌법 제34조) 6회, 9회, 14회, 17회, 18회, 21회 **기출**

① 제1항 : 모든 국민은 인간다운 생활을 할 권리를 가진다.

② 제2항 : 국가는 사회보장 · 사회복지의 증진에 노력할 의무를 진다.

③ 제3항 : 국가는 여자의 복지와 권익의 향상을 위하여 노력하여야 한다.

④ 제4항 : 국가는 노인과 청소년의 복지향상을 위한 정책을 실시할 의무를 진다.

⑤ 제5항 : 신체장애자 및 질병 · 노령 기타의 사유로 생활능력이 없는 국민은 법률이
정하는 바에 의하여 국가의 보호를 받는다.

⑥ 제6항 : 국가는 재해를 예방하고 그 위험으로부터 국민을 보호하기 위하여 노력하
여야 한다.

3 사회권적 기본권의 구조와 실제

(1) 사회권적 기본권의 규범적 구조 6회 기출

실체적 권리	모든 국민의 인간다운 생활 유지를 보장하기 위한 헌법상 권리를 구체화하는 법이 제정되었을 때, 국민이 그 법에 따라 현실적인 급여를 청구할 수 있는 권리이다. 예 사회보험청구권, 공공부조청구권, 사회서비스청구권 등
절차적 권리	수급권의 실체적 권리를 보장하고, 이를 실현하기 위해 필요한 의무를 구체적으로 이행 및 강제하도록 하기 위한 절차에 관한 권리이다. 예 사회복지행정참여권, 사회복지입법청구권, 사회복지급여쟁송권 등
수속적 권리	사회복지급여를 받기 위한 일련의 절차들이 본래의 수급권 보장 목적에 따라 적절하게 진행되어야 할 것을 요구하는 권리이다. 예 홍보 및 정보 제공 요구권, 상담 및 조언 제공 요구권, 사회복지기관 이용 요구권, 그 밖의 권리실현의 적절한 진행을 요구할 수 있는 권리 등

(2) 사회권적 기본권에 관한 판례   13회, 15회, 17회 `기출`

① 국민연금제도는 상호부조의 원리에 입각한 사회연대성에 기초하여 고소득계층에서 저소득층으로, 근로세대에서 노년세대로, 현재 세대에서 다음 세대로 국민 간에 소득재분배의 기능을 함으로써 사회적 시장경제질서에 부합하는 제도라 할 것이므로, 헌법상의 시장경제질서에 위배되지 않는다(헌재 99헌마365).

② 국민연금의 가입대상을 경제활동이 가능한 18세 이상 60세 미만의 국민으로 제한한 것은 헌법상의 행복추구권, 평등권, 인간다운 생활을 할 권리를 박탈한 것으로 볼 수 없다(헌재 2000헌마390).

③ 국민연금법상 연금보험료의 강제징수는 재산권행사의 사회적 의무성의 한계 내에 있다고 볼 수 있으므로, 조세법률주의나 재산권보장에 위배되지 않는다(헌재 99헌마365).

④ 국민건강보험법에서 보험료 체납 등으로 인한 보험급여의 제한규정은 그 자체로 직접 자유의 제한, 의무의 부과 또는 권리나 법적 지위의 박탈을 초래하는 것이 아니며, 국민건강보험공단의 보험급여 거부처분이라는 집행행위를 통하여 비로소 기본권에 대한 직접적 현실적 침해가 있게 되므로 기본권 침해의 직접성이 없다(헌재 2000헌마668).

⑤ 헌법 제34조 제5항의 신체장애자 등에 대한 국가의 보호 의무는 장애인도 인간다운 생활을 누릴 수 있는 정의로운 사회질서를 형성해야 할 국가의 일반적인 의무를 뜻하는 것이지, 장애인을 위하여 저상버스를 도입해야 한다는 구체적 내용의 의무가 헌법으로부터 나오는 것은 아니다(헌재 2002헌마52).

⑥ 국민기초생활보장법령상 수급자 등의 금융자산을 확인할 수 있는 자료의 제출요구는 급여대상자의 소득과 재산을 정확히 파악하여 급여가 정말 필요한 사람들에게 제대로 지급되도록 하기 위한 불가피한 조치이므로 그 차별의 합리성이 인정되므로 급여신청자의 평등권을 침해하지 않는다(헌재 2005헌마112).

⑦ 국민건강보험법령상 내국인은 보험료가 6회 이상 체납된 경우 보험혜택의 중단 여부를 국민건강보험공단의 결정에 맡기고 있는 반면, 외국인 지역가입자의 경우 1번만 보험료를 내지 않더라도 그 다음 달부터는 보험혜택을 받지 못하도록 한 보험혜택제한 조항은 합리적인 이유 없이 외국인인 청구인들을 내국인과 달리 취급한 것이므로, 청구인들의 평등권을 침해한다(2019헌마1165).

02 | 사회보장 및 사회복지사업에 관한 법률

KEY POINT

- '사회보장 및 사회복지사업에 관한 법률' 영역에서는 사회보장기본법, 사회복지사업법, 그리고 사회보장급여의 이용·제공 및 수급권자 발굴에 관한 법률의 기본적인 내용에 대해 소개한다.
- 사회보장기본법에서는 사회보장제도의 운영원칙, 사회보장 비용의 부담 방식, 사회보장수급권의 전반적인 내용에 대해 명확히 이해하여야 한다.
- 사회복지사업법은 사회복지법제론에서 가장 중요하게 다루어져 왔으나 그 중요 내용이「사회보장급여의 이용·제공 및 수급권자 발굴에 관한 법률」에 일부 이관되었다.
- 사회복지사업법에서는 사회복지사, 사회복지법인, 사회복지시설에 대한 내용이 매해 출제되고 있으므로, 이와 관련된 내용을 반드시 기억해 두어야 한다.
- 사회보장급여의 이용·제공 및 수급권자 발굴에 관한 법률에서는 기존 사회복지사업법으로부터 이관된 지역사회보장계획, 지역사회보장협의체, 시·도 사회보장위원회, 사회보장사무 전담기구, 사회복지전담공무원 등의 내용을 반드시 숙지하여야 한다.

> **참고**
>
> 본 교재에서는 지면관계상 법령의 모든 조항 및 조문 내용들을 담고 있지 않습니다. 해당 법령의 전문은 법제처(www.law.go.kr) 등을 통해 확인하실 수 있습니다.

01절 사회보장기본법

1 개 요

(1) 목적 및 이념

① 목적(법 제1조)

사회보장에 관한 국민의 권리와 국가 및 지방자치단체의 책임을 정하고 사회보장정책의 수립·추진과 관련 제도에 관한 기본적인 사항을 규정함으로써 국민의 복지증진에 이바지한다.

② 기본 이념(법 제2조)

사회보장은 모든 국민이 다양한 사회적 위험으로부터 벗어나 행복하고 인간다운 생활을 향유할 수 있도록 자립을 지원하며, 사회참여·자아실현에 필요한 제도와 여건을 조성하여 사회통합과 행복한 복지사회를 실현하는 것을 기본 이념으로 한다.

전문가의 한마디

사회보장에 관한 다른 법률을 제정하거나 개정하는 경우「사회보장기본법」에 부합되도록 하고 있습니다(법 제4조).

(2) 정의(법 제3조) 11회, 12회, 19회, 20회 기출

① **사회보장**

출산, 양육, 실업, 노령, 장애, 질병, 빈곤 및 사망 등의 사회적 위험으로부터 모든 국민을 보호하고 국민 삶의 질을 향상시키는 데 필요한 소득·서비스를 보장하는 사회보험, 공공부조, 사회서비스를 말한다.

② **사회보험**

국민에게 발생하는 사회적 위험을 보험의 방식으로 대처함으로써 국민의 건강과 소득을 보장하는 제도를 말한다.

③ **공공부조**

국가와 지방자치단체의 책임 하에 생활 유지 능력이 없거나 생활이 어려운 국민의 최저생활을 보장하고 자립을 지원하는 제도를 말한다.

④ **사회서비스** 16회, 22회 기출

국가·지방자치단체 및 민간부문의 도움이 필요한 모든 국민에게 복지, 보건의료, 교육, 고용, 주거, 문화, 환경 등의 분야에서 인간다운 생활을 보장하고 상담, 재활, 돌봄, 정보의 제공, 관련 시설의 이용, 역량 개발, 사회참여 지원 등을 통하여 국민의 삶의 질이 향상되도록 지원하는 제도를 말한다.

⑤ **평생사회안전망** 14회 기출

생애주기에 걸쳐 보편적으로 충족되어야 하는 기본욕구와 특정한 사회위험에 의하여 발생하는 특수욕구를 동시에 고려하여 소득·서비스를 보장하는 맞춤형 사회보장제도를 말한다.

⑥ **사회보장 행정데이터**

국가, 지방자치단체, 공공기관 및 법인이 법령에 따라 생성 또는 취득하여 관리하고 있는 자료 또는 정보로서 사회보장 정책 수행에 필요한 자료 또는 정보를 말한다.

(3) 사회보장의 주체와 객체

① **국가와 지방자치단체의 책임(법 제5조)** 14회, 20회 기출

㉠ 국가와 지방자치단체는 모든 국민의 인간다운 생활을 유지·증진하는 책임을 가진다.

㉡ 국가와 지방자치단체는 사회보장에 관한 책임과 역할을 합리적으로 분담하여야 한다.

㉢ 국가와 지방자치단체는 국가 발전수준에 부응하고 사회환경의 변화에 선제적으로 대응하며 지속가능한 사회보장제도를 확립하고 매년 이에 필요한 재원을 조달하여야 한다.

바로암기 ○✕

사회보장기본법상 사회보장은 '사회보험', '공공부조', '사회복지서비스'를 말한다?

( )

해설

'사회복지서비스'가 아닌 '사회서비스'가 옳다.

정답 ✕

출제의도 체크

최저임금제는 「사회보장기본법」에 근거한 사회보장제도에 해당하지 않습니다. 최저임금제는 헌법에 근거한 제도로, 「최저임금법」이라는 별도의 법률에 의해 규정되고 있습니다.

▶ 20회 기출

ⓔ 국가는 사회보장제도의 안정적인 운영을 위하여 중장기 사회보장 재정추계를 격년으로 실시하고 이를 공표하여야 한다.

② **국가 등과 가정(법 제6조)** 16회 기출

　　㉠ 국가와 지방자치단체는 가정이 건전하게 유지되고 그 기능이 향상되도록 노력하여야 한다.

　　㉡ 국가와 지방자치단체는 사회보장제도를 시행할 때에 가정과 지역공동체의 자발적인 복지활동을 촉진하여야 한다.

③ **국민의 책임(법 제7조 제1항)**

　　모든 국민은 자신의 능력을 최대한 발휘하여 자립·자활할 수 있도록 노력하여야 한다.

④ **외국인에 대한 적용(법 제8조)** 5회, 6회, 16회 기출

　　국내에 거주하는 외국인에게 사회보장제도를 적용할 때에는 상호주의의 원칙에 따르되, 관계 법령에서 정하는 바에 따른다.

출제의도 체크

사회보장기본법은 국내에 거주하는 외국인에게 사회보장제도를 적용할 때에 '평등주의의 원칙'이 아닌 '상호주의의 원칙'을 따를 것을 명시하고 있습니다.

▶ 16회 기출

2　주요 내용

(1) 사회보장정책의 기본방향(법 제22조 내지 제24조)

① **평생사회안전망의 구축·운영**

　　국가와 지방자치단체는 모든 국민이 생애 동안 삶의 질을 유지·증진할 수 있도록 평생사회안전망을 구축하여야 한다.

② **사회서비스 보장**

　　국가와 지방자치단체는 모든 국민의 인간다운 생활과 자립, 사회참여, 자아실현 등을 지원하여 삶의 질이 향상될 수 있도록 사회서비스에 관한 시책을 마련하여야 한다.

③ **소득 보장**

　　국가와 지방자치단체는 다양한 사회적 위험 하에서도 모든 국민들이 인간다운 생활을 할 수 있도록 소득을 보장하는 제도를 마련하여야 한다.

(2) 사회보장제도의 운영원칙(법 제25조) 6회, 11회, 14회, 15회, 17회, 20회, 21회 기출

① 국가와 지방자치단체가 사회보장제도를 운영할 때에는 이 제도를 필요로 하는 모든 국민에게 적용하여야 한다.

② 국가와 지방자치단체는 사회보장제도의 급여 수준과 비용 부담 등에서 형평성을 유지하여야 한다.

③ 국가와 지방자치단체는 사회보장제도의 정책 결정 및 시행 과정에 공익의 대표자 및 이해관계인 등을 참여시켜 이를 민주적으로 결정하고 시행하여야 한다.

④ 국가와 지방자치단체가 사회보장제도를 운영할 때에는 국민의 다양한 복지 욕구를 효율적으로 충족시키기 위하여 연계성과 전문성을 높여야 한다.

⑤ 사회보험은 국가의 책임으로 시행하고, 공공부조와 사회서비스는 국가와 지방자치단체의 책임으로 시행하는 것을 원칙으로 한다. 다만, 국가와 지방자치단체의 재정 형편 등을 고려하여 이를 협의·조정할 수 있다.

출제의도 체크

우리나라 사회보장제도 중 사회보험은 국가의 책임으로 시행하는 것을 원칙으로 합니다.
▶ 17회, 21회 기출

(3) 사회보장제도의 협의 및 조정(법 제26조) 14회, 16회, 18회 `기출`

① 국가와 지방자치단체는 사회보장제도를 신설하거나 변경할 경우 기존 제도와의 관계, 사회보장 전달체계에 미치는 영향, 재원의 규모·조달방안을 포함한 재정에 미치는 영향 및 지역별 특성 등을 사전에 충분히 검토하고 상호협력하여 사회보장급여가 중복 또는 누락되지 아니하도록 하여야 한다.

② 중앙행정기관의 장과 지방자치단체의 장은 사회보장제도를 신설하거나 변경할 경우 신설 또는 변경의 타당성, 기존 제도와의 관계, 사회보장 전달체계에 미치는 영향, 지역복지 활성화에 미치는 영향 및 운영방안 등에 대하여 대통령령으로 정하는 바에 따라 보건복지부장관과 협의하여야 한다.

③ 중앙행정기관의 장과 지방자치단체의 장은 협의에 따른 업무를 효율적으로 수행하기 위하여 필요하다고 인정하는 경우에는 관련 자료의 수집·조사 및 분석에 관한 업무를 정부출연연구기관, 한국사회보장정보원, 그 밖에 대통령령으로 정하는 전문기관 또는 단체에 위탁할 수 있다.

출제의도 체크

중앙행정기관의 장과 지방자치단체의 장이 사회보장제도를 신설하거나 변경할 경우 '국무조정실장'이 아닌 '보건복지부장관'과 협의하여야 합니다.
▶ 18회 기출

(4) 사회보장 비용의 부담(법 제28조) 6회, 10회 `기출`

① 사회보장 비용의 부담은 각각의 사회보장제도의 목적에 따라 국가, 지방자치단체 및 민간부문 간에 합리적으로 조정되어야 한다.

② 사회보험에 드는 비용은 사용자, 피용자 및 자영업자가 부담하는 것을 원칙으로 하되, 관계 법령에서 정하는 바에 따라 국가가 그 비용의 일부를 부담할 수 있다.

③ 공공부조 및 관계 법령에서 정하는 일정 소득 수준 이하의 국민에 대한 사회서비스에 드는 비용의 전부 또는 일부는 국가와 지방자치단체가 부담한다.

④ 부담 능력이 있는 국민에 대한 사회서비스에 드는 비용은 그 수익자가 부담함을 원칙으로 하되, 관계 법령에서 정하는 바에 따라 국가와 지방자치단체가 그 비용의 일부를 부담할 수 있다.

바로암기 ○×

공공부조에 드는 비용의 전부 또는 일부를 국가만이 부담하는 것은 아니다?
(   )

정답 ○

(5) 사회보장제도의 운영

① **사회보장급여의 관리(법 제30조 제1항)** 17회 기출

국가와 지방자치단체는 국민의 사회보장수급권의 보장 및 재정의 효율적 운용을 위하여 다음에 관한 사회보장급여의 관리체계를 구축·운영하여야 한다.

㉠ 사회보장수급권자 권리구제

㉡ 사회보장급여의 사각지대 발굴

㉢ 사회보장급여의 부정·오류 관리

㉣ 사회보장급여의 과오지급액의 환수 등 관리

② **사회보장에 관한 상담(법 제35조)** 22회 기출

국가와 지방자치단체는 사회보장 관계 법령에서 정하는 바에 따라 사회보장에 관한 상담에 응하여야 한다.

(6) 사회보장급여의 수준 및 신청 9회, 12회 기출

① **사회보장급여의 수준(법 제10조)** 22회 기출

㉠ 국가와 지방자치단체는 모든 국민이 건강하고 문화적인 생활을 유지할 수 있도록 사회보장급여의 수준 향상을 위하여 노력하여야 한다.

㉡ 국가는 관계 법령에서 정하는 바에 따라 최저보장수준과 최저임금을 매년 공표하여야 한다.

㉢ 국가와 지방자치단체는 최저보장수준과 최저임금 등을 고려하여 사회보장급여의 수준을 결정하여야 한다.

② **사회보장급여의 신청(법 제11조)**

㉠ 사회보장급여를 받으려는 사람은 관계 법령에서 정하는 바에 따라 국가나 지방자치단체에 신청하여야 한다. 다만, 관계 법령에서 따로 정하는 경우에는 국가나 지방자치단체가 신청을 대신할 수 있다.

㉡ 사회보장급여를 신청하는 사람이 다른 기관에 신청한 경우에는 그 기관은 지체 없이 이를 정당한 권한이 있는 기관에 이송하여야 한다. 이 경우 정당한 권한이 있는 기관에 이송된 날을 사회보장급여의 신청일로 본다.

(7) 사회보장수급권 5회, 10회, 12회, 13회, 14회, 17회, 19회, 21회, 22회 기출

① 모든 국민은 사회보장 관계 법령에서 정하는 바에 따라 사회보장수급권을 가진다(법 제9조).

② 사회보장수급권은 관계 법령에서 정하는 바에 따라 다른 사람에게 양도하거나 담보로 제공할 수 없으며, 이를 압류할 수 없다(법 제12조).

③ 사회보장수급권은 제한되거나 정지될 수 없다. 다만, 관계 법령에서 따로 정하고 있는 경우에는 그러하지 아니하다(법 제13조 제1항).

④ 사회보장수급권이 제한되거나 정지되는 경우에는 제한 또는 정지하는 목적에 필요한 최소한의 범위에 그쳐야 한다(법 제13조 제2항).

⑤ 사회보장수급권은 정당한 권한이 있는 기관에 서면으로 통지하여 포기할 수 있다(법 제14조 제1항).

⑥ 사회보장수급권의 포기는 취소할 수 있다. 다만, 사회보장수급권을 포기하는 것이 다른 사람에게 피해를 주거나 사회보장에 관한 관계 법령에 위반되는 경우에는 사회보장수급권을 포기할 수 없다(법 제14조 제2항 및 제3항).

⑦ 사회보장수급권이 행정청의 위법한 처분에 의해 침해된 경우에는 행정심판법에 따른 행정심판이나 행정소송법에 따른 행정소송을 통하여 다투어야 한다(법 제39조 참조).

(8) 사회보장 기본계획

① 사회보장 기본계획의 수립(법 제16조) 6회 기출

㉠ 보건복지부장관은 관계 중앙행정기관의 장과 협의하여 사회보장 증진을 위하여 사회보장에 관한 기본계획을 5년마다 수립하여야 한다.

㉡ 기본계획에는 다음의 사항이 포함되어야 한다.

- 국내외 사회보장환경의 변화와 전망
- 사회보장의 기본목표 및 중장기 추진방향
- 주요 추진과제 및 추진방법
- 필요한 재원의 규모와 조달방안
- 사회보장 관련 기금 운용방안
- 사회보장 전달체계
- 그 밖에 사회보장정책의 추진에 필요한 사항

② 연도별 시행계획의 수립·시행(법 제18조 제1항)

보건복지부장관 및 관계 중앙행정기관의 장은 기본계획에 따라 사회보장과 관련된 소관 주요 시책의 시행계획을 매년 수립·시행하여야 한다.

③ 지역계획의 수립·시행(법 제19조 제1항)

특별시장·광역시장·특별자치시장·도지사 또는 특별자치도지사·시장·군수·구청장은 관계 법령으로 정하는 바에 따라 사회보장에 관한 지역계획을 수립·시행하여야 한다.

(9) 사회보장위원회(법 제20조 및 제21조)

① 설치 및 구성 9회, 16회, 18회, 20회, 22회 기출

㉠ 사회보장에 관한 주요 시책을 심의·조정하기 위하여 국무총리 소속으로 사회보장위원회를 둔다.

전문가의한마디

2023년 3월 4일 정부조직법 개정에 따라 2023년 6월 5일부로 '국가보훈처'가 '국가보훈부'로 개편되어 기존 국가보훈처장의 소관사무를 국가보훈부장관이 승계하게 되었습니다.

ⓛ 위원회는 위원장 1명, 부위원장 3명과 행정안전부장관, 고용노동부장관, 여성가족부장관, 국토교통부장관을 포함한 30명 이내의 위원으로 구성한다.

ⓒ 위원장은 국무총리가 되고 부위원장은 기획재정부장관, 교육부장관 및 보건복지부장관이 된다.

ⓔ 위원회의 위원은 다음의 어느 하나에 해당하는 사람으로 한다(시행령 제9조).

> - 관계 중앙행정기관의 장으로서 법무부장관, 국가보훈부장관, 문화체육관광부장관, 농림축산식품부장관, 산업통상자원부장관, 환경부장관 및 국무조정실장
> - 근로자를 대표하는 사람, 사용자를 대표하는 사람, 사회보장에 관한 학식과 경험이 풍부한 사람, 변호사 자격이 있는 사람 중에서 대통령이 위촉하는 사람

ⓜ 위원의 임기는 2년으로 하고, 공무원인 위원의 임기는 그 재임 기간으로 한다. 다만, 기관·단체의 대표자 자격으로 위촉된 경우 그 임기는 대표의 지위를 유지하는 기간으로 한다.

ⓗ 보궐위원의 임기는 전임자 임기의 남은 기간으로 한다.

ⓢ 위원회를 효율적으로 운영하고 위원회의 심의·조정 사항을 전문적으로 검토하기 위하여 위원회에 실무위원회를 두며, 실무위원회에 분야별 전문위원회를 둘 수 있다.

ⓞ 위원회의 사무를 효율적으로 처리하기 위하여 보건복지부에 사무국을 둔다.

전문가의한마디

사회보장위원회의 실무위원회에 두는 분야별 전문위원회에는 '기획 전문위원회', '제도조정 전문위원회', '평가 전문위원회', '재정 전문위원회', '통계·행정데이터 전문위원회' 등이 있습니다(시행령 제12조).

② **심의·조정 사항** 17회, 21회 `기출`

ⓛ 사회보장위원회는 다음의 사항을 심의·조정한다.

> - 사회보장 증진을 위한 기본계획
> - 사회보장 관련 주요 계획
> - 사회보장제도의 평가 및 개선
> - 사회보장제도의 신설 또는 변경에 따른 우선순위
> - 둘 이상의 중앙행정기관이 관련된 주요 사회보장정책
> - 사회보장급여 및 비용 부담
> - 국가와 지방자치단체의 역할 및 비용 분담
> - 사회보장의 재정추계 및 재원조달 방안
> - 사회보장 전달체계 운영 및 개선
> - 사회보장통계
> - 사회보장정보의 보호 및 관리
> - 사회보장제도의 신설 및 변경에 따른 조정
> - 그 밖에 위원장이 심의에 부치는 사항

ⓒ 관계 중앙행정기관의 장과 지방자치단체의 장은 사회보장위원회의 심의·조정 사항을 반영하여 사회보장제도를 운영 또는 개선하여야 한다.

02절 사회복지사업법

1 개요

(1) 목적 및 이념

① 목적(법 제1조)

사회복지사업에 관한 기본적 사항을 규정하여 사회복지를 필요로 하는 사람에 대하여 인간의 존엄성과 인간다운 생활을 할 권리를 보장하고 사회복지의 전문성을 높이며, 사회복지사업의 공정·투명·적정을 도모하고, 지역사회복지의 체계를 구축하고 사회복지서비스의 질을 높여 사회복지의 증진에 이바지한다.

② 기본 이념(법 제1조의2) 12회, 19회 기출

㉠ 사회복지를 필요로 하는 사람은 누구든지 자신의 의사에 따라 서비스를 신청하고 제공받을 수 있다.

㉡ 사회복지법인 및 사회복지시설은 공공성을 가지며 사회복지사업을 시행하는 데 있어서 공공성을 확보하여야 한다.

㉢ 사회복지사업을 시행하는 데 있어서 사회복지를 제공하는 자는 사회복지를 필요로 하는 사람의 인권을 보장하여야 한다.

㉣ 사회복지서비스를 제공하는 자는 필요한 정보를 제공하는 등 사회복지서비스를 이용하는 사람의 선택권을 보장하여야 한다.

(2) 사회복지사업의 근거가 되는 법(법 제2조 제1호) 13회, 18회, 22회 기출

'사회복지사업'이란 다음의 법률에 따른 보호·선도 또는 복지에 관한 사업과 사회복지 상담, 직업지원, 무료 숙박, 지역사회복지, 의료복지, 재가복지, 사회복지관 운영, 정신질환자 및 한센병력자의 사회복귀에 관한 사업 등 각종 복지사업과 이와 관련된 자원봉사활동 및 복지시설의 운영 또는 지원을 목적으로 하는 사업을 말한다.

- 국민기초생활보장법
- 아동복지법
- 노인복지법
- 장애인복지법
- 한부모가족지원법
- 영유아보육법
- 성매매방지 및 피해자보호 등에 관한 법률
- 정신건강증진 및 정신질환자 복지서비스 지원에 관한 법률
- 성폭력방지 및 피해자보호 등에 관한 법률
- 입양특례법
- 일제하 일본군위안부 피해자에 대한 생활안정지원 및 기념사업 등에 관한 법률

바로암기 ○×

사회복지사업법은 생활이 어려운 사람들의 최저생활을 보장하고 자활을 돕는 것을 목적으로 한다?

( )

해설

'국민기초생활보장법'의 목적에 해당한다.

정답 ×

출제의도 체크

'국민연금법'과 '국민건강보험법'은 사회복지사업법령상 사회복지사업의 근거가 되는 법(사회복지사업 관련 법률)에 해당하지 않습니다.

▶ 13회, 18회 기출

> • 사회복지공동모금회법
> • 장애인 · 노인 · 임산부 등의 편의증진 보장에 관한 법률
> • 가정폭력방지 및 피해자보호 등에 관한 법률
> • 농어촌주민의 보건복지증진을 위한 특별법
> • 식품 등 기부 활성화에 관한 법률
> • 의료급여법   • 기초연금법
> • 긴급복지지원법   • 다문화가족지원법
> • 장애인연금법   • 장애인활동 지원에 관한 법률
> • 노숙인 등의 복지 및 자립지원에 관한 법률
> • 보호관찰 등에 관한 법률   • 장애아동 복지지원법
> • 발달장애인 권리보장 및 지원에 관한 법률
> • 청소년복지지원법   • 그 밖에 대통령령으로 정하는 법률

(3) 사회복지서비스 제공의 원칙(법 제5조의2) 17회, 19회, 21회 기출

① 사회복지서비스를 필요로 하는 사람(이하 "보호대상자"라 한다)에 대한 사회복지서비스 제공(이하 "서비스 제공"이라 한다)은 현물로 제공하는 것을 원칙으로 한다.

② 시장 · 군수 · 구청장은 국가 또는 지방자치단체 외의 자로 하여금 서비스 제공을 실시하게 하는 경우에는 보호대상자에게 사회복지서비스 이용권을 지급하여 국가 또는 지방자치단체 외의 자로부터 그 이용권으로 서비스 제공을 받게 할 수 있다.

③ 국가와 지방자치단체는 사회복지서비스의 품질향상과 원활한 제공을 위하여 필요한 시책을 마련하여야 한다.

④ 국가와 지방자치단체는 사회복지서비스의 품질을 관리하기 위하여 사회복지서비스를 제공하는 기관 · 법인 · 시설 · 단체의 서비스 환경, 서비스 제공 인력의 전문성 등을 평가할 수 있다.

⑤ 보건복지부장관은 사회복지서비스 품질 평가를 위하여 평가기관을 설치 · 운영하거나, 평가의 전부 또는 일부를 관계 기관 또는 단체에 위탁할 수 있다.

(4) 사회복지시설 업무의 전자화(법 제6조의2) 14회 기출

① 보건복지부장관은 사회복지법인 및 사회복지시설의 종사자, 거주자 및 이용자에 관한 자료 등 운영에 필요한 정보의 효율적 처리와 기록 · 관리 업무의 전자화를 위하여 정보시스템을 구축 · 운영할 수 있다.

② 지방자치단체의 장은 사회복지사업을 수행할 때 관할 복지행정시스템과 정보시스템을 전자적으로 연계하여 활용하여야 한다.

③ 사회복지법인의 대표이사와 사회복지시설의 장은 국가와 지방자치단체가 실시하는 사회복지업무의 전자화 시책에 협력하여야 한다.

출제의도 체크

보호대상자에 대한 사회복지서비스 제공은 '현금'이 아닌 '현물'로 제공하는 것이 원칙입니다.

▶ 17회, 19회 기출

전문가의 한마디

보건복지부장관은 정보시스템을 효율적으로 운영하기 위하여 전담기구(→ 한국사회보장정보원)에 그 운영에 관한 업무를 위탁할 수 있습니다(법 제6조의2 제5항).

(5) 사회복지사 6회, 7회, 8회, 10회 기출

① 사회복지사 자격증의 발급(법 제11조) 22회 기출

    ㉠ 보건복지부장관은 사회복지에 관한 전문지식과 기술을 가진 사람에게 사회복지사 자격증을 발급할 수 있다.

    ㉡ 사회복지사의 등급은 1급 · 2급으로 하되, 정신건강 · 의료 · 학교 영역에 대해서는 영역별로 정신건강사회복지사 · 의료사회복지사 · 학교사회복지사의 자격을 부여할 수 있다.

    ㉢ 사회복지사 자격증을 발급받은 사람은 다른 사람에게 그 자격증을 빌려주어서는 아니 되고, 누구든지 그 자격증을 빌려서는 아니 된다. 사회복지사 자격증을 다른 사람에게 빌려주거나 빌린 사람은 1년 이하의 징역 또는 1천만 원 이하의 벌금에 처한다(법 제54조 제1의2호).

② 사회복지사의 결격사유(법 제11조의2) 7회 기출

다음의 어느 하나에 해당하는 사람은 사회복지사가 될 수 없다.

    ㉠ 피성년후견인 또는 피한정후견인

    ㉡ 금고 이상의 형을 선고받고 그 집행이 끝나지 아니하였거나 그 집행을 받지 아니하기로 확정되지 아니한 사람

    ㉢ 법원의 판결에 따라 자격이 상실되거나 정지된 사람

    ㉣ 마약 · 대마 또는 향정신성의약품의 중독자

    ㉤ 정신건강증진 및 정신질환자 복지서비스 지원에 관한 법률에 따른 정신질환자 (단, 전문의가 사회복지사로서 적합하다고 인정하는 사람은 제외)

③ 사회복지사의 자격취소 등(법 제11조의3) 21회 기출

    ㉠ 보건복지부장관은 사회복지사가 다음의 어느 하나에 해당하는 경우 그 자격을 취소하거나 1년의 범위에서 정지시킬 수 있다.

> • 거짓이나 그 밖의 부정한 방법으로 자격을 취득한 경우(반드시 취소)
> • 사회복지사의 결격사유의 어느 하나에 해당하게 된 경우(반드시 취소)
> • 자격증을 대여 · 양도 또는 위조 · 변조한 경우(반드시 취소)
> • 사회복지사의 업무수행 중 그 자격과 관련하여 고의나 중대한 과실로 다른 사람에게 손해를 입힌 경우
> • 자격정지 처분을 3회 이상 받았거나, 정지 기간 종료 후 3년 이내에 다시 자격정지 처분에 해당하는 행위를 한 경우
> • 자격정지 처분 기간에 자격증을 사용하여 자격 관련 업무를 수행한 경우

    ㉡ 자격이 취소된 사람은 취소된 날부터 15일 내에 자격증을 보건복지부장관에게 반납하여야 한다.

    ㉢ 보건복지부장관은 자격이 취소된 사람에게는 그 취소된 날부터 2년 이내에 자격증을 재교부하지 못한다.

전문가의 한마디

2019년 1월 1일부로 사회복지사의 등급이 기존 1급 · 2급 · 3급에서 1급 · 2급으로 축소되었습니다. 이는 3급 사회복지사 자격의 수요와 공급이 모두 미미한 수준이므로 이를 계속 유지하는 것이 불필요하다는 지적에서 비롯된 것입니다.

전문가의 한마디

피성년후견인은 "질병, 장애, 노령, 그 밖의 사유로 인한 정신적 제약으로 사무를 처리할 능력이 지속적으로 결여된 사람"을, 피한정후견인은 "질병, 장애, 노령, 그 밖의 사유로 인한 정신적 제약으로 사무를 처리할 능력이 부족한 사람"을 말합니다. 2024년 1월 23일 법 개정으로 사회복지사의 결격사유에서 피한정후견인이 제외되었습니다.

바로암기 ○×

보건복지부장관은 사회복지사가 거짓이나 그 밖의 부정한 방법으로 자격을 취득한 경우 그 자격을 1년의 범위에서 정지시킬 수 있다?

(   )

해설

그 자격을 취소하여야 한다.

정답 ×

④ 사회복지사의 채용(법 제13조 제1항 및 시행령 제6조 제2항) 7회, 10회, 15회 기출

　　㉠ 사회복지법인 및 사회복지시설을 설치·운영하는 자는 대통령령으로 정하는 바에 따라 사회복지사를 그 종사자로 채용하고, 보고방법·보고주기 등 보건복지부령으로 정하는 바에 따라 특별시장·광역시장·특별자치시장·도지사·특별자치도지사(이하 "시·도지사"라 한다) 또는 시장·군수·구청장에게 사회복지사의 임면에 관한 사항을 보고하여야 한다.

　　㉡ 대통령령으로 정하는 다음의 사회복지시설은 사회복지사 의무채용 예외시설로 한다.

> • 노인복지법에 따른 노인여가복지시설(단, 노인복지관은 의무채용 시설에 해당)
> • 장애인복지법에 따른 장애인 지역사회재활시설 중 수화통역센터, 점자도서관, 점자도서 및 녹음서 출판시설
> • 영유아보육법에 따른 어린이집
> • 성매매방지 및 피해자보호 등에 관한 법률에 따른 성매매피해자 등을 위한 지원시설 및 성매매피해상담소
> • 정신건강증진 및 정신질환자 복지서비스 지원에 관한 법률에 따른 정신요양시설 및 정신재활시설
> • 성폭력방지 및 피해자보호 등에 관한 법률에 따른 성폭력피해상담소

⑤ 사회복지사의 보수교육(법 제13조 제2항 및 시행규칙 제5조) 5회, 7회, 8회, 14회 기출

　　㉠ 보건복지부장관은 사회복지사의 자질 향상을 위하여 필요하다고 인정하면 사회복지사에게 교육을 받도록 명할 수 있다. 다만, 사회복지법인 또는 사회복지시설에 종사하는 사회복지사는 정기적으로 인권에 관한 내용이 포함된 보수교육을 받아야 한다.

　　㉡ 사회복지법인 또는 사회복지시설에 종사하는 사회복지사는 연간 8시간 이상의 보수교육을 받아야 한다.

　　㉢ 보수교육에는 사회복지윤리 및 인권보호, 사회복지정책 및 사회복지실천기술 등이 포함되어야 한다.

　　㉣ 사회복지법인 또는 사회복지시설을 운영하는 자는 그 법인 또는 시설에 종사하는 사회복지사에 대하여 보수교육을 이유로 불리한 처분을 하여서는 아니 된다.

2 주요 내용

(1) 사회복지법인   6회, 8회, 9회, 10회, 11회, 12회 기출

① **법인의 설립(법 제16조)**   13회 기출
- ㉠ 사회복지법인을 설립하려는 자는 대통령령으로 정하는 바에 따라 시 · 도지사의 허가를 받아야 한다.
- ㉡ 허가를 받은 자는 법인의 주된 사무소의 소재지에서 설립등기를 하여야 한다.

② **법인의 정관(법 제17조)**   15회 기출
- ㉠ 법인의 정관에는 다음의 사항이 포함되어야 한다.

> - 목 적
> - 명 칭
> - 주된 사무소의 소재지
> - 사업의 종류
> - 자산 및 회계에 관한 사항
> - 임원의 임면 등에 관한 사항
> - 회의에 관한 사항
> - 수익을 목적으로 하는 사업이 있는 경우 그에 관한 사항
> - 정관의 변경에 관한 사항
> - 존립시기와 해산 사유를 정한 경우에는 그 시기와 사유 및 남은 재산의 처리방법
> - 공고 및 공고방법에 관한 사항

- ㉡ 법인이 정관을 변경하려는 경우에는 시 · 도지사의 인가를 받아야 한다. 다만, 보건복지부령으로 정하는 경미한 사항의 경우에는 그러하지 아니하다.

③ **법인 임원의 구성(법 제18조)**   10회, 16회, 17회 기출
- ㉠ 법인은 대표이사를 포함한 이사 7명 이상과 감사 2명 이상을 두어야 한다.
- ㉡ 법인은 이사 정수의 3분의 1 이상을 시 · 도 사회보장위원회나 지역사회보장협의체가 3배수로 추천한 사람 중에서 선임하여야 한다.
- ㉢ 이사회의 구성에 있어서 대통령령으로 정하는 특별한 관계에 있는 사람이 이사 현원의 5분의 1을 초과할 수 없다.
- ㉣ 이사의 임기는 3년으로 하고 감사의 임기는 2년으로 하며, 각각 연임할 수 있다.
- ㉤ 외국인인 이사는 이사 현원의 2분의 1 미만이어야 한다.
- ㉥ 법인은 임원을 임면하는 경우에는 보건복지부령으로 정하는 바에 따라 지체 없이 시 · 도지사에게 보고하여야 한다.
- ㉦ 감사는 이사와 특별한 관계에 있는 사람이 아니어야 하며, 감사 중 1명은 법률 또는 회계에 관한 지식이 있는 사람 중에서 선임하여야 한다.

④ **법인 임원의 결격사유(법 제19조)**
다음의 어느 하나에 해당하는 사람은 임원이 될 수 없다.
- ㉠ 미성년자

제8영역

ⓛ 피성년후견인 또는 피한정후견인

ⓒ 파산선고를 받고 복권되지 아니한 사람

ⓔ 법원의 판결에 따라 자격이 상실되거나 정지된 사람

ⓜ 금고 이상의 실형을 선고받고 그 집행이 끝나거나(집행이 끝난 것으로 보는 경우를 포함) 집행이 면제된 날부터 3년이 지나지 아니한 사람

ⓗ 금고 이상의 형의 집행유예를 선고받고 그 유예기간 중에 있는 사람

ⓢ 사회복지사업 또는 그 직무와 관련하여 아동복지법 등 법령에 따른 죄를 범하거나 사회복지사업법을 위반하여 다음의 어느 하나에 해당하는 사람

> • 100만 원 이상의 벌금형을 선고받고 그 형이 확정된 후 5년이 지나지 아니한 사람
> • 형의 집행유예를 선고받고 그 형이 확정된 후 7년이 지나지 아니한 사람
> • 징역형을 선고받고 그 집행이 끝나거나(집행이 끝난 것으로 보는 경우를 포함) 집행이 면제된 날부터 7년이 지나지 아니한 사람

ⓞ 성폭력범죄 또는 아동·청소년대상 성범죄를 저지른 사람으로서 형 또는 치료감호를 선고받고 확정된 후 그 형 또는 치료감호의 전부 또는 일부의 집행이 끝나거나(집행이 끝난 것으로 보는 경우를 포함) 집행이 유예·면제된 날부터 10년이 지나지 아니한 사람

ⓩ 아동학대관련범죄를 저지른 사람으로서 다음의 어느 하나에 해당하는 사람

> • 금고 이상의 실형을 선고받고 그 집행이 끝나거나(집행이 끝난 것으로 보는 경우를 포함) 집행이 면제된 날부터 10년이 지나지 아니한 사람
> • 금고 이상의 형의 집행유예를 선고받고 그 집행유예가 확정된 날부터 10년이 지나지 아니한 사람
> • 벌금형을 선고받고 그 형이 확정된 날부터 5년이 지나지 아니한 사람

ⓧ 해임명령에 따라 해임된 날부터 5년이 지나지 아니한 사람

ⓚ 설립허가가 취소된 사회복지법인의 임원이었던 사람으로서 그 설립허가가 취소된 날부터 5년이 지나지 아니한 사람

ⓣ 시설의 장에서 해임된 사람으로서 해임된 날부터 5년이 지나지 아니한 사람

ⓟ 폐쇄명령을 받고 3년이 지나지 아니한 사람

ⓗ 사회복지분야의 6급 이상 공무원으로 재직하다 퇴직한 지 3년이 경과하지 아니한 사람 중에서 퇴직 전 5년 동안 소속하였던 기초자치단체가 관할하는 법인의 임원이 되고자 하는 사람

⑤ **법인 임원의 보충(법 제20조)** 10회, 16회, 22회 [기출]

이사 또는 감사 중에 결원이 생겼을 때에는 2개월 이내에 보충하여야 한다.

바로암기 ○✕

사회복지사업법상 50만 원의 벌금형을 선고받은 사람은 법인의 임원이 될 수 없다?

( )

해설

100만 원 이상의 벌금형을 선고받고 그 형이 확정된 후 5년이 지나지 아니한 사람은 법인의 임원이 될 수 없다.

정답 ✕

---

⑥ 법인 임원의 겸직 금지(법 제21조) 18회, 20회 기출

   ㉠ 이사는 법인이 설치한 사회복지시설의 장을 제외한 그 시설의 직원을 겸할 수 없다.

   ㉡ 감사는 법인의 이사, 법인이 설치한 사회복지시설의 장 또는 그 직원을 겸할 수 없다.

⑦ 임시이사의 선임(법 제22조의3)

   ㉠ 법인이 2개월 이내에 결원된 이사를 보충하지 아니하거나 임원의 해임에 관한 사항을 의결하기 위한 이사회를 소집하지 아니하여 법인의 정상적인 운영이 어렵다고 판단되는 경우 시 · 도지사는 지체 없이 이해관계인의 청구 또는 직권으로 임시이사를 선임하여야 한다.

   ㉡ 시 · 도지사는 임시이사가 선임되었음에도 불구하고 해당 법인이 정당한 사유 없이 이사회 소집을 기피할 경우 이사회 소집을 권고할 수 있다.

⑧ 법인의 재산 등(법 제23조, 제27조 및 제28조) 6회, 8회, 9회, 14회, 17회 기출

   ㉠ 법인은 사회복지사업의 운영에 필요한 재산을 소유하여야 한다.

   ㉡ 법인의 재산은 보건복지부령으로 정하는 바에 따라 기본재산과 보통재산으로 구분하며, 기본재산은 그 목록과 가액을 정관에 적어야 한다.

   ㉢ 기본재산은 다음과 같이 목적사업용 기본재산과 수익용 기본재산으로 구분한다(시행규칙 제12조 제2항).

> • 목적사업용 기본재산 : 법인이 사회복지시설 등을 설치하는 데 직접 사용하는 기본재산
> • 수익용 기본재산 : 법인이 그 수익으로 목적사업의 수행에 필요한 경비를 충당하기 위한 기본재산

   ㉣ 법인은 기본재산에 관하여 다음의 어느 하나에 해당하는 경우에는 시 · 도지사의 허가를 받아야 한다. 다만, 보건복지부령으로 정하는 사항에 대하여는 그러하지 아니하다.

> • 매도 · 증여 · 교환 · 임대 · 담보제공 또는 용도변경을 하려는 경우
> • 보건복지부령으로 정하는 금액 이상을 1년 이상 장기차입하려는 경우

   ㉤ 법인은 목적사업의 경비에 충당하기 위하여 필요할 때에는 법인의 설립 목적 수행에 지장이 없는 범위에서 수익사업을 할 수 있다. 수익사업에 관한 회계는 법인의 다른 회계와 구분하여 회계처리하여야 한다.

   ㉥ 법인은 수익사업에서 생긴 수익을 법인 또는 법인이 설치한 사회복지시설의 운영 외의 목적에 사용할 수 없다.

   ㉦ 해산한 법인의 남은 재산은 정관으로 정하는 바에 따라 국가 또는 지방자치단체에 귀속된다.

출제의도 체크

이사는 법인이 설치한 사회복지시설의 장을 겸직할 수 있습니다.

▶ 18회, 20회 기출

바로암기 ○✕

사회복지법인은 수익을 목적으로 하는 사업을 할 수 있다?

(   )

정답 ○

◎ 감독관청의 허가 없이 사회복지법인의 기본재산을 처분한 대가로 수령한 보상금을 사용한 행위는 사회상규에 위배되지 않는 정당행위라고 볼 수 없다(대법원 2006.11.23. 선고, 2005도5511, 판결).

⑨ 법인의 설립허가 취소(법 제26조)   20회 기출

　㉠ 시·도지사는 법인이 다음의 어느 하나에 해당할 때에는 기간을 정하여 시정명령을 하거나 설립허가를 취소할 수 있다.

> • 거짓이나 그 밖의 부정한 방법으로 설립허가를 받았을 때(반드시 취소)
> • 설립허가 조건을 위반하였을 때
> • 목적 달성이 불가능하게 되었을 때
> • 목적사업 외의 사업을 하였을 때
> • 정당한 사유 없이 설립허가를 받은 날부터 6개월 이내에 목적사업을 시작하지 아니하거나 1년 이상 사업실적이 없을 때
> • 법인이 운영하는 시설에서 반복적 또는 집단적 성폭력범죄 및 학대관련범죄가 발생한 때
> • 법인이 운영하는 시설에서 중대하고 반복적인 회계부정이나 불법행위가 발생한 때
> • 법인 설립 후 기본재산을 출연하지 아니한 때(반드시 취소)
> • 임원 정수를 위반한 때
> • 임원선임 관련 규정을 위반하여 이사를 선임한 때
> • 임원의 해임명령을 이행하지 아니한 때
> • 그 밖에 이 법 또는 이 법에 따른 명령이나 정관을 위반하였을 때

　㉡ 법인의 설립허가를 취소하는 경우는 다른 방법으로 감독 목적을 달성할 수 없거나 시정을 명한 후 6개월 이내에 법인이 이를 이행하지 아니한 경우로 한정한다.

⑩ 법인의 합병(법 제30조)   5회, 9회 기출

　㉠ 법인은 시·도지사의 허가를 받아 이 법에 따른 다른 법인과 합병할 수 있다. 다만, 주된 사무소가 서로 다른 특별시·광역시·특별자치시·도·특별자치도(이하 "시·도"라 한다)에 소재한 법인 간의 합병의 경우에는 보건복지부장관의 허가를 받아야 한다.

　㉡ 법인이 합병하는 경우 합병 후 존속하는 법인이나 합병으로 설립된 법인은 합병으로 소멸된 법인의 지위를 승계한다.

⑪ 동일명칭 사용 금지(법 제31조)   6회 기출

　이 법에 따른 사회복지법인이 아닌 자는 사회복지법인이라는 명칭을 사용하지 못한다.

(2) 사회복지시설

① 시설의 설치   12회, 17회 기출

　㉠ 국가나 지방자치단체는 사회복지시설을 설치·운영할 수 있다(법 제34조 제1항).

　㉡ 국가 또는 지방자치단체 외의 자가 시설을 설치·운영하려는 경우에는 보건복지부령으로 정하는 바에 따라 시장·군수·구청장에게 신고하여야 한다(법 제34조 제2항).

ⓒ 국가나 지방자치단체가 설치한 시설은 필요한 경우 사회복지법인이나 비영리법인에 위탁하여 운영하게 할 수 있다(법 제34조 제5항).

ⓓ 시설을 설치 · 운영하려는 경우에는 지역특성과 시설분포의 실태를 고려하여 사회복지사업법 및 관련법상 다른 시설을 통합하여 하나의 시설로 설치 · 운영하거나 하나의 시설에서 둘 이상의 사회복지사업을 통합하여 수행할 수 있다(법 제34조의2 제1항). 21회 **기출**

ⓔ 시설의 운영자는 화재로 인한 손해배상책임 혹은 화재 외의 안전사고로 인하여 생명 · 신체에 피해를 입은 보호대상자에 대한 손해배상책임을 이행하기 위하여 손해보험회사의 책임보험에 가입하거나 한국사회복지공제회의 책임공제에 가입하여야 한다. 국가나 지방자치단체는 예산의 범위에서 시설의 책임보험 또는 책임공제의 가입에 드는 비용의 전부 또는 일부를 보조할 수 있다(법 제34조의3 제1항 및 제2항). 22회 **기출**

ⓕ 시설의 장은 시설에 대하여 정기 및 수시 안전점검을 실시하여야 한다. 시설의 장은 정기 또는 수시 안전점검을 한 후 그 결과를 시장 · 군수 · 구청장에게 제출하여야 한다(법 제34조의4 제1항 및 제2항).

ⓖ 시설의 장은 다음의 서류를 시설에 갖추어 두어야 한다(법 제37조 및 시행규칙 제25조).

- 법인의 정관(법인에 한함)
- 법인설립허가증사본(법인에 한함)
- 사회복지시설신고증
- 시설거주자 및 퇴소자의 명부
- 시설거주자 및 퇴소자의 상담기록부
- 시설의 운영계획서 및 예산 · 결산서
- 후원금품대장
- 시설의 건축물관리대장
- 시설의 장과 종사자의 명부

ⓗ 각 시설의 수용인원은 원칙적으로 300명을 초과할 수 없다. 다만, 대통령령으로 정하는 다음의 경우에는 그러하지 아니하다(법 제41조 및 시행령 제19조). 13회 **기출**

- 노인복지법에 따른 노인주거복지시설 중 양로시설과 노인복지주택
- 노인복지법에 따른 노인의료복지시설 중 노인요양시설
- 보건복지부장관이 사회복지시설의 종류, 지역별 사회복지시설의 수, 지역별 · 종류별 사회복지서비스 수요 및 사회복지사업 관련 종사자의 수 등을 고려하여 정하여 고시하는 기준에 적합하다고 시장 · 군수 · 구청장이 인정하는 사회복지시설

전문가의 한마디

사회복지시설은 그 종류가 매우 많습니다. 보건복지부 소관 사회복지시설만 해도 노인복지시설, 아동복지시설, 장애인복지시설, 어린이집, 정신건강증진시설, 노숙인시설, 사회복지관, 지역자활센터, 다함께돌봄센터 등이 있으며, 그 하위의 여러 생활시설이나 이용시설들이 포함됩니다. 그중 사회복지관은 「사회복지사업법」에 설치 근거를 둔 대표적인 사회복지시설에 해당합니다.

② 사회복지관의 설치 등(법 제34조의5) 14회, 17회, 18회, 22회 기출

  ㉠ 사회복지관은 지역복지증진을 위하여 다음의 사업을 실시할 수 있다.

> • 지역사회의 특성과 지역주민의 복지욕구를 고려한 서비스 제공 사업
> • 국가 · 지방자치단체 및 민간 부문의 사회복지서비스를 연계 · 제공하는 사례관리 사업
> • 지역사회 복지공동체 활성화를 위한 복지자원 관리, 주민교육 및 조직화 사업
> • 그 밖에 복지증진을 위한 사업으로서 지역사회에서 요청하는 사업

  ㉡ 사회복지관은 모든 지역주민을 대상으로 사회복지서비스를 실시하되, 다음의 지역주민에게 우선 제공하여야 한다.

> • 국민기초생활보장법에 따른 수급자 및 차상위계층
> • 장애인, 노인, 한부모가족 및 다문화가족
> • 직업 및 취업 알선이 필요한 사람
> • 보호와 교육이 필요한 유아 · 아동 및 청소년
> • 그 밖에 사회복지관의 사회복지서비스를 우선 제공할 필요가 있다고 인정되는 사람

③ 시설의 장 및 종사자(법 제35조 및 제35조의2) 5회, 16회, 20회 기출

  ㉠ 시설의 장은 상근하여야 한다.

  ㉡ 다음의 어느 하나에 해당하는 사람은 시설의 장이 될 수 없다.

> • 법령에 따른 법인 임원의 결격사유(법 제19조)의 어느 하나에 해당하는 사람
> • 임원의 해임명령에 따라 해임된 날부터 5년이 지나지 아니한 사람
> • 사회복지분야의 6급 이상 공무원으로 재직하다 퇴직한 지 3년이 경과하지 아니한 사람 중에서 퇴직 전 5년 동안 소속하였던 기초자치단체가 관할하는 시설의 장이 되고자 하는 사람

  ㉢ 사회복지법인과 사회복지시설을 설치 · 운영하는 자는 시설에 근무할 종사자를 채용할 수 있다.

④ 운영위원회(법 제36조) 8회, 11회, 18회 기출

  ㉠ 시설의 장은 시설의 운영에 관한 다음의 사항을 심의하기 위하여 시설에 운영위원회를 두어야 한다.

> • 시설운영계획의 수립 · 평가에 관한 사항
> • 사회복지 프로그램의 개발 · 평가에 관한 사항
> • 시설 종사자의 근무환경 개선에 관한 사항
> • 시설 거주자의 생활환경 개선 및 고충 처리 등에 관한 사항
> • 시설 종사자와 거주자의 인권보호 및 권익증진에 관한 사항
> • 시설과 지역사회의 협력에 관한 사항
> • 그 밖에 시설의 장이 운영위원회의 회의에 부치는 사항

전문가의 한마디

사회복지시설 운영위원회는 심의기구이나 의결기구는 아닙니다(법 제36조 제1항).

ⓛ 운영위원회의 위원은 다음의 어느 하나에 해당하는 사람 중에서 관할 시장·군수·구청장이 임명하거나 위촉한다.

- 시설의 장
- 시설 거주자 대표
- 시설 거주자의 보호자 대표
- 시설 종사자의 대표
- 해당 시·군·구 소속의 사회복지업무를 담당하는 공무원
- 후원자 대표 또는 지역주민
- 공익단체에서 추천한 사람
- 그 밖에 시설의 운영 또는 사회복지에 관하여 전문적인 지식과 경험이 풍부한 사람

⑤ 시설의 평가(법 제43조의2, 시행규칙 제27조 및 제27조의2) 8회, 13회, 16회, 19회, 20회 기출

   ㉠ 보건복지부장관 및 시·도지사는 3년마다 시설에 대한 평가를 실시하여야 한다.

   ㉡ 보건복지부장관과 시·도지사는 평가 결과를 공표하거나 시설의 감독·지원 등에 반영할 수 있으며 시설 거주자를 다른 시설로 보내는 등의 조치를 할 수 있다.

   ㉢ 시설의 평가기준은 서비스 최저기준을 고려하여 보건복지부장관이 정한다.

   ㉣ 서비스 최저기준에는 다음의 사항이 포함되어야 한다.

- 시설 이용자의 인권
- 시설의 환경
- 시설의 운영
- 시설의 안전관리
- 시설의 인력관리
- 지역사회 연계
- 서비스의 과정 및 결과
- 그 밖에 서비스 최저기준 유지에 필요한 사항

⑥ 시설의 위탁(시행규칙 제21조 및 제21조의2) 12회 기출

   ㉠ 국가 또는 지방자치단체가 설치한 시설을 위탁하여 운영하려는 경우에는 원칙적으로 공개모집에 따라 수탁자를 선정해야 한다.

   ㉡ 시설의 수탁자 선정을 위하여 해당 시설을 설치한 국가 또는 지방자치단체에 수탁자선정심의위원회를 둔다.

   ㉢ 법령에 따른 위탁계약기간은 5년으로 한다. 다만, 위탁자가 필요하다고 인정하는 때에는 수탁자선정심의위원회의 심의를 거쳐 그 계약기간을 갱신할 수 있다.

⑦ 시설의 휴지·재개·폐지(법 제38조) 10회 기출

   ㉠ 시설의 설치·운영 신고를 한 자는 지체 없이 시설의 운영을 시작하여야 한다.

출제의도 체크

'시설 거주자의 보호자 대표'도 운영위원회의 위원(운영위원)이 될 수 있습니다.

▶ 18회 기출

바로암기 ○×

사회복지사업법상 사회복지시설의 평가주기는 '4년'이다?

( )

해설

3년이다.

정답 ×

출제의도 체크

사회복지사업법령상 사회복지시설 평가에 포함된 서비스 최저기준의 적용 사항에 '시설의 마케팅 역량'은 포함되지 않습니다.

▶ 13회 기출

ⓛ 시설의 운영자는 그 운영을 일정 기간 중단하거나 다시 시작하거나 시설을 폐지하려는 경우에는 보건복지부령으로 정하는 바에 따라 시장 · 군수 · 구청장에게 신고하여야 한다.

⑧ 시설의 개선, 사업의 정지, 시설의 폐쇄(법 제40조 제1항)

보건복지부장관, 시 · 도지사 또는 시장 · 군수 · 구청장은 시설이 설치기준에 미달하게 되거나 그 사회복지법인 또는 비영리법인의 설립허가가 취소되는 등 법령에 따른 사유에 해당할 때에는 그 시설의 개선, 사업의 정지, 시설의 장의 교체를 명하거나 시설의 폐쇄를 명할 수 있다.

(3) 한국사회복지협의회

① 협의회의 설치(법 제33조 제1항)

사회복지에 관한 조사 · 연구와 각종 사회복지사업의 조성 등을 위하여 전국 단위의 한국사회복지협의회(중앙협의회), 시 · 도 단위의 시 · 도 사회복지협의회 및 시 · 군 · 구 단위의 시 · 군 · 구 사회복지협의회를 둔다.

② 한국사회복지협의회의 업무(법 제33조 및 시행령 제12조) 3회, 4회, 6회, 11회, 20회 기출

㉠ 사회복지에 관한 조사 · 연구 및 정책 건의
㉡ 사회복지 관련 기관 · 단체 간의 연계 · 협력 · 조정
㉢ 사회복지 소외계층 발굴 및 민간사회복지자원과의 연계 · 협력
㉣ 사회복지에 관한 교육훈련
㉤ 사회복지에 관한 자료수집 및 간행물 발간
㉥ 사회복지에 관한 계몽 및 홍보
㉦ 자원봉사활동의 진흥
㉧ 사회복지사업에 관한 기부문화의 조성
㉨ 사회복지사업에 종사하는 사람의 교육훈련과 복지증진
㉩ 사회복지에 관한 학술 도입과 국제사회복지단체와의 교류
㉪ 그 밖에 보건복지부장관이 위탁하는 사회복지에 관한 업무

(4) 한국사회복지사협회

① 협회의 설립(법 제46조) 6회 기출

사회복지사는 사회복지에 관한 전문지식과 기술을 개발 · 보급하고, 사회복지사의 자질 향상을 위한 교육훈련을 실시하며, 사회복지사의 복지증진을 도모하기 위하여 한국사회복지사협회를 설립한다.

② 협회의 업무(시행령 제22조) 6회, 11회 기출

　　㉠ 사회복지사에 대한 전문지식 및 기술의 개발·보급

　　㉡ 사회복지사의 전문성 향상을 위한 교육훈련

　　㉢ 사회복지사제도에 대한 조사연구·학술대회개최 및 홍보·출판사업

　　㉣ 국제사회복지사단체와의 교류·협력

　　㉤ 보건복지부장관이 위탁하는 사회복지사업에 관한 업무

　　㉥ 기타 협회의 목적달성에 필요한 사항

(5) 보 칙

① 보조금 등(법 제42조 및 시행령 제20조) 19회 기출

　　㉠ 국가나 지방자치단체는 사회복지사업을 하는 자 중 사회복지법인, 사회복지사업을 수행하는 비영리법인, 사회복지시설 보호대상자를 수용하거나 보육·상담 및 자립지원을 하기 위하여 사회복지시설을 설치·운영하는 개인에게 운영비 등 필요한 비용의 전부 또는 일부를 보조할 수 있다.

　　㉡ 보조금은 그 목적 외의 용도에 사용할 수 없다.

　　㉢ 국가나 지방자치단체는 보조금을 받은 자가 거짓이나 그 밖의 부정한 방법으로 보조금을 받았을 때 혹은 사업 목적 외의 용도에 보조금을 사용하였을 때에는 이미 지급한 보조금의 전부 또는 일부의 반환을 명하여야 한다.

② 청문(법 제49조)

　　보건복지부장관, 시·도지사 또는 시장·군수·구청장은 다음의 어느 하나에 해당하는 처분을 하려면 청문을 실시하여야 한다.

　　㉠ 사회복지사의 자격취소

　　㉡ 사회복지법인의 설립허가 취소

　　㉢ 사회복지시설의 폐쇄

심화연구실

사회복지의 날(사회복지사업법 제15조의2 제1항) 16회, 19회 기출

국가는 국민의 사회복지에 대한 이해를 증진하고 사회복지사업 종사자의 활동을 장려하기 위하여 매년 9월 7일을 사회복지의 날로 하고, 사회복지의 날부터 1주간을 사회복지주간으로 한다.

바로암기 ○×

사회복지사에 대한 전문지식 및 기술의 개발·보급, 국제사회복지사단체와의 교류·협력 등의 역할을 수행하는 조직은 '한국사회복지사연합회'이다?
( )

해설
'한국사회복지사협회'이다.
정답 ×

전문가의 한마디

'청문(聽聞)'은 어떠한 규칙을 제정하거나 행정처분을 하기에 앞서 관련 전문가나 이해관계인으로 하여금 증거를 제출하고 의견을 진술하도록 하여 사실조사를 하는 절차를 말합니다.

03절 사회보장급여의 이용 · 제공 및 수급권자 발굴에 관한 법률

1 개요

(1) 목적 및 정의

① 목적(법 제1조)

㉠ 사회보장기본법에 따른 사회보장급여의 이용 및 제공에 관한 기준과 절차 등 기본적 사항을 규정하고 지원을 받지 못하는 지원대상자를 발굴하여 지원함으로써 사회보장급여를 필요로 하는 사람의 인간다운 생활을 할 권리를 최대한 보장한다.

㉡ 사회보장급여가 공정하고 효과적으로 제공되도록 하며, 사회보장제도가 지역사회에서 통합적으로 시행될 수 있도록 그 기반을 구축한다.

② 정의(법 제2조) 17회, 19회 기출

㉠ 사회보장급여 : 보장기관이 사회보장기본법에 따라 제공하는 현금, 현물, 서비스 및 그 이용권을 말한다.

㉡ 수급권자 : 사회보장기본법에 따른 사회보장급여를 제공받을 권리를 가진 사람을 말한다.

㉢ 수급자 : 사회보장급여를 받고 있는 사람을 말한다.

㉣ 지원대상자 : 사회보장급여를 필요로 하는 사람을 말한다.

㉤ 보장기관 : 관계 법령 등에 따라 사회보장급여를 제공하는 국가기관과 지방자치단체를 말한다.

(2) 기본원칙(법 제4조)

① 사회보장급여가 필요한 사람은 누구든지 자신의 의사에 따라 사회보장급여를 신청할 수 있으며, 보장기관은 이에 필요한 안내와 상담 등의 지원을 충분히 제공하여야 한다.

② 보장기관은 지원이 필요한 국민이 급여대상에서 누락되지 아니하도록 지원대상자를 적극 발굴하여 이들이 필요로 하는 사회보장급여를 적절하게 제공받을 수 있도록 노력하여야 한다.

③ 보장기관은 국민의 다양한 복지욕구를 충족시키고 생애주기별 필요에 맞는 사회보장급여가 공정 · 투명 · 적정하게 제공될 수 있도록 노력하여야 한다.

④ 보장기관은 사회보장급여와 사회복지사업법에 따른 사회복지법인, 사회복지시설 등 사회보장 관련 민간 법인 · 단체 · 시설이 제공하는 복지혜택 또는 서비스를 효과적으로 연계하여 제공할 수 있도록 노력하여야 한다.

⑤ 보장기관은 국민이 사회보장급여를 편리하게 이용할 수 있도록 사회보장 정책 및 관련 제도를 수립 · 시행하기 위하여 노력하여야 한다.

⑥ 보장기관은 지역의 사회보장 수준이 균등하게 실현될 수 있도록 노력하여야 한다.

2 주요 내용

(1) 사회보장급여의 신청 및 수급자격의 조사(법 제5조 및 제7조) 20회 기출

① 지원대상자와 그 친족, 민법에 따른 후견인, 청소년기본법에 따른 청소년상담사 · 청소년지도사, 지원대상자를 사실상 보호하고 있는 자(관련 기관 및 단체의 장을 포함) 등은 지원대상자의 주소지 관할 보장기관에 사회보장급여를 신청할 수 있다.

② 보장기관의 업무담당자는 지원대상자가 누락되지 아니하도록 하기 위하여 관할 지역에 거주하는 지원대상자에 대한 사회보장급여의 제공을 직권으로 신청할 수 있다. 이 경우 지원대상자의 동의를 받아야 하며, 동의를 받은 경우에는 지원대상자가 신청한 것으로 본다.

③ 보장기관의 장은 사회보장급여의 신청을 받으면 지원대상자와 그 부양의무자(배우자와 1촌의 직계혈족 및 그 배우자를 말함)에 대하여 사회보장급여의 수급자격 확인을 위하여 다음의 어느 하나에 해당하는 자료 또는 정보를 제공받아 조사하고 처리할 수 있다.

ㄱ 인적사항 및 가족관계 확인에 관한 사항

ㄴ 소득 · 재산 · 근로능력 및 취업상태에 관한 사항

ㄷ 사회보장급여 수급이력에 관한 사항

ㄹ 그 밖에 수급권자를 선정하기 위하여 보장기관의 장이 필요하다고 인정하는 사항

전문가의 한마디

지원대상자가 심신미약 또는 심신상실 등 심신장애로 의사를 결정할 능력이 미약하거나 없는 것으로 인정되는 경우 지원대상자의 동의 없이 보장기관의 업무담당자가 직권으로 사회보장급여의 제공을 신청할 수 있습니다(법 제5조 제3항).

(2) 발굴조사의 실시 및 실태점검(법 제12조의2) 20회 기출

① 보장기관의 장은 지원대상자에 대한 발굴조사를 분기마다 정기적으로 실시하여야 한다. 다만, 「긴급복지지원법」 제7조의2(위기상황의 발굴)에 따라 발굴조사를 실시한 경우에는 그러하지 아니하다.

② 보건복지부장관은 지원대상자 발굴체계의 운영 실태를 매년 정기적으로 점검하고 개선방안을 마련하여야 한다.

(3) 사회보장급여 제공의 결정, 변경, 중지, 환수 21회 기출

① 보장기관의 장이 법령에 따른 조사를 실시한 경우에는 사회보장급여의 제공 여부 및 제공 유형을 결정하되, 제공하고자 하는 사회보장급여는 지원대상자가 현재 제

출제의도 체크

보장기관의 장은 지원대상자를 발굴하기 위하여 사회보장급여의 내용 및 제공규모, 수급자가 되기 위한 요건과 절차, 그 밖에 사회보장급여 수급을 위하여 필요한 정보의 제공과 홍보에 노력하여야 합니다(법 제10조).

▶ 22회 기출

공받고 있는 사회보장급여와 보장내용이 중복되도록 하여서는 아니 된다(법 제9조 제1항).

② 보건복지부장관은 속임수 등의 부정한 방법으로 사회보장급여를 받거나 타인으로 하여금 사회보장급여를 받게 한 경우에 대하여 보장기관이 효과적인 대책을 세울 수 있도록 그 발생 현황, 피해사례 등에 관한 실태조사를 3년마다 실시하고, 그 결과를 공개하여야 한다(법 제19조의2 제1항).

③ 주기적으로 또는 기간을 정하여 사회보장급여를 제공받는 수급자는 거주지, 세대원, 소득·재산 상태, 근로능력, 다른 급여의 수급이력 등의 사항이 변동되었을 때에는 지체 없이 관할 보장기관의 장에게 신고하여야 한다(법 제20조).

④ 보장기관의 장은 사회보장급여의 적정성 확인조사 및 수급자의 변동신고에 따라 수급자 및 그 부양의무자의 인적사항, 가족관계, 소득·재산 상태, 근로능력 등에 변동이 있는 경우에는 직권 또는 수급자나 그 친족, 그 밖의 관계인의 신청에 따라 수급자에 대한 사회보장급여의 종류·지급방법 등을 변경할 수 있다(법 제21조 제1항).

⑤ 보장기관의 장은 변동으로 수급자에 대한 사회보장급여의 전부 또는 일부가 필요 없게 된 때에는 사회보장급여의 전부 또는 일부를 중지하거나 그 종류·지급방법 등을 변경하여야 한다(법 제21조 제2항).

⑥ 수급자가 변동신고를 고의로 회피하거나 속임수 등의 부정한 방법으로 사회보장급여를 받거나 타인으로 하여금 사회보장급여를 받게 한 경우에는 사회보장급여를 제공한 보장기관의 장은 그 사회보장급여의 전부 또는 일부를 그 사회보장급여를 받거나 받게 한 자(이하 "부정수급자"라 한다)로부터 환수할 수 있다(법 제22조 제1항).

⑦ 보장기관의 장은 수급권이 없는 자에게 사회보장급여를 제공하거나 그 변경·중지로 인하여 수급자에게 이미 제공한 사회보장급여 중 과잉지급분이 발생한 경우에는 즉시 이를 제공받은 사람에 대하여 그 전부 또는 일부의 반환을 명하여야 한다. 다만, 이를 이미 소비하였거나 그 밖에 수급자에게 부득이한 사유가 있는 때에는 그 반환을 면제할 수 있다(법 제22조 제2항).

(4) 이의신청(법 제17조)

① 이 법에 따른 처분에 이의가 있는 수급권자 등은 그 처분을 받은 날로부터 90일 이내에 처분을 결정한 보장기관의 장에게 이의신청을 할 수 있다. 다만, 정당한 사유로 인하여 그 기간 내에 이의신청을 할 수 없음을 증명한 때에는 그 사유가 소멸한 때부터 60일 이내에 이의신청을 할 수 있다.

② 보장기관의 장은 이의신청을 받은 날부터 10일 이내에 그 이의신청에 대하여 결정하고 그 결과를 신청인에게 지체 없이 통지하여야 한다. 다만, 부득이한 사유로 정하여진 기간 이내에 결정할 수 없을 때에는 그 기간의 만료일 다음 날부터 기산하여 10일 이내의 범위에서 연장할 수 있으며, 연장 사유를 신청인에게 통지하여야 한다.

(5) 한국사회보장정보원(법 제29조)

① 한국사회보장정보원의 설립 18회, 22회 **기출**

ㄱ 사회보장정보시스템의 운영 · 지원을 위하여 한국사회보장정보원을 설립한다.

ㄴ 한국사회보장정보원은 법인으로 한다.

ㄷ 정부는 사회보장급여의 이용 및 제공이 원활히 이루어질 수 있도록 한국사회보장정보원의 설립 · 운영에 필요한 비용을 출연하거나 지원할 수 있다.

ㄹ 한국사회보장정보원에 관하여 이 법에서 규정한 사항 외에는 「민법」 중 재단법인에 관한 규정을 준용한다.

② 한국사회보장정보원의 주요 업무

ㄱ 사회보장정보시스템의 구축 및 유지 · 기능개선 · 관리 · 교육 · 상담 등 운영에 관한 사항

ㄴ 지원대상자의 발굴을 위하여 필요한 자료 또는 정보의 처리 및 사회보장정보의 처리

ㄷ 사회보장급여의 수급과 관련된 법령 등에 따른 신청, 접수, 조사, 결정, 환수 등 업무의 전자적 처리 지원

ㄹ 사회서비스이용권의 이용 · 지급 및 정산 등에 필요한 정보시스템의 운영, 사회서비스이용권을 통하여 사회서비스를 제공하는 사업의 관리에 관한 사항

ㅁ 사회보장 관련 민간 법인 · 단체 · 시설에 대한 전자화 지원

ㅂ 사회보장제도의 운영에 필요한 정책정보 및 통계정보의 생산 · 분석, 제공과 사회보장정책 지원을 위한 조사 · 연구

ㅅ 대국민 포털의 운영에 관한 사항

ㅇ 그 밖에 이 법 또는 다른 법령에 따라 보건복지부장관, 국가 또는 지방자치단체로부터 위탁받은 업무

(6) 지역사회보장계획

① 지역사회보장계획의 수립(법 제35조) 14회, 15회, 16회, 19회, 21회, 22회 **기출**

ㄱ 특별시장 · 광역시장 · 특별자치시장 · 도지사 · 특별자치도지사(이하 "시 · 도지사"라 한다) 및 시장 · 군수 · 구청장은 지역사회보장에 관한 계획(이하 "지역사회보장계획"이라 한다)을 4년마다 수립하고, 매년 지역사회보장계획에 따라 연차별 시행계획을 수립하여야 한다. 이 경우 사회보장기본법에 따른 사회보장에 관한 기본계획과 연계되도록 하여야 한다.

ㄴ 시장 · 군수 · 구청장은 해당 시 · 군 · 구의 지역사회보장계획(연차별 시행계획을 포함)을 지역주민 등 이해관계인의 의견을 들은 후 수립하고, 지역사회보장협의체의 심의와 해당 시 · 군 · 구 의회의 보고를 거쳐 시 · 도지사에게 제출하여야 한다.

> **전문가의 한마디**
>
> '한국사회보장정보원'은 기존 '사회보장정보원'에 해당합니다. 이와 같은 명칭 변경은 국제협력 업무의 수행을 위해 필요하다는 지적에 따른 것입니다.

> **출제의도 체크**
>
> 시 · 군 · 구 지역사회보장계획은 '시 · 군 · 구 의회의 심의'와 '지역사회보장협의체의 보고'가 아닌 '지역사회보장협의체의 심의'와 '시 · 군 · 구 의회의 보고'를 거쳐야 합니다.
>
> ▶ 16회 기출

ⓒ 시 · 도지사(특별자치시장은 제외)는 제출받은 시 · 군 · 구의 지역사회보장계획을 지원하는 내용 등을 포함한 해당 특별시 · 광역시 · 도 · 특별자치도의 지역사회보장계획을 수립하여야 한다. 특별자치시장은 지역주민 등 이해관계인의 의견을 들어 지역사회보장계획을 수립하여야 한다.

ⓔ 시 · 도지사는 ⓒ에 따른 지역사회보장계획을 시 · 도 사회보장위원회의 심의와 해당 시 · 도 의회의 보고를 거쳐 보건복지부장관에게 제출하여야 한다. 이 경우 보건복지부장관은 제출된 계획을 사회보장위원회에 보고하여야 한다.

ⓜ 시장 · 군수 · 구청장은 시 · 군 · 구 지역사회보장계획을 시행연도의 전년도 9월 30일까지, 그 연차별 시행계획을 시행연도의 전년도 11월 30일까지 각각 시 · 도지사에게 제출하여야 하며, 시 · 도지사는 시 · 도 지역사회보장계획을 시행연도의 전년도 11월 30일까지, 그 연차별 시행계획을 시행연도의 1월 31일까지 각각 보건복지부장관에게 제출하여야 한다(시행령 제20조 제3항 및 제4항 참조).

ⓗ 보장기관의 장은 지역사회보장계획의 수립 및 지원 등을 위하여 지역 내 사회보장 관련 실태와 지역주민의 사회보장에 관한 인식 등에 관하여 필요한 조사(이하 "지역사회보장조사"라 한다)를 실시할 수 있으며, 시 · 도지사 및 시장 · 군수 · 구청장은 지역사회보장계획 수립 시 지역사회보장조사 결과를 반영할 수 있다.

ⓢ 지역사회보장계획의 수립 및 지역사회보장조사의 시기 · 방법 등에 필요한 사항은 대통령령으로 정한다.

② 지역사회보장계획의 내용(법 제36조) 17회, 18회, 20회 기출

시 · 군 · 구 지역사회보장계획	• 지역사회보장 수요의 측정, 목표 및 추진전략 • 지역사회보장지표의 설정 및 목표 • 지역사회보장의 분야별 추진전략, 중점 추진사업 및 연계협력 방안 • 지역사회보장 전달체계의 조직과 운영 • 사회보장급여의 사각지대 발굴 및 지원 방안 • 지역사회보장에 필요한 재원의 규모와 조달 방안 • 지역사회보장에 관련한 통계 수집 및 관리 방안 • 지역 내 부정수급 발생 현황 및 방지대책 • 그 밖에 대통령령으로 정하는 사항
특별시 · 광역시 · 도 · 특별자치도 지역사회보장계획	• 시 · 군 · 구의 사회보장이 균형적이고 효과적으로 추진될 수 있도록 지원하기 위한 목표 및 전략 • 지역사회보장지표의 설정 및 목표 • 시 · 군 · 구에서 사회보장급여가 효과적으로 이용 및 제공될 수 있는 기반 구축 방안 • 시 · 군 · 구 사회보장급여 담당 인력의 양성 및 전문성 제고 방안 • 지역사회보장에 관한 통계자료의 수집 및 관리 방안 • 시 · 군 · 구의 부정수급 방지대책을 지원하기 위한 방안 • 그 밖에 지역사회보장 추진에 필요한 사항

특별자치시 지역사회보장계획	• 시 · 군 · 구 지역사회보장계획의 각 사항 • 사회보장급여가 효과적으로 이용 및 제공될 수 있는 기반 구축 방안 • 사회보장급여 담당 인력의 양성 및 전문성 제고 방안 • 그 밖에 지역사회보장 추진에 필요한 사항

> **참고**
>
> 위의 지역사회보장계획의 수립에 관한 내용은 사회보장급여법령의 내용을 그대로 수록한 것이며, 앞선 '5영역 지역사회복지론'에서의 해당 내용은 보건복지부 발행 『제4기('19~'22) 지역사회보장계획 수립 안내』를 참조하여 간략히 정리한 것입니다.

(7) 지역사회보장협의체와 시 · 도 사회보장위원회(법 제40조 및 제41조)

① 설 치

ⓖ 시장 · 군수 · 구청장은 지역의 사회보장을 증진하고, 사회보장과 관련된 서비스를 제공하는 관계 기관 · 법인 · 단체 · 시설과 연계 · 협력을 강화하기 위하여 해당 시 · 군 · 구에 지역사회보장협의체를 둔다.

ⓛ 시 · 도지사는 시 · 도의 사회보장 증진을 위하여 시 · 도 사회보장위원회를 둔다.

② 심의 · 자문 업무 18회, 20회 **기출**

지역사회보장협의체	• 시 · 군 · 구의 지역사회보장계획 수립 · 시행 및 평가에 관한 사항 • 시 · 군 · 구의 지역사회보장조사 및 지역사회보장지표에 관한 사항 • 시 · 군 · 구의 사회보장급여 제공에 관한 사항 • 시 · 군 · 구의 사회보장 추진에 관한 사항 • 읍 · 면 · 동 단위 지역사회보장협의체의 구성 및 운영에 관한 사항 • 그 밖에 위원장이 필요하다고 인정하는 사항
시 · 도 사회보장 위원회	• 시 · 도의 지역사회보장계획 수립 · 시행 및 평가에 관한 사항 • 시 · 도의 지역사회보장조사 및 지역사회보장지표에 관한 사항 • 시 · 도의 사회보장급여 제공에 관한 사항 • 시 · 도의 사회보장 추진과 관련한 중요 사항 • 읍 · 면 · 동 단위 지역사회보장협의체의 구성 및 운영에 관한 사항(특별자치시에 한정) • 사회보장과 관련된 서비스를 제공하는 관계 기관 · 법인 · 단체 · 시설과의 연계 · 협력 강화에 관한 사항(특별자치시에 한정) • 그 밖에 위원장이 필요하다고 인정되는 사항

출제의도 체크

특별자치시의 사회보장과 관련된 서비스를 제공하는 관계 기관 · 법인 · 단체 · 시설과의 연계 · 협력 강화에 관한 심의 · 자문은 시 · 군 · 구 지역사회보장협의체가 아닌 시 · 도 사회보장위원회에서 담당합니다.

▶ 18회 기출

제8영역

(8) 사회보장사무 전담기구(법 제42조)

① 특별자치시장 및 시장·군수·구청장은 사회보장에 관한 업무를 효율적으로 수행하기 위하여 관련 조직, 인력, 관계 기관 간 협력체계 등을 마련하여야 하며, 필요한 경우에는 사회보장에 관한 사무를 전담하는 기구(이하 "사회보장사무 전담기구"라 한다)를 별도로 설치할 수 있다.

② 사회보장사무 전담기구는 사회보장정보시스템을 활용하여 수급권자에게 필요한 정보를 종합 안내하고, 사회보장급여에 대한 신청 등이 편리하게 이루어질 수 있도록 운영되어야 한다.

(9) 통합사례관리(법 제42조의2) 17회 기출

① 보건복지부장관, 시·도지사 및 시장·군수·구청장은 지원대상자의 사회보장 수준을 높이기 위하여 지원대상자의 다양하고 복합적인 특성에 따른 상담과 지도, 사회보장에 대한 욕구조사, 서비스 제공 계획의 수립을 실시하고, 그 계획에 따라 지원대상자에게 보건·복지·고용·교육 등에 대한 사회보장급여 및 민간 법인·단체·시설 등이 제공하는 서비스를 종합적으로 연계·제공하는 통합사례관리를 실시할 수 있다.

② 통합사례관리를 실시하기 위하여 필요한 경우에는 특별자치시 및 시·군·구에 통합사례관리사를 둘 수 있다.

(10) 사회복지전담공무원(법 제43조) 11회, 18회 기출

① 사회복지사업에 관한 업무를 담당하게 하기 위하여 시·도, 시·군·구, 읍·면·동 또는 사회보장사무 전담기구에 사회복지전담공무원을 둘 수 있다.

② 사회복지전담공무원은 「사회복지사업법」에 따른 사회복지사의 자격을 가진 사람으로 하며, 그 임용 등에 필요한 사항은 대통령령으로 정한다.

③ 사회복지전담공무원은 사회보장급여에 관한 업무 중 취약계층에 대한 상담과 지도, 생활실태의 조사 등 보건복지부령으로 정하는 사회복지에 관한 전문적 업무를 담당한다.

④ 국가는 사회복지전담공무원의 보수 등에 드는 비용의 전부 또는 일부를 보조할 수 있다.

⑤ 시·도지사 및 시장·군수·구청장은 「지방공무원 교육훈련법」에 따라 사회복지전담공무원의 교육훈련에 필요한 시책을 수립·시행하여야 한다.

03 | 사회보험법

KEY POINT

- '사회보험법' 영역에서는 국민연금법, 국민건강보험법, 고용보험법, 산업재해보상보험법, 노인장기요양보험법 등 5대 사회보험에 관한 법률들을 간략히 다루고 있다.
- 국민연금법에서는 기본적인 용어의 정의와 함께 급여의 유형별 특징 및 산정방법에 대해 구체적으로 살펴보아야 한다.
- 국민건강보험법에서는 적용대상, 가입자 자격의 취득 및 상실, 이의신청 및 심판청구, 건강보험 관련 기구들에 대한 내용이 최근 출제된 바 있으므로, 이 부분을 확실히 기억해 두어야 한다.
- 고용보험법에서는 실업급여에 관한 기본적인 내용은 물론 특히 자영업자인 피보험자에 대한 실업급여 적용의 특례에 대해서도 살펴보아야 한다.
- 산업재해보상보험법에서는 업무상 재해의 인정 기준에 해당하는 업무상 사고, 업무상 질병, 출퇴근 재해를 구분할 수 있어야 하며, 보험료 및 보험급여의 기본적인 내용을 반드시 학습하여야 한다.
- 노인장기요양보험법에서는 보험료에 관한 기본적인 내용과 함께 등급판정에 대한 내용도 살펴보아야 한다.

01절 국민연금법

1 개요

(1) 목적 및 관장

① 목적(법 제1조)

국민의 노령, 장애 또는 사망에 대하여 연금급여를 실시함으로써 국민의 생활 안정과 복지 증진에 이바지한다.

② 관장(법 제2조)

국민연금사업은 보건복지부장관이 맡아 주관한다.

(2) 용어의 정의(법 제3조) 13회 기출

① 근로자 : 직업의 종류가 무엇이든 사업장에서 노무를 제공하고 그 대가로 임금을 받아 생활하는 자(법인의 이사와 그 밖의 임원을 포함)를 말한다.

② 사용자 : 해당 근로자가 소속되어 있는 사업장의 사업주를 말한다.

③ 소 득 : 일정한 기간 근로를 제공하여 얻은 수입에서 대통령령으로 정하는 비과세소득을 제외한 금액 또는 사업 및 자산을 운영하여 얻는 수입에서 필요경비를 제외한 금액을 말한다.

④ 평균소득월액 : 매년 사업장가입자 및 지역가입자 전원의 기준소득월액을 평균한 금액을 말한다.

전문가의 한마디

일용근로자나 1개월 미만의 기한을 정하여 근로를 제공하는 사람, 소재지가 일정하지 아니한 사업장에 종사하는 근로자, 법인의 이사 중 소득이 없는 사람, 1개월 동안의 소정근로시간이 60시간 미만인 단시간근로자 등은 원칙적으로 국민연금법령상 근로자에서 제외됩니다(시행령 제2조).

⑤ 기준소득월액 : 연금보험료와 급여를 산정하기 위하여 가입자의 소득월액을 기준으로 하여 정하는 금액을 말한다.

⑥ 연금보험료 : 국민연금사업에 필요한 비용으로서 사업장가입자의 경우에는 부담금 및 기여금의 합계액을, 지역가입자 · 임의가입자 및 임의계속가입자의 경우에는 본인이 내는 금액을 말한다.

⑦ 부담금 : 사업장가입자의 사용자가 부담하는 금액을 말한다.

⑧ 기여금 : 사업장가입자가 부담하는 금액을 말한다.

2 주요 내용

(1) 가입 대상 3회 기출

① 국내에 거주하는 국민으로서 18세 이상 60세 미만인 자는 국민연금 가입 대상이 된다. 다만, 공무원연금법, 군인연금법, 사립학교교직원연금법 및 별정우체국법을 적용받는 공무원, 군인, 교직원 및 별정우체국 직원, 그 밖에 대통령령으로 정하는 자는 제외한다(법 제6조).

② 국민연금법의 적용을 받는 사업장에 사용되고 있거나 국내에 거주하는 외국인으로서 대통령령으로 정하는 자 외의 외국인은 ①에도 불구하고 당연히 사업장가입자 또는 지역가입자가 된다. 다만, 이 법에 따른 국민연금에 상응하는 연금에 관하여 그 외국인의 본국 법이 대한민국 국민에게 적용되지 아니하면 그러하지 아니하다(법 제126조 제1항).

(2) 가입자의 종류

① 사업장가입자(법 제8조)

㉠ 사업의 종류, 근로자의 수 등을 고려하여 대통령령으로 정하는 사업장(이하 "당연적용사업장"이라 한다)의 18세 이상 60세 미만인 근로자와 사용자는 당연히 사업장가입자가 된다.

㉡ 공무원연금법, 공무원재해보상법, 사립학교교직원연금법 또는 별정우체국법에 따른 퇴직연금, 장해연금 또는 퇴직연금일시금이나 군인연금법에 따른 퇴역연금, 퇴역연금일시금, 군인재해보상법에 따른 상이연금을 받을 권리를 얻은 자(이하 "퇴직연금 등 수급권자"라 한다)는 사업장가입자에서 제외한다(단, 퇴직연금 등 수급권자가 국민연금과 직역연금의 연계에 관한 법률에 따라 연계 신청을 한 경우에는 사업장가입자에 해당함).

ⓒ 국민연금에 가입된 사업장에 종사하는 18세 미만 근로자는 사업장가입자가 되는 것으로 본다. 다만, 본인이 원하지 아니하면 사업장가입자가 되지 아니할 수 있다.

ⓔ 국민기초생활보장법에 따른 생계급여 수급자 또는 의료급여 수급자는 본인의 희망에 따라 사업장가입자가 되지 아니할 수 있다.

② **지역가입자(법 제9조)** 14회 기출

ⓐ 사업장가입자가 아닌 자로서 18세 이상 60세 미만인 자는 당연히 지역가입자가 된다.

ⓑ 다음의 어느 하나에 해당하는 자는 지역가입자에서 제외한다.

- 다음의 어느 하나에 해당하는 자의 배우자로서 별도의 소득이 없는 자
  - 국민연금 가입 대상에서 제외되는 자(직역연금 가입 대상자 등)
  - 사업장가입자, 지역가입자 및 임의계속가입자
  - 노령연금 수급권자 및 퇴직연금 등 수급권자
- 퇴직연금 등 수급권자(단, 퇴직연금 등 수급권자가 국민연금과 직역연금의 연계에 관한 법률에 따라 연계 신청을 한 경우에는 지역가입자에 해당함)
- 18세 이상 27세 미만인 자로서 학생이거나 군 복무 등의 이유로 소득이 없는 자(단, 연금보험료를 납부한 사실이 있는 자는 지역가입자에 해당)
- 국민기초생활보장법에 따른 생계급여 수급자 또는 의료급여 수급자
- 1년 이상 행방불명된 자

③ **임의가입자(법 제10조)**

사업장가입자 및 지역가입자 외의 자로서 18세 이상 60세 미만인 자는 보건복지부령으로 정하는 바에 따라 국민연금공단에 가입을 신청하면 임의가입자가 될 수 있다.

④ **임의계속가입자(법 제13조)** 6회 기출

다음의 어느 하나에 해당하는 자는 65세가 될 때까지 보건복지부령으로 정하는 바에 따라 국민연금공단에 가입을 신청하면 임의계속가입자가 될 수 있다.

ⓐ 국민연금 가입자 또는 가입자였던 자로서 60세가 된 자(단, 연금보험료를 납부한 사실이 없는 자, 노령연금 수급권자로서 급여를 지급받고 있는 자, 가입기간이 10년 미만으로 60세가 되어 반환일시금을 지급받은 자는 제외)

ⓑ 전체 국민연금 가입기간의 5분의 3 이상을 특수직종근로자로 국민연금에 가입하거나 가입하였던 사람으로서 노령연금이나 특례노령연금 수급권을 취득하고 노령연금(특례노령연금) 급여를 지급받지 않는 사람

바로암기 ◯✕

18세 이상 27세 미만인 자로서 학생이거나 군 복무 등의 이유로 소득이 없는 자는 '사업장가입자'가 아닌 '지역가입자'에 해당한다?

( )

해설
지역가입자에서도 제외된다.

정답 ✕

전문가의 한마디

국민연금법령상 특수직종근로자는 상시 갱내작업에 종사하는 광원이나 어선에서 직접 어로작업에 종사하는 부원으로서 연금 가입기간이 그의 전체 국민연금 가입기간의 5분의 3 이상이 되는 경우로 한정됩니다(시행령 제22조).

(3) 가입자 자격의 취득 및 상실(법 제11조 내지 제13조) 5회 기출

① 사업장가입자의 자격 취득 및 상실 시기

자격취득 시기	• 국민연금 적용 사업장에 고용된 날 • 국민연금 적용 사업장의 사용자가 된 날 • 사업장이 당연적용사업장으로 된 날
자격상실 시기	• 사망한 날의 다음날 • 국적을 상실하거나 국외로 이주한 날의 다음날 • 사용관계가 끝난 날의 다음날 • 60세가 된 날의 다음날 • 국민연금 가입 대상 제외자에 해당하게 된 날

② 지역가입자의 자격 취득 및 상실 시기

바로암기 ○×

지역가입자가 사업장가입자의 자격을 취득한 때에는 그에 해당하게 된 날에 지역가입자의 자격을 상실한다?

( )

정답 ○

자격취득 시기	• 사업장가입자의 자격을 상실한 날 • 국민연금 가입 대상 제외자에 해당하지 아니하게 된 날 • 배우자가 별도의 소득이 있게 된 날 • 18세 이상 27세 미만인 자가 소득이 있게 된 날
자격상실 시기	• 사망한 날의 다음날 • 국적을 상실하거나 국외로 이주한 날의 다음날 • 국민연금 가입 대상 제외자에 해당하게 된 날 • 사업장가입자의 자격을 취득한 날 • 배우자로서 별도의 소득이 없게 된 날의 다음날 • 60세가 된 날의 다음날

③ 임의가입자의 자격 취득 및 상실 시기

자격취득 시기	임의가입자 가입 신청이 수리된 날
자격상실 시기	• 사망한 날의 다음날 • 국적을 상실하거나 국외로 이주한 날의 다음날 • 탈퇴 신청이 수리된 날의 다음날 • 60세가 된 날의 다음날 • 6개월 이상 계속하여 연금보험료를 체납한 날의 다음날(단, 천재지변이나 그 밖에 부득이한 사유인 경우 제외) • 사업장가입자 또는 지역가입자의 자격을 취득한 날 • 국민연금 가입 대상 제외자에 해당하게 된 날

전문가의 한마디

2024년 1월 23일 시행령 개정에 따라 2024년 3월 1일부로 국민연금 가입자 자격을 상실하게 되는 연금보험료 체납 기간이 기존 '3개월'에서 '6개월'로 연장되었습니다.

④ 임의계속가입자의 자격 취득 및 상실 시기

자격취득 시기	임의계속가입자 가입 신청이 수리된 날
자격상실 시기	• 사망한 날의 다음날 • 국적을 상실하거나 국외로 이주한 날의 다음날 • 탈퇴 신청이 수리된 날의 다음날 • 6개월 이상 계속하여 연금보험료를 체납한 날의 다음날(단, 천재지변이나 그 밖에 부득이한 사유인 경우 제외)

(4) 가입기간의 계산 및 가입기간 추가 산입

① 가입기간의 계산(법 제17조)

ㄱ 국민연금 가입기간은 월 단위로 계산하되, 가입자의 자격을 취득한 날이 속하는 달의 다음 달부터 자격을 상실한 날의 전날이 속하는 달까지로 한다.

ㄴ 가입기간을 계산할 때 연금보험료를 내지 아니한 기간은 원칙적으로 가입기간에 산입하지 아니한다.

② 가입기간 추가 산입(법 제18조 내지 제19조의2) 16회, 17회 **기출**

군 복무	병역법에 따른 현역병, 전환복무를 한 사람, 상근예비역, 사회복무요원은 노령연금 수급권을 취득한 때에는 6개월을 가입기간에 추가로 산입한다.
출 산	2명 이상의 자녀가 있는 가입자 또는 가입자였던 자가 노령연금 수급권을 취득한 때에는 자녀가 2명인 경우 12개월, 자녀가 3명 이상인 경우 둘째 자녀에 대하여 인정되는 12개월에 2자녀를 초과하는 자녀 1명마다 18개월을 더한 개월 수를 가입기간에 추가로 산입한다.
실 업	18세 이상 60세 미만인 사람 중 가입자 또는 가입자였던 자로서 재산 또는 소득이 보건복지부장관이 정하여 고시하는 기준 이하인 사람이 고용보험법에 따른 구직급여를 받는 경우 구직급여를 받는 기간을 가입기간으로 산입하기 위하여 국민연금공단에 신청하는 때에는 그 기간을 가입기간에 추가로 산입한다. 다만, 추가로 산입하는 기간은 1년을 초과할 수 없다.

③ 가입기간의 합산(법 제20조 제2항) 22회 **기출**

가입자의 가입 종류가 변동되면 그 가입자의 가입기간은 각 종류별 가입기간을 합산한 기간으로 한다.

(5) 급여의 유형 4회, 5회, 11회, 16회, 19회, 20회 **기출**

① 노령연금(법 제61조, 제63조, 제63조의2)

ㄱ 노령연금

• 수급권자 : 가입기간이 10년 이상인 가입자 또는 가입자였던 자에 대하여는 60세(특수직종근로자는 55세)가 된 때부터 그가 생존하는 동안 노령연금을 지급한다.

• 노령연금액 : 다음의 구분에 따른 금액에 부양가족연금액을 더한 금액으로 한다.

> – 가입기간이 20년 이상인 경우 : 기본연금액
> – 가입기간이 10년 이상 20년 미만인 경우 : 기본연금액의 1천분의 500에 해당하는 금액에 가입기간 10년을 초과하는 1년(1년 미만이면 매 1개월을 12분의 1년으로 계산한다)마다 기본연금액의 1천분의 50에 해당하는 금액을 더한 금액

출제의도 체크

국민연금의 가입기간 추가 산입에 따른 비용 부담은 군 복무의 경우 국가가 전부를 부담하고, 출산의 경우 국가가 전부 또는 일부를 부담하며, 실업의 경우 원칙적으로 가입자 또는 가입자였던 사람이 인정소득을 기준으로 연금보험료를 납부하는 것을 전제로 국가가 연금보험료의 전부 또는 일부를 일반회계, 국민연금기금 및 고용보험기금에서 지원할 수 있도록 하고 있습니다.

▶ 17회 기출

전문가의 한마디

노령연금 수급권자가 소득활동을 하면 최대 5년 동안 연금액이 감액됩니다.

ⓛ 조기노령연금(법 제61조 및 제63조)

- 수급권자 : 가입기간이 10년 이상인 가입자 또는 가입자였던 자로서 55세 이상인 자가 대통령령으로 정하는 소득이 있는 업무에 종사하지 아니하는 경우 본인이 희망하면 60세가 되기 전이라도 본인이 청구한 때부터 그가 생존하는 동안 조기노령연금을 받을 수 있다.
- 조기노령연금액 : 가입기간에 따라 노령연금액 중 부양가족연금액을 제외한 금액에 수급연령별로 다음의 구분에 따른 비율을 곱한 금액에 부양가족연금액을 더한 금액으로 한다.

> - 55세부터 지급받는 경우 : 1천분의 700
> - 56세부터 지급받는 경우 : 1천분의 760
> - 57세부터 지급받는 경우 : 1천분의 820
> - 58세부터 지급받는 경우 : 1천분의 880
> - 59세부터 지급받는 경우 : 1천분의 940

ⓒ 분할연금(법 제64조) 11회 기출

- 수급권자 : 혼인 기간(배우자의 가입기간 중의 혼인 기간으로서 별거, 가출 등의 사유로 인하여 실질적인 혼인관계가 존재하지 아니하였던 기간을 제외한 기간을 말함)이 5년 이상인 자가 다음의 요건을 모두 갖추면 그때부터 그가 생존하는 동안 배우자였던 자의 노령연금을 분할한 분할연금을 받을 수 있다.

> - 배우자와 이혼하였을 것
> - 배우자였던 사람이 노령연금 수급권자일 것
> - 60세가 되었을 것

- 분할연금액 : 배우자였던 자의 노령연금액(부양가족연금액은 제외) 중 혼인 기간에 해당하는 연금액을 균등하게 나눈 금액으로 한다.
- 청구기간 : 분할연금은 수급요건을 모두 갖추게 된 때부터 5년 이내에 청구하여야 한다.

전문가의 한마디

국민연금법 제64조 분할연금에 관한 규정이 최근 헌법재판소의 헌법불합치 결정으로 인해 2017년 12월 19일 개정되었습니다. 헌법재판소는 분할연금을 산정함에 있어서 법률혼 관계에 있던 기간 중 별거 · 가출 등으로 실질적인 혼인관계가 존재하지 않았던 기간을 일률적으로 혼인기간에 포함시키도록 한 규정이 혼인 중 쌍방의 협력으로 형성된 공동재산의 분배라는 분할연금제도의 재산권적 성격을 몰각하고 있다는 이유로 헌법불합치 결정을 내리면서 개선입법의 마련을 촉구한 바 있습니다(2015헌바182 참조).

② 장애연금(법 제67조 및 제68조)

　　㉠ 수급권자 : 초진일 당시 연령이 18세 이상 노령연금 지급 연령 미만인 가입자 또는 가입자였던 자가 질병이나 부상으로 신체상 또는 정신상의 장애가 있고 다음의 어느 하나에 해당할 경우 장애결정 기준일부터 그 장애가 계속되는 기간 동안 장애 정도에 따라 장애연금을 지급한다.

> - 초진일 당시 연금보험료를 낸 기간 : 가입대상기간의 3분의 1 이상일 것
> - 초진일 5년 전부터 초진일까지의 기간 중 연금보험료를 낸 기간 : 3년 이상일 것
> - 초진일 당시 가입기간 : 10년 이상일 것

　　㉡ 장애연금액 : 장애연금액은 장애등급에 따라 다음의 금액으로 한다.

> - 장애등급 1급 : 기본연금액에 부양가족연금액을 더한 금액
> - 장애등급 2급 : 기본연금액의 1천분의 800에 해당하는 금액에 부양가족연금액을 더한 금액
> - 장애등급 3급 : 기본연금액의 1천분의 600에 해당하는 금액에 부양가족연금액을 더한 금액
> - 장애등급 4급 : 기본연금액의 1천분의 2,250에 해당하는 금액을 일시보상금으로 지급

③ 유족연금(법 제72조 내지 제75조) 9회, 15회 기출

　　㉠ 수급권자 : 다음의 어느 하나에 해당하는 사람이 사망하면 그 유족에게 유족연금을 지급한다.

> - 노령연금 수급권자
> - 가입기간이 10년 이상인 가입자 또는 가입자였던 자
> - 연금보험료를 낸 기간이 가입대상기간의 3분의 1 이상인 가입자 또는 가입자였던 자
> - 사망일 5년 전부터 사망일까지의 기간 중 연금보험료를 낸 기간이 3년 이상인 가입자 또는 가입자였던 자
> - 장애등급이 2급 이상인 장애연금 수급권자

　　㉡ 유족의 범위 : 사망자에 의하여 생계를 유지하고 있던 가족으로 배우자, 다음의 요건을 충족하는 자녀, 부모, 손자녀, 조부모 순위 중 최우선 순위자에게만 지급한다.

지급대상	지급요건	
	연 령	장애상태
자 녀	25세 미만	이거나 장애등급 2급 이상 또는 「장애인복지법」상 장애의 정도가 심한 장애인(연령제한 없음)
부모(배우자의 부모 포함)	60세 이상	
손자녀	19세 미만	
조부모(배우자의 조부모 포함)	60세 이상	

제8영역

ⓒ 유족연금액 : 유족연금액은 가입기간에 따라 다음의 금액에 부양가족연금액을 더한 금액으로 한다.

- 가입기간 10년 미만 : 기본연금액의 1천분의 400에 해당하는 금액
- 가입기간 10년 이상 20년 미만 : 기본연금액의 1천분의 500에 해당하는 금액
- 가입기간 20년 이상 : 기본연금액의 1천분의 600에 해당하는 금액

ⓔ 유족연금 수급권의 소멸 : 유족연금 수급권자가 다음의 어느 하나에 해당하게 되면 그 수급권은 소멸한다.

- 수급권자가 사망한 때
- 배우자인 수급권자가 재혼한 때
- 자녀나 손자녀인 수급권자가 파양된 때
- 법령에 따른 장애상태에 해당하지 아니한 자녀인 수급권자가 25세가 된 때 또는 법령에 따른 장애상태에 해당하지 아니한 손자녀인 수급권자가 19세가 된 때

④ 반환일시금(법 제77조 및 시행령 제50조)

ⓐ 수급권자 : 가입자 또는 가입자였던 자가 다음의 어느 하나에 해당하게 되면 본인이나 그 유족의 청구에 의하여 반환일시금을 지급받을 수 있다.

- 가입기간이 10년 미만인 자가 60세가 된 때
- 가입자 또는 가입자였던 자가 사망한 때(단, 유족연금이 지급되는 경우 제외)
- 국적을 상실하거나 국외로 이주한 때

ⓑ 반환일시금액 : 가입자 또는 가입자였던 자가 납부한 연금보험료(사업장가입자 또는 사업장가입자였던 자의 경우 사용자의 부담금을 포함)에 대통령령으로 정하는 3년 만기 정기예금 이자율을 적용한 이자를 더한 금액으로 한다.

⑤ 사망일시금(법 제80조)

ⓐ 수급권자 : 가입자 또는 가입자였던 사람, 노령연금 수급권자, 장애등급이 3급 이상인 장애연금 수급권자 중 어느 하나에 해당하는 사람이 사망한 때에 법령에 따른 유족이 없으면 그 배우자·자녀·부모·손자녀·조부모·형제자매 또는 4촌 이내 방계혈족에게 사망일시금을 지급한다.

ⓑ 사망일시금액 : 가입자 또는 가입자였던 사람이 사망한 경우 가입자 또는 가입자였던 사람의 반환일시금에 상당하는 금액으로 하며, 노령연금 수급권자나 장애연금 수급권자가 사망한 경우 수급권자가 사망할 때까지 지급받은 연금액이 반환일시금에 상당하는 금액보다 적은 경우에 그 차액에 해당하는 금액으로 한다.

전문가의 한마디

사망한 가입자 등에 의하여 생계를 유지하고 있지 않은 자녀 또는 25세 이상인 자녀는 유족연금을 받을 수 있는 자녀의 범위에 포함되지 않으므로, 법령에 따른 다른 유족이 없는 경우에 한하여 사망일시금을 지급받을 수 있습니다. 이러한 사망일시금은 사실상 장제·부조적·보상적 성격을 갖는 급여로 볼 수 있습니다.

(6) 연금보험료의 부과 · 징수(법 제88조)

① 보건복지부장관은 국민연금사업 중 연금보험료의 징수에 관하여 국민연금법에서 정하는 사항을 국민건강보험공단에 위탁한다.

② 국민연금공단은 국민연금사업에 드는 비용에 충당하기 위하여 가입자와 사용자에게 가입기간 동안 매월 연금보험료를 부과하고, 국민건강보험공단이 이를 징수한다.

③ 사업장가입자의 연금보험료 중 기여금은 사업장가입자 본인이, 부담금은 사용자가 각각 부담하되, 그 금액은 각각 기준소득월액의 1천분의 45에 해당하는 금액으로 한다.

④ 지역가입자, 임의가입자 및 임의계속가입자의 연금보험료는 지역가입자, 임의가입자 또는 임의계속가입자 본인이 부담하되, 그 금액은 기준소득월액의 1천분의 90으로 한다.

(7) 국민연금기금의 조성 및 운용

① 국민연금기금의 조성(법 제101조)

국민연금기금은 다음의 재원으로 조성한다.

㉠ 연금보험료
㉡ 기금 운용 수익금
㉢ 적립금
㉣ 국민연금공단의 수입지출 결산상의 잉여금

② 국민연금기금의 운용(법 제102조) 10회 기출

㉠ 국민연금기금은 보건복지부장관이 관리 · 운용한다.

㉡ 보건복지부장관은 국민연금 재정의 장기적인 안정을 유지하기 위하여 그 수익을 최대로 증대시킬 수 있도록 국민연금기금운용위원회에서 의결한 바에 따라 기금을 관리 · 운용하되, 가입자, 가입자였던 자 및 수급권자의 복지증진을 위한 사업에 대한 투자는 국민연금 재정의 안정을 해치지 아니하는 범위에서 하여야 한다.

㉢ 국민연금기금을 운용할 수 있는 방법은 다음과 같다.

> • 대통령령으로 정하는 금융기관(예 은행법에 따른 은행, 한국산업은행법에 따른 한국산업은행 및 중소기업은행법에 따른 중소기업은행 등)에 대한 예입 또는 신탁
> • 공공사업을 위한 공공부문에 대한 투자
> • 자본시장과 금융투자업에 관한 법률에 따른 증권의 매매 및 대여
> • 자본시장과 금융투자업에 관한 법률에 따른 지수 중 금융투자상품지수에 관한 파생상품시장에서의 거래
> • 복지사업 및 대여사업으로서 자금의 대여
> • 노인복지법에 따른 노인복지시설의 설치 · 공급 · 임대 · 운영과 노인복지시설의 부대시설로서 체육시설의 설치 · 운영
> • 기금의 본래 사업 목적을 수행하기 위한 재산의 취득 및 처분
> • 그 밖에 기금의 증식을 위하여 대통령령으로 정하는 사업

전문가의 한마디

2008년 8월 정부의 1차 공기업 선진화 방안에 따라 4대 사회보험 징수업무에 대한 국민건강보험공단의 통합 결정이 이루어졌으며, 2011년 1월 1일부터 사회보험 징수 통합제도가 시행되고 있습니다.

전문가의 한마디

'국민연금기금'은 국민연금법에 따른 급여에 충당하기 위한 책임준비금에 해당합니다.

출제의도 체크

국민연금법상 국민연금기금을 운용할 수 있는 방법으로 '노인복지법에 따른 노인복지시설의 설치 · 공급 · 임대' 등이 포함됩니다.

▶ 10회 기출

(8) 권리구제   10회, 19회 기출

① 심사청구(법 제108조 및 제109조)

㉠ 가입자의 자격, 기준소득월액, 연금보험료, 그 밖의 국민연금법에 따른 징수금과 급여에 관한 국민연금공단 또는 국민건강보험공단의 처분에 이의가 있는 자는 그 처분을 한 국민연금공단 또는 국민건강보험공단에 심사청구를 할 수 있다.

㉡ 심사청구는 그 처분이 있음을 안 날부터 90일 이내에 문서로 하여야 하며, 처분이 있은 날부터 180일을 경과하면 이를 제기하지 못한다.

㉢ 심사청구 사항을 심사하기 위하여 국민연금공단에 국민연금심사위원회를 두고, 국민건강보험공단에 징수심사위원회를 둔다.

㉣ 국민연금심사위원회는 위원장 1명을 포함한 26명 이내의 위원으로 구성하며, 징수심사위원회는 위원장 1명을 포함한 25명의 위원으로 구성한다(시행령 제89조 및 제102조의2 참조).

② 재심사청구(법 제110조 및 제111조)

㉠ 심사청구에 대한 결정에 불복하는 자는 그 결정통지를 받은 날부터 90일 이내에 국민연금재심사위원회에 재심사를 청구할 수 있다.

㉡ 재심사청구 사항을 심사하기 위하여 보건복지부에 국민연금재심사위원회를 둔다.

㉢ 국민연금재심사위원회는 위원장 1명을 포함한 20명 이내의 위원으로 구성한다. 이 경우 공무원이 아닌 위원이 전체 위원의 과반수가 되도록 하여야 한다.

출제의도 체크

국민연금법상 권리구제절차는 심사청구와 재심사청구의 순으로 진행됩니다.

▶ 19회 기출

전문가의 한마디

국민연금재심사위원회의 심사가 전문적으로 이루어지도록 하기 위해 2018년 12월 11일 법 개정을 통해 관련 분야의 학식과 경험이 풍부하고 전문지식을 지닌 민간위원이 일정 비율 이상 포함하도록 명시하였습니다.

02절 국민건강보험법

1 개 요

(1) 목적 및 관장

① 목적(법 제1조)

국민의 질병·부상에 대한 예방·진단·치료·재활과 출산·사망 및 건강증진에 대하여 보험급여를 실시함으로써 국민보건 향상과 사회보장 증진에 이바지한다.

② 관장(법 제2조)

건강보험사업은 보건복지부장관이 맡아 주관한다.

(2) 용어의 정의(법 제3조 및 제13조) 13회 기출

① 근로자 : 직업의 종류와 관계없이 근로의 대가로 보수를 받아 생활하는 사람(법인의 이사와 그 밖의 임원을 포함)으로서 공무원 및 교직원을 제외한 사람을 말한다.

② 사용자 : 다음의 어느 하나에 해당하는 자를 말한다.

㉠ 근로자가 소속되어 있는 사업장의 사업주

㉡ 공무원이 소속되어 있는 기관의 장으로서 대통령령으로 정하는 사람

㉢ 교직원이 소속되어 있는 사립학교를 설립·운영하는 자

③ 공무원 : 국가나 지방자치단체에서 상시 공무에 종사하는 사람을 말한다.

④ 교직원 : 사립학교나 사립학교의 경영기관에서 근무하는 교원과 직원을 말한다.

⑤ 보험자 : 국민건강보험의 보험자는 국민건강보험공단으로 한다.

(3) 국민건강보험종합계획의 수립 등(법 제3조의2) 16회 기출

① 보건복지부장관은 이 법에 따른 건강보험의 건전한 운영을 위하여 건강보험정책심의위원회의 심의를 거쳐 5년마다 국민건강보험종합계획(이하 "종합계획"이라 한다)을 수립하여야 한다. 수립된 종합계획을 변경할 때도 또한 같다.

② 종합계획에는 다음의 사항이 포함되어야 한다.

㉠ 건강보험정책의 기본목표 및 추진방향

㉡ 건강보험 보장성 강화의 추진계획 및 추진방법

㉢ 건강보험의 중장기 재정 전망 및 운영

㉣ 보험료 부과체계에 관한 사항

㉤ 요양급여비용에 관한 사항

㉥ 건강증진 사업에 관한 사항

바로암기 ○×

국민건강보험의 보험자는 보건복지부장관이다?

( )

해설

국민건강보험공단이다.

정답 ×

출제의도 체크

국민건강보험법상 국민건강보험종합계획에는 보험료 부과체계에 관한 사항, 요양급여비용에 관한 사항, 취약계층 지원에 관한 사항, 건강보험에 관한 통계 및 정보의 관리에 관한 사항 등이 포함됩니다.

▶ 16회 기출

ⓢ 취약계층 지원에 관한 사항

ⓞ 건강보험에 관한 통계 및 정보의 관리에 관한 사항

ⓩ 그 밖에 건강보험의 개선을 위하여 필요한 사항으로 대통령령으로 정하는 사항

③ 보건복지부장관은 종합계획에 따라 매년 연도별 시행계획을 건강보험정책심의위원회의 심의를 거쳐 수립 · 시행하여야 한다.

2 주요 내용

(1) 적용 대상(법 제5조 및 법 제109조) 13회, 14회 기출

① 국내에 거주하는 국민은 건강보험의 가입자 또는 피부양자가 된다. 다만, 다음의 어느 하나에 해당하는 사람은 제외한다.

  ㉠ 의료급여법에 따라 의료급여를 받는 사람

  ㉡ 「독립유공자예우에 관한 법률」 및 「국가유공자 등 예우 및 지원에 관한 법률」에 따라 의료보호를 받는 사람(단, 보험자에게 건강보험의 적용을 신청한 경우 또는 건강보험을 적용받고 있던 사람이 유공자 등 의료보호대상자로 되었으나 건강보험의 적용배제신청을 하지 아니한 경우 적용 대상에 해당함)

② 피부양자는 다음의 어느 하나에 해당하는 사람 중 직장가입자에게 주로 생계를 의존하는 사람으로서 소득 및 재산이 보건복지부령으로 정하는 기준 이하에 해당하는 사람을 말한다.

  ㉠ 직장가입자의 배우자

  ㉡ 직장가입자의 직계존속(배우자의 직계존속을 포함)

  ㉢ 직장가입자의 직계비속(배우자의 직계비속을 포함)과 그 배우자

  ㉣ 직장가입자의 형제 · 자매

③ 국내에 체류하는 재외국민 또는 외국인 중 주민등록법에 따라 등록을 한 사람, 재외동포의 출입국과 법적 지위에 관한 법률에 따라 국내거소신고를 한 사람, 출입국관리법에 따라 외국인등록을 한 사람으로서, 건강보험 적용대상 사업장의 근로자, 공무원 또는 교직원인 사람은 외국인 등에 대한 특례에 따라 직장가입자가 된다.

(2) 가입자의 종류(법 제6조 및 제110조)

① 직장가입자

모든 사업장의 근로자 및 사용자와 공무원 및 교직원은 직장가입자가 된다.

② 지역가입자

지역가입자는 직장가입자와 그 피부양자를 제외한 가입자를 말한다.

전문가의 한마디

'직계존속(直系尊屬)'에는 본인을 기준으로 직접 혈연관계에 있는 윗사람, 즉 부모, 조부모, 증조부모 등이 해당됩니다. 반면, '직계비속(直系卑屬)'에는 본인을 기준으로 직접 혈연관계에 있는 아랫사람, 즉 자녀, 손자녀, 증손자녀 등이 해당됩니다.

③ 임의계속가입자

사용관계가 끝난 사람 중 직장가입자로서의 자격을 유지한 기간이 보건복지부령으로 정하는 기간 동안 통산 1년 이상인 사람은 지역가입자가 된 이후 최초로 지역가입자 보험료를 고지받은 날부터 그 납부기한에서 2개월이 지나기 이전까지 국민건강보험공단에 직장가입자로서의 자격을 유지할 것을 신청할 수 있다.

전문가의 한마디

국민건강보험의 임의계속가입자는 국민건강보험법상 실업자에 대한 특례에 해당합니다.

심화연구실

직장가입자에서 제외되는 사람(법 제6조 및 시행령 제9조)

- 고용 기간이 1개월 미만인 일용근로자
- 병역법에 따른 현역병(지원에 의하지 아니하고 임용된 하사를 포함), 전환복무된 사람 및 군간부후보생
- 선거에 당선되어 취임하는 공무원으로서 매월 보수 또는 보수에 준하는 급료를 받지 아니하는 사람
- 비상근 근로자 또는 1개월 동안의 소정근로시간이 60시간 미만인 단시간근로자
- 비상근 교직원 또는 1개월 동안의 소정근로시간이 60시간 미만인 시간제공무원 및 교직원
- 소재지가 일정하지 아니한 사업장의 근로자 및 사용자
- 근로자가 없거나 비상근 근로자 또는 1개월 동안의 소정근로시간이 60시간 미만인 단시간근로자만을 고용하고 있는 사업장의 사업주

(3) 가입자 자격의 취득 및 상실 시기(법 제8조 및 제10조)

① 가입자 자격의 취득 시기

㉠ 가입자는 국내에 거주하게 된 날에 직장가입자 또는 지역가입자의 자격을 얻는다.

㉡ 다음의 어느 하나에 해당하는 사람은 그 해당되는 날에 각각 자격을 얻는다.

> - 의료급여 수급권자이었던 사람은 그 대상자에서 제외된 날
> - 직장가입자의 피부양자이었던 사람은 그 자격을 잃은 날
> - 유공자 등 의료보호대상자이었던 사람은 그 대상자에서 제외된 날
> - 보험자에게 건강보험의 적용을 신청한 유공자 등 의료보호대상자는 그 신청한 날

② 가입자 자격의 상실 시기 8회, 13회, 17회, 22회 **기출**

㉠ 사망한 날의 다음 날

㉡ 국적을 잃은 날의 다음 날

㉢ 국내에 거주하지 아니하게 된 날의 다음 날

㉣ 직장가입자의 피부양자가 된 날

㉤ 의료급여 수급권자가 된 날

㉥ 건강보험을 적용받고 있던 사람이 유공자 등 의료보호대상자가 되어 건강보험의 적용배제신청을 한 날

출제의도 체크

건강보험의 가입자가 사망한 경우 사망한 날의 다음 날에 가입자 자격을 상실하게 됩니다.

▶ 17회 기출

③ 가입자 자격의 취득 및 상실의 신고

　⊙ 자격을 얻은 경우 그 직장가입자의 사용자 및 지역가입자의 세대주는 그 명세를 보건복지부령으로 정하는 바에 따라 자격을 취득한 날부터 14일 이내에 보험자에게 신고하여야 한다.

　⊙ 자격을 잃은 경우 그 직장가입자의 사용자 및 지역가입자의 세대주는 그 명세를 보건복지부령으로 정하는 바에 따라 자격을 잃은 날부터 14일 이내에 보험자에게 신고하여야 한다.

(4) 보험급여

① 현물급여(법 제41조 및 시행령 제25조) 18회 기출

요양급여	진찰 · 검사, 약제 · 치료재료의 지급, 처치 · 수술 및 그 밖의 치료, 예방 · 재활, 입원, 간호, 이송
건강검진	일반건강검진, 암검진, 영유아건강검진으로 구분되며, 2년마다 1회 이상 실시하되 사무직에 종사하지 않는 직장가입자에 대해서는 1년에 1회 실시

② 현금급여(법 제44조, 제49조 및 제51조)

요양비	가입자나 피부양자가 긴급하거나 그 밖의 부득이한 사유로 요양기관과 비슷한 기능을 하는 기관으로서 보건복지부령으로 정하는 기관에서 질병 · 부상 · 출산 등에 대하여 요양을 받거나 요양기관이 아닌 장소에서 출산한 경우에는 그 요양급여에 상당하는 금액을 가입자나 피부양자에게 요양비로 지급한다.
장애인 보조기기 급여비	장애인복지법에 따라 등록한 장애인인 가입자 및 피부양자에게는 보조기기에 대하여 보험급여를 할 수 있다.
본인부담액 상한제	본인이 연간 부담하는 본인일부부담금의 총액과 요양이나 출산의 비용으로 부담한 금액에서 요양비로 지급받은 금액을 제외한 금액의 합계액이 본인부담상한액을 초과한 경우에는 국민건강보험공단이 그 초과 금액을 부담한다.

③ 이용권(법 제50조 및 시행령 제23조) 12회, 18회 기출

임신 · 출산 진료비 (부가급여)	임신 · 출산한 가입자 또는 피부양자, 2세 미만 영유아의 법정대리인(출산한 가입자 또는 피부양자가 사망한 경우에 한정)을 지원 대상으로 임신 · 출산한 가입자 또는 피부양자의 진료 및 약제 · 치료재료의 구입에 드는 비용, 2세 미만 영유아의 진료 및 처방된 약제 · 치료재료의 구입에 드는 비용을 결제할 수 있는 임신 · 출산 진료비 이용권을 발급한다.

> **참고**
>
> 국민건강보험법 제50조는 부가급여로 임신 · 출산 진료비, 장제비, 상병수당 등을 규정하고 있으나, 그중 장제비 제도는 2008년부로 폐지되었고, 상병수당 제도는 미시행되다가 2022년 7월부터 1단계 시범사업을 시작으로 3년간 시범사업 및 사회적 논의를 거친 후 2025년 본 제도 도입을 추진할 계획입니다.

바로암기 ○×

국민건강보험법에 따른 요양급여는 '현금급여'가 아닌 '현물급여'이다?

( )

정답 ○

전문가의 한마디

본인부담액 상한제의 적용방법은 '사전급여'와 '사후급여'로 구분됩니다. '사전급여'는 연간 같은 요양기관에서 진료를 받고 지급할 본인부담액 총액이 일정액을 넘을 경우 요양기관이 그 초과액을 공단에 청구하는 방식이며, '사후급여'는 본인일부부담금 연간 총액이 개인별 상한액을 넘고 사전급여를 받지 않은 경우 그 초과액을 공단이 환자에게 돌려주는 방식입니다.

전문가의 한마디

2021년 6월 29일 시행령 개정에 따라 2022년 1월 1일부터 임신 · 출산 진료비 지원대상 영유아의 연령이 기존 '1세 미만'에서 '2세 미만'으로 확대되었습니다.

(5) 요양급여의 실시

① **요양기관(법 제42조 제1항)**

요양급여(간호와 이송은 제외)는 다음의 요양기관에서 실시한다.

㉠ 의료법에 따라 개설된 의료기관

㉡ 약사법에 따라 등록된 약국

㉢ 약사법에 따라 설립된 한국희귀 · 필수의약품센터

㉣ 지역보건법에 따른 보건소 · 보건의료원 및 보건지소

㉤ 농어촌 등 보건의료를 위한 특별조치법에 따라 설치된 보건진료소

② **요양기관에서 제외되는 의료기관 등(시행령 제18조 제1항)** 12회 기출

보건복지부장관은 공익이나 국가정책에 비추어 요양기관으로 적합하지 아니한 다음의 의료기관 등을 요양기관에서 제외할 수 있다.

㉠ 의료법에 따라 개설된 부속 의료기관

㉡ 사회복지사업법에 따른 사회복지시설에 수용된 사람의 진료를 주된 목적으로 개설된 의료기관

㉢ 본인일부부담금을 받지 아니하거나 경감하여 받는 등의 방법으로 가입자나 피부양자를 유인하는 행위 또는 이와 관련하여 과잉 진료행위를 하거나 부당하게 많은 진료비를 요구하는 행위를 하여 법령에 따른 업무정지 처분 등을 받은 의료기관

㉣ 법령에 따른 업무정지 처분 절차가 진행 중이거나 업무정지 처분을 받은 요양기관의 개설자가 개설한 의료기관 또는 약국

(6) 보험료

① **직장가입자의 보험료 산정**

직장가입자의 월별 보험료액은 다음에 따라 산정한 금액으로 한다(법 제69조 제4항 참조).

- 보수월액보험료 = 보수월액 × 보험료율
- 보수 외 소득월액보험료 = 보수 외 소득월액 × 보험료율

㉠ 보수월액 : 직장가입자가 지급받는 보수를 기준으로 하여 산정한다(법 제70조 제1항). 공단은 사용자로부터 통보받은 보수의 총액을 전년도 중 직장가입자가 그 사업장 등에 종사한 기간의 개월 수로 나눈 금액을 매년 보수월액으로 결정한다(시행령 제35조 및 제36조 참조).

전문가의 한마디

'보수 외 소득월액보험료'는 기존의 '소득월액보험료'를 지칭합니다.

ⓛ 보수 외 소득월액 : 보수월액의 산정에 포함된 보수를 제외한 직장가입자의 소득(이하 "보수 외 소득"이라 한다)으로서 법령에 따른 이자소득, 배당소득, 사업소득, 근로소득, 연금소득, 기타소득(단, 소득세법에 따른 비과세소득은 제외)이 보수 외 소득월액 산정에 포함되며, 해당 금액이 대통령령으로 정하는 금액(연간 2,000만 원)을 초과하는 경우 다음의 계산식에 따른 값을 보건복지부령으로 정하는 바에 따라 평가하여 산정한다(법 제71조 및 시행령 제41조 참조).

> 보수 외 소득월액 = (연간 보수 외 소득 − 대통령령으로 정하는 금액) × 1/12

ⓒ 직장가입자의 보험료율 : 1천분의 80의 범위에서 건강보험정책심의위원회의 의결을 거쳐 대통령령으로 정한다. 다만, 국외에서 업무에 종사하고 있는 직장가입자에 대한 보험료율은 정해진 보험료율의 100분의 50으로 한다(법 제73조 제1항 및 제2항).

② 지역가입자의 보험료 산정

지역가입자의 월별 보험료액은 다음의 구분에 따라 산정한 금액을 합산한 금액으로 한다. 이 경우 보험료액은 세대 단위로 산정한다(법 제69조 제5항 참조).

> • 소득 : 지역가입자의 소득월액 × 보험료율
> • 재산 : 재산보험료부과점수 × 재산보험료부과점수당 금액

⑤ 재산보험료부과점수 : 지역가입자의 재산을 기준으로 산정하되, 재산보험료부과점수의 산정방법·산정기준 등에 필요한 사항은 대통령령으로 정한다(법 제72조 참조).

ⓒ 지역가입자의 보험료율과 재산보험료부과점수당 금액 : 건강보험정책심의위원회의 의결을 거쳐 대통령령으로 정한다(법 제73조 제3항).

③ 직장가입자의 보험료 부담(법 제76조)   6회, 22회 기출

보수월액 보험료	• 직장가입자가 근로자인 경우 : 해당 근로자와 그가 소속되어 있는 사업장의 사업 주가 보험료액의 100분의 50씩 부담한다. • 직장가입자가 공무원인 경우 : 해당 공무원과 그가 소속되어 있는 국가 또는 지 방자치단체가 100분의 50씩 부담한다. • 직장가입자가 교직원(사립학교에 근무하는 교원은 제외)인 경우 : 해당 교직원과 그가 소속되어 있는 사립학교의 사용자가 100분의 50씩 부담한다. • 직장가입자가 교직원으로서 사립학교에 근무하는 교원인 경우 : 해당 교원이 100분 의 50을, 그가 소속되어 있는 사립학교의 사용자가 100분의 30을, 국가가 100분의 20을 각각 부담한다.
보수 외 소득월액보험료	직장가입자가 전액을 부담한다.

④ 지역가입자의 보험료 부담(법 제76조)

그 가입자가 속한 세대의 지역가입자 전원이 연대하여 부담한다.

⑤ 보험료 납부(법 제78조)   6회 기출

ㄱ 보험료 납부의무가 있는 자는 가입자에 대한 그 달의 보험료를 그 다음 달 10일
까지 납부하여야 한다.

ㄴ 직장가입자의 보수 외 소득월액보험료 및 지역가입자의 보험료는 보건복지부령
으로 정하는 바에 따라 분기별로 납부할 수 있다.

심화연구실

국민건강보험료 경감대상자(국민건강보험법 제75조 제1항)   15회 기출

• 섬 · 벽지 · 농어촌 등 대통령령으로 정하는 지역에 거주하는 사람
• 65세 이상인 사람
• 장애인복지법에 따라 등록한 장애인
• 국가유공자 등 예우 및 지원에 관한 법률에 따른 국가유공자로서 전상군경, 공상군경, 4 · 19혁명부상자, 공상공무
원, 국가사회발전 특별공로상이자
• 휴직자
• 그 밖에 생활이 어렵거나 천재지변 등의 사유로 보험료를 경감할 필요가 있다고 보건복지부장관이 정하여 고시하
는 사람

전문가의 한마디

'교직원'과 '교원'은 엄밀한 의미에서 차이가 있습니다. 본래 '교직원'은 '교원'과 '직원'을 포함한 개념으로, 교장 · 교감 · 교사 등 교원은 물론 학교 운영에 필요한 행정직원 등 직원을 포괄적으로 지칭합니다.

출제의도 체크

국민건강보험법에 따라 직장가입자가 교직원으로서 사립학교에 근무하는 교원이라면 보험료액은 직장가입자, 사립학교의 사용자, 국가가 각각 '50:30:20'을 부담하지만, 직장가입자가 교직원으로서 교원이 아닌 직원이면 보험료액은 직장가입자와 사립학교의 사용자가 '50:50'씩 부담합니다.

▶ 22회 기출

출제의도 체크

국민건강보험료 경감대상자에 해당하는 연령기준은 '60세'가 아닌 '65세'입니다.

▶ 15회 기출

(7) 급여의 정지 및 보험료의 면제(법 제54조 및 제74조) 9회 기출

① 보험급여를 받을 수 있는 사람이 다음의 어느 하나에 해당하면 그 기간에는 보험급여를 하지 아니한다. 다만, ⓒ 및 ⓒ의 경우에는 법령에 따라 요양급여를 실시한다.

ⓐ 국외에 체류하는 경우

ⓑ 병역법에 따른 현역병, 전환복무된 사람 및 군간부후보생에 해당하게 된 경우

ⓒ 교도소, 그 밖에 이에 준하는 시설에 수용되어 있는 경우

② 국민건강보험공단은 직장가입자가 급여의 정지 사유 중 어느 하나에 해당하는 경우 그 가입자의 보험료를 면제한다. 다만, 국외에 체류하는 경우는 1개월 이상의 기간으로서 대통령령으로 정하는 기간(3개월) 이상 국외에 체류하는 경우에 한정하며, 국내에 거주하는 피부양자가 없을 때에만 보험료를 면제한다.

> **참고**
>
> 2020년 4월 7일 법 개정에 따라 보험료 면제 사유 중 종전 '국외 여행' 조항이 삭제되었습니다. 법 개정 이전에는 국외 업무 외에도 국외 여행 중인 경우까지 건강보험 급여 혜택이 정지됨과 동시에 보험료도 면제되었는데, 일부에서 이런 조항을 악용하여 건강보험료 납부를 회피하기 위해 국외 여행을 하는 등의 문제가 제기돼 왔습니다. 2020년 7월 7일 시행령 개정에 따라 보험료가 면제되는 국외 체류기간이 '3개월 이상'으로 명시됨으로써 해외 출국을 이유로 보험료를 면제받으려면 최소한 3개월 이상 국외에 체류해야 합니다.

(8) 권리구제

① 이의신청(법 제87조) 12회, 13회 기출

ⓐ 가입자 및 피부양자의 자격, 보험료 등, 보험급여, 보험급여 비용에 관한 국민건강보험공단의 처분에 이의가 있는 자는 국민건강보험공단에 이의신청을 할 수 있다.

ⓑ 요양급여비용 및 요양급여의 적정성 평가 등에 관한 건강보험심사평가원의 처분에 이의가 있는 공단, 요양기관 또는 그 밖의 자는 건강보험심사평가원에 이의신청을 할 수 있다.

ⓒ 이의신청은 처분이 있음을 안 날부터 90일 이내에 문서로 하여야 하며, 처분이 있은 날부터 180일을 지나면 제기하지 못한다.

② 심판청구(법 제88조 및 제89조) 10회, 11회 기출

ⓐ 이의신청에 대한 결정에 불복하는 자는 건강보험분쟁조정위원회에 심판청구를 할 수 있다.

ⓑ 심판청구는 공단의 이의신청결정이 있음을 안 날부터 90일 이내에 문서로 하여야 하며, 이의신청결정이 있은 날부터 180일을 지나면 제기하지 못한다.

바로암기 O X

국민건강보험법상 보험급여에 관한 국민건강보험공단의 처분에 이의가 있는 자는 건강보험분쟁조정위원회에 이의신청을 할 수 있다?

( )

해 설

국민건강보험공단에 이의신청을 할 수 있다.

정 답 X

ⓒ 심판청구를 심리·의결하기 위하여 보건복지부에 건강보험분쟁조정위원회(이하 "분쟁조정위원회"라 한다)를 둔다.

ⓔ 분쟁조정위원회는 위원장을 포함하여 60명 이내의 위원으로 구성하고, 위원장을 제외한 위원 중 1명은 당연직위원으로 한다. 이 경우 공무원이 아닌 위원이 전체 위원의 과반수가 되도록 하여야 한다.

③ 행정소송 11회 기출

국민건강보험공단 또는 건강보험심사평가원의 처분에 이의가 있는 자와 법령에 따른 이의신청 또는 심판청구에 대한 결정에 불복하는 자는 「행정소송법」에서 정하는 바에 따라 행정소송을 제기할 수 있다.

(9) 국민건강보험공단

① 구성(법 제20조)

국민건강보험공단은 임원으로서 이사장 1명, 이사 14명 및 감사 1명을 둔다. 이 경우 이사장, 이사 중 5명 및 감사는 상임으로 한다.

② 업무(법 제14조) 10회, 19회, 20회 기출

국민건강보험공단은 다음의 업무를 관장한다.

ⓐ 가입자 및 피부양자의 자격 관리

ⓑ 보험료와 그 밖에 국민건강보험법에 따른 징수금의 부과·징수

ⓒ 보험급여의 관리

ⓓ 가입자 및 피부양자의 질병의 조기발견·예방 및 건강관리를 위하여 요양급여 실시 현황과 건강검진 결과 등을 활용하여 실시하는 예방사업으로서 대통령령으로 정하는 사업

ⓔ 보험급여 비용의 지급

ⓕ 자산의 관리·운영 및 증식사업

ⓖ 의료시설의 운영

ⓗ 건강보험에 관한 교육훈련 및 홍보

ⓘ 건강보험에 관한 조사연구 및 국제협력

ⓙ 국민건강보험법에서 공단의 업무로 정하고 있는 사항

ⓚ 국민연금법, 고용보험 및 산업재해보상보험의 보험료징수 등에 관한 법률, 임금채권보장법 및 석면피해구제법에 따라 위탁받은 업무

ⓛ 그 밖에 국민건강보험법 또는 다른 법령에 따라 위탁받은 업무

ⓜ 그 밖에 건강보험과 관련하여 보건복지부장관이 필요하다고 인정한 업무

출제의도 체크

이의신청에 대한 결정에 불복하는 자는 건강보험분쟁조정위원회에 심판청구를 하지 않고도 바로 행정소송을 제기할 수 있습니다.

▶ 11회 기출

출제의도 체크

국민건강보험법상 국민건강보험공단의 업무에 '요양급여 적정성에 대한 평가'는 포함되지 않습니다. 요양급여의 적정성 평가는 '건강보험심사평가원'에서 담당합니다.

▶ 10회, 20회 기출

사회보험법

(10) 건강보험정책심의위원회

① 구성(법 제4조)

건강보험정책심의위원회는 위원장 1명과 부위원장 1명을 포함하여 25명의 위원으로 구성한다.

② 업무(법 제4조 제1항)

건강보험정책심의위원회는 건강보험정책에 관한 다음의 사항을 심의·의결한다.

㉠ 국민건강보험종합계획 및 연도별 시행계획에 관한 사항(단, 심의에 한정)

㉡ 요양급여의 기준

㉢ 요양급여비용에 관한 사항

㉣ 직장가입자의 보험료율

㉤ 지역가입자의 보험료율과 재산보험료부과점수당 금액

㉥ 보험료 부과 관련 제도 개선에 관하여 법령에서 정한 사항(단, 심의에 한정)

㉦ 그 밖에 건강보험에 관한 주요 사항으로서 대통령령으로 정하는 사항

(11) 건강보험심사평가원

① 구성(법 제65조)

건강보험심사평가원에 임원으로서 원장, 이사 15명 및 감사 1명을 둔다. 이 경우 원장, 이사 중 4명 및 감사는 상임으로 한다.

② 업무(법 제63조) 10회, 20회 기출

건강보험심사평가원은 다음의 업무를 관장한다.

㉠ 요양급여비용의 심사

㉡ 요양급여의 적정성 평가

㉢ 심사기준 및 평가기준의 개발

㉣ 요양급여비용 심사와 요양급여 적정성 평가, 심사기준 및 평가기준 개발 업무와 관련된 조사연구 및 국제협력

㉤ 다른 법률에 따라 지급되는 급여비용의 심사 또는 의료의 적정성 평가에 관하여 위탁받은 업무

㉥ 건강보험과 관련하여 보건복지부장관이 필요하다고 인정한 업무

㉦ 그 밖에 보험급여 비용의 심사와 보험급여의 적정성 평가와 관련하여 대통령령으로 정하는 업무

03절 고용보험법

1 개요

(1) 목적 및 관장

① 목적(법 제1조)

고용보험의 시행을 통하여 실업의 예방, 고용의 촉진 및 근로자 등의 직업능력의 개발과 향상을 꾀하고, 국가의 직업지도와 직업소개 기능을 강화하며, 근로자 등이 실업한 경우에 생활에 필요한 급여를 실시하여 근로자 등의 생활안정과 구직 활동을 촉진함으로써 경제·사회 발전에 이바지한다.

② 관장(법 제3조) 22회 기출

고용보험은 고용노동부장관이 관장한다.

(2) 용어의 정의(법 제2조) 17회, 22회 기출

① 피보험자 : 고용보험 및 산업재해보상보험의 보험료징수 등에 관한 법률(이하 "고용산재보험료징수법"이라 한다)에 따라 보험에 가입되거나 가입된 것으로 보는 근로자, 예술인, 노무제공자 또는 고용보험에 가입하거나 가입된 것으로 보는 자영업자(이하 "자영업자인 피보험자"라 한다)를 말한다.

② 이직(離職) : 피보험자와 사업주 사이의 고용관계가 끝나게 되는 것(예술인 및 노무제공자의 경우 문화예술용역 관련 계약 또는 노무제공계약이 끝나는 것)을 말한다.

③ 실업 : 근로의 의사와 능력이 있음에도 불구하고 취업하지 못한 상태에 있는 것을 말한다.

④ 실업의 인정 : 직업안정기관의 장이 고용보험법에 따른 수급자격자가 실업한 상태에서 적극적으로 직업을 구하기 위하여 노력하고 있다고 인정하는 것을 말한다.

⑤ 보수 : 소득세법에 따른 근로소득에서 대통령령으로 정하는 금품을 뺀 금액을 말한다. 다만, 휴직이나 그 밖에 이와 비슷한 상태에 있는 기간 중에 사업주 외의 자로부터 지급받는 금품 중 고용노동부장관이 정하여 고시하는 금품은 보수로 본다.

⑥ 일용근로자 : 1개월 미만 동안 고용되는 사람을 말한다.

(3) 고용보험의 가입자(고용산재보험료징수법 제5조)

① 당연가입자

고용보험법을 적용받는 사업의 사업주와 근로자는 당연히 고용보험법에 따른 고용보험의 보험가입자가 된다.

② 임의가입자

적용 제외 사업의 사업주가 근로자의 과반수의 동의를 받아 근로복지공단의 승인을
받으면 그 사업의 사업주와 근로자는 고용보험에 가입할 수 있다.

(4) 고용보험의 적용 제외

① 적용 제외 사업(법 제8조 및 시행령 제2조)

㉠ 농업 · 임업 및 어업 중 법인이 아닌 자가 상시 4명 이하의 근로자를 사용하는 사업

㉡ 건설산업기본법에 따른 건설사업자, 주택법에 따른 주택건설사업자, 전기공사업
법에 따른 공사업자, 정보통신공사업법에 따른 정보통신공사업자, 소방시설공사
업법에 따른 소방시설업자 또는 국가유산수리 등에 관한 법률에 따른 국가유산
수리업자가 아닌 자가 시공하는 공사로 다음의 어느 하나에 해당하는 공사

> • 고용산재보험료징수법령에 따른 총 공사금액이 2천만 원 미만인 공사
> • 연면적이 100m² 이하인 건축물의 건축 또는 연면적이 200m² 이하인 건축물의 대수선에 관
>   한 공사

㉢ 가구 내 고용활동 및 달리 분류되지 아니한 자가소비 생산활동

② 적용 제외 대상자(법 제10조 제1항 및 시행령 제3조)

㉠ 해당 사업에서 1개월간 소정근로시간이 60시간 미만이거나 1주간의 소정근로시
간이 15시간 미만인 근로자(단, 해당 사업에서 3개월 이상 계속하여 근로를 제공
하는 근로자와 일용근로자는 적용 대상에 포함)

㉡ 국가공무원법과 지방공무원법에 따른 공무원(단, 대통령령으로 정하는 바에 따
라 별정직공무원 및 임기제공무원의 경우 본인의 의사에 따라 실업급여에 한정
하여 가입 가능)

㉢ 사립학교교직원연금법의 적용을 받는 사람

㉣ 별정우체국법에 따른 별정우체국 직원

③ 일부 적용(법 제10조 제2항 및 제10조의2)

㉠ 65세 이후에 고용(65세 전부터 피보험 자격을 유지하던 사람이 65세 이후에 계
속하여 고용된 경우는 제외)되거나 자영업을 개시한 사람에게는 고용안정 · 직업
능력개발 사업을 적용하되, 실업급여는 적용하지 아니한다.

㉡ 「외국인근로자의 고용 등에 관한 법률」의 적용을 받는 외국인근로자에게는 고용
안정 · 직업능력개발 사업을 적용하되, 실업급여는 고용노동부령으로 정하는 바
에 따른 신청이 있는 경우에만 적용한다.

전문가의 한마디

「문화재수리 등에 관한 법률」
이 2024년 5월 17일부로 「국가
유산수리 등에 관한 법률」로
제명이 변경됩니다. '국가유산
수리업자'는 종전 '문화재수리
업자'를 말합니다.

전문가의 한마디

2018년 7월 3일 시행령 개정에
따라 1개월간 소정근로시간이
60시간 미만인 단시간근로자의
고용보험 당연가입 요건이 개선
되었습니다. 즉, 소정근로시간
이 주 15시간 미만인 사람을 포
함하여 1개월간 60시간 미만인
단시간근로자가 3개월 이상 계
속 근로하는 경우 상시 · 지속성
을 인정하여 생업 목적의 여부
와 관계없이 고용보험을 적용받
을 수 있도록 한 것입니다.

전문가의 한마디

65세 전부터 피보험 자격을 유
지하던 사람이 65세 이후에 계
속하여 고용된 경우에는 실업
급여를 적용합니다.

2 주요 내용

(1) 보험료 및 보험료율 12회, 20회, 22회 기출

① 근로자 부담 보험료(고용산재보험료징수법 제13조 제2항)

자기의 보수총액에 실업급여의 보험료율의 2분의 1을 곱한 금액으로 한다.

② 사업주 부담 보험료(고용산재보험료징수법 제13조 제4항)

그 사업에 종사하는 고용보험 가입자인 근로자의 개인별 보수총액에 고용안정 · 직업능력개발 사업의 보험료율 및 실업급여의 보험료율의 2분의 1을 각각 곱하여 산출한 각각의 금액을 합한 금액으로 한다.

- 근로자 부담 보험료 = 자기보수총액 × 실업급여의 보험료율 × 1/2
- 사업주 부담 보험료 = 근로자의 개인별 보수총액 × [실업급여의 보험료율 × 1/2 + 고용안정 · 직업능력개발 사업의 보험료율]

③ 고용보험료율

㉠ 보험수지의 동향과 경제상황 등을 고려하여 1000분의 30의 범위에서 고용안정 · 직업능력개발 사업의 보험료율 및 실업급여의 보험료율로 구분하여 대통령령으로 정한다(고용산재보험료징수법 제14조 제1항).

㉡ 실업급여의 보험료율은 1천분의 18이다(고용산재보험료징수법 시행령 제12조 제1항 제2호).

실업급여 및 고용안정 · 직업능력개발 사업의 보험료율

구 분		근로자	사업주
실업급여		0.90%	0.90%
고용안정 · 직업능력 개발 사업	상시근로자 수가 150명 미만인 사업주의 사업	–	0.25%
	상시근로자 수가 150명 이상인 사업주의 사업으로서 우선지원대상기업의 범위에 해당하는 사업	–	0.45%
	상시근로자 수가 150명 이상~1,000명 미만인 사업주의 사업으로서 우선지원대상기업의 범위에 해당하지 않는 사업	–	0.65%
	상시근로자 수가 1,000명 이상인 사업주의 사업으로서 우선지원대상기업의 범위에 해당하지 않는 사업 및 국가 · 지방자치단체가 직접 하는 사업	–	0.85%

출제의도 체크

실업급여의 보험료는 사업주와 근로자가 보험료의 1/2을 각각 부담하며, 고용안정 · 직업능력개발 사업의 보험료는 사업주가 전액 부담하는 것을 원칙으로 합니다.

▶ 20회, 22회 기출

전문가의 한마디

2021년 12월 31일 고용산재보험료징수법 시행령 개정에 따라 2022년 7월 1일부터 고용보험 실업급여의 보험료율이 '1천분의 16'에서 '1천분의 18'로 상향 조정되었습니다. 이는 고용보험기금의 안정적인 운용을 도모하기 위한 취지에서 비롯됩니다.

(2) 보험급여 5회, 12회, 18회 기출

① **고용안정·직업능력개발 사업(법 제19조 및 시행령 제12조)**

ㄱ 고용노동부장관은 피보험자 및 피보험자였던 사람, 그 밖에 취업할 의사를 가진 사람(이하 "피보험자 등"이라 한다)에 대한 실업의 예방, 취업의 촉진, 고용기회의 확대, 직업능력개발·향상의 기회 제공 및 지원, 그 밖에 고용안정과 사업주에 대한 인력 확보를 지원하기 위하여 고용안정·직업능력개발 사업을 실시한다.

ㄴ 고용노동부장관은 고용안정·직업능력개발 사업을 실시할 때에는 근로자의 수, 고용안정·직업능력개발을 위하여 취한 조치 및 실적 등에 따라 산업별로 상시 사용하는 근로자 수를 기준으로 다음에 해당하는 기업(이하 "우선지원대상기업"이라 한다)을 우선적으로 고려하여야 한다.

우선지원대상기업의 상시 사용하는 근로자 기준(시행령 제12조 참조)

산업분류(한국표준산업분류 기준)	상시 사용하는 근로자 수
제조업 (단, '산업용 기계 및 장비 수리업'은 그 밖의 업종으로 간주)	500명 이하
광 업	300명 이하
건설업	
운수 및 창고업	
정보통신업	
사업시설 관리, 사업 지원 및 임대 서비스업 (단, '부동산 이외 임대업'은 그 밖의 업종으로 간주)	
전문, 과학 및 기술 서비스업	
보건업 및 사회복지 서비스업	
도매 및 소매업	200명 이하
숙박 및 음식점업	
금융 및 보험업	
예술, 스포츠 및 여가관련 서비스업	
그 밖의 업종	100명 이하

② **실업급여** 10회, 11회, 13회, 16회, 17회, 18회, 19회, 20회, 22회 기출

ㄱ 실업급여는 구직급여와 취업촉진 수당으로 구분한다. 취업촉진 수당의 종류로 조기재취업 수당, 직업능력개발 수당, 광역 구직활동비, 이주비가 있다(법 제37조).

ㄴ 실업급여를 받을 권리는 양도 또는 압류하거나 담보로 제공할 수 없다(법 제38조 제1항).

ㄷ 실업급여로서 지급된 금품에 대하여는 국가나 지방자치단체의 공과금을 부과하지 아니한다(법 제38조의2).

ㄹ 구직급여는 이직한 근로자인 피보험자가 다음의 요건을 모두 갖춘 경우에 지급한다(법 제40조 제1항).

> - 법령에 따른 기준기간(원칙상 이직일 이전 18개월) 동안의 피보험 단위기간이 합산하여 180일 이상일 것
> - 근로의 의사와 능력이 있음에도 불구하고 취업(영리를 목적으로 사업을 영위하는 경우를 포함)하지 못한 상태에 있을 것
> - 이직사유가 수급자격의 제한 사유에 해당하지 아니할 것
> - 재취업을 위한 노력을 적극적으로 할 것
> - 수급자격 인정신청일이 속한 달의 직전 달 초일부터 수급자격 인정신청일까지의 근로일 수의 합이 같은 기간 동안의 총 일수의 3분의 1 미만이거나 건설일용근로자로서 수급자격 인정신청일 이전 14일간 연속하여 근로내역이 없을 것(단, 최종 이직 당시 일용근로자였던 사람만 해당)
> - 최종 이직 당시의 기준기간 동안의 피보험 단위기간 중 다른 사업에서 수급자격의 제한 사유에 해당하는 사유로 이직한 사실이 있는 경우에는 그 피보험 단위기간 중 90일 이상을 일용근로자로 근로하였을 것(단, 최종 이직 당시 일용근로자였던 사람만 해당)

ⓜ 구직급여를 지급받으려는 사람은 이직 후 지체 없이 직업안정기관에 출석하여 실업을 신고하여야 한다. 다만, 재난으로 출석하기 어려운 경우 등 고용노동부령으로 정하는 사유가 있는 경우에는 고용정보시스템을 통하여 신고할 수 있다(법 제42조 제1항).

ⓗ 구직급여는 수급자격자가 실업한 상태에 있는 날 중에서 직업안정기관의 장으로부터 실업의 인정을 받은 날에 대하여 지급한다(법 제44조 제1항).

ⓢ 구직급여의 산정 기초가 되는 임금일액(이하 "기초일액"이라 한다)은 수급자격의 인정과 관련된 마지막 이직 당시 근로기준법에 따라 산정된 평균임금으로 하며, 산정된 금액이 근로기준법에 따른 그 근로자의 통상임금보다 적을 경우에는 그 통상임금액을 기초일액으로 한다. 다만, 산정된 기초일액이 그 수급자격자의 이직 전 1일 소정근로시간에 이직일 당시 적용되던 최저임금법에 따른 시간 단위에 해당하는 최저임금액을 곱한 금액(이하 "최저기초일액"이라 한다)보다 낮은 경우에는 최저기초일액을 기초일액으로 한다(법 제45조).

ⓞ 구직급여일액은 다음의 구분에 따른 금액으로 한다. 다만, 산정된 구직급여일액이 최저구직급여일액보다 낮은 경우에는 최저구직급여일액을 그 수급자격자의 구직급여일액으로 한다(법 제46조).

> - 구직급여일액 = 수급자격자의 기초일액 × 0.6
> - 최저구직급여일액 = 수급자격자의 기초일액 × 0.8
>   (단, 최저구직급여일액은 최저기초일액을 기초일액으로 하는 경우에 적용함)

ⓩ 수급자격자가 실업의 신고를 한 이후에 질병·부상 또는 출산으로 취업이 불가능하여 실업의 인정을 받지 못한 날에 대하여는 그 수급자격자의 청구에 의하여

구직급여일액에 해당하는 상병급여를 구직급여를 갈음하여 지급할 수 있다(→ 질병 등의 특례)(법 제63조 제1항).

ⓩ 구직급여는 원칙적으로 수급자격과 관련된 이직일의 다음 날부터 계산하기 시작하여 12개월 내에 다음의 소정급여일수를 한도로 하여 지급한다(법 제48조 제1항).

전문가의 한마디

2019년 8월 27일 법 개정에 따라 2019년 10월 1일부로 구직급여의 지급기간이 기존 90~240일에서 120~270일로 30일 연장되었습니다. 또한 실업급여를 받는 실직자 연령구분이 기존 3단계(30세 미만/30~49세/50세 이상)에서 2단계(50세 미만/50세 이상)로 단순화되었습니다.

구 분		피보험기간				
		1년 미만	1년 이상 3년 미만	3년 이상 5년 미만	5년 이상 10년 미만	10년 이상
이직일 현재 연령	50세 미만	120일	150일	180일	210일	240일
	50세 이상	120일	180일	210일	240일	270일

* 단, 「장애인고용촉진 및 직업재활법」에 따른 장애인은 50세 이상인 것으로 보아 위 표를 적용한다.

ⓣ 실업의 신고일부터 계산하기 시작하여 7일간은 대기기간으로 보아 구직급여를 지급하지 아니한다. 다만, 최종 이직 당시 건설일용근로자였던 사람에 대해서는 실업의 신고일부터 계산하여 구직급여를 지급한다(법 제49조 제1항).

③ **자영업자인 피보험자에 대한 실업급여 적용의 특례** 12회, 15회 `기출`

ⓐ 자영업자인 피보험자의 실업급여의 종류는 이 법에 따른 실업급여의 종류에 따른다. 다만, 훈련연장급여, 개별연장급여, 특별연장급여 등의 연장급여와 조기재취업 수당은 제외한다(법 제69조의2).

ⓑ 구직급여는 폐업한 자영업자인 피보험자가 다음의 요건을 모두 갖춘 경우에 지급한다(법 제69조의3).

- 폐업일 이전 24개월간 자영업자인 피보험자로서 갖춘 피보험 단위기간이 합산하여 1년 이상일 것
- 근로의 의사와 능력이 있음에도 불구하고 취업을 하지 못한 상태에 있을 것
- 폐업사유가 수급자격의 제한 사유에 해당하지 아니할 것
- 재취업을 위한 노력을 적극적으로 할 것

전문가의 한마디

2019년 8월 27일 법 개정에 따라 2019년 10월 1일부로 자영업자인 피보험자의 구직급여 지급기간이 기존 '90~180일'에서 '120~210일'로 30일 연장되었습니다.

ⓒ 자영업자인 피보험자로서 폐업한 수급자격자에 대한 소정급여일수는 원칙적으로 신고일부터 7일간의 대기기간이 끝난 다음 날부터 계산하기 시작하여 피보험기간에 따라 다음의 일수가 되는 날까지로 한다(법 제69조의6 및 별표2).

구 분	피보험기간			
	1년 이상 3년 미만	3년 이상 5년 미만	5년 이상 10년 미만	10년 이상
소정급여일수	120일	150일	180일	210일

심화연구실

이직 사유에 따른 수급자격의 제한(법 제58조) 13회 기출

피보험자가 다음의 어느 하나에 해당한다고 직업안정기관의 장이 인정하는 경우에는 수급자격이 없는 것으로 본다.

• 중대한 귀책사유로 해고된 피보험자로서 다음의 어느 하나에 해당하는 경우

- 「형법」 또는 직무와 관련된 법률을 위반하여 금고 이상의 형을 선고받은 경우
- 사업에 막대한 지장을 초래하거나 재산상 손해를 끼친 경우로서 고용노동부령으로 정하는 기준에 해당하는 경우
- 정당한 사유 없이 근로계약 또는 취업규칙 등을 위반하여 장기간 무단 결근한 경우

• 자기 사정으로 이직한 피보험자로서 다음의 어느 하나에 해당하는 경우

- 전직 또는 자영업을 하기 위하여 이직한 경우
- 중대한 귀책사유가 있는 사람이 해고되지 아니하고 사업주의 권고로 이직한 경우
- 그 밖에 고용노동부령으로 정하는 정당한 사유에 해당하지 아니하는 사유로 이직한 경우

(3) 모성보호지원

① **육아휴직 급여(법 제70조 내지 제74조)** 14회 기출

ⓐ 고용노동부장관은 「남녀고용평등과 일·가정 양립 지원에 관한 법률」에 따른 육아휴직을 30일(「근로기준법」에 따른 출산전후휴가기간과 중복되는 기간은 제외) 이상 부여받은 피보험자 중 육아휴직을 시작한 날 이전에 피보험 단위기간이 합산하여 180일 이상인 피보험자에게 육아휴직 급여를 지급한다.

ⓑ 육아휴직 급여를 지급받으려는 사람은 육아휴직을 시작한 날 이후 1개월부터 육아휴직이 끝난 날 이후 12개월 이내에 신청하여야 한다.

ⓒ 피보험자가 육아휴직 기간 중에 그 사업에서 이직한 경우에는 그 이직하였을 때부터 육아휴직 급여를 지급하지 아니한다.

ⓓ 피보험자가 육아휴직 기간 중에 취업을 한 경우에는 그 취업한 기간에 대해서는 육아휴직 급여를 지급하지 아니한다.

ⓔ 직업안정기관의 장은 거짓이나 그 밖의 부정한 방법으로 육아휴직 급여를 지급받은 사람에게 지급받은 육아휴직 급여의 전부 또는 일부의 반환을 명할 수 있다.

② **육아기 근로시간 단축급여(법 제73조의2)**

ⓐ 고용노동부장관은 「남녀고용평등과 일·가정 양립 지원에 관한 법률」에 따른 육아기 근로시간 단축을 30일(「근로기준법」에 따른 출산전후휴가기간과 중복되는 기간은 제외) 이상 실시한 피보험자 중 육아기 근로시간 단축을 시작한 날 이전에 피보험 단위기간이 합산하여 180일 이상인 피보험자에게 육아기 근로시간 단축급여를 지급한다.

제8영역

전문가의 한마디

고용보험법에서는 예술인인 피보험자, 노무제공자인 피보험자에 대해서도 출산 또는 유산·사산을 이유로 노무를 제공할 수 없는 경우 출산전후급여 등을 지급하도록 하고 있습니다.

ⓛ 육아기 근로시간 단축급여를 지급받으려는 사람은 육아기 근로시간 단축을 시작한 날 이후 1개월부터 끝난 날 이후 12개월 이내에 신청하여야 한다.

③ 출산전후휴가 급여 등(법 제75조)

고용노동부장관은 「남녀고용평등과 일·가정 양립 지원에 관한 법률」에 따라 피보험자가 「근로기준법」에 따른 출산전후휴가 또는 유산·사산휴가를 받은 경우와 배우자 출산휴가를 받은 경우로서 다음의 요건을 모두 갖춘 경우에 출산전후휴가 급여 등을 지급한다.

> • 휴가가 끝난 날 이전에 피보험 단위기간이 합산하여 180일 이상일 것
> • 휴가를 시작한 날 이후 1개월부터 휴가가 끝난 날 이후 12개월 이내에 신청할 것

(4) 고용보험기금

① 기금의 관리·운용(법 제79조 제1항) 22회 기출

고용보험기금은 고용노동부장관이 관리·운용한다.

② 기금의 용도(법 제80조 제1항) 9회 기출

ㄱ 고용안정·직업능력개발 사업에 필요한 경비

ㄴ 실업급여의 지급

ㄷ 국민연금 보험료의 지원

ㄹ 육아휴직 급여 및 출산전후휴가 급여 등의 지급

ㅁ 보험료의 반환

ㅂ 일시 차입금의 상환금과 이자

ㅅ 이 법과 고용산재보험료징수법에 따른 업무를 대행하거나 위탁받은 자에 대한 출연금

ㅇ 그 밖에 이 법의 시행을 위하여 필요한 경비 등

(5) 권리구제(법 제87조 내지 제90조) 5회 기출

① 피보험자격의 취득·상실에 대한 확인, 실업급여 및 육아휴직 급여와 출산전후휴가 급여 등에 관한 처분(이하 "원처분 등"이라 한다)에 이의가 있는 자는 고용보험심사관에게 심사를 청구할 수 있다.

② 피보험자격의 취득·상실 확인에 대한 심사의 청구는 근로복지공단을, 실업급여 및 육아휴직 급여와 출산전후휴가 급여 등에 관한 처분에 대한 심사의 청구는 직업안정기관의 장을 거쳐 고용보험심사관에게 하여야 한다.

③ 고용보험심사관의 결정에 이의가 있는 자는 고용보험심사위원회에 재심사를 청구할 수 있다.

바로암기 O X

고용보험기금은 기획재정부장관이 관리·운용한다?

( )

해설

고용노동부장관이 관리·운용한다.

정답 ×

④ 심사의 청구는 확인 또는 처분이 있음을 안 날부터 90일 이내에, 재심사의 청구는 심사청구에 대한 결정이 있음을 안 날부터 90일 이내에 각각 제기하여야 한다.

참고

최근 감염병 사태와 함께 고용형태의 다양화로 인해 고용보험의 사각지대에 놓인 사람들에 대한 보호조치의 필요성이 제기됨에 따라 고용보험법에 대한 개정작업이 지속적으로 이루어지고 있습니다. 따라서 법 개정 사항을 법제처(www.law.go.kr) 등을 통해 수시로 확인하시기 바랍니다.

04절 산업재해보상보험법

1 개요

(1) 목적 및 관장

① **목적(법 제1조)**

산업재해보상보험 사업을 시행하여 근로자의 업무상의 재해를 신속하고 공정하게 보상하며, 재해근로자의 재활 및 사회 복귀를 촉진하기 위하여 이에 필요한 보험시설을 설치 · 운영하고, 재해 예방과 그 밖에 근로자의 복지 증진을 위한 사업을 시행하여 근로자 보호에 이바지한다.

② **관장(법 제2조)** 22회 기출

산업재해보상보험 사업은 고용노동부장관이 관장한다.

(2) 용어의 정의(법 제5조) 14회, 15회 기출

① 업무상의 재해 : 업무상의 사유에 따른 근로자의 부상 · 질병 · 장해 또는 사망을 말한다.

② 근로자, 임금, 평균임금, 통상임금 : 각각 근로기준법에 따른 '근로자', '임금', '평균임금', '통상임금'을 말한다.

③ 유족 : 사망한 사람의 배우자(사실상 혼인 관계에 있는 사람을 포함) · 자녀 · 부모 · 손자녀 · 조부모 또는 형제자매를 말한다.

④ 치유 : 부상 또는 질병이 완치되거나 치료의 효과를 더 이상 기대할 수 없고 그 증상이 고정된 상태에 이르게 된 것을 말한다.

바로암기 O X

고용보험과 산업재해보상보험은 고용노동부장관이 관장한다?

( )

정답 O

⑤ 장해 : 부상 또는 질병이 치유되었으나 정신적 또는 육체적 훼손으로 인하여 노동능력이 상실되거나 감소된 상태를 말한다.

⑥ 중증요양상태 : 업무상의 부상 또는 질병에 따른 정신적 또는 육체적 훼손으로 노동능력이 상실되거나 감소된 상태로서 그 부상 또는 질병이 치유되지 아니한 상태를 말한다.

⑦ 진폐 : 분진을 흡입하여 폐에 생기는 섬유증식성 변화를 주된 증상으로 하는 질병을 말한다.

⑧ 출퇴근 : 취업과 관련하여 주거와 취업장소 사이의 이동 또는 한 취업장소에서 다른 취업장소로의 이동을 말한다.

전문가의 한마디

2018년 6월 12일 법 개정에 따라 기존 '폐질(廢疾)'이 '중증요양상태'로 명칭이 변경되었습니다.

(3) 업무상 재해의 인정 기준 9회, 12회 기출

① 업무상 사고 · 질병 및 출퇴근 재해(법 제37조 제1항) 17회, 18회, 19회 기출

근로자가 다음의 어느 하나에 해당하는 사유로 부상 · 질병 또는 장해가 발생하거나 사망하면 업무상의 재해로 본다. 다만, 업무와 재해 사이에 상당인과관계(相當因果關係)가 없는 경우에는 그러하지 아니하다.

전문가의 한마디

2019년 1월 15일 법 개정에 따라 업무상 질병의 인정 기준에 직장 내 괴롭힘, 고객의 폭언 등 업무상 정신적 스트레스가 원인이 되어 발생한 질병이 추가되었습니다. 이로써 업무상 재해를 폭넓게 인정할 수 있는 제도적 장치가 마련되었습니다.

업무상 사고	• 근로자가 근로계약에 따른 업무나 그에 따르는 행위를 하던 중 발생한 사고 • 사업주가 제공한 시설물 등을 이용하던 중 그 시설물 등의 결함이나 관리소홀로 발생한 사고 • 사업주가 주관하거나 사업주의 지시에 따라 참여한 행사나 행사준비 중에 발생한 사고 • 휴게시간 중 사업주의 지배관리하에 있다고 볼 수 있는 행위로 발생한 사고 • 그 밖에 업무와 관련하여 발생한 사고
업무상 질병	• 업무수행 과정에서 물리적 인자, 화학물질, 분진, 병원체, 신체에 부담을 주는 업무 등 근로자의 건강에 장해를 일으킬 수 있는 요인을 취급하거나 그에 노출되어 발생한 질병 • 업무상 부상이 원인이 되어 발생한 질병 • 직장 내 괴롭힘, 고객의 폭언 등으로 인한 업무상 정신적 스트레스가 원인이 되어 발생한 질병 • 그 밖에 업무와 관련하여 발생한 질병
출퇴근 재해	• 사업주가 제공한 교통수단이나 그에 준하는 교통수단을 이용하는 등 사업주의 지배관리하에서 출퇴근하는 중 발생한 사고 • 그 밖에 통상적인 경로와 방법으로 출퇴근하는 중 발생한 사고

출제의도 체크

우리나라 산업재해보상보험제도에서 업무상 재해의 인정 기준은 '업무상 사고', '업무상 질병', '출퇴근 재해'입니다.

▶ 17회 기출

② 자해행위에 따른 업무상의 재해(법 제37조 제2항)

근로자의 고의 · 자해행위나 범죄행위 또는 그것이 원인이 되어 발생한 부상 · 질병 · 장해 또는 사망은 원칙적으로 업무상의 재해로 보지 아니한다. 다만, 그 부상 · 질병 · 장해 또는 사망이 정상적인 인식능력 등이 뚜렷하게 낮아진 상태에서 한 행위로 발생한 경우로서 대통령령으로 정하는 사유가 있으면 업무상의 재해로 본다.

③ 출퇴근 중의 사고(법 제37조 제3항)

출퇴근 경로 일탈 또는 중단이 있는 경우에는 해당 일탈 또는 중단 중의 사고 및 그 후의 이동 중의 사고에 대하여는 출퇴근 재해로 보지 아니한다. 다만, 일탈 또는 중단이 일상생활에 필요한 행위로서 대통령령으로 정하는 사유가 있는 경우에는 출퇴근 재해로 본다.

참고

산업재해보상보험법 제37조 업무상 재해의 인정 기준에 관한 일부 규정이 헌법재판소의 헌법불합치 결정으로 인해 2017년 10월 24일 개정되었습니다. 법 제37조 제1항 제1호 다목에서 "사업주가 제공한 교통수단이나 그에 준하는 교통수단을 이용하는 등 사업주의 지배관리하에서 출퇴근 중 발생한 사고"를 업무상 사고로 규정하였으나, 헌법재판소는 도보나 자기 소유 교통수단 또는 대중교통수단 등을 이용하여 출퇴근하는 산재보험 가입 근로자의 경우 사업주가 제공하거나 그에 준하는 교통수단을 이용하여 출퇴근하는 산재보험 가입 근로자와 같은 근로자인데도 불구하고 통상의 출퇴근 재해를 업무상 재해로 인정받지 못한다는 점에서 차별취급이 존재한다는 점을 지적하면서, 합리적 이유 없이 비혜택근로자를 자의적으로 차별하는 것이므로 헌법상 평등원칙에 위배된다고 헌법불합치 결정을 내린 것입니다(2014헌바254 참조).

(4) 수급권자 및 적용범위 10회 **기출**

① 수급권자(법 제36조 제2항)

산업재해보상보험법에 따른 보험급여를 받을 수 있는 사람을 말한다. 보험급여는 수급권자의 청구에 따라 지급한다.

② 적용범위 및 적용제외 사업(법 제6조 및 시행령 제2조)

산업재해보상보험법은 근로자를 사용하는 모든 사업 또는 사업장에 적용한다. 다만, 위험률·규모 및 장소 등을 고려하여 다음의 사업에 대하여는 이 법을 적용하지 아니한다.

㉠ 공무원재해보상법 또는 군인재해보상법에 따라 재해보상이 되는 사업(단, 공무원재해보상법상 공무수행사망자에 대한 특례에 따라 순직유족급여 또는 위험직무순직유족급여에 관한 규정을 적용받는 경우는 제외)

㉡ 선원법, 어선원 및 어선 재해보상보험법 또는 사립학교교직원 연금법에 따라 재해보상이 되는 사업

㉢ 가구 내 고용활동

㉣ 농업, 임업(벌목업은 제외), 어업 및 수렵업 중 법인이 아닌 자의 사업으로서 상시근로자 수가 5명 미만인 사업

전문가의 한마디

업무상의 재해로 인정되는 자해행위는 업무상의 사유로 발생한 정신질환으로 치료를 받았거나 받고 있는 사람이 정신적 이상 상태에서 자해행위를 한 경우, 업무상의 재해로 요양 중인 사람이 그 업무상의 재해로 인한 정신적 이상 상태에서 자해행위를 한 경우 등을 포함합니다(시행령 제36조).

전문가의 한마디

산업재해보상보험법상 '수급권자'와 국민기초생활보장법상 '수급권자'는 서로 다른 개념입니다.

전문가의 한마디

「공무원재해보상법」은 「공무원연금법」에서, 「군인재해보상법」은 「군인연금법」에서 각각 분리된 법률로, 이는 보다 전문적이고 체계적인 재해보상제도를 마련하기 위한 취지에서 비롯됩니다.

(5) 보험관계 10회 기출

① 보험관계의 성립(고용산재보험료징수법 제5조 및 제6조)

ㄱ 당연가입 : 산업재해보상보험법을 적용받는 사업의 사업주는 당연히 산업재해보상보험법에 따른 산업재해보상보험(이하 "산재보험"이라 한다)의 보험가입자가 된다.

ㄴ 임의가입 : 산업재해보상보험법에 따라 같은 법을 적용하지 아니하는 사업의 사업주는 근로복지공단(이하 "공단"이라 한다)의 승인을 받아 산재보험에 가입할 수 있다.

ㄷ 의제가입 : 산재보험의 당연가입자가 되는 사업이 사업규모의 변동 등의 사유로 적용 제외 사업에 해당하게 되었을 때에는 그 사업주는 그 날부터 산재보험에 가입한 것으로 본다.

② 보험관계의 성립일(고용산재보험료징수법 제6조 및 제7조)

ㄱ 당연가입사업장 : 그 사업이 시작된 날 또는 일정 규모 이상의 사업에 해당하게 된 날

ㄴ 임의가입사업장 : 공단이 그 사업의 사업주로부터 보험가입승인신청서를 접수한 날의 다음 날

ㄷ 당연적용사업이 임의가입사업으로 의제된 경우 : 그 의제된 날

③ 보험관계의 소멸일(고용산재보험료징수법 제10조)

ㄱ 사업의 폐업 또는 종료 : 사업이 폐업되거나 끝난 날의 다음 날

ㄴ 임의가입사업장이 보험계약을 해지하는 경우 : 그 해지에 관하여 공단의 승인을 받은 날의 다음 날

ㄷ 사업 실체가 없는 등의 사유로 공단이 보험관계를 소멸시키는 경우 : 그 소멸을 결정·통지한 날의 다음 날

ㄹ 의제가입 사업주의 경우 : 근로자를 사용하지 아니한 첫날부터 1년이 되는 날의 다음 날

2 주요 내용

(1) 보험료 및 보험료율 10회 기출

① 보험료

ㄱ 산재보험료는 사업주가 전액을 부담한다. 다만, 노무제공자의 경우 사업주와 근로자가 보험료의 1/2을 각각 부담한다.

ⓛ 사업주가 부담하여야 하는 산재보험료는 그 사업주가 경영하는 사업에 종사하는 근로자의 개인별 보수총액에 다음에 따른 산재보험료율을 곱한 금액을 합한 금액으로 한다. 다만, 출퇴근 경로와 방법이 일정하지 아니한 직종의 경우에는 사업종류별 산재보험료율만을 곱하여 산정한다(고용산재보험료징수법 제13조 제5항 참조).

> 산재보험료 = 근로자의 개인별 보수총액 × (사업종류별 산재보험료율* + 출퇴근재해 산재보험료율**)
>
> * 사업종류별 산재보험료율 : 업무상 사고, 업무상 질병 및 사업주의 지배관리하의 출퇴근 중 사고 등 업무상의 재해에 대해 같은 종류의 사업에 적용되는 산재보험료율
> ** 출퇴근재해 산재보험료율(통상적 경로와 방법으로 출퇴근하는 중 발생한 재해에 관한 산재보험료율) : 통상적인 경로와 방법에 의한 출퇴근 중 사고(단, 사업주의 지배관리하의 출퇴근 중 사고는 제외)에 따른 업무상 재해에 적용되는 산재보험료율

② 산재보험료율(고용산재보험료징수법 제14조 제3항 및 제7항 참조)

사업종류별 산재보험료율	매년 6월 30일 현재 과거 3년 동안의 보수총액에 대한 산재보험급여총액의 비율을 기초로 하여, 산업재해보상보험법에 따른 연금 등 산재보험급여에 드는 금액, 재해예방 및 재해근로자의 복지증진에 드는 비용 등을 고려하여 사업의 종류별로 구분하여 고용노동부령으로 정한다.
출퇴근재해 산재보험료율	사업의 종류를 구분하지 아니하고 그 재해로 인하여 산업재해보상보험법에 따른 연금 등 산재보험급여에 드는 금액, 재해예방 및 재해근로자의 복지증진에 드는 비용 등을 고려하여 고용노동부령으로 정한다.

(2) 급여의 종류 4회, 5회, 8회, 11회, 13회, 17회, 20회 `기출`

① 요양급여(법 제40조)

ⓐ 의의 : 근로자가 업무상의 사유로 부상을 당하거나 질병에 걸린 경우에 그 근로자에게 지급한다.

ⓛ 급여의 범위

> • 진찰 및 검사
> • 약제 또는 진료재료와 의지나 그 밖의 보조기의 지급
> • 처치, 수술, 그 밖의 치료
> • 재활치료
> • 입 원
> • 간호 및 간병
> • 이 송
> • 그 밖에 고용노동부령으로 정하는 사항

전문가의 한마디

'출퇴근재해 산재보험료율'은 『산재·고용보험 가입 및 부과업무 실무편람』에서 사용하는 용어로, 고용노동부 고시 《사업종류별 산재보험료율 고시》에 제시된 정식명칭은 "통상적 경로와 방법으로 출퇴근하는 중 발생한 재해에 관한 산재보험료율"입니다.

바로암기 ○×

'출퇴근재해 산재보험료율'은 사업의 종류를 구분하지 아니하고 고용노동부령으로 정한다?

( )

`정답` ○

출제의도 체크

업무상 재해로 인한 부상의 대상인 신체를 반드시 생래적 신체에 한정할 필요는 없습니다. 예를 들어, 업무상의 사유로 근로자가 장착한 의족이 파손된 경우에도 산업재해보상보험법상 요양급여의 대상인 근로자의 부상에 포함됩니다.

▶ 21회 기출

② 휴업급여(법 제52조)

㉠ 의의 : 업무상 사유로 부상을 당하거나 질병에 걸린 근로자에게 요양으로 취업하지 못한 기간에 대하여 지급한다.

㉡ 급여방식 : 1일당 지급액은 평균임금의 100분의 70에 상당하는 금액으로 한다(단, 취업하지 못한 기간이 3일 이내인 경우 지급하지 아니함).

③ 장해급여(법 제57조) 15회 기출

㉠ 의의 : 업무상 사유로 부상을 당하거나 질병에 걸려 치유된 후 신체 등에 장해가 있는 경우 그 장해로 인한 노동력 손실 보전을 위해 지급한다.

㉡ 급여방식 : 장해등급에 따라 장해보상연금 또는 장해보상일시금으로 한다.

④ 간병급여(법 제61조)

㉠ 의의 : 요양급여를 받은 사람 중 치유 후 의학적으로 상시 또는 수시로 간병이 필요한 경우 실제로 간병을 받는 사람에게 지급한다.

㉡ 급여방식 : 상시간병급여, 수시간병급여

⑤ 유족급여(법 제62조)

㉠ 의의 : 근로자가 업무상의 사유로 사망한 경우에 유족에게 지급한다.

㉡ 급여방식 : 유족보상연금, 유족보상일시금

⑥ 상병보상연금(법 제66조) 12회 기출

㉠ 의의 : 요양급여를 받는 근로자가 요양을 시작한 지 2년이 지난 날 이후에 계속해서 그 부상이나 질병이 치유되지 아니하고 그에 따른 중증요양상태의 정도가 대통령령으로 정하는 중증요양상태등급 기준에 해당하며, 요양으로 인하여 취업하지 못하였을 경우 휴업급여 대신 상병보상연금을 그 근로자에게 지급한다.

㉡ 급여방식 : 중증요양상태등급에 따라 1급은 평균임금의 329일분, 2급은 291일분, 3급은 257일분을 지급한다.

⑦ 장례비(법 제71조) 14회, 16회 기출

㉠ 의의 : 근로자가 업무상의 사유로 사망한 경우 장례를 지낸 유족에게 지급한다.

㉡ 급여방식 : 평균임금의 120일분에 상당하는 금액을 지급한다.

⑧ 직업재활급여(법 제72조)

㉠ 의 의

• 장해급여 또는 진폐보상연금을 받은 사람이나 장해급여를 받을 것이 명백한 사람으로서 취업을 위하여 직업훈련이 필요한 사람에게 직업훈련에 드는 비용 및 직업훈련수당을 지급한다.

• 업무상의 재해가 발생할 당시의 사업에 복귀한 장해급여자에 대해 사업주가 고용을 유지하거나 직장적응훈련 또는 재활운동을 실시하는 경우 직장복귀지원금, 직장적응훈련비 및 재활운동비를 각각 지급한다.

전문가의 한마디

2021년 1월 26일 법 개정에 따라 2021년 7월 27일부로 산재보험 급여의 종류 중 '장의비(葬儀費)'가 '장례비'로, '장제(葬祭)'가 '장례'로 명칭이 변경되었습니다.

ⓛ 급여방식 : 장해정도(1~12급의 장해등급) 및 연령 등을 고려하여 대통령령으로 정한다.

⑨ 특별급여(법 제78조 및 제79조)

장해특별급여	보험가입자의 고의 또는 과실로 발생한 업무상의 재해로 근로자가 대통령령으로 정하는 장해등급 또는 진폐장해등급에 해당하는 장해를 입은 경우에 수급권자가 민법에 따른 손해배상청구를 갈음하여 장해특별급여를 청구하면 장해급여 또는 진폐보상연금 외에 대통령령으로 정하는 장해특별급여를 지급할 수 있다.
유족특별급여	보험가입자의 고의 또는 과실로 발생한 업무상의 재해로 근로자가 사망한 경우에 수급권자가 민법에 따른 손해배상청구를 갈음하여 유족특별급여를 청구하면 유족급여 또는 진폐유족연금 외에 대통령령으로 정하는 유족특별급여를 지급할 수 있다.

심화연구실

1. 유족보상연금 수급자격자의 범위(법 제63조 제1항) 13회 기출

근로자가 사망할 당시 그 근로자와 생계를 같이 하고 있던 다음의 사람

- 배우자
- 부모 또는 조부모로서 각각 60세 이상인 사람
- 자녀로서 25세 미만인 사람
- 손자녀로서 25세 미만인 사람
- 형제자매로서 19세 미만이거나 60세 이상인 사람
- 위의 어느 하나에 해당하지 아니하는 자녀 · 부모 · 손자녀 · 조부모 또는 형제자매로서 장애인복지법에 따른 장애인 중 고용노동부령으로 정한 장애 정도에 해당하는 사람

2. 유족보상연금 수급자격자의 자격 상실 사유(법 제64조 제1항) 12회 기출

유족보상연금 수급자격자인 유족이 다음의 어느 하나에 해당하는 경우

- 사망한 경우
- 재혼한 때(사망한 근로자의 배우자만 해당, 사실상 혼인 관계에 있는 경우를 포함)
- 사망한 근로자와의 친족 관계가 끝난 경우
- 자녀가 25세가 된 때
- 손자녀가 25세가 된 때
- 형제자매가 19세가 된 때
- 장애인이었던 사람으로서 그 장애 상태가 해소된 경우
- 국적을 상실하고 외국에서 거주하고 있거나 외국에서 거주하기 위하여 출국하는 경우
- 대한민국 국민이 아닌 유족보상연금 수급자격자가 외국에서 거주하기 위하여 출국하는 경우

(3) 권리구제

① 심사청구(법 제103조 및 제105조)

㉠ 보험급여, 진료비, 약제비, 진료계획 변경 조치, 보험급여의 일시지급에 관한 결정, 합병증 등 예방관리에 관한 조치, 부당이득의 징수에 관한 결정, 수급권의 대위에 관한 결정 등 근로복지공단의 결정에 불복하는 자는 심사청구를 할 수 있다.

출제의도 체크

'실업급여'나 '구직급여'는 산업재해보상보험법상 보험급여가 아닌 고용보험법상 보험급여에 해당합니다.

▶ 17회, 20회 기출

전문가의 한마디

유족보상연금 수급자격자 중 유족보상연금을 받을 권리의 순위는 〈배우자 → 자녀 → 부모 → 손자녀 → 조부모 → 형제자매〉의 순서로 합니다. 참고로 최근 법 개정에 따라 손자녀의 유족보상연금 수급 자격 연령이 종전 "19세 미만"에서 "25세 미만"으로 상향되었습니다.

출제의도 체크

근로자의 소득으로 생계의 전부 또는 상당 부분을 유지하고 있던 유족으로서 학업 · 취업 · 요양, 그 밖에 주거상의 형편 등으로 주민등록을 달리하였거나 동거하지 않았던 사람도 "근로자와 생계를 같이 하고 있던 유족"에 해당합니다(시행령 제61조).

▶ 21회 기출

ⓛ 심사청구는 그 보험급여 결정 등을 한 근로복지공단의 소속기관을 거쳐 공단에 제기하여야 한다.

ⓒ 심사청구는 보험급여 결정 등이 있음을 안 날부터 90일 이내에 하여야 한다.

ⓔ 보험급여 결정 등에 대하여는 행정심판법에 따른 행정심판을 제기할 수 없다.

ⓜ 공단은 심사청구서를 받은 날부터 60일 이내에 산업재해보상보험심사위원회의 심의를 거쳐 심사청구에 대한 결정을 하여야 한다.

② 재심사청구(법 제106조 및 제109조)

㉠ 심사청구에 대한 결정에 불복하는 자는 재심사청구를 할 수 있다. 다만, 업무상 질병판정위원회의 심의를 거친 보험급여에 관한 결정에 불복하는 자는 심사청구를 하지 아니하고 재심사청구를 할 수 있다.

㉡ 재심사청구는 그 보험급여 결정 등을 한 공단의 소속기관을 거쳐 산업재해보상보험재심사위원회에 제기하여야 한다.

㉢ 재심사청구는 심사청구에 대한 결정이 있음을 안 날부터 90일 이내에 제기하여야 한다.

㉣ 산업재해보상보험재심사위원회는 재심사청구서를 받은 날부터 60일 이내에 재심사청구에 대한 재결을 하여야 한다. 재심사위원회의 재결은 공단을 '기속'한다.

(4) 근로복지공단

① 근로복지공단의 설립(법 제10조)

고용노동부장관의 위탁을 받아 산업재해보상보험법의 목적을 달성하기 위한 사업을 효율적으로 수행하기 위하여 근로복지공단을 설립한다.

② 근로복지공단의 사업(법 제11조 제1항) 16회 기출

㉠ 보험가입자와 수급권자에 관한 기록의 관리·유지

㉡ 고용산재보험료징수법에 따른 보험료와 그 밖의 징수금의 징수

㉢ 보험급여의 결정과 지급

㉣ 보험급여 결정 등에 관한 심사청구의 심리·결정

㉤ 산업재해보상보험 시설의 설치·운영

㉥ 업무상 재해를 입은 근로자 등의 진료·요양 및 재활

㉦ 재활보조기구의 연구개발·검정 및 보급

㉧ 보험급여 결정 및 지급을 위한 업무상 질병 관련 연구

㉨ 근로자 등의 건강을 유지·증진하기 위하여 필요한 건강진단 등 예방 사업

㉩ 근로자의 복지 증진을 위한 사업

㉪ 그 밖에 정부로부터 위탁받은 사업

㉫ 그 밖에 법령에 따른 사업에 딸린 사업

05절 노인장기요양보험법

1 개요

(1) 목적 및 관장

① 목적(법 제1조)

고령이나 노인성 질병 등의 사유로 일상생활을 혼자서 수행하기 어려운 노인 등에게 제공하는 신체활동 또는 가사활동 지원 등의 장기요양급여에 관한 사항을 규정하여 노후의 건강증진 및 생활안정을 도모하고 그 가족의 부담을 덜어줌으로써 국민의 삶의 질을 향상하도록 한다.

② 관장(법 제7조 제1항) 20회 기출

장기요양보험사업은 보건복지부장관이 관장한다.

(2) 용어의 정의(법 제2조 및 제7조) 16회 기출

① 노인 등 : 65세 이상의 노인 또는 65세 미만의 자로서 치매·뇌혈관성질환 등 대통령령으로 정하는 노인성 질병을 가진 자를 말한다.

② 보험자 : 장기요양보험사업의 보험자는 국민건강보험공단(이하 "공단"이라 한다)으로 한다.

③ 가입자 : 장기요양보험의 가입자는 국민건강보험법에 따른 가입자로 한다.

④ 장기요양급여 : 6개월 이상 동안 혼자서 일상생활을 수행하기 어렵다고 인정되는 자에게 신체활동·가사활동의 지원 또는 간병 등의 서비스나 이에 갈음하여 지급하는 현금 등을 말한다.

⑤ 장기요양사업 : 장기요양보험료, 국가 및 지방자치단체의 부담금 등을 재원으로 하여 노인 등에게 장기요양급여를 제공하는 사업을 말한다.

⑥ 장기요양기관 : 장기요양기관의 지정을 받은 기관으로서 장기요양급여를 제공하는 기관을 말한다.

⑦ 장기요양요원 : 장기요양기관에 소속되어 노인 등의 신체활동 또는 가사활동 지원 등의 업무를 수행하는 자를 말한다.

(3) 국가 및 지방자치단체의 책무 등

① 국가 및 지방자치단체는 노인이 일상생활을 혼자서 수행할 수 있는 온전한 심신상태를 유지하는 데 필요한 사업(이하 "노인성질환예방사업"이라 한다)을 실시하여야 한다(법 제4조 제1항).

전문가의한마디

현재 우리나라의 사회보험 중 노인장기요양보험과 국민건강보험은 기금 형태로 관리·운용되고 있지 않습니다. 최근 노인장기요양보험 재정을 기금화하여 국회의 심사를 받도록 함으로써 재정운용의 투명성을 강화하고 장기요양보험사업에 대한 국가의 책임을 제고하려는 취지로 관련 법률에 대한 개정 시도가 이루어지고 있습니다.

출제의도 체크

국민건강보험공단은 장기요양보험사업의 '피보험자'가 아닌 '보험자'입니다.

▶ 16회 기출

② 국가는 노인성질환예방사업을 수행하는 지방자치단체 또는 국민건강보험공단에 대하여 이에 소요되는 비용을 지원할 수 있다(법 제4조 제2항).

③ 국가 및 지방자치단체는 노인인구 및 지역특성 등을 고려하여 장기요양급여가 원활하게 제공될 수 있도록 적정한 수의 장기요양기관을 확충하고 장기요양기관의 설립을 지원하여야 한다(법 제4조 제3항).

④ 국가 및 지방자치단체는 지역의 특성에 맞는 장기요양사업의 표준을 개발·보급할 수 있다(법 제4조 제6항).

⑤ 보건복지부장관은 노인 등에 대한 장기요양급여를 원활하게 제공하기 위하여 5년 단위로 장기요양기본계획을 수립·시행하여야 한다(법 제6조 제1항).

⑥ 보건복지부장관은 장기요양사업의 실태를 파악하기 위하여 3년마다 장기요양인정에 관한 사항 등에 관한 실태조사를 정기적으로 실시하고 그 결과를 공표하여야 한다(법 제6조의2 제1항).

전문가의 한마디

노인장기요양보험법상 '장기요양사업 실태조사'와 노인복지법상 '노인실태조사'는 보건복지부장관이 3년마다 실시합니다.

(4) 장기요양급여 제공의 기본원칙(법 제3조) 18회 기출

① 장기요양급여는 노인 등이 자신의 의사와 능력에 따라 최대한 자립적으로 일상생활을 수행할 수 있도록 제공하여야 한다.

② 장기요양급여는 노인 등의 심신상태·생활환경과 노인 등 및 그 가족의 욕구·선택을 종합적으로 고려하여 필요한 범위 안에서 이를 적정하게 제공하여야 한다.

③ 장기요양급여는 노인 등이 가족과 함께 생활하면서 가정에서 장기요양을 받는 재가급여를 우선적으로 제공하여야 한다.

④ 장기요양급여는 노인 등의 심신상태나 건강 등이 악화되지 아니하도록 의료서비스와 연계하여 이를 제공하여야 한다.

2 주요 내용

(1) 장기요양인정의 신청(법 제12조 및 제13조) 11회, 17회 기출

① 장기요양인정을 신청할 수 있는 자는 노인 등으로서 장기요양보험가입자나 그 피부양자 또는 의료급여 수급권자에 해당하는 자격을 갖추어야 한다.

② 장기요양인정을 신청하는 자는 국민건강보험공단에 보건복지부령으로 정하는 바에 따라 장기요양인정신청서에 의사 또는 한의사가 발급하는 소견서(이하 "의사소견서"라 한다)를 첨부하여 제출하여야 한다.

③ 거동이 현저하게 불편하거나 도서·벽지 지역에 거주하여 의료기관을 방문하기 어려운 자 등은 의사소견서를 제출하지 아니할 수 있다.

출제의도 체크

장기요양보험가입자 또는 그 피부양자는 「국민건강보험법」에 따른 건강보험 가입자 또는 그 피부양자를 말하므로, 65세 이상의 노인으로서 「국민건강보험법」에 따른 건강보험 가입자 또는 그 피부양자는 노인장기요양보험법상 장기요양인정을 신청할 수 있습니다.

▶ 17회 기출

(2) 장기요양인정의 유효기간 및 갱신 · 변경

① 장기요양인정의 유효기간(법 제19조 및 시행령 제8조) 8회 기출

장기요양인정의 유효기간은 최소 1년 이상으로서 대통령령으로 정하는 기간(원칙적으로 2년)으로 한다.

② 장기요양인정의 갱신 및 장기요양등급 등의 변경 11회 기출

- ㉠ 수급자는 장기요양인정의 유효기간이 만료된 후 장기요양급여를 계속하여 받고자 하는 경우 공단에 장기요양인정의 갱신을 신청하여야 한다(법 제20조 제1항).
- ㉡ 장기요양인정의 갱신 신청은 유효기간이 만료되기 전 30일까지 이를 완료하여야 한다(법 제20조 제2항).
- ㉢ 장기요양급여를 받고 있는 수급자는 장기요양등급, 장기요양급여의 종류 또는 내용을 변경하여 장기요양급여를 받고자 하는 경우 공단에 변경신청을 하여야 한다(법 제21조 제1항).

(3) 장기요양급여의 종류(법 제23조) 8회, 11회, 14회, 15회, 16회, 22회 기출

급 여	종 류	내 용
재가급여	방문요양	장기요양요원이 수급자의 가정 등을 방문하여 신체활동 및 가사활동 등을 지원하는 장기요양급여
	방문목욕	장기요양요원이 목욕설비를 갖춘 장비를 이용하여 수급자의 가정 등을 방문하여 목욕을 제공하는 장기요양급여
	방문간호	장기요양요원인 간호사 등이 의사, 한의사 또는 치과의사의 지시서에 따라 수급자의 가정 등을 방문하여 간호, 진료의 보조, 요양에 관한 상담 또는 구강위생 등을 제공하는 장기요양급여
	주 · 야간보호	수급자를 하루 중 일정한 시간 동안 장기요양기관에 보호하여 신체활동 지원 및 심신기능의 유지 · 향상을 위한 교육 · 훈련 등을 제공하는 장기요양급여
	단기보호	수급자를 일정 기간 동안 장기요양기관에 보호하여 신체활동 지원 및 심신기능의 유지 · 향상을 위한 교육 · 훈련 등을 제공하는 장기요양급여
	기타 재가급여	수급자의 일상생활 · 신체활동 지원 및 인지기능의 유지 · 향상에 필요한 용구를 제공하거나 가정을 방문하여 재활에 관한 지원 등을 제공하는 장기요양급여
시설급여		장기요양기관에 장기간 입소한 수급자에게 신체활동 지원 및 심신기능의 유지 · 향상을 위한 교육 · 훈련 등을 제공하는 장기요양급여
특별현금급여	가족요양비	가족장기요양급여
	특례요양비	특례장기요양급여
	요양병원간병비	요양병원장기요양급여

출제의도 체크

'장의비(장례비)'는 노인장기요양보험법상 장기요양급여에 해당하지 않습니다.

▶ 14회 기출

전문가의 한마디

수급자는 재가급여, 시설급여 및 특별현금급여를 원칙적으로 중복하여 받을 수 없습니다(시행규칙 제17조 제1항).

전문가의 한마디

'노인복지법에 따른 재가노인복지시설'은 방문요양서비스, 주 · 야간보호서비스, 단기보호서비스, 방문 목욕서비스, 재가노인지원서비스, 방문간호서비스, 복지용구지원서비스 등의 서비스 중 어느 하나 이상의 서비스를 제공함을 목적으로 하는 시설을 말합니다(노인복지법 제38조 및 시행규칙 제26조의2).

(4) 장기요양기관

① 장기요양기관의 종류 및 기준(시행령 제10조) 17회 기출

재가급여 제공 기관	노인복지법에 따른 재가노인복지시설로서 노인장기요양보험법령에 따라 지정받은 장기요양기관
시설급여 제공 기관	• 노인복지법에 따른 노인요양시설로서 노인장기요양보험법령에 따라 지정받은 장기요양기관 • 노인복지법에 따른 노인요양공동생활가정으로서 노인장기요양보험법령에 따라 지정받은 장기요양기관

② 재가급여 및 시설급여 비용의 청구(법 제38조 제1항)

장기요양기관은 수급자에게 재가급여 또는 시설급여를 제공한 경우 국민건강보험공단에 장기요양급여비용을 청구하여야 한다.

(5) 보험료 10회 기출

① 보험료의 징수(법 제8조) 12회, 18회 기출

장기요양보험료는 국민건강보험법에 따른 건강보험료와 통합하여 징수한다. 국민건강보험공단은 통합 징수한 장기요양보험료와 건강보험료를 구분하여 고지하며, 각각 독립회계로 관리하여야 한다.

② 보험료의 산정(법 제9조 제1항)

장기요양보험료는 국민건강보험법에 따라 산정한 보험료액(직장가입자 및 지역가입자의 월별 보험료액)에서 법령에 따라 경감 또는 면제되는 비용을 공제한 금액에 건강보험료율 대비 장기요양보험료율의 비율을 곱하여 산정한 금액으로 한다. 장기요양보험료율은 장기요양위원회의 심의를 거쳐 대통령령으로 정한다.

③ 장애인 등에 대한 장기요양보험료의 감면(법 제10조 및 시행령 제5조)

국민건강보험공단은 장애인복지법에 따라 등록한 장애인 중 장애의 정도가 심한 장애인 또는 보건복지부장관이 정하여 고시하는 희귀난치성질환자가 장기요양보험가입자 또는 그 피부양자인 경우 장기요양급여수급자로 결정되지 못한 때 장기요양보험료의 전부 또는 그 일부로서 100분의 30을 감면할 수 있다.

(6) 등급판정(법 제15조 및 제16조, 시행령 제7조) 11회 기출

① 국민건강보험공단은 신청인의 심신상태, 신청인에게 필요한 장기요양급여의 종류 및 내용 등에 대한 조사가 완료된 때 조사결과서, 신청서, 의사소견서, 그 밖에 심의에 필요한 자료를 장기요양등급판정위원회(이하 "등급판정위원회"라 한다)에 제출하여야 한다.

② 등급판정위원회는 신청인이 신청자격요건을 충족하고 6개월 이상 동안 혼자서 일상생활을 수행하기 어렵다고 인정하는 경우 심신상태 및 장기요양이 필요한 정도 등 다음의 등급판정기준에 따라 수급자로 판정한다.

> • 장기요양 1등급 : 심신의 기능상태 장애로 일상생활에서 전적으로 다른 사람의 도움이 필요한 자로서 장기요양인정 점수가 95점 이상인 자
> • 장기요양 2등급 : 심신의 기능상태 장애로 일상생활에서 상당 부분 다른 사람의 도움이 필요한 자로서 장기요양인정 점수가 75점 이상 95점 미만인 자
> • 장기요양 3등급 : 심신의 기능상태 장애로 일상생활에서 부분적으로 다른 사람의 도움이 필요한 자로서 장기요양인정 점수가 60점 이상 75점 미만인 자
> • 장기요양 4등급 : 심신의 기능상태 장애로 일상생활에서 일정부분 다른 사람의 도움이 필요한 자로서 장기요양인정 점수가 51점 이상 60점 미만인 자
> • 장기요양 5등급 : 치매(노인성 질병에 해당하는 치매로 한정)환자로서 장기요양인정 점수가 45점 이상 51점 미만인 자
> • 장기요양 인지지원등급 : 치매(노인성 질병에 해당하는 치매로 한정)환자로서 장기요양인정 점수가 45점 미만인 자

③ 등급판정위원회는 신청인이 신청서를 제출한 날부터 30일 이내에 장기요양등급판정을 완료하여야 한다. 다만, 신청인에 대한 정밀조사가 필요한 경우 등 기간 이내에 등급판정을 완료할 수 없는 부득이한 사유가 있는 경우 30일 이내의 범위에서 이를 연장할 수 있다.

(7) 권리구제 9회, 13회 기출

① **심사청구(법 제55조)**

㉠ 장기요양인정 · 장기요양등급 · 장기요양급여 · 부당이득 · 장기요양급여비용 또는 장기요양보험료 등에 관한 국민건강보험공단의 처분에 이의가 있는 자는 국민건강보험공단에 심사청구를 할 수 있다.

㉡ 심사청구는 그 처분이 있음을 안 날부터 원칙적으로 90일 이내에 문서로 하여야 하며, 처분이 있은 날부터 180일을 경과하면 이를 제기하지 못한다.

㉢ 심사청구 사항을 심사하기 위하여 공단에 장기요양심사위원회를 둔다.

② **재심사청구(법 제56조)**

심사청구에 대한 결정에 불복하는 사람은 그 결정통지를 받은 날부터 90일 이내에 장기요양재심사위원회에 재심사를 청구할 수 있다.

③ **행정소송(법 제57조)**

공단의 처분에 이의가 있는 자와 심사청구 또는 재심사청구에 대한 결정에 불복하는 자는 행정소송법으로 정하는 바에 따라 행정소송을 제기할 수 있다.

전문가의 한마디

2017년 12월 26일 시행령 개정에 따라 2018년 1월 1일부로 등급판정 기준에 '장기요양 인지지원등급'이 신설되었습니다. 이로써 노인성 질병에 해당하는 치매가 있는 사람이면 장기요양인정을 받을 수 있게 되었습니다.

전문가의 한마디

2018년 12월 11일 법 개정에 따라 2019년 12월 12일부로 장기요양인정 처분 등의 권리구제에 관한 기존 '이의신청 및 심사청구'가 '심사청구 및 재심사청구'로 변경되었습니다.

심화연구실

장기요양 관련 각종 위원회 및 지원센터 8회, 21회 기출

장기요양위원회 (법 제45조)	• 설치 : 보건복지부장관 소속 • 구성 : 위원장 1명, 부위원장 1명을 포함한 16명 이상 22명 이하의 위원 • 업무 : 장기요양보험료율, 가족요양비 · 특례요양비 · 요양병원간병비의 지급 기준, 재가 및 시설 급여비용 등의 심의
장기요양등급판정 위원회 (법 제52조)	• 설치 : 국민건강보험공단 • 구성 : 위원장 1명을 포함한 15명의 위원 • 업무 : 장기요양인정, 장기요양등급 판정 등의 심의
장기요양심사위원회 (법 제55조)	• 설치 : 국민건강보험공단 • 구성 : 위원장 1명을 포함한 50명 이내의 위원 • 업무 : 장기요양인정 · 장기요양등급 · 장기요양급여 · 부당이득 · 장기요양급 여비용 또는 장기요양보험료 등 공단의 처분에 대한 심사청구 사항의 심사
공표심의위원회 (법 제37조의3)	• 설치 : 보건복지부장관 또는 특별자치시장 · 특별자치도지사 · 시장 · 군수 · 구 청장 • 구성 : 위원장 1명을 포함한 5명의 위원 • 업무 : 장기요양기관의 법령에 따른 위반사실의 공표 여부 등의 심의

장기요양요원지원
센터
(법 제47조의2)
	• 설치 : 국가와 지방자치단체
	• 구성 : 해당 지방자치단체의 조례로 정함
	• 업무 : 장기요양요원의 권리 침해에 관한 상담 및 지원, 장기요양요원의 역량
	  강화를 위한 교육지원, 장기요양요원에 대한 건강검진 등 건강관리를 위한 사
	  업 등

바로암기 ○×

장기요양보험료율 등을 심의하
기 위하여 장기요양심사위원회
를 둔다?

( )

해설
장기요양위원회를 둔다.

정답 ×

04 | 공공부조법

KEY POINT

- '공공부조법' 영역에서는 국민기초생활보장법, 의료급여법, 기초연금법, 긴급복지지원법의 기본적인 내용들에 대해 간략히 다루고 있다.
- 국민기초생활보장법에서는 최저생계비, 소득인정액, 차상위계층의 정의, 급여의 종류별 기준 중위소득, 급여의 신청·변경·중지 등에 대해 살펴보아야 한다.
- 의료급여법에서는 수급권자, 급여비용의 청구, 의료급여기관의 분류 등을 학습하도록 하며, 특히 1종 수급권자와 2종 수급권자를 구분할 수 있도록 한다.
- 기초연금법에서는 선정기준액, 소득인정액, 기준연금액, 부가연금액 등의 개념이 어려울 수 있으므로 이를 반드시 학습하도록 하며, 특히 기초연금액의 산정 및 감액, 수급권의 상실 등에 대해 반드시 기억해두도록 한다.
- 긴급복지지원법에서는 긴급복지지원의 기본원칙에 대해 이해하도록 하며, 긴급지원대상자, 긴급지원의 종류 및 내용에 대해 구체적으로 살펴보아야 한다.

01절 국민기초생활보장법

1 개 요

(1) 목적 및 정의

① 목적(법 제1조)

생활이 어려운 사람에게 필요한 급여를 실시하여 이들의 최저생활을 보장하고 자활을 돕는다.

② 정의(법 제2조) 4회, 10회, 11회, 17회, 18회 기출

ㄱ 수급권자 : 이 법에 따른 급여를 받을 수 있는 자격을 가진 사람을 말한다.

ㄴ 수급자 : 이 법에 따른 급여를 받는 사람을 말한다.

ㄷ 수급품 : 이 법에 따라 수급자에게 지급하거나 대여하는 금전 또는 물품을 말한다.

ㄹ 부양의무자 : 수급권자를 부양할 책임이 있는 사람으로서 수급권자의 1촌의 직계혈족 및 그 배우자를 말한다(단, 사망한 1촌의 직계혈족의 배우자는 제외).

ㅁ 최저보장수준 : 국민의 소득·지출 수준과 수급권자의 가구 유형 등 생활실태, 물가상승률 등을 고려하여 급여의 종류별로 공표하는 금액이나 보장수준을 말한다.

ㅂ 최저생계비 : 국민이 건강하고 문화적인 생활을 유지하기 위하여 필요한 최소한의 비용으로서 보건복지부장관이 계측하는 금액을 말한다.

ㅅ 개별가구 : 이 법에 따른 급여를 받거나 이 법에 따른 자격요건에 부합하는지에 관한 조사를 받는 기본단위로서 수급자 또는 수급권자로 구성된 가구를 말한다.

전문가의 한마디

직계비속 1촌에 해당하는 아들이나 딸, 직계존속 1촌에 해당하는 아버지나 어머니는 부양의무자에 해당하는 반면, 직계비속 2촌에 해당하는 손자 또는 외손자는 부양의무자에 해당하지 않습니다.

출제의도 체크

보장기관은 차상위자에 대해서도 가구별 생활여건을 고려하여 예산의 범위에서 급여의 전부 또는 일부를 실시할 수 있습니다.

▶ 21회 기출

ⓞ 소득인정액 : 보장기관이 급여의 결정 및 실시 등에 사용하기 위하여 산출한 개별가구의 소득평가액과 재산의 소득환산액을 합산한 금액을 말한다.

ⓩ 차상위계층 : 수급권자에 해당하지 아니하는 계층으로서 소득인정액이 기준 중위소득의 100분의 50 이하인 계층을 말한다(시행령 제3조).

ⓩ 기준 중위소득 : 보건복지부장관이 급여의 기준 등에 활용하기 위하여 중앙생활보장위원회의 심의 · 의결을 거쳐 고시하는 국민 가구소득의 중위값을 말한다.

심화연구실

국민기초생활보장법상 보장기관과 보장시설(법 제2조, 제19조 및 제32조) 20회 기출

• 보장기관 :「국민기초생활보장법」에 따라 급여를 실시하는 국가 또는 지방자치단체

> – 보건복지부장관, 국토교통부장관, 교육부장관
> – 특별시장 · 광역시장 · 도지사, 특별자치시장 · 특별자치도지사 · 시장 · 군수 · 구청장
> – 특별시 · 광역시 · 특별자치시 · 도 · 특별자치도의 교육감

출제의도 체크

대전광역시장, 전라남도지사, 인천광역시 교육감 등은 국민기초생활보장법상 '보장기관'에 해당합니다.

▶ 20회 기출

• 보장시설 :「국민기초생활보장법」에 따라 급여를 실시하는「사회복지사업법」에 따른 사회복지시설로서 다음의 시설 중 보건복지부령으로 정하는 시설

> – 장애인 거주시설
> – 아동복지시설 및 통합 시설
> – 노숙인재활시설 및 노숙인요양시설
> – 성매매피해자 등을 위한 지원시설
> – 한부모가족복지시설
>
> – 노인주거복지시설 및 노인의료복지시설
> – 정신요양시설 및 정신재활시설
> – 가정폭력피해자 보호시설
> – 성폭력피해자보호시설
> – 결핵 및 한센병요양시설 등

바로암기 ○×

부양의무자의 부양은 국민기초생활보장법에 따른 급여에 우선하여 행하여진다?

( )

정답 ○

(2) 급여의 기본원칙(법 제3조) 10회 기출

① 이 법에 따른 급여는 수급자가 자신의 생활의 유지 · 향상을 위하여 그의 소득, 재산, 근로능력 등을 활용하여 최대한 노력하는 것을 전제로 이를 보충 · 발전시키는 것을 기본원칙으로 한다.

② 부양의무자의 부양과 다른 법령에 따른 보호는 이 법에 따른 급여에 우선하여 행하여지는 것으로 한다. 다만, 다른 법령에 따른 보호의 수준이 이 법에서 정하는 수준에 이르지 아니하는 경우에는 나머지 부분에 관하여 이 법에 따른 급여를 받을 권리를 잃지 아니한다.

(3) 급여의 기준 등(법 제4조) 13회 기출

① 이 법에 따른 급여는 건강하고 문화적인 최저생활을 유지할 수 있는 것이어야 한다.

② 급여의 기준은 수급자의 연령, 가구규모, 거주지역, 그 밖의 생활여건 등을 고려하여 급여의 종류별로 보건복지부장관이 정하거나 급여를 지급하는 중앙행정기관의 장이 보건복지부장관과 협의하여 정한다.

③ 보장기관은 급여를 개별가구 단위로 실시하되, 특히 필요하다고 인정하는 경우에는 개인 단위로 실시할 수 있다.

④ 지방자치단체인 보장기관은 해당 지방자치단체의 조례로 정하는 바에 따라 이 법에 따른 급여의 범위 및 수준을 초과하여 급여를 실시할 수 있다. 이 경우 해당 보장기관은 보건복지부장관 및 소관 중앙행정기관의 장에게 알려야 한다.

(4) 외국인에 대한 특례(법 제5조의2) 19회 기출

국내에 체류하고 있는 외국인 중 대한민국 국민과 혼인하여 본인 또는 배우자가 임신 중이거나 대한민국 국적의 미성년 자녀를 양육하고 있거나 배우자의 대한민국 국적인 직계존속과 생계나 주거를 같이하고 있는 사람으로서 대통령령으로 정하는 사람이 이 법에 따른 급여를 받을 수 있는 자격을 가진 경우에는 수급권자가 된다.

(5) 최저보장수준의 결정 등(법 제6조)

① 보건복지부장관 또는 소관 중앙행정기관의 장은 급여의 종류별 수급자 선정기준 및 최저보장수준을 결정하여야 한다.

② 보건복지부장관 또는 소관 중앙행정기관의 장은 매년 8월 1일까지 중앙생활보장위원회의 심의·의결을 거쳐 다음 연도의 급여의 종류별 수급자 선정기준 및 최저보장수준을 공표하여야 한다.

(6) 기준 중위소득의 산정(법 제6조의2) 14회 기출

① 기준 중위소득은 통계법에 따라 통계청이 공표하는 통계자료의 가구 경상소득(근로소득, 사업소득, 재산소득, 이전소득을 합산한 소득을 말한다)의 중간값에 최근 가구소득 평균 증가율, 가구규모에 따른 소득수준의 차이 등을 반영하여 가구규모별로 산정한다.

② 그 밖에 가구규모별 소득수준 반영 방법 등 기준 중위소득의 산정에 필요한 사항은 중앙생활보장위원회에서 정한다.

바로암기 ○×

보장기관은 급여를 개인 단위로 실시하되, 특히 필요하다고 인정하는 경우에는 개별가구 단위로 실시할 수 있다?

( )

해설
국민기초생활보장법상 급여는 개별가구 단위로 실시하는 것을 원칙으로 한다.

정답 ×

(7) 소득인정액의 산정(법 제6조의3) 8회 기출

> 소득인정액 = 소득평가액(실제소득 − 가구특성별 지출비용 − 근로소득공제)
> + 재산의 소득환산액[(재산 − 기본재산액 − 부채) × 소득환산율]

① 소득평가액

㉠ 개별가구의 실제소득에도 불구하고 보장기관이 급여의 결정 및 실시 등에 사용하기 위하여 산출한 금액으로 근로소득, 사업소득, 재산소득, 이전소득을 합한 개별가구의 실제소득에서 장애 · 질병 · 양육 등 가구 특성에 따른 지출요인, 근로를 유인하기 위한 요인, 그 밖에 추가적인 지출요인에 해당하는 금액을 감하여 산정한다.

㉡ 다음의 금품은 소득으로 보지 아니한다(시행령 제5조 제2항). 15회 기출

> • 퇴직금, 현상금, 보상금, 근로장려금 및 자녀장려금 등 정기적으로 지급되는 것으로 볼 수 없는 금품
> • 보육 · 교육 또는 그 밖에 이와 유사한 성질의 서비스 이용을 전제로 받는 보육료, 학자금, 그 밖에 이와 유사한 금품

② 재산의 소득환산액

㉠ 개별가구의 재산가액에서 기본재산액(기초생활의 유지에 필요하다고 보건복지부장관이 정하여 고시하는 재산액) 및 부채를 공제한 금액에 소득환산율을 곱하여 산정한다. 이 경우 소득으로 환산하는 재산의 범위는 일반재산, 금융재산, 자동차 등으로 한다.

㉡ 소득환산율은 이자율, 물가상승률, 부동산 및 전세가격 상승률 등을 고려하여 보건복지부장관이 정하여 고시한다(시행령 제5조의4 제2항).

2 주요 내용

(1) 부양능력 등(법 제8조의2) 11회 기출

① 부양의무자가 부양능력이 없는 것으로 보는 경우

㉠ 기준 중위소득 수준을 고려하여 대통령령으로 정하는 소득 · 재산 기준 미만인 경우

㉡ 직계존속 또는 장애인연금법에 따른 중증장애인인 직계비속을 자신의 주거에서 부양하는 경우로서 보건복지부장관이 정하여 고시하는 경우

㉢ 그 밖에 질병, 교육, 가구 특성 등으로 부양능력이 없다고 보건복지부장관이 정하는 경우

② 부양을 받을 수 없는 것으로 보는 경우

　　㉠ 부양의무자가 병역법에 따라 징집되거나 소집된 경우

　　㉡ 부양의무자가 해외이주자에 해당하는 경우

　　㉢ 부양의무자가 교도소, 구치소, 치료감호시설 등에 수용 중인 경우

　　㉣ 부양의무자에 대하여 실종선고 절차가 진행 중인 경우

　　㉤ 부양의무자가 보장시설에서 급여를 받고 있는 경우

　　㉥ 부양의무자의 가출 또는 행방불명으로 경찰서 등 행정관청에 신고된 후 1개월이 지났거나 가출 또는 행방불명 사실을 특별자치시장 · 특별자치도지사 · 시장 · 군수 · 구청장(이하 "시장 · 군수 · 구청장"이라 한다)이 확인한 경우

　　㉦ 부양의무자가 부양을 기피하거나 거부하는 경우

　　㉧ 그 밖에 부양을 받을 수 없는 것으로 보건복지부장관이 정하는 경우

(2) 급여의 종류 　4회, 8회, 10회, 12회, 22회 　기출

① 생계급여

　㉠ 생계급여의 내용

　　생계급여는 수급자에게 의복, 음식물 및 연료비와 그 밖에 일상생활에 기본적으로 필요한 금품을 지급하여 그 생계를 유지하게 하는 것으로 한다(법 제8조 제1항).

　㉡ 수급권자의 범위

> • 생계급여 수급권자는 부양의무자가 없거나, 부양의무자가 있어도 부양능력이 없거나 부양을 받을 수 없는 사람으로서 그 소득인정액이 생계급여 선정기준 이하인 사람으로 한다. 이 경우 생계급여 선정기준은 기준 중위소득의 100분의 30 이상으로 한다(법 제8조 제2항).
> • 생계급여 최저보장수준은 생계급여와 소득인정액을 포함하여 생계급여 선정기준 이상이 되도록 하여야 한다(법 제8조 제3항).

　㉢ 생계급여의 방법(법 제9조 및 제10조)

> • 생계급여는 금전을 지급하는 것으로 한다. 다만, 금전으로 지급할 수 없거나 금전으로 지급하는 것이 적당하지 아니하다고 인정하는 경우에는 물품을 지급할 수 있다.
> • 수급품은 대통령령으로 정하는 바에 따라 매월 정기적으로 지급하여야 한다. 다만, 특별한 사정이 있는 경우에는 그 지급방법을 다르게 정하여 지급할 수 있다.
> • 수급품은 수급자에게 직접 지급한다. 다만, 보장시설이나 타인의 가정에 위탁하여 생계급여를 실시하는 경우에는 그 위탁받은 사람에게 이를 지급할 수 있다.
> • 생계급여는 수급자의 주거에서 실시한다. 다만, 수급자가 주거가 없거나 주거가 있어도 그곳에서는 급여의 목적을 달성할 수 없는 경우 또는 수급자가 희망하는 경우에는 수급자를 보장시설이나 타인의 가정에 위탁하여 급여를 실시할 수 있다.
> • 보장기관은 대통령령으로 정하는 바에 따라 근로능력이 있는 수급자에게 자활에 필요한 사업에 참가할 것을 조건으로 하여 생계급여를 실시할 수 있다.

전문가의 한마디

2019년 4월 23일 법 개정에 따라 친권자를 제외한 보호자 또는 대리양육을 원하는 연고자에 대하여 그 가정에서 보호 · 양육할 수 있도록 조치된 아동, 아동의 보호를 희망하는 사람에게 가정위탁된 아동, 아동복지시설에 입소된 아동과 같이 친부모로부터 분리되어 실제 부양을 받지 못하는 아동의 경우에도 부양을 받을 수 없는 것으로 보아 수급권자로 인정하고 있습니다(법 제8조의2 제3항).

출제의도 체크

우리나라 국민기초생활보장제도에서 생계급여와 의료급여의 소관부처는 '보건복지부'입니다.

▶ 14회 기출

② 주거급여

　㉠ 주거급여의 내용

　　주거급여는 수급자에게 주거 안정에 필요한 임차료, 수선유지비, 그 밖의 수급품을 지급하는 것으로 한다(법 제11조 제1항). 주거급여에 관하여 필요한 사항은 주거급여법에서 정한다. 주거급여는 국토교통부장관의 소관으로 한다.

　㉡ 수급권자의 범위(주거급여법 제5조)　14회　기출

　　수급권자는 소득인정액이 주거급여 선정기준 이하인 사람으로 한다. 이 경우 주거급여 선정기준은 기준 중위소득의 100분의 43 이상으로 한다.

　㉢ 보장기관(주거급여법 제6조)

　　주거급여는 수급권자 또는 수급자의 거주지를 관할하는 특별시장·광역시장·특별자치시장·도지사·특별자치도지사와 시장·군수·구청장이 실시한다.

　㉣ 임차료 및 수선유지비의 지급(주거급여법 제7조 및 제8조)

임차료	• 타인의 주택 등에 거주하는 사람으로서 국토교통부장관이 정하는 사람에게 지급한다. • 국토교통부장관이 수급자의 가구규모, 소득인정액, 거주형태, 임차료 부담수준 및 지역별 기준임대료 등을 고려하여 정한다.
수선유지비	• 주택 등을 소유하고 그 주택 등에 거주하는 사람에게 지급한다. • 국토교통부장관이 수급자의 가구규모, 소득인정액, 수선유지비 소요액, 주택의 노후도 등을 고려하여 정한다.

③ 교육급여

　㉠ 교육급여의 내용　14회, 17회　기출

　　교육급여는 수급자에게 입학금, 수업료, 학용품비, 그 밖의 수급품을 지급하는 것으로 하되, 학교의 종류·범위 등에 관하여 필요한 사항은 대통령령으로 정한다. 교육급여는 교육부장관의 소관으로 한다(법 제12조 제1항 및 제2항).

　㉡ 수급권자의 범위

　　교육급여 수급권자는 부양의무자가 없거나, 부양의무자가 있어도 부양능력이 없거나 부양을 받을 수 없는 사람으로서 그 소득인정액이 교육급여 선정기준 이하인 사람으로 한다. 이 경우 교육급여 선정기준은 기준 중위소득의 100분의 50 이상으로 한다(법 제12조 제3항).

　㉢ 교육급여의 적용특례　16회　기출

　　교육급여 수급권자를 선정하는 경우에는 이 법에 따른 교육급여와 초·중등교육법에 따른 교육비 지원과의 연계·통합을 위하여 부양의무자의 우선부양에 관한 규정 및 부양의무자의 부양능력 유무에 관한 규정에도 불구하고 소득인정액이 교육급여 선정기준 이하인 사람을 수급권자로 본다(법 제12조의2).

④ 의료급여

　㉠ 의료급여의 내용

　　의료급여는 수급자에게 건강한 생활을 유지하는 데 필요한 각종 검사 및 치료 등을 지급하는 것으로 한다(법 제12조의3 제1항). 의료급여에 필요한 사항은 의료급여법에서 정한다.

　㉡ 수급권자의 범위

　　의료급여 수급권자는 부양의무자가 없거나, 부양의무자가 있어도 부양능력이 없거나 부양을 받을 수 없는 사람으로서 그 소득인정액이 의료급여 선정기준 이하인 사람으로 한다. 이 경우 의료급여 선정기준은 기준 중위소득의 100분의 40 이상으로 한다(법 제12조의3 제2항).

⑤ 해산급여

　㉠ 해산급여의 내용

　　해산급여는 생계급여, 주거급여, 의료급여 중 하나 이상의 급여를 받는 수급자에게 조산, 분만 전과 분만 후에 필요한 조치와 보호 등의 급여를 실시하는 것으로 한다(법 제13조 제1항).

　㉡ 해산급여의 방법

　　해산급여에 필요한 수급품은 보건복지부령으로 정하는 바에 따라 수급자나 그 세대주 또는 세대주에 준하는 사람에게 지급한다. 다만, 그 급여를 의료기관에 위탁하는 경우에는 수급품을 그 의료기관에 지급할 수 있다(법 제13조 제3항).

⑥ 장제급여

　㉠ 장제급여의 내용

　　장제급여는 생계급여, 주거급여, 의료급여 중 하나 이상의 급여를 받는 수급자가 사망한 경우 사체의 검안·운반·화장 또는 매장, 그 밖의 장제조치를 하는 것으로 한다(법 제14조 제1항).

　㉡ 장제급여의 방법

　　장제급여는 보건복지부령으로 정하는 바에 따라 실제로 장제를 실시하는 사람에게 장제에 필요한 비용을 지급하는 것으로 한다. 다만, 그 비용을 지급할 수 없거나 비용을 지급하는 것이 적당하지 아니하다고 인정하는 경우에는 물품을 지급할 수 있다(법 제14조 제2항).

⑦ 자활급여

　㉠ 자활급여의 내용　8회 기출

　　자활급여는 수급자의 자활을 돕기 위하여 다음의 급여를 실시하는 것으로 한다(법 제15조 제1항).

> • 자활에 필요한 금품의 지급 또는 대여
> • 자활에 필요한 근로능력의 향상 및 기능습득의 지원
> • 취업알선 등 정보의 제공
> • 자활을 위한 근로기회의 제공
> • 자활에 필요한 시설 및 장비의 대여
> • 창업교육, 기능훈련 및 기술 · 경영 지도 등 창업지원
> • 자활에 필요한 자산형성 지원
> • 그 밖에 대통령령으로 정하는 자활을 위한 각종 지원

ⓛ 자활급여의 방법 **22회 기출**

자활급여는 관련 공공기관 · 비영리법인 · 시설과 그 밖에 대통령령으로 정하는 기관에 위탁하여 실시할 수 있다. 이 경우 그에 드는 비용은 보장기관이 부담한다(법 제15조 제2항).

(3) 급여의 실시 **20회 기출**

① 이 법에 따른 급여는 수급권자 또는 수급자의 거주지를 관할하는 시 · 도지사와 시장 · 군수 · 구청장(교육급여인 경우 시 · 도 교육감)이 실시한다. 다만, 주거가 일정하지 아니한 경우에는 수급권자 또는 수급자가 실제 거주하는 지역을 관할하는 시장 · 군수 · 구청장이 실시한다(법 제19조 제1항).

② 보장기관은 이 법에 따른 보장업무를 수행하게 하기 위하여 사회복지 전담공무원을 배치하여야 한다(법 제19조 제4항 참조).

③ 수급권자와 그 친족, 그 밖의 관계인은 관할 시장 · 군수 · 구청장에게 수급권자에 대한 급여를 신청할 수 있다(법 제21조 제1항).

④ 사회복지전담공무원은 이 법에 따른 급여를 필요로 하는 사람이 누락되지 아니하도록 하기 위하여 관할지역에 거주하는 수급권자에 대한 급여를 직권으로 신청할 수 있다. 이 경우 수급권자의 동의를 구하여야 하며, 수급권자의 동의는 수급권자의 신청으로 볼 수 있다(법 제21조 제2항).

⑤ 시장 · 군수 · 구청장은 급여신청이 있는 경우에는 사회복지전담공무원으로 하여금 급여의 결정 및 실시 등에 필요한 사항을 조사하게 하거나 수급권자에게 보장기관이 지정하는 의료기관에서 검진을 받게 할 수 있다(법 제22조 제1항).

⑥ 시장 · 군수 · 구청장은 조사를 하였을 때에는 지체 없이 급여 실시 여부와 급여의 내용을 결정하여야 한다(법 제26조 제1항).

⑦ 시장 · 군수 · 구청장은 급여 실시 여부와 급여 내용을 결정하였을 때에는 그 결정의 요지(급여의 산출 근거를 포함), 급여의 종류 · 방법 및 급여의 개시 시기 등을 서면으로 수급권자 또는 신청인에게 통지하여야 한다. 신청인에 대한 통지는 원칙적으로 급여의 신청일부터 30일 이내에 하여야 한다(법 제26조 제3항 및 제4항).

바로암기 OX

자활급여의 소관부처는 '고용노동부'이다?
( )

해설
'보건복지부'이다.
정답 ×

전문가의 한마디

국민기초생활보장제도 급여 신청은 신청주의와 직권주의를 병행하고 있습니다.

출제의도 체크

급여의 실시와 관련하여 수급권자와 그 부양의무자의 금융정보 · 신용정보 · 보험정보를 법에서 정한 목적 외의 다른 용도로 사용하거나 다른 사람 또는 기관에 제공하거나 누설하여서는 안 됩니다. 이를 위반하는 경우 5년 이하의 징역 또는 5천만 원 이하의 벌금에 처해집니다.

▶ 19회 기출

⑧ 급여 실시 및 급여 내용이 결정된 수급자에 대한 급여는 급여의 신청일부터 시작한다(법 제27조 제1항).

(4) 급여의 변경 및 중지(법 제29조 및 제30조) 13회 기출

① 보장기관은 수급자의 소득·재산·근로능력 등이 변동된 경우에는 직권으로 또는 수급자나 그 친족, 그 밖의 관계인의 신청에 의하여 그에 대한 급여의 종류·방법 등을 변경할 수 있다.

② 급여의 변경은 산출 근거 등 이유를 구체적으로 밝혀 서면으로 수급자에게 통지하여야 한다.

③ 보장기관은 수급자에 대한 급여의 전부 또는 일부가 필요 없게 된 경우 또는 수급자가 급여의 전부 또는 일부를 거부한 경우, 급여의 전부 또는 일부를 중지하여야 한다.

④ 근로능력이 있는 수급자가 자활에 필요한 사업에의 참가 조건을 이행하지 아니하는 경우 조건을 이행할 때까지 근로능력이 있는 수급자 본인의 생계급여의 전부 또는 일부를 지급하지 아니할 수 있다.

(5) 수급자의 권리와 의무 8회 기출

① 급여 변경의 금지(법 제34조)

수급자에 대한 급여는 정당한 사유 없이 수급자에게 불리하게 변경할 수 없다.

② 압류금지(법 제35조)

수급자에게 지급된 수급품(지방자치단체가 실시하는 급여를 포함)과 이를 받을 권리는 압류할 수 없다. 또한 지정된 급여수급계좌의 예금에 관한 채권은 압류할 수 없다.

③ 양도금지(법 제36조)

수급자는 급여를 받을 권리를 타인에게 양도할 수 없다.

④ 신고의 의무(법 제37조)

수급자는 거주지역, 세대의 구성 또는 임대차 계약내용이 변동되거나 신청에 의한 조사사항이 현저하게 변동되었을 때에는 지체 없이 관할 보장기관에 신고하여야 한다.

(6) 기초생활보장 계획의 수립 및 평가(법 제20조의2) 16회 기출

① 소관 중앙행정기관의 장은 수급자의 최저생활을 보장하기 위하여 3년마다 소관별로 기초생활보장 기본계획을 수립하여 보건복지부장관에게 제출하여야 한다.

② 보건복지부장관 및 소관 중앙행정기관의 장은 실태조사 결과를 고려하여 급여기준의 적정성 등에 대한 평가를 실시할 수 있으며, 이와 관련하여 전문적인 조사·연구 등을 공공기관 또는 민간 법인·단체 등에 위탁할 수 있다.

출제의도 체크

보장기관은 수급자의 소득·재산·근로능력 등이 변동된 경우 직권으로 급여의 종류·방법 등을 변경할 수 있습니다.

▶ 13회 기출

제8영역

③ 보건복지부장관은 기초생활보장 기본계획 및 평가결과를 종합하여 기초생활보장 종합계획을 수립하여 중앙생활보장위원회의 심의를 받아야 한다.

④ 보건복지부장관은 수급권자, 수급자 및 차상위계층 등의 규모 · 생활실태 파악, 최저생계비 계측 등을 위하여 3년마다 실태조사를 실시 · 공표하여야 한다.

바로암기 ○×

수급자의 생활보장은 '시 · 군 · 구 생활보장위원회'에서 행한다?

( )

해 설

생활보장위원회는 수급자의 생활보장을 직접 담당하지 않는다.

정 답 ×

(7) 생활보장위원회(법 제20조) 7회 기출

① 생활보장사업의 기획 · 조사 · 실시 등에 관한 사항을 심의 · 의결하기 위하여 보건복지부에 중앙생활보장위원회를, 시 · 도 및 시 · 군 · 구에 각각 시 · 도 및 시 · 군 · 구 생활보장위원회를 둔다.

② 중앙생활보장위원회는 위원장을 포함하여 16명 이내의 위원으로 구성하며, 위원장은 보건복지부장관으로 한다.

③ 중앙생활보장위원회는 다음의 사항을 심의 · 의결한다.

　㉠ 기초생활보장 종합계획의 수립

　㉡ 소득인정액 산정방식과 기준 중위소득의 결정

　㉢ 급여의 종류별 수급자 선정기준과 최저보장수준의 결정

　㉣ 급여기준의 적정성 등 평가 및 실태조사에 관한 사항

　㉤ 급여의 종류별 누락 · 중복, 차상위계층의 지원사업 등에 대한 조정

　㉥ 자활기금의 적립 · 관리 및 사용에 관한 지침의 수립

　㉦ 그 밖에 위원장이 회의에 부치는 사항

(8) 권리구제

① 시 · 도지사에 대한 이의신청(법 제38조 및 제39조) 13회 기출

　㉠ 수급자나 급여 또는 급여 변경을 신청한 사람은 시장 · 군수 · 구청장(교육급여인 경우 시 · 도 교육감)의 처분에 대하여 이의가 있는 경우에는 그 결정의 통지를 받은 날부터 90일 이내에 해당 보장기관을 거쳐 시 · 도지사(특별자치시장 · 특별자치도지사 및 시 · 도 교육감의 처분에 이의가 있는 경우에는 해당 특별자치시장 · 특별자치도지사 및 시 · 도 교육감)에게 서면 또는 구두로 이의를 신청할 수 있다.

출제의도 체크

국민기초생활보장법상 이의신청은 '구두'에 의한 것도 허용됩니다.

▶ 13회 기출

ⓛ 시·도지사가 시장·군수·구청장으로부터 이의신청서를 받았을 때(특별자치시
장·특별자치도지사 및 시·도 교육감의 경우에는 직접 이의신청을 받았을 때)
에는 30일 이내에 필요한 심사를 하고 이의신청을 각하 또는 기각하거나 해당 처
분을 변경 또는 취소하거나 그 밖에 필요한 급여를 명하여야 한다.

② 보건복지부장관 등에 대한 이의신청(법 제40조 및 제41조) 10회 **기출**

　　㉠ 시·도지사의 처분 등에 대하여 이의가 있는 사람은 그 처분 등의 통지를 받은
날부터 90일 이내에 시·도지사를 거쳐 보건복지부장관(주거급여 또는 교육급여
인 경우에는 소관 중앙행정기관의 장을 말하며, 보건복지부장관에게 한 이의신
청은 소관 중앙행정기관의 장에게 한 것으로 본다)에게 서면 또는 구두로 이의를
신청할 수 있다.

　　㉡ 보건복지부장관 또는 소관 중앙행정기관의 장은 이의신청서를 받았을 때에는 30일
이내에 필요한 심사를 하고 이의신청을 각하 또는 기각하거나 해당 처분의 변경 또
는 취소의 결정을 하여야 한다.

출제의도 체크

국민기초생활보장법에 따르면
시·도지사의 처분에 이의가 있
는 경우 보건복지부장관에게 다
시 이의신청을 할 수 있습니다.
▶ 10회 기출

심화연구실

국민기초생활보장제도의 '맞춤형 급여체계'로의 전환 18회, 22회 **기출**

· 국민기초생활보장법 개정에 따라 2015년 7월 1일부터 이른바 '맞춤형 급여체계'가 운영되고 있다.
· 수급자 선정을 위한 기준은 '기준 중위소득'을 적용한다. '기준 중위소득'은 맞춤형 급여체계 도입 이전의 '최저생
계비'를 대체하는 개념으로서, 국민 가구소득의 중위값을 말한다. 이러한 기준 중위소득은 급여 종류별 선정기준
과 생계급여 지급액을 정하는 기준이자 부양의무자의 부양능력을 판단하는 기준이 된다.
· 급여 종류별 운영 주체가 전문화되어 주거급여는 국토교통부, 교육급여는 교육부가 주관 보장기관이 되었다. 또
한 급여의 종류별 수급자 선정기준 및 최저보장수준을 보건복지부장관을 비롯한 소관 중앙행정기관의 장이 결정
하게 되었다.
· 급여 종류별 수급자 선정기준선은 다음과 같다.

급여 종류	2024년도 수급자 선정기준선
생계급여	기준 중위소득 32%
의료급여	기준 중위소득 40%
주거급여	기준 중위소득 48%
교육급여	기준 중위소득 50%

전문가의 한마디

2024년도 생계급여 선정기준
선이 기준 중위소득 대비 30%
에서 32%로, 주거급여 선정기
준선이 기준 중위소득 대비
47%에서 48%로 상향되었습
니다.

· 2024년도 기준 중위소득은 다음과 같다.

(단위 : 원/월)

1인 가구	2인 가구	3인 가구	4인 가구	5인 가구	6인 가구	7인 가구
2,228,445	3,682,609	4,714,657	5,729,913	6,695,735	7,618,369	8,514,994

* 8인 이상 가구는 7인 가구 기준 중위소득에서 6인 가구 기준 중위소득의 차액(896,625원)을 7인 가구 기준 중위소
득에 더하여 산정한다(8인 가구 : 9,411,619원).

- 2024년도 기준 가구규모에 따른 급여 종류별 수급자 선정기준은 다음과 같다.

(단위 : 원/월)

가구규모	1인 가구	2인 가구	3인 가구	4인 가구	5인 가구	6인 가구	7인 가구
생계급여	713,102	1,178,435	1,508,690	1,833,572	2,142,635	2,437,878	2,724,798
의료급여	891,378	1,473,044	1,885,863	2,291,965	2,678,294	3,047,348	3,405,998
주거급여	1,069,654	1,767,652	2,263,035	2,750,358	3,213,953	3,656,817	4,087,197
교육급여	1,114,223	1,841,305	2,357,329	2,864,957	3,347,868	3,809,185	4,257,497

* 8인 이상 가구는 1인 증가시마다 7인 가구 기준과 6인 가구 기준의 차이를 7인 가구 기준에 더하여 산정한다.

예 8인 가구 생계급여 수급자 선정기준

$$\underset{\text{(7인 기준)}}{2,724,798원} + \underset{\text{(7인 기준 - 6인 기준)}}{286,920원} = \underset{\text{(8인 기준)}}{3,011,718원}$$

심화연구실

생계급여액 산출의 예 18회 기출

국민기초생활보장 대상 가구의 월 생계급여액은? (단, 다음에 제시된 2024년 기준으로 계산한다.)

- 전세주택에 거주하는 부부(45세, 42세)와 두 자녀(15세, 12세)로 구성된 가구로 소득인정액은 월 100만 원으로 평가 됨(부양의무자는 없음)
- 2024년 가구 규모별 기준 중위소득은 다음과 같이 가정함
  1인 : 2,200,000원, 2인 : 3,600,000원, 3인 : 4,700,000원, 4인 : 5,700,000원

① 0원
② 710,000원
③ 824,000원
④ 1,380,000원
⑤ 1,833,000원

정답 ③

[해설] 생계급여액의 산출

> 생계급여액 = 생계급여 최저보장수준(대상자 선정기준) - 소득인정액
> [단, 생계급여 최저보장수준(대상자 선정기준)은 기준 중위소득의 32%]

소득인정액이 월 100만 원인 4인 가구의 생계급여액을 산출하는 것이므로,
생계급여액 = (5,700,000원 × 0.32) - 1,000,000원 = 824,000원

02절 의료급여법

1 개 요

(1) 목적 및 정의

① 목적(법 제1조)

생활이 어려운 사람에게 의료급여를 함으로써 국민보건의 향상과 사회복지의 증진에 이바지한다.

② 정의(법 제2조)

㉠ 수급권자 : 이 법에 따라 의료급여를 받을 수 있는 자격을 가진 사람을 말한다.

㉡ 의료급여기관 : 수급권자에 대한 진료·조제 또는 투약 등을 담당하는 의료기관 및 약국 등을 말한다.

㉢ 부양의무자 : 수급권자를 부양할 책임이 있는 사람으로서 수급권자의 1촌 직계혈족 및 그 배우자를 말한다.

(2) 수급권자(법 제3조) 3회, 4회, 11회 기출

① 국민기초생활보장법에 따른 의료급여 수급자

② 재해구호법에 따른 이재민으로서 보건복지부장관이 의료급여가 필요하다고 인정한 사람

③ 의사상자 등 예우 및 지원에 관한 법률에 따라 의료급여를 받는 사람

④ 입양특례법에 따라 국내에 입양된 18세 미만의 아동

⑤ 독립유공자예우에 관한 법률, 국가유공자 등 예우 및 지원에 관한 법률 및 보훈보상대상자 지원에 관한 법률의 적용을 받고 있는 사람과 그 가족으로서 국가보훈부장관이 의료급여가 필요하다고 추천한 사람 중에서 보건복지부장관이 의료급여가 필요하다고 인정한 사람

⑥ 무형유산의 보전 및 진흥에 관한 법률에 따라 지정된 국가무형유산의 보유자(명예보유자를 포함)와 그 가족으로서 국가유산청장이 의료급여가 필요하다고 추천한 사람 중에서 보건복지부장관이 의료급여가 필요하다고 인정한 사람

⑦ 북한이탈주민의 보호 및 정착지원에 관한 법률의 적용을 받고 있는 사람과 그 가족으로서 보건복지부장관이 의료급여가 필요하다고 인정한 사람

⑧ 5·18 민주화운동 관련자 보상 등에 관한 법률에 따라 보상금 등을 받은 사람과 그 가족으로서 보건복지부장관이 의료급여가 필요하다고 인정한 사람

⑨ 노숙인 등의 복지 및 자립지원에 관한 법률에 따른 노숙인 등으로서 보건복지부장관이 의료급여가 필요하다고 인정한 사람

⑩ 그 밖에 생활유지 능력이 없거나 생활이 어려운 사람으로서 대통령령으로 정하는 사람

전문가의 한마디

의료급여법에서는 난민에 대한 특례규정을 통해 난민법에 따른 난민인정자로서 국민기초생활보장법에 따른 의료급여 수급권자의 범위에 해당하는 사람을 수급권자로 인정하고 있습니다(법 제3조의2).

전문가의 한마디

「무형문화재 보전 및 진흥에 관한 법률」이 2024년 5월 17일부로 「무형유산의 보전 및 진흥에 관한 법률」로 제명이 변경됩니다.

(3) 수급권자의 구분(시행령 제3조) 6회, 18회, 20회 기출

① 1종 수급권자

 ㉠ 의료급여법에 따른 수급권자 중 다음의 어느 하나에 해당하는 사람(단, 「재해구호법」에 따른 이재민, 「노숙인 등의 복지 및 자립지원에 관한 법률」에 따른 노숙인은 제외)

출제의도 체크

국민기초생활보장제도 수급자 중 보장시설에서 급여를 받는 자는 1종 수급권자로 분류됩니다.

▶ 20회 기출

> • 다음의 어느 하나에 해당하는 사람만으로 구성된 세대의 구성원
> – 18세 미만인 사람
> – 65세 이상인 사람
> – 「장애인고용촉진 및 직업재활법」에 따른 중증장애인
> – 질병, 부상 또는 그 후유증으로 치료나 요양이 필요한 사람 중에서 근로능력평가를 통하여 시장·군수·구청장이 근로능력이 없다고 판정한 사람
> – 세대의 구성원을 양육·간병하는 사람 등 근로가 곤란하다고 보건복지부장관이 정하는 사람
> – 임신 중에 있거나 분만 후 6개월 미만의 여자
> – 「병역법」에 의한 병역의무를 이행중인 사람
> • 「국민기초생활보장법」에 따른 보장시설에서 급여를 받고 있는 사람
> • 보건복지부장관이 정하여 고시하는 결핵질환, 희귀난치성질환 또는 중증질환을 가진 사람

 ㉡ 「재해구호법」에 따른 이재민, 「노숙인 등의 복지 및 자립지원에 관한 법률」에 따른 노숙인 등으로서 보건복지부장관이 의료급여가 필요하다고 인정하는 사람

 ㉢ 일정한 거소가 없는 무연고자로 확인된 사람으로서 보건복지부장관이 의료급여가 필요하다고 인정하는 사람

 ㉣ 그 밖에 보건복지부령으로 정하는 사람으로서 보건복지부장관이 1종 의료급여가 필요하다고 인정하는 사람

② 2종 수급권자

 ㉠ 의료급여법에 따른 수급권자 중 1종 수급권자에 해당하지 않는 사람

 ㉡ 그 밖에 보건복지부령으로 정하는 사람으로서 보건복지부장관이 2종 의료급여가 필요하다고 인정하는 사람

(4) 수급권자의 인정(법 제3조의3)

① 수급권자가 되려는 사람은 보건복지부령으로 정하는 바에 따라 시장·군수·구청장에게 수급권자 인정 신청을 하여야 한다.

② 시장·군수·구청장은 신청인을 수급권자로 인정하는 것이 타당한지를 확인하기 위하여 필요한 경우 그 신청인에게 급여의 신청에 따른 자료 또는 정보의 제공에 동의한다는 서면을 제출하게 할 수 있다.

(5) 보장기관(법 제5조)

① 이 법에 따른 의료급여에 관한 업무는 수급권자의 거주지를 관할하는 특별시장·광역시장·도지사와 시장·군수·구청장이 한다.

② 주거가 일정하지 아니한 수급권자에 대한 의료급여 업무는 그가 실제 거주하는 지역을 관할하는 시장·군수·구청장이 한다.

2 주요 내용

(1) 의료급여의 실시

① **의료급여의 내용(법 제7조)** 20회 기출

수급권자의 질병·부상·출산 등에 대한 진찰·검사, 약제·치료 재료의 지급, 처치·수술과 그 밖의 치료, 예방·재활, 입원, 간호, 이송과 그 밖의 의료목적 달성을 위한 조치 등이 있다.

② **의료급여증(법 제8조)**

시장·군수·구청장은 수급권자가 신청하는 경우 의료급여증을 발급하여야 한다. 다만, 부득이한 사유가 있는 경우에는 의료급여증을 갈음하여 의료급여증명서를 발급하거나 보건복지부령으로 정하는 바에 따라 의료급여증을 발급하지 아니할 수 있다.

③ **급여비용의 부담(법 제10조)** 9회 기출

급여비용은 대통령령으로 정하는 바에 따라 그 전부 또는 일부를 의료급여기금에서 부담하되, 의료급여기금에서 일부를 부담하는 경우 그 나머지 비용은 본인이 부담한다.

④ **급여비용의 청구와 지급(법 제11조)**

㉠ 의료급여기관은 의료급여기금에서 부담하는 급여비용의 지급을 시장·군수·구청장에게 청구할 수 있다.

㉡ 급여비용을 청구하려는 의료급여기관은 급여비용심사기관에 급여비용의 심사청구를 하여야 하며, 심사청구를 받은 급여비용심사기관은 이를 심사한 후 지체 없이 그 내용을 시장·군수·구청장 및 의료급여기관에 알려야 한다.

㉢ 심사의 내용을 통보받은 시장·군수·구청장은 지체 없이 그 내용에 따라 급여비용을 의료급여기관에 지급하여야 한다. 이 경우 수급권자가 이미 납부한 본인부담금이 과다한 경우에는 의료급여기관에 지급할 금액에서 그 과다하게 납부된 금액을 공제하여 수급권자에게 반환하여야 한다.

출제의도 체크

의료급여법상 의료급여의 내용에 '화장 또는 매장 등 장제 조치'는 포함되지 않습니다.
▶ 20회 기출

전문가의 한마디

의료급여기금은 시·도에 설치하며, 시장·군수·구청장이 의료급여기금의 교부를 시·도지사에게 신청하게 됩니다(법 제25조 제1항).

⑤ 서류의 보존(법 제11조의2) 16회 기출
ㄱ 의료급여기관은 의료급여가 끝난 날부터 5년간 보건복지부령으로 정하는 바에 따라 급여비용의 청구에 관한 서류를 보존하여야 한다.
ㄴ ㄱ에도 불구하고 약국 등 보건복지부령으로 정하는 의료급여기관은 처방전을 급여비용을 청구한 날부터 3년간 보존하여야 한다.

⑥ 의료급여기관의 비용 청구에 관한 금지행위(법 제11조의4) 12회 기출
의료급여기관은 의료급여를 하기 전에 수급권자에게 본인부담금을 청구하거나 수급권자가 부담하여야 하는 비용과 비급여비용 외에 입원보증금 등 다른 명목의 비용을 청구하여서는 아니 된다.

⑦ 요양비(법 제12조)
시장·군수·구청장은 수급권자가 보건복지부령으로 정하는 긴급하거나 그 밖의 부득이한 사유로 의료급여기관과 같은 기능을 수행하는 기관으로서 보건복지부령으로 정하는 기관에서 질병·부상·출산 등에 대하여 의료급여를 받거나 의료급여기관이 아닌 장소에서 출산을 하였을 때에는 그 의료급여에 상당하는 금액을 보건복지부령으로 정하는 바에 따라 수급권자에게 요양비로 지급한다.

⑧ 건강검진(법 제14조)
시장·군수·구청장은 이 법에 따른 수급권자에 대하여 질병의 조기발견과 그에 따른 의료급여를 하기 위하여 건강검진을 할 수 있다.

(2) 의료급여의 제한·변경·중지 등

① 의료급여의 제한(법 제15조)
시장·군수·구청장은 수급권자가 자신의 고의 또는 중대한 과실로 인한 범죄행위에 그 원인이 있거나 고의로 사고를 일으켜 의료급여가 필요하게 된 경우 또는 정당한 이유 없이 이 법의 규정이나 의료급여기관의 진료에 관한 지시에 따르지 아니한 경우 의료급여를 하지 아니한다. 다만, 보건복지부장관이 의료급여를 할 필요가 있다고 인정하는 경우에는 그러하지 아니하다.

② 의료급여의 변경(법 제16조)
시장·군수·구청장은 수급권자의 소득, 재산상황, 근로능력 등이 변동되었을 때에는 직권으로 또는 수급권자나 그 친족, 그 밖의 관계인의 신청을 받아 의료급여의 내용 등을 변경할 수 있다.

③ 의료급여의 중지(법 제17조)
ㄱ 시장·군수·구청장은 수급권자에 대한 의료급여가 필요 없게 된 경우 또는 수급권자가 의료급여를 거부한 경우 의료급여를 중지하여야 한다.

ⓛ 시장·군수·구청장은 수급권자가 의료급여를 거부한 경우에는 수급권자가 속한 가구원 전부에 대하여 의료급여를 중지하여야 한다.

(3) 수급권의 보호 및 소멸시효

① 수급권의 보호(법 제18조) 6회 기출

ⓐ 의료급여를 받을 권리는 양도하거나 압류할 수 없다.

ⓑ 요양비 등 수급계좌에 입금된 요양비 등은 압류할 수 없다.

② 소멸시효(법 제31조)

의료급여를 받을 권리, 급여비용을 받을 권리, 대지급금을 상환받을 권리는 3년간 행사하지 아니하면 소멸시효가 완성된다.

(4) 의료급여기관(법 제9조)

① 의료급여기관의 범위 14회 기출

ⓐ 의료법에 따라 개설된 의료기관

ⓑ 지역보건법에 따라 설치된 보건소·보건의료원 및 보건지소

ⓒ 농어촌 등 보건의료를 위한 특별조치법에 따라 설치된 보건진료소

ⓓ 약사법에 따라 개설등록된 약국 및 한국희귀·필수의약품센터

② 의료급여기관의 분류 7회 기출

제1차 의료급여기관	• 의료법에 따라 시장·군수·구청장에게 개설신고를 한 의료기관 • 지역보건법에 따라 설치된 보건소·보건의료원 및 보건지소 • 농어촌 등 보건의료를 위한 특별조치법에 따라 설치된 보건진료소 • 약사법에 따라 개설등록된 약국 및 한국희귀·필수의약품센터
제2차 의료급여기관	의료법에 따라 시·도지사의 개설허가를 받은 의료기관
제3차 의료급여기관	제2차 의료급여기관 중에서 보건복지부장관이 지정하는 의료기관

(5) 중앙의료급여심의위원회(법 제6조) 8회 기출

① 의료급여사업의 실시에 관한 사항을 심의하기 위하여 보건복지부에 중앙의료급여심의위원회를, 시·도 및 시·군·구에 각각 시·도 및 시·군·구 의료급여심의위원회를 둔다.

② 중앙의료급여심의위원회는 위원장을 포함하여 15명 이내의 위원으로 구성하며, 위원장은 보건복지부차관으로 한다.

③ 중앙의료급여심의위원회는 다음의 사항을 심의한다. 22회 기출

ⓐ 의료급여사업의 기본방향 및 대책 수립에 관한 사항

ⓑ 의료급여의 기준 및 수가에 관한 사항

전문가의 한마디

보건복지부장관은 공익상 또는 국가시책상 의료급여기관으로 적합하지 아니하다고 인정할 때에는 대통령령으로 정하는 바에 따라 의료급여기관에서 제외할 수 있습니다(법 제9조 제1항).

© 그 밖에 보건복지부장관 또는 위원장이 부의하는 사항

(6) 권리구제

① 이의신청(법 제30조)

㉠ 수급권자의 자격, 의료급여 및 급여비용에 대한 시장·군수·구청장의 처분에 이의가 있는 자는 시장·군수·구청장에게 이의신청을 할 수 있다.

㉡ 급여비용의 심사·조정, 의료급여의 적정성 평가 및 급여 대상 여부의 확인에 관한 급여비용심사기관의 처분에 이의가 있는 보장기관, 의료급여기관 또는 수급권자는 급여비용심사기관에 이의신청을 할 수 있다.

㉢ ㉠ 및 ㉡에 따른 이의신청은 처분이 있음을 안 날부터 90일 이내에 문서(전자문서를 포함)로 하여야 하며, 처분이 있은 날부터 180일이 지나면 제기하지 못한다. 다만, 정당한 사유에 따라 그 기간에 이의신청을 할 수 없었음을 소명한 경우에는 그러하지 아니하다.

② 심판청구(법 제30조의2)

㉠ 급여비용심사기관의 이의신청에 대한 결정에 불복이 있는 자는 국민건강보험법에 따른 건강보험분쟁조정위원회에 심판청구를 할 수 있다. 이 경우 심판청구의 제기 기간 및 제기 방법에 관하여는 이의신청의 관련 규정을 준용한다.

㉡ 심판청구를 하려는 자는 대통령령으로 정하는 심판청구서를 급여비용의 심사·조정 등에 관한 처분을 행한 급여비용심사기관에 제출하거나 건강보험분쟁조정위원회에 제출하여야 한다.

03절 기초연금법

1 개요

(1) 목적 및 정의

① 목적(법 제1조)

노인에게 기초연금을 지급하여 안정적인 소득기반을 제공함으로써 노인의 생활안정을 지원하고 복지를 증진한다.

② 정의(법 제2조)

㉠ 기초연금 수급권 : 이 법에 따른 기초연금을 받을 권리를 말한다.

㉡ 기초연금 수급권자 : 기초연금 수급권을 가진 사람을 말한다.

㉢ 기초연금 수급자 : 기초연금을 지급받고 있는 사람을 말한다.

(2) 수급권자의 범위(법 제3조) 18회, 19회 기출

① 기초연금은 65세 이상인 사람으로서 소득인정액이 보건복지부장관이 정하여 고시하는 선정기준액 이하인 사람에게 지급한다.

② 보건복지부장관은 선정기준액을 정하는 경우 65세 이상인 사람 중 기초연금 수급자가 100분의 70 수준이 되도록 한다.

③ 공무원, 사립학교교직원, 군인, 별정우체국직원 등 직역연금 수급권자 및 그 배우자로서 법령에 따른 연금의 수급권자와 그 배우자는 원칙적으로 기초연금 수급대상에서 제외한다. 다만, 직역재직기간 10년 미만인 연계연금(연계퇴직연금 또는 연계퇴직유족연금) 수급권자의 경우 기초연금 수급이 가능하다.

2 주요 내용

(1) 연금액

① 선정기준액의 산정(시행령 제4조)

㉠ 법령에 따른 선정기준액은 65세 이상인 사람 및 그 배우자의 소득·재산 수준과 생활실태, 물가상승률 등을 고려하여 산정한다.

㉡ 배우자가 있는 노인가구(→ 부부가구)의 선정기준액은 배우자가 없는 노인가구(→ 단독가구)의 선정기준액에 100분의 160을 곱한 금액으로 한다.

㉢ 해당 연도 선정기준액은 전년도 12월 31일까지 보건복지부장관이 결정·고시하고, 1월 1일부터 12월 31일까지 적용한다.

㉣ 보건복지부장관은 선정기준액을 정할 때에는 기획재정부장관 등 관계 중앙행정기관의 장과 협의해야 한다.

㉤ 2024년도 기준 선정기준액은 다음과 같다.

구 분	단독가구	부부가구
선정기준액	2,130,000원	3,408,000원

② 소득인정액의 산정(2024년도 기준) 17회 기출

소득인정액은 본인 및 배우자의 소득평가액과 재산의 소득환산액을 합산한 금액을 말한다. 이 경우 소득평가액과 재산의 소득환산액을 산정하는 소득 및 재산의 범위는 대통령령으로 정하고, 소득평가액과 재산의 소득환산액의 구체적인 산정방법은 보건복지부령으로 정한다(법 제2조 제4호).

전문가의 한마디

기초연금의 대상 선정기준에는 부양의무자 유무가 포함되어 있지 않습니다.

바로암기 OX

기초연금법상 소득인정액은 본인의 소득평가액과 재산의 소득환산액을 합산한 금액이다?
( )

해설
본인 및 배우자의 소득평가액과 재산의 소득환산액을 합산한 금액이다.

정답 ×

소득인정액 = 소득평가액 + 재산의 소득환산액
- 소득평가액 = {0.7 × (근로소득 − 110만 원)}* + 기타소득**
- 재산의 소득환산액 = [{(일반재산 − 기본재산액***) + (금융재산 − 2,000만 원) − 부채}
  × 0.04(재산의 소득환산율, 연 4%) ÷ 12개월] + P****

* 근로소득 공제 : 상시근로소득에서 월 110만 원 공제 후 30% 추가공제
** 기타소득 : 사업소득, 공적이전소득, 무료임차소득, 재산소득이 포함
*** 기본재산액 공제 : 대도시(13,500만 원), 중소도시(8,500만 원), 농어촌(7,250만 원)
**** P : 고급자동차 및 회원권의 가액

③ 기초연금액 등의 산정

　㉠ 기초연금 수급권자에 대한 기초연금액은 기준연금액과 국민연금 급여액 등을 고려하여 산정한다(법 제5조 제1항).

　㉡ 국민연금 수급권에 따라 산정된 국민연금 A급여액을 통해 기초연금액을 산정할 경우 다음의 산식(A급여액 적용 산식)을 적용한다(법 제5조 제5항 참조).

기초연금액 = {기준연금액 − (2/3 × A급여액)} + 부가연금액
[단, {기준연금액 − (2/3 × A급여액)} 안의 금액이 음(−)의 값일 경우 '0'으로 처리함]

2024년도 산식 = {334,810원 − (2/3 × A급여액)} + 167,400원

　㉢ 법령에 따라 산정한 기초연금액이 기준연금액을 초과하는 경우 기준연금액을 기초연금액으로 본다(법 제7조).

④ 기초연금액의 감액

　㉠ 부부 감액(법 제8조 제1항)　18회, 22회 기출

　　본인과 그 배우자가 모두 기초연금 수급권자인 경우에는 각각의 기초연금액에서 기초연금액의 100분의 20에 해당하는 금액을 감액한다.

　㉡ 소득역전방지 감액(법 제8조 제2항)

　　소득인정액과 기초연금액(본인과 그 배우자가 모두 기초연금 수급권자인 경우 부부 감액이 반영된 금액)을 합산한 금액이 선정기준액 이상인 경우에는 선정기준액을 초과하는 금액의 범위에서 기초연금액의 일부를 감액할 수 있다.

(2) 기준연금액의 고시 및 기초연금액의 적정성 평가 등　14회 기출

① 기준연금액은 보건복지부장관이 그 전년도의 기준연금액에 대통령령으로 정하는 바에 따라 전국소비자물가변동률을 반영하여 매년 고시한다. 이 경우 그 고시한 기준연금액의 적용기간은 해당 조정연도 1월부터 12월까지로 한다(법 제5조 제2항).

전문가의 한마디

기준연금액은 기초연금 수급자가 받을 수 있는 월 최대 금액이며, 부가연금액은 기준연금액의 2분의 1에 해당하는 금액입니다. 참고로 2024년도 기준연금액은 334,810원입니다.

전문가의 한마디

소득역전방지 감액은 기초연금 수급자와 비수급자 간에 기초연금 수급으로 인해 발생할 수 있는 소득역전을 최소화하기 위해 수급자의 기초연금액 일부를 감액하는 원리입니다.

② 보건복지부장관은 ①에도 불구하고 5년마다 기초연금 수급권자의 생활수준, 국민연금법에 따른 기본연금액의 변동률, 전국소비자물가변동률 등을 종합적으로 고려하여 기초연금액의 적정성을 평가하고 그 결과를 반영하여 기준연금액을 조정하여야 한다(법 제9조 제1항).

(3) 기초연금 지급의 신청

① 수급희망자 및 대리인에 의한 신청(법 제10조)

기초연금 수급희망자 또는 보건복지부령으로 정하는 대리인은 특별자치시장·특별자치도지사·시장·군수·구청장에게 기초연금의 지급을 신청할 수 있다.

② 관계공무원에 의한 대리신청(시행령 제13조 제3항)

특별자치시·특별자치도·시·군·구 소속 공무원은 관할구역에 주소를 둔 기초연금 수급희망자 중 거동이 불편한 홀로 사는 사람 등의 기초연금의 지급을 대신하여 신청할 수 있다. 이 경우 기초연금 수급희망자의 동의를 받아야 한다.

(4) 기초연금의 지급 및 지급 시기(법 제14조)

① 특별자치시장·특별자치도지사·시장·군수·구청장은 기초연금 수급권자로 결정한 사람에 대하여 기초연금의 지급을 신청한 날이 속하는 달부터 기초연금 수급권을 상실한 날이 속하는 달까지 매월 정기적으로 기초연금을 지급한다.

② 기초연금의 지급이 정지된 기간에는 기초연금을 지급하지 아니한다.

(5) 기초연금 지급의 정지 및 수급권의 상실

① 지급의 정지(법 제16조 및 시행령 제18조) 20회, 22회 **기출**

특별자치시장·특별자치도지사·시장·군수·구청장은 기초연금 수급자가 다음의 어느 하나의 경우에 해당하면 그 사유가 발생한 날이 속하는 달의 다음 달부터 그 사유가 소멸한 날이 속하는 달까지는 기초연금의 지급을 정지한다.

㉠ 기초연금 수급자가 금고 이상의 형을 선고받고 교정시설 또는 치료감호시설에 수용되어 있는 경우

㉡ 기초연금 수급자가 행방불명되거나 실종되는 등 대통령령으로 정하는 바에 따라 사망한 것으로 추정되는 경우

㉢ 기초연금 수급자의 국외 체류기간이 60일 이상 지속되는 경우(단, 이 경우 국외 체류 60일이 되는 날을 지급 정지의 사유가 발생한 날로 간주함)

㉣ 기초연금 수급자가 주민등록법에 따라 거주불명자로 등록된 경우(단, 기초연금 수급자의 실제 거주지를 알 수 있는 경우는 제외)

제8영역

② 수급권의 상실(법 제17조) 13회, 20회 기출

기초연금 수급권자는 다음의 어느 하나에 해당하게 된 때에 기초연금 수급권을 상실한다.

㉠ 사망한 때

㉡ 국적을 상실하거나 국외로 이주한 때

㉢ 기초연금 수급권자에 해당하지 아니하게 된 때

(6) 신고 및 환수

① 신고(법 제18조)

기초연금 수급자는 다음의 어느 하나에 해당하는 경우 대통령령으로 정하는 바에 따라 30일 이내에 그 사실을 특별자치시장·특별자치도지사·시장·군수·구청장에게 신고하여야 한다.

㉠ 지급 정지의 사유가 소멸한 경우

㉡ 기초연금 수급권 상실의 사유가 있는 경우

㉢ 기초연금 수급자 또는 그 배우자의 소득·재산의 변동이 발생한 경우

㉣ 기초연금 수급자가 결혼 또는 이혼을 하거나 그 배우자가 사망한 경우

㉤ 그 밖에 보건복지부령으로 정하는 사유가 발생한 경우

② 환수(법 제19조)

특별자치시장·특별자치도지사·시장·군수·구청장은 기초연금을 받은 사람이 다음의 어느 하나에 해당하는 경우에는 지급한 기초연금액을 대통령령으로 정하는 바에 따라 환수하여야 한다.

㉠ 거짓이나 그 밖의 부정한 방법으로 기초연금을 받은 경우(이자를 붙여 환수)

㉡ 기초연금의 지급이 정지된 기간에 대하여 기초연금이 지급된 경우

㉢ 그 밖의 사유로 기초연금이 잘못 지급된 경우

(7) 기초연금 수급권자의 권리 보호

① 기초연금 수급권의 보호(법 제21조)

㉠ 기초연금 수급권은 양도하거나 담보로 제공할 수 없으며, 압류 대상으로 할 수 없다.

㉡ 기초연금으로 지급받은 금품은 압류할 수 없다.

② 이의신청(법 제22조)

㉠ 기초연금법에 따른 기초연금 지급의 결정이나 그 밖에 이 법에 따른 처분에 이의가 있는 사람은 특별자치시장·특별자치도지사·시장·군수·구청장에게 이의신청을 할 수 있다.

ⓛ 이의신청은 그 처분이 있음을 안 날부터 90일 이내에 서면으로 하여야 한다. 다만, 정당한 사유로 인하여 그 기간 이내에 이의신청을 할 수 없었음을 증명한 때에는 그 사유가 소멸한 때부터 60일 이내에 이의신청을 할 수 있다.

(8) 보 칙

① 시효(법 제23조) 12회, 16회, 22회 기출
환수금을 환수할 권리와 기초연금 수급권자의 권리는 5년간 행사하지 아니하면 시효의 완성으로 소멸한다.

출제의도 체크

기초연금 수급권의 소멸시효는 '3년'이 아닌 '5년'입니다.

▶ 16회 기출

② 비용의 분담(법 제25조)
ㄱ 국가는 지방자치단체의 노인인구 비율 및 재정 여건 등을 고려하여 기초연금의 지급에 드는 비용 중 100분의 40 이상 100분의 90 이하의 범위에서 대통령령으로 정하는 비율에 해당하는 비용을 부담한다.
ㄴ 국가가 부담하는 비용을 뺀 비용은 특별시·광역시·특별자치시·도·특별자치도와 시·군·구가 상호 분담한다.

04절 긴급복지지원법

1 개 요

(1) 목적 및 정의

① 목적(법 제1조)
생계곤란 등의 위기상황에 처하여 도움이 필요한 사람을 신속하게 지원함으로써 이들이 위기상황에서 벗어나 건강하고 인간다운 생활을 하게 한다.

② 위기상황의 정의(법 제2조) 7회, 11회, 21회 기출
본인 또는 본인과 생계 및 주거를 같이 하고 있는 가구구성원이 다음의 어느 하나에 해당하는 사유로 인하여 생계유지 등이 어렵게 된 것을 말한다.
ㄱ 주소득자가 사망, 가출, 행방불명, 구금시설에 수용되는 등의 사유로 소득을 상실한 경우
ㄴ 중한 질병 또는 부상을 당한 경우
ㄷ 가구구성원으로부터 방임 또는 유기되거나 학대 등을 당한 경우
ㄹ 가정폭력을 당하여 가구구성원과 함께 원만한 가정생활을 하기 곤란하거나 가구구성원으로부터 성폭력을 당한 경우

전문가의 한마디

시행규칙 제1조의2에서는 위기상황의 기준이 명시되어 있습니다. 여기에는 가구원의 보호·양육·간호 등의 사유로 소득활동이 미미한 경우, 기초생활보장급여가 중지되거나 급여 신청에도 불구하고 급여가 이루어지지 않은 경우, 수도, 가스 등의 사용료나 사회보험료, 주택임차료 등이 상당한 기간 동안 체납된 경우 등이 포함되어 있습니다.

ⓜ 화재 또는 자연재해 등으로 인하여 거주하는 주택 또는 건물에서 생활하기 곤란하게 된 경우

ⓗ 주소득자 또는 부소득자의 휴업, 폐업 또는 사업장의 화재 등으로 인하여 실질적인 영업이 곤란하게 된 경우

ⓢ 주소득자 또는 부소득자의 실직으로 소득을 상실한 경우

ⓞ 보건복지부령으로 정하는 기준에 따라 지방자치단체의 조례로 정한 사유가 발생한 경우

ⓩ 그 밖에 보건복지부장관이 정하여 고시하는 사유가 발생한 경우

(2) 긴급지원의 기본원칙 11회, 12회, 19회, 22회 기출

① 선지원 후처리 원칙

위기상황에 처한 사람이나 관계인이 지원요청 또는 신고할 경우 긴급지원담당공무원 등의 현장확인을 통해 긴급지원의 필요성을 포괄적으로 판단하여 우선지원하고 나중에 소득, 재산 등을 조사하여 지원의 적정성을 심사한다.

② 단기 지원 원칙

위기상황에 처한 사람에게 일시적으로 신속하게 지원한다.

③ 타 법률 중복지원 금지의 원칙

다른 법률에 의하여 긴급지원과 동일한 내용의 구호ㆍ보호나 지원을 받고 있는 경우 긴급지원에서 제외한다.

④ 가구단위 지원의 원칙

가구단위로 산정하여 지원하는 것을 원칙으로 한다. 다만, 의료지원, 교육지원 등의 경우 해당 지원이 필요한 가구구성원에 한하여 개인단위로 지원한다.

(3) 긴급지원의 대상 7회, 8회 기출

① 긴급지원대상자(법 제5조)

이 법에 따른 지원대상자는 위기상황에 처한 사람으로서 이 법에 따른 지원이 긴급하게 필요한 사람(이하 "긴급지원대상자"라 한다)으로 한다.

② 외국인에 대한 특례(법 제5조의2 및 시행령 제1조의2) 18회 기출

국내에 체류하고 있는 외국인 중 다음의 어느 하나에 해당하는 사람이 긴급지원대상자에 해당하는 경우에는 긴급지원대상자가 된다.

ⓣ 대한민국 국민과 혼인 중인 사람

ⓛ 대한민국 국민인 배우자와 이혼하거나 그 배우자가 사망한 사람으로서 대한민국 국적을 가진 직계존비속을 돌보고 있는 사람

ⓒ 난민법에 따른 난민으로 인정된 사람

ⓔ 본인의 귀책사유 없이 화재, 범죄, 천재지변으로 피해를 입은 사람

ⓜ 그 밖에 보건복지부장관이 긴급한 지원이 필요하다고 인정하는 사람

(4) 긴급지원기관(법 제6조)

① 이 법에 따른 지원은 긴급지원대상자의 거주지를 관할하는 시장·군수·구청장이 한다.

② 긴급지원대상자의 거주지가 분명하지 아니한 경우에는 지원요청 또는 신고를 받은 시장·군수·구청장이 한다.

③ 시장·군수·구청장은 이 법에 따른 긴급지원사업을 수행할 긴급지원담당공무원을 지정하여야 한다. 이 경우 긴급지원담당공무원은 긴급지원사업을 포함한 복지 관련 교육훈련을 받은 사람으로 한다.

2 주요 내용

(1) 지원요청 및 신고(법 제7조) 20회 기출

① 긴급지원대상자와 친족, 그 밖의 관계인은 구술 또는 서면 등으로 관할 시장·군수·구청장에게 이 법에 따른 지원을 요청할 수 있다.

② 누구든지 긴급지원대상자를 발견한 경우에는 관할 시장·군수·구청장에게 신고하여야 한다.

③ 다음의 어느 하나에 해당하는 사람은 진료·상담 등 직무수행 과정에서 긴급지원대상자가 있음을 알게 된 경우에는 관할 시장·군수·구청장에게 이를 신고하고, 긴급지원대상자가 신속하게 지원을 받을 수 있도록 노력하여야 한다.

바로암기 ○×

긴급복지지원법에서는 긴급지원대상자를 발견한 사람은 누구든지 관할 시장·군수·구청장에게 신고하도록 의무규정을 두고 있다?

( )

정답 ○

- 「의료법」에 따른 의료기관의 종사자
- 「유아교육법」, 「초·중등교육법」 및 「고등교육법」에 따른 교원, 직원, 산학겸임교사, 강사
- 「사회복지사업법」에 따른 사회복지시설의 종사자
- 「국가공무원법」 및 「지방공무원법」에 따른 공무원
- 「장애인활동 지원에 관한 법률」에 따른 활동지원기관의 장 및 그 종사자, 활동지원인력
- 「학원의 설립·운영 및 과외교습에 관한 법률」에 따른 학원의 운영자·강사·직원 및 교습소의 교습자·직원
- 「건강가정기본법」에 따른 건강가정지원센터의 장과 그 종사자
- 「청소년기본법」에 따른 청소년시설 및 청소년단체의 장과 그 종사자
- 「청소년보호법」에 따른 청소년 보호·재활센터의 장과 그 종사자
- 「평생교육법」에 따른 평생교육기관의 장과 그 종사자
- 그 밖에 긴급지원대상자를 발견할 수 있는 자로서 보건복지부령으로 정하는 자

(2) 긴급지원의 종류 및 내용(법 제9조) 14회, 17회 기출

금전 또는 현물 등의 직접지원	• 생계지원 : 식료품비 · 의복비 등 생계유지에 필요한 비용 또는 현물 지원 • 의료지원 : 각종 검사 및 치료 등 의료서비스 지원 • 주거지원 : 임시거소 제공 또는 이에 해당하는 비용 지원 • 사회복지시설 이용 지원 : 사회복지시설 입소 또는 이용 서비스 제공이나 이에 필요한 비용 지원 • 교육지원 : 초 · 중 · 고등학생의 수업료, 입학금, 학교운영지원비 및 학용품비 등 필요한 비용 지원 • 그 밖의 지원 : 연료비나 그 밖에 위기상황의 극복에 필요한 비용 또는 현물 지원
민간기관 · 단체와의 연계 등의 지원	• 대한적십자사, 사회복지공동모금회 등의 사회복지기관 · 단체와의 연계 지원 • 상담 · 정보제공, 그 밖의 지원

출제의도 체크

'정보제공 지원'은 긴급복지지원법상 긴급지원의 종류 중 '직접지원'에 해당하지 않습니다.

▶ 17회 기출

(3) 긴급지원의 기간 등(법 제10조) 22회 기출

종류	기본(A) (시 · 군 · 구청장)	연장(B) (시 · 군 · 구청장)	추가연장(C) (긴급지원심의위원회)	최대 지원기간 (D=A+B+C)
생계	3개월	–	3개월 범위	6개월
의료	1회(선지원)	–	1회	2회
주거	1개월(선지원)	2개월 범위	9개월 범위	12개월
사회복지 시설이용	1개월(선지원)	2개월 범위	3개월 범위	6개월

* 단, 생계 · 주거 · 사회복지시설이용의 지원금은 각 지원기준에 따라 매월 단위 지급을 원칙으로 함

전문가의 한마디

긴급지원 중 생계 · 의료 · 주거 · 사회복지시설이용 등은 '주지원'으로, 그 밖의 교육 · 연료비 · 해산비 · 장제비 · 전기요금 등은 '부가지원'으로 분류합니다. 참고로 2023년 6월 13일 법 개정에 따라 2023년 12월 14일부로 생계지원에 대한 긴급지원 기간이 기존 '1개월'에서 '3개월'로 연장되었습니다.

(4) 사후조사 및 적정성 심사(법 제13조 및 제14조) 11회 기출

① 시장 · 군수 · 구청장은 지원을 받았거나 받고 있는 긴급지원대상자에 대하여 소득 또는 재산 등 대통령령으로 정하는 기준에 따라 긴급지원이 적정한지를 조사하여야 한다.

② 긴급지원심의위원회는 시장 · 군수 · 구청장이 한 사후조사 결과를 참고하여 긴급지원의 적정성을 심사한다.

③ 긴급지원심의위원회는 긴급지원대상자가 국민기초생활보장법 또는 의료급여법에 따른 수급권자로 결정된 경우에는 긴급지원의 적정성 심사를 하지 아니할 수 있다.

출제의도 체크

긴급복지지원법령에 따라 긴급지원대상자가 국민기초생활보장법에 따른 수급권자로 결정된 경우 긴급지원의 적정성 심사를 생략할 수 있습니다.

▶ 11회 기출

(5) 지원중단 또는 비용환수(법 제15조)

① 시장·군수·구청장은 심사결과 거짓이나 그 밖의 부정한 방법으로 지원을 받은 것으로 결정된 사람에게는 긴급지원심의위원회의 결정에 따라 지체 없이 지원을 중단하고 지원한 비용의 전부 또는 일부를 반환하게 하여야 한다.

② 시장·군수·구청장은 심사결과 긴급지원이 적정하지 아니한 것으로 결정된 사람에게는 지원을 중단하고 지원한 비용의 전부 또는 일부를 반환하게 할 수 있다.

③ 시장·군수·구청장은 지원기준을 초과하여 지원받은 사람에게는 그 초과 지원 상당분을 반환하게 할 수 있다.

④ 시장·군수·구청장은 반환명령에 따르지 아니하는 사람에게는 지방세 체납처분의 예에 따라 징수한다.

(6) 압류 등의 금지(법 제18조)

① 이 법에 따라 긴급지원대상자에게 지급되는 금전 또는 현물은 압류할 수 없다.

② 긴급지원수급계좌의 긴급지원금과 이에 관한 채권은 압류할 수 없다.

③ 긴급지원대상자는 이 법에 따라 지급되는 금전 또는 현물을 생계유지 등의 목적 외의 다른 용도로 사용하기 위하여 양도하거나 담보로 제공할 수 없다.

(7) 권리구제(법 제16조)

① 지원의 종류 및 내용의 결정, 반환명령에 이의가 있는 사람은 그 처분을 고지받은 날부터 30일 이내에 해당 시장·군수·구청장을 거쳐 특별시장·광역시장·도지사·특별자치도지사(이하 "시·도지사"라 한다)에게 서면으로 이의신청할 수 있다.

② 시장·군수·구청장은 이의신청을 받은 날부터 10일 이내에 의견서와 관련 서류를 첨부하여 시·도지사에게 송부하여야 한다.

③ 시·도지사는 송부를 받은 날부터 15일 이내에 이를 검토하고 처분이 위법·부당하다고 인정되는 때는 시정, 그 밖에 필요한 조치를 하여야 한다.

바로암기 ○×

긴급복지지원법령에 따라 시장·군수·구청장은 지원기준을 초과하여 지원받은 사람에게 그 초과 지원 상당분을 반환하도록 명하여야 한다? ( )

해설

그 초과 지원 상당분을 반환하게 할 수 있다. 이는 의무규정이 아니다.

정답 ×

05 | 사회서비스법

KEY POINT

- 사회서비스법은 그 종류가 매우 다양하나, 여기서는 최근에 이르기까지 가장 빈도높게 출제된 법령들을 중심으로 간략히 살펴보도록 한다.
- 노인복지법에서는 노인복지시설의 구분과 요양보호사에 대한 내용이 빈번히 출제되고 있으므로, 해당 내용들을 반드시 살펴보도록 한다.
- 아동복지법에서는 아동복지시설의 종류, 아동복지시설의 설치·개선·사업의 정지·시설의 폐쇄 등을 살펴보아야 한다.
- 영유아보육법에서는 어린이집의 설치, 특히 직장어린이집의 설치에 대한 내용이 출제될 수 있으므로, 해당 부분을 반드시 살펴보도록 한다.
- 장애인복지법에서는 장애인의 권리·보호·책임, 장애인복지시설의 종류, 장애인복지전문인력과 장애인복지상담원에 대한 내용을 학습하도록 한다.
- 한부모가족지원법에서는 용어의 정의 및 연령구분, 복지 조치, 한부모가족복지시설의 종류에 대한 내용을 학습하도록 한다.

01절 노인복지법

1 개요

(1) 목적 및 정의

① 목적(법 제1조) 8회 기출

노인의 질환을 사전예방 또는 조기발견하고 질환상태에 따른 적절한 치료·요양으로 심신의 건강을 유지하고, 노후의 생활안정을 위하여 필요한 조치를 강구함으로써 노인의 보건복지증진에 기여한다.

② 정의(법 제1조의2)

㉠ 부양의무자 : 배우자(사실상의 혼인관계에 있는 자를 포함)와 직계비속 및 그 배우자(사실상의 혼인관계에 있는 자를 포함)를 말한다.

㉡ 보호자 : 부양의무자 또는 업무·고용 등의 관계로 사실상 노인을 보호하는 자를 말한다.

㉢ 노인학대 : 노인에 대하여 신체적·정신적·정서적·성적 폭력 및 경제적 착취 또는 가혹행위를 하거나 유기 또는 방임을 하는 것을 말한다.

전문가의 한마디

직계존속(直系尊屬), 즉 본인을 기준으로 직접 혈연관계에 있는 윗사람(예 부모, 조부모, 증조부모 등)은 노인복지법상 부양의무자에 해당하지 않습니다.

(2) 노인의 날 등(법 제6조) 14회 기출

① 노인의 날 : 매년 10월 2일

② 어버이날 : 매년 5월 8일

③ 노인학대예방의 날 : 매년 6월 15일

④ 경로의 달 : 매년 10월

(3) 노인실태조사(법 제5조)

보건복지부장관은 노인의 보건 및 복지에 관한 실태조사를 3년마다 실시하고 그 결과를 공표하여야 한다.

2 주요 내용

(1) 노인에 대한 보건 · 복지조치(법 제23조 내지 제30조) 6회, 11회 기출

① 노인사회참여 지원

② 지역봉사지도원 위촉

③ 생업지원

④ 경로우대

⑤ 건강진단과 보건교육

⑥ 홀로 사는 노인에 대한 지원

⑦ 독거노인종합지원센터의 설치 · 운영

⑧ 노인성 질환에 대한 의료지원

⑨ 상담 · 입소 등의 조치

⑩ 노인재활요양사업

(2) 노인복지시설 3회, 11회, 12회, 13회, 19회 기출

① 노인복지시설의 종류 및 업무(법 제31조 내지 제39조의5)

시설	종류	업무
노인주거 복지시설	양로시설	노인을 입소시켜 급식과 그 밖에 일상생활에 필요한 편의를 제공함을 목적으로 하는 시설
	노인공동 생활가정	노인들에게 가정과 같은 주거여건과 급식, 그 밖에 일상생활에 필요한 편의를 제공함을 목적으로 하는 시설
	노인복지주택	노인에게 주거시설을 임대하여 주거의 편의 · 생활지도 · 상담 및 안전관리 등 일상생활에 필요한 편의를 제공함을 목적으로 하는 시설

출제의도 체크

노인복지법상 노인의 날은 매년 10월 2일입니다.

▶ 14회 기출

전문가의 한마디

2023년 10월 31일 「노인 일자리 및 사회활동 지원에 관한 법률」이 제정됨에 따라 2024년 11월 1일부로 「노인복지법」에 따른 노인일자리전담기관 등 관련 기관 · 단체에 관한 규정이 「노인 일자리 및 사회활동 지원에 관한 법률」로 이관됩니다.

바로암기 ○ ×

노인복지법상 양로시설은 '노인의료복지시설'에 해당한다?
( )

해설
'노인주거복지시설'에 해당한다.

정답 ×

전문가의 한마디

노인복지법 제31조는 노인복지시설의 종류로 '노인주거복지시설', '노인의료복지시설', '노인여가복지시설', '재가노인복지시설', '노인보호전문기관', '노인일자리지원기관', '학대피해노인 전용쉼터'를 명시하고 있습니다.

전문가의 한마디

노인일자리지원기관은 노인복지법상 노인복지시설의 종류로 분류되나, 그 설치·운영에 관한 사항은 「노인 일자리 및 사회활동 지원에 관한 법률」의 관련 규정에 따릅니다.

노인의료 복지시설	노인요양시설	치매·중풍 등 노인성질환 등으로 심신에 상당한 장애가 발생하여 도움을 필요로 하는 노인을 입소시켜 급식·요양과 그 밖에 일상생활에 필요한 편의를 제공함을 목적으로 하는 시설
	노인요양 공동생활가정	치매·중풍 등 노인성질환 등으로 심신에 상당한 장애가 발생하여 도움을 필요로 하는 노인에게 가정과 같은 주거여건과 급식·요양, 그 밖에 일상생활에 필요한 편의를 제공함을 목적으로 하는 시설
노인여가 복지시설	노인복지관	노인의 교양·취미생활 및 사회참여활동 등에 대한 각종 정보와 서비스를 제공하고, 건강증진 및 질병예방과 소득보장·재가복지, 그 밖에 노인의 복지증진에 필요한 서비스를 제공함을 목적으로 하는 시설
	경로당	지역노인들이 자율적으로 친목도모·취미활동·공동작업장 운영 및 각종 정보교환과 기타 여가활동을 할 수 있도록 하는 장소를 제공함을 목적으로 하는 시설
	노인교실	노인들에 대하여 사회활동 참여욕구를 충족시키기 위하여 건전한 취미생활·노인건강유지·소득보장 기타 일상생활과 관련한 학습프로그램을 제공함을 목적으로 하는 시설
재가노인복지시설		방문요양서비스, 주·야간보호서비스, 단기보호서비스, 방문 목욕서비스, 재가노인지원서비스, 방문간호서비스, 복지용구지원서비스 등의 서비스 중 어느 하나 이상의 서비스를 제공함을 목적으로 하는 시설
노인일자리지원기관		지역사회 등에서 노인일자리의 개발·지원, 창업·육성, 안전관리 및 노인에 의한 재화의 생산·판매 등을 직접 담당하는 기관
학대피해노인 전용쉼터		학대피해노인의 쉼터생활 지원, 치유프로그램 제공, 법률적 사항의 자문을 위한 협조 및 지원 요청, 기본적인 의료비 지원, 노인학대행위자 등에게 전문상담서비스 제공 등 학대피해노인을 일정기간 보호하고 심신 치유 프로그램을 제공하기 위한 시설
노인보호 전문기관	중앙노인보호 전문기관	• 노인인권보호 관련 정책제안 • 노인인권보호를 위한 연구 및 프로그램의 개발 • 노인학대 예방의 홍보, 교육자료의 제작 및 보급 • 노인보호전문사업 관련 실적 취합, 관리 및 대외자료 제공 • 지역노인보호전문기관의 관리 및 업무지원 • 지역노인보호전문기관 상담원의 심화교육 • 관련 기관 협력체계의 구축 및 교류 • 노인학대 분쟁사례 조정을 위한 중앙노인학대사례판정위원회 운영 등
	지역노인보호 전문기관	• 노인학대 신고전화의 운영 및 사례접수 • 노인학대 의심사례에 대한 현장조사 • 피해노인 및 노인학대자에 대한 상담 • 피해노인에 대한 법률 지원의 요청 • 피해노인가족 관련자와 관련 기관에 대한 상담 • 상담 및 서비스제공에 따른 기록과 보관 • 일반인을 대상으로 한 노인학대 예방교육 • 노인학대행위자를 대상으로 한 재발방지 교육 • 노인학대사례 판정을 위한 지역노인학대사례판정위원회 운영 및 자체사례회의 운영 등

② **노인복지시설의 설치** 9회 `기출`

    ㉠ 국가 또는 지방자치단체는 노인주거복지시설, 노인의료복지시설, 노인여가복지시설, 재가노인복지시설을 설치할 수 있다.

    ㉡ 국가 또는 지방자치단체 외의 자가 ㉠의 노인복지시설을 설치하고자 하는 경우에는 특별자치시장·특별자치도지사·시장·군수·구청장(이하 "시장·군수·구청장"이라 한다)에게 신고하여야 한다.

③ **노인복지시설 사업의 정지·폐지(법 제43조 및 제44조)**

    ㉠ 시·도지사 또는 시장·군수·구청장은 노인주거복지시설, 노인의료복지시설, 노인일자리지원기관에 대해, 시장·군수·구청장은 노인여가복지시설, 재가노인복지시설에 대해 다음의 어느 하나에 해당하는 때에는 1개월의 범위에서 사업의 정지 또는 폐지를 명할 수 있다.

> - 시설 등에 관한 기준에 미달하게 된 때
> - 수탁의무 규정을 위반하여 수탁을 거부한 때
> - 정당한 이유 없이 보고 또는 자료제출을 하지 아니하거나 허위로 한 때 또는 조사·검사를 거부·방해하거나 기피한 때
> - 시설 이용자에 대한 비용 수납의 신고의무 규정을 위반한 때
> - 해당 시설이나 기관을 설치·운영하는 자 또는 그 종사자가 입소자나 이용자를 학대한 때

    ㉡ 시장·군수·구청장은 ㉠에 따른 사업의 폐지를 명하고자 하는 경우에는 청문을 실시하여야 한다.

④ **조세감면(법 제49조)**

    노인복지시설에서 노인을 위하여 사용하는 건물·토지 등에 대하여는 조세감면규제법 등 관계법령이 정하는 바에 의하여 조세 기타 공과금을 감면할 수 있다.

⑤ **건축법에 대한 특례(법 제55조)** 16회 `기출`

    ㉠ 이 법에 의한 재가노인복지시설, 노인공동생활가정, 노인요양공동생활가정 및 학대피해노인 전용쉼터는 건축법상 용도변경(제19조)의 규정에 불구하고 단독주택 또는 공동주택에 설치할 수 있다.

    ㉡ 이 법에 의한 노인복지주택의 건축물의 용도는 건축관계법령에 불구하고 노유자시설로 본다.

(3) 요양보호사와 요양보호사교육기관(법 제39조의2 및 제39조의3) 9회, 10회, 11회, 20회 `기출`

① 노인복지시설의 설치·운영자는 보건복지부령으로 정하는 바에 따라 노인 등의 신체활동 또는 가사활동 지원 등의 업무를 전문적으로 수행하는 요양보호사를 두어야 한다.

전문가의 한마디

'노유자시설(老幼者施設)'은 노인이나 아동과 같은 노약자를 위한 시설을 말합니다.

② 요양보호사가 되려는 사람은 요양보호사교육기관에서 교육과정을 마치고 시·도지사가 실시하는 요양보호사 자격시험에 합격하여야 한다. 시·도지사는 요양보호사 자격시험에 합격한 사람에게 요양보호사 자격증을 교부하여야 한다.

③ 시·도지사는 요양보호사의 양성을 위하여 보건복지부령으로 정하는 지정기준에 적합한 시설을 요양보호사교육기관으로 지정·운영하여야 한다.

④ 시·도지사는 요양보호사교육기관이 다음의 어느 하나에 해당하는 경우 사업의 정지를 명하거나 그 지정을 취소할 수 있다.

  ㉠ 거짓이나 그 밖의 부정한 방법으로 요양보호사교육기관으로 지정을 받은 경우 (반드시 취소)

  ㉡ 지정기준에 적합하지 아니하게 된 경우

  ㉢ 교육과정을 1년 이상 운영하지 아니하는 경우

  ㉣ 정당한 사유 없이 보고 또는 자료제출을 하지 아니하거나 거짓으로 한 경우 또는 조사·검사를 거부·방해하거나 기피한 경우

  ㉤ 요양보호사교육기관을 설치·운영하는 자가 교육 이수 관련 서류를 거짓으로 작성한 경우

심화연구실

요양보호사의 결격사유(법 제39조의13)

· 정신질환자(단, 전문의가 요양보호사로서 적합하다고 인정하는 사람은 제외)
· 마약·대마 또는 향정신성의약품 중독자
· 피성년후견인
· 금고 이상의 형을 선고받고 그 형의 집행이 종료되지 아니하였거나 그 집행을 받지 아니하기로 확정되지 아니한 사람
· 법원의 판결에 따라 자격이 정지 또는 상실된 사람
· 요양보호사의 자격이 취소된 날부터 1년이 경과되지 아니한 사람

(4) 65세 이상의 사람에 대한 노인학대 금지행위(법 제39조의9) 5회, 15회 **기출**

① 노인의 신체에 폭행을 가하거나 상해를 입히는 행위
② 노인에게 성적 수치심을 주는 성폭행·성희롱 등의 행위
③ 자신의 보호·감독을 받는 노인을 유기하거나 의식주를 포함한 기본적 보호 및 치료를 소홀히 하는 방임행위
④ 노인에게 구걸을 하게 하거나 노인을 이용하여 구걸하는 행위
⑤ 노인을 위하여 증여 또는 급여된 금품을 그 목적 외의 용도에 사용하는 행위
⑥ 폭언, 협박, 위협 등으로 노인의 정신건강에 해를 끼치는 정서적 학대행위

전문가의 한마디

요양보호사의 결격사유 판단은 요양보호사 자격증 교부 신청일을 기준일로 합니다(법 제39조의2 제3항).

전문가의 한마디

노인의 신체에 폭행을 가한 사람은 '5년 이하의 징역 또는 5천만 원 이하의 벌금', 노인의 신체에 상해를 입힌 사람은 '7년 이하의 징역 또는 7천만 원 이하의 벌금'에 처해집니다.

출제의도 체크

부양의무자인 자녀라고 해도 노인을 위하여 지급된 금품을 그 목적 외의 용도에 사용할 수는 없습니다.

▶ 15회 기출

(5) 노인학대의 예방 및 신고

① 노인보호전문기관의 설치 등(법 제39조의5) 10회, 22회 기출

  ㉠ 국가는 지역 간의 연계체계를 구축하고 노인학대를 예방하기 위하여 중앙노인보호전문기관을 설치 · 운영하여야 한다.

  ㉡ 학대받는 노인의 발견 · 보호 · 치료 등을 신속히 처리하고 노인학대를 예방하기 위하여 특별시 · 광역시 · 도 · 특별자치도에 지역노인보호전문기관을 둔다.

② 노인학대의 신고(법 제39조의6) 9회, 18회 기출

  ㉠ 누구든지 노인학대를 알게 된 때에는 노인보호전문기관 또는 수사기관에 신고할 수 있다.

  ㉡ 다음의 어느 하나에 해당하는 자는 그 직무상 65세 이상의 사람에 대한 노인학대를 알게 된 때에는 즉시 노인보호전문기관 또는 수사기관에 신고하여야 한다.

> • 의료법에 따른 의료기관에서 의료업을 행하는 의료인 및 의료기관의 장
> • 방문요양과 돌봄이나 안전확인 등의 서비스 종사자, 노인복지시설의 장과 그 종사자 및 노인복지상담원
> • 장애인복지시설에서 장애노인에 대한 상담 · 치료 · 훈련 또는 요양업무를 수행하는 사람
> • 가정폭력 관련 상담소 및 가정폭력피해자 보호시설의 장과 그 종사자
> • 사회복지전담공무원 및 사회복지시설의 장과 그 종사자
> • 장기요양기관의 장과 그 종사자
> • 119구급대의 구급대원
> • 건강가정지원센터의 장과 그 종사자
> • 다문화가족지원센터의 장과 그 종사자
> • 성폭력피해상담소 및 성폭력피해자보호시설의 장과 그 종사자
> • 응급의료에 관한 법률에 따른 응급구조사
> • 의료기사 등에 관한 법률에 따른 의료기사
> • 국민건강보험공단 소속 요양직 직원
> • 지역보건의료기관의 장과 종사자
> • 노인복지시설 설치 및 관리 업무 담당 공무원
> • 병역법에 따른 사회복지시설에서 복무하는 사회복무요원(노인을 직접 대면하는 업무에 복무하는 사람으로 한정)

(6) 국 · 공유재산의 대부 등(법 제54조) 16회 기출

국가 또는 지방자치단체는 노인보건복지관련 연구시설이나 사업의 육성을 위하여 필요하다고 인정하는 경우에는 국유재산법 또는 지방재정법의 규정에 불구하고 국 · 공유재산을 무상으로 대부하거나 사용 · 수익하게 할 수 있다.

출제의도 체크

노인학대를 알게 된 때에 신고의무자만 신고할 수 있는 것은 아닙니다. 누구든지 신고할 수 있습니다.

▶ 18회 기출

출제의도 체크

직무상 노인학대 신고의무자에 '경찰관'은 포함되어 있지 않습니다.

▶ 9회 기출

제8영역

02절 아동복지법

1 개요

(1) 목적 및 정의

① 목적(법 제1조)

아동이 건강하게 출생하여 행복하고 안전하게 자랄 수 있도록 아동의 복지를 보장한다.

② 정의(법 제3조)

㉠ 아동 : 18세 미만인 사람을 말한다.

㉡ 아동복지 : 아동이 행복한 삶을 누릴 수 있는 기본적인 여건을 조성하고 조화롭게 성장·발달할 수 있도록 하기 위한 경제적·사회적·정서적 지원을 말한다.

㉢ 보호자 : 친권자, 후견인, 아동을 보호·양육·교육하거나 그러한 의무가 있는 자 또는 업무·고용 등의 관계로 사실상 아동을 보호·감독하는 자를 말한다.

㉣ 보호대상아동 : 보호자가 없거나 보호자로부터 이탈된 아동 또는 보호자가 아동을 학대하는 경우 등 그 보호자가 아동을 양육하기에 적당하지 아니하거나 양육할 능력이 없는 경우의 아동을 말한다.

㉤ 지원대상아동 : 아동이 조화롭고 건강하게 성장하는 데에 필요한 기초적인 조건이 갖추어지지 아니하여 사회적·경제적·정서적 지원이 필요한 아동을 말한다.

㉥ 아동학대 : 보호자를 포함한 성인이 아동의 건강 또는 복지를 해치거나 정상적 발달을 저해할 수 있는 신체적·정신적·성적 폭력이나 가혹행위를 하는 것과 아동의 보호자가 아동을 유기하거나 방임하는 것을 말한다.

㉦ 아동복지시설 종사자 : 아동복지시설에서 아동의 상담·지도·치료·양육, 그 밖에 아동의 복지에 관한 업무를 담당하는 사람을 말한다.

(2) 어린이날 및 아동학대예방의 날(법 제6조 및 제23조) 12회 기출

① 어린이날 : 매년 5월 5일

② 어린이주간 : 5월 1일부터 5월 7일까지

③ 아동학대예방의 날 : 매년 11월 19일

④ 아동학대예방주간 : 아동학대예방의 날부터 1주일

(3) 아동정책기본계획 및 아동종합실태조사 18회 기출

① 아동정책기본계획(법 제7조 제1항)

보건복지부장관은 아동정책의 효율적인 추진을 위하여 5년마다 아동정책기본계획을 수립하여야 한다.

② 아동종합실태조사(법 제11조 제1항)

보건복지부장관은 3년마다 아동의 양육 및 생활환경, 언어 및 인지 발달, 정서적·신체적 건강, 아동안전, 아동학대 등 아동의 종합실태를 조사하여 그 결과를 공표하고, 이를 기본계획과 시행계획에 반영하여야 한다.

2 주요 내용

(1) 아동정책조정위원회, 아동권리보장원, 아동복지심의위원회 18회 기출

① 아동정책조정위원회(법 제10조 제1항)

아동의 권리증진과 건강한 출생 및 성장을 위하여 종합적인 아동정책을 수립하고 관계 부처의 의견을 조정하며 그 정책의 이행을 감독하고 평가하기 위하여 국무총리 소속으로 아동정책조정위원회를 둔다.

② 아동권리보장원(법 제10조의2 제1항)

보건복지부장관은 아동정책에 대한 종합적인 수행과 아동복지 관련 사업의 효과적인 추진을 위하여 필요한 정책의 수립을 지원하고 사업평가 등의 업무를 수행할 수 있도록 아동권리보장원을 설립한다.

③ 아동복지심의위원회(법 제12조 제1항)

시·도지사, 시장·군수·구청장은 법령에 따른 아동의 보호 및 지원서비스에 대해 필요하다고 인정하는 사항을 심의하기 위하여 그 소속으로 아동복지심의위원회를 각각 둔다.

(2) 아동복지전담공무원, 아동위원, 아동학대전담공무원

① 아동복지전담공무원(법 제13조)

㉠ 아동복지에 관한 업무를 담당하기 위하여 특별시·광역시·도·특별자치도(이하 "시·도"라 한다) 및 시·군·구에 각각 아동복지전담공무원(이하 "전담공무원"이라 한다)을 둘 수 있다.

㉡ 전담공무원은 아동에 대한 상담 및 보호조치, 가정환경에 대한 조사, 아동복지시설에 대한 지도·감독, 아동범죄 예방을 위한 현장확인 및 지도·감독 등 지역 단위에서 아동의 복지증진을 위한 업무를 수행한다.

전문가의 한마디

2021년 12월 21일 법 개정에 따라 아동종합실태조사의 주기가 기존 '5년'에서 '3년'으로 단축되었습니다. 이에 따라 노인복지법상 노인실태조사와 아동복지법상 아동종합실태조사의 주기는 공통으로 '3년'입니다.

출제의도 체크

아동정책조정위원회는 '국무총리', 아동권리보장원은 '보건복지부장관', 아동복지심의위원회는 '시·도지사, 시장·군수·구청장'을 각각 그 소속으로 합니다.

▶ 18회 기출

② 아동위원(법 제14조)

 ㉠ 시·군·구에 아동위원을 둔다. 아동위원은 그 관할 구역의 아동에 대하여 항상 그 생활상태 및 가정환경을 상세히 파악하고 아동복지에 필요한 원조와 지도를 행하며 전담공무원, 민간전문인력 및 관계 행정기관과 협력하여야 한다.

 ㉡ 아동위원은 명예직으로 하되, 아동위원에 대하여는 수당을 지급할 수 있다.

③ 아동학대전담공무원(법 제22조) 19회 기출

 ㉠ 시·도지사 또는 시장·군수·구청장은 피해아동의 발견 및 보호 등 법령에 따른 업무를 수행하기 위하여 아동학대전담공무원을 두어야 한다.

 ㉡ 아동학대전담공무원은 사회복지사업법에 따른 사회복지사의 자격을 가진 사람으로 하고 그 임용 등에 필요한 사항은 해당 시·도 또는 시·군·구의 조례로 정한다.

전문가의 한마디

2020년 9월 29일 시행령 개정에 따라 시·도 또는 시·군·구에 아동학대전담공무원을 두어 아동학대 조사업무 등을 수행하도록 하고 있습니다.

(3) 아동학대의 예방 및 재발 방지

① 아동학대 예방교육의 실시(법 제26조의2 제1항) 17회 기출

국가기관과 지방자치단체의 장, 「공공기관의 운영에 관한 법률」에 따른 공공기관과 대통령령으로 정하는 공공단체의 장은 아동학대의 예방과 방지를 위하여 필요한 교육을 연 1회 이상 실시하고, 그 결과를 보건복지부장관에게 제출하여야 한다.

② 아동학대의 재발 여부 확인(법 제28조 제1항) 20회 기출

아동권리보장원의 장 또는 아동보호전문기관의 장은 아동학대가 종료된 이후에도 가정방문, 전화상담 등을 통하여 아동학대의 재발 여부를 확인하여야 한다.

③ 긴급전화의 설치·운영(시행령 제24조) 19회 기출

시·도지사 또는 시장·군수·구청장은 아동학대전담공무원이 근무하는 기관에 긴급전화를 설치해야 한다. 이 경우 긴급전화는 전용회선으로 설치·운영해야 한다.

출제의도 체크

국가기관은 아동학대 예방교육을 '연 2회 이상'이 아닌 '연 1회 이상' 실시하여야 합니다.

▶ 17회 기출

(4) 다함께돌봄센터(법 제44조의2)

① 다함께돌봄센터의 설치

시·도지사 및 시장·군수·구청장은 초등학교의 정규교육 이외의 시간 동안 방과 후 돌봄서비스를 실시하기 위하여 다함께돌봄센터를 설치·운영할 수 있다.

② 다함께돌봄센터의 돌봄서비스 21회 기출

 ㉠ 아동의 안전한 보호

 ㉡ 안전하고 균형 있는 급식 및 간식의 제공

 ㉢ 등·하교 전후, 야간 또는 긴급상황 발생 시 돌봄서비스 제공

 ㉣ 체험활동 등 교육·문화·예술·체육 프로그램의 연계·제공

 ㉤ 돌봄 상담, 관련 정보의 제공 및 서비스의 연계 등

(5) 아동복지시설

① 아동복지시설의 종류 및 업무(법 제52조) 6회, 13회 기출

아동양육시설	보호대상아동을 입소시켜 보호, 양육 및 취업훈련, 자립지원 서비스 등을 제공하는 것을 목적으로 하는 시설
아동일시보호시설	보호대상아동을 일시보호하고 아동에 대한 향후의 양육대책수립 및 보호조치를 행하는 것을 목적으로 하는 시설
아동보호치료시설	불량행위를 하거나 불량행위를 할 우려가 있는 아동, 정서적·행동적 장애로 인하여 어려움을 겪고 있는 아동, 학대로 인하여 부모로부터 일시 격리되어 치료받을 필요가 있는 아동을 보호·치료하는 시설
공동생활가정	보호대상아동에게 가정과 같은 주거여건과 보호, 양육, 자립지원 서비스를 제공하는 것을 목적으로 하는 시설
자립지원시설	아동복지시설에서 퇴소한 사람에게 취업준비기간 또는 취업 후 일정 기간 동안 보호함으로써 자립을 지원하는 것을 목적으로 하는 시설
아동상담소	아동과 그 가족의 문제에 관한 상담, 치료, 예방 및 연구 등을 목적으로 하는 시설
아동전용시설	어린이공원, 어린이놀이터, 아동회관, 체육·연극·영화·과학실험전시 시설, 아동휴게숙박시설, 야영장 등 아동에게 건전한 놀이·오락, 그 밖의 각종 편의를 제공하여 심신의 건강유지와 복지증진에 필요한 서비스를 제공하는 것을 목적으로 하는 시설
지역아동센터	지역사회 아동의 보호·교육, 건전한 놀이와 오락의 제공, 보호자와 지역사회의 연계 등 아동의 건전육성을 위하여 종합적인 아동복지서비스를 제공하는 시설
가정위탁지원센터	보호대상아동에 대한 가정위탁사업을 활성화하기 위한 시설
아동보호전문기관	학대받은 아동의 치료, 아동학대의 재발 방지 등 사례관리 및 아동학대예방을 위한 업무를 수행하는 기관
아동권리보장원	아동정책의 수립을 지원하고 사업평가 등의 업무를 수행하는 기관
자립지원전담기관	보호대상아동의 위탁보호 종료 또는 아동복지시설 퇴소 이후의 자립을 지원하기 위한 기관
학대피해아동쉼터	피해아동에 대한 보호, 치료, 양육 서비스 등을 제공하는 시설

② 아동복지시설의 설치(법 제50조)
- ㉠ 국가 또는 지방자치단체는 아동복지시설을 설치할 수 있다.
- ㉡ 국가 또는 지방자치단체 외의 자는 관할 시장·군수·구청장에게 신고하고 아동복지시설을 설치할 수 있다.

③ 아동복지시설의 개선, 사업의 정지, 시설의 폐쇄 등 11회 기출
- ㉠ 보건복지부장관, 시·도지사 또는 시장·군수·구청장은 아동복지시설과 교육훈련시설(대학 및 전문대학은 제외)이 다음의 어느 하나에 해당하는 경우에는 소관에 따라 그 시설의 개선, 6개월 이내의 사업의 정지, 위탁의 취소 또는 해당 시설의 장의 교체를 명하거나 시설의 폐쇄를 명할 수 있다(법 제56조 제1항).

> - 시설이 설치기준에 미달하게 된 경우
> - 사회복지법인 또는 비영리법인이 설치·운영하는 시설로서 그 사회복지법인이나 비영리법인의 설립허가가 취소된 경우
> - 설치목적의 달성이나 그 밖의 사유로 계속하여 운영될 필요가 없다고 인정할 때
> - 보호대상아동에 대한 아동학대행위가 확인된 경우
> - 거짓이나 그 밖의 부정한 방법으로 경비의 지원을 받은 경우
> - 아동복지시설의 사업정지기간 중에 사업을 한 경우
> - 그 밖에 이 법 또는 이 법에 따른 명령을 위반한 경우

▶ 11회 기출

출제의도 체크

아동복지법령상 아동복지시설의 폐쇄를 명하려면 청문을 해야 하지만, 아동복지시설의 개선을 명하기 위해 청문을 필요로 하지는 않습니다.

ⓒ 보건복지부장관, 시·도지사 또는 시장·군수·구청장은 아동학대 전담의료기관의 지정의 취소, 아동복지시설과 교육훈련시설의 위탁의 취소 또는 시설의 폐쇄명령을 하고자 하는 경우에는 청문을 하여야 한다(법 제67조).

(6) 보호조치(법 제15조 및 제15조의3)　8회, 22회 기출

① 시·도지사 또는 시장·군수·구청장은 그 관할 구역에서 보호대상아동을 발견하거나 보호자의 의뢰를 받은 때에는 아동의 최상의 이익을 위하여 대통령령으로 정하는 바에 따라 보호조치를 하여야 한다.

② 시·도지사 또는 시장·군수·구청장은 보호조치 중인 보호대상아동의 양육상황을 보건복지부령으로 정하는 바에 따라 매년 점검하여야 한다.

전문가의 한마디

아동학대범죄의 신고의무자는 「아동학대범죄의 처벌 등에 관한 특례법」제10조에 명시되어 있습니다.

(7) 아동학대 금지행위(법 제17조)　10회 기출

① 아동을 매매하는 행위

② 아동에게 음란한 행위를 시키거나 이를 매개하는 행위 또는 아동을 대상으로 하는 성희롱 등의 성적 학대행위

③ 아동의 신체에 손상을 주거나 신체의 건강 및 발달을 해치는 신체적 학대행위

④ 아동의 정신건강 및 발달에 해를 끼치는 정서적 학대행위(가정폭력에 아동을 노출시키는 행위로 인한 경우를 포함)

⑤ 자신의 보호·감독을 받는 아동을 유기하거나 의식주를 포함한 기본적 보호·양육·치료 및 교육을 소홀히 하는 방임행위

⑥ 장애를 가진 아동을 공중에 관람시키는 행위

⑦ 아동에게 구걸을 시키거나 아동을 이용하여 구걸하는 행위

⑧ 공중의 오락 또는 흥행을 목적으로 아동의 건강 또는 안전에 유해한 곡예를 시키는 행위 또는 이를 위하여 아동을 제3자에게 인도하는 행위

⑨ 정당한 권한을 가진 알선기관 외의 자가 아동의 양육을 알선하고 금품을 취득하거나 금품을 요구 또는 약속하는 행위

⑩ 아동을 위하여 증여 또는 급여된 금품을 그 목적 외의 용도로 사용하는 행위

(8) 친권상실 선고의 청구(법 제18조) 9회 기출

① 시 · 도지사, 시장 · 군수 · 구청장 또는 검사는 아동의 친권자가 그 친권을 남용하거나 현저한 비행이나 아동학대, 그 밖에 친권을 행사할 수 없는 중대한 사유가 있는 것을 발견한 경우 아동의 복지를 위하여 필요하다고 인정할 때에는 법원에 친권행사의 제한 또는 친권상실의 선고를 청구하여야 한다.

② 아동복지시설의 장 및 초 · 중등교육법에 따른 학교의 장은 ①의 사유에 해당하는 경우 시 · 도지사, 시장 · 군수 · 구청장 또는 검사에게 법원에 친권행사의 제한 또는 친권상실의 선고를 청구하도록 요청할 수 있다.

③ 시 · 도지사, 시장 · 군수 · 구청장 또는 검사는 친권행사의 제한 또는 친권상실의 선고 청구를 요청받은 경우에는 요청받은 날부터 30일 내에 청구 여부를 결정한 후 해당 요청기관에 청구 또는 미청구 요지 및 이유를 서면으로 알려야 한다.

④ 처리결과를 통보받은 아동복지시설의 장 및 학교의 장은 그 처리결과에 대하여 이의가 있을 경우 통보받은 날부터 30일 내에 직접 법원에 친권행사의 제한 또는 친권상실의 선고를 청구할 수 있다.

(9) 후견인 및 보조인의 선임 16회 기출

① 시 · 도지사, 시장 · 군수 · 구청장, 아동복지시설의 장 및 학교의 장은 친권자 또는 후견인이 없는 아동을 발견한 경우 그 복지를 위하여 필요하다고 인정할 때에는 법원에 후견인의 선임을 청구하여야 한다(법 제19조 제1항).

② 법원은 후견인이 없는 아동에 대하여 후견인을 선임하기 전까지 시 · 도지사, 시장 · 군수 · 구청장, 아동보호전문기관의 장, 가정위탁지원센터의 장 및 아동권리보장원의 장으로 하여금 임시로 그 아동의 후견인 역할을 하게 할 수 있다(법 제20조 제2항).

③ 법원의 심리과정에서 변호사, 법정대리인, 직계 친족, 형제자매, 아동학대전담공무원, 아동권리보장원 또는 아동보호전문기관의 상담원은 학대아동사건의 심리에 있어서 보조인이 될 수 있다. 다만, 변호사가 아닌 경우에는 법원의 허가를 받아야 한다(법 제21조 제1항).

03절 영유아보육법

1 개요

(1) 목적 및 정의

① 목적(법 제1조)

영유아의 심신을 보호하고 건전하게 교육하여 건강한 사회구성원으로 육성함과 아울러 보호자의 경제적·사회적 활동이 원활하게 이루어지도록 함으로써 영유아 및 가정의 복지 증진에 이바지한다.

② 정의(법 제2조)

㉠ 영유아 : 7세 이하의 취학 전 아동을 말한다.

㉡ 보육 : 영유아를 건강하고 안전하게 보호·양육하고 영유아의 발달 특성에 맞는 교육을 제공하는 어린이집 및 가정양육 지원에 관한 사회복지서비스를 말한다.

㉢ 어린이집 : 영유아의 보육을 위하여 이 법에 따라 설립·운영되는 기관을 말한다.

㉣ 보호자 : 친권자·후견인, 그 밖의 자로서 영유아를 사실상 보호하고 있는 자를 말한다.

㉤ 보육교직원 : 어린이집 영유아의 보육, 건강관리 및 보호자와의 상담, 그 밖에 어린이집의 관리·운영 등의 업무를 담당하는 자로서 어린이집의 원장 및 보육교사와 그 밖의 직원을 말한다.

(2) 실태조사

① 보육 실태 조사(법 제9조 제1항)

교육부장관은 이 법의 적절한 시행을 위하여 보육 실태 조사를 3년마다 실시하고 그 결과를 공표하여야 한다.

② 직장어린이집 설치 등 의무 이행에 관한 실태 조사(법 제14조의2 제1항)

교육부장관 및 대통령령으로 정하는 조사기관의 장은 직장어린이집 설치 등 의무 이행에 관한 실태 조사를 매년 실시하여야 한다.

전문가의 한마디

2023년 8월 8일 법 개정에 따라 '영유아'의 정의가 종전 "6세 미만의 취학 전 아동"에서 "7세 이하의 취학 전 아동"으로 변경되었습니다.

전문가의 한마디

2023년 12월 26일 법 개정에 따라 보육 실태 조사의 실시권자가 종전 "보건복지부장관"에서 "교육부장관"으로 변경되었습니다. 이는 정부조직법 일부 개정법률에 따른 것으로, 영유아 보육 및 교육에 관한 사무를 교육부로 일원화하기 위한 취지에서 비롯됩니다.

2 주요 내용

(1) 어린이집의 종류(법 제10조)

국공립어린이집	국가나 지방자치단체가 설치 · 운영하는 어린이집
사회복지법인 어린이집	사회복지법인이 설치 · 운영하는 어린이집
법인 · 단체 등 어린이집	각종 법인(사회복지법인을 제외한 비영리법인)이나 단체 등이 설치 · 운영하는 어린이집으로서 대통령령으로 정하는 어린이집
직장어린이집	사업주가 사업장의 근로자를 위하여 설치 · 운영하는 어린이집(국가나 지방자치단체의 장이 소속 공무원 및 국가나 지방자치단체의 장과 근로계약을 체결한 자로서 공무원이 아닌 자를 위하여 설치 · 운영하는 어린이집을 포함)
가정어린이집	개인이 가정이나 그에 준하는 곳에 설치 · 운영하는 어린이집
협동어린이집	보호자 또는 보호자와 보육교직원이 조합(영리를 목적으로 하지 아니하는 조합에 한정)을 결성하여 설치 · 운영하는 어린이집
민간어린이집	위의 어린이집에 해당하지 아니하는 어린이집

(2) 어린이집의 설치

① 국공립어린이집의 설치(법 제12조 제1항)

국가나 지방자치단체는 국공립어린이집을 설치 · 운영하여야 한다.

② 국공립어린이집 외의 어린이집의 설치(법 제13조) 7회, 8회, 13회 기출

국공립어린이집 외의 어린이집을 설치 · 운영하려는 자는 특별자치시장 · 특별자치도지사 · 시장 · 군수 · 구청장의 인가를 받아야 한다.

③ 직장어린이집의 설치(법 제14조 제1항 및 시행령 제20조 제1항)

상시 여성근로자 300명 이상 또는 상시근로자 500명 이상을 고용하고 있는 사업장의 사업주는 직장어린이집을 설치하여야 한다.

전문가의 한마디

법인 설립에 관한 입법주의로서 '인가주의(認可主義)'는 법률이 정한 요건을 갖추고 행정관청의 인가를 얻음으로써 법인으로 성립하는 것입니다. 행정관청의 자유재량에 의한 허가를 필요로 하는 허가주의(許可主義)와 달리 그 요건을 갖추면 반드시 인가를 해 주어야 합니다.

"금고 이상의 형의 집행유예를 선고받고 그 유예기간이 종료된 자"는 원칙적으로 영유아보육법상 어린이집을 설치·운영할 수 있습니다.

▶ 10회 기출

전문가의 한마디

"아동복지법에 따른 아동학대관련범죄로 벌금형이 확정된 날부터 10년이 지나지 아니한 사람"에 대한 처벌규정이 범죄의 경중이나 재범의 위험성 존부 등을 고려하지 않은 채 일관되게 적용되는 것은 과잉금지원칙에 위배되며, 아동학대관련범죄전력자의 직업선택의 자유를 침해한다는 2022년 9월 29일 헌법재판소의 위헌결정에 따라 추후 해당 규정에 대한 개정이 있을 것으로 보입니다.

전문가의 한마디

제1형 당뇨는 '소아형 당뇨'로 불리는 것으로서, 주로 유전적 인자에 의해 췌장의 베타세포가 파괴되어 나타나는 질병입니다. 반면, 제2형 당뇨는 '성인형 당뇨'로 불리는 것으로서, 주로 비만이나 스트레스, 잘못된 식습관 등 후천적인 요인에 의해 발병하는 질병입니다.

심화연구실

어린이집을 설치·운영할 수 없는 사람(법 제16조) 10회 기출

- 미성년자·피성년후견인 또는 피한정후견인
- 정신질환자
- 마약류에 중독된 자
- 파산선고를 받고 복권되지 아니한 자
- 금고 이상의 실형을 선고받고 그 집행이 종료(집행이 종료된 것으로 보는 경우를 포함)되거나 집행이 면제된 날부터 5년(단, 아동복지법에 따른 아동학대관련범죄를 저지른 경우에는 20년)이 경과되지 아니한 자
- 금고 이상의 형의 집행유예를 선고받고 그 유예기간 중에 있는 사람(단, 아동복지법에 따른 아동학대관련범죄로 금고 이상의 형의 집행유예를 선고받은 경우에는 그 집행유예가 확정된 날부터 20년이 지나지 아니한 사람)
- 어린이집의 폐쇄명령을 받고 5년이 경과되지 아니한 자 또는 유아교육법에 따라 폐쇄명령을 받고 5년이 경과되지 아니한 자
- 영유아보육법에 따라 300만 원 이상의 벌금형이 확정된 날부터 2년이 지나지 아니한 사람 또는 아동복지법에 따른 아동학대관련범죄로 벌금형이 확정된 날부터 10년이 지나지 아니한 사람
- 교육부장관의 교육명령을 이행하지 아니한 자

---

(3) 어린이집의 이용

① 어린이집 이용대상(법 제27조)

어린이집의 이용대상은 보육이 필요한 영유아를 원칙으로 한다. 다만, 필요한 경우 어린이집의 원장은 만 12세까지 연장하여 보육할 수 있다.

② 보육의 우선 제공 대상자(법 제28조) 6회 기출

ㄱ 국민기초생활보장법에 따른 수급자

ㄴ 한부모가족지원법에 따른 지원대상자의 자녀

ㄷ 한부모가족지원법에 따른 지원대상자의 손자녀

ㄹ 국민기초생활보장법에 따른 차상위계층의 자녀

ㅁ 장애인복지법에 따른 장애인 중 교육부령으로 정하는 장애 정도에 해당하는 자의 자녀

ㅂ 장애인복지법에 따른 장애인 중 교육부령으로 정하는 장애 정도에 해당하는 자가 형제자매인 영유아

ㅅ 다문화가족지원법에 따른 다문화가족의 자녀

ㅇ 국가유공자 등 예우 및 지원에 관한 법률에 따른 국가유공자 중 전몰군경, 상이자로서 교육부령으로 정하는 자 및 순직자의 자녀

ㅈ 제1형 당뇨를 가진 경우로서 의학적 조치가 용이하고 일상생활이 가능하여 보육에 지장이 없는 영유아

ㅊ 그 밖에 소득수준 및 보육수요 등을 고려하여 교육부령으로 정하는 자의 자녀

(4) 어린이집의 폐지 · 휴지 · 재개 및 폐쇄 등

① 국공립어린이집 외의 어린이집 설치의 인가를 받은 어린이집을 폐지하거나 일정기간 운영을 중단하거나 운영을 재개하려는 자는 교육부령으로 정하는 바에 따라 미리 특별자치시장 · 특별자치도지사 · 시장 · 군수 · 구청장에게 신고하여야 한다(법 제43조 제1항).

② 교육부장관, 시 · 도지사 및 시장 · 군수 · 구청장은 어린이집을 설치 · 운영하는 자가 거짓이나 그 밖의 부정한 방법으로 보조금을 교부받거나 보조금을 유용한 경우 등 법령에 따른 사유에 해당하면 1년 이내의 어린이집 운영정지를 명하거나 어린이집의 폐쇄를 명할 수 있다(법 제45조 제1항).

전문가의 한마디

영유아보육법에서는 교육부장관. 시 · 도지사 또는 시장 · 군수 · 구청장이 천재지변이나 감염병 발생 등 긴급한 사유로 정상적인 보육이 어렵다고 인정하는 경우 어린이집의 원장에게 휴원을 명할 수 있도록 하고 있습니다(법 제43조의2 제1항).

04절 장애인복지법

1 개 요

(1) 목적 및 정의

① 목적(법 제1조)

장애인의 인간다운 삶과 권리보장을 위한 국가와 지방자치단체 등의 책임을 명백히 하고, 장애발생 예방과 장애인의 의료 · 교육 · 직업재활 · 생활환경개선 등에 관한 사업을 정하여 장애인복지대책을 종합적으로 추진하며, 장애인의 자립생활 · 보호 및 수당지급 등에 관하여 필요한 사항을 정하여 장애인의 생활안정에 기여하는 등 장애인의 복지와 사회활동 참여증진을 통하여 사회통합에 이바지한다.

② 정의(법 제2조) 5회, 19회 기출

㉠ 장애인 : 신체적 · 정신적 장애로 오랫동안 일상생활이나 사회생활에서 상당한 제약을 받는 자를 말한다.

㉡ 신체적 장애 : 주요 외부 신체 기능의 장애, 내부기관의 장애 등을 말한다.

㉢ 정신적 장애 : 발달장애 또는 정신질환으로 발생하는 장애를 말한다.

㉣ 장애인학대 : 장애인에 대하여 신체적 · 정신적 · 정서적 · 언어적 · 성적 폭력이나 가혹행위, 경제적 착취, 유기 또는 방임을 하는 것을 말한다.

출제의도 체크

장애인복지법상 장애인학대에 '경제적 착취'도 포함됩니다.
▶ 19회 기출

(2) 장애인복지의 이념 및 장애인의 날

① 장애인복지의 이념(법 제3조) 5회 기출

장애인복지의 기본이념은 장애인의 완전한 사회 참여와 평등을 통하여 사회통합을 이루는 데에 있다.

② 장애인의 날 등(법 제14조)

㉠ 장애인의 날 : 매년 4월 20일

㉡ 장애인 주간 : 장애인의 날부터 1주간

(3) 장애인정책종합계획 및 장애실태조사 20회 기출

① 장애인정책종합계획(법 제10조의2 제1항)

보건복지부장관은 장애인의 권익과 복지증진을 위하여 관계 중앙행정기관의 장과 협의하여 5년마다 장애인정책종합계획을 수립·시행하여야 한다.

② 장애실태조사(법 제31조 제1항) 14회 기출

보건복지부장관은 장애인 복지정책의 수립에 필요한 기초 자료로 활용하기 위하여 3년마다 장애실태조사를 실시하여야 한다.

---

2 주요 내용

(1) 권리, 보호, 책임 11회, 16회 기출

① 장애인의 권리 12회 기출

장애인은 장애인 관련 정책결정과정에 우선적으로 참여할 권리가 있다(법 제4조 제3항).

② 중증장애인의 보호

국가와 지방자치단체는 장애 정도가 심하여 자립하기가 매우 곤란한 중증장애인이 필요한 보호 등을 평생 받을 수 있도록 알맞은 정책을 강구하여야 한다(법 제6조).

③ 여성장애인의 권익보호

국가와 지방자치단체는 여성장애인의 권익을 보호하고 사회참여를 확대하기 위하여 기초학습과 직업교육 등 필요한 시책을 강구하여야 한다(법 제7조).

④ 차별금지

누구든지 장애를 이유로 정치·경제·사회·문화 생활의 모든 영역에서 차별을 받지 아니하고, 누구든지 장애를 이유로 정치·경제·사회·문화 생활의 모든 영역에서 장애인을 차별하여서는 아니 된다(법 제8조 제1항).

⑤ **국가와 지방자치단체의 책임**

국가와 지방자치단체는 장애 발생을 예방하고, 장애의 조기 발견에 대한 국민의 관심을 높이며, 장애인의 자립을 지원하고, 보호가 필요한 장애인을 보호하여 장애인의 복지를 향상시킬 책임을 진다(법 제9조 제1항).

⑥ **국민의 책임**

모든 국민은 장애 발생의 예방과 장애의 조기 발견을 위하여 노력하여야 하며, 장애인의 인격을 존중하고 사회통합의 이념에 기초하여 장애인의 복지향상에 협력하여야 한다(법 제10조).

⑦ **사회적 인식개선**

국가는 초·중등교육법에 따른 학교에서 사용하는 교과용 도서에 장애인에 대한 인식개선을 위한 내용이 포함되도록 하여야 한다(법 제25조 제9항).

⑧ **고용 촉진** 10회 기출

국가와 지방자치단체는 직접 경영하는 사업에 능력과 적성이 맞는 장애인을 고용하도록 노력하여야 하며, 장애인에게 적합한 사업을 경영하는 자에게 장애인의 능력과 적성에 따라 장애인을 고용하도록 권유할 수 있다(법 제46조).

⑨ **장애인학대 및 장애인 대상 성범죄 신고**

누구든지 장애인학대 및 장애인 대상 성범죄를 알게 된 때에는 중앙장애인권익옹호기관 또는 지역장애인권익옹호기관(이하 "장애인권익옹호기관"이라 한다)이나 수사기관에 신고할 수 있다. 법령에 따른 신고의무자는 그 직무상 장애인학대 및 장애인 대상 성범죄를 알게 된 경우에는 지체 없이 장애인권익옹호기관 또는 수사기관에 신고하여야 한다(법 제59조의4 제1항 및 제2항).

⑩ **장애인 거주시설의 서비스 최저기준**

보건복지부장관은 장애인 거주시설에서 제공하여야 하는 서비스의 최저기준을 마련하여야 하며, 장애인복지실시기관은 그 기준이 충족될 수 있도록 필요한 조치를 취하여야 한다(법 제60조의3 제1항).

(2) 장애인의 종류(시행령 제2조) 3회, 8회 기출

① 지체장애인	② 뇌병변장애인
③ 시각장애인	④ 청각장애인
⑤ 언어장애인	⑥ 지적장애인
⑦ 자폐성장애인	⑧ 정신장애인
⑨ 신장장애인	⑩ 심장장애인
⑪ 호흡기장애인	⑫ 간장애인

전문가의 한마디

장애인학대 및 장애인 대상 성범죄 신고의무자는 사회복지전담공무원, 사회복지시설의 장과 그 종사자, 장애인 활동지원인력 및 활동지원기관의 장과 그 종사자, 의료인 및 의료기관의 장 등 매우 다양하며, 그 구체적인 대상자는 장애인복지법 제59조의4 제2항에 명시되어 있습니다.

⑬ 안면장애인   ⑭ 장루 · 요루장애인

⑮ 뇌전증장애인

(3) 장애인 등록

① 장애인 등록 및 등록증 발급(법 제32조)

ⓐ 장애인, 그 법정대리인 또는 대통령령으로 정하는 보호자(이하 "법정대리인 등"이라 한다)는 장애 상태와 그 밖에 보건복지부령이 정하는 사항을 특별자치시장 · 특별자치도지사 · 시장 · 군수 또는 구청장에게 등록하여야 하며, 특별자치시장 · 특별자치도지사 · 시장 · 군수 · 구청장은 등록을 신청한 장애인이 법령에 따른 기준에 맞으면 장애인등록증(이하 "등록증"이라 한다)을 내주어야 한다.

ⓑ 등록증은 양도하거나 대여하지 못하며, 등록증과 비슷한 명칭이나 표시를 사용하여서는 아니 된다.

ⓒ 특별자치시장 · 특별자치도지사 · 시장 · 군수 · 구청장은 장애인 등록 및 장애 상태의 변화에 따른 장애 정도를 조정함에 있어 장애인의 장애 인정과 장애 정도 사정이 적정한지를 확인하기 위하여 필요한 경우 국민연금공단에 장애 정도에 관한 정밀심사를 의뢰할 수 있다(시행령 제20조의2 참조).

② 재외동포 및 외국인의 장애인 등록(법 제32조의2)   15회, 16회, 20회 **기출**

ⓐ 재외동포 및 외국인 중 다음의 어느 하나에 해당하는 사람은 장애인 등록을 할 수 있다.

> • 재외동포의 출입국과 법적 지위에 관한 법률에 따라 국내거소신고를 한 사람
> • 주민등록법에 따라 재외국민으로 주민등록을 한 사람
> • 출입국관리법에 따라 외국인등록을 한 사람으로서 대한민국에 영주할 수 있는 체류자격을 가진 사람
> • 재한외국인 처우 기본법에 따른 결혼이민자
> • 난민법에 따른 난민인정자

ⓑ 국가와 지방자치단체는 ⓐ에 따라 등록한 장애인에 대하여는 예산 등을 고려하여 장애인복지사업의 지원을 제한할 수 있다.

③ 장애인 등록 취소 등(법 제32조의3)

ⓐ 특별자치시장 · 특별자치도지사 · 시장 · 군수 · 구청장은 등록증을 받은 사람(법정대리인 등을 포함)이 다음의 어느 하나에 해당하는 경우에는 장애인 등록을 취소하여야 한다.

> - 사망한 경우
> - 장애의 기준에 맞지 아니하게 된 경우
> - 정당한 사유 없이 보건복지부령으로 정하는 기간 동안 장애 진단 명령 등 필요한 조치를 따르지 아니한 경우
> - 장애인 등록 취소를 신청하는 경우

ⓛ 특별자치시장·특별자치도지사·시장·군수·구청장은 다음의 어느 하나에 해당하는 경우에는 등록증을 받은 사람과 법정대리인 등 및 부정한 방법으로 등록증을 취득한 사람 등에게 등록증의 반환을 명하여야 한다.

> - 장애인 등록이 취소된 경우(단, 장애인이 사망한 경우는 제외)
> - 중복발급 및 양도·대여 등 부정한 방법으로 등록증을 취득한 경우

(4) 복지 조치(법 제34조 내지 제50조) 5회, 10회 기출

① 재활상담 등의 조치
② 장애 유형·장애 정도별 재활 및 자립지원 서비스 제공
③ 산후조리도우미 지원
④ 자녀교육비 지급
⑤ 장애인이 사용하는 자동차 등에 대한 지원
⑥ 장애인 보조견의 훈련·보급 지원
⑦ 사업을 위한 자금 대여
⑧ 매점이나 자동판매기 설치 등의 생업 지원
⑨ 자립훈련비 지급
⑩ 장애인복지시설과 장애인복지단체의 생산품 우선 구매
⑪ 장애인 고용 촉진
⑫ 자격시험 및 채용시험 등에 있어서 장애인 응시자에 대한 편의제공
⑬ 공공시설의 우선 이용
⑭ 장애인복지시설 설치 등을 위한 국유·공유 재산의 우선매각이나 유상·무상 대여
⑮ 장애수당 지급
⑯ 장애아동수당과 보호수당 지급

(5) 장애수당 및 장애아동수당(법 제49조 및 제50조) 9회 기출

① 국가와 지방자치단체는 장애인의 장애 정도와 경제적 수준을 고려하여 장애로 인한 추가적 비용을 보전하게 하기 위하여 장애수당을 지급할 수 있다.

전문가의 한마디

2024년 2월 13일 법 개정에 따라 사회보장정보시스템을 이용한 등록증의 진위 또는 유효 여부 확인이 가능해짐으로써 장애인이 사망한 경우 등록증의 반환명령이 불필요하게 되었습니다.

전문가의 한마디

장애인복지법 제39조에 따른 '장애인이 사용하는 자동차 등에 대한 지원'의 내용에는 조세 감면(자동차세 감면), 장애인사용자동차 등 표지의 발급 등이 포함됩니다.

제8영역

② 국민기초생활보장법에 따른 생계급여 또는 의료급여를 받는 장애인에게는 장애수당을 반드시 지급하여야 한다.

③ 장애인연금법에 따른 중증장애인에게는 장애수당을 지급하지 아니한다.

④ 국가와 지방자치단체는 장애아동에게 보호자의 경제적 생활수준 및 장애아동의 장애 정도를 고려하여 장애로 인한 추가적 비용을 보전하게 하기 위하여 장애아동수당을 지급할 수 있다.

(6) 장애인복지시설

① 장애인복지시설의 종류(법 제58조 및 시행령 제36조) 5회 기출

장애인 거주시설	거주공간을 활용하여 일반가정에서 생활하기 어려운 장애인에게 일정 기간 동안 거주·요양·지원 등의 서비스를 제공하는 동시에 지역사회생활을 지원하는 시설
장애인 지역사회재활시설	장애인을 전문적으로 상담·치료·훈련하거나 장애인의 일상생활, 여가활동 및 사회참여활동 등을 지원하는 시설
장애인 직업재활시설	일반 작업환경에서는 일하기 어려운 장애인이 특별히 준비된 작업환경에서 직업훈련을 받거나 직업 생활을 할 수 있도록 하는 시설
장애인 의료재활시설	장애인을 입원 또는 통원하게 하여 상담, 진단·판정, 치료 등 의료재활서비스를 제공하는 시설
피해장애인 쉼터	피해장애인의 임시 보호 및 사회복귀를 지원하는 시설
피해장애아동 쉼터	피해장애아동의 임시 보호를 위한 시설
장애인생산품 판매시설	장애인 생산품과 서비스·용역의 판매를 촉진하기 위하여 생산시설 등의 판매활동과 유통 대행 등 다양한 마케팅 활동을 지원하는 시설

② 장애인복지시설의 설치(법 제59조)

㉠ 국가와 지방자치단체는 장애인복지시설을 설치할 수 있다.

㉡ 국가와 지방자치단체 외의 자가 장애인복지시설을 설치·운영하려면 해당 시설 소재지 관할 시장·군수·구청장에게 신고하여야 한다.

㉢ 폐쇄 명령을 받고 1년이 지나지 아니한 자는 시설의 설치·운영 신고를 할 수 없다.

심화연구실

장애인고용촉진 및 직업재활법(법 제9조)상 장애인 직업재활 실시기관 9회 기출

- 장애인 등에 대한 특수교육법에 따른 특수교육기관
- 장애인복지법에 따른 장애인 지역사회재활시설
- 장애인복지법에 따른 장애인 직업재활시설
- 장애인복지법에 따른 장애인복지단체
- 국민평생직업능력개발법(구 근로자직업능력개발법)에 따른 직업능력개발훈련시설 등

③ **장애인복지시설의 개선, 사업의 정지, 폐쇄 등**
- ㉠ 장애인복지실시기관은 장애인복지시설이 다음의 어느 하나에 해당하는 때에는 그 시설의 개선, 사업의 정지, 시설의 장의 교체를 명하거나 해당 시설의 폐쇄를 명할 수 있다(법 제62조 제1항).

> - 시설기준에 미치지 못한 때
> - 정당한 사유 없이 보고를 하지 아니하거나 거짓으로 보고한 때 또는 조사·검사 및 질문을 거부·방해하거나 기피한 때
> - 사회복지법인이나 비영리법인이 설치·운영하는 시설인 경우 그 사회복지법인이나 비영리법인의 설립 허가가 취소된 때
> - 시설의 회계 부정이나 시설이용자에 대한 인권침해 등 불법행위, 그 밖의 부당행위 등이 발견된 때
> - 설치 목적을 이루었거나 그 밖의 사유로 계속하여 운영할 필요가 없다고 인정되는 때
> - 장애인복지시설에서 성폭력범죄 또는 학대관련범죄가 발생한 때
> - 이 법 또는 이 법에 따른 명령이나 처분을 위반한 경우

- ㉡ 장애인복지실시기관은 장애인복지시설의 폐쇄 명령을 하려면 청문을 하여야 한다(법 제83조의2).

(7) 장애인정책조정위원회

① **위원회의 설치(법 제11조 제1항)**
장애인 종합정책을 수립하고 관계 부처 간의 의견을 조정하며 그 정책의 이행을 감독·평가하기 위하여 국무총리 소속하에 장애인정책조정위원회를 둔다.

② **위원회의 구성(시행령 제3조)**
- ㉠ 위원장 및 부위원장 각 1명을 포함한 30명 이내의 위원으로 구성하며, 위원장은 국무총리가 되고, 부위원장은 보건복지부장관이 된다.
- ㉡ 위원은 당연직 위원과 위촉위원으로 구분하며, 위촉위원은 장애인 관련 단체의 장이나 장애인 문제에 관한 학식과 경험이 풍부한 자 중에서 위원장이 위촉한다. 이때 위촉위원 중 2분의 1 이상은 장애인으로 한다.

(8) 장애인정책책임관

① **장애인정책책임관의 지정(법 제12조 제1항)**
중앙행정기관의 장은 해당 기관의 장애인정책을 효율적으로 수립·시행하기 위하여 소속공무원 중에서 장애인정책책임관을 지정할 수 있다.

② **장애인정책책임관의 임무(시행령 제11조 제2항)**
- ㉠ 장애인정책 추진계획의 수립에 관한 사항
- ㉡ 장애인정책 추진상황의 점검 및 평가에 관한 사항

        ⓒ 장애인정책 추진 관련 대외협력 업무

        ⓔ 그 밖에 장애인의 권익증진과 장애인에 대한 사회적 인식 개선을 위한 사항으로서 중앙행정기관의 장이 정하는 업무

(9) 한국장애인개발원(법 제29조의2)

① 장애인 관련 조사 · 연구 및 정책개발 · 복지진흥 등을 위하여 한국장애인개발원을 설립한다.

② 한국장애인개발원은 법인으로 한다.

(10) 장애인복지전문인력(시행규칙 제55조)　13회　기출

장애인복지전문인력의 범위는 다음으로 한다.

① 의지 · 보조기 기사

② 언어재활사

③ 장애인재활상담사

④ 한국수어 통역사

⑤ 점역 · 교정사(點譯 · 矯正士)

(11) 장애인복지상담원(법 제33조 및 시행령 제21조)　9회　기출

① 장애인 복지 향상을 위한 상담 및 지원 업무를 맡기기 위하여 시 · 군 · 구에 장애인복지상담원을 둔다.

② 장애인복지상담원은 다음의 어느 하나에 해당하는 사람 중에서 특별자치시장 · 특별자치도지사 · 시장 · 군수 · 구청장이 지방공무원으로 임용한다.

        ⓐ 사회복지사업법에 따른 사회복지사 자격증의 소지자

        ⓑ 초 · 중등교육법에 따른 특수학교의 교사자격증 소지자

        ⓒ 장애인복지 관련 직무 분야에서 근무한 경력이 3년 이상인 사람으로서 해당 지방자치단체의 규칙으로 정하는 임용예정 계급에 상당하는 경력기준에 상응하는 사람

        ⓓ 임용예정 직급과 같은 직급에서 공무원으로 2년 이상 근무한 사람

③ 특별자치시장 · 특별자치도지사 · 시장 · 군수 · 구청장은 해당 지방자치단체의 인력 운용상 부득이한 경우에는 소속 공무원 중 사회복지전담공무원에게 상담원의 직무를 수행하게 할 수 있다.

출제의도 체크

'장애상담치료사'는 장애인복지법령상 장애인복지전문인력에 속하지 않습니다.

▶ 13회 기출

출제의도 체크

장애인복지법령에서는 사회복지전담공무원이 장애인복지상담원을 겸임할 수 있도록 규정하고 있습니다(시행령 제21조).

▶ 9회 기출

(12) 장애인자립생활지원센터(법 제54조) 18회 기출

① 국가와 지방자치단체는 장애인의 자립생활을 실현하기 위하여 장애인자립생활지원 센터를 통하여 필요한 각종 지원서비스를 제공한다.

② 장애인자립생활지원센터의 의사결정, 서비스제공 및 운영 등은 장애인 주도로 이루어 져야 하며, 의사결정기구의 과반수를 장애인으로 구성하여야 한다(시행규칙 제39조 의2 제1항).

(13) 장애인권익옹호기관(법 제59조의11)

① 중앙장애인권익옹호기관

국가는 지역 간의 연계체계를 구축하고 장애인학대를 예방하기 위하여 중앙장애인 권익옹호기관을 설치 · 운영하여야 한다.

② 지역장애인권익옹호기관

학대받은 장애인을 신속히 발견 · 보호 · 치료하고 장애인학대를 예방하기 위하여 지역장애인권익옹호기관을 특별시 · 광역시 · 특별자치시 · 도 · 특별자치도에 둔다.

(14) 금지행위(법 제59조의9)

누구든지 다음의 어느 하나에 해당하는 행위를 하여서는 아니 된다.

① 장애인에게 성적 수치심을 주는 성희롱 · 성폭력 등의 행위

② 장애인의 신체에 폭행을 가하거나 상해를 입히는 행위

③ 장애인을 폭행, 협박, 감금, 그 밖에 정신상 또는 신체상의 자유를 부당하게 구속하 는 수단으로써 장애인의 자유의사에 어긋나는 노동을 강요하는 행위

④ 자신의 보호 · 감독을 받는 장애인을 유기하거나 의식주를 포함한 기본적 보호 및 치료를 소홀히 하는 방임행위

⑤ 장애인에게 구걸을 하게 하거나 장애인을 이용하여 구걸하는 행위

⑥ 장애인을 체포 또는 감금하는 행위

⑦ 장애인의 정신건강 및 발달에 해를 끼치는 정서적 학대행위

⑧ 장애인을 위하여 증여 또는 급여된 금품을 그 목적 외의 용도에 사용하는 행위

⑨ 공중의 오락 또는 흥행을 목적으로 장애인의 건강 또는 안전에 유해한 곡예를 시키 는 행위

출제의도 체크

'장애인자립생활지원센터'는 「장애인복지법」에 근거하여 설치하는 전문기관인 반면, '발달장애인지원센터'는 「발달장애인 권리보장 및 지원에 관한 법률」에 근거하여 설치하는 전문기관에 해당합니다.

▶ 18회 기출

전문가의 한마디

장애인의 신체에 폭행을 가한 사람은 '5년 이하의 징역 또는 5천만 원 이하의 벌금', 장애인의 신체에 상해를 입힌 사람은 '7년 이하의 징역 또는 7천만 원 이하의 벌금'에 처해집니다.

05절 그 밖의 사회서비스법

> **참고**
>
> 이 절에서는 지면관계상 앞서 다루지 않은 사회서비스법 중 사회복지사 시험에 출제된 내용이나 반드시 알아두어야 할 내용만을 다루었으므로, 보다 자세한 내용은 법제처(www.law.go.kr) 등을 살펴보시기 바랍니다.

1 한부모가족지원법

(1) 목적 및 정의

① 목적(법 제1조)

한부모가족이 안정적인 가족 기능을 유지하고 자립할 수 있도록 지원함으로써 한부모가족의 생활 안정과 복지 증진에 이바지한다.

② 정의(법 제4조 및 시행규칙 제2조) 10회, 14회, 19회, 22회 **기출**

㉠ 모 또는 부 : 다음의 어느 하나에 해당하는 자로서 아동인 자녀를 양육하는 자를 말한다.

> - 배우자와 사별 또는 이혼하거나 배우자로부터 유기된 자
> - 정신이나 신체의 장애로 장기간 노동능력을 상실한 배우자를 가진 자
> - 교정시설 · 치료감호시설에 입소한 배우자 또는 병역복무 중인 배우자를 가진 사람
> - 미혼자(사실혼 관계에 있는 자는 제외)
> - 배우자의 생사가 분명하지 아니한 자
> - 배우자 또는 배우자 가족과의 불화 등으로 인하여 가출한 자

㉡ 청소년 한부모 : 24세 이하의 모 또는 부를 말한다.

㉢ 한부모가족 : 모자가족 또는 부자가족을 말한다.

㉣ 모자가족 : 모가 세대주(세대주가 아니더라도 세대원을 사실상 부양하는 자를 포함)인 가족을 말한다.

㉤ 부자가족 : 부가 세대주(세대주가 아니더라도 세대원을 사실상 부양하는 자를 포함)인 가족을 말한다.

㉥ 아동 : 18세 미만(취학 중인 경우에는 22세 미만을 말하되, 병역법에 따른 병역의무를 이행하고 취학 중인 경우에는 병역의무를 이행한 기간을 가산한 연령 미만)의 자를 말한다.

전문가의 한마디

한부모가족지원법의 소관부처는 여성가족부이나, 윤석열 정부의 향후 조직개편 방향에 따라 변경될 수 있습니다.

전문가의 한마디

미혼자 중 사실혼 관계에 있는 자를 모 또는 부의 범위에서 제외하는 이유는 미혼자라도 사실혼 관계이므로 모 또는 부 혼자서 자녀를 양육하는 경우에 해당한다고 볼 수 없기 때문입니다.

전문가의 한마디

아동복지법 및 한부모가족지원법에서는 아동의 기준연령을 '18세 미만'으로 규정하고 있습니다.

(2) 실태조사 및 보호대상자 조사

① 실태조사(법 제6조) 17회 기출

여성가족부장관은 한부모가족 지원을 위한 정책수립에 활용하기 위하여 3년마다 한부모가족에 대한 실태조사를 실시하고 그 결과를 공표하여야 한다.

② 지원대상자 조사(법 제10조)

특별자치시장·특별자치도지사·시장·군수·구청장은 매년 1회 이상 관할구역 지원대상자의 가족상황, 생활실태 등을 조사하여야 한다.

출제의도 체크

한부모가족지원법상 한부모가족 실태조사는 여성가족부장관이 3년마다 실시합니다.

▶ 17회 기출

(3) 복지 급여의 실시와 복지 자금의 대여 20회 기출

① 지원대상자 또는 그 친족이나 그 밖의 이해관계인은 복지 급여를 관할 특별자치시장·특별자치도지사·시장·군수·구청장에게 신청할 수 있다(법 제11조 제1항).

② 국가나 지방자치단체는 법령에 따른 복지 급여의 신청이 있으면 다음의 복지 급여를 실시하여야 한다(법 제12조 제1항).

- 생계비
- 아동교육지원비
- 아동양육비
- 그 밖에 대통령령으로 정하는 비용

③ 이 법에 따른 지원대상자가 국민기초생활보장법 등 다른 법령에 따라 지원을 받고 있는 경우에는 그 범위에서 이 법에 따른 급여를 하지 아니한다. 다만, 아동양육비는 지급할 수 있다(법 제12조 제2항).

④ 국가나 지방자치단체는 한부모가족의 생활안정과 자립을 촉진하기 위하여 사업에 필요한 자금, 아동교육비, 의료비, 주택자금, 그 밖에 대통령령으로 정하는 한부모가족의 복지를 위하여 필요한 자금을 대여할 수 있다(법 제13조 제1항).

⑤ 지원대상자 또는 그 친족이나 그 밖의 이해관계인은 이 법에 따른 복지 급여 등에 대하여 이의가 있으면 그 결정을 통지받은 날부터 90일 이내에 서면으로 해당 복지 실시기관에 심사를 청구할 수 있다(법 제28조 제1항).

전문가의 한마디

복지 급여를 신청할 수 있는 이해관계인은 한부모가족복지시설의 종사자, 사회복지전담공무원, 지원대상자의 자녀가 재학하는 학교의 교사를 말합니다(시행령 제12조 제1항).

출제의도 체크

한부모가족지원법상 '아동양육비'는 복지 급여의 항목인 반면, '아동교육비'는 대여 가능한 복지 자금의 항목에 해당합니다.

▶ 20회 기출

(4) 그 밖의 복지 조치(법 제14조 내지 제18조의2)

① 고용의 촉진(직업능력개발훈련, 직업의 알선 등)

② 공공시설에 매점 및 시설 설치

③ 공공시설의 우선이용

④ 가족지원서비스

⑤ 청소년 한부모에 대한 교육지원

바로암기 O X

여성가족부장관은 청소년 한부모가 학업을 계속할 수 있도록 교육부장관에게 협조를 요청하여야 한다?

(   )

정답 O

⑥ 자녀양육비 이행지원

⑦ 청소년 한부모의 자립지원

⑧ 청소년 한부모의 건강진단

⑨ 미혼모 등의 건강관리 등 지원

⑩ 아동 · 청소년 보육 · 교육

⑪ 국민주택의 분양 및 임대

⑫ 한부모가족 상담전화의 설치

심화연구실

가족지원서비스의 종류(법 제17조 및 시행령 제17조의2) 9회 `기출`

- 아동의 양육 및 교육 서비스
- 장애인, 노인, 만성질환자 등의 부양 서비스
- 취사, 청소, 세탁 등 가사 서비스
- 교육 · 상담 등 가족 관계 증진 서비스
- 인지청구 및 자녀양육비 청구 등을 위한 법률상담, 소송대리 등 법률구조서비스
- 한부모가족에 대한 상담 · 심리치료

(5) 한부모가족복지시설

① 한부모가족복지시설의 종류(법 제19조) 6회, 11회, 21회 `기출`

출산지원시설	한부모가족지원법에 따른 '모', 혼인 관계에 있지 아니한 자로서 출산 전 임신부 혹은 출산 후 해당 아동을 양육하지 아니하는 모의 임신 · 출산 및 그 출산 아동(3세 미만에 한정)의 양육을 위하여 주거 등을 지원하는 시설
양육지원시설	6세 미만 자녀를 동반한 한부모가족에게 자녀를 양육할 수 있도록 주거 등을 지원하는 시설
생활지원시설	18세 미만(취학 중인 경우에는 22세 미만을 말하되, 병역법에 따른 병역의무를 이행하고 취학 중인 경우에는 병역의무를 이행한 기간을 가산한 연령 미만) 자녀를 동반한 한부모가족에게 자립을 준비할 수 있도록 주거 등을 지원하는 시설
일시지원시설	배우자(사실혼 관계에 있는 사람을 포함)가 있으나 배우자의 물리적 · 정신적 학대로 아동의 건전한 양육이나 모 또는 부의 건강에 지장을 초래할 우려가 있을 경우 일시적 또는 일정 기간 동안 모와 아동, 부와 아동, 모 또는 부에게 주거 등을 지원하는 시설
한부모가족 복지상담소	한부모가족에 대한 위기 · 자립 상담 또는 문제해결 지원 등을 목적으로 하는 시설

② 한부모가족복지시설의 설치

  ㉠ 국가나 지방자치단체는 한부모가족복지시설을 설치할 수 있다(법 제20조 제1항).

  ㉡ 국가나 지방자치단체 외의 자가 한부모가족복지시설을 설치 · 운영하려면 특별자치시장 · 특별자치도지사 · 시장 · 군수 · 구청장에게 신고하여야 한다(법 제20조 제3항).

③ 한부모가족복지시설의 폐지 · 휴지 · 폐쇄

  ㉠ 한부모가족복지시설의 설치 신고를 한 자가 그 시설의 폐지, 일시적 운영중단 또는 운영재개를 하려면 여성가족부령으로 정하는 바에 따라 미리 특별자치시장 · 특별자치도지사 · 시장 · 군수 · 구청장에게 신고하여야 한다(법 제21조 제1항).

  ㉡ 한부모가족복지시설을 설치 · 운영하는 자는 특별시장 · 광역시장 · 특별자치시장 · 도지사 · 특별자치도지사 또는 시장 · 군수 · 구청장으로부터 한부모가족복지시설에 한부모가족을 입소하도록 위탁받으면 정당한 사유 없이 이를 거부하지 못한다(법 제22조).

  ㉢ 특별자치시장 · 특별자치도지사 · 시장 · 군수 · 구청장은 한부모가족복지시설이 시설 기준에 미달하게 된 경우, ㉡의 수탁의무 규정을 위반한 경우, 정당한 이유 없이 보고를 하지 아니하거나 거짓으로 한 경우 또는 조사 · 검사를 거부하거나 기피한 경우 그 사업의 정지나 폐지를 명하거나 시설을 폐쇄할 수 있다(법 제24조 제1항).

  ㉣ 특별자치시장 · 특별자치도지사 · 시장 · 군수 · 구청장은 사업의 폐지를 명하거나 시설을 폐쇄하려면 청문을 하여야 한다(법 제24조의2).

2 다문화가족지원법

(1) 목적 및 정의

① 목적(법 제1조)

  다문화가족 구성원이 안정적인 가족생활을 영위하고 사회구성원으로서의 역할과 책임을 다할 수 있도록 함으로써 이들의 삶의 질 향상과 사회통합에 이바지한다.

② 정의(법 제2조) 18회 기출

  ㉠ 다문화가족 : 다음의 어느 하나에 해당하는 가족을 말한다.

  > • 재한외국인 처우 기본법에 따른 결혼이민자와 국적법에 따라 출생, 인지, 귀화에 의해 대한민국 국적을 취득한 자로 이루어진 가족
  > • 인지, 귀화에 의해 대한민국 국적을 취득한 자와 출생, 인지, 귀화에 따라 대한민국 국적을 취득한 자로 이루어진 가족

전문가의 한마디

한부모가족복지시설을 폐지 또는 운영중단(1년 이내)하거나 운영을 재개하려는 자는 폐지 · 운영중단 · 재개 3개월 전까지 한부모가족복지시설 폐지(운영중단 · 재개)신고서와 법령에 따른 첨부서류를 특별자치시장 · 특별자치도지사 · 시장 · 군수 · 구청장에게 제출하여야 하며, 이를 시설종사자 및 입소자에게 알려주어야 합니다(시행규칙 제11조 제1항).

전문가의 한마디

「재한외국인 처우 기본법」에 따른 '결혼이민자'란 대한민국 국민과 혼인한 적이 있거나 혼인관계에 있는 사람으로서, 대한민국의 국적을 가지고 있지 않지만 대한민국에 거주할 목적을 가지고 합법적으로 체류하고 있는 사람을 말합니다.

ⓒ 결혼이민자 등 : 다문화가족의 구성원으로서 다음의 어느 하나에 해당하는 자를 말한다.

> • 재한외국인 처우 기본법에 따른 결혼이민자
> • 국적법에 따라 귀화허가를 받은 자

ⓒ 아동 · 청소년 : 24세 이하인 사람을 말한다.

(2) 국가와 지방자치단체의 책무(법 제3조) 16회 기출

① 국가와 지방자치단체는 다문화가족 구성원이 안정적인 가족생활을 영위하고 경제 · 사회 · 문화 등 각 분야에서 사회구성원으로서의 역할과 책임을 다할 수 있도록 필요한 제도와 여건을 조성하고 이를 위한 시책을 수립 · 시행하여야 한다.

② 특별시 · 광역시 · 특별자치시 · 도 · 특별자치도 및 시 · 군 · 구에는 다문화가족 지원을 담당할 기구와 공무원을 두어야 한다.

(3) 실태조사 등(법 제4조) 15회 기출

① 여성가족부장관은 다문화가족의 현황 및 실태를 파악하고 다문화가족 지원을 위한 정책수립에 활용하기 위하여 3년마다 다문화가족에 대한 실태조사를 실시하고 그 결과를 공표하여야 한다.

② 여성가족부장관은 실태조사를 실시함에 있어서 외국인정책 관련 사항에 대하여는 법무부장관과, 다문화가족 구성원인 아동 · 청소년의 교육현황 및 아동 · 청소년의 다문화가족에 대한 인식 등에 관한 사항에 대하여는 교육부장관과 협의를 거쳐 실시한다.

(4) 다문화가족 지원을 위한 기본계획의 수립(법 제3조의2) 10회 기출

① 여성가족부장관은 다문화가족 지원을 위하여 5년마다 다문화가족정책에 관한 기본계획을 수립하여야 한다.

② 기본계획에는 다음의 사항을 포함하여야 한다.

ㄱ 다문화가족 지원 정책의 기본 방향

ㄴ 다문화가족 지원을 위한 분야별 발전시책과 평가에 관한 사항

ㄷ 다문화가족 지원을 위한 제도 개선에 관한 사항

ㄹ 다문화가족 구성원의 경제 · 사회 · 문화 등 각 분야에서 활동 증진에 관한 사항

ㅁ 다문화가족 지원을 위한 재원 확보 및 배분에 관한 사항

ㅂ 그 밖에 다문화가족 지원을 위하여 필요한 사항

전문가의 한마디

한부모가족지원법상 '한부모가족 실태조사'와 다문화가족지원법상 '다문화가족 실태조사'는 여성가족부장관이 3년마다 실시합니다.

③ 여성가족부장관은 기본계획을 수립할 때에는 미리 관계 중앙행정기관의 장과 협의 하여야 한다.

④ 기본계획은 다문화가족정책위원회의 심의를 거쳐 확정한다.

(5) 다문화가족정책위원회의 설치(법 제3조의4)

① 다문화가족의 삶의 질 향상과 사회통합에 관한 중요 사항을 심의·조정하기 위하여 국무총리 소속으로 다문화가족정책위원회(이하 "정책위원회"라 한다)를 둔다.

② 정책위원회는 위원장 1명을 포함한 20명 이내의 위원으로 구성하고, 위원장은 국무 총리가 된다.

(6) 다문화가족지원의 내용(법 제5조 내지 제12조) 11회 기출

① 다문화가족에 대한 이해증진

② 생활정보 제공 및 교육 지원

③ 평등한 가족관계의 유지를 위한 조치

④ 가정폭력 피해자에 대한 보호·지원

⑤ 의료 및 건강관리를 위한 지원

⑥ 아동·청소년 보육·교육

⑦ 다국어에 의한 서비스 제공

⑧ 다문화가족 종합정보 전화센터의 설치·운영

⑨ 다문화가족지원센터의 설치·운영 등

(7) 적용 특례 등

① 사실혼 배우자 및 자녀의 처우(법 제14조)

다문화가족지원의 내용(법 제5조 내지 제12조)에 관한 규정은 대한민국 국민과 사실 혼 관계에서 출생한 자녀를 양육하고 있는 다문화가족 구성원에 대하여 준용한다.

② 다문화가족 자녀에 대한 적용 특례(법 제14조의2)

다문화가족이 이혼 등의 사유로 해체된 경우에도 그 구성원이었던 자녀에 대하여는 이 법을 적용한다.

출제의도 체크

여성가족부장관이 다문화가족 지원을 위한 기본계획을 수립 할 때 협의하여야 할 대상은 '지방자치단체의 장'이 아닌 '관 계 중앙행정기관의 장'입니다.

▶ 10회 기출

출제의도 체크

다문화가족지원법에는 다국어 에 의한 서비스 제공 규정(법 제11조)이 마련되어 있습니다.

▶ 11회 기출

3 성폭력방지 및 피해자보호 등에 관한 법률

(1) 목적 및 정의

① 목적(법 제1조)

성폭력을 예방하고 성폭력피해자를 보호 · 지원함으로써 인권증진에 이바지한다.

② 정의(법 제2조)

㉠ 성폭력 : 성폭력범죄의 처벌 등에 관한 특례법에 따른 성폭력범죄에 해당하는 행위를 말한다.

㉡ 성폭력행위자 : 성폭력범죄의 처벌 등에 관한 특례법에 따른 성폭력범죄를 범한 사람을 말한다.

㉢ 성폭력피해자 : 성폭력으로 인하여 직접적으로 피해를 입은 사람을 말한다.

(2) 성폭력 실태조사(법 제4조)

여성가족부장관은 성폭력의 실태를 파악하고 성폭력 방지에 관한 정책을 수립하기 위하여 3년마다 성폭력 실태조사를 하고 그 결과를 발표하여야 한다.

(3) 피해자 등에 대한 지원 및 불이익조치의 금지

① 피해자 등에 대한 취학 및 취업 지원(법 제7조 제1항)

국가와 지방자치단체는 피해자나 피해자의 가족구성원(이하 "피해자 등"이라 한다)이 초 · 중등교육법에 따른 각급학교의 학생인 경우 주소지 외의 지역에서 취학(입학, 재입학, 전학 및 편입학을 포함)할 필요가 있을 때에는 그 취학이 원활히 이루어지도록 지원하여야 한다.

② 피해자에 대한 법률상담(법 제7조의2 제1항)

국가는 피해자에 대하여 법률상담과 소송대리 등의 지원을 할 수 있다.

③ 불법촬영물 등으로 인한 피해자에 대한 지원(법 제7조의3 제1항)

국가는 성폭력범죄의 처벌 등에 관한 특례법이나 아동 · 청소년의 성보호에 관한 법률에 따른 촬영물 또는 복제물 등이 정보통신망에 유포되어 피해를 입은 사람에 대하여 촬영물 등의 삭제를 위한 지원을 할 수 있다.

④ 피해자 등에 대한 불이익조치의 금지(법 제8조 참조)

누구든지 피해자 또는 성폭력 발생 사실을 신고한 자를 고용하고 있는 자는 성폭력과 관련하여 피해자 또는 성폭력 발생 사실을 신고한 자에게 파면, 해임, 해고, 그밖에 신분상실에 해당하는 불이익조치나 징계, 정직, 감봉, 강등, 승진 제한, 그 밖의 부당한 인사조치 등 법령에 따른 불이익조치를 하여서는 아니 된다.

전문가의 한마디

2021년 1월 12일 법 개정에 따라 삭제를 위한 지원을 할 수 있는 촬영물 등의 범위가 확대되어 아동 · 청소년성착취물 또한 삭제를 위한 지원대상에 포함되었습니다.

(4) 성폭력피해상담소

① 상담소의 설치 · 운영(법 제10조)

㉠ 국가 또는 지방자치단체는 성폭력피해상담소(이하 "상담소"라 한다)를 설치 · 운영할 수 있다.

㉡ 국가 또는 지방자치단체 외의 자가 상담소를 설치 · 운영하려면 특별자치시장 · 특별자치도지사 또는 시장 · 군수 · 구청장에게 신고하여야 한다.

② 상담소의 업무(법 제11조) 19회 기출

㉠ 성폭력피해의 신고접수와 이에 관한 상담

㉡ 성폭력피해로 인하여 정상적인 가정생활 또는 사회생활이 곤란하거나 그 밖의 사정으로 긴급히 보호할 필요가 있는 사람과 성폭력피해자보호시설 등의 연계

㉢ 피해자 등의 질병치료와 건강관리를 위하여 의료기관에 인도하는 등 의료 지원

㉣ 피해자에 대한 수사기관의 조사와 법원의 증인신문 등에의 동행

㉤ 성폭력행위자에 대한 고소와 피해배상청구 등 사법처리 절차에 관하여 대한법률구조공단 등 관계 기관에 필요한 협조 및 지원 요청

㉥ 성폭력 예방을 위한 홍보 및 교육

㉦ 그 밖에 성폭력 및 성폭력피해에 관한 조사 · 연구

(5) 성폭력피해자보호시설

① 보호시설의 설치 · 운영(법 제12조 제1항 및 제2항)

㉠ 국가 또는 지방자치단체는 성폭력피해자보호시설(이하 "보호시설"이라 한다)을 설치 · 운영할 수 있다.

㉡ 사회복지사업법에 따른 사회복지법인이나 그 밖의 비영리법인은 특별자치시장 · 특별자치도지사 또는 시장 · 군수 · 구청장의 인가를 받아 보호시설을 설치 · 운영할 수 있다.

② 보호시설의 종류 및 입소기간(법 제12조 제3항 및 제16조 제1항) 18회 기출

일반보호시설	1년 이내(단, 1년 6개월의 범위에서 한 차례 연장 가능)
장애인보호시설	2년 이내(단, 피해회복에 소요되는 기간까지 연장 가능)
특별지원 보호시설	19세가 될 때까지(단, 2년의 범위에서 한 차례 연장 가능)
외국인보호시설	1년 이내(단, 피해회복에 소요되는 기간까지 연장 가능)
자립지원 공동생활시설	2년 이내(단, 2년의 범위에서 한 차례 연장 가능)
장애인 자립지원 공동생활시설	2년 이내(단, 2년의 범위에서 한 차례 연장 가능)

③ 보호시설의 업무(법 제13조 제1항)

ㄱ 피해자 등의 보호 및 숙식 제공

ㄴ 피해자 등의 심리적 안정과 사회 적응을 위한 상담 및 치료

ㄷ 자립 · 자활 교육의 실시와 취업정보의 제공

ㄹ 피해자 등의 질병치료와 건강관리를 위하여 의료기관에 인도하는 등 의료 지원

ㅁ 피해자에 대한 수사기관의 조사와 법원의 증인신문 등에의 동행

ㅂ 성폭력행위자에 대한 고소와 피해배상청구 등 사법처리 절차에 관하여 대한법률 구조공단 등 관계 기관에 필요한 협조 및 지원 요청

ㅅ 다른 법률에 따라 보호시설에 위탁된 업무

ㅇ 그 밖에 피해자 등을 보호하기 위하여 필요한 업무

(6) 성폭력 전담의료기관

① 전담의료기관의 지정 등(법 제27조 제1항)

여성가족부장관, 특별자치시장 · 특별자치도지사 또는 시장 · 군수 · 구청장은 국립 · 공립병원, 보건소 또는 민간의료시설을 피해자 등의 치료를 위한 전담의료기관으로 지정할 수 있다.

② 의료비 지원(법 제28조 제1항) 15회 기출

국가 또는 지방자치단체는 성폭력 전담의료기관의 의료 지원에 필요한 경비의 전부 또는 일부를 지원할 수 있다.

4 가정폭력방지 및 피해자보호 등에 관한 법률

(1) 목적 및 정의

① 목적(법 제1조)

가정폭력을 예방하고 가정폭력의 피해자를 보호 · 지원한다.

② 정의(법 제2조)

ㄱ 가정폭력 : 가정폭력범죄의 처벌 등에 관한 특례법에 따라 가정구성원 사이의 신체적, 정신적 또는 재산상 피해를 수반하는 행위를 말한다.

ㄴ 가정폭력행위자 : 가정폭력범죄를 범한 사람 및 가정구성원인 공범을 말한다.

ㄷ 피해자 : 가정폭력으로 인하여 직접적으로 피해를 입은 자를 말한다.

ㄹ 아동 : 18세 미만인 자를 말한다.

(2) 가정폭력 실태조사(법 제4조의2) 18회 기출

여성가족부장관은 3년마다 가정폭력에 대한 실태조사를 실시하여 그 결과를 발표하고, 이를 가정폭력을 예방하기 위한 정책수립의 기초자료로 활용하여야 한다.

(3) 긴급전화센터(법 제4조의6)

① 긴급전화센터의 설치 · 운영

여성가족부장관 또는 특별시장 · 광역시장 · 특별자치시장 · 도지사 · 특별자치도지사(이하 "시 · 도지사"라 한다)는 긴급전화센터를 설치 · 운영하여야 한다. 이 경우 외국어 서비스를 제공하는 긴급전화센터를 따로 설치 · 운영할 수 있다.

② 긴급전화센터의 업무 16회 기출

- ㉠ 피해자의 신고접수 및 상담
- ㉡ 관련 기관 · 시설과의 연계
- ㉢ 피해자에 대한 긴급한 구조의 지원
- ㉣ 경찰관서 등으로부터 인도받은 피해자 및 피해자가 동반한 가정구성원(이하 "피해자 등"이라 한다)의 임시 보호

(4) 가정폭력 관련 상담소 8회 기출

① 상담소의 설치 · 운영(법 제5조)

- ㉠ 국가나 지방자치단체는 가정폭력 관련 상담소(이하 "상담소"라 한다)를 설치 · 운영할 수 있다.
- ㉡ 국가나 지방자치단체 외의 자가 상담소를 설치 · 운영하려면 특별자치시장 · 특별자치도지사 · 시장 · 군수 · 구청장(이하 "시장 · 군수 · 구청장"이라 한다)에게 신고하여야 한다.
- ㉢ 상담소는 외국인, 장애인 등 대상별로 특화하여 운영할 수 있다.

② 상담소의 업무(법 제6조)

- ㉠ 가정폭력을 신고받거나 이에 관한 상담에 응하는 일
- ㉡ 가정폭력을 신고하거나 이에 관한 상담을 요청한 사람과 그 가족에 대한 상담
- ㉢ 가정폭력으로 정상적인 가정생활과 사회생활이 어렵거나 그 밖에 긴급히 보호를 필요로 하는 피해자 등을 임시로 보호하거나 의료기관 또는 가정폭력피해자 보호시설로 인도하는 일
- ㉣ 행위자에 대한 고발 등 법률적 사항에 관하여 자문하기 위한 대한변호사협회 또는 지방변호사회 및 법률 구조법인 등에 대한 필요한 협조와 지원의 요청
- ㉤ 경찰관서 등으로부터 인도받은 피해자 등의 임시 보호

전문가의 한마디

성폭력방지 및 피해자보호 등에 관한 법률상 '성폭력 실태조사'와 가정폭력방지 및 피해자보호 등에 관한 법률상 '가정폭력 실태조사'는 여성가족부장관이 3년마다 실시합니다.

출제의도 체크

'가정폭력관련 법률자문 및 가해자조사'는 가정폭력방지 및 피해자보호 등에 관한 법률상 긴급전화센터의 업무에 해당하지 않습니다.

▶ 16회 기출

ⓗ 가정폭력의 예방과 방지에 관한 교육 및 홍보

ⓢ 그 밖에 가정폭력과 그 피해에 관한 조사 · 연구

(5) 가정폭력피해자 보호시설 13회 기출

① 보호시설의 설치 · 운영(법 제7조)

ⓐ 국가나 지방자치단체는 가정폭력피해자 보호시설(이하 "보호시설"이라 한다)을 설치 · 운영할 수 있다.

ⓑ 사회복지사업법에 따른 사회복지법인과 그 밖의 비영리법인은 시장 · 군수 · 구청장의 인가를 받아 보호시설을 설치 · 운영할 수 있다.

ⓒ 보호시설에는 상담원을 두어야 하고, 보호시설의 규모에 따라 생활지도원, 취사원, 관리원 등의 종사자를 둘 수 있다.

② 보호시설의 종류 및 입소기간(법 제7조의2) 12회, 15회 기출

단기보호시설	피해자 등을 6개월의 범위에서 보호하는 시설 (단, 각 3개월의 범위에서 두 차례 연장 가능)
장기보호시설	피해자 등에 대하여 2년의 범위에서 자립을 위한 주거편의 등을 제공하는 시설
외국인보호시설	외국인 피해자 등을 2년의 범위에서 보호하는 시설
장애인보호시설	장애인복지법의 적용을 받는 장애인인 피해자 등을 2년의 범위에서 보호하는 시설

③ 보호시설의 업무(법 제8조 제1항)

ⓐ 숙식의 제공

ⓑ 심리적 안정과 사회적응을 위한 상담 및 치료

ⓒ 질병치료와 건강관리(입소 후 1개월 이내의 건강검진을 포함)를 위한 의료기관에의 인도 등 의료지원

ⓓ 수사 · 재판과정에 필요한 지원 및 서비스 연계

ⓔ 법률구조기관 등에 필요한 협조와 지원의 요청

ⓕ 자립자활교육의 실시와 취업정보의 제공

ⓖ 다른 법률에 따라 보호시설에 위탁된 사항

ⓗ 그 밖에 피해자 등의 보호를 위하여 필요한 일

출제의도 체크

국가나 지방자치단체는 가정폭력 관련 상담소나 가정폭력피해자 보호시설의 설치 · 운영에 드는 경비의 일부를 보조할 수 있습니다. 다만, 이는 강제조항("～하여야 한다")에 해당하지 않습니다(법 제13조 제1항).

▶ 17회 기출

전문가의 한마디

2020년 6월 9일 법 개정에 따라 외국인보호시설의 입소대상자가 확대되어 배우자가 대한민국 국민이 아닌 외국인 가정폭력 피해자도 외국인보호시설에 입소할 수 있게 되었습니다.

제8영역 | 적중문제 다잡기

CHAPTER 01 사회복지법제 총론

15회 기출

01 우리나라 사회복지법에 관한 설명으로 옳지 않은 것은?

① 헌법상의 생존권을 구체적으로 실현하기 위한 법이 사회복지법이다.
② 사회복지법은 단일 법전 형식이 아니라 개별법 체계로 구성되어 있다.
③ 최저임금법은 실질적 의미의 사회복지법에 포함된다.
④ 사회복지법은 사회법으로서 과실 책임의 원칙에 기초하고 있다.
⑤ 사회복지법에는 공법과 사법의 요소들이 공존하고 있다.

〔 해설 〕 ④ 사회복지법은 생존권 보장을 이념으로 하는 사회법으로서, 근대시민법의 한계를 극복하기 위하여 출현하였다. 그에 따라 '소유권 절대의 원칙'은 '소유권 상대의 원칙'으로, '계약 자유의 원칙'은 '계약 공정의 원칙'으로, '과실 책임의 원칙'은 '무과실 책임의 원칙'으로 수정되었다.

02 다음 중 사회복지법의 성문법원(成文法源)이 될 수 있는 것을 올바르게 모두 고른 것은?

ㄱ. 부 령	ㄴ. 조 리
ㄷ. 헌법에 의해 체결 · 공포된 조약	ㄹ. 판례법

① ㄱ, ㄴ, ㄷ
② ㄱ, ㄷ
③ ㄴ, ㄹ
④ ㄹ
⑤ ㄱ, ㄴ, ㄷ, ㄹ

〔 해설 〕 **법원(法源)**

성문법원(成文法源)	헌법, 법률, 명령(대통령령 · 총리령 · 부령), 자치법규(조례, 규칙), 국제조약 및 국제법규
불문법원(不文法源)	관습법, 판례법, 조리

03 다음 중 법률의 제정에 대한 헌법의 내용으로 옳은 것은?

① 법률은 국무회의의 의결을 거쳐 대통령이 제정한다.

② 국무회의에서 의결된 법률안은 지체 없이 대통령이 공포한다.

③ 대통령은 법률안의 일부에 대하여 재의를 요구할 수 있다.

④ 대통령이 15일 이내에 공포나 재의의 요구를 하지 아니한 때에도 그 법률안은 법률로서 확정된다.

⑤ 법률은 특별한 규정이 없는 한 공포한 날로부터 15일을 경과함으로써 효력을 발생한다.

〔 해설 〕 ④ 헌법 제53조 제5항

① · ② 국회에서 의결된 법률안은 정부에 이송되어 15일 이내에 대통령이 공포한다(헌법 제53조 제1항).

③ 대통령은 법률안의 일부에 대하여 또는 법률안을 수정하여 재의를 요구할 수 없다(헌법 제53조 제3항).

⑤ 법률은 특별한 규정이 없는 한 공포한 날로부터 20일을 경과함으로써 효력을 발생한다(헌법 제53조 제7항).

16회 기출

04 사회복지법의 체계와 법원(法源)에 관한 설명으로 옳은 것은?

① 시행령은 업무소관 부처의 장관이 발한다.

② 국무총리는 소관사무에 관하여 법률의 위임 또는 직권으로 부령을 발할 수 있다.

③ 지방자치단체는 법령의 범위 안에서 자치에 관한 규정을 제정할 수 있다.

④ 장애인복지법 시행규칙은 지방의회에서 제정한다.

⑤ 국민연금법 시행령보다 국민연금법 시행규칙이 상위의 법규범이다.

〔 해설 〕 ③ 지방자치단체는 주민의 복리에 관한 사무를 처리하고 재산을 관리하며, 법령의 범위 안에서 자치에 관한 규정을 제정할 수 있다(헌법 제117조 제1항).

① '시행령'은 대통령령으로 공포되는 것으로서, 법에서 위임된 사항을 비롯하여 그 시행에 관하여 필요한 사항을 정한 것이다. 행정 각부의 장이 소관사무에 관하여 법률이나 대통령령의 위임 또는 직권으로 발하는 명령은 '부령'에 해당한다.

② 국무총리는 소관사무에 관하여 법률이나 대통령령의 위임 또는 직권으로 총리령을 발할 수 있다.

④ 시행규칙은 부령의 규정형식으로 각 부 장관에 의해 제정된다. 장애인복지법 시행규칙의 경우 보건복지부장관이 제정한다.

⑤ 국민연금법 시행령이 국민연금법 시행규칙보다 상위의 법규범이다.

05 다음 중 자치법규인 조례와 규칙에 관한 헌법과 법률의 내용으로 옳은 것을 모두 고른 것은?

> ㄱ. 지방자치단체는 법령의 범위에서 그 사무에 관하여 조례를 제정할 수 있다.
> ㄴ. 지방자치단체는 법령의 범위 안에서 자치에 관한 규정을 제정할 수 있다.
> ㄷ. 시·군 및 자치구의 조례는 시·도의 조례를 위반해서는 아니 된다.
> ㄹ. 조례에서 주민의 권리 제한에 관한 사항을 정할 때에는 법률의 위임이 있어야 한다.

① ㄱ, ㄴ, ㄷ
② ㄱ, ㄷ
③ ㄴ, ㄹ
④ ㄹ
⑤ ㄱ, ㄴ, ㄷ, ㄹ

[해설] ㄱ·ㄹ. 지방자치단체는 법령의 범위에서 그 사무에 관하여 조례를 제정할 수 있다. 다만, 주민의 권리 제한 또는 의무 부과에 관한 사항이나 벌칙을 정할 때에는 법률의 위임이 있어야 한다(지방자치법 제28조 제1항).
　　　　ㄴ. 지방자치단체는 주민의 복리에 관한 사무를 처리하고 재산을 관리하며, 법령의 범위 안에서 자치에 관한 규정을 제정할 수 있다(헌법 제117조 제1항).
　　　　ㄷ. 시·군 및 자치구의 조례나 규칙은 시·도의 조례나 규칙을 위반해서는 아니 된다(지방자치법 제30조).

06 다음 중 사회복지법령에서 조례로 정하도록 위임하고 있는 사항에 해당하지 않는 것은?

① 사회보장사무 전담기구의 사무 범위, 조직 및 운영 등에 필요한 사항
② 지역사회보장협의체의 조직·운영에 필요한 사항
③ 의료급여법에서 정한 사항 외에 의료급여기금의 관리·운용에 관하여 필요한 사항
④ 장애인에게 공공시설 안의 매점이나 자동판매기 운영을 우선적으로 위탁하는 데 필요한 사항
⑤ 아동복지전담공무원의 임용 등에 필요한 사항

[해설] ④ 장애인에게 공공시설 안의 매점이나 자동판매기 운영을 우선적으로 위탁하는 등의 생업지원에 관한 사항은 장애인복지법령의 규정에 따른다(장애인복지법 제42조 참조).
　　　　① 사회보장사무 전담기구의 사무 범위, 조직 및 운영 등에 필요한 사항은 해당 특별자치시 및 시·군·구의 조례로 정한다(사회보장급여의 이용·제공 및 수급권자 발굴에 관한 법률 제42조 제3항).
　　　　② 법에 규정된 사항 외에 지역사회보장협의체 및 실무협의체의 조직·운영에 필요한 사항은 보건복지부령으로 정하는 바에 따라 해당 시·군·구의 조례로 정한다(동법 제41조 제6항).
　　　　③ 의료급여법에서 정한 사항 외에 의료급여기금의 관리·운용에 관하여 필요한 사항은 보건복지부령으로 정하는 바에 따라 해당 지방자치단체의 조례로 정한다(의료급여법 제26조 제4항).
　　　　⑤ 아동복지전담공무원은 사회복지사업법에 따른 사회복지사의 자격을 가진 사람으로 하고 그 임용 등에 필요한 사항은 해당 시·도 및 시·군·구의 조례로 정한다(아동복지법 제13조 제2항).

21회 기출

07 법률의 제정연도가 빠른 순서대로 옳게 나열된 것은?

> ㄱ. 국민기초생활보장법
> ㄴ. 산업재해보상보험법
> ㄷ. 사회복지사업법
> ㄹ. 고용보험법
> ㅁ. 노인복지법

① ㄱ - ㄴ - ㄷ - ㄹ - ㅁ
② ㄴ - ㄱ - ㅁ - ㄷ - ㄹ
③ ㄴ - ㄷ - ㅁ - ㄹ - ㄱ
④ ㄷ - ㄱ - ㄹ - ㅁ - ㄴ
⑤ ㄷ - ㅁ - ㄴ - ㄹ - ㄱ

[해설] ㄴ. 산업재해보상보험법 : 1963년 11월 5일 제정, 1964년 1월 1일 시행
ㄷ. 사회복지사업법 : 1970년 1월 1일 제정, 1970년 4월 2일 시행
ㅁ. 노인복지법 : 1981년 6월 5일 제정, 같은 날 시행
ㄹ. 고용보험법 : 1993년 12월 27일 제정, 1995년 7월 1일 시행
ㄱ. 국민기초생활보장법 : 1999년 9월 7일 제정, 2000년 10월 1일 시행

17회 기출

08 헌법 규정의 내용 중 사회적 기본권으로 보기 어려운 것은?

① 모든 국민은 신체의 자유를 가진다.
② 모든 국민은 근로의 권리를 가진다.
③ 모든 국민은 인간다운 생활을 할 권리를 가진다.
④ 모든 국민은 능력에 따라 균등하게 교육을 받을 권리를 가진다.
⑤ 모든 국민은 건강하고 쾌적한 환경에서 생활할 권리를 가진다.

[해설] ① "모든 국민은 신체의 자유를 가진다"는 헌법 제12조 제1항의 규정은 자유권적 기본권에 해당한다.

09 다음 중 헌법 제34조에서 규정하고 있지 않은 것은?

① 국가는 사회보장·사회복지의 증진에 노력할 의무를 진다.

② 국가는 여자의 복지와 권익의 향상을 위하여 노력하여야 한다.

③ 국가는 장애인과 근로능력이 없는 모든 국민을 경제적으로 보호할 의무를 진다.

④ 국가는 노인과 청소년의 복지향상을 위한 정책을 실시할 의무를 진다.

⑤ 국가는 재해를 예방하고 그 위험으로부터 국민을 보호하기 위하여 노력하여야 한다.

〔 해설 〕 헌법 제34조(복지권)
- 제1항 : 모든 국민은 인간다운 생활을 할 권리를 가진다.
- 제2항 : 국가는 사회보장·사회복지의 증진에 노력할 의무를 진다.(①)
- 제3항 : 국가는 여자의 복지와 권익의 향상을 위하여 노력하여야 한다.(②)
- 제4항 : 국가는 노인과 청소년의 복지향상을 위한 정책을 실시할 의무를 진다.(④)
- 제5항 : 신체장애자 및 질병·노령 기타의 사유로 생활능력이 없는 국민은 법률이 정하는 바에 의하여 국가의 보호를 받는다.
- 제6항 : 국가는 재해를 예방하고 그 위험으로부터 국민을 보호하기 위하여 노력하여야 한다.(⑤)

10 다음 중 사회보장과 관련한 헌법재판소 결정의 내용으로 옳은 것은?

① 헌법 제34조 제5항의 신체장애자 등에 대한 국가의 보호 의무에서 장애인을 위한 저상버스를 도입하여야 한다는 구체적인 내용의 의무가 발생하는 것은 아니다.

② 국민연금법상 연금보험료의 강제징수는 헌법상 재산권보장에 위배된다.

③ 국민건강보험료 체납으로 인하여 보험급여가 제한되는 기간 중에 발생한 보험료에 대한 강제징수는 건강보험 가입자의 재산권을 침해한다.

④ 국민기초생활보장법령상 수급자 등의 금융자산을 확인할 수 있는 자료의 제출요구는 급여신청자의 평등권을 침해한다.

⑤ 국민연금가입 연령을 18세 이상 60세 미만으로 제한한 것은 헌법상의 행복추구권, 평등권, 인간다운 생활을 할 권리를 박탈한 것이다.

〔 해설 〕 ① 헌법 제34조 제5항의 신체장애자 등에 대한 국가의 보호 의무는 장애인도 인간다운 생활을 누릴 수 있는 정의로운 사회질서를 형성해야 할 국가의 일반적인 의무를 뜻하는 것이지, 장애인을 위하여 저상버스를 도입해야 한다는 구체적 내용의 의무가 헌법으로부터 나오는 것은 아니다(헌재 2002헌마52).

② 국민연금법상 연금보험료의 강제징수는 재산권행사의 사회적 의무성의 한계 내에 있다고 볼 수 있으므로, 조세법률주의나 재산권보장에 위배되지 않는다(헌재 99헌마365).

③ 국민건강보험법에서 보험료 체납 등으로 인한 보험급여의 제한규정은 그 자체로 직접 자유의 제한, 의무의 부과 또는 권리나 법적 지위의 박탈을 초래하는 것이 아니며, 국민건강보험공단의 보험급여 거부처분이라는 집행행위를 통하여 비로소 기본권에 대한 직접적·현실적 침해가 있게 되므로 기본권 침해의 직접성이 없다(헌재 2000헌마668).

④ 국민기초생활보장법령상 수급자 등의 금융자산을 확인할 수 있는 자료의 제출요구는 급여대상자의 소득과 재산을 정확히 파악하여 급여가 정말 필요한 사람들에게 제대로 지급되도록 하기 위한 불가피한 조치이며, 그 차별의 합리성이 인정되므로 급여신청자의 평등권을 침해하지 않는다(헌재 2005헌마112).

⑤ 국민연금의 가입대상을 경제활동이 가능한 18세 이상 60세 미만의 국민으로 제한한 것은 헌법상의 행복추구권, 평등권, 인간다운 생활을 할 권리를 박탈한 것으로 볼 수 없다(헌재 2000헌마390).

CHAPTER 02　사회보장 및 사회복지사업에 관한 법률

16회 **기출**

01　다음은 사회보장기본법상 어떤 용어에 관한 정의인가?

> 국가·지방자치단체 및 민간부문의 도움이 필요한 모든 국민에게 복지, 보건의료, 교육, 고용, 주거, 문화, 환경 등의 분야에서 인간다운 생활을 보장하고 상담, 재활, 돌봄, 정보의 제공, 관련 시설의 이용, 역량 개발, 사회참여 지원 등을 통하여 국민의 삶의 질이 향상되도록 지원하는 제도를 말한다.

① 사회서비스　　　　　　　　　　　② 공공부조제도

③ 사회보험제도　　　　　　　　　　④ 평생사회안전망

⑤ 맞춤형 사회보장제도

[해설]　② '공공부조'란 국가와 지방자치단체의 책임 하에 생활 유지 능력이 없거나 생활이 어려운 국민의 최저생활을 보장하고 자립을 지원하는 제도를 말한다(사회보장기본법 제3조 제3호).
③ '사회보험'이란 국민에게 발생하는 사회적 위험을 보험의 방식으로 대처함으로써 국민의 건강과 소득을 보장하는 제도를 말한다(동법 제3조 제2호).
④·⑤ '평생사회안전망'이란 생애주기에 걸쳐 보편적으로 충족되어야 하는 기본욕구와 특정한 사회위험에 의하여 발생하는 특수욕구를 동시에 고려하여 소득·서비스를 보장하는 맞춤형 사회보장제도를 말한다(동법 제3조 제5호).

20회 **기출**

02　사회보장기본법상 국가와 지방자치단체에 관한 설명으로 옳지 않은 것은?

① 국가와 지방자치단체는 모든 국민의 인간다운 생활을 유지·증진하는 책임을 가진다.

② 국가와 지방자치단체는 사회보장에 관한 책임과 역할을 합리적으로 분담하여야 한다.

③ 국가와 지방자치단체는 사회보장제도의 안정적인 운영을 위하여 중장기 사회보장 재정추계를 매년 실시하고 이를 공표하여야 한다.

④ 국가와 지방자치단체는 지속가능한 사회보장제도를 확립하고 매년 이에 필요한 재원을 조달하여야 한다.

⑤ 국가와 지방자치단체는 가정이 건전하게 유지되고 그 기능이 향상되도록 노력하여야 한다.

[해설]　③ 국가는 사회보장제도의 안정적인 운영을 위하여 중장기 사회보장 재정추계를 격년으로 실시하고 이를 공표하여야 한다(사회보장기본법 제5조 제4항).

21회 **기출**

03 사회보장기본법상 국가와 지방자치단체의 사회보장 운영원칙에 관한 설명으로 옳지 않은 것은?

① 사회보험은 지방자치단체의 책임으로 시행하는 것을 원칙으로 한다.

② 공공부조와 사회서비스는 국가와 지방자치단체의 책임으로 시행하는 것을 원칙으로 한다.

③ 사회보장제도의 급여 수준과 비용 부담 등에서 형평성을 유지하여야 한다.

④ 사회보장제도를 필요로 하는 모든 국민에게 적용하여야 한다.

⑤ 국민의 다양한 복지 욕구를 효율적으로 충족시키기 위하여 연계성과 전문성을 높여야 한다.

[해설] ① 사회보험은 국가의 책임으로 시행하고, 공공부조와 사회서비스는 국가와 지방자치단체의 책임으로 시행하는 것을 원칙으로 한다. 다만, 국가와 지방자치단체의 재정 형편 등을 고려하여 이를 협의 · 조정할 수 있다(사회보장기본법 제25조 제5항).

14회 **기출**

04 다음 중 사회보장기본법상 사회보장수급권에 대한 설명으로 옳은 것은?

① 사회보장수급권의 포기는 취소할 수 없다.

② 사회보장수급권은 다른 사람에게 양도하거나 담보로 제공할 수 있다.

③ 국가는 관계 법령에서 정하는 바에 따라 최저생계비를 격년으로 공표하여야 한다.

④ 사회보장수급권을 포기하는 것이 다른 사람에게 피해를 주거나 사회보장에 관한 관계 법령에 위반되는 경우에는 사회보장수급권을 포기할 수 없다.

⑤ 사회보장급여를 정당한 권한이 없는 기관에 신청하더라도 그 기관은 사회보장급여를 직접 지급하여야 한다.

[해설] ④ 사회보장기본법 제14조 제3항
　　　① 사회보장수급권은 정당한 권한이 있는 기관에 서면으로 통지하여 포기할 수 있다. 사회보장수급권의 포기는 취소할 수 있다(동법 제14조 제1항 및 제2항).
　　　② 사회보장수급권은 관계 법령에서 정하는 바에 따라 다른 사람에게 양도하거나 담보로 제공할 수 없으며, 이를 압류할 수 없다(동법 제12조).
　　　③ 국가는 관계 법령에서 정하는 바에 따라 최저보장수준과 최저임금을 매년 공표하여야 한다(동법 제10조 제2항).
　　　⑤ 사회보장급여를 신청하는 사람이 다른 기관에 신청한 경우에는 그 기관은 지체 없이 이를 정당한 권한이 있는 기관에 이송하여야 한다. 이 경우 정당한 권한이 있는 기관에 이송된 날을 사회보장급여의 신청일로 본다(동법 제11조 제2항).

05 사회보장기본법상 사회보장제도의 신설 또는 변경에 따른 협의 및 조정에 관한 내용으로 옳지 않은 것은?

① 국가와 지방자치단체는 기존 제도와의 관계, 사회보장 전달체계에 미치는 영향, 재정에 미치는 영향 및 지역별 특성 등을 사전에 충분히 검토하여야 한다.

② 지방자치단체의 장은 국무조정실장과 협의하여야 한다.

③ 중앙행정기관의 장은 보건복지부장관과 협의하여야 한다.

④ 국가와 지방자치단체는 사회보장급여가 중복 또는 누락되지 아니하도록 하여야 한다.

⑤ 중앙행정기관의 장은 협의에 관련된 자료의 수집 · 조사 및 분석에 관한 업무를 한국사회보장정보원에 위탁할 수 있다.

〔 **해설** 〕② 중앙행정기관의 장과 지방자치단체의 장은 사회보장제도를 신설하거나 변경할 경우 신설 또는 변경의 타당성, 기존 제도와의 관계, 사회보장 전달체계에 미치는 영향, 지역복지 활성화에 미치는 영향 및 운영방안 등에 대하여 대통령령으로 정하는 바에 따라 보건복지부장관과 협의하여야 한다(사회보장기본법 제26조 제2항).

06 다음 중 사회보장기본법령상 사회보장위원회에 대한 설명으로 가장 옳은 것은?

① 위원회는 위원장 1명, 부위원장 2명을 포함한 20명 이내의 위원으로 구성한다.

② 위원장은 국무총리가 되고 부위원장은 보건복지부장관, 여성가족부장관이 된다.

③ 위원회를 효율적으로 운영하고 위원회의 심의 · 조정 사항을 전문적으로 검토하기 위하여 위원회에 실무위원회를 두며, 실무위원회에 분야별 전문위원회를 둘 수 있다.

④ 위원은 근로자를 대표하는 사람, 사용자를 대표하는 사람, 사회보장에 관한 학식과 경험이 풍부한 사람, 의사 자격이 있는 사람 중에서 대통령이 위촉한다.

⑤ 위원의 임기는 3년으로 하고, 공무원인 위원의 임기는 그 재임 기간으로 한다.

〔 **해설** 〕③ 사회보장기본법 제21조 제6항
　　① 위원회는 위원장 1명, 부위원장 3명과 행정안전부장관, 고용노동부장관, 여성가족부장관, 국토교통부장관을 포함한 30명 이내의 위원으로 구성한다(동법 제21조 제1항).
　　② 위원장은 국무총리가 되고 부위원장은 기획재정부장관, 교육부장관 및 보건복지부장관이 된다(동법 제21조 제2항).
　　④ 의사 자격이 있는 사람이 아닌 변호사 자격이 있는 사람에 해당한다(동법 제21조 제3항 참조).
　　⑤ 위원의 임기는 2년이다(동법 제21조 제4항 참조).

19회 기출

07 사회복지사업법상 기본 이념에 해당하는 것은?

① 사회통합과 행복한 복지사회의 실현
② 국민의 복지증진에 이바지
③ 어려운 사람의 자활을 지원
④ 사회 참여와 평등을 통한 사회통합
⑤ 사회복지서비스를 이용하는 사람의 선택권 보장

[해설] ⑤ 사회복지서비스를 제공하는 자는 필요한 정보를 제공하는 등 사회복지서비스를 이용하는 사람의 선택권을 보장하여야 한다(사회복지사업법 제1조의2 제4항).
① 사회보장은 모든 국민이 다양한 사회적 위험으로부터 벗어나 행복하고 인간다운 생활을 향유할 수 있도록 자립을 지원하며, 사회참여 · 자아실현에 필요한 제도와 여건을 조성하여 사회통합과 행복한 복지사회를 실현하는 것을 기본 이념으로 한다(사회보장기본법 제2조).
② 사회보장기본법은 사회보장에 관한 국민의 권리와 국가 및 지방자치단체의 책임을 정하고 사회보장정책의 수립 · 추진과 관련 제도에 관한 기본적인 사항을 규정함으로써 국민의 복지증진에 이바지하는 것을 목적으로 한다(사회보장기본법 제1조).
③ 국민기초생활보장법은 생활이 어려운 사람에게 필요한 급여를 실시하여 이들의 최저생활을 보장하고 자활을 돕는 것을 목적으로 한다(국민기초생활보장법 제1조).
④ 장애인복지의 기본 이념은 장애인의 완전한 사회 참여와 평등을 통하여 사회통합을 이루는 데에 있다(장애인복지법 제3조).

08 다음 중 사회복지사업법상 사회복지사 의무채용 예외시설에 해당하지 않는 곳은?

① 영유아보육법에 따른 어린이집
② 노인복지법에 따른 노인복지관
③ 장애인복지법에 따른 점자도서관
④ 성매매방지 및 피해자보호 등에 관한 법률에 따른 성매매피해상담소
⑤ 정신건강증진 및 정신질환자 복지서비스 지원에 관한 법률에 따른 정신재활시설

[해설] **사회복지사 의무채용 예외시설(사회복지사업법 시행령 제6조 제2항 참조)**
• 노인복지법에 따른 노인여가복지시설(단, 노인복지관은 의무채용 시설에 해당)(②)
• 장애인복지법에 따른 장애인 지역사회재활시설 중 수화통역센터, 점자도서관, 점자도서 및 녹음서 출판시설
• 영유아보육법에 따른 어린이집
• 성매매방지 및 피해자보호 등에 관한 법률에 따른 성매매피해자 등을 위한 지원시설 및 성매매피해상담소
• 정신건강증진 및 정신질환자 복지서비스 지원에 관한 법률에 따른 정신요양시설 및 정신재활시설
• 성폭력방지 및 피해자보호 등에 관한 법률에 따른 성폭력피해상담소

09 사회복지사업법상 사회복지사에 관한 설명으로 옳지 않은 것은?

① 사회복지사의 등급은 1급 · 2급으로 한다.

② 보건복지부장관은 정신건강사회복지사 · 의료사회복지사 · 학교사회복지사의 자격을 부여할 수 있다.

③ 보건복지부장관은 사회복지사가 거짓이나 그 밖의 부정한 방법으로 자격을 취득한 경우 그 자격을 1년의 범위에서 정지할 수 있다.

④ 사회복지법인에 종사하는 사회복지사는 정기적으로 보수교육을 받아야 한다.

⑤ 자신의 사회복지사 자격증은 타인에게 빌려주어서는 아니 된다.

[해설]　③ 보건복지부장관은 사회복지사가 거짓이나 그 밖의 부정한 방법으로 자격을 취득한 경우 그 자격을 취소하여야 한다(사회복지사업법 제11조의3 제1항 참조).

10 사회복지사업법상 사회복지법인(이하 '법인'이라 한다)에 관한 내용으로 옳은 것은?

① 법인 설립 허가자는 보건복지부장관이다.

② 법인 설립은 시장 · 군수 · 구청장에 신고한다.

③ 해산한 법인의 남은 재산은 설립자에 귀속된다.

④ 이사는 법인이 설치한 사회복지시설의 장을 겸직할 수 있다.

⑤ 주된 사무소가 서로 다른 시 · 도에 소재한 법인이 합병할 경우 시 · 도지사에게 신고하여야 한다.

[해설]　④ 이사는 법인이 설치한 사회복지시설의 장을 제외한 그 시설의 직원을 겸할 수 없다(사회복지사업법 제21조 제1항).
　　　① · ② 사회복지법인을 설립하려는 자는 대통령령으로 정하는 바에 따라 시 · 도지사의 허가를 받아야 한다(동법 제16조 제1항).
　　　③ 해산한 법인의 남은 재산은 정관으로 정하는 바에 따라 국가 또는 지방자치단체에 귀속된다(동법 제27조 제1항).
　　　⑤ 법인은 시 · 도지사의 허가를 받아 이 법에 따른 다른 법인과 합병할 수 있다. 다만, 주된 사무소가 서로 다른 시 · 도에 소재한 법인 간의 합병의 경우에는 보건복지부장관의 허가를 받아야 한다(동법 제30조 제1항).

15회 기출

11 사회복지사업법상 사회복지법인의 정관에 포함되어야 할 사항을 모두 고른 것은?

ㄱ. 회의에 관한 사항
ㄴ. 자산 및 회계에 관한 사항
ㄷ. 임원의 임면 등에 관한 사항
ㄹ. 공고 및 공고방법에 관한 사항

① ㄱ, ㄴ   ② ㄴ, ㄷ

③ ㄱ, ㄷ, ㄹ   ④ ㄴ, ㄷ, ㄹ

⑤ ㄱ, ㄴ, ㄷ, ㄹ

[해설] 사회복지법인의 정관에 포함되어야 할 사항(사회복지사업법 제17조 제1항 참조)
- 목 적
- 명 칭
- 주된 사무소의 소재지
- 사업의 종류
- 자산 및 회계에 관한 사항(ㄴ)
- 임원의 임면 등에 관한 사항(ㄷ)
- 회의에 관한 사항(ㄱ)
- 수익을 목적으로 하는 사업이 있는 경우 그에 관한 사항
- 정관의 변경에 관한 사항
- 존립시기와 해산 사유를 정한 경우에는 그 시기와 사유 및 남은 재산의 처리방법
- 공고 및 공고방법에 관한 사항(ㄹ)

12 다음 중 사회복지사업법령상 사회복지법인에 대한 설명으로 옳지 않은 것은?

① 사회복지법인의 이사 중에 결원이 생겼을 때에는 3개월 이내에 보충하여야 한다.

② 시 · 도지사는 임시이사가 선임되었음에도 불구하고 해당 사회복지법인이 정당한 사유 없이 이사회 소집을 기피할 경우 이사회 소집을 권고할 수 있다.

③ 사회복지법인의 재산은 보건복지부령으로 정하는 바에 따라 기본재산과 보통재산으로 구분하며, 기본재산은 그 목록과 가액을 정관에 적어야 한다.

④ 사회복지법인은 목적사업의 경비에 충당하기 위하여 필요할 때에는 법인의 설립 목적 수행에 지장이 없는 범위에서 수익사업을 할 수 있다.

⑤ 해산한 사회복지법인의 남은 재산은 정관으로 정하는 바에 따라 국가 또는 지방자치단체에 귀속된다.

[해설] ① 사회복지법인의 이사 또는 감사 중에 결원이 생겼을 때에는 2개월 이내에 보충하여야 한다(사회복지사업법 제20조).

13 사회복지사업법상 사회복지시설에 관한 설명으로 옳은 것은?

① 국가는 사회복지시설을 운영할 수 없다.

② 사회복지시설의 장은 상근(常勤)하여야 한다.

③ 사회복지시설의 운영자는 지진에 의한 물적 피해의 책임을 이행하기 위하여 책임보험에 가입하여야 한다.

④ 보건복지부장관은 사회복지시설에 대하여 정기 및 수시 안전점검을 실시하여야 한다.

⑤ 지방자치단체가 설치한 사회복지시설은 비영리법인에 위탁하여 운영하여야 한다.

[해설] ② 사회복지사업법 제35조 제1항

① 국가나 지방자치단체는 사회복지시설을 설치·운영할 수 있다(동법 제34조 제1항).

③ 사회복지시설의 운영자는 화재로 인한 손해배상책임, 화재 외의 안전사고로 인하여 생명·신체에 피해를 입은 보호대상자에 대한 손해배상책임을 이행하기 위하여 손해보험회사의 책임보험에 가입하거나 「사회복지사 등의 처우 및 지위 향상을 위한 법률」에 따른 한국사회복지공제회의 책임공제에 가입하여야 한다(동법 제34조의3 제1항).

④ 사회복지시설의 장은 시설에 대하여 정기 및 수시 안전점검을 실시하여야 한다(동법 제34조의4 제1항).

⑤ 국가나 지방자치단체가 설치한 사회복지시설은 필요한 경우 사회복지법인이나 비영리법인에 위탁하여 운영하게 할 수 있다(동법 제34조 제5항).

14 다음 중 사회복지사업법상 사회복지시설(이하 "시설"이라 한다)에 대한 설명으로 가장 옳은 것은?

① 국가가 시설을 설치·운영하려는 경우에는 소재지 관할 시·도지사에게 신고하여야 한다.

② 보건복지부장관 및 시·도지사는 2년마다 시설에 대한 평가를 실시하여야 한다.

③ 시·도지사의 해임명령에 따라 사회복지법인의 임원에서 해임된 자는 해임된 날부터 7년 이내에는 시설의 장이 될 수 없다.

④ 노인복지법에 따른 노인의료복지시설 중 노인요양시설의 수용인원은 300명을 초과할 수 없다.

⑤ 사회복지관은 지역사회의 특성과 지역주민의 복지욕구를 고려한 서비스 제공 등 지역복지증진을 위한 사업을 실시할 수 있다.

[해설] ⑤ 사회복지사업법 제34조의5 제1항

① 국가나 지방자치단체는 사회복지시설을 설치·운영할 수 있다. 국가 또는 지방자치단체 외의 자가 시설을 설치·운영하려는 경우에는 보건복지부령으로 정하는 바에 따라 시장·군수·구청장에게 신고하여야 한다(동법 제34조 제1항 및 제2항).

② 보건복지부장관 및 시·도지사는 3년마다 시설에 대한 평가를 실시하여야 한다(동법 시행규칙 제27조의2 제1항).

③ 시·도지사의 해임명령에 따라 해임된 날부터 5년이 지나지 아니한 사람은 시설의 장이 될 수 없다(동법 제35조 제2항 제2호).

④ 각 시설의 수용인원은 원칙적으로 300명을 초과할 수 없다. 다만, 노인복지법에 따른 노인의료복지시설 중 노인요양시설 등 대통령령으로 정하는 시설은 수용인원 300명을 초과할 수 있다(동법 제41조 및 시행령 제19조 참조).

15 다음 중 사회복지사업법령상 사회복지관의 사회복지서비스 우선 제공 대상자에 포함되는 사람을 올바르게 모두 고른 것은?

ㄱ. 국민기초생활보장법에 따른 수급자
ㄴ. 국민기초생활보장법에 따른 차상위계층
ㄷ. 보호와 교육이 필요한 아동 및 청소년
ㄹ. 취업 알선이 필요한 사람

① ㄱ, ㄴ, ㄷ   ② ㄱ, ㄷ
③ ㄴ, ㄹ   ④ ㄹ
⑤ ㄱ, ㄴ, ㄷ, ㄹ

[해설] **사회복지관의 사회복지서비스 우선 제공 대상자(사회복지사업법 제34조의5 제2항)**
사회복지관은 모든 지역주민을 대상으로 사회복지서비스를 실시하되, 다음의 지역주민에게 우선 제공하여야 한다.
- 국민기초생활보장법에 따른 수급자 및 차상위계층(ㄱ, ㄴ)
- 장애인, 노인, 한부모가족 및 다문화가족
- 직업 및 취업 알선이 필요한 사람(ㄹ)
- 보호와 교육이 필요한 유아 · 아동 및 청소년(ㄷ)
- 그 밖에 사회복지관의 사회복지서비스를 우선 제공할 필요가 있다고 인정되는 사람

16회 **기출**

16 사회복지사업법상 사회복지의 날은?

① 4월 20일   ② 6월 5일
③ 7월 11일   ④ 9월 7일
⑤ 10월 2일

[해설] **사회복지의 날(사회복지사업법 제15조의2 제1항)**
국가는 국민의 사회복지에 대한 이해를 증진하고 사회복지사업 종사자의 활동을 장려하기 위하여 매년 9월 7일을 사회복지의 날로 하고, 사회복지의 날부터 1주간을 사회복지주간으로 한다.

17 다음 중 사회보장급여의 이용·제공 및 수급권자 발굴에 관한 법률상 지원대상자 이외에 사회보장급여를 신청할 수 있는 사람을 올바르게 모두 고른 것은?

> ㄱ. 지원대상자의 민법상 후견인
> ㄴ. 지원대상자의 친족
> ㄷ. 지원대상자를 사실상 보호하고 있는 기관의 장
> ㄹ. 청소년상담사 및 청소년지도사

① ㄱ, ㄴ, ㄷ   ② ㄱ, ㄷ
③ ㄴ, ㄹ   ④ ㄹ
⑤ ㄱ, ㄴ, ㄷ, ㄹ

〔 해설 〕 사회보장급여의 신청(사회보장급여의 이용·제공 및 수급권자 발굴에 관한 법률 제5조 제1항)
지원대상자와 그 친족, 민법에 따른 후견인, 청소년기본법에 따른 청소년상담사·청소년지도사, 지원대상자를 사실상 보호하고 있는 자(관련 기관 및 단체의 장을 포함) 등은 지원대상자의 주소지 관할 보장기관에 사회보장급여를 신청할 수 있다.

20회 **기출**

18 사회보장급여의 이용·제공 및 수급권자 발굴에 관한 법률상 수급자격 확인을 위해 지원대상자와 그 부양의무자에 대하여 조사할 수 있는 사항을 모두 고른 것은?

> ㄱ. 인적사항 및 가족관계 확인에 관한 사항
> ㄴ. 소득·재산·근로능력 및 취업상태에 관한 사항
> ㄷ. 사회보장급여 수급이력에 관한 사항
> ㄹ. 수급권자를 선정하기 위하여 보장기관의 장이 필요하다고 인정하는 사항

① ㄱ, ㄴ   ② ㄷ, ㄹ
③ ㄱ, ㄴ, ㄷ   ④ ㄴ, ㄷ, ㄹ
⑤ ㄱ, ㄴ, ㄷ, ㄹ

〔 해설 〕 수급자격 확인을 위한 조사사항(사회보장급여의 이용·제공 및 수급권자 발굴에 관한 법률 제7조 제1항 참조)
• 인적사항 및 가족관계 확인에 관한 사항(ㄱ)
• 소득·재산·근로능력 및 취업상태에 관한 사항(ㄴ)
• 사회보장급여 수급이력에 관한 사항(ㄷ)
• 그 밖에 수급권자를 선정하기 위하여 보장기관의 장이 필요하다고 인정하는 사항(ㄹ)

19 다음 중 사회보장급여의 이용·제공 및 수급권자 발굴에 관한 법률상 시·군·구 지역사회보장계획의 내용에 포함되지 않는 것은?

① 지역사회보장 수요의 측정, 목표 및 추진전략

② 지역사회보장 전달체계의 조직과 운영

③ 시·군·구에서 사회보장급여가 효과적으로 이용 및 제공될 수 있는 기반 구축 방안

④ 지역사회보장의 분야별 추진전략, 중점 추진사업 및 연계협력 방안

⑤ 지역사회보장에 관련한 통계 수집 및 관리 방안

〔해설〕 ③ 특별시·광역시·도·특별자치도 지역사회보장계획에 포함되는 내용이다(사회보장급여의 이용·제공 및 수급권자 발굴에 관한 법률 제36조 제2항 제3호).

18회 기출

20 사회보장급여의 이용·제공 및 수급권자 발굴에 관한 법률상 사회복지전담공무원에 관한 내용으로 옳지 않은 것을 모두 고른 것은?

> ㄱ. 시·군·구, 읍·면·동에 사회복지전담공무원을 둘 수 있고 시·도에는 둘 수 없다.
> ㄴ. 사회복지전담공무원은 「사회복지사업법」에 따른 사회복지사의 자격을 가진 사람으로 한다.
> ㄷ. 시·도지사 및 시장·군수·구청장은 「지방공무원 교육훈련법」에 따라 사회복지전담공무원의 교육훈련에 필요한 시책을 수립·시행하여야 한다.

① ㄱ
② ㄴ
③ ㄱ, ㄴ
④ ㄱ, ㄷ
⑤ ㄴ, ㄷ

〔해설〕 ㄱ. 사회복지사업에 관한 업무를 담당하게 하기 위하여 시·도, 시·군·구, 읍·면·동 또는 사회보장사무 전담기구에 사회복지전담공무원을 둘 수 있다(사회보장급여의 이용·제공 및 수급권자 발굴에 관한 법률 제43조 제1항).
ㄴ. 사회복지전담공무원은 「사회복지사업법」에 따른 사회복지사의 자격을 가진 사람으로 하며, 그 임용 등에 필요한 사항은 대통령령으로 정한다(동법 제43조 제2항).
ㄷ. 동법 제43조 제5항

CHAPTER 03 사회보험법

---

01 다음 중 국민연금법령에 대한 설명으로 옳지 않은 것은?

① '기여금'이란 사업장가입자의 사용자가 부담하는 금액을 말한다.

② '평균소득월액'이란 매년 사업장가입자 및 지역가입자 전원의 기준소득월액을 평균한 금액을 말한다.

③ '기준소득월액'이란 연금보험료와 급여를 산정하기 위하여 가입자의 소득월액을 기준으로 하여 정하는 금액을 말한다.

④ 국내에 거주하는 국민으로서 18세 이상 60세 미만인 자는 국민연금 가입 대상이 된다.

⑤ 연금액은 지급사유에 따라 기본연금액과 부양가족연금액을 기초로 산정한다.

[해설] ① '기여금'은 사업장가입자가 부담하는 금액을 말하는 반면, '부담금'은 사업장가입자의 사용자가 부담하는 금액을 말한다(국민연금법 제3조 제1항 제11호 및 제12호).

② 동법 제3조 제1항 제4호

③ 동법 제3조 제1항 제5호

④ 동법 제6조

⑤ 동법 제50조 제2항

14회 기출

02 국민연금법상 지역가입자에 관한 내용이다. (   )에 들어갈 숫자가 순서대로 옳은 것은?

> (   )세 이상 (   )세 미만인 자로서 학생이거나 군 복무 등의 이유로 소득이 없는 자(연금보험료를 납부한 사실이 있는 자는 제외한다)는 지역가입자에서 제외한다.

① 15, 25

② 15, 27

③ 18, 27

④ 18, 30

⑤ 20, 30

[해설] **국민연금법상 지역가입자(국민연금법 제9조 참조)**

사업장가입자가 아닌 자로서 18세 이상 60세 미만인 자는 당연히 지역가입자가 된다. 다만, 다음의 어느 하나에 해당하는 자는 지역가입자에서 제외한다.

- 다음의 어느 하나에 해당하는 자의 배우자로서 별도의 소득이 없는 자
  - 국민연금 가입 대상에서 제외되는 자(직역연금 가입 대상자 등)
  - 사업장가입자, 지역가입자 및 임의계속가입자
  - 노령연금 수급권자 및 퇴직연금 등 수급권자
- 퇴직연금 등 수급권자(단, 퇴직연금 등 수급권자가 국민연금과 직역연금의 연계에 관한 법률에 따라 연계 신청을 한 경우에는 지역가입자에 해당함)
- 18세 이상 27세 미만인 자로서 학생이거나 군 복무 등의 이유로 소득이 없는 자(단, 연금보험료를 납부한 사실이 있는 자는 지역가입자에 해당함)
- 국민기초생활보장법에 따른 생계급여 수급자 또는 의료급여 수급자
- 1년 이상 행방불명된 자

03 다음 중 국민연금 가입기간 추가 산입과 관련하여 보기의 빈칸에 들어갈 내용을 순서대로 올바르게 나열한 것은?

2명 이상의 자녀가 있는 가입자 또는 가입자였던 자가 노령연금 수급권을 취득한 때에는 자녀가 2명인 경우 (ㄱ), 자녀가 3명 이상인 경우 둘째 자녀에 대하여 인정되는 12개월에 2자녀를 초과하는 자녀 1명마다 (ㄴ)을 더한 개월 수를 추가로 산입한다.

	ㄱ	ㄴ
①	3개월	6개월
②	6개월	6개월
③	6개월	12개월
④	12개월	12개월
⑤	12개월	18개월

[해설] **출산에 대한 가입기간 추가 산입(국민연금법 제19조 제1항)**

2명 이상의 자녀가 있는 가입자 또는 가입자였던 자가 노령연금 수급권을 취득한 때에는 다음에 따른 기간을 가입기간에 추가로 산입한다. 다만, 추가로 산입하는 기간은 50개월을 초과할 수 없으며, 자녀 수의 인정방법 등에 관하여 필요한 사항은 대통령령으로 정한다.
- 자녀가 2명인 경우 : 12개월
- 자녀가 3명 이상인 경우 : 둘째 자녀에 대하여 인정되는 12개월에 2자녀를 초과하는 자녀 1명마다 18개월을 더한 개월 수

04 국민연금법상 급여의 종류에 해당하는 것을 모두 고른 것은?

> ㄱ. 노령연금
> ㄴ. 장애인연금
> ㄷ. 장해급여
> ㄹ. 장애연금
> ㅁ. 반환일시금

① ㄱ, ㄴ, ㄹ

② ㄱ, ㄴ, ㅁ

③ ㄱ, ㄷ, ㅁ

④ ㄱ, ㄹ, ㅁ

⑤ ㄴ, ㄷ, ㄹ

[해설] ㄴ. 장애인연금은 「장애인연금법」에 따른 급여에 해당한다.
ㄷ. 장해급여는 「산업재해보상보험법」에 따른 급여에 해당한다.

05 국민연금법령상 분할연금을 받으려는 자가 모두 갖추어야 할 요건으로 옳지 않은 것은?

① 배우자의 국민연금 가입기간 중의 혼인 기간이 5년 이상일 것

② 배우자와 이혼하였을 것

③ 배우자였던 사람이 노령연금 수급권자일 것

④ 60세가 되었을 것

⑤ 요건을 모두 갖추게 된 때부터 1년 이내에 청구할 것

[해설] ⑤ 분할연금은 수급요건을 모두 갖추게 된 때부터 5년 이내에 청구하여야 한다(국민연금법 제64조 제3항).

분할연금 수급권자 등(국민연금법 제64조 제1항)
혼인 기간(배우자의 가입기간 중의 혼인 기간으로서 별거, 가출 등의 사유로 인하여 실질적인 혼인관계가 존재하지 아니하였던 기간을 제외한 기간을 말함)이 5년 이상인 자가 다음의 요건을 모두 갖추면 그때부터 그가 생존하는 동안 배우자였던 자의 노령연금을 분할한 분할연금을 받을 수 있다.

> • 배우자와 이혼하였을 것
> • 배우자였던 사람이 노령연금 수급권자일 것
> • 60세가 되었을 것

17회 기출

06 국민건강보험법상 가입자가 자격을 상실하는 시기로 옳은 것은?

① 사망한 날의 다음 날

② 국적을 잃은 날

③ 국내에 거주하지 아니하게 된 날

④ 직장가입자의 피부양자가 된 다음 날

⑤ 수급권자가 된 다음 날

〔 해설 〕 **가입자 자격의 상실 시기(국민건강보험법 제10조 제1항)**
- 사망한 날의 다음 날(①)
- 국적을 잃은 날의 다음 날
- 국내에 거주하지 아니하게 된 날의 다음 날
- 직장가입자의 피부양자가 된 날
- 의료급여 수급권자가 된 날
- 건강보험을 적용받고 있던 사람이 유공자 등 의료보호대상자가 되어 건강보험의 적용배제신청을 한 날

18회 기출

07 국민건강보험법상 요양급여에 해당하지 않는 것은?

① 예방 · 재활

② 이송(移送)

③ 요양병원간병비

④ 처치 · 수술 및 그 밖의 치료

⑤ 약제(藥劑) · 치료재료의 지급

〔 해설 〕 ③ 요양병원간병비는 노인장기요양보험법상 장기요양급여에 해당한다(노인장기요양보험법 제23조 제1항 참조).

요양급여(국민건강보험법 제41조 제1항)
가입와 피부양자의 질병, 부상, 출산 등에 대하여 다음의 요양급여를 실시한다.
- 진찰 · 검사
- 약제(藥劑) · 치료재료의 지급(⑤)
- 처치 · 수술 및 그 밖의 치료(④)
- 예방 · 재활(①)
- 입 원
- 간 호
- 이송(移送)(②)

08 다음 중 국민건강보험법령상 보험료 산정에 대한 설명으로 옳지 않은 것은?

① 직장가입자의 보수월액은 직장가입자가 지급받는 보수를 기준으로 하여 산정한다.

② 직장가입자의 보수 외 소득월액은 보수월액의 산정에 포함된 보수를 포함한 직장가입자의 소득이 대통령령으로 정하는 금액을 초과하는 경우 법령으로 정하는 바에 따라 평가하여 산정한다.

③ 직장가입자의 보험료율은 1천분의 80의 범위에서 건강보험정책심의위원회의 의결을 거쳐 대통령령으로 정한다.

④ 지역가입자의 월별 보험료액은 소득과 재산의 구분에 따라 산정한 금액을 합산한 금액으로 한다.

⑤ 지역가입자의 보험료액은 세대 단위로 산정한다.

〔 해설 〕 ② 직장가입자의 보수 외 소득월액은 보수월액의 산정에 포함된 보수를 제외한 직장가입자의 소득이 대통령령으로 정하는 금액(연간 2,000만 원)을 초과하는 경우 법령으로 정하는 바에 따라 평가하여 산정한다(국민건강보험 제71조 제1항 및 시행령 제41조 제4항 참조).

09 다음 중 국민건강보험법령상 이의신청 및 심판청구 등에 관한 설명으로 옳지 않은 것은?

① 보험료 및 보험급여에 대한 국민건강보험공단의 처분에 이의가 있는 자는 공단에 이의신청을 할 수 있다.

② 요양급여의 적정성 평가에 대한 건강보험심사평가원의 처분에 이의가 있는 자는 심사평가원에 이의신청을 할 수 있다.

③ 이의신청은 처분이 있음을 안 날부터 90일 이내에 문서로 하는 것이 원칙이다.

④ 이의신청에 대한 결정에 불복하는 자는 건강보험분쟁조정위원회에 심판청구를 할 수 있다.

⑤ 이의신청에 대한 결정에 불복하는 자는 심판청구를 한 후가 아니면 행정소송을 제기할 수 없다.

〔 해설 〕 ⑤ 국민건강보험공단(이하 "공단"이라 한다) 또는 건강보험심사평가원(이하 "심사평가원"이라 한다)의 처분에 이의가 있는 자와 법령에 따른 이의신청 또는 심판청구에 대한 결정에 불복하는 자는 행정소송법에서 정하는 바에 따라 행정소송을 제기할 수 있다(국민건강보험법 제90조).
① 가입자 및 피부양자의 자격, 보험료 등, 보험급여, 보험급여 비용에 관한 공단의 처분에 이의가 있는 자는 공단에 이의신청을 할 수 있다(동법 제87조 제1항).
② 요양급여비용 및 요양급여의 적정성 평가 등에 관한 심사평가원의 처분에 이의가 있는 공단, 요양기관 또는 그 밖의 자는 심사평가원에 이의신청을 할 수 있다(동법 제87조 제2항).
③ 이의신청은 처분이 있음을 안 날부터 90일 이내에 문서(전자문서를 포함)로 하여야 하며 처분이 있은 날부터 180일을 지나면 제기하지 못한다(동법 제87조 제3항).
④ 동법 제88조 제1항

19회 기출

10 국민건강보험법상 국민건강보험공단이 관장하는 업무에 해당하지 않는 것은?

① 가입자 및 피부양자의 자격 관리
② 자산의 관리 · 운영 및 증식사업
③ 의료시설의 운영
④ 건강보험에 관한 교육훈련 및 홍보
⑤ 요양급여비용의 심사

[해설] ⑤ 요양급여비용의 심사는 건강보험심사평가원이 관장하는 업무에 해당한다(국민건강보험법 제63조 제1항 참조).

20회 기출

11 고용보험법의 내용으로 옳은 것은?

① 고용보험기금은 기획재정부장관이 관리 · 운용한다.
② 국가는 매년 보험사업에 드는 비용의 일부를 일반회계에서 부담하여야 한다.
③ 취업촉진 수당의 종류로는 구직급여, 직업능력개발 수당 등이 있다.
④ '실업'이란 근로의 의사와 능력이 없어 취업하지 못한 상태에 있는 것을 말한다.
⑤ '일용근로자'란 6개월 미만 동안 고용되는 사람을 말한다.

[해설] ② 고용보험법 제5조 제1항
  ① 고용보험기금은 고용노동부장관이 관리 · 운용한다(동법 제79조 제1항).
  ③ 취업촉진 수당의 종류로 조기재취업 수당, 직업능력개발 수당, 광역 구직활동비, 이주비가 있다(동법 제37조 제2항 참조).
  ④ '실업'이란 근로의 의사와 능력이 있음에도 불구하고 취업하지 못한 상태에 있는 것을 말한다(동법 제2조 제3호).
  ⑤ '일용근로자'란 1개월 미만 동안 고용되는 사람을 말한다(동법 제2조 제6호).

12 고용보험법령상 자영업자인 피보험자의 실업급여의 종류에 해당하는 것은?

① 훈련연장급여   ② 개별연장급여

③ 특별연장급여   ④ 조기재취업 수당

⑤ 이주비

〔 해설 〕 자영업자인 피보험자의 실업급여의 종류(고용보험법 제69조의2)

자영업자인 피보험자의 실업급여의 종류는 이 법에 따른 실업급여의 종류에 따른다. 다만, 훈련연장급여, 개별연장급여, 특별연장급여 등의 연장급여와 조기재취업 수당은 제외한다.

13 올해 40세인 근로자 A는 S회사에 재직하였다가 계약만료로 퇴사하게 되었다. 피보험기간이 24개월인 근로자 A의 구직급여 소정급여일수로 옳은 것은?

① 120일   ② 150일

③ 180일   ④ 210일

⑤ 240일

〔 해설 〕 구직급여의 소정급여일수(고용보험법 제50조 제1항 및 별표 1)

구 분		피보험기간				
		1년 미만	1년 이상 3년 미만	3년 이상 5년 미만	5년 이상 10년 미만	10년 이상
이직일 현재 연령	50세 미만	120일	150일(②)	180일	210일	240일
	50세 이상	120일	180일	210일	240일	270일

* 단, 「장애인고용촉진 및 직업재활법」에 따른 장애인은 50세 이상인 것으로 보아 위 표를 적용한다.

14 고용보험법상 육아휴직 급여에 관한 설명으로 옳지 않은 것은?

① 육아휴직 급여를 받으려면 육아휴직을 시작한 날 이전 18개월 동안의 피보험 단위기간이 합산하여 180일 이상이어야 한다.

② 육아휴직 급여를 지급받으려는 사람은 육아휴직을 시작한 날 이후 1개월부터 육아휴직이 끝난 날 이후 12개월 이내에 신청하여야 한다.

③ 피보험자가 육아휴직 기간 중에 그 사업에서 이직한 경우에는 그 이직하였을 때부터 육아휴직 급여를 지급하지 아니한다.

④ 피보험자가 육아휴직 기간 중에 취업을 한 경우에는 그 취업한 기간에 대해서는 육아휴직 급여를 지급하지 아니한다.

⑤ 육아휴직 급여는 육아휴직 시작일을 기준으로 한 월 통상임금의 100분의 80에 해당하는 금액을 월별 지급액으로 한다.

〔 **해설** 〕 ① 고용노동부장관은 「남녀고용평등과 일 · 가정 양립 지원에 관한 법률」에 따른 육아휴직을 30일(「근로기준법」에 따른 출산전후휴가기간과 중복되는 기간은 제외) 이상 부여받은 피보험자 중 육아휴직을 시작한 날 이전에 피보험 단위기간이 합산하여 180일 이상인 피보험자에게 육아휴직 급여를 지급한다(고용보험법 제70조 제1항).

제8편

15회 기출

15 산업재해보상보험법상 용어에 관한 설명으로 옳지 않은 것은?

① 업무상의 사유에 따른 근로자의 부상 · 질병 · 장해 또는 사망은 업무상의 재해이다.

② 근로자란 근로기준법에 따른 근로자를 말한다.

③ 사실혼 관계에 있는 배우자는 유족에 포함되지 않는다.

④ 치유란 부상 또는 질병이 완치되거나 치료의 효과를 더 이상 기대할 수 없고 그 증상이 고정된 상태에 이르게 된 것을 말한다.

⑤ 진폐는 분진을 흡입하여 폐에 생기는 섬유증식성 변화를 주된 증상으로 하는 질병이다.

〔 **해설** 〕 ③ '유족'이란 사망한 사람의 배우자(사실상 혼인 관계에 있는 사람을 포함) · 자녀 · 부모 · 손자녀 · 조부모 또는 형제자매를 말한다(산업재해보상보험법 제5조 제3호).
① 동법 제5조 제1호
② 동법 제5조 제2호
④ 동법 제5조 제4호
⑤ 동법 제5조 제7호

19회 기출

16 산업재해보상보험법상 '업무상 사고'에 해당하지 않는 것은?

① 근로자가 근로계약에 따른 업무나 그에 따르는 행위를 하던 중 발생한 사고

② 사업주가 제공한 시설물 등을 이용하던 중 그 시설물 등의 결함이나 관리소홀로 발생한 사고

③ 사업주가 주관하거나 사업주의 지시에 따라 참여한 행사나 행사준비 중에 발생한 사고

④ 비통상적인 경로와 방법으로 출퇴근하는 중 발생한 사고

⑤ 휴게시간 중 사업주의 지배관리하에 있다고 볼 수 있는 행위로 발생한 사고

[해설] 업무상 재해의 인정 기준 중 업무상 사고(산업재해보상보험법 제37조 제1항 참조)
- 근로자가 근로계약에 따른 업무나 그에 따르는 행위를 하던 중 발생한 사고
- 사업주가 제공한 시설물 등을 이용하던 중 그 시설물 등의 결함이나 관리소홀로 발생한 사고
- 사업주가 주관하거나 사업주의 지시에 따라 참여한 행사나 행사준비 중에 발생한 사고
- 휴게시간 중 사업주의 지배관리하에 있다고 볼 수 있는 행위로 발생한 사고
- 그 밖에 업무와 관련하여 발생한 사고

17 다음 중 산업재해보상보험법령에 대한 내용으로 가장 옳은 것은?

① 휴업급여의 1일당 지급액은 통상임금의 100분의 70에 상당하는 금액으로 한다.

② 업무상 사유로 부상을 당하여 취업하지 못한 기간이 7일 이내이면 휴업급여를 지급하지 아니한다.

③ 간병급여는 실제로 간병을 수행하는 사람에게 지급한다.

④ 상병보상연금은 요양급여를 받는 근로자가 요양을 시작한 지 3년이 지난 날 이후에 계속해서 그 부상이나 질병이 치유되지 아니하는 경우 휴업급여 대신 지급한다.

⑤ 장해급여는 일시금의 형태로 지급할 수 있다.

[해설] ⑤ 장해급여는 장해등급에 따라 장해보상연금 또는 장해보상일시금으로 하되, 그 장해등급의 기준은 대통령령으로 정한다(산업재해보상보험법 제57조 제2항).
① · ② 휴업급여는 업무상 사유로 부상을 당하거나 질병에 걸린 근로자에게 요양으로 취업하지 못한 기간에 대하여 지급하되, 1일당 지급액은 평균임금의 100분의 70에 상당하는 금액으로 한다. 다만, 취업하지 못한 기간이 3일 이내이면 지급하지 아니한다(동법 제52조).
③ 간병급여는 요양급여를 받은 사람 중 치유 후 의학적으로 상시 또는 수시로 간병이 필요하여 실제로 간병을 받는 사람에게 지급한다(동법 제61조 제1항).
④ 요양급여를 받는 근로자가 요양을 시작한 지 2년이 지난 날 이후에 계속해서 그 부상이나 질병이 치유되지 아니하고 그에 따른 중증요양상태의 정도가 대통령령으로 정하는 중증요양상태등급 기준에 해당하며, 요양으로 인하여 취업하지 못하였을 경우 휴업급여 대신 상병보상연금을 그 근로자에게 지급한다(동법 제66조 제1항).

16회 기출

18 산업재해보상보험법상 업무상 재해를 입은 근로자 등의 진료 · 요양 및 재활 사업을 수행하는 기관은?

① 국민연금공단

② 국민건강보험공단

③ 근로복지공단

④ 한국장애인고용공단

⑤ 한국산업인력공단

[해설] **근로복지공단의 사업(산업재해보상보험법 제11조 제1항 참조)**
- 보험가입자와 수급권자에 관한 기록의 관리 · 유지
- 고용산재보험료징수법에 따른 보험료와 그 밖의 징수금의 징수
- 보험급여의 결정과 지급
- 보험급여 결정 등에 관한 심사청구의 심리 · 결정
- 산업재해보상보험 시설의 설치 · 운영
- 업무상 재해를 입은 근로자 등의 진료 · 요양 및 재활
- 재활보조기구의 연구개발 · 검정 및 보급
- 보험급여 결정 및 지급을 위한 업무상 질병 관련 연구
- 근로자 등의 건강을 유지 · 증진하기 위하여 필요한 건강진단 등 예방 사업
- 근로자의 복지 증진을 위한 사업
- 그 밖에 정부로부터 위탁받은 사업
- 그 밖에 법령에 따른 사업에 딸린 사업

19 다음 중 노인장기요양보험법상 장기요양급여에 해당하지 않는 것은?

① 재가급여

② 가족요양비

③ 시설급여

④ 간병급여

⑤ 특례요양비

[해설] ④ 간병급여는 산업재해보상보험법상 보험급여에 해당한다.

장기요양급여의 종류(노인장기요양보험법 제23조 참조)
- 재가급여 : 방문요양, 방문목욕, 방문간호, 주 · 야간보호, 단기보호, 기타 재가급여
- 시설급여
- 특별현금급여 : 가족요양비, 특례요양비, 요양병원간병비

16회 기출

20 노인장기요양보험법의 내용으로 옳지 않은 것은?

① 장기요양사업이란 장기요양보험료, 국가 및 지방자치단체의 부담금 등을 재원으로 하여 노인 등에게 장기요양급여를 제공하는 사업을 말한다.

② 장기요양보험사업의 피보험자는 국민건강보험법에 따른 국민건강보험공단으로 한다.

③ 국가는 노인성질환예방사업을 수행하는 지방자치단체에 대하여 이에 소요되는 비용을 지원할 수 있다.

④ 장기요양급여는 노인 등이 가족과 함께 생활하면서 가정에서 장기요양을 받는 재가급여를 우선적으로 제공하여야 한다.

⑤ 보건복지부장관은 장기요양사업의 실태를 파악하기 위하여 3년마다 장기요양인정에 관한 사항 등에 관한 조사를 정기적으로 실시하고 그 결과를 공표하여야 한다.

[해설] ② 장기요양보험사업의 보험자(주의 : 피보험자가 아님)는 국민건강보험법에 따른 국민건강보험공단으로 한다(노인장기요양보험법 제7조 제2항).
　　　① 동법 제2조 제3호
　　　③ 국가는 노인성질환예방사업을 수행하는 지방자치단체 또는 국민건강보험법에 따른 국민건강보험공단에 대하여 이에 소요되는 비용을 지원할 수 있다(동법 제4조 제2항).
　　　④ 동법 제3조 제3항
　　　⑤ 동법 제6조의2 제1항 참조

18회 기출

01 국민기초생활보장법상 용어의 정의로 옳은 것은?

① 수급권자란 이 법에 따른 급여를 받는 사람을 말한다.

② 기준 중위소득이란 국민 가구소득의 평균값을 말한다.

③ 보장기관이란 이 법에 따른 급여를 실시하는 사회복지시설을 말한다.

④ 소득인정액이란 보장기관이 급여의 결정 및 실시 등에 사용하기 위하여 산출한 개별가구의 소득평가액과 재산의 소득환산액을 합산한 금액을 말한다.

⑤ 최저생계비란 국민이 쾌적한 문화생활을 유지하기 위하여 필요한 적정선의 비용을 말한다.

〔 해설 〕 ④ 국민기초생활보장법 제2조 제9호

① '수급권자'란 이 법에 따른 급여를 받을 수 있는 자격을 가진 사람을 말한다. 참고로 이 법에 따른 급여를 받는 사람은 '수급자'에 해당한다(동법 제2조 제1호 및 제2호).

② '기준 중위소득'이란 보건복지부장관이 급여의 기준 등에 활용하기 위하여 중앙생활보장위원회의 심의·의결을 거쳐 고시하는 국민 가구소득의 중위값을 말한다(동법 제2조 제11호).

③ '보장기관'이란 이 법에 따른 급여를 실시하는 국가 또는 지방자치단체를 말한다(동법 제2조 제4호).

⑤ '최저생계비'란 국민이 건강하고 문화적인 생활을 유지하기 위하여 필요한 최소한의 비용으로서 법령에 따라 보건복지부장관이 계측하는 금액을 말한다(동법 제2조 제7호).

14회 기출

02 국민기초생활보장법상 기준 중위소득의 산정에 관한 내용이다. ( )에 들어갈 용어가 순서대로 옳은 것은?

> 기준 중위소득은 통계법 제27조에 따라 통계청이 공표하는 통계자료의 가구 ( )의 중간값에 최근 가구소득 ( ), 가구규모에 따른 소득수준의 차이 등을 반영하여 ( )별로 산정한다.

① 경상소득, 평균 증가율, 가구규모
② 평균소득, 누적 증가율, 개별가구
③ 경상소득, 누적 증가율, 개별가구
④ 평균소득, 누적 증가율, 가구규모
⑤ 실질소득, 평균 증가율, 가구규모

〔 해설 〕 기준 중위소득의 산정(국민기초생활보장법 제6조의2)

• 기준 중위소득은 통계법 제27조(통계의 공표)에 따라 통계청이 공표하는 통계자료의 가구 경상소득(근로소득, 사업소득, 재산소득, 이전소득을 합산한 소득을 말한다)의 중간값에 최근 가구소득 평균 증가율, 가구규모에 따른 소득수준의 차이 등을 반영하여 가구규모별로 산정한다.

• 그 밖에 가구규모별 소득수준 반영 방법 등 기준 중위소득의 산정에 필요한 사항은 중앙생활보장위원회에서 정한다.

03 다음 중 국민기초생활보장법령에 대한 내용으로 옳지 않은 것은?

① 수급자에 대한 급여는 정당한 사유 없이 수급자에게 불리하게 변경할 수 없다.

② 수급자는 급여를 받을 권리를 타인에게 양도할 수 없다.

③ 수급자는 거주지역, 세대의 구성 등이 변동되었을 때에는 지체 없이 관할 보장기관에 신고하여야 한다.

④ 보장기관은 수급자가 급여의 전부를 거부한 경우에도 급여의 일부에 한하여 중지할 수 있다.

⑤ 급여 실시 및 급여 내용이 결정된 수급자에 대한 급여는 급여의 신청일부터 시작한다.

[해설] ④ 보장기관은 수급자에 대한 급여의 전부 또는 일부가 필요 없게 된 경우 또는 수급자가 급여의 전부 또는 일부를 거부한 경우, 급여의 전부 또는 일부를 중지하여야 한다(국민기초생활보장법 제30조 제1항).
① 동법 제34조
② 동법 제36조
③ 수급자는 거주지역, 세대의 구성 또는 임대차 계약내용이 변동되거나 신청에 의한 조사사항이 현저하게 변동되었을 때에는 지체 없이 관할 보장기관에 신고하여야 한다(동법 제37조).
⑤ 동법 제27조 제1항

21회 기출

04 국민기초생활보장법상 보장기관에 관한 설명으로 옳은 것은?

① 교육급여 및 의료급여는 시 · 도 교육감이 실시한다.

② 생계급여는 수급자의 거주지를 관할하는 시 · 도지사와 시장 · 군수 · 구청장이 실시한다.

③ 보장기관은 위기개입상담원을 배치하여야 한다.

④ 생활보장위원회는 자문기구이다.

⑤ 소관 중앙행정기관의 장은 5년마다 기초생활보장 시행계획을 수립하여야 한다.

[해설] ① · ② 국민기초생활보장법에 따른 급여는 수급권자 또는 수급자의 거주지를 관할하는 시 · 도지사와 시장 · 군수 · 구청장(교육급여인 경우 시 · 도 교육감)이 실시한다. 다만, 주거가 일정하지 아니한 경우에는 수급권자 또는 수급자가 실제 거주하는 지역을 관할하는 시장 · 군수 · 구청장이 실시한다(국민기초생활보장법 제19조 제1항).
③ 보장기관은 수급권자 · 수급자 · 차상위계층에 대한 조사와 수급자 결정 및 급여의 실시 등 이 법에 따른 보장업무를 수행하게 하기 위하여 「사회복지사업법」에 따른 사회복지 전담공무원을 배치하여야 한다(동법 제19조 제4항).
④ 생활보장위원회는 심의 · 의결기구이다(동법 제20조 제1항 참조).
⑤ 소관 중앙행정기관의 장은 수급자의 최저생활을 보장하기 위하여 3년마다 소관별로 기초생활보장 기본계획을 수립하여 보건복지부장관에게 제출하여야 한다(동법 제20조의2 제1항).

05 다음 중 국민기초생활보장법령상 보기의 빈칸에 들어갈 내용을 순서대로 올바르게 나열한 것은?

> • 생계급여 수급자는 시장·군수·구청장의 처분에 대하여 이의가 있는 경우 그 결정의 통지를 받은 날부터 (ㄱ)
> 이내에 해당 보장기관을 거쳐 시·도지사에게 (ㄴ)(으)로 이의를 신청할 수 있다.
> • 시·도지사가 시장·군수·구청장으로부터 이의신청서를 받았을 때에는 (ㄷ) 이내에 필요한 심사를 하고 이의신
> 청을 각하 또는 기각하거나 해당 처분을 변경 또는 취소하거나 그 밖에 필요한 급여를 명하여야 한다.

	ㄱ	ㄴ	ㄷ
①	10일	서 면	30일
②	30일	서 면	10일
③	30일	서면 또는 구두	30일
④	60일	서 면	30일
⑤	90일	서면 또는 구두	30일

[해설] 시·도지사에 대한 이의신청 및 시·도지사의 처분 등
- 수급자나 급여 또는 급여 변경을 신청한 사람은 시장·군수·구청장(교육급여인 경우 시·도 교육감)의 처분에 대하여 이의가
있는 경우에는 그 결정의 통지를 받은 날부터 90일 이내에 해당 보장기관을 거쳐 시·도지사(특별자치시장·특별자치도지사 및
시·도 교육감의 처분에 이의가 있는 경우에는 해당 특별자치시장·특별자치도지사 및 시·도 교육감)에게 서면 또는 구두로
이의를 신청할 수 있다(국민기초생활보장법 제38조 제1항).
- 시·도지사가 시장·군수·구청장으로부터 이의신청서를 받았을 때(특별자치시장·특별자치도지사 및 시·도 교육감의 경우에
는 직접 이의신청을 받았을 때)에는 30일 이내에 필요한 심사를 하고 이의신청을 각하 또는 기각하거나 해당 처분을 변경 또는
취소하거나 그 밖에 필요한 급여를 명하여야 한다(동법 제39조 제1항).

06 의료급여법상 의료급여의 내용에 해당하지 않는 것은?

① 진찰 · 검사

② 예방 · 재활

③ 입 원

④ 간 호

⑤ 화장 또는 매장 등 장제 조치

[해설] 의료급여의 내용(의료급여법 제7조 제1항)
· 진찰 · 검사(①)
· 약제 · 치료재료의 지급
· 처치 · 수술과 그 밖의 치료
· 예방 · 재활(②)
· 입원(③)
· 간호(④)
· 이송과 그 밖의 의료목적 달성을 위한 조치

07 다음 중 의료급여법령의 내용으로 옳지 않은 것은?

① 의료급여기관은 의료급여를 하기 전에 수급권자에게 본인부담금을 청구할 수 있다.

② 시장 · 군수 · 구청장은 장애인복지법에 따라 등록한 장애인인 수급권자에게 보조기기에 대하여 급여를 실시할 수 있다.

③ 급여비용을 청구하려는 의료급여기관은 급여비용심사기관에 급여비용의 심사청구를 하여야 한다.

④ 시장 · 군수 · 구청장은 수급권자의 소득, 재산상황, 근로능력 등이 변동되었을 때에는 직권으로 의료급여의 내용 등을 변경할 수 있다.

⑤ 시장 · 군수 · 구청장은 수급권자에 대한 의료급여가 필요 없게 된 경우에는 의료급여를 중지하여야 한다.

[해설] ① 의료급여기관은 의료급여를 하기 전에 수급권자에게 본인부담금을 청구하거나 수급권자가 의료급여법에 따라 부담하여야 하는 비용과 비급여비용 외에 입원보증금 등 다른 명목의 비용을 청구하여서는 아니 된다(의료급여법 제11조의4).
② 동법 제13조 제1항
③ 동법 제11조 제2항
④ 시장 · 군수 · 구청장은 수급권자의 소득, 재산상황, 근로능력 등이 변동되었을 때에는 직권으로 또는 수급권자나 그 친족, 그 밖의 관계인의 신청을 받아 의료급여의 내용 등을 변경할 수 있다(동법 제16조 제1항).
⑤ 시장 · 군수 · 구청장은 수급권자에 대한 의료급여가 필요 없게 된 경우 또는 수급권자가 의료급여를 거부한 경우 의료급여를 중지하여야 한다(동법 제17조 제1항 참조).

16회 기출

08 의료급여법의 내용이다. (   )에 들어갈 숫자를 옳게 짝지은 것은?

> • 의료급여기관은 의료급여가 끝난 날부터 (ㄱ)년간 보건복지부령으로 정하는 바에 따라 급여비용의 청구에 관한
> 서류를 보존하여야 한다.
> • 약국 등 보건복지부령으로 정하는 의료급여기관은 처방전을 급여비용을 청구한 날부터 (ㄴ)년간 보존하여야 한다.

① ㄱ : 2, ㄴ : 3
② ㄱ : 3, ㄴ : 3
③ ㄱ : 3, ㄴ : 5
④ ㄱ : 5, ㄴ : 3
⑤ ㄱ : 5, ㄴ : 5

[해설] 서류의 보존(의료급여법 제11조의2)
• 의료급여기관은 의료급여가 끝난 날부터 5년간 보건복지부령으로 정하는 바에 따라 급여비용의 청구에 관한 서류를 보존하여
야 한다.
• 약국 등 보건복지부령으로 정하는 의료급여기관은 처방전을 급여비용을 청구한 날부터 3년간 보존하여야 한다.

09 다음 중 의료급여법령에 대한 내용으로 옳은 것은?

① 의료급여를 받을 권리는 5년간 행사하지 아니하면 소멸시효가 완성된다.
② 시장·군수·구청장은 수급권자가 의료급여를 거부한 경우에는 수급권자가 속한 가구원 전부에 대하여 의료
급여를 중지하여야 한다.
③ 의료급여에 대한 시장·군수·구청장의 처분에 이의가 있는 자는 시·도지사에게 이의신청을 할 수 있다.
④ 이의신청은 처분이 있음을 안 날부터 60일 이내에 문서로 하여야 한다.
⑤ 급여비용심사기관의 이의신청에 대한 결정에 불복이 있는 자는 의료급여심의위원회에 심판청구를 할 수 있다.

[해설] ② 의료급여법 제17조 제2항
① 의료급여를 받을 권리, 급여비용을 받을 권리, 대지급금을 상환받을 권리는 3년간 행사하지 아니하면 소멸시효가 완성된다(동
법 제31조 제1항).
③ 수급권자의 자격, 의료급여 및 급여비용에 대한 시장·군수·구청장의 처분에 이의가 있는 자는 시장·군수·구청장에게 이의
신청을 할 수 있다(동법 제30조 제1항).
④ 이의신청은 처분이 있음을 안 날부터 90일 이내에 문서(전자문서를 포함)로 하여야 하며, 처분이 있은 날부터 180일이 지나면
제기하지 못한다(동법 제30조 제3항).
⑤ 급여비용심사기관의 이의신청에 대한 결정에 불복이 있는 자는 국민건강보험법에 따른 건강보험분쟁조정위원회에 심판청구를
할 수 있다(동법 제30조의2 제1항).

10 기초연금법상 수급권자의 범위에 관한 내용이다. (   )에 들어갈 숫자가 옳은 것은?

> • 기초연금은 (ㄱ)세 이상인 사람으로서 소득인정액이 보건복지부장관이 정하여 고시하는 금액(이하 "선정기준
> 액"이라 한다) 이하인 사람에게 지급한다.
> • 보건복지부장관은 선정기준액을 정하는 경우 (ㄱ)세 이상인 사람 중 기초연금 수급자가 100분의 (ㄴ) 수준이
> 되도록 한다.

① ㄱ : 60, ㄴ : 70

② ㄱ : 65, ㄴ : 70

③ ㄱ : 65, ㄴ : 80

④ ㄱ : 70, ㄴ : 70

⑤ ㄱ : 70, ㄴ : 80

〔 해설 〕 기초연금 수급권자의 범위 등(기초연금법 제3조 제1항 및 제2항)
　　　　• 기초연금은 65세 이상인 사람으로서 소득인정액이 보건복지부장관이 정하여 고시하는 금액(이하 "선정기준액"이라 한다) 이하
　　　　　인 사람에게 지급한다.
　　　　• 보건복지부장관은 선정기준액을 정하는 경우 65세 이상인 사람 중 기초연금 수급자가 100분의 70 수준이 되도록 한다.

11 다음 중 기초연금법령에 대한 내용으로 옳지 않은 것은?

① 소득인정액은 본인 및 배우자의 소득평가액과 재산의 소득환산액을 합산한 금액을 말한다.

② 기초연금 수급권자에 대한 기초연금액은 기준연금액과 국민연금 급여액 등을 고려하여 산정한다.

③ 기초연금 수급권자는 국외로 이주한 때에 기초연금 수급권을 상실한다.

④ 기초연금으로 지급받은 금품은 압류할 수 없다.

⑤ 기초연금 수급권자의 권리는 3년간 행사하지 아니하면 시효의 완성으로 소멸한다.

〔 해설 〕 ⑤ 환수금을 환수할 권리와 기초연금 수급권자의 권리는 5년간 행사하지 아니하면 시효의 완성으로 소멸한다(기초연금법 제23조).

12 다음 중 기초연금법령상 보기의 빈칸에 들어갈 내용으로 옳은 것은?

> 배우자가 있는 노인가구의 선정기준액 및 저소득자 선정기준액은 배우자가 없는 노인가구의 선정기준액 및 저소득자 선정기준액에 (   )을 곱한 금액으로 한다.

① 100분의 150
② 100분의 160
③ 100분의 170
④ 100분의 180
⑤ 100분의 200

〔해설〕 **선정기준액의 기준 등(기초연금법 시행령 제4조 제2항)**
배우자가 있는 노인가구의 선정기준액 및 저소득자 선정기준액은 배우자가 없는 노인가구의 선정기준액 및 저소득자 선정기준액에 100분의 160을 곱한 금액으로 한다.

13 다음 중 기초연금법령상 보기의 빈칸에 들어갈 내용으로 옳은 것은?

> 본인과 그 배우자가 모두 기초연금 수급권자인 경우에는 각각의 기초연금액에서 기초연금액의 (   )에 해당하는 금액을 감액한다.

① 100분의 20
② 100분의 25
③ 100분의 30
④ 100분의 35
⑤ 100분의 40

〔해설〕 **기초연금액의 감액(기초연금법 제8조 제1항)**
본인과 그 배우자가 모두 기초연금 수급권자인 경우에는 각각의 기초연금액에서 기초연금액의 100분의 20에 해당하는 금액을 감액한다.

14회 기출

14 긴급복지지원법상 긴급지원 중 '금전 또는 현물(現物) 등의 직접지원'에 해당하지 않는 것은?

① 초·중·고등학생의 수업료 등 필요한 비용 지원

② 각종 검사 및 치료 등 의료서비스 지원

③ 사회복지공동모금회법에 따른 사회복지공동모금회와의 연계 지원

④ 사회복지사업법에 따른 사회복지시설 입소

⑤ 임시거소 제공

[해설] ③ 대한적십자사조직법에 따른 대한적십자사, 사회복지공동모금회법에 따른 사회복지공동모금회 등의 사회복지기관·단체와의
연계 지원은 '민간기관·단체와의 연계 등의 지원'에 해당한다(긴급복지지원법 제9조 제1항 제2호 참조).
① 교육지원, ② 의료지원, ④ 사회복지시설 이용 지원, ⑤ 주거지원

15 다음 중 긴급복지지원법령에 대한 내용으로 가장 옳은 것은?

① 생계지원, 주거지원, 사회복지시설 이용 지원은 3개월간의 생계유지 등에 필요한 지원을 하는 것을 원칙으로
한다.

② 주거지원은 지원기간을 합하여 총 6개월을 초과하여서는 아니 된다.

③ 의료지원은 위기상황의 원인이 되는 질병 또는 부상을 검사·치료하기 위한 범위에서 두 번 실시하는 것을 원
칙으로 한다.

④ 교육지원은 지원횟수를 합하여 총 두 번을 초과하여서는 아니 된다.

⑤ 긴급지원심의위원회는 긴급지원대상자가 국민기초생활보장법 또는 의료급여법에 따른 수급권자로 결정된 경
우에는 긴급지원의 적정성 심사를 하지 아니할 수 있다.

[해설] ⑤ 긴급복지지원법 제14조 제2항
① 생계지원, 주거지원, 사회복지시설 이용 지원, 그 밖의 지원은 1개월간의 생계유지 등에 필요한 지원으로 한다(동법 제10조
제1항).
② 주거지원은 지원기간을 합하여 총 12개월을 초과하여서는 아니 된다(동법 제10조 제3항 참조).
③ 의료지원은 위기상황의 원인이 되는 질병 또는 부상을 검사·치료하기 위한 범위에서 한 번 실시하며, 교육지원도 한 번 실시
한다(동법 제10조 제2항).
④ 교육지원은 지원횟수를 합하여 총 네 번을 초과하여서는 아니 된다(동법 제10조 제3항 참조).

CHAPTER 05 사회서비스법

13회 기출

01 노인복지법령상 노인복지시설에 관한 설명으로 옳지 않은 것은?

① 노인복지주택은 노인주거복지시설이다.
② 노인교실은 노인여가복지시설이다.
③ 노인학대 신고전화 운영은 지역노인보호전문기관의 업무이다.
④ 노인공동생활가정은 노인의료복지시설이다.
⑤ 방문요양서비스의 제공을 목적으로 하는 시설은 재가노인복지시설이다.

[해설] ④ 노인공동생활가정은 노인복지법상 노인주거복지시설에 해당한다(노인복지법 제32조 제1항 참조).

16회 기출

02 노인복지법의 내용으로 옳지 않은 것은?

① 국가는 노인보건복지관련 연구시설을 위하여 필요하다고 인정하는 경우 국유재산법 규정에 불구하고 국유재산을 무상으로 대부할 수 있다.
② 지방자치단체는 노인보건복지관련 사업의 육성을 위하여 필요하다고 인정하는 경우 지방재정법의 규정에 불구하고 공유재산을 무상으로 사용하게 할 수 있다.
③ 재가노인복지시설, 노인공동생활가정 및 노인요양공동생활가정은 공동주택에만 설치할 수 있다.
④ 노인복지법에 의한 노인복지주택의 건축물의 용도는 건축관계법령에 불구하고 노유자시설로 본다.
⑤ 노인복지시설에서 노인을 위하여 사용하는 건물·토지 등에 대하여는 관계법령이 정하는 바에 의하여 조세 기타 공과금을 감면할 수 있다.

[해설] ③ 노인복지법에 의한 재가노인복지시설, 노인공동생활가정, 노인요양공동생활가정 및 학대피해노인 전용쉼터는 건축법상 용도변경(제19조)의 규정에 불구하고 단독주택 또는 공동주택에 설치할 수 있다(노인복지법 제55조 제1항).
①·② 국가 또는 지방자치단체는 노인보건복지관련 연구시설이나 사업의 육성을 위하여 필요하다고 인정하는 경우에는 국유재산법 또는 지방재정법의 규정에 불구하고 국·공유재산을 무상으로 대부하거나 사용·수익하게 할 수 있다(동법 제54조).
④ 동법 제55조 제2항
⑤ 동법 제49조

03 다음 중 노인복지법령의 내용으로 옳은 것은?

① 60세 이상의 노인은 국가 또는 지방자치단체의 수송시설을 무료로 또는 할인하여 이용할 수 있다.

② 노인 일자리 및 사회활동 지원에 관한 법률에 따른 노인일자리지원기관은 노인복지법상 노인복지시설의 종류에 포함된다.

③ 국가 또는 지방자치단체는 홀로 사는 노인에 대하여 방문요양과 돌봄 등의 서비스와 안전확인 등의 보호조치를 취할 수 있다.

④ 국가 또는 지방자치단체는 노인에 대하여 건강진단과 보건교육을 실시하여야 한다.

⑤ 노인에 대한 사회적 관심과 공경의식을 높이기 위하여 매년 10월 2일을 노인학대예방의 날로 지정한다.

[해설] ② 노인복지법 제31조 참조
① 국가 또는 지방자치단체는 65세 이상의 자에 대하여 대통령령이 정하는 바에 의하여 국가 또는 지방자치단체의 수송시설 및 고궁·능원·박물관·공원 등의 공공시설을 무료로 또는 그 이용요금을 할인하여 이용하게 할 수 있다(동법 제26조 제1항).
③ 국가 또는 지방자치단체는 홀로 사는 노인에 대하여 방문요양과 돌봄 등의 서비스와 안전확인 등의 보호조치를 취하여야 한다(동법 제27조의2 제1항).
④ 국가 또는 지방자치단체는 대통령령이 정하는 바에 의하여 65세 이상의 자에 대하여 건강진단과 보건교육을 실시할 수 있다(동법 제27조 제1항).
⑤ 매년 10월 2일은 노인의 날이다. 반면, 노인학대예방의 날은 매년 6월 15일이다(동법 제6조 참조).

12회 기출

04 아동복지법령상 아동학대예방의 날은?

① 4월 20일
② 9월 7일
③ 10월 2일
④ 11월 19일
⑤ 12월 10일

[해설] ④ 아동의 건강한 성장을 도모하고, 범국민적으로 아동학대의 예방과 방지에 관한 관심을 높이기 위하여 매년 11월 19일을 아동학대예방의 날로 지정하고, 아동학대예방의 날부터 1주일을 아동학대예방주간으로 한다(아동복지법 제23조 제1항).
① 4월 20일 – 장애인의 날
② 9월 7일 – 사회복지의 날
③ 10월 2일 – 노인의 날
⑤ 12월 10일 – 세계인권선언일

17회 **기출**

05 아동복지법의 내용으로 옳지 않은 것은?

① '아동'이란 18세 미만인 사람을 말한다.

② 보건복지부장관은 5년마다 아동정책기본계획을 수립하여야 한다.

③ 국가 또는 지방자치단체 외의 자는 관할 시장·군수·구청장에게 신고하고 아동복지시설을 설치할 수 있다.

④ 아동정책조정위원회는 국무총리 소속으로 둔다.

⑤ 국가기관은 아동학대 예방교육을 연 2회 이상 실시하여야 한다.

〔해설〕 ⑤ 국가기관과 지방자치단체의 장, 「공공기관의 운영에 관한 법률」에 따른 공공기관과 대통령령으로 정하는 공공단체의 장은 아동학대의 예방과 방지를 위하여 필요한 교육(아동학대 예방교육)을 연 1회 이상 실시하고, 그 결과를 보건복지부장관에게 제출하여야 한다(아동복지법 제26조의2 제1항).
　① 동법 제3조 제1호
　② 보건복지부장관은 아동정책의 효율적인 추진을 위하여 5년마다 아동정책기본계획을 수립하여야 한다(동법 제7조 제1항).
　③ 동법 제50조 제2항
　④ 아동의 권리증진과 건강한 출생 및 성장을 위하여 종합적인 아동정책을 수립하고 관계 부처의 의견을 조정하며 그 정책의 이행을 감독하고 평가하기 위하여 국무총리 소속으로 아동정책조정위원회를 둔다(동법 제10조 제1항).

06 다음 중 아동복지법의 내용으로 옳지 않은 것은?

① 아동위원은 명예직으로 하되, 아동위원에 대하여는 수당을 지급할 수 있다.

② 누구든지 아동의 정신건강 및 발달에 해를 끼치는 정서적 학대행위를 하여서는 아니 된다.

③ 보건복지부장관은 3년마다 아동종합실태조사를 실시하여 그 결과를 기본계획과 시행계획에 반영하여야 한다.

④ 법원의 심리과정에서 변호사가 아닌 아동보호전문기관의 상담원은 학대아동사건의 심리에 있어서 법원의 허가를 받아 보조인이 될 수 있다.

⑤ 학교의 장은 친권자가 없는 아동을 발견한 경우 그 복지를 위하여 필요하다고 인정할 때에는 시장·군수·구청장에게 친권자의 선임을 청구하여야 한다.

〔해설〕 ⑤ 시·도지사, 시장·군수·구청장, 아동복지시설의 장 및 학교의 장은 친권자 또는 후견인이 없는 아동을 발견한 경우 그 복지를 위하여 필요하다고 인정할 때에는 법원에 후견인의 선임을 청구하여야 한다(아동복지법 제19조 제1항).
　① 동법 제14조 제4항
　② 동법 제17조 제5호
　③ 동법 제11조 제1항 참조
　④ 법원의 심리과정에서 변호사, 법정대리인, 직계 친족, 형제자매, 아동학대전담공무원, 아동권리보장원 또는 아동보호전문기관의 상담원은 학대아동사건의 심리에 있어서 보조인이 될 수 있다. 다만, 변호사가 아닌 경우에는 법원의 허가를 받아야 한다(동법 제21조 제1항).

13회 기출

07 영유아보육법의 내용이다. (   )에 들어갈 말은?

> 국공립어린이집 외의 어린이집을 설치 · 운영하려는 자는 특별자치시장 · 특별자치도지사 · 시장 · 군수 · 구청장의
> (   )를(을) 받아야 한다.

① 인 가   ② 보 증
③ 인 증   ④ 허 가
⑤ 특 허

〔 해설 〕 국공립어린이집 외의 어린이집의 설치(영유아보육법 제13조 제1항)
국공립어린이집 외의 어린이집을 설치 · 운영하려는 자는 특별자치시장 · 특별자치도지사 · 시장 · 군수 · 구청장의 인가를 받아야
한다.

08 다음 중 영유아보육법상 보기의 빈칸에 들어갈 내용을 순서대로 올바르게 나열한 것은?

> • 상시 여성근로자 (ㄱ) 이상 또는 상시근로자 (ㄴ) 이상을 고용하고 있는 사업장의 사업주는 직장어린이집을
> 설치하여야 한다.
> • 영유아보육법에 따라 (ㄷ) 이상의 벌금형이 확정된 날부터 2년이 지나지 아니한 사람은 어린이집을 설치 · 운영
> 할 수 없다.

	ㄱ	ㄴ	ㄷ
①	200명	300명	500만 원
②	200명	300명	300만 원
③	300명	400명	500만 원
④	300명	500명	300만 원
⑤	300명	500명	500만 원

〔 해설 〕 영유아보육법령상 직장어린이집의 설치
• 상시 여성근로자 300명 이상 또는 상시근로자 500명 이상을 고용하고 있는 사업장의 사업주는 직장어린이집을 설치하여야 한
다(법 제14조 제1항 및 시행령 제20조 제1항).
• 영유아보육법에 따라 300만 원 이상의 벌금형이 확정된 날부터 2년이 지나지 아니한 사람은 어린이집을 설치 · 운영할 수 없다
(법 제16조 제8호 참조).

18회 기출

09 장애인복지법에 근거하여 설치 또는 설립하는 것이 아닌 것은?

① 장애인 거주시설
② 한국장애인개발원
③ 장애인권익옹호기관
④ 발달장애인지원센터
⑤ 장애인자립생활지원센터

〔 해설 〕 ④ 발달장애인지원센터는 「발달장애인 권리보장 및 지원에 관한 법률」에 근거하여 설치하는 발달장애인 전문기관이다. 관련 법률에 따라 보건복지부장관은 중앙발달장애인지원센터를, 시 · 도지사는 지역발달장애인지원센터를 설치하여야 한다(발달장애인 권리보장 및 지원에 관한 법률 제33조 참조).

16회 기출

10 장애인복지법의 내용으로 옳지 않은 것은?

① 중앙행정기관의 장은 해당 기관의 장애인정책을 효율적으로 수립 · 시행하기 위하여 소속공무원 중에서 장애인정책책임관을 지정할 수 있다.
② 재한외국인 처우 기본법에 따른 결혼이민자는 장애인복지법에 따른 장애인 등록을 할 수 없다.
③ 국가와 지방자치단체는 장애 정도가 심하여 자립하기가 매우 곤란한 장애인이 필요한 보호 등을 평생 받을 수 있도록 알맞은 정책을 강구하여야 한다.
④ 장애인은 장애인 관련 정책결정과정에 우선적으로 참여할 권리가 있다.
⑤ 국가는 초 · 중등교육법에 따른 학교에서 사용하는 교과용 도서에 장애인에 대한 인식개선을 위한 내용이 포함되도록 하여야 한다.

〔 해설 〕 재외동포 및 외국인의 장애인 등록(장애인복지법 제32조의2 제1항)
재외동포 및 외국인 중 다음의 어느 하나에 해당하는 사람은 장애인 등록을 할 수 있다.
• 재외동포의 출입국과 법적 지위에 관한 법률에 따라 국내거소신고를 한 사람
• 주민등록법에 따라 재외국민으로 주민등록을 한 사람
• 출입국관리법에 따라 외국인등록을 한 사람으로서 대한민국에 영주할 수 있는 체류자격을 가진 사람
• 재한외국인 처우 기본법에 따른 결혼이민자(②)
• 난민법에 따른 난민인정자

11 다음 중 장애인복지법령상 장애인복지전문인력에 속하지 않는 사람은?

① 의지 · 보조기 기사

② 언어재활사

③ 한국수어 통역사

④ 장애상담치료사

⑤ 점역 · 교정사

[해설] 장애인복지전문인력의 범위(장애인복지법 시행규칙 제55조 참조)
- 의지 · 보조기 기사
- 언어재활사
- 장애인재활상담사
- 한국수어 통역사
- 점역 · 교정사(點譯 · 矯正士)

12 다음 중 한부모가족지원법령상 보기의 빈칸에 들어갈 내용을 순서대로 올바르게 나열한 것은?

- '청소년 한부모'란 (ㄱ) 이하의 모 또는 부를 말한다.
- '아동'이란 (ㄴ) 미만의 자를 말하나 취학 중인 경우 (ㄷ) 미만을 말한다.

	ㄱ	ㄴ	ㄷ
①	18세	13세	16세
②	18세	14세	18세
③	20세	15세	18세
④	24세	16세	20세
⑤	24세	18세	22세

[해설] ㄱ. '청소년 한부모'란 24세 이하의 모 또는 부를 말한다(한부모가족지원법 제4조 제1의2호).
ㄴ · ㄷ. '아동'이란 18세 미만(취학 중인 경우에는 22세 미만을 말하되, 병역법에 따른 병역의무를 이행하고 취학 중인 경우에는 병역의무를 이행한 기간을 가산한 연령 미만)의 자를 말한다(동법 제4조 제5호).

13 다음 중 한부모가족지원법상 정의 규정에서 '모' 또는 '부'에 해당하는 자를 올바르게 모두 고른 것은?

> ㄱ. 배우자와 이혼한 자로서 아동인 자녀를 양육하는 자
> ㄴ. 교정시설에 입소한 배우자를 가진 사람으로서 아동인 자녀를 양육하는 자
> ㄷ. 배우자로부터 유기(遺棄)된 자로서 아동인 자녀를 양육하는 자
> ㄹ. 사실혼 관계에 있는 미혼자로서 아동인 자녀를 양육하는 자

① ㄱ, ㄴ, ㄷ   ② ㄱ, ㄷ
③ ㄴ, ㄹ   ④ ㄹ
⑤ ㄱ, ㄴ, ㄷ, ㄹ

[해설] '모' 또는 '부'에 해당하는 자(한부모가족지원법 제4조 및 시행규칙 제2조 참조)
'모' 또는 '부'란 다음의 어느 하나에 해당하는 자로서 아동인 자녀를 양육하는 자를 말한다.
- 배우자와 사별 또는 이혼하거나 배우자로부터 유기된 자(ㄱ·ㄷ)
- 정신이나 신체의 장애로 장기간 노동능력을 상실한 배우자를 가진 자
- 교정시설·치료감호시설에 입소한 배우자 또는 병역복무 중인 배우자를 가진 사람(ㄴ)
- 미혼자(사실혼 관계에 있는 자는 제외)(ㄹ)
- 배우자의 생사가 분명하지 아니한 자
- 배우자 또는 배우자 가족과의 불화 등으로 인하여 가출한 자

9회 기출

14 국가나 지방자치단체가 한부모가족에게 제공하도록 노력하여야 하는 가족지원서비스의 종류가 아닌 것은?

① 아동의 양육 및 교육 서비스
② 취사, 청소, 세탁 등 가사 서비스
③ 교육·상담 등 가족 관계 증진 서비스
④ 의료비·주택자금 대여 등 생활지원 서비스
⑤ 장애인, 노인, 만성질환자 등의 부양 서비스

[해설] 가족지원서비스의 종류(한부모가족지원법 제17조 및 시행령 제17조의2 참조)
- 아동의 양육 및 교육 서비스(①)
- 장애인, 노인, 만성질환자 등의 부양 서비스(⑤)
- 취사, 청소, 세탁 등 가사 서비스(②)
- 교육·상담 등 가족 관계 증진 서비스(③)
- 인지청구 및 자녀양육비 청구 등을 위한 법률상담, 소송대리 등 법률구조서비스
- 한부모가족에 대한 상담·심리치료

제8영역

15 다음 중 다문화가족지원법에 대한 내용으로 옳지 않은 것은?

① 아동 · 청소년은 24세 이하인 사람을 말한다.

② 시 · 군 · 구에는 다문화가족 지원을 담당할 기구와 공무원을 두어야 한다.

③ 여성가족부장관은 다문화가족 지원을 위하여 3년마다 다문화가족정책에 관한 기본계획을 수립하여야 한다.

④ 여성가족부장관은 3년마다 다문화가족에 대한 실태조사를 실시하고 그 결과를 공표하여야 한다.

⑤ 다문화가족의 삶의 질 향상과 사회통합에 관한 중요 사항을 심의 · 조정하기 위하여 국무총리 소속으로 다문화가족정책위원회를 둔다.

〔 해설 〕 ③ 여성가족부장관은 다문화가족 지원을 위하여 5년마다 다문화가족정책에 관한 기본계획을 수립하여야 한다(다문화가족지원법 제3조의2 제1항).
　　　　　 ① 동법 제2조 제3호
　　　　　 ② 특별시 · 광역시 · 특별자치시 · 도 · 특별자치도 및 시 · 군 · 구에는 다문화가족 지원을 담당할 기구와 공무원을 두어야 한다(동법 제3조 제2항).
　　　　　 ④ 여성가족부장관은 다문화가족의 현황 및 실태를 파악하고 다문화가족 지원을 위한 정책수립에 활용하기 위하여 3년마다 다문화가족에 대한 실태조사를 실시하고 그 결과를 공표하여야 한다(동법 제4조 제1항).
　　　　　 ⑤ 동법 제3조의4 제1항

11회 [기출]

16 다문화가족지원법령에 관한 설명으로 옳지 않은 것은?

① 대한민국 국민과 사실혼 관계에서 출생한 자녀를 양육하고 있는 다문화가족 구성원도 이 법의 지원대상이 된다.

② 생활정보 제공 및 교육 지원에 관한 규정을 두고 있다.

③ 다국어에 의한 서비스 제공 규정은 아직 마련되어 있지 않다.

④ 가정폭력 피해자에 대한 보호 · 지원 규정을 두고 있다.

⑤ 의료 및 건강관리를 위한 지원 규정을 두고 있다.

〔 해설 〕 ③ 국가와 지방자치단체는 다문화가족지원법에 따른 지원정책을 추진함에 있어서 결혼이민자 등의 의사소통의 어려움을 해소하고 서비스 접근성을 제고하기 위하여 다국어에 의한 서비스 제공이 이루어지도록 노력하여야 한다(다문화가족지원법 제11조).
　　　　　 ① 동법 제14조
　　　　　 ② 동법 제6조
　　　　　 ④ 동법 제8조
　　　　　 ⑤ 동법 제9조

17 다음 중 성폭력방지 및 피해자보호 등에 관한 법률상 보기의 빈칸에 들어갈 내용을 순서대로 올바르게 나열한 것은?

(ㄱ)은 성폭력의 실태를 파악하고 성폭력 방지에 관한 정책을 수립하기 위하여 (ㄴ)마다 성폭력 실태조사를 하고 그 결과를 발표하여야 한다.

	ㄱ	ㄴ
①	여성가족부장관	5년
②	여성가족부장관	3년
③	보건복지부장관	5년
④	보건복지부장관	3년
⑤	고용노동부장관	5년

[해설] 성폭력 실태조사(성폭력방지 및 피해자보호 등에 관한 법률 제4조 제1항)
여성가족부장관은 성폭력의 실태를 파악하고 성폭력 방지에 관한 정책을 수립하기 위하여 3년마다 성폭력 실태조사를 하고 그 결과를 발표하여야 한다.

15회 기출

18 성폭력방지 및 피해자보호 등에 관한 법률상 피해자보호에 관한 설명으로 옳지 않은 것은?

① 일반보호시설에의 입소기간은 1년 이내이나 예외적으로 연장할 수 있다.

② 누구든지 피해자를 고용하고 있는 자는 성폭력과 관련하여 피해자를 해고하여서는 아니 된다.

③ 지방자치단체는 성폭력 전담의료기관의 의료 지원에 필요한 경비의 전부를 지원할 수 없다.

④ 국가는 피해자에 대하여 법률상담과 소송대리 등의 지원을 할 수 있다.

⑤ 미성년자가 피해자인 경우 성폭력행위자가 아닌 보호자가 입소에 동의하는 때에는 그 미성년자는 보호시설에 입소할 수 있다.

[해설] ③ 국가 또는 지방자치단체는 성폭력 전담의료기관의 의료 지원에 필요한 경비의 전부 또는 일부를 지원할 수 있다(성폭력방지 및 피해자보호 등에 관한 법률 제28조 제1항).
① 일반보호시설의 입소기간은 원칙적으로 1년 이내이나 여성가족부령으로 정하는 바에 따라 1년 6개월의 범위에서 한 차례 연장할 수 있다(동법 제16조 제1항 제1호).
② 누구든지 피해자 또는 성폭력 발생 사실을 신고한 자를 고용하고 있는 자는 성폭력과 관련하여 피해자 또는 성폭력 발생 사실을 신고한 자를 해고하거나 그 밖에 본인의 의사에 반하는 불이익조치를 하여서는 아니 된다(동법 제8조 참조).
④ 동법 제7조의2 제1항
⑤ 피해자 등이 미성년자 또는 지적장애인 등 의사능력이 불완전한 사람으로서 성폭력행위자가 아닌 보호자가 입소에 동의하는 경우 그 피해자 등은 보호시설에 입소할 수 있다(동법 제15조 제1항 제2호).

15회 기출

19 가정폭력방지 및 피해자보호 등에 관한 법률상 가정폭력피해자 보호시설의 종류에 해당하지 않는 것은?

① 단기보호시설
② 장기보호시설
③ 외국인보호시설
④ 장애인보호시설
⑤ 노인보호시설

〔해설〕 **보호시설의 종류(가정폭력방지 및 피해자보호 등에 관한 법률 제7조의2 제1항)**
• 단기보호시설 : 피해자 등을 6개월의 범위에서 보호하는 시설
• 장기보호시설 : 피해자 등에 대하여 2년의 범위에서 자립을 위한 주거편의 등을 제공하는 시설
• 외국인보호시설 : 외국인 피해자 등을 2년의 범위에서 보호하는 시설
• 장애인보호시설 : 장애인복지법의 적용을 받는 장애인인 피해자 등을 2년의 범위에서 보호하는 시설

16회 기출

20 가정폭력방지 및 피해자보호 등에 관한 법률상 긴급전화센터의 업무에 해당하지 않는 것은?

① 가정폭력상담
② 관련 기관 · 시설과의 연계
③ 가정폭력관련 법률자문 및 가해자조사
④ 경찰관서 등으로부터 인도받은 피해자의 임시 보호
⑤ 피해자에 대한 긴급한 구조의 지원

〔해설〕 **긴급전화센터의 설치 · 운영 등(가정폭력방지 및 피해자보호 등에 관한 법률 제4조의6 제1항)**
여성가족부장관 또는 특별시장 · 광역시장 · 특별자치시장 · 도지사 · 특별자치도지사는 다음의 업무 등을 수행하기 위하여 긴급전화센터를 설치 · 운영하여야 한다. 이 경우 외국어 서비스를 제공하는 긴급전화센터를 따로 설치 · 운영할 수 있다.
• 피해자의 신고접수 및 상담
• 관련 기관 · 시설과의 연계
• 피해자에 대한 긴급한 구조의 지원
• 경찰관서 등으로부터 인도받은 피해자 및 피해자가 동반한 가정구성원의 임시 보호

부록

2024년 사회복지사 1급
제22회 기출문제해설

부록 | 2024년 제22회 기출문제

제1과목 사회복지기초

1영역_ 인간행동과 사회환경

01 인간발달이론이 사회복지실천에 미친 영향으로 옳지 않은 것은?

① 스키너(B. Skinner) 이론은 행동결정요인으로 인지와 정서의 중요성을 이해하는 계기를 제공하였다.

② 융(C. Jung) 이론은 중년기 이후의 발달을 이해하는데 도움을 제공하였다.

③ 에릭슨(E. Erikson) 이론은 생애주기별 실천개입의 기반을 제공하였다.

④ 프로이트(S. Freud) 이론은 인간행동의 무의식적 측면을 심층적으로 분석할 수 있는 기반을 제공하였다.

⑤ 매슬로우(A. Maslow) 이론은 인간의 욕구를 파악할 수 있는 근거를 마련하였다.

02 인간발달에 관한 설명으로 옳은 것은?

① 긍정적 · 상승적 변화는 발달로 간주하지만, 부정적 · 퇴행적 변화는 발달로 보지 않는다.

② 순서대로 진행되고 예측가능하다는 특징이 있다.

③ 인간의 전반적 변화를 다루기 때문에 개인차는 중요하지 않다고 본다.

④ 키 · 몸무게 등의 질적 변화와 인지특성 · 정서 등의 양적 변화를 모두 포함하는 개념이다.

⑤ 각 발달단계에서의 발달 속도는 거의 일정한 것으로 알려져 있다.

03 문화와 관련된 설명으로 옳지 않은 것은?

① 문화는 인간집단의 생활양식의 총체로 정의할 수 있다.

② 다문화주의는 다양한 문화나 언어를 공유하고 상호 존중하여 적극 수용하려는 입장을 취한다.

③ 베리(J. Berry)의 이론에서 동화(Assimilation)는 자신의 고유문화와 새로운 문화를 모두 존중하는 상태를 의미한다.

④ 문화는 학습되고 전승되는 특징이 있다.

⑤ 주류와 비주류 문화 사이의 권력 차이로 차별이 발생할 수 있다.

04 스키너(B. Skinner)의 이론에 관한 설명으로 옳지 않은 것은?

① 강화계획 중 반응율이 가장 높은 것은 가변비율(Variable-ratio) 계획이다.

② 정적 강화물의 예시로 음식, 돈, 칭찬 등을 들 수 있다.

③ 인간행동은 예측가능하며 통제될 수 있다고 본다.

④ 인간의 창조성과 자아실현을 강조한다.

⑤ 부적 강화는 바람직한 행동의 빈도를 증가시키는 데 초점을 둔다.

05 학자와 주요개념의 연결로 옳은 것을 모두 고른 것은?

> ㄱ. 로저스(C. Rogers) – 자기실현 경향성
> ㄴ. 벡(A. Beck) – 비합리적인 신념
> ㄷ. 반두라(A. Bandura) – 행동조성
> ㄹ. 아들러(A. Adler) – 집단무의식

① ㄱ

② ㄱ, ㄴ

③ ㄴ, ㄷ

④ ㄱ, ㄴ, ㄷ

⑤ ㄴ, ㄷ, ㄹ

06 아들러(A. Adler)의 이론에 관한 설명으로 옳은 것은?

① 성격은 점성원리에 따라 발달한다.
② 개인의 창조성을 부정한다.
③ 무의식적 결정론을 고수하고 있다.
④ 유전적 · 환경적 요인의 중요성을 배제한다.
⑤ 인간을 목표지향적 존재로 본다.

07 에릭슨(E. Erikson)의 심리사회적 발달단계 위기와 성취 덕목(Virtue)이 옳게 연결된 것은?

① 근면성 대 열등감 – 성실(Fidelity)
② 주도성 대 죄의식 – 목적(Purpose)
③ 신뢰 대 불신 – 의지(Will)
④ 자율성 대 수치심과 의심 – 능력(Competence)
⑤ 정체감 대 정체감 혼란 – 희망(Hope)

08 로저스(C. Rogers) 이론에 관한 설명으로 옳지 않은 것은?

① 개인의 잠재력 실현을 위하여 조건적 긍정적 관심의 제공이 중요함을 강조하였다.
② 자기실현을 완성하는 사람의 특성을 완전히 기능하는 사람(Fully Functioning Person)이라는 용어로 제시하였다.
③ 클라이언트에 대한 공감적 이해의 중요성을 강조하였다.
④ 주관적이고 사적인 경험 세계를 강조하였다.
⑤ 인간을 긍정적이며 창조적인 존재로 보았다.

09 융(C. Jung)의 이론에 관한 설명으로 옳은 것은?

① 정신분석(Psychoanalysis)이론이라 불린다.
② 사회적 관심과 활동수준을 기준으로 심리적 유형을 8가지로 구분하였다.
③ 발달단계에 관하여 언급하지 않았다는 특징을 지니고 있다.
④ 개성화(Individuation)를 통한 자기실현과정을 중요시하였다.
⑤ 성격형성에 있어서 창조적 자기(Creative Self)의 역할을 강조하였다.

10 반두라(A. Bandura)의 이론에 관한 설명으로 옳은 것을 모두 고른 것은?

> ㄱ. 개인의 신념, 기대와 같은 인지적 요인을 중요시하였다.
> ㄴ. 대리적 강화(Vicarious Reinforcement)의 중요성을 강조하였다.
> ㄷ. 자기효능감을 높이는 가장 효과적인 방법으로 대리적 경험을 제시하였다.
> ㄹ. 외부로부터 주어지는 강화의 중요성을 강조하는 자기강화(Self Reinforcement)의 개념을 제시하였다.

① ㄱ
② ㄴ
③ ㄱ, ㄴ
④ ㄴ, ㄷ, ㄹ
⑤ ㄱ, ㄴ, ㄷ, ㄹ

11 방어기제와 그 예시로 옳지 않은 것은?

① 합리화(Rationalization) : 지원한 회사에 불합격한 후 그냥 한번 지원해본 것이며 합격했어도 다니지 않았을 것이라 생각한다.

② 억압(Repression) : 시험을 망친 후 성적발표 날짜를 아예 잊어버린다.

③ 투사(Projection) : 자신이 싫어하는 직장 상사에 대해서 상사가 자기를 싫어하기 때문에 사이가 나쁘다고 여긴다.

④ 반동형성(Reaction formation) : 관심이 가는 이성에게 오히려 짓궂은 말을 하게 된다.

⑤ 전치(Displacement) : 낮은 성적을 받은 이유를 교수가 중요치 않은 문제만 출제한 탓이라 여긴다.

12 피아제(J. Piaget)의 이론에 관한 설명으로 옳지 않은 것은?

① 인간은 자신과 환경 사이에 조화로운 관계인 평형화(Equilibration)를 이루고자 하는 경향성이 있다.

② 감각운동기에 대상영속성(Object Permanence)을 획득한다.

③ 조절(Accommodation)은 새로운 정보를 접했을 때 기존의 도식을 변경하는 것을 말한다.

④ 구체적 조작기에는 추상적 사고가 가능해진다.

⑤ 보존(Conservation) 개념 획득을 위해서는 동일성, 가역성, 보상성의 원리를 이해해야 한다.

13 생태체계 이론의 중간체계(Meso System)에 관한 설명으로 옳은 것은?

① 미시체계 간의 상호작용에 초점을 둔다.

② 개인이 직접적으로 대면하는 체계를 의미한다.

③ 신념, 태도, 전통 등을 통해 영향력을 행사한다.

④ 대표적인 중간체계로 가족과 집단을 들 수 있다.

⑤ 문화, 정치, 사회, 법, 종교 등이 해당된다.

14 체계로서의 지역사회에 관한 설명으로 옳은 것을 모두 고른 것은?

> ㄱ. 지역을 중심으로 형성된 공동체적 특징을 지닌다.
> ㄴ. 구성원에게 사회규범에 순응하도록 규제하는 사회통제의 기능을 지닌다.
> ㄷ. 사회가 향유하는 지식, 가치 등을 구성원에게 전달하는 기능을 지닌다.
> ㄹ. 외부와 상호작용을 통하여 엔트로피(Entropy) 상태를 유지하는 것이 필요하다.

① ㄱ   ② ㄱ, ㄴ

③ ㄱ, ㄴ, ㄷ   ④ ㄴ, ㄷ, ㄹ

⑤ ㄱ, ㄴ, ㄷ, ㄹ

15 브론펜브레너(U. Bronfenbrenner)의 생태체계이론에서 다음에 해당하는 개념으로 옳은 것은?

> • 전 생애에 걸쳐 발생하는 변화와 사회역사적인 환경을 포함한다.
> • 인간의 생에 단일 사건뿐 아니라 시간의 경과와 함께 연속적으로 일어나는 사건들이 누적되어 영향을 미친다는 것을 보여주고 있다.

① 미시체계(Micro System)

② 외체계(Exo System)

③ 거시체계(Macro System)

④ 환류체계(Feedback System)

⑤ 시간체계(Chrono System)

16 다음에 해당하는 개념으로 옳은 것은?

> • 한 체계에서 일부가 변화하면 그 변화가 체계의 나머지 부분들의 변화를 초래하게 되는 개념을 말한다.
> • 예시로는 회사에서 간부 직원이 바뀌었을 때, 파생적으로 나타나는 조직의 변화 및 직원 역할의 변화 등을 들 수 있다.

① 균형(Equilibrium)
② 호혜성(Reciprocity)
③ 안정상태(Steady state)
④ 항상성(Homeostasis)
⑤ 적합성(Goodness of fit)

17 영아기(0~2세)에 관한 설명으로 옳은 것은?

① 콜버그(L. Kohlberg) : 전인습적 도덕기에 해당한다.
② 에릭슨(E. Erikson) : 주 양육자와의 "신뢰 대 불신"이 중요한 시기이다.
③ 피아제(J. Piaget) : 보존(Conservation) 개념이 확립되는 시기이다.
④ 프로이트(S. Freud) : 거세불안(Castration anxiety)을 경험하는 시기이다.
⑤ 융(C. Jung) : 생활양식이 형성되는 시기이다.

18 청소년기(13~19세)에 관한 설명으로 옳지 않은 것은?

① 신체적 측면에서 제2의 급성장기이다.
② 심리적 이유기의 특징을 보인다.
③ 부모보다 또래집단의 영향력이 커진다.
④ 피아제(J. Piaget)에 의하면 비가역적 사고의 특징이 나타나는 시기이다.
⑤ 프로이트(S. Freud)의 심리성적발달단계에서 생식기에 해당한다.

19 유아기(3~6세)에 관한 설명으로 옳지 않은 것은?

① 자신의 성을 인식하는 성 정체성이 발달한다.
② 놀이를 통한 발달이 활발한 시기이다.
③ 신체적 성장이 영아기(0~2세)보다 빠른 속도로 진행된다.
④ 언어발달이 현저하게 이루어지는 시기이다.
⑤ 정서적 표현의 특징은 일시적이며 유동적이다.

20 청년기(20~39세)에 관한 설명으로 옳은 것은?

① 에릭슨(E. Erikson)은 근면성의 발달을 중요한 과업으로 보았다.
② 다른 시기에 비하여 경제적으로 안정되어 있고 직업에서도 높은 지위와 책임을 갖게 된다.
③ 빈둥지 증후군을 경험하는 시기이다.
④ 또래와의 상호작용을 통하여 자아개념이 발달하기 시작한다.
⑤ 직업 준비와 직업선택에 대한 의사결정을 하는 시기이다.

21 생애주기와 발달적 특징의 연결로 옳지 않은 것은?

① 영아기(0~2세) – 애착발달
② 아동기(7~12세) – 자아정체감 확립
③ 청소년기(13~19세) – 제2차 성징의 발달
④ 중년기(40~64세) – 신진대사의 저하
⑤ 노년기(65세 이상) – 내향성과 수동성의 증가

22 다음 중 태내기(수정~출산)에 관한 설명으로 옳지 않은 것은?

① 배종기(Germinal period)는 수정 후 수정란이 자궁벽에 착상할 때까지의 시기를 말한다.
② 임신 3개월이 지나면 태아의 성별구별이 가능해진다.
③ 양수검사(Amniocentesis)를 통해서 다운 증후군 등 다양한 유전적 결함을 판별할 수 있다.
④ 임신 중 어머니의 과도한 음주는 태아알콜증후군 (Fetal alcohol Syndrome)을 초래할 수 있다.
⑤ 배아의 구성은 외배엽과 내배엽으로 이루어지며, 외배엽은 폐, 간, 소화기관 등을 형성하게 된다.

23 중년기(40~64세)의 설명으로 옳은 것은?

① 에릭슨(E. Erikson)에 의하면 "생산성 대 침체"라는 심리사회적 위기를 극복하게 되면 돌봄(Care)의 덕목을 갖추게 된다.
② 유동성 지능(Fluid Intelligence)은 높아지며 문제해결능력도 향상될 수 있다.
③ 자아통합이 완성되는 시기로 자신의 삶에 대한 평가를 시도한다.
④ 갱년기 증상은 여성에게 나타나고 남성은 경험하지 않는다.
⑤ 융(C. Jung)에 의하면 남성에게는 아니무스가, 여성에게는 아니마가 드러나는 시기이다.

24 아동기(7~12세)의 발달에 관한 설명으로 옳은 것을 모두 고른 것은?

> ㄱ. 프로이트(S. Freud) : 성 에너지(리비도)가 무의식 속에 잠복하는 잠재기(Latency Stage)
> ㄴ. 피아제(J. Piaget) : 보존, 분류, 유목화, 서열화 등의 개념을 점차적으로 획득
> ㄷ. 콜버그(L. Kohlberg) : 인습적 수준의 도덕성 발달단계로 옮겨가는 시기
> ㄹ. 에릭슨(E. Erikson) : "주도성 대 죄의식"의 발달이 중요한 시기

① ㄱ, ㄴ
② ㄴ, ㄹ
③ ㄱ, ㄴ, ㄷ
④ ㄱ, ㄷ, ㄹ
⑤ ㄴ, ㄷ, ㄹ

25 체계이론에 관한 설명으로 옳지 않은 것은?

① 넥엔트로피(Negentropy)란 체계를 유지하고, 발전을 도모하고, 생존하는 것을 의미한다.
② 항상성(Homeostasis)은 비교적 안정적으로 균형 상태를 유지하기 위한 체계의 경향을 말한다.
③ 경계(Boundary)는 체계를 외부 환경과 구분 짓는 둘레를 말한다.
④ 다중종결성(Multifinality)은 서로 다른 경로와 방법을 통해 같은 결과에 도달할 수 있음을 말한다.
⑤ 부적 환류(Negative feedback)는 체계가 목적 달성이 어려운 방식으로 움직이고 있다는 정보를 제공하여 체계의 변화를 도모한다.

2영역_ 사회복지조사론

26 과학철학에 관한 설명으로 옳지 않은 것은?

① 쿤(T. Kuhn)은 과학적 혁명에서 패러다임 전환을 제시하였다.
② 쿤(T. Kuhn)은 당대의 지배적 패러다임에서 벗어나지 않는 것을 정상과학이라고 지칭하였다.
③ 포퍼(K. Popper)는 쿤의 과학적 인식에 내재된 문제점을 극복하기 위하여 반증주의를 제시하였다.
④ 포퍼(K. Popper)의 반증주의는 연역법에 의존한다.
⑤ 포퍼(K. Popper)는 이론이란 증명되는 것이 아니라 반증되는 것이라고 하였다.

28 과학적 지식의 특성에 관한 설명으로 옳은 것을 모두 고른 것은?

> ㄱ. 경험적으로 검증 가능하여야 한다.
> ㄴ. 연구결과는 잠정적이며 수정될 수 있다.
> ㄷ. 연구자의 주관적 가치 판단이 연구과정이나 결론에 작용하지 않도록 객관성을 추구한다.
> ㄹ. 같은 절차를 다른 대상에 반복적으로 적용하여 같은 결과가 나오는지 검토할 수 있다.

① ㄱ, ㄷ
② ㄴ, ㄹ
③ ㄱ, ㄴ, ㄷ
④ ㄴ, ㄷ, ㄹ
⑤ ㄱ, ㄴ, ㄷ, ㄹ

27 과학적 탐구에서 제기되는 윤리적 문제에 관한 설명으로 옳지 않은 것은?

① 어떤 경우라도 연구참여자 속이기는 허용되지 않는다.
② 고지된 동의는 조사대상자의 판단능력을 고려하여야 한다.
③ 연구자는 기대했던 연구결과와 다르더라도 그 결과를 사실대로 보고해야 한다.
④ 사회복지조사에서는 비밀유지가 엄격히 지켜질 수 없는 상황이 발생할 수 있다.
⑤ 연구자는 개인정보 유출 등으로 인해 연구참여자에게 피해를 주지 않도록 신중을 기해야 한다.

29 다음에서 설명하는 조사유형을 바르게 짝지은 것은?

> ㄱ. 동일한 표본을 대상으로 시간을 달리하여 추적 관찰하는 연구
> ㄴ. 일정연령이나 일정연령 범위 내 사람들의 집단이 조사대상인 종단연구

① ㄱ : 경향조사, ㄴ : 코호트(Cohort)조사
② ㄱ : 경향조사, ㄴ : 패널조사
③ ㄱ : 코호트(Cohort)조사, ㄴ : 경향조사
④ ㄱ : 패널조사, ㄴ : 경향조사
⑤ ㄱ : 패널조사, ㄴ : 코호트(Cohort)조사

30 분석단위에 관한 설명으로 옳은 것을 모두 고른 것은?

> ㄱ. 이혼, 폭력, 범죄 등과 같은 분석단위는 사회적 가공물(Social Artifacts)에 해당한다.
> ㄴ. 생태학적 오류는 집단에 대한 조사를 기초로 하여 개인을 분석단위로 주장하는 오류이다.
> ㄷ. 환원주의는 특정 분석단위 또는 변수가 다른 분석단위 또는 변수에 비해 관련성이 높다고 설명하는 경향이 있다.

① ㄴ
② ㄱ, ㄴ
③ ㄱ, ㄷ
④ ㄴ, ㄷ
⑤ ㄱ, ㄴ, ㄷ

31 변수에 관한 설명으로 옳지 않은 것은?

① 매개변수(Mediating Variable)는 독립변수의 영향을 받아 종속변수에 영향을 미치는 변수이다.
② 통제변수(Control variable)는 독립변수와 종속변수의 관계에 영향을 줄 수 있기 때문에 통제대상이 되는 변수이다.
③ 독립변수는 결과변수이고 종속변수는 설명변수이다.
④ 조절변수(Moderating variable)는 독립변수와 종속변수 간의 관계의 강도에 영향을 미칠 수 있다.
⑤ 변수들 간의 관계는 그 속성에 따라 직선이 아닌 곡선의 형태로도 나타날 수 있다.

32 영가설(Null hypothesis)과 연구가설(Research hypothesis)에 관한 설명으로 옳은 것은?

① 연구가설은 연구의 개념적 틀 혹은 연구모형으로부터 도출될 수 있다.
② 연구가설은 그 자체를 직접 검정할 수 있다.
③ 영가설은 연구가설의 검정 결과에 따라 채택되거나 기각된다.
④ 연구가설은 수집된 자료에서 나타난 차이나 관계가 표본추출에서 오는 우연에 의한 것으로 진술된다.
⑤ 연구가설은 영가설에 대한 반증의 목적으로 설정된다.

33 인과관계 추론에 관한 설명으로 옳은 것은?

① 독립변수들 사이의 상관관계는 인과관계 추론의 일차적 조건이다.
② 독립변수와 종속변수 간의 관계는 두 변수 모두의 원인이 되는 제3의 변수로 설명되어서는 안된다.
③ 종속변수가 독립변수를 시간적으로 앞서야 한다.
④ 횡단적 연구는 종단적 연구에 비해 인과관계 추론에 더 적합하다.
⑤ 독립변수의 변화는 종속변수의 변화와 관련성이 없어야 한다.

34 척도의 종류가 올바르게 짝지어진 것은?

> ㄱ. 종교 – 기독교, 불교, 천주교, 기타
> ㄴ. 교육연수 – 정규 학교 교육을 받은 기간(년)
> ㄷ. 학점 – A, B, C, D, F

① ㄱ : 명목척도, ㄴ : 서열척도, ㄷ : 비율척도
② ㄱ : 명목척도, ㄴ : 비율척도, ㄷ : 서열척도
③ ㄱ : 비율척도, ㄴ : 등간척도, ㄷ : 서열척도
④ ㄱ : 서열척도, ㄴ : 등간척도, ㄷ : 비율척도
⑤ ㄱ : 서열척도, ㄴ : 비율척도, ㄷ : 명목척도

35 측정의 수준이 서로 다른 변수로 묶인 것은?

① 대학 전공, 아르바이트 경험 유무
② 복지비 지출 증가율, 월평균 소득(만 원)
③ 온도(℃), 지능지수(IQ)
④ 생활수준(상, 중, 하), 혈액형
⑤ 성별, 현재 흡연여부

36 측정에 관한 설명으로 옳지 않은 것은?

① 측정은 연구대상의 속성에 대하여 일정한 규칙에 따라 숫자나 기호를 부여하는 과정이다.
② 사회과학에서는 개념을 측정하기 위해 특질 자체를 측정하기보다는 특질을 나타내는 지표를 사용하여 간접적으로 측정하는 경우가 많다.
③ 보가디스(Bogardus)의 사회적 거리척도는 등간척도의 한 종류이다.
④ 리커트(Likert) 척도는 각 문항의 점수를 합산하여 전체적인 경향이나 특성을 측정하는 방법이다.
⑤ 측정항목의 수를 많게 하면 신뢰도가 높아지는 경향이 있다.

37 내적일관성 방법에 근거하여 신뢰도를 측정하는 방법으로 옳은 것을 모두 고른 것은?

> ㄱ. 검사-재검사법
> ㄴ. 조사자간 신뢰도
> ㄷ. 알파계수
> ㄹ. 대안법

① ㄱ
② ㄷ
③ ㄴ, ㄷ
④ ㄱ, ㄷ, ㄹ
⑤ ㄴ, ㄷ, ㄹ

38 신뢰도와 타당도에 관한 설명으로 옳은 것은?

① 타당도가 있다면 어느 정도 신뢰도가 있다고 볼 수 있다.
② 신뢰도가 높을 경우 타당도도 높다고 할 수 있다.
③ 요인분석법은 신뢰도를 측정하는 방법이다.
④ 신뢰도는 측정하려고 의도된 개념을 얼마나 정확하게 측정하는가를 나타내는 것이다.
⑤ 주어진 척도가 측정하고자 하는 내용을 담고 있다고 일련의 전문가가 판단할 때 판별타당도가 있다고 한다.

39 다음 사례에 해당하는 표집용어와 관련한 내용으로 옳은 것은?

> A종합사회복지관을 이용하는 노인들을 대상으로 노인맞춤돌봄서비스에 관한 설문조사를 위하여 노인 이용자명단에서 300명을 무작위 표본추출하였다.

① 모집단 : 표본추출된 300명
② 표집방법 : 할당표집
③ 관찰단위 : 집단
④ 표집틀 : 노인 이용자명단
⑤ 분석단위 : 집단

40 표집에 관한 설명으로 옳지 않은 것은?

① 의도적표집(Purposive Sampling)은 비확률표집이다.
② 할당표집(Quota Sampling)은 동일추출확률에 근거한다.
③ 눈덩이표집(Snowball Sampling)은 질적연구나 현장연구에서 많이 사용된다.
④ 집락표집(Cluster Sampling)은 모집단에 대한 표집틀이 갖추어지지 않더라도 사용가능하다.
⑤ 체계적표집(Systematic Sampling)은 주기성(Periodicity)이 문제가 될 수 있다.

41 표집오차(Sampling Error)에 관한 설명으로 옳지 않은 것은?

① 표본의 선정과정에서 발생하는 오차이다.
② 표집방법에 따라 달라질 수 있다.
③ 동일한 조건이라면 표본크기가 클수록 감소한다.
④ 모집단의 크기와 표본크기의 차이를 말한다.
⑤ 동일한 조건이라면 이질적 집단보다 동질적 집단에서 추출한 표본의 표집오차가 작다.

42 질적연구에서 일반적으로 사용되는 표집방법이 아닌 것은?

① 판단(Judgemental) 표집
② 체계적(Systematic) 표집
③ 결정적 사례(Critical case) 표집
④ 극단적 사례(Extreme case) 표집
⑤ 최대변이(Maximum variation) 표집

43 다음 사례에 관한 설명으로 옳지 않은 것은?

> 다문화교육이 청소년들의 다문화수용성에 미치는 영향을 알아보기 위해 청소년 100명을 무작위로 두 집단으로 나누었다. 교육 실시 전 두 집단의 다문화수용성을 측정하고, 한 집단에만 다문화 교육을 실시한 후 다시 두 집단 모두 다문화수용성을 측정하였다.

① 전형적인 실험설계이다.
② 교육에 참여한 집단이 실험집단이다.
③ 외적 요인의 통제를 시도하지 않았다.
④ 내적 타당도의 저해요인이 발생할 수 있다.
⑤ 두 집단 간의 사전, 사후 측정치를 비교하여 효과를 판단할 수 있다.

44 내용분석에 관한 설명으로 옳지 않은 것은?

① 반응적(Reactive) 연구방법이다.
② 서베이(Survey) 조사에서 사용하는 표본 추출방법을 사용할 수 있다.
③ 연구과정에서 실수를 하더라도 재조사가 가능하다.
④ 숨은 내용(Latent Content)의 분석이 가능하다.
⑤ 양적분석과 질적분석 모두 적용 가능하다.

45 단일사례연구에 관한 설명으로 옳지 않은 것은?

① 복수의 각기 다른 개입방법을 연속적으로 도입할 수 없다.
② 시계열설계의 논리를 개별사례에 적용한 것이다.
③ 윤리적인 문제가 발생할 수 있다.
④ 실천과정과 조사연구과정이 통합될 수 있다.
⑤ 다중기초선 설계의 적용이 가능하다.

46 질적연구에 관한 설명으로 옳은 것은?

① 변수중심의 분석이 이루어진다.
② 논리실증주의적 관점을 견지한다.
③ 인간행동의 규칙성과 보편성을 중시한다.
④ 모집단을 대표할 수 있는 표본을 추출한다.
⑤ 관찰로부터 이론을 도출하는 귀납적 방법을 활용한다.

47 다음에서 설명하는 설계에 해당하는 것은?

> 심리상담 프로그램이 시설입소노인의 정서적 안정감에 미치는 영향을 알아보기 위해 사전조사 없이 A요양원의 노인들을 대상으로 프로그램을 실시하였다. 프로그램 종료 후, 인구사회학적 배경이 유사한 B요양원 노인들을 비교집단으로 하여 두 집단의 정서적 안정감을 측정하였다.

① 비동일 통제집단 설계
② 정태적 집단 비교 설계
③ 다중시계열 설계
④ 통제집단 사후 검사 설계
⑤ 플라시보 통제집단 설계

48 질문 내용 및 방법의 표준화 정도가 낮은 자료수집 유형끼리 바르게 묶인 것은?

> ㄱ. 스케줄-구조화 면접
> ㄴ. 설문지를 이용한 면접조사
> ㄷ. 심층면접
> ㄹ. 비구조화 면접

① ㄱ, ㄴ   ② ㄱ, ㄹ
③ ㄴ, ㄷ   ④ ㄴ, ㄹ
⑤ ㄷ, ㄹ

49 내적 타당도 저해 요인 중 통계적 회귀에 관한 설명으로 옳은 것은?

① 프로그램의 개입 후 측정치가 기초선으로 돌아가려는 경향
② 프로그램 개입의 효과가 완전한 선형관계로 나타나는 경향
③ 프로그램의 개입과 관계없이 사후검사 측정치가 평균값에 근접하려는 경향
④ 프로그램 개입 전부터 이미 이질적인 두 집단이 사후조사 결과에서도 차이가 나타나는 경향
⑤ 프로그램의 개입 전후에 각각 다른 측정도구로 측정함으로써 차이가 나타나는 경향

50 완전참여자(Complete Participant)에 관한 설명으로 옳은 것은?

① 연구대상이 관찰된다는 사실을 알기에 자연적인 상태에서의 관찰이 불가능하다.
② 관찰대상과 상호작용 없이 연구대상을 관찰할 수 있다.
③ 관찰대상의 승인을 받고 관찰대상과 어울리면서도 객관성을 유지할 수 있다.
④ 관찰대상의 승인을 받지 않고 관찰한다는 점에서 연구윤리문제가 제기될 수 있다.
⑤ 관찰 상황을 인위적으로 통제한 상황에서 관찰을 진행할 수 있다.

제2과목 사회복지실천

1영역_ 사회복지실천론

01 사회복지실천의 사회통제적 측면과 관련성이 가장 높은 이념은?

① 인도주의
② 민주주의
③ 박애사상
④ 사회진화론
⑤ 다양화

02 기능주의(Functionalism)에서 강조한 내용으로 옳은 것을 모두 고른 것은?

> ㄱ. 개인의 의지
> ㄴ. 개인에 대한 심리 내적 진단
> ㄷ. 전문가와 클라이언트 사이의 원조관계
> ㄹ. 기관의 기능

① ㄱ, ㄴ
② ㄷ, ㄹ
③ ㄱ, ㄷ, ㄹ
④ ㄴ, ㄷ, ㄹ
⑤ ㄱ, ㄴ, ㄷ, ㄹ

03 특정 문제에 대해 어떠한 서비스를 제공할 것인가 결정할 때, 클라이언트의 의사를 존중해 주는 것을 의미하는 윤리적 쟁점은?

① 비밀보장
② 진실성 고수와 알 권리
③ 제한된 자원의 공정한 분배
④ 전문적 관계 유지
⑤ 클라이언트의 자기결정권

04 인권에 관한 설명으로 옳지 않은 것은?

① 천부성은 인간이 세상에 태어나면서부터 존엄성을 가지고 태어났다는 의미이다.
② 자유권은 시민적, 정치적 권리이다.
③ 평화권은 국가들 간의 연대와 단결의 권리이다.
④ 보편성은 자기의 인권은 자기만이 소유할 수 있다는 의미이다.
⑤ 평등권은 경제적, 사회적, 문화적 권리이다.

05 로웬버그와 돌고프(F. Loewenberg & R. Dolgoff)의 윤리적 원칙 중 다음 사례에서 아동학대전담공무원이 결정을 할 때 최우선적으로 고려해야 할 원칙은?

> 아동학대가 발생한 가정의 학대피해아동을 원가정에서 생활하도록 할 것인가 또는 학대피해아동쉼터에서 생활하도록 할 것인가에 대해 1차 결정을 해야 한다.

① 평등과 불평등의 원칙
② 최소 손실의 원칙
③ 사회정의 실현의 원칙
④ 진실성과 정보 개방의 원칙
⑤ 사생활보호와 비밀보장의 원칙

06 1960년대와 1970년대 외원단체 활동이 우리나라 사회복지발달에 미친 영향으로 옳지 않은 것은?

① 사회복지가 종교와 밀접한 관련 하에 전개되도록 하였다.
② 전문 사회복지의 시작을 촉발하였다.
③ 시설 중심보다 지역사회 중심의 사회복지가 발전하는 계기를 만들었다.
④ 사회복지가 거시적인 사회정책보다는 미시적인 사회사업 위주로 발전하게 하였다.
⑤ 사람들이 사회복지를 구호사업 또는 자선사업과 같은 것으로 인식하게 하였다.

07 1929년 밀포드(Milford) 회의에서 발표한 사회복지사가 갖추어야 할 기본적인 지식 및 방법론에 관한 공통요소에 해당하지 않는 것은?

① 사회에서 받아들여지는 규범적 행동에서 벗어난 행동에 관한 지식
② 인간관계 규범의 활용도
③ 클라이언트 사회력(Social History)의 중요성
④ 사회치료(Social Treatment)에 지역사회자원 활용
⑤ 집단사회사업의 목적, 윤리, 의무를 결정하는 철학적 배경 이해

08 사회복지실천현장 분류의 예로 옳지 않은 것은?

① 1차 현장 : 노인복지관
② 이용시설 : 아동보호치료시설
③ 생활시설 : 장애인거주시설
④ 2차 현장 : 교정시설
⑤ 생활시설 : 노인요양원

09 강점관점에 관한 설명으로 옳은 것을 모두 고른 것은?

> ㄱ. 개입의 핵심은 개인과 가족, 지역사회의 참여이다.
> ㄴ. 클라이언트의 능력보다 전문가의 지식이 우선시 된다.
> ㄷ. 사회복지사는 클라이언트의 진술을 긍정적으로 재해석하여 활용한다.
> ㄹ. 현재 강점을 갖게 된 어린 시절의 원인 사건에 치료의 초점을 맞춘다.

① ㄱ   ② ㄱ, ㄹ
③ ㄴ, ㄷ   ④ ㄱ, ㄷ, ㄹ
⑤ ㄱ, ㄴ, ㄷ, ㄹ

10 전문적 원조관계에 관한 설명으로 옳은 것은?

① 클라이언트의 문제와 욕구가 중심이 된다.
② 시간적 제한을 두지 않는 관계이다.
③ 전문가의 권위는 부정적 작용을 한다.
④ 전문가가 자신과 원조 방법에 대해 통제해서는 안 된다.
⑤ 클라이언트는 전문가의 지시에 무조건 따라야 한다.

11 핀커스와 미나한(A. Pincus & A. Minahan)의 4체계 모델을 다음 사례에 적용할 때 대상과 체계의 연결로 옳은 것은?

> 가족센터의 교육 강좌를 수강 중인 결혼이민자 A는 최근 결석이 잦아졌다. A의 이웃에 살며 자매처럼 친하게 지내는 변호사 B에게서 A의 근황을 전해들은 가족센터 소속의 사회복지사 C는 A와 연락 후 가정방문을 하여 A와 남편 D, 시어머니 E를 만나 이야기를 나누었다. C는 가족센터를 이용하면 '바람이 난다'라고 여긴 E가 A를 통제하고 있는 것을 알게 되었다. 또한 D는 A를 지지하고 싶지만 E의 눈치를 보느라 소극적으로 행동하는 것도 파악하였다. A의 도움 요청을 받은 C는 우선 E의 변화를 통해 상황을 개선해보고자 한다.

① 결혼이민자(A) : 행동체계
② 변호사(B) : 전문가체계
③ 사회복지사(C) : 의뢰-응답체계
④ 남편(D) : 변화매개체계
⑤ 시어머니(E) : 표적체계

12 임파워먼트 모델에 관한 설명으로 옳은 것은?

① 병리적 관점에 기초를 둔다.

② 어떤 경우에도 환경의 변화를 추구하지 않는다.

③ 클라이언트의 적극적인 참여를 강조한다.

④ 전문성을 기반으로 사회복지사는 클라이언트를 통제한다.

⑤ 클라이언트에 대한 정확한 진단을 최우선으로 한다.

13 통합적 접근 방법에 관한 설명으로 옳지 않은 것은?

① 클라이언트의 참여와 개별성을 강조한다.

② 광범위하고 포괄적으로 문제를 규정한다.

③ 클라이언트의 잠재력에 대해 미래지향적 관점을 갖는다.

④ 전통적 접근 방법인 개별사회사업과 집단사회사업을 지역사회조직으로 통합하였다.

⑤ 사회복지실천 과정에서 공통적으로 적용 가능한 개념이나 원리 등이 있음을 전제한다.

14 사회복지실천 관계의 요소인 헌신과 의무에 관한 설명으로 옳은 것을 모두 고른 것은?

> ㄱ. 일관성을 포함하는 개념이다.
> ㄴ. 원조관계에서 책임감과 관련이 있다.
> ㄷ. 원조관계의 목적을 달성하기 위해 필요하다.
> ㄹ. 클라이언트는 헌신을 해야 하나 의무를 갖지는 않는다.

① ㄴ

② ㄱ, ㄴ, ㄷ

③ ㄱ, ㄷ, ㄹ

④ ㄴ, ㄷ, ㄹ

⑤ ㄱ, ㄴ, ㄷ, ㄹ

15 한국 사회복지사 윤리강령에서 '사회복지사의 윤리기준' 중 '클라이언트에 대한 윤리기준' 영역에 해당하지 않는 것은?

① 서비스의 종결

② 기록 · 정보 관리

③ 직업적 경계 유지

④ 정보에 입각한 동의

⑤ 이해 충돌에 대한 대처

16 전문적 원조관계 형성의 장애요인이 아닌 것은?

① 전문가의 권위

② 변화에 대한 저항

③ 클라이언트의 전문가에 대한 부정적 전이

④ 전문가의 클라이언트에 대한 역전이

⑤ 클라이언트의 불신

17 사회복지실천 관계의 요소인 수용에 관한 설명으로 옳지 않은 것은?

① 클라이언트를 있는 그대로 이해한다.

② 클라이언트의 부정적인 감정도 받아들인다.

③ 사회규범에서 벗어난 행동도 허용할 수 있다.

④ 편견이나 선입관을 줄여나가면 수용에 도움이 된다.

⑤ 클라이언트가 안도감을 갖게 하여 현실적인 방법으로 문제 대처를 할 수 있도록 돕는다.

18 사정(Assessment)의 특성으로 옳지 않은 것은?

① 클라이언트의 강점을 포함해야 한다.
② 사회복지사의 지식적 근거가 필요하다.
③ 사회복지사와 클라이언트의 상호작용 과정이다.
④ 클라이언트를 완전히 이해하는 것은 한계가 있다.
⑤ 사회복지실천의 초기 단계에서만 이루어진다.

19 사례관리자의 역할에 관한 예로 옳은 것은?

① 중개자 : 독거노인의 식사지원을 위해 지역사회 내 무료급식소 연계
② 상담가 : 욕구사정을 통해 클라이언트에 대한 체계적인 개입 계획을 세움
③ 조정자 : 사례회의에서 시청각장애인의 입장을 대변하여 이야기함
④ 옹호자 : 지역사회 기관 담당자들이 모여 난방비 지원사업에 중복 지원되는 대상자가 없도록 사례회의를 실시함
⑤ 평가자 : 청소년기 자녀와 갈등을 겪고 있는 부모와 자녀 사이에 개입하여 상호 만족스러운 합의점을 도출함

20 클라이언트가 타인이 하는 바람직한 행동을 보고 모방함으로써 행동의 변화를 가져오는 개입 기술은?

① 초점화
② 모델링
③ 환 기
④ 직 면
⑤ 격 려

21 사례관리의 원칙에 해당하지 않는 것은?

① 서비스의 개별화
② 서비스의 접근성
③ 서비스의 연계성
④ 서비스의 분절성
⑤ 서비스의 체계성

22 다음 사례에서 사회복지사가 자료수집과정에서 사용한 정보의 출처가 아닌 것은?

사회복지사는 결석이 잦은 학생 A에 대한 상담을 하기 전 담임선생님으로부터 A와 반 학생들 사이에 갈등관계가 있음을 들었다. 이후 상담을 통해 A가 반 학생들로부터 따돌림 당하고 있음을 알게 되었다. 상담 과정에서 A는 사회복지사와 눈을 맞추지 못하고 본인의 이야기를 하는 것에 주저하는 모습을 보이며 상담 내내 매우 위축된 모습이었다. 어머니와의 전화 상담을 통해 A가 집에서 가족들과 대화를 하지 않고 방안에서만 지내고 있다는 것을 알게 되었다.

① 클라이언트의 이야기
② 클라이언트의 비언어적 행동
③ 상호작용의 직접적 관찰
④ 주변인으로부터 정보 획득
⑤ 클라이언트와의 직접적 상호작용 경험

23 경청에 관한 내용으로 옳지 않은 것은?

① 클라이언트와 시선을 맞추어야 한다.
② 클라이언트의 이야기에 반응하지 않아야 한다.
③ 클라이언트의 언어적 · 비언어적 표현을 함께 파악해야 한다.
④ 클라이언트의 감정과 사고를 이해하고 파악하는 것이다.
⑤ 클라이언트에 대한 열린 마음과 수용적인 태도가 필요하다.

24 사회복지실천과정 중 계획수립단계에서 수행해야 하는 사회복지사의 과업은?

① 서비스 효과 점검
② 실천활동에 대한 동료 검토
③ 개입효과의 유지와 강화
④ 개입 목표 설정
⑤ 평가 후 개입 계획 수정

25 면접의 유형에 관한 예로 옳은 것을 모두 고른 것은?

> ㄱ. 정보수집면접 : 갈등을 겪고 있는 부부를 대상으로 문제에 대한 과거력, 개인력, 가족력을 파악하는 면접을 진행함
> ㄴ. 사정면접 : 클라이언트의 사회적응을 위해 환경변화를 목적으로 클라이언트와 관련 있는 중요한 사람과 면접을 진행함
> ㄷ. 치료면접 : 학교폭력 피해학생의 자존감 향상을 위해 심리적 지지를 제공하는 면접을 진행함

① ㄱ   ② ㄱ, ㄴ
③ ㄱ, ㄷ   ④ ㄴ, ㄷ
⑤ ㄱ, ㄴ, ㄷ

2영역_ 사회복지실천기술론

26 사회복지사가 가져야 할 지식의 내용으로 옳은 것을 모두 고른 것은?

> ㄱ. 인간행동과 발달
> ㄴ. 인간관계와 상호작용
> ㄷ. 사회복지정책과 서비스
> ㄹ. 사회복지사 자신에 관한 지식

① ㄱ   ② ㄱ, ㄴ
③ ㄴ, ㄷ   ④ ㄱ, ㄷ, ㄹ
⑤ ㄱ, ㄴ, ㄷ, ㄹ

27 다음 설명에 해당하는 모델로 옳은 것은?

> • 구조화된 개입
> • 개입의 책임성 강조
> • 클라이언트의 자기결정권 강조
> • 클라이언트의 환경에 대한 개입

① 심리사회모델
② 위기개입모델
③ 해결중심모델
④ 인지행동모델
⑤ 과제중심모델

28 해결중심모델의 개입목표 설정 원칙에 관한 설명으로 옳지 않은 것은?

① 클라이언트에게 중요한 것을 목표로 하기
② 작은 것을 목표로 하기
③ 목표를 종료보다는 시작으로 간주하기
④ 있는 것보다 없는 것에 관심두기
⑤ 목표수행은 힘든 일이라고 인식하기

29 위기개입모델의 중간단계 활동으로 옳지 않은 것은?

① 위기상황에 대한 초기사정을 실시한다.
② 클라이언트의 일상생활에 활용할 수 있는 자원과 지지체계를 찾아낸다.
③ 목표달성을 위한 구체적인 과제들에 대해 작업한다.
④ 위기사건 이후 상황과 관련된 자료를 보충한다.
⑤ 현재 위기와 관련된 과거 경험을 탐색한다.

30 사회복지실천모델과 기법으로 옳지 않은 것은?

① 행동주의모델 : 소거
② 해결중심모델 : 대처질문
③ 과제중심모델 : 유형-역동에 관한 고찰
④ 인지행동모델 : 소크라테스식 문답법
⑤ 위기개입모델 : 자살의 위험성 평가

31 심리사회모델에 관한 설명으로 옳은 것을 모두 고른 것은?

> ㄱ. 심리사회모델을 체계화하는 데 홀리스(F. Hollis)가 공헌하였다.
> ㄴ. "직접적 영향주기"는 언제나 사용 가능한 기법이다.
> ㄷ. "환기"는 클라이언트의 긍정적 감정을 표출시킨다.
> ㄹ. 간접적 개입기법으로 "환경조정"을 사용한다.

① ㄱ, ㄹ
② ㄴ, ㄷ
③ ㄷ, ㄹ
④ ㄴ, ㄷ, ㄹ
⑤ ㄱ, ㄴ, ㄷ, ㄹ

32 인지행동모델 개입 기법에 관한 설명으로 옳은 것은?

① 행동시연 : 관찰학습 과정을 통해 클라이언트가 시행착오를 거치지 않고 행동할 수 있도록 한다.
② 유머사용 : 인지적 기법의 하나로서 비합리적인 신념에서 오는 불안을 감소시키는데 유용하다.
③ 내적 의사소통 명료화 : 클라이언트 스스로 자신에 대해 독백하고 사고하는 과정이다.
④ 역설적 의도(Paradoxical Intention) : 클라이언트의 역기능적 사고를 인식하고 이를 현실적인 사고로 대치한다.
⑤ 이완훈련 : 클라이언트가 가장 덜 위협적인 상황에서 가장 위협적인 상황까지 순서대로 제시한다.

33 사회복지실천모델에 관한 설명으로 옳지 않은 것은?

① 역량강화모델의 발견단계에서는 사정, 분석, 계획하기를 수행한다.
② 클라이언트중심모델은 문제해결에 대한 클라이언트의 책임을 강조한다.
③ 행동주의모델에서는 인간을 병리적인 관점에서 바라본다.
④ 위기개입모델에서 위기는 사건 자체보다 사건에 대한 개인의 주관적 현실에 기반을 두고 있다.
⑤ 해결중심모델은 사회구성주의 시각을 가진다.

34 정신역동모델 개입과정을 순서대로 옳게 나열한 것은?

> ㄱ. 동일시를 위한 자아구축 단계
> ㄴ. 클라이언트의 자기이해를 원조하는 단계
> ㄷ. 관계형성 단계
> ㄹ. 클라이언트가 독립된 자아정체감을 형성하도록 원조하는 단계

① ㄱ → ㄷ → ㄹ → ㄴ
② ㄴ → ㄷ → ㄱ → ㄹ
③ ㄴ → ㄹ → ㄷ → ㄱ
④ ㄷ → ㄱ → ㄹ → ㄴ
⑤ ㄷ → ㄴ → ㄱ → ㄹ

35 사회복지사가 비자발적 클라이언트와 공감하는 기술로 옳은 것을 모두 고른 것은?

> ㄱ. 원하지 않는 면담이 클라이언트에게 힘들다는 것을 이해한다.
> ㄴ. 클라이언트의 행동을 사회복지사의 가치관에 맞추어 평가한다.
> ㄷ. 클라이언트의 어려움을 사회복지사가 도울 수 있다는 것을 알려준다.
> ㄹ. 클라이언트의 저항을 온화한 태도로 수용한다.

① ㄱ, ㄷ
② ㄴ, ㄹ
③ ㄱ, ㄴ, ㄹ
④ ㄱ, ㄷ, ㄹ
⑤ ㄴ, ㄷ, ㄹ

36 생태체계적 관점에서 보는 가족에 관한 설명으로 옳지 않은 것은?

① 항상성 : 가족구성원들이 현재 상태를 유지
② 경직된 경계 : 가족이 다수의 복지서비스를 이용
③ 하위체계 : 가족구성원들이 경계를 가지고 각자의 기능을 수행
④ 피드백 : 가족이 사회환경과 환류를 주고 받으며 변화를 도모
⑤ 순환적 인과관계 : 가족 한 사람의 행동이 다른 구성원에게 영향을 주어 가족 전체를 변화

37 알코올 의존을 겪는 가장과 그 자녀의 상황에 사티어(V. Satir)의 의사소통 유형을 적용한 것으로 옳은 것은?

① 회유형 : 모든 것이 자녀 때문이라며 자신이 외롭다고 함
② 초이성형 : 스트레스가 유해하다는 연구를 인용하며 술이라도 마셔서 스트레스를 풀겠다고 침착하게 말함
③ 비난형 : 어려서 고생을 많이 해서 그렇다며 벌떡 일어나 방 안을 왔다갔다 함
④ 산만형 : 살기 힘들어 술을 마신다며 자신의 술 문제가 자녀 학업을 방해했다고 인정함
⑤ 일치형 : 다른 사람들 말이 다 옳고 자신은 아무것도 아니라고 술 문제에 대한 벌을 달게 받겠다고 함

38 가족치료모델의 개입 목표에 관한 설명으로 옳지 않은 것은?

① 이야기 가족치료 : 문제중심 이야기에서 벗어나 새롭고 건설적인 가족 이야기 작성

② 구조적 가족치료 : 가족관계 역기능을 유발하는 가족 위계와 경계의 변화 도모

③ 경험적 가족치료 : 가족이 미분화에서 벗어나 가족 체계의 변화를 달성

④ 전략적 가족치료 : 의사소통과 행동 문제의 순환 고리를 끊고 연쇄작용 변화

⑤ 해결중심 가족치료 : 문제가 일어나지 않는 예외상황을 찾아서 확대

39 보웬(M. Bowen)의 다세대 가족치료의 기법이 적용된 사례에 관한 설명으로 옳지 않은 것은?

① 자아분화 : 가족의 빈곤한 상황에서도 아동 자녀가 자율적으로 생각하고 행동함

② 삼각관계 : 아동 자녀가 부모와의 갈등을 피하기 위해 경찰에 신고함

③ 정서적 체계 : 부모의 긴장관계가 아동 자녀에게 주는 정서적 영향을 파악함

④ 가족투사 과정 : 핵가족의 부부체계가 자신들의 불안을 아동 자녀에게 투영하는 과정을 검토함

⑤ 다세대 전이 : 가족의 관계 형성이나 정서, 증상이 여러 세대에 걸쳐 전수되는 것을 파악함

40 사회변화에 따라 달라지는 가족에 관한 설명으로 옳지 않은 것은?

① 가족 형태가 다양해지는 경향이 있다.

② 저출산 시대에는 무자녀 부부가 증가한다.

③ 세대구성이 단순화되면서 확대가족의 의미가 약화된다.

④ 단독으로 생계를 유지하는 경우는 가구의 범위에 속하지 않는다.

⑤ 양육, 보호, 교육, 부양 등에서 사회 이슈가 발생한다.

41 다음과 같은 기법을 사용하는 가족치료모델은?

> • 가족구성원들 사이 힘의 우위에 따라 대칭적이거나 보완적 관계가 형성된다.
> • 비언어적 의사소통이 가족의 욕구를 나타내므로 메타의사소통이 중요하다.
> • 가족이 문제행동을 유지하도록 지시함으로써 클라이언트가 통제력을 발휘한다.

① 전략적 가족치료모델

② 해결중심 가족치료모델

③ 구조적 가족치료모델

④ 다세대 가족치료모델

⑤ 경험적 가족치료모델

42 토스랜드와 리바스(R. Toseland & R. Rivas)가 분류한 집단 모델에 관한 설명으로 옳은 것은?

① 치료모델은 집단의 사회적 목표를 강조한다.

② 상호작용모델은 개인 치료를 위한 수단으로 집단을 강조한다.

③ 상호작용모델은 개인의 역기능 변화가 목적이다.

④ 사회적 목표모델은 민주시민의 역량 개발에 초점을 둔다.

⑤ 사회적 목표모델은 집단성원 간 투사를 활용한다.

부록

43 집단 사회복지실천 사정에 활용되는 것을 모두 고른 것은?

> ㄱ. 집단 사회복지사의 관찰
> ㄴ. 외부 전문가의 보고
> ㄷ. 표준화된 사정도구
> ㄹ. 집단성원의 자기관찰

① ㄱ, ㄴ   ② ㄱ, ㄹ
③ ㄴ, ㄷ   ④ ㄱ, ㄷ, ㄹ
⑤ ㄱ, ㄴ, ㄷ, ㄹ

44 집단에 관한 설명으로 옳은 것은?

① 개방형 집단은 폐쇄형 집단에 비해 집단 성원의 중도 가입이 어렵다.
② 개방형 집단은 폐쇄형 집단에 비해 응집력이 강하다.
③ 개방형 집단은 폐쇄형 집단에 비해 집단 성원의 역할이 안정적이다.
④ 폐쇄형 집단은 개방형 집단에 비해 집단 발달단계를 예측하기 어렵다.
⑤ 폐쇄형 집단은 개방형 집단에 비해 집단 규범이 안정적이다.

45 집단 중간단계의 개입기술에 관한 설명으로 옳지 않은 것은?

① 집단성원 간 상호작용을 향상시킨다.
② 집단성원을 사후관리 한다.
③ 집단의 목표를 달성하도록 원조한다.
④ 집단의 응집력을 향상시킨다.
⑤ 집단성원이 집단과정에 적극 활동하도록 촉진한다.

46 집단 종결단계에서 사회복지사의 역할로 옳은 것을 모두 고른 것은?

> ㄱ. 집단과정에서 성취한 변화를 지속적으로 유지하도록 돕는다.
> ㄴ. 집단성원의 개별 목표를 설정한다.
> ㄷ. 종결을 앞두고 나타나는 다양한 감정을 토론하도록 격려한다.
> ㄹ. 집단에 대한 의존성을 서서히 감소시켜 나간다.

① ㄱ, ㄴ
② ㄷ, ㄹ
③ ㄱ, ㄴ, ㄹ
④ ㄱ, ㄷ, ㄹ
⑤ ㄴ, ㄷ, ㄹ

47 역기능적 집단의 특성으로 옳은 것은?

① 자발적인 자기표출
② 문제 해결 노력의 부족
③ 모든 집단성원의 토론 참여
④ 집단성원 간 직접적인 의사소통
⑤ 집단 사회복지사를 존중

48 집단 사회복지실천의 장점에 관한 설명으로 옳지 않은 것은?

① 모방행동 : 기존의 행동을 고수한다.
② 희망의 고취 : 문제가 개선될 수 있다는 희망을 갖게 한다.
③ 이타심 : 위로, 지지 등으로 서로 도움을 주고 받는다.
④ 사회기술의 발달 : 대인관계에 관한 사회기술을 습득한다.
⑤ 보편성 : 다른 사람들도 비슷한 경험을 하는 것으로 위로를 받는다.

49 사회복지실천 과정의 개입단계 기록에 포함될 내용으로 옳지 않은 것은?

① 클라이언트와의 활동
② 개입과정의 진전 상황
③ 클라이언트의 문제에 관한 추가 정보
④ 클라이언트에게 제공한 자원들
⑤ 클라이언트에 관한 사후지도 결과

50 다음에 해당하는 단일사례설계유형에 관한 설명으로 옳지 않은 것은?

> 김모씨는 대인관계에 어려움이 있어서 지역사회복지관에서 실시하는 사회기술훈련프로그램에 참여하였다. 개입 전 4주간(주2회) 조사를 실시하고 4주간(주2회) 개입의 변화를 기록한 후 개입을 멈추고 다시 4주간(주2회)의 변화를 기록하였다.

① 기초선을 두 번 설정한다.
② 통제집단을 활용한다.
③ 개입효과성에 대한 파악이 가능하다.
④ 표본이 하나다.
⑤ 조사기간이 길어진다.

3영역_ 지역사회복지론

51 다음이 설명하는 것은?

> 1950년대 영국의 정신장애인과 지적장애인 시설수용보호에 대한 문제제기로 등장하였으며, 지역사회복지의 가치인 정상화(Normalization)와 관련이 있다.

① 지역사회보호
② 지역사회 사회 · 경제적 개발
③ 자원개발
④ 정치 · 사회행동
⑤ 주민조직

52 길버트와 스펙트(N. Gilbert & H. Specht, 1974)가 제시한 지역사회의 기능은?

> 사회적 위험으로부터 어려움에 직면하게 되었을 때 구성원들 간에 서로 돕는 것

① 생산 · 분배 · 소비의 기능
② 사회화의 기능
③ 상부상조의 기능
④ 사회통합의 기능
⑤ 사회통제의 기능

53 우리나라의 지역사회복지 역사에 관한 설명으로 옳지 않은 것은?

① 향약은 주민 교화 등을 목적으로 한 지식인 간의 자치적인 협동조직이다.
② 오가통 제도는 일제강점기 최초의 인보제도이다.
③ 메리 놀스(M. Knowles)에 의해 반열방이 설립되었다.
④ 태화여자관은 메리 마이어스(M. D. Myers)에 의해 설립되었다.
⑤ 농촌 새마을운동에서 도시 새마을운동으로 확대되었다.

54 영국의 지역사회복지 역사에 해당하지 않는 것은?

① 자선조직협회(COS)는 사회진화론에 영향을 받았다.
② 토인비홀은 사무엘 바네트(S. Barnett) 목사가 설립한 인보관이다.
③ 헐하우스는 제인 아담스(J. Adams)에 의해 설립되었다.
④ 시봄(Seebohm)보고서는 사회서비스의 협력과 통합을 제안하였다.
⑤ 그리피스(Griffiths)보고서는 지방정부의 책임을 강조하였다.

55 지역사회복지 이론에 관한 설명으로 옳은 것은?

① 교환이론 – 자원의 교환을 통한 지역사회 발전 강조
② 자원동원이론 – 이익집단들 간의 갈등과 타협 강조
③ 다원주의이론 – 소수 엘리트에 의한 지역사회 발전 강조
④ 기능주의이론 – 지역사회 변화의 원동력을 갈등으로 간주
⑤ 사회자본이론 – 지역사회 하위체계의 기능과 역할 강조

56 사회자본이론과 관련된 개념을 모두 고른 것은?

| ㄱ. 신 뢰 | ㄴ. 호혜성 |
| ㄷ. 경 계 | ㄹ. 네트워크 |

① ㄱ, ㄴ
② ㄷ, ㄹ
③ ㄱ, ㄴ, ㄷ
④ ㄱ, ㄴ, ㄹ
⑤ ㄱ, ㄴ, ㄷ, ㄹ

57 다음을 설명하고 있는 이론은?

최근 A지방자치단체와 B지방자치단체는 중앙정부로부터 각각 100억 원의 복지 예산을 지원받았다. 노인복지단체가 많은 A지방자치단체는 지역 노인회의 요구로 노인복지 예산 편성 비율이 전체 예산의 50%를 차지하게 되었고, 상대적으로 젊은 층이 많이 거주하고 있는 B지방자치단체는 노인복지 예산의 편성비율이 20% 수준에 그쳤다.

① 교환이론
② 갈등주의이론
③ 사회체계이론
④ 사회자본이론
⑤ 다원주의이론

58 다음 ( )에 들어갈 내용은?

사회복지사는 자신이 가지고 있는 가치와 신념, 행동과 관습 등이 참여자보다 상위에 있는 전문가라고 생각할 수 있기 때문에 ( )을/를 통하여 참여자들의 문화적 배경에 대해 배우고자 하는 자세가 필요하다.

① 상호학습
② 의사통제
③ 우월의식
④ 지역의 자치성
⑤ 서비스 영역의 일치성

59 지역사회복지실천 원칙으로 옳은 것을 모두 고른 것은?

ㄱ. 지역사회 욕구 변화에 따른 유연한 대응
ㄴ. 지역사회 주민을 중심으로 개입 목표 설정과 평가
ㄷ. 지역사회 특성의 일반화
ㄹ. 지역사회의 자기결정권 강조

① ㄱ, ㄴ
② ㄷ, ㄹ
③ ㄱ, ㄴ, ㄷ
④ ㄱ, ㄴ, ㄹ
⑤ ㄱ, ㄴ, ㄷ, ㄹ

60 포플(K. Popple, 1996)의 지역사회복지실천 모델을 모두 고른 것은?

> ㄱ. 지역사회개발
> ㄴ. 지역사회보호
> ㄷ. 지역사회조직
> ㄹ. 지역사회연계

① ㄱ, ㄴ   ② ㄷ, ㄹ
③ ㄱ, ㄴ, ㄷ   ④ ㄱ, ㄴ, ㄹ
⑤ ㄱ, ㄴ, ㄷ, ㄹ

61 다음 사례에서 사회복지사가 활용한 기술은?

> 행복시(市)에 근무하는 A사회복지사는 무력화 되어 있는 클라이언트의 잠재 역량 및 자원을 인정하고 삶을 스스로 결정할 수 있도록 북돋아주었다.

① 자원동원 기술
② 자원개발 기술
③ 임파워먼트 기술
④ 조직화 기술
⑤ 네트워크 기술

62 지역사회 사정에 해당하지 않은 것은?

① 지역사회의 욕구를 파악한다.
② 협력·조정을 위한 네트워크를 구축한다.
③ 지역 공청회를 통해 주민 의견을 수렴한다.
④ 명목집단 등을 활용한 욕구의 우선순위를 결정할 수 있다.
⑤ 서베이, 델파이기법 등을 활용하여 자료를 수집한다.

63 지역사회복지실천 과정의 순서로 옳은 것은?

> ㄱ. 지역사회 사정
> ㄴ. 실 행
> ㄷ. 성과평가
> ㄹ. 실행계획 수립

① ㄱ → ㄴ → ㄷ → ㄹ
② ㄱ → ㄹ → ㄴ → ㄷ
③ ㄹ → ㄱ → ㄴ → ㄷ
④ ㄹ → ㄱ → ㄷ → ㄴ
⑤ ㄹ → ㄴ → ㄷ → ㄱ

64 지역사회개발 모델 중 조력자로서의 사회복지사 역할이 아닌 것은?

① 좋은 대인관계를 조성하는 일
② 지역사회를 진단하는 일
③ 불만을 집약하는 일
④ 공동의 목표를 강조하는 일
⑤ 조직화를 격려하는 일

65 사회계획 모델에서 샌더스(I. T. Sanders)가 주장한 사회복지사의 역할이 아닌 것은?

① 분석가
② 조직가
③ 계획가
④ 옹호자
⑤ 행정가

66 로스만(J. Rothman)의 사회행동 모델에 해당하지 않는 것은?

① 클라이언트 집단을 소비자로 본다.
② 변화를 위한 기본 전략은 '억압자에 대항하기 위한 규합'을 추구한다.
③ 지역사회 내 불평등한 권력구조의 변화를 지향한다.
④ 변화 매개체로 대중조직을 활용한다.
⑤ 여성운동, 빈민운동, 환경운동 등 시민운동에도 활용될 수 있다.

67 연계기술에 해당하지 않는 것은?

① 클라이언트 중심의 사회적 관계망을 강화시킬 수 있다.
② 이용자 중심의 통합적 서비스를 제공할 수 있다.
③ 새로운 인프라 구축에 필요한 시간과 비용을 줄일 수 있다.
④ 사회복지시설의 서비스 중복 · 누락을 방지할 수 있다.
⑤ 지역사회 공공의제를 개발하고 주민 의식화를 강화할 수 있다.

68 지방자치제에 관한 설명으로 옳은 것을 모두 고른 것은?

> ㄱ. 지방자치제는 자기통치원리를 담고 있다.
> ㄴ. 지방자치는 주민자치와 단체자치를 일컫는다.
> ㄷ. 지방자치단체는 사회복지시설을 평가할 수 있다.
> ㄹ. 지방자치법을 제정함으로써 지방 분권을 위한 법적 장치가 만들어졌다.

① ㄱ, ㄴ
② ㄷ, ㄹ
③ ㄱ, ㄴ, ㄷ
④ ㄱ, ㄴ, ㄹ
⑤ ㄱ, ㄴ, ㄷ, ㄹ

69 지역사회보장에 관한 계획(이하 '지역사회보장계획'이라 한다)에 관한 설명으로 옳은 것은?

① 시장 · 군수 · 구청장은 4년마다 지역사회보장계획을 수립한 후 보건복지부장관에게 제출한다.
② 시 · 군 · 구의 지역사회보장계획은 시 · 도사회보장위원회의 심의를 거친다.
③ 지역사회보장계획은 사회복지사업법에 의거 매년 연차별 시행계획을 수립한다.
④ 시 · 도의 지역사회보장계획은 지역사회보장협의체의 심의를 거친다.
⑤ 지역사회보장계획의 수립 및 지역사회보장조사의 시기 · 방법 등에 필요한 사항은 대통령령으로 정한다.

70 사회복지사업법상 ( )에 들어갈 내용으로 옳은 것은?

> 제34조의5(사회복지관의 설치 등)
> ① 제34조제1항과 제2항에 따른 시설 중 사회복지관은 지역복지증진을 위하여 다음 각 호의 사업을 실시할 수 있다.
> 1. 지역사회의 특성과 지역주민의 복지욕구를 고려한 (ㄱ) 사업
> 2. 국가 · 지방자치단체 및 민간 부문의 사회복지서비스를 연계 · 제공하는 (ㄴ) 사업
> 3. 지역사회 복지공동체 활성화를 위한 복지자원 관리, 주민교육 및 (ㄷ) 사업

① ㄱ : 서비스 제공, ㄴ : 사례관리,   ㄷ : 조직화
② ㄱ : 서비스 제공, ㄴ : 조직화,   ㄷ : 사례관리
③ ㄱ : 사례관리,   ㄴ : 서비스 제공, ㄷ : 조직화
④ ㄱ : 조직화,   ㄴ : 사례관리,   ㄷ : 재가복지
⑤ ㄱ : 조직화,   ㄴ : 지역사회보호, ㄷ : 사례관리

71 사회복지관의 사업내용 중 기능이 다른 것은?

① 지역 내 보호가 필요한 대상자 및 위기 개입 대상자 발굴
② 개입 대상자의 문제와 욕구에 맞는 맞춤형 서비스 제공을 위한 사례 개입
③ 지역 내 민간 및 공공자원 연계 및 의뢰
④ 발굴한 사례에 대한 개입계획 수립
⑤ 주민 협력 강화를 위한 주민의식 교육

72 사회복지공동모금회법상 사회복지공동모금회에 관한 설명으로 옳지 않은 것은?

① 사회복지공동모금회는 사회복지법인이다.
② 특별시 · 광역시 · 특별자치시 · 도 · 특별자치도 단위 사회복지공동모금지회를 둔다.
③ 임원의 임기는 2년으로 하며, 한 차례만 연임할 수 있다.
④ 모금회가 아닌 자는 사회복지공동모금 또는 이와 유사한 명칭을 사용하지 못한다.
⑤ 사회복지활동 등을 지원하기 위한 재원을 조성하기 위하여 복권을 발행할 수 있다.

73 다음 설명을 모두 충족하는 것은?

> • 지역공동체에 기반하여 활동한다.
> • 도시재생 활성화 및 지원에 관한 특별법에 근거를 두고 있다.
> • 주민이 지역자원을 활용한 수익사업을 통해 지역공동체를 활성화한다.

① 사회적기업
② 마을기업
③ 자활기업
④ 협동조합
⑤ 자선단체

74 아른스테인(S. Arnstein)이 분류한 주민참여단계에 해당하지 않는 것은?

① 협동관계
② 정보제공
③ 주민회유
④ 주민동원
⑤ 권한위임

75 우리나라 지역사회복지 환경 변화의 순서로 옳은 것은?

> ㄱ. 희망복지지원단 설치 · 운영
> ㄴ. 사회복지통합관리망(행복e음) 구축
> ㄷ. 지역사회통합돌봄(커뮤니티케어) 선도사업 시행
> ㄹ. '읍 · 면 · 동 복지 허브화' 사업 시행

① ㄱ → ㄴ → ㄷ → ㄹ
② ㄱ → ㄴ → ㄹ → ㄷ
③ ㄴ → ㄱ → ㄷ → ㄹ
④ ㄴ → ㄱ → ㄹ → ㄷ
⑤ ㄴ → ㄷ → ㄱ → ㄹ

제3과목 사회복지정책과 제도

1영역_ 사회복지정책론

01 사회복지의 잔여적 개념과 제도적 개념에 관한 설명으로 옳은 것을 모두 고른 것은?

> ㄱ. 잔여적 개념에 따르면 개인은 기본적으로 가족과 시장을 통해 욕구를 충족시킨다.
> ㄴ. 제도적 개념에 따르면 가족과 시장에 의한 개인의 욕구 충족이 실패했을 때 국가가 잠정적·일시적으로 그 기능을 대신한다.
> ㄷ. 잔여적 개념은 작은 정부를 옹호하고 시장과 민간의 역할을 중시하는 보수주의자들의 선호와 맥락을 같이 한다.
> ㄹ. 제도적 개념은 사회복지를 시혜나 자선으로 보지 않지만 국가에 의해 주어진 것이므로 권리성은 약하다.

① ㄱ
② ㄹ
③ ㄱ, ㄷ
④ ㄴ, ㄷ
⑤ ㄴ, ㄷ, ㄹ

02 복지다원주의 또는 복지혼합에 관한 설명으로 옳지 않은 것은?

① 국가는 복지의 주된 공급자로 인정하면서도 불평등을 야기하는 시장은 복지 공급자로 수용하지 않는다.
② 국가를 포함한 복지제공의 주체를 재구성하는 논리로 활용된다.
③ 비공식부문은 제도적 복지의 발달에도 불구하고 존재하는 비복지 문제에 대응하는 복지주체이다.
④ 시민사회는 사회적경제조직을 구성하여 지역사회에서 공급주체로 참여하는 역할을 한다.
⑤ 복지제공의 주체로 국가 외에 다른 주체를 수용한다는 점에서 복지국가를 비판하는 논리로 쓰인다.

03 급여의 형태에 관한 설명으로 옳은 것을 모두 고른 것은?

> ㄱ. 현금급여는 선택의 자유를 보장하지만 사회적 통제가 부과된다.
> ㄴ. 현물급여는 집합적 선을 추구하고 용도 외 사용을 방지하지만 관리비용이 많이 든다.
> ㄷ. 서비스는 클라이언트를 위한 제반 활동을 말하며 목적 외 다른 용도로 사용할 수 없다.
> ㄹ. 증서는 일정한 범위 내에서만 교환가치를 가지기 때문에 개인주의자와 집합주의자 모두 선호한다.
> ㅁ. 기회는 재화와 자원을 통제할 수 있는 영향력을 의미하며 정책에 관한 의사결정권을 갖는 것을 말한다.

① ㄱ, ㄹ
② ㄴ, ㅁ
③ ㄱ, ㄴ, ㄷ
④ ㄱ, ㄷ, ㅁ
⑤ ㄴ, ㄷ, ㄹ

04 사회서비스 전자바우처에 관한 설명으로 옳지 않은 것은?

① 급여형태는 신용카드 또는 체크카드로 구현한 증서이다.
② 공급자 중심의 직접지원 또는 직접지불 방식이다.
③ 서비스 제공자의 도덕적 해이를 방지하기 위해 도입되었다.
④ 수요자의 선택권을 보장하기 위한 수단으로 활용되고 있다.
⑤ 금융기관 시스템을 활용하여 재정흐름의 투명성이 높아졌다.

05 보편주의와 선별주의에 관한 설명으로 옳은 것을 모두 고른 것은?

> ㄱ. 보편주의는 시민권에 입각해 권리로서 복지를 제공하므로 비납세자는 사회복지 대상에서 제외한다.
> ㄴ. 보편주의는 기여자와 수혜자를 구별하지 않는다.
> ㄷ. 선별주의는 수급자격이 제한된 급여를 제공하기 위해 자산조사 또는 소득조사를 한다.
> ㄹ. 보편주의자와 선별주의자 모두 사회적 평등성 또는 사회적 효과성을 나름대로 추구한다.

① ㄷ
② ㄱ, ㄷ
③ ㄴ, ㄹ
④ ㄱ, ㄴ, ㄹ
⑤ ㄴ, ㄷ, ㄹ

06 사회복지의 민간재원에 관한 설명으로 옳은 것은?

① 사회복지의 민간재원에는 조세지출, 기부금, 기업복지, 퇴직금 등이 포함된다.
② 기부금 규모는 국세청이 추산한 액수보다 더 적을 것으로 추정된다.
③ 이용료는 클라이언트가 직접 지불한 것을 제외하고 사회보장기관 등의 제3자가 서비스 비용을 지불한 것을 의미한다.
④ 기업복지는 기업이 그 피용자들에게 제공하는 임금과 임금 외 급여 또는 부가급여를 의미한다.
⑤ 기업복지의 규모가 커질수록 노동자들 사이의 불평등이 증가한다.

07 조세와 사회보험료에 관한 설명으로 옳은 것은?

① 조세는 사회보험료에 비해 소득역진적이다.
② 조세와 사회보험료는 공통적으로 빈곤완화, 위험분산, 소득유지, 불평등 완화의 기능을 수행한다.
③ 조세와 사회보험료는 공통적으로 상한선이 있어서 고소득층에 유리하다.
④ 사회보험료를 조세로 보기는 하지만 임금으로 보지는 않는다.
⑤ 개인소득세는 누진성이 강하고 일반소비세는 역진성이 강하다.

08 길버트와 테렐(Gilbert & Terrell)이 주장한 전달체계의 개선전략 중 서비스에 대한 접근성 자체를 중요하게 간주하여 독자적인 서비스를 제공하려는 재구조화 전략은 무엇인가?

① 중앙집중화(Centralization)
② 사례수준 협력(Case-level cooperation)
③ 시민참여(Citizen participation)
④ 전문화된 접근구조(Specialized access structure)
⑤ 경쟁(Competition)

09 사회복지정책의 발달을 설명하는 이론으로 옳은 것을 모두 고른 것은?

> ㄱ. 시민권이론은 정치권, 공민권, 사회권의 순서로 발달한 것으로 본다.
> ㄴ. 권력자원이론은 노동조합의 중앙집중화 정도, 좌파정당의 집권을 복지국가 발달의 변수로 본다.
> ㄷ. 이익집단이론은 다양한 이익집단들의 정치적 활동을 통해 복지국가가 발달한 것으로 본다.
> ㄹ. 국가중심이론은 국가 엘리트들과 고용주들의 의지와 능력에 의해 결정된다고 본다.
> ㅁ. 수렴이론은 그 사회의 기술수준과 산업화 정도에 따라 사회복지의 발달이 수렴된다고 본다.

① ㄱ, ㄴ, ㄹ
② ㄱ, ㄷ, ㅁ
③ ㄴ, ㄷ, ㄹ
④ ㄴ, ㄷ, ㅁ
⑤ ㄷ, ㄹ, ㅁ

10 빈곤과 소득불평등의 측정에 관한 설명으로 옳은 것은?

① 반물량 방식은 엥겔계수를 활용하여 빈곤선을 추정한다.
② 상대적 빈곤은 생존에 필요한 생활수준이 최소한의 수준에 도달하지 못한 상태를 말한다.
③ 라이덴방식은 객관적 평가에 기초하여 빈곤선을 측정한다.
④ 빈곤율은 빈곤층의 소득을 빈곤선 수준으로 끌어올리는데 필요한 총소득을 나타낸다.
⑤ 지니계수가 1일 경우는 완전 평등한 분배상태를 의미한다.

11 사회적 배제의 특성에 관한 설명으로 옳지 않은 것은?

① 문제의 초점을 소득의 결핍으로 제한한다.
② 빈곤에 대해 다차원적으로 접근하는 개념이다.
③ 빈곤의 역동성과 동태적 과정을 강조한다.
④ 개인과 집단의 박탈과 불평등을 유발하는 다양한 영역을 포괄한다.
⑤ 사회적 관계망으로부터의 단절 문제를 제기한다.

12 영국 사회복지정책의 역사에 관한 설명으로 옳은 것을 모두 고른 것은?

> ㄱ. 길버트법은 빈민의 비참한 생활과 착취를 개선하기 위해 원외구제를 허용했다.
> ㄴ. 스핀햄랜드법은 빈민의 임금을 보충하기 위해 가족 수에 따라 보조금을 지급할 수 있게 했다.
> ㄷ. 신빈민법은 열등처우의 원칙을 적용하였고 원내구제를 금지했다.
> ㄹ. 왕립빈민법위원회의 소수파보고서는 구빈법의 폐지보다는 개혁을 주장했다.
> ㅁ. 베버리지보고서를 근거로 하여 가족수당법, 국민부조법 등이 제정되었다.

① ㄱ, ㄷ
② ㄷ, ㅁ
③ ㄱ, ㄴ, ㅁ
④ ㄴ, ㄷ, ㄹ
⑤ ㄴ, ㄹ, ㅁ

13 미국의 빈곤가족한시지원(TANF)에 관한 설명으로 옳지 않은 것은?

① 수급기간 제한
② 개인 책임 강조
③ 근로연계복지 강화
④ 요보호아동가족부조(AFDC)와 병행
⑤ 주정부의 역할과 기능 강화

14 국가가 주도적으로 사회복지를 제공해야 할 필요성으로 옳지 않은 것은?

① 역선택
② 도덕적 해이
③ 규모의 경제
④ 능력에 따른 분배
⑤ 정보의 비대칭

15 에스핑-안데르센(G. Esping-Andersen)의 복지국가 유형에 관한 설명으로 옳은 것은?

① 복지국가 유형을 탈상품화, 계층화 등을 기준으로 분류하였다.
② 보수주의 복지국가는 탈가족주의와 통합적 사회보험을 강조한다.
③ 자유주의 복지국가는 공공부조의 비중과 탈상품화 수준이 낮은 편이다.
④ 사회민주주의 복지국가는 국가의 책임을 최소화하고 시장을 통해 문제해결을 한다.
⑤ 보수주의 복지국가의 예로는 프랑스, 영국, 미국을 들 수 있다.

16 소득재분배에 관한 설명으로 옳은 것은?

① 수평적 재분배는 공공부조를 들 수 있다.
② 세대 간 재분배는 부과방식 공적연금을 들 수 있다.
③ 수직적 재분배는 아동수당을 들 수 있다.
④ 단기적 재분배는 적립방식 공적연금을 들 수 있다.
⑤ 소득재분배는 조세를 통해서만 발생한다.

17 다음에서 ㄱ, ㄴ을 순서대로 옳게 나열한 것은?

> 2024년 국민기초생활보장제도 수급자 선정 소득기준은 다음과 같다. 생계급여는 기준 중위소득의 (ㄱ)% 이하, 주거급여는 기준 중위소득의 48% 이하, 의료급여는 기준 중위소득의 (ㄴ)% 이하, 교육급여는 기준 중위소득의 50% 이하이다.

① 30, 30   ② 30, 40
③ 32, 30   ④ 32, 40
⑤ 35, 40

18 사회보장기본법상 사회서비스에 관한 설명으로 옳지 않은 것은?

① 주체는 민간부문을 제외한 국가와 지방자치단체이다.
② 대상은 도움이 필요한 모든 국민이다.
③ 분야는 복지, 보건, 의료, 교육, 고용, 주거, 문화, 환경 등이다.
④ 상담, 재활, 돌봄, 정보의 제공, 관련시설의 이용, 역량개발, 사회참여 지원 등을 내용으로 한다.
⑤ 인간다운 생활을 보장하고 국민의 삶의 질이 향상되도록 지원하는 제도이다.

19 우리나라 사회보험제도에 관한 설명으로 옳은 것은?

① 기여방식 공적연금은 국민연금, 특수직역연금, 기초 연금으로 구분하여 운영된다.

② 고용보험의 고용안정 및 직업능력개발사업 보험료 는 노사가 1/2씩 부담한다.

③ 노인장기요양보험의 시설급여 제공기관에는 노인요 양공동생활가정과 노인전문요양병원이 포함된다.

④ 국민건강보험의 직장가입자 보험료는 노사가 1/2씩 부담하지만 사립학교 교직원은 국가가 20% 부담 한다.

⑤ 산업재해보상보험의 급여에는 상병수당과 상병보상 연금이 있다.

20 우리나라 공공부조제도에 관한 설명으로 옳지 않은 것은?

① 긴급복지지원제도는 현금급여와 민간기관 연계 등 의 지원을 제공한다.

② 국민기초생활보장제도 부양의무자 기준은 복지사각 지대 해소를 위해 단계적으로 완화되고 있다.

③ 긴급복지지원제도는 단기 지원의 원칙, 선심사 후지 원의 원칙, 다른 법률 지원 우선의 원칙이 적용된다.

④ 의료급여 수급권자에는 「입양특례법」에 따라 국내 입양된 18세 미만의 아동이 포함된다.

⑤ 국민기초생활보장제도 급여 신청은 신청주의와 직 권주의를 병행하고 있다.

21 다음에서 ㄱ, ㄴ을 합한 값은?

> 긴급복지지원제도의 생계급여 지원은 최대 (ㄱ)회, 의료 급여 지원은 최대 (ㄴ)회, 주거급여는 최대 12회, 복지시 설 이용은 최대 6회 지원된다.

① 4   ② 6
③ 8   ④ 10
⑤ 12

22 사회보장의 특성에 관한 설명으로 옳은 것을 모두 고른 것은?

> ㄱ. 공공부조는 사회보험에 비해 권리성이 약하다.
> ㄴ. 사회보험과 비교할 때 공공부조는 비용효과성이 높다.
> ㄷ. 사회수당과 사회보험은 기여 여부를 급여 지급 요건으 로 한다.
> ㄹ. 사회보험과 공공부조는 방빈제도이고 사회수당은 구 빈제도이다.

① ㄱ
② ㄱ, ㄴ
③ ㄴ, ㄷ
④ ㄷ, ㄹ
⑤ ㄱ, ㄴ, ㄹ

23 우리나라 근로장려세제(EITC)에 관한 설명으로 옳지 않 은 것은?

① 소득재분배 효과를 기대할 수 있다.

② 근로능력이 있는 저소득층의 근로유인을 제고한다.

③ 소득과 재산보유상태 등을 반영하여 지급한다.

④ 근로장려금 모형은 점증구간, 평탄구간, 점감구간으 로 되어 있다.

⑤ 사업자는 근로장려금을 받을 수 없다.

24 사회보장 급여 중 현물급여가 아닌 것은?

① 산업재해보상보험의 요양급여
② 고용보험의 상병급여
③ 노인장기요양보험의 재가급여
④ 국민기초생활보장의 의료급여
⑤ 국민건강보험의 건강검진

2영역_ 사회복지행정론

26 사회복지조직의 특성에 관한 설명으로 옳지 않은 것은?

① 사회복지사의 전문성과 자율성을 인정한다.
② 클라이언트와 사회복지사의 관계에 따라 서비스의 효과성이 좌우된다.
③ 서비스의 효과성을 객관적으로 입증하기가 용이하다.
④ 다양한 상황에서 윤리적 딜레마와 가치 선택에 직면한다.
⑤ 조직의 목표가 명확하거나 구체적이기 어렵다.

27 한국 사회복지행정의 역사에 관한 설명으로 옳지 않은 것은?

① 6.25 전쟁 이후 외국원조기관을 중심으로 사회복지시설이 설립되었다.
② 1960년대 외국원조기관 철수 후 자생적 사회복지단체들이 성장했다.
③ 1980년대 후반부터 지역사회 이용시설 중심의 사회복지기관이 증가했다.
④ 1980년대 후반부터 사회복지전문요원이 배치되기 시작했다.
⑤ 1990년대 후반에 사회복지시설 설치기준이 허가제에서 신고제로 바뀌었다.

25 보건복지부장관이 관장하는 사회보험제도를 모두 고른 것은?

> ㄱ. 국민연금
> ㄴ. 국민건강보험
> ㄷ. 산업재해보상보험
> ㄹ. 고용보험
> ㅁ. 노인장기요양보험

① ㄱ, ㄴ
② ㄴ, ㄷ
③ ㄱ, ㄴ, ㅁ
④ ㄱ, ㄷ, ㄹ
⑤ ㄷ, ㄹ, ㅁ

28 메이요(E. Mayo)가 제시한 인간관계이론에 관한 설명으로 옳은 것은?

① 생산성은 근로조건과 환경에 의해서만 좌우된다.
② 심리적 요인은 생산성 향상에 영향을 미친다.
③ 사회적 상호작용은 생산성 향상에 부정적인 영향을 미친다.
④ 공식적인 부서의 형성은 생산성 향상으로 이어진다.
⑤ 근로자는 집단 구성원이 아닌 개인으로서 행동하고 반응한다.

29 조직이론에 관한 설명으로 옳지 않은 것은?

① 학습조직이론 : 개인 및 조직의 학습공유를 통해 역량강화
② 정치경제이론 : 경제적 자원과 권력 간 상호작용 강조
③ 상황이론 : 조직을 폐쇄체계로 보며, 조직 내부의 상황에 초점
④ 총체적 품질관리론 : 지속적이고 총체적인 서비스 질 향상을 통한 고객만족 극대화
⑤ X이론 : 생산성 향상을 위해 조직 구성원에 대한 감독, 보상과 처벌, 지시 등이 필요

30 테일러(F. W. Taylor)의 과학적 관리론에 관한 설명으로 옳은 것을 모두 고른 것은?

> ㄱ. 직무의 과학적 분석 : 업무시간과 동작의 체계적 분석
> ㄴ. 권위의 위계구조 : 권리와 책임을 수반하는 권위의 위계
> ㄷ. 경제적 보상 : 직무성과에 따른 인센티브 제공
> ㄹ. 사적 감정의 배제 : 공식적인 원칙과 절차 중시

① ㄱ, ㄴ   ② ㄱ, ㄷ
③ ㄴ, ㄹ   ④ ㄱ, ㄴ, ㄷ
⑤ ㄱ, ㄷ, ㄹ

31 조직 구성요소에 관한 설명으로 옳은 것은?

① 집권화 수준을 높이면 의사결정의 권한이 분산된다.
② 업무가 복잡할수록 공식화의 효과는 더 크다.
③ 공식화 수준을 높이면 직무의 사적 영향력이 높아진다.
④ 과업분화가 적을수록 수평적 분화가 더 이루어진다.
⑤ 수직적 분화가 많아질수록 의사소통의 절차가 복잡해진다.

32 다음에서 설명하는 조직구조는?

> • 일상 업무수행기구와는 별도로 구성
> • 특별과업이나 문제해결을 위한 전문가 중심 조직
> • 낮은 수준의 수직적 분화와 공식화

① 기계적 관료제 구조
② 사업부제 구조
③ 전문적 관료제 구조
④ 단순구조
⑤ 위원회 구조

33 조직문화에 관한 설명으로 옳지 않은 것은?

① 조직의 정체성을 결정하는 일련의 가치와 신념이다.
② 조직과 일체감을 갖게 함으로써 구성원의 정체감 형성에 기여한다.
③ 조직의 믿음과 가치가 깊게 공유될 때 조직문화는 더 강해진다.
④ 경직된 조직문화는 불확실한 환경에 대처하도록 돕는다.
⑤ 조직 내에서 자연적으로 생길 수 있다.

34 섬김 리더십(Servant Leadership)에 관한 설명으로 옳은 것을 모두 고른 것은?

> ㄱ. 인간 존중, 정의, 정직성, 공동체적 윤리성 강조
> ㄴ. 가치의 협상과 계약
> ㄷ. 청지기(Stewardship) 책무 활동
> ㄹ. 지능, 사회적 지위, 교육 정도, 외모 강조

① ㄱ, ㄷ   ② ㄴ, ㄹ
③ ㄷ, ㄹ   ④ ㄱ, ㄴ, ㄷ
⑤ ㄱ, ㄴ, ㄷ, ㄹ

35 사회복지행정가 A는 직원의 불만족 요인을 낮추기 위하여 급여를 높이고, 업무환경 개선을 위한 사무실 리모델링을 진행하여 조직의 성과를 높이고자 하였다. 이때 적용한 이론은?

① 브룸(V. H. Vroom)의 기대이론
② 허즈버그(F. Herzberg)의 동기위생이론
③ 스위스(K. E. Swiss)의 TQM이론
④ 맥그리거(D. McGregor)의 XY이론
⑤ 아담스(J. S. Adams)의 형평성 이론

36 인적자원관리의 구성요소에 관한 설명으로 옳지 않은 것은?

① 확보 : 직원모집, 심사, 채용
② 개발 : 직원훈련, 지도, 감독
③ 보상 : 임금, 복리후생
④ 정치 : 승진, 근태관리
⑤ 유지 : 인적자원 유지, 이직관리

37 다음에서 설명하는 인적자원개발 방법은?

> • 짧은 시간에 많은 사람을 대상으로 교육내용을 체계적으로 전달할 때 사용
> • 직원들에게 사회복지시설 평가제도에 대한 이해를 높여서 기관평가에 좋은 결과를 얻도록 하기 위하여 사용

① 멘토링
② 감수성 훈련
③ 역할연기
④ 소시오 드라마
⑤ 강 의

38 직무수행평가 순서로 옳은 것은?

> ㄱ. 실제 직무수행을 직무수행 평가기준과 비교
> ㄴ. 직원과 평가결과 회의 진행
> ㄷ. 평가도구를 사용하여 직원의 실제 직무수행을 측정
> ㄹ. 직무수행 기준 확립
> ㅁ. 직무수행 기대치를 직원에게 전달

① ㄷ - ㄹ - ㅁ - ㄱ - ㄴ
② ㄹ - ㄷ - ㄴ - ㅁ - ㄱ
③ ㄹ - ㅁ - ㄷ - ㄱ - ㄴ
④ ㅁ - ㄱ - ㄷ - ㄴ - ㄹ
⑤ ㅁ - ㄹ - ㄴ - ㄷ - ㄱ

39 사회복지조직의 재정관리에 관한 설명으로 옳지 않은 것은?

① 「사회복지법인 및 사회복지시설 재무·회계 규칙」을 따른다.
② 사회복지법인과 시설은 매년 1회 이상 감사를 실시한다.
③ 시설운영 사회복지법인인 경우, 시설회계와 법인회계는 통합하여 관리한다.
④ 사회복지법인의 회계년도는 정부의 회계년도를 따른다.
⑤ 사회복지법인이 설치·운영하는 시설의 경우 시설운영위원회에 보고하고 법인 이사회의 의결을 통해 예산편성을 확정한다.

40 예산집행의 통제 기제에 관한 설명으로 옳지 않은 것은?

① 개별 기관의 제약조건, 요구사항 및 기대사항에 맞게 고안되어야 한다.
② 예외적 상황에 적용되는 규칙을 명시해야 한다.
③ 보고의 규정을 두어야 한다.
④ 강제성을 갖는 규정은 두지 않는다.
⑤ 필요할 경우 규칙은 새로 개정할 수 있다.

41 패러슈라만 등(A. Parasuraman, V. A. Zeithaml & L. L. Berry)의 SERVQUAL 구성차원에 해당하는 질문을 모두 고른 것은?

> ㄱ. 약속한 대로 서비스를 제공했는가?
> ㄴ. 안전하게 서비스를 제공했는가?
> ㄷ. 자신감을 가지고 정확하게 서비스를 제공했는가?
> ㄹ. 위생적이고 정돈된 시설에서 서비스를 제공했는가?

① ㄱ, ㄹ
② ㄴ, ㄷ
③ ㄴ, ㄹ
④ ㄱ, ㄴ, ㄷ
⑤ ㄱ, ㄷ, ㄹ

42 공공 사회복지전달체계에 관한 설명으로 옳은 것은?

① 사회복지전담공무원 제도 이후 사회복지전문요원 제도가 실시되었다.
② 보건복지사무소와 사회복지사무소 시범사업은 동시에 진행되었다.
③ 읍·면·동 복지허브화 사업 이후 읍·면·동사무소가 주민자치센터로 변경되었다.
④ 지역사회복지협의체가 지역사회보장협의체로 명칭이 변경되었다.
⑤ 사회서비스원 설치 후 전자바우처 방식의 사회서비스 사업이 시작되었다.

43 사회복지전달체계 구축 원칙에 관한 설명으로 옳지 않은 것은?

① 서비스 비용 부담을 낮춤으로써 접근성을 높일 수 있다.
② 서비스 간 연계성을 강화함으로써 연속성을 높일 수 있다.
③ 양·질적으로 이용자 욕구에 부응함으로써 적절성을 높일 수 있다.
④ 최소 비용으로 최대 효과를 얻음으로써 전문성을 높일 수 있다.
⑤ 이용자의 요구나 불만을 파악함으로써 책임성을 높일 수 있다.

44 다음 설명에 해당하는 의사결정 기법은?

> • 대면하여 의사결정
> • 집단적 상호작용의 최소화
> • 민주적 방식으로 최종 의사결정

① 명목집단기법
② 브레인스토밍
③ 델파이기법
④ SWOT기법
⑤ 초점집단면접

45 다음 설명에 해당하는 프로그램 관리기법은?

> • 프로그램 진행 일정을 관리하는 목적으로 많이 활용됨
> • 프로그램을 구성하는 활동들 간 상호관계와 연계성을 명확하게 보여줌
> • 임계경로와 여유시간에 대한 정보를 파악할 수 있음

① 프로그램 평가 검토기법(PERT)
② 간트 차트(Gantt Chart)
③ 논리모델(Logic Model)
④ 임팩트모델(Impact Model)
⑤ 플로우 차트(Flow Chart)

46 사회복지서비스 마케팅 과정을 옳게 연결한 것은?

> ㄱ. STP 전략 설계
> ㄴ. 고객관계관리(CRM)
> ㄷ. 마케팅 믹스
> ㄹ. 고객 및 시장 조사

① ㄱ - ㄴ - ㄷ - ㄹ
② ㄱ - ㄹ - ㄴ - ㄷ
③ ㄷ - ㄹ - ㄱ - ㄴ
④ ㄹ - ㄱ - ㄴ - ㄷ
⑤ ㄹ - ㄱ - ㄷ - ㄴ

47 사회복지 마케팅 기법에 관한 설명으로 옳지 않은 것은?

① 다이렉트 마케팅은 방송이나 잡지 등 대중매체를 활용하는 방식이다.
② 기업연계 마케팅은 명분마케팅이라고도 한다.
③ 데이터베이스 마케팅은 이용자에 대한 각종 정보를 수집, 분석하여 활용하는 방식이다.
④ 사회 마케팅은 대중에 대한 캠페인 등을 통해 행동변화를 유도하는 방식이다.
⑤ 고객관계관리 마케팅은 개별 고객특성에 맞춘 서비스를 지속적으로 제공하는 방식이다.

48 다음 설명에 해당되는 것은?

> • 비(非)표적 인구가 서비스에 접근하여 나타나는 문제
> • 사회적 자원의 낭비 유발

① 서비스 과활용
② 크리밍
③ 레드테이프
④ 기준행동
⑤ 매몰비용

49 사회복지 프로그램 평가의 목적과 그 설명으로 옳은 것은?

① 정책개발 : 사회복지실천 이념 개발
② 책임성 이행 : 재무 · 회계적, 전문적 책임 이행
③ 이론 형성 : 급여의 공평한 배분을 위한 여론 형성
④ 자료수집 : 종사자의 기준행동 강화
⑤ 정보관리 : 민간기관의 행정협상력 약화

50 사회복지조직 혁신의 방해 요인으로 옳지 않은 것은?

① 무사안일주의
② 비전의 영향력을 과소평가
③ 비전에 대한 불충분한 의사소통
④ 핵심리더의 변화노력에 대한 구성원의 공개 지지
⑤ 변화를 막는 조직구조나 보상체계의 유지

3영역_ 사회복지법제론

51 헌법 제10조의 일부이다. ( )에 들어갈 내용으로 옳은 것은?

> 모든 국민은 인간으로서의 존엄과 가치를 가지며, ( )을 추구할 권리를 가진다.

① 자유권
② 생존권
③ 인간다운 생활
④ 행 복
⑤ 인 권

52 법률의 제정 연도가 가장 최근인 것은?

① 아동복지법
② 노인복지법
③ 장애인복지법
④ 한부모가족지원법
⑤ 다문화가족지원법

53 우리나라 사회복지법의 법원에 관한 설명으로 옳은 것은?

① 관습법은 사회복지법의 법원이 될 수 없다.
② 법률은 정부의 의결을 거쳐 제정·공포된 법을 말한다.
③ 지방자치단체의 조례는 성문법원이다.
④ 명령은 행정기관이 제정한 법규로 국회의 의결을 거쳐야 한다.
⑤ 일반적으로 승인된 국제법규는 사회복지법의 법원에 포함되지 않는다.

54 사회복지사업법상 사회복지사업 관련 법률을 모두 고른 것은?

> ㄱ. 아동복지법
> ㄴ. 장애인복지법
> ㄷ. 국민기초생활 보장법
> ㄹ. 기초연금법

① ㄱ, ㄴ
② ㄷ, ㄹ
③ ㄱ, ㄴ, ㄷ
④ ㄱ, ㄴ, ㄹ
⑤ ㄱ, ㄴ, ㄷ, ㄹ

55 사회복지사업법상 사회복지법인(이하 '법인'으로 한다)에 관한 설명으로 옳지 않은 것은?

① 정관에는 회의에 관한 사항이 포함되어야 한다.
② 법인은 사회복지사업의 운영에 필요한 재산을 소유하여야 한다.
③ 감사 중에 결원이 생겼을 때 3개월 이내에 보충하여야 한다.
④ 법인은 임원을 임면하는 경우에 지체 없이 시·도지사에게 보고하여야 한다.
⑤ 법인이 목적사업 외의 사업을 하였을 때 설립허가가 취소될 수 있다.

56 사회복지사업법상 사회복지시설(이하 '시설'이라 한다)에 관한 설명으로 옳지 않은 것은?

① 사회복지관은 직업 및 취업 알선이 필요한 지역주민에게 사회복지서비스를 우선 제공하여야 한다.
② 지방자치단체는 시설의 책임보험 가입에 드는 비용의 전부를 보조할 수 없다.
③ 국가는 시설을 운영할 수 있다.
④ 시설 종사자의 근무환경 개선에 관한 사항은 운영위원회에서 심의한다.
⑤ 회계부정이 발견되었을 때 보건복지부장관은 시설의 폐쇄를 명할 수 있다.

57 사회복지사업법의 내용으로 옳은 것은?

① 사회복지서비스는 현금과 현물로 제공하는 것을 원칙으로 한다.

② 국가는 사회복지 자원봉사활동을 지원·육성하기 위하여 자원봉사활동의 홍보 및 교육을 실시하여야 한다.

③ 사회복지에 관한 조사·연구 및 정책 건의를 위하여 한국사회복지사협회를 둔다.

④ 사회복지사 자격증을 다른 사람에게 빌려주거나 빌린 사람은 10년 이하의 징역 또는 1억 원 이하의 벌금에 처한다.

⑤ 시·도지사는 사회복지에 관한 전문지식과 기술을 가진 사람에게 사회복지사 자격증을 발급할 수 있다.

58 사회보장기본법상 사회보장에 관한 국민의 권리에 대한 설명으로 옳지 않은 것을 모두 고른 것은?

> ㄱ. 지방자치단체는 최저보장수준과 최저임금을 매년 공표하여야 한다.
> ㄴ. 사회보장수급권은 구두로 통지하여 포기할 수 있다.
> ㄷ. 사회보장수급권이 제한되는 경우에는 제한하는 목적에 필요한 최소한의 범위에 그쳐야 한다.
> ㄹ. 사회보장수급권을 포기하는 것이 다른 사람에게 피해를 주게 되는 경우 사회보장수급권을 포기할 수 없다.

① ㄱ, ㄴ

② ㄴ, ㄹ

③ ㄱ, ㄷ, ㄹ

④ ㄴ, ㄷ, ㄹ

⑤ ㄱ, ㄴ, ㄷ, ㄹ

59 사회보장기본법상 사회보장제도의 운영에 관한 설명으로 옳은 것은?

① 사회보험은 국가와 지방자치단체의 책임으로 시행한다.

② 국가는 사회보장 관계 법령에서 정하는 바에 따라 사회보장에 관한 상담에 응하여야 한다.

③ 일정 소득 수준 이하의 국민에 대한 사회서비스에 드는 비용은 수익자 부담을 원칙으로 한다.

④ 통계청장은 제출된 사회보장통계를 종합하여 사회보장위원회에 제출하여야 한다.

⑤ 지방자치단체의 장은 사회보장제도를 신설할 경우 보건복지부장관과 합의하여야 한다.

60 사회보장기본법의 내용으로 옳지 않은 것은?

① 사회보장위원회의 위원 임기는 3년으로 한다.

② 국가와 지방자치단체는 평생사회안전망을 구축하여야 한다.

③ 사회보장 기본계획에는 사회보장 관련 기금 운용방안이 포함되어야 한다.

④ 사회보장제도를 운영하는 자는 불법행위의 책임이 있는 자에 대하여 구상권을 행사할 수 있다.

⑤ 사회보장에 관한 다른 법률을 개정하는 경우에는 이 법에 부합되도록 하여야 한다.

61 사회보장급여의 이용·제공 및 수급권자 발굴에 관한 법률의 내용으로 옳지 않은 것은?

① 보장기관은 지역의 사회보장 수준이 균등하게 실현될 수 있도록 노력하여야 한다.

②「청소년 기본법」에 따른 청소년상담사는 지원대상자의 사회보장급여를 신청할 수 있다.

③ 보장기관의 장은 위기가구를 발굴하기 위하여 노력하여야 한다.

④ 정부는 한국사회보장정보원의 설립·운영에 필요한 비용을 출연할 수 없다.

⑤ 특별자치시 지역사회보장계획은 사회보장급여 담당 인력의 양성 및 전문성 제고 방안을 포함하여야 한다.

62 사회보장급여의 이용·제공 및 수급권자 발굴에 관한 법률상 지원대상자의 발굴에 관한 설명으로 옳은 것은?

① "지원대상자"란 사회보장급여를 제공받을 권리를 가진 사람을 말한다.
② 사회복지시설의 장은 사회보장급여의 제공을 직권으로 신청할 수 있다.
③ 국민건강보험공단 이사장은 보험료를 7개월 이상 체납한 사람의 가구정보를 사회보장정보시스템을 통하여 처리할 수 있다.
④ 시·도지사는 지원대상자에 대한 발굴조사를 1년마다 정기적으로 실시하여야 한다.
⑤ 보장기관의 장은 지원대상자를 발굴하기 위하여 사회보장급여의 제공규모에 대한 정보의 제공과 홍보에 노력하여야 한다.

63 국민기초생활 보장법상 급여의 종류와 방법에 관한 설명으로 옳은 것은?

① 생계급여는 물품으로는 지급할 수 없다.
② 생계급여는 수급자에게 주거 안정에 필요한 임차료, 수선유지비, 그 밖의 수급품을 지급하는 것으로 한다.
③ 장제급여는 자활급여를 받는 수급자가 사망한 경우 장제조치를 하는 것으로 한다.
④ 자활급여는 관련 비영리법인에 위탁하여 실시할 수 있다.
⑤ 교육급여는 보건복지부장관의 소관으로 한다.

64 국민기초생활 보장법상 지역자활센터의 사업이 아닌 것은?

① 자활을 위한 사업자금 융자
② 자활을 위한 정보제공, 상담, 직업교육 및 취업알선
③ 생업을 위한 자금융자 알선
④ 자활기업의 설립·운영 지원
⑤ 자영창업 지원 및 기술·경영 지도

65 의료급여법의 내용으로 옳은 것은?

① 시·도지사는 의료급여증을 발급하여야 한다.
② 급여비용의 재원을 충당하기 위하여 보건복지부에 의료급여기금을 설치한다.
③ 보건복지부에 두는 의료급여심의위원회는 의료급여의 수가에 관한 사항을 심의한다.
④ 시·도지사는 상환받은 대지급금을 의료급여기금에 납입하여야 한다.
⑤ 수급권자가 의료급여를 거부한 경우 시·도지사는 의료급여를 중지해야 한다.

66 기초연금법의 내용으로 옳은 것을 모두 고른 것은?

> ㄱ. 본인과 그 배우자가 모두 기초연금 수급권자인 경우에는 각각의 기초연금액에서 기초연금액의 100분의 20에 해당하는 금액을 감액한다.
> ㄴ. 기초연금 수급권자의 권리는 3년간 행사하지 아니하면 시효의 완성으로 소멸한다.
> ㄷ. 기초연금 수급자가 대통령령으로 정하는 바에 따라 사망한 것으로 추정되는 경우 수급권을 상실한다.

① ㄱ
② ㄱ, ㄴ
③ ㄱ, ㄷ
④ ㄴ, ㄷ
⑤ ㄱ, ㄴ, ㄷ

67 국민건강보험법의 내용으로 옳지 않은 것은?

① 「의료급여법」에 따라 의료급여를 받는 사람은 건강보험의 가입자가 될 수 없다.

② 보건복지부장관은 국민건강보험종합계획에 따라 연도별 시행계획에 따른 추진실적을 매년 평가하여야 한다.

③ 건강보험 가입자는 국내에 거주하지 아니하게 된 날에 그 자격을 잃는다.

④ 건강보험정책에 관한 사항을 심의 · 의결하기 위하여 보건복지부장관 소속으로 건강보험정책심의위원회를 둔다.

⑤ 건강보험 지역가입자는 직장가입자와 그 피부양자를 제외한 가입자를 말한다.

68 노인장기요양보험법의 내용으로 옳지 않은 것은?

① "노인등"이란 65세 이상의 노인 또는 65세 미만의 자로서 치매 · 뇌혈관성질환 등 대통령령으로 정하는 노인성 질병을 가진 자를 말한다.

② 장기요양급여는 노인등이 가족과 함께 생활하면서 가정에서 장기요양을 받는 재가급여를 우선적으로 제공하여야 한다.

③ 장기요양보험사업은 보건복지부장관이 관장한다.

④ 장기요양급여를 받고 있는 수급자는 장기요양등급의 내용을 변경하여 장기요양급여를 받고자 하는 경우 국민건강보험공단에 변경신청을 하여야 한다.

⑤ 재가급여에는 방문요양, 방문목욕, 특별현금급여가 포함된다.

69 국민연금법의 내용으로 옳은 것은?

① 가입자의 가입 종류가 변동되면 그 가입자의 가입기간은 각 종류별 가입기간을 합산한 기간으로 한다.

② 국민연금사업은 기획재정부장관이 맡아 주관한다.

③ "수급권자"란 이 법에 따른 급여를 받을 권리를 말한다.

④ 국내에 거주하는 국민으로서 18세 이상 65세 미만인 자는 국민연금 가입 대상이 된다.

⑤ 「국민연금법」을 적용할 때 배우자에는 사실상의 혼인관계에 있는 자는 포함되지 않는다.

70 고용보험법의 내용으로 옳은 것은?

① "실업의 인정"이란 근로의 의사와 능력이 있음에도 불구하고 취업하지 못한 상태에 있는 것을 말한다.

② "일용근로자"란 3개월 미만 동안 고용되는 사람을 말한다.

③ 지방자치단체는 매년 보험사업에 드는 비용의 일부를 일반회계에서 부담하여야 한다.

④ 고용보험기금은 고용노동부장관이 관리 · 운용한다.

⑤ 실업급여를 받을 권리는 양도 또는 압류하거나 담보로 제공할 수 있다.

71 고용보험법상 실업급여의 종류로 취업촉진 수당에 해당하는 것을 모두 고른 것은?

> ㄱ. 이주비
> ㄴ. 광역 구직활동비
> ㄷ. 직업능력개발 수당
> ㄹ. 조기재취업 수당

① ㄱ, ㄴ, ㄷ   ② ㄱ, ㄴ, ㄹ
③ ㄱ, ㄷ, ㄹ   ④ ㄴ, ㄷ, ㄹ
⑤ ㄱ, ㄴ, ㄷ, ㄹ

72 노인복지법의 내용으로 옳은 것은?

① 노인복지주택에 입소할 수 있는 자는 65세 이상의 노인으로 한다.

② 국가는 지역 간의 연계체계를 구축하고 노인학대를 예방하기 위하여 중앙노인보호전문기관을 설치·운영하여야 한다.

③ 노인취업알선기관은 지역사회 등에서 노인에 의한 재화의 생산·판매 등을 직접 담당하는 기관이다.

④ 노인요양공동생활가정은 노인들에게 일상생활에 필요한 편의를 제공함을 목적으로 하는 노인주거복지시설이다.

⑤ 지역노인보호전문기관은 시·군·구에 둔다.

74 한부모가족지원법의 내용으로 옳은 것은?

① 여성가족부장관은 5년마다 한부모가족에 대한 실태조사를 실시하고 그 결과를 공표하여야 한다.

② "청소년 한부모"란 18세 이하의 모 또는 부를 말한다.

③ 교육부장관은 청소년 한부모가 학업을 계속할 수 있도록 여성가족부장관에게 협조를 요청하여야 한다.

④ "모" 또는 "부"에는 아동인 자녀를 양육하는 미혼자(사실혼 관계에 있는 자는 제외한다)도 해당된다.

⑤ 한부모가족에 대한 국민의 이해와 관심을 제고하기 위하여 매년 9월 7일을 한부모가족의 날로 한다.

73 아동복지법의 내용으로 옳지 않은 것은?

① 지방자치단체는 아동이 항상 이용할 수 있는 아동전용시설을 설치하도록 노력하여야 한다.

② 시·도지사 또는 시장·군수·구청장은 보호조치 중인 보호대상아동의 양육상황을 분기별로 점검하여야 한다.

③ 아동정책조정위원회 위원장은 국무총리가 된다.

④ 아동위원은 명예직으로 하되, 아동위원에 대하여는 수당을 지급할 수 있다.

⑤ 보건복지부장관은 아동정책의 효율적인 추진을 위하여 5년마다 아동정책기본계획을 수립하여야 한다.

75 사회복지공동모금회법상 사회복지공동모금회(이하 '모금회'라 한다)에 관한 설명으로 옳지 않은 것은?

① 모금회는 사회복지사업을 지원하기 위하여 연중 기부금품을 모집할 수 있다.

② 지방자치단체는 모금회에 기부금품 모집에 필요한 비용을 보조할 수 있다.

③ 배분분과실행위원회는 20명 이상의 위원으로 구성된다.

④ 모금회는 정관을 작성하여 보건복지부장관의 허가를 받아 등기함으로써 설립된다.

⑤ 모금회는 매년 8월 31일까지 다음 회계연도의 공동모금재원 배분기준을 정하여 공고하여야 한다.

부록 | 정답 및 해설

제1과목 사회복지기초

제1영역_ 인간행동과 사회환경

1	2	3	4	5	6	7	8	9	10
①	②	③	④	①	⑤	②	①	④	③
11	12	13	14	15	16	17	18	19	20
⑤	④	①	③	⑤	②	②	④	③	⑤
21	22	23	24	25					
②	⑤	①	③	④					

01 ① 스키너(Skinner)는 인간의 모든 행동은 각 개인에게 주어진 환경적 자극에 의해 획득된다는 환경결정론적 입장을 표방하였다. 즉, 인간행동에 대한 환경의 결정력을 지나치게 강조한 나머지 행동에 영향을 미치는 인간의 내적 · 정신적 특성을 배제하였다.

02 ① 발달은 양과 질의 상승적 · 퇴행적 변화도 모두 포함한다.
③ 인간의 발달에는 신체적, 심리적, 사회적 요인 등 다양한 변수로 인해 발달이 각기 다르기 때문에 개인차를 중요하게 여긴다.
④ 발달은 양적 변화와 질적 변화를 모두 포함하는 개념인데, 양적 변화는 크기 또는 양에서의 변화를 의미하는 반면, 질적 변화는 본질, 구조, 비율, 기능에서의 변화를 의미한다.
⑤ 발달 속도나 발달의 진행 정도는 사람마다 개인차가 있어 일정하다고 볼 수 없다.

03 ③ 베리(Berry)의 이론에서 동화(Assimilation)는 주류사회와의 관계는 유지하지만 모국의 문화적 가치는 유지하지 않는 상태를 일컫는다.
① 문화는 사회구성원으로서 인간이 습득한 지식, 믿음, 예술, 도덕, 법, 관습 등 모든 능력과 습관의 복합적인 총체이다.
② 다문화주의는 민족 및 나라마다 다른 다양한 문화나 언어를 통일시키지 않고 다른 문화 및 언어와 공존시켜 각기 다른 문화나 언어를 존중하는 사상 · 정책을 말한다.
④ 문화는 선천적으로 소유하는 것이 아닌 후천적인 습득의 과정을 통해 얻어지며 습득한 문화는 한 세대에서 다음 세대로 전승된다.
⑤ 주류 문화는 어느 한 사회가 공통적으로 공유하는 문화이지만 비주류 문화는 사회의 특정 집단 구성원들이 공유하는 문화로 주류 문화에 비해 구성원이 적어 권력 차이로 인해 차별이 발생할 수 있다.

04 ④ 인간의 창조성과 자아실현을 강조한 대표적인 학자로 인본주의이론의 매슬로우(Maslow)를 들 수 있다. 매슬로우는 인간이 삶을 유지하려는 동기와 삶을 창조하려는 동기를 가지고 있으며, 자아실현을 이루려고 노력한다고 보았다. 반면, 스키너의 행동주의이론은 인간행동이 내적 동기보다 외적 자극에 의해 동기화된다는 점을 강조하였다.

05 ㄴ. '비합리적인 신념'은 벡(Beck)의 인지치료가 아닌 엘리스(Ellis)의 합리적 · 정서적 행동치료(REBT)의 주요 개념에 해당한다.
ㄷ. '행동조성'은 스키너(Skinner)의 조작적 조건화 이론의 주요 개념에 해당한다.
ㄹ. '집단무의식'은 융(Jung)의 분석심리이론의 주요 개념에 해당한다.

06 ① 점성원리(Epigenetic Principle)는 에릭슨(Erikson)의 심리사회이론의 주요 개념에 해당한다.

② 아들러(Adler)는 개인의 창조적 자기(Creative Self)가 인생의 목표와 목표추구 방법을 결정하며, 사회적 관심을 발달시킨다고 강조했다.

③·④ 아들러는 유전적 요인과 환경적 요인이 성격형성에 미치는 영향을 인정하지만, 그보다 각 개인이 지닌 창조적 힘이 인간 본성을 결정하는 데 더욱 중요하다고 보았다.

07 에릭슨(E. Erikson)의 심리사회적 발달단계에서 심리사회적 위기와 성취 덕목

- 유아기(0~18개월) : 기본적 신뢰감 대 불신감 – 희망 대 공포
- 초기아동기(18개월~3세) : 자율성 대 수치심·회의 – 의지력 대 의심
- 학령전기 또는 유희기(3~6세) : 주도성 대 죄의식 – 목적의식 대 목적의식 상실
- 학령기(6~12세) : 근면성 대 열등감 – 능력감 대 무능력감
- 청소년기(12~20세) : 자아정체감 대 정체감 혼란 – 성실성 대 불확실성
- 성인 초기(20~24세) : 친밀감 대 고립감 – 사랑 대 난잡함
- 성인기(24~65세) : 생산성 대 침체감 – 배려 대 이기주의
- 노년기(65세 이후) : 자아통합 대 절망감 – 지혜 대 인생의 무의미함

참고

에릭슨(Erikson)의 심리사회적 발달단계에서 각 단계별 명칭 및 발달 시기, 심리사회적 위기와 그 결과 등에 대해서는 교재에 따라 약간씩 다르게 제시되고 있으므로, 이점 감안하여 학습하시기 바랍니다.

08 ① 로저스(Rogers)의 이론은 개인의 잠재력 실현을 위해서는 무조건적인 긍정적 관심의 중요함을 강조하였다.

09 ④ 융(Jung)은 성격의 발달을 개성화(Individuation)를 통한 자기실현 과정으로 보고, 개성화 과정을 인생의 전반기와 후반기로 나누어 설명하였다. 인생 전반기에는 정신에너지의 흐름이 외부로 지향하여 외부 환경과의 상호작용이 활발히 이루어지는 데 반해, 중년기를 전환점으로 하는 인생 후반기에는 정신에너지의 흐름이 내부로 지향하여 자신의 내면세계에 대한 탐색이 강화된다.

① 융의 이론은 분석심리이론으로, 프로이트(Freud)의 이론인 정신분석이론을 확대 및 재해석해 만든 이론이다.

② 아들러(Adler)는 사회적 관심과 활동수준의 두 가지 차원을 기준으로 생활양식을 '지배형', '획득형', '회피형', '사회적으로 유용한 형'으로 유형화하였다.

③ 융은 성격발달을 4단계, 즉 '아동기', '청년 및 성인초기(청소년기 및 성인기)', '중년기', '노년기'로 구분하였다.

⑤ 성격형성에 있어서 창조적 자기(Creative Self)의 역할을 강조한 대표적인 학자는 아들러이다.

10 ㄷ. 자기효능감(자기효율성)은 성취경험, 대리적 경험, 언어적 설득, 정서적 각성 등 다양한 요인에 의해 형성된다. 특히 반두라(Bandura)는 자기효능감을 높이는 가장 효과적인 방법으로 '성취경험'을 제시하였다.

ㄹ. 자기강화(Self Reinforcement)는 자신이 통제할 수 있는 보상을 스스로에게 주어서 자신의 행동을 유지하거나 변화시키는 과정이다.

11 ⑤ 전치(Displacement)는 자신이 어떤 대상에 느낀 감정을 보다 덜 위협적인 다른 대상에게 표출하는 것이다. 참고로 어떤 일의 잘못된 결과에 대해 그 책임을 자신이 아닌 다른 사람에게 전가하는 것은 투사(Projection)의 방어기제에 해당한다.

12 ④ 가설·연역적 사고는 물론 추상적 사고 또한 가능한 것은 형식적 조작기이며, 구체적 조작기에는 인지적 능력이 급속도로 발전하여 구체적 사물을 중심으로 한 논리적 사고가 가능하다.

13 ② · ④ 미시체계(Micro System)는 개인에게 가장 근접한 환경이며, 상호호혜성에 기반을 둔다.

③ · ⑤ 거시체계(Macro System)는 개인이 속한 사회의 이념(신념)이나 제도, 즉 정치, 경제, 문화 등의 광범위한 사회적 맥락을 의미한다.

14 ㄹ. 외부와 상호작용을 통하여 역엔트로피(Negentropy) 상태를 유지하는 것이 필요하다.

역엔트로피(네겐트로피, Negentropy)

개방체계적인 속성을 가지며, 체계 외부로부터 에너지가 유입됨으로써 체계 내부의 불필요한 에너지가 감소하는 상태를 말한다. 체계 내에 질서, 형태, 분화가 있는 상태를 의미한다.

15 브론펜브레너(Bronfenbrenner)의 생태학적 체계모델에 의한 5가지 체계

미시체계 (Micro System)	개인에게 가장 근접한 환경이다. 가족, 학교, 이웃 등의 물리적 환경과 사회적 환경, 그리고 그 환경 내에서 갖게 되는 지위, 역할, 활동, 대인관계 등을 의미한다.
중간체계 (Meso System)	서로 상호작용하는 두 가지 이상 미시체계들 간의 관계망을 말한다. 특히 개인이 다양한 역할을 동시에 수행한다는 의미가 내포된다.
외체계 또는 외부체계 (Exo System)	개인이 직접 참여하거나 관여하지는 않지만 개인에게 영향을 미치는 환경체계이다.
거시체계 (Macro System)	개인이 속한 사회의 이념(신념)이나 제도, 즉 정치, 경제, 문화 등의 광범위한 사회적 맥락을 의미한다.
시간체계 (Chrono System)	전 생애에 걸쳐 일어나는 변화를 비롯하여 사회역사적인 환경을 포함한다. 개인이 어느 시대에 출생하여 성장했는지에 따라 개인의 발달 및 삶의 양상이 크게 좌우될 수 있는 것이다.

16 ① 균형(Equilibrium) : 폐쇄체계적인 속성으로서, 외부환경과의 에너지 소통 없이 현상을 유지하려는 상태를 말한다.

③ 안정상태(Steady State) : 개방체계적인 속성으로서, 부분들 간에 관계를 유지하면서 체계가 붕괴되지 않도록 에너지를 계속 사용하는 상태를 말한다.

④ 항상성(Homeostasis) : 개방체계적인 속성으로서, 환경과 지속적으로 소통하면서 역동적인 균형을 이루는 상태를 말한다.

⑤ 적합성(Goodness of Fit)은 인간의 욕구와 환경자원이 부합되는 정도를 말한다.

17 ① 전인습적 도덕기(4~10세)는 자기중심적인 도덕적 판단을 특징으로 하며, 사회적인 기대나 규범, 관습으로서의 인습을 잘 이해하지 못한다.

③ 보존개념은 전조작기(2~7세)에 어렴풋이 이해하기 시작하며, 구체적 조작기(7~12세)에 이르러서 완전히 획득한다.

④ 남근기(3~6세)에 남아가 이성 부모에게 관심을 가지며 오이디푸스 콤플렉스(Oedipus Complex)를 경험하게 되면서 거세불안(→ 여아의 경우 남근선망)을 경험한다.

⑤ 생활양식(Style of Life)은 아들러(Adler) 개인심리이론의 주요 개념에 해당한다. 아들러는 기본적인 생활양식이 대략 4~5세경에 형성되며, 특히 가족관계 또는 가족 내에서의 경험이 중요한 영향을 미친다고 보았다.

18 ④ 피아제(Piaget)에 의하면 구체적 조작기가 시작되는 약 7세경부터 아동이 정신적 조작을 수행할 수 있는 능력을 획득하게 되는데, 이 시기에 직관적 사고에서 논리적 사고로, 중심화에서 탈중심화로, 비가역적 사고에서 가역적 사고로 변하게 된다.

19 ③ 영아기(0~2세)는 인간의 일생에 있어서 신체적 성장이 가장 빠른 속도로 이루어지는 '제1성장 급등기'에 해당한다.

20 ① 에릭슨(Erikson)의 근면성의 발달은 후기아동기(학령기, 6~12세)의 중요과업이다.

② 중년기(40~64세)에는 사회경제적 활동능력이 최고조에 달하며, 직장 내에서 자신의 위치를 확립하고 리더십을 발휘한다.

③ 중년기(40~64세) 여성의 경우 자녀의 독립, 남편의 일에 대한 몰두 등에 의해 나타나는 일종의 우울증상으로서 '빈둥지 증후군(Empty Nest Syndrome)'에 직면한다.

④ 아동기(7~12세)는 또래 친구들과 함께 많은 시간을 보내면서 정서 및 사회적 발달에 영향을 받아 '도당기(徒黨期 ; Gang Age)'라고도 한다.

21 ② 자아정체감 확립의 발달적 특징을 보이는 생애주기는 청소년기(13~19세)이다. 참고로 아동기(7~12세)에는 사회적 관계의 장이 확대되며, 협동 · 경쟁 · 협상 · 분업의 원리를 체득한다.

22 배아의 구성(배아의 3배엽 세포층)

• 외배엽(Ectoderm) : 뇌, 척추, 피부 등의 조직을 형성하게 된다.

• 중배엽(Mesoderm) : 근육, 뼈, 혈관 등의 조직을 형성하게 된다.

• 내배엽(Endoderm) : 폐, 간, 소화기관 등의 조직을 형성하게 된다.

23 ② 유동성 지능은 점차 퇴보하기 시작하며, 인생의 경험에서 터득한 지혜로 인해 문제해결능력이 향상되는 경향이 있다.

③ 자아통합의 시기로 신체변화에 대한 적응, 인생에 대한 평가, 죽음에 대한 대비 등을 주요 특징으로 보이는 시기는 노년기(65세 이후)이다.

④ 갱년기는 남성과 여성 모두에게 나타나며, 특히 남성의 갱년기는 여성의 갱년기에 비해 늦게 시작되어 서서히 진행된다.

⑤ 중년기 성인들은 외부세계에 쏟았던 에너지를 자신의 내부로 돌리면서 자신의 잠재력에 대해 깊은 관심을 가지게 된다. 남성의 경우 여성적인 측면(→ 아니마)을, 여성의 경우 남성적인 측면(→ 아니무스)을 표현하게 되는데, 이는 무의식의 세계에 대한 인식에서 비롯된다.

24 ㄹ. "주도성 대 죄의식"의 발달이 중요한 시기는 에릭슨(Erikson)의 심리사회적 발달단계 중 학령전기 또는 유희기(3~6세)로, 이는 일반적인 발달단계상 유아기(3~6세)에 해당한다. 반면, 발달단계상 아동기(7~12세)는 에릭슨의 학령기(6~12세)로, 이 시기에는 "근면성 대 열등감"의 발달이 중요하다.

> **참고**
>
> 인간발달단계와 관련하여 문제상에 제시되는 각 발달단계별 연령은 학자에 따라 혹은 교재에 따라 약간씩 다르게 제시되고 있습니다. 예를 들어, 중년기(장년기)의 연령은 '30~65세', '36~64세' 혹은 '40~64세'로 구분하기도 하며, 아동기(후기아동기)의 연령은 '6~12세' 혹은 '7~12세'로 구분하기도 합니다.

25 동등종결성과 다중종결성

동등종결성 (Equifinality)	체계를 구성하는 요소들의 상호작용 성격에 따라 서로 다른 조건이라도 유사한 결과를 초래하는 경우를 말한다. 예 모자(母子) 한부모가정의 경우 거의 대부분 경제적 지위가 매우 열악한 상황에 처해지게 되는데, 그와 같은 상태에 이르게 된 원인은 이혼, 사별, 미혼모 등 다양할 수 있다.
다중종결성 (Multifinality)	체계를 구성하는 요소들의 상호작용 성격에 따라 유사한 조건이라도 각기 다른 결과를 초래하는 경우를 말한다. 예 어떤 가정에서는 장애아의 출생으로 인해 가족의 응집력이 높아지는 반면, 다른 가정에서는 부부관계가 소원해져 가정불화가 나타나기도 한다.

2영역_ 사회복지조사론

26	27	28	29	30	31	32	33	34	35
③	①	⑤	⑤	⑤	③	①	②	②	④

36	37	38	39	40	41	42	43	44	45
③	②	①	④	②	④	②	③	①	①

46	47	48	49	50
⑤	②	⑤	③	④

26 쿤(Kuhn)의 '과학적 혁명'의 등장배경

토마스 쿤(T. Kuhn)은 반증주의를 주장한 칼 포퍼(K. R. Popper)와 마찬가지로 현상을 관찰할 때 기존 패러다임에 구속될 경우 새로운 인식체계를 추구할 수 없게 되어 과학 발전이 저해된다고 주장하였다. 다만, 쿤은 포퍼의 주장이 실제 과학의 역사적 흐름과는 일치하지 않는다고 지적하면서, 과학적 혁명(Scientific Revolution)을 도입하였다.

27 연구대상자의 승낙과 관련된 윤리적 문제

일반적으로 사회복지조사는 조사대상자(혹은 연구참여자)의 승낙을 얻어야 하는 것이 원칙이다. 다만, 조사연구의 의도를 숨겨야만 정확한 결과를 얻을 수 있는 경우 최소한의 범위 내에서 조사대상자의 승낙 없이 조사를 할 수 있다(예 갱집단 활동, 성매매행위 등).

이 경우 조사 후 조사대상자에게 간단히 그 과정을 설명하며, 그들에게 의견을 표현할 기회를 주어야 한다. 또한 조사대상자에 대한 익명을 보장하고, 그들이 조사로 인해 피해를 입지 않도록 해야 한다.

28 ㄱ. 과학적 지식은 경험적 자료에 기반하여 어떤 사실을 검증함으로써 그 사실의 타당성을 확인하는 검증가능성(Verifiability)을 특징으로 한다.

ㄴ. 과학적 지식은 기존의 신념이나 연구결과가 새로운 것에 의해 언제든지 비판되고 수정될 수 있는 변화가능성(Changeable)을 특징으로 한다.

ㄷ. 과학적 지식은 건전한 감각기관을 가진 여러 사람이 같은 대상을 인식하고, 그로부터 얻은 인상이 서로 일치하는 객관성(Objective)을 특징으로 한다.

ㄹ. 과학적 지식은 동일한 조건하에서 동일한 결과가 재현되는 재생가능성(Reproducibility)을 특징으로 한다.

29 종단조사의 주요 유형

경향조사 (추세연구)	• 일정한 기간 동안 전체 모집단 내의 변화를 연구하는 것으로, 일정 주기별 인구변화에 대한 조사에 해당한다. • 어떤 광범위한 연구대상의 특정 속성을 여러 시기를 두고 관찰 · 비교하는 방법이다.
코호트 조사 (동년배 조사)	• 동기생 · 동시경험집단 연구 혹은 동류집단 연구에 해당한다. • 일정한 기간 동안 어떤 한정된 부분 모집단의 변화를 연구하는 것으로, 특정 경험을 같이 하는 사람들이 가지는 특성들에 대해 두 번 이상의 다른 시기에 걸쳐서 비교 · 연구하는 방법이다.
패널조사 (패널연구)	• 동일집단 반복연구에 해당한다. • '패널(Panel)'이라 불리는 특정응답자 집단을 정해 놓고 그들로부터 상당히 긴 시간 동안 지속적으로 연구자가 필요로 하는 정보를 획득하는 방법이다.

30 ㄱ. 친구 사귐, 결혼과 이혼, 폭력, 범죄, 비행기 납치 등은 사회적 상호작용에서 비롯된 것으로, 이는 분석단위로서 사회적 가공물(Social Artifacts)에 해당한다.

ㄴ. 생태학적 오류(Ecological Fallacy)는 분석단위를 집단에 두고 얻어진 연구결과를 개인에 동일하게 적용함으로써 발생하는 오류이다.

ㄷ. 환원주의(Reductionism)는 넓은 범위의 인간의 사회적 행위를 이해하는 데 필요한 변수 또는 개념의 종류를 지나치게 한정시키거나 한 가지로 환원시키려는 경향에서 발생하는 오류이다.

31 독립변수와 종속변수

독립변수 (Independent Variable)	'원인변수', '설명변수', '예측변수'라고 도 하며, 일정하게 전제된 원인을 가 져다주는 기능을 하는 변수이다.
종속변수 (Dependent Variable)	'결과변수', '피설명변수', '피예측변 수'라고도 하며, 독립변수의 원인을 받아 일정하게 전제된 결과를 나타내 는 기능을 하는 변수이다.

32 ① 연구가설은 연구문제에 대한 잠정적 대답으로서, 보통 가설이라 하면 연구가설을 말한다. 이러한 연구가설은 이론과 관련성을 가지는데, 이론이나 선행연구에 기초해서 도출되기도 혹은 다른 가설들로부터 떠오르기도 한다. 즉, 기존의 이론적 체계나 개념적 틀혹은 연구모형을 이용하여 연구문제를 설정할 수 있는 것이다.

② · ⑤ 연구가설은 그 자체를 직접 검정할 수 없다. 연구가설의 타당성은 연구가설을 정면으로 부인하는 영가설의 존재를 부정하는 것을 통해 입증된다. 이때 영가설은 연구가설을 반증하는 과정에서 활용된다.

③ 연구가설은 영가설의 검정 결과에 따라 채택되거나 기각된다. 즉, 영가설을 기각하면 연구가설이 잠정적으로 채택된다.

④ 영가설은 수집된 자료에서 나타난 차이나 관계가 표본추출에서 오는 우연에 의한 것으로 진술된다.

33 ② 독립변수와 종속변수 간 인과관계가 성립되기 위해서는 원인으로 작용하는 독립변수가 종속변수의 결과를 일으키나 종속변수의 결과는 독립변수 이외에는 일어나지 않아야 한다. 즉, 순수한 인과관계를 밝히기 위해서는 종속변수에 영향을 미칠 수 있는 제3의 변수로서 외생변수의 영향을 제거한 상태에서 검증이 이루어져야 한다.

① · ⑤ 인과관계 추론의 일차적 조건은 공변성에 있다. 즉, 한 변수(예 독립변수)가 변화할 때 그와 관련이 있다고 믿어지는 다른 변수(예 종속변수)도 따라서 변화해야 한다.

③ 독립변수가 종속변수를 시간적으로 앞서야 한다.

④ 종단적 연구는 횡단적 연구에 비해 인과관계 추론에 더 적합하다.

34 척도의 주요 적용 범주

명목척도	성별, 결혼유무, 종교, 인종, 직업유형, 장애유형, 혈액형, 거주지역, 계절 등
서열척도	사회계층, 선호도, 석차, 학점(A/B/C/D/F), 교육수 준(중졸 이하/고졸/대졸 이상), 수여 받은 학위(학 사/석사/박사), 자격등급, 장애등급 등
등간척도	지능지수(IQ), 온도, 시험점수(0~100점), 물가지 수, 사회지표, 학년 등
비율척도	연령, 무게, 신장, 수입, 매출액, 출생률, 사망률, 이혼율, 경제성장률, 백신 접종률, 졸업생 수, 교 육연수(정규교육을 받은 기간) 등

35 ④ 생활수준(상, 중, 하)은 서열측정, 혈액형은 명목측정 수준에 해당한다.

① 명목측정, ② 비율측정, ③ 등간측정, ⑤ 명목측정

36 ③ 보가더스(Bogardus)의 사회적 거리척도(Social Distance Scale)는 서열척도이자 누적척도의 일종으로, 서로 다른 인종이나 민족, 사회계층 간의 사회심리적 거리감을 측정하기 위해 사용한다.

37 문항내적합치도 또는 내적 일관성 분석법(Item Internal Consistency)

• 단일의 신뢰도 계수를 계산할 수 없는 반분법의 문제점을 고려하여, 가능한 한 모든 반분신뢰도를 구한 다음 그 평균값을 신뢰도로 추정하는 방법이다.

• 크론바흐 알파계수(Cronbach's α Coefficient)는 일반적으로 가장 널리 사용되는 신뢰도의 지표로서 0~1의 값을 가지며, 값이 높을수록 신뢰도가 높다. 특히 크론바흐 알파값이 0.6~0.7 이상이면 척도의 신뢰도가 있다고 간주한다.

38 ① · ② 타당도는 신뢰도의 충분조건인 반면, 신뢰도는 타당도의 필요조건에 해당한다. 즉, 신뢰도가 높다고 하여 반드시 타당도가 높은 것은 아니며, 타당도가 낮다고 하여 반드시 신뢰도가 낮은 것은 아니다.

③ 요인분석법은 타당도를 측정하는 방법이다.

④ 타당도는 측정하려고 의도된 개념을 얼마나 정확하게 측정하는가를 나타내는 것이다.

⑤ 주어진 척도가 측정하고자 하는 내용을 담고 있다고 일련의 전문가가 판단할 때 내용타당도가 있다고 한다.

39 ① 모집단 : A종합사회복지관 이용 노인들
② 표집방법 : 무작위
③ 관찰단위 : 개인
⑤ 분석단위 : 개인

40 ② 할당표집(Quota Sampling)은 모집단의 구성요소들이 표본으로 선정될 확률이 동일하지 않다. 할당표집은 층화표집과 상당히 유사한데, 마지막 단계에서 표본추출이 작위적으로 이루어진다는 점에서 차이가 있다. 따라서 각 사례가 추출될 확률이 다르고 그 추출될 확률 또한 정확히 알 수 없으므로 조사결과에 대해 정확한 통계적 추론을 할 수 없다.

41 ④ 표집오차(Sampling Error)는 모집단의 모수와 표본의 통계치 간의 차이를 말한다. 참고로 모수(모수치)는 모집단의 특성을 나타내는 값을, 통계치는 표본집단의 특성을 나타내는 값을 말한다.

42 ② 체계적 표집(Systematic Sampling)은 표집틀인 모집단 목록에서 구성요소에 대해 일정한 순서에 따라 매 K번째 요소를 추출하는 방법으로, 양적 연구에서 일반적으로 사용되는 확률표집방법에 해당한다.
① · ③ · ④ · ⑤ 특이하고 예외적인 사례를 표본추출하는 극단적(예외적) 사례표집(Extreme Case Sampling), 전형적인 사례를 표본추출하는 전형적 사례표집(Typical Case Sampling), 모집단으로부터 매우 다양한 특성을 가진 이질적인 표본을 추출하는 최대변이표집(Maximum Variation Sampling), 어떤 사항에 대해 극적인 요점을 제공해 줄 수 있는 사례를 표본추출하는 결정적 사례표집(Critical Case Sampling) 등은 판단표집(유의표집)에 포함되는 것으로, 질적 연구에서 일반적으로 사용되는 비확률표집방법에 해당한다.

43 ① · ③ 실험설계에서 집단 간 비교를 하기 위해서는 두 집단이 처음부터 동질적이어야 한다. 통제집단 사전사후 검사설계(통제집단 전후 비교설계)는 무작위 집단할당을 통해 통계학적 혹은 확률적으로 두 집단이 동질적일 가능성을 극대화할 수 있으며, 이를 통해 순수한 개입효과에 방해가 되는 불필요하고 혼란스러운 외생변수와 예기치 않은 영향을 배제할 수 있다.
② 실험설계에서는 실험집단에 독립변수, 즉 실험적 자극(예 다문화 교육 실시 등)을 가하게 된다.
④ · ⑤ 통제집단 사전사후 검사설계에서는 두 집단 간의 사전, 사후 측정치를 비교하여 효과를 판단하게 되는데, 실험대상자들에게 사전과 사후에 두 번의 검사를 실시하므로, 테스트(검사) 효과나 도구효과가 발생할 가능성이 있다.

44 ① 내용분석은 비관여적(혹은 비반응성) 연구방법이다. 비관여적 연구방법은 관여적 연구방법의 반응성 문제를 해결하기 위해 기존의 통계자료나 문헌, 기록물이나 역사자료, 물리적 흔적 등을 분석함으로써 관찰대상(연구대상)과 아무런 상호작용 없이 비관여적으로 자료를 수집한다.

45 ① 단일사례연구는 복수의 각기 다른 개입방법을 연속적으로 도입할 수 있다. 예를 들어, ABCD설계는 하나의 기초선에 대해 여러 가지 각기 다른 개입방법을 연속적으로 도입하는 것으로서, 각기 다른 개입방법을 바꾸어가며 적용해서 비교하기 위한 설계유형이다.

46 ⑤ 양적 연구는 결과에 관심을 가지며 선(先)이론 후(後)조사의 연역적 방법을 주로 활용하는 반면, 질적 연구는 과정에 관심을 가지며 선(先)조사 후(後)이론의 귀납적 방법을 주로 활용한다.
① 양적 연구는 변수중심의 분석이 이루어지는 반면, 질적 연구는 사례중심의 분석이 이루어진다.
② 양적 연구는 실증주의, 논리실증주의에 이론적 근거를 두는 반면, 질적 연구는 현상학, 해석학에 이론적 근거를 둔다.

③ 양적 연구는 인간행동의 규칙성과 보편성(안정성)을 중시하는 반면, 질적 연구는 인간행동의 가변성, 역동성을 중시한다.

④ 양적 연구는 모집단을 대표할 수 있는 표본을 추출하는 확률표본추출을 사용하는 반면, 질적 연구는 모집단을 명확히 알지 못하여 표집틀을 작성하지 못하는 경우 조사자의 주관적 판단에 의해 표본을 추출하는 비확률표본추출을 사용한다.

47 ② 정태적 집단 비교 설계(고정집단 비교 설계)는 실험집단과 통제집단을 임의적으로 선정한 후 실험집단에는 실험조치를 가하는 반면, 통제집단에는 이를 가하지 않은 상태로 그 결과를 비교하는 방법이다. 통제집단 사후 검사 설계(통제집단 후 비교 설계)에서 무작위할당을 제외한 형태로서, 상관관계 연구와 유사한 성격을 지닌다.

① 비동일 통제집단(비교집단) 설계는 임의적인 방법으로 양 집단을 선정하고 사전·사후 검사를 실시하여 종속변수의 변화를 비교하는 것이다. 통제집단 사전사후 검사 설계(통제집단 전후 비교 설계)와 유사하지만 무작위할당에 의해 실험집단과 통제집단이 선택되지 않는다는 점이 다르다.

③ 다중시계열 설계(복수시계열 설계)는 우연한 사건(역사요인) 등 내적 타당도의 문제점을 개선하기 위해 단순시계열 설계에 하나 또는 그 이상의 통제집단을 추가한 것이다.

④ 통제집단 사후 검사 설계(통제집단 후 비교 설계)는 통제집단 사전사후 검사 설계의 단점을 보완하기 위해 실험대상자를 무작위할당하고 사전조사 없이 실험집단에 대해서는 조작을 가하고 통제집단에 대해서는 아무런 조작을 가하지 않은 채 그 결과를 서로 비교하는 방법이다.

⑤ 플라시보 통제집단 설계는 통제집단 사전사후 검사 설계나 통제집단 사후 검사 설계에 플라시보 효과(가실험 효과)를 측정할 수 있는 집단을 추가적으로 결합한 것이다.

48 ㄷ. 심층면접은 연구자가 개방적 질문을 통해 연구대상자의 경험, 관계 및 세계관 등 보다 깊이 있는 내용에 대해 구체적으로 이야기하도록 유도하는 방법이다.

ㄹ. 비구조화 면접(비표준화 면접)은 질문 내용, 형식, 순서를 미리 정하지 않은 채 면접상황에 따라 자유롭게 응답자와 상호작용을 통해 자료를 수집하는 방법이다.

ㄱ. 스케줄-구조화 면접은 질문 내용, 형식, 순서 등이 미리 고정되어 있으며, 모든 조사자들이 모든 응답자들에게 이를 똑같이 적용하는 방법이다.

ㄴ. 설문지를 이용한 면접조사는 조사자가 질문 내용에 대해 직접 질문하고 응답자의 대답을 기록하는 방법이다.

49 **통계적 회귀(Statistical Regression)**
- 극단적인 측정값을 갖는 사례들을 재측정할 때 평균값으로 회귀하여 처음과 같은 극단적 측정값을 나타낼 확률이 줄어드는 경우이다.
- 사전 검사 때 매우 낮은(혹은 매우 높은) 점수를 기록한 사람들은 통계적 회귀의 영향으로 사후 검사 때 그보다 높은(혹은 그보다 낮은) 점수를 기록할 가능성이 높다.

50 ④ 완전참여자로서 연구자는 자신의 정체를 밝히지 않은 채 구성원의 하나로서 역할을 수행하게 되는데, 이는 비록 타당하고 신뢰성 있는 자료를 얻기 위한 목적이라 하더라도 연구대상자들을 속이는 행위라는 점, 그리고 참여 과정에서 연구대상자들에게 영향을 미칠 수도 있는 점 등의 문제가 제기될 수 있다.

질적 연구자의 역할

완전참여자	연구자는 자신이 연구자임을 밝히지 않은 채 구성원의 하나로서 역할을 하며, 연구대상을 관찰한다.
관찰참여자	자신이 연구자임을 연구대상에게 분명히 공지하나, 연구대상의 구성원으로 할 수 있는 역할 및 기능 등을 연구대상과 동일하게 수행한다.
참여관찰자	자신이 연구자임을 연구대상에게 밝히고 참여하게 되나, 그들과의 직접적인 상호작용은 하지 않은 채 관찰자의 역할을 수행한다.
완전관찰자	연구대상과의 상호작용을 배제한 채 단순히 제삼자로서 관찰연구를 수행한다.

제2과목 사회복지실천

1영역_ 사회복지실천론

1	2	3	4	5	6	7	8	9	10
④	③	⑤	④	②	③	⑤	②	①	①
11	12	13	14	15	16	17	18	19	20
⑤	③	④	②	⑤	①	③	⑤	①	②
21	22	23	24	25					
④	③	②	④	③					

1 **사회진화론(Social Darwinism)**
사회복지실천의 사회통제적인 측면으로서, 중산층의 기독교적 도덕관을 토대로 사회부적합 계층을 사회적합 계층으로 변화시키는 것을 목표로 하였다.

2 ㄴ. 진단주의(Diagnosticism)는 '질병의 심리학'으로 인간성을 이해하고자 하였다. 클라이언트가 자신의 심리적 과거를 통찰하면 현재의 행동패턴이라는 감옥에서 자유로워진다고 가정하면서, 클라이언트의 심리적 통찰을 발달시키고 자아능력을 강화하기 위해 지지를 제공하는 것을 치료전략으로 하였다.

3 ① 비밀보장 : 클라이언트의 사생활이 보호되어야 함을 기본 내용으로 하는 것으로서, 적대적 비밀보장과 상대적 비밀보장으로 구분된다.
② 진실성 고수와 알 권리 : 클라이언트에 관한 정보에 대한 클라이언트의 권리를 말하는 것으로 사회복지사는 클라이언트에게 진실을 알려줌으로써 알 권리를 충족시켜줘야 한다.
③ 제한된 자원의 공정한 분배 : 제한된 자원을 분배할 경우 균등성, 욕구, 클라이언트의 지불능력이나 미래 지역사회에 공헌할 수 있는 능력 등을 고려해야 한다.
④ 전문적 관계 유지 : 사회복지사가 자신의 가족이나 친척을 클라이언트로 받아들이는 경우 클라이언트와의 사적인 친밀함에 의해 전문적 관계를 유지하기 어려울 수 있다.

4 ④ 보편성은 인종, 종교, 성별, 사회적 신분 등에 관계없이 누구나 가지는 권리이다.

5 **로웬버그와 돌고프(Loewenberg & Dolgoff)의 윤리적 원칙**
• 생명보호의 원칙 : 인간의 생명보호가 다른 모든 원칙에 우선한다.
• 평등과 불평등의 원칙 : 인간은 개개인의 능력과 권력에 따라 동등하게 또는 차별적으로 취급받을 권리가 있다.
• 자율(성)과 자유의 원칙 : 인간의 자율과 자유는 사회복지의 자기결정의 원칙에서 그 중요성이 나타난다.
• 최소 해악ㆍ손실의 원칙 : 문제해결을 위한 대안 선택에 있어서 클라이언트에게 최소한의 유해한 것을 선택하도록 한다.(②)
• 삶의 질 향상의 원칙 : 삶의 질을 긍정적인 방향으로 발전시킬 수 있도록 선택이 이루어져야 한다.
• 사생활보호와 비밀보장의 원칙 : 클라이언트의 비밀이나 사생활은 보호되어야 한다.
• 진실성과 정보 개방의 원칙 : 사회복지사는 클라이언트에게 진실된 태도를 유지해야 하며, 관련 정보는 공개해야 한다.

6 **1960~70년대 외원단체 활동이 우리나라 사회복지발달에 미친 영향**
• 사회복지가 종교와 밀접한 관련 하에 전개되도록 하였다.
• 전문 사회복지의 시작을 촉발하였다.
• 시설 중심의 사회복지가 발전하는 계기를 만들었다.(③)
• 사회복지가 거시적인 사회정책보다는 미시적인 사회사업 위주로 발전하게 하였다.
• 사람들이 사회복지를 구호사업 또는 자선사업과 같은 것으로 인식하게 하였다.
• 외원단체의 철수에 따라 외원에 크게 의존하던 민간 사회사업 부문이 정부에 의존하게 됨으로써 정부 통제 아래 편입되는 데 기여하였다.

7 사회복지사가 갖추어야 할 기본적인 지식 및 방법론에 관한 공통요소
- 사회에서 받아들여지는 규범적 행동에서 벗어난 행동에 관한 지식
- 인간관계 규범의 활용도
- 클라이언트 사회력(Social History)의 중요성
- 사회치료(Social Treatment)에 지역사회자원 활용
- 개별사회사업이 요구하는 과학적 지식과 경험 적용
- 개별사회사업의 목적, 윤리, 의무를 결정하는 철학적 배경 이해(⑤)
- 이상 모든 것을 사회치료에 융합

8 ② 아동보호치료시설은 사회복지서비스에 주거서비스가 포함된 시설로 생활시설에 해당한다. 반면, 이용시설은 사회복지서비스에 주거서비스가 포함되지 않으며, 자신의 집에 거주하는 클라이언트를 대상으로 서비스를 제공하는 시설이다.

9 강점관점 실천의 원리
- 개인은 강점, 재능, 자원이 있다.
- 개입의 초점은 가능성에 있다.
- 클라이언트의 진술을 인정한다.
- 클라이언트의 진술은 그 사람에 대해 알아가는 중요한 방법 중 하나이다.
- 개입의 핵심은 개인, 가족, 지역사회의 참여이다.(ㄱ)
- 개인, 가족, 지역사회가 클라이언트 삶의 전문가이다.
- 개인의 발전은 항상 개방되어 있다.
- 변화 자원은 개인, 가족, 지역사회의 강점, 능력, 적응 기술이다.
- 돕는 목적은 클라이언트의 삶에 함께 하며 가치를 확고히 하도록 지원하는 것이다.

10 사회복지실천에서 전문적 (원조)관계의 특성
- 서로 합의된 의식적 목적이 있다.
- 클라이언트의 문제와 욕구가 중심이 된다.(①)
- 시간적인 제한을 둔다.
- 전문가 자신의 정서를 통제하는 관계이다.
- 사회복지사는 특화된 지식 및 기술, 그리고 전문직 윤리강령에서 비롯되는 권위를 가진다.

11 핀커스와 미나한(A. Pincus & A. Minahan)의 4체계 모델
- 표적체계(Target System) : 목표달성을 위해 변화시킬 필요가 있는 대상[예 시어머니(E)]
- 클라이언트체계(Client System) : 서비스나 도움을 필요로 하는 사람들[예 결혼이민자(A)]
- 변화매개체계(Change Agent System) : 사회복지사와 사회복지사가 속한 기관 및 조직[예 사회복지사(C)]
- 행동체계(Action System) : 변화매개인들이 변화노력을 달성하기 위해 서로 상호작용하는 사람들[예 변호사(B), 남편(D)]

> **참고**
>
> 콤튼과 갤러웨이(Compton & Galaway)는 핀커스와 미나한이 제시한 표적체계, 클라이언트체계, 변화매개체계, 행동체계의 네 가지 체계에 두 가지 체계, 즉 전문가체계(전문체계)와 의뢰-응답체계(문제인식체계)를 추가하였습니다.

12 ① 임파워먼트 모델은 강점관점에 기초를 둔다.
② 임파워먼트 모델은 자원이 클라이언트체계 내부는 물론 외부의 사회적 · 물리적 환경에도 존재할 수 있다고 주장하면서, 클라이언트체계와 환경체계의 변화를 추구한다.
④ 사회복지사는 클라이언트와 상호 협력적인 파트너십을 통해 클라이언트와 동맹 · 협력적인 관계를 창출한다.
⑤ 클라이언트의 자아효능감을 증진하고 자신의 강점을 찾아 자신의 삶과 상황에 대해 더 많은 통제력을 갖도록 돕는 것을 우선으로 한다.

13 사회복지실천에서 통합적 접근방법
'환경 속의 인간(Person in Environment)'을 기본적인 관점으로 하여 인간과 환경을 단선적인 관계가 아닌 순환적인 관계로 이해하는 일반체계이론의 관점, 개인 · 집단 · 조직 · 지역사회 등 보다 구체적이고 역동적인 체계들 간의 관계를 가정하는 사회체계이론의 관점, 유기체와 환경 간의 상호교류 및 역학적 관계를 중시하는 생태체계이론의 관점 등을 포괄한다.

14 ㄹ. 헌신과 의무는 사회복지사와 클라이언트의 책임감을 의미하는 것으로, 관계의 목적을 이루기 위해 서로를 신뢰하고 일관된 태도를 유지하는 것을 일컫는다.

15 ⑤ 이해 충돌에 대한 대처는 '클라이언트에 대한 윤리기준' 영역이 아닌 '기본적 윤리기준' 중 '전문가로서의 실천' 영역에 해당한다.

클라이언트에 대한 윤리기준
- 클라이언트의 권익옹호
- 클라이언트의 자기 결정권 존중
- 클라이언트의 사생활 보호 및 비밀 보장
- 정보에 입각한 동의
- 기록 · 정보 관리
- 직업적 경계 유지
- 서비스의 종결

16 ① 권위(Authority)는 클라이언트와 기관에 의해 사회복지사에게 위임된 권한(Power)을 말한다. 전문가로서 사회복지사는 일정한 지식과 경험을 보유하고 일정한 지위에 있음으로써 영향력을 미칠 수 있는 권한을 가진다.

전문적 원조관계 형성의 주요 장애요인
- 클라이언트의 불신(⑤)
- 클라이언트의 비자발성
- 클라이언트의 변화에 대한 저항(②)
- 클라이언트의 전문가에 대한 부정적 전이(③)
- 전문가의 클라이언트에 대한 역전이(④)
- 공감이 아닌 동정
- 부정적 감정의 노출 등

17 ③ 수용은 클라이언트의 일탈된 태도나 행위를 허용하거나 묵인하는 것이 아니라 사회적 · 논리적 판단기준에 따라 클라이언트를 평가하지 않는다는 의미이다.

18 ⑤ 사정(Assessment)은 클라이언트와 사회복지사의 지속적인 상호작용 과정으로서 사실상 개입의 전 과정 동안 계속된다.

19 ① 중개자(Broker)로서 사례관리자는 클라이언트가 필요로 하는 자원을 소정의 사회기관으로부터 제공받지 못하거나, 지식이나 능력이 부족하여 다른 유용한 자원을 활용하지 못할 경우에 다른 유용한 자원과 클라이언트를 연결시킨다.

② 계획가(Planner)로서 사례관리자의 역할에 해당한다. 사례관리자는 클라이언트의 욕구를 충족시키기 위한 사례계획, 치료, 서비스 통합, 기관의 협력 및 서비스망을 설계한다.

③ 옹호자(Advocate)로서 사례관리자의 역할에 해당한다. 사례관리자는 클라이언트가 스스로 자신을 대변하고 옹호할 수 있는 능력이 부족할 때 그들을 대변하여 그들의 요구사항을 만들어 내고, 가능한 한 자원이 적절히 공급될 수 있도록 노력한다.

④ 조정자(Coordinator)로서 사례관리자의 역할에 해당한다. 사례관리자는 원조를 수행하는 과정에서 클라이언트의 욕구와 자원과의 관계, 클라이언트와 원조자들 간의 관계에서 필요한 조정과 타협의 책임이 있다.

⑤ 중재자(Mediator)로서 사례관리자의 역할에 해당한다. 사례관리자는 개인이나 집단의 갈등 파악과 조정 및 논쟁이나 갈등을 해결하고 어느 한쪽의 편을 들지 않은 채 서로의 입장을 명확히 밝히도록 돕는다.

20 ① 초점화 : 클라이언트로 하여금 말 속에 숨겨진 선입견이나 가정, 혼란을 드러내어 자신의 사고 과정을 명확히 볼 수 있도록 하는 기술이다.

③ 환기 : 클라이언트로 하여금 이해와 안전의 분위기 속에서 자신의 슬픔, 불안, 분노, 증오, 죄의식 등 억압된 감정을 자유롭게 털어놓을 수 있도록 돕거나, 클라이언트의 부정적 감정이 문제해결에 방해가 될 경우 감정의 강도를 약화시키는 기술이다.

④ 직면 : 클라이언트의 말과 행동이 불일치하고, 감정을 왜곡하거나 부정하고 있을 때 이를 설명하여 상황을 인식하도록 돕는 기술이다.

⑤ 격려 : 클라이언트의 행동이나 태도 등을 인정하고 칭찬함으로써 클라이언트의 문제해결 능력과 동기를 최대화시키는 기술이다.

21 ① 서비스의 개별화 : 클라이언트 개개인의 신체적 · 정서적 특성 및 사회적 상황에 맞는 서비스를 제공한다.
② 서비스의 접근성 : 클라이언트가 서비스를 이용하는 데 있어서 장애가 되는 요소들을 살피며, 쉽게 기관 및 자원에 접근할 수 있도록 돕는다.
③ 서비스의 연계성 : 분산된 서비스 체계들을 서로 연계하여 서비스 전달체계의 효율성을 도모한다.
⑤ 서비스의 체계성 : 서비스와 자원을 효율적으로 조정 · 관리함으로써 서비스 간 중복을 줄이고 자원의 낭비를 방지한다.

22 ③ 사회복지사는 학생 A와 반 학생들이 상호작용하는 과정을 직접적으로 관찰하지 않았다.
① · ② · ⑤ 사회복지사는 학생 A와 상담을 하였으며, 그 과정에서 학생 A의 비언어적 행동을 관찰하였다 (예 눈을 맞추지 못함, 본인의 이야기를 하는 것에 주저함).
④ 사회복지사는 학생 A의 어머니와 담임선생님으로부터 학생 A의 가정생활과 학교생활에 관한 이야기를 전해 들었다.

23 ② 사회복지사는 클라이언트의 진술과 감정에 대해 민감히 반응해야 한다. 편안한 분위기에서 클라이언트로 하여금 자신의 경험을 사회복지사와 공유하도록 질문을 던지고 이를 주의 깊게 들음으로써 면접의 생산성을 높일 수 있게 된다.

24 ① 개입 단계에서 사회복지사의 과업에 해당한다.
② · ③ · ⑤ 평가 및 종결 단계(종결 및 평가 단계)에서 사회복지사의 과업에 해당한다.
계획의 단계(Kirst-Ashman & Hull. Jr.)
• 1단계 – 클라이언트와 함께 작업하기
• 2단계 – 문제의 우선순위 정하기
• 3단계 – 문제를 욕구로 전환하기
• 4단계 – 개입수준 평가하기
• 5단계 – 일차적 목적 설정하기
• 6단계 – 목표를 구체화하기
• 7단계 – 클라이언트와 계약을 공식화하기

> **참고**
>
> 사회복지실천의 과정에 대한 내용은 학자마다 혹은 교재마다 약간씩 차이가 있습니다. 각 단계의 구분방식에 따라 수행해야 할 과업이 달리 분류될 수 있으며, 특정 과업이 배타적으로 어느 한 단계로 분류되지 않은 채 다른 단계에서도 수행될 수 있으므로, 이점 감안하여 학습하시기 바랍니다. 참고로 위의 해설은 〈접수 및 관계형성 – 자료수집 및 사정 – 계획 및 계약 – 개입 – 평가 및 종결(종결 및 평가))의 5단계를 토대로 하였습니다.

25 ㄴ. 클라이언트의 기능 향상 및 사회적 적응을 위해 환경을 변화시키는 치료면접의 예에 해당한다.
사정면접
• 서비스를 위한 평가와 적격성을 결정하기 위한 면접이다.
• 문제 상황, 클라이언트의 강점, 문제해결 과정의 장애물 등을 탐색하며, 클라이언트의 욕구 우선순위를 설정하여 문제해결을 위한 목표 및 개입방법 등을 결정한다.

2영역_ 사회복지실천기술론

26	27	28	29	30	31	32	33	34	35
⑤	⑤	④	①	③	①	③	③	④	④
36	37	38	39	40	41	42	43	44	45
②	②	③	②	④	①	④	⑤	⑤	②
46	47	48	49	50					
④	②	①	⑤	②					

26 사회복지실천을 위한 사회복지사의 전문지식(Johnson et al.)
• 인간행동과 발달에 관한 지식(ㄱ)
• 인간관계와 상호작용에 관한 지식(ㄴ)
• 실천이론과 모델에 관한 지식
• 특정 분야와 대상집단에 관한 지식
• 사회정책과 서비스에 관한 지식(ㄷ)
• 사회복지사 자신에 관한 지식(ㄹ)

27 과제중심모델(과업중심모델)의 특징
- 클라이언트의 문제를 자원 혹은 기술의 부족으로 이해하며, 클라이언트가 동의한 과제를 중심으로 구체적인 문제해결에 주력하는 단기적 개입모델이다.
- 절차나 단계가 구조화되어 있으며, 고도의 구조성이 요구된다.
- 클라이언트의 심리내적 역동보다는 현재의 활동을 강조하며, 환경에 대한 개입이 이루어진다.
- 단기간의 치료로써 효과성 및 효율성을 거두어야 하므로 문제해결을 위한 계약관계가 이루어지며, 개입의 책무성이 강조된다.

28 ④ 클라이언트에게 중요한 것을 목표로 설정하며, 클라이언트가 갖고 있지 않은 것보다 갖고 있는 것에 초점을 둔다.

29 위기개입모델의 각 단계별 주요 활동(Golan)

시작단계	• 클라이언트와 친화관계를 형성한다. • 위기상황에 대한 초기사정을 실시한다.(①) • 클라이언트와 함께 표적 문제를 설정한다. • 앞으로의 활동에 대한 계약을 체결한다.
중간단계	• 위기사건 이후 상황과 관련된 자료를 보충한다. • 현재 위기와 관련된 과거 경험을 탐색한다. • 클라이언트의 일상생활에 활용할 수 있는 자원과 지지체계를 찾아낸다. • 목표달성을 위한 구체적인 과제들에 대해 작업한다.
종결단계	• 종결에 대한 저항을 다룬다. • 성취한 과제, 목표, 변화와 함께 성취하지 못한 것들에 대해 점검한다. • 가까운 미래의 활동계획에 대해 논의한다.

30 ③ 유형−역동에 관한 고찰(유형−역동성 고찰)은 클라이언트로 하여금 성격, 행동, 감정의 주요 경향에 관한 자기이해를 돕는 것으로, 심리사회모델의 개입기법에 해당한다.

31 ㄴ. "직접적 영향주기"는 클라이언트의 행동을 촉진하거나 기능을 향상시키기 위한 조언, 충고, 제안 등을 통해 사회복지사의 의견을 클라이언트가 받아들이도록 하는 기법이다. 다만, 이 기법은 클라이언트의 자기결정권을 훼손할 수 있으므로 조심스럽게 사용되어야 한다.
ㄷ. "환기"는 클라이언트로 하여금 사실과 관련된 감정을 끄집어냄으로써 카타르시스를 경험하도록 돕는 기법이다. 다만, 이때 감정은 고통, 당황, 분노, 불안 등 부정적 감정을 포함한다.

32 ① 모델링(Modeling)에 대한 설명에 해당한다. 반면, 시연(Rehearsal)은 긍정적인 행동에 대한 반복적인 연습을 통해 이를 숙달되도록 하는 것이다.
② 유머사용(Use of Humor)은 정서적 기법의 하나로서, 비합리적인 신념에서 오는 클라이언트의 불안을 감소시키기 위해 사용된다.
④ 인지재구조화(Cognitive Restructuring)에 대한 설명에 해당한다. 반면, 역설적 의도(Paradoxical Intention)는 특정 행동에 대한 클라이언트의 불안을 감소시키기 위해 의도적으로 문제의 행동을 하도록 지시를 내리는 것이다.
⑤ 체계적 둔감화(Systematic Desensitization)에 대한 설명에 해당한다. 반면, 이완훈련(Relaxation Training)은 근육이나 신경의 긴장을 감소시키는 것으로, 일상생활에서 유발되는 스트레스에 대처할 수 있도록 하는 것이다.

33 ③ 인간을 병리적인 관점에서 바라보는 대표적인 실천모델로 정신역동모델을 예로 들 수 있다. 정신역동모델은 클라이언트의 과거 외상적 경험이 현재 증상과 관계가 있다고 보고, 현재의 문제원인을 과거의 경험에서 찾는다. 반면, 행동주의모델(행동수정모델)은 개인의 심리사회적 환경이 개인의 행동에 영향을 미친다고 보고, 환경이 행동에 미치는 영향을 중요하게 평가한다.

34 정신역동모델 개입과정

관계형성 (제1단계)	사회복지사는 본격적인 원조과정으로 들어가기 위해 클라이언트와 신뢰관계를 형성한다.
동일시를 위한 자아구축 (제2단계)	클라이언트는 자신을 사회복지사와 동일시하기 시작하면서 세상을 좀 더 현실적으로 볼 수 있게 된다.
자아정체감 형성 원조 (제3단계)	사회복지사는 클라이언트가 독립된 자아정체감을 형성할 수 있도록 원조한다.
자기이해 원조 (제4단계)	사회복지사는 클라이언트가 자신의 행동과 함께 그 행동의 연원을 이해할 수 있도록 원조한다.

35 ㄴ. 비자발적인 클라이언트와의 초기 상담에서는 클라이언트의 관점에서 문제를 이해하도록 노력해야 한다. 클라이언트가 진술하는 문제의 원인, 촉발사건, 자신이 의뢰된 이유 등을 클라이언트의 관점에서 말하도록 하고, 사회복지사는 이를 인정해 줄 수 있어야 한다.

36 ② 가족경계는 가족 내 체계들 간을 구분하거나 가족체계와 외부체계를 구분해 주는 보이지 않는 선이다. 가족체계의 외부와의 경계가 경직적이고 침투력이 없는 폐쇄형 가족은 외부 정보의 활용이나 외부 전문가의 개입, 외부 자원에 대한 지원 요청 등을 극도로 꺼리는 양상을 보인다.

37 ② 초이성형은 자신 및 타인을 모두 무시하고 상황만을 중시한다. 이들은 자신이 옳다는 것을 증명하고 갈등을 해결하고자 자료나 연구결과를 인용하기도 하는데, 이는 자신의 감정이 취약하므로 감정에서 상황으로 초점을 바꾸는 의도로 볼 수 있다.
① 비난형의 예에 해당한다. 이들은 자신만을 생각하며, 타인을 무시하고 비난하는 양상을 보인다. 자신을 보호하기 위해 다른 사람을 괴롭히거나 비난하고 환경을 탓한다.
③ 산만형의 예에 해당한다. 이들은 자신 및 타인은 물론 상황까지 모두 무시한다. 이들의 산만한 행동은 혼돈된 심리적 상태를 반영하는데, 쉬지 않고 움직이면서

논의주제로부터 관심을 분산시키려는 의도로 볼 수 있다.
④ 일치형의 예에 해당한다. 이들은 자신이 중심이 되어 타인과 관계를 맺으며, 다른 사람과 연결이 필요한 경우 스스로 직접 선택한다. 이들은 다른 사람이나 상황을 통제하기 위해 선택하는 것이 아니라 자기 자신이 되기를 선택하는 것이다.
⑤ 회유형의 예에 해당한다. 이들은 자신의 내적 감정이나 생각을 무시한 채 타인의 비위와 의견에 맞추려 한다. 이들은 자기 내면의 진정한 감정을 존중하지 못한 채 다른 사람들의 의견에 동조하고 비굴한 자세를 취한다.

38 ③ 보웬(Bowen)의 다세대 가족치료모델(세대 간 가족치료모델)의 개입 목표에 해당한다. 반면, 사티어(Satir)의 경험적 가족치료모델은 가족이 올바른 의사소통 방식을 학습하고 이를 실제로 적용하여 상호작용의 과정을 통해 문제를 해결할 수 있도록 가족의 갈등과 행동양식에 맞는 경험을 제공하려고 노력한다.

39 ② 삼각관계는 스트레스의 해소를 위해 두 사람 간의 상호작용체계에 다른 가족성원을 끌어들여 갈등을 우회시키는 것이다.

40 ④ 가족의 개념은 시대와 문화의 영향을 받으며 그에 따른 비전통적인 가족 유형이 늘어나고 있다. 단독으로 생계를 유지하는 경우에도 가구의 범위에 속하며 그러한 가구를 '단독가구'라고 한다.

41 ② 해결중심 가족치료모델 : 과거의 문제보다는 미래와 해결방안 구축에 초점을 두며, 상담자와 가족이 함께 해결방안을 발견 및 구축하는 과정에서의 상호협력을 중시한다.
③ 구조적 가족치료모델 : 가족구조를 재조정 혹은 재구조화하여 가족이 적절한 기능을 수행할 수 있도록 돕는다.

④ 다세대 가족치료모델 : 문제해결을 위해 가족성원이 원가족과 맺는 관계를 통찰하는 것을 중요하게 여기며, 개인의 감정과 지적 과정 사이의 구분능력을 강조한다.

⑤ 경험적 가족치료모델 : 가족관계의 병리적 측면보다는 긍정적 측면에 초점을 두며, 가족의 성장을 목표로 한다.

42 ① 집단의 사회적 목표를 강조하면서, 집단 내의 사회의식을 개발하고 사회적 책임의 가치를 심고자 하는 것은 사회적 목표모델에 해당한다.

② 개인 치료를 위한 수단으로 집단을 강조하는 것은 치료모델에 해당한다. 치료모델에서 집단은 개인의 목적을 달성하기 위한 도구 또는 상황이다.

③ 집단 내 개별성원의 행동변화에 초점을 두고, 역기능적으로 행동하는 성원들을 회복 및 재활시키고자 하는 것은 치료모델에 해당한다.

⑤ 사회적 목표모델은 집단 내의 민주적 절차와 과정을 중시하며, 토론, 참여, 합의, 집단과업, 지역사회조직화 등을 활용한다.

43 집단 사회복지실천 사정단계
• 집단성원들이 집단 내에서 어떠한 역할을 수행하는지를 사정한다.
• 집단행동양식, 하위집단, 집단의 규범 등에 대해 사정한다.
• 집단성원의 특성, 대인관계, 환경을 비롯하여 집단 내 개별성원들의 장단점을 모두 사정한다.
• 표준화된 척도나 질문지, 집단성원의 자기관찰이나 사회복지사에 의한 관찰, 외부 전문가에 의한 보고 등을 활용한다.

44 ① 개방형 집단은 폐쇄형 집단에 비해 집단성원의 중도가입이 용이하다.
② 개방형 집단은 폐쇄형 집단에 비해 응집력이 약하다.
③ 폐쇄형 집단은 안정적인 구성으로 집단성원의 역할행동을 예측할 수 있다.
④ 집단이 개방적일 경우 그 발달단계를 예측하기 어렵다.

45 ② 개입 효과를 지속시키기 위한 실천기술로서 사후관리(Follow-up)는 개인, 가족, 집단이 사회복지사와의 전문적 관계가 종결된 이후 이루어진다.

> **참고**
>
> 집단사회복지실천의 단계별 과정은 학자에 따라 혹은 교재에 따라 다양하게 제시되고 있습니다. 예를 들어, 집단단계를 〈준비단계(계획단계) – 초기단계(시작단계) – 사정단계 – 중간단계(개입단계) – 종결단계〉로 구분할 경우 사후관리는 '종결단계'의 과제로 분류되는 반면, 집단 단계를 〈준비단계 – 초기단계 – 중간단계 – 종결단계 – 사후관리단계〉로 구분할 경우 사후관리는 '사후관리단계'의 과제로 분류됩니다.

46 ㄴ. 집단성원의 개별 목표를 설정하는 것은 종결단계가 아닌 집단성원 간 공통점을 찾아 연결시키며 집단의 공통적인 목표와 함께 개별적인 목표를 수립하는 초기단계(시작단계)에서 사회복지사의 역할에 해당한다.

47 기능적 집단과 역기능적 집단의 특성

기능적 집단	• 자발적인 자기표출(①) • 집단지도자에 대한 존중(⑤) • 개인의 문제 해결에 초점 • 모든 집단성원의 토론 참여(③) • 문제와 관련된 어떤 주제라도 개진 • 집단성원 간 직접적인 의사소통(④) • 장애물이나 집단문제에 대한 논의 등
역기능적 집단	• 피상적인 주제만을 토론 • 위험 회피, 자기폐쇄적 태도 • 지도자에 대해 수시로 비판과 불평 • 문제 해결 노력의 부족(②) • 공격적인 성원들의 집단 지배 허용 • 감정적 긴장, 미묘한 주제에 대한 언급 회피 • 장애물이나 집단문제에 대한 논의 배제 등

48 ① 모방행동(Imitative Behavior) : 집단사회복지사와 집단성원은 새로운 행동을 배우는 데 좋은 모델이 될 수 있다.

49 ⑤ 클라이언트에 관한 사후지도 결과는 평가 및 종결 단계(종결 및 평가 단계) 혹은 사후지도 단계의 기록에 포함될 내용이다.

50 ② 단일사례설계는 클라이언트에 대한 즉각적인 연구가 필요할 경우, 통제집단을 구하기 어려운 경우 사용될 수 있는 효과적인 방법이다. 단일사례설계에서 기초선(A)은 개입하기 이전에 표적행동이 어떤 경향을 보이는지를 관찰하는 기간을 의미하는 것으로, 그것이 마치 실험연구에서의 통제집단과 같은 성격을 띤다.
① 보기의 사례는 단일사례설계의 유형 중 ABAB설계로 기초선(A)이 두 번 설정되어 있다.
③ ABAB설계는 외부요인을 통제할 수 있어 개입의 효과를 확인할 수 있다.
④ 단일사례연구는 하나의 사례를 반복 측정하여 나타나는 변화(→ 종속변수)를 통해 개입(→ 독립변수)의 효과를 파악한다.
⑤ ABAB설계는 기초선(A) 단계에서 클라이언트에게 어떤 변화가 일어나는가를 알기 위해 치료를 중단하는 것에 따른 윤리적인 문제와 함께 이 유형을 활용하는 데 많은 시간과 노력이 소요된다는 실질적인 문제를 지닌다.

3영역_ 지역사회복지론

51	52	53	54	55	56	57	58	59	60
①	③	②	③	①	④	⑤	①	④	③
61	62	63	64	65	66	67	68	69	70
③	②	②	②	④	①	⑤	⑤	⑤	①
71	72	73	74	75					
⑤	③	②	④	④					

51 **지역사회보호의 개념**
• 지역사회보호(Community Care)는 1950년대 영국을 중심으로 발전된 개념으로, 1957년 정신병과 정신장애에 관한 왕립위원회의 보고서에서 지역사회보호의 개념이 공식적으로 사용되었으며, 1959년 '정신보건법(Mental Health Act)'이 제정되어 지역사회보호가 법률적으로 명확히 규정되었다.
• 1952년 덴마크의 지적장애인 부모들의 모임에서 비롯된 정상화(Normalization) 이념과 연관된 것으로, 돌봄이 필요한 사람들에게 가정 또는 그와 유사한 지역사회 내의 환경에서 서비스를 제공하는 사회적 돌봄의 형태를 의미한다.

52 **지역사회의 기능(Gilbert & Specht)**
• 생산 · 분배 · 소비(경제제도) : 지역사회 주민들이 일상생활에 필요한 물자와 서비스를 생산하고 소비하는 과정과 관련된 기능을 말한다.
• 상부상조(사회복지제도) : 사회제도에 의해 지역주민들이 자신들의 욕구를 스스로 충족할 수 없는 경우에 필요로 하는 사회적 기능을 말한다.
• 사회화(가족제도) : 사회가 향유하고 있는 일반적 지식, 사회적 가치, 행동양식을 그 지역사회 구성원에게 전달하는 과정을 말한다.
• 사회통제(정치제도) : 지역사회가 그 구성원들에게 사회규범에 순응하도록 행동을 규제하는 것을 말한다.
• 사회통합(종교제도) : 사회체계를 구성하는 사회단위 조직들 간의 관계와 관련된 기능을 말한다.

53 ② 오가통(五家統)은 정부에 의해 어느 정도 강제성을 지닌 인보제도로서, 각 하급 지방행정구획을 세분하여 그 구역 내의 구성원이 지역의 치안을 유지하고 복리를 증진하며, 교화를 향상하여 지방행정의 운영을 돕도록 한 조선시대의 지방자치제도이다.
① 향약(鄕約)은 지역사회의 발전과 지역주민들의 순화·덕화·교화를 목적으로 한 지식인들 간의 자치적인 협동조직이다.
③·④ 미국의 감리교 선교사 놀스(Knowles)는 1906년 원산에 반열방(班列房)이란 인보관을, 마이어스(Myers)는 1921년 서울에 태화여자관(泰和女子館)이란 인보관을 설립하여 여성을 위한 계몽사업을 실시하였다. 참고로 '태화사회관(泰和社會館) 50년사'의 기록에서는 태화여자관을 우리나라 최초의 인보관이자 사회복지관으로 소개하고 있다.
⑤ 새마을운동은 농촌생활환경개선운동으로 시작되었으나 소득증대운동으로 확대되었으며, 도시민의 의식개선운동으로도 전개되었다.

54 ③ 헐 하우스(Hull House)는 미국의 초창기 인보관으로서, 아담스(Adams)가 1889년 시카고(Chicago)에 건립하였다.

55 ① 교환이론(사회교환이론)은 물질적 또는 비물질적인 자원의 교환을 인간의 기본적인 상호작용의 형태로 간주하며, 인간관계에 대한 경제적 관점을 토대로 이익이나 보상에 의한 긍정적인 이득을 최대화하는 한편, 비용이나 처벌의 부정적인 손실을 최소화하는 교환의 과정을 분석한다.
② 지역사회복지정책들이 다양한 관련 이익단체들 간의 갈등과 타협으로 만들어진다고 보는 대표적인 이론으로 다원주의이론(이익집단이론)이 있다.
③ 지역사회 내 소수의 엘리트 집단의 권력이 지역사회복지정책을 좌우한다고 보는 대표적인 이론으로 엘리트이론(엘리트주의이론)이 있다.
④ 지역사회 내 갈등을 변화의 원동력으로 보는 대표적인 이론으로 갈등이론이 있다.
⑤ 지역사회가 다양한 하위체계들로 구성되어 있으며, 각각의 하위체계가 자신의 기능과 역할을 충실히 발휘할 때 지역사회가 발전한다고 보는 대표적인 이론으로 기능주의이론(구조기능론)이 있다.

56 ㄷ. 경계(Boundary)란 체계와 환경 혹은 체계와 체계 간을 구분하는 일종의 테두리를 의미하는 것으로, 사회체계이론의 주요 개념에 해당한다.
ㄱ·ㄴ·ㄹ. 사회자본(Social Capital)은 지역사회 구성원의 사회적 관계에 바탕을 둔 자원으로서, 조직화된 행동을 유도하여 사회발전의 효율성을 증대시키는 대인 간 신뢰, 규범 및 네트워크를 의미한다. 이러한 사회자본은 물리적 자본과는 다른 양상을 보이는데, 사용할수록 총량이 증가하는 반면, 사용하지 않을수록 감소한다. 또한 일방향일 때보다 쌍방향일 때 커지므로 자기충족적(Self-fulfilling)이다.

57 **다원주의이론(이익집단이론)**
• 정부의 사회복지 지출이 민주주의 사회에서 선거에 의한 득표 경쟁과 밀접하게 연관된다는 점에 근거한다. 즉, 정부의 사회복지 지출은 각각 자신들의 이익을 추구하는 이익집단 활동들의 정치적 결과로 볼 수 있다.
• 지역사회복지정책의 결정은 이익집단들의 상대적 영향력 정도에 따라 달라진다. 예를 들어, 노인층이 다수를 이루는 지역사회에서는 노인복지 예산 편성비율이, 청년층이 다수를 이루는 지역사회에서는 청년복지 예산 편성비율이 상대적으로 높은 수준을 보이게 된다.

58 **상호학습(Mutual Learning)**
• 특정한 가치와 신념을 신봉하거나 강요하지 아니하며, 지역의 다양한 문화적 배경을 학습하는 것을 의미한다.
• 지역사회복지 실천가와 참여자 집단은 사회변화의 과정에서 동등한 파트너라는 점을 시사한다. 즉, 지역사회복지 실천가는 조직화 과정에서 참여자 집단의 문화적 배경을 배우고자 하는 적극적인 학습자가 되어야 하며, 참여자 집단으로 하여금 클라이언트로서의 역할을 뛰어넘어 교육자이자 파트너로서의 역할을 맡을 수 있도록 동기를 부여해야 한다는 것이다.

59 ㄷ. 지역사회는 있는 그대로 이해되고 수용되어야 하며, 개인과 집단처럼 지역사회도 서로 상이하므로 지역사회의 특성과 문제들을 개별화하여야 한다.

60 포플(Popple)의 지역사회복지실천모델

지역사회보호 (Community Care)	노인, 장애인, 아동 등 지역주민의 복지를 위한 사회적 관계망 및 자발적 서비스 증진을 목표로, 복지욕구를 충족시키기 위한 자조개념을 개발하는 데 주력한다.
지역사회조직 (Community Organization)	타 복지기관 간 상호협력 증진을 목표로, 사회복지기관의 상호 협력 및 조정을 통해 서비스 중복을 방지하고 자원의 부재현상을 극복하여 복지전달의 효율성 및 효과성을 높이는 데 일조한다.
지역사회개발 (Community Development)	지역사회 구성원의 삶의 질 향상을 위한 기술과 신뢰를 습득할 수 있도록 집단을 원조하는 데 주력한다.
사회/지역계획 (Social/Community Planning)	사회적 상황과 사회정책 및 사회복지기관의 서비스 분석, 주요 목표 및 우선순위의 설정, 서비스 프로그램의 기획과 자원의 동원, 서비스와 프로그램의 집행 및 평가 등에 주력한다.
지역사회교육 (Community Education)	비판적 사고와 담론을 통해 지역사회의 억압적 조건이나 상황을 변화시키는 행동양식을 고양하는 데 주력한다.
지역사회행동 (Community Action)	전통적으로 계급에 기초한 모델로 갈등과 직접적인 행동을 활용하며, 권력이 없는 집단이 자신들의 효과성을 증대할 수 있도록 대응하는 데 주력한다.
여권주의적 지역사회사업 (Feminist Community Work)	지역사회복지실천에 페미니즘을 적용한 것으로, 여성불평등의 사회적 요인에 대한 집합적 대응을 통해 여성의 복지를 향상시키는 데 주력한다.
인종차별철폐 지역사회사업 (Black and Anti-racist Community Work)	지역사회에서 인종차별에 대한 저항이나 그들의 권리 보호를 위한 상호원조와 조직화에 초점을 두고, 교육, 주택, 건강, 고용 등의 영역에서 차별을 시정하도록 하는 데 주력한다.

61 ③ 임파워먼트(Empowerment) 기술은 지역주민의 강점을 인정하고 스스로 문제 해결을 위한 주도적인 역할을 함으로써 현재 처한 문제 해결뿐만 아니라 근본적인 역량을 강화하도록 원조하는 것이다.

① · ② 자원개발 및 동원 기술은 지역주민의 욕구 충족 및 문제 해결을 위해 자원이 필요한 경우 자원을 발굴하고 동원하는 것이다.

④ 조직화 기술은 지역사회의 당면문제를 해결하기 위해 전체 지역주민을 대표하는 일정 수의 주민을 선정하여 모임을 구성하는 것이다.

⑤ 네트워크(연계) 기술은 서비스의 중복과 누락을 방지하고 자원을 효율적으로 관리하기 위한 것으로, 클라이언트인 지역주민으로 하여금 적절한 지역사회 자원과 연계하는 것이다.

62 ② 지역사회복지 실천과정에서 실행단계의 주요 과업에 해당한다.

지역사회복지 실천과정에서 실행단계의 주요 과업
• 재정자원의 집행
• 추진인력의 확보 및 활용
• 참여자 간 저항과 갈등 관리
• 참여자 적응 촉진
• 협력과 조정을 위한 네트워크 구축 등

63 지역사회복지실천의 일반적인 과정

문제확인 (제1단계)	지역사회에 내재되어 있거나 표출된 문제들이 무엇인지를 규명하기 위한 과정으로, 지역사회 진단, 표적집단 확인, 우선순위 선정 등이 포함된다.
지역사회 사정 (제2단계)	지역사회의 욕구와 자원을 파악하는 과정으로, 사회지표를 비롯하여 욕구사정을 위한 다양한 자료수집방법들이 활용된다.
계획 및 실행 (제3단계)	목표를 설정하고 프로그램의 내용 및 방법을 구체화하며, 프로그램에 대한 홍보 활동을 진행한다. 또한 실천모델을 결정하여 계획에 맞춰 실행한다.
평가 (제4단계)	지역사회의 변화를 위해 활용된 개입의 과정 및 결과를 평가한다.

64 ② 지역사회개발모델에서 사회복지사의 전문가(Expert)로서의 역할에 해당한다.

지역사회개발모델에서 사회복지사의 조력자(Enabler)로서의 역할

• 불만을 집약하는 일
• 조직화를 격려하는 일
• 좋은 대인관계를 육성(조성)하는 일
• 공동목표를 강조하는 일

65 **사회계획모델에서 사회복지사의 역할(Sanders)**

분석가 (Analyst)	지역사회의 현존 문제에 대한 분석에서 사회변화를 위한 프로그램 과정의 분석에 이르기까지 지역사회의 변화를 위한 전반적인 분석과 평가를 수행한다.
계획가 (Planner)	분석의 결과를 토대로 사회문제의 변화를 목표로 하는 계획을 수립한다.
조직가 (Organizer)	조직의 수립과 실천과정에 지역주민은 물론 지역사회의 행정체계를 참여시킨다.
행정가 (Program Administrator)	프로그램이 실제로 운영되어 그 계획이 효과적으로 달성되기 위한 모든 물적·인적 자원을 관리한다.

66 ① 수급자로서 클라이언트 집단을 소비자(Consumers)로 보는 것은 사회계획모델에 해당한다. 반면, 사회행동모델에서는 수급자로서 클라이언트 집단을 체제의 희생자(Victims)로 본다. 여기서 체제란 정부나 기업 등 클라이언트 집단에 불이익을 주는 것으로 판단되는 모든 조직과 제도를 포함한다.

67 ⑤ 지역사회복지 관련 문제의 쟁점에 대해 일반대중의 관심을 이끌 수 있도록 이를 의제화하고, 문제의 원인이 지역주민 자신들이 아닌 사회구조에 있음을 의식화하도록 하는 것은 임파워먼트(Empowerment) 기술과 연관된다. 이와 관련하여 루빈과 루빈(Rubin & Rubin)은 지역사회의 임파워먼트를 높이기 위한 구체적인 방법으로 공공의제의 틀 형성(공공의제 만들기), 의식 제고(의식 고양하기) 등을 제시한 바 있다.

68 ㄱ. 지방자치제는 민주주의 사상에 기초를 두며, 지역문제에 대한 자기통치 원리를 담고 있다.
ㄴ. '단체자치'는 국가와 별개의 법인격을 가진 지방자치단체가 국가로부터 상대적으로 독립된 지위와 권한을 인정받아 일정한 범위 내에서 중앙의 통제를 받지 아니하고 독자적으로 행정사무를 처리하는 제도를 말한다. 지방자치제는 단체자치라는 수단을 통해 지방자치제의 본질적 요소인 주민자치를 실현한다.
ㄷ. 국가와 지방자치단체는 사회복지서비스의 품질을 관리하기 위하여 사회복지서비스를 제공하는 기관·법인·시설·단체의 서비스 환경, 서비스 제공 인력의 전문성 등을 평가할 수 있다(사회복지사업법 제5조의2 제4항).
ㄹ. 우리나라는 1949년 「지방자치법」을 제정함으로써 지방 분권을 위한 법적 장치가 만들어졌다. 그러나 6.25, 5.16, 군부독재의 정치적 격동기를 거치면서 약 30년 간 중단되었다가, 1988년 법의 전면개정에 의해 1991년 지방의회의원 선거, 1995년 지방자치단체장 선거를 치르면서 완전한 민선 지방자치시대를 열게 되었다.

69 ⑤ 사회보장급여의 이용·제공 및 수급권자 발굴에 관한 법률 제35조 제9항
① 시장·군수·구청장은 4년마다 지역사회보장계획을 수립한 후 시·도지사에게 제출한다.
② 시·군·구의 지역사회보장계획은 지역사회보장협의체의 심의를 거친다.
③ 시·도지사 및 시장·군수·구청장은 매년 지역사회보장계획에 따라 연차별 시행계획을 수립한다.
④ 시·도의 지역사회보장계획은 시·도 사회보장위원회의 심의를 거친다.

70 **사회복지관의 설치 등(사회복지사업법 제34조의5 제1항)**
사회복지관은 지역복지증진을 위하여 다음 각 호의 사업을 실시할 수 있다.
1. 지역사회의 특성과 지역주민의 복지욕구를 고려한 서비스 제공 사업
2. 국가·지방자치단체 및 민간 부문의 사회복지서비스를 연계·제공하는 사례관리 사업

3. 지역사회 복지공동체 활성화를 위한 복지자원 관리, 주민교육 및 조직화 사업

4. 그 밖에 복지증진을 위한 사업으로서 지역사회에서 요청하는 사업

71 ⑤ 주민이 지역사회 문제에 스스로 참여하고 공동체 의식을 갖도록 주민 조직의 육성을 지원하고, 이러한 주민협력 강화에 필요한 주민의식을 높이기 위한 교육을 실시하는 주민조직화 사업은 사회복지관의 '지역조직화 기능'에 해당한다.

사회복지관의 사례관리 기능

사례발굴	지역 내 보호가 필요한 대상자 및 위기 개입 대상자를 발굴하여 개입계획 수립
사례개입	지역 내 보호가 필요한 대상자 및 위기 개입 대상자의 문제와 욕구에 대한 맞춤형 서비스가 제공될 수 있도록 사례개입
서비스연계	사례개입에 필요한 지역 내 민간 및 공공의 가용자원과 서비스에 대한 정보 제공 및 연계, 의뢰

72 ③ 임원의 임기는 3년으로 하며, 한 차례만 연임할 수 있다(사회복지공동모금회법 제7조 제2항).

① 사회복지공동모금회는 「사회복지사업법」 제2조 제3호의 사회복지법인으로 한다(동법 제4조 제2항).

② 사회복지공동모금회에 지역단위의 사회복지공동모금사업을 관장하기 위하여 특별시·광역시·특별자치시·도·특별자치도 단위 사회복지공동모금지회를 둔다(동법 제14조 제1항).

④ 동법 제29조

⑤ 사회복지공동모금회는 사회복지사업이나 그 밖의 사회복지활동 등을 지원하기 위한 재원을 조성하기 위하여 복권을 발행할 수 있다(동법 제18조의2 제1항).

73 **사회적경제의 주체**

• 사회적기업 : 취약계층에게 사회서비스 또는 일자리를 제공하거나 지역사회에 공헌함으로써 지역주민의 삶의 질을 높이는 등의 사회적 목적을 추구하면서 재화 및 서비스의 생산·판매 등 영업활동을 하는 기업이다.

• 마을기업 : 지역주민이 각종 지역자원을 활용한 수익사업을 통해 공동의 지역문제를 해결하고, 소득 및 일자리를 창출하여 지역공동체 이익을 효과적으로 실현하기 위해 설립·운영하는 마을단위의 기업이다.

• 자활기업 : 2인 이상의 수급자 또는 차상위자가 상호협력하여, 조합 또는 사업자의 형태로 탈빈곤을 위한 자활사업을 운영하는 업체를 말한다.

• 협동조합 : 재화 또는 용역의 구매·생산·판매·제공 등을 협동으로 영위함으로써 조합원의 권익을 향상하고 지역 사회에 공헌하고자 하는 사업조직을 말한다.

74 **주민참여 수준 8단계(Arnstein)**

• 조작 또는 여론조작(제1단계) : 행정과 주민이 서로 간의 관계를 확인한다는 점에서 의의를 찾을 수 있다. 다만, 공무원이 일방적으로 교육 및 설득을 하고, 주민은 단순히 참석하는 데 그친다.

• 처방 또는 대책치료(제2단계) : 주민의 욕구불만을 일정한 사업에 분출시켜 치료하는 단계이다. 다만, 이는 행정의 일방적인 지도에 그친다.

• 정보제공(제3단계) : 행정이 주민에게 일방적으로 정보를 제공한다. 다만, 이 과정에서 환류는 잘 일어나지 않는다.

• 주민상담 또는 협의(제4단계) : 공청회나 집회 등의 방법으로 주민으로 하여금 행정에의 참여를 유도한다. 다만, 이는 형식적인 수준에 그친다.

• 회유 또는 주민회유(제5단계) : 각종 위원회 등을 통해 주민의 참여범위가 확대된다. 다만, 최종적인 판단이 행정기관에 있다는 점에서 제한적이다.

• 협동관계 또는 파트너십(제6단계) : 행정기관이 최종적인 의사결정권을 가지고 있으나 주민들이 경우에 따라 자신들의 주장을 협상으로 유도할 수 있다.

• 권한위임(제7단계) : 주민들이 특정 계획에 대해 우월한 결정권을 행사하며, 집행단계에 있어서도 강력한 권한을 행사한다.

• 주민통제(제8단계) : 주민들이 스스로 입안하며, 결정에서부터 집행 그리고 평가단계에 이르기까지 통제한다.

75 ㄴ. 2010년 1월 사회복지 급여 · 서비스의 지원대상자 자격 및 이력에 관한 정보를 통합적으로 관리하고 지방자치단체의 복지업무처리를 지원하기 위해 사회복지통합관리망(행복e음)이 구축되었다.

ㄱ. 2012년 4월 지역주민 맞춤형 통합서비스체계 구축을 목적으로 지역사회가 보유한 자원과 서비스를 총괄적으로 조정하는 희망복지지원단이 각 지방자치단체에 설치되어 5월부터 공식적으로 운영되었다.

ㄹ. 2014년 7월 읍 · 면 · 동 복지허브화 시범사업을 시작으로 2016년부터 읍 · 면 · 동에 맞춤형 복지 전담팀이 구성되고, 2017년부터 주민자치형 공공서비스를 통해 서비스 확대가 이루어지고 있다.

ㄷ. 2019년 6월부터 주거, 보건의료, 요양, 돌봄, 일상생활의 지원이 통합적으로 확보되는 지역주도형 정책으로서 지역사회 통합돌봄(커뮤니티케어) 선도사업이 실시되어 2026년 통합돌봄의 보편적 실행을 목표로 추진 중이다.

제3과목	사회복지정책과 제도

1영역_ 사회복지정책론

1	2	3	4	5	6	7	8	9	10
③	①	⑤	②	⑤	⑤	⑤	④	④	①
11	12	13	14	15	16	17	18	19	20
①	③	④	④	①	②	④	①	전항정답	③
21	22	23	24	25					
③	②	⑤	②	③					

1 ㄴ. 잔여적 개념에 대한 설명에 해당한다.
ㄹ. 제도적 개념은 상대적으로 권리성이 강하다.

사회복지의 잔여적 개념과 제도적 개념

잔여적 개념	개인은 기본적으로 가족과 시장을 통해 욕구를 충족시킨다. 따라서 사회복지는 가족이나 시장경제가 개인의 문제나 욕구를 해결할 수 없는 경우에 한해 국가가 개인의 기본적인 삶을 유지할 수 있도록 해 주는 보완적인 기능을 수행한다.
제도적 개념	개인이 가족이나 시장을 통해 모든 욕구를 충족시킬 수는 없다. 따라서 사회복지는 국가가 모든 국민으로 하여금 그들의 능력을 최대한 발휘하고 사회적 기능을 향상시킬 수 있도록 사회제도로써 사회서비스를 포괄적 · 지속적으로 제공한다.

2 복지혼합(Welfare Mix)

• 복지공급 주체의 다양화를 표방하는 복지다원주의(Welfare Pluralism) 양상을 나타내는 것으로, 한 사회에서 복지의 총량이 국가, 시장, 그리고 가족 및 비영리 민간복지기관에서 제공하는 다양한 복지의 혼합으로 구성된다는 의미를 내포한다.

• 복지 공급자이자 소득이전자로서 국가의 역할은 축소되어야 하며, 국가가 담당해왔던 대부분의 공급자로서의 역할이 가족, 지역사회, 시장 등으로 넘겨져야 한다고 주장한다.

3 ㄱ. 수급자가 일정한 용도 혹은 범위 내에서 원하는 재화나 서비스를 자유롭게 선택할 수 있도록 보장하지만, 미리 정해 둔 용도와 목적에 맞게 급여를 사용하도록 사회적 통제를 부과하는 것은 증서(Voucher)에 해당한다.

ㅁ. 정책에 관한 의사결정 과정에 수급자를 직접 참여시킴으로써 정책에 영향력을 미칠 수 있도록 하는 것은 권력(Power)에 해당한다.

4 **사회서비스 전자바우처의 도입배경**

• 기존의 사회복지서비스는 공급자 지원방식으로 이루어져 수요자의 선택권이 제한되어 시장 창출에 한계를 드러냈다.

• 수요자 중심의 직접지원 또는 직접지불 방식을 도입함으로써 수요자의 선택권을 강화할 필요성이 제기되었다.(②)

• 수요자 직접지원을 통해 서비스 제공자의 허위 · 부당청구 등 도덕적 해이를 방지하는 한편, 금융기관 시스템을 활용하여 재정흐름의 투명성과 업무 효율성을 높이고 정보의 집적 관리를 통해 사회서비스 발전 기반을 마련할 수 있을 것으로 기대한다.

5 ㄱ. 보편주의(Universalism)는 전 국민을 사회복지의 대상자로 삼는 것을 의미하는 것으로, 사회복지급여는 시민권에 입각한 사회적 권리로서 모든 국민을 대상으로 골고루 주어야 한다는 가치이다. 사회구성원을 '주는 자'와 '받는 자'의 두 집단으로 나누지 않으며, 별도의 자산조사 또는 소득조사를 요구하지 않는다.

6 ⑤ 기업복지는 안정된 직장에서 높은 임금을 받는 근로자를 주된 대상으로 하는 만큼 저임금 근로자, 비정규직 근로자, 실업자 등에 상대적으로 불리하므로 역진성이 발생한다. 따라서 기업복지의 규모가 커질수록 노동자들 사이의 불평등이 증가하게 된다.

① 조세지출 또는 조세비용(Tax Expenditure)은 사회복지의 공공재원 중 하나로서, 정부가 세금을 거둬들여 지출하는 것이 아닌 비과세 · 감면 · 공제 등의 방법으로 정책적인 감면을 해 주는 제도이다.

② 국내 기부금 총액은 국세청에 신고된 개인 기부금과 법인 기부금(기업 기부금)으로 확인할 수 있다. 즉, 세금 혜택을 받기 위한 신고를 하지 않은 금액은 포함되어 있지 않으므로, 실제 기부금 규모는 국세청이 추산한 액수보다 더 많을 것으로 추정된다.

③ 이용료는 사회복지급여나 서비스를 이용하는 사람들이 그 이용의 대가를 지불하는 방법으로 재원을 조달하는 것을 말한다.

④ 기업복지는 인건비 성격이지만 임금을 포함하는 항목으로 분류되지 않는다. 이는 임금이 근로의 대가로 급부하는 인건비인 반면, 기업복지는 고용의 대가로 급부하는 인건비이기 때문이다.

7 ⑤ 개인소득세는 누진세율을 적용하고 일정 소득 이하인 사람에게 조세를 면제해 주거나 저소득층에게 보다 많은 조세감면 혜택을 부여하므로 누진성이 강하다. 반면, 일반소비세는 일반적으로 모든 상품에 대한 단일세율 부과로 인해 역진성이 강하다.

① 사회보험료는 조세 중 직접세에 해당하는 소득세에 비해 역진적이다. 그 이유는 사회보험의 보험료율은 소득의 대소에 관계없이 일정(정률제)하나 소득세는 누진세이며, 대부분의 보험료에는 상한선이 정해져 있는 데 반해 소득세에는 상한선이 없기 때문이다.

② 위험분산, 소득유지는 사회보험료의 특징적인 기능에 해당한다. 또한 조세가 소득불평등 완화의 기능을 수행하기 위해서는 개인소득세나 법인세 등 누진세의 비중을 높이는 반면, 부가가치세 등 역진세의 비중을 낮추어야 한다.

③ 조세 중 소득세에는 상한선이 없다. 사회보험료의 소득상한선은 그 이상의 소득에 대해서 더 이상 보험료가 부과되지 않으므로 고소득층에게 유리하다.

④ 사회보험료와 조세의 관계와 관련하여 사회보험료를 조세의 일부로 간주하는 입장, 조세의 일부가 아닌 임금의 일부로 간주하는 입장이 있다. 전자는 사회보험료가 임금에 부과되는 일종의 급여세(Payroll-tax)이므로 조세와 본질적으로 같다고 보는 데 반해, 후자는 사회보험료가 재분배를 위해 사회보장기구에 지불되는 사회화된 임금(Socialized Wage)이라고 본다.

8 **전달체계 구성변화 전략**

- 전문화된 접근구조(Specialized Access Structure)
  - 전문가에 의한 전문화된 관료적 서비스는 서비스에 접근하는 것 자체를 하나의 독자적인 서비스로서 제공한다.
  - 전문성을 유지하면서도 서비스에 대한 클라이언트의 접근성을 높이기 위한 방안으로, 사례옹호, 자문, 정보제공, 의뢰서비스 등을 통해 클라이언트에게 도움을 준다.
- 의도적인 중복(Purposive Duplication)
  - 기존 전달체계 내에서 이미 제공되고 있는 서비스의 일부 또는 전부를 새로운 기관으로 하여금 다시 제공하도록 한다.
  - 경쟁 전략을 통해 클라이언트의 선택의 폭을 넓히고 기관과 전문가들로 하여금 클라이언트의 욕구에 좀 더 민감하고 창의적으로 반응하도록 하는 한편, 분리 전략을 통해 기존의 전달체계 내에서 적절한 서비스를 제공받지 못한 소외계층을 위해 비정통적인 서비스를 제공한다.

9 ㄱ. 시민권이론의 주창자인 마샬(Marshall)은 시민권 확대 과정을 정치적·역사적 맥락에서 파악하였으며, 18세기 이래로 '공민권(Civil Right)', '정치권 또는 참정권(Political Right)', '사회권(Social Right)'이 점진적으로 발전해 왔다고 주장하였다.

ㄹ. 국가중심이론은 적극적 행위자로서 국가를 강조하고 사회복지정책의 발전을 국가 관료제의 영향으로 설명한다. 참고로 국가 엘리트들과 그들을 내세운 지배계급의 의지와 능력에 의해 복지정책이 결정된다고 보는 것은 신마르크스주의(Neo-Marxism) 이론에 해당한다.

10 ① 반물량 방식은 모든 항목의 생계비를 계산하지 않고 엥겔계수를 활용하여 생계비를 추정한다.

② 상대적 빈곤은 한 사회의 평균적인 생활수준과 비교하여 빈곤을 규정하는 것으로, 그 사회의 불평등 정도와 관계가 깊다.

③ 라이덴 방식은 주관적 빈곤 측정방식이다.

④ 빈곤율(Poverty Rate)은 빈곤한 사람의 규모, 즉 빈곤인구가 전체 인구에서 차지하는 비율을 나타낸다. 반면, 빈곤갭(Poverty Gap)은 빈곤층의 소득을 빈곤선까지 상향시키는 데 필요한 총비용을 말하는 것으로서, 빈곤의 심도를 나타낸다.

⑤ 지니계수(Gini's Coefficient)는 소득분배의 불평등 정도에 따라 '0~1'까지의 값을 가진다. 완전평등 상태에서 지니계수는 '0', 완전불평등 상태에서 지니계수는 '1'이며, 그 값이 클수록 소득분배가 불평등한 상태임을 나타낸다.

11 **사회적 배제(Social Exclusion)**

- 빈곤·박탈과 관련된 사회문제를 나타내는 새로운 접근법으로, 관례적인 사회적 규범으로부터 완전히 차단된 사람들을 묘사한다.
- 배제의 개념은 사람들을 온전히 사회에 참여할 수 없도록 하는 상황들(예) 장애로 인한 낙인, 인종적 불이익 등)과 함께 빈곤문제를 사회통합문제의 일부로 파악하도록 하는 한편, 주로 물질적 자원의 제공에 관심을 기울이던 기존의 빈곤정책과 달리 사회적 관계의 중요성을 고려하면서 사회에 진입시키기 위한 정책들을 강조한다.

12 ㄷ. 신빈민법(신구빈법)은 빈민을 가치 있는 빈민과 가치 없는 빈민으로 분류하고, 노동능력이 있는 빈민에 대한 원외구제를 폐지하여 이들에 대한 구빈을 작업장 내에서의 구빈으로 제한하였다(→ 작업장 활용의 원칙 혹은 원내구제의 원칙). 다만, 노약자, 병자 등에 한해 원외구제를 허용하였다.

ㄹ. 왕립빈민법위원회(구빈법 왕립위원회)의 다수파는 기존의 구빈제도를 개혁하되 이를 유지·존속하는 방향을 제안한 반면, 소수파는 기존의 구빈제도를 전면 폐지하고, 노동 가능한 빈민들을 위해 직업알선 및 직업훈련 프로그램 등 전국적인 서비스를 조직해야 한다고 주장하였다.

13 빈곤가족한시지원 또는 임시가족부조(TANF)
- 1960년대 케네디(Kennedy)와 존슨(Johnson) 행정부로 대표되는 제도적 관점의 진보주의는 1970년대에 좀 더 보충적 관점의 보수주의 접근방법으로 대치되기 시작하여, 1980년대 레이건(Reagan) 행정부의 이른바 레이거노믹스(Reaganomics)로 인해 대폭 축소되었다.
- 1961년 요보호아동가족부조(AFDC ; Aid to Families with Dependent Children)는 1988년 가족지원법(The Family Support Act) 제정에 따라 사실상 폐지되었고, 1997년 빈곤가족한시지원(TANF)이 이를 대체하였다.
- 빈곤가족한시지원(TANF)은 개인의 책임을 강조하고 근로연계복지를 강화하는 방향으로 시행되었는데, 일생에 걸쳐 60개월까지만 아동부양비 수급을 가능하도록 제한한 한편, 수급 개시 이후 2년이 지나면 아동부양 부모가 반드시 노동력제공 활동에 참여할 것을 규정하였다.

14 사회복지재화 및 서비스의 국가 제공의 필요성
- 공공재 성격
- 소득분배의 불공평
- 불완전한 시장정보(⑤)
- 시장의 불완전성
- 외부효과
- 규모의 경제(③)
- 도덕적 해이(②)
- 역의 선택(①)
- 위험발생의 비독립성 등

15 ① 에스핑-안데르센(Esping-Andersen)은 탈상품화 정도, 사회계층화(계층화) 유형, 국가와 시장의 상대적 비중 등 세 가지 기준을 토대로 복지국가를 '자유주의 복지국가', '보수주의(조합주의) 복지국가', '사회민주주의(사민주의) 복지국가'의 세 가지 형태로 분류하였다.
② 보수주의 복지국가는 전통적 가족과 교회의 기능 및 역할을 강조함으로써 보수적인 양상을 보인다.
③ 자유주의 복지국가는 저소득층을 대상으로 소득조사에 의한 공공부조 프로그램을 강조한다.
④ 국가의 책임을 최소화하고 시장을 통해 문제해결을 하는 복지국가 유형은 자유주의 복지국가에 해당한다. 반면, 사회민주주의 복지국가에서 시장 기능은 공공부문의 기능에 의해 최소화되며, 사회통합이 중요한 목표가 된다.

⑤ 프랑스는 보수주의 복지국가로 분류되나, 영국과 미국은 자유주의 복지국가로 분류된다.

16 ② 세대 간 재분배는 부과방식을 통해, 세대 내 재분배는 적립방식을 통해 운영된다.
①·③ 수평적 재분배의 예로 가족수당(아동수당), 건강보험 등을, 수직적 재분배의 예로 공공부조, 누진적 소득세 등을 들 수 있다.
④ 적립방식의 연금제도는 세대 내 재분배의 예로 볼 수 있다. 반면, 현재의 자원을 동원하여 사회적 욕구를 충족시키는 단기적 재분배의 예로 공공부조를 들 수 있다.
⑤ 소득재분배는 민간부문에서 자발적인 동기에 의해 이루어지는 사적 소득이전을 통해서도 발생한다.

17 2024년도 국민기초생활보장제도 수급자 선정 소득기준
- 생계급여 : 기준 중위소득의 32% 이하
- 주거급여 : 기준 중위소득의 48% 이하
- 의료급여 : 기준 중위소득의 40% 이하
- 교육급여 : 기준 중위소득의 50% 이하

18 사회보장기본법상 사회서비스(사회보장기본법 제3조 제4호)
"사회서비스"란 국가·지방자치단체 및 민간부문의 도움이 필요한 모든 국민에게 복지, 보건의료, 교육, 고용, 주거, 문화, 환경 등의 분야에서 인간다운 생활을 보장하고 상담, 재활, 돌봄, 정보의 제공, 관련 시설의 이용, 역량 개발, 사회참여 지원 등을 통하여 국민의 삶의 질이 향상되도록 지원하는 제도를 말한다.

19 ① 기초연금은 공적연금의 사각지대에 놓인 65세 이상 노인의 노후소득을 보장하고 생활안정을 지원하기 위한 것으로 무기여 수당 방식으로 운용된다.
② 실업급여의 보험료는 사업주와 근로자가 보험료의 1/2을 각각 부담하며, 고용안정·직업능력개발사업의 보험료는 사업주가 전액 부담하는 것을 원칙으로 한다.
③ 노인장기요양보험의 시설급여 제공기관에는 노인요양시설과 노인요양공동생활가정이 포함된다(노인장기요양보험법 시행령 제10조 제2호 참조).

④ 국민건강보험법에 따라 직장가입자가 교직원으로서 사립학교에 근무하는 교원이면 보험료액은 그 직장가입자가 100분의 50을, 그가 소속되어 있는 사립학교의 사용자가 100분의 30을, 국가가 100분의 20을 각각 부담한다. 다만, 직장가입자가 교직원으로서 사립학교에 근무하는 직원이면 보험료액은 그 직장가입자와 사립학교의 사용자가 100분의 50씩 부담한다(국민건강보험법 제76조 제1항 참조).

⑤ 상병수당은 국민건강보험법상 부가급여에 해당한다. 국민건강보험법 제50조는 부가급여로 임신·출산 진료비, 장제비, 상병수당 등을 규정하고 있다.

참고

> 이 문제는 출제오류에 해당하므로 간단히 살펴본 후 넘어가도록 합니다. 이 문제는 가답안에서 ④번을 정답으로 하였으나 ④번 지문 또한 옳지 않은 내용이므로 이후 최종정답에서 <u>전항정답</u>으로 인정하였습니다.

20 긴급복지지원의 기본원칙
- 선지원 후처리 원칙
- 단기 지원 원칙
- 타 법률 중복지원 금지의 원칙
- 가구단위 지원의 원칙

21 긴급복지지원제도의 주요 지원 연장기간 및 횟수(2024년도 기준)

종 류	기본(A) (시·군·구청장)	연장(B) (시·군·구청장)	추가연장(C) (긴급지원심의위원회)	최대 지원기간 (D=A+B+C)
생 계	3개월	–	3개월 범위	6개월
의 료	1회 (선지원)	–	1회	2회
주 거	1개월 (선지원)	2개월 범위	9개월 범위	12개월
사회복지 시설이용	1개월 (선지원)	2개월 범위	3개월 범위	6개월

* 단, 생계·주거·사회복지시설이용의 지원금은 각 지원기준에 따라 매월 단위 지급을 원칙으로 함

22 ㄱ. 공공부조는 사회보험이나 사회수당에 비해 권리성이 약하다.

ㄴ. 공공부조는 급여를 가장 필요로 하는 사람에게 집중함으로써 비용을 절감해야 한다는 비용효과성의 원칙에 충실하다.

ㄷ. 사회수당은 기여 여부와 무관하게 지급된다.

ㄹ. 일반적으로 사회보험과 사회수당은 방빈제도로, 공공부조는 구빈제도로 분류된다.

23 ⑤ 우리나라 근로장려세제(EITC)는 도입 초기에 소득 파악이 쉬운 근로자계층부터 적용하였으며, 이후 지속적인 소득 파악 노력을 통해 개인사업자에 대해서도 단계적으로 적용을 확대하였다. 참고로 2015년 지급분부터 일부 업종(전문직종)을 제외한 모든 사업자를 적용대상에 포함시키고 있다.

24 ② 고용보험의 상병급여는 현금급여에 해당한다. 고용보험법에 따라 수급자격자가 실업의 신고를 한 이후에 질병·부상 또는 출산으로 취업이 불가능하여 실업의 인정을 받지 못한 날에 대하여는 그 수급자격자의 청구에 의하여 구직급여일액에 해당하는 금액을 상병급여로 구직급여를 갈음하여 지급할 수 있다(고용보험법 제63조 제1항 참조).

25 ㄷ. 산업재해보상보험 사업은 고용노동부장관이 관장한다(산업재해보상보험법 제2조 제1항).

ㄹ. 고용보험은 고용노동부장관이 관장한다(고용보험법 제3조).

2영역_ 사회복지행정론

26	27	28	29	30	31	32	33	34	35
③	②	②	③	②	⑤	⑤	④	①	②

36	37	38	39	40	41	42	43	44	45
④	⑤	③	③	④	⑤	④	④	①	①

46	47	48	49	50
⑤	①	①	③	④

26 ③ 휴먼서비스 조직으로서 사회복지조직이 목표달성을 위해 사용하는 지식과 기술은 불확실하며, 목표달성의 효과성 및 효율성을 측정하는 데 있어서도 어려움이 있다. 따라서 사회복지행정은 서비스 성과를 객관적으로 평가하기 어렵다.

27 ② 1960년대는 군사정부가 경제개발정책을 강력히 추진한 시기로, 사회복지에 투자할 자원이 절대적으로 부족했기 때문에 민간복지기관들이 여전히 외국원조기관의 원조에 의존할 수밖에 없었다.

28 ② 인간관계이론은 조직의 생산성 향상을 위해 인간의 정서적인 요인과 함께 심리사회적 요인, 비공식적 요인에 역점을 두어 인간을 관리하는 기술 또는 방법을 강조한다.
① 생산성은 근로조건과 환경에 의해서만 좌우되는 것이 아니라 작업반 내 동료와 상사와의 인간관계에 의해서도 좌우된다.
③ 인간의 심리사회적 욕구와 구성원의 사회적 상호작용이 생산성에 중요한 영향을 미친다.
④ 조직에는 공식적인 부서와는 다른 비공식적인 집단이 존재하며, 이러한 비공식적인 집단이 개인의 태도와 생산성에 영향을 미친다.
⑤ 근로자는 개인으로서 일하기보다는 비공식적인 집단 구성원으로서 행동하고 반응한다.

29 ③ 기존의 조직에 관한 이론들이 조직을 폐쇄체계로 보고 조직 내부의 상황에 초점을 두어 이론적인 전제와 주요 개념들을 제시하는 데 반해, 상황이론은 조직을 개방체계로 보고 상황에 적합한 조직구조와 형태를 유지하는 것이 보다 바람직하다는 입장을 보이고 있다.

30 ㄴ · ㄹ. 권위의 위계구조, 사적 감정의 배제를 강조한 것은 베버(Weber)의 관료제이론이다.

관료제이론과 과학적 관리론의 주요 강조점 비교

관료제이론	• 권위의 위계구조 • 규칙과 규정 • 사적 감정의 배제 • 분업과 전문화 • 경력지향성 • 능률성(행정능률) 강조 등
과학적 관리론	• 목표설정 • 직무의 과학적 분석 • 관리의 원칙수립 • 경제적 보상 등

31 ⑤ 수직적 분화가 많아질수록 계층 수가 늘어나므로 조정과 의사소통의 절차가 더 복잡해진다.
① 집권화 수준을 높이면 의사결정의 권한이 집중된다.
② 업무가 안정적이고 단순할수록 공식화의 효과는 더 크다.
③ 공식화 수준을 높이면 직무의 사적 영향력, 즉 재량권이 줄어들게 된다.
④ 조직 내에서 전문화된 지식 및 기술을 요구하는 특징적 과업들이 많을수록 수평적 분화가 많이 일어나며, 그로 인해 조직의 복잡성이 증대된다.

32 ⑤ (특별)위원회 구조(Adhocracy)는 높은 수준의 전문적 지식과 기술을 갖춘 전문가들로 구성되는 조직구조로, 높은 수준의 수평적 분화, 낮은 수준의 수직적 분화와 공식화를 특징으로 한다.
① 기계적 관료제 구조는 매우 일상적인 과업들로 구성되어 있는 경우 용이하게 관찰할 수 있는 형태로, 높은 수준의 분화, 높은 수준의 공식화와 집권화를 특징으로 한다.

② 사업부제 구조는 조직이 사업에 대해 수평적 분화를 진행시키면서 발생한 구조로, 각 사업부문으로 하여금 독립적인 기능을 수행하게 하는 형태의 구조이다.

③ 전문적 관료제 구조는 조직 구성원의 전문성을 살리면서 관료제의 장점을 지향하는 형태로, 높은 수준의 수평적 분화, 전문가집단의 규율과 규칙에 입각한 표준화(→ 내적 공식화), 높은 수준의 분권화를 특징으로 한다.

④ 단순 구조는 복잡성의 수준이 낮고, 공식화의 수준도 낮지만, 집권화의 수준은 높은 형태의 구조이다.

33 조직문화의 역기능
- 경직된 조직문화는 시장환경의 변화 혹은 불확실한 환경에도 불구하고 그에 신속히 대처할 수 없게 한다.
- 자율적인 조직문화는 하위부서들의 강한 독자성으로 인해 이들 부서 간 협력을 통한 조직 전체의 통합을 달성할 수 없게 한다.

34 ㄱ·ㄹ. 그린리프(Greenleaf)는 리더를 다른 사람에게 봉사하는 하인(Servant)으로, 구성원을 섬김의 대상으로 간주하였으며, 섬기는 자로서 리더가 지녀야 할 특성(혹은 요건)으로 인간 존중, 봉사, 정의, 정직성, 공동체적 윤리성 등을 강조하였다.
ㄴ. 섬김 리더십이 있는 조직은 구성원의 일체화와 공감대 형상을 통해 조직의 목표를 달성한다.
ㄷ. 청지기 혹은 청지기 의식(Stewardship)은 '타인을 섬기려는 자세'를 일컫는 것으로, 이는 섬김 리더십의 바탕을 이루는 가치이다.

35 ② 허즈버그(Herzberg)는 동기위생이론을 통해 인간이 이원적 욕구구조 즉, 불만을 일으키는 요인(→ 위생요인)과 만족을 일으키는 요인(→ 동기요인)을 가진다는 욕구충족요인 이원론을 주장하였다. 보기의 사례는 위생요인을 좋게 하여 직원의 불만족을 감소시킴으로써 조직의 성과를 높이려는 시도로 볼 수 있다.
① 브룸(Vroom)은 기대이론을 통해 인간이 행동하는 방향과 강도가 그 행동이 일정한 성과로 이어진다는 기대와 강도, 실제로 이어진 결과에 대해 느끼는 매력에 달려 있다고 주장하였다.

③ 스위스(Swiss)는 단순히 제품이나 서비스의 결함을 발견하여 그것을 제거하는 것이 아닌 총체적으로 소비자가 만족할 수 있도록 제품과 서비스를 향상시키는 혁신적인 조직관리이론으로서 TQM이론을 제시하였다.

④ 맥그리거(McGregor)는 조직의 관리자가 직원을 보는 기본적인 시각의 차이에 따라 전혀 다른 관리방법이 고안될 수 있다는 XY이론을 제시하였다.

⑤ 아담스(Adams)의 형평성(공정성 또는 공평성)이론은 투입, 산출, 준거인물을 요소로 하여 자신의 '산출/투입'보다 준거가 되는 다른 사람의 '산출/투입'이 클 때 비형평성을 자각하게 되고, 형평성 추구행동을 작동시키는 동기가 유발된다고 본다.

36 인적자원관리의 구성요소(주요 관리기능)
- 확보관리 : 직무분석, 채용(직원모집·선발·배치)
- 평가관리 : 인사고과, 직무평가
- 개발관리 : 교육훈련, 지도감독, 승진, 직무순환(배치전환)
- 보상관리 : 임금, 인센티브, 복리후생
- 유지관리 : 인적자원 유지, 이직관리, 노사관계관리

37 ⑤ 강의는 일정한 장소에 직원들을 모아놓고 서비스에 관한 전문지식과 기술 및 태도를 전달하는 방법이다.
① 멘토링(Mentoring)은 조직의 연장자로서 멘토(Mentor)가 멘티(Mentee)에게 역할모델이 되어 도덕적 직무를 부여하고 조직에 대한 지식을 제공하며, 대인관계 개발 및 경력관리에 도움을 주는 방법이다.
② 감수성 훈련은 구성원들이 어떻게 생각하고 느끼고 행동하며, 다른 사람들의 행위에 어떻게 반응하는지를 알 수 있도록 수용적인 분위기를 제공하는 방법이다.
③ 역할연기는 인간관계훈련에 효과적인 프로그램으로, 어떤 사례나 사건을 구체적인 상황에 근거하여 실제 연기로 표현하도록 한 후 그에 대해 평가하고 토론하는 방법이다.
④ 소시오 드라마(Socio Drama)는 '사회극'이라 불리는 것으로, 조직 내 현상문제를 공유하고 모의상황 속에서 그 문제에 대한 바람직한 해결행동을 경험해 보도록 함으로써 구성원 간 상호교류 역할문제를 탐구하고 풀어나가도록 하는 방법이다.

38 직무수행평가의 순서

- 제1단계 : 직무수행 기준을 확립한다.
- 제2단계 : 직무수행 기대치를 직원에게 전달한다.
- 제3단계 : 평가도구를 사용하여 직원의 실제 직무수행을 측정한다.
- 제4단계 : 실제 직무수행을 직무수행 평가기준과 비교해 본다.
- 제5단계 : 직원과 평가결과에 대한 회의(토의)를 진행한다.
- 제6단계 : 필요시 직무수행 기대치 및 직무수행 기준을 수정한다.

39 회계의 구분(사회복지법인 및 사회복지시설 재무·회계규칙 제6조)

- 이 규칙에서의 회계는 사회복지법인(이하 "법인"이라 한다)의 업무전반에 관한 법인회계, 시설의 운영에 관한 시설회계 및 법인이 수행하는 수익사업에 관한 수익사업회계로 구분한다.
- 법인의 회계는 법인회계, 해당 법인이 설치·운영하는 시설의 시설회계 및 수익사업회계로 구분하여야 하며, 시설의 회계는 해당 시설의 시설회계로 한다.

40 ④ 재정통제체계는 강제성을 띠는 명시적 규정이 있어야 하며, 이를 통해 공평성과 활동에 공식성이 부여된다 (→ 예산통제의 원칙 中 강제의 원칙).
① 개별화의 원칙, ② 예외의 원칙, ③ 보고의 원칙, ⑤ 개정의 원칙

41 ㄱ. 신뢰성, ㄷ. 확신성, ㄹ. 유형성
서비스 품질에 관한 SERVQUAL 모형의 구성차원
(Parasuraman, Zeithaml & Berry)

신뢰성 (Reliability)	생산과 서비스에 있어서 지속성 및 예측성과 연관된다. 예 믿음직하고 정확하게 약속한 서비스를 이행함
반응성 또는 응답성 (Responsiveness)	생산과 서비스 제공의 시기적절성과 연관된다. 예 신속한 서비스를 제공하여 고객들을 도움
확신성 (Assurance)	직원에 의해 수행되는 지원 및 능력에 대한 느낌과 연관된다. 예 신용과 자신감 고취
공감성 (Empathy)	직원으로부터 개인적인 보호나 관심을 받는다는 느낌과 연관된다. 예 고객들에게 개별적인 관심을 갖고 서비스를 제공함
유형성 (Tangibles)	서비스 제공 혹은 상품생산을 위해 사용된 장비나 물리적인 시설 등의 외형(외관) 혹은 미적 상태와 연관된다. 예 물리적인 시설 및 장비 능력, 종업원의 외모(용모), 통신장비의 이해와 활용의 용이성 등

42 ④ 2015년 7월 「사회보장급여의 이용·제공 및 수급권자 발굴에 관한 법률」이 시행됨에 따라 기존의 '지역사회복지협의체'가 '지역사회보장협의체'로 개편되었다.
① 1987년 사회복지전문요원 제도가 시행되어 공공영역에 사회복지전문요원이 배치되었으며, 이후 1992년 12월 사회복지사업법 전부개정에 따라 사회복지전담공무원으로 명칭이 변경되었다.
② 1995년 7월부터 1999년 12월까지 4년 6개월간 보건복지사무소 시범사업이 실시되었으며, 2004년 7월부터 2006년 6월까지 2년간 사회복지사무소 시범사업이 실시되었다.
③ 정부는 '읍·면·동 복지허브화' 추진을 위해 2016년 3월 자치단체의 조례 개정을 권고하여 기존의 '읍·면 사무소 및 동 주민센터'를 '읍·면·동 행정복지센터'로 순차적으로 변경하도록 하였다.
⑤ 2007년 4월 전자바우처 방식의 사회서비스가 최초로 도입되었으며, 2019년 3월 사회서비스원이 서울 출범을 시작으로 대구, 경기, 경남 등 4개 시·도에서 시범적으로 운영되었다.

43 ④ 최소 비용으로 최대 효과를 얻는 것은 '효율성'을 가리키는 것으로, 이는 사회복지행정의 이념적 측면에 해당한다.

44 ① 명목집단기법은 소집단 투표 의사결정법으로, 대화나 토론 없이 어떠한 비판이나 이의제기가 허용되지 않는 가운데 각자 아이디어를 서면으로 제시하도록 하여 우선순위를 결정한 후 최종 합의를 도출하기 위한 방법이다.

② 브레인스토밍은 집단성원들 간의 대화나 토론을 통한 자유발언의 기회를 제공하여 일정한 주제에 대해 각자 아이디어를 제시하도록 함으로써, 자유분방한 사고과정에서 우수한 아이디어를 수집하기 위한 방법이다.

③ 델파이기법은 전문가 · 관리자들로부터 우편이나 이메일(E-mail)로 의견이나 정보를 수집하여 그 결과를 분석한 후 그것을 다시 응답자들에게 보내어 의견을 묻는 식으로 만족스러운 결과를 얻을 때까지 계속하는 방법이다.

④ SWOT는 특히 전략적 기획에서 기관의 장단점에 대한 내부분석과 현재와 미래의 기관 활동에 영향을 줄 수 있는 외부환경에 대한 분석을 할 때 유용한 방법이다.

⑤ 초점집단기법은 소수 이해관계자들의 인위적인 면접집단 또는 토론집단을 구성하여 연구자가 토의 주제나 쟁점을 제공하며, 특정한 토의 주제 또는 쟁점에 대해 여러 명이 동시에 질의 · 응답을 하거나 인터뷰를 하는 등의 방법으로 상호작용을 통해 공동의 관점을 확인하는 방법이다.

45 ① 프로그램 평가 검토기법은 목표달성 기한을 정해 놓고 목표달성을 위해 설정된 주요 세부목표와 프로그램의 상호관계 및 시간계획을 연결시켜 도표화한 것이다.

② 간트 차트는 '시간별 활동계획 도표'라고도 하며, 세로 바에는 목표, 활동 및 프로그램을 기입하고 가로 바에는 시간을 기입하여 사업의 소요시간을 막대로 도표화한 것이다.

③ 논리모델은 프로그램 개발과정에서 체계이론을 적용하여 '투입(Input)-활동(Activity)-산출(Output)-성과(Outcome)' 간의 관계를 논리적으로 설명하기 위해 이를 도표화한 것이다.

④ 임팩트모델(Impact Model)은 특정 프로그램의 행동들이 원인을 유발시켜서 프로그램이 제공하는 어떤 효과를 만들어 내는지를 표현한 것으로, 어떻게 기대되는 결과를 제공할 것인가에 대한 계획을 도표화한 것이다.

⑤ 플로우 차트(Flow Chart)는 '총괄진행도'라고도 하며, 각 부문별 역할분담 관계와 각 기능별 업무수행 절차를 명확히 하기 위해 프로그램의 단위 서비스(혹은 세부 프로그램) 제공 과정을 한눈에 볼 수 있도록 도표화한 것이다.

46 사회복지서비스 마케팅 과정
- 제1단계 : 시장기회 분석(환경적 요인의 분석)
- 제2단계 : 고객 및 시장 조사(ㄹ)
- 제3단계 : 마케팅 목표 설정
- 제4단계 : 시장세분화(Segmentation), 표적시장 선정(Targeting), 포지셔닝(Positioning)(ㄱ, ㄷ)
- 제5단계 : 자원개발 프로그램 수집
- 제6단계 : 마케팅 실행도구(실행방법) 설정(ㄴ)
- 제7단계 : 마케팅 관리
- 제8단계 : 마케팅 평가

47 ① 다이렉트 마케팅(DM ; Direct Marketing)은 후원을 요청하는 편지를 잠재적 후원자들에게 발송함으로써 후원자를 개발하는 가장 전통적인 방법이다. 참고로 방송이나 잡지 등 대중매체를 활용하는 방식은 대중매체 광고이다.

48 ① 서비스 과활용(Over-utilization)은 비(非)표적 인구가 서비스에 접근하여 나타나는 문제이며, 서비스 저활용(Under-utilization)은 정당한 욕구를 가진 표적 인구가 서비스 접근에 어려움을 겪을 때 나타나는 문제이다.

② 크리밍(Creaming)은 보다 유순하고 성공 가능성이 높은 클라이언트를 선발하기 위해 비협조적이거나 어려울 것으로 예상되는 클라이언트들을 배척하고자 하는 현상이다.

③ 레드테이프(Red Tape)는 지나친 형식주의로 사무처리의 절차를 복잡하게 하고 사무처리를 지연시킴으로써 행정수요의 원활화를 저해하는 현상이다.

④ 기준행동(Criterion Behavior)은 업무자들이 기준으로 제시된 측정 가능한 양적 평가지표들에 대해서만 관심을 가짐으로써 실질적인 서비스의 효과성에 대해 무관심하게 되는 문제이다.

⑤ 매몰비용(Sunk Cost)은 조직과 직원들이 기존 업무분야에 대해 투자했던 시간과 노력, 헌신을 회수받지 못하는 문제이다.

49 사회복지 프로그램 평가의 목적

• 환류기능(정책개발) : 프로그램의 중단 · 축소 · 유지 · 확대 등의 여부를 결정하는 데 필요한 정보를 제공하며, 프로그램의 내용을 수정하거나 보다 효율적인 운영에 필요한 정보도 제공한다.

• 책임성 이행 : 사회복지조직이 재무 · 회계적 책임, 전문적 책임(→ 효과성 및 효율성)을 이행하고 있는지를 평가하는 것은 물론, 사회복지조직으로 하여금 더욱더 책무를 다하도록 하는 자극제가 된다.(②)

• 이론 형성 : 프로그램의 기획에서부터 프로그램의 성과에 이르는 인과관계를 검토 · 확인 · 검증하는 활동을 수행함으로써 타당성이 있는 것으로 확인된 가설들은 이론으로 발전되고, 그렇지 못한 가설들은 수정하도록 하는 데 기여한다.

50 사회복지조직 혁신의 방해 요인(Kotter)

• 무사안일주의에 빠져있는 경우(①)

• 충분히 영향력 있는 지도 연합을 형성하지 못한 경우

• 비전의 영향력을 과소평가하는 경우(②)

• 비전에 대해 충분히 의사소통하지 못하는 경우(③)

• 새로운 비전을 차단하는 장애물(예 경직된 조직구조나 보상체계 등)을 허용하는 경우(⑤)

• 단기간의 승리를 이루어내지 못하는 경우

• 너무 일찍 승리를 선언하는 경우

• 변화를 조직문화에 확실히 정착시키는 것에 대해 무관심한 경우

3영역_ 사회복지법제론

51	52	53	54	55	56	57	58	59	60
④	⑤	③	⑤	③	②	②	①	②	①
61	62	63	64	65	66	67	68	69	70
④	⑤	④	①	③	①	③	⑤	①	④
71	72	73	74	75					
⑤	②	②	④	④					

51 헌법상 기본권으로서 행복추구권(헌법 제10조)

모든 국민은 인간으로서의 존엄과 가치를 가지며, 행복을 추구할 권리를 가진다. 국가는 개인이 가지는 불가침의 기본적 인권을 확인하고 이를 보장할 의무를 진다.

52 ⑤ 다문화가족지원법은 2008년 3월 21일 제정되어 2008년 9월 22일부터 시행되었다.

① 아동복지법은 1981년 4월 13일 전부개정되어 같은 날 시행되었다(1961년 12월 30일 제정된 「아동복리법」의 전부개정).

② 노인복지법은 1981년 6월 5일 제정되어 같은 날 시행되었다.

③ 장애인복지법은 1989년 12월 30일 전부개정되어 같은 날 시행되었다(1981년 6월 5일 제정된 「심신장애자복지법」의 전부개정).

④ 한부모가족지원법은 2007년 10월 17일 일부개정으로 제명이 변경되어 2008년 1월 18일부터 시행되었다(1989년 4월 1일 제정된 「모자복지법」의 일부개정).

53 ③ 헌법, 법률, 명령, 자치법규, 국제조약 및 국제법규는 성문법원으로 분류된다.

① 불문법으로서 관습법도 사회복지법의 법원(法源)이 될 수 있다. 사실적인 관습이 법원으로 인정을 받는 것은 법원이 판례를 통해 이를 법규범으로 인정함으로써 이루어진다.

② 법률은 국회에서 제정하거나 행정부에서 제출하여 국회의 의결을 거쳐 제정된다.

④ 명령은 국회의 의결을 거치지 않고 대통령 이하의 행정기관이 제정한 법규이다.

⑤ 일반적으로 승인된 국제법규 또한 사회복지법의 법원에 포함된다. 헌법에 의하여 체결 · 공포된 조약과 일반적으로 승인된 국제법규는 국내법과 같은 효력을 가진다(헌법 제6조 제1항).

54 사회복지사업법상 사회복지사업 관련 법률(사회복지사업법 제2조 제1호 참조)
- 국민기초생활보장법(ㄷ)
- 아동복지법(ㄱ)
- 노인복지법
- 장애인복지법(ㄴ)
- 한부모가족지원법
- 영유아보육법
- 성매매방지 및 피해자보호 등에 관한 법률
- 정신건강증진 및 정신질환자 복지서비스 지원에 관한 법률
- 성폭력방지 및 피해자보호 등에 관한 법률
- 입양특례법
- 일제하 일본군위안부 피해자에 대한 생활안정지원 및 기념사업 등에 관한 법률
- 사회복지공동모금회법
- 장애인 · 노인 · 임산부 등의 편의증진 보장에 관한 법률
- 가정폭력방지 및 피해자보호 등에 관한 법률
- 농어촌주민의 보건복지증진을 위한 특별법
- 식품 등 기부 활성화에 관한 법률
- 의료급여법
- 기초연금법(ㄹ)
- 긴급복지지원법
- 다문화가족지원법
- 장애인연금법
- 장애인활동 지원에 관한 법률
- 노숙인 등의 복지 및 자립지원에 관한 법률
- 보호관찰 등에 관한 법률
- 장애아동 복지지원법
- 발달장애인 권리보장 및 지원에 관한 법률
- 청소년복지 지원법
- 그 밖에 대통령령으로 정하는 법률

55 ③ 사회복지법인의 이사 또는 감사 중에 결원이 생겼을 때에는 2개월 이내에 보충하여야 한다(사회복지사업법 제20조).
① 동법 제17조 제1항 참조
② 동법 제23조 제1항
④ 동법 제18조 제6항
⑤ 동법 제26조 제1항 참조

56 ② 국가나 지방자치단체는 예산의 범위에서 사회복지시설의 책임보험 또는 책임공제의 가입에 드는 비용의 전부 또는 일부를 보조할 수 있다(사회복지사업법 제34조의3 제2항).
① 동법 제34조의5 제2항 참조
③ 국가나 지방자치단체는 사회복지시설을 설치 · 운영할 수 있다(동법 제34조 제1항).
④ 동법 제36조 제1항 참조
⑤ 보건복지부장관, 시 · 도지사 또는 시장 · 군수 · 구청장은 시설이 회계부정이나 불법행위 또는 그 밖의 부당행위 등이 발견되었을 때에는 그 시설의 개선, 사업의 정지, 시설의 장의 교체를 명하거나 시설의 폐쇄를 명할 수 있다(동법 제40조 제1항 제4호).

57 ② 국가와 지방자치단체는 사회복지 자원봉사활동을 지원 · 육성하기 위하여 자원봉사활동의 홍보 및 교육, 자원봉사활동 프로그램의 개발 · 보급, 자원봉사활동 중의 재해에 대비한 시책의 개발, 그 밖에 자원봉사활동의 지원에 필요한 사항을 실시하여야 한다(사회복지사업법 제9조 제1항).
① 사회복지서비스를 필요로 하는 사람에 대한 사회복지서비스 제공은 현물(現物)로 제공하는 것을 원칙으로 한다(동법 제5조의2 제1항).
③ 사회복지에 관한 조사 · 연구 및 정책 건의, 사회복지 관련 기관 · 단체 간의 연계 · 협력 · 조정, 사회복지 소외계층 발굴 및 민간사회복지자원과의 연계 · 협력, 그 밖에 대통령령으로 정하는 사회복지사업의 조성 등 사회복지에 관한 업무를 수행하기 위하여 전국 단위의 한국사회복지협의회(중앙협의회), 시 · 도 단위의 시 · 도 사회복지협의회 및 시 · 군 · 구 단위의 시 · 군 · 구 사회복지협의회를 둔다(동법 제33조 제1항).

④ 사회복지사 자격증을 다른 사람에게 빌려주거나 빌린 사람은 1년 이하의 징역 또는 1천만 원 이하의 벌금에 처한다(동법 제54조 제1의2호).

⑤ 보건복지부장관은 사회복지에 관한 전문지식과 기술을 가진 사람에게 사회복지사 자격증을 발급할 수 있다(동법 제11조 제1항).

참고

위의 해설 ③번에서 사회복지협의회를 전국 단위의 한국사회복지협의회(중앙협의회), 시·도 단위의 시·도 사회복지협의회, 시·군·구 단위의 시·군·구 사회복지협의회로 의무적으로 설치하도록 한 규정은 2025년 1월 3일부터 시행됩니다.

58 ㄱ. 국가는 관계 법령에서 정하는 바에 따라 최저보장수준과 최저임금을 매년 공표하여야 한다(사회보장기본법 제10조 제2항).

ㄴ. 사회보장수급권은 정당한 권한이 있는 기관에 서면으로 통지하여 포기할 수 있다(동법 제14조 제1항).

ㄷ. 사회보장수급권이 제한되거나 정지되는 경우에는 제한 또는 정지하는 목적에 필요한 최소한의 범위에 그쳐야 한다(동법 제13조 제2항).

ㄹ. 사회보장수급권을 포기하는 것이 다른 사람에게 피해를 주거나 사회보장에 관한 관계 법령에 위반되는 경우에는 사회보장수급권을 포기할 수 없다(동법 제14조 제3항).

59 ② 국가와 지방자치단체는 사회보장 관계 법령에서 정하는 바에 따라 사회보장에 관한 상담에 응하여야 한다(사회보장기본법 제35조).

① 사회보험은 국가의 책임으로 시행하고, 공공부조와 사회서비스는 국가와 지방자치단체의 책임으로 시행하는 것을 원칙으로 한다. 다만, 국가와 지방자치단체의 재정 형편 등을 고려하여 이를 협의·조정할 수 있다(동법 제25조 제5항).

③ 공공부조 및 관계 법령에서 정하는 일정 소득 수준 이하의 국민에 대한 사회서비스에 드는 비용의 전부 또는 일부는 국가와 지방자치단체가 부담한다(동법 제28조 제3항).

④ 보건복지부장관은 제출된 사회보장통계를 종합하여 사회보장위원회에 제출하여야 한다(동법 제32조 제3항).

⑤ 중앙행정기관의 장과 지방자치단체의 장은 사회보장제도를 신설하거나 변경할 경우 신설 또는 변경의 타당성, 기존 제도와의 관계, 사회보장 전달체계에 미치는 영향, 지역복지 활성화에 미치는 영향 및 운영방안 등에 대하여 대통령령으로 정하는 바에 따라 보건복지부장관과 협의(주의 : '합의'가 아님)하여야 한다(동법 제26조 제2항).

60 ① 사회보장위원회 위원의 임기는 2년으로 한다. 다만, 공무원인 위원의 임기는 그 재임 기간으로 하고, 기관·단체의 대표자 자격으로 대통령이 위촉하는 위원의 임기는 대표의 지위를 유지하는 기간으로 한다(사회보장기본법 제21조 제4항 참조).

② 국가와 지방자치단체는 모든 국민이 생애 동안 삶의 질을 유지·증진할 수 있도록 평생사회안전망을 구축하여야 한다(동법 제22조 제1항).

③ 사회보장 기본계획에는 국내외 사회보장환경의 변화와 전망, 사회보장의 기본목표 및 중장기 추진방향, 주요 추진과제 및 추진방법, 필요한 재원의 규모와 조달방안, 사회보장 관련 기금 운용방안, 사회보장 전달체계, 그 밖에 사회보장정책의 추진에 필요한 사항이 포함되어야 한다(동법 제16조 제2항).

④ 제3자의 불법행위로 피해를 입은 국민이 그로 인하여 사회보장수급권을 가지게 된 경우 사회보장제도를 운영하는 자는 그 불법행위의 책임이 있는 자에 대하여 관계 법령에서 정하는 바에 따라 구상권을 행사할 수 있다(동법 제15조).

⑤ 사회보장에 관한 다른 법률을 제정하거나 개정하는 경우에는 이 법에 부합되도록 하여야 한다(동법 제4조).

61 ④ 정부는 사회보장급여의 이용 및 제공이 원활히 이루어질 수 있도록 한국사회보장정보원의 설립·운영에 필요한 비용을 출연하거나 지원할 수 있다(사회보장급여의 이용·제공 및 수급권자 발굴에 관한 법률 제29조 제4항).

① 동법 제4조 제6항

② 지원대상자와 그 친족, 「민법」에 따른 후견인, 「청소년기본법」에 따른 청소년상담사 · 청소년지도사, 지원대상자를 사실상 보호하고 있는 자 등은 지원대상자의 주소지 관할 보장기관에 사회보장급여를 신청할 수 있다(동법 제5조 제1항 참조).

③ 보장기관의 장은 누락된 지원대상자가 적절한 사회보장급여를 제공받을 수 있도록 지원이 필요한 위기가구를 발굴하기 위하여 노력하여야 한다(동법 제9조의2 제1항 참조).

⑤ 동법 제36조 제3항 참조

62 ⑤ 보장기관의 장은 지원대상자를 발굴하기 위하여 사회보장급여의 내용 및 제공규모, 수급자가 되기 위한 요건과 절차, 그 밖에 사회보장급여 수급을 위하여 필요한 정보의 제공과 홍보에 노력하여야 한다(사회보장급여의 이용 · 제공 및 수급권자 발굴에 관한 법률 제10조).

① "지원대상자"란 사회보장급여를 필요로 하는 사람을 말한다. 참고로 사회보장급여를 제공받을 권리를 가진 사람은 "수급권자"를 지칭한다(동법 제2조 제2호 및 제4호).

② 보장기관의 업무담당자는 지원대상자가 누락되지 아니하도록 하기 위하여 관할 지역에 거주하는 지원대상자에 대한 사회보장급여의 제공을 직권으로 신청할 수 있다. 이 경우 지원대상자의 동의를 받아야 하며, 동의를 받은 경우에는 지원대상자가 신청한 것으로 본다(동법 제5조 제2항).

③ 보건복지부장관은 「국민건강보험법」에 따른 보험료를 3개월 이상 체납한 사람의 가구정보를 사회보장정보시스템을 통하여 처리할 수 있다(동법 제12조 제1항 제3호).

④ 보장기관의 장은 지원대상자에 대한 발굴조사를 분기마다 정기적으로 실시하여야 한다(동법 제12조의2 제1항).

63 ④ 자활급여는 관련 공공기관 · 비영리법인 · 시설과 그 밖에 대통령령으로 정하는 기관에 위탁하여 실시할 수 있다. 이 경우 그에 드는 비용은 보장기관이 부담한다(국민기초생활보장법 제15조 제2항).

① 생계급여는 금전을 지급하는 것으로 한다. 다만, 금전으로 지급할 수 없거나 금전으로 지급하는 것이 적당하지 아니하다고 인정하는 경우에는 물품을 지급할 수 있다(동법 제9조 제1항).

② 주거급여는 수급자에게 주거 안정에 필요한 임차료, 수선유지비, 그 밖의 수급품을 지급하는 것으로 한다(동법 제11조 제1항).

③ 장제급여는 생계급여, 주거급여, 의료급여 중 하나 이상의 급여를 받는 수급자가 사망한 경우 사체의 검안 · 운반 · 화장 또는 매장, 그 밖의 장제조치를 하는 것으로 한다(동법 제14조 제1항).

⑤ 교육급여는 교육부장관의 소관으로 한다(동법 제12조 제2항).

64 ① 자활을 위한 사업자금 융자는 자활기업을 위한 지원사업으로, 보장기관이 자활기업에게 직접 또는 자활복지개발원, 광역자활센터 및 지역자활센터를 통하여 지원할 수 있도록 하고 있다(국민기초생활보장법 제18조 제3항 참조).

지역자활센터의 사업(국민기초생활보장법 제16조 제1항 참조)
• 자활의욕 고취를 위한 교육
• 자활을 위한 정보제공, 상담, 직업교육 및 취업알선(②)
• 생업을 위한 자금융자 알선(③)
• 자영창업 지원 및 기술 · 경영 지도(⑤)
• 자활기업의 설립 · 운영 지원(④)
• 그 밖에 자활을 위한 각종 사업

65 ③ 보건복지부에 두는 의료급여심의위원회(중앙의료급여심의위원회)는 의료급여사업의 기본방향 및 대책수립에 관한 사항, 의료급여의 기준 및 수가에 관한 사항, 그 밖에 보건복지부장관 또는 위원장이 부의하는 사항을 심의한다(의료급여법 제6조 제2항).

① 시장 · 군수 · 구청장은 수급권자가 신청하는 경우 의료급여증을 발급하여야 한다(동법 제8조 제1항).

② 급여비용의 재원에 충당하기 위하여 시 · 도에 의료급여기금을 설치한다(동법 제25조 제1항).

④ 시장 · 군수 · 구청장은 상환받은 대지급금을 의료급여기금에 납입하여야 한다(동법 제21조 제3항 참조).

⑤ 시장·군수·구청장은 수급권자에 대한 의료급여가 필요 없게 된 경우 또는 수급권자가 의료급여를 거부한 경우 의료급여를 중지하여야 한다(동법 제17조 제1항).

66 ㄱ. 기초연금법 제8조 제1항
ㄴ. 환수금을 환수할 권리와 기초연금 수급권자의 권리는 5년간 행사하지 아니하면 시효의 완성으로 소멸한다(동법 제23조).
ㄷ. 특별자치시장·특별자치도지사·시장·군수·구청장은 기초연금 수급자가 행방불명되거나 실종되는 등 대통령령으로 정하는 바에 따라 사망한 것으로 추정되는 경우 그 사유가 발생한 날이 속하는 달의 다음 달부터 그 사유가 소멸한 날이 속하는 달까지는 기초연금의 지급을 정지한다(동법 제16조 제1항 제2호).

67 ③ 건강보험 가입자는 국내에 거주하지 아니하게 된 날의 다음 날에 그 자격을 잃는다(국민건강보험법 제10조 제1항 제3호).
① 원칙적으로 「의료급여법」에 따라 의료급여를 받는 사람이나 「독립유공자예우에 관한 법률」 및 「국가유공자 등 예우 및 지원에 관한 법률」에 따라 의료보호를 받는 사람을 제외한 국내에 거주하는 국민은 건강보험의 가입자 또는 피부양자가 된다(동법 제5조 제1항 참조).
② 동법 제3조의2 제4항
④ 동법 제4조 제1항 참조
⑤ 동법 제6조 제3항

68 ⑤ 재가급여에는 방문요양, 방문목욕, 방문간호, 주·야간보호, 단기보호, 기타 재가급여 등이 있다(노인장기요양보험법 제23조 제1항 참조).
① 동법 제2조 제1호
② 동법 제3조 제3항
③ 동법 제7조 제1항
④ 장기요양급여를 받고 있는 수급자는 장기요양등급, 장기요양급여의 종류 또는 내용을 변경하여 장기요양급여를 받고자 하는 경우 국민건강보험공단에 변경신청을 하여야 한다(동법 제21조 제1항).

69 ① 국민연금법 제20조 제2항
② 「국민연금법」에 따른 국민연금사업은 보건복지부장관이 맡아 주관한다(동법 제2조).
③ "수급권자"란 수급권을 가진 자를 말한다. 참고로 이 법에 따른 급여를 받을 권리는 "수급권"을 지칭한다(동법 제3조 제1항 제14호 및 제15호).
④ 국내에 거주하는 국민으로서 18세 이상 60세 미만인 자는 국민연금 가입 대상이 된다. 다만, 「공무원연금법」, 「군인연금법」, 「사립학교교직원연금법」 및 「별정우체국법」을 적용받는 공무원, 군인, 교직원 및 별정우체국 직원, 그 밖에 대통령령으로 정하는 자는 제외한다(동법 제6조).
⑤ 「국민연금법」을 적용할 때 배우자, 남편 또는 아내에는 사실상의 혼인관계에 있는 자를 포함한다(동법 제3조 제2항).

70 ④ 고용보험법 제79조 제1항
① "실업의 인정"이란 직업안정기관의 장이 수급자격자가 실업한 상태에서 적극적으로 직업을 구하기 위하여 노력하고 있다고 인정하는 것을 말한다. 참고로 근로의 의사와 능력이 있음에도 불구하고 취업하지 못한 상태에 있는 것은 "실업"을 지칭한다(동법 제2조 제3호 및 제4호).
② "일용근로자"란 1개월 미만 동안 고용되는 사람을 말한다(동법 제2조 제6호).
③ 국가는 매년 보험사업에 드는 비용의 일부를 일반회계에서 부담하여야 한다(동법 제5조 제1항).
⑤ 실업급여를 받을 권리는 양도 또는 압류하거나 담보로 제공할 수 없다(동법 제38조 제1항).

71 **실업급여의 종류(고용보험법 제37조 참조)**

실업급여 ─┬─ 구직급여
          └─ 취업촉진 수당 ─┬─ 조기(早期)재취업 수당
                            ├─ 직업능력개발 수당
                            ├─ 광역 구직활동비
                            └─ 이주비

72 ② 노인복지법 제39조의5 제1항 참조
① 노인복지주택에 입소할 수 있는 자는 60세 이상의 노인으로 한다(동법 제33조의2 제1항).
③ "노인취업알선기관"은 노인에게 취업 상담 및 정보를 제공하거나 노인일자리를 알선하는 기관을 말한다. 참고로 지역사회 등에서 노인일자리의 개발·지원, 창업·육성 및 노인에 의한 재화의 생산·판매 등을 직접 담당하는 기관은 "노인일자리지원기관"을 지칭한다(동법 제23조의2 제1항 참조).
④ "노인공동생활가정"은 노인들에게 가정과 같은 주거여건과 급식, 그 밖에 일상생활에 필요한 편의를 제공함을 목적으로 하는 시설을 말한다. 참고로 노인을 입소시켜 급식과 그 밖에 일상생활에 필요한 편의를 제공함을 목적으로 하는 시설은 "양로시설"을 지칭한다(동법 제32조 제1항 참조).
⑤ 학대받는 노인의 발견·보호·치료 등을 신속히 처리하고 노인학대를 예방하기 위하여 지역노인보호전문기관을 특별시·광역시·도·특별자치도에 둔다(동법 제39조의5 제2항 참조).

> **참고**
>
> 2023년 10월 31일 「노인 일자리 및 사회활동 지원에 관한 법률」이 제정됨에 따라 2024년 11월 1일부로 「노인복지법」에 따른 노인일자리전담기관 등 관련 기관·단체에 관한 규정이 「노인 일자리 및 사회활동 지원에 관한 법률」로 이관됩니다.

73 ② 시·도지사 또는 시장·군수·구청장은 보호조치 중인 보호대상아동의 양육상황을 보건복지부령으로 정하는 바에 따라 매년 점검하여야 한다(아동복지법 제15조의3 제1항).
① 국가와 지방자치단체는 아동이 항상 이용할 수 있는 아동전용시설을 설치하도록 노력하여야 한다(동법 제53조 제1항).
③ 아동정책조정위원회는 위원장을 포함한 25명 이내의 위원으로 구성하되, 위원장은 국무총리가 된다(동법 제10조 제3항 참조).
④ 동법 제14조 제4항
⑤ 동법 제7조 제1항

74 ④ 한부모가족지원법 제4조 제1호 참조
① 여성가족부장관은 한부모가족 지원을 위한 정책수립에 활용하기 위하여 3년마다 한부모가족에 대한 실태조사를 실시하고 그 결과를 공표하여야 한다(동법 제6조 제1항).
② "청소년 한부모"란 24세 이하의 모 또는 부를 말한다(동법 제4조 제1의2호).
③ 여성가족부장관은 청소년 한부모가 학업을 계속할 수 있도록 교육부장관에게 협조를 요청하여야 한다(동법 제17조의2 제4항).
⑤ 한부모가족에 대한 국민의 이해와 관심을 제고하기 위하여 매년 5월 10일을 한부모가족의 날로 한다(동법 제5조의4 제1항).

75 ④ 사회복지공동모금회(이하 "모금회"라 한다)는 정관을 작성하여 보건복지부장관의 인가를 받아 등기함으로써 설립된다(사회복지공동모금회법 제4조 제3항).
① 모금회는 사회복지사업이나 그 밖의 사회복지활동을 지원하기 위하여 연중 기부금품을 모집·접수할 수 있다(동법 제18조 제1항).
② 국가나 지방자치단체는 모금회에 기부금품 모집에 필요한 비용과 모금회의 관리·운영에 필요한 비용을 보조할 수 있다(동법 제33조 제1항).
③ 분과실행위원회는 위원장 1명을 포함하여 20명 이내의 위원으로 구성한다. 다만, 모금분과실행위원회 및 배분분과실행위원회는 각각 20명 이상의 위원으로 구성한다(동법 제13조 제3항).
⑤ 동법 제20조 제1항 참조

좋은 책을 만드는 길, 독자님과 함께 하겠습니다.

2025 시대에듀 사회복지사 1급 한권으로 끝내기

개정18판2쇄 발행	2024년 05월 10일 (인쇄 2024년 10월 28일)
초 판 발 행	2005년 12월 30일 (인쇄 2005년 12월 30일)
발 행 인	박영일
책 임 편 집	이해욱
저 자	이용석 · 사회복지사 수험연구소
편 집 진 행	노윤재 · 최은서
표지디자인	박수영
편집디자인	채현주 · 김혜지
발 행 처	(주)시대고시기획
출 판 등 록	제10-1521호
주 소	서울시 마포구 큰우물로 75 [도화동 538 성지 B/D] 9F
전 화	1600-3600
팩 스	02-701-8823
홈 페 이 지	www.sdedu.co.kr
I S B N	979-11-383-6860-5 (13330)
정 가	40,000원

사회복지사 1급

합격 ROADMAP

1단계

기본부터 탄탄히!

다양한 이론이 나오는 사회복지사 1급 시험을 확실하게 합격할 수 있게 최신기출문제, 영역별 핵심이론, 적중예상문제, 바로암기 OX 등 합격에 필요한 것들을 한권으로 끝내보세요!

2단계

핵심만 쏙쏙!

방대한 사회복지사 이론을 핵심만 쏙쏙 골라 구성했습니다. 합격에 필요한 핵심이론, 최신 기출문제로 구성된 실제기출, 출제경향을 반영한 개념쏙쏙 등을 담은 핵심요약집으로 효율·효과적으로 학습해보세요!

사회복지사 1급 시험 어떻게 준비하세요?

핵심만 쏙쏙 담은 알찬 교재!
시대에듀의 사회복지사 1급 기본서와 문제집 시리즈,
최종 마무리 시리즈로 합격을 준비하세요.

3단계

기출문제를 풀어야
합격이 풀린다!

더없이 상세하고 꼼꼼한 해설과 최근 6년 동안의 기출문제를 통해 반복해서 출제되는 핵심 내용들을 반드시 짚고 넘어가세요!

4단계

실전감각
200% 충전하기!

최신 출제경향을 반영하여 실제 시험과 유사하게 구성한 실전동형모의고사 5회분을 수록했습니다. 핵심이론만을 넣어 구성한 핵심암기노트도 놓치지 마세요.

※ 본 도서의 세부구성 및 이미지는 변동될 수 있습니다.

나는 이렇게 합격했다

자격명 : 위험물산업기사
구분 : 합격수기
작성자 : 배*상

나는할수있다
69년생 50중반 직장인   입니다. 요즘
자격증을 2개정도는가지고 입사하는젊은친구들에게
일을시키고지시하는 역할이지만 정작 제자신에게 부족한점
이많다는것을느꼈기   때문에자격증을따야겠다고
결심했습니다. 처음   시작할때는과연되겠
냐?하는의문과걱정   합격은   이한가득이었지만
시대에듀인강   시대에듀   을우연히접하게
되었고잘차려   진밥상과같은커
리큘럼은뒤늦게시   작한늦깍이수험   생이었던저를
합격의길 로인도해주었습니다. 직장생활을
하면서취득했기에더욱기뻤습니다.
감사합니다!
♥